面向21世纪课程教材

 普通高等教育"十一五"
国家级规划教材

2016年北京大学优秀教材

面向 21 世纪课程教材

Textbook Series for 21st Century

全国高等学校法学专业核心课程教材

民　法
Civil Law
（第七版）

主　编　魏振瀛
副主编　郭明瑞
撰稿人　（以姓氏笔画为序）
　　　　王　成　李仁玉　钱明星　郭明瑞
　　　　常鹏翱　崔建远　魏振瀛

北京大学出版社

高等教育出版社

图书在版编目(CIP)数据

民法/魏振瀛主编. —7 版. —北京:北京大学出版社,2017.8
(面向 21 世纪课程教材)
ISBN 978-7-301-28635-7

Ⅰ. ①民… Ⅱ. ①魏… Ⅲ. ①民法—中国—高等学校—教材 Ⅳ. ①D923

中国版本图书馆 CIP 数据核字(2017)第 194222 号

书　　　名	民法（第七版）
	Minfa
著作责任者	魏振瀛　主编
责任编辑	周　菲
标准书号	ISBN 978-7-301-28635-7
出版发行	北京大学出版社
地　　　址	北京市海淀区成府路 205 号　100871
网　　　址	http://www.pup.cn
电子信箱	law@pup.pku.edu.cn
新浪微博	@北京大学出版社　@北大出版社法律图书
电　　　话	邮购部 62752015　发行部 62750672　编辑部 62752027
印　刷　者	三河市北燕印装有限公司
经　销　者	新华书店
	730 毫米×980 毫米　16 开本　50.5 印张　957 千字
	2000 年 9 月第 1 版　2006 年 11 月第 2 版
	2007 年 7 月第 3 版　2010 年 7 月第 4 版
	2013 年 9 月第 5 版　2016 年 9 月第 6 版
	2017 年 8 月第 7 版　2020 年 11 月第14 次印刷
定　　　价	69.00 元

未经许可，不得以任何方式复制或抄袭本书之部分或全部内容。
版权所有，侵权必究
举报电话: 010-62752024　电子信箱: fd@pup.pku.edu.cn
图书如有印装质量问题，请与出版部联系，电话: 010-62756370
本书采用出版物版权追溯防伪凭证，读者可通过手机下载 APP 扫描封底二维码，或者登录互联网查询产品信息

内 容 简 介

本书以我国《民法总则》《物权法》《合同法》《继承法》《侵权责任法》等现行民事法律法规为依据,紧密结合最高人民法院的司法解释,借鉴外国与我国台湾地区的民事立法与司法实践经验,吸收国内外民法学研究的新成果,理论联系实际,系统论述了民法的基本理论、基本制度和基本知识。在内容上力求对现行民事立法作全面准确的阐释,在理论与体系上力求适应新世纪发展的需要。

本书不拘泥于现行民事立法的具体规定,而是根据民法原理,在内容和结构上作了归纳、调整和补充。本书包括民法总论、物权、债权、继承权、人身权、侵权责任共六编,四十三章。

Abstract

This book integrates theory with practice, and makes a systematic demonstration of basic theories, institutions and knowledge of civil law. It grounds on existing civil laws and regulations of China, such as *General Principles of the Civil Law*, *Jus in Rem Law*, *Contract Law*, *Law of Succession*, *Tort Liability Law*, combining closely with the judicial interpretations of the Supreme People's Court. It uses legislative and a judicative experiences on civil law in other countries and Taiwan District for reference, absorbs recent theoretical findings by both domestic and foreign academia in civil law. The authors make every effort to describe existing civil law legislation comprehensively and accurately, and to make the structure of the book and theoretical analyses updated to the new century.

Instead of rigidly adhering to the detail of the current civil law legislation, the authors make necessary generalization, adjustment and complements in contents, as well as in structure. The book comprises 43 chapters in six parts, namely, Pandect, Jus in rem, Jus ad rem (creditor's rights), Rights of Inheritance, Personal Rights, and Torts.

作者简介

魏振瀛 北京大学法学院教授、博士生导师,中国法学会学术委员会委员、中国法学会民法学研究会顾问、学术委员会委员。代表性著作:《民法教程》《民法通则要论》《疑难合同案例研究》等。代表性论文:《论债与责任的融合与分离——兼论民法典体系之革新》《制定侵权责任法的学理分析——侵权行为之债立法模式的借鉴与变革》等。

郭明瑞 山东大学法学院、烟台大学法学院教授、博士生导师,中国法学会民法学研究会学术委员会副主任、中国法学会法学教育研究会顾问。代表性著作:《民事责任论》《担保法原理与实务》《继承法研究》等。代表性论文:《关于无因管理的几个问题》《关于我国物权立法的三点思考》等。

崔建远 清华大学法学院教授、博士生导师,中国法学会民法学研究会副会长、中国土地法学会土地法研究会副会长、北京市法学会民商法学研究会副会长。代表性著作:《合同责任研究》《准物权研究》《土地上的权利群研究》等。代表性论文:《"四荒"拍卖与土地使用权》《无权处分辨》等。

李仁玉 北京工商大学法学院教授,北京市法学会民商法学研究会副会长、中国法学会民法学研究会理事、中国案例研究会常务理事。代表性著作:《契约观念与秩序创新》《合同效力研究》《比较侵权法》等。代表性论文:《西方侵权法中严格责任原则的产生》《房屋抵押权实现中权利冲突及解决》等。

钱明星 北京大学法学院教授、博士生导师,中国法学会民法学研究会副会长、中国国际经济贸易仲裁委员会仲裁员。代表性著作:《物权法原理》《民法学》《民商法原理与实务》等。代表性论文:《我国民法物权体系初探》《论用益物权的特征及其社会作用》等。

王　成　法学博士，经济学博士后。北京大学法学院教授、博士生导师，中国法学会民法学研究会理事、教育部人文社会科学重点研究基地中国人民大学民商事法律科学研究中心兼职研究人员、教育部人文社会科学重点研究基地武汉大学环境法研究所兼职教授、北京市消费者权益保护法学会理事、北京市公安局交通管理局公安交通法律专家咨询委员会委员、山西省晋中市法律咨询专家。代表性著作：《侵权损害赔偿的经济分析》《合同法》《侵权法》等。代表性论文：《侵权法的规范体系及其适用》《法律关系的性质与侵权责任的正当性》等。

常鹏翱　北京大学法学院院聘教授，博士生导师，中国法学会民法学研究会副秘书长，北京市法学会不动产法研究会副会长，国土资源部不动产登记工作专家委员会专家。代表性著作：《事实行为的基础理论研究》《物权法的展开与反思》《物权法的基础与进阶》等。代表性论文：《法律事实的意义辨析》《债权与物权在规范体系中的关联》等。

Brief Introduction of the Authors

Wei Zhenying Professor of Law, Supervisor for Ph. D. candidates, Peking University Law School; Member of the Academic Committee of China Law Society, member of the Advisory Board and member of the Academic Committee of the Civil Law Society of China Law Society.

Representative books: *Civil Law Textbook*, *Basics of General Principles of Chinese Civil Law*, *Studies on Complicated Contracts Law Cases*, etc.

Representative papers: *On the Separation and Conciliation between Obligation and Liability-Concurrently on the Innovation of the Structure of Civil Law Code*, *Theoretical Analyses on Tort Liability Law-The Transplant and Evolution of Tort Debts?*

Guo Mingrui Professor of Law, Supervisor for Ph. D. candidates, Shandong University Law School and Yantai University Law School; Deputy Director of Academic Committee of the Civil Law Society of China Law Society, and advisor to the Legal Education Society of China Law Society.

Representative books: *On Civil Liabilities*, *Theories and Practices on Guaranty Law*, *On the Law of Succession*, etc.

Representative papers: *Issues on Management of Other People's Affairs without Mandate*, *Three Proposals on China's Jus in Re Law Drafting*, etc.

Cui Jianyuan Professor of Law, Supervisor for Ph. D. candidates, Tsinghua University Law School; Vice-President of the Civil Law Society of China Law Society; Vice-President of the Land Law Society of China Land Science Society; Vice-President of the Civil and Commercial Law Society of Beijing Law Society.

Representative books: *A Study on Contractual Liability*, *On Quasi Jus-in-Rem*, *On Titles and Interests on Land*, etc.

Representative papers: *The Auction of "Four Wildernesses" and the Land Use Rights*, *On Disposal without Authorities*, etc.

Li Renyu Professor of Law, Beijing Technology and Business University Law School; Vice-President of the Civil and Commercial Law Society of Beijing Law Society; Member of the Board of Directors of the Civil Law Society of China Law Society; Executive Member of the Board of Directors, China Case Study Society.

Representative books: *Conception of Contract and Innovation of Social Order*, *On the Validity of Contract*, *Comparative Torts Law*, etc.

Representative papers: *The Birth of Strict Liability in Western Tort Law*, *Possible Conflicts of Rights in Housing Mortgage Foreclosure and Their Resolution*, etc.

Qian Mingxing Professor of Law, Supervisor for Ph. D. candidates, Peking University Law School; Vice-President of the Civil Law Society of China Law Society; Arbitrator of China International Economic and Trade Arbitration Commission.

Representative books: *Tenets of Jus in Rem Law*, *The Science of Civil Law*, *Theories and Practices on Civil and Commercial Law*, etc.

Representative papers: *A Preliminary Study on the System of Jus in Rem of Chinese Civil Law*, *On the Characteristics and Social Function of Usufruct*, etc.

Wang Cheng Ph. D. in Law, Post-doctoral Research Experience on Economics; Professor, Supervisor for Ph. D. Candidates of Peking University Law School; Member of the Board of Directors, Civil Law Society, China Law Society; Adjunct Research Fellow of Civil and Commercial Law Research Institute, Renming University; Adjunct Research Fellow of Environmental Law Research Institute, Wuhan University; Member of Board of Directors, Beijing Consumer Protection Law Society; Member of the Advisory Board of Public Traffice Administration of Beijing Public Security Bureau; Advisor on legislation of Jinzhong City, Shanxi Province.

Representative books: *Economic Analyses to Tort Damage*, *Contract Law*, *Tort Law*, etc.

Representative papers: *Regulation System of Tort Law & Its Application*, *The Quality of Legal Relationship and Legitimacy of Liability for Tort*.

Chang Pengao Professor of Law, Supervisor for Ph. D. candidates, Peking University Law School; Deputy-Secretary-General of the Civil Law Society of China Law Society; Vice-President of the Real Property Law of Beijing Law Society; Member of the Real Property Registration Expert Committee of The Ministry of Land and Resources.

Representative books: *Basic Theories of Realakt*, *Advanced Course of Property Law*, *Reflection of Property Law*, etc.

Representative papers: *On the Meaning of Legal Fact in the Civil Law*, *Relationships between Obligatory Right and Real Right in the Normative System*.

目 录

第一编 总 论

第一分编 绪论……………………………………………………(1)

第一章 民法概述……………………………………………………(1)
  第一节 民法的概念与含义………………………………………(1)
  第二节 民法的沿革………………………………………………(4)
  第三节 民法的调整对象…………………………………………(9)
  第四节 民法的性质………………………………………………(11)
  第五节 民法的本位………………………………………………(13)
  第六节 民法的渊源………………………………………………(14)
  第七节 民法的效力………………………………………………(17)

第二章 民法的基本原则……………………………………………(19)
  第一节 民法基本原则概述………………………………………(19)
  第二节 平等原则…………………………………………………(22)
  第三节 自愿原则…………………………………………………(23)
  第四节 诚实信用原则……………………………………………(23)
  第五节 禁止权利滥用原则………………………………………(25)
  第六节 公平原则…………………………………………………(26)
  第七节 公序良俗原则……………………………………………(28)

第三章 民事法律关系………………………………………………(30)
  第一节 民事法律关系的概念与意义……………………………(30)
  第二节 民事法律关系的要素……………………………………(32)
  第三节 民事法律事实……………………………………………(33)
  第四节 民事权利、民事义务、民事责任…………………………(35)
  第五节 民事责任与债、物权、请求权的关系……………………(45)

第二分编 民事法律关系主体……………………………………(51)

第四章 自然人………………………………………………………(51)
  第一节 自然人的民事权利能力…………………………………(51)
  第二节 自然人的民事行为能力…………………………………(55)

  第三节 监护 …………………………………………………………（59）
  第四节 自然人的住所 …………………………………………（67）
  第五节 宣告失踪与宣告死亡 …………………………………（69）
  第六节 个体工商户与农村承包经营户 ………………………（74）

 第五章 法人 ……………………………………………………………（77）
  第一节 法人概述 ………………………………………………（77）
  第二节 法人的成立 ……………………………………………（81）
  第三节 法人的民事能力 ………………………………………（86）
  第四节 法人的机关 ……………………………………………（89）
  第五节 法人的分支机构 ………………………………………（93）
  第六节 法人的变更、终止与清算 ……………………………（95）
  第七节 法人的登记 ……………………………………………（98）
  第八节 营利法人 ………………………………………………（100）
  第九节 非营利法人 ……………………………………………（103）
  第十节 特别法人 ………………………………………………（106）

 第六章 非法人组织 ……………………………………………………（111）
  第一节 非法人组织概述 ………………………………………（111）
  第二节 合伙 ……………………………………………………（113）
  第三节 其他非法人组织 ………………………………………（128）

第三分编 民事法律关系客体 ……………………………………………（131）
 第七章 民事法律关系客体的种类 ……………………………………（131）
  第一节 民事法律关系客体概述 ………………………………（131）
  第二节 物 ………………………………………………………（132）
  第三节 有价证券 ………………………………………………（141）
  第四节 智力成果 ………………………………………………（144）
  第五节 其他客体 ………………………………………………（147）

第四分编 民事法律关系变动 ……………………………………………（150）
 第八章 民事法律行为 …………………………………………………（150）
  第一节 民事法律行为概述 ……………………………………（150）
  第二节 意思表示 ………………………………………………（158）
  第三节 民事法律行为的成立与生效 ………………………（168）
  第四节 民事法律行为的附条件与附期限 …………………（171）
  第五节 无效的民事法律行为 …………………………………（177）
  第六节 可撤销的民事法律行为 ………………………………（180）

第七节 效力未定的民事法律行为……………………………(183)

第九章 代理……………………………………………………(187)
 第一节 代理的概念与特征……………………………………(187)
 第二节 代理的分类……………………………………………(190)
 第三节 代理权…………………………………………………(193)
 第四节 无权代理与表见代理…………………………………(200)

第十章 诉讼时效、除斥期间与期限……………………………(206)
 第一节 时效制度概述…………………………………………(206)
 第二节 诉讼时效………………………………………………(208)
 第三节 除斥期间………………………………………………(218)
 第四节 期限……………………………………………………(221)

第二编 物 权

第十一章 物权总论……………………………………………(224)
 第一节 物权的概念与特征……………………………………(224)
 第二节 物权法的概念与内容…………………………………(226)
 第三节 物权的效力……………………………………………(227)
 第四节 物权的类型……………………………………………(232)
 第五节 物权的变动……………………………………………(235)
 第六节 物权的保护……………………………………………(250)

第十二章 所有权………………………………………………(254)
 第一节 所有权概述……………………………………………(254)
 第二节 国家所有权、集体所有权、私人所有权与其他所有权………(257)
 第三节 业主的建筑物区分所有权……………………………(268)
 第四节 相邻关系………………………………………………(274)
 第五节 所有权的特别取得方法………………………………(277)

第十三章 共有…………………………………………………(286)
 第一节 共有的概念与特征……………………………………(286)
 第二节 按份共有………………………………………………(286)
 第三节 共同共有………………………………………………(291)
 第四节 准共有…………………………………………………(295)

第十四章 用益物权……………………………………………(296)
 第一节 用益物权的概念与特征………………………………(296)

  第二节 土地承包经营权 …………………………………… (298)
  第三节 建设用地使用权 …………………………………… (302)
  第四节 宅基地使用权 ……………………………………… (310)
  第五节 地役权 ……………………………………………… (312)
 第十五章 担保物权 ……………………………………………… (318)
  第一节 担保物权概述 ……………………………………… (318)
  第二节 抵押权 ……………………………………………… (320)
  第三节 质权 ………………………………………………… (333)
  第四节 留置权 ……………………………………………… (338)
  第五节 担保物权的竞合与物的担保和人的担保的并存 …… (341)
 第十六章 占有 …………………………………………………… (345)
  第一节 占有的概念和种类 ………………………………… (345)
  第二节 占有的效力和保护 ………………………………… (347)
  第三节 占有的取得和消灭 ………………………………… (351)

第三编 债 权

第一分编 债权总论 …………………………………………… (355)
 第十七章 债的概述 ……………………………………………… (355)
  第一节 债的概念、性质与要素 …………………………… (355)
  第二节 债的发生原因 ……………………………………… (361)
  第三节 债法在民法中的地位及其体系 …………………… (362)
 第十八章 债的类型 ……………………………………………… (364)
  第一节 种类之债 …………………………………………… (364)
  第二节 货币之债 …………………………………………… (366)
  第三节 利息之债 …………………………………………… (367)
  第四节 选择之债 …………………………………………… (369)
  第五节 连带之债 …………………………………………… (371)
 第十九章 债的履行 ……………………………………………… (374)
  第一节 债的履行的概念与原则 …………………………… (374)
  第二节 债的适当履行 ……………………………………… (377)
 第二十章 债的保全与担保 ………………………………………… (381)
  第一节 债的保全 …………………………………………… (381)
  第二节 债的担保 …………………………………………… (391)

第二十一章 债的转移与消灭 (411)
第一节 债的转移 (411)
第二节 债的消灭 (423)

第二分编 债权分论 (438)

第二十二章 合同概述 (438)
第一节 合同的概念与特征 (438)
第二节 合同的分类 (439)

第二十三章 合同的订立 (445)
第一节 合同订立的程序 (445)
第二节 合同的内容与解释 (452)

第二十四章 双务合同履行中的抗辩权 (459)
第一节 双务合同履行中的抗辩权概述 (459)
第二节 同时履行抗辩权 (459)
第三节 先履行抗辩权 (463)
第四节 不安抗辩权 (464)

第二十五章 合同的变更与解除 (467)
第一节 合同变更与解除的概念和条件 (467)
第二节 合同变更与解除的程序与法律后果 (470)

第二十六章 缔约过失责任与违约责任 (473)
第一节 缔约过失责任 (473)
第二节 违约责任 (476)

第二十七章 各种合同 (498)
第一节 买卖合同 (498)
第二节 供用电、水、气、热力合同 (505)
第三节 赠与合同 (507)
第四节 借款合同 (510)
第五节 租赁合同 (514)
第六节 融资租赁合同 (521)
第七节 承揽合同 (526)
第八节 建设工程合同 (532)
第九节 运输合同 (538)
第十节 保管合同 (545)
第十一节 仓储合同 (550)
第十二节 委托合同 (555)

第十三节　行纪合同……………………………………………(561)
  第十四节　居间合同……………………………………………(564)
  第十五节　技术合同……………………………………………(566)
第二十八章　无因管理之债……………………………………………(578)
  第一节　无因管理概述…………………………………………(578)
  第二节　无因管理的成立要件…………………………………(579)
  第三节　无因管理之债的内容…………………………………(581)
第二十九章　不当得利之债……………………………………………(585)
  第一节　不当得利概述…………………………………………(585)
  第二节　不当得利的成立条件与类型…………………………(586)
  第三节　不当得利之债的内容…………………………………(589)

第四编　继　承　权

第三十章　继承权概述…………………………………………………(592)
  第一节　继承权的概念与特征…………………………………(592)
  第二节　我国继承法的基本原则………………………………(595)
  第三节　继承权的接受、放弃、丧失与保护…………………(599)
第三十一章　法定继承…………………………………………………(604)
  第一节　法定继承的概念与适用范围…………………………(604)
  第二节　法定继承人的范围与继承顺序………………………(605)
  第三节　代位继承………………………………………………(608)
  第四节　法定继承中的遗产分配………………………………(610)
第三十二章　遗嘱继承、遗赠与遗赠扶养协议………………………(612)
  第一节　遗嘱继承的概念与特征………………………………(612)
  第二节　遗嘱的设立……………………………………………(613)
  第三节　遗嘱的变更、撤销与执行……………………………(618)
  第四节　遗赠……………………………………………………(620)
  第五节　遗赠扶养协议…………………………………………(622)
第三十三章　遗产的处理………………………………………………(625)
  第一节　继承的开始……………………………………………(625)
  第二节　遗产……………………………………………………(627)
  第三节　遗产的分割与债务清偿………………………………(629)
  第四节　无人继承又无人受遗赠的遗产………………………(632)

第五编　人　身　权

第三十四章　人身权概述……………………………………………（634）
　第一节　人身权的概念与分类……………………………………（634）
　第二节　人身权的内容与意义……………………………………（636）

第三十五章　人格权……………………………………………………（639）
　第一节　人格权概述………………………………………………（639）
　第二节　生命权……………………………………………………（640）
　第三节　健康权……………………………………………………（643）
　第四节　身体权……………………………………………………（644）
　第五节　姓名权与名称权…………………………………………（645）
　第六节　肖像权……………………………………………………（648）
　第七节　名誉权……………………………………………………（649）
　第八节　隐私权……………………………………………………（651）
　第九节　信用权……………………………………………………（653）
　第十节　自由权……………………………………………………（654）
　第十一节　贞操权…………………………………………………（655）
　第十二节　一般人格权……………………………………………（656）

第三十六章　身份权……………………………………………………（660）
　第一节　身份权的概念与特征……………………………………（660）
　第二节　荣誉权……………………………………………………（661）
　第三节　其他身份权………………………………………………（661）

第六编　侵权责任

第三十七章　侵权责任概述……………………………………………（663）
　第一节　侵权行为的概念和特征…………………………………（663）
　第二节　侵权责任的概念与特征…………………………………（665）

第三十八章　侵权行为的归责原则……………………………………（667）
　第一节　侵权行为归责原则的概念与体系………………………（667）
　第二节　过错责任原则……………………………………………（668）
　第三节　无过错责任原则…………………………………………（669）

第三十九章 一般侵权行为的构成要件 (671)
第一节 一般侵权行为责任构成要件概述 (671)
第二节 行为 (672)
第三节 损害事实 (673)
第四节 因果关系 (675)
第五节 过错 (677)

第四十章 侵害财产权与人身权的行为 (681)
第一节 侵害财产权的行为 (681)
第二节 侵害生命权、健康权与身体权的行为 (683)
第三节 侵害姓名权与名称权的行为 (684)
第四节 侵害肖像权的行为 (685)
第五节 侵害名誉权与信用权的行为 (686)
第六节 侵害隐私权与自由权的行为 (689)
第七节 侵害贞操权的行为 (690)
第八节 侵害一般人格权与荣誉权的行为 (691)

第四十一章 侵权责任方式与侵权责任的承担 (692)
第一节 侵权责任方式及其适用 (692)
第二节 侵权损害赔偿责任 (698)
第三节 财产损害赔偿与人身损害赔偿 (701)
第四节 精神损害赔偿 (702)
第五节 侵权责任的免责事由 (706)
第六节 违约责任与侵权责任的竞合 (709)

第四十二章 数人侵权行为与责任 (713)
第一节 数人侵权行为概述 (713)
第二节 共同侵权行为与责任 (714)
第三节 教唆行为、帮助行为及其责任 (716)
第四节 共同危险行为与责任 (718)
第五节 无意思联络的数人侵权行为与责任 (719)

第四十三章 各类侵权责任 (721)
第一节 各类侵权责任概述 (721)
第二节 职务侵权行为与责任 (722)
第三节 产品责任 (724)
第四节 高度危险责任 (728)
第五节 环境污染责任 (731)

第六节　施工致人损害的侵权行为 …………………………………（732）
第七节　物件损害责任 ………………………………………………（733）
第八节　饲养动物损害责任 …………………………………………（735）
第九节　监护人责任 …………………………………………………（737）
第十节　医疗损害责任 ………………………………………………（738）
第十一节　道路交通事故责任 ………………………………………（741）
第十二节　违反安全保障义务的责任 ………………………………（745）
第十三节　校园伤害责任 ……………………………………………（746）
第十四节　完全民事行为能力人暂时丧失意识侵权责任 …………（748）
第十五节　网络侵权责任 ……………………………………………（749）

缩略语 ………………………………………………………………（755）
词条索引 ……………………………………………………………（759）
第七版后记 …………………………………………………………（767）
第六版后记 …………………………………………………………（768）
第五版后记 …………………………………………………………（769）
第四版后记 …………………………………………………………（771）
第三版后记 …………………………………………………………（772）
第二版后记 …………………………………………………………（773）
第一版后记 …………………………………………………………（774）

Table of Contents

PART ONE PANDECT

(Ⅰ) INTRODUCTION ········ (1)

CHAPTER 1 Outline of Civil Law ········ (1)
- 1.1　The Definition of Civil Law ········ (1)
- 1.2　The Evolution of Civil Law ········ (4)
- 1.3　Civil Relations Covered by Civil Law ········ (9)
- 1.4　Characteristics of Civil Law ········ (11)
- 1.5　The Foundamentals of Civil Law ········ (13)
- 1.6　Sources of Civil Law ········ (14)
- 1.7　The Scope of Application of Civil Law ········ (17)

CHAPTER 2 Basic Principles of Civil Law ········ (19)
- 2.1　Introduction ········ (19)
- 2.2　Principle of Equality ········ (22)
- 2.3　Principle of Voluntariness ········ (23)
- 2.4　Principle of Good Faith ········ (23)
- 2.5　Principle of Prohibition of Civil Right Abuse ········ (25)
- 2.6　Principle of Fairness ········ (26)
- 2.7　Principle of Public Order and Good Customs ········ (28)

CHAPTER 3 Civil Juristic Relationship ········ (30)
- 3.1　The Definition & Significance ········ (30)
- 3.2　The Key Elements of Civil Juristic Relationship ········ (32)
- 3.3　Causes to Civil Juristic Relationship ········ (33)
- 3.4　Civil Rights, Duties & Liabilities ········ (35)
- 3.5　Relations Between Civil Liabilities and Debts, Rights in Rem and Claims ········ (45)

(Ⅱ) CIVIL SUBJECTS ········ (51)

CHAPTER 4 Natural Person ········ (51)
- 4.1　Capacity for Civil Rights ········ (51)

4.2　Capacity for Civil Conduct ……………………………… (55)
　　4.3　Guardianship ……………………………………………… (59)
　　4.4　Domicile …………………………………………………… (67)
　　4.5　Declarations of Missing Persons and Death ………… (69)
　　4.6　Individual Industrial and Commercial Households and
　　　　　Agricultural Leaseholding Households ………………… (74)
　CHAPTER 5　Legal Persons ……………………………………… (77)
　　5.1　Introduction ……………………………………………… (77)
　　5.2　The Establishment of Legal Person …………………… (81)
　　5.3　Legal Persons' Capacity for Civil Rights …………… (86)
　　5.4　Legal Persons' Organ …………………………………… (89)
　　5.5　Branches of Legal Person ……………………………… (93)
　　5.6　The Alteration, Termination and liquidation of
　　　　　Legal Person ……………………………………………… (95)
　　5.7　The Registration of Legal Person ……………………… (98)
　　5.8　Legal Persons for Profits ……………………………… (100)
　　5.9　Nonprofit Legal Persons ………………………………… (103)
　　5.10　Special Legal Persons ………………………………… (106)
　CHAPTER 6　Entities without Legal Person Status …………… (111)
　　6.1　Introduction ……………………………………………… (111)
　　6.2　Partnerships ……………………………………………… (113)
　　6.3　None-legal-person Entities …………………………… (128)
(Ⅲ) **OBJECTS OF CIVIL JURISTIC RELATIONSHIP** …………… (131)
　CHAPTER 7　Classifying the Objects of Civil Juristic
　　　　　　　Relationship ……………………………………… (131)
　　7.1　Introduction ……………………………………………… (131)
　　7.2　Things ……………………………………………………… (132)
　　7.3　Securities ………………………………………………… (141)
　　7.4　Intellectual Achievements ……………………………… (144)
　　7.5　Other Objects of Civil Right ………………………… (147)
(Ⅳ) **ALTERATION OF CIVIL JURISTIC RELATIONSHIP** ………… (150)
　CHAPTER 8　Civil Juristic Acts ………………………………… (150)
　　8.1　Introduction of Civil Juristic Acts …………………… (150)
　　8.2　Expression of Intention ………………………………… (158)
　　8.3　Formation of Civil Juristic Act vs. Coming into Effect of
　　　　　Civil Juristic Act ………………………………………… (168)

8.4	Civil Juristic Acts Subject to Conditions or to Stipulation of Time Limit	(171)
8.5	Null and Void Civil Juristic Acts	(177)
8.6	Changeable and Revocable Civil Juristic Acts	(180)
8.7	Civil Juristic Act Whose Validity is Uncertain	(183)

CHAPTER 9 Agency ································· (187)
   9.1 The Definition and Characteristics of Agency ········ (187)
   9.2 The Classification of Agency ························ (190)
   9.3 Authorities ··· (193)
   9.4 Agency Without Authorization, Apparent Agency ····· (200)

CHAPTER 10 Limitation of Action, Prescription & Time Periods ··· (206)
   10.1 Introduction of Time Limitation ···················· (206)
   10.2 Limitation of Action ································· (208)
   10.3 Prescription ··· (218)
   10.4 Time Periods ·· (221)

PART TWO JUS IN REM

CHAPTER 11 Introduction to Jus in Rem ·············· (224)
   11.1 The Definition and Characteristics of Jus in Rem ··· (224)
   11.2 The Definition and Scope of Jus in Rem Law ······· (226)
   11.3 The Effect of Jus in Rem ···························· (227)
   11.4 Categories of Jus in Rem ··························· (232)
   11.5 The Alteration of Jus in Rem ······················· (235)
   11.6 The Protection of Jus in Rem ······················ (250)

CHAPTER 12 Ownership ································ (254)
   12.1 Introduction ··· (254)
   12.2 State Ownership, Collective Ownership, Private Ownership and Others ······························· (257)
   12.3 Condominium ······································· (268)
   12.4 Neighborhood Rights ······························· (274)
   12.5 Acquisition of Ownership ··························· (277)

CHAPTER 13 Joint Ownership ························· (286)
   13.1 The Definition and Characteristics of Joint Ownership ··· (286)

13.2	Co-ownership by Shares	(286)
13.3	Common Ownership	(291)
13.4	Quasi-co-ownership	(295)

CHAPTER 14 Usufruct on Immovables (296)

14.1	The Definition and Characteristics of Usufruct on Immovables	(296)
14.2	Right to Contract for Management of Land	(298)
14.3	Land Use Rights for Construction	(302)
14.4	Homesteads	(310)
14.5	Easements	(312)

CHAPTER 15 Jus in Rem for Security Purposes (318)

15.1	Introduction	(318)
15.2	Mortgage	(320)
15.3	Pledge	(333)
15.4	Lien	(338)
15.5	Relationship between Co-existed Jus in Rem for Security Purpose	(341)

CHAPTER 16 Possession (345)

16.1	Possessions: Concept and Categories	(345)
16.2	The Effect and Protection of Possession	(347)
16.3	The Acquisition and Elimination of Possession	(351)

PART THREE JUS AD REM (CREDITORS' RIGHTS)

(Ⅰ) PANDECT (355)

CHAPTER 17 Introduction of Jus Ad Rem (355)

17.1.	The Definition, Characteristics and Key Elements of a Debt	(355)
17.2	Causes of Debts	(361)
17.3	The Position of Debt Law in Civil Law and the Structure of Debt Law	(362)

CHAPTER 18 The Classification of Debt (364)

18.1	Obligatio Generis	(364)
18.2	Pecuniary Debts	(366)
18.3	Interests Debts	(367)

18.4	Obligatio Alternative	(369)
18.5	Joint and Seneral Liabilites	(371)

CHAPTER 19 Performance of Debt ······ (374)

    19.1 The Definition and Principles of Performance ······ (374)

    19.2 Appropriate Performance of Debt ······ (377)

CHAPTER 20 Preservation of Loan and Guarantee of Obligation
······ (381)

    20.1 Preservation of Loan ······ (381)

    20.2 Guarantee of Obligation ······ (391)

CHAPTER 21 Transference and Termination of Obligation
······ (411)

    21.1 The Transference of Obligation ······ (411)

    21.2 The Termination of Obligation ······ (423)

(Ⅱ) DEBTS SPECIFIC ······ (438)

CHAPTER 22 Introduction to Contract ······ (438)

    22.1 The Definition and Characteristics of Contract ······ (438)

    22.2 The Classification of Contract ······ (439)

CHAPTER 23 Conclusion of a Contract ······ (445)

    23.1 Procedures for Formatting a Contract ······ (445)

    23.2 Contract Contents and Their Interpretation ······ (452)

CHAPTR 24 Defenst System in the Performance of Bilateral Contracts ······ (459)

    24.1 Introduction ······ (459)

    24.2 Counterargument Right for Simultaneous Performance
······ (459)

    24.3 Counterargument Right for Security ······ (463)

    24.4 Right of Plea Against the Advance Performance ······ (464)

CHAPTER 25 Modification and Rescission ······ (467)

    25.1. The Definition and Conditions of the Modification
and Rescission ······ (467)

    25.2. The Procedure and Legal Consequences of the
Modification and Rescission ······ (470)

CHAPTER 26 Contract Law Liabilities ······ (473)

    26.1 Liability for Wrongs in Concluding a Contract ······ (473)

    26.2 Liability for Breach of Contract ······ (476)

CHAPTER 27　Specific Contracts ······································· (498)
  27.1　Contracts for Sale ··· (498)
  27.2　Contracts for Supply and Use of Electricity, Water,
       Gas or Heating ··· (505)
  27.3　Contracts for Donation ······································ (507)
  27.4　Contracts for Loans ·· (510)
  27.5　Contracts for Lease ·· (514)
  27.6　Financial Leasing Contracts ································ (521)
  27.7　Contracts for Work ·· (526)
  27.8　Contracts for Construction Projection ···················· (532)
  27.9　Contracts for Transportation ······························· (538)
  27.10　Contracts for Storage ······································ (545)
  27.11　Contracts for Warehousing ······························· (550)
  27.12　Contracts for Commission ································ (555)
  27.13　Contracts for Brokerage ··································· (561)
  27.14　Contracts for Intermediation ····························· (564)
  27.15　Technological Contracts ·································· (566)
CHAPTER 28　Obligations Arising from Management of Other
           People's Affairs without Mandate ···················· (578)
  28.1　Introduction ·· (578)
  28.2　Constitutive Elements of Management of Other People's
       Affairs without Mandate ···································· (579)
  28.3　Legal Consequences of Management of Other People's
       Affairs without Mandate ···································· (581)
CHAPRER 29　Obligations Arising from Unjust Enrichment
            ··· (585)
  29.1　Introduction ·· (585)
  29.2　Constitutive Elements and Categories ······················ (586)
  29.3　Legal Consequences of Unjust Enrichment ··············· (589)

PART FOUR　RIGHTS OF INHERITANCE

CHAPTER 30　Rights of Inheritance ································· (592)
  30.1　The Definition and Characteristics ························· (592)
  30.2　The Principles of Law of Succession ······················ (595)

30.3　The Acceptance, Disclaimer, Disinheritance and
　　　 Protection of Rights of Inheritance ……………… (599)
CHAPTER 31　Statutory Succession ……………………………… (604)
　31.1　The Definition and Scope of Application of Statutory
　　　　 Succession ……………………………………………… (604)
　31.2　The Range of Heirs at Law and the Order of Succession
　　　　 ………………………………………………………………… (605)
　31.3　Inheritance in Subrogation ……………………………… (608)
　31.4　Distribution of the Estate in Statutory Succession …… (610)
CHAPTER 32　Testamentary Succession, Legacy and
　　　　　　　 Legacy-support Agreements ……………………… (612)
　32.1　The Definition and Characteristics of Testamentary
　　　　 Succession ……………………………………………… (612)
　32.2　Making a Will ………………………………………………… (613)
　32.3　The Alteration, Revocation and Execution of a Will …… (618)
　32.4　Legacy …………………………………………………………… (620)
　32.5　Legacy-support Agreements ……………………………… (622)
CHAPTER 33　The Disposition of Estate ……………………………… (625)
　33.1　Opening of Succession ……………………………………… (625)
　33.2　Estate …………………………………………………………… (627)
　33.3　The Partition of the Estate and Repayment of the
　　　　 Debts …………………………………………………………… (629)
　33.4　The Estate without Successors or Legatees ……………… (632)

PART FIVE　PERSONAL RIGHTS

CHAPTER 34　Introduction of Personal Rights ……………………… (634)
　34.1　The Definition and Classifications ………………………… (634)
　34.2　The Function and Significance ……………………………… (636)
CHAPTER 35　Right of Personality ……………………………………… (639)
　35.1　Introduction …………………………………………………… (639)
　35.2　Right of Life …………………………………………………… (640)
　35.3　Right of Health ………………………………………………… (643)
　35.4　Bodily Right …………………………………………………… (644)
　35.5　Right of Name ………………………………………………… (645)

35.6　Right of Portrait ……………………………………………… (648)
35.7　Right of Reputation …………………………………………… (649)
35.8　Right of Privacy ……………………………………………… (651)
35.9　Right of Credit ………………………………………………… (653)
35.10　Right of Freedom …………………………………………… (654)
35.11　Right of Chastity …………………………………………… (655)
35.12　General Personality ………………………………………… (656)
CHAPTER 36　Rights of Personal Status ……………………………… (660)
36.1　The Definition and Characteristics ………………………… (660)
36.2　Right to Honor ………………………………………………… (661)
36.3　Others …………………………………………………………… (661)

PART SIX　TORTS

CHAPTER 37　Introduction …………………………………………… (663)
37.1　The Definition and Juristic Characteristics of Torts
　　　…………………………………………………………………… (663)
37.2　The Definition and Juristic Characteristics of Tort Liabilities
　　　…………………………………………………………………… (665)
CHAPTER 38　Imputation Principles of Tort Liability ……………… (667)
38.1　The Definition and System of the Principles …………… (667)
38.2　Liability for Fault …………………………………………… (668)
38.3　Liability without Fault ……………………………………… (669)
CHAPTER 39　Constitutive Elements of Torts ……………………… (671)
39.1　Introduction …………………………………………………… (671)
39.2　Violations of Legal Duty …………………………………… (672)
39.3　Actual Losses or Damages ………………………………… (673)
39.4　Causal Connection between Tortious Conducts
　　　and Damages …………………………………………………… (675)
39.5　Fault …………………………………………………………… (677)
CHAPTER 40　Encroachment upon Property Rights or Person Rights
　　　　　　　of Other People ……………………………………… (681)
40.1　Encroachment upon Other People's Property Rights …… (681)
40.2　Encroachment upon Other People's Right of Life, Right
　　　of Health or Bodily Right …………………………………… (683)

40.3	Encroachment upon Other People's Right of Name	(684)
40.4	Encroachment upon Other People's Right of Portrait	(685)
40.5	Encroachment upon Other People's Right of Reputation or Right of Credit	(686)
40.6	Encroachment upon Other People's Right of Privacy or Right of Freedom	(689)
40.7	Encroachment upon Other People's Right of Chastity	(690)
40.8	Encroachment upon Other People's General Personality or Right to Honor	(691)

CHAPTER 41 Methods of Bearing Tort Liabilities ······ (692)

41.1	Methods of Bearing Tort Liabilities and Their Application	(692)
41.2	Compensation for Damages	(698)
41.3	Compensation for Damages to Property, Compensation for Personal Damages	(701)
41.4	Emotional Damages	(702)
41.5	Counterarguments and Exemptions	(706)
41.6	Concurrence of Tort Liablities and Contract Liabilities	(709)

CHAPTER 42 Multiple Tortfeasers and Tort Liabilities ······ (713)

42.1	Introduction	(713)
42.2	Joint Tort and Liabilities	(714)
42.3	Abetment, Assistance and Liabilities	(716)
42.4	Joint Dangerous Act and Liabilities	(718)
42.5	Concurrent Tortfeasors and Their Liabilities	(719)

CHAPTER 43 Particular Tort Liabilities ······ (721)

43.1	Introduction	(721)
43.2	Employers' Liabilities	(722)
43.3	Product Liabilities	(724)
43.4	Greatly Hazardous Operations and Liabilities	(728)
43.5	Environmental Pollution and Liabilities	(731)
43.6	Enrouchment Caused by Construction and Liabilties	(732)
43.7	Encroachment Caused by Working Objects and Liabilities	(733)
43.8	Encroachment Caused by Domesticated Animals and Liabilities	(735)

43. 9　Guardian's Liabilities ··· (737)
43. 10　Medical Malpractices and Corresponding Liabilities ······ (738)
43. 11　Road-traffic Accidents and Corresponding Liabilities ··· (741)
43. 12　Breach of Security-and-Protection-Duty and Liabilities ······ (745)
43. 13　Torts on Campus and Corresponding Liabilities ·········· (746)
43. 14　Encroachment by Temporarily Uncounsious Person with Full Capacity for Civil Conduct and Liabilities ······ (748)
43. 15　Enrouchment via Internet and Corresponding Liabilities ··· (749)

Abbreviations ·· (755)
Index ··· (759)
7th Edition Postcript ·· (767)
6th Edition Postcript ·· (768)
5th Edition Postcript ·· (769)
4th Edition Postcript ·· (771)
3rd Edition Postcript ·· (772)
2nd Edition Postcript ·· (773)
1st Edition Postcript ··· (774)

第一编 总 论

第一分编 绪 论

第一章 民法概述

第一节 民法的概念与含义

一、民法的概念

在 19 世纪中后期欧洲的语境中,民法典在法律体系中具有实质上的"宪法性"地位,这在欧洲学术界基本上得到公认。① 20 世纪前期有学者认为"根本法有二,一为宪法,一为民法,其他非宪法的附属法,即民法的附属法"②。当代有学者说:"民法是与宪法并列的法律,宪法规定的是国家的基本理念和构造,而民法规定的是社会的基本理念和构造。"③ 由于社会和法律的发展,虽然这些观点已经过时或者不是主流,但是不可否认,民法在法律体系中仍然居于很重要的地位。在我国,宪法是根本法,民法是重要的法律部门之一,是调整社会生活关系的基本法。

民法调整的社会关系广泛,涉及每个人、每个家庭、每个企业和其他多种社会组织,社会生活的各个方面几乎都与民法相关联。财产所有、智力成果、商品买卖、货币借贷、物品租赁、人身利益、婚姻家庭、财产继承等,小至悬赏广告,大至游客乘宇宙飞船遨游太空,都属于民法调整的范畴;人的生老病死,衣食住行,企业的成立、变更、终止与经营活动,都涉及民法问题。

民法既是行为规范,又是裁判规范。在社会生活中,民法是人们的行为规

---

① 参见薛军:《"民法—宪法"关系的演变与民法的转型》,载《中国法学》2010 年第 1 期。
② 参见黄右昌:《民法铨解 总则编(上)》,商务印书馆 1936 年上海增订第三版,第 1 页。
③ 〔日〕星野英一:《日本民法典的 100 年》,载《环球法律评论》2001 年秋季号。

则;如果不遵守这种规则而发生诉讼时,民法是法院裁判民事案件的依据。

根据我国法律规定,民法的概念可以表述如下:民法是调整平等主体的自然人、法人、非法人组织之间的财产关系和人身关系的法律规范的总称。

二、民法的语源

民法一词并非我国法律史上固有的概念。清末制定《大清民律草案》,民国初年制定《中华民国民律草案》,均称"民律",而不称"民法",1929年5月23日南京国民政府公布民法总则(民法典的第一编),是我国法律上使用"民法"一词的开始。日本学者将荷兰语"burgerlyk regt"的译语新创而成为"民法"[①],我国作为法律术语的民法一词是从日本移植而来。

过去通说认为,民法一词源于罗马法的市民法(ius civile)。罗马在古代表现为城邦的结构,按照古典的含义,它被理解为参与城市生活和防卫的自由人的组织。为了巩固市民共同体,逐渐形成了被视为市民自己的市民法。后来罗马领域逐渐扩大,市民法与万民法相互渗透,相互补充,构成罗马私法体系的主要组成部分。在罗马境内所有的人均被授予市民权以后,市民法与万民法的区别便失去了其存在的意义。

近来有学者指出,现代意义的"市民"这个概念,起源于中世纪后期的市民国家,即由工商者集居地发展起来的独立于封建诸侯国家的城市国家。这时的"市民"指的就是这种城市国家的成员,即工商者。这种国家的法也叫"市民法"。这种法是后来的资本主义法的萌芽,《法国民法典》是这种"市民法"发展到高级阶段的产物,它与古代罗马时代的"市民法"显然不是一回事,也没有直接联系。[②]

就语源而言,民法一词可以追溯到罗马市民法;结合民法调整的社会关系的性质来说,民法源于中世纪后期市民国家的市民法。"法国大革命以后,'市民'(Bürger)被理解成'公民'(citoyen)。所谓民法,即是适用于全体人的法。"[③]

三、民法与民法典

民法的表现形式有多种。民法一般是成文法,包括民事法律、法规等。从民事立法的体例看,有民法典和民事单行法之分。民法典是按照一定体系将各种基本的民事法律制度编纂在一起的民事基本规范,它由国家立法机关制定和颁布,通常冠以"民法典"的称谓,例如《法国民法典》《德国民法典》等;也有不加

---

① 参见叶孝信主编:《中国民法史》,上海人民出版社1993年版,第2页。
② 何勤华、严存生:《西方法理学史》,清华大学出版社2008年版,第178页。
③ 〔德〕迪特尔·梅迪库斯:《德国民法总论》,邵建东译,法律出版社2000年版,第15页。

"典"字的,例如《中华民国民法》。民法典的规定涵盖了民事法律的基本内容,属于民事基本法。按照一般法与特别法的分类,民法典属于一般法,专门针对某个方面制定的民事单行法,为特别法。

有学者称法典化的成文民法为形式民法(又称形式意义的民法),与形式民法对应的是实质民法(又称实质意义的民法)。实质民法是指不论是否标明"民法"二字,凡具有民法性质的法规都是民法。

四、民法与民法学

"民法"一词有时指作为一个法律部门的民法,有时指作为法学学科的民法学。民法学是研究民法规范及有关学理的一门法律科学。民法学有狭义与广义之分。狭义的民法学是以阐明现行民事法律规范为内容的民法学,称民法规范学,又称民法解释学。广义的民法学包括比较民法学、民法社会学、民法哲学和民法史学等。民法学的表现形式包括教科书、专著、学术论文和演说。

民法与民法学的性质不同。民法是由国家制定和由国家强制力保证实施的;民法学是一种学说,不具有国家强制力(法律明确规定法理作为民法渊源的是为例外)。民法与民法学互有联系、互有影响。

五、民法与商法

商法是调整商事关系的法律规范的总称,包括公司法、票据法、海商法和保险法等。民法法系(又称大陆法系)各国关于民法与商法的编纂体例有两种:一是民法与商法分立制度,简称民商分立。民商分立是将民法与商法分开,其主要表现形式是既有民法典,又有商法典。采取民商分立的国家有法国、德国、日本等。二是民法与商法合一制度,简称民商合一。民商合一是将民法和商法合为一体,其表现形式是只有民法典,没有商法典。采取民商合一的国家有瑞士、意大利、我国民国时期的民法典和新的荷兰民法典等。无论民商分立还是民商合一,民法均为基本法,《日本商法典》第1条规定:"关于商业,本法无规定的,适用商业习惯法,无商业习惯法时,适用民法。"民法的基本原理、基本原则和基本规定适用于商法。

现在我国正在编纂民法典,从《民法总则》与《合同法》等法律的规定看,我国立法采取的是民商合一制,通常说的民法包括商法在内。在立法上采取民商合一,并不排除在学理和学科设置上区分民法学与商法学,因此从学理上讲,有些情况下讲的民法包括商法,有些情况下讲的民法不包括商法。

第二节 民法的沿革

这里讲民法的沿革主要是要阐明世界上有代表性的民法典产生的历史背景、指导思想、内容、特点和我国民事立法简况。了解民法的沿革,有助于从宏观上懂得民法是什么和为什么。民法作为一个法律部门,起源于民法法系国家的法律。民法法系形成于 19 世纪,其突出的特点是民法的主要表现形式是民法典。罗马法对民法有重大影响,讲民法的沿革,需要从罗马法讲起。

一、罗马法的编纂及其影响

公元前 8 世纪罗马城建立,成为罗马城市国家,形成了适用于城邦市民的市民法。后来罗马疆域不断扩大,成了称霸地中海,地跨欧洲、非洲和亚洲的罗马帝国。随着农业、牧业、手工业的发展,商品经济得到发展,地中海沿岸便利的交通条件,促进了海陆商业贸易的兴旺发达。商品经济的发展为罗马奴隶制法律奠定了良好的基础,也为罗马法学的发展提供了良好的条件。罗马法是诸法合体,没有法律部门的划分,但在学理上区分了公法与私法,罗马法对各国影响最大的是私法。

罗马法发展的顶峰是公元 6 世纪东罗马皇帝查士丁尼在位期间和死后不久一个时期的法律编纂。先后编纂了《查士丁尼法典》《法学阶梯》(《法学总论》)、《学说汇纂》和《新律》,中世纪时期统称为《国法大全》(又译为《民法大全》或者《罗马法大全》),它是历史上最完备的一部奴隶制成文法典。其中《学说汇纂》是选用 39 位著名法学家的 9123 条言论汇集辑录而成的,是罗马法的最重要的文献,后世研究罗马法者,大多取材于《学说汇纂》。

按照内容罗马法分为人法、物法和诉讼法(这是《法学阶梯》的体系)。人法是规定人格和身份的法,包括人格、家和家属、家长权、婚姻和夫权、家主权和恩主权、准奴隶等。物法是财产法,主要内容有:(1) 物权,包括所有权、役权、永租权、地上权、信托、质权、抵押权等;(2) 继承,包括法定继承、遗嘱继承、遗赠、遗产信托、死因赠与等;(3) 债,包括契约,如买卖、消费借贷、使用借贷、租赁、劳务租赁、寄存、合伙、委任、互易、代销等。此外还有准契约,如不当得利、无因管理等。罗马法有私犯和准私犯,相当于近现代民法上的侵权行为。诉讼法主要包括诉讼的程序和法官的职权等。

罗马法对罗马奴隶制时期的商品经济关系作了详细规定。西欧封建社会中期以后,许多国家掀起了罗马法复兴运动,罗马法几乎被整个欧洲所接受。后来,罗马法和在罗马法基础上形成的中世纪后期的市民法成为反映资本主义商品经济要求的民法的渊源。

二、19 世纪民法典的编纂及其典型

19 世纪资本主义经济迅速发展,欧洲一些国家或者为巩固资产阶级革命成果,或者为统一国家的法律,法典编纂运动随之兴起。1804 年的《法国民法典》是 19 世纪民法典的一个典型。《法国民法典》的体系参考了罗马法的《法学阶梯》的体例,但把诉讼法分离出去,开创了实体法与程序法分别立法的先例。该法典分为三编:第一编人,第二编财产及对于所有权的各种变更,第三编取得财产的各种方法,共 2283 条,1804 年生效。

《法国民法典》是在拿破仑亲自领导下完成的,他任命了仅由四位经验丰富的法律实务专家组成的起草委员会。在参政院审议起草委员会起草条文的 102 次会议中,拿破仑亲自担任会议主席的至少有 57 次。在会议上,他不断地将人们的注意力集中到生活的现实而不是法律的技术上,他对于纯粹的法律论争极少参与,他坚持法典的风格对于即使如他那样的非法律家也应当透明易懂。《法国民法典》确认人人具有平等的法律地位,贯彻了所有权绝对、契约自由和过失责任三大原则。《法国民法典》巩固了大革命的重要成果,文字生动明朗,对许多国家的民法产生了深远的影响。值得注意的是,作为法国大革命的产物和曾经是大革命宣传工具的《法国民法典》,不仅没有和大革命以前的旧法律一刀两断,而且吸收了传统的与先进的民法理论。它是"经过深思熟虑吸收了长期历史发展的成果,并且在很大程度上是深受罗马法影响的南部成文法与日耳曼法、法兰克习惯法为基础的北部习惯法这两种传统制度的巧妙融合物"[①]。

1896 年颁布的《德国民法典》是 19 世纪民法典的另一个典型。1871 年德意志帝国成立时,各邦早已有自己的法律或法典,制定民法典主要是为了经济发展的需要,并通过民法典统一各邦的法制,以加强帝国在政治上的统一。德国统治者不要求迅速完成民法典的制定,而要求起草者尽量细致地进行工作。《德国民法典》从 1873 年开始起草,经过 23 年,到 1896 年颁布,1900 年 1 月 1 日施行。早在 17 世纪末期德国各邦就开始编纂法典,在法典编纂过程中民法理论水平逐步提高,至 19 世纪后半期最终形成了潘德克顿法学派。从学理上看,《德国民法典》是潘德克顿法学的产物。《德国民法典》的编纂深受罗马法《学说汇纂》的影响,编纂技术比《法国民法典》有显著进步。该法典分五编:第一编总则,第二编债务关系法,第三编物权法,第四编亲属法,第五编继承法,共 2385 条。

《德国民法典》结构严谨,概念精确,逻辑清晰,被法制史学者称为 19 世纪德国法律科学的集成,对 20 世纪一些国家的民法典产生了巨大的影响。《德国民

[①] 〔德〕K. 茨威格特、H. 克茨:《比较法总论》,潘汉典、米健、高鸿均、贺卫方译,法律出版社 2003 年版,第 118—130 页。

法典》对契约自由原则作了一些限制,规定了一些一般条款,如"诚实信用""善良风俗",后来在司法实践中这些规定发挥了灵活适用法律的积极作用。《德国民法典》是为法律家制定的,语言艰深晦涩,有些规定苛细难懂。

三、20 世纪至今有代表性的民法典

进入 20 世纪以后,西方国家的民法典有的以《法国民法典》为蓝本,有的从《德国民法典》模式,但不同国家民法典的结构也多有不同的特点。

20 世纪初叶,具有划时代意义的民法典是《瑞士民法典》。该法典是为适应经济发展需要、统一各州的私法而制定的。学识渊博而负有盛名的欧根·胡贝尔(Eugen Hubel)教授受托起草民法草案,草案经公开讨论并由专家委员会咨询,总的来说《瑞士民法典》成了一部个人的作品。该法典共四编:第一编人格法,第二编亲属法,第三编继承法,第四编物权法,1907 年通过,1912 年 1 月 1 日生效。瑞士早在 1881 年公布了《瑞士债法典》,后来经过修订,以《关于补充瑞士民法典的联邦法律(第五编:债务法)》的名义颁布,1912 年 1 月 1 日生效。

《瑞士民法典》是世界上第一部采取民商合一的民法典(1881 颁布的《瑞士债务法》包括了商法的内容)。《瑞士民法典》的立法者抛弃了法、德两国立法者力求民法典完备的观念,明确规定"如本法无相应规定时,法官应依据惯例;无惯例时,依据自己作为立法者所提出的规则裁判",并把诚实信用和禁止权利滥用提高到基本原则的地位。《瑞士民法典》保持了一种民族化的生动语言,具有通俗清晰、相对有余地的体系。《瑞士民法典》在立法指导思想、编制体例和风格方面对其他国家民法典的编纂有重大影响。

1947 年荷兰开始制定新民法典,按计划最后确定为 10 编:(1)人法和家庭法;(2)法人;(3)财产法总则;(4)继承法;(5)物权法;(6)债法总则;(7)有名合同;(8)运输法;(9)智力成果法;(10)国际私法。到 2003 年 1 月 1 日,前六编和第八编的一部分已经生效。[①] 这部新民法典取代 1838 年颁布的荷兰民法典和商法典,由民商分立转变为民商合一。这部民法典体系新颖,颇具特色,在世界上引起了广泛的关注。

世界上第一部社会主义民法典是 1922 年颁布的《苏俄民法典》,这部法典是在列宁指导下制定的,它是将战时共产主义政策转变为新经济政策的产物。该法典的体系基本上是参考《德国民法典》,分总则、物权、债和继承四个部分,共 436 条。婚姻家庭关系没有规定在民法典中,1926 年制定了《苏俄婚姻、家庭与监护法典》。

在实行公有制和计划经济的情况下,民法的调整对象是什么,对此苏联民法

[①] 《荷兰民法典》(第 3、5、6 编),王卫国主译,中国政法大学出版社 2006 年版,译序,第 1—4 页。

学者和经济法学者曾经进行过长期激烈的争论。1961年公布的《苏联和各加盟共和国民事立法纲要》明文规定民法的调整对象为"因利用商品货币形式而产生的财产关系,以及与这些财产关系有关的人身非财产关系"。各加盟共和国的民法典包括《苏俄民法典》均以该纲要为根据。1964年颁布的《苏俄民法典》共569条,分为8章:(1)总则;(2)所有权;(3)债权;(4)著作权;(5)发现权;(6)发明权;(7)继承权;(8)外国人和无国籍人的权利能力、外国民事法律、国际条约和国际协定的适用。

苏联解体后,自1994年至2006年《俄罗斯联邦民法典》分四个部分先后通过。该法典分为七编:总则;所有权和其他物权;债法总则;债的种类;继承法;国际私法;智力活动成果和个别化手段的权利。共77章,1551条。该法典在体例上继受了1964年的《苏俄民法典》的一些规定,包括总则编第2条明文规定民事立法所调整的关系;第2章规定民事权利和义务的产生,民事权利的实现与保护;婚姻家庭法不在民法典中规定。该法典一个突出的特点是关于知识产权的规定(第七编),共327条。

四、我国的民事立法

中国是世界古老文明的发祥地之一,古代社会经历5000年发展形成了独具特色的中华法系,被推崇为世界五大法系之一,影响扩及东、南亚一带及周边地区。从区分公法与私法的角度看,我国古代公法特别发达,私法不发达。西周是我国奴隶制法制的鼎盛时期,民事法律方面,土地所有权、债务、侵权行为的认定等均在典籍中有不少记载。民事法律的主要渊源为"礼","分争辨讼,非礼不决"。唐代昌盛时期,农业复兴,手工业和商业繁荣,多种契约关系都有发展,并出现了契约"样文",立约便捷,但是有关契约的法律规定却很少,而刑事法典《唐律疏议》体系完整,内容详备,被认为是中华法系具有代表性的法典;另外还制定了关于官制的法典(唐六典)。宋王朝为了防止唐末五代藩镇割据局面的重演,把中央集权制度又推向高度发展的新阶段。宋代商品经济空前发展,宋朝政府对民间借贷采取"任依私契,官不为理"政策,从一个侧面反映了我国古代统治者的法律观。商品经济发展迟缓和古代王朝法律侧重巩固政权,是私法不发达的主要原因。

1840年鸦片战争以后,我国由封建社会逐渐沦为半殖民地半封建社会,在列强的打击下,清政府被迫寻找富民强国的出路,编纂法典是其措施之一。1907年开始了我国历史上首次民法编纂,1911年完成的《大清民律草案》未及公布,清王朝即覆灭。

中华民国成立之后,即着手制定民法,1924年至1925年间完成民律草案,司法部通令各级法院作为事理引用。1929年立法院指定五人组成民法起草委员会,国民党中央政治会议决议提出民法各编立法原则 57 条。民法的各编于 1929 年 5 月至 1930 年 12 月陆续公布,名为《中华民国民法》,分为总则、债、物权、亲属、继承五编,共 1225 条,这是我国第一部民法典。该法典采民商合一制,将传统商法中的代理商和属于商行为的买卖、交互结算、居间、行纪、仓库、运送营业、承揽运送、隐名合伙等列入债编,作为债的组成部分。对内容较多、具有相对独立体系的公司法、票据法、海商法、保险法等,分别制定单行法,为民事特别法,其体系颇有特色。

1949 年中华人民共和国成立后,废除了民国时期的六法全书,作为六法全书组成部分的民法在大陆地区失去效力。新中国长期采用单行法的形式处理民事关系,早在 1950 年 5 月就颁布了《婚姻法》。在实行公有制和计划经济的体制下,在经济领域里主要适用行政法,同时也制定了一系列调整民事关系的法规,例如工矿产品购销、货物运送、银行贷款等方面的规范。

1954 年全国人大常委会组织起草民法,1956 年完成草案,分总则、所有权、债和继承四编,共 525 条,体例采 1922 年《苏俄民法典》的模式。1962 年全国人大常委会第二次组织起草民法,至 1964 年 7 月完成《中华人民共和国民法(试拟稿)》,包括总则、所有权、财产流转三编,共 262 条,其内容实际上是当时的经济与民事政策的条文化。1979 年全国人大常委会第三次组织起草民法,1982 年 5 月完成了《中华人民共和国民法草案(第四稿)》,该草案共 8 编:(1) 民法的任务和基本原则;(2) 民事主体;(3) 财产所有权;(4) 合同;(5) 智力成果权;(6) 财产继承权;(7) 民事责任;(8) 其他规定(包括期限、诉讼时效和适用范围三章),共 465 条。上述三个民法草案,由于政治、经济以及法律观念等方面的原因均被搁浅。

1986 年 4 月 12 日全国人民代表大会通过的《民法通则》是民事基本法,是我国民事立法重要的里程碑。1999 年 3 月 15 日全国人民代表大会通过的《合同法》表明我国民事立法进入了新的阶段。2002 年 12 月全国人大常委会审议了《中华人民共和国民法(草案)》,这是新中国成立以后立法机关首次审议民法草案。因为这个草案不够成熟,没有通过。2007 年 3 月 16 日全国人民代表大会通过了《物权法》,2009 年 12 月 26 日全国人大常委会通过了《侵权责任法》。《物权法》《合同法》《婚姻法》《继承法》和《侵权责任法》是民法的基本组成部分,《著作权法》《专利法》和《商标法》等知识产权法与《公司法》《证券法》《票据法》《海商法》《保险法》和《企业破产法》等商事法,是民事特别法。2015 年中共十八届四中全会的决定中提出了编纂民法典的重大立法任务,为完成这一立法任务,全国人大正进行紧张的工作。编纂民法典工作按照"两步走"的思路进行:第一步,编纂民法典总则编;第二步,编纂民法典各分编,争取于 2020 年完成民法典的编纂。现在第一步任务已经完成,《民法总则》已经于 2017 年 3 月 15 日经第十二届全国人民代表大会第五次会议通过。

改革开放以来,我国民事立法广泛借鉴外国法律和理论,兼收并蓄,结合我国经验,使我国民法有了诸多"中国元素"的民事法律制度。"具有明显'中国元素'的民法制度宣告中国的民事立法已经摆脱唯某一个其他国家或地区的民事法律是尚的阶段,正式由'照着讲'到了'接着讲'的阶段。……它意味着中国民法学界在'照着讲'的同时,将开启'接着讲'的时代!"[①]

第三节 民法的调整对象

一、民法调整的财产关系

(一)财产的概念

人们通常说的财产是指土地、房屋、物资等物质财富和金钱的总称。民法上讲的财产有广义与狭义之分。狭义的财产是指有金钱价值(即能用金钱表示或者能用金钱衡量的价值)的权利的总和。物权、债权、知识产权等属于狭义的财产。广义的财产是指财产权利和财产义务(债务)的总和,可称为总财产。总财产在特定的时间体现为金钱价值时,可能是正数,可能是零,也可能是负数。例如,企业破产时,其总财产为负数。

没有形成财产权利但具有金钱价值的利益,也属于财产的范围。例如,商业秘密是一种具有金钱价值的利益,后来商业秘密归入知识产权。信息财产和网络虚拟财产在法律确定其为财产权之前,属于具有金钱价值的利益。

具有精神、文化或者纪念价值的私人书信、照片、手稿和录音等,可以用保护财产权的方式予以保护,其中有些也可以成为具有金钱价值的财产。

(二)民法调整以平等自愿为基础的财产关系

财产关系是基于财产而形成的社会关系。根据财产关系主体相互地位的不同,财产关系可分为平等主体之间的财产关系和不平等主体之间的财产关系,民法调整平等主体之间的财产关系。基于行政经济管理发生的财产关系,属于不平等主体之间的财产关系,由行政法、经济法调整。

民事主体地位的平等性,决定了他们之间发生财产关系必须坚持自愿原则,由当事人自主决定,国家一般不干预。民法调整的财产关系所反映的平等、自愿的特点,也是民法区别于行政法和经济法的界限。

(三)民法调整财产归属关系与财产流转关系

根据财产关系的内容,财产关系可分为财产归属关系和财产流转关系。财

[①] 王轶:《民法原理与民法学方法》,法律出版社2009年版,"我们准备好了吗?"(代序)。

产归属关系是指财产所有和支配关系。因有金钱价值的物质资料和智力成果的归属发生的关系,是基本的财产归属关系;土地承包经营和建设用地使用等土地用益关系,是土地所有关系派生的,也可以纳入财产归属关系中。财产流转关系是指财产由一方向另一方转移而发生的关系。财产流转的基本内容是商品交换关系,其表现形式有商品买卖关系、货币借贷关系、货物运送关系、物品保管关系以及知识产权转让关系等。财产流转关系多为有偿的,也有无偿的,例如借用关系、赠与关系和继承关系等。

二、民法调整的人身关系

(一)人身关系的概念

人身关系是与人身不可分离、以人身利益为内容、不直接体现财产利益的社会关系。人身关系包括人格关系和身份关系两类。人格关系是基于人格利益而产生的社会关系。人格利益包括生命、健康、姓名、肖像、名誉等方面的利益。身份关系是基于身份利益产生的社会关系。身份利益包括亲属和监护等方面的利益。

人身关系不是仅由民法调整,但主要由民法调整,根据宪法确认和保护各种人身权利是民法的基本任务。行政法和刑法也保护人身权,其保护方法与民法不同。人身权受到非法侵害时,民法采用恢复名誉、赔偿损失等民事责任方式予以保护;行政法和刑法对人身权的保护,分别采用行政制裁和刑罚的方法。

(二)民法调整的人身关系的特征

1. 主体地位平等

民法调整的人身关系的主体具有平等的法律地位,相互之间没有隶属关系。不同类型的人身关系有不同的内容,当事人的权利义务各有不同,但主体地位都是平等的。

2. 与人身不可分离

人身关系与人身不可分离,离开了人身就不会发生人身关系。例如,配偶一方死亡,原有的夫妻关系就成为历史,夫妻关系就不存在了。

3. 不直接体现财产利益

人身关系体现的是精神上的利益,不直接体现财产利益。人身权在特定情况下可能体现财产利益。例如,肖像权是人格权,基于肖像发生的关系是人身关系,肖像的使用权依法有偿转让,就产生了财产利益。

第四节 民法的性质

一、民法是私法

学理上将法律分为公法与私法，民法是私法。将法律区分为公法与私法，是民法法系国家沿用罗马法的一种法的分类。划分公法与私法的标准是什么，历来有不同的学说。利益说认为，保护公益的法律为公法，保护私益的法律为私法。此说由古罗马法学家乌尔比安提出，后来被多数学者否定，主要理由是所有的法律规则都可以说同时服务于私人利益和公共利益。后来曾长期处于主导地位的是隶属说，此说认为公法的根本特征在于调整隶属关系，而私法的根本特征在于调整平等关系。当今主导的学说是主体说。该说认为，如果至少一方当事人是以公权主体的性质参加这项法律关系的，则这项法律关系就属于公法范围；不符合这一条件的所有法律关系都属于私法范围。有学者指出此说也有不足之处：在什么时候主体行使的是公权，且行使的方法足以表明国家是在上述定义的意义上参与法律关系？而且国家和国家机关也参与很多私法关系，例如购买或者租赁一块土地，进行消费借贷等。近来有一种将某些主流理论结合在一起的趋势，以发现一种足够宽广的区分基础。它主要倾向于将主体说和隶属说结合起来。有学者认为，只有国家等公共机构行使职权的时候的关系才属于公法的调整范围，这是折中说。本书作者认为折中说较有说服力。

虽然对公法与私法区分的标准有不同观点，但对于民法属于私法并无异议。19世纪末20世纪初，特别是20世纪30年代资本主义世界经济危机以来，由于国家干预经济等因素，出现了公法的私法化与私法的公法化现象。但是，公法与私法的划分仍然是法律的最基本的分类，公法的私法化与私法的公法化主要体现为两种不同的调整方法，在不同领域以不同方式和不同程度的结合。

不同社会的私法具有不同的社会性质，我国民法是社会主义初级阶段的私法。一方面，我国民法与资本主义的民法在理论上和立法技术上有共同点，这是市场经济规律和人类社会生活都有其共性决定的。另一方面，由于社会制度、指导思想和国情的不同，我国民法必然有其特点。

二、民法是调整市场经济关系的基本法

市场经济是通过市场进行规制的经济体系，是以商品交换为基础的商品经济。从民法所调整的财产关系的性质看，民法是调整市场经济关系的基本法。要进行商品生产和商品交换，必须具备三个基本条件：一是有进行商品生产和商品交换的人，二是有商品，三是有商品与货币（或者商品）的交换。关于这三个方

面的基础性法律问题,是由民法规定的。各国民法的体系和具体内容有所不同,但是都有民事主体制度、物权或者财产权制度、债权债务制度或者合同制度。"民法规定的财产法确立了有关财产的归属及其转移的基本框架和规则。这恰好是规定经济关系最基本部分的法。在这个意义上可以说,这里所说的财产法是经济关系的基本法。"①改革开放以来,随着由计划经济向市场经济转变,我国制定了相应的民事法律,从而使民法成为调整市场经济的基本法。

三、民法是调整市民社会关系的基本法

这里说的市民社会既不是古代学者讲的,与落后乡村的"乡民社会"相对的繁荣城市的"市民社会",也不是古代城邦的社会,而是指与政治国家分离的市民社会,这种市民社会是欧洲封建等级社会向资本主义社会转变的产物。德国学者黑格尔首创了与政治国家相区分的市民社会概念和理论。黑格尔指出,在市民社会中,每个人都以自身为目的,其他人便成为其达到目的的手段。每个人既从别人那里取得满足的手段,同时他也不得不生产满足别人的手段。于是彼此配合,互相联系,一切个别的东西就这样地成为社会的。他还指出,农业已经不具有原来的自然性,变得和工业、商业一样的方式经营。据此可以将黑格尔讲的市民社会解释为自由资本主义体制下的市场经济社会。黑格尔认为市民社会的矛盾需要通过外部国家的秩序克服,需要法律维护他们的特殊利益和公共利益。黑格尔区别了"市民"与"公民"。在市民社会中,个人的身份是"市民",即谋求自己利益的"私人";在政治国家中,个人的身份是"公民",公民需要为国家尽义务。②

马克思的市民社会思想来源于对黑格尔思想的改造,这已为我国学术界所公认。马克思通过对欧洲市民社会发展历史的考察,确证了市民社会与政治国家的分离乃是现代国家的基本特征。③ 马克思指出:"只有法国革命才完成了从政治等级到社会等级的转变过程,或者说,使市民社会的等级差别完全变成了社会差别,即没有政治意义的私人生活的差别。这就完成了政治生活同市民社会分离的过程。"④马克思批判了黑格尔从伦理学上论证市民社会与国家的关系的观点,指出市民社会"这一名称始终标志着直接从生产和交换中发展起来的社会组织,这种社会组织在一切时代都构成国家的基础以及任何其他的观念的上层

---

① 〔日〕山本敬三:《民法讲义Ⅰ 总则》(第三版),解亘译,北京大学出版社2012年版,第10页。
② 〔德〕黑格尔:《法哲学原理》,范扬、张企泰译,商务印书馆1961年版,第174页、第197页、第207页、第213—214页。
③ 秦国荣:《市民社会与法的内在逻辑》,社会科学文献出版社2006年版,第10页、第119页。
④ 《马克思恩格斯全集》(第1卷),人民出版社1956年版,第344页。

建筑的基础"。① 马克思还论证了非政治"市民"和政治"公民"的二重化等问题。

如今讲的市民社会一般是指"当代社会秩序中的各种非政治领域"。②"市民社会理念于近一二十年间的复兴与拓深,几近形成了一股可以被称之为全球性的'市民社会思潮'。……其目的乃在于透过对市民社会的重塑和捍卫来重构国家与社会间应有的良性关系。"③市民社会理论成为政治学、社会学、法学和哲学等多学科的话题,从民法学领域讲,应当明确民法是调整市民社会关系的基本法。

明确我国民法是调整市民社会关系的基本法,应当着重把握两点:(1)在观念上应当区分市民社会与政治国家,区分市民与公民。民法调整市民社会关系,重在保护市民的私权,协调市民利益,以构建和谐的市民社会秩序。(2)市民社会是市场经济社会,我国民法作为调整市场经济的基本法,重在反映市场经济的发展规律,促进市场经济健康发展。

第五节　民法的本位

法律的本位是指法律的中心观念或者立足点。④"民法之基本观念,亦即民法之基本目的,或基本作用,或基本任务,时论多称之为本位。"⑤学者通常从法律发展史的角度讲法律的本位,认为法律分为义务本位、权利本位和社会本位三个时期。古代社会个人为家族的构成分子,没有独立的地位,法律的中心观念在使各个人尽其特定身份上应尽的义务,对此称为义务本位的法律。随着社会进步,家族逐渐解体,发生了由身份到契约的转变,法律的基本任务由使人尽其义务而转向保护权利,对此称为权利本位的法制。19世纪末,社会发生了重大变化,出现了各种社会立法,对所有权和契约自由加以限制,法定义务增强,对此称为社会本位的法制。所谓社会本位的法制,只是权利本位法治的调整,绝非义务本位法律的复活。⑥ 有学者认为,于今社会本位,仍在发端时期。⑦

20世纪80年代末,我国法理学界在否定"以阶级斗争为纲"的法学理论基础上,有些学者提出了新的权利本位理论,并逐步系统化。这种权利本位的要义

---

① 《马克思恩格斯全集》(第3卷),人民出版社1960年版,第41页。
② 参见邓正来:《国家与社会:中国市民社会研究》,北京大学出版社2008年版,第272—273页。
③ 邓正来、〔美〕杰弗里·亚历山大主编:《国家与市民社会》(增订版),世纪出版集团、上海人民出版社2006年版,增订版序第1页。
④ 参见欧阳谿:《法学通论》,上海法学编辑社1935年版,第241页;胡长清:《中国民法总论》,中国政法大学出版社1997年版,第43页。
⑤ 王伯琦:《民法总则》,台湾正中书局1979年版,第31页。
⑥ 同上。
⑦ 郑玉波:《民法总则》,中国政法大学出版社2003年版,第77页。

是:在整个法律体系中,应当以权利为起点、核心和主导。在权利和义务的关系中,权利本位的法律精神意味着:权利是目的,义务是手段,法律设定义务的目的在于保障权利的实现。在权利和权力的关系中,权利本位的法律精神意味着:公民的权利是国家权力的源泉,也是国家权力配置和运作的目的和界限。①

我国民法以权利为本位是以人为本理念在法律上的体现。民事权利是人们进行生产、交换和保障人们生活的基本权利,民法是法治的基础,是国家法律文明程度的重要标志。作为《法国民法典》的起草者之一的波塔利斯说,民事法律"即使不是构成政府的基础,也是维系政府之所在"。"只有私权利才能保障公权力。"②民法的基本任务是确认和保护民事权利,以权利为本位是发挥民法功能之本。"本"者,根也,不伤根,不离本,充分保护民事权利,乃实现依法治国之本,富民强国之道。从这个意义上说,民法是长治久安法。

第六节 民法的渊源

民法的渊源一词有不同的含义,通常在法学上所说的法的渊源是指法的效力来源,包括法的创造方式和表现形式。这里讲的民法的渊源是指民法的表现形式,以下根据我国民法,结合学理,阐述我国民法的渊源。

一、制定法

《民法总则》第 10 条规定:"处理民事,应当依照法律;法律没有规定的,可以适用习惯,但是不得违背公序良俗。"该条明确规定,法律为民法的渊源。这里的法律应是指广义的制定法,包括以下规范性文件:

(一)宪法中有关民法的规定

宪法是国家的根本法,具有最高的法律效力,是民事立法的根据,不是作为"民法表现形式"的渊源。宪法中有关基本权利的规定是否可以直接适用于民事法律关系,有不同的观点。有学者认为"鉴于宪法高于法律,理论上宪法应该能够直接适用于私人之间事务"。③ 德国的通说认为德国《基本法》一般并不直接涉及私人之间的法律行为,只有《基本法》第 9 条第 3 款是例外。这一款明确规定,旨在限制或者排除建立以维护和促进劳动条件或者经济条件为宗旨的社团

---

① 张文显:《二十世纪西方法哲学思潮研究》,法律出版社 2006 年版,第 427 页。
② 转引自〔日〕大村敦志:《民法总论》,江溯、张立艳译,王轶校订,北京大学出版社 2004 年版,第 15—16 页。
③ 〔法〕雅克·盖斯旦、吉勒·古博:《法国民法总论》,陈鹏、张丽娟、石佳友、杨燕妮、谢汉琪译,法律出版社 2004 年版,第 204 页。

(主要是工会和雇主联合会)的约定,是无效的。① 德国学者创立了"基本权利对第三人的间接效力"理论,这一理论认为:宪法上规定的基本权利不具有私法上的直接效力,基本权利在私法领域产生效力应以民法上的概括条款或者不确定性概念为"桥梁",通过法官对概括条款的"合宪解释",以宪法精神和内容充实之,将基本权利转化为私法规范,从而使基本权利对民事法律关系发生间接效力。② 本书作者认为应当借鉴基本权利对第三人的间接效力说,将宪法的有关规定通过民法的基本原则或者其他概括性条款作为"桥梁",使基本权利对民事法律关系发生效力。这样既维护了宪法的最高效力,又有利于保持民法的稳定性和灵活性。

(二)民事法律

这里说的民事法律是指由全国人民代表大会及其常务委员会制定颁布的民事方面的规范性文件。如《民法总则》《物权法》《合同法》等,其效力仅次于宪法。

有些法律从整体上看其性质属于行政法或者经济法,但是其中有关民事方面的条款,也属于民法规范。例如《城市房地产管理法》中关于土地使用权出让、房地产转让、房地产抵押、房地产租赁等规定,《产品质量法》中关于售出产品不合格的损害赔偿、诉讼时效的规定等。

(三)民事法规

根据宪法规定,国务院有权制定行政法规、发布决定和命令。在我国,行政法规专指作为国家最高行政机关即国务院所制定的一种规范性文件。"行政法规"一词是从规范文件的制定机关的性质而得名的,其内容不限于行政性质的规范,也包括民事规范,其效力次于民事法律。

国务院所属各部(委)在各自权限内所发布的规范性文件,称为部门规章,其中有些属于民事方面的规定。部门规章规定的事项应当属于执行法律或者国务院的行政法规、决定、命令的事项。

(四)地方性法规中的民事规范

省、自治区、直辖市和设区的市的人民代表大会及其常务委员会制定的地方性法规中,有些属于民事规范,这些规范不能与宪法、法律和行政法规相抵触。

(五)特别行政区的民事规范

根据"一国两制"的方针,1997年和1999年我国先后对香港、澳门恢复行使主权,设立香港特别行政区和澳门特别行政区。根据《香港特别行政区基本法》

---

① 〔德〕迪特尔·梅迪库斯:《德国民法总论》,邵建东译,法律出版社2000年版,第519页。
② 参见张翔:《基本权利在私法上效力的展开》,载《中外法学》2003年第5期;〔德〕拉伦茨:《德国民法通论》(上册),王晓晔、邵建东、程建英、徐国建、谢怀栻译,法律出版社2003年版,第110—111页;王泽鉴:《民法总则》,中国政法大学出版社2002年版,第48—49页。

和《澳门特别行政区基本法》的规定，港、澳两地的法律制度基本不变。两地的原有法规中有大量的民法规范。根据《香港特别行政区基本法》第18条和《澳门特别行政区基本法》第18条的规定，全国性法律除列于两个基本法附件三者外，不在该两个特别行政区实施，而这两个基本法的附件三中列举的法律，没有民事法律规范。

（六）国家机关对民事法律规范的解释

根据我国现行法律规定，我国的法律解释分为立法解释和司法解释。在我国有些民事法律内容较为简要的情况下，最高人民法院的司法解释弥补了法律的不足，对实践中出现的新问题的处理起着积极作用。

（七）国际条约中的民事法律规范

国际条约是国际法的主要渊源，不属于我国国内法范畴。但是通过法定程序，国际条约可以具有与国内法同样的拘束力，因此也成为我国民法的渊源之一。《民法通则》第142条第2款规定，中华人民共和国缔结或者参加的国际条约同中华人民共和国的民事法律有不同规定的，适用国际条约的规定，但中华人民共和国声明保留的条款除外。例如，我国参加缔结的《联合国国际货物销售合同公约》，就是我国处理涉外买卖合同关系的一种民法渊源。

二、习惯

依《民法总则》第10条的规定，习惯也可为民法的渊源。适用习惯处理民事纠纷，须具备两个基本条件：一是该事项法律没有规定，即无法律可适用；二是可适用的习惯不违背公序良俗。这里的习惯既包括民间习惯，也包括商业习惯。商人间的交易惯例、村规民约，都为习惯。

三、判例

我国是否应当实行判例法制度，学术界认识不同。有一种观点认为我国应当实行判例法制度，主要理由是判例法与成文法并重是近代立法发展的趋势，成文法不可能概括民法调整的全部社会关系，判例法制度具有提高审判效率、灵活地适应新情况等优点；如果排斥判例法作为法律的渊源，审判人员的自由裁量权太大，不利于法律的统一。有的学者还认为最高人民法院的判例事实上是民法的渊源。主流观点认为我国不应当实行判例法制度，主要理由是判例法制度不适合中国现行政治制度；中国没有判例法历史传统；判例法制度对法官的培训要求很高；判例法制度不民主。同时，应当强化判例的作用。本书作者赞成后一种观点。2010年11月26日发布的《关于案例指导工作的规定》第1条规定："对全国法院审判、执行工作具有指导作用的指导性案例，由最高人民法院确定并统一发布。"第7条规定："最高人民法院发布的指导性案例，各级人民法院审判类似案例时应当参照。"

四、法理

法理是指法的原理。作为民法渊源的法理,是由立法精神演绎而形成的处理民事关系的原理,作为民法渊源的法理的作用在于弥补民法法律规定之不足。《瑞士民法典》第1条第2款规定,如本法无相应规定时,法官应该依据惯例;如无惯例时,依据自己作为立法者所提出的规则裁判。第3款规定,在前款情况下,法官应依据经过实践确定的学理和惯例。我国民法没有规定法理是民法的渊源,但是法理对于解释民法和裁决民事案件实际上起着重要作用。

第七节 民法的效力

民法的效力,又称民法的适用范围,是指民法发生效力的范围,即民法对什么人、在什么地方和在什么时间发生效力。

一、民法对人的效力

民法对人的效力是指民法适用于哪些人。

《民法通则》第8条第2款规定,本法关于公民的规定,适用于在中华人民共和国领域内的外国人、无国籍人,法律另有规定的除外。据此,在我国领域内有中国国籍的自然人,依据我国法律设立的中国法人和其他组织相互之间的民事法律关系,均适用我国民法。外国人、无国籍人在我国领域内的民事关系,一般适用我国法律,但法律另有规定的除外。我国自然人、法人在国外发生的民事关系,一般适用所在地国家的法律,但法律另有规定的除外。

《涉外民事法律关系适用法》规定:当事人依照法律规定可以明示选择涉外民事法律关系适用的法律(第3条)。中华人民共和国法律对涉外民事法律关系有强制性规定的,直接适用该强制性规定(第4条)。外国法律的适用将损害中华人民共和国公共利益的,适用中华人民共和国法律(第5条)。

二、民法在空间上的效力

民法在空间上的效力是指民法在哪些地方发生效力。《民法总则》第12条规定,在中华人民共和国领域内的民事活动,适用中华人民共和国法律,法律另有规定的,依照其规定。这里所说的"领域"是指我国领土、领空、领海,还包括我国驻外使领馆,以及在我国领域外航行的我国船舶和飞行于我国领空以外的我国飞行器等。

由于民事法律规范制定的机关不同,其适用的领域也不同,大体有以下几种情形:(1)适用于我国全部领域的民事法律、法规。全国人民代表大会及其常务委员会制定的民事法律,国务院制定的民事法规,适用于我国全部领域,但法律另有规定的除外。(2)地方性民事法规适用于制定者所管辖的区域之内。(3)香港特别行政区和澳门特别行政区法规中的民事规范,只适用于各该特别行政区。

三、民法在时间上的效力

民法在时间上的效力是指民法生效时间和失效时间,以及民事法律规范对其生效前发生的民事关系有无溯及力。

(一)民法生效的时间

民事法律规范生效的时间一般根据其性质和实际需要而定。主要有以下两种类型:(1)自民事法律规范公布之日起开始生效。有些民事法律规范的施行不需要准备工作,自公布之日起生效。(2)民事法律规范公布后经过一段时间后生效。有些民事法律规范涉及面广,情况比较复杂,需要经过一定准备时间才便于实施的,明文规定法律颁布后的某个时间生效。

(二)民法失效的时间

民法失效的时间是指民事法律规范效力终止的时间。民事法律规范失效的时间主要有以下三种类型:(1)新法直接规定废止旧法;(2)旧法规定与新法相抵触的部分失效;(3)由国家机关颁布专门的决议规定,宣布某些法律失效。

另外,如果新法与旧法规定相冲突时,应适用"新法优于旧法"、"后法优于前法"的原则,以新法、后法为准,这在学理上称为默示废止。

(三)关于民法的溯及力问题

我国的民事法律规范贯彻法律不溯及既往的原则,一般没有溯及力,但也有例外。通常我国民事法律规范的追溯力,体现为"有利追溯"原则。所谓有利追溯原则,是指如果民事法律规范具有追溯力,有利于保护民事权益,就使其具有追溯力。

第二章 民法的基本原则

第一节 民法基本原则概述

一、民法基本原则的含义

民法的产生和发展由习惯到习惯法,由习惯法到成文法,经历了漫长的历史时期。民事立法由民事单行法到民法典,由民法典中没有基本原则的规定到有基本原则的规定,是近现代民法观念和立法技术发展的结果。

什么是民法的基本原则?从汉语语义上讲,原则是指说话或者行事所依据的法则或者标准,民法的基本原则是民事立法、民事行为和民事司法的基本准则。以下从三个方面说明民法基本原则的含义。

(一)民法基本原则是民事立法、民事行为和民事司法的基本准则

民法典中明文规定的基本原则,体现了立法者的指导思想和价值取向,有了正确的基本原则,就能正确地反映民法所调整的社会关系的基本规律。我国民法的基本原则是我国社会主义初级阶段,平等主体的财产关系和人身关系本质和特征的集中反映,它反映了这些社会关系的一般规则与要求。民法的基本原则通常规定在民法典中,在我国规定在《民法总则》中,民事立法包括民事基本法和单行法的内容都应当贯彻民法的基本原则。民事主体的民事行为不仅要遵守具体的民法规范,而且要遵循民法的基本原则;在有的民事行为还没有民事法律规范的情况下,应当依民法的基本原则进行。民事司法不仅要依据民法的具体规定处理案件,而且要以民法的基本原则为依据,理解法律、解释法律和适用法律。

(二)民法基本原则是贯穿于民事法律规范整体的基本准则

民法基本原则是就民事法律规范的整体而言,不同于各种具体民事法律制度的原则。例如,公示、公信原则是物权法的原则,一夫一妻原则是婚姻法的原则,而不是民法整体的基本原则。

(三)民法基本原则是民法调整的社会关系和民法观念的综合反映

法律是它所调整的社会经济、文化和人们生活关系的反映,不同时期不同国家的社会制度不同,法律原则也不同。同一项原则在不同的社会制度不同的时期其内涵也会有所不同。

民事法律是由国家制定的,立法者的法律观念、价值取向对民事立法起着重

要的作用,一定时期的国家政策,也会反映在民事立法政策上。例如,1947年日本修订《民法典》时增加了基本原则的条文(第1条),其中第一项原则是"私权应服从公共福利"。日本实行的是资本主义私有制,民法上却强调私权应服从公共福利,这是在过分强调私权神圣而发生了重大弊端的情况下,国家推行新政策的体现。《民法总则》特别强调对民事权益的保护,该法第3条就规定:"民事主体的人身权利、财产权利以及其他合法权益受法律保护,任何组织或者个人不得侵犯。"

二、学理民法基本原则与法定民法基本原则

(一)学理民法基本原则

学理民法基本原则是从学理上提出的基本原则,通常是由一定的观念、理论为指导概括出来的。民法基本原则是民法观念与理论的结晶,更深的渊源来自法理学乃至经济学、社会学、政治学和哲学的原理。18世纪法国资产阶级高举反封建的旗帜,提倡人权、法治、自由、平等,这些进步的观念和原则在1789年8月公布的《人权宣言》中得到体现,1804年的《法国民法典》具体体现了这些原则。学者概括法国民法有三大原则,即所有权绝对原则、契约自由原则和过失责任原则。事实上,《法国民法典》对此并没有明文规定,但它们确是《法国民法典》的指导原则。其他一些国家的民法典也没有基本原则的条文,但在条文中都会体现立法的指导方针和原则。

(二)法定民法基本原则及其与学理民法基本原则的关系

法定民法基本原则是指在民事基本法中明文规定的基本原则。法定民法基本原则与学理民法基本原则性质不同,法定原则具有法律效力;学理原则只有理论性,没有法律效力。学理基本原则对法定基本原则有指导意义,如果其被立法者采纳,就转化成为法定基本原则。有句法律谚语说:"条理乃法之精神,法之条理变,则法亦变。"[①]足见民法学理对民法影响之大。反之,法定原则一经颁布,也会对民法基本原则的研究起推动作用。

三、民法基本原则的功能

(一)指导功能

民法基本原则的功能突出表现在它的指导性。学者在论述民法基本原则时,强调它是指导原理、指导原则、指导方针。民法的基本原则对民事立法、民事行为和民事司法均有指导意义。

立法者在制定民事法律规范特别是在制定民事基本法时,立法的指导思想

---

① 郑玉波译解:《法谚》(二),台湾永裕印刷厂1988年版,第83页。

是什么？民法所反映的社会经济文化制度的本质和特征是什么？将其落实为概括性条款上就成为民法基本原则。基本原则确定之后，不仅是民事基本法的指导原则，也是各项民事立法的指导原则。

民事主体掌握了民法的基本原则，就能把握民事关系的大方向，在不了解民法具体规定的情况下，懂得民法基本原则，就能大体上懂得应当怎样做，不应当怎样做。

民法基本原则是司法机关处理民事案件的指导准则。司法机关以民法基本原则为指导，才能正确理解、解释和适用民法规范。

(二) 约束功能

民法基本原则对民事立法、民事行为和民事司法都有约束力。民法基本原则对民事基本法中的具体规范和单行民事法规，具有约束力，民事法律规范不能违反民法的基本原则。民事行为受民法基本原则的约束，违反民法基本原则的民事行为不受法律保护。民法基本原则对民事司法活动具有约束力，法官解释和适用民事法律规范应当以民法的基本原则为依据，如果偏离民法基本原则，就会形成错判。

需要研究的一个问题是，当某一民事法律规范违背民法基本原则，或者因为社会实践的发展，某一民法规范已经过时而又未修订，原规定已与民法基本原则相违背时，可否适用民法基本原则处理民事案件？对此有不同的观点。从民事立法和司法的发展历史看，民法的一般条款和基本原则的重要作用在于克服民事法律规范的局限性，必要时司法机关在处理个案时，可以根据民法的基本原则限制法律条文的效力。德国、日本、我国台湾地区都有这种判例，学理上对这种功能称为修正功能。在肯定民法基本原则的修正功能的同时，还应强调适用基本原则处理案件时，应充分阐明理由，应有严格的程序。

(三) 补充功能

民法基本原则在民事法律规范中处于指导与统帅的地位，但是，通常在民事法律规范有具体规定的情况下，必须适用具体规定，不能直接适用民法基本原则。有学者称民法基本原则是"帝王条款"，不可轻易动用，否则就会造成适用法律的偏差和混乱。在民事法律规范没有具体规定的情况下，民法的基本原则对民事法律规范起补充作用。由于立法者的认识有局限性；由于法律具有稳定性，不能朝令夕改；由于社会关系不断发展，立法不可能穷尽一切，因此现行法规往往不能完全适应社会实际需要。在民事法律规范存在漏洞的情况下，需要法院补充法律漏洞，需要法院造法，这是各国民事立法与民事司法经验的总结。补充法律漏洞和法院造法，比根据基本原则限制法律的效力有更高的要求，应当十分慎重，需要针对个案，根据民法基本原则，以正确的理论为指导，说理充分。由于基本原则是没有具体构成要件和后果的抽象规定，如何准确地适用基本原则，需要不断总结经验,形成案例类型。

根据我国《民法总则》的规定,结合学理解释,我国民法的基本原则除前述的"权利不可侵(或称私权神圣)"原则外,还包括:(1)平等原则;(2)自愿原则;(3)诚实信用原则;(4)禁止权利滥用原则;(5)公平原则;(6)公序良俗原则。

第二节 平 等 原 则

《民法总则》第4条规定,民事主体在民事活动中的法律地位一律平等。法国、德国、日本、瑞士等国家的民法典没有明文规定平等原则,学者称其为无须明文规定的公理性原则。平等原则是民法调整的社会关系的性质决定的,没有平等就没有民法,平等原则是民法的其他基本原则的基础。突出平等原则对于划清民法与行政法、经济法的界限,在立法和司法上都有实际意义。

平等原则主要体现在:

1. 民事权利能力平等。《民法总则》第14条规定,自然人的民事权利能力一律平等。民事权利能力平等,即民事主体资格平等。自然人自出生之日起就具有民事权利能力,享有平等的民事主体资格。法人自有效成立时起,具有民事权利能力,享有民事主体资格。法人的业务性质不同,具体业务范围不同,但法人的民事主体资格是平等的。具有民事主体的自然人、法人和其他组织的民事主体资格一律平等。

2. 民事主体地位平等。在民事法律关系中,没有领导和被领导的关系,即使在行政上有隶属关系的上级组织与下级组织,在民事法律关系中,其法律地位也是平等的。无论自然人还是法人,不论所有制性质为何,不论经济实力强弱,民事主体的任何一方都没有凌驾于另一方之上的特权。在一定的财产关系范围内,国家也是民事主体,国家作为民事主体,与其他民事主体也处于平等地位。

3. 民事权益平等地受法律保护。作为民事主体的自然人、法人和其他组织的合法的民事权益都平等地受民法保护,任何组织和个人都不得侵犯。作为调整平等主体的财产关系的民法对财产的保护方法,主要是支付违约金、返还被侵占的财产、赔偿损失等,并不因为民事主体的所有制性质不同或者经济实力不同,保护就不同,承担民事责任就不同。社会上存在的分配不公、贫富差距悬殊等问题,是行政法、经济法和社会保障法解决的问题;民法可以在其功能范围内保护弱者,限制形式上平等而事实上的不平等。例如,对借款利率的限制(《合同法》第204条、第211条),对格式条款有两种以上解释的,应当作出不利于提供格式条款一方的解释(《合同法》第41条中段)等。

第三节 自愿原则

《民法总则》第 5 条规定，民事主体从事民事活动，应当遵循自愿原则，按照自己的意思设立、变更、终止民事法律关系。自愿原则是指民事主体根据自己的意愿，自主地行使民事权利，参与民事法律关系，国家对于民事关系不过多干预。自愿原则是民法调整的财产关系和人身关系的特征的突出反映。没有自愿，商品交换关系难以进行，婚姻关系就难以成立，就没有遗嘱制度，自愿原则是民法的核心原则。

有学者认为自愿的语意含义是指不受强制，自愿原则还不足以反映民事法律关系的性质，应当用私法自治原则代替自愿原则。近代西方民法确立了私法自治原则，什么是私法自治？有学者指出，我们把人的行为自由（如订立合同的自由或设立遗嘱的自由等）称为私法自治。所谓私法自治"是指各个主体根据他的意志自主形成法律关系的原则"。[1] 有学者说："法律制度赋予并且确保每个人都具有在一定范围内，通过法律行为特别是合同来调整相互之间关系的可能性。人们把这种可能性称作'私法自治'。"[2] 现代西方国家对私法自治的限制有所加强，学者提出了合同自由与合同正义（有称合同公正）结合的理论。本书作者认为，应对自愿原则作扩大解释，其内涵和当代西方民法对私法自治原则的确认与限制大体一致。在我国私法自治这个概念容易被人们误解，因此私法自治可以作为学理原则，不宜规定为法定原则。自愿原则主要体现在：

1. 民事主体根据自己的意愿自主行使民事权利。民事主体有自主占有、使用或者处分其所有物，发表作品，转让专利权，设立遗嘱等权利。为体现自愿原则，民事法律有较多的任意性规范。

2. 民事主体之间自主协商设立、变更或者终止民事关系。

3. 当事人的意愿优于任意性民事法律规范。在民事立法上特别是合同法上规定有较多的任意性规范，在有任意性规范的情况下，当事人的协议的效力优于任意性规范的效力。在继承关系中，在有遗嘱的情况下，优先适用遗嘱继承。

第四节 诚实信用原则

《民法总则》第 7 条规定，民事主体从事民事活动，应当遵循诚信原则，秉持

---

[1] 参见〔德〕迪特尔·梅迪库斯：《德国民法总论》，邵建东译，法律出版社 2000 年版，第 142 页。
[2] 〔德〕拉伦茨：《德国民法通论》（上册），王晓晔、邵建东、程建英、徐国建、谢怀栻译，法律出版社 2003 年版，第 54 页。

诚实,恪守承诺。诚信原则亦即诚实信用原则的简称,是对民事主体之间相互关系的基本要求。通常讲的诚实信用属于道德规范,从法律上看,诚实信用源于罗马法中的善意(bona fides)(善良诚实之意),这种善意是被用来为未受法律调整的交易行为产生的诉讼说明理由。法国、德国、日本、瑞士和我国民国时期的民法典都有诚实信用原则的规定。《德国民法典》将诚实信用规定为解释契约(第157条)和履行债务(第242条)的基本原则。后来德国判例和学说将诚实信用提升为民法的一般原则,诚实信用原则具有了法律价值判断、填补法律漏洞和修正制定法的功能。

什么是诚信原则?对此学者论说不一:一是认为是人类社会的理想;二是认为是交易上的道德基础;三是认为与罗马法上的一般的恶意抗辩的意义相同;四是认为是对当事人利益的公平较量。较多的学者赞成第四说。[①] 有学者认为诚实信用原则的基本含义是"心怀善意,没有欺骗"。[②] 诚实信用原则主要是针对民事法律关系中的弄虚作假、欺骗他人、损人利己的行为而形成的基本原则。诚实信用原则侧重于对民事主体的主观要求,但是衡量是否违反诚实信用原则,需要客观地衡量当事人之间的利益来认定。

诚实信用原则主要体现在:

1. 在设立或者变更民事法律关系时,不仅要求当事人诚实,不隐瞒真相,不作假,不欺诈,还应当给对方提供必要的信息。

2. 民事法律关系建立后,当事人应当恪守诺言,履行义务,维护对方的利益,满足对方的正当期待,应当"根据合同的性质、目的和交易习惯履行通知、协助、保密等义务"(《合同法》第60条第2款后段)。

3. 民事法律关系终止后,当事人应当为维护对方的利益,实施一定行为或者不实施一定行为。例如,合同的权利义务终止后,当事人应当遵守诚实信用原则,根据交易习惯履行通知、协助、保密等义务。离婚时,如一方生活困难,另一方应从其住房等个人财产中给予适当帮助。

什么情况属于违反诚实信用原则,需要通过判例,使其类型化。以下是违反诚实信用原则的事例:(1)建筑施工企业谎报资质等级,超出其实际资质等级许可的范围,订立施工合同。(2)债务人交付的商品的瑕疵极小,债权人据此主张退货。(3)债务人履行债务迟延30分钟,债权人没有因此受损失而拒绝受领。(4)借款合同的甲乙双方约定偿还借款可以在任何地点。后来甲乙一起旅行,

---

① 郑玉波:《民法债编总论》,台湾三民书局1978年版,第262页;史尚宽:《债法总论》,中国政法大学出版社2000年版,第330—331页。

② Bryan A. Garner, Editor in Chief, *Black's Law Dictionary* (Ninth Fdition), A Thomson Reuters, Business, 2009, p. 762. 转引自徐洁:《论诚信原则在民事执行中的衡平意义》,载《中国法学》2012年第5期,第55页。

途中遭遇强盗,此时债务人提出还款。(5)甲遗失贵重物品,登报称:拾得人送还遗失物时,给付酬金1万元。乙将拾得的该物送给甲,甲以登报给付酬金是出于无奈,不是真实意思表示为由,拒绝给付酬金。(6)病人出院时请求医院复制其病历,医院拒绝。

第五节　禁止权利滥用原则

禁止权利滥用是否为民法的基本原则,外国民法有不同的规定,我国学者也有不同的观点。《德国民法典》和我国民国时期的民法典将禁止权利滥用规定在总则编关于权利的行使一章,德国判例认为禁止权利滥用原则适用于全部私法领域,尤其是商法及工商财产权的保障方面。《日本民法典》和《瑞士民法典》将禁止权利滥用作为基本原则规定在总则中,与诚实信用原则并列。《法国民法典》虽然没有禁止权利滥用的规定,但学说和判例都承认禁止权利滥用原则。我国《宪法》第51条规定,中华人民共和国公民在行使自由和权利的时候,不得损害国家的、社会的、集体的利益和其他公民的合法的自由和权利。《民法总则》在一般规定中未规定禁止权利滥用原则,但在民事权利中于第132条规定,"民事主体不得滥用民事权利损害国家利益、社会公共利益或者他人合法权益。"本书作者认为禁止权利滥用应当成为我国民法的基本原则。

禁止权利滥用原则是民事主体行使民事权利的界限。权利都有一定的界限,没有不受任何限制的权利。行使民事权利,超出了一定界限而损害他人权益或者公共利益的,是权利滥用。通说认为,构成权利滥用需具备三个条件:一是当事人有权利存在;二是权利人有行使权利的行为;三是当事人的行为有滥用权利的违法性。

怎样认定滥用权利的违法性,各国规定的条件不同:《德国民法典》规定是权利的行使专以损害他人为目的(第226条);我国民国时期民法典规定是权利的行使违反公共利益,或以损害他人为主要目的(第148条);《瑞士民法典》规定是明显地滥用权利(第2条第2款)。我国台湾地区判例认为,对权利的行使自己所得利益极少,而他人及社会所受之损失甚大者,为权利滥用。

对滥用权利的法律后果,《瑞士民法典》规定"不受法律保护"。不同的权利滥用的后果不同,应区别对待。权利人虽滥用权利,但其原有权利并不丧失,例如在对越界建筑不宜拆除的情况下,权利人有权请求赔偿损失或者采取其他补救措施。

对诚实信用原则和禁止权利滥用原则的关系,学者有不同的观点,主要有两说:一说认为诚实信用原则是最高原则,禁止权利滥用原则是违反诚实信用原则的效果;二说认为诚实信用原则是从主观上要求建立的权利的内在界限,禁止权利滥用原则是划出权利的客观界限。民法就权利的行使,自主观的及客观的两方面作规定,二者的范围有时偶然一致,但其基准不同。① 从外国判例看,二者有重合现象,难以绝对区分清楚,但是权利滥用有其不同于一般的违背诚实信用原则的特点。

认定是否权利滥用,主要是从行为人的利益和他人或者社会受到的损害程度的比较,根据不同情况判断。以下举例说明:(1)故意损害邻人利益。一被告设置一段高10.15米,长15.80米,漆成黑色的木版围栏,目的是使邻人具有"监狱的感觉",法国法院判决被告拆除该围栏。(2)对越界建筑的处理。比利时法院认为,越界建筑侵犯邻人权利轻微,要求拆除建筑,是权利滥用;我国台湾地区也有这类判例。法国法院对侵犯地产的违法建筑减损了地产的功用的,判决拆除该建筑。(3)被上诉人本于所有权请求上诉人拆除地上变压设备,地上变压设备一旦被拆除,高雄市都会区居民的生活将陷于瘫痪,所有生产工厂均将停顿。我国台湾地区法院判决认定被上诉人行使权利违反公共利益,应为法所不允许。(4)某石油公司向缔约人出借一些专门的罐,借用人考虑到为避免罐体穿底,以及将罐从土中取出后恢复土地原状的费用,提出归还出借人类似的新罐,或者给付相当的价金,但是出借人拒绝了这一建议,要求归还原来出借的罐。法国法院判决认定出借人滥用权利。(5)股东权的滥用。股东对股东大会的决议提起撤销之诉,因股东引发的法律纠纷,使公司在很长时间内无法采取必要的经济措施。股东此举的目的,是迫使公司以高出股票价值数倍的价钱来购买股东的股票,对此德国法院判决为权利滥用。在法国,关于股东大会上多数股东滥用权利的判例非常多,也有少数股东滥用权利的判例。②

第六节 公 平 原 则

《民法总则》第6条规定,民事主体从事民事活动,应当遵循公平原则,合理确定各方的权利和义务。外国民事立法对公平原则大多有明文规定。例如,《法国民法典》第1135条规定,契约不仅对其中所表述的事项具有约束力,而且对公平原则、习惯以及法律依其性质赋予债的全部结果具有约束力。《德国民法典》规定,给付应由合同的一方或者给付第三人确定的,有疑义时,必须认为是依照公平裁量确定的(第315条第1项、第317条第1项)。

公平是人类社会的崇高理念,也是基本的法律价值理念。何谓公平?不同社会不同时期不同的人会有不同的公平观。公平与否,应当从我国民法的

---

① 史尚宽:《债法总论》,中国政法大学出版社2000年版,第336—337页。
② 关于禁止权利滥用原则的举例,参见〔法〕雅克·盖斯旦、古勒·古博:《法国民法总论》,陈鹏、张丽娟、石佳友、杨燕妮、谢汉琪译,法律出版社2004年版,第700—744页;王泽鉴:《民法总则》(增订版),中国政法大学出版社2002年版,第553页。

基本精神出发,以我国现阶段的交易习惯和人们的一般观念为标准。民法上讲的公平,是指民事主体之间的利益平衡,公平原则是衡量当事人之间利益的标准。

公平原则和诚实信用原则既有联系,又有区别。认定是否违反公平原则或者诚实信用原则,都是在客观上判断当事人之间的利益是否失衡,这是其共同点。不同之处在于诚实信用原则主要是从道德观念上要求当事人应当怎样做,不应当怎样做,在人身关系方面贯彻诚实信用原则,更注重道德标准。公平原则主要是从客观上判断当事人之间的利益是否失衡。国际统一私法协会制定的《国际商事合同通则》(1994年5月)第1.7条规定,每一方当事人在国际贸易交易中应依据诚实信用和公平交易的原则行事。这一规定采用了诚实信用与公平两个概念,而不是以诚实信用原则涵盖公平交易原则。另外,对于认定是否权利滥用,有时也需要用公平原则考量。[①] 公平原则比诚实信用原则的层次更高,内涵更丰富。

公平原则主要体现在:

1. 当事人的权利与义务的平衡。当事人之间设立的相互的权利与义务应当是平衡的。在合同关系中的公平不是要求绝对等价,一般应当有相近的价值。当事人出于自愿形成利益不平衡的,法律上不受限制,以体现自愿原则。

民法规定的当事人之间的权利与义务体现了公平原则,当事人除另有约定外,通常都以法律规定作为处理其相互关系的依据。民法还规定,对显失公平的民事法律行为,当事人有权请求撤销(《民法总则》第151条)。合同订立后,在发生情事变更时,应当根据公平原则,变更或者解除合同。

民事主体在精神利益关系上,也应贯彻公平原则。例如共同的作品、发明、发现的署名先后,应当以贡献大小为序。公平原则也适用于亲属法,德国"民法典中规定了许多特别的适用情形,如亲属法中的众多公平条款"。[②]

2. 当事人承担民事责任的平衡。例如,在适用过错责任原则的情况下,有过错的承担责任,双方都有过错的,由双方各自承担相应的责任;在赔偿损失责任中实行过失相抵,损益相抵。法律规定在一定情况下适用无过错责任原则,例如从事高度危险作业,造成他人损害时,不问从事高度危险作业者有无过错,都应当承担民事责任,体现了对弱者的保护。《合同法》第119条规定,当事人一方违约后,对方应当采取适当措施防止损失的扩大;没有采取适当措施致使损失扩大的,不得就扩大的损失要求赔偿。这些规定都体现了公平原则。

---

① 参见〔法〕雅克·盖斯旦、吉勒·古博:《法国民法总论》,陈鹏、张丽娟、石佳友、杨燕妮、谢汉琪译,法律出版社2004年版,第739—741页。

② 〔德〕迪特尔·梅迪库斯:《德国民法总论》,邵建东译,法律出版社2000年版,第114—115页。

3. 风险负担的平衡。在合同履行过程中有时会发生意外风险,风险损失应当由哪一方负担,应当根据公平原则确定。例如,在一般情况下,所有权转移,风险即随之转移。

第七节 公序良俗原则

一、公序良俗原则

《民法总则》第 8 条规定:"民事主体从事民事活动,不得违反法律,不得违背公序良俗。"该条规定了合法性和公序良俗原则。法国、德国、日本和我国民国时期的民法典都规定,违反公共秩序或者善良风俗的法律行为无效。公共秩序和善良风俗为多国民法典通用的规范用语。

公共秩序是指社会的存在及其发展所必要的一般秩序。[①] 通常,违反禁止性规定的,即为违反公共秩序。法律难以将禁止性规定列举周全,公共秩序比禁止性规定的外延宽,除包括涉及公共秩序的现行法律规范外,还包括现行法律没有规定的某些情况。

善良风俗是指社会的存在及其发展所必要的一般道德。[②] 作为民法基本原则的善良风俗,是将人们应当遵守的最低限度的道德法律化,故意违背应当遵守的最低限度的道德,就是违反善良风俗原则。

关于公共秩序与善良风俗的关系,学者通说认为二者的范围大致相同,有时难以区分,不过一则是从社会秩序方面立论,一则是由人们道德方面着眼,概括起来就是要求行为具有社会妥当性。

公序良俗原则是维护国家和社会利益的需要,是约束民事行为的最低要求,是当事人行为自主的底线,不可逾越。

社会在不断发展,人们的观念在不断变化,公共秩序和善良风俗的内涵也会随之变化。在司法实践中适用公序良俗原则,认定民事行为无效,是个比较复杂的问题,应当以整个法律的价值体系和一般道德观念为基准,区分不同的情况,慎重裁量。以下是可供参考的违反公序良俗原则的立法例和例判:(1)利用他人处于急迫情势、没有经验、缺乏判断力或者意志显著薄弱,以法律行为使他人为某项给付,而向其自己或者第三人许诺或者给予和该项给付明显地不相当的财产利益(《德国民法典》第 138 条第 2 项,对此学理上称为暴利行为)。(2)恶意串通,损害他人合法权益(《民法总则》第 154 条)。(3)滥用垄断地位,规定

[①] 史尚宽:《民法总论》,中国政法大学出版社 2000 年版,第 334 页。
[②] 同上书,第 335 页。

不合理的流通条件,违背流通所需要的合理的法律秩序,获得不合理的好处。(4)订立限制人身自由或者限制近亲属正常往来的合同。(5)以婚外同居为条件赠与财产。(6)订立借腹生子协议。(7)订立以实施犯罪行为为目的的协议。

二、绿色原则

《民法总则》第9条规定:"民事主体从事民事活动,应当有利于节约资源,保护生态环境。"保护环境是宪法的要求,进行生态文明建设,实现可持续发展的理念是国家的发展战略。该条确立的绿色原则,正是贯彻宪法、实现国家发展战略的要求。坚持绿色原则,就是要坚持人与自然和谐的和谐价值观。这一原则要求民事主体在从事民事活动时,应从有利于节约资源、保护生态环境出发,以是否有利于节约资源、保护生态环境作为应否从事相关民事活动的考量。民事主体从事民事活动,造成资源浪费、生态环境破坏的,应承担相应的民事责任。

第三章 民事法律关系

第一节 民事法律关系的概念与意义

一、民事法律关系的概念与特征

德国学者萨维尼在理论上首次系统地使用法律关系概念,他简要讲了法律关系的一般问题,但基本是讲私法领域的法律关系。后来法律关系概念被法理学和其他部门法学广泛采用,苏联民法学者首创民事法律关系概念,我国民法学者多采用此概念。

民事法律关系有广狭二义,广义的民事法律关系是指民法调整社会关系而形成的具有法律意义的社会关系;狭义的民事法律关系是指在现实生活中形成的以民事权利和民事义务为基本内容的社会关系。狭义的民事法律关系有以下特征:

(一)民事法律关系是民法调整平等主体之间的财产关系与人身关系所形成的社会关系

平等主体之间的人身关系与财产关系通过民法调整,形成民事法律关系。例如,商品交换关系是经济关系,通过民法调整就形成民事法律关系,典型的是买卖合同关系;某男与某女是朋友关系,如果他们根据婚姻法结婚,就形成夫妻关系。

(二)民事法律关系是基于民事法律事实而形成的社会关系

有民事法律规范和民事法律事实才会形成具体的民事法律关系。例如,有物权法,有属于某人所有的房屋的事实,才会形成所有人与非所有人之间的所有权关系;有合同法,有甲乙二人协商一致进行商品买卖的事实,才会形成甲乙之间的买卖合同关系。民事法律规范为确定法律事实的根据,民事法律事实为民事法律关系变动的原因。

(三)民事法律关系是以民事权利和民事义务为基本内容的社会关系

民事法律关系的基本内容是民事权利和民事义务。传统民法不严格区分义务与责任,通常讲民事法律关系以权利义务为内容,实际上包括了责任在内。我国民法严格区分债务与责任,基于民事责任发生的关系也是一种民事法律关系,即民事责任关系。在法理学上对这种关系称为保护性法律关系,有的称为第二性法律关系。

综上所述,民事法律规范是民事法律关系发生的根据,民事法律事实是民事法律关系发生的原因,民事法律关系是民法调整平等主体之间的人身关系和财产关系的结果。

二、民事法律关系的意义

(一)民事法律关系理论是打开民法殿堂的钥匙

通过民事法律规范,使其调整的社会关系形成民事法律关系,民法的功能才能得到实现,民事法律关系是民法在社会生活中发挥作用的形式。"法书万卷,法典千条,头绪纷繁,莫可究诘,然一言以蔽之,其所研究或所规定之对象,要不外法律关系而已。"①民事法律关系是民法学的基本概念和基础理论,民法体系庞大,内容纷繁,民法学博大精深,掌握了民事法律关系理论,就掌握了打开民法殿堂的钥匙,就能把握民法和民法学的主线和脉络,达到纲举目张、以简驭繁的功效。

(二)民事法律关系是处理民事案件的思维方法

处理民事案件的核心是处理民事法律关系。处理民事案件,首先需要搞清楚案件的性质是否民事法律关系;如果不是民事法律关系,就不能适用民法处理案件。如果是民事法律关系,需要识别是哪种民事法律关系,是物权关系还是合同关系,是买卖合同关系还是赠与合同关系等。在此基础上分析案件的全部事实,根据有关法律或者当事人的约定,确定当事人各有什么权利、义务,谁应承担民事责任。这是正确处理民事案件的基本思维方法。

三、民事法律关系与民法体系

私法的核心概念是权利还是法律关系,在法学史上存在着一个反反复复的认识过程。萨维尼认为,权利的深层次基础在于法律关系,萨维尼讲的私法体系是在区分法律关系的基础上构建的。在冯·图尔于1910年提出权利是私法的核心概念之前,法律关系是居于私法的核心位置的,后来法律关系丧失了其自萨维尼时代以来的核心地位。② 近代以来,越来越多的学者对权利的核心地位提出了批评,有些人主张应当用法律关系来取代权利,变法律关系为核心概念。至今具有代表性的著名的德国学者对这个问题仍然存在着分歧,拉伦茨说:"私法的第一个基本概念是作为'权利主体'的人,即权利的所有者和义务的承担者,第二个基本概念就是法律关系。"③

---

① 郑玉波:《民法总则》,中国政法大学出版社2003年版,第93页。
② 申卫星:《期待权基本理论研究》,中国人民大学出版社2006年版,第17—18页。
③ 〔德〕拉伦茨:《德国民法通论》(上册),王晓晔、邵建东、程建英、徐国建、谢怀栻译,法律出版社2003年版,第255页。

有学者赞成民法以权利为本位,同时认为民法应当以权利为核心,这是一种思路。本书作者的思路是,我国民法应当以民事权利为本位,以民事法律关系为核心。前者是就民法的本质属性和基本任务而言,属于价值判断问题;后者是就民法规范结构而言,属于立法技术问题。民事权利、民事义务与民事责任是民法规范结构的基石。

本章章名为民事法律关系,内容是民事法律关系的导论,犹如作为一幢巨型建筑物的民法的总平面图。本书第一编总论的基本内容是民事法律关系总论,其中第四章至第六章自然人、法人和非法人组织,是讲民事法律关系主体;第七章讲民事法律关系的客体;第八章至第十章民事行为、代理、诉讼时效、除斥期间与期限,是讲民事法律关系变动的原因。这一编的结构犹如一幢巨型建筑物的总结构图。第二编至第六编分别是物权、债权、继承权、人身权和侵权责任,是各种类型民事法律关系的展开,分论的结构犹如一幢巨型建筑物中相对独立的建筑物。各种民事法律规范,各种民法学著作,大体上可以分解在以上全部体系结构的有关部分之中,不过每项民事法律规范、每篇著作的重点不同、详略有别而已。在这个意义上可以说,民法是民事法律关系法,民法学是民事法律关系学。

第二节 民事法律关系的要素

一、民事法律关系的主体

民事法律关系的主体,简称民事主体,是指参加民事法律关系,享有民事权利、负有民事义务和承担民事责任的人。近现代各国民法典规定的民事主体多为两种,即自然人和法人。根据《民法总则》的规定,我国的民事主体有自然人、法人和非法人组织。在有些情况下,国家也作为民事主体,参与民事法律关系,例如发行国债。

通常称参加民事法律关系的主体为当事人。当事人中,享有权利的一方为权利主体,称权利人;负有义务的一方为义务主体,称义务人;承担责任的一方为责任主体,称责任人。多数民事法律关系当事人双方都既享有权利,又负有义务;既是权利主体,又是义务主体。如买卖合同关系、租赁合同关系、夫妻关系等。有些民事法律关系中,一方仅为权利人,只享有权利,不承担义务;另一方仅为义务人,只承担义务,不享有权利,如赠与合同关系。

民事法律关系可以是双方的,也可以是多方的。每一方当事人可以是一人,也可以是两个以上的人。在不同的民事法律关系中当事人的称谓不同,例如,在所有权关系中是所有人与非所有人,在买卖关系中是买受人与出卖人,在侵权关系中是侵权人和被侵权人等。

二、民事法律关系的客体

什么是民事法律关系的客体,学者的阐述不同,较多的著述认为民事法律关系的客体是指民事权利和民事义务指向的对象。确切地说,民事法律关系的客体是指民事权利和民事义务所由发生的事物。民事主体因一定的客体而发生联系,才能产生相应的权利义务,是客体决定内容,而不是内容决定客体。民事法律关系的客体既是民事权利与民事义务的依托,也是确认民事法律关系性质的重要依据。例如,客体是物的民事法律关系是物权关系,客体是智力成果的民事法律关系是知识产权关系。

关于民事法律关系的客体,详见本书第一编第三分编。

三、民事法律关系的内容

通常,民事法律关系的基本内容是民事权利和民事义务,民事责任是维护正常的民事法律关系的保障。在发生民事责任的情况下,其内容是民事权利和民事责任。

不同的民事法律关系有不同的内容,不同的民事权利义务是不同的民事法律关系的具体表现,也是民事法律关系性质的具体表现。因此,从民事法律关系的内容也可以认定该项民事法律关系的性质。例如,某项合同是买卖合同还是承揽合同,有时当事人之间会发生争议,在这种情况下,认定该项合同性质的根据是该合同内容,即根据当事人约定的权利、义务和责任认定其性质。

民事法律关系是主体、客体、内容三个要素不可分离的有机整体,主体为权利、义务、责任的所属,客体为权利、义务、责任的所附,内容为权利、义务、责任的具体化。

第三节 民事法律事实

一、民事法律事实的概念

民事法律事实是指能够引起民事法律关系的发生、变更或者消灭的客观现象。这里讲的民事法律事实即传统民法学上讲的法律事实,由于法律事实这个概念已发展成为法理学上的概念,因此我国民法学上将法律事实改称民事法律事实。

不是任何事实都能成为民事法律事实,哪些事实属于民事法律事实,是民法上的价值判断问题。只有受民法调整,能够引起民事法律关系发生、变更或者消灭的事实才是民事法律事实。例如,购买车票、戏票、彩票,拾得遗失物,多付了货款,发表文章,完成发明,医疗事故,撞伤他人等是民事法律事实,睡觉、起床不是民事法律事实;结婚是民事法律事实,恋爱不是民事法律事实;有些客观现象,如潮起潮落,寒来暑往,不是民事法律事实。客观现象因民事法律规范的规定而成为民事法律事实,例如,法律规定了诉讼时效期间,诉讼时效期间的经过就是民事法律事实。

二、民事法律事实构成

有时民事法律关系的发生、变更或者消灭,只需要一个民事法律事实。例如,根据合同法,当事人有权随时解除委托合同,委托人或者受托人行使解除权这样一个民事法律事实,委托合同即告终止。有时民事法律关系的发生、变更或者消灭,需要有两个以上的民事法律事实。例如,遗嘱继承关系的发生,需要被继承人留下有效的遗嘱、被继承人死亡和遗嘱继承人接受遗嘱继承三个民事法律事实。引起法律关系发生、变更或者消灭的两个以上的民事法律事实的总和,称为民事法律事实构成,又称民事法律事实结合。

三、民事法律事实的分类

民事法律事实可分为行为和非行为事实两类。

(一) 行为

行为是指人有意识的活动。人的行为是人有意识的身体动、静。"动"为"作为","静"为"不作为",总称为"行为"。从民法上看,应作为而不作为,应不作为而作为,都会发生一定的民事法律后果,故"作为"与"不作为"都可成为民事法律事实。行为是主要的民事法律事实,涉及范围很广,例如,抛弃所有权、继承财产、订立合同、转让商标使用权、董事会决议、汇票背书等,不胜枚举。

以是否合法为标准,行为可分为合法行为和违法行为两类,违法行为包括侵权行为和债务不履行行为。以是否以意思表示为要素为标准,行为可分为民事法律行为、准民事法律行为(见本书第八章第一节)和事实行为。事实行为,是指行为人没有产生一定民事法律后果的意思表示,根据法律规定发生一定民事法律后果的行为。例如,拾得遗失物、无因管理等。

此外,行政行为和司法行为,有时也会发生一定的民事法律后果,例如,国家财政机关向机关法人按预算拨款、法院裁决某项财产归原告或者归被告所有等。

(二) 非行为事实

非行为事实是指行为以外的,能够引起民事法律关系发生、变更或者消灭的事实,学理上又称自然事实,其中又分为事件与状态。

事件是指某种客观现象的发生。例如,人的出生、死亡,发生自然灾害,爆发战争等。状态是指某种客观现象的持续。例如,物的继续占有、生死不明、时间的经过等。

有学者不区分事件与状态,仅用事件的概念。区分事件与状态有法律意义。例如,战争爆发可能是当事人无法预料的,战争爆发是事件,可认定战争为不可抗力而免除债务人的义务与责任。战争持续进行是为状态,在战争状态下当事人订立合同,则当事人不能主张将战争状态认定为不可抗力而请求免责。

第四节 民事权利、民事义务、民事责任

一、民事权利

(一) 民事权利的概念

关于权利的概念,法理学界有多种表述。我国法理学界占主导地位的观点采手段说。民法学者对民事权利的释义有多种,参考利益说、法力说和手段说,可将民事权利的概念简要表述为:民事权利是民事主体实现其特定利益的法律手段。以下简要阐释民事权利的含义:

1. 民事权利是民事主体享有的特定利益。民事权利有许多类型,有不同的名称,内涵各有不同,总的来说都体现为民事主体的特定利益。《民法总则》第3条规定,民事主体的合法权益受法律保护。这里说的"权益"包括权利和利益。人们在社会生活中有各种利益,有些利益不是法律调整的范围;有些利益受民法的保护,但是没有权利之名,学理上称之为"法益"。

2. 民事权利通常是指宪法和民法确认的权利。随着社会的发展,民事权利会有所增加,在法律尚未明文规定而社会实践又有需要的情况下,根据民法的基本原理原则,通过判例或者司法解释认可新的民事权利是必要的。例如,德国民法上的营业权和一般人格权就是判例所确认的。

权利的内容既可以来源于法律规定,也可以在私法自治的范围内来源于当事人约定。

3. 民事权利受国家强制力保障。根据自愿原则和私法自治的原理,义务人不履行义务或者民事权利受到侵害时,民事责任的承担一般可以由当事人可以协商解决,也可以请求有关国家机关采取强制措施保障权利人的权利。

(二) 民事权利的分类

民事权利的种类多,性质各有不同,将各种民事权利分类,有助于掌握不同类型民事权利的性质、特点、功能和民事权利的全貌,有助于正确理解和行使民事权利,正确处理民事纠纷。根据不同的标准,可以对民事权利作不同的分类。

1. 财产权与人身权

以民事权利所体现的利益的性质为标准,民事权利可分为财产权与人身权。财产权是以财产利益为内容的权利,包括物权、知识产权和债权等。人身权是以

人身利益为内容的权利。人身权又分为人格权和身份权,人格权有生命权、姓名权、名誉权等;身份权有配偶权、亲属权等。对于法人是否有人格权,学者有不同的观点。法人享有民事主体资格,根据《民法总则》第110条第2款的规定,法人、非法人组织享有名称权、名誉权、荣誉权等,据此可以认定法人享有人格权,但法人的人格权与自然人的人格权的内涵不同。

财产权与人身权的性质不同。财产权有财产价值,可以用货币衡量;财产权一般可以转让、继承,依法可以抛弃。人身权不直接体现财产利益,不能用货币衡量;人身权不能放弃、转让和继承。在特定条件下,有些人身权的行使可能形成财产价值,例如,自然人享有肖像权,肖像可以有偿使用或者转让。

知识产权的性质有特殊性。顾名思义,知识产权是财产权,但知识产权中又有人身权因素。例如,著作权(又称版权)中的署名、发表、修改等权利,属于人身权。

继承权与人身关系有密切联系,法定的近亲属享有继承权。遗产通常由法定继承人继承,但是,被继承人也可以立遗嘱将遗产给予法定继承人以外的人。继承权的内容是财产权。

有学者提出社员权是独立的民事权利。社员权是民法上的社团成员基于其成员地位享有的权利。例如,具有社团法人地位的公司的股东和具有社团法人地位从事公益事业的社团的成员,在民法上都称为社员,享有社员权。社员有参与社团的管理、监督的权利。有些社团的社员权有财产权,例如,公司的股东有分得公司利润的权利;有些社团的社员没有财产权。

虽然将民事权利区分为财产权和人身权不十分精确,但是应当肯定它是民事权利的基本分类。例如,知识产权和社员权既有财产因素,又有人身因素,除法律有特别规定外,具有财产因素的方面适用财产权的有关规定,具有人身因素的方面适用人身权的有关规定。

2. 支配权、请求权、形成权、抗辩权

以民事权利的作用为标准,民事权利可分为支配权、请求权、形成权、抗辩权。

(1) 支配权。支配权是指权利人可以直接支配权利客体、具有排他性的权利。支配权的作用有两个方面:从积极方面说,权利人可以直接支配其权利客体,以满足自己的需要,不需要他人行为的介入。从消极方面看,权利人可禁止他人妨碍其支配行为,具有排他性。物权是典型的支配权,著作权、专利权、商标专用权等也是支配权。

(2) 请求权。根据德国民法理论,请求权是指权利人请求他人作为或者不作为的权利。根据我国民法区分义务与责任的原理,请求权是指权利人请求义务人履行民事义务或者请求责任人承担民事责任的权利。请求权是基于基础权利而发生的,有基础权利,才能有请求权。例如,债权是基础权利,订立了买卖合同,有了买卖之债,买卖双方各有请求权,买受人有请求出卖人交付标的物的权利;出卖人有请求买受人支付价款的权利。再如,民事权益被侵害而造成损失的,被侵权人有赔偿损失请求权。

(3)形成权。形成权是指权利人以自己的意思表示,使民事法律关系发生、变更或者消灭的权利。例如,法定代理人行使承认权,使未成年人实施的民事法律行为发生效力;选择权人行使选择权,使选择之债变成简单之债;当事人一方行使解除权而解除合同等。属于形成权的有追认权、选择权、撤销权、抵销权、解除权及继承权的抛弃权等。形成权由法律规定或者当事人约定,没有法律规定或者当事人事先约定的,当事人一方的意思表示不能使民事法律关系发生、变更或者消灭。

(4)抗辩权。抗辩权是指对抗他人行使权利的权利。抗辩权通常对抗的是请求权,但不限于请求权,对于其他权利的行使也可以抗辩,例如,对抵销权行使的抗辩。对抗辩权的抗辩有学者称为再抗辩,或者称为准抗辩。

根据抗辩权作用的不同,抗辩权可分为永久性抗辩权和延期性抗辩权。永久性抗辩权是指权利人有永久阻止他人行使权利的权利。例如,诉讼时效期间届满后,债权人请求债务人履行债务,债务人可提出诉讼时效期间届满的抗辩,这种抗辩权可以永久行使。延期性抗辩权是指权利人在一定时期内可以提出的抗辩权。例如,当事人互负债务,没有约定履行顺序的,应当同时履行;一方当事人自己未履行而请求他方先履行时,他方有权拒绝其履行请求(《合同法》第66条),此为同时履行抗辩权,属于延期性抗辩权。这种抗辩权只能在相对人没有先履行合同的情况下,发生阻止对抗相对人的作用。

抗辩权的作用在于对抗和阻止他人行使权利,但他人的权利并不因此而消灭。通常,抗辩权的行使以权利存在并且提出请求为前提,在未提出请求权的情况下,抗辩权无从行使。在权利已经消灭的情况下,不适用抗辩权。例如,债务已经履行,债权已消灭,一方如果提出请求他方履行债务,他方有权拒绝,否认其权利存在,这在性质上可称否认权,不属于抗辩权。

3. 绝对权与相对权

以民事权利的效力范围为标准,民事权利可分为绝对权与相对权。

绝对权是指无须通过义务人实施一定的行为即可实现,并可以对抗不特定人的权利。物权、人格权、知识产权属于绝对权。绝对权有两个特征:一是权利人无须通过义务人的行为,自己可以直接实现其权利;二是义务主体是不特定的,因此又称对世权。

相对权是指必须通过义务人实施一定的行为才能实现,只能对抗特定人的权利。债权是典型的相对权。相对权有两个特征:一是权利人自己不能直接实现其权利,必须通过义务人的行为其权利才能实现;二是只能请求特定的人为一定行为,义务主体是特定的人,因此,又称对人权。

4. 主权利与从权利

以民事权利的依存关系为标准,民事权利可分为主权利与从权利。

主权利是相互关联的两个民事权利中,能够独立存在的权利。从权利是不能独立存在而从属于主权利的权利。例如,为担保债权的实现而设立的保证之债的债权为从权利,被担保的债权为主权利。抵押权、质权、留置权对于其所担保的债权而言均为从权利。主权利与从权利是在相关联的法律关系中相对应的概念,没有主权利,则从权利不能存在;没有从权利,无所谓主权利。因此,不能笼统地说所有权、债权是主权利。

主权利与从权利的主从关系主要体现在:(1)主权利存在,从权利才能存在。主权利因履行、抵销、免除等原因而消灭时,从权利同时消灭。(2)在一般情况下从权利不能与主权利分离而单独转让。

5. 专属权与非专属权

以民事权利与主体的关系为标准,民事权利可分为专属权与非专属权。

专属权是指专属于某特定民事主体的权利。人格权、身份权均为专属权。专属权一般不得让与和继承,但也有例外,例如企业的名称权。

非专属权是指不属于某特定民事主体专有的权利。非专属权可以让与和继承。财产权通常为非专属权,但也有专属权,例如矿藏、水流等的所有权归国家,为专属权。

6. 既得权与期待权

以民事权利是否已经取得为标准,民事权利可分为既得权与期待权。

既得权是指权利人已经取得而可以实现的权利。例如,因购买房屋而取得的房屋所有权。期待权是指将来可能取得的权利。例如,民事行为中附条件或者附期限的权利、继承开始前继承人的权利等属于期待权。

7. 原权与救济权[①]

以权利发生的先后及相互关系为标准,民事权利可分为原权(又称原权利)与救济权。

原权是原有民事法律关系中存在的权利。例如,基于有体物而发生的所有权,基于合同而发生的债权等。救济权是原权受到侵害或者有受到侵害的现实危险时发生的权利,其目的在于救济被侵害的原权。权利人请求责任人承担民事责任的权利都属于救济权。

(三)民事权利的行使

民事权利的行使是指民事权利主体实现其权利的行为。民事权利的行使是

[①] 参见李宜琛:《民法总则》,台湾正中书局1977年版,第51—52页。

实现民事权利内容的过程,民事权利的实现是民事权利行使的结果。例如,出卖人请求买受人支付价款,是出卖人行使债权;买受人支付价款后,出卖人就实现了债权。

行使民事权利的方法有多种多样,大体上可概括为事实行为方法和民事法律行为方法两种。例如:占有或者消费所有物、使用已注册的商标等,不以意思表示为要素,是以事实行为的方法行使民事权利。所有人出卖其所有物,专利权人转让专利权等,需要订立合同,以意思表示为要素,是以民事法律行为的方法行使民事权利。

民事权利的行使,是民事主体的自由。《民法总则》第130条规定:"民事主体按照自己的意愿依法行使民事权利,不受干涉。"民事权利主体行使民事权利应依权利的目的行使,不得滥用权利。依《民法总则》第131条的规定,民事主体行使权利时,应当履行法律规定和当事人约定的义务。

(四)民事权利的保护

民事主体享有的民事权利受到他人侵害时,需要通过法律手段予以保护。民事权利的保护方法分国家保护和自我保护两种。

1. 民事权利的国家保护

民事权利的国家保护,又称公力救济,是指民事权利受到侵害时,由国家机关通过法定程序予以保护。国家保护民事权利是由多种机关采取多种手段完成的,经常性的是由民事权利主体提起民事诉讼,请求法院予以保护。

2. 民事权利的自我保护

民事权利的自我保护,又称私力救济,或者称自力救济,是指民事权利受到侵害时,权利人在法律规定的限度内,自己采取必要的措施保护其权利。

(1)自卫行为

自卫行为是当民事权利受到侵害或者有受到侵害的现实危险时,权利人采取必要的措施,以防止损害的发生或者扩大。自卫行为有正当防卫和紧急避险两种形式。

正当防卫是指为了保护本人或者他人的民事权益或者公共利益,对于现实的不法侵害采取的防卫行为。正当防卫必须具备的条件是:① 有不法侵害。若是合法的侵害,不得对其进行防卫行为,例如主管机关依法拆除违章建筑物。② 须为现实的不法侵害,不是过去或者将来的。防卫须有紧迫性,没有紧迫性,能采取别的方式保护的,不应当采取防卫行为。③ 正当防卫只能针对不法侵害人,不能对侵害人以外的人实施。④ 防卫的目的是为了保护本人或者他人的合法民事权益或者公共利益。⑤ 正当防卫不得超过必要的限度。防卫超过必要限度的为防卫过当,防卫过当造成他人不应有的损害的,应负赔偿责任(《民法总则》第181条第2款)。

紧急避险是为了避免本人或者他人的民事权益或者公共利益受到急迫的危险所为的行为。紧急避险必须具备的条件是：① 须有急迫现实的危险存在。引起危险的原因不论人的行为、意外事故、自然灾害、动物的侵害等都包括在内。② 须是关系到本人或者他人的民事权益或者公共利益的急迫的危险。③ 避险的行为不得超过危险所能造成损害的程度。紧急避险的目的在于以损害较小的利益保护较大的利益，避险行为应当采取适当的方式、掌握适当的程度。紧急避险采取措施不当或者超过必要的限度，造成不应有的损失的，紧急避险人应当承担适当的民事责任（《民法总则》第182条第3款）。

（2）自助行为

自助行为是指权利人为保护自己的权利，在来不及请求公力救济的情况下，对义务人的财产予以扣押或者对其人身自由予以约束等行为。我国民法对自助行为尚无明文规定，实践中存在自助行为。参考外国民法的规定和自助行为的原理，自助行为一般需要的条件有：① 为保护自己的权利。② 情势紧迫来不及通过法院或者其他国家机关解决。③ 采取的方法适当。自助行为的方法应依状态和目的而定。例如，对要隐匿的物予以押收，对于将该物运往他处的卡车的轮胎加以毁损，扣留将要逃跑的义务人等。④ 自助行为不能超过必要的限度。自助行为超过必要限度造成义务人损失的，应负赔偿责任。

自助行为实施之后，有的及时解决了问题，当事人之间无争议。有的需要向法院申请处理。申请被驳回或者申请迟延，对相对人造成损失的，行为人应负赔偿责任。[①]

二、民事义务

（一）民事义务的概念与特征

义务是权利的对应词，法理学者对义务有不同的释义，民法学者对民事义务的释义也不同。参考法理学者的手段说，民事义务是指法律规定或者当事人依法约定，义务人为一定的作为或者不作为，以满足权利人利益的法律约束手段。以下简要阐释民事义务的含义。

1. 民事义务是由民事法律规定或者当事人依法约定的

民事义务是由民事法律规定的，例如，出卖人有将标的物所有权转移给买受人的义务，子女对父母有赡养扶助的义务等。在不违反法律规定的前提下，义务的内容可以由当事人约定。

2. 民事义务是为了满足权利人利益的法律约束手段

民事义务作为一种法律约束手段有两层含义：一是指民事义务具有约束力，

[①] 参见《德国民法典》第229—231条；我国台湾地区"民法"第151—152条。

义务人应当履行义务;不是可履行,可不履行。二是义务人不履行义务就成为责任人,应当承担民事责任。

(二)民事义务的分类

民事义务与民事权利相对应、相关联,因此,民事义务的分类与民事权利的分类有类似之处。例如,民事权利可分为绝对权与相对权,民事义务可分为绝对义务与相对义务;民事权利可分为主权利与从权利,民事义务可分为主义务与从义务等。除此之外民事义务还有其相对独立的分类,主要分类如下:

1. 法定义务与约定义务

以民事义务发生的根据为标准,民事义务可分为法定义务与约定义务。法定义务是指民法规定的民事主体应负的义务。例如,在《合同法》《婚姻法》中规定不同的民事主体在不同情况下应当负的义务。物权、人格权、知识产权属于绝对权,法律一般不直接规定义务人的义务,但在相关的法律规定中可以理解义务人对绝对权有不得侵害的义务。

约定义务是由当事人协商约定的义务,约定的义务不得违反法律规定。

2. 作为义务与不作为义务

以民事义务人行为的方式为标准,民事义务可分为作为义务与不作为义务。

作为义务是指义务人应当作出一定积极行为的义务,又称积极义务。包括给付财物、完成工作、提供劳务等。

不作为义务是指义务人应为消极行为或者容忍他人的行为,又称消极义务。例如,不侵害他人的物权、知识产权的义务,在一定条件下容许他人在自己所有或者使用的土地上通行或者作业的义务等。

三、民事责任

(一)民事责任的概念与特征

我国法理学界通说将法律责任区分为民事责任、行政责任、刑事责任与违宪责任,民事责任是法律责任的一种类型。民事责任概念与法律责任概念密切关联,参考法理学界关于法律责任的"后果说"和我国《民法总则》第176条规定,本书作者认为民事责任是指民事主体违反民事义务应当承担的民事法律后果。

法律责任"后果说"的内涵包括区分法律责任与法律制裁。简要地说,法律责任是指实施违法行为或者违约行为而应承受的某种不利的法律后果。法律制裁是指特定的国家机关对违法者实施的某种惩罚措施。民事责任与民事制裁也是既有联系,又有区别。民事制裁是由特定的国家机关对违反民事义务而应当承担民事责任者实施的强制性措施。

民事责任有以下特征：

1. 民事责任是当事人一方对他方承担的责任

民事责任是一方当事人向他方当事人承担的责任，它与行政责任和刑事责任不同，行政责任和刑事责任主要是责任人向国家和社会承担的责任。

2. 民事责任主要是为了补偿权利人所受损失和恢复民事权利的圆满状态

法律责任有补偿、惩罚、预防、教育等功能，不同类型法律责任的功能有不同的侧重点，刑事责任侧重于惩罚；民事责任则侧重于补偿，一般不具有惩罚性。

3. 民事责任既有过错责任，又有无过错责任

有些民事责任的构成以当事人有过错为要件，有些民事责任的构成不以当事人有过错为要件。在一般情况下，不以过错的轻重作为确定民事责任轻重的依据，这是由民事责任的性质和目的决定的，这也是民事责任与行政责任和刑事责任的不同之处。行政责任一般以行为人有过错为承担责任的条件；刑事责任以行为人有过错为要件，无过错不构成犯罪，不承担刑事责任。

4. 民事责任的内容可以由当事人在法律允许的范围内协商

民事法律关系的两大类型之一是财产关系，而在财产关系中占比例最大的是合同关系。根据《合同法》第114条规定，当事人可以约定违约金的数额以及损失赔偿的计算方法。实践中当事人可以约定赔偿损失，不适用违约金，或者相反。在不违背法律的前提下，侵权责任的承担也可以由侵权人与被侵权人协商。

5. 民事责任有独立性和实现上的优先性

民事责任是与行政责任、刑事责任相独立的民事责任，行为人的同一行为既应承担行政责任或者刑事责任，又应承担民事责任的，不能以民事责任的承担代替其他责任，也不能以其他责任的承担代替民事责任。并且，民事责任较之其他法律责任，在实现上具有优先性。依《民法总则》第187条的规定，民事主体因同一行为应当承担民事责任、行政责任和刑事责任的，承担行政责任或者刑事责任不影响民事责任的承担；民事主体的财产不足以支付的，优先用于承担民事责任。

（二）民事责任与民事义务的区别

民事责任与民事义务有以下区别：一是性质不同。义务是"当为"，反映正常的社会秩序。当为而不为产生责任。义务是责任之因，责任是违反义务之果。责任反映不正常的社会秩序，责任人承担责任是恢复正常的社会秩序。二是功能不同。义务是权利主体实现权利的必要条件，通常权利人实现权利与义务人履行义务同时存在，二者相辅相成。责任是促使义务人履行义务，保证权利人实现权利的辅助条件。三是拘束力不同。义务和责任均具有拘束力，但是拘束的程度和方式不同。义务的拘束力是指义务人应当履行义务，不是可履行可不履行；不履行义务或者侵害他人的权利，义务人就变为责任人，必要时司法机关可以对责任人采取强制措施。

1986年我国颁布的《民法通则》首创"民事权利—民事义务—民事责任"立法模式,后来,《合同法》和《侵权责任法》以及《民法总则》延续和发展了这种立法模式。《魁北克民法典》债编和《越南民法典》民事义务和民事合同编明文规定了"民事责任",《法国民法典》中虽然没有民事责任概念,但是后来法国最高法院在裁决婚姻案件和相邻关系案件的司法解释中使用了"民事责任"和"民事责任制度"概念。古代早期的立法是"责任中心",后来"责任中心"的立法格局被"义务—责任"的立法格局所代替。近代以来,权利、义务和责任共同成为立法关键,从而形成了权利—义务—责任的立法格局。① 我国民法采取权利—义务—责任立法模式,符合立法发展趋势。我国民法规定的民事责任制度已成为中国法律文化的一部分。② 经过多年的实践,"民事权利—民事义务—民事责任"已经成为我国民事立法与司法的思维方法。

(三) 民事责任的分类

民事责任有不同的类型,不同类型的民事责任有不同的构成要件和适用范围。掌握不同类型的民事责任的特点,有助于了解民事责任的全貌,有助于正确理解和适用不同类型的民事责任,正确处理民事纠纷。

1. 财产责任与非财产责任

财产责任是指以一定的财产为内容的责任,例如返还原物、赔偿损失、支付违约金等。非财产责任,是指不具有财产内容的责任,如消除影响、恢复名誉等。

区分财产责任与非财产责任的主要法律意义在于,侵害财产权的,承担财产责任,一般不承担非财产责任。侵害人身权,造成财产损失的,承担财产责任,还要依法承担非财产责任。

2. 违约责任、侵权责任与其他责任

违约责任是指因违反合同义务而产生的责任。侵权责任是指因侵害他人的财产权益或者人身权益产生的责任。这两类责任适用范围最为广泛,因此有学者将违约责任和侵权责任作为一种分类,但是这两种责任没有涵盖所有的民事责任。其他责任是指违约责任与侵权责任之外的民事责任,包括基于不当得利和无因管理产生的责任,以及缔约过失责任和基于后合同义务产生的责任等。

这种分类的主要意义在于,责任的构成要件和责任方式有所不同。

3. 无限责任与有限责任

无限责任是指责任人以自己的全部财产承担责任,有限责任是指责任人以其部分财产承担责任。例如,《海商法》规定海事赔偿责任限制;有限责任公司的股东以其出资为限,对公司的债务承担责任。

---

① 张文显:《法哲学范畴研究》(修订版),中国政法大学出版社2001年版,第117页。
② 参见郭明瑞:《侵权法若干问题思考》,载《中国法学》2008年第4期。

区分无限责任和有限责任的主要意义在于,民事责任以无限责任为原则,法律有特别规定的,适用有限责任。

4. 单独责任与共同责任

单独责任是指由一个民事主体独立承担的责任,共同责任是指两个以上的民事主体共同承担的责任。根据各责任人之间的共同关系,可将共同责任分为按份责任、连带责任和补充责任。按份责任是指责任人一方主体为多数,各自按照一定份额承担责任。《民法总则》第177条规定:"二人以上依法承担按份责任,能够确定责任大小的,各自承担相应的责任;难以确定责任大小的,平均承担责任。"连带责任是指责任人一方主体为多数,各个责任人对外不分份额,向权利人承担全部责任(在共同责任人内部,仍然存在着责任份额的划分)。在权利人提出请求时,各个责任人不得以超过自己应承担的部分为由而拒绝;承担超过自己份额的责任人有权向其他责任人请求予以补偿。《民法总则》第178条规定:"二人以上依法承担连带责任的,权利人有权请求部分或者全部连带责任人承担责任。连带责任人的责任份额根据各自责任大小确定;难以确定责任大小的,平均承担责任。实际承担责任超过自己责任份额的连带责任人,有权向其他连带责任人追偿……"补充责任是指在责任人的财产不足以承担其应负的责任时,由有关的人对不足部分予以补充的责任。例如,《担保法》第17条规定的是一般保证,即当事人在保证合同中约定,债务人不能履行债务时,由保证人承担保证责任。在主合同纠纷经审判或者仲裁,并就债务人的财产依法强制执行仍不能履行债务时,一般保证的保证人才补充承担主债务人不能承担的责任。

区分按份责任、连带责任与补充责任的主要意义在于承担责任的范围不同,连带责任是为了充分保护权利人的权利,加重了责任人的负担,因此连带责任的承担必须有法律规定或者当事人有约定。

5. 过错责任、无过错责任、公平责任

过错责任是指行为人有过错才承担责任,无过错不承担责任。无过错责任是指不问行为人有无过错,都应当承担责任。哪些情况适用过错责任,哪些情况适用无过错责任,是立法政策问题,在不同的时期,立法政策可能有变动。公平责任是指当事人对造成损害都没有过错,又不能根据无过错责任原则由加害人承担赔偿责任,但是如果不分担受害人的损失不公平的情况下,可以根据实际情况,由当事人分担民事责任。

(四) 承担民事责任的方式、民事责任的承担与免除

1. 承担民事责任的方式

《民法总则》第179条第1款规定,承担民事责任的方式主要有:(1)停止侵害;(2)排除妨碍;(3)消除危险;(4)返还财产;(5)恢复原状;(6)修理、重作、更换;(7)继续履行;(8)赔偿损失;(9)支付违约金;(10)消除影响、恢复名誉;

(11)赔礼道歉。《民法总则》规定的十一种主要的承担民事责任的方式,是我国创立的民事权利—民事义务—民事责任的立法模式的组成部分。《民法总则》规定的责任方式具有开放性,在条件成熟的时候可能增加其他责任方式。这一规定为民事特别法规定其他责任方式留下了空间。

2. 民事责任的承担

《民法总则》第179条第3款规定,以上各种承担民事责任的方式,可以单独适用,也可以合并适用。单独适用还是合并适用,需要根据具体情况而定。

根据区分责任与制裁的原理和民事责任的特征,民事责任承担有自动承担、请求承担和强制承担三种途径。自动承担是指责任人自动向权利人承担责任。请求承担是指经权利人向责任人提出请求以后,责任人向权利人承担责任。强制承担是指通过司法程序,由国家机关采取强制措施,强制责任人承担责任。必要时权利人有权不向责任人提出请求而直接请求司法机关裁决责任人承担责任。

3. 民事责任的免除

具有法律规定的免责事由(如不可抗力等)的,免除民事责任。根据民法的自愿原则,权利人可以放弃追究责任人的责任。

第五节 民事责任与债、物权、请求权的关系

一、民事责任与债的关系

我国创立的"民事权利—民事义务—民事责任"立法模式是对德国民法上责任与债结合模式的借鉴与变革,为阐明我国民法上的责任与债的关系,以及责任与物权、请求权的关系,需要与德国民法的有关问题对比阐明。

德国民法的责任有三层意思:(1)责任是债务人承担损害赔偿义务。(2)责任是债务人以其全部财产为履行债务的担保。(3)责任是强制债务人履行债务的手段。[①] 德国民法上的损害赔偿有时称损害赔偿义务,有时称损害赔偿责任,有时称损害赔偿之债。德国民法的责任与债是结合关系,责任是债法的组成部分。德国学者梅迪库斯说:"在现在,债务通常与责任联系在一起,人们可以将责任称为'债务的影子'。在法律中以及其他场合,'负责任'有时亦与'负担债务'同义使用。这常常只是为了避免重复使用'负担债务'。"[②] 我国民国时期的学者和现在的台湾学者持同样观点的居多。有学者将债务与责任比作一个蜜橘,责

[①] 〔德〕迪特尔·施瓦布:《民法导论》,郑冲译,2006年版,第168—169页;王泽鉴:《民法学说与判例研究》(4),中国政法大学出版社1998年版,第122—123页。

[②] 〔德〕迪特尔·梅迪库斯:《德国债法总论》,杜景林、卢谌译,法律出版社2004年版,第17页。

任为其外皮,而债务则为其内核。① "现行法上债务与责任相互结合,原则上并属无限财产责任。申言之,负有债务者于不履行时,即应以全部财产负其责任;有债务即有责任。"② 再者,德国民法上债务与责任的位置不仅可以互换,而且可以循环。"损害赔偿责任相对于其因以发生之债务固为一种责任,惟其本身亦为一种债务,其不履行与其所自之债务一样可受履行强制及损害赔偿责任之保护。"③

我国民法严格区分责任与债。民事责任是指民事主体违反民事义务应当承担的民事法律后果,所谓违反民事义务不仅是指违反债务,而是包括违反债务和债务以外的各种民事义务,责任不限于债的范畴,而属于民法整体的问题,并明确使用"民事责任"概念。在我国民法中,民事责任不是一种义务,也不是一种债务;义务、债务与责任是三个不同的概念,各有不同的性质与功能,责任和义务不能同义使用,二者的位置不能互换。《民法总则》第176条规定:"民事主体依照法律规定和当事人约定,履行民事义务,承担民事责任。"

德国民法上的损害赔偿属于但不限于财产关系。德国民法上损害赔偿不是一般人所想象的那样首先是以金钱赔偿,而是恢复一种状态(恢复原状)。④ 恢复原状的方式很多。有学者认为,就恢复原状而言,它关注受害人具体权益所遭受的事实上的破坏,这种事实上的破坏有多少种表现形态,就有多少种恢复原状。例如,返还原物、修理被损坏的物、治愈疾病、更正广告、恢复名誉、撤回被加害的侮辱或者侵害信用的主张等都属于恢复原状,即都属于损害赔偿。由于德国民法采取责任与债结合立法模式,不严格区分责任与债,责任在民法上没有独立的地位,故将没有财产性的责任也纳入债的范畴。

债的本质属性是财产关系,债法是财产法。德国权威学者萨维尼对债的客体作了精辟的阐述,他指出,并非一切行为都适宜成为债的客体;只有这种行为,即因其物质价值属性既可以视为来自于人格,又可以被认为是与物相类似的行为,才可以成为债的客体。他进一步指出,不适合成为债权客体的行为,是那些完全不能转化为金钱数目的行为;至少其只能非真正的、以不完全的方式被视为是债权。⑤ 根据我国民法规定,责任与债的性质不同,责任的实质不是债。我国

---

① 参见李宜琛:《债务与责任》,载何勤华、李秀清主编:《民国法学论文精粹》(第三卷),法律出版社2004年版,第194—199页;林诚二:《论债之本质与责任》,载林诚二:《民法理论与问题研究》,中国政法大学出版社2000年版,第213—226页。
② 王泽鉴:《债法原理》(第一册),中国政法大学出版社2001年版,第29页。
③ Fsser,aa0.S.82.转引自黄茂荣:《债法总论》(第一册),中国政法大学出版社2003年版,第63页。
④ 参见〔德〕迪特尔·施瓦布:《民法导论》,郑冲译,法律出版社2006年版,第254页。
⑤ 〔德〕萨维尼:《当代罗马法体系》,转引自王洪亮、张双根、田士永主编:《中德私法研究》(2006年第一卷),北京大学出版社2006年版,第208页、第211页。

民法采用多种责任方式,其中赔偿损失(违约金和恢复原状是赔偿损失的特殊方式)具有财产性,除法律有另有规定外,准用①债法的一般规定。

二、民事责任与物权的关系

德国民法上的责任属于债法的范畴,物权法中无责任。当物权受到侵害时,适用物权的保护方法,即物权请求权。所有人的物被他人无权占有的,所有人有所有物返还请求权(《德国民法典》第985条)。所有权被以侵夺或者扣留以外的方式侵害的,所有人有除去侵害请求权和不作为请求权(《德国民法典》第1004条)。适用物权请求权不问侵害人有无过错。

根据德国民法规定,侵害他人物权造成损害,构成侵权行为要件的,形成侵权损害赔偿之债,适用损害赔偿的方法,属于债法的范畴。适用损害赔偿一般以侵权人有过错为要件。侵占他人的物,构成侵权行为要件的,被侵权人可以请求返还原物。在这种情况下返还原物,属于恢复原状即损害赔偿的一种方式,属于损害赔偿之债,不同于物权法中的所有物返还请求权。同样一个"返还原物"的事实,在物权法中称所有物返还请求权,在侵权行为法中称损害赔偿,概念交错,逻辑矛盾,其目的是为了民法体系上严格区分物权与债权,这实际上是用较低层次的逻辑矛盾求得高层次的民法体系的和谐。

值得注意的是,德国司法实务已经将《德国民法典》第1004条规定的除去侵害请求权和不作为请求权适用于侵权行为法,德国学者称之为对他人侵扰应当承担的责任,这种责任是"消极不作为责任",不以过错为要件。② 这样就突破了德国民法上区分物权保护方法与债的保护方法的界限,突破了物权法与债法的界限,物权法与债法的区别就弱化了。

我国民法上的责任超出了债法的范畴,违约或者侵害物权及其他绝对权的,均适用责任的有关规定,对此《民法总则》《合同法》与《侵权责任法》有明确规定。《物权法》中"物权的保护一章"(第三章)规定了请求返还原物、请求排除妨害、请求消除危险、请求恢复原状和请求损害赔偿等,《侵权责任法》规定了八种主要的侵权责任方式,其中有的与《物权法》规定的物权的保护方法有重合,对此学者有以下三种不同的观点:(1)侵权责任法否定说;(2)侵权责任与物权请求权竞合说;(3)物权请求权变革为侵权责任请求权说。

---

① 法律上的准用性规则是指本身没有明确规定具体的规则内容,但可以或应依照、参照、援用其他规则来使本规则的内容得以明确的法律规则。根据我国民法规定,责任不属于债的范畴,由于赔偿损失具有财产性质,根据民法的自愿原则,故赔偿损失可以准用债法的一般规定,但法律另有规定的除外。另一种观点认为不应是"准用",而应是"适用",这两种观点反映在在司法实务上不会发生重大差别。

② 参见〔德〕马克西米利安·福克斯:《侵权行为法》,齐晓琨译,法律出版社2006年版,第131—132页。

持侵权责任法否定说的基本观点是认为《侵权责任法》不是成功的,而是失败的;应当回归侵权行为之债法,将多种侵权责任方式回归损害赔偿之债。这种观点的核心是赞成德国民法的责任与债结合的体系,反对我国民法的权利—义务—责任体系。笔者认为严格区分义务(债务是一种义务)与责任是当代法学理论的进步,我国民法体现了这种进步,否定侵权责任法的观点不可取。

持侵权责任与物权请求权竞合说的学者对《物权法》和《侵权责任法》的相关规定的解释是:《物权法》规定的返还原物、排除妨害和消除危险不以过错为要件,《侵权责任法》规定的返还财产、停止侵害、排除妨碍、消除危险可以适用过错责任原则。竞合说通过赋予受害人一种选择权,可以更充分地保护其权益。

笔者认为《侵权责任法》规定的返还财产实质是返还原物;《侵权责任法》规定的排除妨碍和《物权法》规定的排除妨害没有实质差别;《侵权责任法》规定的消除危险和《物权法》规定的消除危险是同一个概念,如果《侵权责任法》的上述规定和《物权法》的上述规定适用不同的归责原则和诉讼时效并不利于受害人。如果受害人请求赔偿损失,选择适用过错责任和一般诉讼时效,可能对其有利;因为其赔偿数额可不受法律特别规定的限制(如果选择适用无过错责任,其赔偿数额可能受法律特别规定的限制)。但是,返还原物、停止侵害、排除妨碍、消除危险都是独立的侵权责任方式,与赔偿损失没有直接关系,如果这些责任方式选择适用过错责任和一般的诉讼时效期间,恰恰不利于受害人。

笔者坚持物权请求权变革为侵权责任请求权说。从我国民法严格区分责任与义务的视角看,物权请求权的实质是,由于相对人违反了不得侵害他人物权义务,应当承担侵权责任;被侵权人有返还原物责任请求权。同理,侵害人格权、知识产权等绝对权的,也应承担相应的侵权责任;被侵权人有相应的请求权。再者,责任的性质不是债,根据我国民法规定,责任与债是分离的,将物权请求权变革为侵权责任请求权,并不变为侵权行为之债,而是保护物权的责任方式。

传统民法上的归责原则是指损害赔偿的归责原则。我国民法采用多种责任方式,归责原则与责任方式相关联,不同的民事责任方式所反映的违反民事义务的性质有所不同,适用的归责原则也会有所区别。根据《侵权责任法》第 7 条和第 21 条的规定,停止侵害、排除妨碍、消除危险适用无过错责任。《侵权责任法》中的返还原物也应适用无过错责任。

三、民事责任与请求权的关系

《物权法》和《侵权责任法》都使用了"请求"一词,这个词早已成为民法上的术语,它的原意是指当事人一方请求他方做某事(包括作为或者不作为)。这种请求是"有权请求",是一种权利,即"请求权"。民法上的"请求"一词含有客气的意思,是民事主体地位平等的体现。由于我国民法上责任与债分离,建立了民事责任体系,与之相应的是对德国民法请求权体系的借鉴与变革。

《德国民法典》的请求权体系是根据德国学者温德沙伊德的请求权理论建立的。《德国民法典》总则编第 194 条第 1 款规定,向他人请求作为或者不作为的权利(请求权),受消灭时效的限制。请求权贯穿在民法典各部分,从而建立了请求权体系。

温德沙伊德认为物权请求权有两种含义。首先,他认为对物权是由无限多的请求权构成的,对物权人有针对一切人的请求权,物权请求权针对的是某种消极的东西,是一项不作为。其次,他认为物权请求权也可以要求他人进行作为,这主要是对物权受到侵害的情形;由于这种侵害,其就转换成了要求消除侵害的请求权。《德国民法典》的立法者接受了温德沙伊德提出的物权请求权理论。《德国民法典》颁布以后,"支配权"这一术语作为一种独立的权利类型才逐渐被学者普遍接受。① 在通常情况下,物权表现为支配权,当物权受到侵害时才产生请求权。随着民法理论的发展特别是支配权概念的确立,温德沙伊德的物权请求权的第一种含义已被否定,剩下的仅是第二种含义,即物权受到侵害时发生请求权。

温德沙伊德提出了纯粹实体法上的请求权概念,但是请求权理论对德国司法实务也有重大影响。温德沙伊德认为权利的概念并不包括法律的强制在内,具有强制因素的是请求权。随着请求权理论的发展,德国学者认为请求权不仅是实体权利,而且在程序法上也有重要意义。有学者认为请求权是连接实体法与程序法的基本权利。② 这种观点源于德国的请求权理论。由于在德国民法中责任是债的组成部分,责任不具有独立地位,反映在民事权利的保护方面,突出的也是请求权,而不是责任。

根据我国民法规定,保护民事权利的基本方法是责任,责任是连接实体法与程序法的桥梁。请求权是权利派生的,请求权乃权利的表现,而非与权利同属一物。③ 从请求权与权利、义务、责任的关系看,基本权利是产生请求权的基础,义务或者责任是产生请求权的前提,没有义务或者责任,或者义务人已经履行了义务,责任人自动承担了责任,请求权就没有适用的余地。从法律关系整体上看,权利、义务、责任属于高层次的概念,请求权属于低层次的概念。反映在民法体系上,低层次的概念应当服从高层次的概念。德国民法上的请求权体系从属于基础权利体系,我国民法上的请求权体系应当从属于权利—义务—责任体系。

---

① 参见金可可:《论温德沙伊德的请求权概念》,载《比较法研究》2005 年第 3 期;金可可:《论支配权概念》,载《中国法学》2006 年第 2 期。
② 参见《请求权与民事裁判应用》,课题组负责人:杨立新,法律出版社 2011 年版,第 59 页。
③ 王泽鉴:《民法总则》(增订版),中国政法大学出版社 2001 年版,第 92 页;梁慧星:《民法总论》,法律出版社 2001 年版,第 80 页;孙宪忠:《民法总论》,社会科学文献出版社 2004 年版,第 77—78 页。

根据区分原权与救济权的原理,请求权可分为原权请求权与救济权请求权。基于原权发生的请求权是原权请求权,例如,履行合同请求权、子女的抚养请求权等。基于救济权发生的请求权是救济权请求权,例如,基于侵害人格权、物权、知识产权等发生的请求权,基于不履行债务发生的请求权等。从区分不同的责任角度看,有什么责任方式,就有什么请求权,例如停止侵害请求权、排除妨碍请求权、返还原物请求权等。

在将责任限于债的范畴的情况下,认为请求权具有强制性,请求权是连接实体法与程序法的基本权利,合乎逻辑。但是,在严格区分债务与责任的情况下,责任具有强制性,请求权本身没有强制性。

我国民法将责任与债分离,将绝对权请求权变革为侵权责任请求权,具有以下优越性:(1)通俗清晰,具有亲民性,有利于发挥我国民法既是行为规范、又是裁判规范的功能。(2)责任与债分离,可以醇化债的财产内涵,使债法更加科学。(3)在责任与债分离的情况下,将物权请求权变革为侵权责任请求权,使物权法与债法的界限更加清晰。(4)责任与债分离,既能体现关于绝对权请求权的立法精练,又有利于充分保护各种民事权益。

由于学者对民事责任与债、物权、请求权的关系有不同的观点,本书第 11 章第 3 节(二)"物上请求权"、第 6 节"物权的保护"和第 17 章第 2 节"债的发生原因",都是参考德国民法理论写的,对此读者可以和我国民法的有关规定及有关理论比较分析。

第二分编　民事法律关系主体

第四章　自　然　人

第一节　自然人的民事权利能力

一、自然人的概念

自然人是基于自然规律出生而享有法律人格的人。在学理上，据称自然人这一概念的采用，起源于自然法学派学者的著作。英国自然法学派学者托马斯·霍布斯（Thomas Hobbes，1588—1679 年）在其所著《利维坦》第十六章"论人、授权人和由人代表的实物"中，将自然人表述为"言语和行为被认为发自其本身的个人"。霍布斯使用自然人这一概念将其与拟人或者虚拟人相区别，代表他人的言语或者行为就是拟人或者虚拟人。组织体被认为是虚拟人的一种。[①] 后世的法学家在制定民法典时，为了区别这两种不同的"人"，分别采用了自然人和法人的概念。1804 年《拿破仑民法典》采用的是"人"的概念，而未直接采用"自然人"的概念，虽然其"人"主要是指"自然人"。1900 年《德国民法典》第一章第一节直接采用"自然人"的概念。我国民事立法在自然人概念的采用上经历了从公民（自然人）到自然人的过程，1986 年的《民法通则》采用的是公民（自然人）的概念，1999 年《合同法》首次采用"自然人"的概念，2017 年通过的《民法总则》采用了"自然人"概念。

二、自然人民事权利能力的概念

自然人的民事权利能力，是指自然人依法享有民事权利和承担民事义务的资格。在民法上，"权利能力"一词源于《德国民法典》第 1 条规定，即："人之权利能力，始于出生。""民事权利能力"来源于苏联民事立法的规定，1961 年公布的《苏联和各加盟共和国民事立法纲要》第 8 条第 1 款前段规定："凡是苏联公民，都平等地具有享受民事权利和承担民事义务的能力（民事权利能力）。"

---

① 〔英〕霍布斯：《利维坦》，黎思复、黎廷弼译，商务印书馆 1985 年版，第 122 页。

《德国民法典》没有对权利能力作定义式规定，对权利能力的概念学者有不同的表述。拉伦茨认为："在法律上，权利能力是指一个人作为法律关系主体的能力，也即作为权利享有者和法律义务的承担者的能力。"①梅迪库斯说："一般说来，权利能力是指'成为权利和义务载体的能力'。"②

我国民国时期和现在台湾地区的学者给权利能力下的定义也有不同。有学者说："在法律上能够享受权利并负担义务的能力，称为权利能力"，并解释说"权利主体、权利能力或人格三者的含义相同。"③有学者说："堪为权利主体之地位或资格，谓之'权利能力'，亦曰'人格'。"并进一步解释说："依现代法律，凡得享受权利者同时亦得负担义务，故权利能力，实应与义务能力合并而称为权义能力。只以现行民法仍基于权利本位而制定，故仅称为权利能力。"④有学者在解释权利能力的概念时指出："权利能力不能与公民享有的具体权利混同起来。权利能力是享受权利的基础。"⑤

综上所述，较多的学者认为权利能力是指享有权利和承担义务的能力或资格，但具体表述有所不同。有的强调人格、资格或地位，有的强调权利能力不同于具体权利。以上不同的表述是观察问题的角度不同，强调的重点不同，没有实质的差别。

《民法总则》沿用《苏俄民法典》用的"民事权利能力"概念，而不用"权利能力"，以区别法理学上所称一般的权利能力。学者的通说认为，民事权利能力，是指民事主体依法享有民事权利和承担民事义务的资格；自然人的民事权利能力，是指自然人依法享有民事权利和承担民事义务的资格。民事权利能力是民事主体当然享有的，民事权利是依法取得的。

权利能力或民事权利能力是对罗马法的"人格"制度的继承，在当今社会，一国范围内的自然人权利能力平等是不争的事实，外国人和无国籍人在一国范围内根据国民待遇原则也平等地享有民事权利能力，似乎权利能力制度已无意义。但仔细分析国民待遇原则，并非外国人和无国籍人与本国自然人享有完全相同的权利能力。例如：根据泰国相关法律规定，外国人在泰国不享有购买有地权的房屋的权利能力；根据捷克的相关法律规定，非欧盟国家的自然人在捷克不具有购置房产的权利能力，但有永久居住权或者捷克配偶的除外，当然外国公司在捷克购买房产不受限制。⑥

---

① 〔德〕拉伦茨：《德国民法通论》（上册），王晓华、邵建东、徐国建、谢怀栻译，法律出版社 2003 年版，第 119—120 页。
② 〔德〕迪特尔·梅迪库斯：《德国民法总论》，邵建东译，法律出版社 2000 年版，第 781 页。
③ 施启扬：《民法总则》，台湾大地印刷厂 1993 年版，第 65 页。
④ 郑玉波：《民法总论》，台湾三民书局 1995 年版，第 70 页。
⑤ 〔苏〕B.N.格里巴诺夫、C.M.科尔涅耶夫主编：《苏联民法》（上册），中国社会科学院法学研究所民法经济法研究室译，法律出版社 1984 年版，第 97—98 页。
⑥ 219/1995 COLL. Exchange Act

三、自然人民事权利能力的开始

《民法总则》第 13 条前段规定:"自然人从出生时起到死亡时止,具有民事权利能力。"据此规定,自然人的民事权利能力始于出生。因出生这一自然事实的完成,自然人当然取得民事权利能力,而无须履行任何法定手续。

关于自然人出生时间的认定,曾有阵痛说、一部产出说、全部产出说、断带说、泣声说、独立呼吸说等多种学说。通说认为,胎儿脱离母体并开始独立生存的时间作为出生的时间。以往"在医学上以呼吸行为的开始,作为生存的证明(以肺脏检验 Lungenprobe 为准),是否继续生存(生存能力),与权利能力之开始无关。"[①]现代医学不以呼吸行为的开始而以生命特征的存在作为生存的证明。

依据《民法总则》第 15 条的规定,自然人的出生时间以出生证明为准,没有出生证明的,以户籍登记或者其他有效身份登记记载的时间为准。有其他证据足以推翻以上记载时间的,以该证据证明的时间为准。

四、胎儿视为具有民事权利能力

《民法总则》第 16 条规定:"涉及遗产继承、接受赠与等胎儿利益保护的,胎儿视为具有民事权利能力。但是胎儿娩出时为死体的,其民事权利能力自始不存在。"涉及胎儿利益保护的,胎儿视为具有民事权利能力的意义在于,胎儿视为民法上的自然人,胎儿视为民事主体。具体而言:(1) 保护胎儿的遗产继承利益,胎儿享有继承权。我国《继承法》第 28 条规定:"遗产分割时,应当保留胎儿的继承份额。胎儿出生时是死体的,保留的份额按照法定继承办理。"(2) 保护胎儿的赠与利益。如胎儿出生前祖父赠与胎儿 100 万元,该胎儿的父母代为接受,该胎儿对该 100 万元享有权利。(3) 至于胎儿健康利益的保护问题,学理上存有争议,但实务中一般予支持。如甲怀孕七月,到医院治疗,医院因医疗事故导致胎儿受害,胎儿在出生前其父母可向医院主张胎儿受害的人身伤害赔偿请求权;胎儿出生前,无法查明是否受害的,胎儿出生后,能证明受害与医疗事故存在因果关系的,胎儿可作为独立的民事主体向医院主张人身伤害赔偿请求权,该权利由其父母代为行使。(4) 胎儿身份利益的保护问题,该问题学理上存有争议,如胎儿出生前,胎儿的生父甲因乙交通肇事死亡,胎儿可向乙主张抚养费请求权和抚慰金请求权,该权利由其母代为行使。[②] (5) 胎儿的生存利益和人格利益问题,胎儿的生存利益是否受保护,涉及流产的合法性及导致孕妇死亡是否赔偿的胎儿的死亡赔偿金,对此问题争议颇多,实务中多持否定观点。胎儿的人

[①] 黄立:《民法总则》,中国人民大学出版社 2002 年版,第 74—75 页。
[②] 王泽鉴:《民法总则》,中国政法大学出版社 2001 年版,第 107 页。

格利益是否受保护,如有人污蔑胎儿为"私生子",是否侵害胎儿的名誉权,学理上多持否定观点,此种情况下认定为侵害母亲的名誉权为宜。

"胎儿娩出时为死体的,其民事权利能力自始不存在。"其法律意义在于:(1)保留的遗产份额,由被继承人的法定继承人继承。其他法定继承人可要求胎儿的生母返还胎儿的应继份。(2)接受赠与的财产,如已经由死产胎儿的父母占有或控制的,其父母应予返还,赠与人也可依不当得利主张返还;如赠与财产未转移给死产胎儿父母的,死产胎儿的父母不享有赠与财产的请求权。(3)胎儿人身受害所获人身伤害赔偿金及抚慰金,如胎儿死亡与加害行为有因果关系,则已经支付的人身伤害赔偿金及抚慰金应否返还,存有争议;如胎儿死亡与加害行为没有因果关系,已经支付的人身伤害赔偿金及抚慰金是否返还也存在探讨的空间。至于胎儿是否受害无法查明,胎儿出生时是死体的,应不享有损害赔偿请求权。(4)胎儿因父亲受害死亡所获抚养费和抚慰金,支付人可依不当得利主张返还。

要保护胎儿的利益,就需要确定受胎期间。我国台湾地区"民法"第1062条规定:"从子女出生日回溯第181日起至302日止为受胎期间。能证明受胎回溯在前项302日以前者,以其期间为受胎期间。"此规定可供参考。

五、自然人民事权利能力的终止

按照《民法总则》第13条的规定,自然人的民事权利能力终于死亡。自然人的死亡关系到婚姻关系终止、继承开始、遗嘱或者遗赠发生效力、抚恤金及人身保险的保险金的领取等法律问题。死亡时间的认定比出生时间的认定涉及的法律问题更为复杂,因此正确认定自然人的死亡时间具有重要意义。

(一)生理死亡

生理死亡又称自然死亡、真实死亡或者绝对死亡,是指自然人生命的终结。自然人生理死亡为正常死亡还是非正常死亡,在民事权利能力消灭上不具有意义。对于生理死亡时间的确定,有不同的学说。我国通常的经验是以心跳停止、呼吸停止及瞳孔放大为标准。我国以往临床经验判断死亡的标准是心脏停止跳动,自主呼吸消失,血压为零。随着医学的发展,已有较多的国家承认以脑活动停止(脑死亡)为标准。脑活动停止后,有时候通过人工方法还可以维持较长时间的心跳、呼吸和血液循环,这对于器官移植有重要意义。我国法律上认定死亡是否应当以脑死亡为标准,学者有不同观点。德国有学者认为,为了器官移植可以选择脑死亡说,从权利能力以及继承发生的角度来看,对于死亡时间的认定,应当在几种可能考虑的时间中选择最后那个时间。[①] 本书作者认为此说值得参考。

---

① 〔德〕迪特尔·梅迪库斯:《德国民法总论》,邵建东译,法律出版社2000年版,第788—789页。

依据《民法总则》第 15 条的规定,自然人的死亡时间以死亡证明为准,没有死亡证明的,以户籍登记或者其他有效身份登记记载的时间为准。有其他证据足以推翻以上记载时间的,以该证据证明的时间为准。

(二) 宣告死亡

宣告死亡是指通过法定程序确定失踪人死亡。《民法总则》第 48 条规定:"被宣告死亡的人,人民法院宣告死亡的判决作出之日视为其死亡的日期;因意外事件下落不明宣告死亡的,意外事件发生之日视为其死亡的日期。"宣告死亡是否引起自然人民事权利能力的终止呢?一般认为被宣告死亡人的民事主体资格消灭。《民法总则》第 49 条规定:"自然人被宣告死亡但是并未死亡的,不影响该自然人在被宣告死亡期间实施的民事法律行为的效力。"因此,如果被宣告死亡人实际上还活着,则其民事权利能力仍然存在(关于宣告死亡制度详见本章第五节)。

(三) 自然人死亡后的利益保护

自然人死亡,其是否还存在一定的权利能力?在学理上有肯定说与否定说两种观点。肯定说认为自然人的民事权利能力终于死亡,这只是一般性规定,对此存在例外情况。如已故自然人的人格权、著作人格权的权利能力是存在的,但这种例外的存在以法律规定为限。这一观点与《民法总则》的规定不一致,也容易导致民法理论的自相矛盾,故我国多数学者不同意此种主张。否定说认为自然人死亡则其民事权利能力终止。对死者某些权利的维护,在理论上又有某些权利仍然存续说、遗族利益维护说、社会利益维护说、遗族利益与社会利益共同维护说、遗族利益与有关人员利益维护说、死者人格利益延伸说等。否定说符合《民法总则》的规定,使民事权利能力理论具有逻辑上的统一。

本书作者认为,自然人死亡后,其民事权利能力终止,死者既不是民事主体,也不享有民事权利。我国司法实践中,对死者姓名、肖像、名誉、荣誉、隐私等利益的保护,是对死者近亲属利益的保护。依最高人民法院《精神损害赔偿解释》第 3 条规定,严重侵害死者的姓名、肖像、名誉、荣誉、隐私,造成近亲属精神痛苦的,其近亲属有权请求精神损害赔偿。依照《民法总则》第 185 条的规定,"侵害英雄烈士等的姓名、肖像、名誉、荣誉,损害社会公共利益的,应当承担民事责任"。

第二节 自然人的民事行为能力

一、自然人民事行为能力的概念

自然人的民事行为能力是指自然人能以自己的行为享有民事权利、承担民事义务的资格。

对于民事行为能力内涵的理解,需要把握以下两个方面的问题:

(一)行为能力与意思能力

民事行为能力以意思能力为基础。所谓意思能力是指自然人可以判断自己的行为的法律后果的能力。《瑞士民法典》第 16 条规定的"判断能力",我国民国时期的《民法典》第 187 条规定的"识别能力"与"意思能力",指的是同一能力。① 自然人具有民事行为能力的关键是需要具备意思能力,有的德国学者说:"理智地形成意思的能力,在民法典中称为行为能力"②。本书所讲自然人的民事行为能力是指自然人能通过意思表示享有民事权利、承担民事义务的能力(资格),包括设定、变更或者消灭民事权利或者民事义务的能力。至于具体行为,可以是为自己进行,也可以是为代理他人进行的。有的德国学者说:"行为能力是指法律所认可的一个人可进行法律行为的能力,即为本人或被代理人所为的能产生法律后果的能力。"③

(二)行为能力与责任能力

民事责任能力,又称不法行为能力,是指行为人对民事违法行为承担民事责任的能力。民事责任能力包括侵权责任能力和债务不履行责任能力。④ 关于行为能力与责任能力的关系,有三种说法。一是认为民事行为能力有广义和狭义之分,广义的民事行为能力包括合法行为能力和违法行为能力;狭义的民事行为能力是指合法行为能力。二是认为民事行为能力包括违法行为能力。三是认为违法行为能力是责任能力,不属于行为能力范畴。本书作者采第三说。采第三说的意义在于更有利于保护未成年人的利益和第三人的利益。如,未成年人甲购买部分学习用品,是与他的年龄、智力相适应的民事活动,可认定该行为有效,这有利于保护未成年人的利益。再如,未成年人甲致他人损害,因其不具有责任能力,故应由其监护人承担民事责任,这有利于保护第三人的利益。

《民法总则》没有明文规定责任能力,通常讲的民事责任能力一般是指侵权责任能力。责任能力主要是指承担财产责任的资格。《侵权责任法》第 32 条规定:"无民事行为能力人、限制民事行为能力人造成他人损害的,由监护人承担侵权责任。监护人尽到监护责任的,可以减轻其侵权责任。""有财产的无民事行为能力人、限制民事行为能力人造成他人损害的,从本人财产中支付赔偿费用。不足部分,由监护人赔偿。"根据这一规定,完全行为能力人有责任能力,无行为能力人和限制行为能力人则不一定没有责任能力。

---

① 施启扬:《民法总则》,台湾大地印刷厂 1993 年版,第 84 页。
② 〔德〕迪特尔·梅迪库斯:《德国民法总论》,邵建东译,法律出版社 2000 年版,第 409 页。
③ 〔德〕拉伦茨:《德国民法通论》(上册),王晓晔、邵建东、程建英、徐国建、谢怀栻译,法律出版社 2003 年版,第 133 页。
④ 同上书;王泽鉴:《民法总论》,中国政法大学出版社 2001 年版,第 121—122 页。

关于责任能力的判断标准,各国法律规定不同,学者多有争议。[①] 本书作者认为,我国法律上需要研究的主要问题是,对限制行为能力人的责任能力如何规定为好。《德国民法典》第828条对限制行为能力人(满7岁未满18岁)的责任能力,根据不同情况作了不同规定,主要是将年龄和有无判断能力结合起来,作为责任能力的判断标准,值得我们参考。

二、自然人民事行为能力的种类

依《民法总则》规定,自然人的民事行为能力分为三类:完全民事行为能力、限制民事行为能力和无民事行为能力。这样划分的基础是智力状态,即意思能力,划分的基本标准是年龄。这样划分的意义在于保护无民事行为能力和限制民事行为能力人的利益,维护交易安全。

(一)完全民事行为能力

完全民事行为能力,又称有行为能力。《民法总则》第18条第1款规定:"成年人为完全民事行为能力人,可以独立实施民事法律行为。"自然人成年,一般来说身体和智力发育已经成熟,完全具有认识能力,所以为完全民事行为能力人。世界各国民事立法多以年满18周岁为成年人,《民法总则》第17条也规定:"十八周岁以上的自然人为成年人。不满十八周岁的自然人为未成年人"。我国确定自然人年满18周岁为完全民事行为能力人的主要考虑是自然人的智力状态,而不是考虑自然人的经济状况。年满18周岁的自然人没有经济收入的,例如在校学习的大学生,仍为完全民事行为能力人。民事行为能力既包含自然人进行民事活动的能力,也包含自然人进行民事法律行为承担民事责任的能力。但实务中年满18周岁没有经济收入的学生等因侵权行为造成他人损害的,其抚养人负有先行垫付的义务。这一做法的实质意义在于,一方面要求完全民事行为能力人独立承担民事责任,另一方面使受害人或者相对人的损失及时得到救济。由扶养人垫付的条件是:扶养人有垫付能力;行为人没有经济收入。

《民法总则》第18条第2款规定:"十六周岁以上的未成年人,以自己的劳动收入为主要生活来源的,视为完全民事行为能力人。"这是关于完全民事行为能力人的特别规定。实务中以自己的劳动收入为主要生活来源,是指能够以自己的劳动收入维持当地群众一般生活水平。将年满16周岁不满18周岁靠自己的劳动收入为自己主要生活来源的人视为完全民事行为能力人,一方面是考虑到我国《劳动法》第58条的规定,年满十六周岁具有劳动能力,另一方面是有利于

[①] 马俊驹、余延满:《民法原论》(第二版),法律出版社2005年版,第94—98页;王利明:《民法总则研究》(第二版),中国人民大学出版社2012年版,第230—232页;黄立:《民法总则》,中国人民大学出版社2002年版,第89—90页。

他们从事生产经营等活动，是对他们意思能力的尊重及合法利益的保护。至于视为完全民事行为能力人监护关系是否终止，监护人是否要承担监护责任存有争议，本书作者认为其监护关系并非绝对终止，监护人的监护责任不因视为完全民事行为能力人而消灭。

(二) 限制民事行为能力

1. 限制民事行为能力人的类型

《民法总则》第19条规定，8周岁以上的未成年人是限制民事行为能力人；第22条规定，不能完全辨认自己行为的成年人为限制民事行为能力人。8周岁以上的未成年人对事物有一定的识别能力和判断能力，可以实施日常生活必需的民事法律行为，可以独立实施纯获利益的民事法律行为，享有以自己的行为取得的荣誉权、发明权、著作权等民事权利。但是，这些未成年人，毕竟仍处于发育阶段，一些重要的或复杂的民事法律行为应由他们的法定代理人代理或征得其法定代理人同意、追认(16周岁以上不满18周岁，以自己的劳动收入为主要生活来源的除外)。《泰国民法典》第51条和我国台湾地区"民法"第83条规定，限制行为能力人用诈术使人相信其为有行为能力人，其法律行为为有效，不得撤销。这样的规定有参考价值。

不能完全辨认自己行为的成年人，为身心健康有障碍的成年人。他们虽然有精神障碍，但并未完全丧失意思能力，能够独立进行适合其智力状况的民事法律行为和独立实施纯获利益的民事法律行为，但对于比较复杂的或者重大的民事法律行为缺乏判断能力和自我保护能力。因此，将他们归于限制民事行为能力人。由于通常判断他们是否能够完全辨认自己的行为后果比较困难，因此，《民法总则》第24条规定，可经利害关系人或者有关组织向人民法院申请认定，其为限制行为能力人。这里的有关组织包括居民委员会、村民委员会、学校、医疗机构、妇女联合会、残疾人联合会、依法设立的老年人组织、民政部门等。

2. 限制民事行为能力人的行为能力所受限制的范围

《民法总则》第19条、第22条对此只作了原则性规定，即他们只能进行与其年龄、智力、精神健康状况相适应的民事法律行为，其他比较复杂或者重大的民事法律行为应由其法定代理人代理或者征求其法定代理人的同意、追认。如何判断是否相适应的民事法律行为，可以从他们的行为与本人生活相关联的程度，以及本人的智力或者精神状态能否理解其行为，并且预见其行为后果，以及行为涉及的财产数额、行为的性质等方面来认定。但限制民事行为能力人纯获法律上利益的行为有效，这些行为主要有纯遗赠的承诺、接受单纯赠与，以及不承担责任的限制民事行为能力人的代理行为。另外，限制民事行为能力人在通过网络交易时,因相对人无法判断其行为能力状况,为保护交易安全,其行为也应有效。①

(三) 无民事行为能力

《民法总则》第 20 条规定:"不满八周岁的未成年人为无民事行为能力人,由其法定代理人代理实施民事法律行为。"第 21 条规定:"不能辨认自己行为的成年人为无民事行为能力人,由其法定代理人代理实施民事法律行为。八周岁以上的未成年人不能辨认自己行为的,适用前款规定。"与前述理由相同,无民事行为能力人应为不满 8 周岁的未成年人和不能辨认自己行为的成年人及已满 8 周岁不能辨认自己行为后果的未成年人。

不满 8 周岁的未成年人,一般来说处于生长、发育的最初阶段,智力水平普遍较低,一般难以进行民事法律行为,故将他们归为无民事行为能力人。虽然现实生活中,不满 8 周岁的未成年人的智力水平相差较大,不否认个别的智力水平较高,但总体来说,他们仍不具有综合的认识能力和判断能力,故应由其法定代理人代理民事活动。至于已满 8 周岁的未成年人,因其患有不能辨认自己行为后果的,法律确认其为无民事行为能力人。但在实践中,不满 8 周岁的未成年人进行与他的年龄、智力相适应的民事活动,根据日常生活习惯,应认定其民事行为的效力。例如,到食品店购买冰棍等行为,应确认其效力。无民事行为能力人纯获法律上利益的行为,应认定其有效。

不能辨认自己行为的成年人是指因疾病导致心智丧失的人,由于其心智丧失,不具有识别能力和判断能力,从保护他们的自身利益出发,法律规定他们为无民事行为能力人,由其法定代理人代理民事活动。由于判断自然人是否能够辨认自己的行为比较困难,故《民法总则》第 24 条规定,可经利害关系人、有关组织的申请,由人民法院认定其为无民事行为能力人。

第三节 监 护

一、监护的概念与设立监护的目的

(一) 监护的概念

监护是对未成年人和不能辨认自己行为或不能完全辨认自己行为的成年人(无民事行为能力人和限制民事行为能力人)的人身、财产及其他合法权益进行监督和保护的一种民事法律制度。履行监督和保护职责的人,称为监护人;被监督和保护的人,称为被监护人。

---

① 参见台湾"电信法"第 9 条。

监护起源于罗马法,各国对无行为能力人和限制行为能力人的监督和保护,设有亲权、监护、监护监督、保护和保佐等各种不同的制度,《民法总则》第二章第二节规定了监护制度。

(二) 监护与亲权

在法国、德国、瑞士、日本和我国民国时期的民法中区分亲权与监护,设亲权制度和监护制度。"亲权系父母基于其身份,对未成年子女以教养保护为目的之权利义务之集合。"①《法国民法典》中亲权制度的主要内容为:父母对未成年子女的教育权、惩戒权、财产管理权。我国《婚姻法》未规定亲权,《民法总则》仅设监护制度,父母为法定监护人。

(三) 监护设置的目的

设置监护的目的是保护无民事行为能力人和限制民事行为能力人的合法权益,进而利于社会秩序的稳定。

被监护人或者为无民事行为能力人或者为限制民事行为能力人,其权利能力的实现因民事行为能力之不足而受影响,监护制度弥补了被监护人行为能力之不足,可有效地保护其合法权益。

被监护人由于缺乏对自身行为社会后果和法律意义的正确认识,可能实施不法行为,给他人的合法权益造成损害,从而影响社会秩序。监护制度要求监护人对被监护人加以监督和管束,防止他们实施违法行为,一旦被监护人实施违法行为造成他人利益的损害,监护人对此承担民事责任,这样就有利于社会秩序的稳定。

(四) 监护的性质

关于监护的性质,我国学者有不同的观点,主要有权利说、义务说、权利义务一体说和职责说。罗马法上的监护,各历史发展阶段的内容不同,其性质也有所不同。有的罗马法学者用监护人"职责"概念。② 现代有的学者认为对未成年人的监护"为亲权之补充延长"。③ 从监护制度的整体看,监护关系与亲属关系既有联系,又有区别。监护人既有被监护人的亲属,又有被监护人亲属以外的人,还包括社会组织乃至国家机构,监护人与被监护人的关系不是亲属法上的身份关系。在我国,父母或者其他近亲属担任监护人的情况下,他们与被监护人的关系兼有亲属关系和监护关系。《德国民法典》第1793条的标题是"监护人的职责、被监护人的责任",第1款前段规定:"监护人有照顾被监护人和被监护人财产的权利和义务,尤其有代理被监护人的权利和义务。"《民法总则》第34条第1

---

① 史尚宽:《亲属法论》,中国政法大学出版社2000年版,第658页。
② 〔意〕彼德罗·彭梵得:《罗马法教科书》,黄风译,中国政法大学出版社1992年版,第176—177页;周枏:《罗马法原论》(上册),商务印书馆1994年版,第241—249页。
③ 史尚宽:《亲属法论》,中国政法大学出版社2000年版,第695页。

款前段规定:"监护人的职责是代理被监护人实施民事法律行为,保护被监护人的人身权利、财产权利以及其他合法权益等。"从这个意义上讲,监护的性质是职责。监护职责既是监护人的职权,又是监护人的义务和责任。

二、监护人的设立

依照《民法总则》第28条、第29条、第30条、第31条的规定,监护的设立方式包括:法定监护、遗嘱监护、协议监护、指定监护、临时监护。法定监护是由法律直接规定无民事行为能力人和限制民事行为能力人的监护人。遗嘱监护,是父母通过遗嘱的方式为未成年人指定监护人。协议监护,是指具有监护资格的人之间通过协议确定监护人。协议监护应当尊重被监护人的真实意愿。指定监护,是指没有法定监护人或者遗嘱监护人时,由法院或者有权指定监护人的机关指定监护人。有权指定监护人的机关包括居民委员会、村民委员会、民政部门。指定监护人以最有利于被监护人的利益为原则。临时监护是指被监护人指定监护人前,由被监护人住所地的居民委员会、村民委员会、法律规定的有关组织或者民政部门担任临时监护人。

(一) 为未成年人设立监护人

依照《民法总则》第27条的规定,未成年人的监护人分为以下几种情况:

1. 父母为未成年人的当然法定监护人

未成年人一经出生,具有监护能力的父母便成为未成年人的当然监护人。这种监护是一种法定监护。这种监护关系因子女出生而开始,而不必另有原因。父母分居或者父母离异,其监护人的资格不受影响。但父母一方或者双方作为监护人对未成年人明显不利的,人民法院可以取消其担任监护人的资格。父母因正当理由,不能亲自履行监护职责的,实践中也允许父母委托他人代为履行部分或者全部监护职责,但父母仍为法定监护人。

2. 除父母之外的未成年子女的法定监护人

未成年子女的父母双亡或者丧失监护能力或者被取消监护人资格的,由下列有监护能力的人担任监护人:(1) 祖父母、外祖父母;(2) 兄、姐。

3. 其他愿意担任监护人的个人或组织

没有上述人员担任监护人的,其他愿意担任监护人的个人或组织可作为未成年人的监护人。其他个人或组织担任监护人不是法定义务,除应具有监护能力外,还应具备两个条件:一是他们愿意担任监护人,二是应得到未成年人住所地的居民委员会、村民委员会或者民政部门的同意。

4. 指定未成年人的监护人

指定未成年人的监护人,是指定未成年人父母之外的近亲属担任监护人。指定未成年人的监护人在两种情况下发生:一是争当未成年人的监护人,二是都不愿担任监护人。有权指定未成年人的监护人的有关组织是未成年人的住所地的居民委员会、村民委员会或者民政部门。指定监护人的原则是：有利于被监护人的成长。当事人不服上述组织指定的，可向人民法院提起诉讼。但考虑到有些未成年人住所地的居民委员会、村民委员或者民政部门解决纠纷的能力较弱，及当事人接受司法裁判的心理能力增强，从减轻当事人的负担出发，《民法总则》第31条规定，当事人对担任监护人有争议的，也可以直接向人民法院提起诉讼，由人民法院按照有利于被监护人成长的原则进行指定。指定监护人可指定一人，也可以指定数人。依照《民法总则》第31条的规定，监护人被指定后不得擅自变更，擅自变更的，不免除被指定的监护人的监护责任。

5. 有关组织担任未成年人的监护人

依《民法总则》第32条的规定："没有依法具有监护资格的人的，监护人由民政部门担任，也可以由具备履行监护职责条件的被监护人住所地的居民委员会、村民委员会担任。"首先由民政部门作为监护人，是由民政部门的职责决定的。居民委员会、村民委员会作为监护人，应依据其监护能力予以决定。居民委员会、村民委员会具有监护能力的，从未成年人成长的角度出发，可先于民政部门作为监护人。

6. 未成年人的监护人的变更

未成年人的监护人的变更原因主要有：(1) 监护人丧失了监护能力；(2) 监护人不履行监护职责。监护人不履行监护职责给未成年人造成损害或者利用监护方便侵害未成年人财产利益的，经与未成年人的有利害关系的个人或组织申请，人民法院可以变更监护人；(3) 在法律允许的情况下，监护人之间也可以签订变更协议，更换监护人。变更未成年人监护人的目的在于保护未成年人的合法权益。

(二) 为无民事行为能力或者限制民事行为能力的成年人设立监护人

依照《民法总则》第28条的规定，为无民事行为能力或者限制民事行为能力的成年人设立监护人分为以下几种情况：

1. 法定监护人

无民事行为能力或者限制民事行为能力的成年人的法定监护人的范围和顺序是：(1) 配偶；(2) 父母、子女；(3) 其他近亲属。这些亲属担任的监护人是其法定义务，只要他们具有民事行为能力，就不允许借故推诿。其他个人或组织担任无民事行为能力或者限制民事行为能力的成年人的监护人，一是坚持自愿原则，而非法定义务，二是应得到被监护人住所地的居民委员会、村民委员会或者民政部门的同意。

本书作者认为，对于攻击性精神病人，由于监护难度极大，由近亲属承担法定监护义务可能严重影响家庭的正常生产和生活，可能导致受害第三人的救济落空,可能致使精神病人无尊严地生活,因此,法律应当规定,攻击性精神病人由民政部门担任监护人,但近亲属愿意担任监护人的除外。

2. 有关组织担任监护人

根据《民法总则》第 32 条的规定,没有上述监护人,或者上述监护人均丧失了监护能力的,则由民政部门担任监护人,也可以由具备履行监护职责条件的被监护人居所地的居民委员会、村民委员会担任监护人。此条规定的意义在于,被监护人居所地的村民委员会、居民委员会情况不同,有的具备监护能力和监护条件,能够履行监护职责,有的不具备监护能力和监护条件,不能够履行监护职责,为了保护心智欠缺或丧失的成年人,应首先由民政部门履行监护职责,具备监护职责履行条件的被监护人住所地的村民委员会、居民委员会根据其意愿也可担任监护人。

3. 无民事行为能力或者限制民事行为能力的成年人的指定监护人(同未成年人的指定监护人)

(三)成年监护

根据《民法总则》第 33 条的规定,成年监护属于约定监护的范畴,是指具有完全民事行为能力的成年人,与他人书面约定在其丧失民事行为能力或者部分丧失民事行为能力时,由该他人担任监护人。

对于成年监护,监护人与被监护人之间的权利义务由监护协议确定。监护人可为被监护人选定的近亲属或者愿意承担监护责任的非亲属自然人、有关组织。监护人的职责、监护人资格的撤销除依照监护协议以外,还可参照法定监护处理。

三、监护人的消极资格

由于监护人负有监护职责,对于被监护人的权益关系重大,有较多的立法例通常都规定了不得担任监护人的消极资格。不得作为监护人的人主要包括:(1) 禁治产人、准禁治产人。禁治产人是指因心神丧失或精神耗弱不能处理自己事务,经申请由法院宣告为无民事行为能力或者限制民事行为能力人。准禁治产人是指因心神耗弱、聋、哑、盲、浪费人经申请宣告为限制民事行为能力人。我国《民法总则》未规定禁治产人和准禁治产人。(2) 被判处刑罚的人、失踪人。《法国民法典》规定,被判处刑罚的人排除其任监护职务,已任职责当然解除。《日本民法典》规定,行踪不明者不得任监护人。(3) 破产人。《日本民法典》规定,破产人丧失监护资格,但我国民国时期的《民法典》规定,破产不为丧失监护资格的事由,但破产人因无支付能力,在监护人的指定和选定时,应慎加选择。(4) 外国人。《日本民法典》和《法国民法典》规定,外国人不得为监护人。但《法国民法典》又规定,有亲属关系的外国人有监护资格。依《民法通则》第 8 条的规定,应解释为外国人不妨碍其为监护人。(5)法人。一般认为,法人不得担任监护人,但依我国实际,未成年人、精神病人住所地的居民委员会、村民委员会或民政部门可为监护人。

四、监护人的职责

根据《民法总则》第26条、第34条的规定,监护人的职责主要有:

(一)保护被监护人的身体健康

被监护人无论是未成年人还是心智缺失或丧失的成年人,对其身体健康都不像完全民事行为能力人那样具有全面的知识和自我保护能力。因此,需要监护人保护被监护人的身体健康和人身安全,防止被监护人受到侵害。

(二)照顾被监护人的生活

监护人在日常生活方面必须给被监护人以必要的关心、照料。对于未成年人来说,其必要的物质和文化生活要求必须满足,以保证未成年人的健康成长。对于心智缺失或丧失的成年人来说,监护人应细心照料其生活,不得虐待或者遗弃被监护人。

(三)对被监护人进行管理和教育

监护人应当关心未成年人的成长,对其进行教育和管理。根据被监护人的年龄和智力状况,在作出与被监护人权益有关的决定时遵循尊重被监护人利益的原则

(四)保护和管理被监护人的财产

监护人应当妥善管理和保护被监护人的财产,对被监护人应得的合法收益,如依法应得的抚养费、抚恤费等,都应依法保护。对于被监护人财产的经营和处分,监护人应尽善良管理人的注意。非为被监护人的利益,监护人不得处分其财产。

(五)代理被监护人进行民事活动

被监护人为无民事行为能力人的,其全部民事活动由监护人代理。被监护人是限制民事行为能力人的,可以进行与他的年龄、智力相适应或者与他的精神健康状况相适应的民事活动;其他民事活动由他的法定代理人代理或者征得他的法定代理人的同意进行。监护人应最大限度地尊重被监护人的意愿,保障并协助被监护人独立实施与其智力、精神健康状况相适应的民事活动。

(六)代理被监护人进行诉讼

在被监护人的合法权益受到侵害或者与他人发生争议时,监护人应当代理被监护人进行诉讼,以维护其合法权益。

(七)监护人应当依法承担民事责任

《民法总则》第34条第3款规定,监护人不履行监护职责或者侵害被监护人

合法权益的,应当承担法律责任,依《侵权责任法》第32条规定,被监护人造成他人损害的,由监护人承担民事责任。监护人尽了监护职责的,可以适当减轻其民事责任。

监护人将部分或者全部监护职责委托给他人期间,被监护人有侵权行为,并需要承担民事责任的,应当由监护人承担。但是,如果被委托人未尽力履行监护职责确有过错的,被委托人承担相应的责任。监护人与被委托人就民事责任的承担有约定的,则应当按约定处理。

五、监护人资格的撤销

(一)撤销监护人资格的事由

根据《民法总则》第36条的规定,人民法院可以根据有关人员或者有关单位的申请,撤销监护人的资格。

撤销监护人资格的事由是:(1)实施严重损害被监护人身心健康行为,如性侵害、出卖、遗弃、虐待、暴力伤害未成年人,严重损害未成年人身心健康的。(2)怠于履行监护职责,或者无法履行监护职责并且拒绝将监护职责部分或者全部委托给他人,导致被监护人处于危困状态的,如将未成年人置于无人监管和照看的状态,导致未成年人面临死亡或者严重伤害危险,经教育不改的;拒不履行监护职责长达6个月以上,导致未成年人流离失所或者生活无着的;有吸毒、赌博、长期酗酒等恶习无法正确履行监护职责或者因服刑等原因无法履行监护职责,且拒绝将监护职责部分或者全部委托给他人,致使未成年人处于困境或者危险状态的。(3)实施严重侵害被监护人合法权益的其他行为的,如胁迫、诱骗、利用未成年人乞讨,经公安机关和未成年人救助保护机构等部门三次以上批评教育拒不改正,严重影响未成年人正常生活和学习的;教唆、利用未成年人实施违法犯罪行为,情节恶劣的。

(二)撤销监护人资格的程序

撤销监护人资格的程序是,应经有关人员或组织申请并经人民法院依法作出撤销裁决。具有申请资格的有关人员和有关单位是指其他依法具有监护资格的人、居民委员会、村民委员会、学校、医疗机构、妇女联合会、残疾人联合会、未成年人保护组织、依法设立的老年人组织、民政部门等。如果有关个人或者单位没有向人民法院及时提出申请撤销监护人资格,民政部门应当向人民法院提出申请,撤销监护人资格,民政部门申请撤销监护人资格是其法定义务。《民法总则》这一规定的目的是为了更好地保护无民事行为能力人或者限制民事行为能力人的人身或财产的合法权益。

撤销监护人资格的效果是:(1)人民法院撤销监护人资格之前可以视情况先行中止其履行监护职责;(2)由被监护人住所地的居民委员会、村民委员会、法律规定的有关组织或者民政部门担任临时监护人;(3)监护人的资格撤销以后,人民法院应当按照最有利于被监护人的原则指定监护人。(4)依《民法总则》第37条的规定,作为监护人的父母、子女、配偶,对被监护人依法负担的抚养费、赡养费、扶养费不因监护人资格撤销而免除或减少。

(三)被撤销监护人资格的恢复

根据《民法总则》第38条的规定,监护人的资格被撤销以后,经申请可恢复其监护人的资格。监护人资格的恢复的要求是:(1)恢复主体限于被监护人的父母或子女,至于被监护人的配偶、祖父母、外祖父母等近亲属,在监护人资格被撤销后能否恢复,法律未有明文规定。基于最有利于被监护人成长或生活的原则,不应完全排除配偶、祖父母、外祖父母等近亲属恢复监护人资格。至于其他个人或组织(民政部门除外)能否恢复监护人资格,因其不存在亲情关系,以排除为宜。(2)不存在对被监护人实施故意犯罪,如果存在对被监护人故意犯罪的,从维护被监护人合法权益出发,排除恢复其监护人资格。(3)被撤销监护资格的监护人,确有悔改表现,如关心被监护人生活,维护被监护人利益等。(4)尊重被监护人的真实意愿,是否恢复被监护人的监护资格应充分尊重被监护人的意愿。(5)被撤销监护资格的人,应向人民法院提出申请,人民法院依据申请,作出是否恢复其监护资格的裁决。

被撤销监护人资格恢复以后,其效力是:(1)被撤销监护人资格的监护人为被监护人的当然监护人。(2)人民法院指定的监护人与被监护人的监护关系同时终止。

六、监护的终止

依照《民法总则》第39条的规定,监护终止的原因有以下几种情形:

(一)被监护人取得或恢复完全民事行为能力

未成年人已经成年,则具有完全民事行为能力,为其设置的监护应当终止。心智欠缺或丧失的成年人已经康复,完全恢复了民事行为能力,为其设置的监护也终止。

(二)监护人或被监护人一方死亡

监护人或者被监护人一方死亡(包括宣告死亡),监护关系自然终止。

(三)监护人丧失了行为能力

监护关系的成立以监护人有监护能力为条件,监护人丧失了行为能力,则监护关系自然终止。

(四)监护人辞去监护

监护人有正当理由时,法律应允许其辞去监护,但这不适用于未成年人的父母。所谓正当理由应包括监护人患病、迁居、家庭困难等,但监护人辞去监护应经有指定权的机关同意。

(五)监护人被撤销监护人资格

监护人不履行监护职责或利用监护之便侵害被监护人合法权益的,经有关个人或组织申请,人民法院可以撤销监护人的监护资格,并由此终止监护关系。

监护关系终止后,被监护人仍然需要监护的,应当依法另行确定监护人。

第四节 自然人的住所

一、住所的概念

自然人的住所,是指自然人生活和法律关系的中心地。一个人在生活中总要和其他人有多种交往,会有多种法律关系,为了便于交往和确立正常的法律关系,就需要确定法律关系的中心地,在法律上将法律关系的中心地称为住所。

(一)住所与居所

在立法上关于住所的规定有单一主义和复数主义。法律规定一人不得同时有两个住所的,称为单一主义,例如《瑞士民法典》(第23条第2款)。法律规定一人可以同时有两个以上住所的,称为复数主义,例如《德国民法典》(第7条第2款)。我国《民法通则》的规定属于单一主义。

居所是自然人居住的处所,通常指自然人为特定目的暂时居住的处所,也可以是自然人经常居住的处所。《日本民法典》规定,住所不明时或者无住所者,将居所视为住所(第22—23条)。《民法总则》第25条规定:"自然人以户籍登记或者其他有效身份登记记载的居所为住所;经常居所与住所不一致的,经常居所视为住所。"

(二)住所与户籍

户籍是记载自然人姓名、出生、性别、籍贯、民族、结婚、离婚、住址等反映自然人基本情况的法律文件。在我国,户籍主要具有行政法上的意义。户籍上的住址在多数情况下与自然人的住所是同一的。

二、自然人住所的法律意义

住所是决定有关法律关系的中心地,根据我国现行法律规定,住所的主要法律意义有:

(一)确定自然人权利、义务的享有地和承担地

如依《民事诉讼法》第33条第3项的规定,因继承遗产纠纷提起的诉讼,继承人应在被继承人死亡时住所地或者主要遗产所在地人民法院主张权利;又如依《合同法》第62条第3项的规定,如果履行合同的地点不明确,给付货币的,接

受给付的一方的所在地为履行地,其他标的在履行义务的一方所在地履行。

(二)确定有关组织或者机关的管辖权

依《民法总则》的规定,对监护人的指定,依法应由无民事行为能力和限制行为能力人的住所地的居民委员会、村民委员会或者民政部门进行。有关宣告失踪或者宣告死亡的案件,依法应由下落不明人住所地的基层人民法院受理。对自然人提起的民事诉讼,由被告住所地人民法院管辖;被告住所地与经常居住地不一致的,由经常居住地人民法院管辖。仲裁裁决、公证债权文书等的执行应由被执行人住所地或者被执行人的财产所在地的人民法院执行等。

(三)宣告失踪和宣告死亡的时间计算

宣告失踪或者宣告死亡的条件之一是自然人下落不明达到法定期限。下落不明,是指自然人离开住所地或者最后居住地后没有音讯的状况,住所或者居所是认定下落不明的基点。

(四)在涉外民事案件中,确定法律适用的准据法

在涉外遗产继承关系中,遗产的法定继承,动产适用被继承人死亡时住所地法律,不动产适用不动产所在地法律。

三、确定住所的标准

自罗马法以来,各国民法中确定住所的标准不一。归纳起来主要有三种主张:(1)主观说。主观说强调意思因素,认为以当事人长久居住的意思决定住所,普通法系国家多采此种主张。(2)客观说。该说强调事实因素,认为实际上长期居住地就是住所,民法法系国家多采此说。(3)折中说。该说把意思因素和事实因素结合起来,认为以久住的意思而经常居住的某一住处为住所。瑞士和我国台湾地区采此说。

根据《民法总则》第25条的规定,我国立法所采取的是以户籍所在地为标准的方法。

四、自然人住所的种类

在民法法系国家民法和民法理论中,住所可分为法定住所、意定住所和拟制住所。我国民事立法只对自然人的住所作了概括性规定,而未作具体规定。随着我国社会经济的发展和人口的迁徙,仍有探讨自然人住所种类之必要。

(一)意定住所

意定住所,又称任意住所,是指基于当事人的意思而设立的住所。

意定住所与迁徙自由紧密相连。随着我国市场经济的发展,住所和户籍分离的存在,在客观上要求法律肯定自然人的意定住所。

（二）法定住所

法定住所，是指不依当事人的意思设立，而由法律规定的住所。例如，《德国民法典》第 11 第 1 款前段规定："未成年人以其父母的住所为住所。"在我国，无民事行为能力人和限制民事行为能力人也有自己的户籍，因而应以其户籍所在地的居所地为其住所；如果他同监护人共同生活，则监护人的住所是被监护人的经常居住地，视为被监护人的住所。

（三）拟制住所

拟制住所，是指法律规定在特殊情况下把居所视为住所。我国民法规范和司法实践肯定了拟制住所的存在：(1) 自然人的经常居住地与住所不一致的，经常居住地视为住所；(2) 自然人由其户籍所在地迁出后至迁入另一地点前，无经常居住地的，仍以其户籍所在地为住所；(3) 当事人的住所不明或者不能确定的，以其经常居住地为住所。

第五节 宣告失踪与宣告死亡

一、宣告失踪

宣告失踪是指自然人离开自己的住所，下落不明达到法定期限，经利害关系人申请，由人民法院宣告其为失踪人的法律制度。宣告失踪是对一种确定的自然事实状态的法律确认，目的在于结束失踪人财产关系的不确定状态，保护失踪人的利益和利害关系人的利益。在现实生活中，经常发生有人离开住所长期下落不明的事件。例如，由于自然灾害、事故、战争造成下落不明。在人口流动中，也经常发生下落不明的情况，由此造成了以失踪人为当事人的社会关系的不确定。宣告失踪制度就是为处理此类事件而设定的。

（一）宣告失踪的条件与程序

1. 自然人失踪的事实

自然人失踪的事实是宣告失踪的基本条件之一。所谓自然人失踪的事实包括两个方面：其一是指自然人离开自己的住所或者居所没有任何音讯，例如渔民出海打鱼一去不返，不知下落；其二是指这种无音讯状态持续时间满 2 年。2 年的期限是从失踪人最后离开住所或者居所失去音信之日起计算；战争期间下落不明的，下落不明的时间从战争结束之日或有关机关确定的下落不明之日起计算。[①]

[①] 民法学界有观点认为，自然人下落不明的时间应从离开住所的最后之日计算，或者从意外事故的发生之日起计算。参见李由义主编：《民法学》，北京大学出版社 1988 年版，第 56 页；彭万林主编：《民法学》，中国政法大学出版社 1999 年版，第 70 页；余能斌、马俊驹主编：《现代民法学》，武汉大学出版社 1997 年版，第 92 页。此处系最高人民法院司法解释的观点，参见《民通意见》第 28 条。

2. 利害关系人的申请

利害关系人的申请既是宣告失踪的条件之一,又是宣告失踪程序的开始。所说利害关系人是指下落不明人的近亲属或者对该人负有监护职责的人以及该人的债权人和债务人。利害关系人应具有完全的民事行为能力才能作为申请人。有权申请自然人为失踪人的近亲属包括:配偶、父母、子女、兄弟姐妹、祖父母、外祖父母、孙子女、外孙子女。有权申请自然人为失踪人的利害关系人没有先后顺序,只要其中有人提出申请,未申请的利害关系人即使反对,也不影响人民法院对失踪申请案件的受理。但人民法院应遵循"不告不理"的原则,不能依职权主动宣告某失踪的自然人为失踪人。利害关系人申请自然人为失踪人的,应用书面形式写明失踪自然人失踪的事实、时间、申请人的请求,并附有关的证明材料。

3. 人民法院的受理与宣告

宣告失踪只能由人民法院作出判决,任何其他机关和个人无权作出宣告失踪的决定。根据《民事诉讼法》第183条的规定,利害关系人应到失踪人住所地基层人民法院提出失踪宣告申请。人民法院依法受理宣告自然人失踪申请案后,首先应发出寻找失踪人的公告。根据该法第185条的规定,公告期为3个月。公告期满,受理人民法院应当根据宣告失踪的事实是否得到确认,作出宣告失踪的判决或者驳回申请的判决。人民法院作出宣告失踪判决的,失踪自然人即为失踪人。

(二) 宣告失踪的效力

自然人被宣告失踪以后,其效力是对其财产的管理和财产义务的履行。《民法总则》第42条规定:"失踪人的财产由其配偶、成年子女、父母或者其他愿意担任财产代管人的人代管。代管有争议,没有前款规定的人,或者前款规定的人无代管能力的,由人民法院指定的人代管。"

1. 失踪人的财产管理

宣告失踪制度的主要目的之一就是为失踪人的财产设置管理制度。失踪人的配偶、父母、成年子女或者其他愿意担任财产代管人的人为代管人。失踪人的上述财产代管人不存在谁申请失踪谁享有财产代管权的问题,实务中一般遵循配偶、父母、成年子女的顺序确定财产代管人,但前一顺序的代管人对失踪人的财产管理不利时,可由后一顺序的近亲属为财产代管人。例如,甲被宣告失踪以后,其妻乙和其父丙均主张对甲的财产的代管权,但其妻乙在甲失踪以后,与他人姘居,并经常将家中财产搬入姘夫家中,与其共用,这时由其代管甲的财产显然不利,故不应由其代管,而应由其父代管。财产代管人应具有完全民事行为能力;限制民事行为能力或者无民事行为能力人不具有财产代管人的资格。无民事行为能力人或者限制民事行为能力人失踪的,由其监护人担任财产代管人。

失踪人如果没有上述财产代管人,或者他们没有能力作为代管人,或者不宜作为代管人的,或者代管有争议,人民法院可以指定他人或者有关组织为失踪人的财产代管人。失踪人的财产代管人在代管期间丧失管理能力,或者无力履行代管职责,或者拒不履行代管职责,或者利用代管之便侵害失踪人财产权益的,经利害关系人申请,人民法院可以依法作出变更财产代管人的裁决。财产代管人有正当理由可以向人民法院申请变更财产代管人,人民法院变更财产代管人的,变更后的财产代管人有权要求原财产代管人及时移交有关财产并报告有关财产代管情况。

失踪人的财产代管人应妥善管理失踪人的财产,在保管、维护、收益时,应与管理自己财产尽同一注意;在进行必要的经营和处分时,应尽善良管理人之注意。代管人不得利用和擅自处分失踪人的财产。如果代管人不履行代管职责,因故意和重大过失造成了失踪人的财产损失,或者侵害了失踪人的财产利益,失踪人的利害关系人可以向人民法院请求财产代管人承担民事责任。

2. 失踪人的义务履行

自然人被宣告失踪以后,其并不丧失民事权利主体资格,其原来所享有的民事权利仍然有效,其应履行的民事义务仍须履行。所说失踪人的义务包括失踪人失踪前所应缴纳的税款、所欠债务以及失踪期间所应支付的其他费用,如赡养费、抚养费和因代管财产所产生的管理费等必要费用。在失踪人失踪期间,失踪人的义务由财产代管人从失踪人的财产中以支付财产的方式来履行。在实务中,失踪期间,失踪人的财产代管人向失踪人的债务人要求偿还债务的,可以作为原告提起诉讼;失踪人的财产代管人拒绝支付失踪人所欠的税款、债务和其他费用,债权人提起诉讼的,人民法院应当将代管人列为被告。

(三)失踪宣告的撤销

自然人被宣告失踪是依据其下落不明的失踪事实作出的,一旦失踪事实消除,法律上继续认定该自然人失踪就丧失了事实根据,故应撤销对该自然人的失踪宣告。《民法总则》第 45 条规定:"失踪人重新出现,经本人或者利害关系人申请,人民法院应当撤销失踪宣告。失踪人重新出现,有权要求财产代管人及时移交有关财产并报告财产代管情况。"

撤销失踪宣告的程序,首先应由失踪人本人或者他的利害关系人向人民法院提出撤销失踪宣告的申请。这里所说利害关系人包括失踪人的配偶、父母、子女、祖父母、外祖父母、兄弟姐妹以及与被宣告失踪人有民事权利义务关系的自然人和法人。人民法院对申请人提出的申请进行审核,确认失踪事实消除以后依法作出撤销失踪宣告的判决。失踪宣告一经撤销,代管人的代管权随之终止,他应当将其代管的财产及收益交还给被撤销失踪宣告的人,并负有将代管期间对其财产管理和处置的详情告知的义务。

二、宣告死亡

宣告死亡是指自然人下落不明达到法定期限,经利害关系人申请,人民法院宣告其死亡的法律制度。

宣告死亡是法律上的死亡推定,即从自然人下落不明达到法定期限的事实,推定出他已死亡的事实。

宣告失踪制度与宣告死亡制度的设置目的不同。宣告失踪旨在解决失踪人的财产管理问题,但不能解决因失踪人生死不明而引起的民事关系的不确定问题,而宣告死亡制度使这一问题得到解决。宣告失踪制度重在保护失踪人的利益,而宣告死亡制度重在保护被宣告死亡人的利害关系人的利益。在宣告失踪和宣告死亡的制度关系中,存在三种立法模式:一种是只设立宣告失踪,不设立宣告死亡;另一种是只设立宣告死亡,不设立宣告失踪;第三种是同时设立宣告失踪和宣告死亡制度。我国《民法总则》采用第三种立法模式。

(一)宣告死亡的条件与程序

1. 自然人失踪的事实

宣告死亡和宣告失踪一样必须有自然人失踪的事实,但对自然人失踪的时限要求与宣告失踪的要求不一样。根据《民法总则》第 46 条的规定,申请宣告死亡的,在通常情况下,自然人下落不明必须满 4 年,战争期间下落不明的,从战争结束之日起算;在意外事故的情况下,自然人下落不明的时限为 2 年。因意外事故下落不明,经有关机关证明该自然人不可能生存,利害关系人申请宣告其死亡的,不受 2 年时限的限制。下落不明的时间计算与宣告失踪相同。

2. 利害关系人的申请

利害关系人的申请既是宣告死亡的基本条件之一,又是宣告死亡的程序要求。申请宣告死亡的利益关系人包括:(1)配偶;(2)父母、子女;(3)兄弟姐妹、祖父母、外祖父母、孙子女、外孙子女;(4)其他有民事权利义务关系的人。这里所说的其他有民事权利义务关系的人通常包括受遗赠人、债权人、债务人、人寿保险合同的受益人等。

申请宣告死亡是否有顺序限制,理论上存有争议,有顺序说认为宣告死亡涉及配偶的身份权保护和其他亲属的继承权保护的冲突,基于人身权保护优先于财产权保护的原则,宣告死亡应采有顺序说,即前一顺序利害关系人未申请宣告死亡的,后一顺序利害关系人不得申请宣告死亡。[①] 无顺序说认为,即使宣告死亡,配偶的婚姻关系消灭,但基于被宣告死亡人重新出现后,其婚姻关系自然恢复的规定,配偶身份权的保护已得到救济,故利害关系人均有同等的申请权,不

---

① 参见马原主编:《中国民法教程》,人民法院出版社 1989 年版,第 64—65 页。

受前顺序人是否申请或反对申请或者申请宣告失踪的影响。①《民法总则》第47条规定:"对同一自然人,有的利害关系人申请宣告死亡,有的利害关系人申请宣告失踪,符合本法规定的宣告死亡条件的,人民法院应当宣告死亡。"该条规定采用了无顺序说。

对于债权人,是否适于作为宣告死亡的申请人,在学理上存在争议。一种观点认为,债权人与其他利害关系人一样,可以作为申请人。另一种观点认为,允许债权人作为申请人,虽然有利于保护债权人的利益,但其效力超出了债权效力的范畴,对于债权人利益的保护,可通过宣告失踪制度加以解决,宣告死亡的申请人应限定在下落不明人的近亲属范围内。②

3. 人民法院的受理与宣告

人民法院受理利害关系人的书面申请后,应即发出寻找失踪人的公告,普通失踪的公告期为1年,因意外事故失踪的公告期为3个月,公告期满仍不能确定下落不明人尚生存的,即作出宣告死亡的判决。依据《民法总则》第48条的规定,"被宣告死亡的人,人民法院宣告死亡的判决作出之日视为其死亡的日期;因意外事件下落不明宣告死亡的,意外事件发生之日视为其死亡的日期"。

宣告失踪不是宣告死亡的必经程序。符合申请宣告死亡条件的,利害关系人可以不申请宣告失踪而直接申请宣告死亡。如果自然人下落不明满4年,利害关系人只申请宣告失踪的,人民法院只能作出失踪宣告,而不能作出死亡宣告。

(二)宣告死亡的效力

《民法总则》没有明文规定宣告死亡所产生的具体效力。通说认为,自然人宣告死亡应发生与自然死亡相同的效力,即宣告死亡人丧失民事主体资格,其民事权利能力和民事行为能力终止;其原先参加的民事法律关系归于消灭(法律另有规定的除外);其婚姻关系自然消灭;其个人合法财产变为遗产开始继承。

但宣告死亡与自然死亡毕竟不同,宣告死亡只是依法对失踪人死亡的推定,事实上该失踪人的生命不一定终结。某自然人在甲地被宣告死亡,但他在乙地生存时,仍享有民事权利能力,其实施的民事法律行为仍然有效。宣告死亡确定的死亡日期和自然死亡日期可能不同。对此,《民法总则》第49条规定:"自然人被宣告死亡但是并未死亡的,不影响该自然人在被宣告死亡期间实施的民事法律行为的效力。"在司法实践中,该民事法律行为的效力与宣告死亡的法律后果相抵触的,应以该民事法律行为为准,如甲被宣告死亡后,又立下遗嘱,家中财产

---

① 参见梁慧星:《民法总论》,法律出版社1996年版,第102页;余能斌、马俊驹主编:《现代民法学》,武汉大学出版社1997年版,第94页。
② 参见王利明:《民法总则研究》(第二版),中国人民大学出版社2012年版,第246页。

由其妻继承,甲因宣告死亡家中财产已经按照法定继承处理,其妻可依据甲的遗嘱,要求其他法定继承人返还所继承遗产。

（三）死亡宣告的撤销

《民法总则》第50条规定,当被宣告死亡的人重新出现,经本人或者利害关系人申请,人民法院应当撤销对他的死亡宣告。根据《民法总则》第51条至第53条的规定,死亡宣告的撤销产生如下效力:婚姻关系从撤销死亡宣告之日起自行恢复。但是,配偶已再婚的或者向婚姻登记机关书面声明不愿意恢复的除外。配偶已再婚,从保护现行婚姻关系出发,其婚姻关系当然不能自行恢复。配偶已向婚姻登记机关书面声明不愿意恢复婚姻关系的,其婚姻关系不自行恢复的意义在于避免配偶离婚诉累。如果配偶再婚后又离婚或者再婚后配偶他方又死亡的,不能自行恢复婚姻关系。

被宣告死亡人在被宣告死亡期间,其子女被他人依法收养的,撤销死亡宣告后,仅以未经本人同意而主张收养关系无效的,一般不应准许,但收养人和被收养人同意的除外。

撤销死亡宣告后,本人有权请求依照继承法取得财产的民事主体返还财产,无法返还的,应当给予适当补偿。所说依照继承法取得民事财产的主体,包括法定继承人、遗嘱继承人和受遗赠人。至于财产已由第三人取得,不论是有偿取得还是无偿取得,从维护新生法律关系的稳定性出发,本人无权向第三人请求返还。如果继承财产已经灭失或消费或由第三人取得,本人只能向继承人请求适当补偿。所说适当补偿不是赔偿,而是根据本人和继承人的财产状况、财产灭失原因、当事人的过错等因素予以综合衡量,根据公平原则给予补偿。返还财产不仅包括继承财产本身,而且包括继承财产所生孳息,但不应包含继承财产所获收益。

依据《民法总则》第53条第2款之规定,利害关系人隐瞒真实情况致使他人被宣告死亡而取得财产的,除应返还原物和孳息以外,还应对给他人造成的损失予以赔偿。

第六节　个体工商户与农村承包经营户

一、个体工商户

（一）个体工商户的概念与特征

《民法总则》第54条规定:"自然人从事工商业经营,经依法登记,为个体工商户……"个体工商户的特征是:

1. 从事工商个体经营的是单个自然人或者家庭。单个自然人申请个体经营的,必须是具有民事行为能力的自然人。

2. 个体工商户必须依法进行核准登记。自然人或者家庭要想从事工商个体经营,必须依法向工商行政管理部门提出申请,并由受理机关核准登记,颁发个体经营的营业执照后,才取得个体工商户的资格,并且必须依法在核准登记的范围内从事经营活动。

3. 个体工商户应在法律允许的范围内从事工商业经营活动。这里所说的工商业经营活动是广义的,除手工业、加工业、零售商业外,还包括修理业、服务业等。但是,不论进行何种工商业经营活动,都应在法律允许的范围内进行,方受法律保护。

（二）个体工商户的法律地位

关于个体工商户的法律地位,法学界颇有争议。一种观点认为,个体工商户属于自然人,只不过属于自然人的特殊形式而已。另一种观点认为,个体工商户属于非法人组织,且属于营利性非法人组织。[1]《民法总则》在自然人一章中规定了个体工商户。但个体工商户作为民事主体,与自然人又有不同:(1)依照我国现行法律,个体工商户可以雇工经营;个体工商户可以起字号和刻制公章,在民事诉讼中,起字号的个体工商户应以该字号为诉讼主体。(2)个体工商户具有明确的目的,其目的就是其经营范围,并在其经营范围内享有相应的有别于自然人的民事权利能力和民事行为能力。个体工商户依法享有经营权、起字号权、商标注册申请权等自然人不享有的权利,依法承担纳税及接受监督、检查的义务。(3)个体工商户具有相对独立的财产,该财产主要用于其所从事的工商经营活动。当然个体工商户的财产与个人财产、家庭财产不是严格区分的。

（三）个体工商户的债务承担

依照《民法总则》第 56 条第 1 款的规定:(1)个体工商户的债务,个人经营的由个人财产承担该债务。所说个人经营,是指由个人财产出资由个人开展工商业活动,并且经营所得不主要用于家庭消费。所说个人财产,是指经营人的财产与家庭财产严格区分,如甲、乙为夫妻,甲为个体工商户,甲、乙财产约定为分别财产制。所说由个人财产承担债务,是指由个体工商户经营活动所产生的债务,由个体工商户的个人财产承担。(2)个体工商户的债务,家庭经营的由家庭财产承担。所说家庭经营,是指由家庭财产投资经营,或者由个体工商户自然人本人和家庭财产共同投资经营。(3)个体工商户债务,无法区分是个人财产投资经营还是家庭财产投资经营的,由家庭财产承担债务。

---

[1] 梁慧星:《民法总论》(第四版),法律出版社 2011 年版,第 147 页。

二、农村承包经营户

（一）农村承包经营户的概念与特征

根据《民法总则》第 55 条的规定，农村集体经济组织的成员，依法取得农村土地承包经营权，从事家庭承包经营的，为农村承包经营户。其主要特征是：

1. 农村承包经营户是农村集体经济组织的成员。农村集体经济组织的成员依法承包集体经济组织所有的农、副业，取得农村土地承包经营权，从事家庭承包经营，从而成为农村承包经营户。

2. 农村承包经营户是基于各种承包合同发生的。合同规定承包的生产项目，交付使用的生产资料的数量和承包日期，承包户使用水利等公共设施的权利，双方当事人的其他主要权利以及违约责任等。

3. 农村承包经营户是在法律允许的范围内从事生产经营活动。农村承包经营户应依照合同的约定从事农、副业生产。

（二）农村承包经营户的法律地位

《民法总则》在自然人一章中规定农村承包经营户。农村承包经营户作为民事主体，仅限于与集体组织签订承包合同等与此有关的民事活动中。农村承包经营户的主体资格的取得与工商个体户不同，不存在登记注册的问题。农民进城务工或者向城镇居民出售粮食、蔬菜等农产品，其主体地位为自然人，而不为农村承包经营户。对于违反承包合同或者侵犯其经济权利的集体经济组织或者个人，他们有权向人民法院起诉要求保护。农村承包经营户应接受集体经济组织的指导和管理，集体经济组织应当尊重农村承包经营户的自主权，不得非法干预。

（三）农村承包经营户的债务承担

依据《民法总则》第 56 条第 2 款的规定，农村承包经营户的债务，以从事农村土地承包经营的农户财产承担；事实上由农户部分成员经营的，以该部分成员的财产承担。

第五章 法　　人

第一节　法人概述

一、法人的概念与特征

(一) 法人的概念与法人制度的形成

法人是与自然人相对应的民事主体。《民法总则》第 57 条规定："法人是具有民事权利能力和民事行为能力，依法独立享有民事权利和承担民事义务的组织。"这一规定揭示了法人的内涵。

现代法人制度和法人观念萌芽于罗马法。罗马法上没有法人的概念，法人这个概念是中世纪注释法学派在总结概括罗马法的基础上提出来的。

"12、13 世纪时，注释法学者虽受罗马法影响，时用法人一语，但当时彼等所见者，并非真正之法人，乃不过为团体及共同态而已。"[①] 自 15 世纪末，荷兰和英国工商业的发展，先后成立了各种商业公司，随着商品经济的发展和投资风险的不断发生，人们逐步萌生出摆脱商业风险的意识，合伙型的公司逐步向法人型公司过渡，1612 年英国东印度公司将各个个人的资本合并为共同资本，公司有了由其支配的相对独立的财产和团体人格。19 世纪出现了股份有限公司和有限责任公司，公司才有了完全独立的人格。

1863 年撒克逊王国公布了《撒克逊王国民法典》，这个法典是以德国普通法和撒克逊法为基础制定的，该法典设有总则，规定了法人制度，将法人分为社团法人和财团法人。1804 年的《法国民法典》没有规定法人制度，主要原因是法国大革命以后，个人主义思想达到顶峰，对团体人格采取排斥态度，同时也是为了防止封建势力利用团体组织进行复辟活动[②]（后来在《法国民法典》修正的条文中用了法人概念）。1896 年颁布的《德国民法典》将法人规定为与自然人并列的民事主体，将法人分为社团、财团和公法人，规定了社团法人的成立、登记、章程、

[①] 李宜琛：《日耳曼法概说》，商务印书馆 1943 年版，第 29 页。
[②] 关于《法国民法典》不规定法人制度的背景，参见郑玉波：《民法总论》，台湾三民书局 1995 年版，第 125—126 页；尹田：《民事主体理论与立法研究》，法律出版社 2003 年版，第 154 页。

法人机关、破产和清算等,建立了完备的法人制度。①

(二) 法人的特征

1. 法人是社会组织

所谓社会组织是指按照一定的宗旨和条件建立起来的具有明确的活动目的和内容,有一定组织机构的有机整体。作为民事主体的法人或为自然人组成的社会集合体,或为以一定数量的财产集合为基础组成的社会组织。法人作为社会组织体是区别于自然人生命体的关键所在。自然人是民事主体,法人也是民事主体。

2. 法人是具有民事权利能力和民事行为能力的社会组织

法人是社会组织,但并不是任何社会组织都能取得法人资格。例如大学班集体,虽为组织体,但不能取得法人资格。只有具备法人的成立条件,具有民事权利能力和民事行为能力的社会组织,才能取得法人资格。而且,即使取得法人资格的社会组织,也不是在任何情况下都以法人的名义进行活动,例如机关法人在进行公务活动时就不是以法人的名义出现的,而只有在进行民事活动或者民事诉讼时,才以法人的名义出现。

3. 法人是依法独立享有民事权利和承担民事义务的组织

这是法人区别于非法人组织的根本所在。其主要表现为:

(1) 独立的组织。法人为独立的组织的具体含义在于:法人的民事主体资格与组成法人的自然人的民事主体资格是彼此独立的,某个或者某些成员的死亡或者退出法人组织,不影响法人的存续;法人的组织无须依靠其他组织或者单位而独立存在。在组织上必须依赖其他组织而存在的组织,如工厂的车间、机关的科室等都不是独立的组织,不能成为法人。独立的组织是法人的基本特征之一,也是取得法人资格的基本条件之一。

(2) 独立的财产。法人的独立财产,是指法人所有或者经营管理的全部财产。法人的财产独立于其出资者的财产。例如,公司的财产属于公司,独立于公司股东个人的财产;国家举办的事业单位法人的财产和国家机关法人的财产,独立于国库的财产和国家的其他财产。独立的财产是法人的特征之一,也是法人成立的物质基础。

(3) 独立的责任。法人具有独立的组织和独立的财产,就可以以自己的名义进行民事活动,独立享有民事权利和承担民事义务。如果法人违反民事义务,由法人独立承担民事责任。法人的财产不足以清偿债务时,法人的出资者不承

---

① 关于法人制度的形成,参见〔意〕彼德罗·彭梵得:《罗马法教科书》,黄风译,中国政法大学出版社 1992 年版,第 50—54 页;周枏:《罗马法原论》(上册),商务印书馆 1994 年版,第 268—269 页;范健、蒋大兴:《公司法论》(上卷),南京大学出版社 1997 年版,第 8—11 页;史尚宽:《民法总论》,中国政法大学出版社 2000 年版,第 138—139 页。

担责任(法律另有规定的除外)。独立承担民事责任是法人具有独立的组织和独立的财产的必然结果。独立责任,是法人制度的突出优点,也是法人的重要特征。

二、法人制度的作用

法人作为有别于自然人的民事主体,具有单个自然人不可比拟的优势,就营利法人而言,其优势或作用表现为:(1)聚集财产的优势。营利法人财产是由其成员出资构成的,特别是股份制的制度设计,可以使营利法人在短时间内聚集巨资,完成单个自然人无法完成的事业。(2)事业程序的永久性。营利法人在理论上具有永久性,可以突破自然人的生命限制,成员的去留不影响法人的存在。(3)分散风险。营利法人在经营中的风险由营利法人承担,其成员只在出资范围内承担责任。(4)优化管理。营利法人聚集其成员智慧,通过相关制度优化管理,特别是管理人员的职业化,更能使优化管理的价值目标得以实现。

就非营利法人而言,其优势和作用表现为:(1)实现公益价值。无论是事业单位法人、社会团体法人,还是以捐赠财产而成立的基金会法人,其设立目的都是以公益为目的。公益价值通过公益法人制度得以实现。(2)确保财产价值。通过捐赠财产设立的基金会法人,在制度设计上严格区分法人财产和管理人员财产,从而防止管理人员中饱私囊,以实现确保财产价值之目的。

三、法人的分类

(一)《民法总则》对法人的分类

《民法总则》将法人分为营利法人、非营利法人和特别法人。

1. 营利法人

《民法总则》第76条规定,以取得利润并分配给股东等出资人为目的成立的法人,为营利法人。营利法人包括有限责任公司、股份有限公司和其他企业法人等。

2. 非营利法人

《民法总则》第87条规定,为公益目的或者其他非营利目的成立,不向出资人、设立人或者会员分配所取得利润的法人,为非营利法人。非营利法人包括事业单位、社会团体、基金会、社会服务机构等。

3. 特别法人

《民法总则》第96条规定,机关法人、农村集体经济组织法人、城镇农村的合作经济组织法人、基层群众性自治组织法人,为特别法人。

(二)外国立法和学理对法人的分类

外国立法和学理对法人的分类与《民法总则》的规定不同,在立法上和学理上有一定参考价值。

1. 社团法人与财团法人

社团法人与财团法人的划分是传统民法的基本分类。私法人可分为社团法人与财团法人。其划分标准是法人成立的基础。社团法人是以社员为基础的人的集合体,也称为人的组合。公司、合作社、各种协会与学会等都是典型的社团法人。财团法人是指为一定目的而设立的,并由专门委任的人按照规定的目的使用的各种财产,也称财产组合。各种基金会组织、寺院、慈善组织等都是典型的财团法人。

传统民法区分社团法人与财团法人的意义是:(1) 成立基础不同。社团法人以人为基础,有自己的组织成员或者社员;财团法人以财产为基础,因而没有法人成员。(2) 设立人的地位不同。社团法人的设立人,在法人成立时成为其成员,并享有社员权;而财团法人的设立人,因为法人成立时与法人相脱离,故不为法人成员。(3) 设立行为不同。社团法人的设立行为属于共同的民事行为,且为生前行为;而财团法人的设立行为则为单方行为,有的为死后生效的行为。(4) 有无意思机关不同。社团法人有自己的意思机关,故又称自律法人;财团法人则没有该机关,故又称他律法人。(5) 目的不同。社团法人设立的目的可以是为了营利,也可以为了公益,故社团法人可分为营利法人、公益法人和中间法人;财团法人的设立目的只能是为了公益,所以财团法人只能是公益法人。

2. 营利法人与公益法人、中间法人

根据法人成立或者活动的目的不同,法人可分为营利法人、公益法人和中间法人。营利法人是指以营利并分配给其成员为活动目的的法人,如公司等;公益法人是指以公益为其活动目的的法人,如学校、医院、慈善组织等;中间法人是指既非以营利为目的又非以公益为目的法人,如同乡会、校友会等。

传统民法区分营利法人与公益法人的意义是:(1) 目的不同。营利法人以营利并分配给其成员为目的,公益法人以公益为目的。(2) 设立准则不同。营利法人的设立依特别法如公司法的规定设立;而公益法人除有特别法外,一般依民法的规定设立。(3) 设立程序不同。营利法人的设立,除有特别规定外,一般不需要得到主管机关的许可;公益法人则必须得到这种许可后才能成立。(4) 法律形式不同。营利法人只能采取社团法人的形式;公益法人既可采取社团法人形式,又可采取财团法人形式。(5) 民事活动的范围不同。营利法人可从事各种营利性事业;公益法人无权从事以向其成员分配营利为目的的营利性事业,否则构成违法。

3. 公法人与私法人

公法人与私法人的划分是传统民法的基本分类。所谓公法人是指以社会公共利益为目的,由国家或者公共团体依公法所设立的行使或者分担国家权力或者政府职能的法人;所谓私法人是指以私人利益为目的,由私人依私法(如订立合同和捐助行为)而设立的法人。对于那些以私人目的而设立但又与公众有密切联系并被授予某些公共职能的法人,如桥梁、铁路、市内交通、电话电报等公司,有的学者主张应定为准公法人或者中间法人。

传统民法区分公法人和私法人的意义是:(1)诉讼方式不同。对于公法人因行使公共权力所生争执,依行政救济程序解决,或行政复议或行政诉讼。对于私法人间所生争执,依民事诉讼程序或者仲裁程序解决。(2)损害赔偿依据不同。公法人及其职员因侵权行为所生损害,依国家赔偿法或者特别规定承担损害赔偿责任;私法人及其职员因侵权行为所生损害,依民法规定承担损害赔偿责任。

应当明确的是,法人是民法上的概念,公法人,如地方政府、国家机关等作为公法人,是以民事主体的身份出现的,而不是作为行使公权力的机关身份出现的。

4. **本国法人与外国法人**

依法人的国籍可以分为本国法人与外国法人。具有本国国籍的法人为本国法人,不具有本国国籍的法人为外国法人。凡依照中国法律,在中国设立的法人,为中国法人;而中国法人之外的法人,均属于外国法人。因此,外国投资人在中国设立的法人,如外资企业,应为中国法人,而中国投资人在外国设立的法人,应为外国法人。区分中国法人与外国法人的意义,主要在于对外国法人有专门的认许制度,及对外国法人在民事活动的范围上有所限制。

《公司法》第11章对外国公司的分支机构有所规定。按此规定,外国公司是指依照外国法律在中国境外成立的公司。外国公司在中国境内设立分支机构,必须向中国主管机关提出申请,并提交其公司章程、所属国的公司登记证书等文件,经批准后,向公司登记机关办理登记,领取营业执照。外国公司属于外国法人,其在中国境内设立的分支机构不具有中国法人资格。外国公司应对其分支机构的经营活动承担民事责任。

第二节 法人的成立

法人的成立是法人取得民事权利能力和民事行为能力的法律事实。法人的成立需经法定程序,即须经设立和法人资格的取得两个阶段。

一、法人的设立

(一)法人设立的概念

法人的设立是指创办法人组织,使其具有民事权利主体资格而进行的多种连续准备行为,它是法人成立的前置阶段,是法人成立的必经程序。

法人的设立与法人的成立是两个既相联系又相区别的概念。没有法人的设立便没有法人的成立,凡法人成立必须经法人设立。它们是法人产生过程中的两个阶段,因而有以下区别:(1)两者的性质不同。法人的设立是一种准备行为,这种准备行为既有法律性质上的,也有非法律性质上的;而法人的成立则不同,它属于法人产生的形成阶段,其行为性质均属于法律意义上的行为。(2)两者的要件不同。法人的设立一般要有合法的设立人,存在设立基础和设立行为本身合法等要件;而法人的成立一般应具备依法成立,有必要的财产或者经费以及有自己的名称、组织机构和住所等要件。因此,法人的设立并不当然导致法人的成立,当设立无效时,法人就不能成立。(3)两者的效力不同。法人在设立阶段,仍不具有法人资格,其行为是非法人组织的行为,所发生的债权债务,由设立后的法人享有和承担;如果法人不能成立,则由设立人承担设立行为产生的债务。而法人成立后,即享有民事主体资格,所发生的债权和债务,由法人享有和承担。

(二)法人设立的原则

因法人类型和时代不同,其设立原则亦不相同。主要有:(1)自由设立主义,也称放任主义。即国家对于法人的设立完全听凭当事人自由,不要求具备任何形式,不加以任何干涉和限制。欧洲中世纪商事公司发展时期,此种主义一度盛行。后因放任主义弊端显现,除瑞士民法对非营利法人仍采此主义外,已鲜有采用。(2)特许设立主义。即法人的设立,须经特别立法或者国家元首的许可。此种主义对于法人的设立采取禁止、遏制态度,干涉、限制过多,现代立法鲜有采用。(3)行政许可主义。即法人的设立须经行政机关许可。德国民法对于财团法人的设立,采此种主义;日本民法对公益法人的设立采此种主义。(4)准则主义,亦称登记主义。即法律对于法人的设立,预先规定一定的条件,设立人须遵照此条件设立,无须先经行政机关许可,依照法定条件设立后,仅须向登记机关登记,法人即可成立。德国民法对于社团法人的设立,日本民法对于营利法人的设立采此种主义。(5)强制设立主义。即国家对于法人设立,实行强制设立主义,此种主义仅适用于特殊产业或者特殊团体。

我国现行法律对法人设立的原则主要有:(1)营利法人的设立原则,一般实行准则主义,如有限责任公司等。但对于商业银行、保险公司等特殊法人,采取特许设立主义。(2)非营利法人的设立原则。事业单位法人和社会团体法人依法不需要办理法人登记的,如中国科学院、中国社会科学院、中华全国总工会、全国妇联等,其设立原则应属于特许设立主义。事业单位和社会团体法人依法需要办理登记的,例如各种协会、学会、行业团体、基金会等,应当经过业务主管部门审查同意,向登记机关申请登记,其设立原则应属行政许可主义。(3)特别法人的设立原则。机关法人设立取决于宪法和国家机关组织法的规定。农村集体组织法人、城镇农村的合作组织法人的设立,取决于相关法律行政法规的规定。居民委员会、村民委员会等基层群众性自治组织法人的设立取决于《城镇居民委员会组织法》和《村民委员会组织法》的规定。相当于特许设立主义。

(三) 法人设立的方式

在我国,法人设立的方式主要有:(1) 命令设立,即政府以其命令的方式设立法人。这种设立方式主要适用于国家机关和全民所有制事业单位。(2) 发起设立,是指由发起人认购法人应发行的全部股份的设立方式,这种设立方式适用于有限责任公司和股份公司。(3) 募集设立,即法人组织所需的资金,在发起人未认足之时,向社会公开募集的一种法人设立方式。这种方式主要适用于股份有限公司。(4) 捐助设立。即由法人或者自然人募足法人所需资金的一种法人设立方式。这种方式主要适用于基金会法人。

(四) 法人设立的要件

根据我国现行立法,法人的设立要件主要有:(1) 设立人或者发起人。法人的设立需要有设立人或者发起人。设立人或者发起人除必须具备民事权利能力和民事行为能力外,法律一般都有关于资格的规定。机关法人的设立人只能是国家;企业法人的设立人可以是自然人、法人,也可以是国家。法律对各类法人的发起人或者设立人的人数亦有规定。如股份有限公司的设立,应当有2人以上200人以下的发起人,其中有过半数以上在我国境内有住所;事业单位法人的设立人基本上仍由国家或者集体组织充当;社会团体法人的发起人可以是个人,也可以是组织。(2) 设立基础。设立某类法人,必须是现行法律加以确认的。如果现行法律尚未确认,设立人不得自行创立一种类型加以设立。(3) 设立行为本身合法。设立人设立法人所实施的行为应符合法律规定,不得实施法律所禁止的行为或者利用不正当手段谋求资格要件的实现。[①]

(五) 法人设立的民事责任

在法人设立过程中,发起人往往要实施一系列的民事行为,这些民事行为所产生的民事责任应由谁承担呢?依照《民法总则》第75条的规定:(1) 设立人为设立法人从事的民事活动,其法律后果由法人承受;法人未成立的,其法律后果由设立人承受,设立人为二人以上的,享有连带债权,承担连带债务。(2) 设立人为设立法人以自己的名义从事民事活动产生的民事责任,第三人有权选择请求法人或者设立人承担。依照《公司法》第95条的规定,股份有限公司的发起人应当承担下列责任:(1) 公司不能成立时,对设立行为所产生的债务和费用负连带责任;(2) 公司不能成立时,对认股人已缴纳的股款,负返还股款并加算银行

---

① 马俊驹、余延满:《民法原论》,法律出版社1998年版,第151页。

同期存款利息的连带责任;(3)在公司设立过程中,由于发起人的过失致使公司利益受到损害的,应当对公司承担赔偿责任。至于公司成立以后,在设立公司过程中的民事责任由成立后的公司承担。

法人设立后取得法人资格,才为法人成立。依照《民法总则》第77条的规定,营利法人依法登记为营利法人成立之日,营利法人自营业执照签发之日起取得法人资格。依照《民法总则》第88条和第90条的规定,事业单位法人或者社会团体法人依法不需要办理法人登记的,从成立时起即取得法人资格;依法需要办理法人登记的,经核准登记领取法人证书之日起取得法人资格。依照《民法总则》第92条的规定,捐助法人自登记之日起取得法人资格。依照《民法总则》第97条的规定,机关法人自成立之日起取得法人资格。

二、法人应具备的条件

法人应具备的条件,是指取得法人资格所必须具备的基本条件。法人应具备的条件与法人的特征有联系,但并不完全相同。法人的特征指的是社会组织取得法人资格后具有的特点。法人应具备的条件是指取得法人资格所应具备的基本条件。不同的法人要求具备的具体条件不同,各国法律规定也不同。

根据《民法总则》的规定,法人应当具备以下条件:

(一)依法成立

依法成立是指依照法律规定而成立。首先,法人组织的设立合法,其设立的目的、宗旨要符合国家和社会公共利益的要求,其组织机构、设立方式、经营范围、经营方式等要符合法律的要求;其次,法人的成立程序符合法律、法规的规定。

(二)有自己的章程

法人作为团体组织必须要有章程,无章程无以成团体,法人章程应对法人的设立目的、法人名称、宗旨、组织机构及成员地位等重要事项加以规定。法人章程是法人成员权利义务的依据,法人章程是法人进行民事活动的基本准则。对于公司法人而言,其章程是公司的纲领性文件,对公司、股东、董事、监事、高级管理人员具有约束力。《民法总则》第79条规定,设立营利法人应当依法制定法人章程。第91条规定,设立社会团体法人应当依法制定法人章程。第93条规定,设立捐助法人应当依法制定法人章程。

(三)有必要的财产或者经费

法人作为独立的民事主体,要独立进行各种民事活动,独立承担民事活动的后果。因此,法人应有必要的财产或者经费,否则,法人无法进行各种民事活动。所谓必要的财产或者经费是指法人的财产或者经费应与法人的性质、规模等相适应。我国《公司法》虽然在有限责任公司的设立中废除了资本最低限额要求,以适应"大众创业,万众创新"的时代步伐,但是并不是否认有限责任公司设立有必要财产的要求,只不过该要求为"符合公司章程规定的全体股东认缴的出资额"。此外,我国《商业银行法》第13条规定,设立商业银行的注册资本最低限额为10亿元人民币;城市合作商业银行的注册资本最低限额为1亿元人民币;农村合作商业银行的注册资本最低限额为5000万元人民币。必要的财产或者经费是法人生存和发展的基础,也是法人独立承担民事责任的物质基础。因此,法人具备必要的财产或者经费是法人应具备的最重要的基础条件。

(四) 有自己的名称、组织机构和住所

法人应该有自己的名称,通过名称的确定使自己与其他法人相区别。我国《企业名称登记管理规定》对企业名称的组成、使用等作了规定。根据该规定,企业的名称应依次由字号、行业或者经营特点、组织形式组成,并在企业名称前冠以企业所在地省、市或者县行政区划名称。企业名称应当使用汉字,民族自治地方的企业名称可以同时使用本民族自治地方通用的民族文字。企业使用外文名称的,其外文名称应当与中文名称相一致,并报登记主管机关登记注册。可见,企业名称不是可随便确定而使用的。企业只准使用一个名称,在登记主管机关辖区内不得与已登记注册的同行企业名称相同或者近似。作为机关法人、事业单位法人、社会团体法人等非企业法人的名称,应与其活动范围、活动内容等相适应。这类非企业法人的名称,有的是由国家直接命名而无须工商登记,如国家机关法人名称;有的则应根据活动性质命名,并依法进行登记,如社会团体法人依法由民政部门登记。总之,每一个法人都应有自己的名称。

法人是社会组织,法人的意思表示必须依法由法人组织机构来完成,每一个法人都应该有自己的组织机构,如股份有限公司法人的组织机构依法应由三部分组成:权力机构——股东会;执行机构——董事会;监督机构——监事会。三机构有机地构成公司法人的组织机构,代表公司进行相应的活动。如果没有组织机构,就不能够成为法人。

法人的成立应当有住所。作为法人的住所,既可以是自己所有的,也可以是租赁他人的,还可以是和他人共用的。住所作为法人应具备的条件,主要是为了交易安全和便于国家主管机关监管。法人的住所是法人的法律关系的中心地。

《民法总则》第63条规定:"法人以其主要办事机构所在地为住所。依法需要办理法人登记的,应当将主要办事机构所在地登记为住所。"当法人的事务所存在多处时,以其中心事务所的所在地为住所,例如总公司所在地、总厂所在地、总行所在地等。法人仅有一个事务所的,以该事务所的所在地为住所。

法人成立的条件,特别法有具体规定的,从其规定。

第三节 法人的民事能力

一、法人的民事权利能力

（一）法人民事权利能力的概念

法人的民事权利能力是指法人依法享有民事权利和承担民事义务的资格。根据《民法总则》第59条的规定，法人的民事权利能力，从法人成立时产生，到法人终止时消灭。

（二）法人民事权利能力的限制

法人民事权利能力的限制的意义在于规制法人民事行为的范围，确认法人民事法律行为的效力。

法人的权利能力是否受限制，各国立法有所不同。《德国民法典》没有关于法人权利能力限制的规定。《瑞士民法典》第53条的标题为"权利能力"，条文具体内容是："法人享有除性别、年龄或亲属关系以外的以自然人的本质为要件的一切权利及义务。"1964年颁布的《苏俄民法典》第26条规定："法人依照其规定的活动目的，享有民事权利能力。"

法人的权利能力是否受限制，学者有不同的观点。拉伦茨认为："与自然人的权利能力相比，法人的权利能力的范围是有限制的。"[1]我国台湾地区民法学者史尚宽将权利能力区分为一般的权利能力和特别的权利能力。前者就一般的权利得为其主体资格，后者就特定的权利得为其主体资格。他从三个方面阐述了法人权利能力的限制，即因性质之限制、因法令之限制和因目的之限制。[2]

我国内地学者通说是参考史尚宽的观点，也认为法人权利能力有三个方面的限制，但具体阐述有所不同。

根据我国现行法律、法规，法人的民事权利能力的限制涉及三方面：(1) 因性质之限制。如《担保法》第8条之规定，国家机关原则上不得为保证人。因为国家机关是行使国家公权力的公法人，不得从事经营活动。(2) 因法令之限制。如《广播电视管理条例》第10条第2款之规定，国家禁止设立外资经营、中外合资经营和中外合作经营的广播电台、电视台。(3) 因目的之限制。如《担保法》第9条之规定，学校、幼儿园、医院等以公益为目的的事业单位、社会团体不得为保证人。

有学者反对法人权利能力限制的观点，梅迪库斯认为："提出法人仅仅具有

---

[1] 〔德〕拉伦茨：《德国民法通论》（上册），王晓晔、邵建东、徐国建、谢怀栻译，法律出版社2003年版，第123页。

[2] 史尚宽：《民法总论》，中国政法大学出版社2000年版，第86页、第153—156页。

'限制(相对)权利能力'的观点,实在有点得不偿失。因为一个自然人同样也不能作为保险人出现。尽管如此,没有人说自然人享有限制权利能力。"①我国也有学者不赞成法人权利能力限制的观点,其理由大体和梅迪库斯讲的理由相同。

法人目的外的行为是否有效,是个复杂的问题,我们应当根据有关法律规定和立法精神,区别不同的情况处理。例如,我国《合同法》第 50 条规定:"法人或者其他组织的法定代表人、负责人超越权限订立的合同,除相对人知道或者应当知道其超越权限的以外,该代表行为有效。"再如,机关法人经营商业,显然超出了机关法人设立的目的,其经商的行为无效。

二、法人的民事行为能力

法人的民事行为能力是指法人能以自己的行为取得民事权利和承担民事义务的资格。与自然人的民事行为能力相比较,法人的民事行为能力有以下特点:(1)法人的民事行为能力享有的时间与其民事权利能力享有的时间一致。(2)法人的民事行为能力的范围与民事权利能力的范围一致。(3)法人的民事行为能力由法人机关或者代表人实现。法人机关或者代表人以自己的意思表示,代表着法人的团体意思,其根据法律、章程而实施的民事法律行为,就应认为是法人的行为,其法律后果由法人承担。

三、法人目的范围限制的性质

关于法人目的范围限制的性质,学者之间存在不同观点:(1)权利能力限制说。② 该说认为,法人的目的范围对法人活动的限制是对法人权利能力的限制。法人的目的仅限制其权利能力,对其行为能力不构成限制。(2)行为能力限制说。③ 该说认为,法人的目的范围属于对其行为能力的限制。(3)代表权限制说。④ 该说认为,法人的目的外行为属于超越代表权的行为,应为无效,存在依代理的法理予以追认的可能性。(4)内部责任说。该说认为,法人的目的不过是决定法人机关内部的责任而已,因此,法人的目的外行为应为有效。本书作者认为,法人民事行为能力的特点之一是民事行为能力的范围与民事权利能力的范围一致,因此对法人目的范围限制的性质应当将民事权利能力的限制与民事行为能力的限制结合起来考察。正如有的主张法人权利能力限制的学者所说,法人行为能力的范围应当以法人权利能力的范围为标准决定。⑤ 如果说法人仅

---

① 〔德〕迪特尔·梅迪库斯:《德国民法总论》,邵建东译,法律出版社 2000 年版,第 820 页。
② 刘定华、曲茂辉主编:《民法学》,湖南人民出版社 2001 年版,第 123 页。
③ 梁慧星:《民法总论》(第四版),法律出版社 2011 年版,第 129 页。
④ 同上。
⑤ 郑玉波:《民法总则》,台湾三民书局 1995 年版,第 133 页。

仅具有限制权利能力的观点实在有点得不偿失,那么,法人仅仅具有限制行为能力的观点也有点得不偿失。研究法人目的范围限制的性质的意义在于法人目的外的行为是否有效,对此本书在法人的民事权利能力部分已经阐明,这里不再赘述。

四、法人的民事责任能力

(一)法人民事责任能力的概念

法人的民事责任能力,是指法人对自己侵权行为承担民事责任的能力或者资格。民法承认法人具有民事权利能力和民事行为能力,具有自己的独立意思。其代表人依法或依法人章程的对外行为就是法人的行为,其代表人行使职权过程中的侵权行为,即构成法人的侵权行为。因此,法人亦应有民事责任能力。

(二)法人有无民事责任能力的学说

关于法人有无民事责任能力的学说主要有二:(1)否定说。认为法人无民事责任能力,这属法人拟制说的主张,其所持理由不尽相同。有的认为,法人无意思能力,所以法人无民事责任能力;有的认为法人仅于法律法规认许的目的内存续,超越法人目的的行为,即不为法人行为,故法人无民事责任能力;有的认为董事等名为法人的代表人实为法人代理人,代理限于民事行为,侵权行为不适用代理规定,故法人无民事责任能力。(2)肯定说。认为法人有民事责任能力,这属法人实在说的主张,其所持理由也不尽相同。有的认为法人有意思能力,故法人有民事责任能力;有的认为法人机关的行为即为法人行为,即法人有民事责任能力;有的认为法人有民事责任能力系法律所明定。现代民法均规定法人应负损害赔偿责任。

《民法总则》第62条第1款规定,法定代表人因执行职务造成他人损害的,由法人承担民事责任。《侵权责任法》第34条规定,用人单位的工作人员因执行工作任务造成他人损害的,用人单位承担侵权责任。

(三)法人的民事责任

1. 法人对其法定代表人和其他工作人员的职务行为承担民事责任

根据《民法总则》第62条第1款的规定,法定代表人因执行职务造成他人损害的,由法人承担民事责任。因为法定代表人执行职务的行为就是法人的行为,依照《民法总则》第61条第2款的规定,法定代表人以法人名义从事的民事活动,其法律后果由法人承受。法定代表人的过错,就是法人的过错,法人对法定代表人的职务行为造成的损害承担民事责任,是自己责任,其原因不仅是因为法人对法定代表人的选任和职务授权负有直接责任,而且因为法人对其法定代表人的经营活动负有监督义务。

根据《民法总则》第62条第2款的规定,法人承担民事责任后,依照法律或者法人章程的规定,可以向有过错的法定代表人追偿。法人向法定代表人行使追偿权的规则是:(1)只能针对法定代表人的违反章程禁止的行为或者违法行为,法定代表人正常的经营行为甚至一定限度内的越权行为,给法人造成损害的,法人也不得追偿。(2)法人行使追偿权以法定代表人存在过错为前提,在司法实践中该过错通常应为故意或重大过失。

根据《民法总则》第170条的规定,执行法人或者非法人组织工作任务的人员,就其职权范围内的事项,以法人或者非法人组织的名义实施民事法律行为,对法人或者非法人组织发生效力。法人的其他工作人员与法人之间的关系为职务代理关系,法人对其他工作人员执行职务的行为承担民事责任,是基于对代理后果的承受。法人对其他工作人员执行职务承担责任,是因为法人对其他工作人员的选任和指示负有义务,并对其他工作人员执行职务的行为负有监督义务。当然法人承担责任以后,对存在故意或者重大过失的工作人员享有追偿权。

2. 法人对自己的民事违法行为承担民事责任

法人应当在核准登记的经营范围内从事经营活动,法人从事非法经营或者向登记机关、税务机关隐瞒真实情况,弄虚作假、抽逃资金、隐匿财产以逃避债务以及从事其他违法活动,损害国家利益或社会公共利益,或者给他人造成损失的,应首先追究法人的责任。法人承担责任后可依据法律或公司章程的规定向违法或违章的法定代表人或工作人员追偿。

第四节 法人的机关

一、法人机关的概念

法人机关是指根据法律、章程或者条例的规定,于法人成立时产生,不需要特别委托授权就能够以法人的名义对内负责法人的生产经营或者业务管理,对外代表法人进行民事活动的集体或者个人。

法人机关的法律特征是:

(一)法人机关是根据法律、章程或者条例的规定而设立的

依照《民法总则》第80条和第81条的规定,营利法人应当设立权力机构和执行机构。依照《公司法》规定,公司法人的机关依法律、章程设立。依照《民法总则》第89条的规定,事业单位法人的法定代表人依照法律、行政法规或者法人章程的规定产生。依照第91条第2款、第3款的规定,社会团体法人应当设立会员大会或会员代表大会等权力机构,应当设立理事会等执行机构。依照第93条的规定,捐助法人应当设立理事会等权力机构,并设立执行机构和监事会等监督机构。

(二)法人的机关是法人的有机组成部分

法人机关并不是独立主体,它不能独立于法人之外而单独存在,而是依附于

法人,并且作为法人组织机构的一个重要组成部分而存在。同时,任何社会组织要成为法人,也必须设立自己的机关,法人的机关与法人的成立同时产生。否则,法人就无法实现其民事权利能力和民事行为能力,就无法成为独立的民事主体。

(三)法人的机关是形成、表示和实现法人意志的机构

法律赋予法人以独立的民事主体地位,意味着法人可以独立存在于社会之中,并具有自己独立的意志,而法人作为一种社会组织,与自然人不同,其意志应通过机关形成,其意志的表示或者实现要通过机关来完成,其意志的健全或者完善,要通过一定的机关的约束和监督。因此,法人机关的意志就是法人的意志,法人机关所为的行为就是法人的行为,其法律后果由法人承担。

(四)法人的机关是法人的领导或者代表机关

法人机关对内负责法人的生产经营或者业务管理,对外代表法人进行民事活动。

(五)法人机关由单个的个人或者集体组成

由单个的个人形成的法人机关称为独任机关,独任机关集法人的决策、执行职能为一体;由集体组成的法人机关称为合议制机关,如股份有限公司的股东大会、董事会、监事会。

法人的机关不同于法人的组织机构,是法人组织机构的重要组成部分。法人机关仅指法人组织机构中的权力机关、执行机关与监督机关。

二、法人机关构成及法定代表人

(一)法人机关的构成

一般来说,法人机关由权力机关、执行机关和监督机关三部分构成。法人的权力机关,又称决策机关,是法人自身意思的形成机关,有权决定法人的生产经营或者业务管理的重大问题,如股份有限公司的股东大会。依照《民法总则》第80条的规定,权力机关是营利法人的必设机关,行使修改法人章程,选举或者更换执行机构、监督机构成员,以及法人章程规定的其他职权。法人的执行机关是营利法人的必设机关,依据《民法总则》第81条的规定,执行机关行使召集权力机构会议,决定法人的经营计划和投资方案,决定法人内部管理机构的设置,以及法人章程规定的其他职权。执行机关为董事会或者执行董事的,董事长、执行董事或者经理按照法人章程的规定担任法定代表人;未设董事会或者执行董事的,法人章程规定的主要负责人为其执行机关和法定代表人。非营利法人中的社会团体法人执行机关是其理事会,机关法人、事业单位法人的负责人为其执行机关。法人的监督机关,是指对法人执行机关的行为进行监督检查的机关,依据《民法总则》第82条的规定,营利法人设监事会或者监事等监督机构的,监督机

构依法行使检查法人财务,监督执行机构成员、高级管理人员执行法人职务的行为,以及法人章程规定的其他职权。监督机关不是一切法人的必设机关,是否设立监督机关依法律规定、法人章程、设立命令或者决策机关的决定而定。

(二)法定代表人

法定代表人是指依照法律或者法人章程的规定,代表法人行使职权的负责人。法定代表人的特点是:(1)法定代表人是法定的或者章程确定的。根据《民法总则》第81条第2款的规定,"执行机构为董事会或者执行董事的,董事长、执行董事或者经理按照法人章程的规定担任法定代表人;未设董事会或者执行董事的,法人章程规定的主要负责人为其执行机构和法定代表人。"依据《公司法》第13条的规定,公司法定代表人依照公司章程的规定,由董事长、执行董事或者经理担任,并依法登记。公司法定代表人变更,应当办理变更登记。(2)法定代表人是代表法人行使职权的负责人。法定代表人一般是执行机关的负责人,他可以依照法律或者章程的规定而无须法人机关的专门授权,就可以法人的名义,代表法人对外进行民事活动,并为签字人。(3)法定代表人是代表法人从事业务活动的自然人。法定代表人只能是自然人,且该自然人只有代表法人从事民事活动和民事诉讼活动时才具有这种身份。当自然人以法定代表人的身份从事法人的业务活动时,并不是独立的民事主体,而只是法人这一民事主体的代表。

法定代表人应具备的条件是:(1)必须具有完全民事行为能力。(2)必须具有一定管理能力和业务知识。(3)须不存在不得担任法定代表人的情形。如依《公司法》第146条的规定,有下列情形之一的,不得担任公司的董事、监事、高级管理人员:① 无民事行为能力或者限制民事行为能力;② 因犯有贪污、贿赂、侵占财产、挪用财产罪或者破坏社会经济秩序罪,被判处刑罚,执行期满未逾5年,或者因犯罪被剥夺政治权利,执行期满未逾5年;③ 担任因经营不善破产清算的公司、企业的董事或者厂长、经理,并对该公司、企业的破产负有个人责任的,自该公司、企业破产清算完结之日起未逾3年;④ 担任因违法被吊销营业执照、责令关闭的公司、企业的法定代表人,并负有个人责任的,自该公司、企业被吊销营业执照之日起未逾3年;⑤ 个人所负数额较大的债务到期未清偿。(4)企业法人的法定代表人原则上可兼任其他法人的法定代表人,但法律有特别限制的除外。如《公司法》第69条规定,国有独资公司的董事长、副董事长、董事、高级管理人员,未经国有资产监督管理机构同意,不得在其他有限责任公司、股份有限公司或者其他经济组织兼职。《公司法》第148条第5项规定,公司的董事、高级管理人员不得"未经股东会或者股东大会同意,利用职务便利为自己或者他人谋取属于公司的商业机会,自营或者为他人经营与所任职公司同类的业务"。机关法人、事业单位法人、国家举办的社会团体法人的法定代表人,原则上不得兼任其他法人的法定代表人。

三、法人机关决议(决定)的效力

(一)法人机关的决议(决定)的概念

法人机关的决议(决定)是指法人机关依照法律规定或章程规定的程序表决形成的决议,法人机关的决议(决定)是法人机关的意思表示。法人机关的决议(决定)包括权力机关的决议(决定)、执行机关的决议(决定)、监督机关的决议(决定)。

(二)法人机关决议(决定)的无效和撤销

法人机关的决议(决定)内容违反法律、行政法规即属无效决议(决定)。依据《公司法》第22条第1款规定,"公司股东会或股东大会、董事会的决议违反法律、行政法规的无效"。我国《公司法》对于股东会决议的无效之诉的原告、被告未作明确规定。依据英美法,股东会决议(决定)无效之诉的原告限定为股东。依据德国、日本、韩国等大陆法系国家法律,股东会决议(决定)无效之诉的原告除股东外还包括董事、监事。至于股东会决议(决定)无效的被告依学理应为公司。股东会决议(决定)无效应为自始无效、确定无效、当然无效。

法人机关的决议(决定)违反法律规定的程序或章程规定的内容和程序的即属可撤销的决议(决定),依据《公司法》第22条第2款的规定,"股东会或者股东大会、董事会的决议召集程序、表决方式违反法律、行政法规或者公司章程,或者决议内容违反公司章程的,股东可以自决议作出之日起六十日内,请求人民法院撤销"。《民法总则》第94条第2款规定:"捐助法人的决策机构、执行机构或者法定代表人作出决定的程序违反法律、行政法规、法人章程,或者决定内容违反法人章程的,捐助人等利害关系人或者主管机关可以请求人民法院撤销该决定,但是捐助法人依据该决定与善意相对人形成的民事法律关系不受影响。"

(三)法人机关决议(决定)与善意相对人

法人机关的决议(决定)对善意第三人不生效力。依据《民法总则》第94条第2款的规定,捐助法人所作决议(决定)被撤销后依据该决议(决定)与相对人形成的民事法律关系不受影响,即法人机关的内部决议(决定)对善意相对人不生效力。依据《民法总则》第61条第3款的规定,"法人章程或者法人权力机构对法定代表人代表权的限制,不得对抗善意第三人"。《合同法》第50条规定"法人或者其他组织的法定代表人、负责人超越权限订立的合同,除相对人知道或者应当知道其超越权限的以外,该代表行为有效。"

四、法人机关与法人的关系

法人机关与法人的关系问题,存在两种主要学说:(1)代理说。该说认为法人为拟制人,它本身没有意思能力和行为能力。因此,法人作为一个民事主体进行民事活动,只能由自然人代理。法人机关是法人的代理人,法定代表人是法人的法定代理人,法人机关与法人的关系是代理关系。法人对法人机关的活动承担责任是基于代理规则。(2)代表说。该说认为,法人是社会组织体,法人具有民事权利能力和民事行为能力,法人机关是法人意思的形成者和执行者,法人机关在其权限范围内的活动为法人本身的活动。法人机关是法人的代表者,法人机关与法人的关系是代表关系。

通说认为,法人机关是法人的组成部分,法人机关与法人只有一层法律人格。法人机关在其权限范围内所为的一切行为,均为法人本身的行为,其行为后果由法人承担。法人机关不是独立的权利主体,而是法人的有机组成部分。这种关系不同于代理关系。其一,在代理关系中,代理人与被代理人是两个独立的民事主体,存在代理人与被代理人的二元对立关系;而法人机关与法人的关系,为部分与整体的一元关系。其二,在代理关系中,必须有代理人的意思和被代理人的意思,即存在两个意思;而在法人机关与法人的关系中,只有一个意思,即法人意思。其三,在代理关系中,代理行为是代理人的行为,不是被代理人的行为,只不过这种行为后果依代理规则直接由被代理人承受;而法人机关的行为,就是法人的行为,其行为后果自然归属于法人。

第五节 法人的分支机构

一、法人分支机构的概念

法人的分支机构是根据法人的意思在法人总部之外依法设立的法人分部,其活动范围限于法人的活动范围内。法人的分支机构是法人的组成部分;分支机构的行为后果,最终由所属法人承受。

依据《民法总则》第74条的规定,法人可以依法设立分支机构,分支机构可以以自己的名义进行民事法律行为,从事民事活动。即可以以自己的名义签订合同,招募员工,从事生产与经营;分支机构进行民事法律行为所产生的民事责任由法人承担,分支机构不具有独立承担民事责任的能力,但可以首先由分支机构管理的财产予以承担,不足部分由法人财产承担。依据《民事诉讼法》的相关规定,分支机构可以作为诉讼主体,成为诉讼中的原告和被告。依法领取营业执照的营利法人的分支机构还为纳税主体。领取营业执照的分支机构为本节所讨论对象,其特征是:

(一)外部形式上具有与企业法人相类似的特点

它要经过核准登记才能进行业务活动,须拥有自己的名称和组织机构,有可以使用和支配的财产或者经费。在通常情况下,分支机构以自己的名义进行民事活动,享有民事权利,承担民事义务,以其经营的财产承担民事责任;分支机构不能清偿债务时,由法人的其他财产清偿。

（二）内容上具有从属于营利法人的特点

这主要表现在:(1)它是营利法人依法设立的不具有法人资格的组织,是所属法人的组成部分;(2)它只能实现法人宗旨,并在所属法人业务范围内经核准登记进行活动;(3)它的名称必须标明与其所属法人的隶属关系;(4)它所占有、使用的财产不属于自己所有,而是其所属法人财产的组成部分;(5)它的管理人员不是由内部产生,而是由其所属法人指派。

营利法人的分支机构又不同于法人的一般科、室、车间、班组等。后者不是法人的分支机构。只有能够独立执行法人职能,即在一定范围内从事业务活动的组织机构,才能作为法人的分支机构。企业法人的分支机构须进行登记,领取营业执照,才具有经营能力。此外,法人的分支机构也不同于法人所创立或者所持股设立的具有独立法律人格的新的法人组织,例如母公司的子公司。子公司虽由母公司控股,但子公司是独立的法人,它与母公司的财产和责任是彼此独立的。

二、企业法人分支机构的成立条件

根据我国《企业法人登记管理条例》的规定,企业法人分支机构应具备以下条件才能成立:

（一）依法成立

企业法人的分支机构必须是法律允许设立的经济组织。企业法人设立分支机构应履行法定手续。如商业银行在我国境内外设立分支机构,必须经中国人民银行审查批准。经批准设立的商业银行分支机构,由中国人民银行颁发经营许可证,并凭该许可证向工商行政管理部门办理登记,领取营业执照。

（二）有自己的名称、组织机构和住所

企业法人的分支机构必须具有不同于其所属法人的依核准登记的名称。在核准登记的范围内,对其名称具有专用权,并以该名称进行业务活动。企业法人分支机构应设有管理内部事务及对外活动的组织机构。企业法人分支机构的住所应予登记。依新《民诉解释》第52条的规定,依法设立并领取营业执照的分支机构可以作为诉讼主体。本书作者认为,法人的分支机构经常进行业务活动,对外发生民事法律关系,法人分支机构所在地是其事务执行地,为便于交易,法人的分支机构的业务活动,应当以法人分支机构的所在地为住所。

（三）有一定的财产或者经费

这是企业法人分支机构进行经营活动的物质基础。例如,按照《公司法》的规定,外国公司在我国境内设立分支机构,应向该分支机构拨付与其从事的经营活动相适应的资金。

《民法总则》第 74 条第 1 款规定,"……法律、行政法规规定分支机构应当登记的,依照其规定。"依据《保险法》第 80 条的规定,保险公司在中华人民共和国境内外设立分支机构,须经金融监督管理部门批准,取得分支机构经营保险业务许可证。保险公司分支机构不具有法人资格,其民事责任由保险公司承担。《商业银行法》第 19 条、第 22 条,《公司法》第 14 条也有类似规定。这些规定明确了法人的分支机构的地位,即法人的分支机构属于法人的组成部分,其行为后果由法人承担。

三、企业法人的分支机构的法律地位

我国相关立法承认法人的分支机构具有签约主体资格、诉讼主体资格和执行主体资格,不具有独立的责任主体资格,即分支机构进行民事法律行为所负民事责任由法人承担,而非由分支机构承担。

第六节 法人的变更、终止与清算

一、法人的变更

(一)法人变更的概念

法人的变更,是指法人在存续期内,法人组织上分立、合并以及在活动宗旨、业务范围上的变化。

营利法人的变更,是为了适应复杂的市场形势,追求自身利益最大化的需要。营利法人变更自身形式的自由,是企业自由的重要内容。

营利法人可在履行有关法律手续的前提下,变更组织形式或者实行合并、分立,以此改变经营范围,分散经营风险,实现资源的优化配置。

(二)法人变更的类型

1. 法人的合并

它是指两个以上的法人合并为一个法人。法人合并分为吸收合并和新设合并。吸收合并是指一个法人归并到另一个现存的法人中去,参加合并的两个法人,只消灭一个法人,另一个法人继续存在并吸收了已消灭的法人。例如浙江大学、杭州大学、浙江医学院等合并为浙江大学就属此种情况。吸收合并的特殊形式为一个法人分成若干部分并入其他法人之中,吸收已消灭的法人的,不是一个法人,而是几个法人。新设合并是指两个以上的法人合并为一个新法人,原来的法人消灭,新的法人产生。例如原江西大学和江西工学院等合并为南昌大学就属此类。

对于法人合并后其债权债务关系的处理,依据《民法总则》第67条第1款的规定,法人合并后的债权债务关系由合并后的法人享有或承担。依据《公司法》第173条的规定,公司合并应当由合并各方签订合并协议,编制资产负债表及财务清单并公告通知债权人,债权人可要求公司清偿债务或者提高相应担保,合并后的债权债务由合并后承续的公司或者新设的公司承继。

2. 法人的分立

它是指一个法人分成两个以上的法人。法人分立有新设分立和派生分立两种。新设分立,即解散原法人,而分立为两个以上的新法人。派生分立,即原法人存续,但从中分出新的法人。

对于法人分立后原法人债权债务关系的处理,依据《民法总则》第67条第2款的规定,其权利和义务由分立后的法人享有连带债权,承担连带债务,但是债权人和债务人另有约定的除外。依据《公司法》第176条的规定,公司分立前的债务由分立后的公司承担连带责任,但是公司在分立前与债权人就债务清偿达成的书面协议另有约定的除外。即原法人的债务除债权人明确同意由分立后的法人分别承担外,分立后的法人对此应承担连带责任。

3. 组织形式的变更

对于公司法人而言,存在公司组织形式的变更问题。依照《公司法》的规定,有限责任公司在符合法定条件的前提下,经全体股东一致同意,可以变更为股份有限公司。股份有限公司依照规定也可以变更为有限责任公司。

4. 法人其他重要事项的变更

法人其他重大事项的变更是指法人的活动宗旨和业务范围等事项的变化。根据《民法总则》64条的规定,法人存续期间登记事项发生变化的,应当依法向登记机关申请变更登记,根据《企业法人登记管理条例》第17条的规定,企业法人改变名称、住所、经营场所、法定代表人、经济性质、经营范围、经营方式、注册资金、经营期限以及增设或者撤销分支机构,均属重要事项的变更。

二、法人的终止

(一)法人终止的概念

法人的终止,是指法人丧失民事主体资格,其民事权利能力和民事行为能力终止,又称法人的消灭。

(二)法人终止的原因

依据《民法总则》第68条和第69条的规定,法人终止的原因有:

1. 法人解散

法人解散的主要事由有:(1)法人章程规定的存续期间届满或者法人章程规定的其他解散事由出现;(2)法人的权力机构决议解散;(3)因法人合并或者

分立需要解散;(4)法人依法被吊销营业执照、登记证书,被责令关闭或者被撤销;(5)法律规定的其他情形。

2. 依法被宣告破产

营利法人不能清偿到期债务时,人民法院可根据债权人或者债务人的申请,依法宣告其破产。

3. 法律规定的其他原因

如法人的合并、分立、国家经济政策的调整和发生战争等。

三、法人的清算

(一)法人清算的概念

法人清算,是指清理将终止的法人的财产,了结其作为当事人的法律关系,从而使法人归于消灭的必经程序。机关法人以及事业单位法人的解散适用法律或行政法规的特别规定,依据《民法总则》第70条的规定,其他法人的解散除合并或者分立情形外应当及时组成清算组进行清算。

(二)法人清算的种类

法人清算可分为破产清算和非破产清算两种。破产清算是指依破产法规定的清算程序进行清算。非破产清算则是不依破产法规定的程序进行的清算。但在清算时发现其具有破产原因时,即按破产程序处理。

(三)清算义务人和清算组

清算义务人是指法人解散时对法人债权债务及时予以清算的义务人,依据《民法总则》第70条第2款的规定,法人的董事、理事等执行机构或者决策机构的成员为清算义务人。法律、行政法规另有规定的,依照其规定。在营利法人中,董事会的董事或者执行董事为清算义务人,在非营利法人中,理事会的理事为清算义务人。清算义务人的职责是及时清理法人的债权债务,清算义务人未及时履行清算义务造成损害的应当承担民事责任。

依据《民法总则》第70条和第71条的规定,清算组是指公司解散时为清理法人的债权债务而组成的清算小组,清算组既可以由清算义务人成立,也可以由主管机关或利害关系人申请,由人民法院指定有关人员成立清算组。清算组的职权和清算程序依照法律的有关规定,没有规定的可以参照公司法的规定。依据《公司法》第184条的规定,清算组的职责是:(1)清算公司财产,分别编制资产负债表和财产清单;(2)通知、公告债权人;(3)处理与清算有关的公司未了结的业务;(4)清缴所欠税款以及清算过程中产生的税款;(5)清理债权、债务;(6)处理公司清偿债务后的剩余财产;(7)代表公司参与民事诉讼活动。

(四)法人在清算期间的性质

关于法人在清算期间的性质多有争议。归纳起来主要有三种观点:(1)清算法人说。认为法人一经解散,即为法人的终止,法人的民事主体资格消灭。但是为了便于清算,应在清算时把原法人视为一个以清算为目的的清算法人,清算法人不享有原法人的民事权利能力和民事行为能力。(2)同一法人说。认为法人的解散并不等同于法人的消灭,只有清算终结时,法人资格才归于消灭。虽然法人在清算期间,已经不能进行各种积极的民事活动,但它还必须以原法人的名义,对外享有债权和负担债务。在法人清算期间,法人资格仍然存在。(3)拟制法人说。认为法人解散即为法人消灭,只是为了清算的目的,法律上拟制法人在清算目的的范围内享有民事权利能力,从法人解散至清算完结视为法人仍然存续。

《民法总则》第72条第1款规定:"清算期间法人存续,但是不得从事与清算无关的活动。"表明清算期间法人资格并不消灭,清算中的法人与清算前的法人具有同一人格,只是其民事权利能力与民事行为能力受清算目的的限制而已。

(五) 清算终结

清算终结,即清算人完成上述清算职责。依据《民法总则》72条第3款的规定,清算结束并完成法人注销登记时,法人终止;依法不需要办理法人登记的,清算结束时,法人终止。

第七节 法人的登记

一、法人登记的目的

法人的登记是法人取得民事权利能力和民事行为能力,乃至变更民事权利能力和民事行为能力及消灭民事权利能力和民事行为能力的要件。法人登记的目的在于保护相对人的利益,维护交易安全。特别是营利法人,其登记对于相对人利益尤显重要。此外,法人登记还有利于国家职能部门掌握情况,便于宏观决策。法人的成立必须采用公示方法,登记即为公示方法。

除依法不需要进行登记的法人以外,法人登记通常包括法人的设立登记、变更登记和注销登记。

二、法人设立登记

法人设立登记是法人依法成立,取得民事主体资格的要件。依《民法总则》《企业法人登记管理条例》《公司登记管理条例》《社会团体登记管理条例》《事业单位登记管理暂行条例》及《民办非企业单位登记管理暂行条例》等规定,营利法人、部分事业单位法人和绝大多数社会团体法人应依法进行设立登记。

依据《公司法》第92条的规定,股份有限公司申请设立登记应提交的文件包括:(1)公司登记申请书;(2)创立大会的会议记录;(3)公司章程;(4)验资证明;(5)法定代表人、董事、监事的任职文件及其身份证明;(6)发起人的法人资格证明或者自然人身份证明;(7)公司住所证明。以募集方式设立股份有限公司公开发行股票的,还应当向公司登记机关报送国务院证券监督管理机构的核准文件。

三、法人变更登记

法人变更登记是指法人将有关法人的变化情况向登记机关办理变更手续。根据《民法总则》第64条的规定,法人存续期间登记事项发生变化的,应当依法向登记机关申请变更登记。依据我国现行法律,办理变更登记的机关为原设立登记机关。

营利法人变更登记的事项通常包括:合并与分立,变更组织形式,增设或者撤销分支机构及法人经营范围,注册资本、住所、法定代表人、经营方式的变动等。

四、法人注销登记

法人注销登记是法人依法终止,消灭其民事主体资格的要件。

法人注销登记机关与设立登记机关相同,法人注销登记应提交的文件因法人种类不同而不同。

五、法人登记信息公开

《民法总则》第66条规定:"登记机关应当依法及时公示法人登记的有关信息。"登记机关应依法及时公布法人的登记信息,既是适应信息社会经济发展的要求,也是登记机关的法定义务。特别是对营利法人而言,有利于相对人充分了解登记法人的情况,与登记法人进行民事法律行为时,在信息对称的基础上作出真实的意思表示。

六、法人登记的效力

法人登记的效力,或为生效效力,或为对抗效力。依《民法总则》第77条的规定,营利法人的成立,只有经过成立登记,才能取得法人资格,即登记为法人成立的生效要件。依《民法总则》第88条的规定,事业单位法人经依法登记成立取得法人资格,但依法不需要登记的除外。依《民法总则》第90条的规定,社会团体法人经依法登记成立取得社会团体法人资格,但依法不需要办理登记的除外。依《社会团体登记管理条例》第3条的规定,除参加中国人民政治协商会议的人民团体,由国务院机构编制管理机关核定并经国务院批准免予登记的团体,机关、团体、企业事业单位内部经本单位批准成立在本单位内部活动的团体(如学校的棋牌协会等)外,其他的社会团体均须经过登记,才能取得法人资格。如未登记,则不能取得社会团体法人资格。法人的其他登记仅具对抗效力。如甲企业变更了法定代表人,未经登记,原法定代表人与善意第三人签订的合同,甲企业仍应承受。

《民法总则》第65条规定:"法人的实际情况与登记的事项不一致的,不得对抗善意相对人。"此条规定之目的在于保护善意相对人之利益,因为登记事项具有公示效力,实际情况相对人并不知情,因此进行民事法律行为的法人不得以实际情况与登记情况不一致对善意相对人进行抗辩。

第八节 营利法人

一、营利法人的概念和特征

(一)营利法人的概念

依据《民法总则》第76条的规定,营利法人是指以取得利润并分配给股东等出资人为目的而成立的法人,即以营利为目的的法人。

(二)营利法人的特征

1. 是以营利为目的法人。以营利为目的包含以下三方面的含义:(1)具有依法营业的特点,营利法人应当通过营业来营利,营业是手段,营利是目的。只有通过合法的营业,才能达到营利的目的。(2)营利法人具有连续营业的特点。营利法人的经营活动具有连续性,而不是具有一时性。只有通过连续的营业,其营利目的才能得到实现。(3)营利法人以将其所获利润分配给股东等出资者为目的。一个非营利法人也可进行非营利性质的民事活动,比如一个慈善性质的基金会,可将钱存于银行获得利息,还可以"按照合法、安全、有效的原则实现基金的保值、增值"(《基金会管理条例》第28条)。这些民事活动的目的在于增加法人的财产,但这些财产却不能分配给其捐赠人,而是必须用于章程规定的慈善目的。

2. 必须具有独立财产。营利法人的财产是与其出资者的财产彼此分离的。营利法人的独立财产是其独立进行生产经营和独立承担民事责任的基础。

3. 是依核准登记程序成立的法人。营利法人是生产经营活动的主要参与者,为了规范经济秩序,其成立必须经过核准登记。

(三)营利法人的种类

1. 有限责任公司

有限责任公司又称有限公司,依据《公司法》第3条之规定,有限责任公司的股东以其认缴的出资额为限对公司承担责任,公司以其全部的财产对公司的债务承担责任。有限责任公司既是我国营利法人的法定组织形式,又是我国营利法人的主要组织形式。

2. 股份有限公司

股份有限公司又称股份公司,依据《公司法》第 3 条之规定,股份有限公司的股东以其认购的股份为限对公司承担责任,公司以其全部财产对公司债务承担责任,其中股票在证券交易所交易的股份有限公司又称"上市公司",股份有限公司也是我国营利法人的法定组织形式和主要组织形式。

3. 其他企业法人

除有限责任公司和股份有限公司外,其他企业法人也属于营利法人,如股份合作制企业等。

应予特别说明的是,依《邮政法》第 12 条的规定,邮政企业法人为省会城市的邮电局、邮政局、电信局以及市、县、大型矿山、部队等所在地设置的邮电局、电话局、长途电话局等,邮电所不具有法人资格。依《商业银行法》第 22 条的规定,人民银行总行和各商业银行总行具有法人资格,各银行分行、支行不具有法人资格。依《保险法》第 80 条的规定,保险公司分支机构不具有法人资格。依《航空法》及有关规定,各航空公司为法人,各机场(不包括临时机场)也为法人。

二、出资人违反不得滥用权利的义务的损害赔偿责任

依据《民法总则》第 83 条的规定,营利法人的出资人负有不得滥用出资人权利和地位等义务,滥用出资人权利和地位等义务给法人或其他出资人的利益及债权人的利益造成损害的,应当依法承担民事责任。

1. 滥用出资人权利损害法人利益和其他出资人利益的,出资人应承担民事责任

依《公司法》第 20 条的规定,股东不得滥用出资人权利损害公司利益和其他股东利益,如公司股东抽逃出资或者股本,公司股东故意转移公司财产,公司股东虚构债务侵害公司财产,公司股东违反《公司法》和公司章程损害公司利益的其他行为等,出资人滥用出资人权利给公司或者其他股东造成损害的应当承担民事责任。

2. 滥用法人独立地位和出资人有限责任损害债权人利益的,出资人对法人债务负连带责任

依《公司法》第 20 条第 3 款的规定,股东滥用法人独立地位和出资人有限责任损害债权人利益的,应当对公司债务承担连带责任。《民法总则》第 83 条第 2 款和《公司法》第 20 条第 3 款规定在学理上被称为法人人格否认或公司人格否认,在实务中主要针对的情形包括:(1)公司资本显著不足,即公司资本不符合公司经营事业、规模或者经营风险的最低要求。(2)利用公司独立人格逃避合

同义务,如为回避契约上特定的不作为义务而设立新公司等;"脱壳经营"行为,如控股股东为逃避原公司巨额债务而抽逃资金或解散公司或宣告该公司破产,再以原设备、场地、人员及相同经营目的而另设一新公司;当事人利用公司名义转移公司财产以逃避合同义务的行为。(3)滥用公司人格逃避法律义务或者获取非法利益的行为,如股东为避免其财产被强制执行而设立一新公司并将财产转移至该新公司,再如为享受本国公司的优惠而形式上设立一家符合该要求但事实上不符合该要求的公司。(4)公司与股东人格混同,这主要出现在一人公司和母子公司中,人格混同的基本特征为:第一,财产混同,如股东财产和公司财产在经营上无严格区分;第二,业务混同,如某公司完全以另一公司或股东的利益需要为准进行交易活动;第三,组织机构混同,包括公司的意思机关、执行机关及监督机关发生混同,这主要出现在母子公司之中。

三、关联关系人利用关联关系损害法人利益的赔偿责任

依照《民法总则》第84条的规定,关联关系人利用关联关系损害公司利益的,应当承担赔偿责任。

1. 关联关系人

关联关系人包括营利法人的控股出资人、实际控制人、董事、监事、高级管理人员。依照《公司法》第216条的规定,所说控股出资人,又称控股股东,是指其出资额占有限责任公司资本总额50%以上或者其持有的股份占股份有限公司股本总额50%以上的股东;或出资额或者持有股份的比例虽然不足50%,但依其出资额或者持有的股份所享有的表决权已足以对股东会、股东大会的决议产生重大影响的股东。所说实际控制人,是指虽不是公司的股东,但通过投资关系、协议或者其他安排,能够实际支配公司行为的人。所说高级管理人员,是指公司的经理、副经理、财务负责人,上市公司董事会秘书和公司章程规定的其他人员。

2. 关联关系的认定

依照《公司法》第216条的规定,所说关联关系,是指公司控股股东、实际控制人、董事、监事、高级管理人员与其直接或者间接控制的企业之间的关系,以及可能导致公司利益转移的其他关系。但是,国家控股的企业之间不能仅因为同受国家控股而就认定具有关联关系。

四、营利法人的社会责任

《民法总则》第86条规定:"营利法人从事经营活动,应当遵守商业道德,维护交易安全,接受政府和社会的监督,承担社会责任。"《公司法》第5条第1款规定:"公司从事经营活动,必须遵守法律、行政法规,遵守社会公德、商业道德,诚

实守信,接受政府和社会公众的监督,承担社会责任。"所说营利法人的社会责任是指营利法人对消费者、社区和环境的责任。参照国际上的相关规定和判例,营利法人的社会主要责任包括:(1)支持并尊重对国际社会作出的维护人权的宣言。(2)不袒护侵犯人权的行为、劳动。(3)有效保证组建工会的自由与团体交涉的权利。(4)消除任何形式的强制劳动。(5)切实有效地废除童工。(6)杜绝在用工与职业方面的差别歧视。(7)主动承担环境保护责任。(8)推进环保技术的开发与普及。(9)积极采取措施反对强取和贿赂等任何形式的腐败行为等[①]。

第九节 非营利法人

一、非营利法人的概念与特征

根据《民法总则》第 87 条第 1 款的规定,非营利法人是指为公益目的或者其他非营利目的成立,不向出资人、设立人或者会员分配所取得利润的法人。非营利法人特征有:

(1) 以公益为目的或者以其他非营利为目的成立。所说以公益为目的是指为适应社会经济发展需要,如从事文化、教育、卫生、体育、新闻等公益目的,而非以营利为目的。非营利法人一般不参与商品生产和经营活动,其所从事的活动具有社会公益性。

(2) 其所取得的利润不向出资人、设立人或者会员分配。非营利法人虽然也从事一些经营活动,其经营活动也获得相应利润,如高等院校收取相应学费,医院收取相应的治疗费,基金会用其资金进行投资获得投资利润等。但非营利法人所获得利润不向出资人、设立人或者会员分配。这是非营利法人与营利法人的关键区别。当然,法律另有规定除外,如《民办教育促进法实施条例》第 44 条第 1 款规定:"出资人根据民办学校章程的规定要求取得合理回报的,可以在每个会计年度结束时,从民办学校的办学结余中按一定比例取得回报。"

(3) 非营利法人的成立有的需要依法办理登记,如基金会法人;有的不需要办理法人登记,从成立时起即取得法人资格,如中国社会科学院、中国科学院、中国工程院。

(4) 非营利法人的财产或者来源于国家财政拨款,如义务教育阶段的中小学的事业经费完全来源于国家财政拨款;或者来源于国家财政拨款和相应经营收费,如医院的事业经费来源于财政拨款或相应经营收费;或者来源于社会捐

[①] 参见朱文忠:《业社会责任标准与机制研究》,经济管理出版社 2009 年版,第 24—27 页。

助,如基金会法人。

(5)非营利法人一般实行民主管理,因为非营利法人的财产非出资人出资,而是来源于国家财政拨款或社会捐助,因此非营利法人应实行民主管理。

(6)为公益目的成立的非营利法人终止时,不得向出资人、设立人或者会员分配剩余财产。剩余财产应当按照法人章程的规定或者权力机构的决议用于公益目的;无法按照法人章程的规定或者权力机构的决议处理的,由主管机关主持转给宗旨相同或者相近的法人,并向社会公告,这也是非营利法人和营利法人的区别之一。

二、事业单位法人

事业单位法人是指为了社会公益事业目的,从事文化、教育、卫生、体育、新闻等公益事业的单位。[①]

国有事业单位法人根据其性质不同,可分为:(1)承担行政职能的事业单位,即承担行政决策、行政执行、行政监督等职能的事业单位。认定行政职能的主要依据是国家有关法律法规和中央有关政策规定。(2)从事生产经营活动的事业单位,即所提供的产品或服务可以由市场配置资源、不承担公益服务职责的事业单位。这类单位要逐步转为企业或撤销。(3)从事公益服务的事业单位,即面向社会提供公益服务和为机关行使职能提供支持保障的事业单位。其中:公益一类事业单位是指承担义务教育、基础性科研、公共文化、公共卫生及基层的基本医疗服务等基本公益服务,不能或不宜由市场配置资源的事业单位。公益一类事业单位不得从事经营活动。公益二类事业单位是指承担高等教育、非营利医疗等公益服务,可部分由市场配置资源的事业单位。公益二类事业单位在确保公益目标的前提下,可依据相关法律法规提供与主业相关的服务。

依《民办非企业单位登记管理暂行条例》第 2 条的规定,民办非企业单位是指企业事业单位、社会团体和其他社会力量以及公民个人利用非国有资产举办的,从事非营利性社会服务活动的社会组织。这类组织主要分布在教育、科研、文化、卫生、体育、交通、信息咨询、知识产权、法律服务、社会福利事业及经济监督事业的领域,如民办大学、民办康复中心、民办图书馆、民办研究所、民办婚姻介绍所、民办法律援助中心、民办体育场等。民办非企业单位大多为民办事业单位,具备法人条件的应视为事业单位法人。

[①] 1998 年颁布、2004 年修订的《事业单位登记管理暂行条例》第 2 条的规定与此不同,强调事业单位法人由国家机关或其他组织利用国有资产举办。

三、社会团体法人

社会团体法人是指自然人或者法人自愿组成,为实现会员共同意愿,按照其章程开展活动的非营利性社会组织。[①] 社会团体法人应具备的条件是:(1)社会团体由会员组成。根据《社会团体登记管理条例》第10条的规定,社会团体必须有50个以上的个人会员,或者30个以上的单位会员,或者在既有个人会员、又有单位会员时,会员总数有50个以上。(2)社会团体的宗旨是实现会员的共同愿望。会员大会是决定社会团体重大事务的最高权力机关,社会团体的宗旨、业务范围、重大活动、管理机构的组成等重大问题由会员大会决定。(3)社会团体以非营利为目的。依《社会团体登记管理条例》第4条的规定,社会团体不得从事营利性经营活动,社会团体虽可收费或者从事一些赚取利润的活动,但各种活动所取得的财产只能用于其目的事业,不能分配给会员。

社会团体法人可分为国家主办的社会团体法人和民间主办的社会团体法人。国家主办的社会团体法人一般从成立之日起就具有法人资格,其经费主要由国家财政拨款,如中国残联、中国文联、中国法学会、对外友协等;民间主办的社会团体法人应依法登记取得法人资格,其经费主要由会员会费或捐助获得,如中国长城研究会、中国保险学会等。

四、捐助法人

捐助法人是指以公益为目的,以社会捐助财产设立经依法登记成立的基金会法人、社会机构法人和宗教活动场所法人。

(一)基金会法人

根据《基金会管理条例》第2条的规定,基金会是指对国内外社会团体和其他组织以及个人自愿捐赠的资金进行管理,以资助推进科学研究、文化教育、社会福利和其他公益事业发展为宗旨的民间非营利性组织。其特征是:(1)其财产来源于社会捐赠。根据《基金会管理条例》第2条的规定,由国家拨款建立的资助科学研究的基金会和其他各种专项基金管理组织,不属于基金会的范畴,如国家自然科学基金委员会,其性质为事业单位法人,不为基金会法人。(2)基金会法人没有会员。基金会的设立人将财产转移给基金会后,并不成为基金会的成员,基金会成立后,为基金会捐赠财产的人,也非基金会的会员,无权组成会员大会对基金会进行控制。基金会的设立人可以是一人,也可以是多人。基金会法人相当于外国立法例中的财团法人。

基金会法人可分为国家主办的基金会法人和民间主办的基金会法人。国家

[①] 参见《社会团体登记管理条例》第2条。

主办的基金会法人虽然其财产由社会捐助,但是由国家主办,如宋庆龄基金会、中国希望工程基金会、中国发展研究基金会等。民间主办的基金会法人是由民间发起,财产由社会捐助而成立的基金会法人,如路遥文学基金会、马云公益基金会等。

(二) 社会机构法人

社会机构法人是指为公益目的,以捐赠财产设立经依法登记的社会服务机构。并非所有的社会服务机构都具有社会机构法人的资格,只有制定了法人章程,设立了理事会等决策机构,并经依法登记的社会机构才能取得社会机构法人资格。社会机构法人与基金会法人的区别是:基金会法人是以资金资助实现社会公益目的,如诺贝尔基金会,以奖金方式奖励对人类和平、文学和科学事业做出巨大贡献的杰出人士,以推进人类和平、文学和科学事业发展;社会机构法人是以服务帮助实现社会公益,如北京星星雨教育研究中心,作为民办社会服务机构法人,以帮助孤独症儿童为宗旨,促进帮助孤独症儿童家长认识孤独症,促进社会认识、理解和接纳孤独症儿童,尊重他们的生存和发展的权利;再如北京红枫妇女心理咨询服务中心,作为民办社会服务机构法人,不仅为女性提供心理支持,更着眼于弱势女性、特殊人群女性(包括受暴、单亲女性)的心理需求,以其热线电话特有的便捷、保密的特性,为弱势女性提供有效的服务与支持。

(三) 宗教活动场所法人

宗教活动场所法人是以公益为目的,以捐赠财产设立,经依法登记的捐助法人,如杭州灵隐寺、三亚南山寺、嵩山少林寺等。并非所有的宗教活动场所都具有宗教活动场所法人的资格,只有制定了法人章程,成立了理事会等决策机构并经依法登记的宗教活动场所才能取得捐助法人资格,如只有一两位道姑的道观就不为宗教活动场所法人。《民法总则》确立宗教活动场所法人的意义在于:宗教活动场所所获得的善男信女的捐赠财产为宗教活动场所法人所有,不为宗教人士个人所有或共有,也不为国家所有;宗教活动场所法人只能为非营利法人,不为营利法人,不能以股份公司或者有限责任公司的形式出现,不能从事以营利为目的的经营性活动。宗教活动场所法人与宗教协会不同,中国佛教协会、中国道教协会、中国基督教协会、中国伊斯兰教协会为社会团体法人,不是宗教活动场所法人。

第十节 特别法人

一、特别法人的概念

特别法人是指机关法人、农村集体经济组织法人、城镇农村的合作经济组织法人、基层群众性自治组织法人。

二、机关法人

机关法人是指因行使职权的需要而享有相应的民事权利能力和民事行为能力的国家机关。

机关法人包括权力机关法人、行政机关法人、司法机关法人和军事机关法人。在实务中,权力机关法人是指各级权力机构,如全国人民代表大会及地方各级人民代表大会。行政机关法人包括国务院及其职能机构,如部、委、办等,以及地方各级政府及其职能部门。但各职能机构的所属部门及其派出机构,不为法人,如财政部各司、局,乡司法所,公安局的派出所等。司法机关法人包括各级人民法院和各级人民检察院。法院的派出法庭和检察院的派出机构,不为法人。军事机关法人是指团以上具有独立编制的军事机关,营、连、排、班不为法人。

依照《民法总则》第98条的规定,机关法人被撤销的,法人终止,其民事权利和义务由继任的机关法人享有和承担,如2013年3月14日国务院将新闻出版总署、广电总局的职责整合,组建国家新闻出版广播电影电视总局,随后更名为国家新闻出版广电总局,原新闻出版总署、广电总局的民事权利和义务由整合后的国家新闻出版广电总局享有和承担。没有继任的机关法人的,由作出撤销决定的机关法人享有和承担。

机关法人的特别之处是:(1)机关代表国家行使职权时,并不以法人的身份出现,它与有关社会组织或者自然人之间是领导与被领导或者监督与被监督的关系。(2)机关因行使职权的需要而从事民事活动时,如购置办公用品、租用房屋或者交通工具等,便是以法人的资格进行活动的,这时它与其他当事人处于平等的法律地位。(3)机关法人与营利法人的区别是:机关法人从成立之日起就具有法人资格,而营利法人需经依法登记取得营业执照才具有法人资格;机关法人禁止经商,营利法人从事以营利为目的的生产经营活动;机关法人的独立经费是由中央或者地方财政拨款而来,它主要用于参加各项必要的民事活动。机关法人以自己的名义参加民事活动产生的债务,应以它的独立经费给予偿还,若超过经费而另需抵补的,应由国家有关立法加以保证,而营利法人的财产由出资人出资所构成。(4)机关法人与非营利法人的区别是:机关法人从事民事活动的目的是为了依法行使国家权力,非营利法人从事民事活动的目的主要是为了从事社会公益活动;机关法人的独立经费来源于国家财政拨款或地方财政拨款,非营利法人的财产来源于国家财政拨款或者社会捐助或者经营所得;机关法人从成立之日起就具有法人资格,非营利法人多数需经依法登记才能取得法人资格;机关法人对其占有的动产或不动产依法享有占有、使用和处分的权利,不享有收益权,财产所有权归国家所有,非营利法人对其财产依法享有所有权,国家主办的非营利法人的财产其所有权归国家,但享有占有、使用和依法收益、处分的权利。① 机关法人依法行使国家职权,在治理结构上不存在民主管理问题,非营利法人在治理结构上应实行民主管理。

三、农村集体经济组织法人

在我国,农村集体经济组织产生于20世纪50年代的生产合作化运动,农村集体经济组织既为行政组织,又为生产经营组织,实行"政经合一"。作为行政组织,是国家政权机关的延伸部分,履行国家行政机关委托的相应的行政职能,作为生产经营组织,是该组织财产的所有权主体、生产经营活动的组织者等。农村集体经济组织法人包括乡镇农民集体经济组织法人,如华西村②,村农民集体经济组织法人,如大寨村③,村民小组农民集体经济组织法人。

农村集体经济组织法人的意义在于:(1)农村集体土地的所有权主体为农村集体经济组织法人,不为集体组织成员共有。(2)农村集体经济组织法人是农村土地承包经营权合同中的发包方。(3)农村集体经济组织法人作为所办乡镇企业的出资人或股东,依法享有股权,并对投资收益享有所有权,乡镇企业的财产所有权应为该乡镇企业。(4)农村集体经济组织法人在进行民事活动时具有民事主体地位,享有民事权利,履行民事义务,承担民事责任。

农村集体经济组织法人的特别之处是:(1)其与营利法人的区别在于,农村集体经济组织依法享有法人资格,不存在登记取得法人资格的问题;农村集体经济组织虽然从事生产经营活动,但不是以营利为唯一目的;农村集体经济组织所获利益主要用于集体经济组织成员的福利和农村集体经济组织所承担的管理职能的经费,而营利法人所获利益一般按出资比例分配给出资人。(2)其与非营利法人的区别在于,农村集体经济组织不是为实现社会公益目的而存在,而是为行使委托的行政职能和行使集体经济组织财产所有权而存在。

四、城镇农村合作经济组织法人

城镇农村合作经济组织法人是劳动者自愿入股联合实行民主管理的经济组织法人。《农民专业合作社法》第2条第1款规定:"农民专业合作社是在农村家庭承包经营基础上,同类农产品的生产经营者或者同类农业生产经营服务的提供者、利用者,自愿联合、民主管理的互助性经济组织。"城镇农村合作经济组织法人具体有:(1)生产合作社,即从事种植、采集、养殖、渔猎、牧养、加工、建筑等

---

① 《物权法》第53、54条。
② 从2001年开始,华西通过"一分五统"的方式,帮带周边20个村共同发展,建成了一个面积35平方公里、人口达3.5万人的大华西,获得"全国文明村镇"称号。
③ 大寨地处山西省晋中市城东南部,全村有220多户人家,510多口人,占地1.88平方公里。

生产活动的各类合作社。(2)流通合作社,即从事推销、购买、运输等流通领域服务业务的合作社。(3)信用合作社,即接受社员存款贷款给社员的合作社。(4)服务合作社,即通过各种劳务、服务等方式,提供给社员生产生活一定便利条件的合作社。

城镇农村经济合作组织法人的特征是:(1)须经登记依法设立,《农民专业合作社法》第4条第1款规定:"农民专业合作社依照本法登记,取得法人资格。"(2)成员自愿结合,依照《农民专业合作社法》第3条第3项规定:实行"入社自由、退社自由。"(3)成员存在身份限制,《农民专业合作社法》第15条第1款规定:"农民专业合作社的成员中,农民至少应当占成员总数的80%。"(4)实行民主管理,《农民专业合作社法》第17条规定:"农民专业合作社成员大会选举和表决,实行一人一票制,成员各享有一票的基本表决权。出资额或者与本社交易量(额)较大的成员按照章程规定,可以享有附加表决权。本社的附加表决权总票数,不得超过本社成员基本表决权总票数的20%。……"(5)城镇农村经济合作组织的财产包括成员出资、公积金、国家补助、他人捐赠等。《农民专业合作社法》第4条第2款规定:"农民专业合作社对由成员出资、公积金、国家财政直接补助、他人捐赠以及合法取得的其他资产所形成的财产,享有占有、使用和处分的权利,并以上述财产对债务承担责任。"《农民专业合作社法》第5条规定:"农民专业合作社成员以其账户内记载的出资额和公积金份额为限对农民专业合作社承担责任。"

城镇农村经济合作组织法人的特别之处是:(1)其与营利法人的区别在于,城镇农村经济合作组织虽然存在营利之目的,但同时兼有帮助、扶持、合作之目的。营利法人的出资人一般不存在身份限制,城镇农村经济合作组织法人的成员存在身份限制。营利法人的财产由营利法人所有,出资人在出资方式、出资结构、出资种类上均依法律规定。如劳务不能作为出资方式;城镇农村合作经济组织法人的财产权利具有混合性质,成员出资的财产为成员个人所有,其他财产为成员共同共有或为合作组织法人所有存有争议。营利法人的出资人一般按出资比例或持有股份比例行使表决权,城镇农村经济合作组织法人以成员表决权为主,兼有出资额表决权。营利法人所获利益一般按出资比例分配给出资人,城镇农村合作经济组织法人所获利益的分配更为复杂。《农民专业合作社法》第37条规定:"在弥补亏损、提取公积金后的当年盈余,为农民专业合作社的可分配盈余。可分配盈余按照下列规定返还或者分配给成员,具体分配办法按照章程规定或者经成员大会决议确定:(一)按成员与本社的交易量(额)比例返还,返还总额不得低于可分配盈余的60%;(二)按前项规定返还后的剩余部分,以成员账户中记载的出资额和公积金份额,以及本社接受国家财政直接补助和他人捐赠形成的财产平均量化到成员的份额,按比例分配给本社成员。"(2)其与非营利法人的区别在于,城镇农村经济合作组织法人不以公益为目的,其所获利益按照章程规定按比例分配给合作组织成员。

五、基层群众性自治组织法人

基层群众性自治组织法人是指居民委员会法人和村民委员会法人。基层群众性自治组织法人的特别之处在于:(1) 基层群众性自治组织法人是依照《居民委员会组织法》和《村民委员会组织法》设立的,不存在登记设立的问题;(2) 基层群众性自治组织法人只能依法开展与其职能相关的民事活动。

1. 居民委员会法人

《居民委员会组织法》第 2 条规定:"居民委员会是居民自我管理、自我教育、自我服务的基层群众性自治组织。"第 6 条规定:"居民委员会根据居民居住状况,按照便于居民自治的原则,一般在一百户至七百户的范围内设立。居民委员会的设立、撤销、规模调整,由不设区的市、市辖区的人民政府决定。"

《民法总则》第 101 条规定,居民委员会为特别法人,其意义在于:(1) 居民委员会为其财产的所有权人,其财产包括上级政府部门拨付的经费,向本聚居地的居民或受益单位筹集的经费及兴办服务业所获得的收益。(2) 居民委员会可作为民事主体开展便民利民的社区服务活动,《居民委员会组织法》第 4 条规定:"居民委员会应当开展便民利民的社区服务活动,可以兴办有关的服务事业。"居民委员会作为法人,在民事活动中享有民事权利,履行民事义务,承担民事责任。

2. 村民委员会法人

《村民委员会组织法》第 2 条第 1 款规定:"村民委员会是村民自我管理、自我教育、自我服务的基层群众性自治组织,实行民主选举、民主决策、民主管理、民主监督。"第 3 条规定:"村民委员会根据村民居住状况、人口多少,按照便于群众自治,有利于经济发展和社会管理的原则设立。村民委员会的设立、撤销、范围调整,由乡、民族乡、镇的人民政府提出,经村民会议讨论同意,报县级人民政府批准。村民委员会可以根据村民居住状况、集体土地所有权关系等分设若干村民小组。"

《民法总则》第 101 条规定,村民委员会为特别法人,其意义在于:(1) 村民委员会对于农村集体经济组织所有的土地和财产享有管理权。(2) 村民委员会对其依法进行的民事活动享有民事权利,履行民事义务,承担民事责任。(3) 未设村集体经济组织的,村民委员会可以依法代行村集体经济组织的职能。

第六章 非法人组织

第一节 非法人组织概述

一、非法人组织的概念

非法人组织是指不具有法人资格但可以自己的名义进行民事活动的组织，亦称非法人团体。非法人组织，在德国仅指无权利能力社团；在日本包括非法人社团和非法人财团；在我国台湾地区称为非法人团体。

传统民法理论认为，非法人社团不包括合伙，合伙重视合伙成员的个人性，合伙人之间的关系是契约关系，合伙业务的执行专属于合伙人，合伙人的退伙对合伙有重大影响等。而非法人社团重视团体性，其业务执行属团体机关，成员变化对团体没有影响等。但是，现代合伙的发展，其团体属性的加强，使其越来越具有非法人组织的一般特性。我国《民法总则》第102条第2款将合伙企业纳入非法人组织之列。

民法关于民事主体的理论和立法有一个从承认单一主体到多元主体的发展过程。1804年的《法国民法典》只承认自然人为民事主体。1900年施行的《德国民法典》确立了法人作为有别于自然人的民事主体地位。在民法理论上，对于法人本质也经历了从拟制说到实在说的发展过程。对于非法人团体，理论和立法上的认识亦有一个发展过程。德国民法采无权利能力社团的主张实因当时政治的需要，是为了迫使一些宗教、政治团体登记为法人团体，以便进行监督。第二次世界大战以后，民法学界关于非法人组织的认识有重大发展，承认非法人组织具有一定的民事权利能力、民事行为能力和诉讼能力，即在承认非法人组织具有民事主体性上得到了普遍的认同。这种认识在立法和判例上均有反映。但非法人组织与作为民事主体的自然人和法人不同。后者有自己独立的财产，能独立承担民事责任；前者有相对独立的财产，不能完全独立承担民事责任。我国《民法总则》第4章赋予非法人组织民事主体地位。

二、非法人组织的特征

（一）非法人组织是组织体

非法人组织是人合组织体。非法人组织是不同于法人的组织体。法人是具有法律要求条件的组织体，其设立程序、财产数额、机构设置、议事规则等均由法律所明定,法人章程只能在法律规定的范围内进行具体规定。非法人组织虽然也存在设立程序、机构设置、议事规则等事项,但这些更多的是由组织成员自己决定,法律对此一般不加规定。

(二)非法人组织是具有相应的民事权利能力和民事行为能力的组织体

非法人组织既作为另一种民事主体,则与自然人、法人一样,享有民事权利能力和民事行为能力,但是,其民事权利能力和民事行为能力与自然人和法人的民事权利能力和民事行为能力有所不同。

(三)非法人组织是不能完全独立承担民事责任的组织体

非法人组织与法人组织的重要区别之一,是非法人组织不能而法人能够独立承担民事责任。法人的责任与法人出资人的责任、法人成员的责任等要严格区分,法人出资人的责任是有限责任,以其出资财产承担责任。《民法总则》第104条规定:"非法人组织的财产不足以清偿债务的,其出资人或者设立人承担无限责任。法律另有规定的,依照其规定。"

三、非法人组织应具备的要件

(一)须为有自己目的的社会组织体

非法人组织应为社会组织体,这既是非法人组织的特征,又是非法人组织的第一要件。非法人组织,与法人一样,须有自己的目的。所谓目的,可以是非营利目的,例如发展科学、技术、文化、教育、艺术、体育、宗教、慈善事业;也可以是营利目的,如以获取经济利益为目的。对于营利性非法人组织来说,具有特定的经营范围。

(二)须有自己的名称

非法人组织须有自己的名称并以组织的名义对外进行民事活动。如不以组织的名义对外进行活动,而以个人的名义对外进行活动,其行为则不为非法人组织的行为。

(三)须有自己能支配的财产或者经费

非法人组织,须有属于自己能支配的财产或者经费,这是非法人组织进行民事活动的物质基础。与法人组织不同,非法人组织并不要求该财产或者经费属于自己独立享有,只要求独立支配即可。非法人组织的财产也不要求必须与其成员的财产截然分开,如个人独资企业。

(四)应设有代表人或者管理人

非法人组织,须设有代表人或者管理人。非法人组织为实现自己的目的,应设立代表人或者管理人,对外代表非法人组织,进行民事行为。《民法总则》第105条规定:"非法人组织可以确定一人或者数人代表该组织从事民事活动。"

四、非法人组织的成立、解散与清算

《民法总则》第103条规定:"非法人组织应当依照法律的规定登记。设立非

法人组织,法律、行政法规规定需由有关机关批准的,依照其规定。"也就是说非法人组织的成立应当办理设立登记,未办理设立登记的不能取得非法人组织的民事主体资格,如设立合伙企业应当办理设立登记,自营业执照签发之日合伙企业成立。对于涉及社会公益的非法人组织,还应依照相关法律规定由有关机关予以审批,如设立律师事务所或法律服务所应经司法行政部门进行批准。

依照《民法总则》第106条的规定,存在下列情形的非法人组织解散:(1)章程规定的存续期间届满或者章程规定的其他解散事由出现。(2)出资人或者设立人决定解散。(3)法律规定的其他情形,如营利性法人被吊销营业执照等。

依照《民法总则》第107条的规定,非法人组织解散的,应当依法进行清算,在清算期间该非法人组织仍具有民事主体地位,其民事主体资格自办理注销登记之日起消灭。非法人组织的清算义务人和清算程序可参照法人清算的规定。

第二节 合 伙

一、合伙概述

(一)合伙的含义与法律地位

1. 合伙的含义与种类

合伙是个古老的制度,两千多年来,就世界范围来说,合伙制度不仅没有衰败,而且在不断发展。我国自改革开放以来,合伙企业逐渐成为三种企业形式(独资企业、合伙企业与公司企业)之一。非企业合伙在科技、教育、文化、卫生及其他社会事务中,起了重要的作用。从我国现有的法律看,合伙有两种:一是普通合伙,二是有限合伙。其中普通合伙又有特殊的普通合伙。在实践中还有隐名合伙。[①] 这些合伙虽有其共同之处,但是,它们的内涵不同,特点不同,难以对各种合伙下一个统一的定义。不过也可以用高度概括的语言说,合伙是两个以上的人互约出资,经营共同事业。这里说的人包括自然人、法人和其他组织。这里说的事业包括多种行业,可以是营利性的事务,也可以是非营利性的事务。

在民法法系国家有区分民事合伙和商事合伙的立法例,民事合伙由民法典规定,商事合伙由商法典或者商事单行法规定。民事合伙不以营利为目的,商事合伙以营利为目的。会计师事务所和律师事务所等向社会提供专业服务的合伙,虽有某种营利性,但因其具有相应的公共职能,故将其视为民事合伙。我国现行法律没有明文区分民事合伙和商事合伙。

---

① 参见马强:《合伙法律制度研究》,人民法院出版社2000年版,第315—316页。

2. 合伙的法律地位

合伙是否为自然人和法人之外的一种独立的民事主体,理论上有分歧。反对合伙成为民事主体的主要理由是,作为一种组织体的民事主体必须是独立的组织、有独立的财产,能独立承担民事责任,这种组织体就是法人。合伙不具备这种条件,因此不是民事主体。本书作者认为,合伙属于非法人组织,具有民事主体的资格,这主要表现为:(1) 合伙人格的相对独立性。合伙拥有自己的字号,独立于各个合伙人。对外,由合伙的代表人从事民事活动。(2) 合伙财产的相对独立性。合伙财产为合伙人共有,合伙财产与合伙人个人的财产是分离的。(3) 合伙民事责任的相对独立性。合伙的债务首先用合伙的财产清偿,合伙财产不足清偿时,才由合伙人承担无限连带责任。

有了上述条件,合伙就能以合伙的名义进行民事活动。认可具备这些条件的合伙组织具有民事主体资格,有利于市场经济的发展和多种社会生活需要。反之,不认可合伙组织具有民事主体资格,只能由各个合伙人作为民事主体,不便于合伙从事活动,不利于市场经济发展,不便于社会生活需要。

各国民法典多规定自然人和法人为民事主体,将合伙作为一种债规定在债编。随着社会和法律观念的发展,一些国家的立法增强了合伙的团体性,1978年重新修订的《法国民法典》规定,合伙自登记之日起享有法人资格。英美等普通法系国家更关注合伙的外部特征,认为合伙具有主体属性,承认合伙得以商号名义取得和转让财产。我国学者通说认为,合伙应当成为民事主体,《合伙企业法》的规定实际上承认了合伙的民事主体资格。

实践中有些合伙虽然有两个以上的人出资,经营共同事业,但是没有合伙名称,组织松散,或者是临时性的,其性质属于合伙合同,没有民事主体资格。隐名合伙也仅仅是合同关系,没有民事主体资格。本节所讲的合伙是指具有民事主体资格的合伙组织,除另有说明的以外,是指合伙企业。

(二) 关于合伙的基本法律规定

2006 年 8 月修订的《合伙企业法》的总则一章,对合伙企业的基本法律问题作了明确的规定,从民事主体方面看,其主要内容有:

1. 合伙企业,是指自然人、法人和其他组织依照合伙企业法在中国境内设立的普通合伙企业和有限合伙企业。这个规定突破了以往法人不得成为合伙人的限制,反映了市场经济发展的需要,并增加了有限合伙企业这种新形式。

2. 国有独资公司、国有企业、上市公司及公益性的事业单位、社会团体不得成为普通合伙人。这个规定是为了避免国有企业和上市公司以其全部财产对合伙企业的债务承担无限连带责任,以保护国有资产和上市公司股东的利益。公益性的事业单位、社会团体,因其从事的活动涉及公共利益,不宜以其全部财产对外承担无限连带责任。

3. 合伙协议依法由全体合伙人协商一致、以书面形式订立。合伙协议是合伙成立的基础，是规范合伙人权利、义务、责任与合伙经营管理的基本规则，有类似公司章程的性质，具有重要的法律意义，因此法律规定合伙协议依法由全体合伙人协商一致、以书面形式订立。

4. 设立合伙企业需要根据法定条件和法定程序进行登记。合伙企业的营业执照签发日期，为合伙企业成立日期。登记事项发生变更的，依法定程序办理变更登记。

5. 合伙企业设立分支机构，应当向分支机构所在地的企业登记机关申请登记，领取营业执照。

此外，我国还有非企业合伙组织。根据1998年10月国务院发布的《民办非企业单位登记管理暂行条例》规定，民办非企业单位，是指企业单位、社会团体和其他社会力量以及公民个人利用非国有资产举办的，从事非营利性社会服务活动的社会组织。申请民办非企业单位，应当具备下列条件：(1) 经业务主管单位审查同意；(2) 有规范的名称、必要的组织机构；(3) 有与其业务活动相应的从业人员；(4) 有与其业务活动相应的合法财产；(5) 有必要的场所。

民办非企业单位经过登记，根据其依法承担民事责任的不同方式，分别发给《民办非企业单位(法人)登记证书》《民办非企业单位(合伙)登记证书》《民办非企业单位(个体)登记证书》。根据该条例规定的登记内容，发给《民办非企业单位(合伙)登记证书》的，应当具有民事主体资格。这种合伙属于非营利性普通合伙。

我国立法实行民商合一制，《民法总则》规定的合伙制度比较简略，而且有些内容已经不符合现实和发展需要。《合伙企业法》属于特别法，不适用于民办非企业合伙，民办非企业合伙的活动应当根据合伙协议进行，但是不能违反《民法总则》规定的有关基本原则和其他有关法律的强制性规定。

二、普通合伙

(一) 普通合伙的概念与特征

普通合伙，是指由两个以上的人根据协议，互约出资，经营共同事业，并对合伙债务承担无限连带责任的社会组织。普通合伙是常见的合伙形式，如果未加"有限"的限制词，通常说的合伙是指普通合伙，而且通常称"合伙"。普通合伙企业属于营利性普通合伙。

合伙的法律特征是：

1. 由两个以上的人组成的组织。一人为独，二人成伙。合伙是比较灵活的组织，两个人即可组成，具体人数可多可少。与法人相比，合伙的组织结构比较简单。

2. 合伙协议是合伙形成的基础条件。这与法人组织的成立不同,法人组织的成立须有章程,而合伙组织的成立只要求有合伙协议。

3. 合伙人共同出资、共同经营、共享收益、共担风险,并对合伙的债务承担无限连带责任。这个特征是合伙与法人相区别的重要特征。法人企业成立后,由法人机关从事经营,法人企业的投资人以其认缴的出资为限对法人企业的债务承担责任。

(二) 合伙的成立

1. 有两个以上合伙人。合伙人为自然人的,应当具有完全民事行为能力。

2. 有书面合伙协议。合伙协议应当载明的事项,包括合伙企业的名称和主要经营场所的地点、合伙人的姓名或者名称、地址等,都是必备的事项(《合伙企业法》第18条规定,本节以下注明的条文省略《合伙企业法》字样)。《民通意见》第50条规定,当事人之间没有书面合伙协议,又未经工商行政管理部门核准登记,但具备合伙的其他条件,又有两个以上无利害关系人证明有口头协议的,人民法院可以认定为合伙关系。该规定是否适用于合伙企业,有待研究。

3. 有合伙人认缴或者实际缴付的出资。合伙人可以用货币、实物、知识产权、土地使用权或者其他财产权利出资,也可以用劳务出资(第16条)。因为合伙人对合伙债务承担无限连带责任,所以法律对合伙成立没有最低资本的要求,对出资的时间也没有限制,而是由合伙人协商确定。

合伙人违反约定,迟延出资的应当承担迟延责任,因此而给其他合伙人造成损失的,应当赔偿损失。

4. 有合伙企业的名称和生产经营场所。

合伙企业的名称应当标明"普通合伙"字样,以便于与合伙企业交易的人了解该合伙的类型及合伙人对合伙债务承担的责任。

(三) 合伙的财产

1. 合伙财产的构成

合伙财产的来源由三部分构成:一是合伙人的出资。合伙人将其出资的财产转移给合伙后,就与其个人的财产相分离,而成为合伙财产。二是合伙从事经营活动取得的财产。三是依法从其他渠道取得的财产,例如接受赠与的财产。

2. 合伙财产的性质

合伙财产的性质也就是合伙财产归属问题,对此认识有分歧。罗马法将合伙作为合同关系,合伙财产的性质为按份共有。近现代各国法律有规定为按份共有的,如《日本民法典》;有规定为共同共有的,如《德国民法典》。根据《合伙企业法》第22条的规定,"除合伙协议另有约定外,合伙人向合伙人以外的人转让其在合伙企业中的全部或者部分财产份额时,须经其他合伙人一致同意。合伙人之间转让在合伙企业中的全部或者部分财产份额时,应当通知其他合伙人",

可以认定合伙企业的财产属于合伙人按份共有。因为共同共有是不分份额的共有。但是,为了维护合伙企业经营的连续性,对合伙人请求分割合伙企业中的财产份额及用合伙企业中的财产设定质押,法律规定了特别限制(如第21条、第25条)。

3. 合伙财产的保全

合伙财产属于合伙人共有,不属于合伙人单独所有,在涉及合伙财产权与合伙人财产权关系上,需要对合伙人的财产权适当限制,保全合伙财产,以维护合伙事业。

(1) 分割合伙财产的限制。合伙人在合伙企业清算前,不得请求分割合伙企业的财产(不包括退伙的情况在内),合伙人在合伙企业清算前私自转移或者处分合伙企业财产的,合伙企业不得以此对抗善意的第三人(第21条)。

(2) 财产份额转让与财产出质的限制。除合伙协议另有约定外,合伙人向合伙人以外的人转让其在合伙企业中的全部或者部分财产份额时,须经其他合伙人一致同意。合伙人以其在合伙企业中的财产份额出质的,须经其他合伙人一致同意(第22条、第25条)。

(3) 合伙债权抵销与合伙人的债权人代位权的限制。合伙人发生与合伙企业无关的债务,相关债权人不得以其债权抵销其对合伙企业的债务;合伙人的债权人也不得代位行使合伙人在合伙企业中的权利(第41条)。

(四) 合伙事务执行

1. 合伙事务执行权与执行人

合伙有较强的人合性,合伙人相互合作,共同经营,是合伙的特点。因此,合伙人对执行合伙事务享有同等的权利,这意味着:(1) 每个合伙人都有合伙事务的执行权;(2) 合伙人之间互为代理。为了缓和合伙人平等执行权的不便,法律允许合伙人商定执行权委托条款。为此,内部合伙事务的执行有三种情况:一是全体合伙人共同为合伙事务执行人;二是几名合伙人为合伙事务执行人,合伙人可以约定某几名合伙人为合伙事务的执行人,也可以约定某些合伙事务由某几名合伙人为合伙事务执行人;三是合伙负责人为合伙事务执行人,全体合伙人推荐能力强、威信高的合伙人为负责人,由负责人执行合伙事务。

对外合伙事务执行,可以按照合伙协议约定或者经全体合伙人决定,委托一个或数个合伙人对外代表合伙,执行合伙事务(第26条第2款)。合伙企业对合伙人执行合伙事务以及对外代表合伙企业权利的限制,不得对抗善意的第三人(第37条)。

合伙的代表人不同于法人的代表人,法人的代表人是法人机关,合伙的代表人不是合伙机关。合伙的代表人在被委托执行合伙事务的范围内享有代表权,执行合伙事务的委托撤销或者合伙人辞去委托时,代表权随之终止。

合伙企业可以聘任合伙人以外的人为合伙企业的经营管理人员,被聘人员被授权管理合伙内部事务,也可以被授权对外代表合伙企业。受聘人员按照授权进行的经营管理活动,其法律后果由合伙企业承担。

2. 合伙事务执行人的权利与义务

合伙事务执行人享有的权利有:(1)报酬请求权。执行合伙事务,如约定报酬的,合伙事务执行人有请求合伙组织支付报酬的权利。(2)提出异议权。合伙人分别执行合伙事务的,执行合伙人可以对其他合伙人执行的事务提出异议。提出异议时,应当暂停该项事务的执行。不执行事务合伙人提出异议,合伙事务可以不停止执行,这是为了提高合伙经营的效力,因为不执行事务合伙人一般不了解合伙经营的具体情况,他们可以通过要求召开合伙人会议等方式对合伙的经营进行监督。

合伙事务执行人的义务有:(1)忠实处理合伙事务的义务。合伙人对于合伙事务应亲自执行,合伙事务执行人借执行合伙事务谋取私利,给合伙企业或者其他合伙人造成损失的,应当承担赔偿责任。(2)报告义务。由一个或者数个合伙人执行合伙事务的,执行事务合伙人应当定期向合伙人报告事务执行情况以及合伙企业的经营和财产状况。(3)遵守竞业禁止义务与交易禁止义务。合伙人不得自营或者同他人合伙经营与本合伙企业相竞争的业务。除合伙协议另有约定或者经全体合伙人一致同意外,合伙人不得同本合伙企业进行交易(第32条)。合伙人违反法律规定或者合伙协议的约定,从事与本合伙企业相竞争的业务或者与本合伙企业进行交易的,该收益归合伙企业所有;给合伙企业或者其他合伙人造成损失的,依法承担赔偿责任(第99条)。

3. 合伙决议的表决权

有些合伙事务需要合伙人会议作出决议,需要明确决议的表决办法。合伙人对合伙企业有关事项的决议,按照合伙协议约定的表决办法办理。合伙协议未约定或者约定不明确的,实行合伙人一人一票并经全体合伙人过半数通过的表决方法(第30条第1款)。除合伙协议另有约定外,下列事项应当经全体合伙人一致同意:(1)改变合伙企业的名称;(2)改变合伙企业的经营范围、主要经营场所的地点;(3)处分合伙企业的不动产;(4)转让或者处分合伙企业的知识产权和其他财产权利;(5)以合伙企业的名义为他人担保;(6)聘任合伙人以外的人担任合伙企业的经营管理人员(第31条)。

4. 对合伙事务执行的监督

委托一个或者数个合伙人执行合伙事务的,其他合伙人不再执行合伙事务。不执行合伙事务的合伙人虽然不执行合伙的日常事务,根据法律规定和合伙协议的约定,仍有参与对合伙重大事务决定的权利和其他权利,包括了解合伙的经营状况和财务状况、监督执行事务合伙人执行合伙事务的情况等权利。受委托执行合伙事务的合伙人不按照合伙协议或者全体合伙人的决定执行事务的,其他合伙人可以撤销委托。

5. 合伙人增加或者减少出资

在合伙存续期间,根据合伙事业需要,可由各合伙人增加对合伙企业的出资,或者减少对合伙企业的出资。增加或者减少对合伙企业的出资,涉及各个合伙人的利益,因此需要合伙人按照合伙协议的约定或者经全体合伙人决定(第34条)。

(五)合伙损益的分配与合伙债务的承担

1. 合伙损益的分配

合伙利润的分配、亏损的分担,有约定和法定两种办法。有合伙协议的,按合伙协议办理;合伙协议未约定或者约定不明确的,由合伙人协商决定。但是,合伙协议不得约定将全部利润分配给部分合伙人或者由部分合伙人承担全部亏损。合伙协议未约定或者约定不明确,又协商不成的,根据法律规定办理,即由合伙人按照实缴出资比例分配、分担;无法确定比例的,由合伙人平均分配、分担(第33条)。损益分配的时间由合伙人约定。

2. 合伙债务的承担与清偿

合伙企业有与合伙人个人财产相分离的合伙财产,合伙企业当然要承担清偿其债务的责任。合伙人对合伙债务承担无限连带责任,是合伙企业的基本法律特征。合伙人对合伙债务承担无限连带责任有两种立法例:一是并存连带主义,即合伙的债权人请求合伙清偿债务或者请求合伙人清偿合伙的债务,两者没有先后次序之分。这对合伙人来说,对合伙的债务承担的是并存无限连带责任。二是补充连带主义,即合伙的债权人须先请求合伙清偿合伙债务,对其不足部分才能请求合伙人清偿。这对合伙人来说,对合伙的债务承担的是补充无限连带责任。《合伙企业法》的规定属于后者,即合伙企业对其债务,应先以其全部财产进行清偿。合伙企业不能清偿到期债务的,合伙人承担无限连带责任(第38条、第39条)。合伙人由于承担无限连带责任,清偿数额超过其应当承担的比例的,有权向其他合伙人追偿。

合伙人如果是以个人财产出资参与合伙,则以个人财产对合伙债务承担无限责任;如果是以家庭财产出资参与合伙,则应以合伙人家庭共有财产对合伙债务承担无限责任;如果是以个人财产出资参与合伙,但将合伙盈余分配所得用于合伙人家庭成员的共同生活,则应先以合伙人的个人财产承担清偿责任,不足部分则以合伙人的家庭共有财产承担。

合伙人的自有财产不足清偿其与合伙企业无关的债务的,该合伙人可以以其从合伙企业中分取的收益用于清偿;债权人也可以依法请求人民法院强制执行该合伙人在合伙企业中的财产份额用于清偿(第42条第1款)。

如果同时存在合伙债务与合伙人个人债务,当合伙与合伙人都处于资不抵债的情况时,如何确定清偿这两种债务的先后顺序呢?对此,英美等国家采取了双重优先原则,就是合伙人个人的债权人优先于合伙的债权人从合伙人的个人财产中得到清偿,合伙的债权人优先于合伙人个人的债权人从合伙财产中得到清偿。换句话说,合伙的财产优先清偿合伙的债务,合伙人个人的财产优先清偿个人的债务。这样处理比较公平,我国多数学者赞成这种办法。

(六) 入伙、退伙

1. 入伙

(1) 入伙的概念

入伙是指非合伙人加入已成立的合伙,而取得合伙人资格的行为。

(2) 入伙的程序

合伙企业是典型的人合企业,合伙人之间的相互信任是合伙企业存在的基础,因此,合伙企业接纳新合伙人,除合伙协议另有约定外,应当经全体合伙人一致同意,并依法订立书面入伙协议。

订立入伙协议书时,原合伙人应当将合伙企业的经营状况和财务状况如实地告诉准备入伙的人,以便其决定是否入伙。

(3) 入伙的效力

入伙人与原合伙人依法签订入伙协议书后即取得合伙人的资格。入伙的新合伙人与原合伙人享有同等的权利,承担同样的责任。入伙协议另有约定的,从其约定。

新入伙人对入伙前的合伙债务承担无限连带责任,这是强制性规定。这样规定主要是为了保护债权人的利益,可以避免合伙人串通用推迟入伙日期的方法,逃避债务。

2. 退伙

(1) 退伙的概念

退伙是合伙人在合伙存续期间退出合伙组织、消灭合伙人资格的行为。

(2) 退伙的形式

根据退伙的原因不同,可将退伙分为自愿退伙、除名退伙和法定退伙。

自愿退伙指合伙人依约定或单方面向其他合伙人声明退伙。合伙协议约定了合伙企业的经营期限,出现下列情形之一的,合伙人可以退伙:① 合伙协议约定的退伙事由出现;② 经全体合伙人一致同意;③ 发生合伙人难于继续参加合伙的事由;④ 其他合伙人严重违反协议约定的义务(第45条)。

退伙应当贯彻自愿原则,但是退伙涉及其他合伙人的利益,因此对自愿退伙也有一定的限制。合伙协议未约定合伙企业的经营期限的,合伙人在不给合伙企业事务执行造成不良影响的情况下可以退伙,并应提前30日通知其他合伙人

（第46条）。合伙人违反《合伙企业法》第45条、第46条的规定退伙的,应当赔偿由此给合伙企业造成的损失。

除名退伙是指当某合伙人出现除名事由时,经全体合伙人一致同意,将合伙人开除,而使其丧失合伙人资格。除名退伙又称强制退伙。除名退伙的事由包括:① 未履行出资义务;② 因故意或重大过失给合伙企业造成损失;③ 执行合伙事务有不正当行为;④ 发生合伙协议约定的事由(第49条)。除名退伙必须遵守一定的程序。对合伙人的除名决议,应当书面通知被除名人。被除名人接到除名通知之日起,除名生效。被除名人对除名决议有异议的,可在自接到除名通知之日起30日内向人民法院起诉。

法定退伙是指基于法律规定的事由而退伙。法定退伙又称当然退伙。法定退伙事由包括:① 作为合伙人的自然人死亡或者被依法宣告死亡;② 个人丧失偿债能力;③ 作为合伙人的法人或其他组织依法被吊销营业执照、责令关闭、撤销,或者被宣告破产;④ 法律规定或者合伙协议约定合伙人必须具有相关资格而丧失相关资格;⑤ 合伙人在合伙企业中的全部财产份额被人民法院强制执行(第48条)。退伙事由发生日为退伙生效日。

（3）退伙的效力

① 退伙人的合伙人资格丧失。

无论哪种退伙形式,退伙的效力都是合伙人资格丧失。《合伙企业法》对合伙人死亡或者被依法宣告死亡的后果作了特别规定:

合伙人死亡或者被依法宣告死亡的,对该合伙人在合伙企业中的财产份额享有合法继承权的继承人,按照合伙协议的约定或者经全体合伙人一致同意,从继承开始之日起,取得该合伙企业的合伙人资格。但是,有下列情形之一的,合伙企业应当向合伙人的继承人退还被继承合伙人的财产份额:一是继承人不愿意成为合伙人;二是法律规定或者合伙协议约定合伙人必须具备相关资格,而该继承人未取得该资格;三是合伙协议约定不能成为合伙人的其他情形。

合伙人的继承人为无民事行为能力人或者限制民事行为能力人,经全体合伙人一致同意,可以依法成为有限合伙人,普通合伙企业依法转为有限合伙企业。全体合伙人未能一致同意的,合伙企业应当将被继承合伙人的财产份额退还给该继承人(第50条)。

② 退伙人财产份额的退还办法。

退伙人在合伙企业中的财产份额的退还办法,由合伙协议约定或者由全体合伙人决定,可以退还货币,也可以退还实物。

③ 退伙人对合伙亏损的分担。

合伙人退伙时,合伙企业财产少于合伙企业债务的,退伙人应当依照其应分担的比例分担亏损。

退伙人应对基于退伙前的原因发生的合伙企业债务,承担无限连带责任。这是因为退伙人在退伙前是合伙人,如果退伙后对退伙前的合伙债务不承担责任,就加重了未退伙的合伙人的负担,而且还可能发生利用退伙逃避合伙债务,损害债权人的利益。

(七) 特殊普通合伙

1. 特殊普通合伙的概念与特征

特殊普通合伙,是指在特定情况下,不由全体合伙人对合伙债务承担无限连带责任的普通合伙。特殊的普通合伙有以下特征:

(1) 特殊普通合伙是普通合伙的一种特殊形式

特殊普通合伙不是独立于普通合伙的另一种合伙类型,而是普通合伙的一种特殊形式。其特殊性在于,在特定情况下各合伙人对合伙债务承担的责任不同;除此之外,都适用普通合伙的规定。

特殊普通合伙是我国《合伙企业法》上的称谓,原理上参考了20世纪90年代美、英等国的有限责任合伙法。为了与有限合伙相区别,未用有限责任合伙,而改称特殊普通合伙。

(2) 在特定情况下不由全体合伙人对合伙债务承担无限连带责任

合伙人在执业活动中因故意或者重大过失造成的合伙债务,由该执业的合伙人承担无限责任或者连带无限责任,其他合伙人以其在合伙中的财产份额为限承担责任。合伙人在执业活动中非因故意或者重大过失造成的合伙债务以及合伙的其他债务,由全体合伙人承担无限连带责任。

2. 特殊普通合伙的设立与名称

特殊普通合伙的设立程序与普通合伙的设立程序相同,但是其名称应当标明"特殊普通合伙"字样。

3. 特殊普通合伙的适用范围

以专业知识和专门技能为客户提供有偿服务的专业服务机构,可以设立为特殊的普通合伙企业(第55条)。以专业知识和专门技能为客户提供有偿服务的机构,例如会计师事务所[①]、评估师事务所、建筑师事务所等,有专业活动的特殊性,其从业人员是以自己的专业知识和专门技能为客户提供有偿服务,各自的业务往往不重合或者重合不多,在人数众多的专业服务机构中,其成员甚至相互不认识,要求每个合伙人为他人的故意或者重大过失造成合伙的债务承担连带责任,不够公平。采用特殊普通合伙的责任形式,有利于扩大合伙的规模,增强合伙的实力和竞争力。

[①] 《中华人民共和国注册会计师法》第23、24条规定,会计师事务所可为合伙,符合条件的也可以组建有限责任公司。

非企业专业服务机构依据有关法律采取合伙制的,其合伙人承担责任的形式可以适用《合伙企业法》关于特殊普通合伙企业合伙人承担责任的规定(第107条)。

4. 有过错的合伙人的责任承担

一个合伙人在执业活动中因故意或者重大过失造成的合伙债务,应当承担无限责任,数个合伙人在执业活动中因故意或者重大过失造成的合伙债务,应当承担无限连带责任,其他合伙人以其在合伙中的财产份额为限承担责任。

在合伙人在执业活动中因故意或者重大过失造成合伙债务时,仍然按照合伙及合伙人对外清偿合伙企业债务顺序的规定,合伙的债务首先由合伙财产清偿,合伙财产不足以清偿其债务时,才由合伙人清偿。合伙人在执业活动中因故意或者重大过失造成的合伙债务,以合伙财产对外承担责任后,该合伙人应当按照合伙协议的约定对合伙造成的损失承担赔偿责任。如果合伙协议的约定不要求有过错的合伙人承担赔偿责任,从其约定。

《合伙企业法》规定,一个合伙人或者数个合伙人在执业活动中因故意或者重大过失造成的合伙债务,应当承担无限责任或者无限连带责任。这里说的"造成的合伙债务"的内涵是什么?是否包括侵权、合同和其他原因造成的债务?对此,美国各州立法有不同的规定,这涉及立法政策问题。在解释上认为《合伙企业法》第57条的规定仅限于因故意或者重大过失引起的侵权之债,不包括一般过失引起的侵权之债及合同之债。[①]

5. 执业风险基金的建立

特殊普通合伙对债务的清偿保障比普通合伙相对较弱,为了保护债权人的利益,《合伙企业法》规定,特殊普通合伙企业应当建立执业风险基金、办理职业保险;执业风险基金用于偿付合伙人执业活动造成的债务(第59条)。

三、有限合伙

(一) 有限合伙的概念与特征

有限合伙,是指由对合伙债务承担有限责任的有限合伙人和对合伙债务承担无限责任的普通合伙人共同组成的合伙。有限合伙有以下特征:

1. 有限责任与无限责任相结合

有限合伙的主要特征是,在一个合伙企业中,普通合伙人对合伙的债务承担无限连带责任,有限合伙人对合伙的债务承担有限责任。这种合伙形式保留了普通合伙中合伙人责任的特点;借鉴了有限责任公司股东承担有限责任的优点。与有限责任公司相比,普通合伙人直接经营管理合伙事务,组织结构和组成程序

[①] 李飞主编:《中华人民共和国合伙企业法释义》,法律出版社2006年版,第93页。

简单,操作灵活。与普通合伙相比,有限合伙人对合伙债务承担有限责任,有利于吸引投资。通常有限合伙主要适用于从事高科技项目的风险投资,也适用于一般中小企业。

2. 由普通合伙人执行合伙事务

通常有限合伙由具有专业知识和技能的人作为普通合伙人,执行合伙事务。有限合伙人不执行合伙事务,不得对外代表有限合伙。

(二) 有限合伙的设立

有限合伙的设立,除需要具备普通合伙具备的条件外,还需要具备法律规定的与普通合伙不同的条件:

1. 由2个以上50个以下的合伙人组成,其中至少有一个普通合伙人

有限合伙由2个以上50个以下的合伙人组成;但是,法律另有规定的除外。这样规定是为了防止有人利用有限合伙企业形式进行非法集资活动,体现合伙企业人合性的特性,并为今后的实践留有必要的空间。

有限合伙至少应当有一个普通合伙人,这是因为如果没有普通合伙人,就没有人对合伙债务承担无限责任,与有限合伙的性质相违背。法律对普通合伙人的人数没有限制,因为普通合伙人共同经营、共担风险,人数不可能过多。

2. 有与普通合伙协议内容不同的合伙协议

有限合伙协议除具有普通合伙应当载明的事项外,还应当载明的有六项事项(第63条)。这些事项既涉及有限合伙内部活动的规则,也涉及债权人的利益。其中第二、三、四项是执行事务合伙人的有关事项。由于执行合伙事务关系到合伙事业的发展和合伙人的利益,所以对执行事务合伙人的有关问题应当有具体规定,包括执行事务合伙人应具备的条件和选择程序;执行事务合伙人权限与违约处理办法;执行事务合伙人的除名条件和更换程序。

3. 有限合伙名称中应当标明"有限合伙"字样

4. 有限合伙人的出资

有限合伙人可以用货币、实物、知识产权、土地使用权或者其他财产权利作价出资。有限合伙人不得以劳务出资,这主要是因为有限合伙人对合伙的债务承担有限责任,如果以劳务出资,就会造成其出资和责任界限不易确定的状态,不利于保护债权人。

有限合伙人应当按照合伙协议的约定按期足额缴纳出资。有限合伙人按期足额缴纳出资对于合伙正常营业和保护债权人的利益都很重要。在有限合伙中,普通合伙人的出资往往很少,如果有限合伙人不能按期足额缴纳出资,合伙事业就不能正常运营。有限合伙人对合伙的债务承担有限责任,如果有限合伙人不能按期足额缴纳出资,就会损害交易的相对人的利益。有限合伙人未按期足额缴纳的,应当承担补缴义务,对其他合伙人承担违约责任。

另外,有限合伙登记事项中应载明有限合伙人的姓名或者名称及认缴出资数额。这主要是为了维护交易安全,保护交易相对人的利益。

(三)有限合伙事务的执行

有限合伙由普通合伙人执行合伙事务,对外代表有限合伙。有限合伙由普通合伙人执行合伙事务时,应当遵守法律关于普通合伙的合伙人执行事务的规定,其具体办法由普通合伙人协议决定。

为了激励合伙事务执行人的积极性,搞好合伙事务运营,有限合伙协议可以确定给予合伙事务执行人一定的报酬及报酬提取方式。

有限合伙人对合伙的债务承担有限责任,无权执行合伙事务,这是权利与义务相一致的体现。如果有限合伙人参与执行合伙事务,就应当承担无限连带责任。《合伙企业法》第76条第1款规定:"第三人有理由相信有限合伙人为普通合伙人并与其交易的,该有限合伙人对该笔交易承担与普通合伙人同样的责任。"学理上对此称为表见合伙。表见合伙主要是为了保护合伙的债权人。第三人要求有限合伙人对合伙的债务承担无限连带责任的,应当举证证明其理由是合理的。其理由是否合理,应当依交易习惯判断。这里需要注意的是"该有限合伙人对该笔交易承担与普通合伙人同样的责任",对于有限合伙的其他债务,有限合伙人仍然承担有限责任。

有限合伙人未经授权以有限合伙的名义与他人进行交易,给有限合伙或者其他合伙人造成损失的,该有限合伙人应当承担赔偿责任。

在有限合伙中有限合伙人享有相应的权利,行使其权利的行为不属于执行合伙事务。《合伙企业法》第68条规定的有限合伙人参与决定普通合伙人入伙、退伙;对企业的经营管理提出建议等8项行为,都属于保护有限合伙人利益的行为,不属于执行合伙事务。

(四)有限合伙利润的分配

《合伙企业法》第69条规定:"有限合伙企业不得将全部利润分配给部分合伙人;但是,合伙协议另有约定的除外。"这是有限合伙的特点决定的。在有限合伙中,特别是在风险投资领域,普通合伙人往往是具有高水平和丰富经验的人,他们对合伙债务承担无限责任,而入伙的资金往往较少。在国外,有限合伙人出资一般为全部合伙人出资的1%;分得的利润较高,一般为20%。由于风险投资的回报期长,在较长的时期内没有收益,而普通合伙人可以依照合伙协议的约定取得执行事务的报酬。因此,在合伙协议中可以约定,当有利润可分配时,在若干年内,将利润全部分配给有限合伙人。这样做有利于平衡有限合伙人和普通合伙人的利益,调动双方的积极性。因此,原则上有限合伙企业不得将全部利润分配给部分合伙人,但是,合伙协议另有约定的除外。

(五) 有限合伙人特有的权利与特殊规定

这里说的有限合伙人特有的权利,是指有限合伙人享有而普通合伙人不享有的权利。包括有限合伙人可以与本合伙进行交易,可以自营或者同他人合作经营与本合伙相竞争的业务(第70、71条)。由于有限合伙人不享有合伙事务执行权,这些行为不会损害有限合伙的利益。但是,合伙协议另有约定的除外。

这里说的特殊规定,是指同一事项,对有限合伙人的限制不像对普通合伙人限制那样严格。例如,有限合伙人可以将其在合伙中的财产出质,不需要经其他合伙人一致同意。但是,合伙协议另有约定的除外。再如,有限合伙人可以按照合伙协议的约定向合伙人以外的人转让其在有限合伙企业中的财产份额,不必经其他合伙人一致同意,但是,合伙协议另有约定的除外。转让其份额的有限合伙人应当提前30日通知其他合伙人。

(六) 有限合伙人的入伙、退伙

新入伙的有限合伙人对入伙前有限合伙的债务,以其认缴的出资额为限承担责任。这与入伙的普通合伙人不同,入伙的普通合伙人对入伙前有限合伙的债务,承担无限连带责任。

有限合伙人退伙的条件与普通合伙人退伙的条件主要不同之处在于:(1)作为有限合伙人的自然人在有限合伙存续期间丧失民事行为能力的,其他合伙人不得因此要求其退伙(第79条)。这是因为有限合伙人不执行合伙事务,有限合伙人丧失行为能力对合伙事业没有实质性影响。再者,有限合伙一般投资回报期很长,要求丧失行为能力者退伙,就不能取得合伙的收益,因而不够公平。如果合伙协议约定有限合伙人丧失行为能力为退伙事由,从其约定。(2)作为有限合伙人的自然人死亡、被依法宣告死亡或者作为有限合伙的法人及其他组织终止时,其继承人或者权利承受人可以依法取得该有限合伙人在合伙企业中的资格(第80条)。这是因为有限合伙人不执行合伙事务,有限合伙人的出资转让给有限合伙以外的人,对有限合伙事务没有实质性影响。这样处理既可减少因退伙而进行结算的麻烦,又能维护有限合伙财产的稳定。

有限合伙人退伙后,对基于其退伙前的原因发生的有限合伙债务,以其退伙时从有限合伙中取回的财产承担责任。这与普通合伙的合伙人退伙不同,普通合伙的合伙人退伙对基于退伙前的原因发生的合伙债务承担无限连带责任。

(七) 有限合伙人与普通合伙人的相互转变

根据自愿原则,普通合伙人可以转变为有限合伙人,有限合伙人可以转变为普通合伙人。由于有限合伙人与普通合伙人的相互转变关系到对合伙债务承担的重大问题,因此除合伙协议另有约定外,其转变应当经全体合伙人一致同意。有限合伙人转变为普通合伙人的,对其作为有限合伙人期间合伙发生的债务承担无限连带责任,这与普通合伙的入伙人对其入伙前合伙的债务承担无限连带责任的原理相同。普通合伙人转变为有限合伙人的,对其作为普通合伙人期间合伙发生的债务承担无限连带责任,这与普通合伙的退伙人对其在合伙期间的合伙债务承担无限连带责任的原理相同。

(八) 有限合伙的解散与转变

有限合伙仅剩余有限合伙人的,应当解散。因为有限合伙的设立,至少需要有一名普通合伙人,如果仅剩下有限合伙人,就无人承担无限责任,不符合有限合伙成立的条件。有限合伙仅剩余普通合伙人的,转为普通合伙企业。如果普通合伙人不愿意继续合作或者仅剩下一个普通合伙人,有限合伙即解散。

四、合伙的解散与清算

(一) 合伙的解散

1. 合伙解散的概念

合伙的解散又称合伙的终止,是指由于法定原因的出现或全体合伙人的约定使合伙关系消灭。

2. 合伙解散的事由

合伙解散的事由包括:(1) 合伙期限届满,合伙人决定不再经营;(2) 合伙协议约定的解散事由出现;(3) 全体合伙人决定解散;(4) 合伙人已不具备法定人数满30天;(5) 合伙协议约定的合伙目的已经实现或者无法实现;(6) 依法被吊销营业执照、责令关闭或者被撤销;(7) 法律、行政法规规定的其他原因(第85条)。

3. 合伙解散的后果

合伙解散并不是合伙立即消灭,合伙解散后,应当开始清算。在清算期间合伙视为存续,合伙的活动限于与清算有关的事务,不得开展与清算无关的经营活动。

(二) 合伙的清算

1. 清算人

清算人由全体合伙人担任;经全体合伙人过半数同意,可以自合伙企业解散后15日内指定一个或者数个合伙人,或者委托第三人,担任清算人。自合伙企业解散事由出现之日起15日内未确定清算人的,合伙人或者其他利害关系人可以申请人民法院指定清算人。

2. 清算事务

清算人依法执行下列事务:(1) 清理合伙企业财产,分别编制资产负债表和财产清单;(2) 处理与清算有关合伙企业未了结的事务;(3) 清缴所欠税款;(4) 清理债权、债务;(5) 处理合伙企业清偿债务后的剩余财产;(6) 代表合伙企业参与民事诉讼或者仲裁活动(第87条)。

清算人自被确定之日起10日内将合伙企业解散事项通知债权人,并于60日内在报纸上公告。债权人应当自接到通知书之日起30日内,未接到通知书的自公告之日起45日内,向清算人申报债权。

3. 清偿与分配顺序

清算时合伙企业财产应首先支付清算费用,然后按下列顺序清偿:(1) 职工工资、社会保险费用、法定补助金;(2) 所欠税款;(3) 清偿债务;(4) 剩余的财产按照各合伙人应得的比例进行分配。

清算结束,清算人应当编制清算报告,经全体合伙人签名、盖章后,在15日内向企业登记机关报送清算报告,申请办理合伙企业注销登记。

4. 合伙企业注销后合伙人对合伙债务的责任

合伙注销后,原合伙人对合伙企业存续期间的债务,仍应承担清偿责任,以保护债权人的债权的实现。否则,注销合伙就会成为合伙人逃避债务的方式。普通合伙人承担无限连带责任;特殊的普通合伙的合伙人一般也是承担无限连带责任,但是对于部分合伙人在执业活动中因故意或者重大过失造成的合伙债务,其他合伙人以其在合伙企业中的财产份额为限承担责任。在有限合伙企业中,普通合伙人承担无限连带责任,有限合伙人以其出资为限承担责任。

合伙企业注销后,原合伙人清偿对合伙企业存续期间的债务应当有期限限制,修订后的《合伙企业法》取消了1997年《合伙企业法》第63条5年期限的规定,没有具体期限限制,但不是无限期地进行保护。根据一般法与特别法适用的原理,原合伙人清偿对合伙企业存续期间的债务,应当适用《民法总则》一般诉讼时效期间的规定,这样足以保护债权人的利益。

5. 注销登记

清算结束,清算人应当编制清算报告,经全体合伙人签名、盖章后,在15日内向企业登记机关报送清算报告,申请办理企业注销登记。

第三节 其他非法人组织

一、个人独资企业

(一) 个人独资企业的概念与特征

个人独资企业是指一个自然人投资,财产属投资人个人所有,投资人以其个人财产对企业债务承担无限责任的经营实体。其特征是:

1. 一个自然人出资,生产资料归投资者所有

在法律允许的范围内,投资者即企业主对生产资料享有占有、使用、收益和

处分的权利。

2. 雇工经营

在独资企业中,企业主不一定直接参加劳动,或者不是劳动的主要力量,需以雇佣劳动力作为生产经营活动的基本力量或者主要力量。

3. 具有一定的生产经营规模

独资企业作为经济组织必须具备一定的规模。一是有投资者申报的资金;二是有自己的名称;三是须有一定数量的从业人员;四是有固定的生产经营场所和必要的生产经营条件;五是有一套符合法律、法规的企业管理和财务、会计制度等。

(二) 个人独资企业的法律地位

关于个人独资企业民事主体资格的性质,颇有争议。有人认为,个人独资企业具有主体性,但其主体身份是自然人;有人认为,个人独资企业属于非法人组织。本书作者同意后一种主张。其理由是:

1. 个人独资企业具有团体性要件

依照我国现行法律和政策,个人独资企业有自己的名称;有自己相对独立的财产;有一定数量的从业人员;有适于自己经营的组织机构等,这些均说明个人独资企业具有团体性要件。个人独资企业还享有作为组织体才享有的民事权利,如字号权、申请注册商标的权利等。

2. 个人独资企业有自己的经营目的和经营范围

在该经营范围内,个人独资企业享有与此相适应的民事权利能力和民事行为能力。个人独资企业可以自己的名义而不是企业主或者投资人的名义从事经营活动。

3. 个人独资企业不能独立承担民事责任

这表明个人独资企业不具有法人资格。个人独资企业的资产虽具有相对独立性,但企业主仍能够凭借其所有权人身份转移资金。为了保护债权人的利益和维护经济生活的稳定,私营企业的投资者应以个人财产对企业债务负无限责任;个人独资企业投资人在申请企业设立时,明确以其家庭共有财产作为个人出资的,应当依法以家庭共有财产对企业债务承担无限责任。

二、筹建中的法人

(一) 筹建中的法人的概念与特征

筹建中的法人又称设立中的法人,它是指为设立法人组织而进行筹建活动的非法人组织。我国《民法总则》只规定了法人设立人而未规定筹建中的法人。依据司法实践,筹建中的法人的特征是:(1) 筹建中的法人是一种组织,而非筹建人或者设立人个人。筹建中的法人有自己的名称,有自己的财产,有自己的组织机构和场所。筹建中的法人的名称和财产是与筹建人或者设立人的名称或者财产相分离的。(2)筹建中的法人是为设立法人而存在的组织体。筹建中的法人的存在目的是为设立法人,是为筹建法人而进行各项准备工作。因此,筹建中的法人可以自己的名义进行与筹建活动相关的民事活动。(3)筹建中的法人是非法人组织,而不是法人。

(二)筹建中的法人的法律地位

对于筹建中的法人的法律地位,有不同观点。一种观点认为,筹建中的法人不具有民事主体资格,亦不具有民事权利能力和民事行为能力,筹建过程中的行为为筹建人或者设立人的个人行为,筹建人或者设立人应对设立行为承担责任。另一种观点认为,筹建中的法人与成立后的法人应视为同一法人,这种观点又称为"同一体说",认为两者有如胎儿和婴儿的关系,即认为法人成立前所享有的权利及形成的债权债务关系都应由成立后的法人享有和承担。如果法人不能成立,则其权利能力溯及消灭,即由筹建人或者设立人承担相应的法律后果。我国现行法律对筹建中法人的地位没有规定,但从维护经济关系的稳定性出发,本书作者认为"同一体说"具有借鉴意义。

(三)筹建中的法人的民事权利能力

筹建中的法人作为非法人组织的一种,应具有相应的民事权利能力,否则便不能开展筹建活动。但是,这种权利能力应受以下限制:

1.应以筹建或者设立所必要的事项为限享有民事权利能力。所谓必要事项,或依法律的规定,或依设立章程或者设立人之间的约定,或依行为的性质进行认定。筹建中法人不能享有与筹建或者设立活动无关的民事权利能力。

2.应以将来法人成立为条件享有民事权利能力。即筹建中法人虽享有民事权利能力,但将来法人不能登记成立时,其民事权利能力溯及消灭,而由筹建人或者设立人承担其法律后果。

三、其他

除上述非法人组织外,非法人组织还有不具备法人条件的中外合作企业和外资企业;企、事业单位开办的不具有法人资格的经营实体,不具有法人资格的专业服务机构等,无论是不具有法人资格的经营实体,还是不具有法人资格的公益团体,都必须依法进行登记,否则,便不享有非法人组织的资格。

第三分编　民事法律关系客体

第七章　民事法律关系客体的种类

第一节　民事法律关系客体概述

一、民事法律关系客体的概念与特征

民事法律关系客体，通常指民事法律关系主体享有的民事权利和承担的民事义务所共同指向的对象，也称为民事权利客体。民事法律关系建立的目的，总是为了保护某种利益、获取某种利益，或者分配转移某种利益，因此，民事法律关系客体所承载的利益，是民事权利和民事义务联系的中介。这些利益虽可从不同角度进行分类，但总可归结为物质利益和非物质利益。

自罗马法以来的法律思想认为，民事法律关系的客体是权利客体，又称权利标的。权利客体受权利主体支配。权利客体远较"物"的概念含义广泛，是指受权利主体支配的各种权利的对象，不仅包括物，而且包括各种权利、利益以及无财产价值的作为或不作为。①

民事法律关系客体具有以下特点：(1) 利益性。民事法律关系客体是指能够满足人们利益需要的载体。民事主体参与民事法律关系、享有民事权利总是为了满足自己的利益需要，由于人的利益需求是多方面的，既有物质利益，也有非物质利益，因此，民事法律关系客体既包括物质利益，也包括非物质利益。(2) 客观性。民事法律关系客体是存在于主体之外的，是不以主体的意志为转移的。在客观上根本不存在的事物不能成为法律关系客体，如长生不老药、永动机等。②

---

① 参见施启扬：《民法总论》，台湾三民书局1997年版，第173页。
② 另有学者认为，民事权利客体的特征还包括法定性、多样性、可支配性等。见李建华、彭诚信：《民法总论》，吉林大学出版社1998年版，第201、202页；郭明瑞主编：《民法》，高等教育出版社2003版，第86页。

二、民事法律关系客体的范围

关于民事法律关系客体的范围,中外学者多有争议,主要有如下观点:(1)民事法律关系客体是物;(2)民事法律关系客体是物和行为;(3)民事法律关系客体是体现一定物质利益的行为;(4)民事法律关系的客体是物、行为、智力成果和与人身不可分离的非物质利益。本书作者认为,民事法律关系的客体为各种物质利益和非物质利益,其范围包括:

(1)物。物权是对物直接支配的权利。物权关系的客体是各种物,包括动产和不动产。

(2)行为。债权是请求特定人为一定给付的行为,这种行为通常体现为财产利益,所以,债务人的作为和不作为是债权的客体。

(3)智力成果。知识产权是对智力成果享有的权利,智力成果是知识产权的客体。依照《民法总则》第123条的规定,智力成果具体包括作品、发明、实用新型、外观设计,商标、地理标志、商业秘密、集成电路布图设计、植物新品种等。

(4)有价证券。有价证券与物不是同一概念,有价证券通常为权利凭证。它既可以成为物权的客体,又可以成为债权的客体。

(5)权利。权利是否可作为民事法律关系的客体,多有争议。通说认为,在法律有规定的情况下,权利可成为民事法律关系的客体。如依《物权法》的规定,土地使用权可成为抵押权的客体,知识产权可成为质权的客体。

(6)非物质利益。人身权的客体为非物质利益,亦称精神利益。如自由权的客体是自由价值。

(7)数据、网络虚拟财产。虚拟财产为当代社会的一种新的财产形态,具有满足人们精神需要的功能。虚拟财产既具有一般财产的基本属性,又具有自身的特殊属性。

(8)自然人的个人信息。自然人的个人信息为个人信息权的客体。依照《民法总则》第111条的规定,自然人的个人信息受法律保护,他人不得非法搜集、使用、加工、传输他人个人信息,不得非法买卖、提供或者公开他人的个人信息。

第二节 物

一、物的概念与特征

法律上的物,是指存在于人身之外,能够满足人们的社会需要而又能为人所实际控制或者支配的物质客体。这一定义表明,民法上的物,都具有物理属性,也都是哲学意义上的物质,但是物理学及哲学意义上的物及物质却并不能都成为法律上的物。如日、月、星辰,不为法律上的物。从另一角度讲,作为民事法律关系客体之一的物,具有广泛的意义。凡是存在于人身之外,能够满足人们一定的社会需要而又能为人所实际控制和支配的自然物及人类创造物,都能成为法律上的物。从这个意义上讲,法律上物的范围将随着人类征服自然、改造自然的能力不断扩大而呈扩大趋势。民法上的物具有以下法律特征:

（一）物存在于人身之外

法律上所称之物,具有非人格性。人类社会自废除了奴隶制之后,就不再把人当做权利之客体了。因此,现今所称民事法律关系客体的物,只能是存在于人身之外的物。在生活习惯上,与人体不可分离的假牙（可自由取出的除外）、假肢、假眼、安装在人体内的心脏起搏器等,应视为人体的一部分,不得视为物,但一旦与人体分离,即可视为物。至于尸体及从人体上分离之物体如血液、肾脏、毛发等,应认为可以成为民事法律关系之客体,亦可为法律上之物。尸体及尸体火化后的骨灰,可以成为继承人继承的客体,但它只具有精神价值,不具有交换价值。自然人亦得自由支配从其身体上分离出来的物体,如将血液、肾脏等献出。至于具有人类繁衍功能的与人体相分离的精子、卵子、受精卵亦为法律上的物,有学者称为具有人格属性的伦理物[1],基于公序良俗,法律禁止买卖。

（二）物能满足人们的社会需要

民法上的物,必须具有一定的使用价值,能够满足人们一定的社会需要。不具有使用价值的物,不能成为法律意义上的物。因为,人们成立一定的法律关系,都是为了能从中获取一定的利益或者满足一定的需要。社会需要可以分为物质生活需要和精神生活需要。具有经济价值和用途的物,能够满足人们的物质生活需要,可以成为民法上的物。同样,具有精神价值,如文化价值、情感价值等的物,能够满足人们的精神生活需要,也可以成为民法上的物。前者有如房屋、地产等,后者则有爱人的相片、书信等。

（三）物能为人力实际控制或者支配

能够为民事主体所实际控制或者支配的物质客体才能成为民法上的物。民事主体以一定的物质客体成立法律关系,设定彼此之间的权利义务,是为了从中获取一定的利益。如果所设定权利义务之客体不能为人所控制或者支配,则权利的享有、义务的承担无从因人的意志而实现,此种法律关系的设定没有实际意义。例如,以冥王星上的土地为标的设定一个买卖法律关系,就无实际的意义。因此,那些不能为人所实际控制或者支配的物,如日月星辰等,只能成为物理学意义上的或者哲学意义上的物或者物质,而不能成为民事法律关系的客体。动物是否为民法上的物,1991年之前的《德国民法典》认为动物为民法上的物;在

---

[1] 参见杨立新:《冷冻胚胎是具有人格属性的伦理物》,载《检察日报》2014年7月19日。

1991年之后,受动物保护主义思潮的影响,有些学者认为动物不是民法上的物而应视为"同等生灵",视为权利主体。① 修改后的《德国民法典》第90a条规定:"动物非物,动物以特别法保护之。在未有特别法规定时,应准用有关物的规定。"但德国学者梅迪库斯认为,动物仍是物,只不过限制动物所有人对动物的处分罢了。② 本书作者认为,应区分饲养动物和野生动物。饲养动物为民法上的物应无疑义,野生动物是否为民法上的物值得研究。苍蝇、蚊子等对人类的生活没有积极意义,不应成为民法上的物。国家保护的野生动物,依据《野生动物保护法》第3条的规定,国家对野生动物资源享有所有权。

(四) 物一般指有体物

德国民法将物限于有体物。所说有体物,是指占有一定空间且具有某种形体的物,例如土地、建筑物、动植物以及各种物品。近年来,学理上对有体物逐渐采扩大解释,认为有体物不必具有一定形状或者固定的体积,不论固体、液体或者气体,均为有体物。至于各种能源,诸如热、光、电气、电子、放射性、核能、频道、航线等,在技术上已能加以控制,工商业及日常生活中已普遍采用,为民法上的物。物具有客观实在性,这一点将物与虚拟财产区别开来。虚拟财产可为民事法律关系的客体,受法律保护。但虚拟财产只具有虚拟性,不具有客观实在性。

(五) 物须有独立性

物权法采"一物一权主义",因此法律上的物须有独立性。交易上不能独立为人类的生活资料和生产资料,不为法律上的物。如,一粒米、一滴油。③ 空气、海水、原野等,在与其他部分分离,置于相当支配下而具有独立性之前(如设置地界或登记其面积)不是法律上的物。④

二、物的法律意义

物在民法中有着重要的地位。它是绝大多数民事法律关系的客体。有的法律关系直接以物为客体,如所有权关系;有的虽以行为为客体,但仍然与物紧密相关,如交付物的债权关系。物还在很大程度上决定着民事法律关系的有效与否。法律关系有效与否,除了看法律关系的主体、内容之外,还要看法律关系的标的物是否符合法律的规定。例如,在我国土地就不能成为私人所有权的客体,

---

① 参见《汉堡行政法院,新行政法杂志》1988年,第1058页,申请传唤海狗参加一起有关北海污染的行政诉讼。转引自〔德〕迪特尔·梅迪库斯:《德国民法总论》,邵建东译,法律出版社2000年版,第878页。
② 〔德〕迪特尔·梅迪库斯:《德国民法总论》,邵建东译,法律出版社2000年版,第878页。
③ 参见王泽鉴:《民法总则》(增订版),中国政法大学出版社2001年版,第208页。
④ 参见施启扬:《民法总论》,台湾三民书局1997年版,第177页。

禁止流通物不能成为交易的客体,消耗物不能成为租赁、借用关系的标的物。此外,物在程序法上也有意义,在某些情况下关系到案件的管辖。

三、物的分类

(一) 动产与不动产

以物是否能移动并且移动是否损害其价值为标准,可将物分为动产和不动产。这一分类是自罗马法以来,各国民法上对物的基本分类。《物权法》使用了不动产和动产的概念。

1. 动产

动产是指能够移动而不损害其价值或用途的物。此外,在法律上各种可以支配控制的自然力,在性质上也应认定为动产。[①] 某些物在性质上能够移动,但因价值较高,且在交易习惯上转让程序较为慎重,在法律上亦具有不动产的某些特征,在学理上称为"准不动产",例如船舶及民用航空器等。

2. 不动产

不动产是指不能移动或者移动会损害其用途或者价值的物。不动产主要指土地及土地上的定着物。

(1) 土地

土地是指一定范围的地球表面,以及地面上空及地下。所谓地球表面不一定完全为土壤所覆盖,如有沟渠、水池等杂处其间,也属土地的一部分。土地有地上、地面及地下三部分,土地表面的利用有明确的范围,地面上空及地下有无一定的利用高度或者深度有讨论的必要。就理论而言,土地的上空及地下的利用,除法律有规定者外,固无限制;就实际利用而言,土地权利人应基于禁止权利滥用原则和不得违反社会公共利益的原则,在有益的范围内对土地的上空及地下进行利用。对于他人对土地上下的干涉或者利用,如无碍其所有权或者使用权的行使,不得予以排除。

对于地面下的矿产资源,如煤炭、石油、天然气,虽为土地的一部分,但基于国民经济的通盘考虑,法律规定为国家所有。

(2) 地上定着物

定着物是指持续密切依附于土地,不易移动,按交易惯例非为土地的构成部分,而有独立使用价值的物,《物权法》上称为附着物。最主要的定着物是指房屋及其他建筑物,如纪念碑、通信电台、桥梁、牌坊、高架道路等。依附于土地但在性质上成为土地一部分的财产,如水井、排水沟、下水道,应成为土地的一部分,而非定着物;仅为临时或者非密切依附于土地的建筑,如临时搭建的为建筑所用

[①] 施启扬:《民法总论》,台湾三民书局 1997 年版,第 180 页。

的工棚,为展览所用的展览棚等,都非定着物。

定着物成为不动产须具备两个条件:一是持续附着于土地,使其移动会损害价值或者功能;二是具有独立的经济目的,以致不被认为是土地的一部分。

不动产的出产物在与不动产分离前,其性质如何?有两种观点,一种观点认为,该出产物为该不动产的组成部分,与不动产的定着物不同。在土地上种植的树木、花草、稻麦、甘蔗等,在收获而与土地分离前,为土地的组成部分,而非独立的不动产。在该出产物未分离前,不能单独成为权利客体,不能在其上设立抵押权等。① 另一种观点认为,该出产物亦为独立的财产,可为独立的权利客体。我国民事立法采用了后一种观点,如《担保法》第 42 条第 3 款规定,林木可为抵押权的标的。

3. 区分动产与不动产的意义

动产与不动产,是法律上对物进行的最重要的分类。由于动产和不动产在经济价值以及利用方法等各个方面均有极大的不同。因此,法律上对其调整原则亦有很大不同,这也是区分动产与不动产的主要法律意义所在。具体而言,主要有:

(1) 物权变动的法定要件不同。依《物权法》规定,不动产物权变动一般以登记为生效要件。如房屋买卖,当事人必须订立书面合同,还必须向房屋所在地房管机关登记,办理过户手续,才能发生所有权转移的后果。而对于动产物权的变动,则一般以物的交付为要件。

(2) 物权类型不同。土地承包经营权、地役权等用益物权以不动产为限;而动产质权、留置权以动产为限。

(3) 诉讼管辖方面的不同。因不动产发生的民事纠纷,由不动产所在地人民法院专属管辖;而动产的诉讼管辖则比较灵活。

(二) 流通物与限制流通物

根据物的流通性,物可以分为流通物和限制流通物,又称融通物和限制融通物。流通物是指法律允许民事主体之间依法定程序自由流转的物。限制流通物,是指法律对其流转给予一定程度的限制或者禁止自由流转的物。这种分类是以物在民事流转过程中是否受限制以及受限制的程度为标准划分的。在我国,限制流通物主要有:

1. 专属国家所有的财产

专属国家所有的财产,如矿藏、水流、海域、无线电频谱资源等。民事主体对这类国家专有财产的使用,必须依法取得相应的用益物权。

---

① 参见施启扬:《民法总论》,台湾三民书局 1997 年版,第 181 页。

2. 非专属国家所有的财产

非专属国家所有的财产,但在流通中给予一定限制的,如:(1) 土地、森林、山岭、草原、荒地、滩涂、水面等自然资源,可以转让其使用权,而不能转让其所有权。其所有权的改变一般通过国家征收程序实现,如国家因公共利益需要征收集体土地。(2) 军用武器、弹药、毒品、麻醉药品等,为了维护社会秩序,保障公共安全,对这类物品的生产、流通、使用甚至保管,都得依照法律进行,不得随意私自进行。(3) 文物。国家对文物实行保护管理,依法属于国家所有的文物,任何人不得自行挖掘,据为己有。自然人依法可以持有某些文物,但严禁将文物走私出口。(4) 黄色淫秽的书刊、磁带、录像带等,国家禁止这类物品的流通转让。

对流通物与限制流通物的分类,有助于我们明确某一具体的物可以设立法律关系的性质与范围。如以限制流通物为标的物设定法律关系时,须了解法律的相关规定,以保证所设定的法律关系不因标的物不合法律要求而致无效。如果无视国家基于社会公共利益和国家利益作出的对某些物的流通的限制的规定,不仅所设定的法律关系归于无效,相应的自然人或者社会组织还要受到法律制裁。因此,民事主体在进行民事活动中,须得了解国家有关限制流通物的规定。

(三) 特定物与种类物

根据物是否具有独立的特征或者是否被权利人指定而特定化,可将物分为特定物与种类物。

特定物是指自身具有独立的特征,或者被权利人指定而特定化,不能以其他物代替的物,包括在特定条件下独一无二的物和从一类物中根据民事主体的意志指定而特定化的物。前者如鲁迅先生的手稿,齐白石先生的一幅画等;后者如从一批奥迪牌汽车中挑选出来的某一辆等。

种类物是指具有共同的特征,能以品种、规格、质量或者度量衡加以确定的物。如质量、价格相同的大米,同一型号的钢管等。

特定物因独具特征或者被专门指定,不能以他物替代,因而有时又称为"不可替代物"。种类物则可用相同的物替代,故又称为"可替代物"。但是,种类物与特定物的区别不是绝对的,种类物可经由民事主体的选择、确定而成为特定物。例如,被人买走的众多奥迪牌汽车的一辆,即因被权利人的意志确定而成为特定物。种类物与特定物区分的法律意义主要有:

(1) 有些法律关系只能以特定物为标的物,如所有权法律关系、租赁法律关系等;而有些法律关系的标的物既可以是特定物也可以是种类物,如买卖法律关系等。特定物与种类物的分类仅在交易中有意义。

(2) 物意外灭失的法律后果不同。特定物在交付前意外灭失的,由于其具有不可替代的特性,故而可以免除义务人的交付义务,而只能请求赔偿损失。种类物如在交付前意外灭失的,由于其具有可替代性,故而不能免除义务人的交付义务,可责令义务人以同种类的物为交付。

(四) 主物与从物(见从物)

(五) 原物与孳息(见孳息)

(六) 可分物与不可分物

依照物能否分割,以及分割是否损害其用途及价值的特点,物可分为可分物与不可分物。可分物是指可以分割并且不因分割而损害其用途及价值的物。如一袋米可分为数小袋米。不可分物是指按照物的性质不能分割,或者分割将损害其用途及价值的物。如一头牛、一辆汽车等。

可分物与不可分物区分的法律意义在于:

(1) 便于共有财产的分割。数人共有一物,若物为可分物,则财产分割时可以采取实物分割的方法;若物为不可分物,则只能采取变价分割或者作价补偿其他共有人的方法。

(2) 便于明确多数人之债的债权债务。多数人之债中,若其标的物为可分物,则数人可共享按份债权或者共担按份债务;若标的物为不可分物,则数人之债权为不可分债权,而其债务为不可分债务。此外,当事人可依协议或者约定在一定期限内不得将可分物分割,则其债权债务于此特定期限内为不可分债权或者不可分债务。

(七) 消耗物与非消耗物

根据物经使用后的形态变化性,物可分为消耗物和非消耗物,又称消费物与非消费物。消耗物是指一次使用就归于消灭或者改变原有形态和性质的物。粮、油、糖、茶等生活用品均为消耗物。非消耗物是指可以长期多次使用,并不会改变其形态和性质的物。如房屋、机器、牛、马等。

区分消耗物与非消耗物的意义在于:消耗物不能作为转移物的使用权的债的标的物,只能作为消费借贷或者转移所有权等债的标的物;非消耗物可以成为转移使用权的债的标的物。

(八) 有主物与无主物

根据物在一定时期内是否有所有人,可将其划分为有主物与无主物。有主物是指所有人明确的物。如某甲的手表等。无主物是指没有所有人的物。如抛弃物、无人继承的物等。

区分有主物与无主物的法律意义在于:(1) 对于无主物,当事人可依先占取得所有权,例如,依《废旧物品回收条例》的规定,对于抛弃的废旧物品,拾得人可先占取得其所有权。而对于有主物,不存在先占取得所有权的问题。(2) 确定无主物的归属。无主物所有权的取得,各国民法有不同的规定。《物权法》第113条规定:"遗失物自发布招领公告之日起六个月内无人认领的,归国家所有。"第 114 条规定:"拾得漂流物、发现埋藏物或者隐藏物的,参照拾得遗失物的有关规定。文物保护法等法律另有规定的,依照其规定。"依《继承法》第 32 条的规定,无人继承又无人受遗赠的遗产,归国家所有,但死者生前是集体所有制组织成员的,归所在集体所有制组织所有。

(九)单一物、合成物与集合物

根据物是由一个还是多个独立物构成,可将其划分为单一物、合成物与集合物。单一物是独立成一体的物。例如一张桌子、一把椅子等。合成物是指由数个单一物构成的物。数个单一物合成为一体,在法律上或者观念上视为一物的,为合成物。例如配有鸡心宝石的金项链、嵌有钻石的金戒指等。合成物的各个组成物之间无主物、从物关系,而是合成一体的。集合物是指由多个单一物或合成物聚合而成的,在法律或者交易观念上视为一物的物的总体。例如一个图书馆的所有藏书。

对物作这种分类的法律意义在于,无论是哪种物,作为权利的客体时,在法律和观念上都是一个完整的物。具体而言,在作为物权客体时,单一物、合成物与集合物有同一的法律性质,只能对物的整体设定一个所有权或者相容的数个他物权,或者另行设定他物权;在作为交易客体时,不得随意变更物的组合状况,否则将构成债的不履行。

四、从物

从物是相对于主物而言的。根据两个物在物理上相互独立,而在经济用途上又相互联系的关系,把物划分为主物与从物。在必须结合使用才能发挥经济效益的两个独立的物中,起主要效用的为主物;在两个独立物结合使用中处于附属地位,起辅助和配合作用的物是从物。如船和配合其使用的桨等。

从物必须具备以下条件:(1)从物之使用目的须具有永久性。从物必须常助主物的效用,此项效用不以经济效用和经济目的为限,例如,备胎是汽车的从物。仅为暂时性辅助主物经济效用的,不为从物,如房客居住时带来的窗帘、门帘,不为房屋的从物。但从物暂时与主物分离,仍为从物,如船舶之船桨,因修理而暂时与船舶分离,仍为船舶的从物。(2)从物与主物同属于一人。从物必须与主物同属于一人,如汽车所有人暂借他人的备胎,就不能认为是该汽车的从物。但是,从物虽不属于主物的所有人,主物所有人将其与主物一起出卖的,该买卖合同有效。(3)从物须具有独立性,不为主物的部分。主物是独立之物,从物也是独立之物,例如,汽车与轮胎、西装上衣与裤子、鞋子的左右脚均为物之部分关系,不为主物与从物的关系。(4)须交易上视为从物。在交易上有特殊习惯,不被认为从物的,不得以从物论,例如,装米的麻袋。

从物的法律意义主要在于:在法律没有相反规定或者当事人没有相反约定

时,(1) 从物的所有权属于主物的所有人,对此主物所有人无证明义务;(2) 主物的所有权转移,从物的所有权转移;(3) 担保物权的效力及于从物;(4) 解除主物合同的效力及于从物合同,但解除从物合同的效力不能及于主物合同。

五、孳息

孳息是指因物或者权益而生的收益。广义的孳息还有用益的意思,除通常所称的孳息外,还包括因物的使用或者权利的行使而获得的一切利益,如利用房屋经营商业。随着人们对孳息认识的不断深入,孳息的范围也逐渐地发生变化。在罗马法和《法国民法典》中采广义孳息的概念,包括天然孳息、法定孳息和人工孳息。[①] 随着劳动价值论的出现,劳动作为人们取得财产所有权的重要方式成为社会的共识,劳动生产物,如农民所种的粮食、矿主所挖的矿石、煤炭等,不再为孳息。故在《德国民法典》中不再有人工孳息。随着管理学的出现,经营管理创造价值,因经营管理所产生的收益,特别是投资收益也应从孳息中间分离出来,如因理财产生的收益,租赁经营的收益,股份投资的红利等不再为孳息。《婚姻法解释(三)》第5条:"夫妻一方个人财产在婚后产生的收益,除孳息和自然增值外,应认定为夫妻共同财产。"体现了孳息与经营收益分离的思想。我国台湾地区学者黄立也持此观点。[②] 孳息分为天然孳息和法定孳息。孳息的对称是原物。原物是指依照法律规定或者依其自然性质产生新物的物,如产出幼畜的母畜,带来利息的存款等。因买彩票所中奖金在学理上称为射幸孳息。

(一) 天然孳息

天然孳息是指依照物的自然性质而产生的收益物,又称直接孳息。例如果树上采摘的果子,动物之产物如鸡蛋、羊毛、鹿茸等均属天然孳息。但是,宰牛所获的牛肉、开垦的农田则非天然孳息,利用现代技术产生的电力亦非孳息。

(二) 法定孳息

法定孳息是指依照法律规定产生的收益物,又称间接孳息。法定孳息必须因他人使用而发生,使用自己的金钱、房屋、衣服,虽也有利益,但此种利益乃基于事实关系所享有的利益,而非基于法律关系所产生的收益,不能认定为法定孳息。法定孳息如租金、存款利息等。

(三) 孳息的法律意义

孳息的法律意义在于确定孳息收取权。《物权法》第116条规定,天然孳息

[①] 《法国民法典》第583条规定:"自然孳息是指土地的自然产物一类的孳息;畜类的产物与繁殖也属于自然孳息。土地的人工孳息是指通过耕作而获得的孳息。"《法国民法典》(上册),罗结珍译,法律出版社2005年版。

[②] "因拥有公司股票所获得之红利,系于公司经营有盈余时才会有红利的分配,若有亏损则无法分派红利,此种属于投资风险所得之利益,并非法定孳息。"参见黄立:《民法总则》,中国政法大学出版社2002年版,第182页。

由所有权人取得;既有所有权人又有用益物权人的,由用益物权人取得;当事人另有约定的,按照约定。法定孳息,当事人有约定的,按照约定取得;没有约定或者约定不明确的,按照交易习惯取得。《合同法》第163条规定,标的物在交付之前产生的孳息,归出卖人所有,交付之后产生的孳息,归买受人所有。《担保法》第68条规定,质权人有权收取质物所生孳息,但另有约定的除外。

六、货币

货币是充当一般等价物的特殊商品,属于民法上的种类物。货币作为社会一般财富的代表,其本身的价值并不为人们所重视,人们看重的是其所代表的社会财富的多少,即表现为一定数量票面金额的多少。只要其所代表的社会财富相等,这几张货币与那几张货币,或者此种货币与彼种货币,就在质上相等。因此,作为种类物,货币具有很高的替代性。货币作为一般等价物,具有价值尺度和支付手段的功能。

我国的法定货币是人民币,包括各种纸币和铸币。除法律另有规定外,人民币是我国境内唯一通行的货币,外国货币、金银都不得作为支付手段。民事主体要实现民事权利或者履行民事义务,必须遵守国家法律的规定,以人民币为支付手段,而不能违反法律规定进行外币黑市交易、逃汇、套汇等非法活动。

货币作为民法上特殊的种类物,其特殊之处是:(1)货币占有权与所有权合二为一,货币的占有人视为货币所有人。(2)货币所有权的转移以交付为要件,即使在借款合同中,转移的也是货币所有权,而非货币的使用权。无行为能力人交付的货币也发生所有权的转移。(3)货币不发生返还请求权与占有回复诉权问题,仅能基于合同关系、不当得利或者侵权行为提出相应的请求。其特殊之处是由货币的流通手段决定的。

第三节 有价证券

一、有价证券的概念与法律特征

证券为彰显某种权利的凭证。证券可分为有价证券和无价证券。有价证券是指设定并证明持券人有权取得一定财产权利的凭证。无价证券是不具有交换价值的证券。无价证券由政府职能部门签发,各国政府在经济困难时期或者商品短缺时期,均签发无价证券。如我国政府在20世纪60年代前后签发的粮票、布票、油票、烟票等。无价证券虽不具有交换价值,即禁止买卖,但却具有使用价值,即彰显持票人具有凭票购物的权利。《证券法》第2条中所指的证券,是指有价证券,主要包括股票、公司债券和国务院依法认定的债券。但通说认为,有价证券还应包括票据。

有价证券具有下列特征：(1) 有价证券与证券上所记载的财产权利不能分离。有价证券需由支付人依法定程序作成证券并交付持券人，持券人行使有价证券所载的权利必须提示并交付证券。可转让的证券转让时，证券上所载权利随着交付而转让给受让人。要享有证券上所代表的财产权利，就必须持有证券。权利人一旦丧失证券，就不能行使证券上的权利。但在无纸有价证券，证券记载的权利的取得与转移以登记为要件。(2) 有价证券的债务人是特定的，即证券的权利人只能向证券上记载的债务人请求实现债权。而有价证券的债权人则可因证券的转让而发生变更，持券人的合法更换不影响债务人对债务的履行。(3) 有价证券的债务人的支付是单方义务，债务人不得请求权利人支付相应对价。债务人一旦履行了证券上规定的支付义务，就可收回有价证券，以消灭债权债务关系。

二、有价证券的分类

（一）依有价证券所设定的财产权利的性质不同所作的分类

1. 设定一定股份权利的有价证券，如股票。
2. 设定一定物权的有价证券，如提单、仓单。
3. 设定一定债权的有价证券，如债券、汇票、本票、支票等。

（二）依有价证券记载权利人的方式不同所作的分类

1. 记名有价证券，是指在证券上记载着证券的权利人的姓名或者名称的有价证券，如记名的票据和股票等。由于这种证券指明了权利人，因此，其转移只能依一般债权转移的方式进行。

2. 无记名有价证券，是指在证券上没有记载该证券权利人的姓名或者名称的有价证券。如国库券和无记名股票等。此种证券的权利人是其持有者，谁持有该种证券谁就享有证券上的权利。因此，这种有价证券可以自由转让，证券义务人只对证券持有人负履行义务。

3. 指示有价证券，是指在证券上指明第一个权利人的姓名或者名称的有价证券，如指示支票等。指示有价证券的权利人是证券上指明的人，证券义务人只对证券上记载的持券人负履行义务。此种证券的转让，须采取由权利人签名背书及指定下一个权利人的姓名或者名称的方式，即每转让一次，就背书签名一次，指明下一持券人。

（三）依有价证券指定的权利标的是金钱或者物品或者服务所作的分类

1. 金钱证券。金钱证券是指权利标的是金钱的证券，如票据、存款单、公司债券等。

2. 物品证券。物品证券是指权利标的为物品的证券。物品证券的权利标的应为种类物,如米、油等。在实务中,有些企业给职工发行的实物券或者代金券,即属此类。但为维护金融秩序,法律禁止法人或者非法人组织发行实物证券。

3. 服务证券。服务证券是指以一定的服务或者文体、艺术欣赏为内容的证券,如机票、电影票、球票、戏票等。

(四)依有价证券的给付人为标准所作的分类

1. 自付证券。自付证券是指证券签发人自己为给付的证券,如仓单、提单及票据法上的本票。

2. 委托证券。委托证券是指委托他人为给付的证券,如票据法上的汇票、支票。

三、有价证券的几种主要类型

(一)票据

票据是由出票人依法签发的,约定由自己或者委托他人于约定时间无条件支付确定金额给持票人或者收款人的有价证券。依照《票据法》第 2 条的规定,票据可分为汇票、本票、支票。

1. 汇票,是指出票人签发的,委托付款人在见票时或者在指定日期无条件支付确定的金额给收款人或者持票人的票据。在我国,汇票有银行汇票与商业汇票之分。

2. 本票,是指出票人签发的,承诺自己在见票时无条件支付确定的金额给收款人或者持票人的票据。在我国,本票主要是银行本票。

3. 支票,是指出票人签发的,委托办理支票存款业务的银行或者其他金融机构在见票时无条件支付确定的金额给收款人或者持票人的票据。在我国,支票又分现金支票、转账支票和定额支票三种。

(二)债券

债券是国家或者企业依法发行的,约定于到期时还本付息的有价证券。它可以分为公债券和企业债券。公债券是国家发行的债券,如国库券。公债券不能当做货币使用,但可以自由买卖,可以在银行兑现和质押,也可以赠与和继承。企业债券是企业发行的债券。企业债券可以转让、设定质权和继承。

(三)股票

股票是股份有限公司依法发行的表明股东权利的有价证券。它是公司股份采取的形式,是股东所持股份的凭证。股票上表明的权利为股东权,它的内容包括股息和红利收取权,出席股东大会并行使表决权,以及公司解散时分配剩余财产的权利等。

(四)提单

提单是指用来证明海上货物运输合同和货物已经由承运人接收或者装船,以及承运人保证据以交付货物的单证。提单中载明的向记名人交付货物,或者按照指示人的指示交付货物,或者向提单持有人交付货物的条款,构成承运人据以交付货物的保证。提单既是货物运输合同成立的证书,也是承运货物的物权凭证。

第四节 智力成果

一、智力成果的概念与法律特征

智力成果又称知识产品,是指人们通过创造性智力劳动创造的,具有一定表现形式的成果。它是文学艺术和科学作品、发明、实用新型、外观设计、科学发现、商标以及其他创造性劳动成果的统称。智力成果是人们智力劳动的产物,本身凝结了人类的一般劳动,可以成为权利标的。智力成果自身具有的特点,使其不能简单适用一般财产法,而需要特别法的保护。为此,我国相继颁布了《专利法》《商标法》《著作权法》等特别法对智力成果加以规范和保护。

智力成果具有下列特征:(1)创造性。是指以前未曾出现过的智力劳动成果,具有创新和突破的特点。人类的智力成果虽具有继承性,但智力成果要成为权利标的应具有创造性。各项具体的智力成果要求的创造性不同。一般而言,专利发明要求的创造性最高。一项发明要得到专利保护,必须具备新颖性、先进性等条件;它必须是该技术领域中先进的、前所未有的科学技术成就,它所体现的技术思想、技术解决方案,必须使某一领域的技术发生质的飞跃。著作成果要求的创造性次之,它要求文学艺术作品具有独创性,必须是作者创造性劳动成果。商标标记要求的创造性再次之,仅达到易于区别的程度即可。(2)非物质性。智力成果是一种非物质化的知识形态的劳动产品。人们对其占有不是具体实在的控制,而是表现为认识和利用。但智力成果总要以一定的形式表现出来,如文学作品表现为小说、诗歌、散文等;商标表现为一定的文字、图形或者其组合。(3)公开性。权利主体在对其智力成果取得专有权或者专用权前应将该成果向社会公开(商业秘密除外)。就专利产品而言,公开是指将申请专利的发明创造的全部构思和技术方案以公告的形式进行公布。商标专用权人为了使自己的商标与他人商标区别开来,就必须公开使用自己的商标。至于作品,作者创作的目的之一,就是为了将其传播。

二、智力成果的几种主要类型

（一）作品

依《著作权法实施条例》第 2 条规定,作品是指在文学、艺术和科学领域内,具有独创性并能以某种有形形式复制的智力成果。作品必须具备两个条件:一是作品必须具有特定的思想内容,即作品必须表达一定的思想、构思、感情、事实、人物形象等内容;二是作品必须具备客观表现形式,如图书、绘画、雕刻、演说、舞蹈等形式。作品的特征包括:(1)具有独创性。尽管对独创性有不同理解①,通说认为,它是指由作者自己创作,而非抄袭他人的作品。(2)可复制性。一般说来,可复制性是没有疑义的。(3)具有经济上的利用价值。作品的可复制性与作品的财产性紧密相连。一般说来,凡能大量复制的作品就很有可能获得财产上的利益。

（二）发明

依《专利法》第 2 条规定,发明是指对产品、方法或者其改进所提出的新的技术方案。发明是专利权的客体之一。无论是产品发明,还是方法发明,要被授予专利权,应具备的实质性要件是:(1)新颖性。依《专利法》第 22 条规定,新颖性是指该发明不属于现有技术;也没有任何单位或者个人就同样的发明在申请日以前向国务院专利行政部门提出过申请,并记载在申请日以后公布的专利申请文件或者公告的专利文件中。但是,申请专利的发明创造在申请日前 6 个月内在我国政府主办或者承认的国际展览会上首次展出的;在规定的学术会议或者技术会议上首次发表的;他人未经申请人同意而泄露其内容的,不丧失新颖性。(2)创造性。依《专利法》第 22 条规定,它是指同申请日以前已有的技术相比,该发明有突出的实质性特点和显著的进步。(3)实用性。依据《专利法》第 22 条规定,它是指该发明能够制造或者使用,并能产生积极效果。

（三）实用新型

依《专利法》第 2 条规定,实用新型是指对产品的形状、构造及其结合所提出的适于实用的新的技术方案,俗称"小发明"。实用新型不包括方法发明。实用新型是专利权的客体之一。根据《专利法》第 22 条的规定,对实用新型授予专利权的实质要件包括新颖性、创造性和实用性。其新颖性要求和实用性要求与发明的新颖性、实用性要求相同;但其创造性要求为具有实质性特点和进步,比发明的创造性要求为低。

---

① 德国、法国、俄罗斯等国认为,独创性与创造性紧密相关,火车时刻表、按字母顺序编排的电话号码簿均不被认为是受著作权保护的作品。英国、美国等国认为,独创性是指原创性,只要是作者自己创作,均受保护。

（四）外观设计

依《专利法》第 2 条规定,外观设计是指对产品的形状、图案、色彩或者其结合所作出的富有美感并且适于工业上应用的新设计。外观设计应具有的特征是:(1) 必须与产品有关,二者具有不可分性;(2) 以产品的形状、图案、色彩或者其组合为内容;(3) 富有美感;(4) 适于工业上应用。外观设计是专利权的客体之一。授予外观设计专利权的条件除应适于工业应用外,还应具有新颖性,即应当同申请日前在国内外出版物上公开发表过或者国内公开使用过的外观设计不相同或者不相近似。

（五）科学发现

科学发现是指阐明客观物质世界的现象、特性或者规律而提出的一种新认识。所谓现象是指事物本质的表现或者显露;特性是事物差别的质量特征;规律是事物内在的必然联系。《自然科学奖励条例》第 2 条规定:"凡集体或个人的阐明自然的现象、特性或规律的科学研究成果,在科学技术的发展中有重大意义的,可授予自然科学奖。"科学发现是发现权的客体。一项发现要取得发现权的条件是:(1) 必须是阐明自然现象、特性或者规律的科学研究成果;(2) 这种成果有重大意义,能使科技发展发生变化。

（六）商标

商标是指以显著的文字、图形或两者的组合并置于商品表面或者商品包装上的标识。它具有以下特征:(1) 合法性。商标的设计和使用应符合法律的规定。(2) 显著性。商标的设计应具有独特的构思,以使其具有显著的特点。(3) 表现性。商标应通过一定的形式表现出来。商标是商标权的客体。依照《商标法》,一件商标要取得商标权应依照法律程序核准注册。

（七）地理标志

地理标志又称地理标记、地理标识,依据我国《商标法》第 16 条第 2 款的规定,地理标志是指表示某商品来源于某地区,该商品的特定质量、信誉或者其特征,主要由该地区的自然因素或者人文因素所决定的标记。其基本特征是:(1) 是一种指示性标记,标示着特定的地域、地区或地点,如中国丝绸、西湖龙井、烟台苹果、孝感麻糖等。(2) 其与商品特定质量、信誉或其他特征相关联,如烟台苹果实施地理标志保护以来出口量连年增加。(3) 依附于特定地理区域的地理因素和人文因素,如"从江瑶浴"因与从江瑶族聚居区的自然因素和人文因素相关联,受地理标志保护。地理标志是地理标志权的客体。

（八）商业秘密

依照《反不正当竞争法》第 10 条的规定,商业秘密是指不为公众所知悉、能为权利人带来经济利益、具有实用性,并经权利人采取保密措施的技术信息和经营信息。一般认为商业秘密包括:企业现有的以及正在开发或构想之中的产品设计、工具模具、设计程序、产品配方、制作工艺、制作方式、经验公示、实验数据、管理诀窍、企业的业务计划、产品开发计划、财务状况、内部业务规程、定价方法、销售方法、客户名单、货源情报、产销策略、投标中的标的及标注内容的①。其基本特征是：(1)具有秘密性，即信息不为公众所知。(2)具有价值性，即该信息能为权利人带来利益。(3)保密性，即商业秘密持有人对其技术信息以及经营信息采取了合理的保密措施。商业秘密为商业秘密权的客体。

（九）集成电路布图设计

集成电路（intergrated circuits）英文简称 IC，习惯上称之为芯片。集成电路是微电子技术的核心，是现代电子信息技术的基础。计算机、通信设备、家用电器等均离不开集成电路。集成电路布图设计是指集成电路中多个元件，其中至少有一个是有源元件和其他部分或者全部集成电路互联的三维配置，或者是为集成电路制造而准备的这样的三维配置，即确定用以制造集成电路的电子元件在一个传导材料中的几何图形排列和连接的布局设计。② 受保护的集成电路布图的设计要求是：(1)它是设计人独立创作的，具有独到之处。(2)具有一定的先进性，不同于以往的布图设计。集成电路布图设计是集成电路布图设计权的客体。

（十）植物新物种

依据《植物新品种保护条例》第 2 条的规定，植物新品种是指经过人工培育的或者对发现的野生植物加以开发，具备新颖性、特异性、一致性和稳定性并有适当命名的植物品种。其特征是：(1)新颖性，是指在申请日之前，申请品种权的植物新品种的繁殖材料未被销售等。(2)特异性，是指植物新品种应明显区别于申请日前已知的植物品种。(3)一致性，是指植物新品种经过繁殖除可以预见的变异外，其相关的特征或特性一致。(4)稳定性，是指新品种经过反复繁殖后，其相关的特征或特性保持不变。(5)适当命名，是指新品种应当具备适当的名称并与相同或者相近的植物已知品种的名称相区别。植物新品种是植物新品种权的客体。

第五节　其他客体

一、权利

尽管权利的本质多有争议，但是权利总是与利益相联系的，或者说权利就是法律保护的利益。③ 虽然通常权利是民事法律关系的内容，但由于权利的利益

---

① 参见吴汉东主编：《知识产权法》（第五版），法律出版社 2014 版，第 329 页。
② 同上书，第 321 页。
③ 参见施启扬：《民法总论》，台湾三民书局 1997 年版，第 25 页。

属性,使其可以成为民事法律关系的客体。权利成为民事法律关系客体的条件是:(1)必须是财产权利,人身权利通常不可成为民事法律关系的客体。例如,姓名权、肖像权等不可成为民事法律关系的客体。(2)必须是可转让的财产权利,不可转让的财产权利不可成为民事法律关系的客体,例如专属于权利人自身的财产权不可转让(退休金、养老金、抚恤金、安置费、人寿保险、人身伤害赔偿请求权等权利)。(3)必须是法律规定可成为民事法律关系客体的权利。如《物权法》对权利抵押、权利质权的规定。

二、非物质利益

非物质利益又称人身非物质利益或者精神利益,是物质利益或者财产利益的对称。非物质利益成为权利客体或者民事法律关系的客体是由其利益属性决定的。就自然人而言,非物质利益包括生命、健康、自由、名誉、个人秘密等,这些非物质利益使其成为生命权、健康权、自由权、名誉权、隐私权等的客体。就法人和其他社会组织而言,非物质利益包括名称、名誉(或商业信誉)等,这些非物质利益使其成为名称权、商誉权的客体。非物质利益作为民事法律关系客体的特点是其不可转让性,除非法律有明确的例外规定。

三、虚拟财产

《民法总论》第 127 条规定:"法律对数据、网络虚拟财产有规定的,依照其规定。"一般认为"虚拟财产是指在网络游戏中为玩家所拥有的、存储于网络服务器上的,以特定电磁记录为表现形式的无形财产"[1],通常包括网络游戏中的武器装备、QQ 币、QQ 号码、电子邮箱以及网址等。早在 2003 年,虚拟财产已受我国司法保护。[2] 虚拟财产作为一种新型财产,不仅具有一般财产的属性,如合法性、价值性等,还具有虚拟性、网络依附性等独特特征。虚拟性与客观实在性相对应,传统的有体物具有客观实在性,如土地、房屋等,无体物也具有客观实在性,如商标、专利、作品等。虚拟财产不具有客观实在性,只存在于虚拟世界。网络依附性是指虚拟财产的外部表现形式只能在网络中得到体现,离开网络的虚拟财产只是一堆毫无意义的电磁记录,其价值无法得到实现。虚拟财产为一种新型的财产形式,作为民事法律关系的客体,值得研究。

四、自然人个人信息

自 1970 年世界上第一部个人信息立法德国《黑森州资料保护法》公布以来,

---

[1] 钱明星等:《网络虚拟财产民法问题探析》,载《福建师范大学学报(哲学社会科学版)》2008 年第 5 期。
[2] 李宏晨诉北极冰科技发展有限公司案(2003 朝民初字第 17848 号)。

世界上已有许多国家和地区对个人信息保护进行立法。[①] 我国《个人信息安全保护法》尚未出台,自然人个人信息的范围尚未有法律规定。依据学者观点和司法实践,自然人个人信息包括自然人人格身份信息,如姓名、职业、职务、年龄、血型、身高、指纹、病史、婚姻状况、宗教信仰、学历、兴趣爱好、专业资格、工作经历、家庭住址、电话号码、身份证号码等,自然人财产信息,如信用卡号码、电子邮件、Q户账号、网络游戏装备、网店等。自然人个人信息是自然人个人信息权的客体,自然人个人信息权包含信息决定权、信息查阅权、信息反对权、信息封锁权、信息删除权和信息更正权。[②]

[①] 德国 1990 年《资料保护法》、英国 1984 年《数据保护法》、日本 1988 年《行政机关保有利用电脑处理的个人资料保护关系法律》、1999 年《情报公开法》、2005 年《日本个人情报保护法》、我国香港地区 2013 年《个人资料(隐私)条例》及我国台湾地区 1995 年"电脑处理个人资料保护法"、2010 年"个人资料保护法"。

[②] 参见余筱兰:《信息权在我国民法典编纂中的立法遵从》,载《法学杂志》2017 年第 4 期。

第四分编　民事法律关系变动

第八章　民事法律行为

第一节　民事法律行为概述

一、法律行为、民事行为、民事法律行为的概念

(一) 法律行为

法律行为(拉丁文 actus juridicus)一词,最早见于 18 世纪德国法学家丹尼尔·奈特尔布拉德(Daniel Nettelbladt,1719—1791)于 1748 年出版的《实在法学原理体系》第一卷中。① 德国学者胡果(Hugo,1764—1844)曾使用法律的行为这一概念,含义是指一切法行为的总称。② 德国学者认为,现代民法意义上的法律行为概念的首创者是海瑟(Heise),他在 1807 年出版的《民法概论——潘德克顿学说教程》一书中,首次赋予法律行为(Rechtsgeschäfte)以设权的意思表示行为的含义。萨维尼(Savigny,1779—1861)在其名著《现代罗马法体系》第三卷,将法律行为理论进一步精致化,对海瑟所揭示的意思表示这一本质部分作出了重要的理论发展。1863 年公布的《撒克逊王国民法典》首次采用了法律行为概念,设有少数条文。1896 年颁布的《德国民法典》在总则编第 3 章,以专章 59 个条文,系统规定了法律行为。③ 后来日本、希腊、巴西、泰国和我国民国时期民法典,都规定了法律行为。《德国民法典》所指的法律行为是指以意思表示设立、变更、终止民事法律关系的行为。我国《民法通则》未直接采用法律行为的概念。

---

① 参见张文显主编:《法理学》,高等教育出版社、北京大学出版社 1999 年版,第 100 页。另有一说认为,法律行为为胡果所创(德文 Rechtsgeschft),参见胡长清:《中国民法总论》,中国政法大学出版社 1997 年版,第 184 页。
② 参见胡长清:《中国民法总论》,中国政法大学出版社 1997 年版,第 184 页。
③ 参见〔德〕Zweigert Koetz, *An Introduction to Compartive Law*, North-Holland Co., 1977, pp.2—3;董安生:《民事法律行为》,中国人民大学出版社 1994 年版,第 30—32 页;龙卫球:《民法总论》,中国法制出版社 2001 年版,第 472—474 页。

(二) 民事行为

民事行为一词为我国学者所创①,《民法通则》承继了法律行为的原理,用了民事法律行为和民事行为两个概念。究其原因:第一,深受苏联民法理论的影响。第二,法律行为本为民法上的概念,由于现代各部门法法律概念的相互吸收,法律行为的概念已经上升到法理学的范畴,为了区别于法理学和其他部门法中的法律行为制度,《民法通则》在法律行为之前加上"民事"二字予以限定。用民事法律行为是为了与其他法律部门和法理学上的法律行为相区别;用民事行为是为了避免传统民法理论将法律行为归于适法(又称合法行为)一类,而又有无效法律行为概念的逻辑矛盾。从《民法通则》的相关规定来看,民事行为是以意思表示为要素,发生民事法律后果的行为,包括民事法律行为(《民法通则》规定民事法律行为以合法性为要件)、无效的民事行为、可撤销的民事行为、效力未定的民事行为。民事行为是民事法律行为的上位概念,但不包括事实行为。民事行为与德国法上的法律行为含义相同。

(三) 民事法律行为

究竟用民事行为、法律行为,还是民事法律行为的概念统辖民法上的表意行为制度,学理上多有争议。有的主张采用民事法律行为的概念②,有的主张采用法律行为的概念③,有的主张采用民事行为的概念④。《民法总则》第六章采用了民事法律行为的概念统辖表意行为制度,其第133条规定:"民事法律行为是民事法律主体通过意思表示设立、变更、终止民事法律关系的行为。"《民法总则》所规定的民事法律行为与德国法上的法律行为、《民法通则》所规定的民事行为含义相同,《民法总则》采用民事法律行为统辖表意行为制度的主要理由是:

(1) 从法律关系方面分析。各种法律都要在实践中通过一定形式形成法律关系,否则法律就成为一纸空文。法律并不调整全部社会关系,因此首先应当区分法律关系和非法律关系。本来法律关系是民法上的概念,后来法律关系已经成为民法以外的其他部门法学和法理学上普遍使用的概念,因此法律关系应当成为更高层次的概念,即法理学上的概念。部门法学上使用法律关系概念时应当体现部门法律关系的特点,在民法学上应称民事法律关系,不应再称法律关系。

(2) 从法律事实方面分析。通说法律事实分为行为和事件两类,有学者直接称为"法律行为"和"法律事件"。从行为方面说,首先应当区分法律行为和非

---

① 王作堂、李志敏、魏振瀛、朱启超:《民法教程》,北京大学出版社1983年版。
② 马骏驹:《民法原论》(第二版),法律出版社2005年版,第139页。
③ 王利明:《民法总则研究》(第二版),中国人民大学出版社2012年版,第524页。
④ 王作堂等:《民法教程》,北京大学出版社1983年版;郭明瑞主编:《民法》,高等教育出版社2004年版;王利明主编:《民法》,中国人民大学出版社2005年版。

法律行为。继民法上的法律行为概念之后,出现了行政法律行为和诉讼法律行为等概念,在法理学上也引入了法律行为概念。在这种情况下,法律行为应当"是各部门法律行为(宪法行为、民事法律行为、行政法律行为、诉讼法律行为等)和各类别法律行为(如合法行为、违法行为、犯罪行为等)的最上位法学概念(或法学范畴)"。① 因此,民法不宜用法律行为的概念统辖整个表意行为制度。

(3) 从法律行为内涵上分析。传统民法理论将行为事实分为适法行为和违法行为两类。适法行为中又分为法律行为、准法律行为和事实行为。适法行为和违法行为的上位概念称为"广义的法律上的行为",现在有学者称"广义的法律行为"(Rechtshandlung in W.S)。② 法律行为本为民法所创造和使用,是民法实现意思自治的工具,故国外法律用法律行为概念统辖整个表意行为。因此为了统辖整个表意行为制度,《民法总则》采用民事法律行为概念,对《民法通则》关于民事法律行为的合法性要件予以删除,将民事法律行为定义为民事主体通过意思表示设立、变更、终止民事法律关系的行为。这样既适应了法律行为已上升到法理学概念的事实,与其他部门法所表述的法律行为相区别;又能扬弃地继承《民法通则》所创造的民事法律行为概念。

二、民事法律行为的特征

(一) 民事法律行为是民事法律事实的一种

民事法律事实包括行为事实和非行为事实。行为事实又分为表意行为和非表意行为。表意行为包括民事法律行为和准民事法律行为。非表意行为包括合法事实行为、侵权行为、违约行为和其他违反民事义务的行为。

(二) 民事法律行为是民事主体实施的以发生民事法律后果为目的的行为

只有民事主体实施的,能够引起民事法律后果的行为才为民事法律行为。其他主体所为的行为,虽然有时也能发生法律后果,但不是民事法律行为,如人民法院或者仲裁机构所作的裁决,能够引发民事法律后果,但不是民事法律行为。民事法律行为所要求的目的性,只是一种可能性,不具有必然性,仅指当事人实施民事法律行为所追求的法律后果,而不包括动机。这一特征使民事法律行为与事实行为等非表意行为区别开来。

(三) 民事法律行为是以意思表示为要素的行为

当事人实施某一民事法律行为,必须将该意思表示出来。因此,民事法律行为是一种表意行为。是否以意思表示为要素,是民事法律行为与事实行为的根本区别,也是民事法律行为的重要特征。

---

① 张文显主编:《法理学》,高等教育出版社、北京大学出版社 1999 年版,第 101 页。
② 黄立:《民法总则》,中国政法大学出版社 2002 年版,第 189 页。

在民事法律行为中,有以一个意思表示而构成者,如遗嘱;有以相对的两个意思表示一致而构成者,如买卖合同;有由两个以上同方向的意思表示一致而构成者,如公司章程。欠缺意思表示则无民事法律行为可言。但是,意思表示并不等于民事法律行为,二者不是同一概念,也不具有一一对应关系,即并非一个意思表示就是一个民事法律行为。

三、民事法律行为与情谊行为、准民事法律行为

(一) 民事法律行为与情谊行为

情谊行为[①]是指当事人因社交、帮助、道义等原因发生的,没有民法上权利义务意思内容的行为,又称好意施惠行为。[②] 而民事法律行为是基于当事人的意思而发生民法上权利义务关系的行为。例如,约请朋友到家中吃晚饭,在此情况下,不发生民法上的权利义务关系,不属于民事法律行为。至于被邀请的朋友购买鲜花、乘坐出租车到邀请者家中,却发现大门紧闭,家中无人,被邀请者是否可以对所购买鲜花、乘坐出租车花费主张损害赔偿,不能依据邀请者和被邀请者之间的社交关系而确定,而应依据邀请者是否违背社会善良风俗故意导致被邀请者损害而定。

(二) 民事法律行为与准民事法律行为

准民事法律行为是表意行为之一种,但其效力非基于表意人的表意,而是基于法律的规定。而民事法律行为是基于当事人的意思表示而发生民法上效力的表意行为。准民事法律行为可分为催告、通知以及宽恕。

1. 催告。如《合同法》第48条规定:"……相对人可以催告被代理人在一个月内予以追认。被代理人未作表示的,视为拒绝追认……"在相对人的催告行为中,虽然可以看出相对人的意思,但其法律后果只是为期一个月的期间的开始,期间届满后,对方仍未作出表示的,视作拒绝追认。这一后果的产生与催告人具有何种意思毫无关联。在一般情况下,催告人更希望对方作出追认表示。

2. 通知。如《公司法》第103条第1款规定:"召开股东大会会议,应当将会议召开的时间、地点和审议的事项于会议召开20日前通知各股东;临时股东大会应当于会议召开15日前通知各股东;发行无记名股票的,应当于会议召开30日前公告会议召开的时间、地点和审议事项。"在这类行为中,行为人表示的并不是某项意思,而是一种事实或者情况,通知行为所发生的法律后果是基于法律规定,而非当事人的意思。

---

① 〔德〕迪特尔·梅迪库斯:《德国民法总论》,邵建东译,法律出版社2000年版,第148—158页。
② 王泽鉴:《民法概要》,中国政法大学出版社2003年版,第81页。

3. 宽恕。如《继承法意见》第 13 条规定："继承人虐待被继承人情节严重的，或者遗弃被继承人的，如以后确有悔改表现，而且被虐待人、被遗弃人生前又表示宽恕，可不确认其丧失继承权。"宽恕是一种以感情为表意内容的行为，但被继承人不丧失继承权并非宽恕内容所包含，而是基于法律规定而发生的法律效果。

四、民事法律行为的分类

对民事法律行为，从不同的角度，按照不同的标准，可以进行不同的分类。

（一）单方行为、双方行为、多方行为

以是否由当事人一方的意思即可成立为标准，可以将民事法律行为分为单方行为、双方行为和多方行为。

1. 单方行为

单方行为是仅由一方行为人的意思表示就能成立的民事法律行为，其特点是无须他人的同意就能发生法律效力，如设立遗嘱、债务的免除等。

单方行为可区分为有相对人的单方行为和无相对人的单方行为。有相对人的单方行为须于意思表示到达相对人才发生效力。无相对人的单方行为在意思表示完成时即发生效力。前者如撤销行为，后者如遗嘱行为。

2. 双方行为

双方行为，是由行为人双方相对应的意思表示达成一致而成立的民事法律行为，如买卖合同、赠与合同等。

3. 多方行为

多方行为，是由多个行为人的意思表示达成一致而成立的民事法律行为，如公司股东会的决议等。

区分单方行为、双方行为和多方行为的意义在于：法律对三者成立的要求有所不同，单方行为，只要行为人一方作出意思表示，民事法律行为就成立；双方行为和多方行为一般则需要各方行为人的意思表示达成一致，民事法律行为方能成立，只有行为人一方的意思表示，民事法律行为不能成立。

（二）财产行为与身份行为

以民事法律行为发生的效果的内容为标准，可以分为财产行为和身份行为。

1. 财产行为

财产行为是以发生财产上法律效果为目的的行为，财产行为的后果是在当事人之间发生财产权利义务的变动。民事法律行为多数为财产行为。

财产行为通常又进一步分为处分行为与负担行为。处分行为是指直接发生财产权转移或者消灭的行为。处分行为的特征在于效果的直接性与效果的绝对性，处分权人如处分时不必请求他人为一定行为，权利直接发生变动，而其变动的效果对任何人均有效,如抛弃财产所有权、债权让与、债务承担及债务的免除。负担行为是指双方约定为一定给付的财产行为,又称义务行为。债权行为均为负担行为。

2. 身份行为

身份行为是指以发生身份上法律效果为目的的行为,身份行为的后果是在当事人之间发生身份关系的变动。例如结婚、离婚、收养、解除收养等行为。

区分财产行为与身份行为的意义在于:(1)适用法律规范不同。财产行为主要适用财产法规范;身份行为主要适用身份法规范。(2)法律效果的性质不同。财产行为的目的是取得或丧失财产权;身份行为的目的在于取得或者丧失身份权,维持伦理秩序,应特别尊重当事人的意思,通常不能由代理人代理。

(三) 有偿行为与无偿行为

(见本书第二十二章第二节"有偿合同与无偿合同")

(四) 诺成性行为与实践性行为

(见本书第二十二章第二节"诺成性合同与实践性合同")

(五) 要式行为与不要式行为

以民事法律行为的成立是否必须依照某种特定的形式为标准,可分为要式行为和不要式行为。

1. 要式行为

要式行为是指依法律规定或者依约定,必须采取一定形式或者履行一定程序才能成立的行为。例如,票据行为就是法定要式行为。

2. 不要式行为

不要式行为是指法律不要求特定形式,行为人自由选择一种形式即能成立的行为。现代民法以方式自由为原则,除法律特别规定或者当事人特别约定外,均为不要式行为。

区分要式行为与不要式行为的法律意义在于:不要式行为由当事人自由选择行为方式,要式行为当事人须采用法定方式。《民法总则》第135条规定,民事法律行为法律规定或者当事人约定采用特定形式的,应当采用特定形式。对于法定或约定要式行为,法律未规定或未约定需采用规定方式才生效的,不影响行为的效力。①

(六) 主行为与从行为

以民事法律行为内容上的主从关系为标准,可以将民事法律行为划分为主行为和从行为。

---

① 参见《合同法解释(一)》第9条。

1. 主行为

主行为是指不需要有其他行为的存在就可以独立成立的行为。例如,对于保证合同来说,主债务合同就是主行为。

2. 从行为

从行为是指以其他行为的存在为前提的行为。例如,保证合同相对于主债务合同来说是从行为。

区分主行为和从行为的意义在于:从行为具有附随性,主行为无效或者消灭的,从行为也随之无效或者消灭。

(七)独立行为和辅助行为

根据民事法律行为有无独立的实质性内容,可分为独立行为与辅助行为。

1. 独立行为

独立行为是指行为人凭借其意思表示即可成立的行为。例如,完全民事行为能力人以自己的名义实施的行为,都是独立行为。

2. 辅助行为

辅助行为是指并不具有独立的内容,而仅仅是辅助其他行为生效的行为。例如,法定代理人对限制民事行为能力人的意思表示所作的同意表示,就具有这种辅助性质。

区分独立行为和辅助行为的意义在于:辅助行为只不过是独立行为生效的条件,自身没有独立的实质内容,而受其辅助的独立行为在没有辅助行为之前不生效。

(八)有因行为与无因行为

根据民事法律行为与原因的关系,可分为有因行为与无因行为。

1. 有因行为

有因行为是指与原因不可分离的行为。所谓原因就是民事法律行为的目的,例如买卖行为的原因,对于买方就为取得标的物的所有权,对于卖方就为取得价款。在有因行为中,原因不存在,行为就不能生效。

2. 无因行为

无因行为是指行为与原因可以分离,不以原因为要素的行为。例如票据行为就是无因行为。无因行为并非没有原因,而是指原因无效并不影响行为的效力。如签发支票必有签发的原因,或作为付款方式或无偿赠与,但票据行为与上述原因彼此分离,原因的瑕疵不影响票据的效力。

区分有因行为与无因行为的意义在于:有因行为如原因不存在,则行为无效;而无因行为,原因不存在或者有瑕疵时,行为有效,仅发生不当得利问题。

除此以外,依据不同的划分标准,民事法律行为在学理上还可以划分为物权行为和债权行为、生前行为和死因行为等。

五、民事法律行为的形式

民事法律行为的形式,实际上就是意思表示的形式。民事法律行为的形式主要有下列几种:

(一) 口头形式

口头形式是指用谈话的方式进行意思表示,包括当面交谈、电话交谈等。其优点是简便、迅速,缺点是缺乏书面记载,一旦发生纠纷,不易确定行为人之间的权利和义务。因此,口头形式大多适用于即时清结、标的数额小的民事法律行为。

(二) 书面形式

书面形式是指以书面文字的方式进行意思表示。其优点是证明力强,可以使行为人的权利义务关系明确。书面形式又可以分为一般书面形式和特殊书面形式。

1. 一般书面形式

一般书面形式是指用文字来进行意思表示,如书面合同,授权委托书,信件,数据电文(包括电报、电传、传真、电子数据交换和电子邮件),行为人协商同意的有关修改合同的文书、图表等。一般书面形式,或为当事人约定采用,或为法律、法规规定采用。如果法律有规定或者当事人约定应采用书面形式的,当事人应采用书面形式。一般书面形式具有不同的效力,如证据效力、成立效力和生效效力。在书面形式作为证据效力的情况下,当事人之间是否存在民事法律行为及其权利义务,均以书面形式的记载为依据,只有在书面内容含混不清或者不完备时,才可以口头证据作为补充。在书面形式作为成立要件或者生效要件的情况下,书面形式不仅具有证据法上的效力,而且具有实体法上的效力。

2. 特殊书面形式

特殊书面形式主要指公证形式。公证是指行为人将其书面形式的民事法律行为交国家公证机关认证,使民事法律行为的真实性和合法性得到确认。公证形式可以是法律规定的,也可以是当事人约定的,但多数是当事人之间约定采用的。公证文书具有较强的证明力,根据《民事诉讼法》及有关司法解释,公证债权文书是人民法院据以执行的法律文书,人民法院可以依据公证债权文书直接开始执行程序。

(三) 默示形式

默示形式,是指行为人并不直接表示其内在意思,只是根据其某种行为(作为或不作为),按照逻辑推理的方法或者按照生活习惯推断出其内在意思的形式。默示形式可分为:

1. 推定形式

推定形式是指行为人并不直接用口头形式或者书面形式进行意思表示,而是通过实施某种行为来进行意思表示,例如,购物人在商场交付货币的行为即可推定为行为人购买物品的意思。推定行为实际上就是通过行为人实施的积极作为,推定出行为人已作出要达到某种法律后果的意思表示。[①]

2. 沉默形式

沉默形式是指行为人既不用语言表示,又不用积极行为表示,而是以消极的不作为方式进行意思表示,即根据行为人的沉默来认定其具有某种意思。《继承法》规定,继承人在继承开始后2个月内未公开表示放弃继承的,就视为其接受继承。《民法总则》第140条第2款规定,沉默只有在法律有规定或者当事人有约定或者有习惯的情况下,才可以视为意思表示。

第二节 意思表示

一、意思表示的概念与构成要素

(一)意思表示的概念

意思表示,是指行为人把进行某一民事法律行为的内心效果意思,以一定的方式表达于外部的行为。

(二)意思表示的构成要素

意思表示的构成要素,是指构成意思表示所必须具备的事实要素。关于意思表示的构成要素有哪些,存有争议。但一般认为,意思表示应由目的意思、效果意思两个主观要素和表示行为这一客观要素构成。

1. 目的意思

目的意思是指明民事法律行为具体内容的意思,它是意思表示据以成立的基础。不具备目的意思,或者目的意思不完整,或者目的意思有矛盾的表示行为,不构成意思表示或者民事法律行为。

2. 效果意思

效果意思是指意思表示人使其表示内容引起法律上效果的意思,即具有设立、变更、终止民事法律关系的意图,又称法效意思、效力意思。在意思表示中,表意人在内心先有期望发生某种法律效果的意思,此项效果包括获得财产上、身份上或者精神上的法律利益,如买受人期望获得财产所有权,出卖人期望获得价金,购票人期望欣赏音乐会,演出人期望获得报酬等。行为人的期望

---

① 王利明等:《民法新论》(上),中国政法大学出版社1988年版,第373页。

必须具有法律意义,才有效果意思,否则不在法律规范之列,如邀请好友晚餐、举办学术研讨会,虽具有重要意义,当事人也应遵守,但不发生民法上的权利义务关系。效果意思是意思表示的基础,它促使意思表示的形成,最后实现民事法律行为的效果。但效果意思与意思表示的动机不同,当事人可能因上学、送礼、陈列等各种动机而购买书籍,动机只是意思表示的间接原因,取得书籍的所有权才为效果意思。

效果意思以目的意思为基础,以目的意思为前提,在意思表示过程中,行为人先有目的意思,然后才有效果意思,但效果意思与目的意思不能互相代替,也不能互相融合。缺乏效果意思的社交性协议、交易意向书不构成意思表示。

3. 表示行为

它是指行为人将内心意思以一定方式表现于外部,并足以为外界客观理解的行为。没有表示行为,即使有了内心效果意思,也不能将其客观化,而无法取得法律效果。因此,表示行为是意思表示不可缺少的客观要素。表示行为除当事人间有特别约定外,应按照社会上一般表达方式或者某一行业、某一地区习惯上的表达方式为之,否则难以推断其内心的目的意思,不发生表示行为的效力。一般而言,表示行为应以社会上通用的语言、文字、动作为之。所使用的文字、语言含义不清时,如何认定其表示行为,则属于意思表示的解释问题。

二、意思表示的分类

(一) 有相对人的意思表示与无相对人的意思表示

根据意思表示应否向相对人表示,意思表示可分为有相对人的意思表示与无相对人的意思表示。

1. 有相对人的意思表示

有相对人的意思表示是指表意人应向相对人为意思表示。意思表示通常有相对人,如订立合同中的要约与承诺、债务免除、合同解除、授予代理权等均为有相对人的意思表示。有相对人的意思表示又可分为对特定人的意思表示和对不特定人的意思表示。对特定人的意思表示是指意思表示的对象是特定的,如要约和承诺。对不特定人的意思表示是指意思表示的对象是不特定的,如悬赏广告。

2. 无相对人的意思表示

无相对人的意思表示是指无须向相对人所为的意思表示,如遗嘱行为、抛弃动产所有权的行为。构成双方行为的意思表示,必须有相对人,单方行为的意思表示不必皆无相对人,如承认、撤销、抵销、免除皆有相对人。

依据《民法总则》第139条的规定,公告的意思表示为无相对人的意思表示,自发布时生效。如丢失票据作废的公告,自发布时生效。

区分有相对人的意思表示与无相对人的意思表示的意义在于：

(1) 有相对人的意思表示必须于到达相对人时才发生效力。无相对人的意思表示一般于意思表示完成时，立即发生效力，如以公告方式作出的意思表示，公告发布时生效；抛弃动产所有权的行为，抛弃的意思表示完成时发生效力；但也有的在意思表示后表意人死亡时发生法律效力，如遗嘱。

(2) 依照《民法总则》第142条的规定，有相对人的意思表示的解释，文义解释居于中心地位，结合相关条款、行为性质和目的、习惯及诚信原则确立意思表示含义。其立法目的在于：有相对人的意思表示都为交易行为，文义解释居于中心地位有利于确保交易安全，实现当事人的预期利益。如甲向乙借款20万元，甲通过银行转账还款5万。乙说，甲向乙以现金还款10万，但乙向甲开具收条，为"今收到乙还款15万元"，并写明收款时间。甲据此收条拒绝向乙还款5万元，引起纠纷。此种情况下，存在两种可能：一是甲已向乙还款20万元，包括银行转账5万，现金还款15万。二是甲向乙还款15万元，包括银行转账5万，现金还款10万，甲还应向乙还款5万。依意思表示解释规则，乙向甲开具收条为15万元，是明确的，且注明了年月日，应以该文义确定，甲现金还款15万元，再加上银行转账5万元，甲对乙不再负有还款义务。无相对人的意思表示的解释，文义解释不居于中心地位，结合相关条款、行为性质和目的、习惯及诚信原则确立意思表示含义。其立法目的在于无相对人的意思表示多为非交易行为，应探求表意人的真实意思。如甲发出悬赏广告，内容为："送还甲丢失的宠物猫者，面谢人民币10万元。"乙向甲送还甲丢失的宠物猫，但该猫已死。如拘泥于该悬赏广告文义，甲应向乙支付10万元的酬金，因为死猫亦猫。如不拘泥于文义解释，甲不当然应向乙支付10万元酬金。

(二) 对话的意思表示与非对话的意思表示

在有相对人的双方意思表示中，相对人可同步受领意思表示的，为对话的意思表示，如口头(包括打电话)直接订立合同等；相对人不可同步受领意思表示的，为非对话的意思表示，如由信函交往而订立合同。

区分对话的意思表示与非对话的意思表示的意义在于二者的生效时间不同。依《民法总则》第137条第1款的规定，对话的意思表示，自相对人知道其内容时生效。至于相对人是否知道，则应依一般的情形而定。若相对人故意掩耳不闻，亦不因此阻却其效力的发生。[1] 若因相对人是生理上有客观障碍的聋哑人或者对外语能力不足者以外语表示，则相对人是否已经知道，应斟酌相对人的反应动作和表示行为加以判断。[2]

---

[1] 参见郑玉波：《民法总则》，台湾三民书局1979年版，第262页。
[2] 参见施启扬：《民法总则》，台湾三民书局2001年版，第232页。

非对话的意思表示，由于其经过传达媒介，才能沟通意见，情况较为复杂。其意思表示应于何时发生效力，主要有四种立法例：(1) 表示主义，又称表白主义，于表意人完成其表示行为，即发生效力。(2) 发信主义，又称投邮主义，于意思表示离开表意人，如函件已付邮时发生效力。(3) 到达主义，于意思表示到达相对人的支配范围时发生效力。(4) 了解主义，于意思表示为相对人所了解时发生效力。我国现行民事法律采到达主义，如《民法总则》第 137 条第 2 款规定，以非对话方式作出意思表示，到达相对人时生效。《合同法》第 16 条规定，要约到达受要约人时生效。

以非对话方式作出的采用数据电文形式的意思表示，相对人指定特定系统接收数据电文的，该数据电文进入该特定系统时生效；未指定特定系统的，相对人知道该数据电文进入其系统时生效。当事人对采用数据电文形式的意思表示的生效时间另有约定的，按照其约定。

（三）独立的意思表示与非独立的意思表示

独立的意思表示是指表意人独立完成且发生效力的意思表示，例如债务的免除、捐助行为、遗嘱等。非独立的意思表示是指必待他人的意思表示，始能成立民事法律行为的意思表示，例如合同的订立、股东大会的决议。

区分独立的意思表示和非独立的意思表示的意义在于：独立的意思表示构成单方法律行为，非独立的意思表示构成双方行为或者多方行为。

（四）明示的意思表示与默示的意思表示

明示的意思表示，是指行为人以语言、文字或者其他直接表意方法表示内在意思的表意形式。默示的意思表示是从行为人的某种作为或者不作为中推断出来的意思表示。

区分明示的意思表示与默示的意思表示的意义在于：有的意思表示必须是明示的，如保证人承担保证责任的意思表示必须明示；沉默的意思表示必须在法律有明确规定或者有交易习惯或当事人有特别约定时才发生效力。

（五）健全的意思表示与不健全的意思表示

健全的意思表示是指行为人出于真心及自由的意思所为的表示。一般的意思表示，如非行为人有其他特别因素或者受其他不正当影响，其意思表示均为健全的意思表示。不健全的意思表示是指行为人并非出于真意的或者不自由的意思表示。有被欺诈、胁迫、错误情形的意思表示，均为不健全的意思表示。不健全的意思表示具备一定条件时，表意人可以撤销。

区分健全的意思表示和不健全的意思表示的意义在于：两种意思表示的效力不同，健全的意思表示为有效的意思表示，不健全的意思表示影响民事法律行为的效力。

除上述分类外，意思表示在学理上还有如下分类：要式意思表示与不要式意思表示、财产上的意思表示与身份上的意思表示、有偿的意思表示与无偿的意思表示以及主意思表示与从意思表示等。

三、意思表示的撤回

意思表示的撤回,是指行为人作出意思表示后又撤回该意思表示,从而使该未生效的意思表示不发生效力的行为。依照《民法总则》第141条的规定,对于有相对人的意思表示,其意思表示的撤回通知应当在意思表示到达相对人之前或者与意思表示同时到达相对人;对于无相对人的意思表示,因其意思表示自表示完成时就发生效力,因此一般不发生意思表示的撤回问题,除非法律另有规定。

四、意思表示的解释

意思表示的解释,是指依照法律规定的原则和方式,阐明并确定当事人已为意思表示的正确含义。意思表示的内容有时明显不十分完整,当事人间可能发生异议,需以解释方式确定其内容。意思表示的解释不仅是事实认定的问题,而且是法律适用的问题。意思表示的解释不仅在阐明不明确的意思表示,而且在补充不完整的意思表示,有时可订正有误解的意思表示。

(一)意思表示解释的原则

1. 意思主义

意思主义认为,意思表示的实质在于行为人的内心意思,民事法律行为本身是实现行为人意思自治的手段。因此对意思表示解释时,应贯彻探求真意而不拘泥于词语原则。这种理论来源于18世纪的理性主义法学,并为19世纪至20世纪的许多国家立法所采纳,如法国、德国、瑞士、日本等国民法典。这种理论是自由主义和个人主义的必然产物,其优点是反映了具体表意人的个性化要求,有利于保护表意人的意志自由和利益,保护私有财产的静态利益;缺点是不利于交易的安全和预期,不利于保护财产的动态利益,不利于对相对人利益的保护。

2. 表示主义

表示主义认为,内心的效果意思虽然是意思表示的起源,但当事人表现于客观效果的意思却是意思表示的核心或者根本。因此对意思表示进行解释时应贯彻客观主义原则,在表示与意思不一致的情况下,应以外部的表示为准,对于相对人意思表示的解释应当以相对人足以合理客观了解的表示内容为准。表示主义理论是商品流通日趋高度频繁化和大宗化的过程中产生的,其目的在于保护交易的安全。这种理论有利于保护相对人的利益,但不利于保护表意人的利益,可能放纵胁迫、欺诈等行为。

3. 折中主义

折中主义认为,当意思与表示不一致时,效力的重点既不绝对地放在意思上,亦不绝对地放在表示上,而根据具体情况或者以意思主义为原则,表示主义为例外;或者以表示主义为原则,意思主义为例外。折中主义的宗旨是全面考虑各种利益的衡平关系,既顾及相对人利益与交易安全,又顾及表意方利益。现今世界多数国家的民法及司法实践均采折中主义,但是在立法上采折中主义的前者,还是采折中主义的后者,有所不同。

《民法总则》第142条区分了有相对人的意思表示的解释和无相对人的意思表示的解释的规则。《合同法》第125条第1款规定:"当事人对合同条款的理解有争议的,应当按照合同所使用的词句、合同的有关条款、合同的目的、交易习惯以及诚实信用原则,确定该合同条款的真实意思。"对本条规定可理解为是采折中主义。本书作者认为应当区分交易行为中的意思表示和非交易行为中的意思表示。交易行为中的意思表示因涉及交易安全,因此对意思表示的解释应采表示主义为原则、意思主义为例外的解释原则。对于非交易行为中的意思表示,如婚姻行为、收养行为、遗嘱行为等,因无涉交易安全,应采取意思主义为原则、表示主义为例外的解释原则。

(二) 意思表示解释的方法

意思表示解释的方法很多,各国民法中对意思表示解释方法的规定也不尽一致,或者各有其侧重。《民法通则》未对意思表示解释方法加以规定,但意思表示的解释方法与合同的解释方法大体一致(详见本书第二十三章第二节)。

五、意思与表示不一致

意思与表示不一致是指表意人的内心意思与外在表示不一致,如甲欲将自家种的西瓜卖给乙,但嘴上却说送给乙。

(一) 单独虚伪表示(心中保留)

单独虚伪表示,又称真意保留、心中保留(有的译为心意保留)[①],是指表意人把真实意思保留心中,所作出的表示行为并不反映其真实意思,是一种自知并非真意的意思表示。例如,表意人在朋友称赞其时装时嬉笑地说:"你喜欢,就800元便宜卖给你。"再如,甲不愿意和乙结婚,由于某种原因他表示愿意和乙结婚,并且结了婚。

虚伪表示的构成要件是:(1) 一方当事人实施的虚伪表示行为,在内容上具有法律价值,并使人感觉其愿受其约束;(2) 当事人表示的意思与真实意思不一致,并且自知其不一致,并不期望发生效力,也不准备履行所发生的义务。至于当事人进行虚伪意思表示的动机不具有任何意义。

---

① 《德国民法典》区分心中保留和戏谑,日本和我国民国时期的《民法典》未作区分。参见《德国民法典》第116条、第118条,《日本民法典》第93条,我国民国时期的《民法典》第86条。

关于虚伪表示的效力,通说认为虚伪表示原则上有效,表意人应受该表示的约束,以保护交易安全,如前例。但相对人明知表意人的表示与意思不一致的,该表意行为无效。后例涉及人身关系,立法政策和学者观点有所不同。① 根据我国《婚姻法》规定的精神,不应认定婚姻无效。

(二) 通谋虚伪表示

又称伪装表示或虚伪表示,是指表意人与相对人通谋,不表示内心真意的意思表示。例如,债务人为逃避债务与友人通谋制造假债权或者虚伪让与财产。

通谋虚伪表示的构成要件是:(1) 表意人欠缺内心的真意;(2) 表意人此项非真意的意思表示为对方所明知;(3) 对方故意实施非真意的合意表示。通谋虚伪表示以表意人与相对人的意思联络为核心,如果不存在通谋的意思联络,则不构成通谋虚伪表示。

《民法总则》第146条第1款规定:"行为人与相对人以虚假的意思表示实施的民事法律行为无效。"

关于通谋虚伪表示的效力,通说认为表意人与相对人通谋所为的意思表示无效,但为保护交易安全,不得以其无效对抗善意第三人。

(三) 隐藏行为

隐藏行为是指表意人为虚假的意思表示,但其真意为发生另外法律效果的意思表示。例如,甲欲以1万元财产赠与乙,但恐其家人反对,就伪书1万元的买卖合同,其1万元的买卖是虚假的,但其隐藏的赠与是真实的。

《民法总则》第146条第2款规定:"以虚假的意思表示隐藏的民事法律行为的效力,依照有关法律规定处理。"在实务中,通谋虚伪表示表现为"阴阳合同"。如中国甲公司与美国乙公司签订了进口洋垃圾的合同,为了规避法律,双方伪装成进口玉米的合同,该进口玉米的合同即为阳合同,该合同为通谋虚伪的意思表示而无效,至于进口洋垃圾的阴合同因违反法律的禁止性规定亦无效。再如中国甲公司与美国乙公司签订了一份进口1000辆美国林肯轿车的合同,为了少交关税,双方伪装成进口玉米的合同,该进口玉米的阳合同为通谋虚伪的意思表示而无效,进口林肯轿车的阴合同不违反法律的禁止性规定,应为有效,但应依法补交关税。

(四) 错误

1. 错误的概念与构成要件

错误是指表意人为表意时,因认识不正确或者欠缺认识,以致内心的真实意

---

① 《日本民法典》第742条规定:"因错认人或其他事由,当事人之间无结婚意思时,婚姻无效。"学者的不同观点,参见史尚宽:《民法总论》,中国政法大学出版社2000年版,第383页;李宜琛:《民法总则》,台湾正中书局1977年版,第260页。

思与外部的表现行为不一致。例如误将 K 金当做纯金购买。错误与单独虚伪表示和通谋虚伪表示在意思表示上都是非真实的,但错误是无意识的非真意表示,后者是有意识的非真意表示。

错误的构成要件是:(1)错误是由表意人自己的原因造成的;(2)表意人的内心真意与表示不一致;(3)表意人不知其内心真意与表示不一致;(4)错误必须具有严重性,即足以影响表意人决定为意思表示;(5)错误是否存在,以意思表示成立之时为决定标准。

2. 错误的种类

(1)动机错误。在特别容易发生错误的意志形成阶段发生的错误,称为动机错误。① 如甲原以为乙要与他结婚,就到某首饰店订购结婚戒指两枚,而乙是与他开玩笑,甲订购结婚戒指的错误就属于动机错误。在动机错误的情况下,表意人一般不得因此撤销民事法律行为。

(2)内容错误。是指意思表示的内容有错误。主要包括:① 对当事人的错误,又称当事人同一性的错误。如误把甲当做乙,在日常交易中,此种错误不影响民事法律行为的效力。但在某些特别重视当事人身份的关系中,如演出合同、演讲合同、授课合同、委托合同等,对当事人的错误可成为撤销民事法律行为的理由。② 行为性质的错误。如误将买卖当赠与,误将租赁当借用。③ 标的物本身的错误,又称标的物同一性的错误。如误将淀粉当成面粉出卖。以上两种错误均可成为撤销民事法律行为的理由。

至于内容错误是否包含价格错误,《民通意见》第 71 条对此未作规定,在司法实践中,存在不同判决。② 本书作者认为,在以磋商为基础的意思表示中,价格错误原则上不应成为内容错误。因为:(1)在以磋商为基础的合同中,价格是当事人反复磋商的问题,一般不存在误解。(2)认定价格错误构成内容错误,在市场经济条件下,价格涨落是常态,当事人会以价格错误主张合同撤销,不符合鼓励交易原则和维护交易安全。在以标价为基础的意思表示中,如商场买卖、电商买卖,价格错误是否构成内容错误应参照交易习惯、诚实信用原则等予以认定。

(3)表示行为的错误。表意人若知其事情即不为该意思表示为表示行为错误。③ 如误将韩元写成美元、误将租赁权写成地役权、抵押权人误信抵押无效而

---

① 〔德〕迪特尔·梅迪库斯:《德国民法总论》,邵建东译,法律出版社 2000 年版,第 567 页。
② 朱时萍诉北京趣拿信息技术有限公司等买卖合同纠纷案中标价错误,北京市第一中级人民法院认定为合同错误,判决撤销。中国裁判文书网:"朱时萍与北京趣拿信息技术有限公司等买卖合同纠纷二审民事判决书",wenshu.court.gov.cn,2017 年 5 月 5 日访问。
王某诉电商公司买卖合同纠纷案中标价错误,北京市第二中级人民法院不认定为重大误解,判决合同继续履行。中国法院网:"电商以标错价为由拒发货 法院判需继续履约",www.chinacourt.org,2017 年 5 月 5 日访问。
③ 史尚宽:《民法总论》,中国政法大学出版社 2000 年版,第 402 页。

同意涂销抵押登记等。表示行为错误可成为撤销之理由。

(4) 传达错误。由于传达人或者传递机关的错误而使表意人的意思表示发生的错误,为传达错误。传达错误属于表示行为的错误。传达错误虽然不为表意人的错误,但传达人是由表意人选任的为其表达意思的人,故传达错误应视为表意人的表示行为的错误。

传达错误是传送人或者传递机关无意识的错误传送,如果传达人或者传递机关有故意,则不为传达错误。传达人或者传递机关在传送过程中发生的错误,在性质上视为表意人的错误。在司法实践中,意思表示由第三人义务转达,而第三人由于过失转达错误或者没有转达,造成他人损失的,一般可由意思表示人负赔偿责任。如家中要办喜酒的老王,委托7岁的小明,给开鸡蛋店的老张传话,叫老张下午送来20斤鸡蛋。小明因未记清,向老张传话,送来200斤鸡蛋。老张给老王送来200斤鸡蛋,但老王只需要20斤鸡蛋。老张所受运费损失和破损损失应由老王承担。

(5) 受领人错误,又称误解。受领人受错误理解的影响而作出的意思表示,为受领人错误。在受领人受错误理解的影响而作出意思表示的情况下,受领人可撤销自己的意思表示。如甲写信给乙,表明出卖一辆旧车,甲在信中提到自己的车替换了发动机,且跑了2万公里,但乙只是粗略地阅读了该信,没有看清2万公里是指替换的发动机,以为该车一共才跑了2万公里,于是承诺购买该车。此种情况下,乙的错误为受领人的错误,受领人可以撤销意思表示。①

《民法总则》并未直接规定错误,而是规定了重大误解。所谓重大误解,包含了错误和误解两个概念,包括了表意人的认识和表达错误,相对人的理解和表达错误,以及表意人的错误陈述(非欺诈)等情形。在司法实践中是指,行为人因对行为的性质、对方当事人、标的物的品种、质量、规格和数量等的错误认识,使行为的后果与自己的意思相悖,并造成较大损失的,可以认定为重大误解。

对于重大误解的效力,依《民法总则》第147条和《合同法》第54条的规定,当事人可请求人民法院或者仲裁机构予以者撤销。在当事人未予撤销以前,其意思表示有效。

六、意思表示的不自由

意思表示的不自由是指由于他人的不当干涉,使意思表示存有瑕疵。依《民法总则》规定,意思表示不自由有欺诈、胁迫两种情况。

(一) 欺诈

欺诈,是指当事人一方故意编造虚假情况或者隐瞒真实情况,使对方陷入错

---

① 〔德〕迪特尔·梅迪库斯:《德国民法总论》,邵建东译,法律出版社2000年版,第570—571页。

误而为违背自己真实意思表示的行为。

欺诈的构成要件是：(1) 须有欺诈人的欺诈行为。欺诈既为行为,以行为人的意思作用为必要,无意识或者精神错乱中的所为不为欺诈。无行为能力人的欺诈不为欺诈。欺诈行为之情形有三：一是捏造虚伪事实；二是隐匿真实事实；三是歪曲真实事实。沉默是否构成欺诈,通说认为,以行为人是否具有告知义务为限。主观意见陈述是否构成欺诈,通说认为,应以行为人是否具有故意为标准,如鉴定人故意以非自己的意见为自己的意见,应为欺诈。(2) 欺诈人必须有欺诈的故意。即行为人须有使对方受欺诈而陷入错误,并因此为意思表示的目的。欺诈故意的含义有二：一是使相对人陷于错误的认识,如果行为人非明知其表述的事实为虚假或者虽明知其表述之事实为虚假,而无使相对人陷于错误的意思,不为欺诈；二是使相对人因其错误而为一定意思表示的意思,因此行为人虽明知其所表示的事实为虚假,而无利用相对人的错误使其为一定意思表示的意思,不为欺诈。在此两种意思之外,行为人有无取得财产利益的意思,及使相对人受财产损失的意思,对欺诈的成立,没有影响。(3) 须表意人因相对人的欺诈而陷于错误。所谓表意人陷于错误,不仅指表意人原无错误,受欺诈人的欺诈而陷于错误,而且包括表意人已有错误,受欺诈人的欺诈而陷于更深的错误。如果相对人未受欺诈而陷于错误,则不构成欺诈,如出卖人用种种手段隐瞒货物的瑕疵,仍被买受人发现,而未购买其货的,不为欺诈。(4) 须对方因陷于错误而为意思表示,即错误与意思表示之间有因果关系。错误与意思表示之间的因果关系可分为两种情况：一是无此错误,则根本不为意思表示；二是无此错误,则不以此条件为意思表示。相对人的意思表示非由于错误而生,不为欺诈,如知假买假一般不能认定为欺诈,但行为人明知伪劣食品、药品而购买也认定为欺诈。[①]

第三人的欺诈是否构成欺诈?《民法总则》第 149 条规定："第三人实施欺诈行为,使一方在违背真实意思的情况下实施的民事法律行为,对方知道或者应当知道该欺诈行为的,受欺诈方有权请求人民法院或者仲裁机构予以撤销。"可见,第三人欺诈构成欺诈的条件除符合欺诈的上述构成要件外还要求对方知道或者应当知道该欺诈行为。

依照《消费者权益保护法》第 55 条的规定,经营者如存在消费欺诈行为,适用惩罚性赔偿。对于消费欺诈行为的认定存有争议,但一般认为经营者出卖的商品只存在较小瑕疵,而非假冒伪劣商品的,应认定为违约行为而非消费欺诈。

(二) 胁迫

胁迫包括威胁和强迫。威胁是指行为人一方以未来的不法损害相恐吓,使对方陷入恐惧,并因此作出有违自己真实意思的表示。强迫是指行为人一方以

[①] 最高人民法院《关于审理食品药品纠纷案件适用法律若干问题的规定》第 3 条。

现时的身体强制,使对方处于无法反抗的境地而作出有违自己真实意思的表示。

胁迫的构成要件是:(1)须胁迫人有胁迫的行为。胁迫行为既可以直接对相对人实施,也可对其亲友实施;胁迫的对象不仅包括人的生命、身体健康及自由,也包括人的名誉、荣誉、隐私及财产。已经开始的损害,不足以构成胁迫,但若告知对方将通过自己的作为或者不作为使其损害继续而使其陷入恐惧的,也为胁迫行为。(2)胁迫人须有胁迫的故意。所说胁迫故意,是指胁迫人有通过胁迫行为而使表意人产生恐惧,并因此而为意思表示的故意。胁迫故意的含义有二:一是有使表意人陷于恐惧的意思,二是有使表意人因恐惧而为一定意思表示的意思。胁迫人是否有取得财产上利益或者使表意人蒙受财产上的损失的意思,在所不问。(3)胁迫的本质在于对表意人的自由意思加以干涉,所以,胁迫行为应具有违法性。其情形有三:一是目的违法,手段亦违法,如甲对乙说:"你不在伪造的证书上签名,就烧你家房子。"二是目的合法,手段违法,如甲对乙说:"你不履行债务,就揍你。"三是手段合法,目的违法,如甲对乙说:"你不给我钱,就告发你所犯的罪行。"(4)须相对人受胁迫而陷入恐惧状态。恐惧状态应依被胁迫人的主观状态决定。恐惧状态有二:一是表意人原无恐惧,因行为人的胁迫而发生恐惧;二是表意人原有恐惧,因行为人的胁迫而加深恐惧。(5)须相对人受胁迫而为意思表示,即表意人陷入恐惧或者无法反抗的境地,与意思表示之间有因果关系。如甲以告发乙的某种不法行为胁迫乙,乙因爱惜名誉而与甲约定给付若干财产,便可认定存在因果关系。

依《民法总则》第150条的规定,第三人胁迫亦构成胁迫。第三人的胁迫视为行为人的胁迫。

第三节 民事法律行为的成立与生效

一、民事法律行为的成立

民事法律行为的成立,是指符合民事法律行为的构成要素的客观情况。民事法律行为成立要件可分为一般成立要件和特别成立要件。

(一)一般成立要件

民事法律行为的一般成立要件,是指一切民事法律行为成立所必不可少的共同要件。关于民事法律行为的一般成立要件多有争议,但通说认为,民事法律行为的一般成立要件是:(1)当事人。任何民事法律行为都不能没有当事人,没有当事人就无人作意思表示,有的民事法律行为的当事人只有一人,如遗嘱人;有的民事法律行为须有两个以上当事人,如合同当事人。(2)意思表示。没有意思表示不构成民事法律行为,有的民事法律行为只需一个意思表示,如抛弃动产；有的民事法律行为须两个以上的意思表示，如买卖合同。(3) 标的。标的是指行为的内容，即行为人通过其行为所要达到的效果。①

（二）特别成立要件

民事法律行为的特别成立要件，是指成立某一具体的民事法律行为，除须具备一般条件外，还须具备的其他特殊事实要素。如实践性行为以标的物交付为特别成立要件；当事人约定合同必须采用书面形式方为成立的，则采用书面形式为特别成立要件。

二、民事法律行为的生效

（一）民事法律行为成立与生效的关系

民事法律行为的生效是指已经成立的民事行为因符合法定有效要件而取得法律认可的效力。

民事法律行为的成立与民事法律行为的生效是两个既有联系又有区别的概念。其联系在于：民事法律行为的成立是民事法律行为生效的前提。一项民事法律行为只有成立以后，才谈得上进一步确认其是否有效的问题。在大多数情况下，民事法律行为的成立与民事法律行为的生效在时间上是一致的，即在民事法律行为成立时即具有法律效力。只有在少数情况下，民事法律行为的成立与生效不具有时间上的一致性，即一项民事法律行为已经成立，但却无效或尚未生效。

其区别主要在于：(1) 着眼点不同。民事法律行为的成立着眼于行为因符合法律构成要素，而在法律上视为一种客观存在；民事法律行为的生效着眼于成立的行为因符合法定的有效条件，而取得法律认可的效力。(2) 判断标准和构成要件不同。民事法律行为的成立以意思表示的成立或者意思表示一致为要件；民事法律行为的生效要件，则包括行为能力规则、意思表示自愿真实规则、行为内容不违反法律原则等。民事法律行为的成立要件着眼于表意行为的事实构成，此类规则的判断不依赖于当事人后来的意志；民事法律行为的生效要件却着眼于当事人的意思表示的效力。(3) 发生的时间不同。民事法律行为具备法定构成要素即为成立，自具备法定有效要件时生效。(4) 效力不同。民事法律行为成立即生效的，当事人应受效果意思的约束，所负担的义务主要是约定义务，

---

① 另有观点认为，民事行为的成立要件不包含标的，因为意思表示作为成立要件已经包含了标的因素。见王利明主编：《民法》，中国人民大学出版社 2005 年版，第 157 页。"标的"一词在民法学上有不同的含义，这里说的标的是指民事行为的内容，换句话说就是行为人所想发生的效果；有时从静态上讲，标的就是民事法律关系的客体；有时从动态上讲称为标的，如"债的标的"。关于"标的"的含义，参见郑玉波：《民法总则》，台湾三民书局 1995 年版，第 226 页；郑玉波：《民法债编总论》，台湾三民书局 1978 年版，第 209 页。

可能产生的民事责任主要是违约责任;民事法律行为成立后不能生效或者被撤销或者在成立之后未生效之前,当事人所负担的主要义务是法定义务,违反了这种义务所产生的民事责任主要是缔约过错责任。

(二) 民事法律行为的生效要件

民事法律行为的生效要件包括实质要件和形式要件。

1. 实质要件

依《民法总则》第143条的规定,民事法律行为的有效实质要件有三项,即行为人具有相应的民事行为能力;意思表示真实;不违反法律、行政性法规的强制性规定,不违背公序良俗。

(1) 行为人具有相应的民事行为能力

行为人实施的民事法律行为会产生权利义务关系,产生相应的法律后果,因此,行为人必须具有预见其行为性质和后果的相应的民事行为能力。就自然人而言,完全民事行为能力人可以以自己的行为取得民事权利,履行民事义务;限制民事行为能力人只能从事与其年龄和智力相当的民事法律行为,其他行为由其法定代理人代理,或者经其法定代理人的同意;无民事行为能力人不能独立实施民事法律行为,必须由其法定代理人代理。

法人的民事行为能力是由法人的设立目的和法人的核准登记的经营范围决定的,法人只应在核准登记的经营范围内活动。但是,从维护相对人的利益和维护市场关系的稳定性出发,"当事人超越经营范围订立合同,人民法院不因此认定合同无效。但违反国家限制、特许经营以及法律、行政法规规定禁止经营的除外"。① 同时,依据《合同法》第50条的规定,法人或者其他经济组织的法定代表人、负责人超越权限订立合同的,除相对人知道或者应当知道其超越权限的以外,该代表行为有效。

(2) 行为人的意思表示真实

民事法律行为是以意思表示为构成要素的行为,因此,它要求行为人的意思表示必须真实。意思表示真实是指行为人在自觉、自愿的基础上作出符合其意志的表示行为。意思表示真实包括两个方面:其一,行为人的意思表示须是自愿的,任何个人和组织都不得强迫行为人实施或者不实施某一民事法律行为。其二,行为人的意思表示须是真实的,即行为人的主观意愿和外在的意思表示是一致的。

(3) 不违反法律、行政性法规的强制性规定,不违背公序良俗

法律规范依其适用可分为强制性规范和任意性规范,强制性规范要求行为人遵守,行为人不得依自由意思排除适用;任意性规范,行为人可排除适用。强

---

① 《合同法解释(一)》第10条。

制性规范是指法律、行政法规层面的行政规范,地方性法规和部门规章中的强制性规范,不能当然作为行为无效的依据。民事法律行为不得违反公序良俗,公序包含国家利益和社会公共利益,良俗是指社会善良风俗。

民事法律行为的内容还应具有可能性和确定性,可能和确实是民事法律行为的应有之义。

所谓可能,是指民事法律行为的内容可能实现,内容不可能实现的称为标的不能,标的不能的,民事法律行为不生效力。

标的不能又可分为:① 事实不能与法律不能。事实不能是指行为的标的在事实上不可能实现,例如使死者复生。法律上不能是指因法律理由而不能,多因违反法律强行规定,例如买卖土地所有权。事实不能使行为无效,法律不能属于行为内容违法问题,其结果导致行为无效。② 自始不能与嗣后不能。行为成立之时已确定为不能,属于自始不能。例如古画买卖合同订立时,该古画已经被毁。不能的原因发生于行为成立之后,属于嗣后不能,例如上例古画在合同签订后被毁而不能交付就属嗣后不能。自始不能,可使行为无效。嗣后不能,不影响行为的效力。③ 客观不能与主观不能。不能的原因与当事人无关,属于客观不能,例如房屋因地震被毁。不能的原因存在于当事人,属于主观不能。客观不能使行为无效或者解除。主观不能,只有在相对人知其不能时,才使行为无效。④ 全部不能与部分不能。行为的标的全部不能实现,属于全部不能。行为标的仅一部分不能实现,则为部分不能。全部不能使行为无效,部分不能可使行为部分无效。

所谓确定,是指民事法律行为的内容自始确定,或者能够确定。所谓能够确定,是指行为已包含了将来确定内容的方法;或者可以任意性法律规定补充当事人意思的不足,予以确定;或者可由人民法院或者仲裁庭依职权对行为的内容进行解释,最终确定其内容。标的不确定的行为,属于无效的行为。

2. 形式要件

在绝大多数情况下,民事法律行为只要具备实质要件就发生法律效力,但在某些特殊情况下,民事法律行为还须具备形式要件才发生效力。

第四节　民事法律行为的附条件与附期限

一、附条件的民事法律行为

(一) 附条件民事法律行为的概念

附条件的民事法律行为是指在行为中附上一定的条件,并且把该条件的成就或者不成就作为确定行为人的民事权利和民事义务发生法律效力,或者失去法律效力根据的行为。

《民法总则》第158条规定,民事法律行为可以附条件,附生效条件的民事法律行为在符合所附的条件时生效。通说认为,除了法律明确规定不得附条件的外,其他行为均可以由行为人设定条件,以此来限制行为的效力,从而满足行为人的各种不同需要。不得附条件的行为有:(1)妨碍相对人利益的。这主要是指形成权的行使。如《合同法》第99条第2款规定,法定抵销不得附加条件。(2)违背社会公共利益或者社会公德的。这主要包括结婚、离婚、收养或者终止收养、接受继承或者抛弃继承以及票据行为等。如《票据法》第33条规定,背书不得附有条件;背书附有条件的,所附条件不具有效力。

(二)民事法律行为所附条件的特点

民事法律行为所附的条件,是指决定行为的效力发生或者消灭的特定事实,它既可以是自然现象、事件,也可以是人的行为,但是它应当具备下列特点:

1. 应是将来发生的事实

所附条件,必须是行为人实施行为时尚未发生的事实,已经发生的事实,不得作为所附条件。已经发生的事实作为所附条件的,视为未附条件,行为自始生效。如甲乙约定,甲父的死亡作为甲租房与乙的所附条件,其实甲父早已死亡,甲乙的租房合同自签订之日起生效。

2. 应是发生与否不确定的事实

所附条件应是可能发生或者可能不发生的事实,也就是说,将来是否必然发生,行为人是不能肯定的。能够肯定将来必定会发生或者能够肯定将来根本不会发生的事实,不能作为所附条件。例如甲向乙表示"如果太阳从西方升起,我就把房屋赠与给你",则视为根本就不希望从事该项行为,行为无效。相反,如果行为人把不可能发生的事实作为行为失效的"条件",则视为未附任何条件,如甲乙约定将甲发明永动机成功作为甲乙租赁合同的解除条件,因甲不可能发明永动机成功,甲乙之间的租赁合同视为未附解除条件。

何谓条件不确定?在学理上有三种主张:(1)主观说。此说认为,只要行为人行为时不知其确定,即为不确定。即使客观上已经确定,也为不确定。如,君若与某女结婚则赠君千元;虽然某女已死亡,只要当事人不知,仍为赠与行为所附条件。(2)客观说。此说认为,以行为当时客观不确定为必要,当事人知其不确定与否在所不问。如前例所述,某女已死亡为客观确定,故不得为赠与行为所附条件。(3)折中说。此说又分为两种:一是以主观不确定为主,以客观不确定为辅;二是以客观不确定为主,以主观不确定为辅。本书作者认为,客观说具有科学依据。如前述分析,所附条件应为将来之事实,客观上,过去之事实或者已经发生之事实不为将来之事实。不管当事人在行为时是否知道,都不影响事实的存在。

3. 应是由行为人约定的事实

所附条件,只能是行为人双方协商议定的事实,是行为人意思表示一致的结果,而不能是法律规定或者合同性质决定的事实。例如甲乙约定,甲将在某合伙企业中的份额转让给乙,并将其他合伙人放弃优先购买权作为所附条件,因其他优先购买人放弃优先购买权属于法定条件,此种约定实属多余。因此,凡是附法定条件,应视为未附条件,行为当然有效。

4. 应是合法的事实

所附条件,其设立目的在于决定民事法律行为的效力,因此,违反法律和社会公共利益的违法条件不能作为所附条件。例如,甲同乙素有积怨,为了报复乙,甲私下与丙协商并承诺,如果丙将乙打伤,则赠与丙5000元。由于所附条件违法,该行为当然无效。

(三)条件的分类

1. 延缓条件与解除条件

按照所附条件对民事法律行为效力所起作用的不同,可以将其划分为延缓条件和解除条件。

(1)延缓条件

延缓条件又称停止条件,是指民事法律行为中所确定的民事权利和民事义务要在所附条件成就时才能发生法律效力。附延缓条件的民事法律行为,在条件成就之前已经成立,但效力处于停止状态。也就是说,在延缓条件成就以前,行为人之间的权利义务关系已经确定,但是权利人尚不能主张权利,义务人还无须履行义务,即双方的民事权利和民事义务的法律效力尚处于停止状态。例如,甲、乙协商约定,待甲迁移北京时以2500元价格将其冰箱出售给乙。这里的"甲迁移北京"便是该买卖行为所附的延缓条件,当延缓条件成就(甲迁移北京),行为就发生法律效力,甲应将冰箱交给乙;如果延缓条件不成就(甲未迁移北京),则该买卖行为就不发生法律效力。由此可见,延缓条件的作用,是推迟行为所确定的民事权利和民事义务发生法律效力。

(2)解除条件

解除条件又称消灭条件,是指民事法律行为中所确定的民事权利和民事义务在所附条件成就时失去法律效力。附解除条件的民事法律行为,在所附条件成就以前,已经发生法律效力,当事人已经开始行使权利和承担义务,当条件成就时,权利和义务则失去法律效力。例如,甲有闲置房间两间出租给乙,甲、乙双方在房屋租赁合同中附加了条件:如果甲的儿子大学毕业后回家工作,乙立即将该房退还给甲。这里"甲的儿子大学毕业后回家工作"便是该房屋租赁行为所附的解除条件,在解除条件成就以前,租赁房屋的当事人之间所确定的民事权利和民事义务已经发生法律效力。由此可见,解除条件的作用,是使已经发生法律效力的民事权利义务关系失去法律效力。

2. 肯定条件与否定条件

以某种客观事实的发生或者不发生为标准,所附条件可分为肯定条件和否定条件。

(1) 肯定条件

肯定条件又称积极条件,是指以发生某种客观事实为其条件的内容。肯定条件又可分为肯定的延缓条件和肯定的解除条件。肯定条件以一定客观事实的发生为条件成就,而以所附事实不发生为条件不成就。例如,甲、乙签订房屋租赁合同,出租人甲考虑到其女儿如不调到外地工作还需居住此房的情况,在合同中附上"如其女儿调到外地工作,该租赁合同方生效"的条件;再如,甲、乙签订房屋租赁合同,但考虑甲外地工作的儿子可能调回本市工作需要住房,于是附上"如其儿子调回本地工作,则租赁合同终止"的条件。上述两租赁合同都是附肯定条件。

(2) 否定条件

否定条件又称消极条件,是指以不发生某种事实为条件的内容。否定条件与肯定条件相反,它以一定事实的不发生为条件成就,而以一定事实的发生为条件不成就。它又可以分为否定的延缓条件和否定的解除条件。例如,甲、乙签订煤炭供应合同,在合同中附有"如甲本月不发生意外事故即供给乙煤炭若干",该买卖行为即属于附否定的延缓条件。再如,甲、乙签订种子供应合同,乙考虑到种子尚未通过有关部门的鉴定,故在合同中附上"如未通过鉴定合同终止"的条款,即属于附否定的解除条件。

(四) 附条件民事法律行为的效力

1. 条件成就

条件成就是指构成条件内容的事实已经实现。对于积极条件,以条件事实的发生为条件成就。对于消极条件,以条件事实的不发生为条件成就。前者如甲对乙说,你若结婚则赠你千元,则乙结婚为条件成就。后者如甲对乙说,你若不在本年内结婚,则赠你千元,乙未在本年内结婚则为条件成就。

2. 条件不成就

条件不成就是指构成条件内容的事实确定的不实现。对于积极条件,以该事实的不发生为条件不成就。对于消极条件,以该事实的发生为条件不成就。前者如,你若于本年内结婚则赠君千元,未于本年内结婚,其条件不成就。后者如,你若不于本年内结婚,则赠君千元,于本年内结婚则为条件不成就。

3. 条件成就或者不成就的拟制

依据《民法总则》第 159 条和《合同法》第 45 条第 2 款的规定,当事人为自己的利益不正当地阻止条件成就的,视为条件已成就;不正当地促成条件成就的,视为条件不成就。拟制的构成要件是:(1)阻止条件成就或者不成就的人,须为因条件成就或者不成就而受利益的当事人。如为第三人阻止条件的成就或者不成就,不为拟制。(2)此当事人须以不正当行为阻止条件的成就或者促成条件成就。何为不正当,应以诚实信用原则来衡量。如甲对乙说,我的马如生小马,则赠与你。因马得兽疫,甲杀之,不为不正当行为。

4. 条件成就时的效力

附条件的民事法律行为,其效力因条件而受限制。条件成就后,民事法律行为当然发生效力,不需再有当事人的意思表示或者其他行为。此时又可分为两种情形:(1)非要式行为。条件一旦成就,直接发生法律效力。(2)要式行为。如转让有限责任公司的股份,须经其他股东同意才发生法律效力,仅仅条件成就并不直接发生法律效力。

5. 条件不成就时的效力

《民法总则》和《合同法》对条件不成就时,民事法律行为的效力未作明文规定。通说认为,附延缓条件的行为,条件不成就时,该行为视为不存在;附解除条件的行为,条件不成就时,该行为视为不再附有条件,其原有效力维持。

6. 延缓条件成就与否未确定前的效力

我国法律对延缓条件成就与否未确定前的效力未明文规定。通说认为,相对人在延缓条件成就与否未确定前,应有因条件成就而取得权利或者利益的希望。如附延缓条件买卖合同的买受人,有因条件成就而取得标的物所有权的希望。此种希望或者可能性,在学理上,称为期待权。期待权虽不确定,但有实现的可能,因此,法律应予保护。为了保护相对人的期待利益,当事人不得任意撤销该行为。当然延缓条件成就前,相对人向对方请求履行的,对方享有拒绝履行的权利。

二、附期限的民事法律行为

(一) 附期限民事法律行为的概念

依据《民法总则》第160条的规定,附期限的民事法律行为,是指当事人约定一定期限,并把该期限的到来作为行为人的民事权利和民事义务发生、变更、消灭的前提的民事法律行为。附期限的民事法律行为可分为附生效期限的民事法律行为和附终止期限的民事法律行为。附生效期限的民事法律行为自期限届至时民事法律行为生效,附终止期限的民事法律行为自期限届满时民事法律行为失效。例如,甲与乙双方约定,自房屋租赁合同签订之日起10日后生效,就属附生效期限的民事法律行为。再如甲、乙约定房屋租赁合同两年后失效,就属附终止期限的民事法律行为。民事法律行为通常都可以附期限,但基于社会公共利益,也有不许附期限的,其范围与不许附条件的民事法律行为的范围大致相同。

期限和条件既有相同之处,又有不同的特点。相同之处在于两者都是对民事法律行为效力的某种限制,都是期待中的未来事实。不同之处在于:期限是将来一定能到来的,而条件则属将来是否发生不确定的事实。

(二) 附期限民事法律行为的类型

1. 延缓期限与解除期限

根据所附的期限对民事法律行为的效力所起的作用不同,所附期限可以分为延缓期限和终止期限。

附延缓期限的民事法律行为,是指行为虽然已经成立,但在所附期限到来之前不发生效力,待到期限届至时,当事人双方的权利义务才开始发生法律效力的民事法律行为。因此,延缓期限又称为始期(开始发生法律效力的期限)。例如,甲、乙订立租赁合同,但约定该合同15日后生效。这里的15日后生效就属延缓期限。

附终止期限的民事法律行为,是指在约定的期限到来时,该行为所确定的民事权利和民事义务的法律效力消灭的民事法律行为。附终止期限的行为在所附期限到来之前,当事人已经行使权利和履行义务,这种法律效力一直延续到所附的期限届满时终止。例如,甲与乙汽车租赁公司订立租车合同,租赁期限为一年,在租赁期限届满前,甲有权使用汽车,乙有权收取租金。一年期限届满,即所附期限到来,该汽车租赁合同终止。

2. 确定期限与不确定期限

根据所附期限是否确定,可以分为确定期限和不确定期限。所说确定期限,是指期限事实的发生时期也已确定。如甲乙约定,次年元月1日交付货物。所说不确定期限,是指期限事实的发生虽已确定,但其发生时期不确定。如甲与乙约定,甲父死亡之时,将房租与乙。

此外,学理上还将期限分为约定期限与恩惠期限及不能期限。约定期限是当事人所附加的期限,如当事人约定于次年元月1日履行债务。恩惠期限是人民法院斟酌债务人的情况,所予的分期给付或者延期清偿的期限。不能期限是指以甚远的将来时期为期限,如于百万年之后履行债务。

(三) 附期限民事法律行为的效力

1. 期限到来时的效力

依《民法总则》第160条的规定,附期限的民事法律行为在所附期限到来时生效或者终止。附延缓期限的民事法律行为,期限到来时,民事法律行为发生效力;附终止期限的民事法律行为,期限到来时,民事法律行为效力消灭。

2. 期限到来前的效力

附期限的民事法律行为在期限到来前效力如何,我国法律无明文规定。通说认为,其效力与附条件民事法律行为条件未成就时效力相同,即相对人享有期待权。

第五节　无效的民事法律行为

一、无效民事法律行为的概念

无效民事法律行为是指自始、当然、确定不发生当事人预期的法律效果的民事法律行为。

无效民事法律行为的含义是：(1) 自始无效。[①] 无效的民事法律行为，从行为开始时起就没有法律约束力。这与可撤销的民事法律行为区分开来，可撤销的民事法律行为在被撤销之前是生效的民事法律行为，只是从被撤销之日起，该民事法律行为溯及到行为开始之日归于无效。(2) 当然无效。是指民事法律行为存在无效的因素，超出了意思自治的界限，或者违反法律、行政法规的强制性规定，或者违背公序良俗原则。无效民事法律行为，不论当事人是否提出主张，是否知道无效的情况，也不论是否经过人民法院或者仲裁机构的确认，该民事法律行为都是无效的。人民法院或者仲裁机构在诉讼或者仲裁程序中的确认只是对一个已经存在的事实加以确认而已。(3) 确定无效。无效的民事法律行为，从开始时就没有效力，以后任何事实都不能使之有效。这与效力未定的民事法律行为区别开来，效力未定的民事法律行为可随着权利人的事后追认而使之有效。当然，确定无效也存在例外情况，如最高人民法院《施工合同的解释》第5条规定，承包人超越资质等级许可的业务范围签订建设工程施工合同，在建设工程竣工前获得相应资质等级，当事人请求按无效合同处理的，不予支持。《商品房买卖合同纠纷解释》第2条规定，出卖人未取得商品房预售许可证明，与买受人订立的商品房预售合同，应当认定无效，但是在起诉前取得商品房预售许可证明的，可以认定有效。《婚姻法解释（一）》第8条规定，对于无效婚姻，在申请宣告无效时，法定无效婚姻情形已经消失的，人民法院不予支持。

无效的民事法律行为可分为全部无效的民事法律行为和部分无效的民事法律行为。部分无效的民事法律行为是指民事法律行为的一部分内容不具备民事法律行为的有效要件时，该部分民事法律行为不具有效力，不影响其他部分效力的，其他部分仍具有效力。例如自然人之间的借款超出法律规定的最高利率时，借款合同仍然有效，但约定利率超出法定最高限额的部分无效。

无效的民事法律行为可分为绝对无效的民事法律行为和相对无效的民事法

[①] 另一种观点认为，除自始无效外，还存在嗣后无效，即行为无效的原因并非自行为成立时即存在，而是在行为成立后，发生无效事由的，如受遗赠人在被继承人死亡前死亡的，遗嘱无效；再如附停止条件的法律行为，在条件成就前，标的物成为不可流转物的，行为无效。见郑玉波：《民法总则》，台湾三民书局1982年版，第324页；郑正忠：《例解民法》（修订二版），台湾五南图书出版公司2001年版，第121页。考虑到我国法律明定无效为自始无效，故未进行自始无效和嗣后无效的分类。

律行为。绝对无效的民事法律行为是指违反了法律、行政法规的强制性规定的民事法律行为。这种行为属于当然无效的民事法律行为,利害关系人可依法主张无效,法院也可依职权主动审查、宣告其无效,如甲已婚,又与乙结婚,当事人的近亲属及基层组织可主张甲与乙的婚姻无效;再如甲起诉到法院与乙离婚,法院查明甲与乙的婚姻属于重婚,法院可依重婚直接判决宣告甲与乙的婚姻无效。相对无效的民事法律行为是指行为内容侵害特定第三人利益等情形,如当事人恶意串通损害特定第三人利益的合同,只有该第三人有主张合同无效的权利。因为此种情况是否损害该第三人利益,只有该第三人知道,如果允许他人代为主张,或者法院依职权主动审查宣告,则未必符合该第三人的利益。①

二、无效民事法律行为的分类

依据《民法总则》的规定,无效民事法律行为的种类包括:无民事行为能力人实施的民事法律行为;行为人与相对人以虚假的意思表示实施的民事法律行为;违反法律、行政法规的强制性规定的民事法律行为;违背公序良俗的民事法律行为;行为人与相对人恶意串通,损害他人合法权益的民事法律行为。

(一)无民事行为能力人实施的民事法律行为

无民事行为能力人实施的民事法律行为为无效民事法律行为。因为无民事行为能力人没有认识能力和判断能力,因此其民事法律行为应由其法定代理人代理。实务中无民事行为能力人纯获利益的行为,如接受报酬、赠与或奖励,不应认定为民事法律行为,因为民事法律行为以意思表示为构成要素,无民事行为能力人没有意思能力,不存在有效的意思表示;而应当认定为事实行为,因为事实行为不以意思表示为构成要素,因此无民事行为能力人纯获利益的行为,应为有效的事实行为,并以该事实行为而取得权利。

(二)行为人与相对人以虚假的意思表示实施的民事法律行为

(见通谋虚伪的意思表示)

(三)违反法律、行政法规的强制性规定的民事法律行为

《民法总则》第 153 条第 1 款规定,违反法律、行政法规、强制性规定的民事法律行为无效。但该强制性规定不导致民事法律行为无效的除外。《合同法》第 52 条第 5 项规定,违反法律、行政法规强制性规定的合同为无效合同。《合同法解释(一)》第 4 条规定,人民法院确认合同无效,应当以全国人大及其常委会制

---

① 对于相对无效的法律行为存在不同理解:第一种观点认为,无效理由只涉及特定当事人的利益,而不涉及社会公共利益,只能由该特定当事人主张无效,如台湾学者郑玉波:《民法总则》,台湾三民书局 1982 年版,第 324 页;郑正忠:《例解民法》(修订二版),台湾五南图书出版公司 2001 年版,第 121 页。第二种观点认为,相对无效是指可撤销可变更的法律行为,如龙卫球:《民法总论》(第二版),中国法制出版社 2002 年版,第 520 页。

定的法律和国务院制定的行政法规为依据,不得以地方性法规、行政规章为依据。违反法律的强制性规定的民事法律行为是否当然无效,是司法实务中极具争论性的问题,依《合同法解释(二)》第14条的规定,这里的"强制性规定"是指效力性强制性规定。因此,应根据不同情况区别对待:(1)法律明确规定为无效的,应为无效;(2)法律未明确规定为无效,应区分该强制性规范的性质:如属管理性规范,则不能当然认为该行为无效,如《城市房地产管理法》第54条规定:"房屋租赁,出租人和承租人应当签订书面租赁合同,约定租赁期限、租赁用途、租赁价格、修缮责任等条款,以及双方的其他权利和义务,并向房产管理部门登记备案。"如果当事人未向房产管理部门登记备案,则不能认定该房屋租赁合同无效。再如,企业法人超越范围经营所签订的合同,不能当然认定为无效。《合同法解释(一)》第10条规定:"当事人超越经营范围订立合同,人民法院不因此认定合同无效。但违反国家限制经营、特许经营以及法律、行政法规禁止经营规定的除外。"如属违反效力性规范,则应认定其无效。

(四)违背公序良俗的民事法律行为

《民法总则》第153条第2款规定,违背公序良俗的民事法律行为无效。

对于违反公序良俗的认定:(1)应基于基本权利。德国法院判决指出侵犯基本权利就违背了公序良俗,如受雇人承诺在雇佣期间绝不怀孕或结婚就违反了公序良俗。(2)应基于本国标准。对于公序良俗的认定标准原则上以本国为标准,违反外国的公序良俗并不当然认定为违背公序良俗。(3)应基于行为当时。公序良俗具有可变迁性,因此对公序的认定应以民事法律行为时为标准。

参照国外相关判例,违背公序良俗通常包括下列类型:(1)危害国家公序的行为,如身份证买卖契约;(2)危害家庭关系的行为,如约定断绝亲子关系的协议;(3)违反性道德的行为,如对婚外同居者的包养费协议;(4)射幸行为,如赌博协议;(5)违反人权和人格尊重的行为,如企业有权对雇员进行搜身检查的约定;(6)限制经济自由的行为,如对普通员工的竞业禁止条款;(7)违反公平竞争的行为,如拍卖中的围标契约;(8)违反消费者保护的行为,如酒店禁止消费者自带酒水的条款;(9)违反劳动者保护的行为,如企业对雇员"工作中同伴过失造成伤害概不负责"条款;(10)市场失灵时的囤积居奇行为。

(五)恶意串通损害他人合法权益的民事法律行为

《民法总则》第154条规定,行为人与相对人恶意串通,损害他人合法权益的民事法律行为无效。

这类民事法律行为,是指行为人双方为牟取不正当利益,互相勾结串通而实施的有损于他人合法利益的民事法律行为。恶意串通行为的构成要件是:(1)当事人双方在实施民事法律行为时有损害他人合法利益的故意;(2)行为人双方在实施民事法律行为时有串通一气、互相勾结的行为,若无这种勾结、串通,民事法律行为将不可能实施或者以另外的内容实施;(3)该民事法律行为履行的结果损害他人的利益。

三、民事法律行为被确认无效的法律后果

民事法律行为被确认无效以后,依照《民法总则》第157条及有关法律规定,会发生以下法律后果:

(一)返还财产

民事法律行为被确认无效,当事人因民事法律行为取得的财产,应当返还给对方。如果一方取得,取得方应返还给对方;如果双方取得,则双方返还。

返还财产的范围,以全部返还为原则。对方给付的财产,无论返还时是否存在,原则上返还义务人必须按原数或原价返还。如果原物存在,应以原物返还,否则应作价偿还;如果原物有损坏,应予修复后返还,或者付给相当的补偿;如果已经出租,还应当返还已取得的租金;如果对方给付的是金钱,除了返还本金外,还应按银行利率支付利息;如果对方给付的是劳务、无形财产或者其他不能返还的利益,则应折算为一定的金钱予以偿还。

(二)赔偿损失

民事法律行为被确认无效后,有过错的当事人应当赔偿对方的损失;双方有过错的,则应各自承担相应的责任。反之,虽然有损失,但是对方没有过错,不能够请求赔偿。

第六节 可撤销的民事法律行为

一、可撤销的民事法律行为的概念

可撤销的民事法律行为是指已经成立生效,因为意思表示不真实或者其他法定原因,行为人有撤销权的民事法律行为。撤销权人行使撤销权,则行为经撤销其效力溯及成立时无效;如果撤销权人在法定期限内未行使撤销权,该民事法律行为原来的效力不变,民事法律行为效力继续。

二、可撤销的民事法律行为的种类

(一)因重大误解的民事法律行为

依《民法总则》第147条和《合同法》第54条第1款第1项的规定,因重大误解的民事法律行为是可撤销的行为。

(二)因显失公平的民事法律行为

依《民法总则》第151条的规定,因显失公平的民事法律行为为可撤销的民

事法律行为。

显失公平是指一方利用对方处于危困状态、缺乏判断能力等情形,致使民事法律行为成立时,民事权利义务明显不对称的情形。在德国法上称为暴利行为。

依照《民法总则》第151条的规定,参照德国汉斯·布鲁克斯和沃尔夫·迪特里希·瓦尔克所著《德国民法总论》及德国迪特尔·梅迪库斯所著《德国民法总论》,对于显失公平的认识和应用,应包括主观要件和客观要件。

就其客观要件而言,是指给付与对待给付明显不相称,当然,在各个具体的民事法律行为中,应全面考虑风险负担、市场情况等。显失公平仅适用于财产行为,不适用于身份行为,如夫妻忠诚协议、收养协议、遗嘱、遗赠扶养协议等不适用暴利行为。在财产行为中,公开竞价的财产行为,不适用显失公平,因为公开竞价的财产行为,因交易信息公开透明,在彼此竞价的过程中达到了价格公平的结果。合法的和符合交易习惯的投机性财产行为不适用显失公平,如买卖期货的行为,购买福利奖券的行为,符合交易习惯的"赌石"行为。

就其主观要件而言,要求一方当事人利用对方处于急迫情势,没有经验,缺乏判断能力或者意志薄弱等情事。

所说利用对方处于急迫情势,是指为获取暴利利用对方的窘境,至于交易的提议是否由暴利获得者提出,并不重要。利用对方处于急迫情势,不仅要求获得暴利者明知所约定的给付明显不合理,而且要求暴利获得者明知对方处于窘境。例如,在德国的判例中,非法劳工甲因在一间多人住房中住宿,被要求每月支付600欧元的租金,就被判决为利用与对方窘迫的房租暴利。① 但是,获利者在对方处于围困状态时接受对方的允诺,一般不能认定为利用对方急迫情势的显失公平。如甲是一位为人吝啬的富人,其不会游泳,其子掉入水塘之中,情势急迫,为此允诺救子者致谢人民币10万元,乙依允诺救其子,要求甲支付10万元,不能认定为利用对方急迫情势的显失公平,而应认定为单方允诺。

所说利用对方没有经验,是指利用对方没有经验或者缺少生活及交易经验,利用对方没有经验,要求获得暴利者明知对方没有经验或者缺少生活及交易经验。例如在德国法中,不熟悉本地情况的流亡者,接受了甲所提供的作为开业资助的月息超过法定贷款利息的贷款,就被认为是利用对方没有经验的暴利行为。

所说利用对方缺乏判断能力,不应包含无民事行为能力人或者限制行为能力人缺乏判断能力之情形,因为无民事行为能力人或者限制民事行为能力人已经受到行为能力规则之规制。利用对方缺乏判断能力,应根据民事法律行为所涉及的专业复杂程度、市场风险程度及表意人的经历等方面予以认定。例如一

---

① Vgl. BGH NJW 1982,896.转引自〔德〕汉斯·布鲁克斯和沃尔夫·迪特里希·瓦尔克:《德国民法总论》(第二版),张艳译,中国人民大学出版社2012年版,第219页。

些经营者利用老年人急于增加财富或者增进健康的心理,以及老年人缺少理财知识或者保健知识的特点,向其推销风险极大的理财产品或者言过其实的保健产品,致使一些老年人倾其所有而购买,导致财产损失,此种情形即使给付和对待给付很难认定明显不相称,也应认定为利用对方没有经验的显失公平,而不应认定为利用对方缺乏判断能力而显失公平。

所说利用对方意志薄弱或者控制力薄弱,是指暴利获得者明知对方意志薄弱或者控制力薄弱而获取暴利的行为。如饱受戒毒副作用之苦的瘾君子,因急需用钱购买新毒品,接受了一份利息为70%的借款,该份借款合约就属利用对方意志薄弱或控制力薄弱的显失公平。

至于囤积居奇,其目的是为了追求暴利,因该行为违反公共秩序,受到公法规制。在民法上该行为因违背公序良俗而无效。

根据迪特尔·梅迪库斯所著《德国民法总论》暴利行为可分为信用暴利、销售暴利、租赁暴利。信用暴利主要指当事人双方为消费借贷或其他借贷约定特别高的利息;销售暴利是指当事人双方在买卖和其他销售中存在出卖人索取过高的价格;租赁暴利是指出租人收取特别高的租金。①

依据《德国民法典》第138条的规定,暴利行为是违背公序良俗的特殊形式。该行为被认定为无效行为。《民法总则》未将显失公平认定为无效行为,而认定为可撤销的民事法律行为。

(三) 受欺诈而实施的民事法律行为

根据《民法总则》第148、149条和《合同法》第54条的规定,受欺诈而实施的行为是可撤销民事法律行为。

(四) 受胁迫而实施的民事法律行为

根据《民法总则》第150条和《合同法》第54条的规定,受胁迫实施的行为是可撤销民事法律行为。

三、撤销权的享有和行使

撤销权是权利人以其单方的意思表示撤销已经成立的行为的权利。撤销权在性质上属于形成权。可撤销行为的撤销权由行为成立时的受害人享有。在欺诈、胁迫的情况下,由被欺诈人、被胁迫人享有。在暴利行为的情况下,由行为成立时的受害人享有。在重大误解的情况下,由行为人享有。在表意人自己存在过错导致自己受害的情况下,其是否享有撤销权有不同立法例。依《日本民法典》和《韩国民法典》,表意人有重大过失的,无撤销权;依我国台湾地区"民法",表意人有过失则不享有撤销权;依《瑞士债务法》和《德国民法典》,不以表意人无

---

① 参见〔德〕迪特尔·梅迪库斯:《德国民法总论》,邵建东译,法律出版社2004年版,第538页—541页。

过失为撤销权的行使要件。① 《民法总则》第 59 条和《合同法》第 54 条似采瑞、德之主张。如某商店因自己的错误将价格五倍于国产玻璃器皿的进口玻璃器皿，置于国产玻璃器皿的货架上，甲以国产玻璃器皿的价格购置了该批进口玻璃器皿，虽然损失是由于商店自身的错误造成的，商店也可以重大误解为由撤销与甲之间的买卖合同。

撤销权人行使撤销权是通知行使还是诉讼或仲裁行使，学理上存有争议。依照《民法总则》的规定和《合同法》第 54 条的规定，撤销权应采用诉讼或仲裁方式，其立法目的是鼓励交易原则的体现。依据《婚姻法》第 11 条的规定，受胁迫的婚姻当事人一方可向婚姻登记机关或法院行使婚姻撤销权。

依照《民法总则》第 152 条第 1 款的规定，有下列情形之一的，撤销权消灭：(1) 当事人自知道或者应当知道撤销事由之日起 1 年内、重大误解的当事人自知道或者应当知道撤销事由之日起 3 个月内没有行使撤销权；(2) 当事人受胁迫，自胁迫行为终止之日起 1 年内没有行使撤销权；(3) 当事人知道撤销事由后明确表示或者以自己的行为表明放弃撤销权。第 152 条第 2 款规定当事人自民事法律行为发生之日起 5 年内没有行使撤销权的，撤销权消灭。

撤销权人行使撤销权后当事人之间的民事法律行为溯及于行为成立之日起无效，发生无效民事法律行为的后果，但不得对抗善意第三人，如甲从乙处购买一辆汽车，甲又将该车转让予丙，乙以重大误解为由经法院判决撤销了甲乙之间的买卖合同，乙不能要求丙返还该车，即撤销权的行使对善意第三人不发生效力。

第七节 效力未定的民事法律行为

一、效力未定的民事法律行为的概念与特征

效力未定的民事法律行为，又称不生效的民事法律行为，是指已经成立但效力处于不确定状态的民事法律行为。

效力未定的民事法律行为的特征是：(1) 效力未定的民事法律行为的效力处于悬而未决的不确定状态之中，既非有效，亦非无效。(2) 效力未定的民事法律行为的效力确定，取决于享有形成权的第三人是否追认或者是否形成了其他法定条件，其结果可能变为有效的民事法律行为，也可能变为无效的民事法律行为。(3) 效力未定的民事法律行为确定为有效的，其效力溯及于行为成立时；确定为无效的，自始无效。

---

① 史尚宽：《民法总论》，中国政法大学出版社 2000 年版，第 410 页。

《民法总则》第145、168、171条和《合同法》第47、48、51条规定了效力未定的民事法律行为。效力未定民事法律行为主要有以下四种类型：(1) 欠缺民事行为能力的行为；(2) 无权处分的行为；(3) 无权代理（狭义的无权代理）的行为；(4) 自己代理和双方代理的行为。自己代理、双方代理和无权代理的行为将在第九章"代理"中论述。

二、欠缺民事行为能力的行为

自然人实施的民事法律行为，必须具有相应的民事行为能力。如果自然人实施民事法律行为时，欠缺相应的民事行为能力，其法定代理人有权追认。

（一）法定代理人的追认权

1. 追认权的性质

追认权的性质可从三点说明：(1) 追认权是形成权；(2) 追认行为是有相对人的单方行为；(3) 追认是辅助性行为，其作用在于补足相关行为所欠缺的有效要件。

2. 追认的主体

追认的主体通常为法定代理人。限制行为能力人在具有完全行为能力时，可以追认其所订立的合同（限制行为能力人在具有完全行为能力时自己追认，不属于辅助性民事法律行为）。

3. 追认的方式

在相对人催告以前，法定代理人追认的意思可以向限制行为能力人或者相对人表示，追认的意思表示自到达相对人时发生追认的效力。追认的意思表示到达限制民事行为能力人时，发生法定代理人同意的效力，限制民事行为能力人将该同意的表示向相对人为之，则发生追认的效力。依据《民法总则》第145条和《合同法》第47条的规定，"相对人可以催告法定代理人在一个月内予以追认。法定代理人未作表示的，视为拒绝追认"。对限制民事行为能力人所订合同的追认，法定代理人应采用明示方式。法定代理人已实际履行该合同或者为该合同的履行做了准备工作，应推定法定代理人予以追认。

4. 追认的效力

效力未定民事法律行为经追认后，自始有效；追认权人拒绝追认，该行为自始无效。因法定代理人拒绝追认，给相对人造成损失的，该损失如何承担，我国法律未有规定。但从维护未成年人的利益出发，一般认为由相对人自己承担。

（二）相对人的催告权与撤销权

1. 相对人的催告权

相对人有权催告法定代理人在1个月内予以追认（《民法总则》第145条第

2款、《合同法》第47条第2款)。相对人应当给法定代理人在1个月之内的合理的追认期限,期限不应过短。至于该1个月是属于强制性法律规范还是任意性法律规范,存有争议。本书作者认为,从最大限度地维护合同中意思自治出发,该1个月属于任意性法律规范,即当事人对追认期间有合理约定的,应遵从该合理约定期间;当事人未对追认期间进行约定,以1个月为限。法定代理人于催告期满未作表示的,视为拒绝追认。

2. 相对人的撤销权

相对人的撤销权是指相对人撤销其意思表示的权利。相对人撤销其意思表示,应向法定代理人表示。相对人撤销其意思表示后,效力未定民事法律行为自始无效。相对人撤销权行使的条件是:(1)应在法定代理人追认之前行使,追认以后,不得撤销。(2)相对人须为善意。所谓善意是指相对人行为时不知道或者不应当知道对方为行为能力欠缺人。如果相对人行为时不具有善意,就不享有撤销权。(3)应采用明示的方式。

三、无权处分的行为

(一)无权处分行为的概念与特征

根据我国现行立法,无权处分行为是指,无处分权人处分他人的财产,以引起财产权利变动为目的的行为。例如,擅自出卖他人的物,以他人的房产设立抵押等。

无权处分行为有以下特征:(1)权利人无处分权而处分他人的财产;(2)无权处分人所为的处分行为是以自己的名义进行的,如果以他人的名义处分则属于"无权代理"。

(二)无权处分行为的效力

无权处分本是无处分权人对他人财产权的侵害,不应发生效力。为了尊重权利人的意思和维护取得权利人的利益,法律规定了确定效力的条件。《合同法》第51条规定,无处分权人处分他人的财产,经权利人追认或者无处分权人订立合同后取得处分权的,该合同有效。需要指出的是,无权处分行为不限于订立合同,还有无权处分他人财产的单方行为。无权处分行为的效力有三种:

1. 无权处分行为经权利人追认的,自始发生效力。

权利人追认向无权处分人或者相对人表示均可。关于追认的方式,较多的学者认为,追认为不要式行为,也有学者认为追认应当用明示方法。

2. 处分后取得权利的,自始发生效力。

无处分权人处分时没有处分权,但在处分后可能取得处分权。例如因为继承或者买受而取得处分权,该处分权自始发生效力。就同一标的物做出两项以上相互抵触的处分的,仅限最初的处分发生效力。例如,乙将甲的动产先出卖给丙,后再出卖给丁(均取得间接占有),乙取得动产所有权时,乙出卖给丙的处分为有效。①

3. 对无权处分行为权利人不追认,处分后也没有取得处分权的,自始对权利人不发生效力。但在无权处分人与相对人的关系中,最高人民法院《买卖合同的解释》第 3 条规定:"当事人一方以出卖人在缔约时对标的物没有所有权或者处分权为由主张合同无效的,人民法院不予支持。出卖人因未取得所有权或者处分权致使标的物所有权不能转移,买受人要求出卖人承担违约责任或者要求解除合同并主张损害赔偿的,人民法院应予支持。"

四、无权处分在物权法上的效力

《物权法》第 106 条对无处分权人转让他人物权的效力作了规定,其基本内容是规定善意取得的有效要件。善意取得在性质上是无权处分的特别规定。

五、无权处分与侵权责任的关系

如果无权处分符合侵权责任的要件,虽然其处分经权利人追认而发生效力,并不免除处分人的赔偿责任,权利人仍有赔偿损失请求权。

---

① 参见施启扬:《民法总则》(修订第八版),中国法制出版社 2010 年版,第 314—317 页。

第九章 代 理

第一节 代理的概念与特征

一、代理的概念

代理是指代理人依据代理权,以被代理人的名义与第三人实施民事法律行为,直接对被代理人发生效力。代理的含义有二:(1)代理是一种法律关系。①在代理关系中,依据代理权代替他人实施民事法律行为的人称为代理人;被他人代替实施民事法律行为,承受民事法律行为后果的人称为被代理人(又称本人);同代理人为民事法律行为的人称为第三人(又称相对人)。在代理关系中,有三方参加人,涉及三方面的法律关系:代理人与被代理人之间基于委托授权或者法律直接规定而形成的代理权关系;代理人依据代理权与第三人之间的代理行为关系;被代理人与第三人之间因代理行为而形成的具体民事法律关系。其中,前一种关系为代理的内部关系,后两种关系为代理的外部关系。代理的内外部关系是有联系的、不可分割的。代理的内部关系是代理的外部关系得以产生和存在的前提,而代理的外部关系则是代理的内部关系的目的和归宿。②(2)代理行为是民事法律行为。其本质属性在于意思表示,代理行为除受代理规范调整外,还受民事法律行为规范的调整。

代理有广义与狭义之分。狭义的代理指直接代理,又称显名代理,即以被代理人的名义进行的民事法律行为,后果直接归属于被代理人。广义的代理包括直接代理和间接代理。间接代理是指代理人以自己的名义进行民事法律行为,而使其后果归属于被代理人。民法法系国家和地区大多对代理采取狭义的立法主张,普通法系(又称英美法系)国家则采取广义的立法主张。《民法总则》采取的是狭义代理的概念。《合同法》第402条和第403条的规定在一定程度上承认了广义的代理。这种立法上的灵活性在某些方面能适应实践中当事人的需要,但是同时在民法代理制度的立法体系的内容上产生了矛盾,对此有待理论上进一步探讨和实践中进一步总结。本书所讲的代理,是《民法总则》规定的狭义代理。

---

① 佟柔主编:《中国民法学·民法总则》,中国人民公安大学出版社1990年版,第263页。
② 马俊驹、余延满:《民法原论》,法律出版社1998年版,第283页。

二、代理与相关概念

(一) 代理与传达

传达是指传达人传送表意人已确定的意思表示,传达人不为自己的意思表示。代理与传达的区别意义在于:(1) 传达人不必有行为能力,而代理人必有行为能力。(2) 传达人传达不实,本人可以撤销,但由此造成的损失由本人承担。代理人因自己的过错被代理人造成损失的,通常由代理人承担民事责任。

(二) 代理与代表

法人组织必有代表人。区分代表与代理的法律意义在于:(1) 代表人与法人间是民事主体内部的法律关系,二者是一个民事主体;代理人与被代理人是两个独立的民事主体。(2) 代表人为法人实施行为即为法人的行为,不发生另外的效力归属问题;代理人的行为不是被代理人的行为,仅其效力归属于被代理人。(3) 代表人为法人所为的行为,包括民事法律行为和事实行为;代理人为代理行为不包括事实行为。

(三) 代理与行纪

行纪是指行纪人以自己的名义为委托人从事交易活动。区分代理与行纪的意义在于:(1) 行纪人是以自己的名义为民事法律行为;代理人是以被代理人的名义为民事法律行为。(2) 行纪的后果直接归属于行纪人,然后由行纪人转移于委托人;代理的后果直接归属于被代理人。(3) 行纪必为有偿行为;代理不以有偿为要件。(4) 代理是独立的民事法律制度;行纪是一种具体的合同关系,属于债的组成部分。

(四) 代理与居间

居间是指居间人向委托人报告订立合同的机会或者提供订立合同的媒介服务,委托人支付报酬。居间与代理有相似之处,但居间是居间人与委托人之间的权利义务关系,而代理则发生被代理人与相对人之间的权利义务关系。

三、代理的特征

(一) 代理人在代理权限之内实施代理行为

代理人进行代理活动的依据是代理权,依据《民法总则》第 162 条的规定,代理人必须在代理权限内实施代理行为。委托代理人应根据被代理人的授权进行代理。法定代理人也只能在法律规定的代理权限内进行代理行为。

但是代理人实施代理行为时有独立进行意思表示的权利。为了更好地行使代理权和维护被代理人的利益,代理人可以在代理权限内根据具体情况为意思表示,完成代理事务。

（二）代理人以被代理人的名义实施代理行为

依《民法总则》第162条的规定，代理人应以被代理人的名义实施代理行为。代理人如果以自己的名义实施民事法律行为，这种行为就不是代理行为而为自己行为，行为后果由自己承受，除非法律另有规定(《合同法》第402、403条)。代理人只有以被代理人的名义进行代理活动，才能直接为被代理人取得权利、设定义务。

（三）代理行为是具有法律意义的行为

代理是一种民事法律行为。只有代理人为被代理人实施的是能够产生民事权利义务的行为才是代理行为，如代签合同。代友请客则不属于民法上的代理行为，在双方当事人之间不产生权利义务关系。

（四）代理行为直接对被代理人发生效力

代理人在代理权限内以被代理人的名义实施的民事法律行为，相当于被代理人自己的行为，产生与被代理人自己行为相同的法律后果。因此被代理人享有因代理行为产生的民事权利，同时也应承担代理行为产生的民事义务和民事责任。

四、代理的适用范围与意义

《民法总则》第161条规定："民事主体可以通过代理人实施民事法律行为。依照法律规定、当事人约定或者民事法律行为的性质，应当由本人亲自实施的民事法律行为，不得代理。"通说认为，代理的适用范围包括：(1)代理各种民事法律行为。这是最普遍的代理行为。如代签合同、代履行债务等。(2)代理实施某些财政、行政行为。如代理专利申请、商标注册，代理缴税，代理法人登记等。(3)代理民事诉讼行为。《民事诉讼法》规定了诉讼代理行为，这是当事人实现和保护其民事权利的重要方式。后两项代理的内容不是民事法律行为，是广义的代理，原则上适用民法上代理的有关规定。

尽管代理的适用范围很广，但还是受法律规定和当事人约定的限制。具体包括：(1)具有人身性质的民事法律行为不得代理。具有人身性质的民事法律行为因为人身属性的原因，不能适用代理。例如，立遗嘱、解除婚姻关系(但离婚诉讼是可以代理的)、作者履行约稿合同、剧团履行演出合同等行为。(2)被代理人无权进行的行为不得代理。代理人所代理的行为必须是被代理人有权进行的，这是代理行为的前提。内容违法的行为和侵权行为不产生代理权和代理后果。(3)双方当事人约定应由本人亲自实施的民事法律行为不适用代理。双方当事人约定必须由本人亲自实施的行为，必须遵从约定，不适用代理。

代理的意义表现为两个方面：一是扩大民事主体的活动范围。民事主体从事民事法律行为，主观上受知识和认识能力的限制，客观上受时间和空间的限制,因此不可能事必躬亲,特别是法人如仅靠法定代表人实施民事法律行为,法人的业务将大受限制。代理的制度价值就在于克服民事主体在知识、认识水平、时间、空间等方面的局限性,扩大活动范围。二是补充某些民事主体的行为能力的不足。无民事行为能力人和限制民事行为能力人不能或者不能完全通过自己的行为,以自己的意思为自己设定权利、履行义务,而代理能使这类民事主体的行为能力得以补充。

第二节 代理的分类

一、委托代理与法定代理

《民法总则》第163条规定:"代理包括委托代理和法定代理。委托代理人按照被代理人的委托行使代理权。法定代理人依照法律的规定行使代理权。"这是从法律上作出的对代理最基本、最重要的分类。这种分类是按照代理权产生根据的不同划分的。

(一)委托代理

委托代理是指代理人根据被代理人的委托而进行的代理。委托代理人所享有的代理权,是被代理人授予的,所以委托代理又称授权代理。授权行为是一种单方民事法律行为,仅凭被代理人一方授权的意思表示,代理人就取得代理权,故委托代理又称为意定代理。

委托代理一般产生于代理人与被代理人之间存在的基础法律关系之上,这种法律关系可以是委托合同关系,也可以是劳动合同关系(职务关系),还可以是合伙合同关系。

在委托代理中,授予代理权的形式可以用书面形式,也可以用口头形式或者其他形式。法律规定或者当事人约定应当采用特定形式的,应当用特定形式。授权的书面形式称为授权书,根据《民法总则》第165条的规定,"委托代理授权采用书面形式的,授权委托书应当载明代理人的姓名或者名称、代理事项、权限和期间,并由被代理人签名或者盖章"。

至于职务代理是否属于委托代理,学者间存有争议。一种观点认为职务代理不同于委托代理,其代理权产生的依据是基于职务关系不是基于委托授权,是一种独立于委托代理的代理种类。[①] 职务代理确有不同于委托代理的某些特征,如:职务代理的代理人是被代理人的工作人员;代理人与被代理人之间与其说是受民事法律关系的约束,不如说更多地是受劳动法律关系或者行政法律关

---

① 江平、张佩霖:《民法教程》,中国政法大学出版社1986年版,第95页。

系的约束;职务代理相对稳定,除非代理人职务变动,其代理权一般不能剥夺等。另一种观点认为职务代理属于委托代理的范畴,具有委托代理的本质特点,即都是被代理人单方授权行为的结果,尽管其授权形式各有特点,代理人都只能在授权范围内以被代理人的名义对外进行民事活动等。因此,职务代理实质上是委托代理的特殊形式。[①]《民法总则》将职务代理纳入委托代理的范畴,其第170条规定:"执行法人或者非法人组织工作任务的人员,就其职权范围内的事项,以法人或者非法人组织的名义实施民事法律行为,对法人或者非法人组织发生效力。法人或者非法人组织对执行其工作任务的人员职权范围的限制,不得对抗善意相对人。"如商店售货员出卖商品于顾客的行为、公司采购员以公司名义与第三人签订买卖合同的行为、公交车售票员售票予乘客的行为等,均是职务代理行为。

(二)法定代理

法定代理是指根据法律直接规定而发生的代理关系。法定代理主要是为无民事行为能力人和限制民事行为能力人设立代理人的方式。这主要是因为他们没有民事行为能力或者没有完全民事行为能力,不能为自己委托代理人。法定代理产生的根据是代理人与被代理人之间存在的监护关系。法定代理人所享有的代理权是由法律直接规定的,与被代理人的意志无关。

《民法总则》第23条规定:"无民事行为能力人、限制民事行为能力人的监护人是其法定代理人。"这一规定就是为他们设定法定代理人的法律依据。监护人代理被监护人为民事法律行为,实现和保护被监护人的合法权益,这是监护人的一项重要职责。所以监护人是被监护人的法定代理人。

二、一般代理与特别代理

以代理权限范围为标准,可分为一般代理与特别代理。特别代理是指代理权被限定在一定范围或者一定事项的某些方面的代理,又称部分代理、特定代理或者限定代理。一般代理是特别代理的对称,是指代理权范围及于代理事项的全部的代理,故又称概括代理、全权代理。在实践中,如未指明为特别代理时则为概括代理。

三、单独代理与共同代理

以代理权属于一人还是多人,代理可划分为单独代理与共同代理。单独代理,又称独立代理,指代理权属于一人的代理,其核心要件是代理权属于一人。至于被代理人为一人还是多人,在所不问。另外,无论法定代理还是委托代理都

---

① 马俊驹、余延满:《民法原论》(第二版),法律出版社2005年版,第225—226页。

可产生单独代理。共同代理,指代理权属于两人以上的代理。在共同代理中,外国立法通常认为代理人之间形成共同关系,享有的代理权是同等的。每个代理人均有权行使全部代理权,每个代理人的代理行为的后果均由被代理人承受。《民通总则》第166条规定:"数人为同一代理事项的代理人的,应当共同行使代理权,但是当事人另有约定的除外。"依照该条规定共同代理存在两种情况:(1)在通常情况下,共同代理人应共同行使代理权,如其中一人或者数人未与其他代理人协商,其实施的行为侵害被代理人权益的,由实施行为的代理人承担民事责任。(2)在当事人有约定的情况下,代理权的行使及其民事责任承担依照当事人的约定。

四、本代理与复代理

以代理权是由被代理人授予,还是由代理人转托为标准,可以把代理划分为本代理与复代理。本代理是指基于被代理人选任代理人或者依法律规定而产生的代理,又称原代理。本代理是相对于复代理而言,没有复代理存在,也就无本代理。复代理是指代理人为被代理人的利益将其所享有的代理权转托他人而产生的代理,故又称再代理、转代理。因代理人的转托而享有代理权的人,称为复代理人。代理人选择他人作为复代理人的权利称为复任权。

复代理的主要特征有:(1)复代理人是由代理人以自己的名义选任的,不是由被代理人选任的;(2)复代理人不是原代理人的代理人,而仍然是被代理人的代理人,复代理人行使代理权时仍应以被代理人的名义进行,法律后果直接归属于被代理人,而不归属原代理人,也不是先归属于原代理人,再转移于被代理人;(3)复代理权不是由被代理人直接授予的,而是由原代理人转托的,但以原代理人的代理权限为限,不能超过原代理人的代理权。

《民法总则》第169条规定:"代理人需要转委托第三人代理的,应当取得被代理人的同意或者追认。转委托代理经被代理人同意或者追认的,被代理人可以就代理事务直接指示转委托的第三人,代理人仅就第三人的选任以及对第三人的指示承担责任。转委托代理未经被代理人同意或者追认的,代理人应当对转委托的第三人的行为承担责任,但是在紧急情况下代理人为了维护被代理人的利益需要转委托第三人代理的除外。"委托代理人原则上没有复任权,因为委托代理的基础是特定当事人之间的信任关系。但是在尊重被代理人意思和有利于保护被代理人利益的前提下,委托代理人在下列情况下可享有复任权:(1)被代理人事先授权可以转委托的;(2)转委托前征得被代理人同意的;(3)转委托后得到被代理人追认的;(4)在紧急情况下,如由于突患疾病、通讯联络中断等特殊原因,委托代理人不能办理代理事项,又不能与被代理人及时取得联系,如不及时转委托他人代理,会给被代理人的利益造成损失或者扩大损失的。

对于经被代理人事先授权或者经被代理人同意及追认的复代理,被代理人可以就代理事务直接指示复代理人。代理人仅就复代理人的选任及对复代理人的指示承担责任。所说代理人的选任责任是指,代理人所选择的复代理人应具备完成代理事项的品行和能力。所说代理人的指示责任是指,代理人对复代理人的指示应在被代理人的授权范围内。

在复代理关系中因代理人的错误指示造成被代理人损失的,应由代理人对被代理人承担责任;因代理人的选任错误和复代理人的过错行为造成被代理人的损失的,由代理人和复代理人对被代理人共同承担责任;因复代理人的过错行为造成被代理人损失的,由复代理人对被代理人承担责任;因代理人和复代理人恶意串通造成被代理人损失的,由代理人和复代理人对被代理人负连带责任。

法定代理人无条件地享有复任权,因为法定代理发生的基础不是特定当事人之间的信任关系,而是法律的直接规定,同时法定代理权具有概括性,其范围甚广,又不允许代理人任意辞任,而且被代理人往往无同意表示的意思能力。

五、直接代理与间接代理

直接代理是指代理人在代理权限范围内,以被代理人的名义为民事行为,直接对被代理人发生法律效力的代理。间接代理是指代理人以自己的名义为民事行为,其效果转移于被代理人的代理。

六、积极代理与消极代理

以代理人是否处于主动地位为标准,代理可分为积极代理与消极代理。积极代理是指代理人为意思表示的代理,又称主动代理;消极代理是指代理人受领意思表示的代理,又称被动代理。

第三节 代 理 权

一、代理权的概念与性质

代理权是代理制度的核心。它是指代理人基于被代理人的意思表示或者法律的直接规定或者有关机关的指定,能够以被代理人的名义为意思表示或者受领意思表示,其法律效果直接归于被代理人的资格。

关于代理权的性质,在学理上有以下主张:(1)否定说。此说为法国学者首先提出,其理由是,代理不过是特定法律关系如委任关系的外部效力,并非独立的制度,也无所谓代理权。受此影响,《法国民法典》只规定委任制度,而未规定严格意义上的代理制度。委任所发生的只是委任人与被委任人之间的法律关系，并不存在独立于委任关系的代理权。这种学说由于未认识到代理与委任行为的区别，现在已无学者采用。(2) 权力说。此说为德国学者所提出。该说认为代理权是一种法律上之力。代理人的权力不是由被代理人授予的，而是由法律授予的，只是由于被代理人和代理人的行为使法律规则发生作用，其结果是代理人得到了这种权力。我国学者有持权力说的。[1] 也多有不赞同这一学说的，理由是民事主体之间的法律地位是平等的，当事人之间不可能存在任何权力。(3) 权利说。此说认为代理权是一种民事权利。但属何种民事权利，有的认为它是一种特殊的民事权利，是人的民事权利能力的表现；有的认为它是形成权；有的认为它是一种财产管理权；有的认为它是一种民事权利，但不是一种独立的民事权利，具有依附性和他主性。此说在我国学者中也少有赞同者。理由是，权利总是与某种利益相联系的，而代理权并不包含任何利益。在有偿的委托代理中，代理人取得报酬是基于委托合同取得的，而不是基于代理权取得的；在无偿代理中，代理人行使代理权并不获得任何利益。代理权无任何利益可言，代理行为的结果，直接归属于被代理人，对代理人而言并非权利。(4) 资格说。该说现为通说，该说认为，代理权并非权利，而是一种资格和地位。理由是，代理权从本质上说只是一种资格，代理人取得代理权只是意味着他得以被代理人的名义与第三人进行民事活动，其行为后果直接归属于被代理人。

二、代理权的发生

依《民法总则》及相关法律规定，代理权的发生原因包括：

(一) 基于法律规定而发生

这是法定代理权的发生原因。《民法总则》第 23 条规定，无民事行为能力人、限制行为人的监护人是其法定代理人。

(二) 基于被代理人的授权行为而发生

这是委托代理权的发生原因。所谓授权行为，是指被代理人对代理人授予代理权的行为。在实践中，授权行为常与某种基础法律关系相结合。这类基础法律关系包括委托合同关系、合伙合同关系、劳动合同关系及企业内部组织关系等。

三、授权行为

(一) 授权行为的性质

授权行为是以发生代理权为目的的单方行为。代理权因被代理人单方的意

---

[1] 参见梁慧星：《民法总论》(第四版)，法律出版社 2011 年版，第 222—223 页。

思表示而发生,即不必相对人的承诺,也不必因此使代理人负担义务。

(二) 授权行为与基础关系的关系

授权行为往往与某种基础关系相结合,授权行为与基础关系多有相伴而生的现象。授权行为与其基础关系的关系如何,在学理上主要有两种观点:第一,无因说。该说认为授权行为与其基础法律关系是被代理人与代理人之间的内部关系,第三人无从得知,授权行为与其基础关系应相互独立,因此,基础关系无效或者被撤销时,代理行为仍然有效。第二,有因说。授权行为基于其基础法律关系而生,授权行为从属于其基础法律关系,故基础法律关系无效或者被撤销时,授权行为应消灭,如为代理行为,属无权代理。《民法总则》对授权行为与基础关系未作规定。本书作者认为,授权行为与基础关系采有因说较为恰当,但涉及第三人利益时,当事人可依表见代理主张权利。

(三) 授权行为的相对人

授权行为是委托人的单方民事法律行为,授权的意思表示可向受托人或者第三人为之,受托人或者第三人为授权行为的相对人。通说认为,授权的意思表示向受托人为之与向第三人为之具有相同的法律效力。

被授权的受托人(通常是代理人),是否应具有民事行为能力?通说认为,代理人应具有相应的民事行为能力,不要求具有完全的民事行为能力,但代理人不能是无民事行为能力人。所说应具有相应的民事行为能力,是指代理人应具有意思能力。在代理行为中,代理人应为意思表示或受领意思表示,故代理人须有意思能力。在代理人为限制民事行为能力人时,如未超出其行为能力的限度,不必有法定代理人的允许,如被代理人选任年满17周岁的未成年人代购一本英汉字典。但选任限制民事行为能力人为代理人的,代理行为所产生的一切不利益,应由被代理人承受。如受托事项超出限制民事行为能力人的行为能力的限度,则应得到其法定代理人的允许,如被代理人选任15周岁的未成年人签发支票。

(四) 授权行为的形式与内容

授权行为的形式可以为口头形式,也可以为书面形式。授权行为是独立行为,不是代理人所为代理行为的组成部分,因此,即使代理人为要式行为,授权行为的形式也不必为要式行为。当然,有些特别法规定授权行为应采用书面形式的,则应采取书面形式。

授权行为是否可采用默示方式,应依意思表示解释的一般原则来认定。在没有代理权不能为民事法律行为的合同中,如未有特别约定或者法律规定,通常应认为成立合同关系时含有授权的默示意思表示,例如在委托合同中,可解释为成立合同关系时委托人同时向受托人为授权行为,使其能完成约定的事务或者工作。本人单纯的沉默,即知悉他人表示为其代理人而不为反对的意思表示,则应依表见代理的规定,与默示的授权有别。

授权行为的内容由本人决定或者依行为的性质决定,通常包括代理事项、代理权限和代理期限。如果委托人采用授权书的形式,其内容由授权书规定;如果委托人采用默示方式授权的,其内容由该行为的性质决定。

(五)授权不明及责任

授权不明,即授权的意思表示不明确,可分为以下几种情况:从意思表示中难以判断其是否授权;从意思表示中难以判断其授权的具体事项、范围和权限;从意思表示中难以判断其授权的起止期。由于授权行为为不要式行为,无论口头授权或者书面授权中都可能存在授权不明的问题。

对于授权不明的责任,《民法总则》未作规定。本书作者认为,应区分有偿代理和无偿代理:(1)在无偿代理中,因授权不明给第三人造成的损失,应由被代理人对第三人承担赔偿责任,代理人不负连带责任;(2)在有偿代理中,因授权不明给第三人造成的损失,只有在代理人对于授权不明存在重大过失的情况下,代理人才负相应责任。

四、代理权的行使

(一)代理权行使的概念

代理权的行使是指代理人在代理权限范围内,以被代理人的名义独立、依法有效地实施民事法律行为,以达到被代理人所希望的或者客观上符合被代理人利益的法律效果。

(二)代理权行使的原则

根据《民法总则》的规定,代理人在行使代理权的过程中应当遵循以下原则:

1. 代理人应在代理权限范围内行使代理权,不得无权代理

《民法总则》第162条规定代理人应当在代理权限内进行代理行为。代理人只有在代理权限范围内进行的民事活动,才能被看做是被代理人的行为,由被代理人承担代理行为的法律后果。

代理权限又称代理权的范围,是指代理人在何种范围内为意思表示和受领意思表示,其效力及于被代理人。如前所述,代理权的发生,或基于被代理人的意思表示,或基于法律的规定。基于被代理人的意思表示的,代理权的范围应依其意思表示范围确定;基于法律规定的,代理权的范围应依法律规定确定。通说还认为,代理人还有权为保存行为、利用行为和改良行为。保存行为为维持财产现状的行为。保存行为中,有属于事实行为的,如代理人对于其管理的房屋自为修缮;也有属于民事法律行为的,如因修缮房屋而与他人订立合同。代理行为仅以民事法律行为为限,以保存为目的的事实行为,不适用代理的规定。对于利用行为及改良行为,代理人以不变更物或者权利性质为限。如代理人将金钱变为股票,就属性质变更;但如代理人将金钱存入银行而得利息,则属对物的利用。

前者,代理人无权为之;后者,代理人有权为之。

代理人非经被代理人的同意,不得擅自扩大、变更代理权限。代理人超越或者变更代理权限所为的行为,非经被代理人追认,对被代理人不发生法律效力,由此给被代理人造成损失的,代理人还应承担赔偿责任。为了防止利用代理进行违法行为,《民法总则》第167条规定,代理人知道被委托代理的事项违法仍然进行代理活动的,或者被代理人知道代理人的代理行为违法不表示反对的,由代理人和被代理人负连带责任。

2. 代理人应亲自行使代理权,不得任意转托他人代理

在委托代理中,代理人与被代理人之间,通常具有人身信赖关系。在通常情况下,代理人应亲自行使代理权,不得任意转托他人代理;在法定代理中,代理人与被代理人之间多为亲属关系或者监护关系,亦应亲自行使代理权,不得任意转托他人代理;在指定代理中,代理人更应亲自行使代理权。通常只有代理人亲自行使代理权,才有利于代理事务的完成。

3. 代理人应积极行使代理权,尽勤勉和谨慎的义务

代理人只有积极行使代理权,尽勤勉和谨慎的义务,才能实现和保护被代理人的利益。首先,代理人应认真工作,尽相当的注意义务。在法定代理、指定代理和委托代理的无偿代理中,代理人实施代理行为,必须尽与处理自己事务相同的注意义务;在有偿代理中,代理人应尽善良管理人的注意义务。其次,在委托代理中,代理人应根据被代理人的指示进行代理活动。由于代理的后果由被代理人承受,被代理人可根据客观情况随时给代理人指示,代理人具有遵守被代理人指示的义务。代理人不遵守被代理人指示,构成代理人过错;由此给被代理人造成损失的,代理人应承担赔偿责任。再次,代理人应尽报告与保密的义务。若代理人未尽到职责,给被代理人造成损害的,依《民法总则》第164条的规定,应当承担民事责任。

代理人应从维护被代理人的利益出发,争取在对被代理人最为有利的情况下完成代理行为。判断代理人行使代理权是否维护了被代理人利益的标准,因代理的种类不同而不同。对于委托代理,其标准为是否符合被代理人的主观利益;对于法定代理和指定代理,其标准为是否符合被代理人的客观利益。

《民法总则》第164条第1款规定:"代理人不履行或者不完全履行职责,造成被代理人损害的,应当承担民事责任。"

五、滥用代理权的禁止

(一) 滥用代理权的概念

滥用代理权,是指代理人行使代理权时,违背代理权的设定宗旨和代理行为的基本准则,有损被代理人利益的行为。滥用代理权的行为是违背诚实信用原则的行为,各国和地区法律一般予以禁止。

构成滥用代理权应具备以下三个要件:(1)代理人有代理权。这一要件使滥用代理权的行为与无权代理行为区别开来。(2)代理人行使代理权的行为违背了诚实信用原则,违背了代理权的设定宗旨和基本准则。(3)代理人的代理行为有损被代理人的利益。

(二)滥用代理权的主要类型

通说认为,滥用代理权包括以下三种类型:

1. 自己代理

自己代理是指代理人以被代理人名义与自己进行民事法律行为。在这种情况下,代理人同时为代理关系中的代理人和第三人,交易双方的交易行为实际上只由一个人实施。例如,自然人甲委托乙购买生产设备,乙以甲的名义与自己订立合同,把自己的生产设备卖给甲。通常情况下,由于交易双方都追求自身利益的最大化,因此很难避免发生代理人为自己利益而牺牲被代理人利益的情况。当然,在某些情况下,自己代理也可能满足代理人和被代理人双方的利益,甚至及时实现被代理人的利益。

在实务中,对于自己代理的法律效力,有两种主张:(1)无效说。自己代理违背了代理的本质特征,因此,自己代理无效。(2)效力未定说。自己代理属于效力未定的行为,如事后得到被代理人同意或者追认的,自己代理的法律后果就归属于被代理人。《民法总则》第168条第1款规定:"代理人不得以被代理人的名义与自己实施民事法律行为,但是被代理人同意或者追认的除外。"

2. 双方代理

双方代理又称同时代理,是指一人同时担任双方的代理人为同一民事法律行为。例如,甲受乙的委托购买电视机,又受丙的委托销售电视机,甲此时以乙丙双方的名义订立购销电视机合同。在通常情况下,双方代理由于没有第三人参加进来,交易由一人包办,一个人同时代表双方利益,难免顾此失彼,难以达到利益平衡。在有些情况下,这种"一手托两家"的双方代理行为,也有可能满足两个被代理人的利益,甚至及时实现他们的利益。

《民法总则》第168条第2款规定:"代理人不得以被代理人的名义与自己同时代理的其他人实施民事法律行为,但是被代理的双方同意或者追认的除外。"依据该条,双方代理行为属于效力未定的民事法律行为,被代理人不予追认或者同意的,双方代理行为自始无效。被代理人事后同意或者追认的,双方代理行为自始有效。

3. 代理人和相对人恶意串通,进行损害被代理人利益的行为

代理人的职责是为被代理人进行一定的民事行为,维护被代理人的利益。代理人与相对人恶意串通损害被代理人的利益,违背了代理关系中被代理人对代理人的信任,属于滥用代理权的极端表现。

代理人和相对人恶意串通,损害被代理人利益的行为是无效民事法律行为,其代理行为的后果被代理人不予承受。所谓恶意串通,是指代理人和相对人之间存在通谋;所谓损害被代理人的利益,是指实际造成了被代理人财产利益的损失。是否造成了被代理人的损失,应依客观标准确定。依据《民法总则》第164条第2款的规定,"代理人和相对人恶意串通,损害被代理人合法权益的,代理人和相对人应当承担连带责任。"如果代理人和第三人之间不存在损害被代理人利益的通谋,则不负连带责任。如甲为乙的代理人,从丙处购买水泥50袋,丙只装了48袋,谎称装了50袋,甲又为自己留下两袋,并向乙谎称买了50袋。对乙的损失,甲、丙不负连带责任,而分别承担责任。

六、代理权的消灭

代理权的消灭,又称代理权的终止,指代理人与被代理人之间的代理关系消灭,代理人不再具有以被代理人名义进行民事活动的资格。《民法总则》第173条、第175条规定了代理权消灭的原因。

(一)委托代理权消灭的原因

1. 代理期间届满或者代理事务完成

期限届满或者事务完成的时间,有代理证书的依代理证书,无代理证书或者代理证书记载不明的,依委托合同。授予代理权时未明确代理期间或者代理事务范围的,被代理人有权随时以单方面的意思表示加以确定。

2. 被代理人取消委托或者代理人辞去委托

委托代理关系存在的基础是代理人和本人的相互信任,一旦双方这一基础消失或者客观上不需要委托,亦应允许当事人双方解除代理关系。取消委托或者辞去委托均属单方民事法律行为,一方当事人一旦作出这种意思表示并通知对方当事人,就可以使代理关系终止。被代理人取消委托或者代理人辞去委托都应事先通知对方,否则将承担由此造成他方损失的赔偿责任。

3. 代理人死亡

代理关系是一种具有严格人身属性的民事法律关系。代理人死亡,使代理关系失去了一方主体,失去了代理关系中双方彼此信赖的主体要素。故代理人死亡,代理权随之消失,而不能以继承方式转移给继承人。

4. 被代理人死亡

被代理人死亡就失去了被代理的对象,代理权原则上消灭。

根据《民法总则》第174条的规定,被代理人死亡后,有下列情形之一的,委托代理人实施的代理行为有效:(1)代理人不知道并且不应当知道被代理人死亡;如乙前往长白山购买木材,甲知后托其购买两斤人参用于泡酒。乙走后甲死亡,乙不知甲死亡,为甲购买两斤人参,甲的继承人不得以甲死亡为由拒收人参、拒付货款。(2) 被代理人的继承人予以承认；(3) 授权中明确代理权在代理事务完成时终止；(4) 被代理人死亡前已经实施,为了被代理人的继承人的利益继续代理。作为被代理人的法人、非法人组织终止的,参照适用前款规定。

5. 代理人丧失民事行为能力

如果代理人丧失民事行为能力,也就丧失了代理他人实施民事行为的能力,其代理权自应随之消灭。

6. 作为被代理人或者代理人的法人、其他组织终止

代理权存在的基础是代理人和被代理人双方主体的存在。法人、其他组织一经撤销或者解散,便丧失了作为民事主体的资格。因此,法人、其他组织不论作为代理人还是被代理人,一旦自身消灭,代理权亦归于消灭。

(二) 法定代理权的消灭原因

1. 被代理人取得或者恢复民事行为能力

在被代理人取得或者恢复民事行为能力的情况下,代理权自动消灭。例如,未成年人年满18岁或者精神病人恢复精神健康等。

2. 代理人丧失民事行为能力

代理人丧失民事行为能力,法定代理自然消灭。

3. 代理人或者被代理人死亡

法定代理人与被代理人之间存在一定的身份关系,具有严格的人身属性,一旦代理人或被代理人死亡,代理关系终止,代理权消灭。但是,代理人不知道被代理人死亡的,代理行为应当有效。

4. 其他原因

例如,监护人不履行监护职责或者侵害被监护人合法权益,人民法院可根据有关机关或者有关人员的申请,取消监护人资格,代理权亦随之消灭。再如收养关系的解除,收养人与被收养人之间的监护关系亦随之消灭,则代理资格丧失、代理权消灭。

第四节 无权代理与表见代理

一、无权代理

(一) 无权代理的概念

无权代理是指行为人既没有代理权,也没有令相对人相信其有代理权的事实或理由,而以被代理人的名义所为的代理。这里所称的无权代理仅指狭义的无权代理,广义的无权代理包括表见代理。

(二) 无权代理的特征

无权代理具有如下特征：(1) 行为人所实施的民事法律行为,符合代理行为

的表面特征,即以被代理人的名义独立对相对人为意思表示,并将其行为的法律后果直接归属于他人。若不具备代理行为的表面特征,则不属于代理行为,当然也不为无权代理。(2)行为人实施代理行为不具有代理权。没有代理权包括未经授权、超越代理权和代理权终止三种情况。(3)无权代理行为并非绝对不能产生代理的法律效果。由于无权代理的行为未必对被代理人不利,同时为了维护交易安全和保护善意相对人的利益,无权代理行为应属效力未定的民事法律行为,在经被代理人追认的情况下,无权代理变成有权代理,能产生代理的法律效果。

(三)无权代理的类型

无权代理的类型有:(1)行为人自始没有代理权。行为人未基于授权行为取得意定代理权(委托代理权),但行为人却以被代理人的名义与相对人实施民事法律行为。(2)行为人超越代理权。即行为人享有代理权,但他超越代理权与相对人实施民事法律行为。(3)代理权终止后的代理。在代理权终止以后,行为人仍以代理人的名义与相对人进行民事法律行为则属于代理权终止以后的代理。

(四)无权代理的效力

依据《民法总则》第171条第3款和《合同法》第48条第1款的规定,无权代理,被代理人不予追认的,对于被代理人不发生法律效力,而是由行为人承担责任。

1. 被代理人的追认权

无权代理经被代理人追认,变为有权代理。被代理人追认的意思向相对人表示的,自追认的意思表示到达相对人时发生追认效力,即该民事法律行为自始生效;向无权代理人表示的,发生补充授权效力,即无权代理人向相对人通知该补充授权表示,该无权代理变为有权代理,该民事法律行为自始有效。追认可以明示,也可以默示(《合同法解释(二)》第12条),但沉默不成立追认的意思表示。无权代理人实施了多项无权代理行为,被代理人可以追认其中一项或者多项,但是对某一项无权代理行为的追认,应当是概括的,不能只追认利益的方面而不追认不利益的方面。追认应在相对人撤销通知作出前行使。

2. 相对人的催告权与撤销权

为了平衡被代理人和相对人的利益,相对人有催告权和撤销权。相对人行使催告权应当向被代理人表示。行使催告权应当在被代理人追认之前。《民法总则》第171条第2款和《合同法》第48条第2款规定,相对人可以催告被代理人在1个月以内追认。相对人应当给被代理人在1个月之内的合理的追认期限,期限不应过短。在追任期内被代理人未作表示的,视为拒绝追认。

善意的相对人,即不知道或者不应当知道代理人无权代理的人有撤销权。

恶意的相对人没有撤销权。行使撤销权的意思向被代理人或者无权代理人表示。行使撤销权应当在被代理人追认之前。相对人催告后，被代理人未追认前，相对人仍可撤回。

(五) 无权代理人的责任

1. 无权代理人对相对人的责任

无权代理人对于相对人的责任根据如何，学说不一。通说认为，在于保护善意相对人的利益，维护交易的安全。无权代理人对于相对人所负责任的内容如何，世界各国立法不尽一致：日本民法和法国民法规定，无权代理人对相对人负损害赔偿责任；德国民法规定，应根据相对人的选择，或履行无权代理行为所产生的义务，或者承担损害赔偿的责任。《民法总则》第171条第3款规定："行为人实施的行为未被追认的，善意相对人有权请求行为人履行债务或者就其受到的损害请求行为人赔偿，但是赔偿的范围不得超过被代理人追认时相对人所能获得的利益。"其立法目的既符合鼓励交易和维护交易安全的现代法律精神，又使善意相对人的救济途径多样化。

2. 无权代理人对被代理人的责任

无权代理人对被代理人的责任，不为合同责任。被代理人拒绝追认代理权，则无权代理人与被代理人之间不存在实质上的代理关系，也无合同关系或者合同上的责任。无权代理人对于被代理人的责任为侵权责任。如果因为无权代理人的行为造成了被代理人的损失，由无权代理人对被代理人承担赔偿责任。如甲多次假借乙的名义向丙借款，事后又不予归还，造成乙的名誉损害，对此，甲应对乙的名誉损害承担责任。《民法总则》第171条第4款规定，如果相对人知道或者应当知道代理人无代理权仍与其实施民事法律行为，造成被代理人损失的，相对人和代理人按照各自的过错承担责任。

二、表见代理

(一) 表见代理的概念与价值

表见代理，是指行为人没有代理权，但使相对人有理由相信其有代理权，法律规定被代理人应负授权责任的无权代理。

普通法系的法律认为外表授权产生于禁止翻供规则，法律不允许当事人否认别的有理智的人从他的言行中得出的合理结论。一个人的言行向相对人表示已授权给某人，而实际上他未授权，这就构成了外表授权。从维护交易安全、公平及善意第三人的利益出发，法律承认外表授权是产生代理权的法律事实，其效力使表见代理人获得代理权。民法法系的代理制度的价值在于尊重当事人的意思，考虑本人的利益。但若只尊重当事人一方的意思，不考虑相对人的意思和利益，则代理制度的价值将无法实现。因此，对于被代理人与行为人之间存在特殊关系或者有授权表象的情形的,承认表见代理。由此可以推认,表见代理的制度价值在于维护交易安全,使个人静的安全与社会动的安全得到协调。

《民法总则》第172条和《合同法》第49条对表见代理作了完整的规定,肯定了表见代理的制度价值。

(二) 表见代理的构成要件

1. 须行为人无代理权

成立表见代理的第一要件是行为人无代理权。所说无代理权是指实施代理行为时无代理权或者对于所实施的代理行为无代理权。如果代理人拥有代理权,则属于有权代理,不发生表见代理的问题。

2. 须有使相对人相信行为人具有代理权的事实或者理由

这是成立表见代理的客观要件。这一要件是以行为人与被代理人之间存在某种事实上或者法律上的联系为基础的。这种联系是否存在或者是否足以使相对人相信行为人有代理权,应依一般交易情况而定。通常情况下,行为人持有被代理人发出的证明文件,如被代理人的介绍信、盖有合同专用章或者盖有公章的空白合同书,或者有被代理人向相对人所作的授予其代理权的通知或者公告,这些证明文件构成认定表见代理的客观依据。对上述客观依据,依《合同法》第49条的规定,相对人负有举证责任。在我国司法实践中,盗用他人的介绍信、合同专用章或者盖有公章的空白合同书签订合同的,一般不认定为表见代理,但被代理人应负举证责任,如不能举证则构成表见代理。对于借用他人介绍信、合同专用章或者盖有公章的空白合同书签订的合同,一般不认定为表见代理,由出借人与借用人对无效合同的法律后果负连带责任。

3. 须相对人为善意

这是表见代理成立的主观要件,即相对人不知或者不应当知道行为人所为的行为系无权代理行为。如果相对人出于恶意,即明知或应知他人为无权代理,仍与其实施民事行为,就失去了法律保护的必要,故表见代理不能成立。

4. 须行为人与相对人之间的行为具备民事法律行为的有效要件

表见代理发生有权代理的法律效力,因此,表见代理应具备民事法律行为成立的有效要件,即不得违反法律的强制性规定或者公序良俗等。如果不具备民事法律行为的有效要件,则不成立表见代理。

在构成表见代理的情况中,相对人相信行为人具有代理权,往往与本人具有过失有关,但表见代理的成立不以本人主观上有过失为必要条件,即使本人没有过失,只要客观上有使相对人相信行为人有代理权的依据,即可构成表见代理。

(三) 表见代理的类型

1. 表见授权的表见代理

表见授权是指由自己的行为表示授予代理权,实际上并未授予代理权。表见授权可能是口头的,实践中多为书面形式,包括:(1)代理证书。代理证书通常包括授权委托书、委托书和介绍信等。如果这些证书中没有明确规定代理的期限和内容,无权代理人持有这些证书与相对人订约,相对人就有理由相信其有代理权。如果证书中对代理权的期限和内容规定得非常明确,相对人没有仔细阅读,则不能认定其有合理的理由。(2)单位印章。无权代理人持有单位印章,只要不是盗用的或者伪造的,相对人就存在相信其有代理权的理由。无权代理人仅仅持有单位负责人的名章,一般不能认定其具有代理权,因为名章不同于公章,没有严格的管理制度,伪造名章要比伪造公章更容易。(3)单位介绍信。如果单位开的介绍信包含了授权的内容但是不具体,则具备表见授权的特征。如果单位介绍信没有包括授权的内容,则不能认定其享有代理权。(4)空白合同书。空白合同书具有表见授权的特征,只要不是盗用的或者伪造的,就构成表见代理。(5)其他证明材料。代理人如持有不动产交易时使用的权利证书、金钱借款中的借据,可认定构成表见授权。但被代理人能够反证上述法律文件是伪造的、盗用的、拾得的及借用的(借用法律文件通常为规避法律的资质要求,违反了法律的强制性规定,该类行为为无效民事法律行为),则表见代理不成立,而只能成立一般的无权代理。被代理人据此可拒绝履行合同义务。

2. 容忍的表见代理

无权代理人与相对人实施无权代理行为,被代理人知道而不表示反对,或者为履行合同进行准备的,应认定表见代理成立。容忍的表见代理主要是针对特定的商业场所,如他人在被代理人商店内售货,他人在银行的营业大厅办理存款业务,他人在被代理人售票处售票,可依据具体情况认定表见代理成立。

3. 特定身份关系中的表见代理

因特殊身份关系的存在,使他人相信无权代理人享有代理权的,构成表见代理。特定身份关系中的表见代理通常是指因商业身份而形成的老客户关系,如甲公司业务经理乙长期在丙餐厅招待客户,餐费由甲公司按月结清。后乙因故辞职,在辞职当月,乙仍以甲公司的名义在丙餐厅招待私人朋友(丙餐厅对乙辞职不知情),甲公司对招待餐费依表见代理履行付费义务。

(四)表见代理的效力

表见代理对被代理人产生有权代理的效力,即在相对人与被代理人之间产生民事关系,被代理人应受表见代理人与相对人之间实施的民事法律行为的约束,享有该行为设定的权利和履行该行为约定的义务。被代理人不得以无权代理为抗辩,不得以行为人具有故意或者过失为理由而拒绝承受表见代理的后果,也不得以自己没有过失作为抗辩。

表见代理对相对人来说,既可主张狭义无权代理,也可主张成立表见代理。如果相对人认为向无权代理人追究责任更为有利,则可主张狭义无权代理,向无权代理人追究责任；相对人也可以主张成立表见代理，向被代理人追究责任。需要注意的是，在相对人不主张表见代理的情况下，被代理人或者无权代理人不得主张表见代理，因为表见代理制度是保护善意相对人和交易安全的，而非保护无权代理人的利益。

表见代理成立后，被代理人因承受表见代理的后果而遭受损害的，有权向表见代理人主张损害赔偿。

第十章 诉讼时效、除斥期间与期限

第一节 时效制度概述

一、时效制度的概念与作用

(一) 时效制度的概念

所谓时效,指一定事实状态在法定期间持续存在,从而产生与该事实状态相适应的法律效力的法律制度。

时效应具备两个条件:(1)要有法律规定的一定事实状态存在,如占有某物或者权利人不行使权利等。如果不存在法律规定的事实状态则不发生时效的法律后果。(2)一定的事实状态必须持续一定的时间,即不间断地经过法律规定的期间。二者结合,才能构成时效,产生一定的法律后果,使当事人取得权利或者丧失权力或者丧失法律对该权利的保护。

时效具有以下特征:(1)时效是法律事实。不论时效的法律后果是引起权利取得,还是引起权利消灭或者引起权利不受保护,时效均为民事法律关系产生、变更或者消灭的依据。因此时效属于法律事实。(2)时效是状态。时效的法律后果是因一定的事实状态持续地经过法定期间而当然发生,与当事人的意志无关。(3)时效具有强制性。民法对时效的规定,属于强制性规定,不得由当事人以自由意志予以排除,时效期间不得由当事人协议延长或者缩短,时效利益不得由当事人预先抛弃。当事人关于排除时效适用、变更时效期间或者预先抛弃时效利益的约定,依法当然无效(《诉讼时效若干规定》第2条)。但一旦时效期间届满,义务人所取得的时效利益就属于私人利益,应遵循私法自治原则,允许其抛弃。时效利益一旦抛弃,应重新开始时效期间的计算。

时效制度是一项古老的制度。它起源于罗马法的十二铜表法。经过两千多年,现代各国接受并发展了时效制度。民法设立时效制度的目的,在于维护社会公共利益,维护经济秩序。因时效期间届满发生与原权利人利益相反的法律效果,因此时效制度的实质,在于对民事权利的限制。

(二) 时效制度的作用

1. 稳定法律秩序

时效制度的作用之一在于稳定法律秩序。原则上,民事权利的行使与不行使取决于权利人的意志,权利不会因不行使而自动消灭。但是,如果权利人能行使权利而长期不行使,义务人的义务长期不履行,这就使当事人之间的权利义务处于不确定状态,从而导致当事人之间的社会关系的事实状态与法律状态不一致。而在这种不确定权利义务关系的基础上,又会发生其他权利义务关系,长此以往,必然影响正常的社会经济秩序和交易安全。在社会关系的事实状态与法律状态不一致持续一定期间时,法律应适应现实生活的需要,否认旧的关系,确认新的关系,以稳定社会经济秩序和确保交易安全。实行时效制度,因法定期间的经过而使原权利人丧失权利,使长期存在的事实状态合法化,有利于稳定法律秩序。

2. 促使权利人行使权利

时效制度的作用之二在于促使权利人积极行使权利。西方法谚有言:法律帮助勤勉人,不帮睡眠人。权利人如不及时行使权利,就可能导致权利的丧失或者不受法律保护或者使义务人取得权利,这就促使权利人在法定期间内行使权利,以维护自己的利益。

3. 避免诉讼上举证困难

一种事实状态长期存在,必致证据湮灭、证人死亡,此事实状态是否合法,殊难证明。实行时效制度,凡时效期间届满,即认为权利人丧失权利或者不受法律保护,便于及时确定法律关系。

二、时效的种类

时效通常分为取得时效和诉讼时效。取得时效是指占有他人财产,持续达到法定期限,即可依法取得该项财产权的时效。取得时效因其事实状态必须占有他人财产,又称占有时效。诉讼时效是指因不行使权利的事实状态持续经过法定期间,即依法发生权利不受法律保护的时效。《民法总则》仅对诉讼时效作了规定。外国一些立法例将诉讼时效称为消灭时效。

关于时效种类的立法体例存在两种主张:(1) 统一立法主义。《法国民法典》《日本民法典》等采用统一立法主义。例如《法国民法典》在第三编取得财产的各种方法中专设第二十章时效,统一规定取得时效和消灭时效。《日本民法典》在第一编总则中设第六章时效,共分三节:第一节为时效通则,第二节为取得时效,第三节为消灭时效。(2) 各别立法主义。《德国民法典》采此主张。在《德国民法典》第一编总则中,设第五章消灭时效;另在第三编物权的第三章中,规定取得时效。

《民法总则》仅规定了诉讼时效,而未规定取得时效。在是否应规定取得时效问题上,学者有不同的主张。主要有两种学说:(1) 否定说。其主要理由是,在近现代民事立法中,由于财产关系和调整财产关系法律的变化,土地法的独立,民法不动产登记制度的发达,动产善意取得制度的确立,使取得时效制度没有存在的必要。另外,只要完善诉讼时效制度,可以同样起到取得时效的作用。因此,在我国没有必要建立取得时效制度。(2)肯定说。其主要理由是,取得时效和诉讼时效是两种不同的制度。土地法从传统民法中的分离、动产善意取得制度和不动产登记制度的建立,都不能替代取得时效制度。因此,在我国有确立取得时效制度的必要。

第二节 诉讼时效

一、诉讼时效的含义

诉讼时效这个概念早见于 1964 年的《苏俄民法典》。在此之前 1922 年的《苏俄民法典》用"起诉时效",曾被误解为时效期满就不得提起诉讼。1964 年的《苏俄民法典》改"起诉时效"为"诉讼时效",学理上和司法实践中均认为诉讼时效届满的后果是消灭胜诉权,但不能剥夺当事人提起诉讼的权利。1994 年通过的《俄罗斯联邦民法典》(第一部分)仍采用诉讼时效概念。该法典第 195 条规定:"诉讼时效是被侵权人为维护自己的权利而提起诉讼的时间。"第 199 条第 1 款规定:"关于维护被侵犯权利的请求,不论诉讼时效是否届满,法院均应受理。"

传统的各国民法典一般都采用消灭时效概念,而不用诉讼时效概念。有学者指出,"消灭时效"一语有语病,因为义务人于期间经过后虽得拒绝履行,权利人请求权的行使仅发生障碍,权利本身及请求权并不消灭,在用语上容易引起误解。惟"消灭时效"使用已久,已成习惯,为免更张,仍以继续沿用为宜。[①]

如前所述,使用"诉讼时效"一语,也容易引起误解。但我们使用已经成为习惯,也难以选择更好的概念,故应继续沿用。

自我国《民法通则》颁布以来,有的学者将诉讼时效的概念表述为,权利人在法定期间不行使权利即丧失请求人民法院依法保护其民事权利的法律制度。这一表述为法官依职权主动援用诉讼时效留下了空间。本书作者认为,诉讼时效的概念应表述为:权利人在法定期间内不行使权利,义务人便享有抗辩权,从而导致权利人无法胜诉的法律制度。即诉讼时效经过以后,权利人向人民法院提起诉讼,人民法院应予受理。"当事人在诉讼中未提出诉讼时效抗辩,人民法院不应对诉讼时效问题进行释明及主动适用诉讼时效的规定进行裁判。"《民法总则》第 193 条规定:"人民法院不得主动适用诉讼时效的规定。"

二、诉讼时效的效力

诉讼时效的效力,即权利人丧失何种权利的问题。综观各国民法典,主要有

[①] 参见施启扬:《民法总则》,台湾大地印刷厂 1993 年增订五版,第 342 页。

三种主张：(1) 实体权消灭主义。此种立法将诉讼时效的效力规定为直接消灭实体权，其代表为《日本民法典》。[①] 如该法典第 167 条规定，债权因 10 年间不行使而消灭；债权或者所有权以外的财产权，在 20 年间不行使而消灭。(2) 诉权消灭主义。此种主张由德国学者萨维尼首倡。他认为，诉讼时效完成后，其权利本身仍然存在，仅诉权归于消灭。诉讼时效届满后的权利，因诉权消灭不能请求人民法院为强制执行，称为自然债。属于此种主张的立法有《法国民法典》等。(3) 抗辩权发生主义。此种主张由德国学者欧特曼提出。他认为，时效完成后，义务人取得拒绝履行的抗辩权。如义务人自动履行，视为放弃其抗辩权，该履行行为有效。采用此主张的有《德国民法典》等。

《民法总则》第 192 条规定："诉讼时效期间届满的，义务人可以提出不履行义务的抗辩。诉讼时效期间届满后，义务人同意履行的，不得以诉讼时效期间届满为由抗辩；义务人已自愿履行的，不得请求返还。"《诉讼时效若干规定》第 4 条规定："当事人在一审期间未提出诉讼时效抗辩，在二审期间提出的，人民法院不予支持，但其基于新的证据能够证明对方当事人请求权已过诉讼时效期间的情形除外。""当事人未按照前款规定提出诉讼时效抗辩，以诉讼时效期间届满为由申请再审或者提出再审抗辩的，人民法院不予支持。"可见，我国立法和现行司法解释采抗辩权发生主义。

三、诉讼时效的适用范围

诉讼时效的适用范围，又称诉讼时效的客体。世界各国的民法对诉讼时效的适用范围的规定不尽一致。有规定为债以及其他非所有权之财产权者，如《日本民法典》；有规定为请求权者，如《德国民法典》；各国民法典总则编规定的诉讼时效的适用范围都是原则性的，需要结合民法典的其他有关条文、特别法的有关规定、司法解释以及学理解释，才能全面把握诉讼时效的适用范围。我国诉讼时效的适用范围是个有待进一步研究的问题。本书根据《民法总则》的规定及司法解释，参考外国的立法例和学者的主张，作简要阐述。

(一) 债权请求权

债权请求权为诉讼时效的客体已无争议。包括：(1) 基于合同债权的请求权，如履行请求权、损害赔偿请求权、违约金请求权、利息请求权。(2) 基于侵权行为的请求权，主要是赔偿损失请求权。(3) 基于无因管理的请求权，主要有必要费用请求权、不当管理的赔偿损失请求权。(4) 基于不当得利的请求权。

[①] 《日本民法典》第 167—173 条。对此，也存在不同观点，认为，除非当事人援用时效，法院不得根据时效进行裁判，故采抗辩权主义。见〔日〕山本敬三：《民法讲义Ⅰ 总则》（第三版），解亘译，北京大学出版社 2012 年版，第 429、433 页。

(5) 其他债权请求权。

依据《诉讼时效若干规定》第 1 条的规定,以下债权请求权不适用诉讼时效:(1) 支付存款本金及利息请求权;(2) 兑付国债、金融债券以及向不特定对象发行的企业债券本息请求权;(3) 基于投资关系产生的缴付出资请求权;(4) 其他依法不适用诉讼时效规定的债权请求权。

(二) 继承权请求权

我国法律承认继承权请求权适用诉讼时效(《继承法》第 8 条)。在有多人继承的情况下,继承人分割遗产请求权是基于共有关系产生的,不适用诉讼时效。

(三) 物权请求权

详见(八)。

(四) 人身权请求权

基于人格权的请求权是否适用诉讼时效,当前主流的观点认为,基于人格权发生的停止侵害请求权、排除妨害请求权、消除影响请求权不适用诉讼时效。因侵害人格权产生的损害赔偿请求权适用诉讼时效。本书作者还认为,侵害人格权产生的赔礼道歉请求权适用诉讼时效。因为基于社会公众的普遍心理,时过境迁,赔礼道歉无实质意义。

基于身份关系而发生的请求权,有基于纯粹身份关系产生的请求权,例如恢复亲属关系状态为目的的请求权,包括父母对第三人请求交还未成年子女的请求权等,不适用诉讼时效。《德国民法典》和 1959 年我国台湾地区的判例采此说。对此,学者的观点无分歧。

基于身份关系、以财产利益为目的的请求权是否适用诉讼时效,有肯定说和否定说。从《德国民法典》、我国民国时期的《民法典》直到现行我国台湾地区"民法",均采肯定说。《民法总则》第 196 条规定,请求支付抚养费、赡养费或者扶养费不适用诉讼时效,该条规定有利于维护未成年人与老年人的利益。

(五) 基于特殊身份而产生的请求权

例如,基于合伙人身份而产生的收益分配请求权,基于股东身份而产生的股息支付请求权,不应适用诉讼时效。另一种观点认为,公司的利益分配方案经股东大会议决后,公司和股东之间形成了关于股息、红利的债权债务关系,这种债权请求权受诉讼时效的限制。①

(六) 基于不动产相邻关系的请求权

基于相邻关系的请求权,例如防止危险建筑物倒塌请求权、基于地界争议发生的请求权等,不适用诉讼时效。②

---

① 王利明:《民法总则研究》,中国人民大学出版社 2003 年版,第 721—722 页。
② 参见《德国民法典》第 924 条。

(七)基于共有关系产生的请求权

基于共有关系产生的请求权,如分割合伙财产请求权、分割家庭财产请求权,其实质为形成权,不适用诉讼时效之规定。离婚后当事人对于离婚时未分割的夫妻共同财产的分割请求权,不适用诉讼时效。但对于离婚后当事人请求再次分割离婚时一方隐匿、转移、变卖或侵占等的夫妻共同财产的,适用诉讼时效期间的规定(《婚姻法》第47条、《婚姻法解释(一)》第31条)。

(八)停止侵害、排除妨碍、消除危险、返还财产请求权

《侵权责任法》第15条规定的侵权责任方式中,停止侵害、排除妨碍、消除危险是适用于侵害物权、知识产权、人格权等绝对权的请求权。

1. 停止侵害、排除妨碍、消除危险请求权是否适用诉讼时效,有不同的立法例,学理上有肯定说和否定说。德国新时效法规定不作为请求权和除去侵害请求权适用普通诉讼时效(3年)。其官方解释是"在实践中,没有将30年时效期间(取得时效)适用于不作为请求权的必要。因为每次出现违反行为都将重新出现该不作为请求权。同样,也没有必要将30年的时效适用于源于绝对权的排除妨碍请求权。如果适用的话,将会造成区分此种排除妨碍请求权(物权法)与侵权法上排除妨碍请求权的困难。而侵权法上的排除妨碍请求权的时效期间为3年……"①我国多数学者对上述请求权适用诉讼时效持否定态度。《民法总则》第196条规定,请求停止侵害、排除妨碍、消除危险不适用诉讼时效的规定。

2. 返还财产请求权(又称返还原物请求权)是否适用诉讼时效,有三说:(1)否定说。此说认为物权请求权是附随于物权本身的保护物权的一种方法,是物权效力的体现,二者密切联系,物权不消灭,由物权产生的物上请求权不消灭,否则物权就是有名而无实的物权。《瑞士民法典》采此说。(2)有限肯定说。认为物权请求权与债权请求权同为要求他人为一定行为或不为一定行为的权利,如果不适用诉讼时效,有害于交易安全。但是,已经登记的不动产不适用诉讼时效,否则就使登记制度失其效用。《德国民法典》采此说。(3)区别说。认为返还财产请求权适用诉讼时效,已经登记的不动产不适用诉讼时效。《民法总则》第196条规定,不动产物权和登记的动产物权的权利人请求返还财产不适用诉讼时效。返还原物请求权涉及原权利人权利的保护和新生法律关系维护之间的平衡。如果彻底否定返还原物请求权不适用诉讼时效,则不利于新生法律关系的维护。如果返还原物请求权彻底适用诉讼时效,又不利于对于原有权利人的权利保护。因此,应根据实际情况,对于已经登记的动产物权和不动产物权,基于登记的公信力,应不适用诉讼时效。对于一般动产,从维护交易安全的角度

---

① 参见朱岩编译:《德国新债法条文及官方解释》,法律出版社2003年版,第20页;黄立:《民法总则》,中国政法大学出版社2002年版,第456—458页。

出发，以适用诉讼时效为宜。

四、诉讼时效期间与诉讼时效的分类

（一）诉讼时效期间的概念与特征

诉讼时效期间，是指权利人向人民法院请求保护其民事权利的法定期间。其特征是：(1) 诉讼时效期间是法定期间。关于诉讼时效期间的规定，属于法律的强制规定，它不是约定期间，也不允许当事人通过协议延长或者缩短时效期间，当事人对诉讼时效期间、计算方法以及起算、中止、中断事由的约定无效（《民法总则》第 197 条）。(2) 诉讼时效期间是可变期间。诉讼时效期间内遇法定事由，可中止、中断和延长时效期间。(3) 诉讼时效期间是权利人向人民法院请求保护其民事权利的法定期间，超过该期间，当事人的权利不会受人民法院保护。

（二）诉讼时效的分类

诉讼时效期间按其适用范围和时效期间的长短的不同，可将诉讼时效分为一般诉讼时效和特别诉讼时效。

1. 一般诉讼时效

一般诉讼时效，又称普通诉讼时效，是指在一般情况下普遍适用的诉讼时效。《民法总则》第 188 条规定："向人民法院请求保护民事权利的诉讼时效期间为 3 年，法律另有规定的，依照其规定。"一般诉讼时效是根据一般民事法律关系的共性规定的，在适用上具有普遍性。凡是法律没有规定特殊诉讼时效的，都应适用一般诉讼时效的规定。

2. 特别诉讼时效

特别诉讼时效，是指法律规定的仅适用于某些特殊民事法律关系的诉讼时效。对各种不同的民事法律关系，只要有特别诉讼时效规定的，就应适用特别诉讼时效。我国民事立法对特别诉讼时效的规定，有以下三种：

(1) 短期诉讼时效。短期诉讼时效，是指时效期间不足 3 年的诉讼时效。如《海商法》第 13 章规定，海上货物运输向承运人要求赔偿的请求权、海上拖航合同的请求权、共同海损分摊的请求权、船舶碰撞致第三人伤亡负连带责任的请求权，时效期间为 1 年。在如《产品质量法》第 45 条规定，因缺陷产品造成人身伤害的，要求赔偿的时效期间为 2 年。

(2) 长期诉讼时效。长期诉讼时效，是指时效期间在 2 年至 20 年（不包括 2 年和 20 年）之间的诉讼时效。长期诉讼时效是介于短期诉讼时效和最长诉讼时效之间的一种诉讼时效，它主要适用于一些调查取证费时耗力的疑难案件或者涉外经济纠纷。如《合同法》第 129 条规定，涉外货物买卖合同争议提起诉讼或者仲裁的期限为 4 年，自当事人知道或者应当知道其权利受到侵害之日起计算。

（3）最长诉讼时效。最长诉讼时效，是指诉讼时效期间为20年的诉讼时效。《民法总则》第188条第2款规定，自权利受到侵害之日起超过20年的，人民法院不予保护。最长诉讼时效与其他诉讼时效的区别在于：第一，最长诉讼时效的期间是从权利被侵害时开始计算的，而其他诉讼时效的期间是从权利人知道或者应当知道权利被侵害时开始计算的；第二，最长诉讼时效不适用诉讼时效的中断、中止等规定，而其他诉讼时效适用有关时效中断、中止的规定；第三，最长诉讼时效的目的主要在于稳定社会经济秩序，而其他诉讼时效的目的更强调保护权利人的权利。但对该20年期间的性质是否为诉讼时效，有不同的观点。

五、诉讼时效期间的起算、中止、中断与延长

（一）诉讼时效期间的起算

诉讼时效期间的起算，又称诉讼时效期间的开始，是指从什么时候开始计算诉讼时效。《民法总则》第188条规定，诉讼时效期间从权利人知道或者应当知道权利受到损害以及义务人之日起计算。诉讼时效的开始是权利人可以行使权利的时间，该权利的行使以权利人知道或者应当知道自己的权利受到侵害以及具体的义务人为前提。所谓"应当知道"，是一种法律上的推定，不管当事人实际上是否知道权利受到侵害以及义务人，只要客观上存在知道的条件和可能，即使当事人不知道其权利受到侵害以及义务人，也应当开始计算诉讼时效期间。在合同之债中义务人是具体和确定的，即合同相对人。在不当得利之债、无因管理之债及侵权行为之债中，存在义务人的确定问题，如甲在伸手不见五指的晚上被人所伤，甲不知侵权人为谁，只有甲知道或应当知道具体的侵权人为谁，才开始起算诉讼时效期间。这一规定的目的，是为了防止权利人以不知道权利被侵害为借口而规避诉讼时效。

在司法实践中，几种主要的具体法律关系的时效期间起算如下：

1. 有约定履行期限的债权请求权，从期限届满之日的第二天开始起算。没有履行期限的债权请求权，依照《合同法》第61、62条的规定，可以确定履行期限的，诉讼时效期间从履行期限届满之日起计算；不能确定履行期限的，诉讼时效期间从债权人要求债务人履行义务的宽限期届满之日起计算，但债务人在债权人第一次向其主张权利时明确表示不履行义务的，诉讼时效期间从债务人明确表示不履行义务时起算。

2. 依照《民法总则》第189条的规定，当事人约定同一债务分期履行的，诉讼时效期间从最后一期履行期限届满之日起计算。

3. 依照《民法总则》第190条的规定，无民事行为能力人或者限制民事行为能力人对其法定代理人的请求权的诉讼时效期间，自该法定代理终止之日起计算。因为在监护期间被监护人由监护人代理其行使民事权利实施民事法律行为,因此,只有法定代理终止之日,即监护关系结束之日,权利人才能行使权利。

4. 依照《民法总则》第191条的规定,未成年人遭受性侵害的损害赔偿请求权的诉讼时效期间,自受害人年满18周岁之日起计算。这一立法目的,在于维护未成年人利益。因为,未成年人遭受性侵特别是遭受监护人的性侵,有可能存在其自身难以维护自己的权利或者监护人不愿维护其权利的情形,故从其年满十八周之日起算该侵权行为的诉讼时效期间。

5. 请求他人不作为的债权请求权,应当自知道或者应当知道义务人违反不作为义务时起算。

6. 因侵权行为而发生的赔偿请求权,从受害人知道或者应当知道其权利被侵害或者损害发生时起算。损害事实发生时,受害人知道的,从损害时起算;损害事实发生后,受害人才知道的,从知道时起算。在人身损害赔偿中,侵害当时即发现受伤的,从侵害当日起算;侵害当时未曾发现的,事后经检查确诊并证明是由该侵害引起的,从伤势确诊之日起算。

7. 返还不当得利请求权的诉讼时效期间,从当事人知道或者应当知道不当得利事实及对方当事人之日起计算。

8. 管理人因无因管理行为产生的给付必要管理费用、赔偿损失请求权的诉讼时效期间,从无因管理行为结束并且管理人知道或者应当知道本人之日起计算;本人因不当无因管理行为产生的赔偿损失请求权的诉讼时效期间,从其知道或者应当知道管理人及损害事实之日起计算。

9. 合同被撤销产生的返还财产、赔偿损失请求权的诉讼时效期间,从合同被撤销之日起计算。至于合同被确认无效产生的赔偿损失请求权的诉讼时效期间,本书作者认为应从确认无效之日起计算。

诉讼时效期间的起算,法律有特别规定的,应依法律的特别规定。如《海商法》第258条规定,海上旅客运输向承运人要求赔偿的2年诉讼时效期间,分别依下列规定计算:有关旅客人身伤害的请求权,自旅客离船或者应当离船之日起算;有关旅客死亡的请求权,发生在运输期间的,自旅客应当离船之日起算;因运输期间的伤害而导致旅客离船后死亡的,自旅客死亡之日起算,但是此期限自离船之日起不得超过3年;有关行李灭失或者损坏的请求权,自旅客离船或者应当离船之日起算。《海商法》第261条规定,有关船舶碰撞的2年诉讼时效期间从碰撞事故发生之日起算;该法第262条有关海难救助的2年诉讼时效期间从救助作业终止之日起算等。《国家赔偿法》第32条规定,赔偿请求人请求国家赔偿的2年诉讼时效期间,自国家机关及其工作人员行使职权时的行为被依法确认为违法之日起算等。

（二）诉讼时效的中止

诉讼时效的中止，是指在诉讼时效进行中，因一定的法定事由的发生而使权利人无法行使请求权，暂时停止计算诉讼时效期间。按照《民法总则》第 194 条的规定，在诉讼时效期间的最后 6 个月内，因不可抗力或者其他障碍导致不能行使请求权的，诉讼时效中止。从中止时效的原因消除之日起满 6 个月，诉讼时效期间届满。诉讼时效中止的目的，是为了保证权利人遇有阻却权利行使的特殊事由时仍然有行使权利的必要时间，这样，即使遇有权利人主观意志以外的原因而使其暂时不能行使权利时，亦有补救的机会。

1. 诉讼时效中止的事由

中止诉讼时效的事由，是法定事由。根据《民法总则》第 194 条的规定，中止时效的事由有：(1) 不可抗力；(2) 无民事行为能力人或者限制民事行为能力人没有法定代理人，或者法定代理人死亡、丧失民事行为能力、丧失代理权；(3) 继承开始后未确定继承人或者遗产管理人；(4) 权利人被义务人或者其他人控制；(5) 其他导致权利人不能行使请求权的障碍。如当事人双方有婚姻关系，夫对于妻或者妻对于夫，其行使权利不困难，但因相互信赖以致对权利行使多不计较，基于伦理的考虑，通说认为婚姻关系的持续为时效中止的事由。

2. 发生时效中止的时间

关于诉讼时效何时才能发生中止的问题，各国民事立法大致有两种规定：一是在时效进行中的任何时间都可发生时效中止，如《法国民法典》；另一种规定是只有法定事由出现在时效期间的最后一定期限内才发生时效的中止，如《俄罗斯民法典》。《民法总则》采用了后一种立法方式，即在诉讼时效期间的最后 6 个月内才发生诉讼时效的中止。因此，法定事由只有发生在时效期间的最后 6 个月内，才能引起诉讼时效中止的效力。法定事由发生在最后 6 个月之前而延续到最后 6 个月之内的，诉讼时效的中止也从诉讼时效期间的最后 6 个月开始。

3. 诉讼时效中止的效力

关于诉讼时效中止的效力，有两种立法例。一种立法例是规定在中止事由消除后再经过法定的特别期限。如《俄罗斯民法典》规定，从作为中止时效根据的情况消除之日起，时效期限继续计算，而且把剩下的期限延长为 6 个月。另一种立法例是规定在中止事由消除后，时效期间继续计算。《民法总则》第 194 条第 2 款规定："自中止时效的原因消除之日起满六个月，诉讼时效期间届满。"即自时效中止事由消灭之日起，时效期间为六个月。这一立法使权利人能更从容地行使自己权利。

（三）诉讼时效的中断

诉讼时效的中断，是指在诉讼时效进行中，因法定事由的发生致使已经进行的诉讼时效期间全部归于无效，诉讼时效期间重新计算。《民法总则》第 195 条对诉讼时效的中断进行规定。诉讼时效中断与中止都是阻却时效完成的障碍，但时效中止为暂时性的障碍，而时效中断则为根本性的障碍，故时效中断后，时效期间重新开始进行。

1. 诉讼时效中断的法定事由

(1) 权利人向义务人提出履行请求

权利人向义务人明确提出要求其履行义务的主张，客观上改变了权利不行使的事实状态，所以诉讼时效中断。《诉讼时效若干规定》第10、11条规定：① 权利人除向义务人直接提出请求外，权利人向债务人的担保人、代理人或者财产管理人主张权利的，也可以认定为诉讼时效中断。② 权利人直接向义务人送交主张权利文书，义务人在文书上签字、盖章或者虽未签字、盖章但能够以其他方式证明该文书到达义务人的，可以认定诉讼时效中断；义务人为法人或者其他组织，签收人可以是其法定代表人、主要负责人、负责收发信件的部门或者被授权主体；义务人为自然人的，签收人可以是自然人本人、同住的具有完全行为能力的亲属或者被授权主体。③ 权利人以发送信件或者数据电文方式主张权利，信件或者数据电文到达或者应当到达义务人的，可以认定时效中断。④ 权利人为金融机构，依照法律规定或者当事人约定从义务人账户中扣收欠款本息的，可以认定时效中断。⑤ 义务人下落不明，权利人在国家级或者下落不明的义务人住所地的省级有影响的媒体上刊登具有主张权利内容的公告的，可以认定时效中断，但法律和司法解释另有特别规定的，适用其规定。⑥ 权利人对同一债权中的部分债权主张权利的，诉讼时效中断的效力及于剩余债权，但权利人明确放弃剩余债权的除外。

(2) 义务人同意履行义务

这是指义务人通过一定的方式向权利人作出愿意履行义务的意思表示，又称承认。义务人作出的同意履行义务的意思表示，意味着对权利人权利存在的认可。该认可行为，使当事人之间的权利义务关系得以明确、稳定，因而法律规定义务人同意履行义务为中断诉讼时效的法定事由之一。同意履行义务的表示方法除了书面或者能够证明的口头方式之外，债务人向债权人要求延期给付、对债务履行提供担保、支付利息或者租金、作出部分履行或者分期履行等承诺或者行为的，都属于义务人同意履行义务的表现方式，这些行为方式只要发生在诉讼时效进行当中，即产生诉讼时效中断的法律后果。至于债权转让、债务承担都属于义务人承认债务的行为，《诉讼时效若干规定》第19条规定："债权转让的，应当认定诉讼时效从债权转让通知到达债务人之日起中断。债务承担情形下，构成原债务人对债务承认的，应当认定诉讼时效从债务承担意思表示到达债权人之日起中断。"

(3) 权利人提起诉讼或申请仲裁

权利人提起诉讼或者申请仲裁,诉讼时效中断。依据《诉讼时效若干规定》第12条的规定,当事人一方向人民法院提交起诉状或者口头起诉的,诉讼时效从提交起诉状或者口头起诉之日起中断。

(4) 其他

首先,依《诉讼时效若干规定》的规定,下列事项之一,人民法院应当认定与提起诉讼具有同等诉讼时效中断的效力:申请仲裁;申请支付令;申请破产、申请破产债权;为主张权利而申请宣告义务人失踪或死亡;申请诉前财产保全、诉前临时禁令等诉前措施;申请强制执行;申请追加当事人或者被通知参加诉讼;在诉讼中主张抵销等。其次,权利人向人民调解委员会以及其他依法有权解决相关民事纠纷的国家机关、事业单位、社会团体等组织提出保护相应民事权利的请求的,诉讼时效中断。再次,权利人向公安机关、人民检察院、人民法院报案或者控告,请求保护其民事权利的,诉讼时效中断。

《诉讼时效若干规定》第14条规定,权利人向人民调解委员会以及其他依法有权解决相关民事纠纷的国家机关、事业单位、社会团体等社会组织提出保护相应民事权利的请求的,诉讼时效从提出请求之日起中断。第15条规定,权利人向公安机关、人民检察院、人民法院报案或者控告,请求保护其民事权利的,诉讼时效从其报案或者控告之日起中断。

上述几种法定事由的出现而导致诉讼时效中断后,权利人在重新计算的诉讼时效期间内再次主张权利或者义务人再次同意履行义务的,可以认定为诉讼时效再次中断。

在诉讼时效进行中,义务人同意履行义务为诉讼时效中断。依据《诉讼时效若干规定》第22条的规定,在诉讼时效经过以后,义务人作出同意履行义务的意思表示或者自愿履行义务后,又以诉讼时效届满为由进行抗辩的,人民法院不予支持。但义务人作出同意履行义务的意思表示,不为诉讼时效之中断,而为新债的产生,导致诉讼时效重新起算。如果义务人对超过诉讼时效的债务委托第三人提供担保,或者自身提供担保,则应当认定义务人存在同意履行债务的意思表示。

2. 诉讼时效中断的效力

(1) 对人的效力

诉讼时效中断原则上仅具有相对的效力,即只对使诉讼时效中断的当事人有效力。《诉讼时效若干规定》第17条规定:"对于连带债权人中的一人发生诉讼时效中断效力的事由,应当认定对其他连带债权人也发生诉讼时效中断的效力。对于连带债务人中的一人发生诉讼时效中断效力的事由,应当认定对其他连带债务人也发生诉讼时效中断的效力。"第18条规定:"债权人提起代位权诉讼的,应当认定对债权人的债权和债务人的债权均发生诉讼时效中断的效力。"《担保法解释》第 36 条规定,一般保证中,主债务诉讼时效中断的,保证债务诉讼时效中断。

(2) 对期间计算的效力

诉讼时效中断使中断事由发生前已经进行的诉讼时效全部归于无效,诉讼时效重新计算。

因起诉后法院受理而中断诉讼时效的,不发生诉讼时效的重新起算。进入执行程序的请求权,受执行期间的限制。《民事诉讼法》第 239 条规定:"申请执行的期间为 2 年。申请执行时效的中止、中断,适用法律有关诉讼时效中止、中断的规定。"

(四) 诉讼时效的延长

诉讼时效的延长,是指在诉讼时效期间届满以后,权利人基于某种正当理由,向人民法院提起诉讼时,经人民法院调查确有正当理由而将法定时效期间予以延长。《民法总则》第 188 条规定,从权利被侵害之日起超过 20 年的,人民法院不予保护。有特殊情况的,人民法院可以延长诉讼时效期间。从上述规定可以看出,诉讼时效的延长发生在诉讼时效期间届满之后。在诉讼时效期间完成以后,如果权利人未能行使权利是由于某种特殊情况造成的,人民法院可根据具体情况酌情延长诉讼时效。[①]

关于哪些情况属于人民法院可以延长诉讼时效的特殊情况,法律未作规定,也难作具体规定。司法实践中,人民法院应以是否涉及重大利益或者是否有重大影响为判断的基本依据。当然,为使审判人员在具体操作规程中能够宽严适度,有必要从立法上对重大利益的幅度和重大影响的范围作相应规定。

第三节 除斥期间

一、除斥期间的概念与特征

除斥期间,是指法律规定或者当事人依法确定的对于某种权利所预定的存续期间,又称预定期间。除斥期间的主要特征如下:

1. 除斥期间一般是法律规定的。从立法例看,除斥期间一般是法律规定的,如我国《合同法》第 55 条关于当事人撤销权期间的规定和第 75 条关于债权人撤销权期间的规定。也有法律规定可以由当事人确定的情况。例如,《德国民法典》在第 121 条、第 124 条和第 510 条第 2 款(先买权)中规定了这种除斥期间。

[①] 王利明、郭明瑞、方流芳:《民法新论》,中国政法大学出版社 1988 年版,第 574 页。

对于解除权,可以约定一个除斥期间,或者依第355条予以确定"。①《日本民法典》和我国民国时期的民法典也规定行使合同解除权的期间可以由当事人确定。有学者认为,我国《担保法》规定的保证期间为除斥期间,保证期间由当事人约定。另外,有时司法解释也有关于确定除斥期间的内容。

2. 除斥期间是某种权利存续的期间。这里说的某种权利,是指有限范围的权利(参见以下第三个问题"除斥期间的适用范围")。与诉讼时效相比,除斥期间适用的范围比较窄;"与除斥期间不同,消灭时效适用于(几乎)所有的请求权"。② 因为诉讼时效适用具有一般性,所以各国民法典一般都在民法总则中专章规定诉讼时效(消灭时效);对除斥期间都没有一般性规定,而是分散规定在少量有关法律条文中。从立法例看,有的在有关法律条文中直接使用除斥期间这一概念;有的法律条文规定的是除斥期间,但并不一定直接使用除斥期间概念,而是规定期间届满后,"人民法院不予保护";有的规定权利"因不行使而消灭";有的规定"只能在1年的期间内撤销"等。

《民法总则》第199条规定:"法律规定或者当事人约定的撤销权、解除权等权利的存续期间,除法律另有规定外,自权利人知道或者应当知道权利产生之日起计算,不适用有关诉讼时效中止、中断和延长的规定。存续期间届满,撤销权、解除权等权利消灭。"该条规定应属有关除斥期间的规定。

这里说的存续期间是预定的期间,即适用除斥期间的权利自始就有存续期间的限制。预定的期间是不能变更的,故属于"不变期间"。

二、除斥期间的性质与作用

除斥期间是一种民事法律事实。除斥期间届满,权利即消灭。

除斥期间和诉讼时效都是对权利的存续或者行使时间的限制,因此除斥期间的作用与诉讼时效的作用基本相同;不同的是除斥期间更突出强调促使权利人尽快行使权利,以利于稳定社会秩序。除斥期间一般都比较短,一般没有期间的中止、中断和延长的规定。③

三、除斥期间的适用范围

除斥期间适用于形成权,如撤销权、解除权等。从立法例看,适用除斥期间的主要有:撤销因重大误解订立的合同或者显失公平的合同的期间;撤销因欺诈或者胁迫订立的合同的期间;债权人行使撤销权的期间;赠与人行使撤销权的期

---

① 〔德〕迪特尔·梅迪库斯:《德国民法总论》,邵建东译,法律出版社2000年版,第89—90页。
② 同上书,第90页。
③ 《德国民法典》第124条第2款规定,撤销期间经过,准用第206条、第210条和第211条关于消灭时效的规定,是为例外。

间;行使合同解除权的期间等。需要注意的是,法律并非对所有的形成权都设有除斥期间的规定,例如,相对人行使催告权的期间、选择权人行使选择权的期间等。①

除斥期间的适用范围是否仅限于形成权?有学者认为除斥期间适用于形成权,有学者说,除斥期间所消灭之权利多为形成权,有学者指出为了维护社会经济秩序,需要扩大除斥期间的适用范围。那么除了形成权以外,除斥期间还可以适用于哪些权利?从立法例看,由于各国立法政策不同,对同一个问题,有不同的规定。例如,对于承揽合同中的瑕疵担保期间,《德国民法典》规定为消灭时效(第634a条),《日本民法典》规定为除斥期间(第637条),《意大利民法典》规定为失权期间(第1667条第2款)。据此,本书作者认为关于除斥期间的适用范围,是涉及民事权利在时间上限制的制度设计问题,其中包括诉讼时效、除斥期间、失权期间②等问题,这些问题有待学理上进一步探讨,有待法律上进一步作出明确规定。

四、除斥期间的计算

除斥期间为不变期间,故除斥期间的计算主要涉及起算时间问题。法律对有些除斥期间规定了起算时间。例如《合同法》第55条第1款规定,当事人自知道或者应当知道撤销事由之日起1年内行使撤销权。法律对有些除斥期间没有规定起算时间,对此学者通说认为自权利发生时起算。因为除斥期间是对于权利存续期间的限制,因此权利发生之日,为其期间开始计算之时。

五、除斥期间的效力与法律援用

除斥期间届满,权利即消灭。除斥期间届满后,其利益不得抛弃。因为权利既然已经因除斥期间届满而消灭,如果允许抛弃,就等于否定了除斥期间届满时权利即消灭的立法精神。

在诉讼过程中,即使当事人不援用除斥期间,法院也应当依职权援用。

六、诉讼时效与除斥期间的区别

(一) 立法精神不同

诉讼时效与除斥期间的重要作用都在于维护社会秩序,但是二者维护的社会秩序却相反。除斥期间维护的是原秩序。在除斥期间内,权利人如果不行使权利,原秩序就继续存在。例如,如果赠与人在知道或者应当知道受赠人严重侵

---

① 王泽鉴:《民法总则》(增订版),中国人民大学出版社2001年版,第518页;〔德〕迪特尔·梅迪库斯:《德国民法总论》,邵建东译,法律出版社2000年版,第115页。

② 意大利民法有关于失权期间的规定,适用范围比较广,参见《意大利民法典》第2964条。

害他或者他的近亲属之日起1年内没有行使撤销权,受赠人就继续享有对赠与物的所有权,即维护赠与的原秩序。相反,诉讼时效维护的是新秩序。例如,甲乙二人订立买卖合同,乙已经将标的物交付给甲;诉讼时效期间届满后,乙才请求甲交付货款,甲有权拒绝。这就是维护甲取得标的物所有权而未交付货款的新秩序。

(二) 适用范围不同

诉讼时效适用于请求权,除斥期间主要适用于形成权。

(三) 起算时间不同

诉讼时效从知道或者应当知道权利被侵害时起算,除斥期间根据法律规定的时间或者权利发生的时间起算。

(四) 期间的可变性不同

法律对诉讼时效有中止、中断、延长的规定,对除斥期间没有中止、中断、延长的规定。

(五) 法律效力与法律援用不同

诉讼时效期满后,权利并不当然消灭;除斥期间期满后,权利当然消灭。诉讼时效期间届满后,当事人可以放弃时效利益;除斥期间届满后,其利益不得抛弃。

诉讼时效的援用有不同的立法例:或者当事人主张时法院才援用,或者法院依职权援用。依照《诉讼时效若干规定》,我国属于前者。对于除斥期间,各国法律都规定法院依职权援用。

第四节 期 限

一、期限的概念与意义

期限,是指民事法律关系发生、变更和消灭的时间,分为期间和期日。期间,是指从某一特定的时间点到另一特定的时间点所经过的时间。它是某一特定的时间段,如1995年5月1日至1996年5月1日即是一个期间。期日,是指不可分割的一定时间。它是时间的某一特定的点,如1996年10月1日即是一个期日。期间是时间某一动态的阶段,即期日与期日之间的间隔时间;期日则是时间的某一静态的点。

期限可以由法律规定,也可以由人民法院裁判确定,还可以由双方当事人约定,在有些情况下还可以由当事人一方依法指定。无论采用什么方式,期限一旦确定之后,对双方当事人都具有法律约束力,任何一方不得擅自变更。

民法上的期限,对民事法律关系的产生、变更和消灭具有重要的意义,表现在:(1) 决定民事主体的民事权利能力和民事行为能力享有和消灭的时间。如自然人出生之日,即是其享有法定民事权利能力之时;智力健全的自然人成年之日,即是其享有完全民事行为能力之时;自然人死亡之日,即是其民事权利能力和民事行为能力终止之时。法人成立之日,即是其享有民事权利能力和民事行为能力之时;法人注销之日,即是其民事权利能力和民事行为能力终止之时。(2)决定某些事实的推定时间。如失踪宣告和死亡宣告中失踪人失踪时间的推定。(3)决定权利的取得和丧失时间。如专利权取得的时间、所有权丧失的时间等。(4)权利的行使和义务履行的期限。如使用商标专用权的期限、合同义务履行的期限等。(5)决定法律关系的效力的期限。如合同的有效期限、支票的有效期限等。

二、期限的确定和计算方法

《民法总则》第 200 条规定,民法所称的期间按照公历年、月、日、小时计算。

期限的确定,大致有以下几种方式:(1)规定一定的期日。如某年某月某日、某年某月月底、某年年底等。(2)规定一定的期间。如某年某月某日至某年某月某日、某年某日起 4 个月等。(3)规定未来某一特定的时刻。如公路通车之日、工程验收完毕之日、货物交付之日等。(4)规定以当事人提出请求的时间为准。如债权人请求偿还债务之日等。

期限的计算有期日的计算和期间的计算两种情况。期日的计算比较简单,一般以法定期日、指定期日和约定期日为准。如当事人约定某年某月某日交付货物,则该日期即为履行义务的期日。

期间的计算比较复杂,它涉及期间的起点和终点的时间跨度计算问题,还有最后一天的延期计算问题。依《民法总则》第 201 条的规定,期间的起点,按小时计算的,其期间"自法律规定或者当事人约定的时间开始计算",即规定的分或者秒,就是期间的起算点。按照日、月、年计算期间的,开始的当天不计入在内,从下一天开始计算,即次日为期间的起点。如果期间的最后一天是法定休假日的,以休假日的次日为期间的最后一天,此为期间的顺延。期间的终点,为最后一天的 24 时。有业务时间的,到停止业务活动的时间截止。

当事人约定的期间不是以月、年第一天起算的,1 个月为 30 日,1 年为 365 日。期间的最后一天是星期日或者其他法定休假日,而星期日或者其他法定休假日有变通的,以实际休假日的次日为期间的最后一天。

按照日、月、年计算期间,当事人对起算时间有约定的,按约定办。

此外,《民法总则》第 205 条规定:"民法所称的'以上''以下''以内''届满',包括本数;所称的'不满''超过''以外',不包括本数。"该条是对这些词的含义的解释性规定。例如,16 周岁以上,包括 16 周岁,两人以上或者两人以下,都包括两人;不满 18 周岁,不包括 18 周岁,不满 4 年,不包括 4 年。

本编主要参考书目

1. 〔德〕迪特尔·梅迪库斯:《德国民法总论》,邵建东译,法律出版社 2000 年版。
2. 曾世雄:《民法总则之现在与未来》,中国政法大学出版社 2001 年版。
3. 龙卫球:《民法总论》(第二版),中国法制出版社 2002 年版。
4. 王泽鉴:《民法总则》(增订版),中国政法大学出版社 2002 年版。
5. 黄立:《民法总则》,中国政法大学出版社 2002 年版。
6. 王利明:《民法总则研究》(第二版),中国政法大学出版社 2012 年版。
7. 〔德〕拉伦茨:《德国民法通论》(上下册),王晓晔、邵建东、程建英、徐国建、谢怀栻译,法律出版社 2003 年版。
8. 〔日〕山本敬三:《民法讲义Ⅰ 总则》(第三版),解亘译,北京大学出版社 2012 年版。
9. 刘得宽:《民法总则》(增订四版),中国政法大学出版社 2006 年版。
10. 李飞主编:《中华人民共和国合伙企业法释义》,法律出版社 2006 年版。
11. 施启扬:《民法总则》(修订第八版),中国法制出版社 2010 年版。
12. 魏振瀛:《民事责任与债分离研究》,北京大学出版社 2013 年版。

第二编 物　　权

第十一章　物权总论

第一节　物权的概念与特征

物权是权利主体直接支配特定财产(主要是有体物,特定情况下也可以是权利)的权利,既具有人对物直接支配的内容(这明确着对物的支配方法及范围),又具有对抗权利主体以外的第三人的效力。[1] 因此,作为一个法律范畴,物权是指权利人依法对特定的物享有直接支配和排他的权利,包括所有权、用益物权和担保物权(《民法总则》第114条第2款)。

物权具有以下法律特征:

1. 物权是权利人直接支配物的权利

所谓直接支配物,是指物权人可以依自己的意志就标的物直接行使其权利,无须他人的意思或者义务人的行为的介入。权利人的支配可以通过民事法律行为来实现,例如房屋所有人出卖、出租自己的房屋,或者在自己的房屋上设定抵押权等;也可以通过事实行为来实现,例如房屋所有人自行居住。

物权的权利人是特定的,义务人是不特定的,义务内容是不作为,只要不特定的人没有非法干涉其行使权利,即为履行了义务,所以物权是一种绝对权。物权人直接支配标的物,是物权的基本内容,任何种类的物权都以权利人对于物的直接支配为特征,但是,支配范围的大小依物权的种类而定。例如,所有权是所有人对于自己所有之物的一种总括的、全面的支配,而他物权则总是在某一个方面对他人所有的物进行的支配。另外,物权中对于物的支配不一定都是有形的。对物的使用价值的支配往往是有形的,例如土地承包经营权人对其承包经营的耕地的占有、使用和收益;对物的交换价值的支配往往就是无形的,例如就抵押

---

[1] 关于物权的界定,学理上区分为"对物关系说"(物权系对物支配之财产权)、"对人关系说"(物权系对抗一般人之财产权)和"折中说"(物权系对物得直接支配,且得对抗一般人之财产权),参见谢在全:《民法物权论》(上册),中国政法大学出版社2011年版,第8页。《物权法》第2条第3款应属"折中说"。

权而言，不动产抵押权人对于抵押物无占有的事实，自然不可能对于抵押物的实体进行有形的支配。

物权的客体是物。这里的物，首先原则上是指有体物。有体物包括不动产、动产，以及虽然不占据一定空间或具备一定形状，但是能够为人力所控制的电、气、光波、磁波等物。权利成为物权的客体，仅限于法律有明确规定的情况，例如权利质权。再如，我国土地实行公有制，法律允许在国有土地使用权上设定担保物权。其次，对物的直接支配权性质决定了，如果物权的标的物不特定化，物权人无从对其进行直接的支配。因而，物权的客体必须为特定物，即以物单独所具有的特征加以确定的物。它可以是某个独一无二的物，也可以是特定化了的种类物。最后，物权的客体一般应是独立物，即能够单独、个别地存在的物。只有是独立物，物权人才可以对之进行直接的支配，也才能用占有、登记等形式公示物上的权利状态。

2. 物权是权利人直接享受物的利益的权利

物权作为财产权，是一种具有物质内容的、直接体现为财产利益的权利。因此，物权的目的在于享受物之利益，自不待言。物的利益，以权利人对于标的物的直接支配与享受为特点。这里的利益，可以分为三种：一是物的归属；二是物的利用；三是就物的价值而设立的债务的担保。物的归属，明确着物在法律上的所有人，它规定着所有人对于物进行总括的、全面的支配的范围和方法。物的利用，是取得物上的使用利益，以满足权利人生产或者生活的需要。随着现代社会信用制度的发达，标的物的担保利益取得日益重要的地位。① 物权的内容，就因对标的物之利益的不同，而有所有权、用益物权和担保物权的区别。

3. 物权是排他性的权利

物权为权利人直接支配物的权利，故必然具有排他性。② 首先，物权人有权排除他人对物上权利之行使的干涉，可以对抗一切不特定的人，所以物权是一种对世权。其次，同一物上不许有内容不相容的物权并存。例如一间房屋上不能同时有两个所有权，一块耕地上不能同时设定两个土地承包经营权。物权的排他性，说明了物权不仅是人对于物的关系，而且还具有人与人的关系。但是，在共有关系上，只是几个共有人共同享有一个所有权，并非一物之上有几个所有权。在担保物权中，一物之上可以设定两个以上的抵押权，先设立的抵押权优先于后设立的抵押权，有先后次序的不同。因此，共有关系和两个以上抵押权的并

---

① 关于物之担保性逐渐凸显的论述，可参见〔日〕我妻荣：《新订担保物权法》，申政武等译，中国法制出版社 2008 年版，"序言"第 1 页以下。

② 职是之故，关于物权的界定，学者提出"不以具有排他性为其定义之一部尚不生问题"，"故吾人以为姚瑞光先生认物权者，乃直接支配特定物，而享受其利益之权利，最为可取"。见谢在全：《民法物权论》（上册），中国政法大学出版社 2011 年版，第 8 页、第 9 页。

存与物权的排他性并不矛盾。①

第二节 物权法的概念与内容

物权法是民法的重要组成部分,它是调整人(自然人、法人、其他组织,特殊情况下可以是国家)对于物的支配关系的法律规范的总和。②

物权法的调整对象是基于人对物的支配而产生的人与人之间的财产关系。物权法对于这一支配关系进行着全面的法律调整,主要包括:

1. 支配关系的内容

支配关系的内容,即物权法规定了人对物的支配范围。物权法调整着不同程度、不同层次的支配关系,明确着各类支配关系的主体对物的各自的支配范围:(1)人对物的全面的支配关系。既包括对物的价值的支配,也包括对物的使用价值的支配,这在物权法上形成所有权制度。(2)人对物的利用关系。虽然所有权制度也调整所有人对物的利用,但在实际生活中还存在大量的非所有人对物的利用关系,而且这在市场经济中是一种普遍的、经常发生的现象。这在物权法上形成用益物权制度。(3)人对物的交换价值的支配关系。物的所有人在自己的物上为他人设定担保,由担保权人支配物的交换价值,从而使得债务人获取信用,这也是人们对物的利用的一种重要的方式。物权法调整非所有人基于债的担保对物的交换价值的支配关系,这在物权法上形成担保物权制度。(4)人对物的占有关系。占有是一种非常复杂的法律现象,它既可能是基于本权的占有,也可能不是基于本权的占有,它既可能表现为一种权利,也可能只是一种事实状态。物权法出于维护社会秩序和交易的安全,调整人对物纯于事实上的占领、控制关系,这在物权法上形成占有制度。

2. 支配关系的变动

支配关系的变动,即支配关系的产生、变更和消灭。

人对物的支配关系是一个丰富多彩的现象,既有物权的移转,所有权的权能的分离与回复,也有他物权的设定,等等。物权法对支配关系的变动的调整是对动态财产关系的调整:(1)支配关系的产生,这是在主体之间形成支配关系。例如所有权的取得,物权的移转,非所有人基于设定行为而取得他物权。(2)支配

---

① 另,"……作为例外而不承认排他性物权,则几乎与债权完全相同",见〔日〕我妻荣:《新订物权法》,罗丽译,中国法制出版社 2008 年版,第 11 页;如,"基于河岸权原则而设立的取水权,相互间没有排他性",见崔建远:《物权:规范与学说——以中国物权法的解释论为中心》(上册),清华大学出版社 2011 年版,第 22 页。

② "作为法律制度一部分的物权法,包含着人类对财物进行支配的根本规则",见〔德〕鲍尔、施蒂尔纳:《德国物权法》(上册),张双根译,法律出版社 2004 年版;Baur/Stürner, Sachenrecht, München 2009, §1, Rn.1.

关系的变更,即支配关系的客体、内容的变化。例如建设用地使用权的权利期限和土地用途的变化,土地范围的扩大、缩小。(3)支配关系的消灭,这是支配关系因一定的事实的发生不存在了,例如建设用地使用关系因期限的届满而消灭。物权法调整支配关系的变动,既要确定物权变动的原则,又要规定引起物权变动的民事法律行为及民事法律行为以外的能够引起物权变动的法律事实,还要明确物权变动的程序问题,从而在物权法上形成了物权变动法律制度。

3. 支配关系的主体与其他利害关系人(第三人)的关系

由于支配关系的排他性、绝对性的特征,其对物的静态支配和动态的变动,都会涉及其他利害关系人,即第三人的利益。对第三人利益的保护,涉及已经参与交易的人或者潜在的交易主体的利益,实际上是从社会整体利益出发对交易安全的保护。因此物权法也调整支配关系的主体与第三人的关系,在物权法上形成第三人保护的法律制度。

《物权法》是民法的组成部分。在民法法系国家,民法典中的物权编是物权法的基本法,另外还有单行法。我国还没有民法典,2007年3月16日颁布的《物权法》相当于未来我国民法典的物权编。物权法有广义的和狭义的两种含义。狭义的物权法即形式意义的物权法,专指民法典的物权编而言。在我国尚未颁布民法典的情况下,《物权法》属于狭义的物权法。广义的物权法即实质意义的物权法,凡是调整物的支配关系的法律规范,均属之。《土地管理法》《森林法》《草原法》《渔业法》《矿产资源法》《水法》《文物保护法》等法律、法规中有关物权的规定都属于物权法的范围。例如,《土地管理法》中关于"土地所有权和使用权"的规定,《森林法》中关于"林木所有"的规定,《渔业法》中关于"水域、滩涂的使用"的规定,《矿产资源法》中关于"有偿取得权利""集体矿山企业个体采矿"的规定等。

第三节 物权的效力

物权是权利人直接支配其标的物的排他性权利。依物权的这种性质,它当然具有优先的效力和物上请求权。有的学者认为除此之外还有追及权,即认为物权的标的物不论辗转归于何人之手,都不能妨碍物权的行使,物权人可以向任何占有其物的人主张其权利。例如,甲的所有物被乙偷走后卖给了丙,丙再转让给了丁,甲仍然不丧失其所有权,有权向现在占有其物的丁请求返还。[①] 但是多数学者认为,追及权应当包括在优先效力和物上请求权之中,而不必另列。

---

① 在抵押权情形,《担保法解释》第67条与《物权法》第191条对抵押权之追及权的态度,存有差异。

（一）物权的优先效力

物权的优先效力，亦称为物权的优先权。其基本含义是指同一标的物上有数个相互矛盾、冲突的权利并存时，具有较强效力的权利排斥具有较弱效力的权利的实现。[①] 考察先后成立的物权之间及物权与债权之间的关系，物权的这种优先效力都是存在的。

1. 物权相互间的优先效力

这种优先效力，是以物权成立时间的先后确定物权效力的差异。一般说来，两个在性质上不能共存的物权不能同时存在于一个物上，故而后发生的物权根本不能成立。例如在某人享有所有权的物上，不得再同时成立其他人的所有权。如果物权在性质上可以并存，则后发生的物权仅于不妨碍先发生的物权的范围内得以成立。在这种情况下，先发生的物权优先于后发生的物权。例如在同一物上设立数个抵押权，先发生的抵押权优于后发生的抵押权。物权相互之间以成立时间的先后确定其效力的强弱，本质上是对现存的、既得的物之支配权的保护。因为任何人都必须尊重物权人对于其物的支配范围，不得干涉物权的行使。这也包括在同一标的物上，后成立的物权只有在不侵入、不干涉先成立的物权的支配范围的条件下才能得以成立。否则，成立时间在后的物权根本就不能成立。

关于物权之间依性质可否并存，就一般情形而言，以占有为内容的物权的排他性较强，这类物权大多不可以并存。具体的各类物权依性质是否可以并存，大致可以分为以下几种情况：(1) 用益物权与担保物权。原则上这两种物权可以同时存在于一物之上，例外的是以占有为要件的质权、留置权与用益物权不能并存。(2) 用益物权与用益物权。不管其种类是否相同，一般都难以并存。但是地役权有时可以与其他用益物权并存。例如消极地役权以某种不作为，如不得兴建高层建筑，为其内容，可附存于已经设立建设用地使用权的土地上。再如两个通行权可共存于同一供役地上等。(3) 担保物权与担保物权。一般两物权都能够并存，例外的是当事人有特别约定时不能并存，以占有为要件的留置权等担保物权之间也不能并存。

关于物权相互之间的优先效力，一般的原则是根据不同种类的物权的排他性不同，并依物权成立时间的先后确定其相互间的优先顺序。例外是限制物权（定限物权）的效力优先于所有权。限制物权是于特定方面支配物的物权，一般是在他人所有之物上设定的权利。所以在同一标的物上，限制物权成立于所有权之后。但是，限制物权是根据所有人的意志设定的物上负担，起着限制所有权的作用，因此限制物权具有优先于所有权的效力。例如在一块土地上设定建设

[①] "……一般均认物权之优先效力系自物权有排他性而来"，见谢在全：《民法物权论》（上册），中国政法大学出版社2011年版，第24页。

用地使用权之后,建设用地使用权人在建设用地使用权的范围内,得优先于土地所有权人而使用土地。

2. 物权对于债权的优先效力

在同一标的物上物权与债权并存时,物权有优先于债权的效力,这主要表现在两个方面:

(1) 在同一标的物上,既有物权,又有债权时,物权有优先于债权的效力。例如甲同意将 10 吨水泥出卖给乙,乙就取得了请求甲交付该 10 吨水泥的债权。后来甲又将这 10 吨水泥出卖给丙,并交付给丙,丙就取得了已交付的 10 吨水泥的所有权,而乙只能请求甲承担债务不履行的责任。这是因为物权是直接支配物的权利,而债权的实现则要依靠债务人的行为,债权人不能对物进行直接支配。基于两者在性质上的不同①,物权具有这种优先效力。但是这只是一般原则,在法律有特别规定的情况下,也有极少数的例外。例如,不动产租赁使用权在民法上属于债权,如甲将其所有的房屋出租给乙,以后又将该房屋出卖给丙,丙取得该房屋的所有权后,乙仍然可以对丙主张其租赁使用权。这在学理上称为"买卖不破租赁"。此外,依据《担保法解释》第 65 条的规定,抵押人将已经出租的财产抵押的,抵押权实现后,租赁合同在有效期内对抵押物的受让人继续有效。

(2) 在债权人依破产程序或强制执行程序行使其债权时,作为债务人财产的物上存在他人的物权时,该物权优先于一般债权人的债权。例如,在债务人破产时,在债务人的财产上设有担保物权的,担保物权人享有优先受偿的权利,此为别除权;非为债务人所有之物,所有人有取回该物的权利,此为取回权。例如,出卖人已将出卖物发送,买受人尚未收到,也没有付清全部价款而宣告破产时,出卖人可以解除买卖合同,并取回其标的物。

(二) 物上请求权

物权人在其权利的实现上遇有某种妨害时,有权请求造成妨害事由发生的人排除此等妨害,称为物上请求权,又称为物权请求权。

物权是对物的直接支配权,权利的实现无须他人行为的介入。如果有他人干涉的事实,使物权受到妨害或者有妨害的危险时,必然妨碍物权人对物的直接支配,法律就赋予物权人请求除去妨害和防止妨害的权利。可见,物上请求权是基于物权的绝对权、对世权,可以对抗任何人的性质而发生的法律效力。它赋予物权人各种请求权,以排除对物权的享有与行使造成的各种妨害,从而恢复物权人对其标的物的原有的支配状态。

---

① 当然,权利性质不同,原本无所谓效力上的孰先孰后;然而此时,采"物权优先于债权"之描述,系取其直观、易懂,故不妨视之为"约定俗成"。

1. 物上请求权的性质

物上请求权是以物权为基础的一种独立的请求权。[①] 对此定性可以从以下几个方面说明：

(1) 物上请求权是请求权。所谓请求权，是指权利人请求他人(特定的人)为一定行为(作为或者不作为)的权利。物上请求权在物权受到妨害时发生，它是物权人请求特定的人(妨害物权的人)为特定行为(除去妨害)的权利，属于行为请求权。它不以对物权标的物的支配为内容，故不是物权的本体，而是独立于物权的一种请求权。作为请求权，物上请求权与债权有类似的性质，因而在不与物上请求权性质相抵触的范围内，可以适用债权的有关规定，例如过失相抵、给付迟延、债的履行及转让等。

(2) 物上请求权是物权的效用。物权作为一种法律上的权利，受到法律的保护，于受到妨害时，物权人即有排除妨害的请求权。因此，物上请求权是物权的效用，它以恢复物权的支配状态为目的，在物权存续期间不断地发生。

(3) 物上请求权附属于物权。这是物上请求权作为物权的效用的必然结果。物上请求权派生于物权，其命运与物权相同，即其发生、移转与消灭均从属于物权，不能与物权分离而单独存在。因而物上请求权不同于债权等请求权。至于让与物上请求权可以作为动产物权的交付方法，例如第三人无权占有某项动产时，出让人转让所享有的返还请求权以代替现实交付，这是因为双方已经有了物权移转的合意，依此等方法而发生物权移转的效力，并非将物上请求权与物权分离而单独让与。

2. 物上请求权的行使

物上请求权的行使，不必非得依诉讼的方式进行，也可以依意思表示的方式为之，即物权受到妨害后，物权人可以直接请求妨害人为一定的行为或不为一定的行为，包括请求妨害人返还原物、排除妨碍、消除危险等。例如，甲的汽车发生故障，停在乙的门口，挡住乙的通道，甲有义务排除妨碍，乙有权直接请求甲排除妨碍。

物权人直接向妨害人提出物上请求权是一种自我保护措施，是物上请求权实现的有效途径。实践中，大部分妨害物权行使的行为，都是在妨害人应物权人的请求停止妨害行为，而使物权恢复完全的支配状态的情况下了结的。尤其是在情况紧急、来不及请求公力救济的情况下，在法律允许的范围内，物权人直接采取一定的自我保护措施，有利于避免或者减轻自己财产遭受的损害。

请求返还原物是指物权人在其所有物被他人非法占有时，可以向非法占有人请求返还原物，或请求法院责令非法占有人返还原物。只要能够返还原物的，

[①] 至于物权请求权与民事责任、侵权责任的关系，请参见本书第三章第五节"二、民事责任与物权法的关系"，以及本章(第十一章)第六节"物权的保护"，此处不再赘述。

就必须返还原物,不能用其他的方法如金钱赔偿来代替。

物权人只能向没有法律依据而侵占其物的人即非法占有人请求返还。这里的非法占有是指占有人占有财产没有法律上的依据,并不一定是指占有人取得手段上的违法或主观上的过错。例如,从小偷那里购得赃物的公民,虽然他不知道是赃物,但他仍然是非法占有人。

物权人对于合法占有人在合法占有期间不能请求返还原物。例如,房屋所有人与他人签订租赁合同将房屋出租,在承租期限届满以前,他不能请求承租人返还原物。

由于返还原物的目的是要追回脱离所有人占有的财产,因此要求返还的原物,应当是特定物,即具有单独特征,不能以其他物代替的物,如一幢房屋、一幅名画。如果被非法占有的是种类物,即具有一类共同特征,可以用品种、规格或度量衡加以确定的物,就不能要求返还原物,而只能要求赔偿损失,或者要求返还同种类及同质、同量的物。例如被小偷偷去了 10 元钱,就只能请求返还等值的人民币,无论是 1 张 10 元的还是 10 张 1 元的。当然,若某物品是从种类物中分离出来的,已经具有了特定化的性质,就可以请求返还原物。例如,只要能够证明小偷现在占有的正是被偷窃的 10 袋水泥,那么,这时的财产就是特定的,失主自然可以请求返还。

由于财产所有人请求返还的是原物而不是代替物,因此原物必须存在。这是适用这种保护方法的前提。如果原物已经灭失,就只能请求赔偿损失。

请求排除妨碍、消除危险是指物权人虽然占有其物,但由于他人的非法行为,致使物权人无法充分地行使占有、使用、收益、处分权能时,物权人可以请求侵害人排除妨碍,或者请求法院责令侵害人排除妨碍。这种保护方法可以体现为请求侵害人停止侵害行为,如停止往所有人的土地上排注污水;以侵害人的力量或资金排除所造成的侵害,如令侵害人搬走搁置在所有人房屋门口的物品。

物权人不但对于已经发生的妨碍可以请求排除,而且对于尚未发生但确有发生危险的妨碍也可以请求有关的当事人采取预防措施加以防止。例如,房屋有倾倒的危险,威胁邻人房屋的安全,邻人有权请求加固、支撑甚至拆除,这样可以预防可能造成的损失,进一步保护所有人的合法权益。

物权人请求排除的妨碍所有权的行为应是违法行为,对于他人的合法行为产生的妨碍不能请求排除。例如,所有人对于邻人依相邻关系的法律规定在其土地上所为的行为,像通行、埋设管线等等,虽然妨碍其所有权的行使,但所有人有容忍的义务,不得请求排除之。

物权人只有对于与履行物权人与侵害人之间的合同义务无关的妨碍才可以请求排除之。例如,房屋所有人甲与乙签订了承揽合同,约定由乙修缮甲的房屋,但乙无故中途停止已经开始的修缮工作,因而妨碍甲居住房屋。这时甲只能根据承揽合同请求乙履行合同,而不能依其对于房屋的所有权提起排除妨碍的诉讼。

第四节 物权的类型

一、物权法定主义

关于物权的创设,有两种立法例:一是放任主义,即物权的创设依当事人的意思,法律上不予限制;二是法定主义,即法律规定物权的种类和内容,不允许当事人依其意思设定与法律规定不同的物权。现代各国民法,大都采法定主义而排斥放任主义。如《日本民法典》第175条规定:"物权,除本法及其他法律所定者外,不得创设。"我国《物权法》第5条规定:"物权的种类和内容,由法律规定。"①

物权法定主义是在罗马法时代就已经确定的原则。在罗马法上,具有物权属性的权利有所有权、地上权、地役权、用益权、抵押权和质权等。这些权利的类型及取得方式都由法律作了明确规定,非以法定方式取得这些权利的,法律不予保护。以后民法法系各国物权法均毫无例外地继受了罗马法确定的这一原则。其原因主要是:(1) 物尽其用的考虑。物权与社会经济有密切的联系,如果允许任意创设物权种类,对所有权设定种种的限制和负担,会影响对物的利用。以法律明确物权的种类和内容,尽量将切合现实的物权形式纳入物权法,建立能够满足社会经济关系的发展需要的、权利种类简明、效力明确的物权体系,有助于发挥物的效用。(2) 保护交易安全的要求。物权具有排他性,通常会涉及第三人的利益,所以物权的存在及其变动应力求透明。如果允许当事人自由创设物权,不仅易给第三人造成损害,而且还使物权的公示增加了困难,因为法律不可能对每一种当事人所创设的物权都提供相对应的公示方法。物权的种类和内容法定化,便于物权的公示,以确保交易的安全和快捷。

按照物权法定主义原则的要求:(1) 物权的种类不得创设,即不得创设法律未规定的新种类的物权。例如对于担保物权,虽然世界各国关于担保物权的种类很多,但在我国就只能依《物权法》及其他法律,设定其认可的抵押权、质权、留置权等担保物权形式。(2) 物权的内容不得创设,即不得创设与法律规定的内容不同的物权。例如,创设不移转占有的质权,即使名为质权,但由于与法律规定的质权内容不同,故也是不允许的。②

当事人如果违反物权法定主义原则的要求,其行为一般不发生物权效力,但

---

① 关于"物权法定主义之缓和化"的讨论,可参见谢在全:《民法物权论》(上册),中国政法大学出版社2011年版,第36页;崔建远:《物权:规范与学说——以中国物权法的解释论为中心》(上册),清华大学出版社2011年版,第28页;梁慧星、陈华彬:《物权法》,法律出版社2007年版,第48页。
② 德国法中,此二点总结为"类型强制"(Typenzwang)与"类型固化"(Typenfixierung),S. Baur/Stürner, Sachenrecht, München 2009, §1, Rn. 1.

是法律也可以用明文规定的形式承认其一部分的物权效力。如依据我国台湾地区现行"民法"第912条的规定,典权的期限不能超过30年,但当事人关于典期的约定超过30年时,并非典权无效,而是将典期缩短为30年。法律还可以对物权的内容规定一定的范围,当事人可以在这个范围内自由选择。例如《德国民法典》第1018条规定:"一块土地为了另一块土地的现时所有权人的利益,可以此种方式设定权利,使该所有权人可以在个别关系中使用该土地,或者使在该土地上不得实施某种行为,或者排除由供役地的所有权对需役地所产生的权利(地役权)。"当事人就可以根据该规定的内容,选择其中的一种或数种设定地役权。

物权的种类和内容法定,在这一点上与债权不同。债权依合同自由原则,当事人在不违反法律和社会公共利益的范围内,可以创设任何种类的债权。法律也往往不限制合同的种类和内容,允许当事人协商确定合同的内容,并承认其效力。

二、物权的种类

基于物权法定主义原则,各国民法都对物权作出了明确的规定。因社会经济制度和历史文化传统的不同,各国民法上规定的物权种类参差不一,但大都可以归纳为所有权、用益物权、担保物权和占有四类。我国《物权法》也规定了这四种类型:

(1) 所有权。这是所有人在法律规定的范围内独占性地支配其所有物的权利。《物权法》第39条规定:"所有权人对自己的不动产或者动产,依法享有占有、使用、收益和处分的权利。"

所有权是最完整、最充分的物权。为充分发挥物的效用,从所有权中可以分离、派生、引申出各种其他的物权。《物权法》第40条规定:"所有权人有权在自己的不动产或者动产上设立用益物权和担保物权。用益物权人、担保物权人行使权利,不得损害所有权人的权益。"

(2) 用益物权。这是对他人所有的物在一定范围内使用、收益的权利,包括建设用地使用权、地役权等。《物权法》第117条规定:"用益物权人对他人所有的不动产或者动产,依法享有占有、使用和收益的权利。"

(3) 担保物权。这是为了担保债的履行,在债务人或第三人的特定财产上设定的物权,主要有抵押权、质权、留置权等。《物权法》第170条规定:"担保物权人在债务人不履行到期债务或者发生当事人约定的实现担保物权的情形,依法享有就担保财产优先受偿的权利,但法律另有规定的除外。"

(4) 占有。这是指对物的控制、占领。占有究竟是一种单纯的事实,还是一种权利,各国的立法例是不一致的。有认为是权利的,如《日本民法典》在第2编物权的第2章中专门规定了占有权。该法第180条规定:"占有权,因以为自己的意思,事实上支配物而取得。"还有的认为占有是受法律保护的一种事实状态,如《德国民法典》在第 3 编物权法的第 2 章占有的规定。《物权法》第 5 编规定的是占有,不是占有权。

三、民法学上物权的分类

在学理上根据不同的分类标准,通常对物权作以下的分类:

(一) 自物权与他物权

自物权是权利人对于自己的物所享有的权利。以其与他人之物无关,故称作自物权。所有权是自物权。他物权是在他人所有的物上设定的物权。他物权是对他人的物享有的权利,其内容是在占有、使用、收益或者处分某一方面对他人之物的支配。

(二) 动产物权与不动产物权

这是根据物权的客体是动产还是不动产所作的分类。不动产所有权、建设用地使用权、不动产抵押权等是不动产物权,而动产所有权、动产质权、留置权则是动产物权。

这种分类的意义在于动产物权与不动产物权的取得方法、成立要件等各有不同,一般来说动产物权的公示方法为占有,而不动产物权的公示方法为登记。

(三) 主物权和从物权

这是以物权是否具有独立性进行的分类。主物权是指能够独立存在的物权,如所有权、建设用地使用权。从物权则是指必须依附于其他权利而存在的物权。如抵押权、质权、留置权,是为担保的债权而设定的。地役权在与需役地的所有权或使用权的关系上,也是从物权。

这种分类的意义在于,在物权的取得、变更、丧失问题上,从物权应与其所依附的权利共命运。

(四) 所有权与限制物权

这是以对于标的物的支配范围的不同对物权所作的区分。所有权是全面支配标的物的物权,限制物权是于特定方面支配标的物的物权。一些学者认为所有权也要受法律、相邻关系等的限制,故应避免使用限制物权这一概念。日本学者松冈正义首创了"定限物权"一词,表示所有权以外的他物权内容是有一定限度的。但这只是名称之争,关于所有权与限制物权分类的实质内容是一致的。

限制物权与所有权相比较,指的就是所有权以外的物权。所有权是一种于全面关系上支配物的权利,是一种完全的支配权利。而其他物权与所有权不同,是在他人之物上设定的权利,只是在一定方面支配物的权利,没有完全的支配权。如建设用地使用权、地役权仅限于一定方面使用他人土地,而抵押权、质权、留置权仅是提供债的担保,通常不得对物使用、收益。

限制物权是在他人之物上设定的权利,实际上是根据所有权人的意志设定的所有权上的负担,起着限制所有权的作用,因此限制物权有较为优先的效力。例如土地所有人在自己的土地上为他人设定了建设用地使用权,那么就只能由享有建设用地使用权的人使用土地。

(五)有期限物权与无期限物权

这种分类的标准是物权的存续有没有期限。有期限物权是指有一定存续期间的物权,如抵押权、质权、留置权。无期限物权则是指没有预定存续期间,而永久存续的物权,所有权属于无期限物权。

这两类物权区分的法律意义在于,有期限物权在期限届满时即当然归于消灭,而无期限物权除了转让、抛弃、标的物灭失等特定情形外,永久存续。

(六)民法上的物权与特别法上的物权

这是以物权所依据的法律的不同进行的区分。民法上的物权是指在民法典中规定的物权,我国还没有民法典,《物权法》上的物权就是民法上的物权。特别法上的物权则指土地法、海商法等特别法所规定的物权。二者区别的意义在于,特别法上的物权,如果该法对其有特别的规定,应当首先适用该法,在没有特别规定时,才适用民法中的一般规定。

(七)本权与占有

《日本民法典》认为占有是一种基于实际支配的物权。其他国家多认为占有是一种法律事实,即对物的实际控制。

占有以对物的实际控制、占领为依据,因此不论占有人在法律上有没有支配物的权利,都可以成立。占有人基于占有制度,在事实上控制物,并在法律上享有排除他人妨害其占有的权利以及其他效力,乃是一种与物权的性质相近的权利,故应为物权的内容。

本权是与占有相对而言的。对标的物不仅有事实上的控制力,而且有权利为依据,该依据之权利,即为本权。占有事实以外的所有权、建设用地使用权、地役权、质权等,都是本权;另外,依其内容应为占有的债权,如租赁使用权、借用权等,亦为本权。

第五节 物权的变动

一、物权的变动的概念

物权的变动,是物权的产生、变更和消灭的总称。从权利主体方面观察,即物权的取得、变更和丧失。由于物权法律关系的特性,不特定的义务人仅负有不非法干涉物权之行使的不作为义务。所以,义务的适当履行表现为尊重物权的现状,即在物权人取得权利时,尊重其权利,在其权利变更后,尊重其变更后的权利；物权如果消灭，义务人的义务也就不存在了。

物权的产生，即物权人取得物权，它在特定的权利主体与不特定的义务主体之间形成了物权法律关系，并使特定的物与物权人相结合。物权的取得有原始取得与继受取得之分，前者是指不以他人的权利及意思为依据，而是依据法律直接取得物权，例如因生产、征收、先占、取得时效取得所有权；后者则是指以他人的权利及意思为依据取得物权，例如因买卖、赠与取得所有权。继受取得又可分为创设与移转两种方式。创设的继受取得，即所有人在自己的所有物上为他人设定他物权，而由他人取得一定的他物权，如房屋所有人在其房屋上为他人设定抵押权，则他人基于房屋所有人设定抵押权的行为取得抵押权。转移的继受取得，即物权人将自己享有的物权以一定民事法律行为移转给他人，由他人取得该物权，如房屋所有人将房屋出卖或者赠与他人，则他人根据其出卖或者赠与而取得该房屋的所有权。

物权的变更，有广义和狭义之分。广义的物权的变更，是指物权的主体、内容或者客体的变更。但是严格来讲，物权主体的变更是权利人的更迭，应属物权的取得与丧失的问题。狭义的物权的变更，仅指物权的内容或者客体的变更。物权内容的变更，是指在不影响物权整体属性的情况下物权的范围、方式等方面的变化，如质权期限的延长、缩短，地役权行使方法的改变，抵押权所担保的主债权的部分履行。物权客体的变更则是指物权标的物所发生的变化，如所有权的客体因附合而有所增加，抵押权的客体因一部灭失而有所减少。

物权的消灭，从权利人方面观察，即物权的丧失，可以分为绝对的消灭与相对的消灭。绝对的消灭是指物权本身不存在了，即物权的标的物不仅与其主体相分离，而且他人也未取得其权利，如所有权、抵押权因标的物灭失而消灭，建设用地使用权因期限届满而消灭。相对的消灭则是指原主体权利的丧失和新主体权利的取得，例如因出卖、赠与等行为，使一方丧失所有权而另一方取得所有权。严格地说，物权的相对消灭并非物权消灭的问题，而应当属于物权的继受取得或主体变更的问题。

二、物权的变动的原则

物权是对于物进行直接支配的权利，具有优先权和物上请求权的效力。基于物权这样的性质，如果不以一定的可以从外部查知的方式表现物权的产生、变更、消灭，必然纠纷不断，难以保证交易的安全，因此民法上对于物权的变动，就需要有公示原则和公信原则。

（一）公示原则

公示原则要求物权的产生、变更、消灭，必须以一定的可以从外部查知的方式表现出来。否则，因为物权具有排他的性质，如果没有通过公示方式将物权的变动表现出来,就会给第三人带来不测的损害,影响交易的安全。例如,在房屋上设定抵押权,如果不以一定的方式表现出该抵押权的存在,那么,不知该抵押权存在的购买该房屋的第三人就可能蒙受损害。因此,民法上关于物权的变动,以"登记"为不动产物权的公示方法,以"交付"为动产物权的公示方法。

对于基于不同法律事实发生的物权变动,公示原则具有不同的意义。对于基于民事法律行为发生的物权变动,原则上非经公示不发生物权变动的效果。而对于非基于民事法律行为发生的物权变动,不经公示虽然可以发生物权变动的效果,但是在公示完成之前,当事人不得处分之,例如因继承、法院判决、事实行为等发生的物权变动。

以登记为不动产物权变动的公示方法,从各国立法例考察,始于抵押权制度。不动产登记制度,虽然要受到地域的限制,其记载的内容也未必全然翔实,更由于现代社会商品经济的发展,物权的变动频繁,且地域范围越来越广,登记制度未必能充分起到公示不动产物权变动的作用。但是,人们毕竟可以通过登记了解物权变动的事实,不动产登记制度在很大程度上起着维护不动产交易安全的作用。

交付为动产物权变动的公示方法,这是因为动产物权变动不仅容易而且频繁,无法以登记的方法公示,只能用交付,即转移占有这一手段来表现动产物权的变动。

(二) 公信原则

物权的变动以登记或者交付为公示方法,当事人如果信赖这种公示而为一定的行为(如买卖、赠与),即使登记或者交付所表现的物权状态与真实的物权状态不相符合,也不能影响物权变动的效力。公信原则包括两方面的内容:其一,记载于不动产登记簿的人推定为该不动产的权利人,动产的占有人推定为该动产的权利人,除非有相反的证据证明。这称为"权利的正确性推定效力"。其二,凡善意信赖公示的表象而为一定的行为,在法律上应当受到保护,保护的方式就是承认此行为所产生的物权变动的效力。

物权的变动之所以要有公信原则,是因为仅贯彻公示原则,在进行物权交易时,固然不必顾虑他人主张未公示的物权,免受不测的损害,但公示所表现的物权状态与真实的物权状态不相符合的情况,在现实生活中也是存在的。如果法律对这种情形无相应的措施,当事人一方也会因此而遭受损失。例如,假冒房屋所有人进行移转房屋所有权的登记,彩色电视机的借用人将其出卖,等等。如果在物权交易中都得先一一进行调查,必然十分不便。在物权变动中贯彻公信原则,使行为人可以信赖登记与占有所公示的物权状态,进行交易,而不必担心其实际权利的状况。可见,公信原则的目的在于保护交易的安全,稳定社会经济秩序,但有时不免会削弱真正权利享有人的利益,这是法律从促进社会经济发展以及在权利人的个人利益与社会利益之间进行均衡、选择的结果。

公信原则在近代各国的立法例上，最先是适用于动产物权。罗马法上本来有"任何人不得以大于其自己所有之权利让与他人"的原则，如果绝对贯彻这项原则，在动产物权上也就不可能有公信原则。但是在日耳曼法上却有"所有权人任意让与他人占有其物，则只能对于该他人请求返还"的原则，除对于被盗窃之物及遗失物仍享有追及的权利不适用此原则外，如果因信赖对方将物交其占有（如借用、保管），则只能向该对方请求返还，也就是说，如果该物已被对方让与第三人时，所有权人也不能直接向第三人请求返还。近代各国民法为保护动产交易的安全，舍弃了罗马法的做法而采取了日耳曼法的原则。

对于不动产物权的登记予以公信力，是从抵押权开始的，以后逐渐扩展到不动产所有权及其他不动产物权，如《德国民法典》第892条、《瑞士民法典》第973条的规定。但《法国民法典》和《日本民法典》对于不动产物权还未实行公信原则。不动产物权是否采取公信原则，在法律效力上会有显著的差异。例如，甲将房屋出卖给乙并且经过产权登记，而乙又将房屋转卖给丙，且也经过产权登记，以后因甲主张其与乙之间的买卖合同有错误而归于无效时，乙不能取得房屋的所有权，但对于丙来讲，他可否取得房屋的所有权，就要看法律是否赋予不动产物权登记以公信力，如果予以公信力——因登记的所有权人是乙，丙也相信房屋是乙的所有物——则丙取得其所有权；如果不予以公信力——即使登记的所有人是乙，丙也相信房屋是乙的所有物，即使其相信并无过失——丙不能取得房屋的所有权。从维护交易安全、稳定社会经济秩序出发，应当赋予不动产物权登记以公信力。

我国《物权法》第106条规定了不动产或者动产的善意取得制度，第三人在符合法律规定的条件下可以信赖物权的公示而从无权处分人处取得物权，实际上是赋予了登记、交付的公信力。这是公信原则的体现。[①]

综上所述，对于物权的变动，应采取公示原则，对于动产以交付为公示方法，对于不动产则以登记为公示方法；应采公信原则，对于动产予以交付（占有）公信力，对于不动产则予以登记公信力。公示原则在于使人"知"，公信原则在于使人"信"。这样，一般来说，物权的变动本来应当是在事实和形式上都是真实的才会产生效力。但是，由于这两个原则被采用的结果，就会发生即使事实上已经变动（例如当事人已经将房屋进行了买卖），但形式上没有采取公示方法（没有进行产权转让登记），仍然不发生物权变动的效力；反之，如果形式上已经履行变动手

[①] 需要注意的是，物权公信原则与善意取得制度并不完全重叠，善意取得制度反映公信原则，但非公信原则之全部，比如我国台湾地区"民法"第759条之一第2项规定"因信赖不动产登记之善意第三人，已依法律行为为物权变动之登记者，其变动之效力，不因原登记物权不实而受影响"，就该项规定之公信力适用的情形，解释上尚包括赠与等无偿行为（法律行为），自与善意取得制度之适用情形不完全相同。

续(如已登记),但事实上并未变动(如当事人之间并无真正让与的意思),仍然发生变动的效力。这种情形初看起来于理不合,但却是法律根据物权本身的特点,为保护交易的安全和快捷、稳定社会经济秩序而采取的措施。

三、物权变动的原因

物权法律关系作为一种民事法律关系,会因一定的法律事实而产生或消灭。而作为主体所享有的权利,物权也会因法律事实而取得或丧失。这些引起物权取得或丧失的法律事实,正是物权取得或丧失的原因,可以将其划分为两类即民事法律行为和民事法律行为以外的原因。了解这些原因,对于明确物权的归属、判断财产的权利状态具有十分重要的意义。

(一) 物权的取得

能够引起物权取得的法律事实主要有以下几项:

1. 民事法律行为

这是取得物权的最常见的法律事实。例如,因买卖、互易、赠与等行为取得所有权,通过物的所有人与其他人的设定行为为他人设定抵押权、地役权、质权等他物权。

另外,根据我国《物权法》的规定,主物转让的,从物随主物转让,但当事人另有约定的除外。

2. 民事法律行为以外的原因

这主要有:

(1) 因取得时效取得物权。

(2) 因征收或者没收取得物权。

(3) 因法律的规定取得物权(如留置权)。

(4) 因附合、混合、加工取得所有权。

(5) 因继承取得物权。

(6) 因拾得遗失物、发现埋藏物或者隐藏物取得所有权。

(7) 因合法生产、建造而取得物权。

(8) 因人民法院、仲裁委员会的生效法律文书取得物权。需要说明的是,并非人民法院、仲裁委员会作出的所有的生效法律文书均属于物权取得的原因,只有人民法院、仲裁委员会在分割共有不动产或者动产等案件中作出并依法生效的改变原有物权关系的判决书、裁决书、调解书,以及人民法院在执行程序中作出的拍卖成交裁定书、以物抵债裁定书,才能成为物权取得的原因事实。

(9) 孳息的所有权取得。天然孳息,由所有权人取得;既有所有权人又有用益物权人的,由用益物权人取得。当事人另有约定的,按照约定。法定孳息,当事人有约定的,按照约定取得;没有约定或者约定不明确的,按照交易习惯取得。

(二) 物权的消灭

能够引起物权消灭的法律事实主要有以下几项：

1. 民事法律行为

（1）抛弃。这是以消灭物权为目的的单方民事法律行为。抛弃只要权利人一方作出意思表示即可成立，故抛弃是一种单方民事法律行为。抛弃的意思表示不一定向特定人为之，只要权利人抛弃其占有、表示其抛弃的意思，即生抛弃的效力。但他物权的抛弃，须向因抛弃而受利益的人为意思表示；不动产物权的抛弃，还需办理注销登记才发生效力。

原则上物权一经权利人抛弃即归消灭，但是如果因为物权的抛弃会妨害他人的权利时，则物权人不得任意抛弃其权利。

（2）合同。这是指当事人之间关于约定物权存续的期间，或者约定物权消灭的意思表示一致的民事法律行为。在合同约定的期限届满或约定物权消灭的合同生效时，物权即归于消灭。例如，债务人将其建设用地使用权抵押后，经与抵押权人协商，另以价值相当的房产作抵押，消灭原来的建设用地使用权抵押。

（3）撤销权的行使。法律或合同规定有撤销权的，因撤销权的行使会导致物权消灭。例如，土地承包经营权人长期连续弃耕抛荒的，发包人依法有权撤销其承包经营权。

2. 民事法律行为以外的原因

（1）标的物灭失。物权的标的物如果在生产中被消耗、在生活中被消费，如油料燃烧、食物被吃掉、汽车报废，或者标的物因其他原因灭失，如地震、大火导致房屋倒塌、烧毁。在这些情况下，由于标的物不存在了，因而该物的物权也就不存在了。唯应注意的是，标的物虽然毁损，但是对于其残余物，原物的所有人仍然享有所有权。如房屋毁坏，房屋所有权虽然消灭，但所有人基于所有权的效力，取得砖土瓦木等动产所有权。另外，由于担保物权的物上代位性，在担保标的物灭失或毁损时，担保物权续存于保险金、赔偿金等在经济上为该标的物的替代物之上。

（2）法定期间的届满。在法律对他物权的存续规定了期间时，该期间届满，则物权消灭。

（3）混同。这是指法律上的两个主体资格归属于一人，无并存的必要，一方为另一方所吸收的关系。混同有债权与债务的混同和物权的混同，这里专指物权的混同。物权的混同，是指同一物的所有权与他物权归属于一人时，其他物权因混同而消灭。例如甲在其房屋上为乙设定抵押权，后来乙购买了该栋房屋取得其所有权，则所有权与抵押权同归于乙一人，抵押权消灭。另外，物权的混同还指所有权以外的他物权与以该他物权为标的物之权利归属于一人时，其权利因混同而消灭。例如甲对乙的土地享有建设用地使用权，甲在其建设用地使用权上为丙设定了抵押权，后来丙因某种原因取得了甲的建设用地使用权，这时建设用地使用权与以该建设用地使用权为标的的抵押权归属于丙一人,抵押权消灭。

物权因混同而消灭,是为原则。在一些特定的情况下,物权虽混同也不消灭。同一物的所有权与他物权归属于一人时,如果对于所有人有法律上的利益,或者对于第三人有法律上利益时,他物权就不因混同而消灭。例如,甲将其所有的房屋先抵押给乙,然后又抵押给丙,乙为第一次序的抵押权人,丙为第二次序的抵押权人,以后如果甲取得乙的抵押权,依混同消灭的原则,使乙的抵押权消灭,则甲就可能因丙升为第一次序的抵押权人受到损害,所以从甲的利益出发,乙的抵押权就不因混同而消灭。

另外,作为一般原则的例外,以他物权为标的的权利,其存续对于权利人或第三人有利益时,也不因混同而消灭。例如,甲与乙对于丙的建设用地使用权都有抵押权,甲为第一次序抵押权人,乙为第二次序抵押权人,以后甲因某种关系取得了丙的建设用地使用权,这时建设用地使用权与以该建设用地使用权为标的物的抵押权归属于一人,如依混同一般原则,甲的抵押权应该消灭,但这会影响到甲的利益,所以甲的抵押权不消灭。

四、物权变动的模式

(一)基于民事法律行为引起的物权变动

物权变动的原因虽多,但最重要的是民事法律行为。因此,基于民事法律行为产生的物权变动,历来是民法法系各国民法调整的重点。对于基于民事法律行为的物权变动,各国民法采取不同的调整方式,学理上归纳为三种立法例:

1. 采意思主义的立法例

该立法例以《法国民法典》为代表,它认为物权的变动是债权合同的效果,在债权合同之外,不认为有直接引起物权变动的其他合同存在,而交付和登记不过是对抗第三人的要件而已。例如依该法第1583条规定,当事人双方就标的物及其价金相互同意时,即使标的物尚未交付、价金尚未支付,买卖即告成立,标的物的所有权即依法由出卖人移转于买受人。其他如第938条、第1138条、第1141条中均有类似规定。但是,如绝对贯彻意思主义,当事人以外的第三人无从知悉物权变动,可能遭受不测的损害,有害交易的安全。因此,《法国民法典》为保护第三人的利益,对于不动产以登记、动产以交付为对于第三人发生效力的要件。然而登记与交付,也仅仅是变动的物权对抗第三人的要件而已,对于当事人之间的效力没有任何影响。

对于《法国民法典》意思主义的立法模式,学者颇有非议,认为如果物权在其成立要件之外,还得有某种行为(登记或交付)才能对抗第三人,物权会处于一种有名无实的地位。因为物权作为直接管领物的权利,在其成立后,就应当具有对抗一般人的效力,如果认为物权已经成立而不发生对抗一般人的效力,与物权直接管领权的性质是不相符的。而且,如果仅以当事人的意思不能设立有对抗一般人效力的物权,就可以断言当事人没有仅依意思表示即得设立物权的能力。

在实践中,采意思主义的立法会产生重复物权的现象。因为在物权转让时,受让人与转让人之间仅凭意思表示即生效力,受让人取得物权。但在与第三人的关系上,没有进行登记或者交付,让与人仍然保有其权利,第三人仍然能有效地受让其权利。这种重复物权的现象,使法律关系过分繁杂,会在实践中产生很多困难。

2. 采形式主义的立法例

又称作物权形式主义,该立法例以《德国民法典》为代表。它认为债权合同仅发生以物权产生、变更、消灭为目的的债权和债务,而物权变动的效力的发生,直接以登记或交付为条件,即在债权合同之外还有以直接发生物权变动为目的的物权合同(物权行为)。根据该法典第 873 条的规定,为了让与土地所有权、为了对土地设定权利,以及为了让与此种权利或者对此种权利再设定其他权利,除法律另有规定外,应有权利人与相对人对于权利变更的协议,并将权利变更登入土地登记簿册。关于动产物权的变动,该法第 929 条规定,为让与动产所有权必须由所有人将物交付于受让人,并就所有权的移转由双方成立合意。如受让人已占有此动产时,仅须让与所有权的合意即生效力。学者中有的认为,物权变动的合意与登记或交付相结合才构成物权契约;而有的学者认为,物权变动的合意本身即是物权契约,登记或交付是契约以外的法律事实。但无论何种解释,均一致将债权行为与物权行为进行了区分,并将无因的物权行为作为物权变动的依据。

3. 采折中主义的立法例[①]

(1) 对意思主义立法例的折中:物权变动除需债权合意之外,尚以物权公示为要件,不承认独立的物权行为,此立法例以西班牙民法为代表。(2) 对形式主义立法例的折中:此立法例认可物权行为的独立性,但不认可其无因性,此立法例以瑞士民法和奥地利民法为代表。

根据我国《物权法》的规定,物权因民事法律行为而发生变动时,除了当事人之间须有债权合意外,仅须另外践行登记或者交付,即能发生物权变动的效力。其基本要点是:(1) 发生债权的意思表示包含了物权变动的意思表示,即物权的变动不需另有物权变动的合意,故无独立的物权行为。《物权法》第 15 条规定"当事人之间订立有关设立、变更、转让和消灭不动产物权的合同,除法律另有规定或者合同另有约定外,自合同成立时生效;未办理物权登记的,不影响合同效力。"这里的合同,指的是债权合同。(2) 物权的变动,仅有当事人之间债权的意思表示尚且不够,还需履行登记、交付的法定方式。因此,登记或交付,是物权变动的生效或者对

[①] 参见谢在全,《民法物权论》(上册),中国政法大学出版社 2011 年版,第 53 页。

抗要件。《物权法》第9条规定:"不动产物权的设立、变更、转让和消灭,经依法登记,发生效力;未经登记,不发生效力,但法律另有规定的除外。"第23条规定:"动产物权的设立和转让,自交付时发生效力,但法律另有规定的除外。"(3)由于我国物权法不承认独立的物权行为①,因此物权的变动要受其原因行为即债权行为的影响。故我国物权法也就无所谓物权行为的无因性。(4)通过合同使物权发生变动场合,不能仅从有效合同直接推断出物权变动;反之,也不能仅以物权未发生变动为由判定合同无效。

(二) 非基于民事法律行为引起的物权变动

非基于民事法律行为所引起的物权变动,主要有:(1)因人民法院、仲裁委员会的法律文书或者人民政府的征收决定等,导致物权设立、变更、转让或者消灭的,自法律文书或者人民政府的征收决定等生效时发生效力。(2)因继承取得物权的,自继承开始时发生效力。(3)因合法建造、拆除房屋等事实行为设立或者消灭物权的,自事实行为成就时发生效力。(4)在法院的强制执行程序中,在取得法院发出的权利移转证书时,即取得物权。

在基于上述法律事实享有物权时,权利人处分该物权时,依照法律规定需要办理登记的,未经登记,不发生物权效力。就是说,权利人虽然享有了物权,但在其处分需要办理登记的不动产物权时,应当首先办理登记手续,将已经取得的不动产物权纳入不动产登记,然后再对该物权进行处分,否则不发生物权的效力。由于这种登记没有创设物权的效力,而只是将已经发生的不动产物权变动对外予以宣示,故将这种登记称为"宣示登记"。

五、物权的公示方法

基于物权的法律特性,公示原则要求物权的产生、变更、消灭,必须以一定的可以从外部查知的方式表现出来。《物权法》以交付、登记为物权的公示方法。

(一) 交付

所谓交付,即移转占有。譬如出卖人将标的物交付给买受人,就是将对物的占有移转给买受人。近代以来,大多数国家在法律上都确认交付为动产物权变动的公示方法,将动产的占有人推定为权利人。交付在法律上产生什么样的效果呢?大陆法系各国民法立法例有两种做法:

(1)交付对抗主义。此主义以移转占有为物权的公示方法,即在移转占有前,动产物权的变动仅在当事人间发生效力,但不产生对抗第三人的效力,例如甲将财产出卖给乙,在交付前又出卖给丙,则乙不能要求丙返还财产,而只能请求甲返还财产或赔偿损失。《法国民法典》和《日本民法典》采此主义。

---

① 就《物权法》第15条的解释以及我国《物权法》是否采物权行为,尚未形成通说,存在不同看法。

(2) 交付要件主义。此主义以移转占有为物权变动的生效的要件,即在移转占有前,物权的变动不仅不能对抗第三人,在当事人之间也不产生效力。例如,甲与乙订立了买卖合同,在甲将财产交付于乙之前,甲仍然享有财产的所有权。《德国民法典》采此主义。

根据《物权法》第 23 条的规定,动产物权的设立和转让,自交付时发生效力,但法律另有规定的除外。可见,我国物权法采取的是交付要件主义。

交付通常是指现实交付,即直接占有的移转。在现代社会经济发展的条件下,时间和效率成为经济发展的一个重要因素,为保证交易的迅速进行,发展出一些变通的交付方法,称为观念交付,主要有:

(1) 简易交付,即受让人已经占有动产,如受让人已经通过保管、租赁、借用等方式实际占有了动产,则于物权变动的合意成立时,视为交付。这是因为标的物已经为受让人实际占有,如果要使其先将物返还给出让人,再由出让人转让给受让人,纯属徒劳。根据《物权法》第 25 条的规定,动产物权设立和转让前,权利人已经依法占有该动产的,物权自民事法律行为生效时发生效力。

(2) 占有改定,即动产物权的让与人与受让人之间特别约定,标的物仍然由出让人继续占有,这样,在物权让与的合意成立时,视为交付,受让人取得间接占有。所以,《物权法》第 27 条规定,动产物权转让时,双方又约定由出让人继续占有该动产的,物权自该约定生效时发生效力。例如甲将其所有的书卖给乙,按一般情形,只有在甲把书交给乙时才发生所有权移转的效力,但甲还想留书阅读,这时甲可以再与乙订立一个租赁或借用协议,使乙取得间接占有,以代替现实交付。

(3) 指示交付,即动产由第三人占有时,出让人将其对于第三人的返还请求权让与受让人,以代替交付。《物权法》第 26 条规定,动产物权设立和转让前,第三人占有该动产的,可以通过转让请求第三人返还原物的权利代替交付。

(4) 拟制交付,即出让人将标的物的权利凭证(如仓单、提单)交给受让人,以代替物的现实交付。这时如果标的物仍由出让人或者第三人占有时,受让人则取得对于物的间接占有。

在现实生活中,交付的方式是多种多样的,不可能将其全部罗列出来,应当根据法律的规定、合同的约定、交易上的习惯及其他具体情况确定标的物是否交付。

交付作为公示方法是为一般原则,但是对于船舶、飞行器和机动车等特殊动产,《物权法》第 24 条规定以登记作为物权变动的对抗要件,即这类特殊动产的物权变动经交付生效,但非经登记,关于这些特殊动产的物权变动不能对抗善意第三人。需要注意的是,这里的第三人不包括债权人。《物权法解释(一)》第 6 条规定:"转让人转移船舶、航空器和机动车等所有权,受让人已经支付对价并取得占有,虽未经登记,但转让人的债权人主张其为物权法第二十四条所称的'善意第三人'的,不予支持,法律另有规定的除外。"

(二) 登记

1. 登记的概念

登记作为不动产物权的公示方法,是将物权变动的事项登载在国家主管机关的登记簿上。相比于动产而言,不动产具有价值大、稀缺性较高的特点,因而围绕不动产发生的交易关系相对较多,单凭占有不足以表征不动产上的权利归属关系。因而需要通过不动产登记,由专门的登记机关,依照法定的程序,对不动产上的权利及其变动进行登记,以供查阅,便利不动产交易的进行,并保护交易安全。

2. 登记的效力

关于登记的法律效果,民法法系各国和地区民法立法例主要有两种:

(1) 登记对抗主义。此主义以登记作为公示不动产物权状态的方法。不动产物权的变动,依当事人间的合意即产生法律效力。但是,非经登记,不能对抗第三人。法国法和日本法采此主义。《法国民法典》就规定,除协议抵押权的成立需要"以公证形式做成证书始得设定"之外,其他各种行为,不论是事实行为还是法律行为,均不再要求以公证或登记这些形式作为行为生效的条件。比如不动产物权依契约变更时,如果契约满足"承担义务的当事人的同意、上述当事人的缔约能力、构成义务客体的确定标的、债的原因合法"等条件便可有效成立。《日本民法典》第176条规定,物权的设定及转移,只因当事人的意思表示而发生效力。该法典第177条规定,不动产物权的取得、丧失及变更,除非依登记法规定进行登记,不得以之对抗第三人。如前所述,我国对船舶、飞行器和机动车等特殊动产的物权变动采登记对抗主义。

(2) 登记要件主义。此主义以登记作为不动产物权变动的要件。不动产物权的变动除了当事人间的合意外,还要进行登记。非经登记,不仅不能对抗第三人,而且在当事人间也不发生效力。德国法、瑞士法和我国台湾地区"民法"采此主义。《德国民法典》第873条第1款规定,为转让一项地产的物权,为在地产上设立一项物权以及转让该项权利或者在该权利上设立其他权利,如法律没有另行规定,必须有权利人和因该权利变更而涉及的其他人的合意,以及该变更在不动产登记簿上的登记。第875条第1款规定,为放弃一项地产的权利,如法律无另行规定,必须有权利人放弃其权利的意思表示,以及该项权利不动产登记簿的注销登记。《瑞士民法典》第656条第一句规定,取得土地所有权,须在不动产登记簿登记。第666条第一句规定,土地所有权,因登记注销或土地灭失而消灭。我国台湾地区"民法"第758条规定,不动产物权依法律行为而取得、设定、丧失及变更者,非经登记,不生效力。

此外,大多数英美国家采取地券交付主义。根据这一主义,在初次登记不动产物权时,登记机关依一定的程序确定不动产的权利状态,制成地券。让与不动产时,当事人之间将让与契约与地券一并交给登记机关,经登记机关审查后,在登记簿上记载权利的移转。对于受让人则交付新地券或者在原地券上记载权利的移转,从而使第三人能从该地券中了解不动产的权利状态。此主义是1858年澳大利亚的托伦斯(Robert Torrens)所创,故称为"托伦斯主义"。

根据《物权法》第9条的规定,不动产物权的设立、变更、转让和消灭,经依法登记,发生效力;未经登记,不发生效力,但法律另有规定的除外。因此,我国物权法关于不动产登记,是以登记要件主义为原则,但也存在例外。例如,依法属于国家所有的自然资源,所有权可以不登记。再如《物权法》第127条第1款规定,土地承包经营权自土地承包经营权合同生效时设立。可见,土地承包经营权的有效设立不以登记为要件。

需要注意,不动产登记的效力与不动产变动的合同效力是两个不同的法律问题。《物权法》第15条规定,当事人之间订立有关设立、变更、转让和消灭不动产物权的合同,除法律另有规定或者合同另有约定外,自合同成立时生效;未办理物权登记的,不影响合同效力。

3. 不动产登记簿、登记机构和登记资料的查询

不动产物权的设立、变更、转让和消灭,依照法律规定应当登记的,自记载于不动产登记簿时发生效力。不动产登记簿是物权归属和内容的根据。不动产登记簿由登记机构管理。不动产权属证书是权利人享有该不动产物权的证明。不动产权属证书记载的事项,应当与不动产登记簿一致;记载不一致的,除有证据证明不动产登记簿确有错误外,以不动产登记簿为准。

《物权法》第10条规定,"不动产登记,由不动产所在地的登记机构予以办理。国家对不动产实行统一登记制度。统一登记的范围、登记机构和登记办法,由法律、行政法规规定"。根据该规定,2015年3月1日施行的《不动产登记暂行条例》成为不动产统一登记的基本规范,该条例第7条第1款规定:"不动产登记由不动产所在地的县级人民政府不动产登记机构办理;直辖市、设区的市人民政府可以确定本级不动产登记机构统一办理所属各区的不动产登记。"这为不动产统一登记奠定了基础。同时,考虑到一些特殊情况,该条例第7条第3款又规定:"国务院确定的重点国有林区的森林、林木和林地,国务院批准项目用海、用岛,中央国家机关使用的国有土地等不动产登记,由国务院国土资源主管部门会同有关部门规定。"以该条例为基础,2016年1月1日施行的《不动产登记暂行条例实施细则》更进一步细化了不动产登记的相关规范。

《物权法》第12条规定了登记机构的审查职责:查验申请人提供的权属证明和其他必要材料;就有关登记事项询问申请人;如实、及时登记有关事项;法律、行政法规规定的其他职责。申请登记不动产的有关情况需要进一步证明的,登记机构可以要求申请人补充材料,必要时可以实地查看。《不动产登记暂行条

例》第19条第2款规定,对可能存在权属争议,或者可能涉及他人利害关系的登记申请,不动产登记机构可以向申请人、利害关系人或者有关单位进行调查。

《物权法》第21条规定,当事人提供虚假材料申请登记,给他人造成损害的,应当承担赔偿责任。因登记错误,给他人造成损害的,登记机构应当承担赔偿责任。登记机构赔偿后,可以向造成登记错误的人追偿。

为了保护不动产申请登记人的利益,《物权法》规定,登记机构不得有下列行为:要求对不动产进行评估;以年检等名义进行重复登记;超出登记职责范围的其他行为。不动产登记费按件收取,不得按照不动产地面积、体积或者价款的比例收取。具体收费标准由国务院有关部门会同价格主管部门规定。

权利人、利害关系人可以申请查询、复制登记资料,登记机构应当提供。

4. 登记的种类

根据不动产登记的目的,可以将不动产登记分为更正登记、异议登记和预告登记;根据不动产登记的物权种类和登记的内容,可以将不动产登记分为所有权登记、用益物权登记和不动产抵押权登记,在这些登记中,与物权的设立、变更、转让和消灭对应,分别有首次登记、变更登记、转移登记和注销登记。

(1) 更正登记、异议登记与预告登记

这几种登记制度,其直接目的不在于发生不动产物权的变动,而是为了使不动产登记簿的记载反映真实的物上权利归属,例如更正登记与异议登记,或者是为了保全一项以不动产物权变动为目的的请求权,例如预告登记。

① 更正登记。权利人、利害关系人有证据证明不动产登记簿记载事项确有错误的,可以直接向登记机构申请更正登记。不动产登记簿记载的权利人书面同意更正或者有证据证明登记确有错误的,登记机构应依法定程序予以更正。此外,登记机构发现不动产登记簿记载的事项错误,可依照相关的程序依法予以更正。《不动产登记暂行条例实施细则》第5章第1节专门规定了更正登记。

② 异议登记。不动产登记簿记载的权利人不同意更正登记的,利害关系人可以申请异议登记。当不动产登记簿与真实的物权状态不相符的时候,为了确保不动产登记的正确性,以维持不动产登记的公信力,应当予以更正。但是,确定真实权属可能需要耗费较长时间,为了给利害关系人提供及时的救济,《德国民法典》第899条规定了异议登记,我国《物权法》对此予以借鉴,于第19条第2款规定了异议登记,《不动产登记暂行条例实施细则》第5章第2节又专门规定了异议登记。

异议登记期间,不动产登记簿上记载的权利人以及第三人因处分权利申请登记的,不动产登记机构应当书面告知申请人该权利已经存在异议登记的有关事项。申请人申请继续办理的,应当予以办理,但申请人应当提供知悉异议登记存在并自担风险的书面承诺。申请人在异议登记之日起15日内不起诉的,异议登记失效。在异议登记失效后,当事人还能提起民事诉讼来请求确认物权归属,即异议登记失效不影响人民法院对案件的实体审理。异议登记不当,造成权利人损害的,权利人可以向申请人请求损害赔偿。

③ 预告登记。这又称为假登记,是指为确保债权实现,以保障将来取得不动产物权,限制债务人重复处分将来的不动产物权而为的登记。例如在房屋预售买卖中,买卖双方签订预售合同,买方依约有权请求卖方在房屋建成之后交付房屋并办理登记,这在性质上属于债权,不具有对抗第三人的效力。为了保障将来取得房屋所有权,买方可以依法办理预告登记,使其发生对抗第三人的效力,以限制卖方再行处分房屋。《物权法》第 20 条规定,当事人签订买卖房屋或者其他不动产物权的协议,为保障将来实现物权,按照约定可以向登记机构申请预告登记。《不动产登记暂行条例实施细则》第 5 章第 3 节专门规定了预告登记。预告登记后,未经预告登记权利人同意,通过转移不动产所有权或者设定建设用地使用权、地役权、抵押权等其他物权的方式处分该不动产的,不发生物权效力。在实践中,预告登记生效期间,未经预告登记的权利人书面同意,处分该不动产权利申请登记的,不动产登记机构不予办理。预告登记后,债权消灭或者自能够进行不动产登记之日起 3 个月内未申请登记的,预告登记失效。依《物权法解释(一)》第 5 条的规定,这里所称的"债权消灭",包括买卖不动产物权的协议被认定无效、被撤销、被解除,或者预告登记的权利人放弃债权。

(2) 所有权登记、用益物权登记和不动产抵押权登记

① 所有权登记。不动产所有权登记,是指登记机关对于不动产所有权的取得、变更和消灭在不动产登记簿上进行记载,对不动产所有权变动情况进行公示的方法。所有权登记包括集体土地所有权登记和房屋所有权登记。第一,集体土地所有权登记。《不动产登记暂行条例实施细则》第 4 章第 2 节专门规定了集体土地所有权登记,它除了规定首次登记、变更登记和注销登记外,第 31 条还较特别列明了转移登记的事由,即农民集体因互换、土地调整等原因导致集体土地所有权转移。第二,房屋所有权登记。《城市房地产管理法》第 60 条规定,国家实行土地使用权和房屋所有权登记发证制度。由于我国采用不动产统一登记制度,故房屋所有权可与建设用地使用权或宅基地使用权一并登记,对此《不动产登记暂行条例实施细则》第 4 章第 3、4、5 节均有明确规定,如该规章第 33 条第 2 款规定:"依法利用国有建设用地建造房屋的,可以申请国有建设用地使用权及房屋所有权登记。"

② 用益物权登记。用益物权登记,是指登记机关对于不动产用益物权的取得、变更和消灭在不动产登记簿上进行记载,对用益物权变动情况进行公示的方法。用益物权登记包括建设用地使用权登记、宅基地使用权登记、土地承包经营权登记、海域使用权登记和地役权登记。第一,国有建设用地使用权登记。我国

《物权法》对国有建设用地使用权的设立登记、变更登记和注销登记进行了规定。关于国有建设用地使用权设立登记，《物权法》第 139 条规定，设立建设用地使用权的，应当向登记机构申请建设用地使用权登记。建设用地使用权自登记时设立。登记机构应当向建设用地使用权人发放建设用地使用权证书。《不动产登记暂行条例实施细则》第 4 章第 3 节规定了国有建设用地使用权及房屋所有权登记。第二，集体建设用地使用权登记。《物权法》未规定集体建设用地使用权，《土地管理法》等规范性法律文件有相关的规定，《不动产登记暂行条例实施细则》第 4 章第 5 节则专门规定了集体建设用地使用权及建筑物、构筑物所有权登记。第三，宅基地使用权登记。《物权法》第 153 条规定，宅基地使用权的取得、行使和转让，适用土地管理法等法律和国家有关规定。第 155 条规定，已经登记的宅基地使用权转让或者消灭的，应当及时办理变更登记或者注销登记。《不动产登记暂行条例实施细则》第 4 章第 4 节则专门规定了宅基地使用权及房屋所有权登记。第四，土地承包经营权登记。《物权法》第 127 条规定，土地承包经营权自土地承包经营权合同生效时设立。县级以上地方人民政府应当向土地承包经营权人发放土地承包经营权证、林权证、草原使用权证，并登记造册，确认土地承包经营权。第 129 条规定，土地承包经营权人将土地承包经营权互换、转让，当事人要求登记的，应当向县级以上地方人民政府申请土地承包经营权变更登记；未经登记，不得对抗善意第三人。《不动产登记暂行条例实施细则》第 4 章第 6 节规定了土地承包经营权登记。第五，海域使用权登记。《海域使用管理法》第 6 条规定，国家建立海域使用权登记制度，依法登记的海域使用权受法律保护。《不动产登记暂行条例实施细则》第 4 章第 7 节规定了海域使用权登记。第六，地役权登记。《物权法》第 158 条规定，地役权自地役权合同生效时设立。当事人要求登记的，可以向登记机构申请地役权登记；未经登记，不得对抗善意第三人。《不动产登记暂行条例实施细则》第 4 章第 8 节规定了地役权登记。另外，还要注意，《物权法》第 123 条还提及了探矿权、采矿权、取水权等权利，它们也有相应的登记，如《矿产资源法》第 3 条规定，勘查、开采矿产资源，必须依法分别申请，经批准取得探矿权、采矿权，并办理登记。

③ 不动产抵押权登记。不动产抵押权登记，是指登记机关对不动产抵押权的取得、变更和消灭在登记簿上进行记载，对抵押权变动情况进行公示的方法。依照《物权法》第 180 条和第 187 条的规定，债务人或者第三人用建筑物和其他土地附着物，建设用地使用权，以招标、拍卖、公开协商等方式取得的荒地等土地承包经营权，正在建造的建筑物进行抵押的，应当办理抵押登记。抵押权自登记时设立。《不动产登记暂行条例实施细则》第 4 章第 9 节规定了抵押权登记。

第六节 物权的保护

物权的保护,是指通过法律规定的方法和程序保障物权人在法律许可的范围内对其财产行使占有、使用、收益、处分权利的制度。这是物权法律制度的必不可少的组成部分。权利是受国家法律保障的,具有不可侵犯的性质;侵犯他人的权利,就要承担一定的法律责任。物权同一切权利一样,必须要由国家强制力保障其不受侵犯。

保护物权实质是保护被侵犯的权利,物权保护制度就是对被侵犯的物权适用的法律规定。因此,用法律规定的方法和程序保护物权,往往是以侵犯物权的违法行为的存在为前提的。在实际生活中,侵犯物权的性质各异:有的是违反民事法律的民事违法行为,有的是违反行政法规的行政违法行为,有的是触犯刑律的犯罪行为。所以保护物权不是某一个法律部门的任务,而是各个法律部门的共同任务。针对侵犯物权的不同行为,各个法律部门从不同的角度适用不同的方法保护物权人的权利。例如,行政法是通过行政程序保护物权,而刑法则是通过刑事诉讼程序用刑罚的方法对严重侵犯物权的行为予以刑事制裁。

物权的民法保护,按是否通过民事诉讼程序可以分为两种:一是物权的自我保护,传统民法上称之为自力救济;二是通过民事诉讼程序对物权的保护,传统民法上称之为公力救济。物权的自我保护,是指所有人行使其物权受到侵害时依法享有的请求权,即物权人在其物权受到侵害后,依据民法的规定,请求侵害人为一定的行为。这时,如果侵害人依物权人的请求为了一定的行为,如返还原物、排除妨碍、消除危险、赔偿损失,物权人的权利就得到了保护。可见,物权人行使请求权而保护其物权,是保护物权的一个重要方法。通过民事诉讼程序对物权的保护,是物权人在其物权受到侵害时,有权向法院提起民事诉讼,请求法院予以保护,恢复其被侵犯的合法权益,包括恢复物权人对其物的占有、使用、收益、处分权能的行使,赔偿物权人因受侵犯而受的损失。物权人在其物权受到侵害时,可以直接向侵害人提出请求;如果侵害人没有依物权人的请求为适当行为,物权人则可以向法院提起民事诉讼;物权人也可以直接向法院提起民事诉讼,请求法院保护其物权。

物权人行使请求权来保护其物权时,不要求其必须有占有动产或不动产登记的公示形式,在基于民事法律行为以外的原因而取得物权的情形,即便物权人尚未完成动产交付或者不动产登记,仍能请求保护其物权。

依据我国物权法及其他民事法律、法规的规定,我国民法对物权的保护,有以下几种特殊方法:

1. 请求确认物权。在财产的归属、内容问题发生争议而处于不确定状态的时候,当事人可以向法院提起诉讼,请求确认物权。比如,当事人有证据证明不动产登记簿的记载与真实权利状态不符、其为该不动产物权的真实权利人,有权请求确认其享有物权。确认物权只能由当事人向法院提出,并通过民事诉讼程序解决。我国《物权法》第33条规定:"因物权的归属、内容发生争议的,利害关系人可以请求确认权利。"在这一点上与物权人享有的其他请求权不同,不能以其他方法代替之;同时,确认物权又是采取其他保护方法的最初步骤。在财产归属问题未得到确定时,其他的保护方法也就无从适用。例如,甲将一部分财产寄存于乙处,乙死亡后其继承人将这部分财产作为遗产继承,在甲向乙的继承人请求返还其寄存的财产时,乙的继承人认为这部分财产应属于乙所有,在乙死亡后由他们继承取得了所有权,因而拒绝返还。这里首先应当确定所有权的归属问题,然后才能确定是否应当返还;如果确定财产属于甲所有,则乙的继承人应当将这部分财产返还给甲;如果不能确认甲的所有权,则甲就无权请求返还。我国司法实践中一般都是首先确定所有权的归属,然后再根据所有权的确认,按所有权被侵犯的情况,采取其他的保护方法。

物权作为一种支配权,在其支配范围不明确、支配地位存在争议的时候,物权人当然有权请求法院确认其权利。这是物权作为一种支配权的应有之义。在民事诉讼中,确认物权是确认之诉的一项重要内容。我国物权法将确认物权作为物权保护的一种独立的方法明确予以规定,对于物权的保护具有重要的意义。

2. 物上请求权(参见第十一章第三节物上请求权)①。

3. 请求修理、重作、更换或者恢复原状。《物权法》第36条规定:"造成不动产或者动产毁损的,权利人可以请求修理、重作、更换或者恢复原状。"

恢复原状一般是通过修理或其他方法使财产在价值和使用价值上恢复到财产受损害前的状态。例如,甲将乙的汽车损坏了,乙可以请求甲予以修复,其费用由甲承担。有一种观点认为恢复原状不仅要在实际上可能,而且要在经济上合理;否则,就不应该采取这种方式。这种观点有片面性。固然民法上的物其大部分都有金钱价值,但也有一部分物的价值并不是可以用金钱来衡量的。如一些有纪念意义的物品,对于特定的当事人来说,可能非常重要,而对其他人来讲可能没有什么价值;但对于这类物品来讲,更应强调的是恢复原状,才能充分保护所有人的权益。因此,如果被损坏的财产客观上有恢复原状的可能,所有人对于财产的恢复原状有特殊利益(如纪念意义),并且所有人要求恢复原状的,侵害人就应当恢复财产的原状,而不能只强调经济上的合理性。

---

① 另,参见本书第三章第五节"三、民事责任与请求权的关系"。

4. 请求赔偿损失。物权人的财产因他人的不法侵害而毁损、灭失时,物权人有权请求侵害人赔偿损失,或者请求人民法院责令侵害人赔偿损失。

赔偿损失是对不法侵害造成的财产的毁损、灭失,依原物的价值折合货币进行赔偿。这里又分为两种情况:一种情况是因侵害人的侵权行为,而致财产不能要求返还或全部毁损的,如财产被侵害人非法转让于受法律保护的善意第三人、房屋被烧毁等。这时侵害人就要依财产的全部价值予以赔偿。另一种情况就是财产受到侵害,但在现有情况下仍有使用的可能,这时侵害人就要按照财产减损的价值进行赔偿。例如,房屋失火,但消防队及时赶到将火扑灭,房屋虽经修缮仍能居住,但房屋的价值明显减耗,对此房屋的所有人有权请求侵害人(失火人)对房屋价值减损部分进行赔偿。

物权人在其标的物受到损害时,例如甲的汽车撞坏了乙的房屋,有权请求侵权人赔偿损失。传统民法理论认为这是一种债权请求权,又称为损害赔偿请求权。这种请求权不是直接以物权的存在为前提,而是以物权受到侵害后产生的物权人与侵权人间的债权关系为前提的。

物上请求权与损害赔偿请求权不可混为一谈。物上请求权旨在恢复物权人对其标的物的支配状态,从而使物权得以实现。损害赔偿请求权的目的在于消除损害,它是在不能恢复物的原状时,以金钱作为赔偿,补偿物权人受到的财产损失。基于侵权行为的损害赔偿,必须是实际上受有损害,即标的物价值的减少或灭失,物上请求权则不以此为要件。

确认所有权、返还原物、排除妨碍、消除危险、恢复原状、赔偿损失,这几种保护方法是物权的最基本的保护方法。在物权受到侵害时,这些保护方法是互相联系、互相补充的,根据物权受到侵害的不同情况,可以采取其中一种保护方法,也可以同时采取几种保护方法。《物权法》第 38 条第 1 款规定:"本章规定的物权保护方式,可以单独适用,也可以根据权利被侵害的情形合并适用。"例如,李四将张三存放于己处的电视机据为己有,并损坏了部分零件,这时张三有权请求法院确认其对于电视机的所有权,并请求返还电视机(返还原物),还可要求对损坏的部分予以修复(恢复原状);如果电视机的价值因此而有所减损,张三还可请求赔偿损失。

确认产权、返还原物、排除妨碍、消除危险、恢复原状、赔偿损失是物权的民法保护方法,既可以单独适用,也可以与其他法的保护方法并用:只有这样,才能使物权得到切实的保护。《物权法》第 38 条第 2 款规定:"侵害物权,除承担民事责任外,违反行政管理规定的,依法承担行政责任;构成犯罪的,依法追究刑事责任。"在物权受到侵害时,不能因侵害人受到了刑事制裁或行政处分而免除其民事责任。例如,甲蓄意烧毁了乙的 5 间房屋,造成的损失很大。在法院对甲进行刑事审理的过程中,乙还可以对这 5 间房屋的损失及其他损失如烧毁的家具,提起附带民事诉讼,请求赔偿。同时,也不能因为侵害人承担了民事责任而免除其他法律责任。对于严重侵害国家、集体、个人财产权利的,除了应当适用民法的保护方法,有关的国家机关、企事业单位可以依法给侵害人以行政纪律处分。如果侵权行为属于违反治安管理行为,公安机关应当根据治安管理处罚法按情节轻重对侵害人处以相应的行政处罚。在侵害所有权的行为属于触犯刑律的犯罪行为时,还应当依刑法的规定给侵害人以刑事制裁。

第十二章 所有权

第一节 所有权概述

一、所有权的概念与特征

在人们的一般观念中,所有权是指一切为人们所拥有、控制财产的权利,不仅有体物,如土地、房屋、汽车,甚至无体物,如权利,都归自己所有。但是,在法律观念中,所有权是指对于有体物的所有权。将所有权的客体原则上限于有体物,在立法技术上较为科学,在法理上较为严谨。这是所有权与知识产权、债权等其他财产权相区别的基本界限。

所有权属于物权,是所有人在法律规定的范围内,对属于自己的特定物全面支配和排他的权利。

所有权具有以下的特征:

第一,所有权是绝对权。所有权不需要他人的积极行为,只要他人不加干预,所有人自己便能实现其权利。所有权关系的义务主体是所有权人以外的一切人,其所负的义务是不得非法干涉所有权人行使其权利,是一种特定的不作为义务。

第二,所有权具有排他性。所有权属于物权,具有排他的性质。所有权人有权排除他人对于其行使权利的干涉,并且同一物上只能存在一个所有权,而不能并存两个以上的所有权。当然,所有权的排他性并不是绝对的,现代各国法律对所有权有不同程度的限制。

第三,所有权是最完全的物权。所有权是所有人对于其所有物进行一般的、全面的支配,内容最全面、最充分的物权,它不仅包括对于物的占有、使用、收益,还包括了对于物的最终处分权。所有权作为最完全的物权,是他物权的源泉。与之相比较,建设用地使用权、地役权、抵押权、质权、留置权等他物权,仅仅是就占有、使用、收益某一方面的对于物直接支配的权利,只是享有所有权的部分权能。

第四,所有权具有弹力性。所有人在其所有物上为他人设定地役权、抵押权等权利,虽然占有、使用、收益甚至处分权都能与所有人发生全部或者部分的分离,但只要没有发生使所有权消灭的法律事实(如转让、所有物灭失),所有人仍然保持着对于其财产的支配权,所有权并不消灭。当所有物上设定的其他权利消灭,所有权的负担除去的时候,所有权仍然恢复其圆满的状态,即分离出去的权能仍然复归于所有权人,这称为所有权的弹力性。

第五,所有权具有永久性。这是指所有权的存在不能预定其存续期间。例如,当事人不能约定所有权只有 5 年期限,过此期限则所有权消灭。当事人对所有权存续期间的约定是无效的。

二、所有权的内容

所有权的内容,是指所有人在法律规定的范围内,对于其所有物可以行使的权能。权能是指权利人在实现权利时所能实施的行为。《民法通则》第 71 条规定:"财产所有权是指所有人依法对自己的财产享有占有、使用、收益和处分的权利。"《物权法》第 39 条规定:"所有权人对自己的不动产或者动产,依法享有占有、使用、收益和处分的权利。"由此可见,所有权的权能包括占有、使用、收益和处分。

(一) 占有

占有是所有权人对于财产实际上的占领、控制。例如,所有人对于自己所有的房屋、家具、生活用品的占有,企业对于厂房、机器的占有等。

(二) 使用

使用是依照物的性能和用途,并不毁损其物或变更其性质而加以利用。使用是为了实现物的使用价值,满足人们的需要。例如,使用机器进行生产,使用电视机收看节目,居住房屋,乘坐汽车,等等。

(三) 收益

收益,就是收取所有物的利益,包括孳息和利润。孳息包括法定孳息和自然孳息。利润是把物投入社会生产过程、流通过程所取得的利益。

(四) 处分

处分是决定物事实上和法律上命运。这是所有权内容的核心,是所有权的最基本的权能。处分可以分为事实上的处分和法律上的处分。事实上的处分是在生产或生活中使物的物质形态发生变更或消灭。例如,粮食被吃掉,原材料经过生产成为产品,把房屋拆除,等等。法律上的处分是指依照所有人的意志,通过某种民事法律行为对物进行处理。例如,将物转让给他人,在物上设定权利(如质权、抵押权),将物抛弃,等等,都是法律上的处分。

三、所有权与所有制的关系

所有权是所有制在法律上的反映,说明的是所有权反映的经济性质。① 但是,所有权制度是独立于所有制的法律制度。所有权是所有制在法律上的表现,并不是说所有权的表现形式与所有制的表现形式相同。所有制表现为某个社会的基本经济制度,具体体现在生产、交换、分配和消费过程中;所有权表现为特定的权利主体对特定物的特定权利。在任何社会,调整通过一定的社会形式对生产资料的占有,除了物权之外,还有其他手段,包括公司法、合同法、票据法等等。这说明所有制可以表现为不同的民事法律形式。同时,所有权是所有制的法律表现,也绝不是说所有权与所有制是完全一致的。所有制是社会物质关系,而物权是社会意识关系,物权并不是对所有制的一种简单的模拟和直观的反映,正如马克思所指出的:"虽然一定所有制关系所持有的法的观念是从这种关系中产生出来的,但另一方面同这种关系又不完全符合,而且也不可能完全符合。"② 例如,在我国,所有制的形式与所有权的形式是不完全一致的,我国的所有制形式有全民所有制、集体所有制和私人所有制,在法律上则体现为国家所有权、集体所有权和私人所有权。在股份制企业,其经济成分可以有国家的(全民的)、集体的、个人的,其经济性质决定于其内部不同经济成分所占的比例,但在法律上,股份制企业的所有权是法人所有权。在市场经济中,全民所有制的经济活动,在法律上的表现形式不仅仅是国家所有权,还有法人财产权、用益物权、担保物权、知识产权、债权以及股权等形式,这些法律形式所反映的经济性质都是全民所有制,但不都是国家所有权。

物权法在生产、交换、分配、消费的社会生产总过程中,确认着生产和交换的前提,体现了分配的结果,并且也决定着消费的范围。所以物权法作为直接体现所有制关系的法律形态,对一个社会的经济、政治有着深远的影响。正如马克思所指出的:"财产问题从来就随着工业发展的不同阶段而成为这个或那个阶级的切身问题。"③ 例如,对于物权尤其是所有权的充分法律保护,会有力地鼓励增加财富、有效利用资源,从而促进社会经济的发展。再如,古典经济学家认为,只有

---

① 比如,有民法学者总结,物权除表达对物关系、对人关系外,"在广阔的视野下",尚有"第三个层次"的意义,即"在法理学、政治学等领域,强调物权意味着人与人之间的关系,从而为诸如物权具有阶级性等结论服务",见崔建远:《物权:规范与学说——以中国物权法的解释论为中心》(上册),清华大学出版社 2011 年版,第 21 页。德国学者鲍尔、施蒂尔纳在其经典教材开篇即言明,"作为法律制度一部分的物权法,包含着人类对财物进行支配的根本规则。而该规则之构成,又取决于(一个国家)宪法制度所确立的基本决策。与此同时,国家的经济制度,也是建立在该基本决策之上,并将其予以具体化",见〔德〕鲍尔、施蒂尔纳:《德国物权法》(上册),张双根译,法律出版社 2004 年版,第 3 页。
② 《马克思恩格斯全集》(第 30 卷),人民出版社 1974 年版,第 608 页。
③ 《马克思恩格斯全集》(第 4 卷),人民出版社 1958 年版,第 335 页。

当人们为了达到自身的目的能够控制并使用他们所发现的东西;只有当他们能够控制自己的劳动所创造的东西;只有当他们能够控制其在现行经济秩序下取得的东西时,社会的安定和发展才有可能。这在一定程度上揭示了社会的安定和发展的内在利益因素。物权法正是以其特有的法律形式确认着这种利益关系,从而对社会的安定和发展起着极大作用。对此不仅可以由《法国民法典》和《德国民法典》的物权法分别对自由竞争资本主义和垄断资本主义社会经济发展的推动作用来说明,还可以由我国从新中国成立到改革开放,从重视、不重视保护甚至破坏所有权及其他物权,再到重视保护所有权和其他物权对我国社会的安定和发展的不同作用的实践过程得到证实。

第二节 国家所有权、集体所有权、私人所有权与其他所有权

一、所有权的类型概述

根据不同的标准,可以将所有权划分为不同的类型。根据《物权法》的规定,主要有以下三种不同的分类。

(一) 国家所有权、集体所有权与私人所有权

国家在社会主义初级阶段,坚持公有制为主体、多种所有制经济共同发展的基本经济制度(《宪法》第 6 条,《物权法》第 3 条第 1 款)。根据马克思主义关于经济基础与上层建筑的原理,经济基础决定上层建筑,所有制的性质决定所有权制度的性质。我国存在着三种所有制,即全民所有制、集体所有制和私人所有制,反映在法律上,《物权法》规定了国家所有权、集体所有权和私人所有权。这是以所有制为标准规定的三种类型的所有权。

(二) 自然人所有权、法人所有权与共有

国家实行社会主义市场经济,保障一切市场主体的平等法律地位和发展的权利(《物权法》第 3 条第 3 款)。市场主体在民法上表现为民事主体。根据《民法总则》的规定,民事主体包括自然人、法人和非法人组织。其中,非法人组织主要是合伙。《物权法》是民法的组成部分,民事主体也就是物权主体。以民事主体为标准,可将所有权分为自然人所有权(或者称个人所有权)、法人所有权与共有三种类型。"民法之所有权,可分为二类,一为单独所有权,一为共有。"[①]自然人所有权与法人所有权属于单独所有权。这一分类具有普遍的适用性,除法律另有规定外,适用于物权法的各条规定。

---

① 王泽鉴:《民法物权》(第一册),台湾兴丰印刷厂 2004 年版,第 251 页。

(三) 动产所有权、不动产所有权

1. 动产所有权

动产所有权系以动产为其标的物,它是所有人独占性地支配其所有的动产的权利,所有人在法律规定的范围内有权对其所有的动产占有、使用、收益、处分,并可排除他人的干涉。而所谓动产,是指性质上不需破坏、变更而能够移动其位置的财产。动产的范围很广,土地及其定着物之外的财产,都是动产。与不动产所有权相比较,法律对其内容和行使限制较少,即是说所有人有更为充分的支配权。动产具有移动性,且种类繁多,其所有权有较多的取得方法是其特点,另外,一些特殊类型的动产,如有价证券、货币,其内容和行使也与其他财产不同,这些都是动产所有权的特殊问题。

2. 不动产所有权

不动产是性质上不能移动其位置,或非经破坏变更则不能移动其位置的物。不动产一般指土地及其定着物(主要是房屋)。不动产所有权系以不动产为其标的物,其效力及于不动产的哪些部分、其行使在法律上受有哪些限制,是为不动产所有权的特殊问题。不动产所有权主要是土地所有权和房屋所有权。

土地所有权系以土地为其标的物,它是土地所有人独占性地支配其所有的土地的权利,土地所有人在法律规定的范围内可以对其所有的土地进行占有、使用、收益、处分,并可排除他人的干涉。

土地是人类生存之本,是人类社会重要的、必不可少的物质财富,是一切生产和一切存在的源泉。从法律上来讲,土地是一种物,是一类重要财产,土地所有权是一项重要的民事权利。

关于土地的范围,可以从"横"和"纵"两方面观察。在横的方面,土地本为连绵无垠之物,似乎没有什么范围可言,但人类以人为的方法,划分疆界,以此确定其范围,从而土地所有权的效力在横的方面就以地界为限;在纵的方面,即地面、地面上的空间和地面下的地身。那么土地所有权的效力,是仅及于地面呢,还是不仅及于地面,而且及于地面之上下?这就是一个比较复杂的问题。在古代罗马法中,有"土地所有权及于土地之上下"的法谚。后来经过注释法学家将这项原则绝对化,解释土地所有权上穷天空、下尽地心。《法国民法典》第552条规定:"土地所有权包括该地上及地下的所有权。"《日本民法典》第207条规定:"土地所有权于法令限制的范围内,及于土地的上下。"把土地所有权的效力规定为及于土地上下全体,不得将地面与地上、地下各别所有。而《德国民法典》在第905条规定:"土地所有人之权利,扩充到地面上之空间与地面以下之地壳。所有人对于他人在高空或地下所为之干涉,无任何利益者,不得禁止。"《瑞士民法典》第667条规定:"土地所有权的行使,在其利

益范围内,及于地上及地下。"

我国《民法通则》以及《土地管理法》等法律确认了土地所有人的独占性支配权,虽然没有明确规定其效力范围,但从法律的意旨及其实践来看,土地所有权的效力范围,在横的方面,是以地界为限;从纵的方面看,不仅包括地面,也包括地上及地下,否则的话无法对土地进行有效的使用,所有权的行使也必然得不到保障。但是,我国土地所有权的这种及于地上及地下的效力,并不是漫无限制的。这种限制主要有两方面:(1)内在的限制。民法上的物,以其能够为人力所支配并满足人类某种需要为特征,土地所有权的客体,也以人力所能支配并满足所有人的需要为要件,即是说,土地所有权的支配力,仅限于其行使受到法律保护的利益的范围。对此范围外他人在其地上及地下的干涉,土地所有人不得排除之。例如地下开凿隧道、地上通航飞机。但是依土地使用的目的,土地所有人的地上及地下的利益范围,得有所不同。例如煤炭企业对土地的支配,比房屋所有人对土地的支配范围及于地下要深得多。田野荒地所有人不得禁止他人在其土地上散步,但耕地所有人得禁止之。随着土地使用目的的变化,土地所有人的这种利益范围也会相应发生变化。(2)法律的限制。法律对土地所有权的限制很多,除了相邻关系的规定外,还有国防、电信、交通、自然资源、环境保护、名胜古迹等方面的限制。例如,矿产资源属于国家所有,地表或地下的矿产资源的国家所有权,不因其依附的土地所有权或者使用权的不同而改变。

我国土地所有权分为国家土地所有权和集体土地所有权,自然人不能成为土地所有权的主体。中华人民共和国是国家土地所有权的统一和唯一的主体,由其代表全体人民对国有土地享有独占性支配的权利。在我国《宪法》《民法通则》《土地管理法》等法律中,对国家土地所有权作了明确规定。《土地管理法》第8条规定:"城市市区的土地属于国家所有。农村和城市郊区的土地,除法律规定属于国家所有的以外,属于集体所有;……"

集体土地所有权是由各个独立的集体组织享有的对其所有的土地的独占性支配权利。根据我国《土地管理法》第8条的规定,属于集体所有的土地,是指除法律规定属于国家所有的农村和城市郊区的土地。集体所有的土地主要是耕地及宅基地、自留地、自留山,还包括法律规定集体所有的森林、山岭、草原、荒地、滩涂等土地。至于法律没有规定为集体所有的森林、山岭、草原、荒地、滩涂等土地,则属于国家所有。

集体土地所有权的主体,即享有土地所有权的集体组织,根据《民法通则》第74条、《土地管理法》第10条的规定,有以下3类:(1)村农民集体,村集体经济组织或者村民委员会对土地进行经营、管理;(2)如果村范围内的土地已经分别属于村内两个以上农村集体经济组织的农民集体所有的,由村内各该农村集体经济组织或者村民小组经营、管理；(3) 土地已经属于乡(镇)农民集体所有的，由乡(镇)农村集体经济组织经营、管理。

集体土地从新中国成立以来到1979年前主要都是实行集体所有、集体共同使用的模式。在这种主导模式之外，也有部分集体土地实行集体所有、农民个人使用的方式，如农民对宅基地、自留地、自留山的使用。1979年以来，我国对集体土地的使用制度进行了改革，实行了集体所有、个人承包经营（使用），从而在集体土地上形成了一些他物权形式。

房屋所有权系以房屋为其标的物，它是房屋所有人独占性地支配其所有的房屋的权利。房屋所有人在法律规定的范围内可以对其所有的房屋进行占有、使用、收益、处分，并可排除他人的干涉。

房屋属于建筑物，是土地的定着物，它虽然附着于土地，但系土地外的独立之物，因此，房屋与其地基不必同属于一人所有，即两者可以分别成立所有权，例如，房屋为自然人某甲所有，但该房屋的地基却是属于某集体经济组织所有。房屋与地基虽然可以各自成立所有权，但毕竟房屋是土地的定着物，所以这两种所有权之间并不是毫无关系的，而是存在着一定的必然联系，这种联系体现在：房屋必然附属有对一定地基的使用权。房屋所有权与地基使用权是主权利与从权利的关系，地基使用权随房屋所有权的成立而成立，并随房屋所有权的变更、消灭而变更、消灭。

二、国家所有权

（一）国家所有权的概念和特征

在我国现阶段，社会主义全民所有制采取国家所有制形式，一切国家财产属于以国家为代表的全体人民所有。《物权法》第45条第1款规定："法律规定属于国家所有的财产，属于国家所有即全民所有。"由此可见，国家所有权是全民所有制在法律上的表现，它是中华人民共和国享有的对国家财产的占有、使用、收益、处分的权利。国家所有权具有特殊性，不同于一般意义上的所有权。表现在：第一，国家所有即全民所有，由国家出面代表全民行使所有权。而国家是一个抽象的概念，因此国家需要由国务院和地方各级人民政府出面来代表。第二，国家所有权的产生、内容和运作程序都是法定的。国家不能凭借其享有的公权力任意规定国家所有权客体的范围。第三，国家所有权客体具有广泛性、多样性的特点，并且其中有些形态是其他一般所有权不能涉及的，譬如矿藏、野生动物、无线电频谱等只能由国家专有。

（二）国家所有权的主体和国家所有权的行使

1. 国家是国家所有权的主体

《物权法》第45条第2款规定，国家财产由国务院代表国家行使所有权；法律另有规定的除外。由于我国幅员辽阔,经济领域广泛,国家财产数量巨大,种类繁多,遍布全国以至世界。因此,国家不可能也没有必要"事必躬亲",直接或者亲自行使所有权的每项权能。在由国务院代表国家行使所有权的同时,依照法律规定,可以由地方人民政府等部门行使有关权利。例如,《土地管理法》第5条规定:"国务院土地行政主管部门统一负责全国土地的管理和监督工作。县以上地方人民政府土地行政主管部门的设置及其职责,由省、自治区、直辖市人民政府根据国务院有关规定确定。"又如《矿产资源法》第11条第2款规定,省、自治区、直辖市人民政府地质矿产主管部门主管本行政区域内矿产资源勘查、开采的监督管理工作。省、自治区、直辖市人民政府有关主管部门协助同级地质矿产主管部门进行矿产资源勘查、开采的监督管理工作。

2. 国家所有权的行使方法

(1) 国家机关对其直接支配的不动产和动产享有的权利内容。依据《物权法》第53条规定,国家机关对其直接支配的不动产和动产,享有占有、使用以及依照法律和国务院的有关规定处分的权利。可见,第一,国家机关并非其直接支配的不动产或者动产的所有权人,只是因国家的授权而享有这些不动产或者动产所有权人的部分权利。换言之,中央和地方各级国家机关直接支配这部分不动产或者动产的权利来源于国家的授权,国家才是这些不动产或者动产的所有权人。第二,国家机关对于其直接支配的不动产或者动产,有权代表国家依法行使包括占有、使用、收益、处分在内的物权。第三,由国家机关直接支配的不动产或者动产,主要是用于维持国家机器的正常运转而并非用于经营,因此国家机关对这部分不动产或者动产行使处分权必须有相关法律和国务院有关规定作为依据。对国家机关违反规定擅自处分国家财产的行为,应当认定为无效的民事法律行为。

(2) 国家举办的事业单位对其直接支配的不动产和动产享有的权利内容。依据《物权法》第54条规定,国家举办的事业单位对其直接支配的不动产和动产,享有占有、使用以及依照法律和国务院的有关规定收益、处分的权利。国家举办的事业单位,是指国家通过财政划拨或者行政划拨的方式动用国有财产开办的事业单位。譬如国有公办高等院校、幼儿园、小学、中学及卫生部所属医院等,均属于国家举办的事业单位。其对直接支配的不动产或者动产的权利内容包括两层意思:第一,国家举办的事业单位不是其直接支配的不动产或者动产的所有权人,而是依据国家的授权取得对这些不动产或者动产进行占有和使用的权利,即国家是所有权人;第二,国家举办的事业单位对其直接支配的不动产或者动产进行收益和处分时须有法律或者国务院的有关规定作为依据。国家举办的事业单位擅自分配基于其直接支配的不动产或者动产而产生的经营收益、私建小金库、瞒报收益、私分奖金等行为都是违反法律规定的。譬如《高等教育法》

第 38 条规定,高等学校对举办者提供的财产、国家财政性资助、受捐赠财产依法自主管理和使用。高等学校不得将用于教学和科学研究活动的财产挪作他用。第 64 条规定,高等学校收取的学费应当按照国家有关规定管理和使用,其他任何组织和个人不得挪用。

(3) 国家对其出资的企业享有出资人权益。依据《物权法》第 55 条的规定,国家出资的企业,由国务院、地方人民政府依照法律、行政法规规定分别代表国家履行出资人职责,享有出资人权益。国家出资的企业,是指国家以各种形式的投资形成的企业,譬如资产完全归国家所有不具有公司形态的企业法人、国有全资公司、国有控股企业、国有参股企业、国有资产投资主体与外商在中国境内共同投资设立的中外合资经营企业,以及国有资产投资主体与外商在中国境内共同投资设立的中外合作经营企业等。国家对其出资的企业享有出资人权益包括三层意思:第一,国家出资的企业,由国务院、地方人民政府依照法律、行政法规分别代表国家履行出资人的职责。国家履行出资人的职责,是指在国家出资的企业中,国家股和其他股应当依照公司法及相关的法律法规的规定,按照股权份额享有收益权、重大事项决策权和选择经营管理者等权利,以及履行出资人义务、尊重企业经营者的经营自主权。譬如《煤炭法》第 13 条规定,煤炭矿务局是国有煤矿企业,具有独立法人资格。矿务局和其他具有独立法人资格的煤矿企业、煤炭经营企业依法实行自主经营、自负盈亏、自我约束、自我发展。第二,国务院、地方人民政府代表国家在国家出资的企业中履行出资人职责、享有出资人权益。具体到某个国家出资的企业应由哪一地、哪一级人民政府代表国家履行出资人职责、享有出资人权益,应当以国家法律或者行政法规作为依据。目前,由国务院履行出资人职责的企业,由国务院直接确定、公布。由省、自治区、直辖市人民政府分别代表国家履行出资人职责的企业,由省、自治区、直辖市人民政府确定、公布并报国务院国有资产管理机构备案。由设区的市、自治州一级人民政府履行出资人职责的企业,由设市的区、自治州一级人民政府确定、公布并报省、自治区、直辖市的国有资产管理机构备案。第三,无论国家出资占该企业全部投资比例有多大,国有出资人的职责和出资人的权益,都应由相应级别的人民政府代表国家行使。

另外,针对在国有企业改制中出现的国有资产流失的情况,我国《物权法》规定,国有财产受法律保护,禁止任何单位和个人侵占、哄抢、私分、截留、破坏。履行国有财产管理、监督职责的机构及其工作人员,应当依法加强对国有财产的管理、监督,促进国有财产保值增值,防止国有财产损失;滥用职权,玩忽职守,造成国有财产损失的,应当依法承担法律责任。违反国有财产管理规定,在企业改制、合并分立、关联交易等过程中,低价转让、合谋私分、擅自担保或者以其他方式造成国有财产损失的,应当依法承担法律责任。

(三) 国家所有权的客体

国家所有权的客体,是指国家所有权所指向的对象。国家所有权的客体具有广泛性,我国《物权法》和相关部门法明文规定属于国家所有的财产有两类:

1. 法律规定属于国家专有的财产

《物权法》第 41 条规定:"法律规定专属于国家所有的不动产和动产,任何单位和个人不能取得所有权。"即根据宪法和法律的规定,有些财产只能作为国家所有权的客体,即国家专有,而不能成为集体组织、其他单位或个人所有权的客体。这些财产有:(1) 矿藏、水流、海域。《物权法》第 46 条规定,矿藏、水流、海域属于国家所有。矿藏只能成为国家所有权的客体,不能成为集体所有权和个人所有权的客体。《矿产资源法》第 3 条规定,矿产资源属于国家所有,由国务院行使国家对矿产资源的所有权。地表或者地下的矿产资源的国家所有权,不因其所依附的土地的所有权或者使用权的不同而改变。但是,国家以外的组织和个人,可以成为开采矿产资源的主体,即成为矿藏使用权的主体。《矿产资源法》第 4 条第 2 款规定,国有矿石企业是开采矿产资源的主体。《水法》第 3 条规定,水资源属于国家所有。水资源的所有权由国务院代表国家行使。农村集体经济组织的水塘和农村集体经济组织修建管理的水库中的水,归各该农村集体经济组织使用。可见,水资源的所有权属于国家。农村集体经济组织对自己的水塘和组织修建的水库,享有所有权。海域是中华人民共和国内水、领海的水面、水体、海床和底土。《海域使用管理法》第 3 条规定,海域属于国家所有,国务院代表国家行使海域所有权。任何单位或者个人不得侵占、买卖或者以其他行使非法转让海域。单位或者个人使用海域,必须依法取得海域使用权。(2) 城市的土地。《宪法》第 10 条规定,城市的土地属于国家所有。《物权法》第 47 条也规定,城市的土地,属于国家所有。(3) 无线电频谱资源。《物权法》第 50 条规定,无线电频谱资源属于国家所有。《无线电管理条例》第 4 条也规定,无线电频谱资源属于国家所有。国家对无线电频谱实行统一规划、合理开发、科学管理、有偿使用的方针。无线电频谱资源的所有权主体是国家,但是其他组织或者个人在法规规定的一定条件下享有使用权。(4) 国防资产。《物权法》第 52 条第 1 款规定,国防资产属于国家所有。《国防法》第 37 条第 2 款也规定,国防资产归国家所有。国防资产是指国家为武装力量建设、国防科研生产和其他国防建设直接投入的资金、划拨使用的土地等资源,以及由此形成的用于国防目的的武器装备和设备设施、物资器材、技术成果等。

2. 法律规定属于国家所有的财产

这些财产包括:法律规定属于国家所有的农村和城市郊区的土地;森林、山岭、草原、荒地、滩涂等自然资源属于国家所有,但法律规定属于集体所有的除外;法律规定属于国家所有的野生动植物资源;法律规定属于国家所有的文物;

法律规定属于国家所有的铁路、公路、电力设施、电信设施和油气管道等基础设施。

国家为了公共利益的需要,依照法律规定的权限和程序可以征收集体所有的土地和单位、个人的房屋及其他不动产。征收集体所有的土地,应当依法足额支付土地补偿费、安置补助费、地上附着物和青苗的补偿费等费用,安排被征地农民的社会保障费用,保障被征地农民的生活,维护被征地农民的合法权益。征收单位、个人的房屋及其他不动产,应当依法给予拆迁补偿,维护被征收人的合法权益。征收个人住宅的,还应当保障被征收人的居住条件。任何单位和个人不得贪污、挪用、私分、截留、拖欠征收补偿费等费用。征收的土地归国家所有。

《物权法》规定的属于国家所有的客体,只是对重要的国家所有权客体的列举规定,由于国家所有权的客体具有广泛性,不可能也没有必要一一列举。譬如国家依照公权力征收的规费、税收、罚款、罚没财产等,不是自然资源,也不是建设成果,而是国家机器依法运行的结果,因为这部分财产的来源在相关基本法和部分法中有明确规定,故在物权法没有作出重复规定。国家所有权客体的广泛性,是指任何物都可以成为国家所有权的客体,但不是说任何物都是国家所有权的客体。国家所有权客体的广泛性特征是与集体所有权和私人所有权相比较而言的。

三、集体所有权

(一)集体所有权的概念和特征

集体所有权又称劳动群众集体组织所有权,是集体组织对其不动产和动产享有的占有、使用、收益、处分的权利。集体组织所有权是劳动群众集体所有制在法律上的表现,其享有者主要是农村集体组织,也包括城镇集体企业。劳动群众集体所有制是我国社会主义公有制的组成部分。集体组织所有权对集体所有制起着巩固和保护的作用,在我国所有权制度中居于重要地位。

集体所有权具有特殊性,不同于一般意义上的所有权。表现在:第一,集体所有权主体是单一的,即集体组织。集体成员不是所有权主体,不能以自己名义行使所有权,也无权擅自处分集体财产。第二,集体所有权的行使具有特殊性,尤其强调对于集体成员利益的保护。集体所有权的行使,必须遵守能够充分反映集体成员共同意志的法定程序,以彰显集体所有权的公有制本质。

(二)集体所有权的主体、行使和保护

1. 集体所有权的主体

集体所有的不动产和动产属于本集体成员集体所有,换句话说集体组织所有权的主体是集体组织。集体组织的成员个人对集体所有的不动产和动产都不享有所有权。

(1) 农民集体所有权的主体。《物权法》第 59 条第 1 款规定："农民集体所有的不动产和动产,属于本集体成员集体所有。""本集体成员集体所有"是指集体组织成员依照法律的规定,对依法属于集体所有的财产共同享有占有、使用、收益和处分的权利。在农民集体所有权的形态下,本集体成员的权利主要是通过成员权来体现的。《物权法》首次明确农民集体所有的含义是"本集体成员集体所有",强调农民集体所有权与成员个人权利存在的联系,这在一定程度上解决了农民集体所有权之权利主体虚位以及农民集体成员权利保护不力的问题。①

(2) 城镇集体所有权的主体。《物权法》第 61 条规定："城镇集体所有的不动产和动产,依照法律、行政法规的规定由本集体享有占有、使用、收益和处分的权利。"第 61 条规定没有"本集体成员集体所有"字样,是因为多年来各地城镇集体企业变化很大,情况各异,难以不加区别地规定为"属于本集体成员集体所有"。

2. 集体所有权的行使

《物权法》对集体所有权的行使从两个方面作了明确规定。(1) 农民集体所有的不动产和动产权利的行使。为了保护集体成员的利益,对于一些涉及全体成员利益的重大事项规定,应当依照法定程序经本集体成员决定。依照《物权法》第 59 条第 2 款的规定,这项事项包括："(一) 土地承包方案以及将土地发包给本集体以外的单位或者个人承包;(二) 个别土地承包经营权人之间承包地的调整;(三) 土地补偿费等费用的使用、分配办法;(四) 集体出资的企业的所有权变动等事项;(五) 法律规定的其他事项。"需要注意两点:其一是"法定程序",即民主决议程序。在《村民委员会组织法》《土地管理法》《农村土地承包法》《草原法》等中均有具体规定。譬如《农村土地承包法》第 18 条和第 48 条规定,承保方案应当依法经本集体经济组织成员的村民会议 2/3 以上成员或者 2/3 以上村民代表的同意;发包方将农村土地发包给本集体经济组织以外的单位或者个人承包,应当事先经本集体经济组织成员的村民会议 2/3 以上成员或者 2/3 以上村民代表的同意,并报乡(镇)人民政府批准。还譬如《草原法》第 13 条第 3 款规定,集体所有的草原或者依法确定给集体经济组织使用的国家所有的草原由本集体经济组织以外的单位或者个人承包经营的,必须经本集体经济组织成员的村(牧)民会议 2/3 以上成员或者 2/3 以上村(牧)民代表的同意,并报乡(镇)人民政府批准。其二是"土地补偿费等费用"的内涵。征地补偿费用主要包括青苗和地上附着物的补偿、安置补助费和土地补偿费。土地补偿费是对集体土地所

---

① 有观点认为,根据该款(《物权法》第 59 条第 1 款)规定,"集体组织与其全体成员同为集体财产的所有权人,出现了集体所有权主体的复合结构"。见崔建远:《物权:规范与学说——以中国物权法的解释论为中心》(上册),清华大学出版社 2011 年版,第 392 页。

有权灭失的补偿。为杜绝因土地补偿费等费用的使用、分配不公而损害广大农民合法权益情形的发生,《物权法》对于土地补偿费等费用的使用和分配办法,设置了民主决议程序。土地补偿费等费用中的"等费用"的具体内涵如下：如果青苗和地上附着物属于农民集体所有,则该"等费用"包括地上附着物和青苗的补偿;如果承包土地被征收的农户由集体组织统一安置,则该"等费用"包括安置补助费。(2) 集体所有的土地、森林、山岭、草原、荒地和滩涂等不动产所有权的行使。《物权法》第60条规定："对于农民集体所有的土地和森林、山岭、草原、荒地、滩涂等,依照下列规定行使所有权：(一) 属于村农民集体所有的,由村集体经济组织或者村民委员会代表集体行使所有权;(二) 分别属于村内两个以上农民集体所有的,由村内各该集体经济组织或者村民小组代表集体行使所有权;(三) 属于乡镇农民集体所有的,由乡镇集体经济组织代表集体行使所有权。"

3. 集体所有权的保护

集体所有权作为所有权的一种类型,自然受法律保护。《物权法》专门设置了对于集体所有权进行保护的特别规范。第一,集体成员对于集体财产享有知情权。《物权法》第62条规定,集体经济组织或者村民委员会、村民小组应当依照法律、行政法规以及章程、村规民约向本集体成员公布集体财产的状况。集体财产属于全体集体成员所有,每个集体成员均享有对集体财产的知情、参与、监督、管理和自主决策的权利。知情权是集体成员行使各项权利的重要前提,集体组织实行财务信息公开,是保障集体成员知情权行使的有效形式。譬如《土地管理法》第49条规定,被征地的农村集体经济组织应当将征收土地的补偿费用的收支状况向本集体经济组织的成员公布,接受监督。第二,集体所有的财产受法律保护,禁止任何单位和个人侵占、哄抢、私分、破坏。集体经济组织、村民委员会或者其负责人作出的决定侵害集体成员合法权益的,受侵害的集体成员可以请求人民法院予以撤销。

(三) 集体所有权的客体

集体所有的不动产和动产包括：(1) 法律规定属于集体所有的土地和森林、山岭、草原、荒地、滩涂;(2) 集体所有的建筑物、生产设施、农田水利设施;(3) 集体所有的教育、科学、文化、卫生、体育等设施;(4) 集体所有的其他不动产和动产。以上前三项是对重要的集体所有权客体的列举。除属于国家专有的、法律禁止归集体所有的物以外,都可以成为集体所有权的客体。需要注意,法律对土地和森林、山岭、草原、荒地、滩涂等不动产所有权的规定存在差异。农村和城市郊区土地,以农民集体所有为一般,以法律规定为国家所有为例外;而在森林、草原等方面,以国家所有为一般,以法律规定为集体所有为例外。

四、私人所有权

私人所有权是私人对其不动产和动产享有占有、使用、收益、处分的权利。

私人所有权与过去法律规定的个人所有权存在很大差异：第一，私人所有权的主体是以所有制为标准划分的，私人所有权的主体不仅是自然人个人，还包括私人投资设立的不具有法人资格及具有法人资格的独资企业，两个以上的自然人及私有法人企业共同出资设立的合伙企业。第二，个人所有权的客体限于生活资料，私人所有权客体不限于生活资料。《物权法》第64条规定："私人对其合法的收入、房屋、生活用品、生产工具、原材料等不动产和动产享有所有权。"

《物权法》不仅规定了私人所有权的客体，而且还规定了私人财产的其他表现形式和财产来源，包括合法的储蓄、投资及其收益、继承的财产。还规定私人依法可以独立出资或者与他人共同出资设立企业，享有出资者权益。除了法律规定属于国家和集体的所有权客体及法律禁止成为私人所有权客体的以外的物，都可以成为私人所有权的客体。国家为了宏观经济调控，对某些领域的经济禁止私人经营，实际上也是对私人所有权客体的限制。

针对过去不尊重私人所有权的情况，《物权法》对保护私人所有权作了规定，私人的合法财产受法律保护，禁止任何单位和个人侵占、哄抢、破坏。

五、法人所有权

（一）企业法人所有权

《物权法》第68条第1款规定："企业法人对其不动产和动产依照法律、行政法规以及章程享有占有、使用、收益和处分的权利。"企业法人是以营利为目的，从事生产经营活动的营利法人。根据民法原理，企业的出资人将其财产投入企业后，出资人对其出资丧失了财产权，企业取得了法人财产权。根据一物一权原则，出资人对其投入企业的不动产和动产，丧失了所有权，企业取得了法人所有权。企业法人所有权是企业法人在法律和其章程规定的范围内，独占性地支配其不动产和动产的权利。出资人对其出资的企业享有出资者权益，包括资产收益、重大决策以及选择经营管理者等权利和义务。在企业法人所有权问题上，国有企业法人所有权的确定很重要。国有企业的经营模式主要有公司制和非公司制，他们作为市场主体，应当具有独立的财产，并且能够对自己的行为承担法律责任。在确定国有企业法人所有权之后，不能损害国家作为出资人享有的权益。国家作为出资人，享有资产收益、重大决策以及选择经营管理者等权利。

（二）其他法人所有权

除了企业法人之外，还有机关法人、事业单位法人、社会团体法人等。其中机关法人、国家举办的事业单位法人的不动产和动产属于国家所有，只能在对外关系上适用所有权的有关规定。《物权法》第 68 条第 2 款规定："企业法人以外的法人,对其不动产和动产的权利,适用有关法律、行政法规以及章程的规定。"即是说,企业法人以外的法人,其所有权的行使要受到法律、行政法规和章程的限制。例如,事业单位开展活动取得的合法收入,必须用于符合其宗旨和业务范围的活动;其接受捐赠、资助,必须符合该事业法人的宗旨和业务范围,必须根据与捐赠人、资助人约定的期限、方式和合法用途使用。

《物权法》第 69 条规定："社会团体依法所有的不动产和动产,受法律保护。"社会团体主要包括人民群众团体(如工会、妇联、共青团)、社会公益团体(如希望工程基金会)、专业团体(如律师协会)、学术团体(如各种研究会)、宗教团体(如佛教协会)。社会团体的财产主要来源于其成员的出资及缴纳的会费、国家拨付的资产和补助、接受捐赠的财产以及积累的财产等。

第三节 业主的建筑物区分所有权

一、业主的建筑物区分所有权的概念

建筑物区分所有权是我国物权法专章规定的不动产所有权一种形态。所谓建筑物区分所有权,指的是权利人即业主对于一栋建筑物中自己专有部分的单独所有权、对共有部分的共有权以及因共有关系而产生的管理权的结合。《物权法》规定的业主的建筑物区分所有权,与有些国家规定的建筑物区分所有权是同一概念,加上"业主的"三个字,是因为"业主""物业"的含义已经为人们所熟悉,为了便于人们理解,故将建筑物区分所有权之前加了"业主的"三个字。为了叙述方便,以下称建筑物区分所有权。需要注意,《建筑物区分所有权解释》对业主进行了扩大解释,即基于与建设单位之间的商品房买卖民事法律行为,已经合法占有建筑物专有部分,但尚未依法办理所有权登记的人,可以认定为业主。

建筑物区分所有权将建筑物的特定部分作为所有权的标的,严格而言,与物权客体须为独立物,以及一物一权主义不相符合。但是依社会观念,一建筑物区分为若干部分,各有该部分的所有权,应为常有之事,而且这样也不妨碍物权的公示,无害于交易安全。基于物权客体的独立性原则,区分所有的专有部分,需具备一定条件,才可以作为建筑物区分所有中专有权的客体。这些条件包括:

(1)须具有构造上的独立性,即被区分的部分在建筑物的构造上,可以加以区分并与建筑物的其他部分隔离。至于是否具有足够的独立性,应依一般的社会观念确定。例如,一个住宅单元通过固定的楼板、墙壁与其他单元相隔离,成为独立的住宅单元。内部再以屏风分隔成数个部分的,各部分则不具有构造上的独立性。

（2）须具有使用上的独立性，即被区分的各部分，可以为居住、工作或其他目的而使用。其主要的界定标准，应为该区分的部分有无独立的出入门户。如果该区分部分必须利用相邻的门户方能出入的，即不具有使用上的独立性。

（3）能够登记成为特定业主所有权的客体。

规划上专属于特定房屋，且建设单位销售时已经根据规划列入该特定房屋买卖合同中的露台等，应当为专有部分的组成部分。

二、建筑物区分所有权的内容

通说认为，建筑物区分所有权的内容，包括区分所有建筑物专有部分的单独所有权、共有部分的共有权，以及因区分所有权人的共同关系所生的管理权。

（一）专有部分的单独所有权

专有部分是在一栋建筑物内区分出的独立的住宅或者经营性用房等单元。该单元须具备构造上的独立性与使用上的独立性。

业主对其专有部分享有单独所有权，即对该部分为占有、使用、收益和处分的排他性的支配权，性质上与一般的所有权并无不同。但此项专有部分与建筑物上其他专有部分有密切的关系，彼此休戚相关，具有共同的利益。因此，业主行使权利不得危及建筑物的安全，不得损害其他业主的合法权益。例如，就专有部分的改良、使用，足以影响区分所有建筑物的安全时，不得自行为之。

业主不得违反法律、法规以及管理规约，将住宅改变为经营性用房。业主将住宅改变为经营性用房的，除遵守法律、法规以及管理规约外，应当经有利害关系的业主同意。这里需要注意的是：(1)业主将住宅改变为经营性用房，未经有利害关系的业主同意的，有利害关系的业主有权请求排除妨害、消除危险、恢复原状或者赔偿损失。(2)将住宅改变为经营性用房的业主以多数有利害关系的业主同意其行为进行抗辩的，人民法院不予支持。(3)业主将住宅改变为经营性用房的，本栋建筑物内的其他业主，应当认定为"有利害关系的业主"。建筑区划内，本栋建筑物之外的业主，主张与自己有利害关系的，应证明其房屋价值、生活质量受到或者可能受到不利影响。

专有部分的承租人、借用人等物业使用人，根据法律、法规、管理规约、业主大会或者业主委员会依法作出的决定，以及其与业主的约定，享有相应权利，承担相应义务。

（二）共有部分的共有权

共有部分是指区分所有的建筑物及其附属物的共同部分，即专有部分以外的建筑物的其他部分。对于共有部分的范围，需要注意的是：(1)共有部分既有由全体业主共同使用的部分，例如，建筑物的基础、承重结构、外墙、屋顶等基本结构部分，通道、楼梯、大堂等公共通行部分，消防、公共照明等附属设施、设备，避难层、设备层或者设备间等结构部分,也有仅为部分业主共有的部分,如各相邻专有部分之间的楼板、隔墙,部分业主共同使用的楼梯、走廊、电梯等。(2)建筑区划内的道路,属于业主共有,但属于城镇公共道路的除外。(3)建筑区划内的绿地,属于业主共有,但属于城镇公共绿地或者明示属于个人的除外。(4)建筑区划内的其他公共场所、公用设施和物业服务用房,属于业主共有。(5)建筑区划内规划用于停放汽车的车位,以及占用业主共有道路或者其他场地增设的车位,应当首先满足业主的需要。建筑区划内,规划用于停放汽车的车位、车库的归属,由当事人通过出售、附赠或者出租等方式约定。占用业主共有的道路或者其他场地用于停放汽车的车位,属于业主共有。这里的"应当首先满足业主的需要",是要求建设单位按照配置比例将车位、车库,以出售、附赠或者出租等方式处分给业主。而此处的配置比例是指规划确定的建筑区划内规划用于停放汽车的车位、车库与房屋套数的比例。(6)其他不属于业主专有部分,也不属于市政公用部分或者其他权利人所有的场所及设施等,应当为共有部分。

业主基于对住宅、经营性用房等专有部分特定使用功能的合理需要,无偿利用屋顶以及与其专有部分相对应的外墙面等共有部分的,不应认定为侵权。但违反法律、法规、管理规约,损害他人合法权益的除外。

改变共有部分的用途、利用共有部分从事经营性活动、处分共有部分,以及业主大会依法决定或者管理规约依法确定应由业主共同决定的事项,属于《物权法》第76条第1款第7项规定的有关共有和共同管理权利的"其他重大事项"的范围。

另外,《物权法》规定,业主对建筑物专有部分以外的共有部分,享有权利并承担义务,但不得以放弃权利不履行义务。共有部分为相关业主所共有,均不得分割,也不得单独转让。业主转让建筑物内的住宅、经营性用房的,其对建筑物共有部分享有的共有和共同管理的权利一并转让。业主依据法律规范、合同以及业主公约,对共有部分享有使用、收益、处分权,并按照其所有部分的价值,分担共有部分的修缮费以及其他负担。

(三)业主的管理权

1. 业主的管理权的范围

基于区分所有建筑物的构造,业主在建筑物的权利归属以及使用上形成了不可分离的共同关系,并基于此共同关系而享有管理权。该管理权的内容为:

第一,业主有权设立业主大会并选举业主委员会。地方人民政府有关部门应当对设立业主大会和选举业主委员会给予指导和协助。业主大会或者业主委员会的决定,对业主具有约束力。《物业管理条例》规定,物业管理区域内全体业主组成业主大会。业主大会应当代表和维护物业管理区域内全体业主在物业管理活动中的合法权益。一个物业管理区域成立一个业主大会。物业管理区域的划分应当考虑物业的共用设施设备、建筑物规模、社区建设等因素。具体办法由省、自治区、直辖市制定。业主委员会执行业主大会的决定事项,应履行下列职责:召集业主大会会议,报告物业管理的实施情况;代表业主与业主大会选聘的物业服务企业签订物业服务合同;及时了解业主、物业使用人的意见和建议,监督和协助物业服务企业履行物业服务合同;监督管理规约的实施;业主大会赋予的其他职责。

业主大会或者业主委员会作出的决定侵害业主合法权益或者违反法律规定的程序的,业主可以请求人民法院予以撤销。但业主的该项权利应当在知道或者应当知道业主大会或者业主委员会作出决定之日起1年内行使。

第二,业主有权决定区分建筑物相关事项。《物权法》规定,下列事项由业主共同决定:(1)制定和修改业主大会议事规则;(2)制定和修改建筑物及其附属设施的管理规约;(3)选举业主委员会或者更换业主委员会成员;(4)选聘和解聘物业服务企业或者其他管理人;(5)筹集和使用建筑物及其附属设施的维修资金;(6)改建、重建建筑物及其附属设施;(7)有关共有和共同管理权利的其他重大事项。决定上述第五项和第六项规定的事项,应当经专有部分占建筑物总面积2/3以上的业主且占总人数2/3以上的业主同意。决定上述其他事项,应当经专有部分占建筑物总面积过半数的业主且占总人数过半数的业主同意。《建筑物区分所有权解释》第8条规定,专有部分面积,按照不动产登记簿记载的面积计算;尚未进行物权登记的,暂按测绘机构的实测面积计算;尚未进行实测的,暂按房屋买卖合同记载的面积计算;建筑物总面积,按照专有部分面积总和计算。第9条规定,业主人数,按照专有部分的数量计算,一个专有部分按一人计算。但建设单位尚未出售和虽已出售但尚未交付的部分,以及同一买受人拥有一个以上专有部分的,按一人计算;总人数,按照业主人数统计总和计算。

建筑物及其附属设施的维修资金,属于业主共有。经业主共同决定,可以用于电梯、水箱等共有部分的维修。维修资金的筹集、使用情况应当公布。《物业管理条例》第54条规定,住宅物业、住宅小区内的非住宅物业或者与单幢住宅楼结构相连的非住宅物业的业主,应当按照国家有关规定交纳专项维修资金。专项维修资金属于业主所有,专项用于物业保修期满后物业共用部位、共用设施设备的维修和更新、改造,不得挪作他用。专项维修资金收取、使用、管理的办法由国务院建设行政主管部门会同国务院财政部门制定。

建筑物及其附属设施的费用分摊、收益分配等事项,有约定的,按照约定;没有约定或者约定不明确的,按照业主专有部分占建筑物总面积的比例确定。《物业管理条例》第55条规定,利用物业共用部位、共用设施设备进行经营的,应当在征得相关业主、业主大会、物业服务企业的同意后,按照规定办理有关手续。业主所得收益应当主要用于补充专项维修资金,也可以按照业主大会的决定使用。

第三,业主享有知情权。《建筑物区分所有权解释》第13条规定,业主请求公布、查阅下列应当向业主公开的情况和资料的,人民法院应予支持:建筑物及其附属设施的维修资金的筹集、使用情况;管理规约、业主大会议事规则,以及业主大会或者业主委员会的决定及会议记录;物业服务合同、共有部分的使用和收益情况;建筑区划内规划用于停放汽车的车位、车库的处分情况;其他应当向业主公开的情况和资料。

第四,业主可以自行管理建筑物及其附属设施,也可以委托物业服务企业或者其他管理人管理。对建设单位聘请的物业服务企业或者其他管理人,业主有权依法更换。《物业管理条例》第21条规定,在业主、业主大会选聘物业服务企业之前,建设单位选聘物业服务企业的,应当签订书面的前期物业服务合同。其第26条规定,前期物业服务合同可以约定期限;但是,期限未满、业主委员会与物业服务企业签订的物业服务合同生效的,前期物业服务合同终止。

物业服务企业或者其他管理人根据业主的委托管理建筑区划内的建筑物及其附属设施,并接受业主的监督。业主应当遵守法律、法规以及管理规约。业主大会和业主委员会,对任意弃置垃圾、排放污染物或者噪声、违反规定饲养动物、违章搭建、侵占通道、拒付物业费等损害他人合法权益的行为,有权依照法律、法规以及管理规约,要求行为人停止侵害、消除危险、排除妨害、赔偿损失。

业主如果有任意弃置垃圾、排放污染物或者噪声、违反规定饲养动物、违章搭建、侵占通道、拒付物业费,以及损害房屋承重结构,损害或者违章使用电力、燃气、消防设施,在建筑物内放置危险、放射性物品等危及建筑物安全或者妨碍建筑物正常使用,违反规定破坏、改变建筑物外墙面的形状、颜色等损害建筑物外观,违反规定进行房屋装饰装修,违章加建、改建,侵占、挖掘公共通道、道路、场地或者其他共有部分等损害他人合法权益的行为,业主大会和业主委员会有权依照法律、法规以及管理规约,要求行为人停止侵害、消除危险、排除妨害、赔偿损失。业主对侵害自己合法权益的行为,可以依法向人民法院提起诉讼。

2. 物业服务合同

物业服务企业或者其他管理人根据业主的委托管理建筑区划内的建筑物及其附属设施,并接受业主的监督。

建设单位依法与物业服务企业签订的前期物业服务合同,以及业主委员会与业主大会依法选聘的物业服务企业签订的物业服务合同,对业主具有约束力。业主不得以其并非合同当事人为由进行抗辩。

符合下列情形之一,业主委员会或者业主有权请求人民法院确认合同(包括前期物业服务合同)或者其相关条款无效:(1)物业服务企业将物业服务区域内的全部物业服务业务一并委托他人而签订的委托合同;(2)物业服务合同中免除物业服务企业责任、加重业主委员会或者业主责任、排除业主委员会或者业主主要权利的条款。

物业服务企业不履行或者不完全履行物业服务合同约定的或者法律、法规规定以及相关行业规范确定的维修、养护、管理和维护义务的,业主有权请求物业服务企业承担继续履行、采取补救措施或者赔偿损失等违约责任。

物业服务企业公开作出的服务承诺及制定的服务细则,属于物业服务合同的组成部分。

业主违反物业服务合同或者法律、法规、管理规约,实施妨害物业服务与管理的行为的,物业服务企业有权请求业主承担恢复原状、停止侵害、排除妨害等相应民事责任。

物业服务企业有权收取物业费。但需要注意的是:(1)物业服务企业违反物业服务合同约定或者法律、法规、部门规章规定,擅自扩大收费范围、提高收费标准或者重复收费的,业主可以以违规收费为由提出抗辩,业主还有权请求物业服务企业退还其已收取的违规费用。(2)经书面催交,业主无正当理由拒绝交纳或者在催告的合理期限内仍未交纳物业费的,物业服务企业有权请求业主支付物业费。物业服务企业已经按照合同约定以及相关规定提供服务的,业主不得仅以未享受或者无须接受相关物业服务进行抗辩。(3)业主与物业的承租人、借用人或者其他物业使用人约定由物业使用人交纳物业费,物业服务企业请求业主承担连带责任的,人民法院应予支持。

业主大会按照《物权法》第76条规定的程序作出解聘物业服务企业的决定后,业主委员会有权请求解除物业服务合同。需要明确的是:(1)物业服务企业向业主委员会提出物业费主张的,人民法院应当告知其向拖欠物业费的业主另行主张权利。(2)物业服务合同的权利义务终止后,业主有权请求物业服务企业退还已经预收,但尚未提供物业服务期间的物业费。

物业服务合同的权利义务终止后,业主委员会有权请求物业服务企业退出物业服务区域、移交物业服务用房和相关设施,以及物业服务所必需的相关资料和由其代管的专项维修资金。物业服务企业不得拒绝退出、移交,并不得以存在事实上的物业服务关系为由,请求业主支付物业服务合同权利义务终止后的物业费。

因物业的承租人、借用人或者其他物业使用人实施违反物业服务合同,以及法律、法规或者管理规约的行为引起的物业服务纠纷,应当参照有关业主的规定处理。

第四节 相邻关系

一、相邻关系的概念

相邻不动产的所有人或使用人在各自行使自己的合法权利时,都要尊重他方所有人或使用人的权利,相互间应当给予一定的方便或接受一定的限制,法律将这种相邻人间的关系用权利义务的形式确定下来,就是相邻关系。可见,相邻关系是指两个以上相邻不动产的所有人或使用人,在行使占有、使用、收益、处分权利时因给对方提供必要便利而发生的权利义务关系。

不动产相邻关系,从本质上讲是一方所有人或者使用人的财产权利的延伸,同时又是对他方所有人或者使用人的财产权利的限制。例如,甲、乙都是土地的承包经营人,甲承包的土地处于乙承包的土地与公用通道之间,乙如果不通过甲承包的土地就不能到达公用通道,或者虽有其他通道但非常不便,乙就有权通过甲承包的土地到达公用通道或者自己承包的土地。这样,在甲、乙两个承包经营人之间就发生了相邻关系。这种相邻关系对于乙来说,是其土地使用权的合理延伸,而对甲来说,是对其土地使用权的必要限制。这种财产权利的合理延伸和必要限制,对于充分发挥财产的效用,促进社会经济的发展,稳定社会秩序,具有重要意义。

不动产相邻关系具有以下特征:第一,相邻关系发生在两个以上的不动产相邻的所有人或者使用人之间。相邻人可以是自然人,也可以是法人;可以是财产所有人,如集体组织、房屋所有人,也可以是非所有人,如承包经营人、承租人。第二,相邻关系的客体一般不是不动产和动产本身,而是由行使所有权或者使用权所引起的和邻人有关的经济利益或者其他利益,如噪音影响邻人休息,对于不动产和动产本身的归属并不发生争议。有的相邻关系的客体是物,例如,相邻竹木归属关系。第三,相邻关系的发生常与不动产的自然条件有关,即两个以上所有人或者使用人的财产应当是相邻的。如上例承包经营人乙不通过承包经营人甲承包的土地不能到达自己承包的土地。如果甲、乙之间的土地一个在河北,一个在西藏,自然就不可能发生这种通行关系。所谓"相邻",不以不动产的直接相邻接为限。例如甲、乙两村处于同一条河流的上下游,两村虽然不直接相邻,但亦可能因用水、流水、截水与排水关系,而有相邻关系适用的余地。

二、处理相邻关系的原则和具体根据

《物权法》第84条规定:"不动产的相邻权利人应当按照有利生产、方便生活、团结互助、公平合理的原则,正确处理相邻关系。"这是我国司法实践早已形

成的经验的总结。

《物权法》第 85 条规定:"法律、法规对处理相邻关系有规定的,依照其规定;法律、法规没有规定的,可以依照当地习惯。"由于不同地区相邻各方的具体情况不同,差别较大,法律、法规不能作统一的详细的规定,因此,法律、法规没有规定的,可以依照当地习惯。需要注意,习惯是指在长期的社会实践中逐渐形成的为人们公认的行为准则。习惯应具有普遍性和认同性,一经国家认可适用,即具有法律效力。

三、各种相邻关系

相邻关系的范围非常广泛,情况也很复杂,以下根据《物权法》的规定和实践,介绍七类常见的相邻关系。

(一)相邻用水、流水、截水、排水关系

《物权法》第 86 条规定,不动产权利人应当为相邻权利人用水、排水提供必要的便利。对自然流水的利用,应当在不动产的相邻权利人之间合理分配。对自然流水的排放,应当尊重自然流向。相邻人应当尊重水的自然流向,在需要改变流向并影响相邻他方用水时,应征得他方的同意,并对由此造成的损失给予适当补偿。为了灌溉土地,需要提高上游的水位、建筑水坝,必须附着于对岸时,对岸的土地所有人或者使用人应当允许;如果对岸的土地所有人或者使用人也使用水坝及其他设施时,应按受益的大小,分担费用。

自然水流经过地的所有人或者使用人都可以使用流水,但应当共同协商、合理分配使用。如果来自高地段的自然流水,常为低地段的所有人或者使用人使用,即使高地段所有人或者使用人也需要此水,也不得全部堵截,断绝低地段的用水,以免给低地段的所有人或者使用人造成损失。低地段的所有人或者使用人应当允许高地段的自然流水流经其地,不得擅自筑坝堵截,影响高地段的排水。

相邻一方在为房屋设置管、槽或其他装置时,不得使房屋雨水直接注泻于邻人建筑物上或者土地上。

(二)相邻通行关系

不动产权利人对相邻权利人因通行等必须利用其土地的,应当提供必要便利。《物权法》第 87 条规定,不动产权利人对相邻权利人因通行等必须利用其土地的,应当提供必要的便利。相邻一方的建筑物或土地,处于邻人的土地包围之中,非经过邻人的土地不能到达公用通道,或者虽有其他通道但需要较高的费用或十分不便的,可以通过邻人的土地以达公用通道。但通行人在选择道路时,应当选择最必要、损失最少的路线,如只需小道即可,就不得开辟大道;能够在荒地上开辟道路的,就不得在耕地上开辟。通行人应当尽量避免对相邻的不动产权利人造成损害,造成损害的,应当予以赔偿。

历史上形成的通道,土地的所有人或者使用人无权任意堵塞或者改道,以免妨碍邻人通行。如果确实需要改道,应取得邻人的同意。

(三) 相邻管线安设关系

相邻人因建造、修缮建筑物以及铺设电线、电缆、水管、暖气和燃气管线等必须利用相邻土地、建筑物的,该土地、建筑物的权利人应当提供必要的便利。但相邻人应当选择损害最小的地点及方法安设,还应对所占土地及施工造成的损失给予补偿,并于事后及时清理现场。

(四) 相邻防险、排污关系

相邻一方在挖掘土地、建造建筑物、铺设管线以及安装设备等时,不得危及相邻不动产的安全,不得使邻地的地基受到危害,不得使邻地的建筑物受到危害;相邻一方的建筑物有倾倒的危险,威胁邻人的生命、财产安全的,相邻一方应当采取预防措施,如加固、拆除;相邻一方堆放易燃、易爆、剧毒、放射、恶臭物品时,应当与邻地建筑物保持一定距离,或者采取预防措施和安全装置。相邻他方在对方未尽此义务的情况下,有权要求排除妨害,赔偿损失。

相邻人,尤其是化工企业、事业单位,在生产、研究过程中,不得违反国家规定弃置固体废物,排放大气污染物、水污染物、噪声、光、电磁波辐射等有害物质。相邻他方对超标排放的,有权要求相邻人排除妨害,即按国家规定的排放标准排放、治理,而且对造成的损害还有权要求赔偿。

(五) 相邻日照、通风、采光关系

相邻人在建造建筑物时,应当与邻人的建筑物留有一定的距离,不得违反国家规定的有关工程建设标准,以免影响邻人建筑物的日照通风和采光。可见,在建筑物相邻关系中,有关日照、通风、采光的妨碍行为的判断,是以国家有关工程建设标准的内容作为基本判断标准。建造建筑物违反国家有关工程建设标准的,应当视为超出了社会一般人的容忍限度,受害人可以主张排除妨碍和损害赔偿。

(六) 相邻不可量物侵害关系

《物权法》第90条规定,不动产权利人不得违反国家规定弃置固体废物,排放大气污染物、水污染物、噪声、光、电磁波辐射等有害物质。此即不可量物侵害关系。德国和瑞士民法上所谓"不可量物侵害",指噪音、煤烟、震动、臭气、尘埃、放射性等不可量物质侵犯邻人造成干扰、妨害或者损害的情形。相邻各方应当注意环境清洁、舒适,讲究精神文明,不得以高音、噪音、喧嚣、震动等妨碍邻人的工作、生活和休息。否则,邻人有权请求停止侵害以及损害赔偿。

(七) 相邻竹木归属关系

相邻地界上的竹木、分界墙、分界沟等,如果所有权无法确定的,推定为相邻双方共有财产,其权利义务适用按份共有的原则。对于相邻他方土地的竹木根枝超越地界,并影响自己对土地的使用的,如妨碍自己土地的庄稼采光,相邻人有权请求相邻他方除去越界的竹木根枝。如果他方经过请求不予除去,相邻人可以自行除去。当然,越界竹木根枝如对相邻人的财产使用并无影响,则相邻人无权请求除去。

第五节 所有权的特别取得方法

动产所有权以动产为其标的物。与不动产所有权相比较,法律对动产所有权的内容和行使限制较少,所有人有更充分的支配权。动产具有移动性,且种类繁多,其所有权取得方法较多,是其特点。就动产所有权取得的特殊情况(例外情形下,亦适用于不动产)而言,有以下特别取得方法:

一、善意取得

善意取得亦称即时取得,是指无处分权人转让标的物给善意第三人时,善意第三人一般可取得标的物的所有权,所有权人不得请求善意第三人返还原物。根据《物权法》的规定,善意取得不限于所有权,其他物权也可以善意取得。

一般认为,善意取得制度来源于日耳曼法。在日耳曼法上,区别动产是不基于所有人的意思归他人占有还是基于所有人的意思归他人占有,而规定了不同的后果:(1)在动产不基于所有人的意思归他人占有的场合,例如被盗、遗失,所有人仍享有权利,动产无论转归何人占有,都有权请求返还。(2)在动产基于所有人的意思交于他人占有时,如租赁、寄托,所有人只有权对其契约的相对人即承租人、受托人请求返还原物、赔偿损失,对于由相对人处取得物之占有的第三人,不得为返还原物的请求。在这种情况下,第三人虽然取得物的占有权,但未取得物的所有权,所有人仍然享有所有权。在契约的相对人从第三人处又取得物的占有时,所有人还有权从其相对人处回复物之占有权。这种基于占有人的意思将物交于他人占有对于第三人即不得请求返还原物的原则,后来在传统民法中称之为"占有公信力"原则。《德国民法典》关于善意取得的规定,就是继承了日耳曼法的做法,在第 932—935 条作了详细的规定:出让人出让非属于他所有之物,善意第三人取得其所有权(第 932 条)。《德国民法典》较日耳曼法作了两点变更:其一,仿效罗马法的取得时效,以第三人的善意为条件;其二,在日耳曼法第三人不过取得不受所有人追夺的占有,而在德国民法典上则由善意第三人取得所有权。

按照所有权的物权的效力,所有权人完全可以对任何占有其物的人请求返还原物。但是,如果允许所有权人在任何情况下都可以请求返还原物,则对善意第三人的保护不周,有害于交易的安全和便捷。因此,法律从保护交易的安全和便捷的角度出发,规定善意第三人在符合法律规定的情况下可以取得无处分权人转让的物的所有权。可见,善意取得制度作为所有权保护的一种例外,是无权处分的特别规定,是对所有权的效力的一种限制,它是法律在所有权的保护与交易的安全和便捷之间予以平衡的结果。

根据我国《物权法》的规定,善意取得必须具备以下的条件:

(1) 无处分权人所转让的,可以是动产,也可以是不动产。《物权法》第106条规定的善意取得,适用于动产、不动产,这是我国物权法的一项独特的规定。

比较特殊的是货币和无记名有价证券,无论是否依所有人的意思丧失占有,也不论第三人是有偿还是无偿取得,善意第三人都受善意取得的保护。

对于动产,现代各国物权法还区分了"占有委托物"和"占有脱离物",前者是指基于租赁、保管的合同关系由承租人、保管人控制的物,即占有人对物的占有是基于所有人的意思取得的;后者则是指非基于所有人的意思而丧失占有的物,如遗失物、盗赃物。对于占有委托物各国物权法规定原则上适用善意取得,而对于占有脱离物各国物权法一般都规定不能由第三人善意取得。但大都规定有例外:第一,于一定期限后所有人即不得向占有人要求返还。《法国民法典》第2279条规定:"……但占有物如系遗失物或盗窃物时,其遗失人或被害人自遗失或被盗之日起三年内,得向占有人请求回复其物;……"《日本民法典》第193条规定:"……占有物是盗窃的物品或者是遗失的东西,被害者或者失主自失盗或者遗失之时起得于二年内对占有者讨还失物"。《德国民法典》没有这种规定。第二,盗窃物、遗失物通过拍卖程序或在公共市场上出让的,第三人善意取得。《法国民法典》第2280条规定:"现实占有人如其占有的盗窃物或遗失物系由市场、公卖或贩卖同类物品的商人处买得者,其原所有人仅在偿还占有人所支付的价金时,始得请求回复其物"。《德国民法典》第935条规定:盗窃物或遗失物以及其他违反所有人意思而丧失占有之物,如果是"经由公设拍卖程序而出让",善意第三人取得其所有权。《日本民法典》第194条规定:"占有者是从别人拍卖或者在公共市场上与其同种物品贩卖的地方善意地购买的盗品和遗失物,占有者如果偿付了其物品的代价的,不得收回其失物"。第三,《德国民法典》第935条规定,盗窃物或遗失物以及其他违反所有人意思而丧失占有之物,如系金钱或有价证券,善意第三人取得所有权。我国《物权法》第107条也规定,所有权人或者其他权利人有权追回遗失物。该遗失物通过转让被他人占有的,权利人有权向无处分权人请求损害赔偿,或者自知道或者应当知道受让人之日起二年内向受让人请求返还原物,但受让人通过拍卖或者向具有经营资格的经营者购得该遗失物的,权利人请求返还原物时应当支付受让人所付的费用。权利人向受让人支付所付费用后,有权向无处分权人追偿。

（2）第三人必须是有偿地从无处分权人处取得标的物。第三人必须是从无处分权人处取得占有，就是说处分人占有动产或被登记为物权人，但他并无处分权，其处分系无权处分。如果是从代理人、寄卖人等有正当权利人处取得标的物，即使是让与人的行为能力欠缺，或其让与意思有瑕疵（如受欺诈、胁迫），以至于让与行为被撤销而不发生效力时，虽然受让人系出于善意，不知且不应知出让人行为能力欠缺或其意思表示有瑕疵，也不受善意取得的保护。

第三人必须是基于一定的法律关系取得标的物，即一方以转让所有权、设立抵押权等为目的处分标的物，他方基于相应的取得意思而取得标的物。

第三人取得标的物的民事法律行为必须有效。第三人从无处分权人处取得标的物，只是由于其出于善意，从整个社会利益考虑，才对所有人的返还请求权加以一定程度的限制，在符合法律规定的情况下由第三人取得物权，因而第三人从无处分权人处取得标的物的民事法律行为必须有效。第三人如果因无效民事法律行为取得标的物，不受善意取得的保护，不得拒绝所有人返还原物的请求。第三人存在欺诈、胁迫等法定事由而导致民事法律行为被撤销的，也不受善意取得的保护。①

第三人必须是有偿取得标的物。第三人如果是无偿地从无处分权人处取得标的物，则无论在何种情况下，即不论处分人是否基于所有人的意思取得动产占有，也不论第三人取得标的物时是恶意还是善意，所有人都有权请求返还，这不仅保护了所有人的权利，对于第三人的合法权益也无损害。例如甲将自行车借给乙使用，乙将其赠与丙，这里无论丙是否知道乙系非法转让，甲都有权请求其返还。在此所谓的"有偿"必须体现为"合理的价格"，这应当根据转让标的物的性质、数量以及付款方式等具体情况，参考转让时交易地市场价格以及交易习惯等因素综合认定。（《物权法解释（一）》第19条）

（3）第三人必须是善意的。善意一词是自拉丁文 bona fides 来的，亦称不知情，指不知存在足以影响法律效力的事实的主观状态。这里所说的善意是指第三人在受让时，不知道转让人无处分权，且无重大过失。真实权利人主张受让人不构成善意的，应当承担举证证明责任。（《物权法解释（一）》第15条）

善意取得要求第三人不知并不应知处分人是无权处分，一般是误信其为所有人或其他有处分权的人。例如，错误地认为动产的承租人、借用人、受寄人、运送人是所有人或其他有处分权的人，并且依转让物当时的环境，他也不应知道占有人系非法转让，如果是对让与人的行为能力、代理权的范围、意思表示的瑕疵发生误解，不受善意取得的保护。

---

① 参见杜万华主编：《最高人民法院物权法司法解释（一）理解与适用》，人民法院出版社2016年版，第468—495页。

这里的善意,不仅不要求第三人有出让人有权处分的确信,而且是推定任何参加交易的第三人都具有这种善意。物权法对这种善意的保护,是公信原则的体现。与之相对的就是恶意第三人。恶意就是第三人依当时的情况知道或应当知道转让人无让与的权利。即根据当时的环境,依交易的一般情况,可以得出让与人无权让与的结论,则第三人应视为恶意。

依《物权法解释(一)》第16、17条的规定,具有下列情形之一的,应当认定不动产受让人知道转让人无处分权:(1)登记簿上存在有效的异议登记;(2)预告登记有效期内,未经预告登记的权利人同意;(3)登记簿上已经记载司法机关或者行政机关依法裁定、决定查封或者以其他形式限制不动产权利的有关事项;(4)受让人知道登记簿上记载的权利主体错误;(5)受让人知道他人已经依法享有不动产物权。真实权利人有证据证明不动产受让人应当知道转让人无处分权的,应当认定受让人具有重大过失。受让人受让动产时,交易的对象、场所或者时机等不符合交易习惯的,应当认定受让人具有重大过失。

第三人只需在受让时为善意,如果在事后得知转让人是无处分权人的,他仍然受善意取得的保护。在此所谓的"受让",通常是指依法完成不动产物权转移登记或者动产交付之时。当事人以《物权法》第25条规定的方式交付动产的,转让动产法律行为生效时为动产交付之时;当事人以《物权法》第26条规定的方式交付动产的,转让人与受让人之间有关转让返还原物请求权的协议生效时为动产交付之时。法律对不动产、动产物权的设立另有规定的,应当按照法律规定的时间认定权利人是否为善意。(《物权法解释(一)》第18条)

善意第三人如果再将标的物转让给他人,则无论他人系恶意还是善意,也不论是有偿地还是无偿地,均由其取得所有权。这是因为,善意第三人既然符合善意取得的条件,依据法律的规定对于标的物享有所有权,那么他再将标的物作处分,属于有权处分,受让人自可取得所有权,而不问其主观状态如何。

善意取得制度,旨在解决善意第三人与所有人间的关系,例如甲把收音机寄存于乙处,乙将其出卖于丙,丙如果是善意,则甲不能向其追回;如果是恶意,则甲得向其追回。故善意取得制度,旨在解决甲丙之间的关系,至于甲乙之间的关系、乙丙之间的关系,则非此制度解决的范围。但会发生以下效果:其一,乙丙之间的关系(即让与人与第三人的关系),仍然与继受取得有同样的效力,丙不能以其为善意取得为理由而免除其应负的义务,例如乙出让甲的收音机时,曾约定有价款,丙仍然应当支付价款;其二,甲乙之间的关系(即所有人与让与人之间的关系),依这种情形可以成立侵权行为,乙对甲应负赔偿损失的责任;如果甲乙间原有合同关系,乙违反合同义务将财产出让,如承租人、保管人将租赁物、保管物出让,亦可成立违约行为,乙应当对甲承担违约责任。

(4)转让的不动产或者动产依照法律规定应当登记的已经登记,不需要登记的已经交付给受让人。转让人将《物权法》第 24 条规定的船舶、航空器和机动车等交付给受让人的,应当认定符合善意取得的条件。(《物权法解释(一)》第 20 条)

关于第三人基于善意受让而取得所有权,究竟是原始取得还是传来取得,有的学者认为占有的让与行为,除了占有人无处分权一点外,其余的与有效的法律行为无异,因而如果理解为传来取得,并无不当之处;有的学者则认为从无处分权的人处取得权利,与传来取得的本质不合,因此,这种所有权的取得并非基于让与的法律行为,而是基于法律的直接规定,故应为原始取得。《德国民法典》第 936 条规定,善意取得的动产所有权,如有第三人的权利存在时,并不消灭。这是采用了继受取得的观点。我国物权法则采原始取得的见解,《物权法》第 108 条规定,善意受让人取得动产后,该动产上的原有权利消灭,但善意受让人在受让时知道或者应当知道该权利的除外。

二、拾得遗失物

遗失物,是所有人遗忘于某处,不为任何人占有的物。遗失物只能是动产,不动产不存在遗失的问题。遗失物也不是无主财产,只不过是所有人丧失了对于物的占有,不为任何人占有的物。所有人丧失对于物的占有的情况,有种种不同。一般是所有人自己因某种原因遗失;还有其他的情况,例如直接占有人(承租人)将物(租赁物)丢失,对于间接占有人(出租人)即所有人来讲,是为遗失物。再如无行为能力的所有人将物抛弃,因他欠缺意思能力,就不成立所有权的抛弃,而只是丧失占有,是为遗失物。但是,所有人为了安全的目的或其他考虑,将物品埋藏于土地之中或放置于一定的隐秘的场所,这时所有人并没有丧失对于物的占有,因此该物并不是遗失物,如果因年长日久,所有人忘其所在,则为埋藏物或者隐藏物。

《民法通则》对漂流物、失散的饲养动物与遗失物在同一条中作出规定,这是视遗失物、漂流物及失散的饲养动物有同一法律地位。所谓漂流物,是指所有人不明,漂流于江、河、湖、海、溪上的物品。而饲养的动物,多是指人们饲养的家禽、家畜,如鸡、鸭、牛、马、羊等等。这类动物如果走失,所有人丧失占有,就是遗失物。至于驯养的野生动物逃逸,所有人还在继续有效地进行追索,例如驯养的鹰飞走,所有人正在用其他驯鹰追捕,其他人就不得随意侵犯。但是如果驯养的野生动物回复其自然状态,如驯养的鹿逃回大森林,就不再构成遗失物。

拾得遗失物,应当返还失主。拾得人应当及时通知失主领取,或者送交公安等有关部门。有关部门收到遗失物,知道失主的,应当及时通知其领取;不知道的,应当及时发布招领公告。遗失物自发布招领公告之日起 6 个月内无人认领的,归国家所有。

拾得人在遗失物送交有关部门前,有关部门在遗失物被领取前,应当妥善保管遗失物。因故意或者重大过失致使遗失物毁损、灭失的,应当承担民事责任。拾得人侵占遗失物的,无权请求保管遗失物等支出的费用,也无权请求失主按照承诺履行义务。

失主领取遗失物时,应当向拾得人或者有关部门支付保管遗失物等支出的必要费用。失主悬赏寻找遗失物的,领取遗失物时应当按照承诺履行义务。

遗失物如果通过转让被第三人占有的,权利人有权向无处分权人请求损害赔偿,或者自知道或应当知道受让人(第三人)之日起2年内向第三人请求返还原物,但第三人通过拍卖或者向具有经营资格的经营者购得该遗失物的,权利人请求返还原物时应当支付第三人所付的费用。权利人向第三人支付所付费用后,有权向无处分权人追偿。

三、发现埋藏物

埋藏物,是指包藏于他物之中,不容易从外部发现的物。埋藏物以动产为限,不动产从其体积、固定性等方面讲,一般不会发生埋藏的问题。埋藏物一般都是埋藏于土地(称为包藏物)之中,但也不全是如此,例如埋藏于房屋墙壁中的物,也是埋藏物。

埋藏物是有主物,它只是所有人不明,而非无主物。就是说埋藏于土地或其他物之中,年长日久,由于人为的或自然的原因,已经不易确定或不知其归谁所有。

对于埋藏物与遗失物间的区别,学者间有不同的见解。有的学者认为不因所有人的意思丧失占有的,即为遗失物,而埋藏物必然是所有人有意埋藏的。如本来是遗失物,因自然原因被埋藏于地下的,仍然是遗失物;而埋藏于地下之物,因自然原因暴露于地面的,仍然是埋藏物。这是主观主义的区别论。有的学者则认为埋藏物与遗失物的区别,仅在于发现的时候,是否处于被埋藏于他物之状态,如果是,则为埋藏物,否则就是遗失物。遗失物如果长久埋藏于地下则为埋藏物;而埋藏物露出地面为他人拾得,则为遗失物。这是客观主义的区别论。本书作者认为,从埋藏物本身的性质来讲,法律所注重的是其埋藏于他物之中不易被发现和所有人不明的状态,至于其原始状态是否是因所有人的意思而丧失占有的,不仅难于求证,而且对发现埋藏物的法律后果无甚影响,所以,从客观的方面区别埋藏物和遗失物较为适当。

根据《民法通则》第79条和《物权法》第114条的规定,隐藏物与埋藏物有同一法律地位。所谓隐藏物,是指放置于隐蔽的场所,不易被发现的物。如天花板上搁置的物、屏风中夹带的物,都是隐藏物。所有人不明的埋藏物与隐藏物的归属,根据该条的规定,归国家所有。但这并不是说埋藏物或隐藏物一经发现,都毫无例外地归国家所有。在埋藏物或隐藏物被发现后,如果埋藏或者隐藏该物的人或者其继承人能够证明其合法的所有权或者继承权时,应当将发现的埋藏物或者隐藏物交还给埋藏或者隐藏该物的人或者其继承人,以保护合法财产权利。只有确实查证发现的埋藏物或隐藏物的所有人不明时,才归国家所有。

我国物权法的规定,拾得漂流物、发现埋藏物或者隐藏物的,参照拾得遗失物的有关规定。文物保护法等法律另有规定的,依照其规定。

四、添附

添附一般是附合、混合的通称,广义的添附还包括加工在内。这三者都是动产所有权的取得方法,在法律效果上有共同点,但与前述的善意取得、拾得遗失物、发现埋藏物不同,它是指数个不同所有人的物结合成一物(合成物、混合物),或者由所有人以外的人加工而成新物(加工物)。

基于添附的事实而产生的所有权归属问题,有这样几种解决途径,即:恢复原状,各归其主;维持现状,使原物的各所有人形成共有关系;维持现状,使因添附而形成之物归某一人所有。比较这三种方法,第一种方法不仅在很多情况下不能或者难于适用,例如加工物,已无法将其恢复原状,而且一定要将合成、混合为一的物分开、恢复其原状,也会毁损该物,不利于发挥物的效用。所以,第一种方法最不足取。而第二种方法会使法律关系较为复杂,不仅给所有人行使权利带来不便,而且易于产生纠纷,故不在不得已时,不宜采用。第三种方法,不仅有经济上实益,而且使法律关系明确,一劳永逸。从现代各国立法例来看,一般都是根据添附的事实,重新确定所有权的归属,而斟酌具体情况,以形成共有关系为补充。

(一) 附合

附合是指两个以上不同所有人的物结合在一起而不能分离,若分离会毁损该物或者花费较大,如用他人的建筑材料建造房屋。附合有两种情况:

(1) 动产与动产的附合。这是指不同所有人的动产互相结合,非毁损不能分离或者分离的费用较大。从我国的司法实践分析,动产与动产的附合应当由原所有人按照其动产的价值,共有合成物。如果可以区别主物或从物,或者一方动产的价值显然高于他方的动产,则应当由主物或价值较高的物的原所有人取得合成物的所有权,并给对方以补偿。

(2) 动产与不动产的附合。这是指动产附合于不动产,成为不动产的组成部分。罗马法中,这种附合主要是因建筑或者种植而产生。一般的原则是建筑物或者种植物归土地所有人所有,至于双方的权利和义务,则视行为人是出于善意还是恶意而定。在我国司法实践中,动产与不动产的附合,由不动产所有人取得合成物的所有权,但应当给原动产所有人以补偿。

(二) 混合

混合,是两个以上不同所有人的动产互相混杂合并,不能识别。混合发生在动产之间,它与附合的不同之处在于:附合(指动产的附合)的数个动产在形体上可以识别、分割,只是分离后要损害附合物的价值,出于社会利益考虑不许分割;而混合则是数个动产混合于一起,在事实上不能也不易区别。但二者的法律效果却无区别规定的理由,故而各国民法大多规定混合准用附合的规定,如《德国民法典》第 948 条、《法国民法典》第 573 条、《日本民法典》第 245 条的规定。

(三) 加工

加工,是指在他人之物上附加自己的有价值的劳动,使之成为新物。对于加工物所有权的归属,《法国民法典》及《日本民法典》以加工物属于材料所有人为原则,而在加工所增加的价值远远超过材料的价值时,才属于加工人为例外(《法国民法典》第 570 条至第 572 条、《日本民法典》第 246 条)。而依《德国民法典》第 950 条规定,加工于他人动产者,以由加工人取得加工物所有权为原则,在加工的价值显然少于材料的价值时,由材料所有人取得加工物所有权为例外。我国司法实践的一般做法是,加工物的所有权原则上归原物的所有人,并给加工人以补偿。但是当加工增加的价值大于材料的价值时,加工物可以归加工人所有,但应当给原物的所有人以补偿。

五、时效取得

时效取得,是指依取得时效的规定取得所有权。取得时效是时效的一种,它是指当事人因占有他人的物的事实状态经过一定时间,而取得该物所有权的法律制度。

我国民法只规定了诉讼时效而没有规定取得时效。过去学者不赞成规定取得时效的主要理由有二:一是认为,取得时效与我国社会主义道德观念不符,规定这种制度利少弊多,可能会对那些行为不轨的人哄抢、私占国家、集体、公民财产起到鼓励作用。二是认为,从我国财产关系的变化,尤其是土地所有权的限制,以及诉讼时效、善意取得等制度的建立和完善,使取得时效失去了适用的余地。因而我国民法只要规定诉讼时效制度,即可满足调整我国财产关系的需要。后来学者的通说认为,从维护正常的交易秩序、建立稳定的社会主义经济秩序这样的目的出发,建立取得时效制度是必要的。

六、先占

先占是指最先占有无主财产。罗马法中即有先占制度,是万民法上的所有权取得方法。先占必须在事实上占有物,这种占有要有取得所有权的意思。

我国在立法上没有规定先占制度,学者中也有人认为没有所有人的财产直接归国家所有,而否认先占取得。本书作者认为,在我国,不能一概排斥先占原则。首先,我国法律虽然没有规定先占制度,但也未一般性地规定无主财产归国家所有。因此,认为无主财产一概属于国家并无法律依据。其次,从客观上讲,国家不可能、也没有必要去独占性地支配所有的无主财产。从我国现有法律规定看,埋藏的文物、受国家法律保护的野生动物、渔业资源等重要财产依法都属国家财产,埋藏物、遗失物、无人继承的遗产有特殊的法律规定。这样,在特定法律制度调整之外的无主财产范围很少,其价值也是有限的,主要是一些废弃物,对于这些无主财产,主要是一个废物利用的问题,国家不必去强调自己的所有权。最后,从我国的现实生活来讲,实际上存在着先占原则。对于抛弃的废旧物,先占者可以取得其所有权,物资回收企业也承认先占者的这种权利。我国法律应当从现实生活出发,确认先占制度,这样不仅有利于稳定社会经济秩序,还有利于充分发挥物的效用,促进社会经济的发展。

这里应当指出的是,先占取得只适用于法律对于无主财产的归属没有特别规定的情形。法律如果有特别的规定,如无人继承的遗产,就应当适用法律的特别规定,而不能先占取得。

第十三章 共　　有

第一节　共有的概念与特征

共有,亦称共同所有权,是两个以上的人对同一物享有所有权。共有的法律特征是:

第一,共有的主体不是单一的,而是两个以上的人,如某一所房屋属于甲、乙两人所有。它的主体是复数,而不是单一主体。

第二,共有的客体也是特定的独立物。共有物在共有关系存续期间,不能分割为各个部分由各个共有人分别享有所有权,而是由各个共有人共同享有其所有权,各个共有人的权利及于共有物的全部。

第三,共有人对共有物或者按照各自的份额、或者平等地享有权利。但是,共有人对于自己权利的行使,并不是完全独立的,在许多情况下要体现全体共有人的意志,要受其他共有人的利益的制约。

共有和公有是两个不同的概念。共有财产的主体是两个以上的共有人,各个共有人依法律的规定或者约定享有所有权,他们是共有物的共同所有人。而公有则不同,公有财产的主体是单一的。全民所有的财产的主体是国家,集体所有的财产的主体是集体组织。

共有关系适用于非常广泛的领域,它对促进专业化协作的发展、充分发挥物的效用、便利人们的生活具有重要的作用。共有关系的产生,大致有两种原因:一是基于法律直接规定产生的,如我国《婚姻法》规定若当事人无特别约定,则夫妻关系存续期间所得的财产归夫妻共有;二是依合同约定产生的,如三人共同出资购买一辆汽车,以合同约定各人享有的权利和承担的义务。

第二节　按份共有

一、按份共有的概念与特征

按份共有,亦称分别共有,是指两个以上的人对同一项不动产或者动产按照份额享有所有权。按份共有是最常见的共有关系。

按份共有的法律特征有三:第一,各个共有人对于共有物按照份额享有所有权。份额在共有关系产生时,共有人就应当将之明确。按份共有人对共有的不动产或者动产享有的份额,没有约定或者约定不明确的,按照出资额确定;不能确定出资额的,视为等额享有。第二,各个共有人按照各自的份额对共有物分享权利、分担义务。由此可见,按份共有并不是把共有物分为若干份,各共有人各享有一个所有权,而是共有人对共有物按各自的份额享有权利和承担义务。第三,各个共有人虽然拥有一定的份额,但共有人的权利并不仅限于共有物的某一部分上,而是及于共有物的全部。

《物权法》还规定,共有人对共有的不动产或者动产没有约定为按份共有或者共同共有,或者约定不明确的,除共有人具有家庭关系等外,视为按份共有。

按份共有是共有人按各自的份额对共有物共享所有权。按份共有人的份额除了受其他共有人的份额的限制外,关于其处分方法、交付或者登记、保护方式等,均适用所有权的有关规定。

二、按份共有的内部关系

(一) 共有物的占有、使用、收益

各共有人依其份额对共有物进行占有、使用、收益,这种权利的行使及于共有物的全部。例如甲、乙、丙三人共有一匹马,则该三人都得使用该马,并不是说甲有马头,乙有马腰,丙有马尾。但各共有人在行使占有、使用、收益权时,应当按其份额进行。例如在上例中,如果甲、乙、丙三人应有部分的比例为5:3:2,则对马的使用、收益应为5:3:2。

根据共有物的特征,全体共有人不能同时对共有物进行占有、使用、收益时,例如1匹马不能3个人同时骑乘,这时共有人应如何行使权利?有的学者认为在不妨碍其他共有人权益的前提下,不论其他共有人的意思如何,可以在其份额的范围内,对共有物进行占有、使用、收益。但是,这种做法易于引起共有人之间的纷争。最佳的方案还是应由共有人对占有、使用、收益的方法进行协商,共有人按照约定管理共有的不动产或者动产;没有约定或者约定不明确的,各共有人都有管理的权利和义务。

各共有人应当在其份额的范围内行使权利,否则,就是对其他共有人合法权益的侵害,其他共有人可要求侵害人承担民事责任。

(二) 共有物的处分

在按份共有中,共有人对共有物的处分包括两种:一是对其享有的份额的处分,二是对整个共有物的处分。

按份共有人有权处分其份额。由于共有人的份额都是抽象的,而不是具体的,因此,共有人对其份额只能进行法律上的处分,即将其份额分出或者转让。所谓分出,是指共有人将自己存于共有物的份额分割出去。我国物权法规定,若没有约定或约定不明确,按份共有人可以随时请求分割其份额。所谓转让,是指共有人将自己的份额转让给他人。由于各共有人的份额是所有权量的一部分,具有所有权的效力,所以共有人对其份额可以转让,而不必征得其他共有人的同意。值得注意的是,共有人可以在合同中对共有份额的分出和转让进行限制。共有人无合同约定的或者法律规定的正当理由要求分出或者转让其份额时,会构成对其他共有人的违约行为,要承担一定的责任。

由于共有关系一般是建立在共有人的相互信任的基础上的,为了防止某一共有人转让其份额给其他共有人所不了解或者所不信任的人,从而给其他共有人带来损害,按份共有人转让其享有的共有的不动产或者动产份额时,其他共有人在同等条件下享有优先购买的权利。也就是说,在共有人无特别约定的前提下,只要在共有人向共有人之外的其他人有偿转让其份额,亦即只要共有份额的权利主体不是因继承、遗赠等原因发生变化的,共有份额也不是在按份共有人之间转让的,其他按份共有人均有优先购买权。行使优先购买权的要件之一是"同等条件",对此应当综合共有份额的转让价格、价款履行方式及期限等因素确定。如果两个以上按份共有人主张优先购买且协商不成时,可按照转让时各自份额比例行使优先购买权。

应当指出的是,共有人的这种优先购买权,应当在一定期限内行使,以保护转让其份额的共有人的权益,否则,如果其他共有人无限拖延是否购买的表示,共有人转让其份额的权利就无法得到实现。共有人可以约定优先购买权的行使期间,没有约定或者约定不明的,依《物权法解释(一)》第11条的规定,按照下列情形确定:(1)转让人向其他按份共有人发出的包含同等条件内容的通知中载明行使期间的,以该期间为准;(2)通知中未载明行使期间,或者载明的期间短于通知送达之日起15日的,为15日;(3)转让人未通知的,为其他按份共有人知道或者应当知道最终确定的同等条件之日起15日;(4)转让人未通知,且无法确定其他按份共有人知道或者应当知道最终确定的同等条件的,为共有份额权属转移之日起6个月。一旦共有人未在上述期间内主张优先购买,或者虽主张优先购买,但提出减少转让价款、增加转让人负担等实质性变更要求的,应认为其丧失优先购买权,共有人可以将其份额转让给非共有人。

共有人在不损害社会利益和他人利益的条件下,可以抛弃其份额,这是共有人行使其处分权的一种表现。但是,国家机关和国有企业、事业单位不得抛弃其占有的国家财产,当然亦不得抛弃其在共有关系中的份额。在共有人抛弃其份额后,这些份额是否由其他共有人取得,学者间有不同的看法。持否定说的学者认为,份额仅仅是共有物所有权的量的部分,既不是他物权对所有权的限制,也不是份额相互之间的限制,共有人抛弃其份额,其他共有人的份额不会发生回复其原来的圆满状态的问题,因此,被抛弃的份额不能当然由其他共有人享有;持肯定说的学者认为,所有权具有弹力性,则份额亦应具有,一部分份额消灭,其他的份额随之扩张,因而共有人抛弃其份额后,该份额应归属于其他共有人。① 立法例上有明确采肯定说的,如《日本民法典》第 255 条规定:"共有人之一人,抛弃其应有部分时,或者无继承人而死亡时,其应有部分归属于其他共有人。"我国现行立法对此未作规定。本书作者认为,我国立法亦应采肯定说,即共有人抛弃其份额后,应由其他共有人取得。

按份共有人的处分权还包括对共有物的处分,包括:事实上的处分,如改变物的形状、毁坏;法律上的处分,如将物转让(出卖、互易、赠与)他人,在物上为他人设定租赁使用权等债权或者他物权。这种处分及于共有物的全部,涉及全体共有人的利益,因此,物权法规定,处分共有的不动产或者动产以及对共有的不动产或者动产作重大修缮的,应当经占份额 2/3 以上的按份共有人的同意。但是共有人之间另有约定的除外。

某一共有人或者某部分共有人未得到全体共有人或者拥有共有份额 2/3 以上的共有人的同意,擅自处分共有物的,对其他共有人构成侵权行为。如果是事实上的处分,如毁损共有物,对其他共有人应负侵权责任。如果是法律上的处分,对于其他共有人不产生法律效力。但对于第三人来说,该行为属于效力待定的行为。如果其他共有人事后追认了该行为,该行为有效;如果其他共有人事后不追认该行为,则该行为无效。但是如果转让的共有物是动产,第三人在取得该动产时是出于善意,可按善意取得处理。在共有人擅自进行的法律处分行为得不到其他共有人追认时,其他共有人可要求其承担侵权的民事责任。

(三) 共有物的管理及费用负担

参考外国立法例和根据我国实践,除了共有人之间有特别约定外,对共有物的管理,应由全体共有人共同进行。但有两项例外:(1) 保存行为。这是指保全共有物的物质上或者权利上利益的行为,如共有物的修缮。由于这种行为是为了防止共有物及其权利遭受损害,只会给其他共有人带来利益,而且保存行为往往是比较急迫的行为,所以共有人可以单独进行。(2) 改良行为。这是指在不改变共有物性质的前提下,对共有物进行的加工、修理等行为,以增加共有物的效用或者价值。这种行为不像保存行为那样急迫,而且多少会改变共有物的现状,所以不能完全由共有人单独进行,如其构成《物权法》第 97 条的"重大修缮",则需经占份额 2/3 以上的共有人同意方可进行。

共有物的管理费用,包括保存费用和改良费用,以及其他费用,如缴纳税款等,对共有物的管理费用以及其他负担,有约定的,按照约定;没有约定或者约定不明确的,按份共有人按照其份额负担。如果某一共有人支付上述费用超过其份额所应负担的部分,有权请求其他共有人按其份额偿还所应负担的部分。这

---

① 参见郑玉波:《民法物权》,台湾三民书局 1988 年版,第 120 页。

种偿还请求权是一种债权,如果其他共有人不履行此项债务,应按债的一般规则处理。

(四)共有人之间的物上请求权

按份共有人的份额除了受其他共有人的份额的限制外,其余的都与所有权相同。因此,共有人之间应相互尊重他人份额。如果其他共有人否认共有人的份额时,则共有人可以以该共有人为被告,提起确认其份额的诉讼。如果其他共有人妨害共有权行使的时候,共有人也可以行使物上请求权。

三、按份共有的外部关系

(一)共有人对于第三人的权利

按份共有人的份额虽然是所有权的量的部分,但其应有部分是及于共有物的全部而非限于局部,因此,基于共有的不动产或者动产产生的债权,共有人享有连带债权,但法律另有规定或者第三人知道共有人不具有连带债权关系的除外。例如,对于无权占有人可以请求返还原物,对于妨害共有物的行为可以请求排除妨碍,等等。共有人对外行使了连带债权之后,在共有人内部关系上,除共有人另有约定外,按份共有人按照份额享有债权,行使了债权的按份共有人应当向其他共有人偿还以其各自的份额应当享有的部分。

(二)共有人对于第三人的义务

在共有人与第三人发生的民事法律关系中,共有人的义务如何承担?传统物权法理论认为这应当依该义务的性质来确定。如果该义务是可分的,例如偿还第三人对于共有物的修缮费,则各共有人应按其份额对第三人承担义务,第三人也只能请求各共有人依其份额承担义务;如果义务的性质是不可分的,共有人应负连带义务或者承担连带责任。例如共有人甲与乙共同出资购买丙的汽车一辆,约定先交车后付款,丙交车后,甲与乙负连带交付车款的义务。再如共有人对于第三人的共同侵权行为,则共有人之间应对第三人负连带责任,如甲、乙共有的动物给他人造成损害,甲、乙应负连带赔偿责任。但在这种连带关系中,共有人中的一人或者数人在代替其他共有人履行义务或者承担责任后,有权请求其他共有人偿还其应当承担的部分。我国物权法规定,因共有的不动产或者动产产生的债务,共有人承担连带债务,但法律另有规定或者第三人知道共有人不具有连带债务关系的除外。共有人对外承担了连带债务之后,在共有人内部关系上,除共有人另有约定外,按份共有人按照份额承担债务,偿还债务超过自己应当承担份额的按份共有人,有权向其他共有人追偿。

四、共有物的分割

按份共有因共有物的灭失、共有物归一人所有、共有人间的协议等原因而消灭。在按份共有消灭的大多数情况下,都要进行共有物的分割。

共有人约定不得分割共有的不动产或者动产,以维持共有关系的,应当按照约定,但共有人有重大理由需要分割的,可以请求分割;没有约定或者约定不明确的,按份共有人可以随时请求分割。因分割对其他共有人造成损害的,应当给予赔偿。需要注意的是,分割请求权是按份共有人的一项重要权利,这里的赔偿请求权是以按份共有人违反不得分割的约定或者违反法律的规定进行分割而给其他共有人造成损害为前提的。

共有人可以协商确定分割方式。达不成协议的,共有物的分割依以下方式:(1) 实物分割。如果共有物为可分物,分割后无损于财产的价值,这时可以按各共有人的份额对实物进行分割,使各共有人分得其应有部分。(2) 变价分割。共有物如为不可分物,即不能进行实物分割。如果实物分割会减损财产的价值,如一幅古画、一头牛,或者虽然共有物为可分物,但共有人都不愿取得共有物,可以把共有物予以出卖,各共有人依各自的份额取得共有物的价款。(3) 作价补偿。如果共有人中有一人或者数人愿取得共有物,可以把共有物作价,除其应得部分外,按份额补偿其他共有人,从而取得全部共有物的所有权。

共有人分割所得的不动产或者动产有瑕疵的,其他共有人应当分担损失。

第三节 共同共有

一、共同共有的概念与特征

共同共有是指两个以上的人基于共同关系,共同享有一物的所有权。其法律特征有:第一,共同共有根据共同关系产生,必须以共同关系的存在为前提。这种共同关系,或者是法律直接规定的,如夫妻关系、家庭关系,或者是合同约定的,如合伙合同。没有共同关系这个前提,共同共有就不会产生,而丧失这个前提,共同共有就会解体。第二,共同共有没有共有份额。共同共有是不确定份额的共有,只要共同共有关系存在,共有人就不能划分自己对财产的份额。只有在共同共有关系消灭,对共有财产进行分割时,才能确定各个共有人应得的份额。所以,在共同共有中,各个共有人的份额是一种潜在的份额。第三,共同共有的共有人平等地享有权利和承担义务。各个共有人对于共有物,平等地享有占有、使用、收益、处分权,并平等地承担义务。但是,在合伙关系中,依法律的规定或者当事人的特别约定,合伙人可以按一定的份额享有表决权,也可以按照约定的比例分配利润。

二、共同共有的内外部关系

共同共有人的权利,及于共有物的全部。共有人按照约定管理共有的不动产或者动产;没有约定或者约定不明确的,各共有人都有管理的权利和义务。如果根据法律规定或者合同约定,某个或者某些共有人有权代表全体共有人管理共有财产时,则该共有人可以依法或者依合同对共有财产进行管理。例如家庭共有财产的管理可以由家庭成员中推举出一人为之,而不必由全体家庭成员共同进行。

处分共有的不动产或者动产以及对共有的不动产或者动产作重大修缮的,应当经全体共同共有人同意,但共有人之间另有约定的除外。

共同共有人在享有权利的同时,对于共有物的管理费用及其他费用的负担,有约定的,按照约定;没有约定或者约定不明确的,共同共有人共同负担。因共有的不动产或者动产产生的债权债务,在对外关系上,共有人享有连带债权、承担连带债务,但法律另有规定或者第三人知道共有人不具有连带债权债务关系的除外;在共有人内部关系上,除共有人另有约定外,共同共有人共同享有债权、承担债务。

共同共有在共同关系存续中,各共有人不得请求分割共有物。同时,由于共同共有主要是因婚姻、血缘关系而形成的,共同共有人之间存在着更密切的关系,因此,共同共有人不能像按份共有人那样转让自己的份额(这种份额是潜在的)。共有人约定不得分割共有的不动产或者动产,以维持共有关系的,应当按照约定,但共有人有重大理由需要分割的,可以请求分割[①];没有约定或者约定不明确的,共同共有人在共有的基础丧失或者有重大理由需要分割时可以请求分割。因分割对其他共有人造成损害的,应当给予赔偿。需要注意的是,分割请求权是共同共有人的一项重要权利,这里的赔偿请求权是以共有人违反不得分割的约定或者违反法律的规定进行分割而给其他共有人造成损害为前提的。

共同共有的消灭主要是因共同关系的终止而引起的,例如婚姻关系终止引起夫妻共有财产关系的消灭;同时也可以因其他原因而消灭,如共有物灭失、转让给他人等。共有财产的分割,除了应当遵循前述按份共有的共有物分割原则外,还应遵守法律关于该共同共有关系的规定,如法定继承中分割共同继承的遗产,应按照法律规定的遗产分配原则进行。至于分割方法,共有人在不损害共有物价值的前提下,可以选择采取实物分割、变价分割、作价补偿等方法。

三、共同共有的类型

在我国实际生活中,常见的共同共有有四种:

[①] 如《婚姻法解释(三)》第 4 条规定:"婚姻关系存续期间,夫妻一方请求分割共同财产的,人民法院不予支持,但有下列重大理由且不损害债权人利益的除外:(一)一方有隐藏、转移、变卖、毁损、挥霍夫妻共同财产或者伪造夫妻共同债务等严重损害夫妻共同财产利益行为的;(二)一方负有法定扶养义务的人患重大疾病需要医治,另一方不同意支付相关医疗费用的。"

(一) 夫妻共有财产

《婚姻法》第 17 条规定:"夫妻在婚姻关系存续期间所得的下列财产,归夫妻共同所有……夫妻对共同所有的财产,有平等的处理权。"这是夫妻共同共有财产的法律依据。夫妻共同共有的财产,包括在婚姻关系存续期间各自的合法收入(如工资、奖金、稿酬)和共同劳动收入,以及各自因继承或者接受赠与取得的财产等,但是遗嘱或者赠与合同中确定只归夫或者妻一方所有的除外。

依照《婚姻法》第 19 条,夫妻双方经过协商,可以约定以其他方式确定夫妻间的财产归属,例如约定在婚姻关系存续期间夫妻所得的财产归各自所有,或者约定某项或者某几项取得的财产归取得一方所有,其他财产仍归夫妻双方共有。只要夫妻双方的这种约定不违反法律的禁止性规定,就应当依这种约定来确定夫妻间的财产归属。特别是在现代社会条件下,妇女广泛地参加工作和其他社会活动而取得收入,在财产上会有更大的独立性。这样,夫妻以约定的方式确定夫妻间财产的归属将会更加普遍。

夫妻的婚前财产,是夫妻各自所有的财产,不属于夫妻共有财产。但是婚前财产在婚后经过长期共同使用,财产已经在质和量上发生很大的变化,就应当根据具体情况,将财产的全部或者部分视为夫妻共同财产。另外,对于婚前财产在婚后如果用共有财产进行重大修缮,通过修缮新增加的价值部分,应认定为夫妻共有财产。例如,夫妻居住的房屋是男方的婚前财产,在婚后又以共有财产作了重大修缮的,房屋价值的增加部分,应属于夫妻共有财产。

夫妻双方对于夫妻共有财产,有平等地占有、使用、收益、处分的权利。尤其是对共有财产的处分,应当经过协商,取得一致意见后进行。夫妻一方在处分共有财产时,另一方明知其行为而不作否认表示的,视为同意,事后不得以自己未亲自参加处分为由而否认处分的法律后果。夫妻双方对共有财产的平等处分权,并不是说双方共有的任何一件物品都必须双方共同处分才有效,而是说对于那些价值较大或重要的物品必须经夫妻双方协商一致后处分才有效。

(二) 家庭共有财产

在我国,家庭关系不仅限于夫妻关系,还存在着父母子女关系,祖父母、外祖父母和孙子女、外孙子女关系,兄弟姐妹关系等。家庭共有财产就是家庭成员在家庭共同生活关系存续期间共同创造、共同所得的财产。家庭共有财产是以维持家庭成员共同生活或者生产为目的的财产,它的来源,主要是家庭成员在共同生活期间的共同收入,家庭成员交给家庭的财产以及家庭成员共同积累、购置、受赠的财产。

家庭共有财产属于家庭成员共同所有。但是,对于哪些家庭成员是财产的共有人,有两种不同的观点:一种观点认为,凡是共同生活的近亲属或其他成员,不论其是否对家庭共有财产的形成做出过贡献,都应当视为家庭共有财产的共有人。另一种观点认为,只有对家庭财产的形成有过贡献的家庭成员,才是家庭共有财产的共有人。按照这种观点,未成年子女不能享有家庭共有财产的共有权。至于子女成年以后,自己独立生活,并"分"得父母的部分财产,这是父母赠与的财产,而不是对家庭共有财产的分割。从我国固有民族习惯和现实家庭的社会职能来看,家庭共有财产一般是维持家庭共同生活所必需的,所以认为所有的家庭成员都是家庭共有财产的共有人,有利于稳定家庭关系,促进家庭的和睦团结。

每个家庭成员对于家庭共有财产都享有平等的权利。对于家庭共有财产的占有、使用、收益、处分,应当由全体家庭成员协商一致进行,但法律另有规定的除外。例如家庭成员中的未成年人,尚无行为能力,其父母或者家庭中的其他近亲属是其监护人,因而未成年人虽然也是家庭共有财产的共有人,但其共有权的行使要由他的父母或者其他监护人代理。

(三) 共同继承的财产

这是指在继承开始以后,遗产分割以前,两个以上的继承人对之享有继承权的遗产。在分割遗产时,共同继承人应当按照法律规定的原则确定各自的份额或者按遗嘱确定各自的份额。

(四) 合伙财产

合伙财产的共有状态是按份共有还是共同共有?《物权法》的态度并不明确。[①] 对此,有不同的观点:一种观点认为共同共有主要是夫妻共有财产和家庭共有财产;而另一种观点则认为除此之外还包括合伙财产。这主要是因为对于共同共有的特征的不同认识所致。

上述第一种观点主要是就夫妻共有财产和家庭共有财产来提出共同共有的一些基本特征,如"在共同共有财产中,财产不分份额"、"各共有人平等地享有权利和承担义务",并依此将合伙财产排除于共同共有财产之外。实际上这样的理解是不准确的。第一,按份共有与共同共有的根本区别在于是否基于共同关系而产生。按份共有是数人分享一个所有权,而共同共有则是数人结合为一个共同关系,共享一个所有权。第二,按份共有人按应有部分对共有物的全部享有使用、收益权。而共同共有物的所有权属于共有人全体,不是按应有部分享有所有权,因而对于共有物全部,共同共有人并没有应有部分存在。第三,按份共有人有权处分其份额并请求分割共有物。而共同共有人则无份额可以处分,在其共同关系存续期间也不可请求分割共有物。

就以上按份共有与共同共有的区别来看,合伙财产权是基于合伙关系而产

---

① 《物权法》第 103 条规定,共有类型存疑时,"除共有人具有家庭关系等外,视为按份共有"。就文义而言,无法辨识合伙关系是否属于该"家庭关系等"。

生的,认定合伙财产的性质为共同共有,有利于维护合伙关系和合伙的主体地位,并可以充分保护债权人的利益。

第四节 准 共 有

准共有,是指两个以上的人共同享有所有权以外的财产权。一般地说,现代各国物权法中关于共有的规定,是专门针对所有权的共有状态而言的。但在实际生活中,还存在着大量对所有权以外的财产权的共有,除了土地使用权、抵押权、地役权等物权外,还包括股票、著作权、矿业权、渔业权、水权、专利权、商标权、债权等。[1] 因而各国物权法除规定了共有制度之外,大都设有所有权以外的财产权准用共有的有关规定。我国《物权法》规定,两个以上单位、个人共同享有用益物权、担保物权的,参照共有规则来处理。

所有权以外的财产权在形成准共有时,究竟应当适用按份共有,还是共同共有的规定,应当视具体情况而定。如果是数人基于某种共同关系而共有一财产权时,应准用共同共有的有关规定,其他则应准用按份共有的有关规定。

---

[1] 参见〔日〕我妻荣:《新订物权法》,罗丽译,中国法制出版社2008年版,第347页。

第十四章 用益物权

第一节 用益物权的概念与特征

一、用益物权的概念

用益物权是对他人所有的物,在一定范围内进行占有、使用和收益的权利。基于不同的历史文化传统与经济制度,各国民法上的用益物权类型多有不同,体现了较为突出的固有法特征。我国物权法反映了我国经济体制改革的成果,规定了土地承包经营权、建设用地使用权、宅基地使用权和地役权。在学理上还有典权和居住权等。

二、用益物权的特征

与所有权、担保物权相比较,用益物权具有其独有的特征,表现在:

第一,用益物权以对标的物的使用、收益为其主要内容,并以对物的占有为前提。用益物权之"用益",顾名思义,就是对物的使用、收益,以取得物的使用价值。在这一点上用益物权与担保物权不同,也由此决定了用益物权的设立,以对标的物的占有为要件。也就是说,必须将标的物的占有移转给用益物权人,由其在实体上支配标的物。否则,用益物权的目的就无法实现。例如,不移转对土地的占有,建设用地使用权人就根本不可能在土地上营造建筑物。可见,就对标的物的支配方式而言,用益物权是对标的物的有形支配,而且这种有形支配是作为对物的利用的前提而存在的。

第二,用益物权是他物权、限制物权和有期限物权。用益物权是在他人所有物上设定的物权,是非所有人根据法律的规定或者当事人的约定,对他人所有物享有的使用、收益的权利。因而从其法律性质上讲,用益物权属于他物权。

用益物权作为他物权,其客体是他人所有之物。它是所有人为了充分发挥物的效用,将所有权与其部分权能相分离,由用益物权人享有和行使对物的一定范围的使用、收益权能的结果。因此,用益物权是由所有权派生的权利。但是,用益物权的这种派生性并不影响用益物权作为一种独立的财产权的存在。用益物权一旦产生,其权利人就在设定的范围内独立地支配其标的物,进行使用和收益。用益物权人不仅可以排除一般的人对于其行使用益物权的干涉,而且用益物权人在其权利范围内可以依据用益物权直接对抗物的所有人对其权利的非法妨害。即使是作为用益物权形态的地役权,它对需役地而言具有从属性,但这种从属性是从该权利与其主体或者需役地的关联性而言的。这种从属性并不否认地役权自身具有的独立的支配范围和支配方式,不影响它作为一种独立权利的存在。

基于用益物权的他物权性质,用益物权还是限制物权。用益物权只是在一定方面支配标的物的权利,没有完全的支配权。例如建设用地使用权、地役权只限于在特定的方面使用他人的土地,而不像所有权那样作为一种完全的权利,是一种在全面的关系上支配标的物的权利。另外,用益物权的限制物权性质还有一层含义,就是用益物权是在他人之物上设定的权利,实际上是根据所有人的意志在所有权上设定的负担,起着限制所有权的作用。因此在权利的效力范围上,用益物权比所有权具有较优的效力。例如土地所有人在自己的土地上为他人设定了建设用地使用权,则建设用地使用权人要优于土地所有人使用土地。

用益物权还是一种有期限物权,与所有权不同。所有权是没有一定存续期限的物权。用益物权则有一定的期限,在其存续期限届满时用益物权即当然归于消灭。不过,用益物权的存续期限,其表现形式可以是一个确定的期限,如30年、50年,也可以是一个不定期的期限,此时的用益物权在符合一定的条件时,可以随时由当事人的行为使其终止。用益物权之所以附有一定的存续期限,是因为用益物权是在他人之物上设定的权利,起着限制所有权的作用。如果允许设定永久无期的用益物权,则所有权会处于一种有名无实的境地,有损所有权的本质。①

第三,用益物权是不动产物权。《物权法》第117条规定:"用益物权人对他人所有的不动产或者动产,依法享有占有、使用和收益的权利。"据此,用益物权的标的物既可以不动产,也可以是动产。但着眼于现实,用益物权的标的物限于不动产,包括土地、海域以及房屋、林木等定着物,如土地承包经营权、建设用地使用权和宅基地使用权的标的物是土地,海域使用权的标的物是海域,地役权的标的物包括土地、房屋等地上定作物。那么,怎么理解《物权法》第117条规定的"或者动产"? 有学者解释说:"如果将用益物权的客体局限于不动产,将来特别法很难对动产设定用益物权。因此,《物权法》第117条允许动产作为用益物权的客体,实际上是为将来物权类型的发展留有余地。"②

用益物权都是不动产物权,没有动产用益物权。在这一点上它与所有权和担保物权都不同,所有权和担保物权的标的物既包括动产,也包括不动产。

---

① 有学者总结,用益物权须为定期性与有限性,否则将有害于所有权之完全性与弹力性;参见谢在全:《民法物论》(中册),中国政法大学出版社2011年版,第425页、第426页。
② 王利明、尹飞、程啸:《中国物权法教程》,人民法院出版社2007年版,第284页。

用益物权作为不动产物权,由于不动产在财产体系中的重要地位,使得用益物权成为一类重要的财产权利。而由于不动产作为权利客体本身所具有的特殊性,法律对用益物权的确认和保护,在权利的效力范围、行使方式及限制、权利的变动程序等方面的法律思想、法律技术及具体规范都是不同于动产物权的。

第四,用益物权主要是以民法为依据,但也有以特别法为依据的。典型的用益物权是民法上的用益物权,如各国立法例上的地上权、永佃权、典权、用益权、居住权、地役权等。这些用益物权不仅地位较为重要,而且其适用范围也较为广泛。但土地法、自然资源法等特别法上也有一些用益物权形式,如海域使用权、探矿权、采矿权、狩猎权、取水权以及从事养殖和捕捞的权利等。这些用益物权在主体、客体或者效力范围等方面都具有一定的特殊性。所以在法律适用上应当首先适用特别法,只有在特别法无规定时,才适用民法。

由于用益物权的物权性质,因不动产或者动产被征收、征用致使用益物权消灭或者影响用益物权行使的,用益物权人有权依照物权法的规定获得相应补偿。

第二节 土地承包经营权

一、土地承包经营权的概念与特征

土地承包经营权是反映我国经济体制改革中农村承包经营关系的新型物权。土地承包经营权就是土地承包经营权人依法对其承包经营的农民集体所有或国家所有由农民集体使用的耕地、林地、草地等享有占有、使用和收益的权利,有权从事种植业、林业、畜牧业等农业生产。其特征在于:

第一,土地承包经营权是存在于农民集体所有或者国家所有由农民集体使用的耕地、林地、草地等的权利。

这就是说,承包经营权的标的,是农民集体所有或国家所有由农民集体使用的耕地、林地、草地等,而不是其他不动产。有的集体组织按承包人承包土地的数量,作价或者不作价地分给承包人部分耕畜、农具或者其他生产资料,这是附属于承包经营权的权利。

农村集体所有的土地由本集体经济组织的成员承包经营的,由发包人与承包人签订承包合同,约定双方的权利和义务。

农民集体所有的土地是否可以由本集体经济组织以外的单位或个人承包经营?依据《土地管理法》与《农村土地承包法》的有关规定,只有符合条件的农村土地,并经法定程序,方可由本集体经济组织以外的单位或个人承包。这些条件是:(1)只限于不宜采取家庭承包方式的荒山、荒沟、荒丘、荒滩等农村土地;(2)只能够通过招标、拍卖、公开协商等方式承包;(3)应当事先经本集体经济组织成员的村民会议 2/3 以上成员或者 2/3 以上村民代表的同意,并报乡(镇)人民政府批准;(4)本集体经济组织成员未在同等条件下行使优先承包权。

第二,土地承包经营权是承包使用、收益农民集体所有或国家所有由农民集体使用耕地、林地、草地等的权利。

承包人对于承包土地等生产资料有权独立进行占有、使用、收益,进行生产经营活动,并排除包括集体组织在内的任何组织或者个人的非法干涉。

第三,土地承包经营权是为种植业、林业、畜牧业或者其他生产经营项目而承包使用、收益集体所有或者国家所有的土地的权利。

这里的种植,不仅是指种植粮食、棉花、油料等作物,也包括树木、茶叶、蔬菜等。另外,在承包的土地或者森林、山岭、草原、荒地、滩涂、水面经营林业、牧业等,都属承包经营权的范围。

第四,土地承包经营权是有一定期限的权利。根据《物权法》第 126 条的规定,耕地的承包期为 30 年;草地的承包期为 30 年至 50 年;林地的承包期为 30 年至 70 年;特殊林木的林地承包期,经国务院林业行政主管部门批准可以延长。承包期届满时,由土地承包经营权人按照国家有关规定继续承包。在土地承包经营期限内,发包方不得随意调整承包地,若因自然灾害严重毁损承包地等特殊情形对个别农户之间承包的耕地和草地需要适当调整的,必须经本集体经济组织成员的村民会议 2/3 以上成员或者 2/3 以上村民代表的同意,并报乡(镇)人民政府和县级人民政府农业等行政主管部门批准。承包期内发包人不得收回承包地。农村土地承包法等法律另有规定的,依照其规定。

单位、个人承包经营国有土地,或者集体经济组织以外的单位、个人承包经营集体所有的土地,从事种植业、林业、畜牧业、渔业生产,土地承包经营的期限由承包合同约定。该期限虽然由当事人在承包合同中加以约定,但应当根据从事承包经营事业的具体情况,确定承包经营的期限。例如开发性的承包经营(如开荒造林),由于生产周期较长,需要多年的投资,期限可以长些。这样既有利于土地的开发利用,也可以避免承包期限过长不利于对土地所有权的保护。

从以上承包经营权的特征可以看出,承包经营权虽然产生于承包合同,但不限于承包人与集体组织间的债的关系,而是一种与债权具有不同性质的物权,并且也是传统民法的物权种类所不能包括的新型物权。

二、土地承包经营权的取得

承包经营权的取得,有基于民事法律行为的,也有非基于民事法律行为的。

1. 基于民事法律行为取得承包经营权的,包括创设取得和转移取得两种情况。

土地承包经营权的创设取得,主要是指承包人与发包人通过订立承包经营合同而取得承包经营权,分为家庭承包与以招标、拍卖、公开协商等方式进行的承包。根据《农村土地承包法》的规定,家庭承包的承包方必须是本集体经济组织的农户。通过招标、拍卖、公开协商等方式承包荒地等农村土地的,承包方可以是本集体经济组织以外的单位或者个人。无论如何,通过这两种方式承包的,都应当签订承包合同,承包合同自成立之日起生效,承包方于合同生效时取得土地承包经营权。

土地承包经营权的转移取得,是指在土地承包经营权的流转过程中,受让人通过转包、互换、转让等方式,依法从承包人手中取得土地承包经营权。《物权法》规定,土地承包经营权人依照农村土地承包法的规定,有权将土地承包经营权采取转包、互换、转让等方式流转。流转的期限不得超过承包期的剩余期限。未经依法批准,不得将承包地用于非农建设。土地承包经营权人将土地承包经营权互换、转让,当事人要求登记的,应当向不动产登记机构申请土地承包经营权转移登记;未经登记,不得对抗善意第三人。可见,物权法对家庭承包的土地承包经营权以互换、转让方式流转的,采取了登记对抗立法模式。

通过招标、拍卖、公开协商等方式承包荒地等农村土地,依照农村土地承包法等法律和国务院的有关规定,其土地承包经营权可以转让、入股、抵押或者以其他方式流转。根据《农村土地承包法》第49条规定,以其他方式承包的土地承包经营权流转的前提是土地承包经营权人依法登记取得土地承包经营权等权利证书。因此,对以其他方式承包的土地承包经营权的物权变动模式采取了登记要件主义。

2. 非基于民事法律行为而取得承包经营权。在这里主要是继承问题。《继承法》第3条规定的遗产范围中没有规定承包经营权,因此在我国民法学界对于承包经营权能否继承有不同的看法。《农村土地承包法》认可承包人应得的承包收益的继承,而有限地认可土地承包经营权的继承:(1)以家庭承包方式取得的林地承包经营权,承包人死亡的,其继承人可以在承包期内继续承包;(2)以招标、拍卖、公开协商等方式设立的承包经营权,承包人死亡的,其继承人可以在承包期内继续承包。

三、承包人的权利与义务

(一)承包人的权利

承包人的主要权利有:

(1)占有承包的耕地、林地、草地等,使用承包的土地或者其他生产资料,独立进行生产经营活动,不受其他组织或者个人的干涉。

(2)收取承包土地或者其他生产资料的收益。自然人个人的承包收益,可以继承。

（3）依法进行土地承包经营权的流转,流转的方式包括出租、转包、入股、互换、或依法转让等。流转时须遵守法律规定,譬如不得改变土地所有权的性质和土地的农业用途;受让方必须具有农业经营能力;流转不得超过承包经营权的剩余期限等。承包人也可依法仅转让经营权。

（4）承包地被征收的,土地承包经营权人有权依法获得相应补偿。《土地承包纠纷解释》第1条规定,承包地征收补偿费用分配纠纷,人民法院应当依法受理。法律规定土地补偿费归集体经济组织所有,但是承包方的承包地被征收后发生在集体土地所有权人和承包方之间的补偿费用纠纷属于民法调整范围,须作为民事诉讼的受理范围。

（二）承包人的义务

承包人的主要义务有：

（1）妥善使用承包的耕地、林地、草地等,这不仅要求承包人不得在承包土地上盖房、建窑、建坟,不准进行掠夺性经营,而且还要求承包人根据土地的条件,合理使用,保存、改良土地,提高地力。

（2）承包人应依承包合同规定的数额向集体组织交付承包耕地、林地、草地等的承包费。在实践中,有些比较富裕的地区,集体经济组织的非农业经济利润较多,土地承包费已经被免除。

四、发包人的权利与义务

发包人的主要权利有：

（1）监督承包方依照承包合同约定的用途利用和保护土地。

（2）根据合同约定获得承包费。

发包人的主要义务有：

（1）交付耕地、林地、草地等给承包人,由承包人自主经营,不得随意干涉承包人的生产经营活动。

（2）发包人在承包期内不得调整承包地。因自然灾害严重毁损承包地等特殊情形,需要适当调整承包的耕地和草地的,应当依照农村土地承包法等法律规定办理。譬如《农村土地承包法》第27条第2款规定,承包期内,因自然灾害严重毁损承包地等特殊情形对个别农户之间承包的耕地和草地需要适当调整的,必须经本集体经济组织成员的村民会议2/3以上成员或者2/3以上村民代表的同意,并报乡（镇）人民政府和县级人民政府农业等行政主管部门批准。承包合同中约定不得调整的,按照其约定。

（3）发包人在承包期内不得收回承包地。法律另有规定的,依照其规定。

五、土地承包经营权的消灭

土地承包经营权消灭的原因主要有:(1)承包期满而未续期。(2)依照法定程序进行调整。(3)依法收回。连续2年弃耕抛荒的,发包人收回发包的耕地(《土地管理法》第37条)。(4)承包经营的土地被依法征收。

第三节 建设用地使用权

一、建设用地使用权的概念与特征

建设用地使用权是因建筑物或者构筑物及其他附属设施而使用国家所有的土地的权利。它具有以下特征:第一,建设用地使用权是存在于国家所有的土地上的物权。建设用地使用权的标的仅以土地为限,而且仅限于国家所有的土地。第二,建设用地使用权是以保存建筑物或者构筑物及其他附属设施为目的的权利。这里的建筑物或者构筑物及其他附属设施是指在土地上下建筑的房屋及其他设施,如桥梁、沟渠、铜像、纪念碑、地窖等,建设用地使用权即以保存此等建筑物或者工作物为目的。第三,建设用地使用权是使用他人土地的权利。建设用地使用权虽以保存建筑物或者构筑物及其他附属设施为目的,但其主要内容在于使用他人的土地。因此,上述建筑物或者构筑物及其他附属设施的有无与建设用地使用权的存续无关。也就是说,有了地上的建筑物或者构筑物及其他附属设施后,固然可以设定建设用地使用权;没有地上建筑物或者构筑物及其他附属设施的存在,也无碍于建设用地使用权的设立;即使地上建筑物或者构筑物及其他附属设施灭失,建设用地使用权也不消灭,建设用地使用权人仍有依原来的使用目的而使用土地的权利。

由于人类文明的进步,科学与建筑技术的发展,土地的利用已不再限于地面,而是向空中和地下扩展,由平面而趋向立体化。在这种情况下,理论上有主张采纳空间权制度,以促进并规范对空间的有效利用。所谓空间权或称空间利用权,是指对地上或者地下空间依法进行利用,并排除他人干涉的权利。但是,在建设用地使用权制度中,建设用地使用权人对于土地的利用,本不以地面为限,而包括土地上下之空间。因而土地所有人亦可依据建设用地使用权制度,就地面上下空间的一定范围为他人设定建设用地使用权。建设用地使用权人也可以在自己的建设用地使用权之上设定次建设用地使用权。所以,建设用地使用权制度应当能够满足土地的立体化与多层次利用的需要。我国《物权法》规定,建设用地使用权可以在土地的地表、地上或者地下分别设立。新设立的建设用地使用权,不得损害已设立的用益物权。

二、建设用地使用权的产生和期限

（一）建设用地使用权的产生

建设用地使用权的产生，如果从建设用地使用权人的角度来考察，就是建设用地使用权的取得。建设用地使用权作为一种不动产物权，不动产物权的一般取得原因（如继承），自然也适用于建设用地使用权。在此只叙述建设用地使用权取得的几项特殊原因。根据承载建设用地使用权的土地法律属性，可将建设用地使用权的取得分为两大类：在国家所有的土地上设立的建设用地使用权和在集体所有的土地上设立的建设用地使用权。

1. 建设用地使用权的产生方式

（1）划拨方式。土地划拨，是土地使用人只需按照一定程序提出申请，经主管机关批准即可取得建设用地使用权，而不必向土地所有人交付租金及其他费用。我国物权法规定，严格限制以划拨方式设立建设用地使用权。采取划拨方式的，应当遵守法律、行政法规关于土地用途的规定。根据《土地管理法》的有关规定，可以通过划拨方式取得的建设用地包括：国家机关用地和军事用地；城市基础设施用地和公益事业用地；国家重点扶持的能源、交通、水利等基础设施用地；法律、行政法规规定的其他用地。上述以划拨方式取得建设用地，须经县级以上地方人民政府依法批准。《划拨用地目录》规定，符合划拨用地目录的建设用地项目，由建设单位提出申请，经有批准权的人民政府批准，方可以划拨方式提供土地使用权。对国家重点扶持的能源、交通、水利等基础设施用地项目，可以以划拨方式提供土地使用权。对以营利为目的，非国家重点扶持的能源、交通、水利等基础设施用地项目，应当以有偿方式提供土地使用权。以划拨方式取得土地使用权，因企业改制、土地使用权转让或者改变土地用途等不再符合该目录的，应当实行有偿使用。《划拨用地目录》对《土地管理法》规定的划拨用地名录进行了细化，明确划拨用地包括：第一大类，国家机关用地和军事用地：党政机关和人民团体用地；军事用地。第二大类，城市基础设施用地和公益事业用地：供水设施、燃气供应设施、供热设施、公共交通设施、环境卫生设施、道路广场、绿地（住宅小区、工程建设项目的配套绿地除外）用地；非营利性邮政设施用地；非营利性教育设施用地[包括学校教学、办公、实验、科研及校内文化体育设施；高等、中等、职业学校的学生宿舍、食堂、教学实习及训练基地；托儿所、幼儿园的教学、办公、园内活动场地；特殊教育学校（盲校、聋哑学校、弱智学校）康复、技能训练设施]；公益性科研机构用地；非营利性体育设施用地；非营利性公共文化设施用地（包括图书馆、博物馆、文化馆、青少年宫、青少年科技馆、青少年活动中心）；非营利性医疗卫生设施用地；非营利性社会福利设施用地。第三大类，国家重点扶持的能源、交通、水利等基础设施用地：石油天然气设施用地；煤炭设施用地；

电力设施用地;水利设施用地;铁路交通设施用地;公路交通设施用地;水路交通设施用地;民用机场设施用地。第四大类,法律、行政法规规定的其他用地:监狱;劳教所;戒毒所、看守所、治安拘留所、收容教育所。

(2) 出让方式。建设用地使用权出让是国家以土地所有人身份将建设用地使用权在一定期限内让与土地使用者,并由土地使用者向国家支付建设用地使用权出让金,土地使用者取得建设用地使用权。

建设用地使用权出让有四种形式:协议、招标、拍卖和挂牌。

协议出让国有建设用地使用权,是指市、县人民政府国土资源行政主管部门代表国家作为出让方,与土地使用人按照平等、自愿、有偿的原则协商一致后,签订建设用地使用权出让合同的行为。出让国有土地使用权,除依照法律、法规和规章的规定应当采用招标、拍卖或者挂牌方式外,方可采取协议方式。协议出让国有土地使用权,应当遵循公开、公平、公正和诚实信用的原则。以协议方式出让国有土地使用权的出让金不得低于按国家规定所确定的最低价。协议出让最低价不得低于新增建设用地的土地有偿使用费、征地(拆迁)补偿费用以及按照国家规定应当缴纳的有关税费之和;有基准地价的地区,协议出让最低价不得低于出让地块所在级别基准地价的70%。低于最低价时国有土地使用权不得出让。《协议出让国有土地使用权规定》第15条规定,土地使用者按照《国有土地使用权出让合同》的约定,付清土地使用权出让金、依法办理土地登记手续后,取得国有土地使用权。第16条规定,以协议出让方式取得国有土地使用权的土地使用者,需要将土地使用权出让合同约定的土地用途改变为商业、旅游、娱乐和商品住宅等经营性用途的,应当取得出让方和市、县人民政府城市规划部门的同意,签订土地使用权出让合同变更协议或者重新签订土地使用权出让合同,按变更后的土地用途,以变更时的土地市场价格补交相应的土地使用权出让金,并依法办理土地使用权变更登记手续。

招标出让国有建设用地使用权,是指市、县人民政府国土资源行政主管部门发布招标公告,邀请特定或者不特定的自然人、法人和其他组织参加国有建设用地使用权投标,根据投标结果确定国有建设用地使用权人的行为。

拍卖出让国有建设用地使用权,是指出让人发布拍卖公告,由竞买人在指定时间、地点进行公开竞价,根据出价结果确定国有建设用地使用权人的行为。

挂牌出让国有建设用地使用权,是指出让人发布挂牌公告,按公告规定的期限将拟出让宗地的交易条件在指定的土地交易场所挂牌公布,接受竞买人的报价申请并更新挂牌价格,根据挂牌期限截止时的出价结果或者现场竞价结果确定国有建设用地使用权人的行为。

《物权法》规定,工业、商业、旅游、娱乐和商品住宅等经营性用地以及同一土地有两个以上意向用地者的,应当采取拍卖、招标等公开竞价的方式出让。《招标拍卖挂牌出让国有建设用地使用权规定》第4条规定,工业、商业、旅游、娱乐和商品住宅等经营性用地以及同一宗地有两个以上意向用地者的,应当以招标、拍卖或者挂牌方式出让。第24条规定,应当以招标拍卖挂牌方式出让国有建设用地使用权而擅自采用协议方式出让的,对直接负责的主管人员和其他直接责任人员依法给予处分;构成犯罪的,依法追究刑事责任。

招标、拍卖和挂牌出让国有建设用地使用权,市、县人民政府国土资源行政主管部门应当根据招标拍卖挂牌出让地块的情况,编制招标拍卖挂牌出让文件。招标拍卖挂牌出让文件应当包括出让公告、投标或者竞买须知、土地使用条件、标书或者竞买申请书、报价单、中标通知书或者成交确认书、国有建设用地使用权出让合同文本。并且,市、县人民政府国土资源行政主管部门应当至少在投标、拍卖或者挂牌开始日前20日,在土地有形市场或者指定的场所,媒介发布招标、拍卖或者挂牌公告,公布招标拍卖挂牌出让宗地的基本情况和招标拍卖挂牌的时间、地点。招标拍卖挂牌公告应当包括下列内容:出让人的名称和地址;出让宗地的面积、界址、空间范围、现状、使用年期、用途、规划指标要求;投标人、竞买人的资格要求以及申请取得投标、竞买资格的办法;索取招标拍卖挂牌出让文件的时间、地点和方式;招标拍卖挂牌时间、地点、投标挂牌期限、投标和竞价方式等;确定中标人、竞得人的标准和方法;投标、竞买保证金;其他需要公告的事项。

采取协议、招标、拍卖、挂牌等出让方式设立建设用地使用权的,当事人应当采取书面形式订立建设用地使用权出让合同。建设用地使用权出让合同一般包括下列条款:① 当事人的名称和住所;② 土地界址、面积等;③ 建筑物、构筑物及其附属设施占用的空间;④ 土地用途;⑤ 使用期限;⑥ 出让金等费用及其支付方式;⑦ 解决争议的方法。①

(3)流转方式。建设用地使用权流转,是指土地使用人将建设用地使用权再转移给他人,如转让、互换、出资、赠与等。建设用地使用权转让、互换、出资或者赠与的,应当向不动产登记机构申请转移登记。基于土地使用权流转的法律事实,新建设用地使用权人即取得原建设用地使用权人的建设用地使用权。《城市房地产管理法》第38条规定了禁止建设用地使用权流转的情形:以出让方式取得土地使用权的不符合本法第39条规定的条件的;司法机关和行政机关依法裁定、决定查封或者以其他形式限制房地产权利的;依法收回土地使用权的;共有房地产,未经其他共有人书面同意的;权属有争议的;未依法登记领取权属证书的;法律、行政法规规定禁止转让的其他情形。第39条规定,以出让方式取得

---

① 划拨和出让是国有建设用地使用权产生的主要方式,此外还包括国有土地租赁、作价出资(入股)、授权经营等方式,可参见《土地管理法实施条例》第29条、1999年国土资源部《规范国有土地租赁若干意见》、1998年原国家土地管理局《国有企业改革中划拨土地使用权管理暂行规定》。

土地使用权的,转让房地产时,应当符合下列条件:按照出让合同约定已经支付全部土地使用权出让金,并取得土地使用权证书;按照出让合同约定进行投资开发,属于房屋建设工程的,完成开发投资总额的25%以上,属于成片开发土地的,形成工业用地或者其他建设用地条件。转让房地产时房屋已经建成的,还应当持有房屋所有权证书。

以划拨方式取得土地使用权的,转让房地产时,应当按照国务院规定,报有批准权的人民政府审批。有批准权的人民政府准予转让的,应当由受让方办理土地使用权出让手续,并依照国家有关规定缴纳土地使用权出让金。以划拨方式取得土地使用权的,转让房地产报批时,有批准权的人民政府按照国务院规定决定可以不办理土地使用权出让手续的,转让方应当按照国务院规定将转让房地产所获收益中的土地收益上缴国家或者作其他处理。

2. 建设用地使用权的登记

设立建设用地使用权的,应当向登记机构申请建设用地使用权登记。建设用地使用权自登记时设立。另外,依照《招标拍卖挂牌出让国有建设用地使用权规定》第23条规定,受让人依照国有建设用地使用权出让合同的约定付清全部土地出让价款后,方可申请办理土地登记,领取国有建设用地使用权证书。未按出让合同约定缴清全部土地出让价款的,不得发放国有建设用地使用权证书,也不得按出让价款缴纳比例分割发放国有建设用地使用权证书。(1)登记申请人。以出让方式设立建设用地使用权的,登记申请人是建设用地使用权出让合同中的受让人;以划拨方式设立建设用地使用权的,登记申请人是获得政府批准使用该土地的单位或者个人。(2)登记事项。一般包括建设用地使用权人、建设用地的位置及范围等、土地用途、土地使用期限、允许建造的建筑物情形等。(3)登记效力。建设用地使用权的设立登记是建设用地使用权的法定公示方法,是建设用地使用权成功设立的法定要件。因此,仅通过签订建设用地使用权合同,或者取得政府批准的划拨用地文件,尚未完成建设用地使用权登记的,用地人不能取得建设用地使用权。

(二) 建设用地使用权的期限

我国法律、法规中对于建设用地使用权的期限,是分别不同种类的建设用地使用权进行规定的。通过土地划拨及乡(镇)村建设用地程序取得的建设用地使用权,是无期限的。通过这种程序取得建设用地使用权的建设用地使用权人,除了法律规定使建设用地使用权消灭的原因外,可以无期限地使用土地。

通过建设用地使用权出让取得建设用地使用权的,根据《国有土地使用权出让和转让暂行条例》第12条规定,按照土地的不同用途,土地使用权的最高年限为:(1) 居住用地70年;(2) 工业用地50年;(3) 教育、科技、文化、卫生、体育用地50年;(4) 商业、旅游、娱乐用地40年;(5) 综合或者其他用地50年。每一块土地的实际使用年限,在最高年限内,由出让方和受让方双方商定。《物权法》第144条规定,建设用地使用权转让、互换、出资、赠与或者抵押的,当事人应当采取书面形式订立合同。使用期限由当事人约定,但不得超过建设用地使用权的剩余期限。

三、建设用地使用权的内容

建设用地使用权的内容就是建设用地使用权人享有的权利和承担的义务。

(一)建设用地使用权人的权利

1. 占有和使用土地

建设用地使用权是为保存建筑物或者构筑物及其他附属设施而使用土地的权利,因此使用土地是建设用地使用权人的最主要权利。建设用地使用权人对土地的使用权,应当在划拨或者约定所限定的范围内进行。例如,限定房屋的高度或者限制房屋的用途的,建设用地使用权人使用土地时不得超出该项范围。由于建设用地使用权为使用土地的物权,建设用地使用权人为实现其权利,自然以占有土地为前提。

建设用地使用权人建造的建筑物、构筑物及其附属设施的所有权属于建设用地使用权人,但有相反证据证明的除外。

2. 权利处分

建设用地使用权人可以处分其权利。这主要有以下几种情形:

(1)建设用地使用权人有权将建设用地使用权转让、互换、出资或者赠与,但法律另有规定的除外。建设用地使用权转让,是指建设用地使用权人以建设用地使用权为出售标的,通过收取对价的方式,将建设用地使用权转移给受让人的行为。建设用地使用权互换,是指建设用地使用权人以其享有的建设用地使用权换取他人的建设用地使用权的行为。建设用地使用权出资,是指建设用地使用权人将其享有的建设用地使用权作价,作为其资本金投入企业中或者与他人合资合作开发经营的行为。建设用地使用权赠与,是指建设用地使用权人在使用期限内无偿将其依法享有的建设用地使用权转移给他人的行为。既然建设用地使用权是以保存建筑物、构筑物及其附属设施为目的,则其必须与建筑物、构筑物及其附属设施共命运,建设用地使用权转让、互换、出资或者赠与的,附着于该土地上的建筑物、构筑物及其附属设施一并处分。建筑物、构筑物及其附属设施转让、互换、出资或者赠与的,该建筑物、构筑物及其附属设施占用范围内的建设用地使用权一并处分。但是,在设定建设用地使用权时如果当事人对建设用地使用权的流转作了限制,则建设用地使用权人不得超出该限制而流转其建设用地使用权。

(2)抵押。建设用地使用权可以作为抵押权的标的,此时,其地上的建筑物或者构筑物及其他附属设施也随之抵押。另外,当地上的建筑物或者构筑物及其他附属设施抵押时,其使用范围内的建设用地使用权也随之抵押。

(3) 出租。建设用地使用权人可以作为出租人将建设用地使用权连同地上的建筑物或者构筑物及其他附属设施租赁给他人使用并收取租金。在建设用地使用权出租后,建设用地使用权人(出租人)仍须向土地所有人履行义务。

但是,通过土地划拨取得的建设用地使用权,只有在下列几种情况下,才可以转让、抵押、出租:(1) 土地使用者为公司、企业、其他经济组织和个人;(2) 领有国有土地使用证;(3) 具有地上建筑物、其他附着物合法的产权证明;(4) 签订土地使用权出让合同,向当地市、县人民政府补交土地使用权出让金或者以转让、出租、抵押所获收益抵交土地使用权出让金。在其他情况下,通过划拨土地取得的建设用地使用权不得转让、出租、抵押。

3. 附属行为

建设用地使用权人可以在其地基范围内进行非保存建筑物或者构筑物及其他附属设施的附属行为,如修筑围墙、种植花木、养殖等。

(二) 建设用地使用权人的义务

1. 建设用地使用权人应当依照法律规定以及合同约定支付出让金等费用。土地出让金是建设用地使用权人为取得建设用地使用权所必须支付的对价。以划拨方式取得建设用地使用权的,虽然无须为取得对土地的使用权而支付对价,但用地人并非不需要支付任何费用。如果划拨用地使用权人取得使用权的土地上有原用地人以及地上物,则用地人必须向国家缴纳补偿、安置等费用后,才可以取得建设用地使用权,除非国家决定无偿将土地交付其使用。

2. 建设用地使用权人应当合理利用土地,不得改变土地用途;需要改变土地用途的,应当依法经有关行政主管部门批准。《土地管理法》第56条规定,建设单位使用国有土地的,应当按照土地使用权出让等有偿使用合同的约定或者土地使用权划拨批准文件的规定使用土地;确需改变该幅土地建设用途的,应当经有关人民政府土地行政主管部门同意,报原批准用地的人民政府批准。其中,在城市规划区内改变土地用途的,在报批前,应当先经有关城市规划行政主管部门同意。建设用地使用权人擅自改变出让合同约定的土地用途的,属于根本违约行为,出让人依法有权解除合同。

四、建设用地使用权的消灭

建设用地使用权的消灭原因主要有:(1) 因为使用期限届满而未续期(住宅建设用地使用权期间届满的,自动续期)。《物权法》第149条规定,住宅建设用地使用权期间届满的,自动续期。非住宅建设用地使用权期间届满后的续期,依照法律规定办理。该土地上的房屋及其他不动产的归属,有约定的,按照约定;

没有约定或者约定不明确的,依照法律、行政法规的规定办理。(2)被依法收回。《土地管理法》第58条规定有下列情形之一的,由有关人民政府土地主管部门报经原批准用地的人民政府或者有批准权的人民政府批准,可以收回国有土地使用权:为公共利益需要使用土地的;为实施城市规划进行旧城区改建,需要调整使用土地的;土地出让等有偿使用合同约定的使用期限届满,土地使用者未申请续期或者申请续期未获批准的;因单位撤销、迁移等原因,停止使用原划拨的国有土地的;公路、铁路、机场、矿场等经核准报废的。《物权法》第184条规定,建设用地使用权期间届满前,因公共利益需要提前收回该土地的,应当依法对该土地上的房屋及其他不动产给予补偿,并退还相应的出让金。《城市房地产管理法》第26条规定,以出让方式取得土地使用权进行房地产开发的,必须按照土地使用权出让合同约定的土地用途、动工开发期限开发土地。满2年未动工开发的,可以无偿收回土地使用权;但是,因不可抗力或者政府、政府有关部门的行为或者动工开发必需的前期工作造成动工开发迟延的除外。(3)土地灭失。作为权利客体的土地不存在,则建设用地使用权自然消灭。

《物权法》规定,建设用地使用权期间届满前,因公共利益需要提前收回该土地的,应当依照法律规定对该土地上的房屋及其他不动产给予补偿,并退还相应的土地出让金。非住宅建设用地使用权期间届满后的续期,依照法律规定办理。该土地上的房屋及其他不动产的归属,有约定的,按照约定;没有约定或者约定不明确的,依照法律、行政法规的规定办理。建设用地使用权消灭的,出让人应当及时申请办理注销登记。登记机构应当收回相应的权利证书。

五、在集体所有的土地上设立的建设用地使用权

《物权法》规定,集体所有的土地作为建设用地的,应当依照土地管理法等法律规定。《土地管理法》第59条规定,乡镇企业、乡(镇)村公共设施、公益事业、农村村民住宅等乡(镇)村建设,应当按照村庄和集镇规划,合理布局,综合开发,配套建设;建设用地,应当符合乡(镇)土地利用总体规划和土地利用年度计划,并依照土地管理法的相关规定办理审批手续。

在集体所有的土地上设立的建设用地使用权的主要内容有:(1)乡(镇)村公益用地使用权。农村集体经济组织或者由农村集体经济组织依法设立的公益组织,在经过依法审批后,对用于本集体经济组织内部公益事业的非农业用地取得建设用地使用权。根据《土地管理法》和《土地管理法实施条例》的规定,乡(镇)村公共设施、公益事业建设,需要使用土地的,经乡(镇)人民政府审核,向县级以上地方人民政府土地行政主管部门提出申请,按照省、自治区、直辖市规定的批准权限,由县级以上地方人民政府批准。(2)乡(镇)村企业建设用地。农村集体经济组织使用乡(镇)土地利用总体规划确定的建设用地兴办企业,或者与其他单位、个人以土地使用权入股、联营等形式共同举办企业的,应当持有关批准文件,向县级以上地方人民政府土地行政主管部门提出申请,按省、自治区、直辖市规定的批准权限,由县级以上地方人民政府批准。如果其中涉及占用农用地的,应当依照《土地管理法》的有关规定办理审批手续。该法第 44 条规定,建设占用土地,涉及农用地转为建设用地的,应当办理农用地转用审批手续。省、自治区、直辖市人民政府批准的道路、管线工程和大型基础设施建设项目,国务院批准的建设项目占用土地,涉及农用地转为建设用地的,由国务院批准。在土地利用总体规划确定的城市和村庄、集镇建设用地规模范围内,为实施该规划而将农用地转为建设用地的,按土地利用年度计划分批次由原批准土地利用总体规划的机关批准。在已批准的农用地转用范围内,具体建设项目用地可以由市、县人民政府批准。

第四节 宅基地使用权

一、宅基地使用权的概念及特征

宅基地使用权指的是农村集体经济组织的成员依法享有的在农民集体所有的土地上建造个人住宅及其附属设施的权利。《物权法》第 152 条规定,宅基地使用权人依法对集体所有的土地享有占有和使用的权利,有权依法利用该土地建造住宅及其附属设施。宅基地使用权具有如下特征:

第一,宅基地使用权的主体是农村集体经济组织的成员。

第二,宅基地使用权的用途仅限于村民建造个人住宅及其附属设施,譬如厨房、院墙等。宅基地使用权人不得将宅基地使用权出卖或者转让。任何组织或者个人也不得侵占、买卖或者以其他形式非法转让宅基地使用权。

不过,本农村集体成员之间转让宅基地使用权,受到法律保护,这在司法实践中得到普遍认可。而且,中央近期开始推动宅基地制度的改革,如中共中央办公厅、国务院办公厅于 2015 年 11 月 2 日印发《深化农村改革综合性实施方案》,提出"探索宅基地有偿使用制度和自愿有偿退出机制,探索农民住房财产权抵押、担保、转让的有效途径"。全国人大常委会于 2015 年 12 月 27 日通过《关于授权国务院在北京市大兴区等 232 个试点县(市、区)、天津市蓟县等 59 个试点县(市、区)行政区域分别暂时调整实施有关法律规定的决定》,授权国务院在天津市蓟县等 59 个试点县(市、区)行政区域暂时调整实施《中华人民共和国物权法》、《中华人民共和国担保法》关于集体所有的宅基地使用权不得抵押的规定。

第三,宅基地使用权实行"一户一宅"制。根据《土地管理法》的规定,农村村民一户拥有一处宅基地,其面积不得超过省、自治区、直辖市规定的标准。农村村民建住宅,应符合乡(镇)土地利用总体规划,并尽量使用原有的宅基地和村内空闲地。农村村民住宅用地,经乡(镇)人民政府审核,由县级人民政府批准,但如果涉及占用农用地的,应依照《土地管理法》的有关规定办理审批手续。农村村民出卖、出租住房后,再申请宅基地的,不予批准。

二、宅基地使用权的变动

《物权法》第153条规定,宅基地使用权的取得、行使和转让,适用土地管理法等法律和国家有关规定。农村村民要获得宅基地使用权,应通过申请并获得有权机关的批准。取得宅基地使用权必须具备如下条件:第一,须具备村民资格。申请人必须是无宅基地、家庭人口众多确需分户居住的,因国家或乡(镇)建设需要另行安排宅基地的或者在农村落户需建住宅而无宅基地的情况的村民。第二,申请人提出申请。村民首先向所在地的农村集体经济组织提出申请,集体经济组织同意后将申请提交乡(镇)土地管理部门,后者接到申请后到现场查看。申请人填写建房用地申请表,经乡(镇)人民政府审核后报县级人民政府土地管理部门审批。第三,可以作为宅基地的土地,应符合乡(镇)土地利用总体规划,尽量利用原有的宅基地和村内空闲地。如果占用农用地作为宅基地,则需要依照《土地管理法》的规定,报省级人民政府批准,并办理农用地转用批准手续。宅基地使用权只能由宅基地使用权人行使,任何组织或者个人不得侵占、损毁宅基地。宅基地使用权有效转让,必须满足下列条件:第一,转让行为应征得本集体经济组织同意;第二,受让人为同一集体经济组织内部成员;第三,受让人没有住房和宅基地,且符合宅基地使用权分配条件。宅基地因自然灾害等原因灭失的,宅基地使用权消灭。譬如出现地震、海啸、山洪、山体滑坡等自然灾害造成宅基地灭失的,宅基地使用权自然消灭。《物权法》第154条规定,对失去宅基地的村民,应当重新分配宅基地。这里的"失去宅基地"除了因自然灾害导致宅基地灭失的情形外,还包括因集体经济组织收回宅基地或者国家征收而使农户失去宅基地的情况。

三、宅基地使用权的内容

宅基地使用权人对宅基地享有如下权利,并承担一定的义务:

(1)占有和使用宅基地。宅基地使用权人有权占有宅基地,并在宅基地上建造个人住宅以及与居住生活相关的附属设施。

(2)收益和处分。宅基地使用权人有权获得因使用宅基地而产生的收益,譬如在宅基地空闲处种植果树等经济作物而产生的收益。由于我国地少人多,农村社会保障体系还没有全面建立,为保护耕地和保障农民的基本生活条件,现行法律对宅基地使用权的控制比较严格。譬如《土地管理法》第63条规定,农民集体所有的土地的使用权不得出让、转让或者出租用于非农业建设;但是,符合土地利用总体规划并依法取得建设用地的企业,因破产、兼并等情形致使土地使用权依法发生转移的除外。

(3)宅基地使用权人出卖、出租住房后,再申请宅基地的,土地管理部门将不再批准。已经登记的宅基地使用权转让或者消灭的,应当及时办理变更登记或者注销登记。

第五节 地 役 权

一、地役权的概念与特征

通常民法学理上讲,地役权是指以他人土地供自己的土地便利而使用,以提高自己不动产效益的权利。地役权的客体是否仅限于土地,有不同的立法例。《日本民法典》第280条将地役权客体限于土地,而《法国民法典》《德国民法典》则认为地役权的客体是不动产。《法国民法典》第637条规定:"役权是指为供他人动产的适用或便利而对一个不动产所加的负担。"因为原则上我国坚持土地使用权主体与房屋所有权主体须一致,故《物权法》第156条规定:"地役权人有权按照合同约定,利用他人的不动产,以提高自己的不动产的效益。"据此,地役权是指不动产使用人为提高不动产的效益而使用他人不动产的权利。

地役权具有如下特征:

第一,地役权是使用他人土地的权利。地役权的客体主要是土地,并以该土地属于他人所有或者使用为要素。由于地役权的内容在于以此土地供彼土地之役,因而地役权的成立,必须有两块土地的存在。其一是为其便利而使用他人土地之地,称需役地;其二是为该土地便利而供其使用的土地,称供役地。由于地役权不限于需役地所有人与供役地所有人的关系,供役地的承包经营权人、建设用地使用权人等用益物权人及承租人也应当受地役权的约束,自属当然之理。

第二,地役权是为自己土地的便利的权利。使用供役地的目的,乃是为了需役地的便利。如果供役地不能提供需役地的便利,就不必设定地役权。至于所谓"便利",泛指开发、利用需役地的各种需要,其内容只要不违反法律的强制性规定,不违背社会公共利益,可以由当事人根据实际情况约定。就一般情况而论,其内容无非是以下几类:(1)以供役地供使用,如通行地役权。(2)以供役地供收益,如用水地役权。(3)避免相邻关系的任意性规范的适用。一般说来,相邻关系规定的是土地所有人间的最主要、最基本的关系,因而也就多是从土地所有人的义务方面加以规定,多属强制性规范。但相邻关系也不乏任意性的规定,当事人可以以特别约定加以改变或排除其适用。例如,相邻关系有土地或者房屋所有人不得设置管、槽或其他装置使房屋雨水直接注泻于邻人的土地上或建筑物上,因此土地或者房屋所有人即负有不得安装此等装置的义务。如果邻人豁免这一义务,则土地或者房屋所有人就可以设定一个向邻地或者邻地建筑物上直接注泻雨水的地役权。(4) 禁止供役地为某种使用,如禁止在邻地建高楼,以免妨碍眺望。

地役权与相邻关系均以调和不动产利用过程中权利人冲突为目的,但是两者存在较大区别,表现在:(1) 产生依据不同。相邻关系是基于法律的直接规定,而地役权则是基于合同的约定。(2) 权利性质不同。相邻关系不是一项独立的民事权利,而是基于所有权内容产生的效力扩张或者限制,地役权则是一项独立的他物权。(3) 对抗效力不同。相邻关系是基于土地的自然需要而且是固定或永久地附属于土地之上的,土地使用上产生的义务不因土地所有权或使用权主体改变而改变。因此,相邻关系具有对抗第三人的天然属性。而地役权源自当事人的合同约定,只有经过公示之后,才能取得对抗第三人的效力。(4) 受到损害后救济请求不同。相邻关系遭受侵害后,不能直接以相邻关系为基础提起损害赔偿诉讼,而应该提起所有权的行使受到妨害之诉;地役权受到损害之后,受害人可以直接提起地役权受损害的请求之诉。

第三,地役权具有从属性和不可分性。地役权的成立必须是需役地与供役地同时存在,因此在法律属性上地役权与其他物权不同。地役权虽然是一种独立的权利,并非需役地所有权或者使用权的扩张,但它仍应当与供役地的所有权或者使用权共命运,这就是地役权的从属性。它主要体现在两个方面:(1) 地役权必须与需役地所有权或者使用权一同转移,不能与需役地分离而让与,即需役地所有人或者使用人不得自己保留需役地所有权或者使用权,而单独将地役权让与他人,不得自己保留地役权而将需役地所有权或者使用权让与他人,也不得以需役地所有权或者使用权与地役权分别让与两个人。《物权法》规定,地役权不得单独转让。土地承包经营权、建设用地使用权等转让的,地役权一并转让,但合同另有约定的除外。(2) 地役权不得与需役地分离而为其他权利的标的,如果在需役地上设定其他权利,则地役权亦包括在内,例如,在需役地上设定建设用地使用权,则建设用地使用权人也得行使地役权,不能单独将地役权作为其他权利的标的,如单独以地役权抵押、出租。《物权法》规定,地役权不得单独抵押。土地承包经营权、建设用地使用权等抵押的,在实现抵押权时,地役权一并转让。

地役权的不可分性[①]是指地役权为不可分的权利,即地役权不得被分割为

[①] 有学者将其总结为"发生之不可分性""消灭之不可分性"和"享有或负担之不可分性",参见谢在全:《民法物权论》(中册),中国政法大学出版社2011年版,第516页以下。

两个以上的权利,也不得使其一部分消灭。在需役地分割时,地役权在分割后的地块的利益仍然存续。例如,甲地在乙地有通行地役权,后来甲地分割为丙、丁两地,则丙、丁两地的所有人或者使用人仍得各自从乙地通行。但如果需役地的地役权的行使,依其性质只关于需役地一部分的,则分割后地役权仅就需役地的该部分存续。《物权法》规定,需役地以及需役地上的土地承包经营权、建设用地使用权部分转让时,转让部分涉及地役权的,受让人同时享有地役权。供役地以及供役地上的土地承包经营权、建设用地使用权部分转让时,转让部分涉及地役权的,地役权对受让人具有约束力。例如,甲地南部的住宅与乙地毗连,在乙地上设有不得建高层建筑的地役权,后来甲地南部分割给丙,北部给丁,那么该项地役权仅能为丙地存续而与丁无关。在供役地分割时,地役权仍就分割后的各地块存续。例如,甲地在乙地上设有排水地役权,以后乙地分为丙、丁两块地,甲地仍得对丙、丁两块地行使地役权。但依地役权的性质,其行使只关系供役地一部分的,则地役权仅对该部分存续。例如,甲地在乙地有汲水地役权,以后乙地分割为丙、丁两地,只有丁地有水井时,则甲地的地役权只存在于丁地。

二、地役权的取得

地役权的取得,有基于民事法律行为的,也有基于民事法律行为以外的原因的。

(一) 基于民事法律行为取得地役权

大都是根据设定地役权的合同,即双方通过书面合同的方式设定地役权。设立地役权,当事人应当采取书面形式订立地役权合同。《物权法》第157条规定,地役权合同一般包括下列条款:当事人的姓名或者名称和住所;供役地和需役地的位置;利用目的和方法;利用期限;费用及其支付方式;解决争议的方法。地役权设立合同具有如下特征:第一,地役权设立合同是双务合同,即双方当事人互为权利义务关系,供役地一方应配合地役权人对供役地使用和收益,需役地一方应当按照约定目的和方法使用土地,并应履行双方约定的其他合同义务。第二,地役权设立合同是要式合同,必须采取书面形式签订。第三,地役权设立合同可以是有偿合同,也可以是无偿合同。但实践中大都是有偿合同。

地役权自地役权合同生效时设立。当事人要求登记的,可以向登记机构申请地役权登记;未经登记,不得对抗善意第三人。地役权是否登记由当事人自愿选择,如果当事人申请登记,则可以到登记机关进行登记。当事人未申请登记的,不会因此影响地役权的有效设立。地役权未经登记,不得对抗善意第三人,此处所谓善意第三人,是指支付了对价且不知道其所受让的土地为地役权的供役地的其他民事主体。

地役权的期限由当事人约定,但不得超过土地承包经营权、建设用地使用权等用益物权的剩余期限。这也是地役权从属性的表现,所谓剩余期限,是指设定地役权的供役地和需役地在设立地役权时其用益物权所剩余的期限。如果当事人约定的地役权期限超过了用益物权剩余期限,则超过部分无效,其他部分仍然有效。

土地上已设立土地承包经营权、建设用地使用权、宅基地使用权等权利的,未经用益物权人同意,土地所有权人不得设立地役权。这样能有效保护土地承包经营权、建设用地使用权、宅基地使用权等用益物权人的合法权益,防止土地所有权人滥用所有权的权能。

另外,地役权也可以基于让与而取得。但是由于地役权的从属性,地役权的让与应与需役地的让与共同为之,并亦应有书面合同。并且,依据《物权法》第162条规定,土地所有权人享有地役权或者负担地役权的,设立土地承包经营权、宅基地使用权时,该土地承包经营权人、宅基地使用权人继续享有或者负担已设立的地役权。譬如集体所有的土地上,已经存在供整块土地使用的诸如引水排灌设施、道路交通设施、饮用水设施等,如果就该地块土地的一部分设立土地承包经营权、宅基地使用权时,而土地承包经营权人、宅基地使用权人又有继续使用既存设施的必要时,则土地承包经营权人、宅基地使用权人当然取得使用这些设施的地役权。

(二) 基于民事法律行为以外的原因取得地役权

主要是因继承取得。需役地权利人死亡时,需役地的权利既然由继承人继承,则其地役权亦当然由其继承人继承。但该通过继承取得的地役权,非经登记,不得处分。

三、地役权的内容

(一) 地役权人的权利

1. 土地使用。地役权是为自己土地的便利而使用他人土地的权利,在地役权的目的范围内使用供役地,自然是地役权人的最主要的权利。《物权法》第159条规定,供役地权利人应当按照合同约定,允许地役权人利用其土地,不得妨害地役权人行使权利。地役权的目的范围应当依设定地役权的行为所限定的目的范围确定。地役权人在目的范围内对供役地的使用,不必是独占性的使用,除了可以与供役地人共同使用外,只要不是性质不相容,同一供役地上,还可设定数个地役权,依其情形同时使用。例如,一是通行地役,一是眺望地役,可以依次使用。

2. 为附属行为。附属行为是指地役权人为达到地役权的目的,而不得不实施的行为。地役权人为行使其权利,在供役地内可以为必要的附属行为,如汲水地役权,可以在供役地上通行;通行地役权,可以开辟道路。地役权人实施附属行为,应选择对供役地损害最小的方法实施。

(二)地役权人的义务

1. 地役权人对供役地的使用应当选择损害最小的地点及方法为之,这样就使得通过地役权增加需役地价值的同时,不至于过分损害供役地的效用。《物权法》第160条规定,地役权人应当按照合同约定的利用目的和方法利用供役地,尽可能减少对供役地权利人物权的限制。地役权的设定目的,是指地役权所要满足的需役地的便利。譬如通行地役权使需役地的权利人可以从供役地上通过进入需役地,从供役地上通过就是通行地役权的设定目的,那么通行地役权人则只能从供役地通行而不得取水或者排水或从事其他行为。另外,地役权人因其行使地役权的行为对供役地造成变动、损害的,应当在事后恢复原状并补偿损失。

2. 地役权人对于为行使地役权而在供役地修建的设施,如电线、管道、道路,应当注意维修,以免供役地人因其设施损坏而受到损害。另外,地役权人对于上述设施,在不妨碍其地役权行使的限度内,应当允许供役地人使用这些设置。

四、地役权的消灭

地役权是一种不动产物权,则不动产物权的一般消灭原因,当然适用于地役权。以下是地役权消灭的几项特殊原因:

(1)土地灭失。土地灭失是任何以土地为标的的物权消灭的原因,但地役权不但因为作为其标的物的土地(供役地)灭失而消灭,也因需役地的灭失而消灭。

(2)目的事实不能。设定地役权的目的事实上不能实现,即供役地事实上不能再供需役地便利时,地役权消灭。例如汲水地役权因供役地水源枯竭而消灭。

(3)供役地权利人解除地役权关系。在下列两种情形下,地役权因供役地权利人解除地役权关系而消灭:第一,地役权人违反法律规定或者合同约定,滥用地役权。地役权人滥用地役权包括多种情形:地役权人不按土地用途使用土地,并且导致了土地的永久损害,譬如供役地为耕地,而地役权人将其用途改变,使之无法耕种;地役权人不按土地的约定用途使用土地,经供役地权利人多次警告而仍不改正,譬如当事人设立通行地役权,而地役权人却在供役地上设立仓库、挖掘池塘养殖等;地役权人超越地役权合同约定的范围使用供役地,妨害供役地权利人正常的生产和生活,虽经供役地权利人多次交涉仍不改正;地役权人利用供役地从事违法犯罪活动;等等。第二,有偿利用供役地,约定的付款期间届满后在合理期限内经两次催告未支付费用。在有偿地役权合同履行中,需役地一方当事人按照地役权合同约定的数额和时间向供役地一方支付费用是其应当履行的合同义务。若交费义务人经过权利人在合理期间两次催告仍不履行支付费用的义务,则供役地一方当事人可以解除地役权关系。

(4) 抛弃。地役权人如将其地役权抛弃,供役地则因之恢复其无负担的状态,地役权归于消灭。但如果是有偿的地役权,地役权人抛弃地役权后,仍应支付地役权全部期间的租金。

(5) 存续期间的届满或者其他预定事由的发生。地役权如有存续期间,因期间的届满而消灭。其设定行为附有解除条件的,因条件的成就,地役权消灭。

根据物权法的规定,已经登记的地役权变更、转让或者消灭的,应当及时办理变更登记或者注销登记。否则,若因此给第三人造成损失的,应当承担赔偿责任。

第十五章　担保物权

第一节　担保物权概述

一、担保物权的概念

担保物权,是指为确保债权的实现,在债务人或者第三人的物上设定的以直接取得或者支配其交换价值为内容的权利。

随着我国社会主义市场经济的发展,以债的形式发生的自然人、法人及其他组织之间的经济联系日益频繁,保障债尤其是合同之债的履行,对于维护社会主义商品流通秩序,保护民事主体的合法权益,至关重要。

一般地说,债务人对于自己负担的债务,应当以其全部财产负履行义务,亦即债务人的全部财产为其债务的总担保。在债务不履行时,债权人得请求人民法院依法定程序变卖债务人的财产,以其价金清偿债权。债权不具有排他性,因而对于同一债务人,不妨有同一内容或者不同内容的数个债权并存。对于同一债务人,可能发生负债超过其财产总额的情况,而一切债权都处于平等地位,其间并不发生顺位(次序)的问题。同一债务人的数个债权人,对债务人的财产都平等享有债权,如果债务人的财产不足以清偿总债权时,就要依各债权人的债权额按比例分配,债权人的债权就会得不到完全清偿,这是一方面。另一方面,债权也不具有追及性,在债务人让与财产于他人时,该部分财产即失去担保的性质,因而可能发生债务人以让与财产的行为而致损害于债权人的结果。可见,即使债务人现时有充分的财产负担债务,但债务人可随时增加债务额,又可随时让与财产于他人,债权人仍有债权得不到清偿的危险。债权人为避免这种危险,乃依靠特别担保方法保障债权。这种特别担保方法有人的担保、物上担保、金钱担保三种。人的担保就是保证,金钱担保指的是定金。物上担保,即以债务人或者第三人的特定的不动产或者动产供履行债务的担保,不论债务人是否负担其他债务,也不论债务人是否将此担保物让与他人,债权人对此担保物得优先直接行使其权利,以之供债权清偿。这即是担保物权。

我国关于担保物权的法律适用,主要包括《民法通则》《担保法》和《物权法》,以及《公司法》《海商法》等特别法,其中,尤以《担保法》(及《担保法解释》)与《物权法》的"冲突"需要谨慎处理。①

二、担保物权的特征

担保物权是传统民法上典型的物权形式。在我国社会主义经济条件下,担保物权制度的目的就是维护社会主义经济秩序和保护当事人的合法权益。担保物权是以确保债务履行为目的,在债务人或第三人所有的特定物上设定的一种物权,其特征在于:

第一,担保物权以确保债务的履行为目的。担保物权的设立,是为了保证主债债务的履行,使得债权人对于担保物享有优先受偿权,所以它是对主债权效力的加强和补充。

设立担保物权,应当依照物权法和其他法律的规定订立担保合同。担保合同是主债权债务合同的从合同。主债权债务合同无效,担保合同无效,但法律另有规定的除外。担保合同被确认无效后,债务人、担保人、债权人有过错的,应当根据其过错各自承担相应的民事责任。

担保物权的担保范围包括主债权及其利息、违约金、损害赔偿金、保管担保物和实现担保物权的费用。当事人另有约定的,按照约定。

第二,担保物权是在债务人或者第三人的特定物上设定的权利。担保物权的标的物,必须是特定物(抵押物可以为不动产或动产,质权、留置权则为动产),否则就无从由其价值中优先受清偿。这里的特定,应解释为在担保物权的实行之时是特定的,所以,于将来实行之时为特定的标的物上设定担保物权仍然有效,如动产浮动抵押。

第三人提供担保,未经其书面同意,债权人允许债务人转移全部或者部分债务的,担保人不再承担相应的担保责任。

第三,担保物权以支配担保物的价值为内容。担保物权属于物权的一种,但不是以对标的物实体的占有、使用、收益、处分为目的,而是以标的物的价值确保债权的清偿为目的,以就标的物取得一定的价值为内容。

担保期间,担保物毁损、灭失或者被征收等,担保物权人可以就获得的保险金、赔偿金或者补偿金等优先受偿。被担保债权的履行期未届满的,也可以提存该保险金、赔偿金或者补偿金等。

第四,担保物权具有从属性和不可分性。所谓从属性,是指担保物权以主债

---

① 相较于《担保法》及其解释,《物权法》系新法,后者第178条规定"担保法与本法的规定不一致的,适用本法"。

的成立为前提,随主债的转移而转移,并随主债的消灭而消灭。[①] 例如,抵押权人就债权的处分必须及于抵押权,抵押权人不得将抵押权让与他人而自己保留债权;也不得将债权让与他人而自己保留抵押权;更不得将债权与抵押权分别让与两人。

所谓担保物权的不可分性,是指担保物权所担保的债权的债权人得就担保物的全部行使其权利。这体现在:债权一部分消灭的,如清偿、让与,债权人仍就未清偿债权部分对担保物全部行使权利;担保物一部分灭失的,残存部分仍担保债权全部;分期履行的债权,已届履行期的部分未履行时,债权人就全部担保物有优先受偿权;担保物权设定后,担保物价格上涨的,债务人无权要求减少担保物,反之,担保物价格下跌的,债务人也无提供补充担保的义务。

当事人约定的或者登记部门要求登记的担保期间,对担保物权的存续不具有法律约束力。

第二节 抵 押 权

一、抵押权的概念

抵押权,是指债权人对于债务人或者第三人不移转占有而供担保的物或者财产权利,优先清偿其债权的权利。抵押权是抵押权人直接对抵押财产享有的权利,可以对抗财产所有人及第三人,因此抵押权是一种担保物权,其目的在于担保债的履行,而不在于对物的使用和收益。

抵押权的标的物是债务人或者第三人提供担保的物或者财产权利。抵押标的物主要是不动产,也可以是动产,还可以是权利。抵押权是就债务人或者第三人提供的抵押物上设定的,须债权人(抵押权人)与债务人或者第三人就抵押物设定抵押权进行约定。在这一点上,它与依法律规定当然地产生的留置权有所不同。

抵押权不移转标的物占有。抵押权的成立不以对标的物的占有为要件。抵押人不必将抵押物的占有移转给债权人(抵押权人),而由自己继续对抵押物进行使用、收益、处分,发挥物的效用。

抵押权是就抵押物优先受偿的权利。抵押权人在债务人不履行债务时,有权依法律以抵押物折价或者从抵押物的变卖价金中优先得到清偿,即抵押权人得排除无抵押权的债权人就抵押物优先受偿;次序在先的抵押权人比次序在后

[①] 学理上,担保物权的从属性应当包括产生上的从属性、移转上的从属性、范围上的从属性、抗辩上的从属性和消灭上的从属性,单就《物权法》关于担保物权从属性的规定而言,并不完全;参见孙宪忠主编:《中国物权法:原理释义和立法解读》,经济管理出版社 2008 年版,第 435 页以下。

的抵押权人优先受偿。

二、抵押权的设立

抵押权依抵押行为而设立。抵押行为是当事人(主债权人和主债务人或者第三人)以意思表示设定抵押权的双方民事法律行为,其具体表现形式为抵押合同。根据我国物权法的规定,设立抵押权,当事人应当采取书面形式订立抵押合同。

(一) 抵押合同的内容

当事人签订的抵押合同一般包括以下内容：

(1) 被担保的主债权的种类和数额。

(2) 债务人履行债务的期限。

(3) 抵押物的名称、数量、质量、状况、所在地、所有权权属或者使用权权属。

(4) 抵押担保的范围。抵押权所担保的范围包括主债权及利息、保管抵押物和抵押权实现的费用、违约金和损害赔偿金。对于抵押担保的范围,当事人可以有特别约定。

(5) 当事人认为需要约定的其他事项。

抵押合同不完全具备上述内容时,当事人可以补正。对抵押合同的补正,亦必须符合法律要求的要件方为有效。但是,抵押合同对被担保的主债权种类、抵押物没有约定或者约定不明,根据主合同和抵押合同不能补正或者依法推定的,抵押不成立。

当事人在订立抵押合同时,不得在合同中约定在债务履行期满抵押权人未受清偿时,抵押物的所有权转移为债权人所有。抵押合同中有上述约定内容的无效,但该内容的无效不影响抵押合同其他部分的效力。

(二) 抵押登记

由于抵押权的设立,其法律效果不仅直接涉及抵押人和抵押权人,而且还及于抵押人的一般债权人和其他与抵押物有利害关系的人。因此,法律对抵押权的设立,要求具备严格的形式要件。

1. 法律规定必须办理抵押登记的财产

根据物权法的规定,下述财产的抵押,应当办理抵押登记,抵押权自登记时设立：

(1) 建筑物和其他土地附着物；

(2) 建设用地使用权；

(3) 以招标、拍卖、公开协商等方式取得的荒地等土地承包经营权；

(4) 正在建造的建筑物。

上述抵押合同签订后,抵押人违背诚实信用原则拒绝办理抵押登记致使债权人受到损失的,抵押人应当承担赔偿责任。

当事人在同一天在不同的法定登记部门办理抵押登记的,视为顺序相同。因登记部门的原因致使抵押进行连续登记的,抵押第一次登记的日期,视为抵押登记的日期,并依此确定抵押权的顺序。

当事人办理抵押登记手续时,因登记部门的原因致使其无法办理抵押登记,抵押人向债权人交付权利凭证的,可以认定债权人对该财产有优先受偿权。但是,未办理抵押登记的,不得对抗第三人。

抵押登记记载的内容与抵押合同约定的内容不一致的,以登记记载的内容为准。

2. 自愿办理抵押登记的财产

当事人以法律规定必须办理抵押登记的财产之外的其他财产抵押的,可以自愿办理抵押登记。抵押权自抵押合同生效时设立;未经登记,不得对抗善意第三人。这一类的抵押物种类包括:

(1) 生产设备、原材料、半成品、产品;

(2) 交通工具;

(3) 正在建造的船舶、飞行器。

当事人办理抵押登记,应当向登记部门提交主合同和抵押合同以及抵押物所有权或使用权证书等文件或其复印件。

登记部门登记的资料,应当允许查阅、抄录或者复印。

(三) 抵押权的标的

抵押权的标的,习惯上称为抵押物。它是指债务人或者第三人提供担保的财产。下列财产可以作为抵押物:

(1) 房屋和其他土地附着物。以依法获准尚未建造的或者正在建造中的房屋或其他建筑物抵押,当事人办理了抵押登记的,该抵押应为有效。以法定程序确定为违法、违章的建筑物抵押的,抵押无效。另外,以尚未办理权属证书的财产抵押的,在第一审法庭辩论终结前能够提供权利证书或者补办登记手续的,可以认定抵押有效。但在此种情况下当事人未办理抵押登记的,不得对抗第三人。

(2) 建设用地使用权。

(3) 以招标、拍卖、公开协商等方式取得的荒地等土地承包经营权。

(4) 生产设备、原材料、半成品、产品。

(5) 正在建造的建筑物、船舶、航空器。

(6) 交通运输工具。

(7) 法律、行政法规未禁止抵押的其他财产。例如,当事人以农作物进行抵押。此时需注意的是当事人以农作物和与其尚未分离的土地使用权同时抵押的,土地使用权部分的抵押无效。

对于上述财产,抵押人既可以将其中的一项财产单独抵押,也可以将几项财产一并抵押。在将几项财产一并抵押时,抵押财产的范围应当以登记的财产为准。抵押财产的价值在抵押权实现时予以确定。

以建筑物抵押的,该建筑物占用范围内的建设用地使用权一并抵押。以建设用地使用权抵押的,该土地上的建筑物一并抵押。抵押人未依照前述规定一并抵押的,未抵押的财产视为一并抵押。

乡镇、村企业的建设用地使用权不得单独抵押。以乡镇、村企业的厂房等建筑物抵押的,其占用范围内的建设用地使用权一并抵押。

抵押权所担保的债权超出其抵押物的价值的,超出的部分不具有优先受偿的效力。

根据《物权法》的规定,下列财产不得抵押:

(1) 土地所有权;

(2) 耕地、宅基地、自留地、自留山等集体所有的土地使用权,但法律规定可以抵押的除外;

(3) 学校、幼儿园、医院等以公益为目的的事业单位和社会团体的教育设施、医疗卫生设施和其他社会公益设施;

(4) 所有权、使用权不明或有争议的财产;

(5) 依法被查封、扣押、监管的财产;

(6) 法律、行政法规规定不得抵押的其他财产。

(四) 抵押权的范围

1. 抵押权所担保的债权的范围

抵押权所担保的范围包括主债权及利息、违约金、损害赔偿金、保管抵押财产和实现抵押权的费用。抵押合同另有约定的,从其约定。

主债权被分割或者部分转让的,各债权人可以就其享有的债权份额行使抵押权;主债务被分割或者部分转让的,抵押人仍以其抵押物担保数个债务人履行债务。但是,第三人提供抵押的,债权人许可债务人转让债务未经抵押人书面同意的,抵押人对未经其同意转让的债务,不再承担担保责任。

在实现抵押权时,抵押物折价或者拍卖、变卖所得的价款低于抵押权设定时约定的价值的,应当按抵押物实现的价值进行清偿。不足清偿的剩余部分由债务人清偿。

在实现抵押权时,抵押物折价或者拍卖、变卖所得的价款,当事人没有约定的,按照实现抵押权的费用、主债权的利息、主债权顺序清偿。

2. 抵押物的范围

抵押权的效力及于抵押物的全部。主债权未受全部清偿的,抵押权人可以就抵押物的全部行使其抵押权。抵押物被分割或者部分转让的,抵押权人可以就分割或转让后的抵押物行使抵押权。

抵押物因附合、混合或者加工使抵押物的所有权为第三人所有的,抵押权的效力及于补偿金;抵押物所有人为附合物、混合物或者加工物的所有人的,抵押权的效力及于附合物、混合物或者加工物;第三人与抵押物所有人为附合物、混合物或者加工物的共有人的,抵押权的效力及于抵押人对共有物享有的份额。

抵押权设定前为抵押物的从物的,抵押权的效力及于抵押物的从物。但是,抵押物与其从物为两个以上的人分别所有时,抵押权的效力不及于抵押物的从物。

债务人不履行到期债务或者发生当事人约定的实现抵押权的情形,致使抵押财产被人民法院依法扣押的,自扣押之日起抵押权人有权收取该抵押财产的天然孳息或者法定孳息,但抵押权人未通知应当清偿法定孳息的义务人的除外。孳息应当先充抵收取孳息的费用。

三、抵押权当事人的权利

(一) 抵押人的权利

抵押人在其财产设定抵押后,仍享有对抵押物的使用、收益和处分权。但是,抵押人在行使上述权利时,必然要受到已设定的抵押权的一定影响:

1. 抵押人收取抵押物的孳息的权利。但抵押物被人民法院扣押的,自扣押之日起,抵押权人有权收取由抵押物分离的自然孳息以及抵押人就抵押物可以收取的法定孳息。抵押权人未将扣押抵押物的事实通知应当清偿法定孳息的义务人的,抵押权的效力不及于该孳息。

自扣押之日起抵押权人收取的自然孳息,按照收取孳息的费用、主债权的利息、主债权的顺序清偿。

2. 抵押人的处分权。由于事实上的处分往往会改变抵押物的物质形态,会涉及抵押权人的利益,因此,除了对抵押物进行有益的保存、改良行为外,抵押人一般不得对抵押物进行事实上的处分。而法律上的处分由于抵押权具有优先的性质,这种处分一般不会影响抵押权人的利益,所以抵押人仍可行使其法律上的处分权,主要有:

(1) 抵押人仍可就抵押物为他人设定抵押权。

(2) 抵押人仍可转让其抵押物。在抵押期间,抵押人经抵押权人同意转让抵押财产的,应当将转让所得的价款向抵押权人提前清偿债权或者提存。转让的价款超过债权数额的部分归抵押人所有,不足部分由债务人清偿。在抵押期间,抵押人未经抵押权人同意,不得转让抵押财产,但受让人代为清偿债务消灭抵押权的除外。

抵押权不得与债权分离而单独转让或者作为其他债权的担保。债权转让的,担保该债权的抵押权一并转让,但法律另有规定或者当事人另有约定的除外。

(3) 抵押人仍可出租其抵押物。抵押人将已出租的财产抵押的,原租赁关系不受该抵押权的影响。即抵押权实现后,租赁合同在有效期内对抵押物的受让人继续有效。

抵押人将已抵押的财产出租的,该租赁关系不得对抗已登记的抵押权。即已登记的抵押权实现后,租赁合同对抵押物的受让人不具有约束力。抵押人将已抵押的财产出租时,如果抵押人未书面告知承租人该财产已抵押的,抵押人对出租抵押物给承租人造成的损失承担赔偿责任;如果抵押人已书面告知承租人该财产已经抵押的,抵押权实现造成的承租人的损失,由承租人自己承担。

(二) 抵押权人的权利

抵押权人的权利主要有以下几项:

1. 抵押物的保全。由于抵押权人并不直接占有抵押物,因此法律赋予抵押权人保全抵押物的权利。抵押人的行为足以使抵押财产价值减少的,抵押权人有权要求抵押人停止其行为。抵押财产价值减少的,抵押权人有权要求恢复抵押财产的价值,或者提供与减少的价值相应的担保。抵押人不恢复抵押财产的价值也不提供担保的,抵押权人有权要求债务人提前清偿债务。

抵押人对抵押物价值的减少无过错的,抵押权人有权在抵押人因损害而得到的赔偿范围内要求提供担保。抵押物价值未减少的部分,仍作为债权的担保。

抵押物被依法继承或者赠与的,抵押权不受影响。

已经设定抵押的财产被采取查封、扣押等财产保全或者执行措施的,不影响抵押权的效力。

2. 抵押权的处分。抵押权人可以让与其抵押权,或就抵押权为他人提供担保。《物权法》第192条规定,抵押权不得与债权分离而单独转让或者作为其他债权的担保。债权转让的,担保该债权的抵押权一并转让,但法律另有规定或者当事人另有约定的除外。由于抵押权的从属性,抵押权不得与债权分离单独转让或作为其他债权的担保。但是法律也有特别规定,例如《物权法》第204条规定,最高额抵押担保的债权确定前,部分债权转让的,最高额抵押不得转让。法律也允许当事人另行约定,约定债权转让时抵押权不同时转让。

抵押权人可以放弃抵押权或者抵押权的顺位。抵押权人与抵押人可以协议变更抵押权顺位以及被担保的债权数额等内容,但抵押权的变更,未经其他抵押权人书面同意的,不得对其他抵押权人产生不利影响。债务人以自己的财产设定抵押,抵押权人放弃该抵押权、抵押权顺位或者变更抵押权的,其他担保人在抵押权人丧失优先受偿权益的范围内免除担保责任,但其他担保人承诺仍然提供担保的除外。

3. 优先受偿权。在债务人不履行债务时,抵押权人可以与抵押人协议以抵押物折价或者以拍卖、变卖后的价款优先受偿;协议不成的,抵押权人可以向人民法院提起诉讼。

同一债权有两个以上抵押人的,债权人放弃债务人提供的抵押担保的,其他抵押人可以请求法院减轻或者免除其应当承担的担保责任。

抵押物折价或者拍卖、变卖后,其价款超过债权数额的部分归抵押人所有,不足部分由债务人清偿。

在抵押物灭失、毁损或者被征用的情况下,抵押权人可以就该抵押物的保险金、赔偿金或者补偿金优先受偿。如果抵押物灭失、毁损或者被征用时,抵押权所担保的债权又未届清偿期的,抵押权人可以请求法院对保险金、赔偿金或者补偿金等采取保全措施。

四、抵押权的实现

抵押权的实现是在债权已届清偿期而没有清偿或者发生当事人约定的实现抵押权的情形时,抵押权人就抵押物受偿的行为。抵押权的作用就在于担保债权受偿,因此,抵押权的实现是发挥抵押权的作用的方式和途径。

(一) 抵押权实现的要件

抵押权的实现,必须具备以下要件:

(1) 须抵押权有效存在。抵押权的实现,必须抵押权有效存在。如果抵押权无效,例如法律规定应登记设立的抵押权未经登记,或者抵押权已经消灭,或者抵押权人已经抛弃抵押权,则不能实现。

(2) 须债务已届清偿期。抵押权只是担保债务履行的方法,在债务清偿期未到,债务人还不必履行债务时,抵押权人自然没有实现其抵押权的权利。如果债务已届清偿期,债务人已如期履行债务时,抵押权所担保的债权消灭,抵押权自应随之消灭。只有在债务已届清偿期,债务人不履行债务时,抵押权人才可以实现其抵押权。

(二) 抵押权实现的方法

我国物权法规定,债务人不履行到期债务或者发生当事人约定的实现抵押权的情形,抵押权人可以与抵押人协议以抵押财产折价或者以拍卖、变卖该抵押财产所得的价款优先受偿。协议损害其他债权人利益的,其他债权人可以在知道或者应当知道撤销事由之日起1年内请求人民法院撤销该协议。抵押权人与抵押人未就抵押权实现方式达成协议的,抵押权人可以请求人民法院拍卖、变卖抵押财产。抵押财产折价或者变卖的,应当参照市场价格。据此,抵押权的实现方法,有以下几种:

1. 拍卖

抵押权人在债权已届清偿期而未受清偿时,可以依一定的程序拍卖抵押物,就其所卖得的价金进行受偿。

拍卖抵押物所得的价金,在扣除拍卖费用以后交给抵押权人。如果抵押权人有数人时,应按其抵押权的次序分配,次序在先的优先受偿,次序相同的按债权额的比例受偿。抵押权人就价金受偿后,其债权、抵押权即归于消灭。如果价金超过抵押权人应受偿的债权额时,应将受偿后的剩余部分交付抵押人。当然抵押权人分配的抵押物价金不足以清偿其债权额时,债权已受清偿的部分消灭,其余部分仍存续,但抵押权却因抵押物的拍卖而消灭。

抵押物被拍卖后,抵押人对于抵押物的所有权消灭。如果抵押物是由债务人自己提供的,抵押物所有权虽然消灭,但其债务已经得到清偿,当然没有其他问题;如果抵押物是由第三人提供的,该第三人是物上保证人,在其抵押物所有权因拍卖丧失时,等于是代替债务人履行债务,那么该第三人有权依保证的规定,在其代为清偿的范围内,对债务人享有求偿权。

2. 折价

在债权清偿期届满后,抵押权人可与抵押人订立合同,由抵押权人取得抵押物的所有权,将抵押物价值高于债权额的部分,返还抵押人。

在抵押物上有数个抵押权时,如果由在先次序的抵押权人取得抵押物的所有权,应当由第三人(如会计师事务所、审计师事务所)对抵押物价值进行评估,从而确定该抵押权人应当返还给抵押人的价款数额,以免损害其他抵押权人的利益。

抵押权人实现抵押权时,可以与抵押人协议以抵押财产折价。但是,该协议损害其他债权人利益的,其他债权人可以在知道或者应当知道撤销事由之日起1年内请求人民法院撤销该协议。

当然,抵押权人在债务履行期届满前,不得与抵押人约定债务人不履行到期债务时抵押财产转移为债权人所有。

3. 变卖

这是在抵押权人不愿意拍卖抵押物,也不愿意取得抵押物的所有权时,可以用一般的买卖方法,将抵押物出卖,以卖得价金受偿。抵押财产折价或者变卖的,应当参照市场价格。

(三) 清偿债权

抵押财产折价或者拍卖、变卖后,其价款超过债权数额的部分归抵押人所有,不足部分由债务人清偿。

同一财产向两个以上债权人抵押的,拍卖、变卖抵押财产所得的价款依照下列规定清偿:(1)抵押权已登记的,按照登记的先后顺序清偿;顺序相同的,按照债权比例清偿;(2)抵押权已登记的先于未登记的受偿;(3)抵押权未登记的,按照债权比例清偿。

建设用地使用权抵押后,该土地上新增的建筑物不属于抵押财产。该建设用地使用权实现抵押权时,应当将该土地上新增的建筑物与建设用地使用权一并处分,但新增建筑物所得的价款,抵押权人无权优先受偿。

土地承包经营权抵押的,或者依照《物权法》第 183 条规定以乡镇、村企业的厂房等建筑物占用范围内的建设用地使用权一并抵押的,实现抵押权后,未经法定程序,不得改变土地所有权的性质和土地用途。

(四)抵押权的实现与诉讼时效

由于抵押权是担保债权的,因而在抵押权所担保的债权的请求权因时效而消灭时,担保该债权的抵押权会产生什么样的效果,则不无疑问。如《日本民法典》第 396 条规定:"抵押权,除非与其担保的债权同时,不因时效而对债务人及抵押人消灭。"但是,抵押权不受消灭时效的限制,也就意味着债权人在债权消灭时效过后的任何时候都可以行使抵押权。这对于抵押人未免过于苛刻,而且,抵押权人长期怠于行使其权利,法律对之也无特别加以保护的必要。因而许多国家和地区的立法都对主债权的消灭时效过后的抵押权的行使给予一定的限制。

这种限制主要有两种方法:一是规定抵押权得因除权判决而消灭,如《德国民法典》第 1170、1171 条规定,在宣告除权判决后,已向抵押权人交付的抵押权证书丧失其效力。二是规定抵押权的除斥期间。如我国台湾地区"民法"第 880 条规定:"以抵押权担保之债权,其请求权已因时效而消灭,如抵押权人于消灭时效完成后,五年间不行使其抵押权者,其抵押权消灭。"

《物权法》规定,抵押权人应当在主债权诉讼时效期间行使抵押权;未行使的,人民法院不予保护。抵押权人未依法及时行使抵押权的,不仅丧失人民法院的公力保护,而且会导致抵押权的消灭。当事人约定或者登记部门要求登记的抵押权存续期间不得与《物权法》的规定相违背。

五、抵押权的终止

出现下列情况之一的,抵押权即终止其效力:

1. 主债权消灭。抵押权为担保主债权而存在,如果主债权因清偿、抵销、免除等原因消灭时,抵押权随之消灭。

2. 抵押物灭失。抵押权因抵押物灭失而消灭,但因抵押物灭失所得的赔偿金等,应当作为抵押财产。

3. 抵押权实行。抵押权人对于抵押物已经实行其抵押权的,无论其债权是否得到全部清偿,抵押权都归于消灭。

六、特殊抵押权

（一）共同抵押权

共同抵押是为同一债权就数个物设定的抵押。共同抵押又称总括抵押，设定抵押的数个物可以属于同一个人，也可以分别属于不同的人。在共同抵押中，数个物并不是本身结合而视为一物，而是在担保同一债权的目的上互相结合担保债权。所以共同抵押与一般抵押不同，是一种特殊的抵押。

共同抵押所担保的债权已届清偿期而未受清偿时，债权人可以就供担保的抵押物进行清偿。债权人的这种受清偿的权利因是否限定各个抵押物的负担金额而有不同：

（1）如果限定了各个抵押物的负担金额时，应当按照当事人的约定，就各个抵押物的卖得价金分别就其负担金额进行清偿。例如甲对乙享有债权20万元，在乙的房屋上设定了抵押权，约定负担12万元，同时在丙的房屋上也设定了抵押权，约定负担8万元。在抵押权实行时，尽管拍卖乙的抵押房屋就能清偿债权，但也不能仅拍卖乙的房屋，而应将乙抵押的房屋和丙抵押的房屋一同拍卖，甲就乙的房屋的拍卖价金受偿12万元，而就丙的房屋的拍卖价金受偿8万元。之所以要这样，不仅在于要保护当事人间的约定，更在于保护抵押物上后次序的抵押权人的利益。例如，上例中乙的房屋上还有后次序的抵押权人，甲如果仅就乙的房屋价金受偿，后次序的抵押权人就可能不能受偿或不能完全受偿。

这种限定各个抵押物负担金额的抵押，严格地讲，不是真正的共同抵押，因为各个抵押人间没有连带关系，各个抵押物对于同一债权是分别担保，与可分之债相似。

（2）如果未限定各个抵押物的负担金额时，抵押权人原则上可以任意就设定共同抵押的某个抵押物的卖得价金受偿。如上例中甲既可拍卖乙抵押的房屋清偿全部债权，也可以拍卖丙抵押的房屋清偿全部债权。如果乙抵押的房屋的卖得价金不足以清偿全部债权时，甲还得拍卖丙的房屋进行清偿，反之亦然。可见这种抵押，每个不动产都担保债权的全部，这才是真正的共同抵押，亦称为连带抵押。

连带抵押加强了抵押权的效力，对抵押权人有利。但如果在不动产上有后次序的抵押权人时，就会发生不公平的结果，因为如果共同抵押权人选定了某一不动产受偿时，该不动产的后次序的抵押权就可能不能受偿或者不能完全受偿。在我国司法实践中，同一债权有两个以上抵押人的，当事人对其提供的抵押财产所担保的债权份额没有约定或者约定不明的，抵押权人可以就其中任一或者各个财产行使抵押权。抵押人承担担保责任以后，可以向债务人追偿，也可以要求其他抵押人清偿其应当承担的份额。

《物权法》第176条对"被担保的债权既有物的担保又有人的担保的"效力作了规定,《物权法》第180条第1款规定抵押标的范围,第2款规定"抵押人可以将前款所列财产一并抵押"。根据这些规定,可以认为《物权法》没有排除设定共同抵押,但是法律还没有具体规定共同抵押。

(二)动产浮动抵押权

1. 动产浮动抵押的概念

动产浮动抵押,又称为"浮动担保",是指抵押权人对抵押人提供担保的现有的以及将有的动产,在债务人不履行到期债务或者发生当事人约定的实现抵押权的情形,有权就实现抵押权时的动产优先受偿。

浮动抵押是一种抵押权,但其有自己的特殊属性:

(1)浮动抵押的标的在抵押时是不特定的。抵押人可以以现有的或将来可能取得的生产设备、原材料、半成品、产品进行抵押,即是说,在浮动抵押设立时抵押动产只是确定了是抵押人已有或将有的动产这样一个范围,至于具体是哪些动产还没有确定,在抵押期间抵押的动产还会不断地发生变化,从其价值上来讲是浮动的。只有当约定或法定的事由发生时,抵押动产才能够特定化。

(2)在浮动抵押期间,抵押人处分抵押的动产不必经过抵押权人的同意,抵押权人对抵押人在抵押期间处分的抵押动产没有追及的权利。直到当事人约定或法定的事由发生,即抵押权人实现抵押权的条件具备的时候,抵押人的处分权才受到限制。

2. 动产浮动抵押的设立

由于浮动抵押的特殊性质,设立浮动抵押应当符合以下条件:

(1)浮动抵押的抵押人只限于企业、个体工商户、农业生产经营者。在立法例上,有对浮动抵押的主体进行限制的,如英国只有公司才可以设立浮动抵押,日本则进一步限定为只有股份有限公司才有权设立浮动抵押。我国确立浮动抵押制度,主要目的是为了解决中小企业、个体工商户以及农民融资的困难,因此我国物权法规定的浮动抵押的主体范围较为宽泛。其中企业,可以是国有独资企业、个人独资企业、合伙企业、三资企业,当然还有有限责任公司和股份有限公司等。个体工商户是以个人或家庭经营而并注册为个体工商户的经营单位。而农业生产经营者则主要指农村承包经营户,也可以是其他从事农业生产经营活动的组织。除此之外,国家机关、事业单位、非从事生产经营活动的自然人不得设立浮动抵押。

(2)浮动抵押的标的限于生产设备、原材料、半成品、产品,除此之外的动产、不动产均不得设立浮动抵押。

(3)浮动抵押的设立必须要有书面协议,该协议一般包括担保债权的种类和数额、债务履行期间、抵押标的的范围、实现浮动抵押的条件等。浮动抵押的设立的协议是要式合同,口头协议不能设立浮动抵押。

3. 动产浮动抵押的登记与效力

浮动抵押的设立,应当向抵押人住所地的工商行政管理部门办理登记。但登记只是浮动抵押的对抗要件,即浮动抵押自抵押合同生效时设立,未经登记的,不得对抗善意第三人。

浮动抵押权具有优先受偿的效力。由于在浮动抵押设立后,为保障抵押人正常进行生产经营活动,抵押期间抵押人可以正常处分抵押财产,抵押财产是处于流动之中的。为维护交易的安全和快捷,就有必要对于浮动抵押财产的买受人给予一定的保护,所以我国物权法规定浮动抵押不得对抗正常经营活动中已支付合理价款并取得抵押财产的买受人。这里买受人要受到保护必须符合以下几个条件:(1)买受的财产只限于生产设备、原材料、半成品、产品。(2)受保护的主体只限于正常生产经营活动的买受人,其中主要是通过买卖合同取得财产的人,也包括其他通过正常交易取得财产的人,例如符合财产所有权移转条件的融资租赁的承租人、互易的一方当事人。对于以其他方式取得财产的人,例如因赠与、遗嘱等方式取得财产,就不能对抗浮动抵押权。(3)必须已经支付了合理的价款。这一方面是买受人受到保护的理由,另一方面说明浮动抵押人已经就抵押财产的转让获得了合理的对价,抵押财产的整体价值并没有减少,不会损害浮动抵押权人的利益。至于是否"合理",则应当依抵押财产交易时的市场价格标准予以判断。(4)必须已经取得了抵押财产,即买受人已经根据法律的规定取得了财产的所有权。在具备了上述条件时,浮动抵押财产的买受人可以对抗浮动抵押权人,即买受人取得的抵押财产不受浮动抵押权人的追及。

4. 动产浮动抵押财产的确定

浮动抵押的标的在抵押时是不特定的,以将来可能取得的动产进行抵押在抵押时是不确定的,即使是以现有的动产抵押,在抵押期间抵押的动产由于抵押人为进行正常的生产经营活动所作的处分还会不断地发生变化,只有当约定或法定的事由发生时,抵押动产才能够得到确定。这些事由有:

(1)债务履行期届满,债权未实现。此时已经到了浮动抵押权实现的时间,抵押财产应当予以确定,抵押人不得再处分抵押财产。

(2)抵押人被宣告破产或者被撤销。此时尽管债务履行期还没有届满,但已经具备抵押权实现的条件,抵押财产随之得到确定。

(3)当事人约定的实现抵押权的情形。例如当事人约定抵押人抵押的库存产品的总量低于一定的比例时可以提前实现抵押权。一旦发生了当事人约定的实现抵押权的情形,抵押财产即得到确定。

(4)严重影响债权实现的其他情形。由于社会生活纷繁复杂,严重影响债权实现的情形比较广泛,难以一一列举,例如抵押人放弃其到期债权、无偿转让财产或者以明显不合理的低价转让财产致使其财产明显减少,抵押人为逃避债务隐匿、转移财产,抵押人经营状况恶化、严重亏损,等等。

(三) 财团抵押权

财团抵押的标的不是某一个物,也不同于共同抵押,而是将企业现有的财产,包括动产、不动产及其他财产权利视为一个整体,于其上成立抵押权。企业财团是由众多具体财产构成的财产的集合体,这个集合体有其独立的、特殊的价值,往往高于各个财产单独价值的总和。因而,以财团为标的,往往比单独于各个财产上分别设定抵押的效益更好,这也是财团抵押的优势所在。

财团抵押与浮动抵押的主要区别是,浮动抵押成立时确定了标的物的范围,但是标的物不特定,标的物具有浮动性,包括现有的和将有的物。财团抵押成立时标的物是现有的,是特定的。

《物权法》第180条第1款规定抵押标的范围,第2款规定"抵押人可以将前款所列财产一并抵押。"据此可以认为《物权法》没有排除设定财团抵押,但是法律还没有具体规定财团抵押。

(四) 最高额抵押权

最高额抵押是对于一定期间内将要连续发生的债权,预先确定一最高的限度而设定的抵押权。《物权法》第203条中规定,为担保债务的履行,债务人或者第三人对一定期间内将要连续发生的债权提供担保财产的,债务人不履行到期债务或者发生当事人约定的实现抵押权的情形,抵押权人有权在最高债权额限度内就该担保财产优先受偿。一般抵押权是先有债权,然后再设定抵押权,而最高额抵押是为将来的债权而设定的抵押。不过将来发生的债权,有的其债权额现在已经确定,如附延缓条件的债权,为这种债权设定的抵押权本质上仍是一般抵押权。但有的将来发生的债权其债权额现在尚未确定,对这种债权的担保,是预先确定一个最高限额作为抵押物担保的范围标准,这才是最高额抵押。我国物权法规定的最高额抵押,是抵押人与抵押权人协议,在最高债权额限度内,以抵押物对一定期间连续发生的债权作担保。

最高额抵押,可以为借款合同或者债权人与债务人就某一项商品在一定期限内连续发生交易的合同而发生的债权设定。其设定需要当事人之间订立抵押合同。因为最高限额并不是实际担保的债权额,因而在实行抵押权时,应当确定实际担保的债权数额,确定该数额的时间为决算期。如果抵押合同没有约定决算期,一般是债权关系终了时确定债权额。另外,如果抵押合同中约定了最高额抵押的存续期间,该期间就是决算期。最高额抵押的设定,亦须进行登记。

最高额抵押所担保的债权,只有在决算期届满时才能确定其数额,此时如果债权额超过最高额时,即以该最高额为抵押权所担保的数额,其超过部分应为无抵押担保的债权;如果决算期届满时债权额比最高额低时,就以实际发生的债权额为抵押权所担保的数额。值得注意的是,最高额抵押权所担保的债权范围,不包括抵押物因财产保全或者执行程序被查封后或者债务人、抵押人破产后发生的债权。但是我国物权法规定,最高额抵押设立前已经存在的债权,经当事人同意,可以转入最高额抵押担保的债权范围。

《物权法》规定,最高额抵押权人的债权在下列情形下确定:(1)约定的确定债权期间届满;(2)没有约定确定债权期间或者约定不明确,抵押权人或者抵押人自最高额抵押权设立之日起满2年后请求确定债权;(3)新的债权不可能发生;(4)抵押财产被查封、扣押;(5)债务人、抵押人被宣告破产或者被撤销;(6)法律规定确定债权的其他情形。

基于最高额抵押的一些特殊性,物权法规定,最高额抵押担保的债权确定前,部分债权转让的,最高额抵押权不得转让,但当事人另有约定的除外。另外,最高额抵押担保的债权确定前,抵押权人与抵押人可以通过协议变更确定债权的期间、债权的范围以及最高债权额,但变更的内容不得对其他抵押权人产生不利影响。

最高额抵押除了法律对其有特别规定以外,应当适用法律关于抵押权的一般规定。

第三节 质 权

一、质权的概念

质权,是指为了担保债务的履行,债务人或者第三人将其动产或者财产权利移交债权人占有,当债务人不履行债务或者发生当事人约定的实现质权的情形时,债权人有就其占有的财产优先受偿的权利。

质权是一种动产物权,对不动产不能设定质权。[①] 法律、行政法规禁止转让的动产也不得设定质权。另外,财产权利也可以成为质权的标的,以财产权利设立的质权称权利质权。

质权须移转质物的占有,质权以占有标的物为成立要件。在设立质权时,出质人(债务人或第三人)应当将质物的占有移交给债权人。

我国民间的当铺,亦称为典当行、典卖行,实际是专门从事质押营业的,其享有的权利称为营业质权,即债务人以一定的财物(称为当物或质物)交付于债权人(当铺)作担保,向债权人借贷一定数额的金钱,于一定期限内(回赎期限)内,

---

[①] 日本民法规定有不动产质权,相关论述,参见〔日〕我妻荣:《新订担保物权法》,申政武等译,中国法制出版社2008年版,第155页以下。新修订的《法国民法典》,也认可转移不动产占有的物的担保。

债务人清偿债务后即取回担保物;于期限届满后,债务人不清偿时,由债权人以当物的价值优先受清偿或者担保物即归债权人所有。可见,这种营业质不同于典权。典权虽然有担保的作用,但就其基本性质而言,属于用益物权。营业质也不同于质权。在质权中是禁止当事人约定在债务履行期届满质权人未受清偿时,质物的所有权移转为质权人所有的,而营业质则不受此限制。我国在经济体制改革中出现了典当行,2005年商务部和公安部联合发布了《典当管理办法》,其内容包括了房地产抵押典当等业务,《典当管理办法》规定的是否就是营业质权,有待研究。

二、动产质权

动产质权,是以动产为其标的物的质权。

(一) 动产质权的设立

1. 质权合同

质权的设立,通常都是以合同进行的。当事人签订的质权合同应采用书面形式,一般包括以下内容:

(1) 被担保的主债权种类和数额;

(2) 债务人履行债务的期限;

(3) 质押财产的名称、数量、质量、状况;

(4) 质权的担保范围;

(5) 质物移交的时间。

质押关系的当事人是质权人和出质人。质权人即质权所担保债权的债权人;出质人,即提供质物的人,一般是债务人自己,但第三人也可以用自己的财产为他人设定质权。

在质权合同中,出质人和质权人不得约定在债务履行期届满,质权人未受清偿时,质物的所有权转移为质权人所有。质权合同中的此种约定无效,但该部分内容的无效不影响质押合同其他部分内容的效力。

2. 质物及其交付

质物一般是各类动产,但债务人或者第三人将其金钱以特户、封金、保证金等形式特定化以后,移交债权人占有作为债权的担保,债务人不履行债务时,债权人可以以该金钱优先受偿。

质权自出质人交付质押财产时设立。出质人代质权人占有质物的,质权不成立;债务人或者第三人未按质押合同约定的时间移交质物,因此给质权人造成损失的,出质人应当根据其过错承担赔偿责任。

质权合同中对出质财产约定不明,或者约定的出质财产与实际移交的财产不一致的,以实际交付占有的财产为准。

质物有隐蔽瑕疵造成质权人其他财产损害的,应由出质人承担赔偿责任。但是,质权人在质物移交时明知质物有瑕疵而予以接受的除外。

质权的效力及于质物的全部。主债权未受全部清偿的,质权人可以就质物的全部行使其质权。质物被分割或者部分转让的,质权人可以就分割或转让后的质物行使质权。

质物因附合、混合或者加工使质物的所有权为第三人所有的,质权的效力及于补偿金;质物所有人为附合物、混合物或者加工物的所有人的,质权的效力及于附合物、混合物或者加工物;第三人与质物所有人为附合物、混合物或者加工物的共有人的,质权的效力及于出质人对共有物享有的份额。

动产质权的效力及于质物的从物。但是,从物未随同质物交付于质权人占有的,质权的效力不及于从物。

质权人有权收取质押财产的孳息,但合同另有约定的除外。孳息应当先充抵收取孳息的费用。

3. 质权所担保的债权的范围

质权所担保的范围包括主债权及利息、违约金、损害赔偿金、质物保管费用和实现质权的费用。质押合同另有约定的,从其约定。

主债权被分割或者部分转让的,各债权人可以就其享有的债权份额行使质权;主债务被分割或者部分转让的,出质人仍以其质物担保数个债务人履行债务。但是,第三人提供质物的,债权人许可债务人转让债务未经出质人书面同意的,出质人对未经其同意转让的债务不再承担担保责任。

在实现质权时,质物折价或者拍卖、变卖所得的价款低于质权设定时约定的价值的,应当按质物实现的价值进行清偿。不足清偿的剩余部分由债务人清偿。

在实现质权时,质物折价或者拍卖、变卖所得的价款,当事人没有约定的,按照实现质权的费用、主债权的利息、主债权顺序清偿。

出质人与质权人可以协议设立最高额质权。除适用《物权法》第17章第1节动产质权的规定外,参照《物权法》第16章第2节最高额抵押权的规定。

(二)动产质权当事人的权利与义务

1. 质权人的权利

(1)占有质物。对质物的占有,既是质权的成立要件,也是质权的存续要件,质权人有权在债权受清偿前占有质物,并以质物的全部行使其权利。

质权人将质物返还给出质人后,即不可以其质权对抗第三人。但是,因不可归责于质权人的事由而丧失对质物的占有的,质权人可以向不当占有人请求停止侵害、恢复原状、返还质物。

(2)收取孳息。质权人有权收取质物的孳息,但质押合同另有约定的除外。质权人收取的孳息应当先充抵收取孳息的费用,其次用于主债权的利息、主债的清偿。

(3) 质权的保全。因不能归责于质权人的事由可能使质押财产毁损或者价值明显减少,足以危害质权人权利的,质权人有权要求出质人提供相应的担保;出质人不提供的,质权人可以拍卖、变卖质押财产,并与出质人通过协议将拍卖、变卖所得的价款提前清偿债务或者提存。

(4) 优先受偿。债务人不履行到期债务或者发生当事人约定的实现质权的情形,质权人可以与出质人协议以质押财产折价,也可以就拍卖、变卖质押财产所得的价款优先受偿。质押财产折价或者变卖的,应当参照市场价格。

质物折价或拍卖、变卖以后,其价款超过债权数额的部分归出质人所有,不足部分由债务人清偿。

在质物灭失、毁损或者被征用的情况下,质权人可以就该质物的保险金、赔偿金或者补偿金优先受偿。如果质物灭失、毁损或者被征用时,质权所担保的债权又未届清偿期的,质权人可以请求法院对保险金、赔偿金或者补偿金等采取保全措施。

(5) 转质。质权人在质权存续期间,为担保自己的债务,经出质人同意,以其所占有的质物为第三人设定质权的,应当在原质权所担保的债权范围之内,超过的部分不具有优先受偿的效力。转质权的效力优于原质权。

质权人在质权存续期间,未经出质人同意,为担保自己的债务,在其所占有的质物上为第三人设定的质权无效。质权人在质权存续期间,未经出质人同意转质,造成质押财产毁损、灭失的,应当向出质人承担赔偿责任。

(6) 放弃质权。质权人可以放弃质权。债务人以自己的财产出质,质权人放弃该质权的,其他担保人在质权人丧失优先受偿权益的范围内免除担保责任,但其他担保人承诺仍然提供担保的除外。

2. 出质人的权利

(1) 出质人在质权人因保管不善致使质物毁损灭失时,有权要求质权人承担民事责任。质权人的行为可能使质物毁损、灭失的,出质人可以要求质权人将质物提存,或者要求提前清偿债务并返还质物。在此种情况下将质物提存的,提存费用由质权人承担。同时,出质人提前清偿债权的,应当扣除未到期部分的利息。

在质权存续期间,质权人未经出质人同意,擅自使用、处分质物,因此给出质人造成损失的,出质人有权要求质权人承担赔偿责任。

(2) 出质人可以请求质权人在债务履行期届满后及时行使质权;质权人不行使的,出质人可以请求人民法院拍卖、变卖质押财产。

出质人请求质权人及时行使质权,因质权人怠于行使权利造成损害的,由质权人承担赔偿责任。

(3) 债务履行期届满,债务人履行债务的,或者出质人提前清偿所担保的债权的,出质人有权要求质权人返还质物。

(4) 出质人如果是债务人以外的第三人,该第三人代为清偿债权或者因质权行使丧失质物的所有权时,有权向债务人追偿。

(5) 债务履行期届满,出质人请求质权人及时行使权利,而质权人怠于行使权利致使质物价格下跌的,由此造成的损失,出质人有权要求质权人予以赔偿。

三、权利质权

权利质权是为了担保债务的履行,就债务人或者第三人所享有的财产权利设定的质权。权利质权除了一些特殊问题外,适用动产质权的规定。

权利质权的标的是财产权利,但不是说任何财产权利都可以作为权利质权的标的。能够作为权利质权的标的的权利,在性质上必须具有下列特点:(1) 必须是财产权。财产权包括物权、债权及无体财产权等可以用金钱价格评估的权利。人身权,不能转让,也就不能作为权利质权的标的。(2) 必须是可让与的财产权。财产权有可让与的,有不可让与的,只有可让与的财产权才可以作为权利质权的标的。设定权利质权,目的是就该权利受偿,如果该权利不能让与,不仅不能就该财产权利的变卖价金受偿,也不能由质权人取得财产权利,这样的权利质权就毫无意义。(3) 必须是不违背质权性质的财产权。质权是动产质权,不动产原则上不能设定质权,因此不动产物权,如建设用地使用权,不能设定权利质权。

可以作为权利质权的标的的财产权利,具体地讲有以下几类:

1. 汇票、本票、支票、债券、存款单、仓单、提单。以该等权利出质的,当事人应当订立书面合同。质权自权利凭证交付质权人时发生效力。没有权利凭证的,质权自有关部门办理出质登记时发生效力。

以载明兑现或者提货日期的汇票、本票、支票、债券、存款单、仓单、提单出质的,其兑现或者提货日期先于债务履行期的,质权人可以在债务履行期届满前兑现或者提货,并与出质人协议将兑现的价款或者提取的货物用于提前清偿所担保的债务或者向与出质人约定的第三人提存;其兑现或者提货日期后于债务履行期的,质权人只能在兑现或者提货日期届满时兑现款项或者提取货物。

以汇票、支票、本票等票据或者公司债券出质的,出质人与质权人没有背书"质押"字样的,这种票据或者债券的质权不可以对抗第三人。

以票据、债券、存款单、仓单、提单出质的,质权人再转让或者质押的无效。

以存款单出质的,签发银行核押后又受理挂失并造成存款流失的,银行应当承担民事责任。

2. 依法可以转让的基金份额、股权。以基金份额、股权出质的,当事人应当订立书面合同。以基金份额、证券登记结算机构登记的股权出质的,质权自证券登记结算机构办理出质登记时设立;以其他股权出质的,质权自工商行政管理部门办理出质登记时设立。

基金份额、股权出质后,不得转让,但经出质人与质权人协商同意的除外。出质人转让基金份额、股权所得的价款,应当向质权人提前清偿债务或者提存。

以依法可以转让的基金份额、股权出质的,质权的效力及于基金份额、股权的法定孳息。

3. 依法可以转让的注册商标专用权、专利权、著作权等知识产权中的财产权。以该等知识产权出质的,出质人与质权人应当订立书面合同,质权自有关主管部门办理出质登记时设立。

上述知识产权出质后,出质人不得转让或者许可他人使用,但经出质人与质权人协商同意的可以转让或者许可他人使用。出质人所得的转让费、许可费应当向质权人提前清偿所担保的债务,或者向与质权人约定的第三人提存。出质人未经质权人同意而转让或者许可他人使用已出质的权利的,应是无效行为。因此给质权人或者第三人造成损失的,由出质人承担民事责任。

4. 应收账款。以应收账款出质的,当事人应当订立书面合同,质权自信贷征信机构办理出质登记时设立。应收账款出质后,不得转让,但经出质人与质权人协商同意的除外。出质人转让应收账款所得的价款,应当向质权人提前清偿债务或者提存。

5. 法律、行政法规规定可以出质的其他权利。

权利质权除适用《物权法》第 17 章第 2 节权利质权的规定外,适用《物权法》第 17 章第 1 节动产质权的规定。

第四节 留 置 权

一、留置权的概念

留置权是债权人合法占有债务人的动产,在债务人逾期不履行债务时,有权留置该动产以迫使债务人履行债务,并在债务人仍不履行债务时就该动产优先受偿的权利。留置权是以动产为标的物的担保物权。留置权的作用,在于担保债权受偿,而不在于对物的使用、收益,因此留置权是一种担保物权。

留置权是债权人留置债务人动产的权利。留置权是债权人对于自己的债权受清偿前,拒绝返还所占有的债务人的动产。在债务人超过法定期限仍不履行债务时,债权人即可就留置物受偿,以满足其债权。

留置权是一种法定担保物权。留置权在符合一定的条件时,依法律的规定产生,而不是依当事人之间的协议设定的。

另外,留置权也具有从属性、不可分性和物上代位性等担保物权的共同属性。

二、留置权的取得

留置权的取得,是基于法律规定,并且当事人没有排除适用。只有在符合法律规定的条件下,债权人才取得留置权。这些条件可以分为积极要件和消极要件。

(一) 留置权取得的积极要件

留置权取得的积极要件,是留置权的取得所应具有的事实。这主要有以下几项:

1. 须债权人占有债务人的动产。留置权的目的,在于担保债的履行,因此享有留置权的应当是债权人。至于债权的发生原因,依《担保法》第84条规定,因保管合同、运输合同、加工承揽合同发生的债权,债务人不履行债务的,债权人有留置权。

留置权的取得,债权人须合法占有债务人的财产,其占有方式是直接占有还是间接占有均可。但单纯的持有,例如雇佣人操持家务,其在工作中使用家中的器具,是持有而不是占有,故不能成立留置权。债务人代债权人占有留置物的,留置权不成立。

债权人合法占有债务人交付的动产时,不知道债务人无处分该动产的权利的,债权人仍可以依法享有留置权。

2. 须债权已届清偿期。债权人虽占有债务人的动产,但在债权尚未届清偿期时,因此时尚不发生债务人不履行债务的问题,不发生留置权。只有在债权已届清偿期,债务人仍不履行债务时,债权人才可以留置债务人的动产。

债权人的债权未届清偿期,其交付占有标的物的义务已届清偿期的,不能行使留置权。但是,债权人能够证明债务人无支付能力的除外。

3. 债权人留置的动产,应当与债权属于同一法律关系,但企业之间留置的除外(《物权法》第231条)。这里说的留置的动产应当与债权属于同一法律关系,学理上通常用"牵连关系",而不用"同一法律关系"。牵连关系比同一法律关系的范围广。例如,甲将其物交给乙保管,因物的瑕疵造成乙的损害,乙有权请求赔偿损失;甲不赔偿,乙有权留置该保管物。这是基于保管合同产生的留置权。再如,散会后二人错拿了对方的雨伞,从而各自对对方的雨伞有留置权。这是基于纯粹的事实关系发生的留置权,二人错拿对方的雨伞之前没有法律关系存在。

企业之间的留置权,在学理上称商事留置权。企业之间留置不限于同一法律关系,目的是为了提高交易效率。但是,对于商事留置权需要有明确的界限,以免滥用商事留置权而损害相对人的权益。企业之间留置应当以在企业之间交易关系存续期间,因交易活动而占有的物为限。

由于留置权所担保的债权与留置物有牵连关系,故而与留置权有牵连关系的债权,都在留置权所担保的范围之内,包括原债权、利息(包括迟延利息)、实行留置权的费用及因留置物的瑕疵给留置权人造成的损害赔偿请求权。而留置物的范围,除了留置物本身外,还包括其从物、孳息和代位物。

(二)留置权取得的消极条件

1. 对动产的占有不是因侵权行为取得。留置权的取得,以对债务人的动产的占有为前提,但其占有必须是合法占有。如果是因侵权行为占有他人的动产,不发生留置权。例如窃贼即使对盗赃支出了必要费用,也不享有留置权。

2. 法律规定不得留置的动产,不得留置。对动产的留置不得违反公共利益或者善良风俗。如留置他人待用的殡葬物,违反善良风俗,债权人不能为之。当事人约定不得留置的动产,不得留置。

3. 对动产的留置不得与债权人的义务相抵触。债权人留置债务人的动产如果与其所承担的义务相抵触时,亦不得为之。例如承运人有将货物运送到指定地点的义务,在运送途中,不得以未付运费而留置货物。

三、留置权人的权利与义务

(一)留置权人的权利

1. 留置标的物。在债务人不履行债务时,债权人就可以留置标的物,拒绝债务人交付标的物的请求。留置物为不可分物的,留置权人可以就留置物的全部行使留置权;但留置物为可分物的,留置物的价值应当与债务的金额相当,即债权人只能留置与自己的债权额相当的部分,其余部分应当交付债务人。

债权人将留置物返还给债务人后,即不可以其留置权对抗第三人。但是,因不可归责于债权人的事由而丧失对留置物的占有的,债权人可以向不当占有人请求停止侵害、恢复原状、返还质物。

留置权的效力及于留置物的从物。但是,从物未随同留置物交付于债权人占有的,留置权的效力不及于从物。

2. 收取留置物的孳息。收取的孳息,应先充抵收取孳息的费用。

3. 请求偿还费用。债权人因保管留置物所支出的必要费用,有权向债务人请求返还。

4. 就留置物优先受偿。留置权所担保的范围包括主债权和利息、违约金、损害赔偿金、留置物保管费用和实现留置权的费用。

留置权人与债务人应当约定留置财产后的债务履行期间;没有约定或者约定不明确的,留置权人应当给债务人2个月以上履行债务的期间,但鲜活易腐等不易保管的动产除外。债务人逾期未履行的,留置权人可以与债务人协议以留置财产折价,也可以就拍卖、变卖留置财产所得的价款优先受偿。留置财产折价或者变卖的,应当参照市场价格。

债务人可以请求留置权人在债务履行期届满后行使留置权;留置权人不行使的,债务人可以请求人民法院拍卖、变卖留置财产。

留置物折价或拍卖、变卖后,其价款超过债权数额的部分归债务人所有,不足部分由债务人清偿。

(二)留置权人的义务

1. 保管留置物。留置权人负有妥善保管留置财产的义务;因保管不善致使留置财产毁损、灭失的,应当承担赔偿责任。

在留置权存续期间,债权人未经债务人同意,擅自使用、出租、处分留置物,因此给债务人造成损失的,债权人应当承担赔偿责任。

2. 返还留置物。在留置权所担保的债权消灭,或者债权虽未消灭,债务人另行提供担保时,债权人应当返还留置物给债务人。

四、留置权的消灭

留置权消灭的原因主要有:

1. 主债权消灭;
2. 留置权实现;
3. 留置物灭失;
4. 债务人另行提供担保并被债权人接受;
5. 留置权人对留置财产丧失占有。

第五节 担保物权的竞合与物的担保和人的担保的并存

一、担保物权的竞合的概念与成立条件

(一)担保物权的竞合的概念

担保物权的竞合,亦称为物的担保的竞合,是指在同一标的物上存在不同种类的担保物权,担保物权人不为同一人,此时应以何类担保物权的效力优先的问题。我国物权法对于存在抵押权或者质权的动产又被留置的情况作了规定,即同一动产上已设立抵押权或者质权,该动产又被留置的,留置权人优先受偿。

物的担保的竞合不同于一般的请求权竞合。在因同一法律事实而产生数个请求权竞合时,权利人为同一人,也正因为权利人为同一人,权利的目的是同一的,权利的行使仅能择一为之。权利人若行使了其中一项请求权,则不能再行使另一请求权。而在物的担保的竞合,享有担保权的权利人并非为同一人,而是不同的人,各个担保权人均行使自己的权利,由于权利的标的物是同一的,这就发生何种权利人先行使权利问题。正是从这个意义上说,物的担保的竞合乃为物上担保权的冲突。

(二) 担保物权的竞合的成立条件

从上述担保物权的竞合的含义,可知担保物权的竞合须具备以下条件:

1. 须同一标的物上同时存在数个不同种的物上担保权

只有在同一标的物即用于设定物上担保的同一项财产上,存在数个不同种类的物上担保时,才会发生担保物权的竞合。至于该标的物为一物或数物还是整体财产,则在所不问。如上所述,同一物上也可存在数个同一种的担保物权,如数个抵押权,此属于广义物上担保的竞合,也可看做为物的担保的并存,不属于狭义物上担保的竞合。

所谓同时存在数个担保物权,是指于实现物上担保时,在标的物上存在着不同种类的担保物权,而不是指标的物上曾先后存在过数个担保物权。若虽同一标的物上存在过不同种担保物权,但于实现物上担保权时,其他担保物权已经消灭而仅存有一个,当然也就不发生物上担保的竞合。因此,物上担保的竞合,与各个物上担保的成立时间无关。

2. 须各个担保物权人不为同一人

担保物权的竞合不仅须为担保权客体的竞合,而且其权利主体须不为同一人。所谓权利主体不为同一人,是指数个不同的担保物权所担保的并非同一个债权。因为在同一权利主体有不同的担保物权时,则属于数个担保物权担保同一债权,而不是不同的担保物权担保不同的债权。也正因为如此,虽然在同一债权人就同一标的物有两项以上担保物权时,也属于同一标的物同时为数个不同的法律关系的客体,但并不为我们这里所说的物上担保的竞合。

二、动产抵押权与动产质权的竞合

因动产抵押权是不移转标的物占有的,而动产质权是以移转标的物占有为成立要件的,所以在设定抵押权后,抵押人得将标的物再用于质押,成立质权,因为于此情形下,后设定的质权无害于抵押权。此时当发生抵押权与质权的竞合。通说认为,若该抵押权属于可不予登记即成立而当事人又未为抵押权登记的,则因未登记的抵押权不具有对抗第三人的效力,未登记的抵押权虽成立在前,质权的效力也应优先于抵押权。若当事人将该抵押权进行了登记,该抵押权的效力自然优先于质权的效力。

出质人于设定质权后可否再设定抵押权呢,即先质后押呢?对此有不同的立法例和观点。有的认为,在同一动产上先设定质权后又设定抵押权的,因为质权因占有标的物而生效力,而抵押权人于债务人不履行债务时也得占有抵押物以行使抵押权,这样如抵押权人的债权清偿期先行届至,则抵押权人实行其占有就与质权人的占有效力发生冲突,所以基于先设定质权后设定抵押权会发生实行上的困难,于设定质权后不可再设定抵押权。有的认为,在同一动产上设定质权后可再设定抵押权,因为尽管若抵押权实现在前时,抵押权人为实现抵押权而占有标的物时会与质权人的占有发生冲突,但这也是可以解决的,可以于抵押权实现所得的价款中先提取质权担保额,或者先行清偿质权人债权,或者将其提存。本书作者认为,在一般情况下,设定质权后不宜设定抵押权,但也并非不可设定抵押权。若当事人同意于出质的财产上再设定抵押权时,抵押权与质权竞合,于此情形下,质权的效力应优先于抵押权,不问该抵押权是否办理抵押权的登记。

三、动产抵押权与留置权的竞合

留置权的标的物为动产,因此只有动产抵押权才可能与留置权发生竞合。动产抵押权与留置权竞合的发生同样有两种情况:

其一,先设定抵押权而后成立留置权。因为先设定抵押权后因标的物不移转占有,所以在抵押人将抵押物交由他人占有时,在具备留置权的成立条件下可在抵押物上再成立留置权。此种情形下发生的抵押权与留置权的竞合效力如何?通说认为,留置权优先于抵押权,因为留置权的产生,一般是留置权人为留置物提供了劳务或者材料而未得到适当的补偿,因此留置权优先于抵押权比较公平。

其二,先成立留置权而后设定抵押权。这有两种可能:一是留置物所有人将留置物抵押,此时在留置物上又成立抵押权,抵押权与留置权竞合,因留置权成立在先,留置权的效力当然优先于抵押权。二是留置权人将留置物抵押,于此情形,因为留置权人非为标的物所有人,抵押应为无效,不发生抵押权与留置权的竞合。但是若经留置物所有人同意,留置权人为自己的债务履行为其债权设定抵押权的,抵押权可为有效,发生抵押权与留置权的竞合。不过于此情形下,抵押权的效力应优先于留置权,因为留置权人是抵押权所担保债权的债务人,债务人的权利不能优于债权人的权利。

四、留置权与动产质权的竞合

留置权与动产质权都是以占有标的物为其存续要件的,留置权得因占有的丧失而消灭,动产质权在占有丧失而又不能回复时也消灭。但因占有不以直接占有为限,因此在同一标的物上可以发生留置权与动产质权的竞合。就其发生

而言,有以下两种情况:

其一,先成立留置权后成立质权。留置权人以其占有的留置物再设定质权的,如经所有人同意,质权成立;如未经所有人同意,则其设定行为应为无效,但因留置权与质权均以占有为公示原则,善意第三人得依善意取得原则取得质权。在第三人取得质权时,留置权与质权竞合,后设定的质权效力应优先于留置权。因为在此种情形下,标的物为质权人实际直接占有,而留置权人仅为间接占有人。但如果在留置期间经留置权人同意,标的物所有人以留置物设定质权的,则因留置权成立在前,质权成立在后,留置权的效力应当优先于质权。

其二,先成立质权后成立留置权。在质物由质权人占有期间,质权人将质物交由第三人直接占有,而自己间接占有时,第三人得基于留置权的成立事由而取得留置权。例如,质权人将质物交由第三人保管,保管人得于具备留置权条件下取得留置权。于此情形下,因质权人的质权并不消灭,发生留置权与质权的竞合,留置权的效力优先于质权。因为留置权是担保基于维护或者保存标的物的价值的行为而发生的债权,并且标的物由留置权人直接占有,质权人仅为间接占有人。

五、物的担保与人的担保的并存

物的担保与人的担保的并存是指,同一债权,既有以担保物权的形式担保债权(即物保),又有以第三人与债权人订立保证合同的形式担保债权(即人保)。对这种物保与人保并存的情况,在理论上称混合共同担保。混合共同担保的特点有二:一是被担保的债权为同一债权;二是既有物保,又有人保。

在物保与人保并存的情况下,应当如何处理?学者观点有分歧。《物权法》第176条[①]区分了两种类型三种情况,分别作了不同的规定。第一种类型,被担保的债权既有物的担保又有人的担保的,债务人不履行到期债务或者发生当事人约定的实现担保物权的情形,债权人应当按照约定实现债权。这样规定体现了尊重当事人意思自治。第二种类型,没有约定或者约定不明确的,其中又分为两种情况:一种情况是,债务人自己提供物的担保的,债权人应当先就物的担保实现债权。这样规定可以避免保证人履行保证义务后,再向债务人追偿的程序,有利于提高经济效益,减少社会成本。另一种情况是,第三人提供物的担保的,债权人可以就物的担保实现债权,也可以要求保证人承担保证责任。这样规定使提供物保的人与保证人处于平等地位,由债权人行使选择权,比较公平。另外,提供担保的第三人承担担保责任后,有权向债务人追偿。

[①] 本条规定不同于《担保法》第28条和《担保法解释》第38条的规定,殊值注意。

第十六章 占 有

第一节 占有的概念和种类

一、占有的概念

占有是对物在事实上的占领、控制。占有的标的以物为限,因而物之外的财产权(如专利权),只能成立准占有,而不能成立占有。

在现代民法上,占有成为独立于所有权及他物权的一项制度,无论所有权人的占有,还是非所有权人的合法占有、非法占有等,均受到占有制度的保护。占有制度的主要功能是维护物的事实秩序,禁止他人以私力加以破坏。关于占有的性质,理论界有事实说、权利说等不同观点。《物权法》认为占有是一种事实而不是权利[1],其目的在于更好地保护和支持占有。将占有认定为事实,则占有人只需证明占有的存在,而无须证明自己是否有权占有,即可受到占有制度的保护。

由于占有是在事实上对物的管领、控制,因此它不要求占有人有占有物的权利。至于根据什么标准确认占有人在事实上对物有管领、控制,应当从人对物的空间、时间的支配来具体确认。在空间上,物应当处于人的力量作用的范围内始得谓占有,如房屋、土地因使用而占有,放置在家中的衣物、家具等物属于主人占有;在时间上,人对物的某种支配应当持续一定的时间方为占有,如仅是暂时的接触,就只是持有而不是占有,例如主人请客,客人对餐具虽有使用,但不能认为是占有。持有在法律上不能得到占有的保护,它不能如同占有移转或者继承,也不得如同间接占有依抽象状态而成立。

占有人的占有,并不以占有人对于物的亲自支配为必要。占有人基于某种法律关系,通过他人为媒介,也可以成立占有。这主要有两种情况:一种情况是占有人依辅助人而成立的占有,例如,雇主依雇员占有机器;另一种情况是间接占有,例如承租人直接占有租赁物,对于出租人构成间接占有。

---

[1] 持相同观点者,见孙宪忠主编:《中国物权法:原理释义和立法解读》,经济管理出版社 2008 年版,第 551 页;崔建远:《物权:规范与学说——以中国物权法的解释论为中心》(上册),清华大学出版社 2011 年版,第 330 页。

二、占有的种类

依占有的不同状态,可以将占有分为不同的种类:

(一) 自主占有与他主占有

这是依占有人的意思为标准进行的分类。自主占有是指以物属于自己所有(所有的意思)的占有;无所有的意思,仅于某种特定关系支配物的意思的占有是他主占有。

自主占有中的"所有的意思",是指具备所有人占有的意思,不必是真正的所有人或者要求其自信为所有人。因之,所有人对其物的占有为自主占有,盗贼对于盗赃的占有亦为自主占有。至于他主占有,如典权人对于典物的占有、承租人对于租赁物的占有、质权人对于质物的占有。

自主占有与他主占有区别的意义在于,作为所有权取得的时效要件的占有和先占要件的占有,应当是自主占有。另外,在占有物毁损、灭失时,自主占有人与他主占有人的责任范围不同。

(二) 直接占有与间接占有

这是以占有人在事实上是否占有物为标准进行的分类。直接占有是指在事实上对物的占有,如居住房屋、穿着衣服,都是直接占有;间接占有是指基于一定法律关系,对于事实上占有物的人(即直接占有人)有返还请求权,因而间接对物管领的占有。[①] 间接占有的特点在于间接占有人与直接占有人间存在特定的法律关系,基于这种法律关系,间接占有人对于直接占有人有返还请求权。例如质权人、承租人、保管人基于质权、租赁、保管法律关系,占有标的物,是直接占有人,而享有返还请求权的出质人、出租人、寄存人为间接占有人。

直接占有与间接占有区别的意义在于这两种占有的取得手段不同,保护方法也不一样。

(三) 有权占有与无权占有

这是根据进行的占有是否依据本权所作的分类。所谓本权,是指基于法律上的原因,可对物进行占有的权利,如所有权、建设用地使用权、质权、留置权等。有权占有即指有本权的占有,如建设用地使用权人依建设用地使用权对土地的占有。基于合同关系产生的占有是有权占有,《物权法》第 241 条规定,基于合同关系等产生的占有,有关不动产或者动产的使用、收益、违约责任等,按照合同约定;合同没有约定或者约定不明确的,依照有关法律规定。无权占有是指无本权的占有,如拾得人对于遗失物的占有。

---

① 《物权法》第十九章并未明确规定间接占有,仅得于该法第 25 条以下规定的交付替代形式中推出。

有权占有与无权占有区别的意义在于:无权占有人在本权人请求返还原物时,有返还的义务;另外,作为留置权要件的占有,限于有权占有。

(四) 善意占有与恶意占有

这是对无权占有依占有人的主观心理状态的不同所作的分类。善意占有是占有人不知其无占有权利的占有,恶意占有是占有人知道其无占有权利的占有。善意占有也可能转变为恶意占有,即当无权占有人知道或者应当知道其占有没有合法根据之时。譬如占有人取得占有后被告知其占有物是赃物时,占有人的占有即转变为恶意占有。判断占有人善意占有或恶意占有的时点,应以占有的不动产或者动产受到损害时为标准。

善意占有与恶意占有区别的意义在于:取得时效中善意占有与恶意占有的期间不同;即时取得以善意占有为要件;善意占有与恶意占有受保护的程度不同;善意占有人和恶意占有人对损害后果承担的责任不同。《物权法》第242条规定,占有人因使用占有的不动产或者动产,致使该不动产或者动产受到损害的,恶意占有人应当承担赔偿责任。因此,在无权占有情况下,除有相反证据证明外,应推定占有人为善意占有,对因其使用占有物所致的损害不承担赔偿责任。

(五) 无过失占有与有过失占有

这是对善意占有的再分类,以占有人不知其无占有的权利有无过失为区分标准。无过失占有是占有人不知且不应知其无占有权利的占有,有过失占有是占有人应当知道但因过失不知其无占有权利的占有。无过失占有与有过失占有区别的意义在于:不动产取得时效期间不同,在占有效力上也有重大不同。

(六) 无瑕疵占有与有瑕疵占有

无瑕疵占有是指善意且无过失、和平、公然、继续的占有;有瑕疵占有是指恶意且有过失、强暴、隐秘、不继续的占有。无瑕疵占有与有瑕疵占有区别的意义在于:时效取得中的占有必须是无瑕疵的占有。

第二节 占有的效力和保护

一、占有的推定[①]

(一) 事实的推定

依据证据法的原则,任何人为了自己的利益主张事实存在的,须负举证责

---

① 《物权法》并未明确规定占有的推定效力,物权法起草过程中,曾设有占有推定条文,其后删除,有观点指出:"《物权法》删除草案中有关占有推定的条文,是一个错误的立法决定,造成《物权法》在此方面存在明显的法律漏洞";见孙宪忠主编:《中国物权法:原理释义和立法解读》,经济管理出版社 2008 年版,第 558 页、第 559 页。

任。但对于占有,各国法律规定了一些事实推定,免除占有人的举证责任。首先是推定占有人是以所有的意思或者为自己而占有;其次,在占有前后两个时期,有占有证据的,推定其为继续占有。

占有的状态不同,其效力各异。但如果要对占有的各种状态一一证明,不仅事实上做起来困难,而且与将占有与本权分离受独立保护的意旨相矛盾。所以从保护占有人起见,法律应基于社会生活的一般情况,为占有人设各项推定,免除其举证责任。这种推定应当包括:推定占有人以所有的意思,善意、和平及公然占有;在占有的前后有占有的证据时,推定其为继续占有。

(二) 权利的推定

占有制度的目的,在于通过对外形的占有事实的保护,确保交易安全。因此,占有的效力必有权利的推定,即推定占有人对占有物行使的权利合法。当然这种法律的推定也有其事实的基础,即依一般情形而论,占有人是基于本权而占有,没有权利而进行占有的只是例外。占有人既有占有的事实,一般也有占有的权利,故权利的推定是法律就一般情形而为的推定。

因占有所推定的权利,其范围有多大?由于不动产以登记为物权公示方法,登记的效力自然要强于占有的推定,所以就不动产而言,这种权利的推定没有什么实际意义。就动产而言,这种推定的权利范围,只要是该权利系对标的物占有的权利(不得占有标的物的权利不在此限)为占有人所行使的,无论为物权(所有权、质权、留置权)还是债权(租赁使用权、借用权)均可。例如,占有人在其占有物上行使所有权时,即推定其有所有权;行使质权时,即推定其有质权;行使借用权时,即推定其有借用权。

权利推定的效力,可以分为以下几点来说明:(1) 受权利推定的占有人,免除举证责任,即在其有无实体权利发生争议时,占有人可以直接援用该推定对抗相对人,无须证明自己是权利人。当然在相对人提出反证时,占有人为推翻该反证,仍须举证。(2) 权利的推定,不仅权利人自己可以援用,第三人也可以援用。例如从占有人处借用物的人,在物的真正所有人要求其返还时,该借用人也可援用借用人以占有人身份所受的所有人推定,此时所有人要求返还原物,必须证明自己的所有权方可。(3) 权利的推定,一般是为占有人的利益,如《德国民法典》第1006条明确规定是为占有人的利益。但在特定情况下为其不利益时也可以援用,例如推定物的占有人为物的所有人时,则物上负担,如税收,亦应由占有人负担。(4) 权利的推定属于消极性的,占有人不得利用此项推定作为其行使权利的积极证明。例如,除非符合取得时效的构成要件,占有人不得仅仅依其占有请求所有权或者他物权的登记。

二、占有人与返还请求权人的关系

占有人与返还请求权人的关系,是指无权占有在有请求人要求返还占有物时所发生的权利和义务关系。这种关系经常会与无因管理、侵权行为、合同解除等制度发生竞合,这时应适用何种规定,当事人可以自由选择。至于基于某种法律关系或者法律规定而发生返还关系,例如基于质权、留置权等物权关系,或者基于租赁、借用等债的关系,或者基于无因管理、不当得利、侵权行为等法律规定而将占有物返还于权利人的关系,应当依其基本法律关系或者法律规定进行,不需要另行规定,所以不在此处说明。

(一)占有人对物的使用、收益

善意占有人对于占有物的使用、收益,应依其推定的权利进行。这种推定的权利种类,应视占有人对于占有物所行使的权利种类为限。例如,所行使的是租赁使用权,即推定其有租赁使用权。善意占有人即以其受推定的权利,对占有物使用收益。但是,善意占有人的这种使用、收益权,必须是其受推定的权利在内容上具有使用、收益的权能。如果受推定的权利不具有使用、收益权能,如质权、留置权,占有人即无使用、收益权。

善意占有人对于占有物的使用、收益,应当依物的用途,按法律所不禁止的方法进行。基于合同关系等产生的占有,有关不动产或者动产的使用、收益、违约责任等,按照合同约定;合同没有约定或者约定不明确的,依照法律规定。《物权法》第243条规定,不动产或者动产被占有人占有的,权利人可以请求返还原物及其孳息,但应当支付善意占有人因维护该不动产或者动产支出的必要费用。所谓必要费用,是指因保存或惯例占有物通常所需要支出的费用,譬如修缮费、饲养费、保养费等。

恶意占有人在返还占有物时应返还占有物的孳息。如果孳息被消费了或因过失而损失了或者应当收取而没有收取时,应当赔偿损失。可见,占有人不论是善意或者恶意,均不享有占有物的收益权,故在返还原物时同时负有返还全部孳息的义务。

(二)占有人在占有物毁损、灭失时的赔偿责任

在占有物毁损、灭失的时候,占有人对于返还请求人负有赔偿责任。这种责任的范围因占有人是善意的还是恶意的有所不同。

善意占有人因使用占有的不动产或者动产,致使该不动产或者动产受到损害的,善意占有人不承担赔偿责任;恶意占有人应当承担赔偿责任。

《物权法》第244条规定,占有的不动产或者动产毁损、灭失,该不动产或者动产的权利人请求赔偿的,占有人应当将因毁损、灭失取得的保险金、赔偿金或者补偿金等返还给权利人;权利人的损害未得到足够弥补的,恶意占有人还应当

赔偿损失。可见,权利人请求赔偿的前提是占有物的毁损、灭失,而不论该毁损灭失是否因占有人的原因导致。并且,善意占有人承担的是返还责任,而不是赔偿责任。恶意占有人对于占有物的毁损灭失,不仅要承担占有物本身价值的赔偿,还要承担权利人因不动产或者动产毁损灭失所遭受的利益损害。

(三) 占有人请求偿还费用的权利

占有人在占有标的物期间对物支出了费用,依其性质为必要费用还是有益费用,以及占有是恶意还是善意,其请求偿还费用的范围也不一样。

善意占有人对于因保存物所支出的必要费用,即为维持物的现有状态,预防其毁损、灭失的费用,有权请求偿还。

善意占有人还可请求偿还有益费用,即为改善占有物所支出的费用。但只能在占有物现存价值的范围内请求偿还;如果增加的价值已不存在了,就不能请求偿还。这是因为有益费用不同于必要费用,并不是一种不得已的支出,而是取决于占有人的意志,因此这种费用完全由返还请求人承担是不公平的。

恶意占有人则只能请求偿还必要费用,对于有益费用不能请求偿还。

《物权法》第 243 条规定:"不动产和动产被占有人占有的,权利人可以请求返还原物和孳息,但应当支付善意占有人因维护该不动产或者动产支出的必要费用。"可见我国物权法目前只是规定了善意占有人有必要费用偿还请求权,对善意占有人的有益费用偿还请求权以及恶意占有人的必要费用偿还请求权都未作明确规定。

三、占有的保护

占有为一种既成的事实,即使这种事实与其他当事人的权利相抵触,也不应再受到非法行为的侵害。例如甲侵占(如偷窃)了乙的电视机,丙不能因甲是无权占有再去侵夺。因此,对占有的保护,就是对社会安宁、稳定的保护。

占有人对于非法行为的侵害,有自力救济权和占有保护请求权。

(一) 占有人的自力救济权

占有人在其占有受到侵害时,如果侵害人没有比占有人更强的权利,则占有人有权依其占有进行自力救济。

占有人的自力救济权包括:(1) 自力防御权。占有人对于侵夺或者妨害其占有的行为,例如侵入占有人的房屋,可以以自己的力量进行防御,例如将侵入者驱逐出房屋。自力防御权的行使,重在占有的事实状态,因此只有直接占有人可以行使,间接占有人无此权利。(2) 自力取回权。即占有人对于被他人侵夺的占有物,有权取回。例如占有人的动产,被他人非法侵夺时,占有人可以当场或者追踪取回。

(二) 占有保护请求权

占有保护请求权是占有人的占有被非法侵害时,占有人可直接对侵害人,也可向法院提起保护其占有的请求权。该请求权主要有以下四项:(1)占有物返还请求权。占有人在其占有被侵夺时,有权请求返还其占有物。《物权法》规定,占有人返还原物的请求权,自侵占发生之日起1年内未行使的,该请求权消灭。该1年的期间仅适用于占有物返还请求权。(2)占有妨害排除请求权。占有人在其占有受到妨害使占有人无法完全支配其占有物时,占有人有权请求排除妨害。(3)占有妨害防止请求权。在他人的行为还没有对占有人造成现实的妨害,只是有妨害的可能时,占有人也可以请求预防这种妨害的发生,请求消除危险。对于占有妨害排除请求权和占有妨害防止请求权而言,只要妨害占有的行为或危险存在,法律允许占有人在任何时候提出请求,故没有设置期间限制的必要。(4)损害赔偿请求权。因侵占占有物或者妨害占有造成损害的,占有人有权请求损害赔偿。对于损害赔偿请求权,适用一般诉讼时效。此处的损害是指对占有利益的损害。可以行使损害赔偿请求权保护的主体,仅限于有权占有人和善意的物权占有人,恶意占有人不享有此项权利。前三项属于占有保护的物权保护方法,第四项属于占有保护的债权保护方法。

占有保护请求权与物权请求权存在一定区别:(1)物权请求权是基于物权的绝对性、支配性、排他性衍生出来的一种防卫性请求权;而占有保护请求权的基础是占有事实,而非基于确定的权利;(2)物权请求权的功能表现为物权圆满状态的恢复,物权效力获得维护;而占有保护请求权的功能仅仅在于恢复占有人对物的占有,以使物的现实占有人能够继续保持其占有状态,维护社会平稳秩序;(3)物权请求权人必须举证证明其享有物权;占有保护请求权人仅需证明其原本占有的事实即可,而不考虑其是否具有正当权源。

占有人依据其占有保护请求权提起的诉讼称为占有之诉,它以维护占有人对物的事实的支配为目的。与占有之诉不同,本权之诉则以确定权利、义务关系为目的。因此占有之诉与本权之诉两不相妨,即占有人如果是有权占有,可以提起占有之诉,也可以提起本权之诉。二者可以分别提起,也可以同时提起。但本权之诉属于终局的保护,它在某种情况下具有决定性的作用。例如在本权之诉中,已经确认了他人对物的占有权,占有人就不能再提起占有之诉。

第三节 占有的取得和消灭

一、占有的取得

占有的取得,从占有的事实状态而言,即为占有的发生。占有的取得方式,因占有是直接占有还是间接占有而不同。

(一) 直接占有的取得

1. 直接占有的原始取得

直接占有是事实上对物的管领、控制，因此，只要并非是继受他人的占有而对物具有事实上的支配力时，就是原始取得对物的占有。例如对无主物的先占，对遗失物、漂流物的拾得，都属于直接占有的原始取得。

由于直接占有的原始取得纯属于事实行为，不是民事法律行为，因此不要求取得这种占有的人具有相应的行为能力，无行为能力人也可以依其行为直接取得对物的占有。另外，这种占有的取得方法并不一定要求对物直接施加自己的力量，只要将物置于自己的控制范围内，即可认为取得了对物的占有。例如对于房屋并不是要使用才为占有，只要上锁不使他人擅自进入，就是占有了房屋。再如将物品放在家中，或者搁置在隐蔽的场所，都是占有了该物品。

2. 直接占有的继受取得

直接占有的继受取得是指由他人的转移而取得的占有。其主要原因有让与和继承。

让与是依当事人转移占有的行为而取得的占有。占有的让与，当事人须有让与占有的意思，而且经常伴有其他法律关系，即经常与所有权或者其他应占有物的权利（如地上权、质权）的设定或者让与同时进行。占有的让与，还必须有占有物的交付，主要是现实交付，也可以是简易交付、占有改定。由于占有是对物的事实的支配，因此不论是动产还是不动产，都是依交付而移转占有，不动产占有的移转不存在登记的问题。

占有可以依继承关系由被继承人移转于继承人。依继承取得的占有，是权利义务概括继承的结果，因此继承人取得的占有，在种类、状态、瑕疵等方面，都与被继承人的占有相同。

(二) 间接占有的取得

1. 间接占有的原始取得

间接占有的原始取得是指创设取得间接占有。创设方法有以下几种：

(1) 直接占有人为自己创设间接占有。直接占有人可以将其占有转移给他人，从而为自己创设间接占有。例如所有人为他人设定质权、租赁使用权，由质权人、承租人取得对物的直接占有，而所有人自己享有对物的返还请求权，成为间接占有人。

(2) 直接占有人为他人创设间接占有。这种创设的间接占有，多是依占有改定的方式进行的，例如甲把自己的自行车卖给乙，但甲还需要使用该自行车，于是与乙订立借用或租赁合同，使乙取得对自行车的间接占有。

2. 间接占有的继受取得

间接占有的继受取得是指基于他人的转移而取得的占有,主要亦有让与和继承两种方式。

间接占有的让与是依指示交付的方式,将其间接占有让与他人。例如出借人(间接占有人)将借用物的所有权转让给他人时,不需要将物取回后再将物交付于受让人,只要将对于借用人的返还请求权让与受让人即可,这时受让人就继受取得其间接占有。

间接占有是一种占有,自然也可以依继承取得,但继承人同时应继承占有的瑕疵。

二、占有的消灭

占有的消灭,是占有人丧失了对物的事实上的管领、控制。但这里的消灭,应指确定地丧失了对物的占有。如果仅仅是一时不能实行其管领、控制,如物被他人侵夺,占有并不丧失。

占有的消灭,应当以占有人是否仍有事实上的管领、控制为依据。所以,如果基于占有人的意思,例如将物交付给他人、抛弃对物的占有,或者非基于占有人的意思,例如占有物被盗、遗失,占有人丧失了对物的管领、控制的,占有即归于消灭。

占有物灭失,占有人事实上的支配已无所凭借,占有亦消灭。

至于间接占有,在占有人丧失了对物的返还请求权时,其占有消灭。

本编参考书目

1. 钱明星:《物权法原理》,北京大学出版社1994年版。
2. 孙宪忠:《德国当代物权法》,法律出版社1997年版。
3. 尹田:《法国物权法》,法律出版社1998年版。
4. 郭明瑞:《担保法》,法律出版社2010年版。
5. 〔德〕鲍尔、施蒂尔纳:《德国物权法》(上册),张双根译,法律出版社2004年版。
6. 全国人民代表大会常务委员会法制工作委员会民法室编著:《物权法立法背景与观点全集》,中国法制出版社2007年版。
7. 全国人民代表大会常务委员会法制工作委员会编,胡康生主编:《中华人民共和国物权法释义》,中国法制出版社2007年版。
8. 江平主编:《中国物权法教程》,知识产权出版社2007年版。
9. 王利明、尹飞、程啸:《中国物权法教程》,人民法院出版社2007年版。
10. 梁慧星、陈华彬:《物权法》,法律出版社2007年版。
11. 〔日〕我妻荣:《新订物权法》,罗丽译,中国法制出版社2008年版。

12. 〔日〕我妻荣:《新订担保物权法》,申政武等译,中国法制出版社2008年版。
13. 孙宪忠主编:《中国物权法:原理释义和立法解读》,经济管理出版社2008年版。
14. 〔德〕Baur/Stürner, Sachenrecht, München 2009.
15. 谢在全:《民法物权论》(上册),中国政法大学出版社2011年版。
16. 谢在全:《民法物权论》(中册),中国政法大学出版社2011年版。
17. 崔建远:《物权:规范与学说——以中国物权法的解释论为中心》(上册),清华大学出版社2011年版。
18. 杜万华主编:《最高人民法院物权法司法解释(一)理解与适用》,人民法院出版社2016年版。

第三编 债 权

第一分编 债权总论

第十七章 债的概述

第一节 债的概念、性质与要素

一、债的概念

债是按照合同的约定或者依照法律的规定,在当事人之间产生的特定的权利和义务关系。享有权利的人是债权人,负有义务的人是债务人。

这种特定的权利义务关系就是债的关系,可分为狭义的债的关系和广义的债的关系。前者是指个别的给付关系。以房屋买卖合同(买卖之债)为例,出卖人交付房屋、转移房屋的所有权,买受人受领房屋,属于一种狭义债的关系。买受人支付价款,出卖人受领价款,属于另一狭义的债的关系。此外,还有告知义务、瑕疵担保义务,甚至有费用偿还、利息支付等项义务。这些狭义债的关系的总和,构成买卖合同关系这种广义的债的关系。在该买卖房屋合同关系中,出卖人交付了房屋且转移所有权,其债的关系(狭义)消灭了,但是支付价款的狭义债的关系仍继续存在,当买卖双方都履行了各自的全部义务,买卖之债的关系(广义)才消灭。本书债的分论讲的买卖、租赁等各种债的关系,属于广义的债的关系。

相较于狭义债的关系,广义债的关系至少具有两个特点:第一,它是一个极其复杂的架构,由众多的债权债务以及权能、限制等组成。第二,它并非静态地凝固于一个一成不变的状态之中,而是随着时间的推移不断地以多种形态发生变化。它犹如一个"有机体",存在着出生、成长、衰老,直至最后死亡的现象。广义的债的概念,对于债法理论的发展,具有重大的影响。①

民法上债的概念源自罗马法。罗马法上的债(oblitio),既指债权、债务,也指债权债务关系,有时并称之为"法锁"(juris vinculum)。

民法上债的概念不同于民间所谓的债,也不同于我国固有法上的债。我国民间所称之债,专指债务,且专指金钱债务,如借债、欠债、还债等。在我国固有法上,债的含义也很狭窄,指借贷等。自汉律以来,债的概念一直未见扩大,仍仅指欠人财物。至清末《大清民律草案》,西方民法中债的概念才首次被引入我国。② 在我国现行法上,债的概念不仅指债务,而且包括债权,表示的是以债权债务为内容的民事法律关系。

二、债的性质

(一)债为特定当事人之间的民事法律关系

债的当事人双方都是特定的人。《民法总则》第 118 条第 2 款规定:"债权是因合同、侵权行为、无因管理、不当得利以及法律的其他规定,权利人请求特定义务人为或者不为一定行为的权利。"因为债权具有依附或者归属于某一特定当事人的固有性质,当它归属某一当事人时,势必使该人特定化。又债权乃一种对人的请求权,请求必须有对象才不至于落空,这就要求债务人必须特定。尤其是债权的实现一般须有债务人履行债务的积极行为,债务履行的结果是使债务人蒙受不利益,因此,唯有与债权人有特别结合关系的特定之人,才能成为向债权人履行义务的债务人。其他人因与债权人无上述关系,不对债权人负担义务,被排除于债的关系之外。

在物权关系、人身权关系和知识产权关系中,权利人虽然特定,但义务人却是不特定的人。在这些民事法律关系中,因权利人的权利只需要他人消极地不加侵害即可实现,而且立法者也难以预料权利人的权利在何时、何种情况下会受到侵犯,所以法律赋予这些权利以排除他人侵害的效力,使不特定的一切他人负担消极义务。这明显地与债务人须特定化这一债的特征不同。虽然现代法已经有条件地承认行为人在特定场合下负有社会安全义务,或曰安全保障义务,使人格权、物权等绝对权于特定场合具有要求行为人负有积极作为的义务之效力,但这毕竟属于特例,尚未从根本上动摇绝对权与相对权的分类。

当然,债的当事人特定化不是债权人和债务人的僵化,仅具有债权人和债务人之间形成相对关系的意义。债权人的更换,债务人的替代,并不与债的当事人

---

① 〔德〕迪特尔·梅迪库斯:《德国债法总论》,杜景林、卢谌译,法律出版社 2004 年版,第 9 页;王泽鉴:《民法债编总论·基本理论·债之发生》(总第 1 册),台湾三民书局 1993 年版,第 4 页。
② 佟柔主编:《民法原理》,法律出版社 1983 年版,第 179—182 页。

特定化相矛盾。

(二) 债为当事人之间的特别结合关系

债权人和债务人结合在一起形成债的关系,或者是基于彼此间的信赖,或者是立法者出于某种社会政策的考虑。在债的关系中,当事人双方之间结合密切,任何一方的疏忽或者不注意,都易于给他方造成损害,因此法律对当事人课以的注意义务高于物权关系、人身权关系中的注意义务。在物权关系、人身权关系中,一般情况下义务人只要不作为就算尽到了注意义务;而在债的关系中,当事人仅仅停留于不作为的状态并不足够,只有互负通知、协助、保密等项义务,才算达到要求。

(三) 债是有存续期限的民事法律关系

与所有权具有永久性不同,债的关系自始即以完全满足债权人的给付利益为目的,"债权系法律世界中的动态因素,含有死亡的基因,目的已达,即归消灭"①。可见,债是有存续期限的民事法律关系。

三、债的要素

债的要素,是指构成债所必须具备的因素,包括债的主体、债的内容和债的客体。

(一) 债的主体

债的主体,是指参与债的关系的当事人。其中,享有债权的主体称为债权人,负有债务的主体称为债务人。在某些债中,一方当事人仅享有债权而不负有债务,另一方当事人仅负担债务而不享有债权。而在多数情况下,双方当事人都既享有债权又负有债务。债权人和债务人是相互对立、相互依存的,缺少任何一方,债的关系就不能成立和存续。

(二) 债的内容

债的内容,由债权、债务以及权能、限制或者法律约束等构成②,不过,债权和债务是主要的,此处仅介绍它们。

1. 债权

债权是指债权人得请求债务人为给付的权利。除少数债权以外,债权为财产权,能用货币衡量和评价。债权有以下特点:

(1) 债权为请求权。据该权,债权人得请求债务人为一定给付。当然,债权与请求权并不相等。就请求权而言,除债权请求权外,尚有绝对权的请求权;就债权来说,除请求权外,尚有受领、选择、解除、终止等权能。

---

① Radbruch, *Rechtsphilosophie*, 1963, S. 243.
② 参见〔德〕拉伦茨:《德国民法通论》(上册),王晓晔、邵建东、程建英、徐国建、谢怀栻译,谢怀栻校,法律出版社 2003 年版,第 263—271 页。

(2) 债权为相对权。债权人只能向债务人主张债权,请求债务人向自己履行债务。债务人以外的其他一切人,对债权人不负有履行义务,除非依法构成债权侵害或者依法定或者约定由债务人以外的第三人负赔偿责任或者给付义务。

(3) 债权具有相容性和平等性。在同一标的上可同时并存数个债权。数个债权人对同一个债务人先后发生数个普通债权时,其效力一律平等,不因其成立先后而有效力上的优劣之分。如在债务人破产时,其财产不足以清偿全部债权人的债权,无论这些债权成立顺序如何,均依其数额比例平均受偿。

债权的权能,即债权人依其债权得为的行为,包括以下四项:(1) 给付请求权。债权人的利益实现并非基于其直接支配他人的人身、给付行为及给付的标的物,而是要通过债务人实现给付的行为方能达到。因此,给付请求权为债权的第一权能,包括债权人直接向债务人请求和通过诉讼的方式请求。从效力角度着眼,为债权的请求力。(2) 给付受领权。债务人履行其债务时,债权人有权予以接受,并永久保持因债务人的履行所得的利益。有效地受领该给付,乃债权的本质所在,也是债权人所追求的最终结果。给付受领权体现在债的效力上,构成保持力。(3) 债权保护请求权。债务人不履行债务时,债权人可依据该项权能请求国家机关给予保护,强制债务人履行。它表现在债权的效力上就是强制执行力。(4) 处分权能。债权人可以抵销、免除、让与债权等。债权具备上述请求力、保持力、强制执行力、处分权能时,就是效力齐备的债权,亦叫完全债权。如果欠缺某项效力,则该债权沦为不完全债权。不过,债权不得欠缺保持力,否则,便不再是债权。完全债权和不完全债权在受法律保护的强弱上、带给债权人的利益多寡上,是不同的。

2. 债务

债务,是指债务人依约定或者法定应为给付的义务。其内容包括实施积极的特定行为,也包括不实施特定的行为。债务就其本质来说是债务人负担不利益。债务履行的结果,一方面使债权人的利益得以实现,另一方面又使债务人失去既有利益,处于不利益的状态。

(1) 债务的特点。债务的内容具有特定性,由当事人协商确定,或者由法律规定。每一个具体的债务,都有具体和确定的标的及其质量、数量、履行期限等内容,使之特定化。此处所谓特定包括已经特定和可得特定。

(2) 债务的分类。债务有完全债务与不完全债务之分。相对于完全债务而言,不完全债务是不能依诉请求的,这对债权人的利益实现显然有影响。

债务包括给付义务和附随义务。给付义务包括主给付义务与从给付义务。在现行法上,债的关系是建立在主给付义务之上的。所谓主给付义务,简称为主义务,是指债的关系所固有、必备,并用以决定债的类型的基本义务。例如,在买卖合同中,出卖人负交付出卖物及转移其所有权的义务,买受人负支付价款的义务,均属主给付义务。就双务合同而言,此类主给付义务,构成对待给付义务,在对方未为对待给付前,得拒绝履行自己的给付,因不可归责于双方当事人的原因致一部或者全部不能履行时,当事人一方减为或者免为对待给付义务。发生不能履行、逾期履行、不完全履行时,如不具有免责事由,债务人便应承担违约责任。[①] 所谓从给付义务,简称为从义务,是不具有独立的意义,仅具有补助主给付义务功能的义务。其存在的目的,不在于决定债的类型,而在于确保债权人的利益能够获得最大满足。从给付义务发生的原因有:(1)基于法律的明文规定。(2)基于当事人的约定。如甲企业兼并乙企业,约定乙企业应提供全部客户关系名单。(3)基于诚实信用原则及补充的合同解释。如汽车的出卖人应交付必要的文件,名马的出卖人应交付血统证明书。[②] 应予指出,房屋出卖人未办理房屋所有权过户登记手续而不交付房屋所有权证,系不履行主给付义务,而非不履行从给付义务;但若已经办理完毕过户登记手续而未交付房屋所有权证,则为不履行从给付义务。

附随义务,是以诚实信用原则为依据,根据债的性质、目的和交易习惯,随着债的关系的发展逐渐产生的(《合同法》第60条第2款)。例如出租车车主应为其所雇司机投保人身险(照顾义务);出卖人在出卖物交付前应妥善保管该物(保管义务);技术受让方应提供安装设备所必要的物质条件(协助义务);工程技术人员不得泄露公司开发新产品的秘密(保密义务);医生手术时不得把纱布遗留病人体内(保护义务)等。附随义务与主给付义务的区别有三:(1)主给付义务自始确定,并决定债的类型。附随义务则是随着债的关系的发展而不断形成的。它在任何债的关系中均可发生,不受特定债的类型的限制。(2)主给付义务构成双务合同的对待给付,一方在对方未为对待给付前,得拒绝自己的给付。附随义务原则上不属于对待给付义务,不能发生同时履行抗辩权。(3)不履行给付义务,债权人得解除合同。反之,不履行附随义务,债权人原则上不得解除合同,但可就其所受损害,依不完全履行的规定请求损害赔偿。

除给付义务及附随义务之外,债的关系上还有不真正义务,或称间接义务。其主要特征在于权利人通常不得请求履行,违反它也不发生损害赔偿责任,仅使负担该义务的一方遭受权利减损或者丧失的不利益。《民法通则》第114条规定的一方应及时采取措施防止损失扩大的义务,就是不真正义务。当事人在法律上本不负有不损害自己权益的义务,但因自己的过失造成损失扩大,则按公平原则要求,应依其程度承受减免赔偿额的不利益。

从整个合同法而言,还有先合同义务和后合同义务。先合同义务,是指当事人为缔约而接触时,基于诚实信用原则而发生的说明、告知、注意及保护等义务,

---

① 王泽鉴:《民法债编总论·基本理论·债之发生》(总第1册),台湾三民书局1993年版,第26—27页。
② 同上书,第27—28页。

违反它即构成缔约过失责任。合同关系消灭后,当事人依诚实信用原则应负有某种作为或者不作为的义务,以维护给付效果,或者协助对方处理合同终了善后事务(《合同法》第 92 条)。学说上称该义务为后合同义务。违反后合同义务,与违反一般合同义务相同,产生债务不履行责任(《合同法解释(二)》第 22 条)。

上述各种义务构成债的义务群,它是债法的核心问题。处理债的问题,首先需考虑的是债务人负何种义务,可否请求履行,违反义务时的法律效果如何。现行民法以主给付义务为规范对象,基于诚实信用原则,由近而远,逐渐发生从给付义务,以及其他辅助实现给付利益及维护对方人身和财产上利益为目的的附随义务,组成了义务体系。现代民法的发展,在一定意义上可以说是债的关系上义务群的发展。①

(三) 债的客体

债的客体又称债的标的,是指债权债务所指向的事物。从债权人方面观察,债权是一种能够请求债务人为一定给付的权利;自债务人方面而言,债务系应债权人请求而为一定给付的义务。可见,债权债务指向的是给付。

给付与履行在含义上有所区别。前者是指债务人应为行为的抽象,其行为的具体内容如何,在所不问。例如,甲与乙签订买卖一辆凤凰自行车的合同,规定甲应向乙交付该自行车,即为给付。后者则是指债务人实施其应为的行为,其行为的具体内容,依各个具体的债的要求而不相同,从而判断债务人是否完全及适当履行应以该具体的债的要求为标准。在上例中,实际交付给乙凤凰自行车,才是履行;如交付的凤凰自行车有缺陷,则不是履行,而是违约。此外,给付是从静态的角度描述债的关系所赖以存在的基础,而履行则是从动态的角度描述债的效力以及债消灭的过程。②

债的标的与标的物不相同。前者是从债的关系的构成要素而言,指给付本身;而后者则是从债务人的行为所及于的物而言,指给付的对象。故在单纯提供劳务的债,其本身即足以完成给付,不必再另有标的物。③ 在交付财物、交付金钱的债,则有标的物的存在。

给付必须合法、确定和适格。以违法行为作给付在当事人之间不得发生债。给付不确定将使债权债务无法实现,故给付不确定的,债的关系不成立。所谓适格,是指依事物的性质,适于作为债的标的。

给付的形态可以表现为交付财物、支付金钱、转移权利、提供劳务、提交成果及不作为等。

---

① 王泽鉴:《民法债编总论·基本理论·债之发生》(总第 1 册),台湾三民书局 1993 年版,第 36 页。
② 张广兴:《债法总论》,法律出版社 1997 年版,第 113 页。
③ 同上。

第二节 债的发生原因

债的发生原因，是指引起债产生的法律事实。它包括以下几种：

一、合同

合同是当事人之间设立、变更、终止债权债务关系的协议。基于合同产生的债的关系，是合同债。合同是产生债的最常见、最重要的原因。《合同法》第2条第1款将合同界定为平等主体的自然人、法人、其他组织之间设立、变更、终止民事权利义务关系的协议，但同条第2款将婚姻、收养、监护等有关身份关系的协议排除在外。

二、缔约上的过错

缔约上的过错，是指当事人在缔约过程中具有过错，从而导致合同不成立、无效、被撤销或者不被追认等，使他方当事人受到损害的情况。于此场合，具有过错的一方应赔偿对方受有的损失，由此产生缔约上的过失责任。该责任成立，使过错的一方负有向受害的一方赔偿的义务，受害的一方享有请求过错的一方赔偿的权利，形成债的关系。

三、单独行为

单独行为又称单务约束，是指表意人向相对人作出的为自己设定某种义务，使相对人取得某种权利的意思表示。它之所以可以引起债的关系的发生，在于依当事人意思自治原则，当事人可基于某种物质或者精神上的需要，为自己设定单方义务，同时放弃对于相对人给付代价的请求。第三人向债权人表示愿意清偿债务人尚欠债权人的借款，属于单方允诺，未见不同的意见。但悬赏广告究竟为单独行为还是要约，则存在着争论。

四、侵权行为

侵权行为，是指不法侵害他人的民事权益，应承担民事责任的行为。通常认为，侵权行为发生，侵权人应依法承担侵权责任，被侵权人有权请求侵权人承担民事责任，这种责任关系也形成债的关系。

五、无因管理

无因管理，是指没有法定或者约定的义务而为他人管理事务。管理他人事务的人叫管理人，负有将开始管理事务通知本人、适当管理、继续管理、报告及计算等项义务,本人负有偿还必要费用、赔偿损失等项义务,管理人与本人之间形成债的关系。

六、不当得利

不当得利,是指没有合法根据,致使他人受有损失而取得的利益。由于该项利益没有法律上的根据,应返还给受害人,从而形成以不当得利返还为内容的债的关系。

七、其他

除上述事实外,其他法律事实也可引起债的产生。如拾得遗失物的保管和交还、遗嘱执行人与受遗赠人之间的保管和交付遗产等,也发生债的关系。

第三节 债法在民法中的地位及其体系

一、债法在民法中的地位

民法以人身关系法和财产关系法为其主要内容。财产关系法以物权法和债法为其主要组成部分。物权法因其体现着一个国家的所有制、系一个社会中的生产和生活的法律前提、旨在维护财产的"静的安全"乃至一定程度的"动的安全"而不可或缺;债法作为规范、保护和促进财产流转,维护财产的"动的安全"的法,在近代法和现代法中更显出优越地位。其原因在于,人类在仅依物权形成财产关系、仅以物权作为财产客体的时代,可以说只能生活在过去和现在。但是,承认了债权制度,就可以使将来的给付预约,变为现在的给付对价价值。人类在经济生活中,除了过去和现在的财产外,还可以增加将来的财产。[①] 在现代社会,债权财产化,不动产因抵押权具有流通性和与证券的结合而债权化,动产借助于让与担保等制度也债权化了,通过债权达到对经济组织的维持。[②] "债权的权利及利息的享益如今是所有经济的目的。债权不复是旨在物权和物之享益的手段,而本身就是法律生活的目的。""经济价值在从一个债权向另一个债权转移中始终存在,而在物权法中任何时候都不会有较久的平静。"[③]

二、债法的体系

债法作为民法中相对独立的部分,就其实质而言,应当包含债法总则、合同

---

① 参见〔日〕我妻荣:《债权在近代法中的优越地位》,王书江、张雷译,谢怀栻校,中国大百科全书出版社1999年版,第6页。
② 同上书,第20—216页。
③ 〔德〕拉德布鲁赫:《法学导论》,米健、朱林译,中国大百科全书出版社1997年版,第64页。

法、侵权行为法、不当得利法和无因管理制度,以及单方允诺等制度;就其形式来讲,上述各个债法分支不一定全部集中在一编当中,合同法和侵权行为法因其内容丰富,可以独立成编。

无论债法在民法典中是集中于一编还是被分解为若干编,都涉及有无必要在法典中抽象出债法总则的问题。

我国民法采取了抽象概括式的法律体系,使用抽象化的概念,对概念进行严格的界定。在这种背景下,体系具有特别重要的意义。[1]

债法总则,即适用于各种类型的债的共同规则,具有多方面的优点。其一,设立债法总则可以使民法典简约,避免许多不必要的重复规定。其二,债的共同规则本应适用于合同之债、无因管理之债、不当得利之债等相应领域,但若不设债法总则,只好把它们规定于某类债中,或者分而置之。如此,时常会出现准用的现象。这种人为地错用立法技术导致本为"适用"却不得不"准用"的现象,显然应予避免。其三,设立债法总则可以使某些制度及规则更为清晰、准确。例如,把债权让与、债务承担规定于债法总则,没有双务合同等形成的数个狭义债的关系组成的广义债的关系等因素的困扰,就比较明确地传递给人们这样的信息和规则:债权让与就是债权的个别转让,只是原债权人退出该狭义的债的关系,如果该原债权人对债务人仍负有债务的话,这一狭义债的关系并不消灭。在该债的关系基于合同而生的情况下,该合同关系自然不会因债权让与而消灭,决定合同消灭的解除权、终止权自然不得轻易地随着债权的让与而移转。债务承担场合,问题也同样如此。其四,债的总则所蕴涵的原理、原则不仅适用于各种明文规定的债,而且适用于或者类推适用于尚无明文规定的非典型之债,乃至各种有关商事关系,使实际生活有法可依。其五,适用债法,需要目光反复巡视于债法总则和分则,掌握了债的总则,面对复杂的债的关系,就能执简驭繁,驰骋纵横。

---

[1] 〔德〕拉伦茨:《德国民法通论》(上册),王晓晔、邵建东、程建英、徐国建、谢怀栻译,谢怀栻译,法律出版社2003年版,第38—39页。

第十八章 债的类型

第一节 种类之债

一、种类之债的概念

根据债的标的物属性的不同,债可以分为特定之债和种类之债。给付以其种类中的一定数量指示的债,称为种类之债。以特定给付为标的的债为特定之债。例如,债务人负担交付某种品牌、规格的电视机若干台债务,即为种类之债;债务人负担交付某台特定的电视机债务,即为特定之债。种类之债虽以种类物的买卖最为常见,但并不以之为限,种类租赁合同(如甲向乙租车公司租赁一部奔驰车)、种类雇佣合同(如代觅服务员三名)、种类承揽合同(如约定使用印刷厂预先制版的邀请卡型印制空白邀请卡 200 张),均属可能。①

二、种类之债的法律意义

种类之债和特定之债的区分具有如下法律意义:

1. 对债务人给付的约束程度不同。种类之债对债务人给付的约束程度,较特定之债为低。特定之债的债务人只有为特定的给付,才构成债的履行;而种类之债的债务人可以在一定范围内选择具体的给付,其不同选择,均可以构成债的履行。如甲到乙电器城购买冰箱,甲测试了某品牌、型号的一台冰箱后,双方约定购买该台冰箱,并于次日提货。此为特定之债,乙于次日只能交付该台冰箱,不得以同品牌、同型号的其他冰箱替代。如果甲仅决定购买某品牌、型号的一台冰箱,但双方对具体哪台没有约定,则为种类之债,乙可以交付任何一台该品牌、该型号的冰箱,作为债的履行。

2. 标的物因不可抗力灭失,债务人能否免除给付义务不同。法谚有谓:"种类之债永不灭失。"在特定之债中,标的物因不可抗力而灭失的,债务人可以免除给付义务;但在种类之债中,标的物因不可抗力而灭失的,债务人的给付义务仍旧存在,除非同种类物全部灭失,其义务才能免除。例如,甲乙两公司订立买卖合同,约定甲向乙购买今年新收获的东北大米 X 吨,价款 Y 元,11 月 1 日交货。

---

① Heinrichs/Emmerich, Muenchener Kommentar, Rz. 3 zu s243. 转引自黄立:《民法债编总论》,中国政法大学出版社 2002 年版,第 340 页。

约定的交货日前,发生特大洪水,乙公司被淹,全部存货灭失。如果该约定为特定之债,乙将免除交付大米的义务,虽然依据风险负担的规则,甲也不用支付价款,但乙不需承担违约责任(如支付违约金、赔偿损失等)。反之,如果该约定为种类之债,原则上①乙的给付义务不能免,乙应当另行外购今年新收获的东北大米 X 吨,交付于甲,否则乙应当承担违约责任。

关于以上两点实益,需要特别说明的是"限制种类之债"。"限制种类之债",是一种特殊的种类之债,其给付除以种类指示外,又以某种特殊范围进行限制。限制种类之债最常见的情形是,以某主体的存货范围作为限制范围,因而也称为存货之债。上述冰箱之例,如以乙的存货为范围,约定为限制种类之债,则乙只能交付其存货范围内任意一台该品牌、该型号的冰箱。上述大米之例,如以乙的存货为范围约定为限制种类之债,交货前全部存货灭失的,乙可以免除给付义务。

三、种类之债的特定

(一) 种类之债特定的概念

债的标的须特定,这是债之关系的本质要求。种类之债的标的物,系以种类方式指示,并不明确、具体,须经特定,才可以履行。所谓特定,是种类之债向特定之债的转化,在性质上,属于债的内容变更。② 种类之债一经特定,即成为特定之债,此后应适用特定之债的相关规则。

从比较法上看,种类之债特定的方法有下列两种:

1. 债务人交付其物之必要行为完结。

债务人交付其物之必要行为完结,通说解释为"履行行为之着手",具体因债的性质有所不同:(1) 赴偿之债,债务人将标的物送至债权人处,在实际交付前的一个瞬间特定。(2) 往取之债,债务人将用于履行的标的物在其他种类物中分离出来,并将分离的事实通知债权人,或者要求债权人前来受领,即发生特定的效果。③

---

① 例外有两种情形:(1) 乙举证证明"今年新收获的东北大米"整个种类物已经全部灭失,市场上已经无法购得。本案中此种情形可能性不大,但如果双方约定的是产于某县、某乡的今年新收获的东北大米 X 吨,该乡遇洪水,颗粒无收,即属此种情形。(2) 乙主张因不可抗力导致合同履行十分困难,请求法院或者仲裁机构依据情事变更原则,变更或者解除合同。参见崔建远主编:《合同法》,法律出版社 2003 年版,第 94 页。

② 郑玉波:《民法债编总论》,中国政法大学出版社 2004 年版,第 200 页;史尚宽:《债法总论》,中国政法大学出版社 2000 年版,第 240 页。

③ 黄立:《民法债编总论》,中国政法大学出版社 2002 年版,第 344 页。

2. 基于当事人的约定,经当事人或者第三人的指定。

如债务人在种类范围之内对特定给付的指定,并事先、事后得到了债权人的同意;如约定当事人一方或者第三人有指定权,该指定权人的指定等。指定在性质上为意思表示,该意思表示生效时,债发生特定的效果。

(二) 种类之债特定的效力

1. 种类之债变更为特定之债

种类之债经特定就变为特定之债,债务人对经特定的给付物,负有善良管理人注意义务,如未尽此义务,致使给付物毁损或者灭失的,原则上发生债务不履行的效果,债务人应当承担赔偿损失责任。

2. 种类之债特定后的变更权

通说认为,种类之债依据债务人的行为而特定,或者债务人有指定权的场合,经特定后,债务人原则上不得再进行变更。

第二节 货币之债

一、货币之债的概念

货币之债,是以给付一定数额的货币为标的的债,也称金钱之债。货币之债在现实中较为常见,是债的一种重要类型。在有偿合同中,对价往往以货币形式支付;在无偿合同中,货币常成为赠与等的标的物。在法定之债中,其债的标的以支付货币为常见。

二、货币之债的种类

(一) 金额货币之债(金额之债)

金额货币之债,是以给付一定金额的通用货币为标的的债。当事人只注重货币的金额,而不注重其种类,债务人可以自由选择任何种类的通用货币进行支付。如甲自商店购买服装,支付价款 500 元。甲支付 100 元面值的货币 5 张,或者支付 50 元面值的货币 10 张,并无不同。

金额货币之债为货币之债的典型,其法律上的特征是不存在履行不能的问题,不发生因不可抗力免责的问题。

(二) 特定货币之债

特定货币之债,是以给付作为特定物的货币为标的的债。货币通常视为种类物,但在当事人有特别意思表示的情况下,可以经由特定化,而成为特定物。货币特定化最常见的方式是"封金",即将一定数额的货币以包装物封存或者运送。特定货币之债在本质上,不具备通常货币之债的特征,因而是一种特定物之债。①

（三）特种货币之债（金种之债）

相对的特种货币之债,是以给付一定金额的特种货币为标的的债。当事人关于币种的约定,称为"金约款",其通常目的在于确保货币不发生贬值。在一些纸币与金属货币并存的国家和地区,在通货膨胀严重的时期,"金约款"确有重大实益。目前在我国,人民币是唯一的通用货币,实践中,"金约款"通常体现为对以外国货币支付的约定（具体情形要受到国务院发布的《中华人民共和国外汇管理条例》的限制）。《票据法》第59条规定,"汇票金额为外币的,按照付款日的市场汇价,以人民币支付";"汇票当事人对汇票支付的货币种类另有约定的,从其约定",承认了特种货币之债。有金约款存在的债,债务人应当以所约定的货币支付,其余法律特征与金额货币之债相同。如果该类货币失去通用效力,其金约款随之失效,而变为金额货币之债。

绝对的特种货币之债是一种特殊的特种货币之债,在货币收藏领域较为常见,如双方约定债的标的物为"袁大头"银元10枚、1953年版的拾元纸币5张等。此种情形并不具备金额货币之债的法律特征,而与通常的种类之债在性质上无异,应当依照有关种类之债的规则处理。

第三节 利息之债

一、利息之债的概念

利息,从权利客体的角度看,与原物相对,是原物的一种法定孳息;从法律关系的角度看,是债务人使用或者占有债权人的金钱或者其他代替物所应给付的对价或者补偿。与利息相对的原物以及利息本身,均不限于金钱,还包括其他的代替物。利息之债是以给付一定利息为标的的债,以原本之债的存在为前提,性质上是原本之债的从债。

二、利率

利率是利息与原本之间的比例,通常以百分数表示。依据确定标准的不同,利率有约定利率和法定利率之分,前者由当事人的意思表示决定,后者直接由法律规定。

约定利率通常受到法律规定的限制,如贷款人与办理贷款业务的金融机构

---

① 郑玉波:《民法债编总论》,中国政法大学出版社2004年版,第203页。

约定的利率,不得超越中国人民银行规定的贷款利率的上下限(《合同法》第204条);民间借贷关系中,借贷双方约定的利率未超过年利率24%,出借人请求借款人按照约定的利率支付利息的,人民法院应予支持。借贷双方约定的利率超过年利率36%的,超过部分的利息约定无效。借款人请求出借人返还已支付的超过年利率36%部分的利息的,人民法院应予支持《民间借贷的规定》(法释[2015]18号第26条)。

在许多立法例上,法定利率有确定化的规定,其优点是便于公众了解,便于法律的适用。我国对法定利率采准用性的规则,即准用中国人民银行规定的金融机构存贷款业务的利率(《民通意见》第124条、《票据法》第70条第1款第2项、第71条第1款第2项等)。

三、利息之债的种类

(一)约定利息之债与法定利息之债

约定利息之债,是由当事人的民事法律行为而创设的利息之债,通常构成债务人使用原物的对价关系,其典型形式为有偿的消费借贷。法定利息之债,是依据法律规定而发生的利息之债,通常构成债务人占有原物或者相应利益的补偿关系,如《合同法》第398条规定的垫费利息之债,《票据法》第70条第1款第2项、第71条第1款第2项规定的迟延利息之债等。

(二)基本权利息之债与支分权利息之债

基本权利息之债,是指由原本之债产生,而未届清偿期的利息之债;支分权利息之债,是指由原本之债产生,并已届清偿期的利息之债。① 例如,2004年1月1日甲贷款人民币1万元予乙,约定期限5年,年利率5%,利息按年分期支付,每年12月31日为利息支付时间,最后一年利息连同本金一并支付。到2005年6月30日,乙未支付任何利息。其中,2004年度发生的利息之债(500元)已届清偿期,为支分权利息之债;2005年上半年发生的利息之债(250元)未届清偿期,为基本权利息之债。

基本权利息之债和支分权利息之债,均以原本之债的存在为前提,原本之债不成立、无效或者被撤销,二者均不发生效力;对原本之债的担保,原则上二者均在担保范围之内。但二者的从属程度不同,比较而言,前者的从属性强于后者:(1)债权转移的,前者不能与原本之债分离,而独立让与;后者可以独立让与。在原本之债转移时,前者须与原本之债一并转移;后者仅推定为一并转移,即允许当事人举证证明存在后者不随同转移的合意。(2)清偿时,后者有较原本之债优先受偿的效力,前者无此优先效力。(3)诉讼时效上,前者须与原本之债的

---

① 郑玉波:《民法债编总论》,中国政法大学出版社2004年版,第207页。

诉讼时效同时起算,后者的诉讼时效则单独起算。

(三) 单利之债与复利之债

单利之债,是独立计算每一期利息,不将上期利息计入下期原本再生利息的利息之债。复利之债,是将每一期所生利息,计入下期的原本,再生利息的利息之债。

在相同利率水平下,复利之债较单利之债对债务人更不利,多数立法例为了平衡债权人与债务人之间的利益,对复利之债均作原则上的禁止,而仅于例外情形允许其存在。其例外情形主要有两类:(1) 符合法定条件的复利之债,如一些立法规定,迟延利息在一定条件下可以适用复利;(2) 符合商事惯例的复利之债,如银行的活期存款,通常是按年计算复利。我国在法律层面上对复利未有明确规定。依《民间借贷的规定》第28条的规定,借贷双方对前期借款本息结算后将利息计入后期借款本金并重新出具债权凭证,如果前期利率没有超过年利率24%,重新出具的债权凭证载明的金额可认定为后期借款本金;超过部分的利息不能计入后期借款本金。约定的利率超过年利率24%,当事人主张超过部分的利息不能计入后期借款本金的,人民法院应予支持(第28条第1款)。按前款计算,借款人在借款期间届满后应当支付的本息之和,不能超过最初借款本金与以最初借款本金为基数,以年利率24%计算的整个借款期间的利息之和。出借人请求借款人支付超过部分的,人民法院不予支持。这表明,在最高利率限制范围内,并不禁止复利,此规定与《日本民法典》第405条的规定相仿。

第四节 选 择 之 债

一、选择之债的概念

根据债的标的有无选择性,债可分为简单之债(又称单纯之债或者单一之债)和选择之债。所谓简单之债,是指债的标的是单一的,债务人只能就该项标的给付,债权人也只能受领该项标的的给付,双方均无选择余地的债,又称不可选择之债。选择之债,是指债的客体或者其构成因素为两项以上,当事人可以选择其一进行履行的债。例如,甲号大米10吨或者乙号大米10吨,汽车运货或者火车运货,现金支付或者支票支付等。再如,根据《合同法》第111条的规定,在出售的商品不合质量要求时,买受人与出卖人之间就会发生选择之债,或者修理,或者更换,或者退货,选择权人须从中选择一种履行。

选择之债以民事法律行为为发生原因的,为意定选择之债;由法律直接规定而发生的,为法定选择之债。

二、选择之债的特定

(一) 选择之债特定的概念

选择之债的特点在于,债成立时存在着两种以上类型的给付,但履行债务时仅由债务人给付其中之一。这就需要在履行债务前将两种以上的给付特定为一种,也就是将选择之债转变为简单之债,此即所谓选择之债的特定。特定以后,履行债务则完全遵循简单之债的履行原则、规则及方法。

(二) 选择之债特定的方法

1. 选择

(1) 选择权的归属。

选择权在性质上为形成权,其归属,在意定选择之债中,通常由双方约定;在法定选择之债中,通常法律有明确规定。在当事人无约定,法律亦无规定的情况下,原则上选择权归属于债务人,这是因为选择和债的履行有关,由债务人选择比较方便。

(2) 选择权的移属。

选择之债,客体不经特定,无法履行。选择权人行使选择权,可以使债的客体特定;但如果选择权人不行使选择权,则债的客体始终处于不特定状态。为解决此种困境,许多国家的立法规定有选择权的移属制度[①],即超过一定期限,选择权人不行使选择权,选择权的主体将发生变动:其中债权人和债务人有选择权的,移属于对方当事人;第三人有选择权的,移属于债务人。所谓"超过一定期限",有两种情况:① 双方约定和法律规定有选择权行使期限的,超过了该期限;② 双方未约定,法律也未规定选择权行使期限的,无选择权的债权人或者债务人,在债的清偿期届至以后,可以确定适当期限催告选择权人,超过了该催告所定的期限。

(3) 选择权的行使。

行使选择权的行为即为选择,在性质上系有相对人的单独行为,须选择权人以意思表示的方式为之,到达受领人时生效。债权人或者债务人一方为选择权人的,对方当事人为受领人;债权人和债务人以外的第三人为选择权人的,债权人和债务人任何一方均可以为受领人。

(4) 选择的效力。

选择之债因选择权人的选择而转变为单一之债。选择之债经特定可能变为特定之债,例如甲车或者乙车,选择甲车,但是不必然变为特定之债,例如选定的物为种类物,履行时需要将种类之债特定,才成为特定之债。

---

① 如《德国民法典》第264条、《日本民法典》第408—409条。

2. 给付不能

选择之债的数项给付全部不能的,依据债务不履行中的给付不能制度处理。其中一项或者几项给付不能,此外尚有存余的可以履行的给付的,债的关系于余存给付上继续存在。余存的给付为数项的,仍为选择之债,选择权人仅得在余存的给付中进行选择;余存的给付为一项的,为单一之债,此即发生选择之债特定的法律效果。

但如果给付不能的事由可以归责于无选择权人,则选择权人可以选择余存的给付,履行或者请求履行;也可以选择不能的给付而发生债务不履行的法律效果。例如,选择的标的物为甲车或者乙车,选择权归出卖人,因买受人过失撞毁甲车,出卖人有权选择甲车,不能因为无选择权人的过失而剥夺选择权人的权利。[①]

第五节 连带之债

一、连带之债的概念

连带之债是多数主体之债的一种。所谓多数主体之债,是指债的双方主体均为2人以上或者其中一方为2人以上的债。多数主体之债,当事人之间的法律关系较为复杂,不仅有债权人和债务人之间的权利义务关系,即所谓外部关系,还存在多数债权人之间、多数债务人之间的权利义务关系,即所谓内部关系。

我国通说依据《民法通则》第86条、第87条的规定,将多数主体之债划分为按份之债和连带之债。

所谓按份之债,是指债的一方主体为多数,各自按照一定的份额享有权利或者承担义务的债。债权主体一方为多数人,各债权人按一定份额分享权利的,为按份债权;债务主体一方为多数人,各债务人按一定份额分担义务的,为按份债务。如甲乙各出资1/2购买一房屋,出租于丙,甲乙对丙各收1/2的租金债权,为按份债权;反之,甲乙共同承租丙所有之房屋,甲乙对丙各承担1/2的租金债务,为按份债务。

所谓连带之债,是指债的主体一方为多数人,多数人一方的各个当事人之间存有连带关系的债。所谓连带关系,是指当事人各自的债务或者债权具有共同目的,从而在债的效力上、债的消灭上相互发生牵连。连带之债包括连带债权和连带债务。连带债权,是指数人有同一债权,其中每个人都有请求债务人履行全部债务的权利。例如,乙和丙将其共有的拖拉机一台,以6000元卖给甲,乙和丙

[①] 郑玉波:《民法债编总论》,中国政法大学出版社2004年版,第213页。

各自都有请求甲支付6000元的权利。连带债务,是指数人负同一债务,其中每个人各自都有对债权人履行全部债务的义务。例如,甲将其拖拉机一台以价款6000元卖给乙、丙二人,乙和丙各自都有对甲支付6000元的义务。

二、连带之债的发生原因

连带之债,因当事人的民事法律行为而发生的,为意定的连带之债;因法律的直接规定而发生的,为法定的连带之债。相应地,也存在意定连带债权和法定连带债权、意定连带债务和法定连带债务。

作为意定连带之债发生原因的民事法律行为,可以是合同,也可以是单独行为,但以合同为常见。《合同法》分则部分的各种有名合同,大多可以由当事人约定为连带之债。一些立法例要求约定连带之债,尤其是连带债务的意思表示,须以明示为限,而不许以默示推定(《法国民法典》第1202条、我国台湾地区"民法"第272条),因为连带债务加重了债务人的负担,所以在法律上限制其成立的方式,值得我们立法借鉴。

法定连带债务,通常体现对债权人特别保护的立法政策,必须有法律的明文规定,如共同侵权行为人对受害人的连带债务(《侵权责任法》第8条)、代理人和相对人恶意串通对被代理人的连带债务(《民法总则》第164条第2款)、票据债务人的连带债务(《票据法》第68条第1款)、股份公司发起人的连带债务(《公司法》第97条第1项、第2项)等等。

因连带债权对各债权人较为不利,较为罕见。因此,本节下文着重介绍连带债务的有关问题。

三、连带债务的效力

多数主体之债较单一主体之债复杂之处,主要在于债的效力,具体表现在三个方面,即对外效力、就当事人一人所生事项的效力、对内效力。[①]

(一)对外效力

对外效力是债权人与债务人之间的关系问题,其核心是债权人的请求权。连带债务对外效力的核心,是债权人对连带债务人的请求权。

连带债务的债权人请求权的行使,较为自由,可以向债务人一人、数人或者全体请求履行,可以向不同债务人同时或者先后请求履行,可以请求全部或者部分履行。

(二)就当事人一人所生事项的效力

就当事人一人所生事项的效力,是指针对当事人一人发生的事项,对其他当

[①] 郑玉波:《民法债编总论》,中国政法大学出版社2004年版,第381页。

事人是否以及如何发生影响。连带债务的此种效力,是指针对连带债务人一人与债权人之间发生的事项,对其他连带债务人是否以及如何发生影响。对此,各国立法例有所不同。

通说认为,连带之债本质上是相互独立、而具有共同目的的数个债。其相互独立意味着,连带债务人一人与债权人之间发生的事项原则上对其他债务人不发生影响,例如,连带债务人中的一人给付迟延,由该给付迟延的债务人负责,与其他债务人无关。再如,连带债务人中的一人给付不能,对其他债务人没有影响,债权人可对其他债务人请求全部给付等等。其具有共同目的意味着,连带债务人中的一人与债权人之间发生的事项,对其他连带债务人也发生效力,主要体现在债的各种消灭原因,如全部债务的清偿、抵销、提存、混同、免除等等。例如,连带债务人中的一人清偿了全部债务,其他债务人的债务同时消灭。再如,债权人仅仅免除连带债务人中一人应分担的债务,剩余的债务额由其他债务人承担连带义务。

(三) 对内效力

对内效力是各债权人之间或者各债务人之间的内部关系问题,连带债务的对内效力体现在,一连带债务人对外实际负担的债务份额,超过了其在内部关系上应负担的份额,而发生的对其他连带债务人的求偿权和代位权。

《民法通则》第87条对连带债务人的求偿权作出了明确的规定,即"负有连带义务的每个债务人,都负有清偿全部债务的义务,履行义务的人,有权要求其他负有连带义务的人偿付他应当承担的份额"。连带债务人在内部关系上的份额,当事人有特别约定的,依照约定处理;法律有特别规定的,依照规定处理;当事人既无约定,法律又无规定的,为均等份额。

第十九章 债的履行

第一节 债的履行的概念与原则

一、债的履行的概念

债的履行,是指实现债的内容的行为,也就是债务人全面地、适当地完成其债务,使债权人的债权得到完全实现。

债的履行是债务人完成债务的行为,即债务人为给付行为。这是债的目的的起码要求。没有债务人完成债务的行为,就不会有债权人达到成立债的目的的结果。但是,债务人履行债务的行为未必总能使债权人达到成立债的目的,未必总能使债权人实现其债权。

由此看来,债的履行应是债务人全面地、适当地完成债务,使债权人实现其债权的给付行为和给付结果的统一。因为债存在的法律目的,乃是将债权转变成物权或者与物权具有相等价值的权利,乃是债务人按约定给付使债权人获得满足、获得给付结果。

二、债的履行的原则

债的履行的原则,是当事人在履行债务时所应遵循的基本准则。这些基本准则,有的是民法的基本原则,例如,诚实信用原则、公平原则、平等原则等;有的是专属于债的履行的原则,例如适当履行原则、协作履行原则、经济合理原则、情事变更原则等。对于民法的基本原则,此处不赘。

(一)适当履行原则

适当履行原则,又称正确履行原则或者全面履行原则,是指当事人按照法律规定或者合同约定的标的及其质量、数量,由适当的主体在适当的履行期限、履行地点,以适当的履行方式,全面完成债务的履行原则。《合同法》第60条第1款表述为:"当事人应当按照约定全面履行自己的义务。"

适当履行与实际履行既有区别又有联系。实际履行强调债务人按照合同约定交付标的物或者提供服务,至于交付的标的物或者提供的服务是否适当,则无力顾及。适当履行既要求债务人实际履行,交付标的物或者提供服务,也要求交付的标的物、提供的服务符合法律和合同的规定。可见,适当履行必然是实际履行,而实际履行未必是适当履行。适当履行原则所要求的履行主体适当、履行标的适当、履行期限适当、履行方式适当等,将在第二节中详述。

(二) 协作履行原则

协作履行原则,是指当事人不仅应当适当履行自己的债务,而且应基于诚实信用原则的要求,在必要的限度内,协助对方当事人履行债务的履行原则。《合同法》关于"当事人应当遵循诚实信用原则,根据合同的性质、目的和交易习惯履行通知、协助、保密等义务"的规定(第60条第2款),包含有协作履行原则的内容。

债的履行,只有债务人的给付行为,没有债权人的受领给付,债的内容仍难实现。不仅如此,在建设工程合同、技术开发合同、技术转让合同、提供服务合同等场合,债务人实施给付行为也需要债权人的积极配合,否则,合同的内容也难以实现。因此,履行债务,不仅是债务人的事,也是债权人的事,协助履行往往是债权人的义务,只不过该义务有时表现为给付义务,有时表现为不真正义务。只有双方当事人在履行过程中相互配合、相互协作,债才会得到适当履行。

协作履行是诚实信用原则在债的履行方面的具体体现。一方面需要双方当事人之间相互协助,另一方面也表明协助不是无限度的。一般认为,协作履行原则含有如下内容:(1) 债务人履行债务,债权人应适当受领给付;(2) 债务人履行债务,时常要求债权人创造必要的条件,提供方便;(3) 债务人因故不能履行或者不能完全履行时,债权人应积极采取措施,避免或者减少损失,否则要就扩大的损失自负其责。

协作履行原则并不漠视当事人的各自独立的利益,不降低债务人所负债务的力度。那种以协作履行为借口,加重债权人负担,逃避自己义务的行为,是与协作履行原则相悖的。

(三) 经济合理原则

经济合理原则要求履行债务时,讲求经济效益,付出最小的成本,取得最佳的利益。

在履行债务中贯彻经济合理原则,表现在许多方面:(1) 债务人应选择最经济合理的运输方式;(2) 选择履行期应体现经济合理;(3) 选用设备体现经济合理原则;(4) 变更合同体现经济合理原则,我国法律允许变更到货地点、收货人,即为例证;(5) 在可能的范围内,减轻债权人的损失。

(四) 情事变更原则

情事变更原则,是合同依法成立后,因不可归责于双方当事人的原因发生了不可预见的情事变更,致使合同的基础丧失或者动摇,若继续维持合同原有效力则显失公平,而允许变更或者解除合同的原则。

情事变更原则的适用条件有如下几项:(1) 须有情事变更的事实。所谓情事,泛指作为合同成立基础或者环境的客观情况。例如合同订立时的供求关系这里的变更,是指上述客观情况发生了异常变动。《合同法解释(二)》第 26 条表述为,"客观情况发生了当事人在订立合同时无法预见的、非不可抗力造成的不属于商业风险的重大变化"。具体判断是否构成情事变更,应以是否导致合同基础丧失,是否致使目的落空,是否造成对价关系障碍,作为判断标准。① (2) 情事变更须发生在合同成立以后,履行完毕之前。之所以要求情事变更须发生在合同成立以后,是因为若情事变更在合同订立时即已发生,应认为当事人已经认识到发生的事实,合同的成立是以经变更的事实为基础的,不允许事后调整,只能令明知之当事人自担风险。② 如果情事变更发生于合同成立以前,当事人对此不知晓,仍不构成情事变更,而应依据意思表示错误的规则处理。之所以适用情事变更原则要求情事变更发生在履行完毕前,是因为合同因履行完毕而消灭,其后发生情事变更与合同无关。(3) 须情事变更的发生不可归责于当事人。若可归责于当事人,则应由其承担风险或者违约责任,而不适用情事变更原则。(4) 须情事变更是当事人所不可预见的。如果当事人在缔约时能够预见情事变更,则表明他承担了该风险,不再适用情事变更原则。(5) 须情事变更使履行原合同显失公平。该显失公平应依理性人的看法加以判断,包括履行特别困难、债权人受领严重不足、履行对债权人无利益。

情事变更不同于商业风险。其一,商业风险属于从事商业活动所固有的风险,作为合同成立基础的客观情况的变化未达异常的程度,一般的市场供求变化、价格涨落等属于此类;而情事变更则是作为合同成立基础的环境发生了异常的变动。其二,对商业风险,法律推定当事人有所预见,能预见;对情事变更,当事人未预见到,也不能预见。其三,商业风险带给当事人的损失,从法律的观点看可归责于当事人;而情事变更则不可归责于当事人。

情事变更原则与不可抗力之间的关系在于,不可抗力的发生未影响到合同履行时,不适用情事变更原则;不可抗力致使合同不能履行时,在德国法上由风险负担规则解决,在我国合同法上发生合同解除,也不排斥风险负担,亦不适用情事变更原则;不可抗力导致合同履行十分困难,但尚未达到不能的程度,若按合同规定履行就显失公平,方适用情事变更原则。

情事变更原则在实体法上的效果,体现在三个方面:(1) "再交涉义务"。学说认为,在适用情事变更原则时,受不利益的当事人可以要求对方就合同内容重新协商。当事人一方悖于诚实信用与公平交易而拒绝协商或者终止协商,致对方以损害的,法院可以判令损害赔偿。(2) 变更合同,使合同的履行公平合理。变更合同可表现为增减标的数额、延期或者分期履行、拒绝先为履行、变更标的

---

① 梁慧星:《中国民法经济法诸问题》,法律出版社 1991 年版,第 226 页。
② 王利明、崔建远:《合同法新论·总则》,中国政法大学出版社 1997 年版,第 325—335 页。

物。(3) 解除合同。如果变更合同仍不能消除显失公平的结果,就允许解除合同。

情事变更原则在程序法上的效果,主要有两个问题:一是职权主义抑或当事人主义?传统上由法院依职权公平裁量,变更或者解除。学说有主张由当事人申请法院增减给付或者变更其他原有的效果,采取当事人主义。二是法院的判决为形成判决抑或确认判决?因适用情事变更原则,需要法官在裁判权范围内进行价值判断,才能完成工作,所以,称确认判决不适当,而是形成判决,即以裁判变更原来的合同关系,系一项形成性干预。①

第二节 债的适当履行

一、履行主体

债的履行主体,首先为债务人,包括单独债务人、连带债务人、不可分债务人、保证债务人。债务人履行时是否必须有行为能力,依履行行为的性质而定。履行行为系事实行为时,不要求债务人有行为能力;是民事法律行为时,需要债务人有行为能力。此外,如果债务人通过转移财产权利来履行时,需要有对财产的处分权。

除法律规定、当事人约定、性质上必须由债务人本人履行的债务以外,履行可由债务人的代理人进行。但代理规则只有在履行行为是民事法律行为时方可适用。

合同约定由第三人履行债务的,法律保护这种约定(参见《合同法》第65条)。

履行债务只有在债权人受领时才能顺利进行和完成。债权人享有给付请求权及受领权,当然有权受领履行,但有如下例外:(1) 债权人的债权经强制执行,禁止向债权人为履行的;(2) 债权人受破产宣告的;(3) 债权人无行为能力或者限制行为能力,履行行为系民事法律行为的。

债权人的代理人可以代为受领履行。持有债权人签名的收据的人也可以受领履行。债权的准占有人有足以使人认其为真实的债权人的表征时,也可以受领履行。合同约定由第三人受领履行的,依其约定(《合同法》第64条)。

二、履行标的

履行标的,是指债务人实施一定的行为,包括交付标的物、转移权利、提供劳

---

① 彭凤至:《情事变更原则之研究》,台湾五南图书出版公司1986年版,第60页;韩世远:《情事变更原则研究》,载《中外法学》2000年第4期(总第70期),第455页。

务、完成工作等。履行标的应具体确定。

履行必须依债务的本旨进行。因而在仅为一部履行,或者不以原定给付为履行,或者因履行而负新债务,均非依债务本旨而为履行,不发生清偿使债的关系消灭的效力。但若绝对贯彻这一思想,会产生不适当的结果,故应予以适当调整。给付为可分时,债务人分期履行或者延缓履行,按诚实信用原则衡量,综合周围环境,对债权人并无不利或者不便时,债权人不得拒绝受领。给付为不可分时,若符合上述精神,债务人也可延缓履行,债权人不得拒绝受领。当事人之间有约定,允许债务人一部履行的,法律应予允许(参见《合同法》第 72 条第 1 款)。

法院也有权考虑当事人的经济状况,衡量债权人的利害影响,酌定相当期限,允许债务人分期履行或者延缓履行。给付不可分时,允许延缓履行(《民法通则》第 108 条)。

履行标的的质量约定明确的,按约定履行。"质量要求不明确的,按照国家标准、行业标准履行;没有国家标准、行业标准的,按照通常标准或符合合同目的的特定标准履行"(《合同法》第 62 条第 1 项)。

履行标的的价款或者报酬约定明确的,按约定履行。"价款或者报酬不明确的,按照订立合同时履行地的市场价格履行;依法应当执行政府定价或者政府指导价的,按照规定履行"(《合同法》第 62 条第 2 项)。

三、代物清偿

代物清偿,是指债权人受领他种给付以代原定给付而使债的关系消灭的现象。例如,甲欠乙技术转让费 20 万元,本应以现金支付,现依双方合意,甲向乙交付了价值 20 万元之产品,使债之关系消灭,此即为代物清偿。再如,甲购买古董商乙一个花瓶,交付前花瓶灭失,乙经甲同意以一幅字画替代之,并为实际交付,从而消灭债之关系,亦为代物清偿。

代物清偿的要件如下:(1) 必须有原债务存在;(2) 必须以他种给付代替原定给付,两种给付在价值上可以有差额,但须经双方当事人约定;(3) 必须有双方当事人关于代物清偿的合意;(4) 必须债权人等有受领权的人现实地受领给付。

代物清偿具有消灭债的关系的效力。连带债务人、不可分债务人一人所为的代物清偿,使其他债务人一同免责。保证因保证人或者主债务人为代物清偿而使两个债务一同消灭。

四、履行地点

履行地点,是指债务人应为履行行为的地点。在履行地点为履行,只要适当,即发生债的消灭的效力。在其他地点为履行则否。

当事人在合同中明确约定履行地点时,依其约定。合同对履行地点没有约定或者约定不明确的,可以协议补充;不能达成补充协议的,按照合同有关条款或者交易习惯确定(《合同法》第61条)。

当事人为多数人时,可以各自约定不同的履行地点。同一个合同中的数个给付不必约定相同的履行地点,尤其是双务合同中的两个债务,可以有两个履行地点。即使是一个债务,也可以约定数个履行地点,供当事人选择。

履行地点在法律有特别规定时,依其规定。例如,《票据法》第23条第3款规定:"汇票上未记载付款地的,付款人的营业场所、住所或者经常居住地为付款地。"

履行地点可由交易习惯确定(参见《合同法》第61条)。如果存在关于履行地点的交易习惯时,应遵从习惯,除非当事人之间另有约定。如车站、码头的物品寄存,应在该寄存场所履行债务。

履行地点可由债务的性质确定。例如,不作为债务的履行地点应在债权人的所在地。

在按上述规则仍不能确定履行地点时,应按照《合同法》第62条第3项关于"履行地点不明确,给付货币的,在接受货币一方所在地履行;交付不动产的,在不动产所在地履行;其他标的,在履行义务一方所在地履行"的规定解决。

五、履行期限

履行期限,合同有约定时,依其约定。当事人在合同中可以约定一宗债务划分为各个部分,每个部分各有一履行期限;还可以约定数个履行期限,届时可以选择确定;在双务合同中可分别约定两个对立债务的履行期限。

履行期限,法律、法规有规定时,依其规定。例如,《深圳经济特区土地使用权出让办法》第27条规定:"中标者应在合同生效之日起60日内付清全部地价款。"履行期限,还可由债务的性质确定。例如,节日用品应在节日之前交付。

依上述规则不能确定履行期限时,应按照《合同法》第61条及第62条第4项关于"履行期限不明确的,债务人可以随时履行,债权人也可以随时要求履行,但应当给对方必要的准备时间"的规定加以确定。

履行期限有为债务人利益的,有为债权人利益的,也有为双方当事人利益的。对于前者,债权人不得随意请求履行,但债务人可以抛弃其期限利益,在履行期前为履行。对于第二种情况,债权人可以在履行期限前请求债务人为履行,但债务人无权强行要求他于期前受领给付。对于第三种情况,债务人无权强行要求债权人于期前受领,同时债权人亦无权请求债务人于期前履行。《合同法》第71条规定:"债权人可以拒绝债务人提前履行债务,但提前履行不损害债权人利益的除外。债务人提前履行债务给债权人增加的费用,由债务人负担。"

六、履行方式

履行方式,是完成债务的方法。如标的物的交付方法,价款或者酬金的支付方法等。履行方式与当事人的权益有密切关系,履行方式不符合要求,有可能造成标的物缺陷、费用增加、迟延履行等后果。[①]

合同有关于履行方式的约定时,依其约定。没有约定时,依《合同法》第61条的规定及第62条第5项关于"履行方式不明确的,按照有利于实现合同目的的方式履行"的规定予以确定。

美国《统一商法典》第2-307条规定,除非另有协议,买卖合同项下的所有货物必须一次全部提示交付,且只有卖方作此种提示交付,买方才有义务支付价款。但是,如果客观情况使卖方有权分批交货或者使买方有权分批提货,则在价款可按比例分开计算时,卖方可以要求在每次交货后取得相应价款。显然,它是以一次全部履行为原则,也不排除在特定条件下的分批履行。这可作借鉴。

七、履行费用

债的履行的费用,是指履行债务的必要费用,但是不包括债的标的物本身的价值。在通常情况下,履行费用有运送费、包装费、汇费、登记费、通知费等。对于履行费用负担,当事人有约定的依其约定;如无约定,按《合同法》第61条规定,双方当事人可协议补充;不能达成补充协议的,按照有关条款或者交易习惯确定。如此仍不能确定的,按《合同法》第62条第6项规定:"履行费用的负担不明确的,由履行义务一方负担。"另外,因债权人变更住所或者其他行为而导致履行费用增加时,增加的费用应由债权人负担。

[①] 隋彭生:《合同法论》,法律出版社1997年版,第309页。

第二十章 债的保全与担保

第一节 债的保全

一、债的保全的概念

债的保全,是指法律为防止因债务人的财产不当减少给债权人的债权带来危害,允许债权人代债务人之位向第三人行使债务人的权利,或者请求法院撤销债务人与第三人的民事法律行为的法律制度。其中,债权人代债务人之位,以自己的名义向第三人行使债务人的权利的法律制度,叫作债权人的代位权制度;债权人请求法院撤销债务人与第三人的民事法律行为的制度,称为债权人的撤销权制度。

债本以相对性为原则,而债的保全涉及第三人,其效力属于债的对外效力。法律设置债的保全制度的原因在于,债权需要债务的适当履行才能实现,债务的履行多体现为从债务人的总财产中分离出一定的财产给债权人。因此,债务人的总财产即"责任财产"的状况如何,直接关系着债权人的债权实现情况。由于责任财产不仅为某一债权的一般担保,而且是债务人的全部债权人债权的共同担保,因此,责任财产的减少往往危及债权人的债权实现。为防止责任财产的减少危及债权人的债权实现,固然可以通过担保制度达到目的,但担保制度亦有其弱点,例如,抵押等的设立需要当事人办理登记手续,留置权则限于特定的债权债务,保证既需要保证人的同意,又难逃责任财产减少危及债权实现的命运。有鉴于此,法律在担保制度和民事责任之外,设置了债的保全制度。其中的代位权系为保持债务人的财产而设,撤销权系为恢复债务人的财产而立。它们对债权实现起着积极的保障作用,能防债权不能实现于未然。

二、债权人的代位权

(一) 债权人的代位权的概念

债权人的代位权,是指当债务人怠于行使其对第三人享有的权利而害及债权人的债权时,债权人为保全其债权,可以自己的名义代位行使债务人对第三人之权的权利。

债权人的代位权是债权人为保全其债权而代债务人行使其权利,而非扣押债务人的财产权利或者就收取的财产有优先受偿权,因而是实体法上的权利而非诉讼法上的权利。

债权人的代位权,不是债权人对于债务人或者第三人的请求权。它不同于请求权的原因在于,它在内容上是为了保全债权,而且在履行期到来之前,债权人为了保持债务人的财产也可以行使代位权。

债权人的代位权不是固有意义上的形成权。它行使的效果,使债务人与第三人之间的法律关系发生变更,与形成权相类似,但不是依权利人一方的意思表示而形成法律上的效力,只是依赖债务人的权利而行使。所以它不是固有意义上的形成权,而是以行使他人权利为内容的法定权能,因而,债权人在行使代位权时应尽善良管理人的注意。

债权人的代位权属于债权的对外效力,是从属于债权的特别权利,或者说,是债权的一种法定权能。无论当事人是否约定,债权人都享有它。作为债权人的固有权利,学者通说认为它属于广义的管理权。①

(二) 债权人的代位权的成立要件

1. 债务人享有对于第三人的权利

债务人对于第三人的权利,为债权人代位权的标的。债权人的代位权属于涉及第三人之权的权利,若债务人享有的权利与第三人无涉,自不得成为债权人代位权的行使对象。

关于债务人对于第三人权利的范围,《合同法》及其司法解释仅限于到期债权,过于狭窄,不符合债权人代位权制度的立法目的,使该制度难以发挥应有的效能。有鉴于此,对《合同法》第73条规定的到期债权为代位权行使的对象,应采取目的性扩张的方法加以解释,主张可代位行使债务人对于第三人的权利包括:(1) 纯粹的财产权利,如合同债权,不当得利返还请求权,基于无因管理而生的偿还请求权,物权及物上请求权,以财产利益为目的的形成权,损害赔偿请求权,抵销权,让与权,清偿受领权等;(2) 主要为财产上的利益而承认的权利,例如,对重大误解等民事法律行为的变更权或者撤销权;(3) 诉讼上的权利,例如,代位提起诉讼、申请强制执行等诉讼上的权利。

得代位行使的债务人的权利,必须是非专属于债务人本身的权利。按照《合同法解释(一)》的规定,专属于债务人本身的权利,例如基于扶养关系、抚养关系、赡养关系、继承关系产生的给付请求权和劳动报酬、退休金、养老金、抚恤金、安置费、人寿保险、人身伤害赔偿请求权等权利,均不得由债权人代位行使(第12条)。

---

① 〔日〕於保不二雄:《债权总论》,有斐阁1972年版,第162页;〔日〕奥田昌道:《债权总论》(增补版),悠悠社2000年版,第256页;史尚宽:《债法总论》,中国政法大学出版社2000年版,第445页。

2. 债务人怠于行使其权利

怠于行使其权利,是指应行使并且能行使而不行使其权利。所谓应行使,是指若不及时行使,则权利将有消灭或者丧失的可能。例如,请求权将因时效完成而消灭,受偿权将因不申报破产债权而丧失。所谓能行使,是指不存在行使权利的任何障碍,债务人在客观上有能力行使其权利。所谓不行使,即消极地不作为,是否出于债务人的过错,其原因如何,都在所不问。[①]

怠于行使其权利,主要表现为根本不主张权利或者迟延行使权利。只要债务人自己行使了该权利,则不论其行使的方法及结果对债权人是否不利,债权人均不得行使代位权。[②] 否则,构成对债务人行使权利的不当干涉。

次债务人不认为债务人有怠于行使到期债权情况的,应当承担举证责任(《合同法解释(一)》第13条第2款)。举证成功,就可以对抗债权人行使的债权人代位权。

3. 债务人已陷于迟延

在债务人迟延履行以前,债权人的债权能否实现,难以预料,若允许债权人行使代位权,则对于债务人的干预实属过分。反之,若债务人已陷于迟延,而怠于行使其权利,且又无资力清偿其债务,则债权人的债权已经有不能实现的现实危险,此时已发生保全债权的必要。故债权人的代位权应以债务人陷于迟延为成立要件。但对专为保存债务人权利的行为(保存行为),如中断诉讼时效、申报破产债权等,虽然债务未届履行期,可例外地不需等到债务人迟延履行即可代位行使。因为此时行使债权人的代位权的目的在于,防止债务人权利的变更或者消灭;若不及时行使该代位权,等到债务人迟延履行时债务人的权利已经消灭,则无代位之可能。况且,这种保存行为不同于实行行为,其行使不构成对债务人行为的干涉,而有利于债务人。

4. 有保全债权的必要

债权人的债权,有不能依债的内容获得满足的危险,才有代位行使债务人的权利以便实现债权的必要。该必要不以债务人无资力为要件,因为债权与债务人的资力不一定有直接关系,有时即使债务人有资力,也可为保全债权而行使债务人的权利。例如,甲购买乙的 A 物,未受领时便转卖于丙,若甲怠于向乙行使交付请求权,则丙的债权将无法实现,所以,丙不问甲有无资力均可代位请求乙交付 A 物。[③] 全面地说,在不特定债权及金钱债权场合,应以债务人是否陷入无资力为判断标准,这是"无资力说";而在特定债权及其他与债务人资力无关的债

---

① 欧阳经宇:《民法债编通则实用》,台湾汉林出版社1977年版,第224页。
② 此为日本判例见解,最判昭28·12·14民集7·12·1386。参见[日]奥田昌道:《债权总论》(增补版),悠悠社2000年版,第258页;[日]田山辉明:《债权总论》,成文堂1993年版,第70页。
③ 欧阳经宇:《民法债编通则实用》,台湾汉林出版社1977年版,第225页。

权情况下,则以有必要保全债权为全部条件,这是"特定债权说"。①

按照《合同法》第 73 条及《合同法解释(一)》第 11 条的规定,前三个要件加上对债权人造成损害都具备时,债权人代位权才成立。未对债权人造成损害,就无必要保全乃至于使债权具有优先受偿的效力。本书作者认为,在解释上,债务人怠于行使其到期债权,对债权人造成损害,其内涵与"有保全债权的必要"相同。

(三) 债权人的代位权的行使

债权人的代位权的行使主体是债权人,债务人的各个债权人在符合法律规定的条件下均可以行使代位权。于此场合,这些债权人作共同原告。两个以上债权人以同一次债务人为被告提起代位权诉讼的,人民法院可以合并审理(《合同法解释(一)》第 16 条第 2 款)。债权人以次债务人为被告向人民法院提起代位权诉讼,未将债务人列为第三人的,人民法院可以追加债务人为第三人(《合同法解释(一)》第 16 条第 1 款)。学说认为,在债权人未将债务人列为第三人时,法院不宜直接把债务人追加为第三人。如果一个债权人已就某项债权行使了债权人的代位权,其他债权人就不得就该项权利再行使代位权,提起代位诉讼;若提起,人民法院便予以驳回。不过,其他债权人可以起诉债务人,请求其履行债务。

在代位权诉讼中,次债务人对债务人的抗辩,可以向债权人主张(《合同法解释(一)》第 18 条第 1 款)。债权人的代位权行使须通知债务人,通知后,第三人对于债务人开始有抗辩权。债务人在代位权诉讼中对债权人的债权提出异议,经审查异议成立的,人民法院应当裁定驳回债权人的起诉(《合同法解释(一)》第 18 条第 2 款)。

债权人应以自己的名义行使代位权,并须尽到善良管理人的注意。如违反该项义务给债务人造成损失,债权人应负赔偿责任。

债权人的代位权必须通过诉讼程序行使,若允许在诉讼外行使,则难以达到债权保全的目的。例如,因时效中断之起诉,因执行异议之起诉,均须在诉讼上行使。债权人的代位权必须通过诉讼程序行使,其主要原因在于:一方面,只有通过裁判方式才能保证某个债权人行使代位权所获得的利益能够在各个债权人之间合理分配;另一方面,只有通过裁判方式才能有效地防止债权人滥用代位权,防止随意处分债务人的权利或者将债务人的权利用以充抵自己的债权,同时也能够有效地防止债权人与其他未行使代位权的债权人、债务人以及次债务人之间因代位权的行使而发生不必要的纠纷。代位权的行使范围以债权人的债权为限(《合同法》第 73 条第 2 款前段)。在必要范围内,可以同时或者顺次代位行

---

① 王家福主编:《中国民法学·民法债权》,法律出版社 1991 年版,第 180 页。

使债务人的数个权利。应代位行使的权利的价值超过债权保全的程度时,要在必要的限度内,分割债务人的权利,才能行使代位权。但不能分割行使时,可以行使全部的权利。债权人的代位权行使,限于保存行为与实行行为,原则上不包含处分行为。①

(四) 债权人的代位权行使的效果

1. 代位权行使的效力

(1) 债务人的处分权的限制。

债权人行使代位权后,对于被代位行使的权利,债务人的处分权能受到限制。因为如果对于债务人的处分权能不加以限制,允许债务人任意处分其财产,势必使债权人代位权制度的目的落空。

不过,对于超过债权人代位请求数额的债权部分,债务人仍有处分的权能,债务人还可以另行提起诉讼,只是在代位权诉讼裁决发生法律效力以前,债务人提起的诉讼应当依法中止(参照《合同法解释(一)》第 22 条)。

(2) 时效的中断。

债权人提起代位权诉讼,一方面可以发生债权人的债权的诉讼时效中断的效果(参照《民法总则》第 195 条),另一方面,也发生债务人的债权的诉讼时效中断的效果(《诉讼时效若干规定》第 18 条)。

2. 效果的归属

代位权行使的效果,直接地归属于债务人;即使在债权人受领交付场合,也须作为对债务人(次债务人的债权人)的清偿,而不能将它直接作为对债权人自己债权的清偿。② 对于这种将行使代位权取得的财产先加入债务人的责任财产的做法,其道理在于,代位权本身与代位权的客体并不是一回事,代位权的客体是归属于债务人的,故其结果也应归属于债务人。债权人的代位权虽是为了让债权人保全自己的债权,却并非是自己债权的直接满足,而是一种对全体债权人的共同担保的制度,是保全债务人责任财产的制度(即共同担保的保全),债权人的代位权是要通过这种"共同担保的保全"来实现债权人"自己债权的保全"。债权人的代位权行使的效果直接归属于债务人。不过,我国司法解释未接受上述学说,而规定由次债务人向债权人履行清偿义务,债权人与债务人、债务人与次债务人之间相应的债权债务关系即予消灭(参照《合同法解释(一)》第 20 条)。

3. 费用的负担

债权人行使代位权的必要费用,由债务人负担(《合同法》第 73 条第 2 款后段)。此所谓必要费用,可包括律师代理费、差旅费等(参照《合同法解释(一)》第

---

① 史尚宽:《债法总论》,中国政法大学出版社 2000 年版,第 452 页。
② 〔日〕奥田昌道:《债权总论》(增补版),悠悠社 2000 年版,第 268 页。

26条)。另外,依司法解释,在代位权诉讼中,债权人胜诉的,诉讼费由次债务人负担,从实现的债权中优先支付(《合同法解释(一)》第19条)。

依《合同法》第73条第2款后段,行使代位权的债权人可享有费用偿还请求权。有学说认为,由于债权人代位乃是在行使债务人的权利,在此种限制下,债权人和债务人之间可以认为有一种法定委托关系存在。① 另外,在债权人代位属于对全体债权人的共同担保进行保全的场合,此种费用偿还请求权可以作为共益费用,在债务人的总财产上具有优先受偿权;在代位债权人受领标的物并因保管而支出费用的场合,对于该费用的偿还请求权,还可以在标的物上发生留置权。② 而在债权人事实上优先受偿的场合,其行使代位权的必要费用则不再构成共益费用,因而不应当再发生上述优先受偿权。③

三、债权人的撤销权

(一) 债权人的撤销权的概念与性质

债权人的撤销权,是指债权人对于债务人所为的危害债权的行为,可请求法院予以撤销的权利。

关于撤销权的性质,主要有形成权说、请求权说、折中说、责任说。我国学者多认为债权人的撤销权兼具请求权与形成权的性质。债权人撤销权的行使,一方面使债务人与第三人的民事法律行为归于无效,另一方面又使债务人的责任财产回复至行为前的状态。

(二) 债权人的撤销权的成立要件

债权人的撤销权的成立要件,因债务人所为的行为系无偿行为抑或有偿行为而有不同。在无偿行为场合,只需具备客观要件;而在有偿行为的情况下,则必须同时具备客观要件与主观要件。

应注意的是,在具体判断是否构成诈害行为时,通常理论上所说的客观要件与主观要件仅应作为一般论,不应机械地套用。近年来学说发展的结论是,应当对行为的主观状态、客观状态以及行为的效果等因素全面把握,进行有机的综合的判断。④

1. 客观要件

(1) 须有债务人的行为。依《合同法》第74条第1款规定,债权人可以撤销

---

① 〔日〕於保不二雄:《债权总论》,有斐阁1972年版,第176页。
② 〔日〕奥田昌道:《债权总论》(增补版),悠悠社2000年版,第268页。
③ 韩世远:《合同法总论》,法律出版社2004年版,第392页。
④ 〔日〕下森定:《对债权人撤销权的成立要件的研究序说》,载川岛武宜先生还历纪念《民法学的现代课题》,岩波书店1972年版,第225页以下;〔日〕於保不二雄、奥田昌道编:《注释民法(10)》(下森定执笔),有斐阁1987年版,第795页以下;〔日〕奥田昌道:《债权总论》(增补版),悠悠社2000年版,第286页;〔日〕铃木禄弥:《债权法讲义》(三订版),创文社1997年版,第183页。

的债务人的行为,一是放弃到期债权的行为;二是无偿转让财产的行为;三是以明显不合理的低价转让财产的行为。依《合同法解释(二)》第18条规定,债务人放弃其未到期的债权或者放弃债权担保,或者恶意延长到期债权的履行期的行为,债权人可以撤销。依《合同法解释(二)》第19条规定,对于《合同法》第74条规定的"明显不合理的低价",人民法院应当以交易当地一般经营者的判断,并参考交易当时当地的物价部门指导价或者市场交易价,结合其他相关因素综合考虑予以确认。转让价格达不到交易时交易地的指导价或者市场交易价70%的,一般可视为明显不合理的低价;对转让价格高于当地指导价或市场交易价30%的,一般可视为明显不合理的高价。债务人以明显不合理的高价收购他人财产的,人民法院可以根据债权人的申请,参照《合同法》第74条的规定予以撤销。

(2) 债务人的行为必须以财产为标的。所谓以财产为标的的行为,是指财产上受直接影响的行为。债务人的行为,非以财产为标的者不得予以撤销。例如结婚、收养或者终止收养等,不得撤销。以不作为债务的发生为目的的民事法律行为,以提供劳务为目的的民事法律行为,财产上利益的拒绝行为,以不得扣押的财产权为标的的行为,均不得作为债权人的撤销权的标的。

拒绝赠与要约、拒绝第三人承担债务、抛弃继承权或者遗赠等行为虽然以财产为标的,但它们均属未增加债务人财产的行为,并未减少债务人的责任财产,依债权人的撤销权制度的立法目的衡量,它们不宜列入债权人的撤销权制度的势力范围。换言之,这些财产上的拒绝行为不得被债权人撤销。

(3) 债务人的行为有害债权(《合同法》第74条第1款)。所谓有害债权,是指债务人减少其清偿资力,不能使债权人依债权本旨得到满足。债务人减少清偿资力包括两种情况:一为减少积极财产,例如让与所有权、设定他物权、免除债务;二为增加消极财产,例如债务人新负担债务。现存财产的变形,例如买卖、互易等,不一定导致减少资力的结果,只要有相当的对价,就不属于有害债权的行为。

有害债权不仅指债权受到现实的损害,将来受到损害亦包括在内。当然后者场合应由债权人负举证责任。

2. 主观要件

《合同法》(第74条第1款)对债务人以明显不合理的低价转让财产并造成债权人损害的场合,要求行使债权人的撤销权以受让人知情为要件;而对无偿转让财产等行为造成债权人损害的场合,债权人行使撤销权未要求债务人及受益人知情。在解释上,应认为在有偿行为场合,债权人的撤销权以债务人有恶意为成立要件,以受让人或者转得人有恶意为行使要件。①

---

① 在日本民法理论上,并不作此种"成立要件"与"行使要件"的区分,统一地称为成立要件。

(1) 债务人的恶意。恶意有意思主义与观念主义的界定分歧。按照意思主义，债务人在行为时须有诈害的意思。按照观念主义，债务人须明知有损债权人的权利，以知其行为可能引起或者增加其无资力状态为已足。债务人的恶意，以行为时为准。行为时不知，而后为恶意的，不成立诈害行为。其不知是否出于过失，在所不问。诈害行为由债务人的代理人实施的，其恶意的有无，就代理人的主观状态加以判断。债务人虽有恶意，但事实上未发生有害于债权人的结果时，不成立撤销权。

(2) 受益人的恶意。受益人，在《合同法》中称为"受让人"（第74条第1款后段），在《合同法解释（一）》中称为"受益人或者受让人"（第24条），是指基于债务人的行为而取得利益的人。他通常为与债务人发生民事行为的相对人，但在为第三人利益的合同中受益人为该第三人。

受益人的恶意，是指受益人在取得一定财产或者取得一定财产利益时，已经知道债务人所为的行为有害于债权人的债权，也就是说已经认识到了该行为对债权损害的事实。至于受益人是否具有故意损害债权人的意图，或者是否曾与债务人恶意串通，不在考虑之列。

为第三人利益的合同，以第三人（受益人）有恶意为已足，与债务人成立民事法律行为的相对人是否有恶意，在所不问。

受益人在受益后才为恶意的，债权人不得行使撤销权。受益人受利益与债务人行为在时间上不一致时，只要在受益时为恶意，不论行为时系善意或者恶意，就认定为恶意。

受益人的恶意，虽一般要求由债权人举证，但债权人能证明债务人有害于债权的事实，依当时具体情形应为受益人所能知晓的，可推定受益人为恶意。

(3) 转得人的恶意。在有些立法例上，规定有转得人（如《日本民法典》第424条第1项）。所谓转得人，指由受益人取得权利的人。《合同法》虽未规定转得人，但在债权人对转得人主张撤销权的场合，应以转得人受让财产时有恶意（即知道对债权人造成损害）为其行使要件，如果转得人受让财产属善意，且价格合理，已经交付或登记，自然可以对抗债权人（其善意构成撤销权行使的阻止事由），这是善意取得法理的当然要求。转得人对于"不知"是否具有过失，在所不问；纵然事后知道，其受让时属善意之事实亦不因此而改变。相应的举证责任问题，宜由转得人就自己善意进行举证。

(三) 债权人的撤销权的主体

债权人的撤销权的主体，是因债务人的行为而使债权受到损害的债权人。如果债权人为多数人，可以共同享有并行使债权人的撤销权，也可由每个债权人独立行使。不过，因债权人的撤销权行使的目的在于保障全体债权人的共同利益，所以，每个债权人行使债权人的撤销权将对全体债权人的利益发生效力。

确定债权人的撤销权的主体是否合格,关键在于确定哪些债权适合于保全。一般认为,可通过债权人的撤销权方式保全的债权须具备三个条件:(1)以财产给付为标的的债权;(2)因共同担保的减少而受损害的债权;(3)在债务人实施民事法律行为前产生的债权。

(四)债权人的撤销权的行使

债权人的撤销权由债权人以自己的名义在诉讼上行使。之所以要求以诉讼的形式行使,是因为债权人的撤销权对于第三人的利害关系重大,应由法院审查该撤销权的主体和成立要件,以避免滥用撤销权,达到债权人的撤销权制度的立法目的。

在债权为连带债权的情况下,所有的债权人可作为共同原告主张债权人的撤销权,也可以由其中的一个债权人作为原告。在后者情况下,其他共同债权人不得再就该撤销权的行使提起诉讼。

两个以上债权人以同一债务人为被告,就同一标的提起撤销权诉讼的,人民法院可以合并审理(《合同法解释(一)》第25条第2款)。

撤销权诉讼兼有给付之诉与形成之诉的性质。如依形成之诉,仅撤销债务人的行为即可达到增加债务人共同担保的目的。例如,债务人与第三人成立动产买卖合同,尚未交付该动产时,债权人的撤销权的行使采用形成之诉便足够了,不需要再提起给付之诉。但在动产已经交付,动产所有权已经转移给该第三人的情况下,撤销权的行使不仅需撤销该动产买卖合同,而且需依给付之诉请求该第三人返还该动产。[①] 关于撤销权诉讼的被告,因对债权人的撤销权性质的认识不同而有不同的主张。依我国通说(折中说),当债务人的行为属单独行为时,应以该债务人为被告;债务人与第三人通过合同已经转移财产时,原则上应以债务人与第三人为被告;若财产尚未转移时,应以债务人为被告;在给付之诉涉及受益人时,受益人也是被告。一种意见认为,该第三人(受益人或者受让人)不作为被告,而作为诉讼上的第三人。《合同法解释(一)》第24条规定:"债权人依照合同法第74条的规定提起撤销权诉讼时只以债务人为被告,未将受益人或者受让人列为第三人的,人民法院可以追加该受益人或者受让人为第三人。"此与我国通说见解亦不相同。[②]

撤销权的行使范围以债权人的债权为限[③](《合同法》第74条第2款前段)。但有学说认为,债权人的撤销权行使的目的在于保全所有的债权,因而其行使范围不以保全行使撤销权的一般债权人享有的债权额为限,而应以保全全体一般

---

① 史尚宽:《债法总论》,中国政法大学出版社2000年版,第477页。
② 韩世远:《合同法总论》,法律出版社2004年版,第414—415页。
③ 王家福主编:《中国民法学·民法债权》,法律出版社1991年版,第186页。

债权人的全部债权为限度。《合同法》的规定,旨在尽可能小地影响交易的安全。不过,在诈害行为的标的物为不可分物场合,仅限于债权额主张撤销并要求返还,已不可能,解释上宜认为可就不可分物整体主张撤销。

撤销权自债权人知道或者应当知道撤销事由之日起1年内行使。自债务人的行为发生之日起5年内没有行使撤销权的,该撤销权消灭(《合同法》第75条)。

(五)债权人的撤销权行使的效果

1. 撤销权行使的效力

债权人的撤销权行使的效力依判决的确定而产生,对债权人、债务人、第三人产生效力。

日本判例理论上认为,依请求权说和折中说,诈害行为仅在共同担保保全的限度内、并在作为撤销权诉讼当事人的债权人与受益人或者转得人相对的关系上归于无效。撤销判决的既判力不仅不及于没有参加撤销权诉讼的债务人,对于债务人与受益人、受益人与转得人之间的法律关系,亦不生任何之影响;原状恢复作为撤销的效果,仅在债权人与被告人之间相对的关系上发生,债务人并不因此而取得直接的权利。① 这便是日本判例通说上所谓的"撤销的相对效力"。可见,撤销的相对效力体现在两个方面:一是"人的方面",即仅限于撤销权诉讼的当事人,并不及于债务人;一是"财的方面",即仅在保全债权的限度内。依《合同法解释(一)》,债务人被作为撤销权诉讼的被告,受益人或者受让人可作为诉讼第三人(第24条),显然是没有"人的方面"的相对效力之概念的。相反,撤销权诉讼判决的既判力(债权人撤销权行使的效力,依判决的确定而产生),及于债权人、债务人、第三人(受益人或者转得人),因而属于绝对的效力。惟《合同法》要求撤销权行使的范围以债权人的债权为限(第74条第2款),《合同法解释(一)》亦要求各级法院仅就债权人主张的部分进行审理(第25条第1款),此处所谓"债权人的债权",为行使撤销权的债权人的债权,而非全体债权人的债权,这样来看,对于"财的方面",实行相对的效力。②

2. 效果的归属

债务人的行为一旦被撤销,即自始失去法律约束力。尚未依该行为给付的,当然恢复原状。已经依该行为给付的,受领人负有恢复原状的义务,在存在给付物的物权复归于给付人的情况下,产生财产返还;在物权已不复存在的情况下,发生作价返还的效果。不过,为了限制债务人不予受领或者再施处分,在解释上

---

① 日本大判8·4·11民录25辑808页。参见〔日〕奥田昌道:《债权总论》(增补版),悠悠社2000年版,第326页。

② 韩世远:《合同法总论》,法律出版社2004年版,第416—417页。

宜认为可由行使撤销权的债权人代为受领。另外，债权人可通过执行程序使其债权受偿。就受领的标的物，行使撤销权的债权人并没有优先受偿权，不过，如同债权人的代位权场合，在债权人因此所负的返还义务与债务人所负债务构成抵销适状时，债权人可以主张抵销权，从而获得如同优先受偿一样的实际效果。①

在没有抵销的场合，应该由行使撤销权的债权人与其他债权人平等受偿。这种场合，债权平等固然是一项原则，但同时也还存在着一个实际履行顺序的问题。如果依债务人任意履行而向撤销权人清偿，或者其他债权人如果没有及时主张债权，通常行使撤销权的债权人就会获得满足、实现债权，对此，其他债权人自不得提出异议。如债务人未为任意履行，债权人如欲实现其债权，则须依强制执行程序进行。

3. 费用的负担

债权人行使撤销权的必要费用，由债务人负担（《合同法》第 74 条第 2 款后段）。另依《合同法解释（一）》第 26 条，债权人行使撤销权所支付的律师代理费、差旅费等必要费用，由债务人负担；第三人有过错的，应当适当分担。自债权人行使撤销权属于对全体债权人的共同担保进行保全而言，此种费用可以作为共益费用，使之在债务人的总财产上具有优先受偿效力；在行使撤销权的债权人受领标的物并因保管而支出费用的场合，对于该费用的偿还请求权，还可以在标的物上发生留置权。而在债权人事实上优先受偿的场合，其行使撤销权的必要费用则不再构成共益费用，因而不应当再发生上述优先受偿权。②

第二节 债 的 担 保

一、债的担保概述

（一）债的担保的概念

债的担保，是促使债务人履行其债务，保障债权人的债权得以实现的法律措施。

债的担保有一般担保与特别担保之分。一般担保，是债务人必须以其全部财产作为履行债务的总担保。它不是特别针对某一项债的，而是面向债务人成立的全部债的。如此，它在保障债权实现方面显现出了弱点，即在债务人没有责任财产或者责任财产不足的情况下，债权人的债权便全部不能或者不能全部实现。在担保债权实现上具有优势的，当属特别担保。所谓特别担保，即通常所言

---

① 韩世远：《合同法总论》，法律出版社 2004 年版，第 417—418 页。
② 同上书，第 418—419 页。

之担保,是指以第三人的信用或者以特定财产担保债权实现的制度。

(二) 债的担保与反担保

债的担保包括人的担保、物的担保和金钱担保。担保人为了自己的利益,可以要求他人设定反担保。所谓反担保,是指在商品贸易、工程承包和资金借贷等经济往来中,有时为了换取担保人提供保证、抵押或者质押等担保方式,由债务人或者第三人向该担保人新设担保,以担保该担保人承担了担保责任后易于实现其追偿权的制度。该新设担保相对于原担保而言被称为反担保。《担保法》第4条第1款规定:"第三人为债务人向债权人提供担保时,可以要求债务人提供反担保。"

由于反担保的设立为民事法律行为,故其设立必须符合《民法通则》第55条规定的条件。反担保可以采用保证、抵押、质押的方式,每种反担保方式又各有其特定的成立要件,需符合《担保法》于相应条款规定的特定成立要件。

基于本书的体例安排,本节仅介绍和讨论保证、定金两种担保方式。

二、保证

(一) 保证概述

1. 保证的概念

保证,是指第三人和债权人约定,当债务人不履行其债务时,该第三人按照约定履行债务或者承担责任的担保方式。这里的第三人叫作保证人;这里的债权人既是主债的债权人,又是保证合同中的债权人;这里的"按照约定履行债务或者承担责任"称为保证债务,也有人称作保证责任。

2. 保证的法律性质

(1) 保证具有附从性。保证的附从性,具体表现在以下几个方面:

首先,成立上的附从性。保证以主债的成立为前提,于其存续中附从于主债。保证虽对于将来或者附条件的债也可成立,但这并非附从性原则的例外。

其次,范围和强度上的附从性。由保证的目的所决定,保证的范围和强度原则上与主债务相同,不得大于或者强于主债务。保证债务与主债务毕竟属于两个债务,它们的范围和强度当然可以有差异。但是,因保证债务具有附从性,故不得超过主债务的范围和强度。如有超过,应缩减至主债务的程度。例如保证债务的数额不得大于主债务的数额,应随着主债务额的降低而降低。在对附条件的主债务为无条件保证的场合,只成立附有与主债务同一条件的保证债务。约定保证债务的履行期早于主债务的履行期的,该约定的期限无效。约定保证债务的利息高于主债务的利息的,应缩减至主债务的利息。约定主债务人仅就其重大过失负责的,保证人也只就其重大过失负责。①

再次,转移上的附从性。主债权转移时,对于保证人的保证债权,原则上也随之转移。《担保法》第 22 条规定:"保证期间,债权人依法将主债权转让给第三人的,保证人在原保证担保的范围内继续承担保证责任。保证合同另有约定的,按照约定。"

最后,变更、消灭上的附从性。主债务消灭时,保证债务也随之消灭。例如,主债务因主合同解除而消灭、因适当履行而消灭时,保证债务也随之消灭。主债务变更时,保证债务一般随之变更,但不得增加其范围和强度。《担保法》第 24 条规定:"债权人与债务人协议变更主合同的,应当取得保证人书面同意,未经保证人书面同意的,保证人不再承担保证责任。保证合同另有约定的,按照约定。"

(2) 保证具有独立性。保证债务虽附从于主债务,但并非成为主债务的一部分,而是另一个独立的债务,在附从主债务的范围内有独立性。因此,保证合同可以约定保证债务仅担保主债务的一部分,保证债务的范围和强度可以不同于主债务,可以有自己独立的变更或者消灭原因。此外,保证合同还可以单就保证债务约定违约金,保证人可以单就部分债务提供担保。关于保证合同所发生的抗辩权,保证人可以单独行使。

需要指出的是,在国际贸易中运用的诸如"不可撤销的保函""见索即付的保函""见单即付的保函"等,独立于主债关系,不因主债的不成立、无效、被撤销等而归于消灭,保证人不享有和无权行使债务人对债权人所拥有的抗辩权,债权人许可债务人转让债务和债权人与债务人修改主合同,不构成保证人不负保证责任的原因,因而被称为独立保证。最高人民法院对独立保证的态度是区分国内和国际,承认独立保证在对外担保和外国银行、机构对国内机构担保上的效力,认为独立保证在国际上是当事人自治的领域。对于国内企业、银行之间的独立担保采取否定的态度,不承认当事人对独立担保的约定的法律效力。最高人民法院屡次以判决的形式,否定了独立担保在国内运用的有效性。② 但对于是否承认国内独立担保的效力,有学者持不同的观点。不过,在票据法上,票据保证具有独立性。

(3) 保证具有补充性。按照《担保法》第 17 条和第 18 条等条款的规定,保证分为一般保证和连带责任保证。在一般保证中,先由主债务人履行其债务,只有在对其财产强制执行而无效果时才由保证人承担保证责任。在主债纠纷未经审判或者仲裁,并就主债务人的财产依法强制执行无效果时,保证人对债权人可

---

① 史尚宽:《债法总论》,台北荣泰印书馆股份有限公司 1978 年版,第 830 页。
② 曹士兵:《中国担保诸问题的解决与展望——基于担保法及其司法解释》,中国法制出版社 2001 年版,第 27 页。

拒绝承担保证责任。这种性质就是保证的补充性。在连带责任保证中,虽不存在上述履行的前后限制,但也只有在主债务人不履行主债务时,债权人才既可以请求主债务人履行债务,也可以请求保证人在其保证范围内承担保证责任。

(二) 保证合同

1. 保证合同的概念分析

保证合同,是指保证人与债权人订立的在主债务人不履行其债务时,由保证人承担保证责任的协议。

保证合同是单务合同、无偿合同。在保证合同中,只有保证人承担债务,债权人不负对待给付义务。在保证合同中,保证人对债权人承担保证债务,债权人对此不提供相应代价,"有偿的约定承受保证契约之订立者,非保证契约,乃为保证契约之预约"。①

保证合同为诺成合同。保证合同因保证人和债权人协商一致而成立,不需另交标的物。

保证合同为要式合同。《担保法》第13条规定:"保证人与债权人应当以书面形式订立保证合同。"

保证合同为附从性合同。若主债无效,不论什么原因使然,保证合同均为无效。正因这种主从关系,保证合同无效,并不必然导致主债无效。但当事人另有约定的,依其约定(《担保法》第5条第1款后句)。

2. 保证合同的当事人

保证合同的当事人为保证人和债权人。其债权人可以是一切享有债权之人,其为自然人、其他组织抑或为法人,均无不可。保证人问题较为复杂,以下作较为详细的讨论。

首先,主债务人不得同时为保证人。如果主债务人同时为保证人,意味着责任财产未增加,仍然只是主债务人以自己的一般财产作一般担保,保证的目的落空。

其次,国家机关原则上不得为保证人。这是因为国家机关主要从事国家活动(包括立法活动、行政活动、司法活动等),其财产和经费来源于国家财政和地方财政的拨款,并主要用于符合其设立宗旨的公务活动。虽然国家机关也进行一些民事活动,如购置办公用品、兴建或者购买公务员住宅等,但仍以必要和可能为前提。因此,国家机关的财产和经费若用于清偿保证债务,不仅与其活动宗旨不符,也会影响其职能的正常发挥。此外,国家机关对外代表国家从事管理活动时,所欠债务由国家承担责任;以机关法人名义从事民事活动,以财政所拨预算经费为限,而预算经费为其担负的国家职能活动所必需,在经费紧张的今日,

---

① 史尚宽:《债法总论》,台北荣泰印书馆股份有限公司1978年版,第843页。

一般无剩余可言。故国家机关一般不具有代偿能力,由其作为保证人并不能保证债权的实现。《担保法》第 8 条规定:"国家机关不得为保证人,但经国务院批准为使用外国政府或者国际经济组织贷款进行转贷的除外。"外国政府贷款和国际经济组织贷款一般由国家有关主管机关负责借入,然后按有关规定转贷给国内有关单位。在转贷时,一般要求国内借款单位提供还款担保,这种担保得由国家机关提供。如,外国政府贷款的转贷,就要求借款单位提交省、直辖市、自治区或者计划单列市计委的还款担保。

再次,学校、幼儿园、医院等以公益为目的的事业单位、社会团体也不得作保证人(《担保法》第 9 条)。公益乃不特定之多数人的利益,一般是非经济利益。如果允许上述机构为债权人提供担保,极有可能减损其用于公益目的的财产,无疑有违公益法人的宗旨。因此,法律不允许它们作保证人。[①] 但并非事业单位法人均不能为保证人,《担保法解释》规定,从事经营活动的事业单位、社会团体为保证人的,如无其他导致保证合同无效的情况,其所签订的保证合同应当认定为有效(第 16 条)。

最后,企业法人的分支机构、职能部门,因其主体资格、清偿能力等方面的原因,也不宜充任保证人。《担保法》第 10 条规定:"企业法人的分支机构、职能部门不得为保证人。企业法人的分支机构有法人书面授权的,可以在授权范围内提供保证。"

应该指出,在理论上,许多学者认为股份有限公司和有限责任公司的财产为股东或者出资人所出,并最终归他们所有,因而不能由公司的工作人员擅自以此作保证财产,损害股东、出资人的合法权益。只有在公司章程中明文规定公司可充任保证人时,公司方可作保证人。

3. 保证合同的内容与形式

按照一般的理解,保证合同的内容是指保证人承担的保证债务(保证责任)和享有的抗辩权、债权人享有的请求保证人承担保证债务的债权。因这些权利义务主要通过保证合同的条款来体现和固定(未有条款体现的权利义务由法律规范直接产生或者由法官补充),故而保证合同的内容也可指合同的条款。

根据《担保法》第 15 条的规定,保证合同具有以下内容或曰条款:

(1)被保证的主债权种类与数额。被保证的主债权种类,如借款合同中的还本付息债权、买卖合同中的请求交付标的物或者支付价款的债权等均属此类。与被担保债权相对应者为被担保的债务,该债务是否有非专属性的限制呢?从《担保法解释》第 13 条关于"保证合同中约定保证人代为履行非金钱债务的,如

[①] 董开军主编:《〈中华人民共和国担保法〉原理与条文释义》,中国计划出版社 1995 年版,第 51—53 页。

果保证人不能实际代为履行,对债权人因此造成的损失,保证人应当承担赔偿责任"的规定来看,我国允许被担保的债务为专属性的债务。因债务人不履行专属性的债务可转化为赔偿责任,保证人可承担该责任。

自然债务是否得为保证的对象?应分两种情形而定:其一,保证成立后主债务变为自然债务的,例如主债务因时效完成而变为自然债务时,保证虽不因之而失效,但保证人得主张主债务人的时效完成的抗辩,即使债务人抛弃该抗辩权,保证人也有权主张[1];不过,保证人已经就此类债务承担了保证责任,保证人又以超过诉讼时效为由予以抗辩的,人民法院不予支持(《担保法解释》第35条)。其二,对时效已经完成的自然债务进行保证,其保证仍为有效,于此场合不得主张主债务的时效已经完成的抗辩(《担保法解释》第35条)。但保证人不知时效完成的事实且无重大过失的,应有权抗辩。

被担保的债权,也可以是将来可能发生的债权。《担保法》第14条规定:"保证人与债权人……也可以协议在最高债权额限度内就一定期间连续发生的借款合同或者某项商品交易合同订立一个保证合同。"这就是所谓"最高额保证"。

(2) 债务人履行债务的期限。债务人履行债务的期限是衡量债务人是否违约的标准之一,也是保证人是否实际承担保证责任的因素之一,因而应该明确规定。

(3) 保证的方式。保证方式包括一般保证和连带责任保证。不同的保证方式对当事人的利益有较大影响,应予明确规定。未约定时按连带责任保证论(《担保法》第19条)。

(4) 保证担保的范围。保证担保的范围依当事人在保证合同中的约定,无约定时按《担保法》第21条规定处理,即包括主债权及利息、违约金、损害赔偿金和实现债权的费用。

(5) 保证的期间。保证期间为保证责任的存续期间,事关保证人与债权人之间的债权债务能否行使或者履行,也是确定保证债务与诉讼时效关系的依据,因而保证合同应明确约定。

(6) 双方认为需要约定的其他事项。双方认为需要约定的其他事项,主要是指赔偿损失的范围及计算方法、是否设立反担保等。

保证合同中,若不完全具备上述条款,尚可补正。其补正依《合同法》第61条和第62条的规定,如仍不能补正的,法官可依职权填补漏洞。

关于保证合同的形式,《担保法》第13条要求保证合同采取书面形式。《担保法解释》第22条规定:"第三人单方以书面形式向债权人出具担保书,债权人接受且未提出异议的,保证合同成立。主合同中虽然没有保证条款,但是,保证

---

[1] 郑玉波:《民法债编各论》(下),台湾三民书局1981年版,第826页。

人在主合同上以保证人的身份签字或者盖章的,保证合同成立。"

4. 保证合同的不成立、无效及所生责任

按照我国现行法的规定,保证合同可因下述原因而归于无效:(1) 法人的分支机构、内部职能部门未经法人书面授权或者超出授权范围与债权人订立保证合同的(《担保法》第 29 条前段,《担保法解释》第 17 条、第 18 条);(2) 主债权人一方或者债权人与债务人双方采取欺诈、胁迫等手段,或者恶意串通,使保证人在违背真实意思情况下,提供保证的(《担保法》第 30 条、《担保法解释》第 40 条);(3) 国家机关未经国务院批准而与债权人订立保证合同的(《担保法》第 8 条);(4) 学校、幼儿园、医院等以公益为目的的事业单位与债权人订立保证合同的(《担保法》第 9 条)。

《担保法解释》还专就对外担保合同规定了无效的原因:(1) 未经国家有关主管部门批准或者登记对外担保的;(2) 未经国家有关主管部门批准或者登记,为境外机构向境内债权人提供担保的;(3) 为外商投资企业注册资本、外商投资企业中的外方投资部分的对外债务提供担保的;(4) 无权经营外汇担保业务的金融机构、无外汇收入的非金融性质的企业法人提供外汇担保的;(5) 主合同变更或者债权人将对外担保合同项下的权利转让,未经担保人同意和国家有关主管部门批准的,担保人不再承担担保责任。但法律、法规另有规定的除外(第 6 条)。

《担保法解释》规定,债务人与保证人共同欺骗债权人,订立主合同和保证合同的,债权人可以请求人民法院予以撤销。因此给债权人造成损失的,由保证人与债务人承担连带赔偿责任(第 41 条)。

主合同不成立、无效或者被撤销时,保证合同也就丧失法律效力。我国法律规定保证人按其过错承担相应的民事责任,即缔约过失责任,其责任方式为赔偿损失(《担保法》第 5 条,《担保法解释》第 4 条后段、第 7 条、第 8 条)。其赔偿范围是债权人相信保证合同有效但实际上却无效所受的损失,即信赖利益的赔偿。在主合同有效、保证合同无效的情况下,该信赖利益的赔偿表现为:(1) 缔约费用,包括邮电费用、赴订约地所支出的合理费用;(2) 准备接受保证人承担保证责任所支出的合理费用;(3) 债权人支出上述费用所失去的利息;(4) 丧失得到合格保证人的机会所遭受的损失。前三项为直接损失,在所立保证为一般保证或者连带责任保证中均无区别。后一项为间接损失,在所立保证为一般保证的场合,只要未出现对债务人的财产依法强制执行无效果的事实,债权人就不存在该间接损失,保证人不负赔偿间接损失之责;在对债务人的财产依法强制执行无效果的情况下,债权人因保证合同无效而遭受该间接损失,保证人应负责赔偿,具体数额依个案而定。在所立保证为连带责任保证场合,债务人迟延履行、不完全履行、拒绝履行、不能履行时均产生违约责任,保证人在任何一种情况下均负相应的责任,具体数额亦需依个案而定。

在主债和保证合同均为无效的情况下,保证人所负的信赖利益的赔偿,同样包括债权人的直接损失和间接损失。其直接损失包括缔约费用和相应的利息,一般不包括准备接受保证人承担保证责任所支出的费用。因为在债权人明知主债无效乃至明知保证合同无效时,不应作接受保证责任的准备。这里的间接损失因主债无效而使数额相对降低,比在主债有效但保证合同无效情况下的间接损失额低。

为使保证合同无效、被撤销时承担缔约过失责任更具有可操作性,《担保法解释》规定:(1)主债有效而担保合同无效,债权人无过错的,担保人与债务人对主债权人的经济损失,承担连带赔偿责任;债权人、担保人有过错的,担保人承担民事责任的部分,不应超过债务人不能清偿部分的1/2(第7条);(2)主债无效而导致担保合同无效,担保人无过错的,担保人不承担民事责任;担保人有过错的,担保人承担民事责任的部分,不应超过债务人不能清偿部分的1/3(第8条)。

(三) 保证的分类

我国现行法上将保证分为一般保证和连带责任保证。所谓一般保证,是指当事人在保证合同中约定,债务人不能履行债务时,由保证人承担保证责任的保证。所谓连带责任保证,是指当事人在保证合同中约定保证人与债务人对债务承担连带责任的保证。这两种保证之间最大的区别在于保证人是否享有先诉抗辩权。在一般保证,保证人享有先诉抗辩权(《担保法》第17条第2款);而在连带责任保证,保证人不享有先诉抗辩权(《担保法》第18条第2款)。

此外,还有单独保证和共同保证、定期保证和无期保证、诉讼程序中的保证和诉讼程序外的保证、有限保证和无限保证、继续的保证和一时的保证、将来债务的保证和既存债务的保证等分类。

(四) 保证担保的范围

保证担保的范围,亦即保证债务的范围,或者称保证责任的范围。《担保法》第21条第1款规定:"保证担保的范围包括主债权及利息、违约金、损害赔偿金和实现债权的费用。保证合同另有约定的,按照约定。"当事人约定保证担保的范围,可以单就本金债权为保证,不保证利息;也可以仅就债权的一部分设定保证;还可以只保证缔结保证合同时已存的债权,而不及后扩张的部分。应注意,基于保证的附从性要求,约定的保证担保的范围不得超出主债务的数额,否则,超出部分无效。

(五) 债权人与保证人之间的关系

1. 债权人的权利

债权人对保证人享有请求承担保证责任(履行保证债务)的权利。该权利的行使以主债务人不履行其债务为前提,以保证责任已届承担期为必要。在一般保证中,保证责任已届承担期时,虽然债权人有权行使上述请求权,但在主债务人已经适当给付或者承担应负责任的情况下,或者对主债务人的财产依法强制执行有效果的情况下,保证人有权主张先诉抗辩权,拒绝承担保证责任。如果保证人不行使抗辩权,债权人可以对主债务人和保证人有效地行使两个请求权,并可以同时或者先后请求全部或者一部履行。当然,任何一方为一部或者全部清偿时,其债务(责任)因而缩减或者消灭。在连带责任保证中,保证责任已届承担期,债权人请求保证人实际承担保证责任时,保证人无先诉抗辩权,但有主债务已适当履行或者相应责任已经承担的抗辩权。

债权人请求保证人承担保证责任的期间,(1)有约定时依约定,但约定的期间不得早于或者等于主债务的履行期限;(2)当事人无约定,或者约定的期间早于或者等于主债务的履行期限的,债权人请求保证人承担保证责任的期间,应自主债务履行期届满之日始,至6个月届满时止(《担保法》第25条第1款、第26条第1款);保证合同约定保证人承担保证责任直至主债务本息还清时为止等类似内容的,自主债务履行期届满之日起2年(《担保法解释》第32条第2款);(3)在保证人有权行使先诉抗辩权的情况下,保证人不负迟延责任,于此期间,债权人不得以保证责任与他对保证人的债务加以抵销;(4)债权人就申报债权后在破产程序中未受清偿的部分,要求保证人承担保证责任的,应当在破产程序终结后6个月内提出(《担保法解释》第44条第2款);(5)最高额保证合同对保证期间没有约定或者约定不明的,如最高额保证合同约定有保证人清偿债务期限的,保证期间为自清偿期限届满之日起6个月。没有约定债务清偿期限的,保证期间为自最高额保证终止之日或者自债权人收到保证人终止保证合同的书面通知到达之日起6个月(《担保法解释》第37条)。

2. 保证人的保证责任

保证责任,又称为保证债务,是保证人直接基于保证合同而产生的义务。

具有代偿能力的保证人承担保证责任,这无疑义。问题在于,不具有完全代偿能力的法人、其他组织或者自然人,以保证人的身份订立保证合同,与《担保法》关于保证人应具有代偿能力的要求(第7条)不一致的,如何处理?《担保法解释》规定,他们以自己没有代偿能力要求免除保证责任的,人民法院不予支持(第14条)。该司法解释还具体规定,企业法人的分支机构经法人书面授权提供保证的,如果法人的书面授权范围不明,法人的分支机构应当对保证合同约定的全部债务承担保证责任(《担保法解释》第17条第2款)。企业法人的分支机构经营管理的财产不足以承担保证责任的,由企业法人承担民事责任(《担保法解释》第17条第3款)。结合程序考虑这个问题,应适用《担保法解释》关于"企业法人的分支机构为他人提供保证的,人民法院在审理保证纠纷案件中可以将该企业法人作为共同被告参加诉讼。但是商业银行、保险公司的分支机构提供保证的除外"的规定,以求快捷、经济。

最高额保证合同的不特定债权确定后,保证人应当对在最高债权额度内就一定期间连续发生的债权余额承担保证责任(《担保法解释》第 23 条)。

主合同解除后,保证人对债务人应当承担的民事责任仍应承担保证责任,除非保证合同另有约定(《担保法解释》第 10 条)。

《担保法解释》第 26 条规定,第三人向债权人保证监督支付专款专用的,在履行了监督支付专款专用的义务后,不再承担责任。未尽监督义务造成资金流失的,应当对流失的资金承担补充赔偿责任。《担保法解释》第 27 条规定,保证人对债务人的注册资金提供保证的,债务人的实际投资与注册资金不符,或者抽逃、转移注册资金的,保证人在注册资金不足或者抽逃转移注册资金的范围内承担连带保证责任。

3. 保证人的权利

保证人对债权人不享有请求给付的权利,所享有的只是抗辩权或者其他防御性的权利。

(1) 主张债务人权利的权利

保证具有附从性,因而主债务人对于债权人所有的抗辩或者其他类似的权利,保证人均可主张。

第一,关于主债务人的抗辩权。《担保法》第 20 条规定:"一般保证和连带责任保证的保证人享有债务人的抗辩权。"该抗辩权主要有三类:其一,权利未发生的抗辩权。例如,主合同未成立,保证人对此也不知情,于此场合,保证人可对债权人主张主债权未成立的抗辩。其二,权利已消灭的抗辩权。例如,主债权因适当履行而消灭。保证人可对债权人主张权利已消灭,拒绝债权人的履行请求。其三,拒绝履行的抗辩权。例如,时效完成的抗辩权、同时履行抗辩权、不安抗辩权、先履行抗辩权等。即使债务人放弃上述抗辩权,保证人也有权主张,因为保证人主张主债务人的抗辩权并非代为主张,而是基于保证人的地位而独立行使。

第二,关于主债务人的其他类似权利。这里的其他类似权利有撤销权和抵销权。在撤销权方面,例如,主债务人对其主合同有撤销权时,保证人对债权人可以拒绝履行,也就是保证人可以将主债务人的撤销权引为自己抗辩的事由。

(2) 基于保证人的地位特有的抗辩权

基于保证人的地位而特有的抗辩权,在实体法上,就是先诉抗辩权,一般保证的保证人享有此权。

先诉抗辩权,又称检索抗辩权,是指保证人在债权人未就主债务人的财产依法强制执行而无效果时,对于债权人可拒绝清偿的权利。《担保法》是采用"就债务人财产依法强制执行仍不能履行债务前,对债权人可以拒绝承担保证责任"的用语。因金钱债务没有不能履行,种类债务也大多不构成不能履行,因而在种类之债及金钱之债中,一般保证就会名存实亡,保证责任基本上不会实际承担,先诉抗辩权变成无条件的、永不消失之权。这显然违背《担保法》的立法目的,需要重新诠释这里的"不能履行",将"就债务人财产依法强制执行仍不能履行债务前"解释为"就债务人财产依法强制执行无效果前"。所谓依法"强制执行无效果",包括执行结果不能清偿债务,或者不足清偿债务等诸情形,例如,拍卖主债务人的财产无人应买,或者拍卖所得价款仅能清偿一部分债务,或者主债务人虽有财产却不知其所在等。对此,《担保法解释》第131条已经明确:"本解释所称'不能清偿'指对债务人的存款、现金、有价证券、成品、半成品、原材料、交通工具等可以执行的动产和其他方便执行的财产执行完毕后,债务仍未能得到清偿的状态。"

先诉抗辩权既可通过诉讼行使,也可以在诉讼外行使。但按照《担保法》第17条第3款的规定,在下列三种情况下不得行使:其一,债务人住所变更,致使债权人要求其履行债务发生重大困难。包括债务人下落不明、移居境外,且无财产可供执行(《担保法解释》第25条)。本书作者认为,住所变更无论是在国内迁徙还是移居国外,并不限定,关键是导致债权人请求主债务人履行债务发生重大困难。对重大困难的判断,应综合诉讼及执行的难易程度、债务人的财产状况等客观情况进行。关于住所变更的时间,必须是在保证合同成立之后,而不能是成立之前或者当时。其二,人民法院受理债务人破产案件,中止执行程序。债权人于此期间不能从主债务人处获得满足,甚至将来也是如此,只有保证人实际承担保证责任才会实现债权,于是法律不允许保证人行使先诉抗辩权。其三,保证人以书面形式放弃先诉抗辩权。既然保证人放弃此权,法律就无必要对其特别保护,故而不允许其再主张先诉抗辩权。

基于保证人的地位而特有的抗辩权,结合程序法,保证人可以基于《担保法解释》第130条关于"在主合同纠纷案件中,对担保合同未经审判,人民法院不应当依据对主合同当事人所作出的判决或者裁定,直接执行担保人的财产"的规定,抗辩关于承担保证责任的主张。

(3) 基于一般债务人的地位应有的权利

在保证关系中,保证人是债务人,因而一般债务人应有的权利,保证人也应享有。例如,保证债务已经单独消灭时,保证人有权主张;保证债务未届清偿期的场合,保证人有权抗辩;保证合同不成立、无效或者被撤销致使保证债务不存在时,保证人有权拒绝履行保证债务;保证债务罹于诉讼时效时,保证人亦可拒绝负责。

(六) 保证人与主债务人之间的关系

保证本为保证人与债权人之间的关系,其效力原本不包含保证人与主债务人之间的关系,但保证人与主债务人之间毕竟存在着代位权、追偿权和保证责任除去请求权等内容,故有必要讨论。

1. 保证人的追偿权

保证人的追偿权,又称保证人的求偿权,是指保证人承担保证责任后,可以向主债务人请求偿还的权利。保证人承担保证责任,对债权人与保证人之间的关系来说,形式上属于清偿自己的债务,但对主债务人与保证人之间的关系而言,实质上仍然属于清偿他人(主债务人)的债务。于是,自然有"保证人承担保证责任后,有权向债务人追偿"(《担保法》第31条)的必要。

保证人追偿权的产生必须具备以下要件:(1)必须是保证人已经对债权人承担了保证责任。(2)必须使主债务人对债权人因保证而免责。如果主债务人的免责不是由保证人承担保证责任的行为引起的,保证人就没有追偿权。(3)必须是保证人没有赠与的意思。

如果保证人系基于主债务人的委托而产生的,那么保证人与主债务人之间的关系属于委托合同关系,应适用委托合同规范处理。具体而言,保证人为受托人,他承担保证责任而使主债务人(委托人)免去对债权人的责任,属于处理委托事务。于是,保证人承担保证责任所支付的原本、利息和必要费用均可向主债务人追偿;如有损害,尚可请求损害赔偿。

如果保证人与主债务人之间为无因管理关系,保证人承担保证责任符合法律规定、社会常理及主债务人的正确意见,那么,保证人就此支付的原本、利息和必要费用可请求主债务人偿还,如有损害尚可请求赔偿。假如保证人承担保证责任违反法律规定、社会常理、主债务人的正确意见,那么,保证人就此支付的原本、利息和必要费用虽可向主债务人追偿,也只能在主债务人获得利益的限度内主张。《担保法解释》规定,保证人自行履行保证责任时,其实际清偿额大于主债权范围的,保证人只能在主债权范围内对债务人行使追偿权(第43条)。

保证人的追偿权为一新成立的权利,应适用《民法总则》第188条规定的3年时效期间,并从保证人承担保证责任之日起开始计算(《担保法解释》第42条第2款)。

在主债务人不主动偿还债务的情况下,保证人既可以采取一般途径请求债务人偿还,也可以依靠司法途径主张。人民法院判决保证人承担保证责任或者赔偿责任的,应当在判决书主文中明确保证人享有追偿权。判决书未予明确追偿权的,保证人只能按照承担责任的事实,另行提起诉讼(《担保法解释》第42条第1款)。

关于共同保证人的追偿权问题,也应分别情况予以对待:其一,如果保证人之间按份对主债务承担保证责任,各个保证人则按份向债权人履行保证债务。按份共同保证的保证人按照保证合同约定的保证份额承担保证责任后,在其履行保证责任的范围内对债务人行使追偿权(《担保法解释》第21条)。如果保证人履行的债务大于其保证债务的,其大于部分无权向主债务人主张追偿。其二,如果各共同保证人对债务负连带保证责任,则每一个保证人都有义务向债权人履行全部保证债务。各保证人履行保证债务后,有权就该债务向主债务人追偿。向主债务人不能追偿的部分,由各连带保证人按其内部约定的比例分担。没有约定的,平均分担(《担保法解释》第20条第2款)。其三,人民法院受理债务人破产案件后,债权人未申报债权的,各连带共同保证的保证人应当作为一个主体申报债权,预先行使追偿权(《担保法解释》第46条)。

《担保法》第32条规定:"人民法院受理债务人破产案件后,债权人未申报债权的,保证人可以参加破产财产分配,预先行使追偿权。"这包括两种情况:(1)主债务人破产时,已经履行保证债务的保证人可以其追偿权作为破产债权,参加破产程序。保证人履行了自己承担的保证债务的,即从债权人处取得代位权和向主债务人的追偿权。如果主债务人破产,那么保证人可以破产财产的债权人的身份参加破产程序,并以其对主债务人的追偿权作为破产债权,从破产财产中得以清偿。(2)主债务人破产时,保证人并未实际履行保证债务,亦可以将来的追偿权作为破产债权,参加破产程序。保证人虽尚未实际履行保证债务,但主债务人既已经破产,自然不能履行其与债权人之间的主债务,债权人要求保证人履行保证债务几乎是必然的。因此,应当允许保证人以将来的追偿权作为破产债权,参加破产程序。《担保法解释》第44条第2款规定:"债权人申报债权后在破产程序中未受清偿的部分,保证人仍应当承担保证责任。债权人要求保证人承担保证责任的,应当在破产程序终结后6个月内提出。"因为在连带责任保证的情况下,债权人可以要求保证人或者主债务人任何一方首先履行义务;而在一般保证的情况下,根据《担保法》第17条第3款的规定,保证人不享有先诉抗辩权,即此时也等同于连带责任保证。因此,当债权人不申报债权时,应当允许保证人预先行使追偿权。但是,债权人已经以其债权总额作为破产债权参加了破产程序的,则保证人不得再以将来的追偿权参加破产清偿。这是因为,此时债权人已经参加了破产程序,如果允许保证人的追偿权再加入破产债权,则实质上发生同一债权双重加入的结果。同时,既然债权人参加了破产程序,债权人的债权已通过破产程序得到部分满足,对保证人而言,也无所谓追偿权问题。即便债权人未能依破产程序获得全部清偿,他可就未清偿部分要求保证人履行保证责任,但由于债权人已加入破产程序,保证人即使对这部分债务为履行,也仍不能再加入破产程序。债权人获部分清偿后,破产程序已告结束,保证人也无从加入破产程序,他因履行保证债务的损失只能由其自身承担,这由其承担保证责任的风险所致。①

2. 保证人的代位权

保证人的代位权,是指保证人向债权人承担保证责任后,可以取代债权人的地位,行使其债权的权利。其成立要件为:(1)必须是保证人已经向债权人承担保证责任;(2)必须是保证人对主债务人有追偿权。这是因为代位权系为确保追偿权而设,所以必须有追偿权,才有代位权。具备了上述要件,保证人就可以在其承担保证责任的限度内代债权人之位行使其债权。

(七) 保证责任的免除

保证责任的免除,又称保证债务的免除,本指对已经存在的保证责任基于法律的规定或者当事人的约定加以除去的现象。这里为叙述方便,将根本就未产生保证责任、保证人不负责的现象也放在保证责任的免除标题下进行讨论。

1. 主债的当事人双方恶意串通,骗取保证人提供保证的,必须保护保证人的利益,保证人不承担保证责任(《担保法》第 30 条第 1 项)。

2. 主债的债权人采取欺诈、胁迫等手段,使保证人在违背真实意思的情况下提供保证的,也应当保护保证人的利益。《担保法》第 30 条第 2 项规定保证人不承担保证责任。

3. 主债的债务人采取欺诈、胁迫等手段,使保证人在违背真实意思的情况下提供保证的,债权人知道或者应当知道欺诈、胁迫事实的,保证人不承担保证责任(《担保法解释》第 40 条)。其反面推论是,债权人不知道并且不应当知道欺诈、胁迫事实的,保证人仍然承担保证责任。债权人是否知道或者应当知道主债务人采取欺诈、胁迫等手段,使保证人订立保证合同,由保证人举证证明。②

4. 保证合同约定,债权人转让其债权时,保证责任免除,应依其约定。无此约定的,保证人在原担保的范围内继续承担保证责任(《担保法》第 22 条)。所谓约定债权人转让其债权时保证责任免除,包括保证人与债权人事先约定仅对特定的债权人承担保证责任或者禁止债权转让的,保证人不再承担保证责任(《担保法解释》第 28 条后段)。债权人将对外担保合同项下的权利转让,未经担保人同意和国家有关部门批准的,担保人不再承担担保责任,除非法律、法规另有规定(第 6 条第 5 项)。

5. 保证期间,债权人许可债务人转让债务,但未经保证人的同意,由于这极可能损害保证人的利益,《担保法》第 23 条规定,保证人不再承担保证责任。《担保法解释》将其精确化为:保证期间,债权人许可债务人转让部分债务未经保证

---

① 刘成祥:《保证制度的若干理论与实务》,吉林大学法学院 1995 年硕士学位论文,第 64—65 页。
② 参见曹士兵:《中国担保诸问题的解决与展望——基于担保法及其司法解释》,中国法制出版社 2001 年版,第 166—167 页。

人书面同意的,保证人对未经其同意转让部分的债务,不再承担保证责任。但是,保证人仍应当对未转让部分的债务承担保证责任(第29条)。

6. 债权人与债务人协议变更主合同,但未经保证人同意,这极可能损害保证人的合法权益。对此种情况,《担保法》第24条规定,保证人不再承担保证责任,除非当事人有相反的约定。《担保法解释》则区分情况,采取利益衡量的方法,而作不同的处理:在对外担保的情况下,主合同变更未经担保人同意和国家有关部门批准的,担保人不再承担担保责任,除非法律、法规另有规定(第6条第5项)。保证期间,债权人与债务人对主合同数量、价款、利率等内容作了变动,未经保证人同意的,如果减轻债务人的债务的,保证人仍应当对变更后的合同承担保证责任;如果加重债务人的债务的,保证人对加重的部分不承担责任(第30条第1款)。债权人与债务人对主合同履行期限作了变动,未经保证人书面同意的,保证期间为原合同约定的或者法律规定的期间(第30条第2款)。债权人与债务人协议变动主合同内容,但并未实际履行的,保证人仍应当承担保证责任(第30条第3款)。如果忽略下位阶规范不得抵触上位阶规范的原则,《担保法解释》的规定更为合理。

7. 在一般保证的情况下,保证期内,债权人未对债务人提起诉讼或者申请仲裁的,保证人免除保证责任(《担保法》第25条第2款前段)。在连带责任保证的情况下,保证期内,债权人未要求保证人承担保证责任的,保证人免除保证责任(《担保法》第26条第2款)。

8. 在同一债权既有保证又有物的担保的情况下,债务人不履行到期债务或者发生当事人约定的实现担保物权的情形,债权人应当按照约定实现债权;没有约定或者约定不明确,债务人自己提供物的担保的,债权人应当先就该物的担保实现债权;第三人提供物的担保的,债权人可以就物的担保实现债权,也可以要求保证人承担保证责任。提供担保的第三人承担担保责任后,有权向债务人追偿(《物权法》第176条)。

9. 主合同当事人双方协议以新贷偿还旧贷,除保证人知道或者应当知道的外,保证人不承担民事责任。新贷与旧贷系同一保证人的,不适用前款的规定(《担保法解释》第39条)。其中,保证人知道或者应当知道的判断标准在实务中成为突出问题。若有证据表明,保证人的法定代表人知道主合同当事人双方协议以新贷偿还旧贷;保证人的法定代表人在担保为偿还旧贷而新贷的合同书上签名;若有证据表明,保证人的其他管理人员明知主合同当事人双方协议以新贷偿还旧贷,该管理人员以经办人的名义在担保为偿还旧贷而新贷的合同书上签名,并盖有保证人的合同专用章,均为保证人知道或者应当知道,保证人应当承担保证责任。

10. 保证合同约定,主合同解除后,保证人不再对债务人承担的民事责任负保证责任的,依其约定(《担保法解释》第 10 条)。

11. 一般保证的保证人在主债权履行期间届满后,向债权人提供了债务人可供执行财产的真实情况的,债权人放弃或者怠于行使权利致使该财产不能被执行,保证人可以请求人民法院在其提供可供执行财产的实际价值范围内免除保证责任(《担保法解释》第 24 条)。

三、定金

(一)定金的概念分析

定金,是指合同当事人为了确保合同的履行,依据法律规定或者当事人双方的约定,由当事人一方在合同订立时,或者订立后、履行前,按合同标的额的一定比例,预先给付对方当事人的金钱或者其他代替物。

定金是通过一方当事人向对方当事人交付一定数量的金钱或者其他代替物,履行与否与该特定数额的金钱或者其他代替物的得失挂钩,使当事人心理产生压力,从而积极而适当地履行债务,以发挥担保作用。可见,它与人的担保和物的担保不同,属于金钱担保。

定金的成立,不仅须有双方当事人的合意,而且应有定金的现实交付,具有实践性。若无定金的实际交付,定金不成立(参见《担保法》第 90 条后段、《担保法解释》第 119 条的规定)。

定金的有效以主合同的有效成立为前提,定金合同是主合同的从合同。主合同无效时,定金合同亦无效,除非担保合同另有约定(《担保法》第 5 条第 1 款后段)。这表明定金合同具有从属性。

定金与预付款虽然都可以是一方向另一方交付一定的金钱,但二者的法律性质和效力却存在很大差别。其一,定金是一种担保方式,不属于债务的履行范畴;而预付款属于价金支付义务的一部分,并且是提前履行部分债务,其作用在于使接受预付款的一方获得期限利益。其二,定金的交付形成一个定金合同,独立于也从属于主债关系;而预付款的交付属于履行主债的一部分,不构成一个独立的合同。其三,定金一般是一次性交付,预付款可以分期支付。[①] 其四,定金的类型较多,作用也有差异。有的是合同的成立要件,有的起证明合同的存在的作用,有的是解除合同的代价。预付款原则上没有这些性质和作用,但实务中出现了把预付款作为合同生效的先决条件和解除条件的现象。其五,当事人一方不履行合同并达到严重程度,适用定金罚则。而预付款无此效力,在标的物正常交付的情况下,交付预付款的一方再补交剩余的价款即可;在交付标的物的一方

---

① 苏惠祥主编:《中国当代合同法论》,吉林大学出版社 1992 年版,第 204 页。

违约的情况下,如果交付预付款的一方解除合同,他有权请求返还预付款;如果他不解除,则有义务继续交付剩余的价款。

定金与押金均属于金钱担保的范畴,都是当事人一方按约定给付对方的金钱或者其他代替物,在合同适当履行后,都发生返还的法律后果。但它们仍为不同的担保方式。其一,定金的交付通常是在合同订立时或者履行前,具有预先给付的特点;押金的交付,或者与履行主合同同时,或者与履行主合同相继进行,不是预付。其二,定金担保的对象是主合同的主给付,押金担保的对象往往是主合同的从给付。其三,定金的数额低于合同标的额,且不得超过法定的比例;押金的数额往往高于或者等于被担保的债权额。其四,定金具有在一方违约时发生定金丧失或者双倍返还的效力,押金没有双倍返还的法律效果。

在期货交易、国有土地使用权出让、建设工程、长途电话业务合作等合同或者法律关系中,时常出现保证金的担保方式。其种类和性质复杂,对于债权的保障作用也多种多样,需要具体分析。(1)有的保证金无定金罚则的效力,只是作为当事人一方履行付款义务的备用金,并且存储于双方当事人指定的账户上或者债权人的账户上,该当事人未及时或者如数地交付应付款额,对方当事人就从保证金中提取相应的保证金。这种保证金对于债权人的债权而言具有较强的保障作用。(2)有的是名为保证金,实为预付款。它使债权提前全部或者部分地得到实现。就这部分债权来说,保证金实际上起到了保障债权的作用,但就尚未清偿的债权部分而论,保证金无任何保障作用。(3)根据当事人的意思和合同全部条款的联系性,有的保证金属于定金。(4)有的保证金,交付保证金的一方当事人不履行债务,保证金归接受它的一方当事人享有;接受保证金的一方当事人不履行债务,不负双倍返还的责任。

(二)定金的种类

定金制度,古已有之,中外皆用。但因时代、场所及交付阶段的不同,其性质和效力也不尽一致。我国现行法承认了如下五类。

1. 成约定金

成约定金,是指作为合同成立要件的定金,因定金的交付,合同才成立。成约定金是德国固有法的制度,称为手金(Handgold)。德国的现行法未规定这种制度,但因其奉行合同自由原则,所以允许当事人约定成约定金。我国《担保法解释》允许当事人约定以交付定金作为主合同成立或者生效要件的情形。不过,持比较宽松的态度,在主合同已经履行或者已经履行主要部分的情况下,即使给付定金的一方尚未交付定金,主合同仍然成立或者生效(《担保法解释》第116条)。

2. 证约定金

证约定金,是指以定金为订立合同的证据。这种定金不是合同的成立要件,仅以证明合同成立为目的。在罗马法,定金通常有证约定金的性质。德国普通法及近代多数国家的立法,多承认这种定金。对于此类定金,我国现行法虽然无明确的条文,但学说大多认为,定金的交付一般都标志着合同的存在,所以,有证明合同成立的作用。对方当事人若否认合同成立,须举证定金的交付另有原因和作用,而非主合同成立的标志。此外,在合同存在着无效、撤销或者效力未定的原因时,合同被确认为无效、被撤销、不被追认,定金的交付,只能证明合同成立,不能使合同有效。

3. 违约定金

违约定金,是指交付定金的当事人若不履行债务,接受定金的当事人可以没收定金。《担保法》第89条对此予以了规定。这种定金和违约金都具有间接强制债务履行的效力。违约定金通常兼有证约定金的作用。

4. 解约定金

解约定金,是指以定金为保留合同解除权的代价,也就是交付定金的当事人可以抛弃定金以解除合同,而接受定金的当事人也可以通过双倍返还定金来解除合同。在罗马法上,除当事人另有约定以外,定金不当然具有解除权保留的效力。普鲁士民法、奥地利民法、德国民法、瑞士民法都承继了罗马法的上述思想,只是法国民法和日本民法规定解约定金为定金通常的性质。我国的《民法通则》《担保法》和《合同法》均未明确规定解约定金,《担保法解释》则明确承认了此类定金:定金交付后,交付定金的一方可以按照合同的约定以丧失定金作为代价而解除主合同,收受定金的一方可以双倍返还定金作为代价而解除主合同(第117条前段)。

5. 立约定金

立约定金,是指为保证正式缔约的定金。我国在1949年以前,即有出卖土地先成立押议后订立正式合同的习俗。在现行法上,《担保法解释》规定,当事人约定以交付定金作为订立主合同担保的,给付定金的一方拒绝订立主合同的,无权要求返还定金;收受定金的一方拒绝订立主合同的,应当双倍返还定金(第115条)。这些都是承认立约定金的表现。立约定金在实务上已经出现。[①]

(三) 定金的成立

在我国现行法上,定金合同为要式合同,定金的成立必须有书面定金合同(《担保法》第90条前段)。定金合同不仅需要当事人双方的意思表示一致,而且需要现实交付定金。定金合同从实际交付定金之日起生效(《担保法》第90条)。关于定金交付的时间,《担保法》规定由当事人在定金合同中约定(第90条中段)。在这里,存在着带有约束性的规则:立约定金必须在主合同订立之前交付,

---

[①] 苏文能、黄毅:《本案应否双倍返还定金》,载《人民法院报》2003年1月12日,第3版。

否则，起不到担保主合同订立的作用；成约定金原则上在主合同订立之前或者成立之时交付，这是由此类定金为主合同的成立要件的性质和功能所决定的，不过存在例外，即主合同已经履行或者已经履行主要部分；证约定金通常与主合同成立同时交付，以确实起到证明合同成立的作用；违约定金和解约定金既可以在主合同成立同时交付，也可以在主合同成立后、履行前交付，因为在这段期限内的任何时刻交付，违约定金的功效都是同样的。

定金的标的，一般为金钱，少数情况下是其他代替物。在金钱以外的物作定金标的的场合，之所以要求为代替物，是因为接受定金的当事人不履行债务时，必须双倍返还，而不代替物为定金标的时无法双倍返还。定金的数额由当事人约定，但不得超过主合同标的额的20%（《担保法》第91条）。超过的部分，人民法院不予支持（《担保法解释》第121条）。

因法谚有"货币属于其占有者"之说，所以定金的交付便转移了定金的所有权。[①] 定金由接受者收取后可任意处分的事实也证明了上述结论的正确性。这一结论也适用于代替物为定金标的的场合，因为代替物由接受定金的当事人收取后，可以任意消费和为法律上的处分，显现出所有权的性质和效力。

（四）定金的效力

定金的效力因定金的种类不同而不同。成约定金的效力是，定金的交付使主合同成立，不交付则原则上主合同不成立，不发生定金罚则的效力（《担保法解释》第116条）。证约定金的效力在于证明合同成立，也不具有罚则的效力。解约定金具有解除合同的效力，该效力的发生以定金的丧失或者双倍返还为条件：交付定金的一方丧失定金返还请求权，将合同解除；收受定金的一方双倍返还定金，将合同解除（《担保法解释》第117条）。立约定金的效力在于，给付定金的一方丧失定金的返还请求权才可以拒绝订立主合同，若保有该请求权则必须订立主合同；收受定金的一方若保有定金就必须订立主合同，只有双倍返还定金才可以拒绝订立主合同（《担保法解释》第115条）。违约定金的情况相对复杂，需要多作些解释、说明。

违约定金具有预付违约金的性质，它是为制裁债务不履行而交付的。正因为如此，所以，定金罚则的生效以存在着可归责于当事人的事由为要件。当合同因不可归责于当事人的事由而不能履行时，任何当事人都不应受到制裁，定金应当返还。对此，《担保法解释》已经明确规定："因不可抗力、意外事件致使主合同不能履行的，不适用定金罚则。因合同关系以外第三人的过错，致使主合同不能履行的，适用定金罚则。受定金处罚的一方当事人，可以依法向第三人追偿。"（第122条）其中，在实行过错原则的法制下，所谓"因合同关系以外第三人的过

[①] 郑玉波：《民法物权》，台湾三民书局1988年版，第417—418页。

错,致使主合同不能履行的,适用定金罚则",属于当事人为他人的过错承担责任,也可以解释为由于可归责于当事人的原因而承担责任。所以,对于此类情形仍然可以解释为定金罚则的生效以过错为要件。

违约定金必须在因可归责于当事人一方的事由而不履行债务时才发生制裁效力,或者说定金罚则生效,其具体内容如下:给付定金的一方不履行约定的债务的,无权要求返还定金;收受定金的一方不履行约定的债务的,应当双倍返还定金(《民法通则》第89条第3项、《担保法》第89条后段)。

违约定金在债务人拒绝履行和不能履行两种情况下发生罚则效力,这为司法解释和学说共同承认。但在逾期履行、不完全履行的情况下,应当按照《担保法解释》第120条的下述规定处理:"因当事人一方迟延履行或者其他违约行为,致使合同目的不能实现,可以适用定金罚则。但法律另有规定或者当事人另有约定的除外。当事人一方不完全履行合同的,应当按照未履行部分所占合同约定内容的比例,适用定金罚则。"

第二十一章　债的转移与消灭

第一节　债　的　转　移

一、债的转移的概念与特征

债的转移,是指债的关系不失其同一性,而其主体有所变更的现象,或者说,在债的关系不失其同一性的前提下,债的关系的一方当事人依法将其债权、债务全部或者部分地转让给第三人的现象。

债的转移属于债的变更,是债的主体发生变更,即由新的主体代替旧的主体,或者是债权转移,或者是债务转移,或者是债权债务转移。无论是债权转移还是债务转移,都可以是全部的,也可以是部分的。

债的转移,有的基于法律的直接规定发生,此类转移称为法律上的转移,如依继承法规定,被继承人死亡,其包括合同权利义务在内的遗产即转移于继承人;有的基于法院的裁决发生,此类转移称作裁判上的转移;有的基于民事法律行为发生,此类转移名为民事法律行为上的转让,如遗嘱人以遗嘱将其合同权利转让给继承人或者受遗赠人,或者转让人与受让人订立转让合同而将合同权利、义务转让。其中,通过转让合同而转移合同权利,属于债权让与;通过转让合同而转移合同义务,称为债务承担。本章重点介绍债权让与、债务承担和债权债务的概括转让。除非另有说明,债权让与限于合同权利的让与,债务承担单指合同义务的承担,债权债务的概括转让仅指合同权利义务的概括转让。

债转移时,债的关系不失其同一性。所谓债的关系不失其同一性,是指债的效力依旧不变,不仅其原有的利益(如时效利益)和瑕疵(如各种抗辩)均不受转移的影响,而且其从属的权利(如担保)原则上亦仍然继续存在。因而,债的转移与债的更改大不相同,因为后者乃消灭旧债的关系,成立新债的关系,所有旧债的关系上的利益和瑕疵及从权利均随之消灭。[①]

二、债权让与

(一) 债权让与的概念

债权让与,是指债的关系不失其同一性,债权人通过让与合同将其债权转移

---

① 郑玉波:《民法债编总论》,中国政法大学出版社2004年版,第431页。

于第三人享有的现象。其中的债权人称为让与人,第三人称为受让人。例如,甲公司向乙公司购买苹果2000斤,甲公司有请求乙公司给付苹果2000斤的债权,后来甲公司和乙公司约定,甲公司将其请求乙公司给付苹果2000斤的债权让与丙公司,丙就成为债权人,有权请求乙给付苹果2000斤,这就是债权让与。

债权让与合同成立并生效,债权就发生让与的效果,不需要履行行为,至少不需要履行主给付义务,但有时需要履行诸如交付债权凭证等从给付义务。这是债权让与合同与有体物买卖合同的明显不同点。

债权让与不同于物权变动,这不仅是因为债权不同于物权,而且表现在对于公示的要求不同。物权变动必须通过转移占有、登记等公示形式对外表现出来。① 至于债权让与,除非法律、行政法规规定转让债权应当办理批准、登记手续,否则无须采用特别的公示方式(《合同法》第87条)。除票据债权等以外,债权让与无登记、占有转移的要求。至多对已经做成债权证书的债权进行让与时,必须交付债权证书。这属于履行从给付义务。

债权让与,是债权人处分其权利的表现,类推《合同法》第132条第1款、第51条等规定,需要债权人享有处分权。

(二)债权让与合同的有效条件

在德国民法和我国台湾地区民法上,债权让与系准物权行为,属于处分行为,而处分行为以处分人具有处分权为生效条件,无处分权人从事债权让与,无效。② 与此不同,在我国民法上,债权让与为债权让与合同生效的结果,它完全是债权让与合同这个债权合同的效力表现。

1. 须存在有效的债权

根据《合同法》第79条的规定及其解释,类推《合同法》第132条、第51条的规定,可知债权让与合同需要让与人拥有有效的债权,具有处分该债权的权限。

对有效的合同债权应从宽解释,不要求它必须是效力齐备的债权。已罹诉讼时效的合同债权、可撤销的合同所生债权、享有选择权的合同债权等内容不确定的合同债权、成为权利质权标的的合同债权,都可为让与的标的。甚至有学者认为,附停止条件或者附始期的合同所生债权,已有基础法律关系存在、但必须在将来有特定事实的添加才能发生的债权等,也可成为让与的标的。③

---

① 参见〔德〕迪特尔·梅迪库斯:《德国民法总论》,杜景林、卢谌译,法律出版社2004年版,第169页。
② 同上。
③ 刘绍猷:《"将来之债权"的让与》,载郑玉波主编:《民法债编论文选辑》(中),台湾五南图书出版公司1984年版,第883页以下。

2. 被让与的债权须具有可让与性

债权让与得以成为现实,债权具有让与性是必要条件。从鼓励交易,减少乃至消除财产流转的障碍,增加社会财富的角度出发,应当允许绝大多数合同债权能够被转让。但问题还有另一面,即债权毕竟是特定人之间自由创设的权利,终究不能完全脱离个人色彩,例如人格的信赖关系等。所以为了尊重此等关系,债权仍有不适于让与的。同时,基于社会政策和保护社会公共秩序的需要,债权的让与范围也应受到一定的限制。《合同法》第79条明确规定了以下三类债权不得转让:

(1) 根据合同性质不得让与的债权。第一,债权人变更会使给付内容完全改变的债权。例如,专门为教授特定人外语的合同,专门为特定人绘肖像画的合同等,基于此类合同而产生的债权如果发生让与,将导致给付内容的变化,从而使债的关系丧失了同一性或者不能达成债的目的,因而此类债权不得让与。[①] 第二,债权人变更会使债权的行使方法发生显著差异。雇佣、委托、租赁、借用等合同,均以特定当事人之间的信赖关系为基础,债务人只对该债权人才愿意承担给付义务,其缔约目的就是对该债权人为给付。如果债权人变更,则债权的行使方法势必发生变更。例如借用人怠于注意致使借用物毁损或者有毁损的巨大危险,出借人可以解除合同,而借用人是否怠于注意,出借人是否解除合同,则因人而异。[②] 所以此类债权不得让与,让与时常构成合同解除的原因。第三,某些不作为债权。一般来说,不作为债权只是为了特定债权人的利益而存在,如果允许债权人让与不作为债权,无异于为债务人新设义务,显然于债务人不公,所以原则上不允许让与不作为债权。但有时不作为债权可以附属于其他法律关系一同让与,如竞业禁止的债权可以与营业一同让与。[③] 再如,在企业兼并场合,被兼并企业所享有的不作为债权应当转移给兼并企业。第四,某些属于从权利的债权。从权利一般随着主权利的让与而让与,原则上不得与主权利相分离而单独让与。例如,保证债权系为担保主债权而存在,它若与主债权分离,将失去担保性质,所以不得单独让与,但可以随同被担保的主债权的让与而让与。如果从权利可与主权利分离而单独存在的,则可以单独转让。例如,已经产生的利息债权可以与本金债权相分离而单独让与。

(2) 按照当事人的约定不得让与的债权。基于合同自由原则,允许当事人在不违反法律的强制性规定、社会秩序和公共道德的前提下,特别地约定禁止债权人让与债权的内容。禁止债权让与的约定具有何种法律效力,我国法律未作

[①] 郑玉波:《民法债编总论》,中国政法大学出版社2004年版,第435页;黄立:《民法债编总论》,中国政法大学出版社2002年版,第613页。

[②] 孙森焱:《民法债编总论》,台湾三民书局1997年版,第699页。

[③] 史尚宽:《债法总论》,台北荣泰印书馆股份有限公司1978年版,第680页。

明文规定,外国立法例规定有所不同,有的规定"禁止债权让与的约定有效,但不得对抗善意第三人"①,区分了法律禁止债权让与和当事人约定禁止债权让与的不同效力范围,兼顾和平衡了财产权的流通性、意思自治、交易安全等几项价值,区分当事人的不同主观状态而异其效力,值得我国法借鉴。

(3) 依照法律规定不得让与的债权。如果让与以禁止流通物为标的物的债权,让与该债权的合同无效。于此场合,债务人有权拒绝向受让人履行债务。在我国现行法上,《担保法》有关于最高额抵押担保的主合同债权不得转让的规定(第61条)。

3. 让与人和受让人须就债权的转让意思表示一致

依据《合同法》第二章关于合同订立的规定以及《民法总则》关于意思表示和民事法律行为的规定,债权让与合同的成立,须让与人和受让人就债权的转让意思表示一致。

(三) 债权让与合同的效力

1. 债权让与合同的生效

债权实际上发生让与,需要成立的债权让与合同生效。债权让与合同的生效,适用《合同法》第三章关于合同效力的规定。

2. 债权让与合同的生效在让与人和受让人之间产生的效果

债权让与合同的生效,在让与人和受让人之间形成如下法律后果:

(1) 法律地位的取代。债权让与合同生效后,在债权全部让与场合,该债权即由原债权人(让与人)转移于受让人,让与人脱离原债的关系,受让人取代让与人的法律地位而成为新的债权人。但在债权部分让与时,让与人和受让人共同享有债权。

(2) 从权利随之转移。根据民法学原理,主债权发生转移时,其从权利原则上应随之一同转移,但该从权利专属于债权人自身的除外(《合同法》第81条)。随同债权转移而一并转移的从权利,包括担保权和其他从权利。所谓担保权,包括担保物权、保证债权和定金债权等。所谓其他从权利,包括利息债权、违约金债权和损害赔偿请求权等。专属于让与人自身的从权利不随债权让与而转移(《合同法第81条后段》),例如,在保证合同约定专为债权人而设定保证责任的情况下,该保证责任便与原债权人不可分离,不随同主债权让与而转移于受让人。

(3) 让与人应将债权证明文件全部交付受让人,并告知受让人行使债权所必要的一切情况。

---

① 参见《意大利民法典》第1264条。

(四)债权让与对债务人的效力

所谓债权让与对债务人的效力,是指债权转移给受让人的结果与债务人之间的关系。

应该说,对债务人的保护和促进债权的自由流转,是债权让与制度的一个问题的两个方面。所以,债权的自由转让必须在不损害债务人现存利益的前提下进行,债务人不应因债权的让与而增加自己的负担或者丧失应有的权利。债权让与对于债务人的效力,主要是从保护债务人利益的角度出发而规定的,具体涉及对债务人的债权让与通知,及由此引起的权利义务。

1. 对债务人的债权让与通知

债权让与合同一经成立并生效,在让与人和受让人之间立即发生债权让与的效果。但基于合同相对性原则,该效果并不必然拘束作为第三人的债务人,除非法律另有规定。

由于债权让与合同不具有公示性,债务人可能不知道债权让与的事实,于是仍然有权向原债权人履行合同债务。如果允许债权让与合同自成立时对债务人也同时生效,那么,债务人因不知债权让与的事实而为给付却不发生清偿的效果,同时对新债权人(受让人)负有债务不履行的责任,对债务人显然不公平。因此,为了保护债务人的合法权益,许多立法例就债权让与对债务人在何种条件下生效作了限定,《合同法》采取了折中主义,于第80条第1款规定:"债权人转让权利的,应当通知债务人。未经通知,该转让对债务人不发生效力。"

债权让与通知的时间不得晚于债务履行的时间,否则,债权让与对债务人原则上不发生效力。在债务人收到债权让与通知之前,对让与人(原债权人)所为的给付有效,即债务人仍以让与人为债权人而为履行,同样可以免除其债务,受让人不得以债权已经让与为由,要求债务人继续履行,而只能要求让与人返还所受领的债务人的履行。但债务人在收到债权让与的通知后,即应当将受让人作为债权人而履行债务。其对让与人的履行不能构成债的清偿,债务不能免除,仍需向受让人履行债务。让与人如果仍然受领债务人的给付,属非债清偿,债务人可以请求返还。

让与通知存在无效的原因时,当然无效,债权让与对债务人不发生效力。至于让与通知可否撤销,《合同法》规定,债权人转让权利的通知不得撤销,但经受让人同意的除外(第80条第2款)。

应指出,债权让与必须通知债务人的原则还存在一些例外情况,主要表现为以下几点:(1)证券化债权让与不以通知债务人为要件。例如指示证券,以背书和票据的交付而转移;无记名证券,如电影票等,则仅以证券的交付而转移债权,均不需通知债务人。票据债务人负有按照票据上载明的权利绝对履行的义务,而不得以未收到让与通知为由拒绝履行。(2)特殊债权的转移必须办理登记手续,例如电话使用权的过户。(3)当事人之间特别约定债权不得让与的,债权人欲让与债权,必须征得债务人的同意。

关于何人为债权让与通知,《合同法》第80条第1款的规定仅限于债权人,过于狭隘,目前大多数国家规定让与人和受让人都可以通知,比较灵活,我国应当借鉴。但从保护债务人履行安全的角度考虑,受让人为让与通知时,必须提供取得债权的证据,例如债权让与合同、让与公证书等,否则债务人可以拒绝履行。

从《合同法》第80条第1款规定看,似采严格让与通知主义,即债权人转让权利的,应当通知债务人,否则不对其产生让与的效力。但是,如果有证据证明该债务人已经知道债权让与的事实,仍向让与人履行债务的,则显然有违于诚实信用原则。于此情形,不能免除其对受让人的债务。当然,对此应由受让人负责举证。

2. 表见让与的效力

当债权人将债权让与第三人的事项通知债务人后,即使让与并未发生或者该让与无效,债务人基于对让与通知的信赖而向该第三人所为的履行仍然有效。此类虽无债权让与的事实,而债权让与通知仍然有效的现象,学说称之为表见让与。

表见让与一般只有在债权人为让与通知行为时才能产生,如果由受让人进行让与通知,则不产生表见让与的效力。也就是说,即使受让人已将债权让与通知了债务人,而债权未能让与或者让与无效时,债务人不能以其对抗受让人的事由对抗让与人。① 但受让人为债权让与通知行为时,如果提供了享有债权的充分证据,足以表明债权已经发生转移,在此情形,本书作者认为仍可构成表见让与。

3. 抗辩权的援引

根据《合同法》第82条的规定,债务人接到债权转让通知后,债务人对让与人的抗辩,可以向受让人主张。该对抗受让人的抗辩权制度,正是"债务人不能因债权让与而受到损害"原则的体现。例如,合同不成立以及无效的抗辩权,履行期尚未届至的抗辩权,合同已经消灭的抗辩权等,债务人均可向受让人主张。

4. 抵销的主张

根据《合同法》第83条的规定,债务人接到债权让与通知时,债务人对让与人享有债权的,债务人仍然可以依法向受让人主张抵销。这是因为在债权转让之前,债务人既存在与原债权人相抵销的到期债权,若因债权的转让,而使债务人丧失抵销的权利,对债务人显然不公平。同时,抵销权是自债权适于抵销时发生的,在债权转让之前已经产生的抵销权,自不应因债权的让与而消灭。不过,

---

① 郑玉波:《民法债编总论》,中国政法大学出版社2004年版,第443页。

这对受让人保护不周。

三、债务承担

（一）债务承担的概念

所谓债务承担，指债的关系不失其同一性，债权人或者债务人通过与第三人订立债务承担合同，将债务全部或者部分地转移给第三人承担的现象。该第三人叫作承担人。

债务承担合同成立并生效，债务就发生转让的效果，不需要履行行为。这是债务承担合同与有体物买卖合同的明显不同点。

（二）免责的债务承担

债务承担，按照承担后原债务人是否免责为标准，可以分为免责的债务承担和并存的债务承担。其中，免责的债务承担，是指第三人取代原债务人的地位而承担全部债务，使债务人脱离债的关系的债务承担方式。并存的债务承担，将在下文讨论。

1. 免责的债务承担的条件

（1）当事人签订债务承担合同。这可分为以下两种情况：

其一，承担人与债权人之间签订债务承担合同。《合同法》第84条规定："债务人将合同的义务全部或者部分转移给第三人的，应当经债权人同意。"按该条的字面理解，似乎只有债务人才有权转移债务，并未规定债权人对债务进行转移的权利。不过，由于债务是为了债权人的利益而设，在债务的转移问题上，债权人拥有比债务人更为优越的地位，根据"举重明轻"的解释规则，应当认为既然债务人可以转移债务，债权人当然也可以与第三人订立合同转移债务。

承担人与债权人订立的债务承担合同，自双方达成合意时成立。该合同的订立应按《合同法》第二章关于合同订立的规则进行，同时适用《民法通则》关于意思表示的规定。

承担人与债权人订立债务承担合同，是否需要取得债务人的同意？在一般情况下，承担人代债务人履行债务，对债务人并无不利，债务人一般不会反对，即使债务人反对，而承担人自愿代其履行，债权人又愿意接受承担人的履行，自无使债务承担合同归于无效的必要，所以承担人与债权人订立的债务承担合同，不必经债务人同意即可生效。① 对此，必须指出三点：一是，承担人代债务人清偿债务之后，他和债务人之间是否形成无因管理关系，主张偿还必要费用是否得到支持，取决于是否符合无因管理的构成要件。实务中，有的承担人为坑害债务人

---

① 张广兴：《债法总论》，法律出版社1997年版，第244页；〔德〕迪特尔·梅迪库斯：《德国民法总论》，杜景林、卢谌译，法律出版社2004年版，第566页。

而自愿替债务人清偿债务,不得依据无因管理主张费用的偿还。二是,必须承认以下例外:有偿债务承担须经债务人同意;债务人与债权人事先订有禁止债务转移特约的,须经债务人同意;债务承担给债务人增加负担时,须经债务人同意。①三是,承担人违背债务人的意思承担债务。在我国实务中已经发生了这类案件,我国现行法却无相应的规定,其效力如何,值得探讨。《日本民法典》第474条第2项规定,没有利害关系的第三人,不得违反债务人的意思进行清偿。循此精神,日本民法通说认为,如果债务人有反对的意思时,合同不生债务承担的效力。② 是否违背债务人的意思,应当以债务承担合同订立时为标准,其举证责任由主张违背债务人意思的一方负担。③ 在我国法上,可以参考上述见解予以解释。④

虽然承担人与债权人订立债务承担合同一般不必经债务人同意即可成立,但应通知债务人,否则对债务人不生效力。在通知之前债务人向债权人所为的履行有效。

其二,承担人与债务人之间签订债务承担合同。债务承担要求承担人须就债务承担与债务人意思表示一致。债务承担合同,其订立及效力应适用《合同法》总则关于合同订立的规定和《民法总则》关于意思表示的规定。这就要求承担人应具有完全行为能力,当事人的意思表示须真实,债务承担合同的内容不得违反强制性规范,不得基于非法原因而成立债务承担等。

承担人与债务人签订债务承担合同的,须经债权人同意。债权人同意是债务承担合同对于债权人的生效要件。因为债的关系建立在债权人对债务人的履行能力的了解和信任的基础上,债务人的支付能力,对于债权人权利的实现至关重要。如果债务人未经债权人同意而将债务转移予承担人,该人无足够的资力和信用履行债务时,债权人的利益将毫无保障。为了保护债权人的利益不受债务人与承担人之间的债务承担合同的影响,应以债权人同意为债务承担合同对于债权人的生效要件(《合同法》第84条)。

关于债权人同意的方式,明示或者默示均可,也不要求必须采取一定方式。债权人即使未明确表示,但如果向承担人请求履行或者受领承担人的履行,亦表明同意。

债权人拒绝债务承担的,可以明示亦可默示。在债权人同意之前,承担人与债务人的债务承担合同属于效力未定的民事法律行为,债务人或者承担人为了

---

① 崔建远主编:《合同法》(第3版),法律出版社2003年版,第184页。
② 〔日〕我妻荣:《新订债权总论》,岩波书店1998年版,第567页;〔日〕奥田昌道:《债权总论》(增补版),悠悠社1992年版,第470页。转引自韩世远:《合同法总论》,法律出版社2004年版,第574—575页。
③ 韩世远:《合同法总论》,法律出版社2004年版,第575页。
④ 同上。

避免债务承担合同的效力久悬不决,可以定相当期限催告债权人于此期限内对同意与否进行答复;债权人逾期不答复的,即可推定为拒绝同意。

(2) 须存在有效的债务。债务有效存在是债务承担的前提。就不完全的债务,可以成立债务承担合同。将来发生的债务也可以设立债务承担,只不过只有在该债务成立时,才能发生转移的效果。诉讼中的债务也可以由第三人承担,原债务人在诉讼中的判决对免责的债务承担人有效。

(3) 被转移的债务应具有可转移性。不具有可转移性的债务,若成为债务承担合同的标的,合同的效力必受影响,要么无效,要么效力待定。以下债务不具有可转移性,但其程度有所不同,对于债务承担合同效力的影响也有差异:

一是性质上不可转移的债务。它是指与特定债务人的人身具有密切联系的债务,需要债务人亲自履行,因而不得转移。这种债务一般是以特定债务人的特殊技能或者特别的人身信任关系为基础而产生的。前者如以某著名演员的表演为标的的合同义务,以某画家绘画为标的的合同义务等;后者如以对某人的特别信任为基础而成立的委托合同等。这种债务一般不能发生转移,否则会使债权人的预期目的落空。但是,如果债权人同意此类债务由他人承担,就是承认承担人的给付是在履行原债务,自然应予允许。[①] 可见,对于此类债务的可转移性,在要求上不太严格,以至于《合同法》对此未设明文。

二是当事人特别约定不得转移的债务。债务人违反该约定,将该债务转让给受让人,债务承担合同是否有效? 有观点认为,在债务承担合同成立并生效之时,就是债务人和债权人将他们原来的禁止转让的约定废止,承认该债务可以转移,因而债务承担合同有效。[②] 这符合意思自治的精神,可以赞同。当然,债务人或债权人的任何一方坚持原约定,都会影响到债务承担合同的效力。

三是强制性法律规范规定不得转让的债务。债务承担合同以此类债务作为标的物,构成自始客观不能,合同无效,不发生债务承担的结果。

2. 债务承担合同的效力

(1) 承担人成为债务人。免责的债务承担合同一经生效,承担人就取代原债务人,成为新债务人;原债务人脱离狭义债的关系,由承担人直接向债权人承担债务,嗣后承担人不履行债务,应当承担债务不履行责任,原债务人不再承担责任。原债务人对承担人的偿还能力并不负担保义务。

(2) 抗辩权随之转移。根据《合同法》第 85 条的规定,债务人转移义务的,新债务人可以主张原债务人对债权人的抗辩。

(3) 从债务一并随之转移。《合同法》第 86 条前段规定,债务人转移义务

---

① 史尚宽:《债法总论》,台北荣泰印书馆股份有限公司 1978 年版,第 706 页。
② 同上。

的,新债务人应当承担与主债务有关的从债务。例如,附随于主债务的利息债务,随着主债务的转移而转移于承担人。但第86条后段规定,从债务专属于原债务人自身的除外。

(三) 并存的债务承担

并存的债务承担,又称附加的债务承担,或者重叠的债务承担,是指第三人(承担人)加入债的关系之中,与原债务人一起向债权人承担债务的现象。

1. 并存的债务承担合同的条件

(1) 债务具有可转移性。并存的债务承担若对承担人发生效力,可能将由他向债权人清偿,因而要求债务具有可转移性,否则,承担人无法向债权人清偿原本属于债务人的债务。[①]

(2) 当事人就并存的债务承担达成合意。承担人与债权人就并存的债务承担达成合意,并存的债务承担合同成立;承担人与债务人就并存的债务承担达成合意,并存的债务承担合同也成立;承担人、债权人和债务人三方共同形成并存的债务承担合意,并存的债务承担合同成立更不成为问题。

(3) 并存的债务承担合同的生效。并存的债务承担合同成立之时,也就是生效之日,除非当事人另有约定。并且,该合同若是承担人与债权人签订的,即使违背了债务人的意思,也予以成立并生效。这与免责的债务承担不同。其原因在于,并存的债务承担场合,不发生债务人免责的效果,也不属于第三人清偿,实质上是一种担保。[②] 与保证(特别是连带责任保证)相类似,可以类推适用保证的相关规定。[③]

并存的债务承担合同,如果是承担人与债务人签订的,便具有使债权人对承担人取得债权的效果,在这个意义上,它属于一种为第三人利益的合同。因而,尽管债权人没有参与,并存的债务承担合同仍然有效。当然,为使债权人对承担人实际取得债权,通常要以债权人受益的意思表示为必要。[④]

2. 并存的债务承担合同的效果

并存的债务承担合同生效,第三人(承担人)加入到债的关系中来,成为另一债务人,与原债务人一起向债权人负担债务。在这里,存在的疑问是,承担人与原债务人之间的关系,以及他们与债权人之间的关系如何?因我国现行法缺乏规定,需要探讨。

[①] 参见〔日〕本城成雄、宫本健藏:《债权法总论》(第2版),嵯峨野书院2001年版,第227页。转引自韩世远:《合同法总论》,法律出版社2004年版,第580页。

[②] 韩世远:《合同法总论》,法律出版社2004年版,第580—581页。

[③] 参见〔日〕本城成雄、宫本健藏:《债权法总论》(第2版),嵯峨野书院2001年版,第227页。转引自韩世远:《合同法总论》,法律出版社2004年版,第581页。

[④] 韩世远:《合同法总论》,法律出版社2004年版,第581页。

(1) 当事人之间无约定时,承担人与债务人负同一债务。所谓承担人与债务人负同一债务,其含义在不同的立法例及判例学说上存在着差别。在我国,多数说赞同连带责任的观点。① 本书作者认为,考虑到如此限定并存的债务承担的类型,使得实务中发生的承担人与债务人约定按份负责的债务承担案件,完全没有法律条文可资援引,相当的法官感到裁判此类案件困难,莫不如在现行法的框架内承认按份负责的并存的债务承担类型,更为务实。至于未来的民法典,如何设计并存的债务承担类型,则宜视社会发展状况而定。

(2) 当事人之间有约定时,依其约定。如约定承担人与债务人负担按份责任,依其约定。由于此类约定可能损害债权人的利益,此类并存的债务承担应当征得债权人的同意,若债权人不同意,原债务人仍须承担全部债务。如果约定承担人与债务人负担连带债务,则债权人可以请求任何一位债务人履行全部债务。

(3) 从债务和从权利。由于债务人的债务未因承担人的加入而免除,一切权利义务关系均应维持原状②,从属于债务的从权利和从义务不发生转移或者消灭的问题。③ 不过,如果三方当事人均同意发生转移,应当依其约定。

(4) 对债权人的抗辩。债务人对于债权人享有的抗辩权等,承担人是否有权行使,应当区分情况,而有不尽相同的结论。承担人、债务人和债权人有约定的情况下,依其约定。若无约定,则宜按照如下规则处理:其一,在承担人和债务人负连带债务的情况下,承担人有权行使。其二,在承担人和债务人负按份债务的情况下,若债务人的加入未经债权人同意,则承担人无权行使债务人享有的抗辩权;若已经债权人同意,承担人可以就其承担的份额享有相应的抗辩权。

(5) 对债务人的求偿。在承担人和债务人负连带债务的情况下,履行了全部债务的债务人或者承担人,有权向另一方求偿(参照《民法通则》第 87 条后段)。

四、债的概括承受

(一) 债的概括承受概述

所谓债的概括承受,是指债的一方当事人将其债权债务一并转移给第三人,由第三人概括地继受这些权利义务的法律现象。

债的概括承受,可以是基于当事人之间民事法律行为产生的(《合同法》第 88 条),称为意定概括转移;也可以是基于法律的规定产生的(《合同法》第 90 条),称为法定概括转移。

---

① 王家福主编:《中国民法学·民法债权》,法律出版社 1991 年版,第 87 页;张广兴:《债法总论》,法律出版社 1997 年版,第 249 页;王利明:《合同法研究》第 2 卷,中国人民大学出版社 2003 年版,第 254 页。
② 郑玉波:《民法债编总论》,中国政法大学出版社 2004 年版,第 455 页。
③ 韩世远:《合同法总论》,法律出版社 2004 年版,第 582 页。

债的概括承受，可以是债权债务全部由出让人转移至承受人，即全部转移。全部转移将使承受人取代出让人的法律地位，成为债的关系中新的当事人；也可以是债权债务的一部分由出让人转移至承受人，即一部转移。一部转移时出让人和承受人应确定各自享有的债权和承担的债务的份额和性质，如果没有约定或者约定不明确，则视为连带之债。

（二）债权债务概括转移的类型

1. 合同承受

合同承受，又称合同承担，是指合同关系一方当事人将其合同上的权利和义务全部地转移给该第三人，由其在转移范围内承受自己在合同上的地位，享受合同权利并负担合同义务。

合同承受一般是基于当事人与第三人之间的合同而发生。《合同法》第88条对此作了规定，当事人一方经对方同意，将自己在合同中的权利和义务一并转让给第三人。合同承受有时也可以基于法律的直接规定而发生。例如，《合同法》第229条规定："租赁物在租赁期间发生所有权变动的，不影响租赁合同的效力。"据此可知，当买卖租赁物时，基于"买卖不破租赁"的原则，买受人除可取得物的所有权外，还承受该租赁物上原已存在的租赁合同关系的出租人的义务。此种合同权利义务的概括转移并非基于当事人的意志，而是基于法律的直接规定，因而属于法定转移。

根据《合同法》第88条的规定，合同承受必须经对方当事人的同意才能生效。因为合同承受不仅包括合同权利的转移，还包括合同义务的转移，所以合同一方通过合同承受对合同权利和义务进行概括转移时，必须取得对方的同意。合同承受，在德国民法上是一种无因行为，因而承受人得对抗让人的事由，不得用以对抗对方当事人；但在我国法上，时常为有因行为，在有承受合同无效、被撤销等情况发生时，承受人可以之对抗对方当事人。

2. 企业的合并与分立

企业合并，是指两个以上的企业合并为一个企业。企业分立则是指一个企业分立为两个以上的企业。为了保证相对人和合并、分立企业的利益，根据主体的承继性原则，企业合并或者分立之前的债权和债务应由合并或者分立后的企业承担。对此，《民法通则》第44条第2款明确规定："企业法人分立、合并，它的权利和义务由变更后的法人享有和承担。"《合同法》坚持了这一立场，于其第90条规定："当事人订立合同后合并的，由合并后的法人或者其他组织行使合同权利，履行合同义务。当事人订立合同后分立的，除债权人和债务人另有约定的以外，由分立的法人或者其他组织对合同的权利和义务享有连带债权，承担连带债务。"

企业合并或者分立后，原企业的债权债务的转移，属于法定转移，因而不需取得相对人的同意,依合并或者分立后企业的通知或者公告发生效力。通知的方式可以是单独通知,也可以是公告通知。公告通知的,应当保证在一般情形下能为相对人所知悉。通知到达相对人或者公告期满时,原债权债务即转移于合并或者分立的新企业,该企业成为合同关系的当事人,享有一切债权,承担一切债务。当然,如果此时新设企业尚未办完设立登记手续,则债务须待设立登记完毕时才实际转移。

(三) 债权债务概括转移的效力

债权债务的概括转移,应当适用或者类推适用《合同法》第 89 条的规定,涉及债权转让的部分可准用有关债权让与的有关规定,涉及债务转移的则准用债务承担的有关规定。债权让与和债务承担产生的法律效力,例如从权利或者从债务的一并转移,抗辩权的随之转移等,也同样适用于债权债务的概括转移。

更有甚者,在债权债务的概括转让场合,由于债权和债务的承受人完全取代了原当事人的法律地位,债的内容也原封不动地转移于新当事人,因而,与债权让与、债务承担有所不同,原当事人享有的一切权利和义务,包括追认权、选择权、解除权、撤销权等,都将随之而转移于承受人。

第二节 债的消灭

一、债的消灭的概念

债的消灭,是指债的关系在客观上不复存在,债权债务归于消灭。

债的消灭原因大致有三类:一是基于当事人的意思,如免除、解除;二是由于债的目的消灭,如不能履行、清偿;三是基于法律的直接规定。

债的消灭,同时使债的担保及其他权利义务也归于消灭。债的担保,包括抵押权、质权、留置权等;其他权利义务,包括违约金债权、利息债权等。

债消灭后,债权人应将负债字据返还于债务人,因为负债字据为债权债务的证明。债权人如证明字据灭失,不能返还,应向债务人出具债务消灭的字据。

债消灭后,当事人应当遵循诚实信用原则,根据交易习惯,履行通知、协助、保密等义务(《合同法》第 92 条)。例如,离职的受雇人仍应为厂家或者其他雇主保守营业秘密;房屋的出租人在租赁合同终止后仍应允许承租人在适当位置张贴移居启事等。当事人违反上述合同终止后的义务(后合同义务),应赔偿实际损失(《合同法解释(二)》第 22 条)。

二、清偿

(一) 清偿的概念

清偿,指按债的约定实现其目的的行为。清偿与履行的意义相同,只不过履行是从债的效力、债的动态方面讲的,而清偿则是从债的消灭的角度讲的。

当事人利益的实现为债的本来目的。债务一经清偿,债权即因其达到目的而消灭。因此,清偿为债消灭的原因。

从债权实现方面看,债务人履行债务固属清偿,第三人为满足债权人的目的而为给付,也属清偿。即使依强制执行或者实行担保权而获得满足,也应为清偿。

清偿为发生私法上效果的合法行为,应为民事法律行为或者事实行为,从而关于民事法律行为的规定不当然地适用于清偿,只是在其性质所允许的范围内准用关于民事法律行为的规定。例如,关于行为能力的规定,不当然适用于清偿,只是在必须以民事法律行为实行给付时,才适用行为能力规范。在以事实行为为给付时,无行为能力人或者限制行为能力人也完全可以清偿。再如,关于代理的规定,也不当然适用于清偿,仅在给付行为是民事法律行为、并由代理人为给付的实行时,始得适用代理规范。

(二) 代为清偿

清偿可由第三人代而为之,这就是代为清偿制度。鉴于债务人亲自清偿往往是债权人的意愿或者法律的规定,故代为清偿只有在符合下述条件时才被允许:(1) 依债的性质,可以由第三人代为清偿。如债务属于专属性的,则性质上不许代为清偿。(2) 债权人与债务人之间无不得由第三人代为清偿的约定,即使有约定,也必须在代为清偿前为之,否则无效。(3) 债权人没有拒绝代为清偿的特别理由,债务人也无提出异议的正当理由。如果代为清偿有违社会公共利益、社会公德或者诚实信用,对债权人、债务人或者社会有不利的影响,或者代为清偿违背其他强制性规范,债权人就有权拒绝受领代为清偿,债务人也有权提出异议,不发生清偿的效力。(4) 代为清偿的第三人必须有为债务人清偿的意思。在这点上,代为清偿与债务承担不同:第一,若为清偿人的错误,误信为自己的债务而为清偿时,不成立代为清偿。第二,连带债务人、不可分债务人,仅在其超过自己本来负担的给付义务而为清偿的范围内,始构成代为清偿。

对于已经成立的代为清偿,还存在效力问题。对此,应区分情况加以考察:

1. 从债权人与债务人之间的关系考察

由于代为清偿系因第三人以为债务人的意思而为清偿,在债权人与债务人之间,合同关系归于消灭,债务人免除义务。但在双务合同中,须双方的债务均获清偿,合同关系才消灭。此时除非第三人得代位债权人,否则债务人有债权证书的返还请求权。如果债权人无正当理由而拒绝受领代为清偿时,应负受领迟延责任。对此,债务人也可主张。

2. 从债权人与第三人之间的关系考察

如果第三人系就债务履行有利害关系的第三人,则依清偿代位制度,在其可得求偿的范围内,债权人所享有的权利当然转移于第三人;如果为其他第三人,也可依约定而在其求偿权的范围内代位债权人。此时应注意以下几点:(1)如果仅为一部分的清偿代位,则第三人所取得部分担保权的位序,应后于债权人剩余部分债权的担保权。(2)债权人对于第三人不负瑕疵担保责任,此点与债权让与有明显区别。债权让与视同买卖,为有偿合同。为增进交易信用,保护交易安全,让与人(债权人)应对受让人(第三人)负瑕疵担保责任。但在清偿代位场合,则多有不同。法定清偿代位,第三人取代债权人的地位系直接基于法律规定,故债权人对于第三人当然不负瑕疵担保责任。任意清偿代位,第三人取代债权人的地位无论是由于债务人抑或债权人的同意,都是为了保证第三人的求偿权得以实现,根本不可视同买卖,故债权人对于第三人也无瑕疵担保责任可言。(3)第三人对于债权人有债权证书的返还请求权。如果仅为一部清偿代位,第三人可请求于债权证书中记入代位。我国目前可由第三人请求在负债字据上附记代位或者请求给予代位的确认证书(或者确认字据)。(4)代为清偿的第三人有权指定清偿的抵充。(5)对于选择债务,在符合公平原则的情况下,第三人有选择权。①

如果第三人系依债权人的委托而代为清偿时,对于债权人可依委托合同约定请求费用的偿还或者报酬的支付。

3. 从第三人与债务人之间的关系考察

如果第三人与债务人之间有委托合同,则适用委托合同的规范,第三人有求偿权。如果第三人与债务人之间既无委托合同又无其他履行上的利害关系,第三人可依无因管理或者不当得利的规定求偿。于此场合,第三人负有及时通知债务人其清偿事实的义务。若怠于通知,导致债务人为二重清偿时,应对债务人负赔偿责任。不过,该赔偿债务不妨和第三人(清偿人)的求偿权相抵销。

第三人以赠与的意思为清偿,不发生求偿权。

第三人因代为清偿而有代位权的:(1)在其求偿权的范围内,得对债务人行使债权人的一切权利;(2)债务人对于债权人有可得抗辩的事由,有可供抵销的债权,对于代位后的第三人也可主张;(3)第三人因代为清偿而享有的求偿权与代位权,为请求权的并存,因一权利的行使而得满足时,其他权利即归消灭。②

---

① 王轶:《代为清偿制度论纲》,载《法学评论》1995年第1期。
② 史尚宽:《债法总论》,台北荣泰印书馆股份有限公司1978年版,第780页。

(三) 清偿费用

清偿费用,是指清偿所需要的必要费用。例如物品交付的费用,运送物品的费用,金钱邮汇的邮费,但不包括标的物本身的价值。通常情况下,清偿费用有运送费、包装费、汇费、登记费、通知费等。

对于清偿费用,法律无明文规定、当事人又无约定时,由债务人负担。但因债权人变更住所或者其他行为而致增加清偿费用时,增加的费用由债权人负担。例如,债权人受领迟延而致清偿费用增加,债权人请求对物品特别包装而增加费用,债权人请求将物品送往清偿地以外的地点而增加费用,因债权转移增加费用,均由债权人负担。

(四) 清偿的抵充

清偿抵充,是指债务人对同一债权人负担数宗同种类债务,而债务人的履行不足以清偿全部债务时,决定该履行抵充某宗或者某几宗债务的现象。

清偿抵充必须具备如下要件:(1)必须是债务人对同一债权人负担数宗债务。此数宗债务,不论是自始发生在债务人与债权人之间,还是嗣后由他人之处承担而来,也不论此数宗债务是否均届清偿期。(2)数宗债务的种类相同。种类不同者,自可依给付的种类确定系清偿何宗债务。例如,债务人借米、面各50斤,债务人如提出偿还50斤米时,不发生抵充问题。若债权人先订购某种书籍100册,后又追加50册,此时债务人只送交50册,即发生抵充的效果。(3)必须是债务人的给付不足以清偿全部债务,但至少是足以清偿一宗债务,否则,债权人可以拒绝其为一部清偿,也不发生抵充问题。

清偿抵充的方法可分为三种:(1)合同上的抵充。当事人之间就债务人的给付系抵充何宗债务有约定时,从其约定。抵充合同既可为明示,也可以为默示。抵充合同订立的时间既可在给付时,也可以在给付前。(2)清偿人指定的抵充。如果当事人之间没有约定,则清偿人有权单方面指定其给付系清偿何宗债务。这种指定为形成权的行使,应向清偿受领人以意思表示为之,一经指定后,清偿人不得撤销。指定应在清偿时提出。(3)法定抵充。清偿人不为指定或未为指定时,依《合同法解释(二)》第20条规定,应当优先抵充已到期的债务;几项债务均到期的,优先抵充对债权人缺乏担保或者担保数额最少的债务;担保数额相同的,优先抵充债务负担较重的债务;负担相同的,按照债务到期的先后顺序抵充;到期时间相同的,按比例抵充。

以上所述为原本债务的抵充。如果债务人除原本债务外,尚应支付利息及费用,而清偿人的给付不足以清偿其全部债务时,并且当事人没有约定的,人民法院应当按照下列顺序抵充:(1)实现债权的有关费用;(2)利息;(3)主债务(《合同法解释(二)》第21条)。

主张一定给付抵充一定债务的清偿者,应由债务人举证证明所抵充债务已消灭。债权人对于债务人有数宗同种内容的债权,如债务人证明为履行目的已对债权人为给付,则债权人主张其抵充其他同种债权的,应举证其他同种债权的存在。

三、抵销

(一) 抵销概述

抵销,是指二人互负债务时,各以其债权充当债务之清偿,而使其债务与对方的债务在对等额内相互消灭。主张抵销的债权,称为主动债权(或者自动债权,或者能动债权)。被抵销的债权,叫做被动债权(受动债权,或者反对债权)。

抵销依其产生的根据不同,可分为法定抵销与合意抵销两种。法定抵销由法律规定其构成要件,当要件具备时,依当事人一方的意思表示即可发生抵销的效力。依当事人一方的意思表示即可发生抵销效力的权利,称为抵销权,属于形成权。合意抵销是指按照当事人双方的合意所为的抵销。它重视当事人的意思自由,可不受法律规定的构成要件的限制。当事人订立的这种合同叫做抵销合同,其成立应依《合同法》关于合同订立的规定。《合同法》第100条规定了合意抵销。抵销合同的性质,有人认为属于清偿或者拟制清偿,有人认为属于代物清偿,有人认为系两个互无关系的无因的免除合同,有人认为系一个双务的免除合同,有人认为系独立种类的合同。① 抵销合同的效力是消灭当事人之间同等数额之内的合同关系。此处仅介绍法定抵销。

抵销的功能,一是节省给付的交换,降低交易成本;二是确保债权的效力,具有一定的担保功能。在双方当事人互负债务时,如当事人一方只行使自己的债权而不履行自己的债务,那么对方当事人就会受损害,抵销则能克服这一弊端。如甲对乙享有200万元债权、乙对甲享有100万元债权,乙陷于破产时,甲得主张其债权在100万元内为抵销。甲被抵销的这部分债权,事实上较其他债权人之债权受到了优先清偿,与设定担保别无二致。

(二) 抵销的要件

按照《合同法》第99条的规定,抵销必须具备以下要件才能生效。

1. 必须是双方当事人互负债务、互享债权

抵销系以在对等额内使双方债权消灭为目的,故以双方债权的存在为必要前提。抵销权的产生,在于当事人对于对方既负有债务,同时又享有债权。只有债务而无债权或者只有债权而无债务,均不发生抵销问题。

当事人双方存在的两个债权债务,必须合法有效。任何一个债权债务不能有效存在,就当然不能抵销。

在附条件的债权中,如所附条件为停止条件,在条件成就前,债权尚不发生

---

① 史尚宽:《债法总论》,台北荣泰印书馆股份有限公司1978年版,第846页。

效力,自不得为抵销。如其为解除条件,则条件成就前债权为有效存在,故得为抵销;且条件成就并无溯及力,因而行使抵销权后条件成就时,抵销仍为有效。①

超过诉讼时效期间的债权,不得作为主动债权而主张抵销,否则无异于强迫对方履行自然债务。如果被动债权已过诉讼时效期间,则可用作抵销。于此场合,可认为债务人抛弃了时效利益。②

附有同时履行抗辩权的债权,不得以之为主动债权而主张抵销,否则即为剥夺对方的抗辩权。但如其作为被动债权,则可认为抵销权人已抛弃同时履行抗辩权,此时以之为抵销,当无不可。③

第三人的债权,即使取得该第三人的同意,也不能以之为抵销。因为,一方面,此时仅一方当事人能够主张抵销,而对方则无此权利,有失公平;另一方面,第三人的债权对其债权人关系甚大,如允许用作抵销,则可能害及第三人的债权人的利益。可作为例外的是,连带债务人以其他连带债务人对于债权人的债权,就其应分担部分为限,得主张抵销。在债权让与的情况下,债务人对原债权人享有债权的,得向债权受让人主张抵销(《合同法》第83条)。主债务人对债权人享有债权的,保证人得主张抵销。

2. 双方互负债务,必须标的物的种类、品质相同

正因要求标的物的种类、品质相同,故抵销通常在金钱债务或者代替物债务以及其他种类的债务中适用较多。双方当事人的给付物的种类虽然相同,但品质不同时,例如甲级刀鱼和乙级刀鱼,原则上不允许抵销,但允许以甲级刀鱼的给付抵销乙级刀鱼的给付。以特定物为给付物时,即使双方的给付物属于同一种类,也不允许抵销。但是,在双方当事人均以同一物为给付物时,仍属同一种类的给付,可以抵销。例如,甲有向乙请求交付某特定物的债权,同时对于丙负有交付该物的债务,嗣后在乙继承丙的遗产场合,就发生这种抵销。当事人一方的给付物为特定物,对方的给付物为同种类的不特定物,因二者不是同种类的给付,不允许以种类债权对特定债权抵销,但允许以特定债权抵销种类债权。在双方当事人的债权皆为种类债权,但种类的范围有广有狭时,范围狭的种类债权对范围广的种类债权可以抵销;范围广的种类债权对于范围狭的种类债权,则不允许抵销。因为在后者,其给付的种类不同一。在双方的债权或者一方的债权为选择债权场合,如果依选择权行使的结果是给付种类相同,就允许抵销。④《合同法》第100条规定,标的物的种类、品质不相同的,经双方当事人协商一致,也

---

① 王家福主编:《中国民法学·民法债权》,法律出版社1991年版,第203页。
② 同上。
③ 同上。
④ 胡长清:《中国民法债编总论》(下册),商务印书馆1947年版,第585页;诸葛鲁:《债之抵销》,载台湾《法令月刊》第19卷第1期。

可以抵销。但这属于合意抵销。

3. 必须是自动债权已届清偿期

债权人通常仅在清偿期届至时,才可以现实地请求清偿,若未届清偿期,也允许抵销的话,就等于在清偿期前强制债务人清偿,牺牲其期限利益,明显不合理。所以,自动债权已届清偿期才允许抵销,除非当事人有相反的约定(《合同法解释(二)》第 23 条)。自动债权未定清偿期的,只要债权人给债务人以宽限期,宽限期满即可抵销。虽然《合同法》规定双方债权均届履行期(第 99 条第 1 款),但因债务人有权抛弃期限利益,在无相反的规定或者约定时,债务人可以在清偿期前清偿。所以,受动债权即使未届清偿期,也应允许抵销。

应该指出,在破产程序中,破产债权人对其享有的债权,无论是否已届清偿期,无论是否附有期限或者解除条件,均可抵销。

4. 必须是非依债的性质不能抵销

所谓依债的性质不能抵销,是指依给付的性质,如果允许抵销,就不能达到债的目的。例如,以不作为债务抵销不作为债务,就达不到债的目的,故不允许抵销。

法律规定不得抵销的债务不得抵销。例如,法院决定扣留、提取劳动收入时,应保留被执行人及其所供养的家属的必需生活费用。查封、扣押、冻结、拍卖、变卖被执行人的财产,应当保留被执行人本人及其所供养家属的生活必需品。再如,故意实施侵权行为的债务人,不得主张抵销侵权损害赔偿债权。违约金债务不得自行以扣发货物或者扣付货款等方式作为充抵。①

当事人之间有禁止抵销的约定时,债务不得抵销。从意思自治原则的要求着眼,这是当然的结论。但是,如果该约定损害第三人的合法权益,有害交易安全,则应当认定为无效。②

(三) 抵销的方法

《合同法》规定,当事人主张抵销的,应当通知对方(第 99 条第 2 款前段)。这表明,抵销为单独行为,应适用法律关于民事法律行为及意思表示的规定。并且,未要求采取诉讼的方式。当然,如果抵销权人选择以诉讼的方式为抵销,法律也无禁止的必要。

当事人对抵销有异议的,应当及时提出,在约定的异议期间届满才提出并向人民法院起诉的,人民法院不予支持;当事人没有约定异议期间,在抵销通知到达之日起 3 个月以后才向人民法院起诉的,人民法院不予支持(《合同法解释(二)》第 24 条)。

---

① 王家福主编:《中国民法学·民法债权》,法律出版社 1991 年版,第 205 页。
② 黄立:《民法债编总论》,中国政法大学出版社 2002 年版,第 713 页。

抵销的意思表示,不得附有条件或者期限(《合同法》第 99 条第 2 款后段),因为附有条件或者期限,使其效力不确定,与抵销的本旨相悖,并且有害于他人的利益。①

(四) 抵销的效力

抵销为处分债权的行为,故抵销人应有行为能力,并需要对债权有处分权。抵销应由抵销权人以意思表示向被动债权人为之,该抵销的通知到达被动债权人处发生效力(《合同法》第 99 条第 2 款中段)。被动债权人为无行为能力人或者限制行为能力人时,自通知到达其法定代理人处时发生效力。

抵销使双方债权按照抵销数额而消灭。之所以如此,是因为从自动债权方面看,不能超过自己的债权额获得满足;从被动债权方面看,也仅于得获满足的范围,即仅就自动债权额消灭其债权。由此决定,一方的债权额大于对方的债权额时,前者仅消灭一部分债权额,残存的债权仍然存续;后者则全部消灭。

抵销为债权的行使,依据《民法总则》第 195 条的规定,诉讼时效中断,从中断、有关程序终结时起,诉讼时效期间重新计算。

抵销为民事法律行为,而民事法律行为的效力原则上不溯及既往,但因当事人在双方债权具备抵销要件时往往认为可随时抵销,于是常常怠于为抵销的意思表示。所以,仅令抵销的意思表示向将来发生效力,就容易产生不公平的结果。如果令抵销的意思表示溯及最初得为抵销时发生效力,即相互间的债权溯及得为抵销时按照抵销数额而消灭,结果就比较公平。② 所以,应当确立这样的规则,抵销使双方债权溯及得为抵销时消灭。所谓得为抵销时,是指抵销权发生之时。如果双方债权的抵销权发生之时不同,则应以抵销人的抵销权发生时为标准。被抵销人嗣后纵为抵销的意思表示,也不得溯及其抵销权发生时产生抵销效力。因为其抵销权已依对方的抵销意思表示归于消灭。至于溯及力的内容,包括双方债权的担保及其他从权利,均从得为抵销时消灭;双方债权的利息债权,均从得为抵销时消灭;给付迟延、受领迟延、违约金、损害赔偿金等,均从得为抵销时消灭。③

四、提存

(一) 提存的概念

在我国现行法上,有一般的提存制度和特殊的提存制度。前者由《合同法》

---

① 诸葛鲁:《债之抵销》,载台湾《法令月刊》第 19 卷第 1 期。
② 同上。
③ 胡长清:《中国民法债编总论》(下册),商务印书馆 1947 年版,第 599 页。

第 101 条至第 104 条加以规定；后者则规定在有关单行法上，如《担保法》第 49 条第 3 款规定，抵押人转让抵押物所得的价款，应当向抵押权人提前清偿所担保的债权或者向与抵押权人约定的第三人提存。这种提存制度不要求具备债务人因债权人的原因而难以履行债务这一原因。而一般的提存则是指由于债权人的原因而无法向其交付合同标的物时，债务人将该标的物交给提存部门而消灭合同的制度。

提存涉及三方当事人，即提存人（债务人）、提存部门和债权人，因而发生提存人与提存部门、提存部门与债权人、提存人与债权人的三方法律关系。就提存人与债权人之间的关系而言，为私法上的法律关系，且提存的目的也在于消灭既存于债务人与债权人之间的合同关系，因而提存具有私法关系的因素。但提存部门为国家所设机关，接受提存标的物并为保管以及将提存物发还债权人，系公法上的义务，而且债权人与提存人之间的法律关系，系以提存部门的行为为中介，始生消灭效果，故提存又具有公法上的法律关系的因素。这两种法律关系在提存中因当事人之间的不同关系而分别存在，提存人与债权人的关系为私法关系，他们与提存部门的关系为公法关系。① 另一种观点认为，提存人与提存部门间的关系也仅为私法关系。

（二）提存的原因

1. 债权人迟延受领

债权人迟延受领，是指债权人无正当理由未按清偿期受领或者拒绝受领。对此，《合同法》第 101 条第 1 款第 1 项使用的术语是"债权人无正当理由拒绝受领"，《提存公证规则》第 5 条第 1 项的表述为"债权人无正当理由拒绝或者延迟受领债之标的"。构成该提存原因，必须是债务人现实地提出了给付，个别情况下是以言词提出给付。如果债务人未现实地提出给付（包括以言词提出给付），则不构成提存原因。

债权人迟延受领，使债务人无法履行，为保护其合法权益，尽早摆脱不合理的拘束，《合同法》允许债务人提存（第 101 条第 1 款第 1 项）。

2. 债权人下落不明

债权人下落不明包括债权人不清、地址不详、债权人失踪又无代管人等情况。此处下落不明的程度，比《民法总则》在宣告失踪和宣告死亡制度中的要求为宽松。

债权人下落不明使债务人无法履行，即使履行也达不到合同目的，故《合同法》允许债务人提存，以保护其合法权益（第 101 条第 1 款第 2 项）。

---

① 王家福主编：《中国民法学·民法债权》，法律出版社 1991 年版，第 208—209 页。

3. 债权人死亡或者丧失行为能力,又未确定继承人或者监护人

在债权人死亡或者丧失行为能力,又未确定继承人或者监护人的情况下,债务人失去给付受领人,或者即使履行也达不到合同目的,为使债务人从这一困境中解脱出来,《合同法》允许提存(第101条第1款第3项)。

4. 法律规定的其他情形

《担保法》第49条第3款规定,抵押人转让抵押物所得的价款,应当向抵押权人提前清偿所担保的债权或者向与抵押权人约定的第三人提存。《提存公证规则》第5条第2项规定,债权人不在债务履行地又不能到履行地受领,债务人可以申请提存。当然,这是为实现担保目的所为的提存,与直接为清偿债务而实施的提存不同。

(三) 提存的主体

提存的主体,又称提存的当事人,包括提存人、债权人(提存受领人)、提存部门。提存人,是指为履行清偿义务或者担保义务而向提存部门申请提存的人,是提存之债的债务人。因为提存是一种民事法律行为,所以需要提存人在提存时具有民事行为能力,并且此时所为的提存意思表示必须真实。提存受领人,是指提存之债的债权人。提存部门,《提存公证规则》规定为公证处(第2条),债务履行地的公证处办理提存公证(第4条第1款)。公证处应当指定银行设立提存账户,并备置保管有价证券、贵重物品的专用设备或者租用银行的保险箱(《提存公证规则》第8条)。

(四) 提存的标的

提存的标的,为债务人依约定应当交付的标的物。提存应依债务的本旨进行,否则不发生合同权利义务终止的效力。因此,债务人为提存时,不得以与合同内容不相符的标的物交付提存部门,换言之,提存标的必须与合同标的物相符。否则,就是违约,而非提存。《提存公证规则》规定,提存标的与合同标的(物)不符或者在提存时难以判明两者是否相符的,提存部门应告知提存人,如提存受领人因此原因拒绝受领提存标的物,则不能产生提存的效力。提存人仍要求提存的,公证处可以办理提存公证,并记载上述情况(第13条第1款)。

提存的标的物,以适于提存者为限。适于提存的标的物,包括货币;有价证券、票据、提单、权利证书;贵重物品;担保物(金)或者其替代物;其他适于提存的标的物(《提存公证规则》第7条)。

标的物不适于提存或者提存费用过高的,债务人依法可以拍卖或者变卖标的物,提存所得的价款(《合同法》第101条第2款)。所谓不适于提存的标的物,例如,标的物为不动产的,在债权人受领迟延时,债务人可抛弃占有,且不动产在性质上也不适于提存,故不得作为提存的标的物。再如,水果、生鲜食品、爆炸物、化学品、药品等容易毁损、灭失,也不适于提存。所谓提存费用过高的标的

物,例如,需要特殊设备存放的物品或者需要人工照顾的动物等。①

(五) 提存的方法

提存人应在交付提存标的物的同时,提交提存申请书。提存书上应载明提存人的姓名(名称),提存物的名称、种类、数量以及债权人的姓名、住址等基本内容。此外,提存人应提交债务证据,以证明其所提存之物确系所负债务的标的物;提存人还应提交债权人受领迟延或者下落不明等致使债务人无法履行的证据。如有法院或者仲裁机构的裁决书,也应一并提出。其目的在于证明其债务已符合提存要件,以便提存部门判定是否准予提存。

提存部门应当在收到申请之日起 3 日内作出受理或者不予受理的决定。不予受理的,公证处应当告知申请人对不予受理不服的复议程序(《提存公证规则》第 10 条第 2 款)。提存部门通过审查确定提存人具有民事行为能力,意思表示真实,提存之债真实、合法(《提存公证规则》第 13 条第 1 款),具备提存的原因,提存标的与合同标的物相符,符合管辖规则时,应当准予提存。提存部门应当验收提存标的物并登记存档。对不能提交提存部门的标的物,提存部门应当派人到现场实地验收。验收时,提存申请人或者其代理人应当在场,提存部门的工作人员应制作验收笔录。验收笔录应当记录验收的时间、地点、方式、参加人员,物品的数量、种类、规格、价值以及存放地点、保管环境等内容。验收笔录应当交提存人核对。提存部门的工作人员、提存人等有关人员应当在验收笔录上签字。对难以验收的提存标的物,提存部门可予以保全证据,并在笔录和证书中注明。对经验收的提存标的物应采用封存、委托代管等必要的保管措施。对易腐烂、易燃、易爆等物品,提存部门应在保全证据后,由债务人拍卖或者变卖,提存其价款(《提存公证规则》第 14 条)。

提存人应将提存事实通知提存受领人(《合同法》第 102 条)。以清偿为目的的提存或者提存人通知有困难的,提存部门应在适当时间内以书面形式通知提存受领人,告知其领取提存的标的物的时间、期限、地点和方法。提存受领人不清或者下落不明、地址不详无法送达通知的,提存部门应当以适时公告的方式通知。公告应刊登在国家或者债权人在国内住所地的有关报刊上(参见《提存公证规则》第 18 条)。

(六) 提存的效力

关于提存的效力,应分提存人(债务人)与提存受领人(债权人)之间、提存人与提存部门之间和提存受领人(债权人)与提存部门之间的效力三个方面。

1. 提存人(债务人)与提存受领人(债权人)之间的效力

提存货币的,以现金、支票交付提存部门的日期或者提存款划入提存账户的

---

① 黄立:《民法债编总论》,中国政法大学出版社 2002 年版,第 698—699 页。

日期,为提存日期。提存的物品需要验收的,以提存部门验收合格的日期为提存日期。提存的有价证券、提单、权利证书或者无须验收的物品,以实际交付提存部门的日期为提存日期(参见《提存公证规则》第 16 条)。

自提存之日起,提存人(债务人)的债务归于消灭(《提存公证规则》第 17 条后段),使提存受领人(债权人)的债权得到清偿,标的物所有权自受领人(债权人)表示受取或者径直请求交付时转移,标的物毁损灭失的风险也转移归提存受领人(债权人)负担(《合同法》第 103 条前段)。

提存物在提存期间所产生的孳息归提存受领人(债权人)所有(《合同法》第 103 条中段)。提存人(债务人)取回提存物的,孳息归提存人(债务人)所有(《提存公证规则》第 22 条第 1 款)。

提存的标的物的收益,除用于维护费用外,剩余部分应当存入提存账户(《提存公证规则》第 22 条第 4 款)。

2. 提存人(债务人)与提存部门之间的效力

在符合提存条件的情况下,提存人(债务人)有权利请求提存部门办理提存业务,提存部门有义务为提存。

提存人(债务人)可以凭人民法院生效的判决、裁定或者提存之债已经清偿的公证证明取回提存物。提存受领人(债权人)以书面形式向公证处表示抛弃提存受领权的,提存人(债务人)得取回提存物。提存人(债务人)取回提存物的,视为未提存。因此产生的费用由提存人(债务人)承担。提存人(债务人)未支付提存费用前,提存部门有权留置价值相当的提存标的(《提存公证规则》第 26 条)。

3. 提存受领人(债权人)与提存部门之间的效力

提存受领人(债权人)可以随时领取提存物,但提存受领人(债权人)对债务人负有到期债务的,在提存受领人(债权人)未履行债务或者提供担保之前,提存部门根据提存人(债务人)的要求应当拒绝其领取提存物(《合同法》第 104 条第 1 款)。债权人领取提存物的权利,自提存之日起 5 年内不行使而消灭,提存物扣除提存费用后归国家所有(《合同法》第 104 条第 2 款)。

提存受领人(债权人)领取提存标的物时,应提供身份证明、提存通知书或者公告,以及有关债权的证明,并承担因提存所支出的费用,除非当事人另有约定。提存受领人(债权人)负有对待给付义务的,应提供履行对待给付义务的证明。委托他人代领的,还应提供有效的授权委托书。由其继承人领取的,应当提交继承公证书或者其他有效的法律文书(《提存公证规则》第 23 条)。

提存期间,提存标的物毁损灭失的风险由提存受领人负担(《提存公证规则》第 27 条第 2 款前段)。

提存部门有保管提存标的物的权利和义务。提存部门应当采取适当的方法妥善保管提存标的物,以防毁损、变质或者灭失。因提存部门过错造成毁损、灭失的,提存部门负有赔偿责任(《提存公证规则》第 27 条第 2 款)。

对不宜保存的,提存受领人(债权人)到期不领取或者超过保管期限的提存物品,提存部门可以拍卖,保存其价款。下列物品的保管期限为 6 个月:(1) 不适于长期保管或者长期保管将损害价值的;(2) 6 个月的保管费用超过物品价值 5%的(《提存公证规则》第 19 条、第 20 条)。

提存的存款单、有价证券、奖券需要领息、承兑、领奖的,提存部门应当代为承兑或者领取,所获得的本金和孳息在不改变用途的前提下,按不损害提存受领人(债权人)利益的原则处理。无法按原用途使用的,应以货币形式存入提存账户。定期存款到期的,原则上按原来的期限将本金和利息一并转存。股息红利除用于支付有关的费用外,剩余部分应当存入提存专用账户(《提存公证规则》第 22 条第 2 款、第 3 款)。

除当事人另有约定外,提存费用由提存受领人(债权人)承担(《合同法》第 103 条后段)。提存费用包括:提存公证费、公告费、邮电费、保管费、评估鉴定费、代管费、拍卖变卖费、保险费,以及为保管、处理、运输提存标的物所支出的其他费用。提存受领人(债权人)未支付提存费用前,提存部门有权留置价值相当的提存标的物(《提存公证规则》第 25 条第 2 款、第 3 款)。

提存部门不得挪用提存标的物,提存部门及其工作人员挪用提存标的物,除应负担相应的责任外,对直接责任人员要追究行政责任或者刑事责任(参见《提存公证规则》第 27 条第 1 款)。

提存部门未按法定或者当事人约定的条件给付提存标的物给当事人造成损失的,提存部门负有连带赔偿责任(《提存公证规则》第 27 条第 4 款)。但应指出,此处连带赔偿责任的法理依据似乎存在问题。

符合法定或者当事人约定的给付条件,提存部门拒绝给付的,由其主管的司法行政机关责令限期给付;给当事人造成损失的,提存部门负有赔偿责任(参见《提存公证规则》第 28 条第 1 款)。

五、免除

(一) 免除概说

免除,是指债权人抛弃债权,从而全部或者部分终止债的关系的单方行为。

免除仅依债权人表示免除债务的意思而发生效力,其原因如何,在所不问。所以,免除为无因行为。

虽然免除的原因可以是有偿的也可以是无偿的,如有的为赠与,有的为对待给付,也有的为和解,但免除本身是无偿的。即使为使债权人免除债务而约定对待给付,也不因此而使免除具有有偿性。

免除的意思表示不需特定方式,无论以书面或者言词为之,或者以明示或者默示为之,均无不可。所以,免除为非要式行为。

免除为债权人处分债权的行为,因而需要债权人具有处分该债权的能力。无行为能力人或者限制行为能力人不得为免除行为,应由其法定代理人代为免除或者征得其同意。债权人若丧失处分权时,如受破产宣告,或者其债权被法院裁定扣押,或者为质权的标的,债权人均不得任意免除。①

(二)免除的方法

免除应由债权人向债务人以意思表示为之。向第三人为免除的意思表示,不发生免除的法律效力。

免除的意思表示构成民事法律行为。因此,《民法总则》关于民事法律行为的规定适用于免除。免除得由债权人的代理人为之。

关于免除是否可以附条件或者期限,存在争议。在我国台湾地区,免除为单独行为,通说认为,免除可以附停止条件、始期。例如,债务人于1年内结婚,借款不需返还,为附停止条件的免除。如果约定债务于1个月后免除,则为附始期的免除。②

免除为单独行为,自向债务人或者其代理人表示后,即产生债务消灭的效果。因而,一旦债权人作出免除的意思表示,即不得撤回。

(三)免除的效力

免除发生债务绝对消灭的效力。因免除使债权消灭,故债权的从权利,如利息债权、担保权等,也同时归于消灭。仅免除部分债务,债的关系仅部分终止(《合同法》第105条)。

免除为处分行为,仅就各个债务成立免除。因合同所生的全部债务,如两个对立的债务,只有将它们一一免除时,才发生全部免除的效力,即合同关系消灭的效果。

将来之债的免除,可以视为附停止条件之债的免除,应该承认。只是不得抛弃的请求权的免除,不发生免除的效力,例如,法定抚养请求权的债权人,不得免除债务人将来的债务。③

免除不得损害第三人的合法权益。例如,已就债权设定质权的债权人不得免除债务人的债务,而以之对抗质权人。

保证债务的免除不影响被担保债务的存在,被担保债务的免除则使保证债务消灭。这是由主从关系所决定的。

在债务被全部免除的情况下,有债权证书的,债务人可以请求返还债权证书。

---

① 黄立:《民法债编总论》,中国政法大学出版社2002年版,第721页。
② 同上书,第721页。
③ 同上书,第722页。

六、混同

（一）混同的概念

混同，是指债权和债务同归一人，原则上致使债的关系消灭的事实。债权人与债务人系处于对立状态，法律乃在于规范此类对立的主体之间的财产关系，债权因混同而消灭，并非逻辑的必然，仅仅是在通常情况下，处于这种状态下的债权继续存续，已经没有法律上的需要，法律规定它因混同而消灭，效果更佳。[①]

（二）混同的成立

债权债务的混同，由债权或者债务的承受而产生。其承受包括概括承受与特定承受两种。

概括承受是发生混同的主要原因，例如债权人继承债务人的财产、债务人继承债权人的财产、企业合并、营业的概括承受等。在企业合并场合，合并前的两个企业之间有债权债务时，企业合并后，债权债务因同归一个企业而消灭。

特定承受，系指债务人自债权人处受让债权，或者债权人承担债务人的债务时，因而发生的混同。

（三）混同的效力

概括承受使合同关系及其他债之关系绝对地消灭。在特定承受的情况下，狭义债的关系消灭，未让与的债权和与之相对应的债务继续存在，未转让的债务和与之相对应的债权亦然。债权的消灭，也使从权利如利息债权、违约金债权、担保权等归于消灭。

债权系他人权利的标的时，从保护第三人的合法权益出发，债权不消灭。例如，债权为他人质权的标的，为了保护质权人的利益，不使债权因混同而消灭。因为质权人对于第三债务人有直接收取权，尤其在入质债权附有担保权时，质权人就债权的继续存在享有更大的利益。《合同法》规定，合同终止涉及第三人利益的，合同不终止（第106条）。

法律为贯彻债权的流通性，可以设有例外规定，在债权债务归于一人时，不发生混同的效力。例如，票据法为促进票据的流转，规定票据债权人、债务人为一人的，债不消灭，票据在到期前仍可以转让。

[①] 黄立：《民法债编总论》，中国政法大学出版社2002年版，第723页。

第二分编 债权分论

第二十二章 合同概述

第一节 合同的概念与特征

一、合同的概念

合同的含义十分广泛,例如有劳动法上的合同、行政法上的合同、民法上的合同等。民法上的合同也多种多样,例如有物权合同、债权合同、身份合同等。《合同法》规定的合同,是平等主体之间设立、变更、终止民事权利义务关系的协议(《合同法》第 2 条)。

在民法及其学说史上,曾有合同和契约的区别。有一种观点认为,前者为当事人的目的相同,意思表示的方向也一致的共同行为;后者系当事人双方的目的对立,意思表示的方向相反的法律行为。我国现行法已不再作这样的区分,把二者均称作合同。

二、合同的特征

合同具有如下法律特征:

其一,合同是一种民事法律行为。合同以意思表示为要素,并且按意思表示的内容赋予法律效果,故为民事法律行为,而非事实行为。

其二,合同是两方以上当事人的意思表示一致的民事法律行为。合同的成立必须有两方以上的当事人,他们相互为意思表示,并且意思表示相一致。这是合同区别于单方民事法律行为的重要标志。

其三,合同是以设立、变更、终止民事权利义务关系为目的的民事法律行为。任何民事法律行为均有目的性,合同的目的性在于设立、变更、终止民事权利义务关系。所谓设立民事权利义务关系,是指当事人依法成立合同后,便在他们之间产生民事权利义务关系。所谓变更民事权利义务关系,是指当事人依法成立合同后,便使他们之间原有的民事权利义务关系发生变化,形成新的关系。所谓终止民事权利义务关系,是指当事人依法成立合同后,便使他们之间既有的民事权利义务关系归于消灭。

其四,合同是当事人各方在平等、自愿的基础上实施的民事法律行为。在民法上,当事人各方在订立合同时的法律地位是平等的,所作的意思表示是自主自愿的。当然,在现代法上,为实践合同正义,自愿或曰自由受到一定的限制,如强制缔约、定式合同、劳动合同的社会化等,为其著例。

第二节 合同的分类

一、双务合同与单务合同

以给付义务是否由双方当事人互负为标准,合同分为双务合同与单务合同。双务合同,是双方当事人互负对待给付义务的合同,即一方当事人之所以负给付义务,在于取得对待给付。买卖、租赁、承揽等合同均属此类。

单务合同,是仅有一方当事人负给付义务的合同。赠与、借用等合同为其代表。一方当事人虽不负对待给付义务,但承担一定义务的(如附义务的赠与),亦为单务合同。

区分双务合同与单务合同的法律意义在于:其一,双务合同适用同时履行抗辩、先履行抗辩和不安抗辩,而单务合同则否。其二,双务合同因不可归责于双方当事人的原因而不能履行时,发生风险负担问题。而在单务合同中,因不可归责于双方当事人的原因而不能履行时,风险一律由债务人负担,不发生双务合同中的复杂问题。其三,在双务合同中,当事人一方违约时,另一方若已履行合同,则可以请求强制违约方实际履行或者承担其他违约责任,条件具备时还可以解除合同;解除合同并溯及既往时,另一方有权请求违约方返还受领的给付。而单务合同在某些立法例上不适用解除制度,在我国虽然适用解除制度,但主要适用于《合同法》第94条第1项规定的情形,适用违约解除制度的情形极为罕见,即使因违约而解除,也不发生违约方返还受领给付的后果,只能是守约方负担返还义务。

二、有偿合同与无偿合同

以当事人取得权益是否须付相应代价为标准,合同分为有偿合同与无偿合同。

有偿合同,是指当事人一方享有合同规定的权益,须向对方当事人偿付相应代价的合同。买卖、租赁、保险等合同是其典型。

无偿合同,是指当事人一方享有合同规定的权益,不必向对方当事人偿付相应代价的合同。赠与、借用等合同为其代表。

有偿合同与无偿合同的划分，同双务合同与单务合同的划分，并非完全等同。一般来说，双务合同是有偿合同；单务合同大多为无偿合同，也有有偿合同。对此，以借款合同为例加以说明。金融机构作为贷款人的借款合同，按照《合同法》第 196 条以下的规定，为诺成性合同，于是，贷款人负有交付借款的义务，借款人负有返还本息的义务，构成双务合同；同时，因借款人须向贷款人偿付利息，此类合同又是有偿合同。但是，如果此类合同中，当事人约定贷款人交付借款为合同的成立要件，那么，该借款合同虽然仍为有偿合同，却是单务合同。

区分有偿合同与无偿合同的法律意义在于：其一，责任的轻重不同。在无偿合同中，债务人所负的注意义务程度较低；在有偿合同中，则较高。例如，保管人因其一般过失致保管物毁损灭失，若为有偿保管，就应全部赔偿；若为无偿保管，则宜酌情减轻，保管人证明自己没有重大过失的，不承担赔偿责任（《合同法》第 374 条）。其二，主体要求不同。订立有偿合同的当事人原则上应为完全行为能力人，限制行为能力人非经其法定代理人同意不得订立重大的有偿合同。对纯获利益的无偿合同，如接受赠与等，限制行为能力人和无行为能力人即使未取得法定代理人的同意，也可以订立；但在负返还原物义务的无偿合同中，仍然须取得法定代理人的同意。其三，可否行使撤销权不同。如果债务人将其财产无偿转让给第三人，严重减少债务人的责任财产，害及债权人的债权，债权人可以直接请求撤销该无偿行为。但对于有偿的明显低价的处分行为，只有在债务人及其第三人在实施交易行为时有加害于债权人的恶意时，债权人方可行使撤销权（《合同法》第 74 条）。其四，有无返还义务不同。一种学说认为，如果无权处分人通过有偿合同将财物转让给第三人，第三人若为善意时，一般不负返还原物的义务；若通过无偿合同将财物转让给第三人，在原物存在时，第三人负返还原物的义务。

三、诺成性合同与实践性合同

以合同的成立是否须交付标的物或者完成其他给付为标准，合同分为诺成性合同与实践性合同。

诺成性合同，是指当事人各方的意思表示一致即成立的合同。实践性合同，又称要物合同，是指除双方当事人的意思表示一致以外，尚需交付标的物或者完成其他给付才能成立的合同。

在传统民法中，借用、借贷、保管、运送、赠与等属于实践性合同。随着现代经济生活的发展，尤其是银行业、运输业的发展，若仍坚持在双方当事人达成合意之外还需以物之交付为合同成立要件，不利于保障营业者一方的利益。因而赠与合同、信贷合同中的银行借款合同和运送合同中的铁路、航空等客运、货运合同，在我国合同法上均已脱离实践性合同的范围，而成为诺成性合同。但保管合同等仍为实践性合同(《合同法》第367条)。

区分诺成性合同与实践性合同的法律意义在于,二者成立的要件与当事人义务的确定不同。所谓合同成立的要件不同,是指诺成性合同仅以合意为成立要件,而实践性合同以合意和交付标的物或者完成其他给付为成立要件。所谓当事人义务的确定不同,是指在诺成性合同中,交付标的物或者完成其他给付系当事人的给付义务,违反该义务便产生违约责任;而在实践性合同中,交付标的物或者完成其他给付,不是当事人的给付义务,只是先合同义务,违反它不产生违约责任,可构成缔约过失责任。

四、要式合同与不要式合同

见本书第八章第一节中的"要式行为与不要式行为"。

五、为订约人自己利益订立的合同与为第三人利益订立的合同

以是否为订约人自己的利益订立合同为标准,合同分为为订约人自己利益订立的合同与为第三人利益订立的合同。

为订约人自己利益订立的合同,是指合同当事人为自己约定并享受利益,第三人与合同当事人之间不得主张合同权利和追究合同责任的合同。

为第三人利益订立的合同,是指当事人为第三人设定了合同权利,由第三人取得利益的合同。它具有如下特征:(1) 第三人不是缔约人;(2) 合同只能为第三人设定权利,而不得约定义务;(3) 合同生效后,第三人可以接受该合同权利,也可以拒绝接受该项权利。

这种分类的法律意义在于:一是明确缔约目的不同,二是合同的效力范围不同。

六、实定合同与射幸合同

以合同的效果在缔约时是否确定为标准,合同分为实定合同与射幸合同。

实定合同,是指合同的法律效果在缔约时已经确定的合同。绝大多数合同都是实定合同。射幸合同,是指合同的法律效果在缔约时不能确定的合同,保险合同、彩票合同均属此类。

彩票及彩票合同在我国受到人们的关注,以下作简要的介绍。

彩票作为一种特殊的凭证,在中奖场合,中奖人行使请求支付奖金或者交付奖品的权利,必须持有效的中奖彩票,权利与彩票密不可分,因而,彩票属于一种

证券,而不单是一种证书,并且是一种有价证券。① 彩票由国家特许的机构发行,直接上市销售,面向不特定的社会大众,供人们自愿购买,《彩票发行与销售管理暂行规定》第 6 条和《中国福利彩票发行与销售管理暂行办法》第 4 条均明定,彩票不记名。

彩票既为一种有价证券,自理论上讲,对其承销也应该如同其他有价证券的承销,可有包销和代销两种基本的方式。但从现在掌握的资料分析来看,尚未见到包销彩票的做法,全部采取彩票代销方式。2003 年财政部《即开型彩票发行与销售管理暂行规定》第 17 条更是明确规定,彩票机构不得采用承包、转包、买断等形式对外委托彩票发行和销售业务,明确否定了彩票的包销。我国有关规章也一再强调,不允许转包销售彩票。

彩票合同,也就是彩票零售商或者彩票销售机构与彩票购买者为了购买彩票而订立的合同。彩票发行机构是彩票合同的当事人,彩票销售机构是其代理人。购买彩票的当事人,包括自然人和法人,但《彩票发行与销售管理暂行规定》第 18 条规定,禁止向未满 18 周岁者出售彩票和支付中奖奖金;《中国福利彩票发行与销售管理暂行办法》第 19 条规定,从事福利彩票发行、销售以及参与彩票规则设计和生产的人员,必须保守相关秘密,且不得直接或者间接购买福利彩票。

彩票买卖合同是实践性合同、双务合同、格式合同、射幸合同,是最大诚信合同。

区分实定合同与射幸合同的法律意义在于,实定合同一般要求等价有偿,若不等价则可能被撤销乃至无效。射幸合同一般不能从等价与否的角度来衡量合同是否公平。

七、本约与预约

预约,是约定将来订立一定合同的合同,本约则为履行该预约而订立的合同。预约存在的主要理由是由于法律上或者事实上的原因,订立本约的条件尚未成熟,先订立预约,使对方受其约束,以确保本约的订立。例如,甲拟向乙承租房屋,乙与丙之间的房屋租赁合同在半年后终止,于是甲先与乙订立房屋租赁合同的预约。

预约的成立须遵循合同法关于合同订立的一般规则,"初步协议""意向性协议"等,如不具有法律约束力,就既不是本约,也不是预约。

预约的债务人有订立本约的义务,违反预约不订立本约的,应承担违约责任

---

① 韩世远:《彩票刍议》,载《中日韩合同法国际研讨会论文集:履行障碍与合同救济》,清华大学法学院 2004 年 12 月 21 日。

(《买卖合同的解释》第 2 条),但不能要求其依预定的本约的内容,承担违反本约的责任。

八、有名合同与无名合同

以法律是否设有规范并赋予一个特定名称为标准,合同分为有名合同与无名合同。

有名合同,又称典型合同,是指法律设有规范,并赋予一定名称的合同。《合同法》规定的买卖、借款、租赁等合同均为有名合同。无名合同,又称非典型合同,是指法律尚未特别规定,亦未赋予一定名称的合同。

合同法奉行合同自由原则,在不违反社会公德和社会公共利益以及强制性规范的前提下,允许当事人订立任何内容的合同。这就是合同类型自由原则。据此,当事人订立法律未规定的非典型合同系自然之事。何况社会在不断发展变化,交易活动日益复杂,当事人不得不在法定合同类型之外,另创新形态的合同,以满足不同需要。但这并不意味着典型合同无存在的必要。因为:其一,当事人往往不是法律家,所拟合同不周全、未达利益平衡系常有之事,而典型合同规范是立法者就实际存在的具有成熟性和典型性的交易形式,斟酌当事人的利益状态和各种冲突的可能性,以主给付义务为出发点所作的规定,一般都体现公平正义,符合当事人的利益。以典型合同规范补充当事人约定的疏漏,使合同内容臻于完备,十分必要。其二,典型合同规范中可设有强制性规范,在当事人的约定损害社会公共利益、国家利益,或者使当事人之间的利益状态严重失衡时,可以用该强制性规范矫正,从而保护社会公共利益、国家利益以及当事人的合法权益。正因为如此,在合同类型自由的原则下规定典型合同,仍然必要。非典型合同产生以后,经过一定的发展阶段,具有成熟性和典型性时,合同立法应适时地规范,使之成为典型合同。在这种意义上说,合同法的历史是非典型合同不断地变成典型合同的过程。

非典型合同的主要难题,在于当事人的意思不完备时如何适用法律。首先须强调的是,民法关于民事法律行为的规定和《合同法》的总则,对非典型合同均有适用余地;其次应说明的是,不同类型的非典型合同,适用法律的规则不同。其中有的参照《合同法》分则或者其他法律最相类似的规定(《合同法》第 124 条),即类推适用,有的则采用结合说或者吸收说,等等。具体可分为以下情况:

其一,纯粹非典型合同的法律适用。所谓纯粹非典型合同,是指以法律全无规定的事项为内容,即其内容不符合任何典型合同要件的合同。广告使用他人肖像或者姓名的合同,属于此类。其法律关系应依合同约定、诚实信用原则,并斟酌交易惯例加以确定。

其二,合同联立的法律适用。所谓合同联立,是指数个合同具有互相结合的关系。一种情况是单纯外观的结合,即数个独立的合同仅因缔约行为而结合,相互之间不具有依存关系。于此场合,应分别适用各自的合同规范。如甲在某景点旅游,相机发生故障,送乙处维修,同时为不耽误游览,向乙另租相机一部使用。关于相机的修理,适用承揽合同的规则;关于相机的租赁,适用租赁合同的规则。另一种情况是依当事人的意思,一个合同的效力或者存在依存于另一个合同的效力或者存在。如某造纸公司出租自己的部分厂房于某家具制造公司,并收购后者的下脚料,作为造纸原料。二公司间的租赁合同、买卖合同存在依存关系。各个合同是否有效成立需分别判断,但在效力上,一合同不成立、无效、撤销或者解除时,另一合同应同其命运。

其三,混合合同的法律适用。所谓混合合同,是指由数个合同的部分而构成的合同。它在性质上属于一个合同,有四种类型:(1) 典型合同附有其他种类的从给付,即双方当事人所提出的给付符合典型合同,但一方当事人尚附带负有其他种类的从给付义务。例如,甲商店向乙酒厂购买散装酒,约定使用后返还酒桶,属于买卖合同附带借用合同的构成部分类型。对此,原则上仅适用主要部分的合同规范,非主要部分被主要部分吸收。(2) 类型结合合同,即一方当事人所负的数个给付义务属于不同的合同类型,彼此间居于同值的地位,而对方当事人仅负单一的对待给付或者不负任何对待给付的合同。例如,甲律师事务所与乙饭店订立"包租"10个房间的合同,乙负有提供办公房间、午餐、清扫房间和洗涤办公用品的义务,甲负有支付一定对价的义务。其中乙的给付义务分别属于租赁、买卖、雇佣诸典型合同的构成部分。对此,应分解各构成部分,分别适用各部分的典型合同规范,并依当事人可推知的意思调和其歧异。(3) 二重典型合同,即双方当事人互负的给付分属于不同的合同类型的合同。例如,甲担任乙所有的大厦的管理员,乙为其免费提供住房。其中,甲的给付义务为雇佣合同的组成部分,乙的给付义务归属于借用合同。对此,应分别适用各个典型合同的规定。(4) 类型融合合同,即一个合同中所含构成部分同时属于不同的合同类型的合同。例如,甲以半赠与的意思,将其价值50万元的图书以25万元的价款出售给乙图书馆。甲的给付同时属于买卖和赠与。对此,原则上适用两种典型合同规范:关于物的瑕疵,依买卖合同的规定;关于乙的不当行为则按赠与的规定处理。

第二十三章 合同的订立

第一节 合同订立的程序

一、合同订立的概念

合同的订立,是指缔约人为意思表示并达成合意的状态。它描述的是缔约各方自接触、洽商直至达成合意的过程,是动态行为与静态协议的统一体。该动态行为包括缔约各方的接触和洽商,由要约邀请、要约、反要约诸制度规范和约束,产生先合同义务及缔约过失责任。静态协议是指达成合意,合同条款至少是合同的主要条款已经确定,各方享有的权利义务得以固定,其中,承诺、合同成立要件和合同条款等制度发挥作用。

合同的订立是当事人的意志的结果,是否发生法律效力取决于法律的评价,若法律认可这种合意,合同就生效。可见,合同的订立也不同于合同的生效。

二、合同订立的一般程序

(一)要约

1. 要约的概念

要约,是一方当事人以缔结合同为目的,向对方当事人提出合同条件,希望对方当事人接受的意思表示。在商业活动及对外贸易中,要约常被称作发价、发盘、出盘、报价等。

2. 要约的要件

要约须具备以下条件:

(1) 要约必须是特定人所为的意思表示。要约是要约人(发出要约之人)向相对人(受要约人或称受约人)所作出的含有合同条件的意思表示,旨在得到受约人的承诺并成立合同,只有要约人是特定的人,受约人才能对之承诺。因此,要约人必须是特定人。所谓特定人,是指能为外界客观确定的人。自动售货机之所以可视为一种要约,原因就在于自动售货机的设置,必为特定的人所为。

(2) 要约必须向相对人发生。要约必须经过相对人的承诺才能成立合同,因此,要约必须是要约人向相对人发出的意思表示。相对人一般为特定的人,但在特殊情况下,对不特定的人作出又无碍要约所达目的时,相对人亦可为不特定人。

(3) 要约必须具有缔结合同的目的。要约必须以缔结合同为目的(《合同法》第 14 条),凡不是以缔结合同为目的的行为,例如邀请参加典礼的请柬,尽管表达了当事人的真实意愿,也不是要约。是否以缔结合同为目的,是要约与要约邀请的主要区别。要约邀请,又称要约引诱,是指一方当事人邀请对方当事人向自己发出要约(《合同法》第 15 条第 1 款)。其目的不是订立合同,而是邀请对方当事人向其为要约的意思表示。所以,要约邀请只是当事人订立合同的预备行为,其本身并不发生法律效果。《合同法》第 15 条规定,普通商业广告、商品价目表、招标公告、拍卖公告、招股说明书等均为要约邀请(第 1 款)。但商业广告在内容清楚、确定,足以使相对人知其对待义务时,可构成要约。投标、拍卖、自动售货机等则一般为要约(第 2 款)。《商品房买卖合同纠纷解释》第 3 条规定,房地产开发企业所作的商品房销售广告和宣传材料,就商品房开发规划范围内的房屋及相关设施所作的说明和允诺具体确定,并对商品房买卖合同的订立以及房屋价格的确定有重大影响的,应当视为要约。该说明和允诺即使未载入商品房买卖合同,亦应当视为合同内容,当事人违反的,应当承担违约责任。对商品标价陈列,瑞士等国家的法律认为是要约,英美普通法认为是要约邀请。我国合同法理论赞成前一种观点。对未经定购而邮寄或者投递商品,一种观点认为系现物要约①,另一种意见则主张为要约邀请。②

(4) 要约的内容必须具体确定和完整。要约的内容必须具体确定(《合同法》第 14 条),是指要约的内容必须明确,而非含糊不清。不如此,受约人便不能了解要约的真实含义,难以承诺。要约的内容必须完整,是指要约的内容必须具有合同的条件,至少是主要条件,得因受约人的承诺而使合同成立。这一要件也是要约区别于要约邀请的主要之点,因为要约邀请不具有合同的全部条件。

(5) 要约必须表明要约人在得到承诺时即受其约束的意旨,也就是说,要约人必须向受约人表明,要约一经受约人同意,合同即告成立,要约人就要受到约束(《合同法》第 14 条)。

3. 要约的效力

要约的法律效力,又称要约的拘束力,是指要约的生效及对要约人、受约人的拘束力。它包含如下内容:

(1) 要约生效的时间。要约到达受约人时生效。采用数据电文形式订立合同,收件人指定特定系统接收数据电文的,该数据电文进入该特定系统的时间,视为到达时间;未指定特定系统的,该数据电文进入收件人的任何系统的首次时间,视为到达时间(《合同法》第 16 条)。

---

① 王泽鉴:《民法债编总论·基本理论·债之发生》(总第 1 册),台湾三民书局 1994 年版,第 124 页。
② 王利明、崔建远:《合同法新论·总则》,中国政法大学出版社 1996 年版,第 157 页。

(2) 要约对要约人的拘束力。要约对要约人的拘束力,是指要约一经生效,要约人即受到要约的拘束,不得撤回、随意撤销或者对要约加以限制、变更和扩张。法律赋予要约这种效力,目的在于保护受约人的合法权益,维护交易安全。

(3) 要约对受约人的拘束力。要约对受约人的拘束力,是指受约人在要约生效时即取得承诺的权利,或者说取得依其承诺而成立合同的法律地位。正因为这是一种权利,所以受约人可以承诺,也可以不予承诺。正因为这是一种法律地位,所以它不能作为继承的标的[①],也不得随意转让。应该指出,在强制缔约的情况下,承诺也是一种法定义务。

(4) 要约的存续期间。要约的存续期间,是指要约发生法律效力的期间,亦即受约人得以承诺的期间,简称为承诺期间。它分为定有存续期间和未定存续期间两种情形:要约人在要约中定有存续期间的,受约人须在此期间内承诺,才对要约人有拘束力。要约未定有存续期间的,在对话人之间,只有受约人立即承诺才对要约人有拘束力;在非对话人之间,依通常情形能够收到承诺所需的合理期间即为承诺期间。所谓合理期间,通常考虑以下因素加以确定:要约到达受约人所必需的时间、受约人考虑是否承诺所必需的时间、承诺发出到达要约人所必需的时间。只有在合理期间承诺,才对要约人有拘束力。

4. 要约的撤回和撤销

要约的撤回,是指在要约生效之前,要约人使要约不发生法律效力的行为。为了尊重要约人的意志和保护要约人的利益,只要要约撤回的通知先于或者同时与要约到达受约人,就可产生撤回的效力(《合同法》第17条),这也不损害受约人的利益。要约的撤销,是指要约人在要约生效以后,将该项要约取消,使要约的法律效力归于消灭的意思表示。因要约的撤销往往不利于受约人,所以只有在符合一定条件时才被允许。《合同法》第18条规定,要约可以撤销,但撤销要约的通知应当于受约人发出承诺通知前到达受约人。《合同法》第19条规定,在下列情况下,要约不得撤销:(1) 要约中规定了承诺期间或者以其他形式明示要约不可撤销;(2) 受约人有理由相信该项要约是不可撤销的,而且受约人已经为履行合同作了准备工作。

5. 要约的失效

要约的失效指要约丧失其法律效力,要约人和受约人均不再受其约束。要约失效的原因主要有以下几种:

(1) 要约存续期间(承诺期间)届满。要约中规定了承诺期间的,受约人未于此期间承诺,该期间届满时要约即失去效力(《合同法》第20条第3项)。要约

[①] 有反对意见,见 Schluter, Erbrecht, 12 Aufl. 1986, S. 36. 郑玉波:《民法债编总论》,台湾三民书局1962年版,第51页。

中未规定承诺期间的,对话为要约者,受约人未立即承诺,要约即失去效力;非对话为要约者,依通常情况能够收到承诺所需的合理期间内未收到承诺时,要约即失去效力。

(2) 受约人拒绝要约(《合同法》第20条第1项)。拒绝要约,是指受约人没有接受要约所定条件,属单方行为。其方式可以是明确表示拒绝,也可以在承诺期间不作答复而拒绝。

要约因拒绝而消灭,一般发生于要约向特定人发出的场合。对不特定人发出的要约,如商品标价陈列出售,并不因特定的人表示拒绝而归于消灭。

(3) 要约人依法撤销要约(《合同法》第20条第2项)。

(4) 对要约的实质性变更。承诺对要约的内容作出实质性变更的,视为新要约(《合同法》第20条第4项)。

(5) 要约人或者受约人死亡。如果未来的合同需要由要约人或者受约人本人履行,要约人或者受约人死亡,就使要约消灭;反之,不影响要约的法律效力。在要约人或者受约人为法人时,只要法人终止,要约便随之失去效力。

(二) 承诺

1. 承诺的概念

承诺,是受约人作出的同意要约以成立合同的意思表示(《合同法》第21条)。在商业交易中,承诺又称为接盘。

2. 承诺的要件

承诺须具备以下要件:

(1) 承诺必须由受约人作出。要约和承诺是一种相对人的行为,只有受约人享有承诺的资格,因此,承诺须由受约人作出。受约人为特定人时,承诺由该特定人作出;受约人为不特定人时,承诺由该不特定人中的任何人作出。受约人的代理人可代为承诺。受约人以外的第三人即使知晓要约内容并作出同意的意思表示,也不以承诺论。

(2) 承诺必须向要约人作出。受约人承诺的目的在于同要约人订立合同,故承诺只有向要约人作出才有意义。向要约人的代理人作出承诺的有同样的意义。在要约人死亡,合同不需要约人亲自履行的情况下,受约人可以向要约人的继承人作出承诺。

(3) 承诺的内容应当与要约内容一致。承诺是受约人愿意按照要约的内容与要约人订立合同的意思表示,所以欲取得成立合同的法律效果,承诺就必须在内容上与要约的内容一致。如果受约人在承诺中对要约的内容加以扩张、限制或者变更,便不构成承诺,应视为对要约拒绝而构成反要约。

随着交易的发展,要求承诺与要约内容绝对一致,确实不利于鼓励交易,于是立法开始采取灵活的态度。《合同法》规定,承诺对要约的内容作出非实质性变更的,除要约人及时表示反对或者要约表明承诺不得对要约的内容作出任何变更的以外,该承诺有效,合同的内容以承诺的内容为准(《合同法》第 31 条)。

关于是否构成实质性变更的判断,难以抽象确定,必须视每一交易的具体情况而定。有关合同标的、数量、质量、价格或者报酬、履行期限、履行地点和方式、违约责任和解决争议的方法等变更,构成对要约的实质性变更(《合同法》第 30 条)。

(4)承诺必须在要约的存续期间内作出。要约在其存续期间内才有效力,一旦受约人承诺便可成立合同,因此承诺必须在此期间内作出。如果要约未规定存续期间,在对话人之间,承诺应立即作出;在非对话人之间,承诺应在合理的期间作出(《合同法》第 23 条)。凡在要约的存续期间届满后承诺的,是迟到的承诺,不发生承诺的效力,应视为新要约(《合同法》第 28 条)。但是,受约人在要约的存续期间内作出承诺,依通常情形在相当期间内可到达要约人,但因传达故障致使承诺迟到的,为特殊的迟到。在这种特殊迟到的情况下,承诺人原可期待合同因适时承诺而成立,依诚实信用原则,要约人应有通知义务,即及时地向承诺人发出承诺迟到的通知。怠于为此通知的,承诺视为未迟到,合同成立(《合同法》第 29 条)。该承诺迟到的通知,属于一种事实通知,以要约人将迟到的事实通知承诺人即足够,并且依发送而生效力,不到达的风险由承诺人负担。如甲向乙为要约,乙的承诺发生特殊的迟到。甲不依法向乙为承诺迟到的通知,合同成立;甲向乙发送承诺迟到的通知,但因传达故障乙并未收到,合同不成立。所谓及时发出,指依善良管理人的注意,在情事所允许的范围内,不迟延而为发送。在承诺使用快速的传达工具时,承诺迟到的通知原则上亦须使用相当的通知方法。承诺迟到的通知义务,不是法律上真正的义务,而是非真正义务,违反它不产生损害赔偿责任。

承诺应当以通知的方式作出,但根据交易习惯或者要约表明可以通过行为作出承诺的除外(《合同法》第 26 条第 1 款)。这里所说的行为,通常是指履行行为,如预付价款、装运货物或者在工地上开工等。

3. 承诺的效力

承诺通知到达要约人时生效。承诺不需要通知的,根据交易习惯或者要约的要求作出承诺的行为时生效(《合同法》第 26 条第 1 款)。所谓根据交易习惯,如旅馆之订房间、餐厅之订酒席,承诺即不需通知,而以行为作出;自动售货机之售货,是依事情性质决定承诺不需通知。所谓根据要约的要求,如甲向乙紧急订货,通知即刻发货,就是要求承诺以行为作出。

采用数据电文形式订立合同的,承诺到达的时间的确定,如同要约到达时间的确定(《合同法》第 26 条第 2 款)。

承诺生效,在诺成性合同场合使合同成立(《合同法》第 25 条);在实践性合同场合,若交付标的物先于承诺生效,同样使合同成立,若交付标的物后于承诺生效,则合同自交付标的物时成立;在以登记、公证、鉴证、审批为生效要件的合同场合,承诺生效亦为合同成立的时间。正因为承诺生效在合同法中具有如此重要的意义,所以确定承诺生效的时间便成为各国立法十分重视的问题。

4. 承诺的撤回与迟到

承诺的撤回,是承诺人阻止承诺发生法律效力的行为。撤回的通知必须先于或者同时与承诺到达要约人,才发生阻止承诺生效的效力。撤回的通知如果迟于承诺到达要约人,因承诺已经生效,则不发生承诺撤回的效果。

三、几种特殊的合同订立方式

(一) 广告

以广告方式订立合同,其广告多指悬赏广告。所谓悬赏广告,是指以广告的方式公开表示对于完成一定行为之人,给予报酬的意思表示。对于悬赏广告的性质,有不同的观点。一种观点为单方民事法律行为说,另一种观点为合同说。按照合同说,它属于要约;完成悬赏广告指定行为则属于承诺,合同成立。普通广告在性质上为要约邀请,对方当事人即使回应也属于要约,在这一阶段,尚无合同的订立。但商品广告的内容符合要约规定的,视为要约(《合同法》第15条第2款),对方的同意为承诺,合同成立。

(二) 招标投标

招标投标程序,是由招标人向数人或者公众发出招标通知或者公告,在诸多投标人中选择自己最满意者并与之订立合同的方式。按照《招标投标法》的规定,在我国境内进行下列工程建设项目,包括项目的勘察、设计、施工、监理以及与工程建设有关的重要设备、材料等的采购,必须进行招标:(1) 大型基础设施、公益事业等关系社会公共利益、公众安全的项目;(2) 全部或者部分使用国有资金或者国家融资的项目;(3) 使用国际组织或者外国政府贷款、援助资金的项目(第3条第1款)。招标投标包括招标阶段、投标阶段、开标、评标、定标阶段。

(三) 拍卖

拍卖,是指以公开竞价的形式,将特定物品或者财产权利转让给最高应价者的买卖方式。拍卖必须有拍卖标的,该标的应当是委托人所有或者依法可以处分的物品或者财产权利。依照法律或者按照国务院规定需经审批才能转让的物品或者财产权利,在拍卖前,应当依法办理审批手续。委托拍卖文物的,在拍卖前,应当经拍卖人住所地的文物行政管理部门依法鉴定、许可(《拍卖法》第3条、第6条、第7条、第8条)。

拍卖当事人包括拍卖人、委托人、竞买人和买受人。拍卖人是指依照《拍卖法》和《公司法》设立的从事拍卖活动的企业法人。设立拍卖企业必须经所在地的省、自治区、直辖市人民政府负责管理拍卖业的部门审核许可,并向工商行政管理部门申请登记,领取营业执照(《拍卖法》第 11 条)。委托人是指委托拍卖人拍卖物品或者财产权利的公民、法人或者其他组织。买受人是指以最高应价购得拍卖标的的竞买人。

(四) 强制缔约

强制缔约,是指个人或者企业负有应对方的请求与其订立合同的义务,换句话说,是指对对方的要约非有正当理由不得拒绝承诺。强制缔约仍采用要约和承诺的程序,只是一方当事人负有必须承诺的义务。

邮政、电信、电业、煤气、天然气、自来水、铁路、公路等公用事业单位负有缔约义务,非有正当理由不得拒绝用户缔约的请求(《合同法》第 289 条等)。这是保障用户和消费者的日常必需所不可少的法律措施。

医院及医生非有正当理由不得拒绝诊疗、检验或者调剂处方。这为救死扶伤所必需。

出租车司机负有缔约义务,非有正当理由,不得拒载。

在强制缔约的情况下,缔约义务人对要约的沉默通常可理解为默示承诺。关于缔约的内容,有国家或者行业标准的,依该标准确定;无此标准的,按合理的标准确定。假若允许负担缔约义务人任意要价,对用户和消费者过苛,强制缔约会失去意义。

缔约义务人在无正当理由的情况下拒绝缔约,致对方以损害的,应负损害赔偿责任。

(五) 附合缔约

附合缔约,是指合同条款由当事人一方预先拟定,对方只有附合该条款(意思)方能成立合同的缔约方式。

在附合缔约的情况下,一方所提供的合同条款,是格式合同条款,简称格式合同,或者格式条款,又称定型化契约或者定型化契约条款,或者叫标准合同或者标准合同条款,法国称为附合合同,德国债法现代化法取名为一般交易条件。

格式合同具有广泛的适用性,其优点是节省时间,有利于事先分配风险,降低交易成本。其弊端在于,提供格式条款的一方往往利用其优越的经济地位,制定有利于自己而不利于消费者的条款。《合同法》第 39 条第 1 款规定:"采用格式条款订立合同的,提供格式条款的一方应当遵循公平原则确定当事人之间的权利和义务,并采取合理的方式提请对方注意免除或者限制其责任的条款,按照对方的要求,对该条款予以说明。"

四、合同的成立

承诺生效,为合同成立(《合同法》第 25 条)。当事人采用合同书形式订立合同的,自双方当事人签字或者盖章时合同成立(《合同法》第 32 条)。当事人采用信件、数据电文等形式订立合同,要求签订确认书的,签订确认书时合同成立(《合同法》第 33 条)。当事人对合同是否成立存在争议,人民法院能够确定当事人名称或者姓名、标的和数量的,一般应当认定合同成立。但法律另有规定或者当事人另有约定的除外(《合同法解释(二)》第 1 条第 1 款)。当事人之间没有书面合同,一方以送货单、收货单、结算单、发票等主张存在买卖合同关系的,人民法院应当结合当事人之间的交易方式、交易习惯以及其他相关证据,对买卖合同是否成立作出认定。对账确认函、债权确认书等函件、凭证没有记载债权人名称,买卖合同当事人一方以此证明存在买卖合同关系的,人民法院应予支持,但有相反证据足以推翻的除外(《买卖合同的解释》第 1 条)。

承诺生效的地点为合同成立的地点(《合同法》第 34 条第 1 款)。采用数据电文形式订立合同的,收件人的主营业地为合同成立的地点;没有主营业地的,其经常居住地为合同成立的地点。当事人另有约定的,按照其约定(《合同法》第 34 条第 2 款)。当事人采用合同书形式订立合同没有约定合同签订地的,双方当事人签字或者盖章的地点为合同成立的地点(《合同法》第 35 条)。双方签字或者盖章不在同一地点的,以最后签字或者盖章的地点为合同成立的地点(《合同法解释(二)》第 4 条)。

当事人约定合同形式,当事人未采用约定形式的,合同推定为不成立。

第二节 合同的内容与解释

一、合同的内容

合同,作为民事法律行为,其内容就是合同条款;作为债的关系,其内容为合同权利义务,它们也由合同条款固定。由此可见合同条款的重要性。但不同的合同条款在合同中所处的地位、所起的作用和所表现的形式不尽相同。

为了示范较完备的合同条款,《合同法》第 12 条规定了如下条款,提示缔约人:

1. 当事人的名称或者姓名与住所

当事人是合同权利义务的承受者,没有当事人,合同权利义务就失去存在的意义,给付和受领给付便无从谈起,因此,合同须有当事人这一条款。当事人由其名称或者姓名及住所加以特定化、固定化,具体合同条款的草拟必须写清当事人的名称或者姓名和住所。

2. 标的

标的是合同权利义务指向的对象。合同不规定标的,就会失去目的,失去意义。可见,标的是一切合同的主要条款。目前,多数说认为合同关系的标的为给付行为,而《合同法》第 12 条所谓标的,主要指标的物,因而规定有所谓标的的质量、标的的数量。所以,对于《合同法》及有关司法解释所说的标的,时常需要按标的物理解。

标的条款必须清楚地写明标的名称,以使标的特定化,能够界定权利义务。

3. 质量与数量

标的(物)的质量和数量是确定合同标的(物)的具体条件,是这一标的(物)区别于同类另一标的(物)的具体特征。标的(物)的质量需订得详细具体,如标的(物)的技术指标、质量要求、规格、型号等都要明确。标的(物)的数量要确切。首先应选择双方共同接受的计量单位;其次要确定双方认可的计量方法;再次应允许规定合理的磅差或者尾差。标的物的数量为主要条款;标的物的质量若能通过有关规则及方式推定出来,则合同欠缺这样的条款也不影响成立(《合同法解释(二)》第 1 条)。

4. 价款或者酬金

价款是取得标的物所应支付的代价,酬金是获得服务所应支付的代价。价款,通常指标的物本身的价款,但因商业上的大宗买卖一般是异地交货,便产生了运费、保险费、装卸费、保管费、报关费等一系列额外费用。它们由哪一方支付,需在价款条款中写明。

5. 履行的期限、地点、方式

履行期限直接关系到合同义务完成的时间,涉及当事人的期限利益,也是确定违约与否的因素之一,十分重要。履行期限可以规定为即时履行,也可以规定为定时履行,还可以规定为在一定期限内履行。如果是分期履行,尚应写明每期的准确时间。

履行地点是确定验收地点的依据,是确定运输费用由谁负担、风险由谁承受的依据,有时是确定标的物所有权是否转移、何时转移的依据,还是确定诉讼管辖的依据之一,对于涉外合同纠纷,它是确定法律适用的一项依据,十分重要。

履行方式,例如是一次交付还是分期分批交付,是交付实物还是交付标的物的所有权凭证,是铁路运输还是空运、水运等,同样事关当事人的物质利益,合同应写明,但对于大多数合同来说,它不是主要条款。

履行的期限、地点、方式若能通过有关方式推定,则合同即使欠缺它们也不影响成立。

6. 解决争议的方法

解决争议的方法,是指有关解决争议运用什么程序、适用何种法律、选择哪家检验或者鉴定的机构等内容。当事人双方在合同中约定的仲裁条款、选择诉讼法院的条款、选择检验或者鉴定机构的条款、涉外合同中的法律适用条款、协商解决争议的条款等,均属解决争议的方法的条款。

合同条款依其作用可分为合同的主要条款和普通条款。

二、合同的主要条款与普通条款

（一）合同的主要条款

合同的主要条款,是合同必须具备的条款,若欠缺则合同不成立。《合同法》第 12 条第 1 项规定的当事人条款和第 2 项规定的标的条款属于主要条款。

合同的主要条款,有时是法律直接规定的。当法律直接规定某种合同应当具备某些条款时,这些条款就是主要条款。例如,《合同法》要求借款合同应有币种的条款（第 197 条第 2 款）,该条款即为合同的主要条款。

合同的主要条款当然由合同的类型和性质决定。按照合同的类型和性质的要求,应当具备的条款就是合同的主要条款。例如,价款条款是买卖合同的主要条款,却不是赠与合同的主要条款。

合同的主要条款可以由当事人约定产生。例如,买卖合同中关于交货地点的条款,如一方提出必须就该条款达成协议,它就是主要条款；若双方均未提出必须在某地交货,则该条款不是主要条款。

（二）合同的普通条款

合同的普通条款,是指合同主要条款以外的条款,包括以下类型：

其一,法律未直接规定,亦非合同的类型和性质要求必须具备的,当事人无意使之成为主要条款的合同条款。例如,关于包装物返还的约定和免责条款等均属此类。

其二,当事人未写入合同中,甚至从未协商过,但基于当事人的行为,或者基于合同的明示条款,理应存在的合同条款。英美合同法称之为默示条款。它包括以下内容：(1) 该条款是实现合同目的及作用所必不可少的,只有推定其存在,合同才能达到目的及实现其功能；(2) 该条款对于经营习惯来说是不言而喻的,即它的内容实际上是公认的商业习惯或者经营习惯；(3) 该条款是当事人系列交易的惯有规则；(4) 该条款实际上是某种特定的行业规则,即明示或者约定俗成的交易规则,在行业内具有不言自明的默示效力；(5) 直接根据法律规定而成为合同条款。

其三,特意待定条款。这是当事人有意将其留待以后谈判商定的,或者由第三人确定,或者根据具体情况加以确定的合同条款。它不妨碍合同的成立。

三、合同的解释

（一）合同解释的概念

合同解释,是对合同及其相关资料的含义所作的分析和说明。受理合同纠纷的法院或者仲裁机构所作的上述分析和说明,具有法律约束力,为有权解释,属于狭义的合同解释。其他人对合同及相关资料所作的分析和说明为无权解释,不具有法律约束力。

这里所说的相关资料,是指与交易有关的环境因素,包括书面文据、口头陈述、双方表现其意思的行为,以及双方缔约前的谈判活动和交易过程、履行过程或者惯例。

(二) 合同解释的原则

1. 以合同文义为出发点,客观主义结合主观主义原则

合同条款系由语言文字所构成。欲确定合同条款的含义,必须先了解其所用词句,确定词句的含义。因此,解释合同必先由文义解释入手。《合同法》第125条第1款关于"应当按照合同所使用的词句"解释的规定,系对这一原则的确认。

确定合同用语的含义,固然需要明确该词句的通常含义,在当事人按通常含义使用该词句时尤其如此。但在当事人赋予该词句特别含义时,合同解释就是双方当事人签订合同采用的含义。当事人在签订合同时采用的含义,是指其内心的意思,还是表示出来的意思?虽然19世纪的立法盛行探求当事人内心意思的主观主义,至今仍有人主张应把主观主义作为解释合同的第一标准加以考虑,但若绝对如此,则会损害善意第三人的合法权益,违反交易安全原则。现代法奉行表示主义,应按当事人表示出来的意思加以解释。所谓当事人之真意,不是指当事人主观内心之意思,而是从意思表示受领人立场去认定之"客观表示价值"。[①]

所谓当事人表示出来的意思,首先是以合同用语为载体的意思。这就是依据合同用语解释合同。但由于主客观方面的原因,合同用语时常不能准确地反映当事人的真实意思,有时甚至相反,这就要求解释合同不能拘泥于合同文字,而应全面考虑与交易有关的环境因素,包括书面文件、口头陈述、双方表现其意思的行为以及双方缔约前的谈判活动和交易过程、履行过程或者惯例。

不过,在合同因欺诈、胁迫、乘人之危、错误等原因而订立的情况下,如果不考虑受欺诈人、受胁迫人、处于困难境地的人、重大误解人的内心真意,片面强调他们表示于外部的意思,反倒不利于受欺诈人等,甚至是怂恿欺诈等违法行为的发生。于此场合,尚应采取主观主义的解释原则。

总之,客观主义为主,主观主义为辅,是我国立法应采取的合同解释的原则之一。客观主义在具体运作时,应把握以下要点:在双方对合同用语理解不同的场合,法院应以一个理性人处于缔约环境中对合同用语的理解为准,来探寻合同用语的含义,支持一方对合同用语的理解,漠视另一方对合同用语的理解;在双方对某

[①] 金勇军:《一般交易条款的解释》,载《法学》1997年第5期。

合同用语并未赋予特定含义的情况下,法院可以合理的客观标准(objective standard of reasonableness)来揭示合同用语的含义,而根本不根据双方的任何意图。

2. 体系解释原则

体系解释,又称整体解释,是指把全部合同条款和构成部分看作一个统一的整体,从各个合同条款及构成部分的相互关联、所处的地位和总体联系上阐明当事人有争议的合同用语的含义。体系解释得到各国法律的认可,是普遍采用的解释原则。我国《合同法》第 125 条第 1 款关于按照合同的有关条款解释的规定,是对这一原则的确认。

关于合同解释应贯彻体系解释原则的理由在于:首先,合同条款经双方当事人协商议定,自然需平等对待,视同一体①;其次,表达和传递当事人合同意图所使用的语言文字,在合同的整个内容中是有组织的,而不是毫无联系、彼此分离的词语排列,因而,如果不把争议的条款或者词语与其上下文所使用的其他词语联系起来,而是孤立地去探究它的一般意思或者可能具有的意思,就很难正确、合理地确定当事人的实际意图,相反,还会产生不该有的误解;再次,合同内容通常是单纯的合同文本所难以完全涵盖的,而是由诸多的其他行为和书面材料所组成,诸如双方的初步谈判、要约、反要约、信件、电报、电传等等,其中可能包含双方对合同文本内容的修改或者其他问题的补充、说明,也可能包含合同的担保、特殊信用要求等。因此,在确定某一条款或者词语的意思过程中,应该把这些材料都放在一起进行解释,以便通过其他合同成分或者证据材料的帮助,明确争议内容所具有的意义。

3. 历史解释原则

合同为当事人交易之过程,因而解释合同不能掐头去尾,而应斟酌签订合同时的事实和资料,例如磋商过程、来往文件和合同草案等加以解释。如甲为精密机床制造商,与乙订立买卖合同,约定出卖其自产某设备于乙,乙支付价款若干。后发现该设备共 A、B 两个型号,合同对买卖设备的型号约定不明。甲主张为 B 型,乙主张为 A 型,发生争议。现有证据表明,双方缔约过程中,甲仅向乙提供了 A 型的产品说明。采历史解释原则,宜认定双方约定买卖的设备为 A 型。

4. 符合合同目的原则

当事人订立合同均为达到一定目的,合同的各项条款及其用语均是达到该目的的手段。因此,确定合同用语的含义乃至整个合同内容自然须符合于合同目的。如果说"立法旨趣之探求,是阐释法律疑义之钥匙",那么合同目的之探寻,亦有如此重要性。《合同法》第 125 条第 1 款关于应当按照合同目的解释的规定,是对这一原则的确认。

---

① 王泽鉴:《民法债编总论·基本理论·债之发生》(总第 1 册),台湾三民书局 1994 年版,第 179 页。

合同目的,首先是合同的典型交易目的,即给予所欲实现的法律效果。这种典型交易目的在每一类合同中是相同的,不因当事人订立某一具体合同的动机不同而改变。例如,在买卖合同中,买受人的典型交易目的是取得标的物的所有权,出卖人的典型交易目的是获得价款。在赠与合同中,典型交易目的是转移赠与物的所有权。因该典型交易目的决定了给予的法律性质及对其所适用的法规[1],所以,依据符合合同目的原则解释,首先确定被解释合同的典型交易目的,就可以锁定合同的性质、种类,进而确定出适用于被解释合同的法律规范。

不过,依据典型交易目的解释合同,尽管在某些个案中可能一揽子地解决了问题,但由于它在许多情况下还只是确定了解释的大方向,对于不少合同用语和条款的含义尚无力界定,只有根据特定的当事人订立特定合同的主观目的,才能完成明确合同用语、条款的含义的任务。所以,依据合同目的解释原则,还需要根据当事人的主观目的解释合同。所谓当事人的主观目的,就是当事人订立合同的动机。[2] 动机乃为民事法律行为之缘由,此一缘由实则指给付目的,与债务目的在于清偿实现债权不同。[3] 也应注意,目的无有不存在于意欲之内,动机虽大多存在于意欲之外,但偶亦可存在于意欲之内。在此情形,动机与目的可能为同一之意欲,既为发动意思之力量,又为将来希望之事由。于是,目的与动机可能并无分别。但此时影响行为之效力者仍为目的而非动机。[4]

符合合同目的原则的功能是,其解释结果可以用来印证文义解释、体系解释、习惯解释的结果是否正确。合同目的应被认为是当事人真意的核心,是决定合同条款内容的指针。[5] 如果文义解释、体系解释、习惯解释的结果与依合同目的解释的结果不一致,应取后者,即,认为当事人缔约时不愿依文字的通常含义或者习惯确定合同用语的含义。不过,如果合同目的模糊,通常会寻求文义解释等方法;合同目的违法,更不得依合同目的解释;适用情事变更原则,也不依合同目的解释合同条款。还有,由于一方所追求的目的,并非也是另一方所追求的目的,所以,目的并不能直接决定民事法律行为的内容。[6]

5. 参照习惯或者惯例原则

参照习惯或者惯例原则,是指在合同文字或者条款的含义发生歧义时,按照习惯或者惯例的含义予以明确;在合同存在漏洞,致使当事人的权利义务不明确时,参照习惯或者惯例加以补充。《合同法》第125条第1款规定,应按照交易习

---

[1] 王泽鉴:《民法学说与判例研究》(第1册),台湾三民书局1980年版,第279页。
[2] 同上。
[3] 林诚:《民法理论与问题研究》,中国政法大学出版社2000年版,第198页。
[4] 王伯琦:《法律行为之标的及目的》,载《王伯琦法学论著集》,台湾三民书局1999年版,第247页以下。
[5] 杨仁寿:《法学方法论》,台湾三民书局1989年版,第221页。
[6] 〔德〕迪特尔·梅迪库斯:《德国民法总论》,杜景林、卢湛译,法律出版社2004年版,第233页。

惯确定合同条款的真实意思;依该法第61条规定,欠缺合同条款,按照合同有关条款或者交易习惯加以补充。

依《合同法解释(二)》第7条,下列情形,不违反法律、行政法规强制性规定时,人民法院可认定为合同法所称"交易习惯":(1)在交易行为当地或者某一领域、某一行业通常采用并为交易对方订立合同时所知道或者应当知道的做法;(2)当事人经常使用的习惯做法。对于交易习惯,由提出主张的一方当事人承担举证责任。

(三) 合同解释的规则

合同解释的规则,也属于合同解释的方法。以下一些方法是结合我国实践,参考普通法系的若干规则得出的。

1. 推定不违法

如果一份合同或者一个条款可能有两种合理的解释,其中一种解释与法律相一致,另一种解释则相反,将该合同或者该条款解释为合法。

2. 特别条款优先于一般条款

合同中如果有书面的一般条款,又有特别条款,特别条款优先于一般条款;特别用语优先于定式条款用语。

3. 有利于公共利益

如果合同用语可合理地得出两种解释,且只有一种解释有利于公共利益时,那么该解释将被优先考虑。

4. 有异议时作不利于草拟人的解释

如果一方提供的用语可合理地得出两种解释时,应选择不利于用语提供人的解释,在格式条款中,作不利于条款草拟人的解释。

5. 推定词优先于数字或者符号

在清楚的书面形式的词与数字或者符号之间存在不同时,书面形式的词优先。

6. 推定手写优先于打字,打字优先于印刷

7. 作有利于债务人的解释

如果适用其他规则也不能解决疑义,作不利于特定债的关系中的债权人而有利于债务人的解释。

第二十四章　双务合同履行中的抗辩权

第一节　双务合同履行中的抗辩权概述

双务合同履行中的抗辩权，是在符合法定条件时，当事人一方对抗对方当事人的履行请求权，暂时拒绝履行其债务的权利。它包括同时履行抗辩权、先履行抗辩权和不安抗辩权。

双务合同履行中的抗辩权，是合同效力的表现。它们的行使，只是在一定期限内中止履行合同，并不消灭合同的履行效力。产生抗辩权的原因消失后，债务人仍应履行其债务。所以，双务合同履行中的抗辩权为一时的抗辩权、延缓的抗辩权。

双务合同履行中的抗辩权，对抗辩权人是一种保护手段，免去自己履行后得不到对方履行的风险；使对方当事人产生及时履行、提供担保等压力，所以它们是债权保障的法律制度，就其防患于未然这点来讲，作用较违约责任还积极，比债的担保亦不逊色。

行使同时履行抗辩权、先履行抗辩权和不安抗辩权，是权利的正当行使，而非违约；应受法律保护，而不得令权利人承担违约责任。在审判实务中，有些裁决误把不安抗辩权、同时履行抗辩权的行使当做"双方违约"处理，应予纠正。

第二节　同时履行抗辩权

一、同时履行抗辩权概述

同时履行抗辩权，是指双务合同的当事人一方在对方未为对待给付以前，可拒绝履行自己的债务之权。

同时履行抗辩权存在的基础在于双务合同的牵连性。所谓双务合同的牵连性，是指给付与对待给付具有不可分离的关系，分为发生上的牵连性、存续上的牵连性和功能上的牵连性。所谓发生上的牵连性，是指一方的给付与对方的对待给付在发生上互相牵连，即一方的给付义务不发生时，对方的对待给付义务也不发生。所谓存续上的牵连性，是指双务合同的一方当事人的债务因不可归责于双方当事人的事由，致不能履行时，债务人免给付义务，债权人亦免对待给付义务。所谓功能上的牵连性，又称履行上的牵连性，是指双务合同的当事人一方所负给付与对方当事人所负对待给付互为前提,一方不履行其义务,对方原则上亦可不履行。只有如此,才能维持双方当事人之间的利益平衡。同时履行抗辩权正是这种功能上的牵连性的反映。

上述思想为诚实信用原则的应有之义,所以,同时履行抗辩权也是诚实信用原则所要求的。当然,诚实信用原则同时也限制了同时履行抗辩权的滥用。在当事人一方已为部分给付时,对方当事人若拒绝其给付有违诚实信用原则,则不得拒绝自己的给付。

二、同时履行抗辩权的构成要件

(一) 须因同一双务合同互负债务

同时履行抗辩权的根据在于双务合同功能上的牵连性,因而它适用于双务合同,而不适用于单务合同和不真正的双务合同。

可主张同时履行抗辩权的,系基于同一双务合同而生的对待给付。如果双方当事人的债务不是基于同一双务合同而发生,即使在事实上有密切关系,也不得主张同时履行抗辩权。因此,成立同时履行抗辩权,必须有双方当事人基于同一双务合同互负债务这一要件。

这里的债务,首先应为主给付义务。从给付义务与主给付义务之间有无牵连关系,学说有争论,但在从给付义务的履行与合同目的的实现具有密切关系时,应认为它与主给付义务之间有牵连关系,产生同时履行抗辩权。

双方互负的债务应具有对价关系。该对价关系不强调客观上等值,只要双方当事人主观上认为等值即可。

(二) 须双方互负的债务均已届清偿期

同时履行抗辩权制度,目的之一是使双方当事人所负的债务同时履行,所以,只有双方的债务同时届期时,才能行使同时履行抗辩权。如果一方当事人负有先履行的义务,就不由同时履行抗辩权制度管辖,而让位于先履行抗辩权或者不安抗辩权。

(三) 须对方未履行债务或者未提出履行债务

原告向被告请求履行债务时,须自己已为履行或者已提出履行,否则,被告可行使同时履行抗辩权,拒绝履行自己的债务。不过,原告未履行的债务或者未提出履行的债务,与被告所负的债务无对价关系时,被告仍不得主张同时履行抗辩权。原告的履行不适当时,被告可行使同时履行抗辩权,但在原告已为部分履行,依其情形,被告若拒绝履行自己的债务违背诚实信用原则时,不得主张同时履行抗辩权。如甲雇用乙为其修剪园林内之树木,并清理垃圾,甲支付相应报酬。如仅因墙角一隅之垃圾未为清理,或者一处树木援墙生长高处不易修剪,而以同时履行抗辩权为由,拒绝给付全部之报酬,即属不可。

（四）须对方的对待给付是可能履行的

同时履行抗辩权制度旨在促使双方当事人同时履行其债务。对方当事人的对待给付已不可能时，则同时履行的目的已不可能达到，不发生同时履行抗辩权问题，由合同解除制度解决。

三、同时履行抗辩权制度的适用范围

同时履行抗辩权制度主要适用于双务合同，如买卖、互易、租赁、承揽、有偿委托、保险、雇佣、劳动等合同。有疑问的是，合伙合同是否为双务合同。就互约出资而言，具有对待性，故通说认为合伙合同属于双务合同。但因它是以经营事业为目的，与买卖合同等以交换给付为主要目的的双务合同毕竟不同，所以，在二人合伙场合，同时履行抗辩权可以适用，但在三人以上合伙的情况下，则不适用。[①]

上述立于对待关系的双方债务，尚应包括原给付义务的延长或者变形，尤其是债务不履行的损害赔偿或者让与请求权。例如，甲有 A 物与乙的 B 物互易，因甲的过失致 A 物灭失时，甲应负债务不履行的损害赔偿责任。于此场合，乙对甲的损害赔偿请求权与甲对乙给付 B 物的请求权，可发生同时履行抗辩权。[②]

同时履行抗辩权在为第三人利益合同中有适用余地。例如，甲、乙约定，甲向乙购买钢材，价款 500 万元，丙对乙有直接请求交付该钢材之权，若甲届期不支付货款，则乙可以拒绝丙的交付钢材的请求。

在债权让与的情况下，可成立同时履行抗辩权。例如，甲将 A 车出卖给乙，价款 75 万元，而乙将其对甲请求交付 A 车并转移所有权的债权让与丙。在丙向甲请求履行时，甲可以乙未给付价款为由拒绝自己的履行。

在债务承担的情况下，同时履行抗辩权亦可以适用。例如，甲将 A 画卖给乙，价款 30 万元，由丙承担乙的债务，当甲向丙请求支付价款时，丙可以甲未对乙交画为由拒绝自己的履行。

在可分之债中，各债务对各债权各自独立，从而其发生原因即使为一个合同，除非其一方的对待给付为不可分，也应各得就自己的部分独立为同时履行抗辩。[③]

同时履行抗辩权也可以适用于连带之债。例如，甲乙向丙丁购买 1000 公斤乌龙茶，价款 10 万元，约定甲乙和丙丁均应负连带责任。当甲向丙请求交付 1000 公斤乌龙茶时，丙可主张甲应支付全部价款的同时履行抗辩权。

[①] 王泽鉴：《民法学说与判例研究》（第 6 册），中国政法大学出版社 1998 年版，第 142 页、第 144 页。
[②] 同上。
[③] 郑玉波：《民法债编总论》，台湾三民书局 1996 年版，第 409 页。

当事人因合同不成立、无效、被撤销或者解除而产生的相互义务,若立于对价关系,可主张同时履行抗辩权。

四、当事人一方违约与同时履行抗辩权

（一）迟延履行与同时履行抗辩权

关于迟延履行与同时履行抗辩权之间的关系,存在两种对立的学说。一种学说认为,同时履行抗辩权的存在本身即足以排除迟延责任。对此,有人从抗辩权排除债务之届期的角度加以论证,有人以下述理由加以阐释:因有抗辩权之存在,迟延履行系非可归责于债务人的原因。另一种学说主张,同时履行抗辩权须经行使才能排除迟延责任。它有两种见解:其一,抗辩权之行使,溯及地排除已发生的迟延效果;其二,已发生的迟延责任,不因抗辩权的行使而受影响。①

（二）受领迟延与同时履行抗辩权

在双务合同中,债权人受领迟延,其原有的同时履行抗辩权不因此而消灭。所以,债务人在债权人受领迟延后请求为对待给付,债权人仍可主张同时履行抗辩权。

（三）部分履行与同时履行抗辩权

债务人原则上无部分履行的权利,因此,双务合同的一方当事人提出部分履行时,对方当事人有权拒绝受领,但若拒绝受领违反诚实信用原则时,比如《合同法》第72条第1款所称"部分履行不损害债权人利益"的情形,不在此限;若受领部分给付,可以提出相当部分的对待给付,也可以主张同时履行抗辩权,拒绝自己的给付,除非如此违背诚实信用原则。

（四）瑕疵履行与同时履行抗辩权

债务人瑕疵履行,债权人可请求其消除缺陷或者另行给付,在债务人未消除缺陷或者另行给付时,债权人有权行使同时履行抗辩权,拒绝支付价款。

应注意,《合同法》承认了物的瑕疵担保责任为独立的制度（第158条等）,债务人交付的标的物有瑕疵,债权人是否有同时履行抗辩权则需要具体分析。在种类物买卖中,出卖人负有交付无瑕疵之物的义务,于其未为此给付前,买受人有权主张同时履行抗辩权,拒绝支付价款。在特定物买卖中,如果承认出卖人同样负有交付无瑕疵物的义务,于其未消除缺陷或者另行给付时,买受人有权主张同时履行抗辩权,拒绝支付价款。如果不承认出卖人负有交付无瑕疵之物的义务,出卖人无修补的责任,那么,在风险业已转移的情况下,买受人就合同成立后发生的瑕疵,不得行使同时履行抗辩权;在风险尚未转移的情况下,在物的交付

---

① Larenz, *Lehrbuch des Schuldrechts*, Band I, *Allgemeiner Teil*, 14. Aufl. 1986, S. 349f. 转引自王泽鉴:《民法学说与判例研究》（第6册）,中国政法大学出版社1998年版,第165页。

与减少价款的支付关系上,应成立同时履行抗辩权。在承揽合同中,承揽人负有完成无瑕疵工作的义务,有修补工作成果的缺陷的责任,承揽人违反该义务及未承担该责任时,定作人有权主张同时履行抗辩权,拒绝支付其价款。

最后应说明,同时履行抗辩权的行使不影响向违约方主张违约责任。

第三节 先履行抗辩权

一、先履行抗辩权的概念

先履行抗辩权,是指当事人互负债务,有先后履行顺序的,先履行一方未履行之前,后履行一方有权拒绝其履行请求,先履行一方履行债务不符合债的本旨的,后履行一方有权拒绝其相应的履行请求(《合同法》第67条)。

在传统民法上,有同时履行抗辩权和不安抗辩权的理论,却无先履行抗辩权的概念。相当于先履行抗辩权的观念被认为包含在同时履行抗辩权之中,作为一种特殊情形处理。我国《合同法》首次明确而独立地规定了这一抗辩权。先履行抗辩权发生于有先后履行顺序的双务合同中,基本上适用于先履行一方违约的场合,这是它不同于同时履行抗辩权之处。

二、先履行抗辩权的成立要件

按照《合同法》第67条的规定,构成先履行抗辩权须符合以下要件:

(一) 须双方当事人互负债务

关于互负债务是否指两个债务处于互为对待给付的地位,有肯定说与否定说之争。

(二) 两个债务须有先后履行顺序

至于该顺序是当事人约定的,还是法律直接规定的,在所不问。如果两个对立的债务无先后履行顺序,就适用同时履行抗辩权,而不成立先履行抗辩权。

(三) 先履行一方未履行或其履行不符合债的本旨

先履行一方未履行,既包括先履行一方在履行期限届至或者届满前未予履行的状态(未构成违约),又包含先履行一方于履行期限届满时尚未履行的现象(已经构成违约)。先履行一方的履行不符合债的本旨,是指先履行一方虽然履行了债务,但其履行不符合当事人约定或者法定的标准要求,应予补救。履行债务不符合债的本旨,在这里指迟延履行、不完全履行(包括加害给付)和部分履行等形态。

三、先履行抗辩权的行使

先履行抗辩权的行使是否需要明示,应区分情况而定。在先履行一方未构成违约的情况下,先履行一方未请求后履行一方履行的,先履行抗辩权的行使不需要明示(于此场合,后履行一方可行使债务履行期尚未届至的抗辩权);先履行一方请求后履行一方履行的,后履行一方拒绝履行需要明示。在先履行一方已构成违约并请求后履行一方履行时,先履行抗辩权的行使需要明示。在先履行一方构成不能履行、拒绝履行、迟延履行、不完全履行但未请求后履行一方履行时,先履行抗辩权的行使不需要明示。

四、先履行抗辩权的效力

先履行抗辩权的成立并行使,产生后履行一方可一时中止履行自己债务的效力,对抗先履行一方的履行请求,以此保护自己的期限利益、顺序利益。在先履行一方采取了补救措施、变违约为适当履行的情况下,先履行抗辩权消失,后履行一方须履行其债务。可见,先履行抗辩权亦属一时的抗辩权。先履行抗辩权的行使不影响后履行一方主张违约责任。

第四节 不安抗辩权

一、不安抗辩权的概念

不安抗辩权是民法法系的制度。按照德国民法典的规定,因双务合同负担债务并向他方先为给付者,如他方的财产于订约后明显减少,有难为对待给付之虞时,在他方未为对待给付或者提出担保之前,得拒绝自己的给付(第321条)。该权就是所谓不安抗辩权。在后给付义务人订约后财产状况恶化,危及先给付义务人的债权实现的情况下,该制度能保护先给付义务人的合法权益,体现出实质正义。但比起普通法系的先期违约(anticipatory breach)制度来,在保护先给付义务人方面稍逊一筹:(1)不安抗辩权行使的条件为后给付义务人的财产于订约后明显减少,有难为对待给付之虞;而先期违约成立的条件有拒绝履行(repudiation)、债务人的经济状况不佳、商业信誉不好、债务人在准备履行及履行过程中的行为或者债务人的实际状况表明债务人有违约的危险等。(2)不安抗辩权以先给付义务人可中止自己的给付为救济方法,迫使后给付义务人为对待给付或者提供担保。但为对待给付或者提供担保并非后给付义务人的义务,仅为一时对抗辩的再抗辩权的运用,后给付义务人不为对待给付或者提供担保,先给付义务人是否有权解除合同,在许多国家的法律上比较模糊。而依先期违约制度,债权人享有积极主动的救济手段。在拒绝履行的情况下,债权人有选择权:承认先期违约,立即诉请损害赔偿并解除合同;或者拒绝承认先期违约,使合同继续有效,拘束着双方当事人。在预期不能履行(prospective inability to perform)场合,债权人有权中止自己的履行,请求先期违约人提供担保。该担保未在合理的期限内提供,债权人有权诉请损害赔偿并解除合同。

有鉴于此,我国《合同法》改造了民法法系的不安抗辩制度,适当吸收了普通法系先期违约制度的合理成分,于第 68 条规定:"应当先履行债务的当事人,有确切证据证明对方有下列情形之一的,可以中止履行:(一)经营状况严重恶化;(二)转移财产、抽逃资金,以逃避债务;(三)丧失商业信誉;(四)有丧失或者可能丧失履行债务能力的其他情形。当事人没有确切证据中止履行的,应当承担违约责任。"第 69 条规定:"当事人依照本法第 68 条的规定中止履行的,应当及时通知对方。对方提供适当担保时,应当恢复履行。中止履行后,对方在合理期限内未恢复履行能力并且未提供适当担保的,中止履行的一方可以解除合同。"

二、不安抗辩权成立的条件

不安抗辩权制度保护先履行义务人是有条件的,不允许先履行义务人在后履行义务人有履行能力的情况下行使不安抗辩权。只有在有不能为对待给付的现实危险,害及先履行义务人的债权实现时,先履行义务人才能行使不安抗辩权。

《合同法》第 68 条列举了三种典型的财产状况恶化的情形:其一,经营状况严重恶化;其二,转移财产、抽逃资金,以逃避债务;其三,严重丧失商业信誉。同时,抽象地规定"其他丧失或者可能丧失履行债务能力的情形",以防止出现法律漏洞。前三项情形就其字面含义来说,无须达到"丧失或者可能丧失债务履行能力"的结果,但从立法目的和体系解释的层面考虑,须以达到"丧失或者可能丧失债务履行能力"为构成要素。

另外,上述不能为对待给付的现实危险须发生在合同成立以后,如果在订立合同时即已存在,先履行义务人明知此情却仍然缔约,法律则无必要予以特别保护;若不知此情,还可以通过合同无效制度解决。

三、不安抗辩权的行使

为了兼顾后履行义务人的利益,也便于他能及时提供适当担保,《合同法》明确地规定了不安抗辩权人的通知义务,即第 69 条的规定:"当事人依照本法第 68 条的规定中止履行的,应当及时通知对方。"另外,《合同法》第 68 条第 2 款规定:"当事人没有确切证据中止履行的,应当承担违约责任。"这一规定是为了防止不安抗辩权的滥用,故规定了不安抗辩权人的举证责任,使之举出对方丧失或者可能丧失履约能力的确切证据,如果该主张者没有确切证据而中止履行的,应当负违约责任。

四、不安抗辩权的效力

在不安抗辩权具备其成立要件时,首先,在后履行义务人提供适当担保前,先履行义务人可以中止履行合同;其次,如果后履行义务人对履行合同提供了适当担保,不安抗辩权即归于消灭,先履行义务人应恢复履行;最后,根据《合同法》第 69 条的规定,在先履行义务人中止履行后,如果对方在合理期限内未恢复履行能力,也未提供适当担保的,中止履行的一方可以解除合同。

第二十五章 合同的变更与解除

第一节 合同变更与解除的概念和条件

一、合同的变更与解除的概念

合同的变更,是指在合同有效成立后,合同当事人不变,仅改变合同的权利义务。

合同的解除,是指在合同有效成立以后,当解除的条件具备时,因当事人一方或者双方的意思表示,使合同关系自始或者仅向将来消灭的行为。

合同解除有单方解除与协议解除之分。前者指解除权人行使解除权将合同解除的行为,不必经对方当事人同意(《合同法》第96条等);后者是当事人双方协商一致将合同解除的行为(《合同法》第93条第1款),它不以解除权的存在为必要。所谓协商一致,也就是在双方之间重新成立一个合同,其内容主要是把原来的合同废弃,使基于原合同发生的债权债务归于消灭。

合同解除还有法定解除与约定解除之分。合同解除的条件由法律直接加以规定者,其解除为法定解除。在法定解除中,有的以适用于所有合同的条件为解除条件,有的则仅以适用于特定合同的条件为解除条件。前者叫一般法定解除,后者称为特别法定解除。我国法律普遍承认法定解除,不但有关于一般法定解除的规定,而且有关于特别法定解除的规定(《合同法》第94条、第95条、第96条、第231条等)。

约定解除,是当事人以合同形式,约定为一方或者双方保留解除权的解除。其中,保留解除权的合意,称为解约条款。解除权可以保留给当事人一方,也可以保留给当事人双方。保留解除权,当事人可以在订立合同时约定,也可以以后另外订立保留解除权的合同。在用合同形式把原订的合同加以解除这点上,约定解除与协议解除相似,但二者更有不同:约定解除是以合同来规定当事人一方或者双方有解除权,而协议解除是以一个新合同来解除原合同,与解除权无关。《合同法》已经承认了约定解除(第93条第2款),值得肯定。约定解除是根据当事人的意思表示产生的,其本身具有较大的灵活性,在复杂的事务面前,它可以更切切地适应当事人的需要。当事人采取约定解除的目的虽然有所不同,但主要是考虑到由于客观上的各种障碍出现时,可以从合同的拘束下解脱出来,给终止合同留有余地,以维护自己的合法权益。作为一个市场主体,为了适应复杂多变的市场情况,有必要把合同条款规定得更细致、更灵活、更有策略性,其中应包括保留解除权的条款,使自己处于主动而有利的地位。

这里所说的合同变更、合同解除均以有效成立的合同为对象。不过,存在着可撤销原因的合同在未行使撤销权的情况下,也可以成为解除的对象。合同变更需要具备变更的条件,合同解除需要具备解除的条件;合同变更需双方当事人协商一致,合同解除需有解除行为。

二、合同变更与解除的条件

（一）合同变更的条件

第一,原已存在着有效的合同关系。

第二,合同内容发生变化,如标的物数量的增减、标的物品质的改变、价格或者酬金的增减以及履行期限的改变等。

第三,须经当事人协商一致(《合同法》第77条第1款)。该协商一致实际上是一合同,故它须适用合同法关于合同订立的规定。

（二）合同解除的条件

合同解除的条件,因解除有法定解除与约定解除之分,故有法定解除的条件和约定解除的条件之别,法定解除又有一般法定解除和特别法定解除的条件之分。特别法定解除的条件因合同的种类和性质而千差万别,难以在此一一详察,这里仅讨论一般法定解除的条件。

1. 因不可抗力致使合同不能达到目的

不可抗力造成合同不能达到目的的,该合同应该消灭。但通过什么途径消灭,各国立法并不一致。德国法系是采取合同当然且自动消灭的原则,基本上由债务人承担风险,而不是通过合同解除的方式。这种立法表面上看不拖泥带水,解决问题干脆利落,但实际上却没有顾及当事人如何采取救济措施把损失降低到最低限度,有将复杂问题简单化之嫌。普通法系用合同落空原则解决不可抗力及其他意外事件致使合同不履行的问题,确认合同解除。但这种解除不经过固有意义上的程序,即不是通过当事人的解除行为,而是由法官裁决。我国合同法允许当事人通过行使解除权的方式将合同解除。由于有了解除程序,当事人双方能够互通情况,互相配合,积极采取救济措施,因此具有优点(《合同法》第94条第1项、第96条)。

2. 迟延履行

迟延履行,又称债务人迟延,是指债务人能够履行,但在履行期限届满时却未履行债务的现象。它作为合同解除的条件,因合同的性质不同而有不同的限定。

(1) 根据合同的性质和当事人的意思表示,履行期限在合同的内容上不特别重要时,即使债务人在履行期限届满后履行,也不至于使合同目的落空的,原则上不允许在迟延履行时债权人立即解除合同,而由债权人向债务人发出履行催告,给债务人规定一个宽限期。债务人在该宽限期届满时仍未履行的,债权人有权解除合同(《合同法》第94条第3项)。

(2)根据合同的性质和当事人的意思表示,履行期限在合同的内容上特别重要,债务人不于此期限内履行,就达不到合同目的的,债务人未在履行期限内履行,债权人可以不经催告而径直解除合同(《合同法》第94条第4项前段)。如甲为庆祝其母六十大寿,向乙蛋糕店定制蛋糕一份,约定于寿筵开始时交付。该履行期限即属特别重要,届时乙未能履行,甲得不经催告而径行解除合同。

3. 拒绝履行

拒绝履行,又称毁约,是指债务人能够履行却不法地对债权人表示不履行。拒绝履行一般表现为债务人明确表示不履行其债务,有时也以其行为表示不履行债务的意思,如债务人将应交付的特定的出卖物又转卖他人。它作为合同解除的条件,一是要求债务人有过错;二是债务人拒绝履行为违法;三是债务人有履行能力。

债务人拒绝履行,债权人可否不经催告而径直解除合同？对此意见不一致。《合同法》不要求债权人为履行催告,可径直解除合同(第94条第2项)。

4. 不完全履行

不完全履行,是指债务人虽然以适当履行的意思进行了履行,但其履行不符合法律的规定或者合同的约定。不完全履行可分为量的不完全履行和质的不完全履行。债务人以适当履行的意思提供标的物,而标的物的数量有所短缺的,属于量的不完全履行。它可以由债务人补充履行,使之符合合同目的,但在某些情况下,如果债务人不进行补充履行,或者补充履行也不能达到合同目的,债权人就有权解除合同。债务人以适当履行的意思提供标的物,但标的物在品种、规格、型号等质量方面不符合法律的规定或者合同的约定;或者标的物有隐蔽缺陷;或者提供的劳务达不到合同规定的水平,都属于质的不完全履行。于此场合,多由债权人或者法律给债务人一定宽限期,使之消除缺陷或者另行给付。如果在此期限内未能消除缺陷或者另行给付,解除权产生,债权人可解除合同(《合同法》第94条第4项后段)。

5. 债务人的过错造成合同不能履行

自始不能履行为合同的无效原因,嗣后不能履行是合同解除的条件。不可抗力或者其他意外事件造成合同不能履行的,为合同解除的条件;债务人的过错造成合同不能履行的,亦应如此。《合同法》第94条第4项后段关于"其他违约行为致使不能实现合同目的"的规定,可解释为包含了债务人的过错造成合同不能履行这一条件。

第二节 合同变更与解除的程序与法律后果

一、合同变更与解除的程序

合同变更的程序,就是双方当事人对合同变更协商一致。法律、行政法规规定变更合同应当办理批准、登记等手续的,依照其规定(《合同法》第77条)。

合同解除的条件只是解除的前提,条件具备时,合同并不当然且自动地解除。欲使合同解除,还必须经过一定的程序。解除的程序应有两种,即协议解除的程序和行使解除权的程序。

(一) 协议解除的程序

协议解除的程序,是当事人双方经过协商同意将合同解除的程序。其特点是,合同的解除取决于当事人双方意思表示一致,而不是基于当事人一方的意思表示,也不需要有解除权,完全是以一个新的合同解除原合同,它适用于协议解除类型。在单方解除中,只要解除权人愿意采取这种程序,法律也允许并加以提倡。

由于协议解除的程序是采取合同的方式,所以要使合同解除有效成立,也必须有要约和承诺,这里的要约,是解除合同的要约,其内容是要消灭既存合同关系。这里的承诺,是解除合同的承诺,是完全同意上述要约的意思表示。

采取协议解除的程序,何时发生解除的效力? 在合同解除需经有关部门批准时,有关部门批准解除的日期即为合同解除的日期;在合同解除不需有关部门批准时,双方当事人协商一致之时就是合同解除的生效之时,或者由双方当事人商定解除生效的日期。

(二) 行使解除权的程序

行使解除权的程序必须以当事人享有解除权为前提。所谓解除权,是合同当事人可以单方意思表示将合同解除的权利。它的行使,发生合同解除的法律效果,因而它是一种形成权。解除权按其性质来讲,不需要对方当事人的同意,只需解除权人单方的意思表示,就可以把合同解除。

法律规定或者当事人约定解除权行使期限的,期限届满不行使解除权的,该权利消灭;无此期限的,经对方催告后在合理期限内不行使的,该权利消灭(《合同法》第95条)。

解除权行使以通知对方的方式为之,通知到达对方时发生合同解除的效力。对方有异议的,可以请求人民法院或者仲裁机构确认。法律、行政法规规定解除合同应当办理批准、登记等手续的,依照该规定(《合同法》第96条)。其中,存在着四个疑问:其一,谁可以请求人民法院或者仲裁机构确认解除合同的效力;其二,对方异议的提出,有无时间限制;其三,请求人民法院或者仲裁机构确认解除合同的效力,有无时间限制;其四,未请求人民法院或者仲裁机构确认解除合同的效力的,合同是否因解除权的行使而被解除。

从《合同法》第96条的文句的表达看,"对方"应当指对合同解除持有不同意见者。但若如此理解,在对合同解除持有不同意见者系违约方时,他未必愿意请求人民法院或者仲裁机构确认解除合同的效力,很可能故意沉默,迟滞合同解除效力的发生,甚至使合同不被解除。为防止这种不合理的局面出现,莫不如从整个规范观察而得出结论。从《合同法》第96条第1款的规定看,并无禁止解除权人请求人民法院或者仲裁机构确认解除合同的效力之意,只要把"对方有异议的"一句前的句号换成分号或者逗号,就完全可以得出如下结论:在违约方对解除合同有异议的情况下,解除权人可以请求人民法院或者仲裁机构确认解除合同的效力。再者,行使解除权等形成权,遇到对方当事人持有异议,解除权人等请求国家机关等予以确认,非但不违反形成权制度的机理,还有利于尽早解决纠纷,应予支持。

对解除合同持有异议,应当在一定期限内提出,不宜漫无限制,并且,该期限不宜长。这为使法律关系尽早得到确定所必需。依《合同法解释(二)》第24条规定,当事人对《合同法》第96条规定的合同解除虽有异议,但在约定的异议期限届满后才提出异议并向人民法院起诉的,人民法院不予支持;当事人没有约定异议期限,在解除合同通知到达之日起3个月以后才向人民法院起诉的,人民法院不予支持。

在解除权人未请求人民法院或者仲裁机构确认解除合同的效力的情况下,是否发生合同解除的效力?本书作者认为,如果解除权确实已经产生,并具备行使的条件,那么,合同自解除合同的意思表示到达对方当事人时解除,不因对方当事人的异议而受影响。这样,可以防止违约方故意提出异议阻碍合同的解除。在举证责任的配置上,应由解除权人举证其享有解除权并符合解除权行使的条件。

二、合同变更与解除的法律后果

(一) 合同变更的法律后果

合同的变更原则上向将来发生效力,未变更的权利义务继续有效,已经履行的债务不因合同的变更而失去法律依据。合同的变更不影响当事人要求赔偿损失的权利。

(二) 合同解除的法律后果

合同解除的法律后果依合同解除有无溯及力而不同。合同解除有溯及力,是指解除使合同关系溯及既往地消灭,合同如同自始未成立。合同解除无溯及力,是指合同解除仅仅使合同关系向将来消灭,解除之前的合同关系仍然有效。合同解除有无溯及力应视具体情况而定。

《合同法》第 97 条规定,"合同解除后,尚未履行的,终止履行;已经履行的,根据履行情况和合同性质,当事人可以要求恢复原状、采取其他补救措施"。据此,合同解除效力溯及于合同成立之时,但合同已部分履行的,除当事人另有约定外,解除效力不溯及已履行部分。

合同解除不影响合同中结算和清理条款的效力,不影响当事人请求损害赔偿的权利(《合同法》第 98 条、第 97 条)。

第二十六章　缔约过失责任与违约责任

第一节　缔约过失责任

一、缔约过失责任的概念

合同不成立、无效、被撤销或者不被追认,当事人一方因此受有损失,对方当事人对此有过错时,应赔偿受害人的损失。这种责任就是缔约过失责任(culpa in contrahendo)。

二、缔约过失责任的地位与性质

缔约过失责任在历史发展过程中,曾被归入违约责任中,也曾被纳入侵权责任体系内,但在我国法上宜为独立的制度。理由如下:缔约过失责任以先合同义务为成立前提,违约责任以合同债务为成立前提;先合同义务是法定义务,合同债务主要为约定义务,核心是给付义务;缔约过失责任以过错为要件,违约责任往往不以过错为成立的要件;缔约过失责任赔偿的范围是信赖利益的损失,违约责任赔偿的是履行利益的损失。故两者不同。缔约过失责任也不同于侵权责任,因为侵权行为法所加于人们的义务,是不得侵害权益。只要人们未以其积极的行为去侵害他人的财产、人身,原则上就不负责任。换个角度说,侵权行为法所要求的注意,是社会一般人能做到的注意,其程度不是太高,否则,便会阻碍人们充分发挥其聪明才智,不利于积极进取。但在缔约阶段,当事人已由原来的一般关系进入到特殊的信赖关系。基于该信赖关系,双方当事人都为成立乃至履行合同做了程度不同的准备工作。由于当事人双方的联系在信赖关系中比在普通关系中更为密切,因而任何一方的不注意都容易给对方造成损害。为了使当事人都极为审慎地缔约,法律对他们课以的注意要求应该高些,当事人仅停留于不作为的状态并不足够,只有负有作为的义务才算达到要求,即应负互相协助、互相照顾、互通情况、保护对方等项义务。就是说,应以有别于侵权责任的制度保护缔约阶段的信赖关系,这个制度就是缔约过失责任制度。应该承认,在法国、德国等的现代侵权行为法上,在特殊情况下,加重了行为人的注意义务,缔约过失场合也可以构成侵权责任。

缔约过失责任作为独立制度,不仅因为上述合同法和侵权行为法功能上的欠缺,仅靠它们不能周到地保护缔约人,而且有以下深层原因:交易是个过程,起初是双方当事人开始接触,尔后是相互洽商,最后是成交。法律保护交易,应该是对整个过程加以全面规制:对成交的保护通过赋予合同关系并配置违约责任的途径达到目的;对接触磋商的保护通过赋予无主给付义务的法定债之关系并配置缔约过失责任的方式完成任务。耶林早在1861年首次系统、周密且深刻阐述缔约过失责任时的道理至今仍未过时:法律所保护的,并非仅是一个业已存在的合同关系,正在发生中的合同关系亦应包括在内,否则,合同交易将暴露于外,不受保护,缔约一方当事人不免成为他方疏忽或者不注意的牺牲品! 合同的缔结产生了一种履行义务,若此种效力因法律上的障碍而被排除时,则会产生一种损害赔偿责任,因此,所谓合同无效者,仅指不发生履行效力,非谓不发生任何效力。简言之,当事人因自己过失致使合同不成立者,对信其合同有效成立的相对人,应赔偿基于此项信赖而生的损害。①

三、缔约过失责任的构成要件

缔约过失责任的成立,需要具备以下要件:

(一) 缔约人一方违反先合同义务

所谓先合同义务,是自缔约双方为签订合同而互相接触磋商开始逐渐产生的注意义务,而非合同有效成立而产生的给付义务,包括互相协助、互相照顾、互相保护、互相通知、诚实信用等义务。由于这些义务系以诚实信用原则为基础,随着债的关系的发展而逐渐产生的,因而在学说上又称附随义务。它自要约生效开始产生。

(二) 对方当事人受有损失

该损失仅为财产损失,不包括精神损害。该损失为信赖利益的损失,而非履行利益的损失。

(三) 违反先合同义务与该损失之间有因果联系

即对方当事人的损失是由违反先合同义务引起的。

(四) 违反先合同义务者有过错

这里的过错是对形成合同无效、被撤销、不被追认、不成立的原因的过错。

四、缔约过失责任的类型

(一)《合同法》第42条规定的缔约过失责任

1. 恶意缔约,即假借订立合同,恶意进行磋商。
2. 欺诈缔约,即故意隐瞒与订立合同有关的重要事实或者提供虚假情况,

---

① Jherings Jb.41(1961), S. lf. 王泽鉴:《民法学说与判例研究》(第1册),台湾三民书局1980年版,第79页。

签订合同。

3. 违反人格和尊严等其他违背诚实信用原则的缔约。依《合同法解释（二）》第8条规定，依照法律、行政法规的规定经批准或者登记才能生效的合同成立后，有义务办理申请批准或者申请登记等手续的一方当事人未按照法律规定或者合同约定办理申请批准或者未申请登记的，属于《合同法》第42条第（3）项规定的"其他违背诚实信用原则的行为"。

（二）《合同法》第43条规定的缔约过失责任

当事人在缔约过程中泄露或者不正当地使用对方当事人的商业秘密，给对方当事人造成损失的，应当承担损害赔偿责任。

（三）其他类型的缔约过失责任

1. 擅自撤销要约时的缔约过失责任。
2. 缔约之际未尽通知、保密等项义务给对方造成损失时的缔约过失责任。
3. 缔约之际未尽保护义务侵害对方的人身权、物权时的缔约过失责任。其请求权基础可以定为侵权行为。
4. 合同不成立时的缔约过失责任。对此，我国现行法虽然尚无明文，但在当事人之间不存在合同、当事人对此具有过失等方面，合同不成立与合同无效、合同被撤销具有共性，且在缔约过失制度中处于重要地位，故可以类推《合同法》第58条的规定。况且，境外的若干立法例都承认合同不成立场合的缔约过失责任。
5. 合同无效时的缔约过失责任（《合同法》第58条）。
6. 合同被变更或撤销时的缔约过失责任（《合同法》第58条）。
7. 合同不被追认时的缔约过失责任。于此场合，类推适用《合同法》第58条的规定，理由如同合同不成立场合的缔约过失责任。
8. 无权代理情况下的缔约过失责任（《民法总则》第171条、《合同法》第48条及其解释）。

五、缔约过失责任的方式及赔偿范围

缔约过失责任的方式为赔偿损失。其赔偿范围为当事人由此产生的费用和造成的实际损失，多为信赖利益的损失。所谓信赖利益，是指缔约人信赖合同有效成立，但因法定事由发生，致使合同不成立、无效、不被追认或者被撤销等而遭受的损失。它同样包括直接损失和间接损失。其直接损失计有：(1)缔约费用，包括邮电费用、赶赴缔约地或者察看标的物等所支出的合理费用；(2)准备履行所支出的费用，包括为运送标的物或者受领对方给付所支付的合理费用；(3)受害人支出上述费用所失去的利息。其间接损失为丧失与第三人另订合同的机会所产生的损失。

第二节 违约责任

一、违约行为

违约责任以违约行为为成立要件,没有违约行为便不会产生违约责任。有鉴于此,首先介绍违约行为。

(一)违约行为的概念

违约行为,简称为违约,指债务人不履行合同义务的行为。[①] 在我国法律中的用语是"不履行合同义务或者履行合同义务不符合约定"(《合同法》第107条)。

(二)违约行为的构成

违约行为的主体通常是债务人,但在受领迟延场合,违约行为的主体为债权人。不过,由于受领迟延同样是对合同义务(受领义务)的违反,将其主体命名为债务人,亦未尝不可。

二、违约形态

(一)不能履行

不能履行,又叫给付不能,是指债务人在客观上已经没有履行能力,或者法律禁止债务的履行。在以提供劳务为标的的合同中,债务人丧失工作能力,为不能履行。在以特定物为标的物的合同中,该特定物毁损灭失,为不能履行。在以种类物为标的物的合同中,种类物全部毁损灭失,构成不能履行。不过,在我国法律上,农户与粮棉收购单位签订的粮棉购销合同等有特殊性,只要粮棉歉收,当年的产量扣除农户的基本生活所需部分后,无粮棉向收购单位交付,即视为不能履行。

(二)迟延履行

迟延履行,又称债务人迟延或者逾期履行,指债务人能够履行,但在履行期限届满时却未履行债务的现象。是否构成迟延履行,履行期限具有重要意义。

合同明确规定有履行期限时,采"期限代人催告"原则,如期限徒过,债务人便当然陷于履行迟延。如果约定的是一段期间,则期间的末尾具有确定期限的意义。上述原则,存在例外。首先,关于往取债务,即由债权人到债务人的住所请求债务履行的债务。债权人不去催收,债务人并不因履行期限的经过而陷于

[①] 近年来履行障碍理论和制度已经得到发展。履行障碍,即合同履行遇有障碍,也就是合同的履行存在着不正常的现象。它涉及的范围非常广泛,其中最主要的是债务不履行,另外还包括担保责任、风险负担以及情势变更等。参见韩世远:《中国的履行障碍法》,载《私法研究》创刊号,中国政法大学出版社2002年版,第183页。

迟延。须指出的是,由于《合同法》第62条第3项采取了债务的"债权人往取主义"原则,就必然使得"期限代人催告"原则在我国的适用大打折扣。① 其次,其他以债权人的协助为必要的债务,比如债务人交付标的物需要债权人受领的情形。对于此类债务,即使存在确定的期限,倘若债权人未作出必要的协助,债务履行期限的经过,亦不使债务人陷于迟延。最后,票据债权人行使票据债权只有一种法定的方式,即向债务人"提示"票据。持票人对票据债务人行使票据权利,应当在票据当事人的营业场所或者其住所进行(《票据法》第16条)。债权到期而债权人不提示,不生债务人迟延问题。

合同履行期限不明确的,比如合同未约定履行期限或者约定不明,而且又无法从法律的规定、债务的性质或者其他情事中确定履行期限的,"债务人可以随时向债权人履行义务,债权人也可以随时要求债务人履行义务,但应当给对方必要的准备时间"(《民法通则》第88条第2款第2项,另外《合同法》第62条第4项与之相似)。此处的债权人"要求债务人履行义务",实即"催告"。

(三) 不完全履行

不完全履行,是指债务人虽然履行了债务,但其履行不符合债务的本旨,包括标的物的品种、规格、型号、数量、质量、运输的方法、包装方法等不符合合同约定等。② 不完全履行与否,以何时为确定标准?应以履行期限届满仍未消除缺陷或者另行给付时为准。如果债权人同意给债务人一定的宽限期消除缺陷或者另行给付,那么在该宽限期届满时仍未消除缺陷或者另行给付,则构成不完全履行。

(四) 拒绝履行

拒绝履行,是债务人对债权人表示不履行合同。这种表示一般为明示的,也可以是默示的。例如,债务人将应交付的标的物处分给第三人,即可视为拒绝履行。《合同法》第108条关于当事人一方明确表示或者以自己的行为表明不履行合同义务的规定,即指此类违约行为。

(五) 债权人迟延

债权人迟延,或者称受领迟延,是指债权人对于已提供的给付,未为受领或者未为其他给付完成所必要的协力的事实。

债务的履行,因作为债务内容的给付的性质不同,有时无须债权人的协助配合,仅债务人单方即可以完成,比如不作为债务。然更多的情形则会是要求债权人的积极配合,债务人才能够完成债务的履行。比如,承揽场合债权人对材料的提供,居室装潢作业期间,债权人应容许债务人进入其居室;诊疗债务场合患者

---

① 参见韩世远:《履行迟延的理论问题》,载《清华大学学报(哲学社会科学版)》2002年第4期。
② 参见[日]奥田昌道:《债权总论》(增补版),悠悠社2000年版,第152页。

应配合医生的医疗检查并按医生的指示行为;依买卖或者承揽合同债务人交付标的物或者完成作业时买受人或者定作人的受领等等。如果债权人不予协助或者配合,债务人将无法完成履行。这时,如不为债务人提供某种债务解放的途径,又使债务人不得不承担履行迟延所发生的负担或者不利益,对于债务人而言,未免过于苛刻。故对债务人有必要创设合理的救济制度,这便是债权人迟延制度。

债权人迟延的构成,需要具备以下要件:(1)债务内容的实现以债权人的受领或者其他协助为必要;(2)债务人依债务本旨提供了履行;(3)债权人受领拒绝或者受领不能。所谓受领拒绝,是指对于已提供的给付,债权人无理由地拒绝受领。所谓受领不能,是指债权人不能为给付完成所必需的协助的事实,包括受领行为不能及受领行为以外的协助行为不能,系属债权人不为受领或者协助的消极状态,是否基于债权人的意思,在所不问。比如债权人于给付提出时不在家或者出外旅行或者患病,无行为能力人因缺法定代理人不能受领,纵令债权人于其他时刻或者在其他条件下得受领该给付,仍不失为不能受领。

三、违约责任的概念与性质

违约责任,是合同当事人不履行合同义务时,依法产生的法律责任。在现代合同法上,违约责任仅指违约方向守约方承担的财产责任,与行政责任和刑事责任完全分离,属于民事责任的一种。

违约责任基本上是一种财产责任。违约责任通常是补偿性的,在特定情况下,违约责任也有惩罚性。

四、违约责任的归责原则

《合同法》第107条规定:"当事人一方不履行合同义务或者履行合同义务不符合约定的,应当承担继续履行、采取补救措施或者赔偿损失等违约责任。"这个条文中并没有出现"但当事人能够证明自己没有过错的除外"的字样,被认为是采取了严格责任原则。[①] 当然,对于是否应当采严格责任原则,在立法论上有不同意见。[②]

在合同法上,过错责任原则不会被无过错责任原则完全取代的原因之一,是

[①] 参见梁慧星:《从过错责任到严格责任》,载《民商法论丛》第8卷,法律出版社1997年版,第1—7页。
[②] 崔建远:《严格责任?过错责任——中国合同法归责原则的立法论》,载《民商法论丛》(第11卷),法律出版社1999年版,第190页以下;韩世远:《违约损害赔偿研究》,法律出版社1999年版,第88页以下。

需要说明,严格责任原则是存在着法定免责事由的归责原则,只不过免责事由不包括过错。此外,还有不存在法定免责事由的归责原则,即绝对责任原则。就外延而言,无过错责任原则涵盖严格责任原则和绝对责任原则,即有的无过错责任存在着法定的免责事由,有的则无法定免责事由。鉴于在归责原则上,我国的通说使用无过错责任原则的称谓,故本书遵循通说。

分配风险的理念没有全面占据道德伦理统治的领域,区分善恶而决定违约责任的有无,仍然具有合理性和正当性。灿烂星空和道德律令这两个令先哲康德敬畏之物(事)仍未过时。

应予指出,《合同法》同时也规定了若干过错责任,如供电人责任(第179、180、181诸条);承租人的保管责任(第222条);承揽人责任(第262、265诸条);建设工程合同中的承包人的过错责任(第280、281诸条);寄存人未履行告知义务的责任(第370条);保管人责任(第371条)等。[①] 一种观点认为,它们只是作为无过错责任原则的例外而存在的,另一种意见则主张,这已经形成了过错责任原则。

五、免责条件与免责条款

(一) 免责条件

《合同法》虽然采取了无过错责任原则,但并不意味着违约方在任何情况下均须对其违约行为负责。在法律规定有免责条件的情况下,当事人不承担违约责任;在当事人以约定排除或者限制其未来责任的情况下,也可能不承担违约责任或者只承担一部分违约责任。

所谓免责条件,是指法律明文规定的当事人对其不履行合同不承担违约责任的条件。我国法律规定的免责条件,主要有不可抗力、货物本身的自然性质、货物的合理损耗、债权人的过错等。其中,不可抗力是普遍适用的免责条件,其他则仅适用于个别场合。

1. 不可抗力

依《民法总则》第180条第2款规定,不可抗力是指不能预见、不能避免且不能克服的客观情况。"可见,对不可抗力的理解采取了折中说。《合同法》承继了这一思想(第117条第2款)。

2. 货物本身的自然性质、货物的合理损耗

《合同法》第311条规定,承运人能证明运输过程中货物的毁损、灭失是不可抗力、货物本身的自然性质或者合理损耗造成的,不承担损害赔偿责任。这一免责条件的理论依据主要是衡平思想,即平衡承运人与货主之间的利益关系,由货主负担货物本身的自然性质、货物的合理损耗所造成的损失。

3. 债权人的过错

因债权人的过错致使债务人不履行合同,债务人不负违约责任,我国法律对此明文规定的有《合同法》第311条等。该条规定,由于托运人、收货人的过错造

[①] 参见崔建远:《海峡两岸合同责任制度的比较研究——海峡两岸合同法的比较研究之一》,载《清华大学学报(哲学社会科学版)》2000年第2期。

成运输过程中的货物毁损、灭失的,承运人不负损害赔偿责任。

债权人的过错造成的损失,不由债务人负责赔偿,在保管合同中也有适用。《合同法》第370条规定,寄存人交付的保管物有瑕疵或者按照保管物的性质需要采取特殊保管措施,但未将该情况告知保管人的,保管人不承担由此而生的损害赔偿责任。在这里,不知有关情况属于寄存人有过错,是保管人不负责任的条件。

债权人的过错这一免责条件的主要理论依据,是履行障碍的风险由造成障碍者承担的思想。也就是说,债权人制造了履行障碍,即债权人因其过错致使债务人履行不了合同,因而应由债权人自负其责。

(二) 免责条款

1. 免责条款的概念

免责条款,是当事人以协议排除或者限制其未来责任的合同条款。这表明:其一,免责条款是合同的组成部分,是一种合同条款。它既然是一种合同条款,就必须是经当事人双方同意的,具有约定性。其二,免责条款的提出必须是明示的,不允许以默示方式作出,也不允许法官推定免责条款的存在。其三,免责条款旨在排除或者限制未来的民事责任,具有免责功能,这是免责条款最重要的属性,是区别于其他合同条款的明显特征。

"免责"只是一种概括的命名。在不同的免责条款中,免责的范围不尽相同。有的条款之免责,是完全排除当事人未来的民事责任,有的不完全排除当事人未来的民事责任。免责条款并非一律有效,有的免责条款是无效的,不能发挥免责的作用。这样,免责条款又有无效的免责条款和有效的免责条款之分。

2. 免责条款有效的前提

免责条款有效以它成为合同的组成部分为前提,或者说以它成为合同条款为先决条件。只有免责条款成为了合同的组成部分,才谈得上免责条款的控制及解释。

判断免责条款是否成为合同的组成部分,适用《合同法》总则关于合同订立的规定和《民法总则》关于民事法律行为的规定。免责条款以格式条款的形式表现时,判断它是否成为合同条款,适用格式条款成为合同的组成部分的规则。

3. 免责条款的有效与无效

免责条款成为合同的组成部分,并不意味着它一定有效。确定免责条款是否有效,是立法控制、行政控制和司法控制的重要任务,也是理论研究的重要课题。

在我国法律上,确定免责条款有效和无效的最根本的法律依据,是《民法总则》第8条等规定的基本原则。就是说,如果民事责任的成立及其实现为保护社会公共利益、稳定社会秩序、满足社会公德的要求所必需,是法律坚决谴责和否定侵权或者违约的表现,那么免除这类民事责任的条款无效。如果民事责任的成立及实现主要关系到当事人之间的利益分配,对保护社会公共利益、稳定社会秩序、维护社会公德来说虽然需要,但作用相对小些,即使允许当事人以协议排除或者限制之,也无碍大局,甚至是必要的风险分配,那么法律就可以承认这类免责条款有效。当然,免责条款的类型和性质不尽相同,确定免责条款有效抑或者无效的根据及标准也有差异,需要具体分析。

六、为第三人承担违约责任

《合同法》第 65 条规定:"当事人约定由第三人向债权人履行债务,第三人不履行债务或者履行债务不符合约定,债务人应当向债权人承担违约责任。"第 121 条规定:"当事人一方因第三人的原因造成违约的,应当向对方承担违约责任。当事人一方和第三人之间的纠纷,依照法律规定或者按照约定解决。"这些规定,实际上是让债务人对以履行辅助人为典型代表的第三人的原因造成的违约负责,可以称为"为第三人负责"。

为第三人负责,其中第三人的范围是一个问题。在民法法系立法例中,由于采过错责任原则,这一问题主要是在"履行辅助人"的范围内展开的。在我国合同法上,由于采纳了无过错责任原则,为第三人负责场合的"第三人"便不局限于履行辅助人,尚包括其他的第三人,亦即民法法系传统理论上所说的通常事变的情形亦由债务人负责,《合同法》第 121 条的规定实即如此。

七、强制履行

(一)强制履行的概念分析

强制履行,我国合同法也叫继续履行,学说上又称强制实际履行或者依约履行,指在违约方不履行合同时,由法院强制违约方继续履行合同债务的违约责任方式。

《合同法》中的强制履行,其方式因债务的具体内容的不同而有差异,其通常适用的对象是交付金钱、财物、票证、房屋土地等。

强制履行虽然是合同履行的继续,仍然是履行原合同债务,但它同一般的履行合同债务不同:一是履行时间不一致,强制履行的时间晚于履行原合同债务的时间;二是作为法律规定的对违约方的一种强制形式,强制履行比正常的合同履行增加了一层国家强制,在违约方过错违约的情况下,多了一种道德和法律对过错违约的否定性评价。强制履行属于违约责任的方式,而不是单纯的合同债务的履行。

强制履行是同解除合同完全对立的补救方法,主张强制履行就不能请求解除合同,主张解除合同就不能请求强制履行。

（二）强制履行的构成要件

1. 存在违约行为

如果没有违约行为发生，那么此时仅为债务履行问题，债权人有履行请求权，债务人有履行债务的义务，尚属第一次义务阶段，谈不上作为第二次义务的强制履行问题。就违约形态而言，通常是迟延履行、不完全履行以及拒绝履行，如果将债权人迟延作为一种债务不履行看待，尚包括债权人迟延；而履行不能场合，则不会发生强制履行责任。

2. 须有守约方请求违约方继续履行合同债务的行为

如果守约方不请求违约方继续履行，而是将合同解除，便不可能成立强制履行责任。另外，强制履行责任要求须由守约方选择，取决于其意思，而法院不能以职权代当事人作出此种选择。

3. 须违约方能够继续履行合同

如果合同已经不能履行，则无论是事实上的不能，还是法律上的不能，都不应再有强制履行责任的发生。否则，无异于强债务人所难，于理于法，均有不合。

（三）强制履行的表现形态

1. 限期履行应履行的债务

在拒绝履行、迟延履行、不完全履行诸情况下，守约方可以提出一个新的履行期限，即宽限期或者称延展期，要求违约方在该履行期限内履行合同债务。

2. 修理、重作、更换

如果债务人交付的标的物或者提供的工作成果不合格，而债权人仍需要的，则可以适用修理、更换或者重作（参照《合同法》第111条），属于《合同法》第107条规定的"采取补救措施"的一个组成部分，并属于强制履行范畴。修理，指交付的合同标的物不合格，有修理可能并为债权人所需要时，债务人消除标的物的缺陷的补救措施。更换，指交付的合同标的物不合格，无修理可能，或者修理所需要的费用过高，或者修理所需要的时间过长，债务人交付同种类同质量同数量的标的物的补救措施。重作，指在承揽、建设工程等合同中，债务人交付的工作成果不合格，不能修理或者修理所需要的费用过高，由债务人重新制作工作成果的补救措施。在合同法理论上，更换和重作又叫另行给付，修理又称消除缺陷。

（四）不适用强制履行的情形

对于金钱债务，不生不能履行问题，是为各国通例，故理论上总能适用强制履行责任。而对于非金钱债务，依《合同法》第110条的规定，以下几种情形不适用强制履行。

1. 不能履行

不能履行，使合同失去标的，失去意义，应当消灭，而不是也不能强制履行。

2. 债务的标的不适于强制履行或者履行费用过高

所谓债务的标的不适于强制履行,指债务的性质不宜强制履行,比如委托合同、技术开发合同、演出合同、出版合同等。这些合同通常具有人身专属性,不能够由其他人代替履行,在性质上决定了不适于强制履行。

所谓履行费用过高,是指对标的物若要强制履行,代价太大。比如为履行合同专门进口一台设备,花的代价远远超过合同上的利润。

3. 债权人在合理期限内未要求履行

之所以规定此种情形,实际上是想以此督促债权人及时主张权利,行使其履行请求权。如果债权人并不积极行使其履行请求权,主张强制履行,待一段很长的时间后始主张强制履行,则对于债务人未免不公。

所谓"合理期限",是一个不确定概念,最终要由法院在个案中具体地加以判断回答。

除以上由《合同法》明文规定的不适用强制履行的情形外,我国学说解释上认为,还有一些情形不适用强制履行,具体包括:(1)法律明文规定不适用强制履行而责令违约方只承担违约金责任或者赔偿损失责任。比如货运合同场合,承运人对运输过程中货物的毁损、灭失承担损害赔偿责任(参照《合同法》第311条前段),而不负强制履行责任。(2)因不可归责于当事人双方的原因致使合同履行实在困难,如果实际履行则显失公平。比如适用情事变更原则场合,当然,情事变更原则的效力可分为两类,其第一效力是增减给付,分期或者延期履行,拒绝先为给付等;第二效力是解除合同。其中,除分期履行和延期履行属于强制履行范畴,其他效力均不是或者排斥强制履行。总之,适用情事变更原则时,往往不成立强制履行。

八、赔偿损失

(一)赔偿损失的概念与方法

这里的赔偿损失,亦称违约损害赔偿,是指债务人不履行合同义务时依法赔偿债权人所受损失的责任。

损害赔偿的方法,在立法上可采取两种立法主义,一为回复原状主义,一为金钱赔偿主义。

我国合同法上的赔偿损失,指金钱赔偿,即使包括实物赔偿,也限于以合同标的物以外的物品予以赔偿。这样认定的理由在于,《民法总则》第179条规定的返还财产、恢复原状、修理、重作、更换等责任方式,是作为不同于赔偿损失的责任方式而独立存在的。

(二)违约损害赔偿责任的构成

违约损害赔偿责任的构成要件包括以下几点:违约行为、受害人受有损害、违约行为与损害之间有因果关系、违约人没有免责事由。关于违约行为及免责事由,已作论述,以下仅就损害及因果关系问题加以论述。

1. 损害的种类

(1) 财产上损害与非财产上损害。财产上损害是指于赔偿权利人财产上所发生的损害,凡一切财产上不利的变动均属之,它不但包括财产的积极减少,亦包括财产的消极不增加在内。反之,非财产上损害是指赔偿权利人财产外所受的损害。

我国对违约得否请求非财产损害赔偿或曰精神损害赔偿,原来的通说持否定态度,当然也有不同见解。学说上的不统一,乃因我国立法在此问题上规定不明确所致。在司法实践上,有的判决似乎应该说承认了债务不履行时的非财产损害赔偿,或者说至少可以自客观立场作这样的解释。[①] 如此,我们实应勇敢地突破原有成见,在学说上承认对违约场合非财产上损害的赔偿,并进而在理论上对其谋求正当化和系统化。[②] 我们也应该注意到,在一些国际性的立法文件中,明确承认了违约责任上对非财产损害的赔偿。[③]

《合同法》中虽然没有明确使用非财产损害或者精神损害的用语,但有的条文规定已为此留有解释的余地(参见第112条)。另外,第122条肯定了违约责任与侵权责任的竞合。这些规定并没有排斥对非财产上损害的赔偿。

(2) 履行利益、信赖利益与维持利益。履行利益,是指民事法律行为(尤其是合同)有效成立,但因债务不履行而发生的损失,又称为积极利益或者积极的合同利益。例如买卖合同订立后,出卖人履行合同,买受人因而所可获得的利益。积极利益赔偿的结果,合同即如同被履行一样。

信赖利益,是指民事法律行为为无效或者可得撤销,相对人信赖其为有效,却因无效或者撤销的结果所蒙受的不利益,又称为消极利益或者消极合同利益。消极利益赔偿的结果,即如同合同未曾发生一样。不过,在德国法上,其赔偿以履行利益为最高限额。[④]

维持利益,亦称固有利益或者完全性利益,指因违反保护义务,侵害相对人

---

① 参见"艾新民诉新山殡仪馆丢失寄存的骨灰损害赔偿纠纷案",载《人民法院案例选》(总第5辑),人民法院出版社1993年版,第83—86页;"马立涛诉鞍山市铁东区服务公司梦真美容院美容损害赔偿纠纷案",载《人民法院案例选》(总第7辑),人民法院出版社1994年版,第89—90页;"肖青、刘华伟诉国营旭光彩色扩印服务部丢失交付冲印的结婚活动照胶卷赔偿纠纷案",载《人民法院案例选》(总第11辑),人民法院出版社1994年版。

② 韩世远:《非财产上损害与合同责任》,载《法学》1998年第6期。

③ 比如,《国际商事合同通则》第7.4.2条,《欧洲合同法原则》第9:501条。

④ 参照《德国民法典》第122条及第179条,原第307条亦有相似限制,不过,该条已被2002年1月1日生效的《德国债法现代化法》修正;另外值得注意的是,新修正的第284条(虚掷费用之赔偿)对于信赖利益的赔偿,未再作上述限制。

的身体健康或者所有权,而此种情形亦可认为得构成合同上过错责任时,则加害人所应赔偿的,系受害人于其健康或者所有权所受的一切损害,此类损害可能远逾履行合同所生的利益,却并不发生以履行利益为限界的问题。① 另外应注意的是,积极利益、消极利益与积极损害和消极损害的不同。积极损害是既存利益灭失的现象,消极损害则是指因妨碍将来财产的增加而遭受的损失,又称可得利益,可表现为物的使用利益、转卖利益、营业利益等。

(3) 所受损害与所失利益。所受损害,亦称积极损害,是指因损害事故的发生赔偿权利人现有财产所减少的数额。所失利益,亦称消极损害,指因损害事故的发生赔偿权利人财产应增加而未增加的数额。这种分类具有一般适用性。特别于法律明文揭示限制仅赔偿客观损害时,所受损害与所失利益,应严予分别。此情形下,仅所受损害始可获得填补。所失利益,纵实际上应予填补,但形式上已丧失原有所失利益的性质而被所受损害吸收。②

(4) 直接损害与间接损害。直接损害与间接损害的区别,学说见解大致分成两类。一类着眼于损害的引发,认为损害事故直接引发的损害为直接损害,非直接引发而系因其他媒介因素的介入所引发的损害则为间接损害。另一类则着眼于损害的标的,认为损害事故直接损及的标的,其损害即直接损害;其他的损害,则为间接损害。第一说实即借助因果关系观念所作的区分,第二说无异以损害是否在相近的时间呈现于赔偿权利人的特定财物上而分其为直接损害或者间接损害。③

在我国学说上,直接损害与间接损害是最为常见的一种分类,其具体含义多被等同于所受损失与所失利益。

2. 因果关系

因果关系问题在民法上的存在价值大体上体现在两个方面:一是体现在责任的成立与否上,二是体现在责任的范围上。针对合同法而言,同样如此。然而合同法上的因果关系问题的意义与侵权行为法上因果关系问题的意义,又表现出不同的侧重点。可以说,在合同法上其存在意义更多地反映在责任范围上,而侵权行为法上因果关系问题的存在意义更多地体现在责任的成立上。

在德国民法学上,将民法上的因果关系区分为两种,即责任根据因果关系和责任充足因果关系。④ 前者是指责任构成的因果关系,而后者则是指损害赔偿

---

① 参见王泽鉴:《民法学说与判例研究》(第1册),台湾三民书局1980年版,第89页。
② 参见曾世雄:《损害赔偿法原理》,中国政法大学出版社2001年版,第136页。
③ 同上书,第137页。
④ 参见〔日〕平井宜雄:《损害赔偿法的理论》,东京大学出版社1971年版,第27页。

范围的因果关系。[①] 在我国民法学说上,一般并不区分责任成立的因果关系和责任范围的因果关系。近年来已经开始有学者注意到了这种二分法。我们认为因果关系二分法的提出意义重大,殊值重视。德国通说认为在判断"责任成立"因果关系时尺度可以较为宽松,以条件说来判断,亦即将损害发生的所有原因事实都列为与"责任成立"有因果关系;至于后者则需以较严苛的标准来判断,例如相当因果关系、规范保护目的等等,因为若将所有具有因果关系的损害皆归由加害人负担的话,将使损害赔偿责任过于泛滥,故在此应探求加害人的行为对所发生的损害有无客观可归责处,以合理地限制其责任范围。因果关系二分法,使得原来混淆在一起的因果关系问题区别开来,各自有着不同的职能。事实因果关系或者责任成立的因果关系,主要解决的是责任的"定性"问题,亦即责任是否成立;法的因果关系或者责任范围的因果关系,主要解决的则是责任的"定量"问题,亦即责任人在多大程度上承担责任。这的确有其道理,值得我们在分析因果关系问题时加以借鉴。

(三) 违约损害赔偿责任的范围

1. 概说

《合同法》第113条第1款规定:"当事人一方不履行合同义务或者履行合同义务不符合约定,给对方造成损失的,损失赔偿额应当相当于因违约所造成的损失,包括合同履行后可以获得的利益,但不得超过违反合同一方订立合同时预见到或者应当预见到的因违反合同可能造成的损失。"这是我国法对损害赔偿的一般法定赔偿范围所作的原则性规定。除此之外,我国的特别法上对损害赔偿范围还设有一些特别规定。

赔偿损失的范围,就是赔偿损失的数额为多少。原则上说,通过赔偿损失,应使受害人处于如同合同已经履行的状态。另一方面,任何法律体系在处理损害赔偿问题时,又都要面对如何限定赔偿范围的问题,以防赔偿范围漫无边际。从理论上和比较法上来看,损害赔偿范围的限制标准多种多样,除了以因果关系为限制标准外,其余的尚可大致分为从责任原因出发的方式、从分别的损害概念出发的方式以及援用一般条款的方式几类。具体地说,有相当因果关系、规范保护目的、区分故意过失的过错程度、以英国普通法为典型的一般损害和特别损害、抽象的损害和具体的损害、损害的可预见性、利益和"物的价值"的区分、损害

[①] 尽管二分法已被广泛接受,但也绝非没有异见。法国学者,除了少数例外,多数持一元说(a unitary approach)。纵为接受二分法者,也并非所有的学说均赞成第二方面的考察与第一方面的考察必然面临根本上不同的问题。比如在 Malone 看来,政策在认定第一方面的考察时与其在第二方面的考察中同样是重要的,差别仅在程度(degree)而非种类(kind)。W. S. Malone, "Ruminations on Cause-in-Fact", 9 Stan. L. Rev. (1956—57), 60. 的确存有此种情况,比如在侵权法中,二人同时开枪,唯有一弹致人死伤,在无法证明何者为发生伤害的唯一原因时,令二人均承担责任。这种做法的确是出于政策性的考虑。

的直接性、间接性以及一般条款等诸种。我国《合同法》采纳了可预见性标准(第113条第1款)、与有过失规则(第120条)、减轻损害规则(第119条)等来限制赔偿范围。

2. 可预见性规则

(1)预见的主体。《合同法》第113条第1款明确规定可得利益的赔偿"不得超过违反合同一方订立合同时预见到或者应当预见到的因违反合同可能造成的损失",确定了预见的主体为违约方,比较合理。

(2)预见的时间。就此存有"合同缔结时说"与"债务不履行时说"的对立。英美法是以合同缔结时,日本判例及通说赞同债务不履行时。我国《合同法》第113条第1款确定了预见的时间为"订立合同时",较具合理性,因为合同的缔结是当事人以当时了解的情况为基础对日后的风险所作的一种分配,而且是在这种分配的基础上讨价还价形成了合同的对价关系,如果以日后的情况加之于违约方,且又未使之有机会通过提升价格或者作其他适当安排防范风险,对他来说则是不公平的。至于日后出现的为双方了解到的新的情况,双方本可以通过合同变更的方式加以解决,而在合同变更之前,随意地确立规则使违约方单方承受不利的风险,则未免武断。

(3)预见的内容。《合同法》第113条第1款未特别言明是否要求预见到损害的程度或者数额,解释上宜将预见的内容确定为,只要求预见损害的类型而无须预见损害的程度。

(4)判断可预见性的标准。可预见性的判断通常是以客观标准进行的,也就是说以一个抽象的"理性人""常人""善良家父"等之类的标准进行判断。对于抽象的损害,法律推定是属于违约方可得预见范围之内的;对于具体的损害,应由受害人对具体的情事进行举证,在此基础上,法院再依此一抽象的"理性人"标准进行判断,以确定是否属于当事人应当预见范围之内的损害。

此种判断是一个法律问题而不是一个事实问题,其中涉及法律的价值判断,最终是要确定归责与否及责任的公平分摊,作为一个法律问题可以由当事人上诉。

3. 与有过失规则

与有过失,也称过失相抵,通常指就损害的发生或者扩大赔偿权利人有过失时,法院可以减轻或者免除赔偿责任。

与有过失的要件包括:

(1)受害人或者赔偿权利人须有过失。赔偿权利人的行为虽然是损害发生的共同原因,如果赔偿权利人没有过失,仍不得减免责任。就受害人或者赔偿权利人的过失而言,一般说来,赔偿权利人的行为虽无须为违法,然就其为自己的利益或者在伦理观点上,应为不当的行为。故阻却违法的行为(如正当防卫、紧急避险),应不适用与有过失。此外,受害人与有过失并不限于积极作为,也可包括消极的不作为。

适用与有过失规则,与加害人过失进行比较的通常是受害人的过失,固无疑问,成为问题的是受害人之外的他人与有过失场合能否适用与有过失规则?依《民法通则》第131条的规定,"受害人对于损害的发生也有过错的,可以减轻侵害人的民事责任"。将与有过失规则限定于受害人的过错固然有其道理,它体现了在过失责任主义下行为人仅对自己的行为负责的基本思想,但是,如果绝对贯彻此种思想,实践上则难免有失公平之处,因此,在若干特殊情形,宜权衡当事人的利益状态,将第三人的过失视为受害人自己的过失,使受害人就第三人的与有过失负责,为学说上的通常见解,称"受害人侧的过失"。如甲与乙订立运输合同,由乙用其车辆运送甲之货物50件至某地,甲委托丙随车看管。途中两件货物遗失,于此,乙、丙均有过失。甲以乙违反运输合同为由,请求赔偿时,乙得以丙之过失,对甲主张过失相抵。

(2) 赔偿权利人的行为须助成损害的发生或者扩大。所谓助成,是指赔偿权利人的过失行为须是损害发生或者扩大的共同原因,至于哪个在先,哪个在后,抑或同时存在,则在所不问。举例来说,尽管受害人存有过失,在其过失对损害的发生未予任何影响的场合,受害人仍得请求全额的损害赔偿。相反,如果受害人的过失是唯一的原因,由于赔偿义务人的行为和结果间欠缺因果关系,故并不发生赔偿责任。[①] 所谓受害人与有过失,应包括助成损害原因事实的成立在内,并非仅以损害本身的发生或者扩大为限。

与有过失要件具备时,法院对债务人的过失与债权人的过失进行比较衡量,在债权人的过失过大时,既可以使债务人免责,同时也可以减轻债务人的赔偿额。另外,与有过失具备要件时,法院得不待当事人主张,以职权减轻或者免除赔偿额。因为基于与有过失的责任减轻或者免除,非为抗辩,而为请求权一部或者全部的消灭,所以裁判上可依职权加以斟酌。债务人可就此提起确认之诉。

应予指出,在货物运输的承运人责任场合等,受害人的过错系承运人的免责事由,而不适用与有过失的一般规则。

4. 减轻损失规则

减轻损失规则(以下简称为减损规则)最先是从英国普通法上发展出来的。在美国,《法律重述·合同》(第二版)第350条规定了该规则。

我国法对减损规则的规定表现为《合同法》第119条的规定,即当事人一方违约后,对方应当采取适当措施防止损失的扩大;没有采取适当措施致使损失扩大的,不得就扩大的损失要求赔偿。当事人因防止损失扩大而支出的合理费用,

---

① 参见〔日〕椿寿夫、右近健男:《德国债权法总论》,日本评论社1988年版,第64页。

由违约方承担。

减损规则和与有过失规则之间的关系是,减损规则的运作逻辑是"要么全有,要么全无"(all or nothing),而现代的与有过失规则的运作逻辑则是按过错程度及原因力确定责任的大小范围并在当事人之间进行分摊。另外,"在区别与有过错和减轻损失时,记住下面一条是会有帮助的,即原告的减损义务的产生系后于违约而且后于原告意识到被告的不法行为已造成了损失;原告的与有过错的发生系先于或者同于损失的发生。关键的区分事实是时间"。[①] 减损规则直接影响到受害人所可获得的损害赔偿的范围,而该规则的适用则要看受害人是否及时采取了减损措施,其核心就是要看受害人是否合理地已作为或者不作为,因而我们可以说减损规则的关键在于判断受害人行为的"合理性"上。《合同法》第119条第1款规定为"采取适当措施",此类"适当措施"或者"合理措施"均属不确定概念,其内涵不确定,但外延是开放的,在适用于具体案件之前,须由法官作价值补充,使其具体化。

减轻损失的措施可以类型化为停止工作、替代安排、变更合同和继续履行。

5. 损益相抵规则

损益相抵,又称损益同销,指赔偿权利人基于损害发生的同一赔偿原因获得利益时,应将所受利益由所受损害中扣除以确定损害赔偿范围的规则。它属于赔偿责任的范围确定问题,而不是两个债权的相互抵销,因此不适用债的抵销规则,而有自己独特的规则。它是确定受害人因对方违约而遭受的"净损失"的规则,是计算受害人所受"真实损失"的法则,而不是减轻违约方本应承担的责任的规则。

损益相抵的法理依据在于,赔偿责任制度的目的,在于补偿受害人因违约而遭受的损失,受害人不得因损害赔偿而较损害事故发生前更为优越。

损益相抵的要件应包括损害赔偿之债的成立、受害人受有利益以及损害事实与利益之间存在因果关系三点,前两者系前提,而因果关系则为关键。

在我国合同法上,适用损益相抵规则也要求利益与违约行为之间有因果关系。一种观点认为,"条件"的某些因素带来的利益不应从损失中扣除。当然,对"条件"的解释不宜过宽,以避免不合理地缩小损益相抵规则的适用范围。例如,受托人代委托人出售有价证券,因逾期抛售而使委托人遭受了交易所增费用的损失,但该有价证券的价格在后来出售时上涨,使委托人获得利益。该利益与逾期抛售之间就有因果关系。

应予扣除的利益种类繁多,情况复杂,需分别考察:(1)中间利息。在受害

[①] Harvin D. Pitch, *Damages for Breach of Contract*, The Carswell Company Limited, Toronto, Canada, 150 (1985).

人本应陆续获得而加害人一次性支付赔偿总额的场合,应扣除依法定利率计算的中间利息,再以各时期的总额由加害人一次性支付。(2)所得税。计算损害赔偿额应否扣除所得税,有扣除说与不扣除说两种。从前学说多采不扣除说,现今若干学说则有转向扣除说的趋势。(3)房屋及地价税。行为人若为其占有的房屋缴纳房屋及地价税时,亦可就此部分在受害人请求损害赔偿时,予以扣抵。(4)土地增值税。甲乙签订合建合同,明定由甲负担土地增值税,今该合同因情事变更而不得履行,甲对乙请求损害赔偿,由于该合建所用土地经法院拍卖,而使甲无须支付土地增值税,乃受有利益,自应就因其所受相当于土地价值损害内予以扣除。(5)营利事业所得税。甲承租乙的小吃店,出租人乙阻挠甲的营业,甲请求乙赔偿此间无法营业的损害,法院允准甲就营业利益损失而请求,但必须扣除成本及税金。(6)商业保险金。损害赔偿权利人若事先为受到毁损之物缔结保险合同,则该保险给付请求权与所发生的损害事故并非出于同一原因,故赔偿义务应不得请求扣减。① 然损害赔偿请求权人请求保险公司理赔后将产生保险人的代位请求权,这时义务人可以主张依损益相抵而扣除保险金。(7)关于有缺陷的标的物的价值。在债务人给付的标的物有缺陷,却被债权人受领的情况下,债权人请求赔偿损失时应扣除该标的物的价值,除非他已按质论价地支付了标的物的价款。(8)第三人给付。丙所有的房屋被债权人乙误认为债务人的财产而予以拍卖,并由甲拍得,今所有人提出异议之诉而使标的无效,甲对乙请求损害赔偿,法院以为甲受有支付价金的损害,但执行法院曾将该拍得之屋交付于甲,并接管完毕,故今自应斟酌甲的损益情形加以计算。②

违约损害赔偿的计算分为抽象的计算与具体的计算。前者的特点在于抛开一切有关请求权人个人具体情事的考虑,因特别情事造成的利益同样不予考虑。如此,有人认为运用抽象的方法计算损害赔偿时,不适用损益相抵。但事情并非如此简单,损益相抵既为损害赔偿上的课题,在以抽象的方法计算损害赔偿时仍有其适用的余地,只不过是要受有特别的限制:一则以利益因普通因素构成为必要,再则须与法规意旨相符合。如果利益系因特别因素构成,或者其扣减与法规意旨有违,则不应构成损益相抵。③

(四)赔偿损失的计算

损害赔偿的目的既然在于填补受害人所遭受的损害,损害赔偿的计算就应依损害的性质加以决定,单一的一以贯之的计算方法并不存在。由于损害的性

---

① 参见史尚宽:《债法总论》,中国政法大学出版社 2000 年版,第 302 页;曾世雄:《损害赔偿法原理》,中国政法大学出版社 2001 年版,第 252 页。
② 韩世远:《合同法总论》,法律出版社 2004 年版,第 760—762 页。
③ 参见曾世雄:《损害赔偿法原理》,中国政法大学出版社 2001 年版,第 246 页;韩世远:《合同法总论》,法律出版社 2004 年版,第 762 页。

质的差异,损害赔偿的计算方法也会表现出不同。

损害的构成因素影响计算的方法,损害的构成因素可区分为普通因素(客观因素)与特别因素(主观因素)。前者是指某类损害共同存在的因素,不因受害人的不同而有差别。后者则指因受害人的不同而会存在差异的因素。这一区分的意义在于,便于探讨构成损害的特别因素可否影响损害赔偿的计算。

损害赔偿的计算方法得分为具体的计算方法(concrete assessment)与抽象的计算方法(abstract assessment),又可称为主观的计算方法与客观的计算方法。计算损害时,如仅斟酌普通因素,其计算方法称为客观计算方法;如兼而斟酌普通因素及特别因素,其计算方法称为损害的主观计算方法。主观计算方法旨在恢复权利人实际遭受的全部损失,它着眼于具体的实际情况,也就是以合同未违反情况下受害人所应得到的全部利益为其损害额。客观计算方法并不注重受害人的特定损失,但却要给当事人以一种合理的赔偿。

抽象计算法的一个前提条件乃在于抽象计算的依据标准的存在,而这一客观存在的标准通常表现为市场价格。因而抽象计算法的普遍适用应该说是以市场以及市场价格的存在为基础的。就我国实际情况而言,我们正在致力于市场经济建设,这可以说为抽象计算方法的选择提供了基础。①

存在市场的场合,损失首先是要参照市场加以算定,但是也有一些其他的因素需要加以考虑,如不交付、迟延交付、瑕疵交付、拒绝接收与拒付价款等。在不存在市场的场合,损失的计算须通过其他的有时是推测性的方式进行:(1) 没有交付。如果运输人或者出卖人没有交付无法从市场上作替代性购买的物品,法官应尽可能地根据其占有的证据计算损失,相关的事实包括物品的成本、运输费以及合理的利润。在货物实际被转卖场合,转卖的价格则是其价值的证据,但并非终局性的证据。(2) 没有接收和支付价款。如果不存在市场,出卖人对没有接收的损害赔偿,显然是要根据参考替代销售的实际过程加以计算,只要交易是合理的。如同在没有交付的场合,替代交易只能是在断定违约时,或者与之比较接近的时期完成时,始得作为证明货物价值的证据。如果出卖人没有转卖,留在他手上的货物的价值的计算则要根据上述的一般原则进行,而他的损害赔偿显然会是合同价格超过它的部分。②

损害赔偿除了依什么标准衡量的问题外,应依什么时点的价格为标准进行金钱评价,便是问题之所在。③ 换言之,从损害原因发生时起,经由诉讼提起、审理而至判决时止,因有社会经济状况、物价、货币价值的变动,发生损害等的扩大

---

① 参见韩世远:《违约损害赔偿计算方法之研究》,载《法学前沿》(第 2 辑),法律出版社 1998 年版;韩世远:《违约损害赔偿研究》,法律出版社 1999 年版,第 445 页以下。
② 韩世远:《合同法总论》,法律出版社 2004 年版,第 767—768 页。
③ 参见〔日〕奥田昌道:《债权总论》(增补版),悠悠社 1992 年版,第 182 页。

或者缩小,至口头辩论终结时,应对诸此事情加以考虑,对为实现如合同不履行、侵权行为未发生所应存在的状态所需赔偿金加以计算,裁判上必然要依一定的时点对原告的损害进行此种计算,此种时点便是损害赔偿计算的标准时。① 在成本和价值波动时期,知道根据什么时点进行损害赔偿的计算,实是件重要的事情。法院计算违约损害赔偿的标准时有四类可能的选择:一是缔约日,二是违约日,三是裁判日,四是违约和裁判之间的某一时日。

九、违约金

（一）违约金的概念

违约金,是由当事人约定的或者法律直接规定的,在一方当事人不履行或者不完全履行合同时向另一方当事人支付一定数额的金钱或者其他给付。违约金的客体通常是金钱,但也有约定以金钱以外的其他给付充当的②,例如以物、权利、行为充当。

违约金须于违约时支付。然违约包括履行不能、拒绝履行、履行迟延、不完全履行等情形,违约金究竟是针对何种违约类型约定或者规定的,应当通过解释当事人的意思或者法规目的而定。

支付违约金的是债务人,此点与定金有差异,因为交付定金者既可以是债权人,又可以是债务人。违约金通常是向债权人支付,但也不排除当事人可以特别约定,一方违约时向第三人支付违约金,比如约定向慈善机构支付。

（二）违约金的种类

1. 惩罚性违约金与赔偿性违约金

（1）惩罚性违约金。惩罚性违约金,是固有意义上的违约金,又称违约罚。此种违约金于违约时,债务人除须支付违约金外,其他因债之关系所应负的一切责任,均不因之而受影响。债权人除得请求违约金外,还可以请求债务履行或者不履行所生之损害赔偿。③

（2）赔偿性违约金。赔偿性违约金,是当事人双方预先估计的损害赔偿总额,又叫作损害赔偿额的预定。由于债权人于对方违约而请求损害赔偿时,须证明损害及因果关系。而此类举证,不但困难,且易产生纠纷,因而当事人为避免上述困难及纠纷,预先约定损害赔偿额或者其计算方法,不失为良策,一方面可

---

① 参见〔日〕谷口知平:《损害赔偿决定的基准时》,载加滕一郎、米仓明编集:《民法的争点Ⅱ》,有斐阁1985年版。
② 比如,我国台湾地区"民法"(第253条)中,于约定违约时应为金钱以外的给付的,准用违约金的有关规定,称为"准违约金"。
③ 参见郑玉波:《民法债编总论》,中国政法大学出版社2004年版,第341页;同旨参见孙森焱:《民法债编总论》,台湾三民书局1997年版,第505页。

以激励债务人履行债务,另一方面,如发生违约,则其责任承担简单明了。此种损害赔偿额的预定,也是一种违约金。此种违约金,如相当于履行之替代,则请求此种违约金之后,便不能够再请求债务履行或者不履行的损害赔偿。

《合同法》第 114 条规定的违约金,属于赔偿性违约金。如此解释,并不等于否定惩罚性违约金在我国法上的地位。由于《合同法》奉行自愿原则(第 4 条),当事人仍然可以明确约定惩罚性违约金,只要此种条款不违反法律的强制性规定,便仍属有效。当然,如果当事人的约定不明确,原则上推定为赔偿性违约金。

2. 约定违约金与法定违约金

依违约金的发生原因不同,可以将其分为约定违约金和法定违约金。约定违约金,是指由当事人在合同中约定的违约金(参照《合同法》第 114 条第 1 款)。法定违约金,是由法律法规直接规定固定比率或者数额的违约金。①

(三) 违约金责任的成立

首先,违约金责任,作为一种从债务,成立的前提是存在着有效的合同关系,如果主债务不成立、无效、不被追认或者被撤销时,违约金债务也就不成立或者无效。不过,应当注意的是,在因违约而解除合同场合,合同中的违约金条款,仍然可以援用。其道理在于,这类条款性质上属于"合同中结算和清理条款",依《合同法》第 98 条,并不因合同的权利义务终止而影响其效力。

其次,要有违约行为的存在,至于违约行为的类型,应视当事人的约定或者法律的直接规定。

再次,违约金责任的构成是否要求违约人具有过错?应当区分类型,作具体分析:(1) 如果当事人约定违约金责任的成立以一方当事人有过错为要件的,依其约定;(2) 在《合同法》分则以及单行法规中特别规定违约责任为过错责任场合,违约金责任的成立应当要求过错要件;(3) 在惩罚性违约金场合,由于其目的在于给债务人心理上制造压力,促使之积极履行债务,同时,在债务不履行场合,表现为对过错的惩罚,因而,应当要求以债务人的过错作为其承担惩罚性违约金的要件②;(4) 在赔偿性违约金场合,除前述特别情形外,不要求以过错为成立要件。原因在于,其性质上是作为损害赔偿额的预定,强调的是对因违约造成的损害的补偿,不必要求过错的归责事由,这也符合《合同法》采纳的无过错责任原则。

---

① 比如《中华人民共和国电信条例》(2002 年)第 32 条规定:"电信用户申请安装、移装电信终端设备,电信业务经营者应当在其公布的时限内保证装机开通;由于电信业务经营者的原因逾期未能装机开通的,应当每日按照收取的安装费、移装费或者其他费用数额 1‰ 的比例,向电信用户支付违约金。"第 35 条第 1 款规定:"电信用户应当按照约定的时间和方式及时、足额地向电信业务经营者交纳电信费用;电信用户逾期不交纳电信费用的,电信业务经营者有权要求补交电信费用,并可以按照所欠费用每日加收 3‰ 的违约金。"

② 韩世远:《中国的履行障碍法》,载《私法研究》(创刊号),中国政法大学出版社 2002 年版,第 173 页。

最后，是否要求证明损害的存在及其大小？就惩罚性违约金而言，由于非为损害赔偿，所以违约金的发生不以损害的发生为必要①，不成问题。容易发生争论的是赔偿性违约金的构成要否以损害为要件。如果单纯自逻辑推理来看，既然赔偿性违约金性质上为损害赔偿额的预定，当然要求有损害的存在，即使不必证明其大小，至少也应证明其存在。不过，当事人约定违约金的目的之一即在于避免证明损害的麻烦，因而，在解释上不应当以损害的存在及其大小的证明为要件。如果当事人有特别约定，自然应当按其特别约定，无须赘言。②

（四）违约金数额的调整

就当事人约定的违约金，无论是赔偿性违约金还是惩罚性违约金，都应当严格遵守，这是合同严守原则（《合同法》第 8 条第 1 款）的当然要求。但过分的合同自由，也会带来不适当的结果，会使违约金条款异化成为一方压榨另一方的工具，因而，对于违约金的数额，不应当完全放任，《合同法》第 114 条第 2 款正是这种精神的体现。

1. 赔偿性违约金的调整

赔偿性违约金作为赔偿损失额的预定，虽然不要求其数额与损失额完全一致，但也不宜使两者相差悬殊，否则，会使违约金责任与赔偿损失的一致性减弱乃至丧失，而使两者的差别性增大，以致成为完全不同的东西。因此，违约金的数额过高或者过低时允许调整是适宜的。再者，违约金的数额与损失额应大体一致，这是商品交换的等价原则的要求在法律责任上的反映，是合同正义的内容之一，是合同法追求的理想之一。既然如此，违约金的数额过高或者过低时予以调整，就有其根据。

（1）违约金高低的比较标准。《合同法》第 114 条所规定的比较标准，是因违约"造成的损失"。

（2）违约金的增加。赔偿性违约金既属损害赔偿额的预定，理应是在充分估计因违约所会造成的实际损失的基础上确定的。如果违约金低于因违约造成的实际损失，该违约金在实际效果上就相当于限责条款。

《合同法》第 114 条第 2 款前段的规定，字面上只是限定为"低于"，而没有像该款后段那样使用"过分"低于这样的措辞。立法者的意图暂时无从探知，但它很容易让人认为，只要违约金比违约造成的损失低，法院或者仲裁机构就应当予以增加。其实，债权人虽有增额请求权，但是否增额，最终要取决于人民法院或者仲裁机构的裁量权。而这种裁量权的行使，不应不有所节制。依《合同法解释（二）》第 28 条规定，增加后的违约金数额以不超过实际损失额为限。增加违约

---

① 史尚宽：《债法总论》，中国政法大学出版社 2000 年版，第 499 页。
② 韩世远：《中国的履行障碍法》，载《私法研究》（创刊号），中国政法大学出版社 2002 年版，第 193 页。

金以后,当事人又请求对方赔偿损失的,人民法院不予支持。

(3) 违约金的适当减少。约定的违约金过分高于造成的损失的,当事人可以请求人民法院或者仲裁机构予以适当减少。依《合同法解释(二)》第29条规定,当事人主张约定违约金过高请求予以适当减少的,人民法院应当以实际损失为基础,兼顾合同的履行情况、当事人的过错程度以及预期利益等综合因素,根据公平原则和诚实信用原则予以衡量,并作出裁决。当事人约定的违约金超过造成损失的30%的,一般可以认定为《合同法》第114条第2款规定的"过分高于造成的损失"。对于因违约所造成的实际损失,应当由请求减额的债务人负举证责任。

2. 惩罚性违约金的规制

在我国,惩罚性违约金原则上可由当事人自由约定。依通常学理见解,此种违约金于债务不履行时,债务人除须支付违约金外,其他因债之关系所应负之一切责任,均不因之而受影响。此类条款,属于私人之间的惩罚,我国法律虽未禁止,但绝非意味着完全放任。就我国法而言,可以援用的法律规范至少包括《合同法》第52条、第54条等,通过无效或者可撤销等制度规范此类条款的效力。另外,尽管我国现行法对惩罚性违约金没有明文规定,更没有对其数额作明文的限制,但鉴于依《担保法》第91条的规定,同样属于"私的制裁"的定金,其数额不得超过主合同标的额的20%。基于相似的利益状况(二者除了性质差异外,其差异主要体现在是否预付上面),该法的立法精神也应当体现于惩罚性违约金上,故建议对于惩罚性违约金的数额,可以类推适用《担保法》第91条,不得超过主合同标的额的20%。

3. 违约金可否免除

违约金责任能否由法院或者仲裁机构决定免除?在惩罚性违约金场合,该违约金不以损失的发生为必要,因而不管有无损失发生,违约金都不得被免除。而作为赔偿损失额预定的违约金,有推定损失发生的效力,因而如果没有损失发生,或者损益相抵,违约方又非故意违约时,就可以免除违约金责任。

4. 调整违约金的方式

法院对违约金的调整采取的方式,《合同法》明文规定了由当事人请求,这一规定是合理的。

(五) 违约金与其他违约救济方式

1. 违约金与强制履行

惩罚性违约金可以与其他的因债务不履行所发生的责任并用,强制履行自不例外。以下主要探讨赔偿性违约金能否与强制履行并用。

如果违约金是针对履行不能、履行拒绝这种完全不履行的情形约定的,是作为替代债务不履行的损害赔偿(填补赔偿)的赔偿额预定,违约金的约定并不使履行请求权消灭。在实际发生履行不能的场合，履行请求权归于消灭，只能请求违约金。在履行拒绝场合，则出现履行请求权与违约金请求权并存的局面。由于这时两项请求权实际指向的对象是相同或者相当的，故只应由债权人选择一种主张，不能二者兼得，否则，就等于让债权人获取双份的利益。

如果违约金是针对履行迟延约定的，只要当事人没有特别表明其属于惩罚性违约金，即应推定为对于因迟延履行所生损害的赔偿额预定，换言之，是迟延履行的赔偿额预定。在债务人履行迟延场合，一方面债权人仍享有履行请求权，另一方面，又享有违约金请求权，由于两项请求权指向的对象并不相同，因而可以同时主张，并行不悖。《合同法》第114条第3款的规定，正是这种精神的体现。需要强调指出的是，这时的违约金尽管与强制履行并用，或者与填补赔偿并用，由于该违约金推定为是对于迟延履行的赔偿额预定，故不属于惩罚性违约金，仍应看做是赔偿性违约金。

如果违约金是针对不完全履行约定的，只要当事人未特别言明，宜推定为对于因不完全履行所造成的损害的赔偿额预定。具体地讲，在不完全履行的债务尚属可能履行的场合，可以比照履行迟延处理，此时的违约金可推定为对于迟延损害的赔偿额预定，甚至更进一步，推定为对于迟延损害、因不完全履行（加害给付）造成的债权人固有利益遭受的损害的概括的赔偿额预定。债权人在主张违约金的同时，仍不妨请求继续履行，《合同法》第111条所规定的修理、更换、重作均属于强制履行范畴，可与此处的违约金并用。在不完全履行的债务已经不能履行，或者其履行对于债权人而言已失去意义而不再主张继续履行，当事人所约定的违约金如果推定为此部分填补赔偿的赔偿额预定，结果就会是只能请求违约金，不能再请求损害赔偿，与前一情形相较，尽管二者利益状态相当，处理结果却有实质差异，难谓公平合理。所以，应该比照前种情形，将违约金推定为对于给付本身之外的其他合法利益遭受损害的概括的赔偿额预定，可以与不完全履行部分的填补赔偿一并请求；在部分履行对债权人无意义场合，则可以与全部的填补赔偿一并请求。

2. 违约金与损害赔偿

惩罚性违约金可以与损害赔偿并用，赔偿性违约金与损害赔偿在本质上具有同一性，原则上不宜并用。

3. 违约金与定金

我国法律中的定金（《民法通则》第89条第1款第3项，《担保法》第89条），兼具证约定金与违约定金双重功能。① 另外，在《担保法解释》中，还明确承认了

---

① 王家福主编：《中国民法学·民法债权》，法律出版社1991年版，第125页；佟柔主编：《中国民法》，法律出版社1990年版，第331—332页。

立约定金(第 115 条)、成约定金(第 116 条)和解约定金(第 117 条)。

惩罚性违约定金因其是作为对违约的惩罚,对于违约责任不生任何影响,故可以与违约金并用。赔偿性违约定金,本身可被理解为对于损害赔偿额的预定,它与同样相当于损害赔偿额预定的违约金,规范目的相同,自然不应当并用,只宜二者择一。其他类型的定金与违约金的目的和功能不同,没有必要禁止并用。《合同法》第 116 条将违约金与定金立于二者择一的关系,并没有充分考虑定金类型及其规范目的的复杂多样性,简单划一,殊有不当,宜作限缩解释。

第二十七章 各种合同

第一节 买卖合同

一、买卖合同的概念与特征

依《合同法》第130条的规定,买卖合同是出卖人转移标的物的所有权于买受人,买受人支付价款的合同。

广义的买卖包括各种以支付价款取得财产权的情形,可以买卖的财产权包括物权、知识产权、债权以及股票(股权)等。这里的买卖为狭义的买卖,仅指以有体物为标的物即转移所有权的买卖,而不包括其他财产权利的买卖。买卖合同具有以下特征:

(一)买卖合同是出卖人转移财产所有权的合同

买受人订立合同的根本目的在于取得标的物的所有权。出卖人须转移标的物所有权,这是买卖合同与当事人一方应交付财物给另一方的其他合同(如租赁合同、借用合同、保管合同)的主要区别。

(二)买卖合同是买受人支付价款的合同

出卖人出卖标的物以取得价款为目的,买受人须向出卖人支付价款方能取得标的物的所有权,支付价款是转移所有权的对待给付。买卖合同的这一特征区别于其他转移标的物的所有权的合同(如赠与合同、互易合同)。

(三)买卖合同为诺成性合同、有偿合同、双务合同、不要式合同、要因合同

买卖合同自双方意思表示一致时即可成立,并不以标的物的实际交付为成立要件,一般也无须以特定方式作成。买卖合同的出卖人负有转移标的物所有权的义务,买受人负有支付价款的义务,双方的义务有对价关系,任何一方取得权益均须支付相应代价。买卖合同以一方取得标的物的所有权及另一方取得价款为原因,若无此原因则不能成立。

因为买卖合同是典型的有偿合同,所以,《合同法》第174条规定:"法律对其他有偿合同有规定的,依照其规定;没有规定的,参照买卖合同的有关规定。"

二、买卖合同当事人的权利义务

(一) 出卖人的义务

1. 交付标的物

因买受人的目的是取得标的物的所有权,不论所有权的取得是否以占有为要件,出卖人均应按照合同的约定或者法律的规定交付标的物给买受人。

出卖人应当按照约定的期限交付标的物。合同中约定交付期间的,出卖人可以在该交付期间内的任何时间交付(《合同法》第138条)。合同中未约定交付期限或者约定不明确的,当事人就交付时间又不能达成补充协议,按照合同有关条款或者交易习惯又不能确定的,出卖人可随时交付,在买受人要求其交付时,应在买受人所给予的必要准备时间届满前交付(《合同法》第139条)。标的物在订立合同之前已为买受人占有的,依简易交付,合同生效时间即为交付时间(《合同法》第140条)。

依《合同法》第141条的规定,出卖人应当按照约定的地点交付标的物。当事人在合同中未约定交付地点或者约定不明确的,当事人就此没有达成补充协议又不能依合同有关条款或者交易习惯确定时,适用下列规定:(1)标的物需要运输的,出卖人应当将标的物交付给第一承运人以运交给买受人。(2)标的物不需要运输,出卖人和买受人订立合同时知道标的物在某一地点的,出卖人应当在该地点交付标的物;不知道标的物在某一地点的,应当在出卖人订立合同时的营业地交付标的物。

标的物有从物的,除当事人另有约定外,出卖人于交付标的物时应一并交付从物。出卖人在交付标的物时,应当按照约定或者交易习惯向买受人交付提取标的物单证以外的有关单证和资料(《合同法》第136条),这主要应当包括保险单、保修单、普通发票、增值税专用发票、产品合格证、质量保证书、质量鉴定书、品质检验证书、产品进出口检疫书、原产地证明书、使用说明书、装箱单等(《买卖合同的解释》第7条)。出卖人应保证单证和资料的完整性并符合买卖合同的规定。[①]

出卖人交付的标的物应符合合同约定的数量。出卖人多交标的物的,买受人有权拒收多交的部分,但应当及时通知出卖人;也可以接受多交的部分并按合同的价格支付价款(《合同法》第162条)。买受人拒绝接受多交部分物的,可以代为保管多交部分标的物,出卖人应负担代为保管期间的合理费用并承担代为保管期间非因买受人故意或重大过失造成的损失(《买卖合同的解释》第6条)。出卖人少交标的物的,买受人可以要求出卖人继续交足,也可以拒绝接受。

---

① 石静遐:《买卖合同》,中国法制出版社1999年版,第87页。

出卖人应当按照约定的包装方式交付标的物。合同中对包装方式没有约定或者约定不明确又没有达成补充协议,依合同有关条款或者交易习惯不能确定的,出卖人应当按照通用的方式包装,没有通用方式的,应当采取足以保护标的物的包装方式包装(《合同法》第156条)。

出卖人就交付的标的物本身所存在的瑕疵对于买受人负担保义务。依《合同法》第153条的规定,出卖人交付的标的物应当符合约定的质量标准;出卖人提供有关标的物质量说明的,交付的标的物应当符合该说明的质量要求。当事人对标的物的质量标准没有约定或者约定不明确的,出卖人交付的标的物应当具有同种物的通常标准或者为了实现合同目的该物应当具有的特定标准(《合同法》第154条)。出卖人交付的标的物不符合质量标准的,标的物即为有瑕疵。依《合同法》第158条的规定,买受人于发现标的物质量不符合标准时应于约定的检验期间内通知出卖人,买受人怠于通知的,视为标的物的质量符合约定。当事人没有约定检验期间的,买受人应当在发现标的物质量不符合标准的合理期间内通知出卖人,对于"合理期间"的认定,应当综合当事人之间的交易性质、目的、方式、习惯、标的物的种类、数量、性质、安装和使用情况、瑕疵的性质、买受人应尽的合理注意义务、检验方法和难易程度、买受人或者检验人所处的具体环境、自身技能以及其他合理因素,依据诚实信用进行判断(《买卖合同的解释》第17条)。买受人在合理期间内未通知或者自标的物收到之日起两年内未通知出卖人的,视为标的物的质量符合约定标准;但对标的物有质量保证期的,不适用该两年的规定,买受人未于质量保证期内通知出卖人的,视为标的物质量符合约定。但出卖人知道或者应当知道提供的标的物不符合约定的,买受人不受规定的通知时间的限制。

出卖人违反瑕疵担保义务的,应根据约定承担违约责任。当事人没有约定或者约定不明确又不能依其他方式确定的,买受人根据情况得要求减少价款,或者要求修理、更换(《合同法》第155条、第111条);因标的物质量不符合质量要求,致使不能实现合同目的的,买受人有权拒绝接受标的物或者解除合同(《合同法》第148条)。买受人因标的物的主物不符合约定而解除合同的,解除合同的效力及于从物;但因从物不符合约定的,买受人只能就从物部分解除合同,解除的效力不能及于主物(《合同法》第164条)。如从物与主物是一总价金购买的,买受人得要求从价款中减去与从物价格相当的部分。标的物为数物,其中一物不符合约定的,买受人可以就该物解除合同,而不能就数物全部解除,但若该物与他物分离使标的物的价值显受损害的,当事人可以就数物解除合同(《合同法》第165条)。

2. 转移标的物的所有权

买卖合同以转移标的物所有权为目的,因此出卖人负有转移标的物所有权归买受人的义务。为保证出卖人能转移标的物的所有权归买受人,出卖人出卖的标的物应当属于出卖人所有或者出卖人有权处分之物;法律、行政法规禁止或者限制转让的标的物,依照其规定(《合同法》第132条)。但当事人一方以出卖人在缔约时对标的物没有所有权或者处分权主张合同无效的,人民法院不予支持。出卖人因未取得所有权或者处分权致使标的物所有权不能转移,买受人要求出卖人承担违约责任或者要求解除合同并主张损害赔偿的,人民法院应予支持(《买卖合同的解释》第3条)。

依《合同法》第133条的规定,除法律另有规定或者当事人另有约定外,标的物的所有权自标的物交付时起转移。所以,在一般情形下,交付标的物即可转移物的所有权。但对于法律有特别规定的动产和不动产,因其所有权的转移须办理特别的手续,出卖人应依约定协助买受人办理所有权转移的登记等有关的过户手续,并交付相关的产权证明给买受人。《合同法》第134条规定:"当事人可以在买卖合同中约定买受人未履行支付价款或者其他义务的,标的物的所有权属于出卖人。"这是关于标的物所有权保留的规定,依《买卖合同的解释》第34条规定,它不适用于不动产买卖。《合同法》第137条规定:"出卖具有知识产权的计算机软件等标的物的,除法律另有规定或者当事人另有约定的以外,该标的物的知识产权不属于买受人。"因此,在买卖的标的物为知识产权的载体时,除法律另有规定或者当事人另有约定外,出卖人仅负有转移标的物所有权的义务,而不负有转移知识产权的义务,买受人也不能取得标的物的知识产权。

为保障买受人取得所有权,出卖人应担保其出卖的标的物的所有权完全转移于买受人,第三人不能对标的物主张任何权利。除法律另有规定外,出卖人就交付的标的物负有保证第三人不得向买受人主张任何权利的义务(《合同法》第150条),这就是出卖人的权利瑕疵担保义务。但买受人于订立合同时知道或者应当知道第三人对买卖的标的物享有权利的,则出卖人不负权利瑕疵担保义务(《合同法》第151条)。

除法律另有规定外,出卖人交付的标的物上有权利瑕疵,不能完全转移所有权于买受人的,买受人有权要求减少价款或者解除合同。在买受人未支付价款时,其有确切证据证明第三人可能就标的物主张权利的,买受人有权中止支付相应的价款,除非出卖人提供适当的担保(《合同法》第152条)。

(二) 买受人的义务

1. 支付价款

买受人应当按照约定的数额支付价款。当事人对合同的价款约定不明确又不能达成协议的,应当按照合同订立时的合同履行地的市场价格确定价款,依法应当执行政府定价或者政府指导价的,按照规定履行(《合同法》第159条、第62条)。依《合同法》第63条的规定,执行政府定价或者政府指导价的,在合同约定的交付期限内政府价格调整时,按照交付时的价格计价。逾期交货的,遇价格上涨时,按照原价格执行;价格下降时,按照新价格执行。逾期提取标的物或者逾期付款的,遇价格上涨时,按照新价格执行;价格下降时,按照原价格执行。

买受人应当按照约定的地点支付价款。当事人对价款的支付地点没有约定或者约定不明确又协议不成时,买受人应当在出卖人的营业地支付价款,但约定支付价款以交付标的物或者提取标的物单证为条件的,在交付标的物或者提取标的物单证的所在地支付价款(《合同法》第160条)。

买受人应当按照约定的时间支付价款。当事人对价款的支付时间没有约定或者约定不明确又不能协商一致,依据合同的其他条款或者交易习惯仍不能确定的,买受人应当在收到标的物或者提取标的物的单证的同时支付价款(《合同法》第161条)。

买受人在规定的期间内未按照规定支付价款的,应当承担迟延履行的违约责任。

2. 受领并检验标的物

买受人对于出卖人按照约定条件交付的标的物负有受领的义务。买受人拒绝受领出卖人交付的标的物的,应负受领迟延的违约责任。对于出卖人多交的标的物,买受人拒绝受领的,应当及时通知出卖人,否则买受人应当承担因此而产生的损害赔偿责任。

依《合同法》第157条规定,买受人收到标的物时应当在约定的检验期间内检验。买受人受领标的物后,发现标的物的数量或者质量不符合约定的,应于约定或者规定的期间内通知出卖人。买受人怠于通知或者在规定期间内未通知出卖人的,视为受领的标的物的数量或者质量符合约定。没有约定检验期间的,买受人签收的送货单、确认单等载明标的物数量、型号、规格的,认定买受人已对数量和外观瑕疵进行了检验,但有相反证据足以推翻的除外(《买卖合同的解释》第15条)。

三、标的物意外毁损灭失的风险负担与利益承受

(一)风险负担

买卖标的物的风险负担又称风险承担,是指在合同订立后标的物因不可归责于任何一方的事由而发生的毁损、灭失的损失由何方负担。对于标的物风险的负担,可由当事人约定。当事人没有特别约定的,依以下原则确定:(1)除法律另有规定外,标的物毁损、灭失的风险依标的物的交付而转移,即在交付之前由出卖人承担,交付之后由买受人承担(《合同法》第142条);(2)因买受人的原因致使标的物不能按照约定的期限交付的,自约定交付之日起标的物毁损、灭失的风险转移给买受人承担(《合同法》第143条);(3)出卖人出卖交由承运人运

输的在途标的物的,标的物毁损、灭失的风险自合同成立时起由买受人承担(《合同法》第144条);但出卖人在合同成立时知道或者应当知道标的物已经毁损、灭失却未告知买受人的,出卖人应承担风险(《买卖合同的解释》第13条);(4)当事人未明确约定交付地点或者约定不明确的,按照规定标的物需要运输的,自出卖人将标的物交付给第一承运人后,标的物毁损、灭失的风险由买受人承担(《合同法》第145条);(5)按照约定或者规定出卖人应于特定地点交付标的物的,出卖人将标的物置于交付地点,买受人违反约定没有收取的,自买受人违反约定之日起标的物的毁损、灭失的风险转移给买受人(《合同法》第146条);(6)因标的物质量不符合质量要求致使不能实现合同目的,买受人拒绝接受标的物或者解除合同的,标的物毁损、灭失的风险由出卖人承担(《合同法》第148条);(7)标的物为种类物,出卖人未以可识别的方式清楚地将标的物特定于买卖合同的,买受人可主张不负担标的物毁损、灭失的风险(《买卖合同的解释》第14条)。

标的物毁损、灭失的风险转移给买受人承担,并不意味着出卖人的给付符合法律的规定或者合同的约定。若出卖人履行债务不符合约定,买受人虽承担标的物毁损、灭失的风险,但仍有权请求出卖人承担违约责任(《合同法》第149条)。如依《合同法》第147条规定,出卖人交付标的物而未交付有关标的物的单证和资料,标的物毁损、灭失的风险虽由买受人承担,但出卖人仍应负债务不履行的违约责任。

(二) 利益承受

利益承受,是指合同订立后标的物所生的孳息的归属。这里所谓的利益也就是标的物的孳息,包括天然孳息和法定孳息。《合同法》第163条规定:"标的物在交付之前产生的孳息,归出卖人所有,交付之后产生的孳息,归买受人所有。"

四、分批交付的买卖与分期付款买卖

(一) 分批交付的买卖

分批交付的买卖是指出卖人应按照一定的期限分批向买受人交付标的物的买卖。分批交付买卖的特殊性在于出卖人不是一次性而是分批交付标的物,同时,出卖人分批交付的各批标的物又是可以相互依存的,共同保障合同目的的实现。因此,法律对于分批交付的买卖合同的解除予以特别限制。依《合同法》第166条的规定,出卖人分批交付标的物的,出卖人对其中一批标的物不交付或者交付不符合约定,致使该标的物不能实现合同目的的,买受人可以就该批标的物解除合同;出卖人不交付其中一批标的物或者交付不符合约定,致使今后其他各批标的物的交付不能实现合同目的的,买受人可以就该批及今后其他各批标的物解除合同;买受人如果就其中一批标的物解除合同,该批标的物与其他各批标的物相互依存的,可以就已经交付和未交付的各批标的物解除合同。

(二) 分期付款买卖

分期付款买卖,是指买受人应按照一定期限分批向出卖人支付价款的买卖。其特殊性表现在买受人将应付的总价款在一定期间内至少分三次向出卖人支付(《买卖合同的解释》第 38 条第 1 款)。为保护出卖人和买受人双方的利益,法律对于分期付款的约款予以一定限制。主要包括以下两项:

1. 丧失分期利益和解除合同的限制

分期付款是买受人享有的一种期限利益,为保障买受人的期限利益不因出卖人的规定而丧失,依《合同法》第 167 条第 1 款的规定,买受人未支付到期价款的金额只有达到全部价款的 1/5 的,出卖人才可以要求买受人支付全部价款或者解除合同。当事人在合同中的约定违反该规定,损害买受人利益的,买受人主张该约定无效的,人民法院应予支持(《买卖合同的解释》第 38 条第 2 款)。

2. 解除合同损害赔偿金额的限制

分期付款买卖的出卖人解除合同的,有权向买受人要求支付该标的物的使用费(《合同法》第 167 条第 2 款)。为保护买受人的利益,出卖人已收受价款的,只可以从其收受的价款中扣除该使用费而将余额返还之,若标的物受有损害时,出卖人得要求赔偿;但若双方约定于出卖人解除合同时对其已收受的价款不予返还,则该约定应无效。

五、凭样品买卖

凭样品买卖,又称货样买卖、样品买卖,是指以约定的样品来决定标的物质量的买卖。凭样品买卖的特殊性就在于买卖双方以确定的样品质量来决定买卖标的物的质量。《合同法》第 168 条规定:"凭样品买卖的当事人应当封存样品,并可以对样品质量予以说明。出卖人交付的标的物应当与样品及其说明的质量相同。"依此规定,出卖人交付的标的物与样品及其说明的质量不相同的,应承担瑕疵担保责任。但是,若凭样品买卖的样品有隐蔽瑕疵而买受人又不知道的,则即使交付的标的物与样品相同,出卖人交付的标的物的质量仍然应当符合同种物的通常标准(《合同法》第 169 条);否则,也应承担瑕疵担保责任。至于交付的标的物是否符合样品的判断,合同约定的样品质量与文字说明不一致且发生纠纷时当事人不能达成合意的,样品封存后外观和内在品质没有发生变化的,应当以样品为准;外观和内在品质发生变化,或者当事人对是否发生变化有争议而又无法查明的,应当以文字为准(《买卖合同的解释》第 40 条)。

六、试用买卖

试用买卖,又称试验买卖,是指以买受人认可标的物为条件的买卖。试用买卖的特殊性在于，由买受人试用标的物并以买受人对标的物经试用后的认可为合同的生效条件。买卖合同存在下列约定内容之一的，不属于试用买卖：(1) 约定标的物经过试用或者检验符合一定要求时，买受人应当购买标的物；(2) 约定第三人经试验对标的物认可时，买受人应当购买标的物；(3) 约定买受人在一定期间内可以调换标的物；(4) 约定买受人在一定期间内可以退还标的物（《买卖合同的解释》第42条）。

试用买卖合同自双方意思表示一致时成立，但买受人试用后认可标的物的，买卖合同才生效；买受人不认可标的物的，则买卖合同不发生法律效力。依《合同法》第170条的规定，试用买卖的当事人可以约定标的物的试用期间；当事人对试用期间没有约定或者约定不明确，依其他办法仍不能确定试用期间的，由出卖人确定试用期间。在试用期内买受人可以作出购买标的物的意思表示，也可以作出拒绝购买的意思表示。试用期间届满，买受人对是否购买标的物未作表示的，视为购买（《合同法》第171条）。但是，若标的物是在出卖人处由买受人试用而未交付给买受人，买受人于试用期届满后未作表示的，应视为买受人拒绝购买。[①]

七、互易合同的法律适用

互易合同，又称以物换物合同、易货贸易或易货交易合同，是当事人双方约定以货币以外的标的物进行交换的协议。

《合同法》第175条规定："当事人约定易货交易，转移标的物的所有权的，参照买卖合同的有关规定。"

第二节 供用电、水、气、热力合同

一、供用电、水、气、热力合同的概念与特征

供用电、水、气、热力合同，是指供方向用方供电、水、气、热力，用方为此支付价款的合同。这类合同也可以看作是一种特殊的买卖合同。除具有买卖合同的一般特征外，主要具有以下特征：

（一）合同的标的物是特殊的商品

供用电、水、气、热力合同的标的物为电、水、气、热力。这类商品既是生产、生活中的必需品，又是由有关单位垄断供应的，因此，为保障人们生产和生活的需要，法律不能不予以特别规制。

---

① 郭明瑞、王轶：《合同法新论·分则》，中国政法大学出版社1996年版，第47页。

（二）属于格式合同

这类合同一般采用定型化的合同，合同条款是由供方单方拟定的，用方只能决定是否同意订立合同，而一般不能决定合同的相关内容。尽管用方在标的物的用量、用时上可以提出自己的要求，但最终的决定权完全在供方。所以，这类合同属于格式合同。

（三）合同的履行具有连续性

由于电、水、气、热力的供应和使用具有连续性，因而合同的履行具有连续性。在合同规定的期间内，正常情况下，供方须连续地供电、水、气、热力，用方须按期支付相应的价款。

二、供用电、水、气、热力合同当事人双方的权利义务

我国《合同法》中仅对供用电合同作了明确规定，并于第184条规定"供用水、供用气、供用热力合同，参照供用电合同的有关规定"。因此，这里仅以供用电合同双方的权利义务来说明供用电、水、气、热力合同当事人双方的权利义务。

（一）供电人的主要义务

1. 安全供电的义务

按照国家规定的供电质量标准和合同约定向用电人安全供电，是供电人的主要义务。

供电人的供电质量包括电压频率、电压、供电可靠性须符合国家规定和约定的标准，供电的方式、时间、地址和电量等须符合合同的约定。《合同法》第178条规定："供用电合同的履行地点，按照当事人约定；当事人没有约定或者约定不明确的，供电设施的产权分界处为履行地点。"供电人未按照国家规定的供电质量标准和约定安全供电，造成用电人损失的，应当承担损害赔偿责任（《合同法》第179条）。

2. 因故中断供电的通知义务

供电人因供电设施计划检修、临时检修、依法限电或者用电人违法用电等原因，需要中断供电时，应当按照国家有关规定事先通知用电人。供电人未事先通知用电人而中断供电，造成用电人损失的，应承担损害赔偿责任（《合同法》第180条）。

3. 因不可抗力断电的抢修义务

依《合同法》第181条的规定，因自然灾害等原因断电时，供电人应当按照国家有关规定及时抢修，以尽早恢复供电。供电人未及时抢修，造成用电人损失的，应当承担损害赔偿责任。

(二) 用电人的主要义务

1. 安全用电的义务

由于电力系统具有网络性,任何一个用电人的安全合理用电都关系到整个供电系统的安全,关系到社会的公共安全,所以,用电人应当严格按规定安全合理用电,不得违章用电、违约用电,以免造成重大损害。用电人未按照国家有关规定和当事人的约定安全用电,造成供电人损失的,应当承担损害赔偿责任(《合同法》第183条)。

2. 交付电费的义务

《合同法》第182条规定,用电人应当按照国家有关规定和当事人的约定及时交付电费。用电人逾期不交付电费的,应当按照约定支付违约金。经催告用电人在合理期限内仍不交付电费和违约金的,供电人有权按照国家规定的程序中止供电。

第三节　赠 与 合 同

一、赠与合同的概念与特征

依《合同法》第185条规定,赠与合同是赠与人将自己的财产无偿地给予受赠人,受赠人表示接受赠与的合同。

赠与合同具有以下特征:

(一) 赠与合同为转移财产权利的合同

赠与合同以赠与人将其财产给予受赠人,受赠人接受赠与的财产为内容。赠与的财产权利可以是物权、知识产权、债权、股票等,也可以是总体财产。赠与合同的履行结果发生赠与物的财产权利的转移,这是赠与合同与买卖合同的相同之处。同时赠与合同为合同,又不同于能够发生所有权转移后果的遗赠、捐赠等单方法律行为。遗赠、捐赠,只要有遗赠人、捐赠人一方的意思表示就可以成立;而赠与合同只有在赠与人与受赠人双方意思表示一致时才能成立。

(二) 赠与合同为单务、无偿合同

赠与合同的当事人中仅赠与人负担将财产权利转移给受赠人的义务,而受赠人并不负担对待给付义务。受赠人取得赠与物无须偿付任何代价。这是赠与合同与买卖合同等的根本区别。赠与合同是典型的无偿合同,法律对其他无偿合同没有规定的,除合同性质不允许者外,得准用关于赠与合同的有关规定。

二、赠与合同的成立与效力

(一) 赠与合同的成立

赠与合同自当事人双方意思表示一致时成立,其生效时间依赠与为现实赠与还是非现实赠与而有所不同。

现实赠与,又称即时赠与,是指于合同成立之时,赠与人即将赠与物交付给受赠人的赠与。现实赠与自赠与物交付时起生效,赠与人未将赠与物交付的,合同不生效。但对于需办理产权过户手续的赠与物,若办理了过户手续,赠与人虽未将赠与物实际交付给受赠人,赠与合同也应生效。

非现实赠与,是指于合同成立后赠与人才按照合同的约定将标的物交付受赠人的赠与。非现实赠与,合同自成立时起生效,但除具有救灾、扶贫等社会公益、道德义务性质的赠与合同或者经过公证的赠与合同外,赠与人在赠与财产的权利转移之前可以任意撤销赠与,赠与合同一经撤销也就不发生效力。

(二) 一般赠与合同的效力

1. 赠与人的义务

赠与人的义务主要是依照合同的约定交付并转移赠与物的财产权利给受赠人。赠与合同生效后,赠与人应当按照合同的约定将赠与物交付给受赠人,并将赠与物的权利转移于受赠人。赠与的财产需要办理登记手续的,应当办理有关手续,未办理有关手续的,不能对抗善意第三人。

由于赠与人在赠与财产的权利转移之前可以撤销赠与。因此,赠与人在赠与财产的权利转移之前撤销赠与的,赠与人不交付赠与的财产时,受赠人不能要求赠与人交付。但是具有救灾、扶贫等社会公益、道德义务性质的赠与合同或者经过公证的赠与合同,赠与人不得任意撤销。依《合同法》第 188 条的规定,具有救灾、扶贫等社会公益、道德义务性质的赠与合同或者经过公证的赠与合同,赠与人不交付赠与的财产的,受赠人有权要求交付。因赠与人的故意或者重大过失致使赠与的财产毁损、灭失而不能转移给受赠人所有的,赠与人对受赠人由此所受的损失应承担损害赔偿责任(《合同法》第 189 条)。

赠与人对赠与物的瑕疵一般不负担保责任。但赠与人故意不告知瑕疵或者保证无瑕疵,造成受赠人损失的,应当承担损害赔偿责任(《合同法》第 191 条第 2 款)。

2. 受赠人的权利

受赠人的权利是接受赠与物并取得赠与财产的权利。

(三) 附义务赠与合同的特别效力

赠与可以附义务(《合同法》第 190 条)。附义务赠与又称为附负担赠与,是指以受赠人为一定给付为条件,亦即使受赠人于接受赠与后负担一定义务的赠与。附义务赠与的根本特点在于使受赠人负担一定的给付义务,赠与所附的义务是赠与合同的内容而不是另一合同的内容。赠与所附的义务不是赠与的对价,因此,除当事人有另外的特别约定外,只有在赠与人履行给付义务后,受赠人才应履行其负担的义务。附义务赠与合同的特别效力主要为以下两点:

1. 受赠人所附义务的履行

在附义务赠与中,受赠人取得赠与物虽不以向赠与人履行某项义务为代价,但却是以履行所附义务为条件的,因此,受赠人应当按照约定履行所附的义务(《合同法》第 190 条第 2 款)。受赠人履行其义务,仅于受赠财产的价值限度内为之,若赠与所附义务超出赠与财产的价值,则对于超出部分,受赠人不负履行的责任。受赠人不履行赠与所附义务的,赠与人或者所附义务的受益人有权要求受赠人履行。

2. 赠与人的瑕疵担保责任

因在附义务赠与中受赠人有履行所附义务的义务,就其履行义务而言,如同买受人,赠与人则有如同出卖人的地位。所以,《合同法》第 191 条第 1 款中规定:"附义务的赠与,赠与的财产有瑕疵的,赠与人在附义务的限度内承担与出卖人相同的责任。"

三、赠与的撤销

赠与的撤销有任意撤销与法定撤销之分。任意撤销是指赠与人不论何种理由可任意撤销赠与。如前所述,依《合同法》第 186 条的规定,除法律规定的赠与合同外,赠与人在赠与财产的权利转移之前可以撤销赠与,此即为任意撤销。所谓法定撤销,是指赠与合同生效后,在发生法定事由,赠与人或者赠与人的继承人或监护人有权撤销赠与时,因撤销权的行使而撤销赠与。我们这里说的赠与的撤销是指赠与的法定撤销。

(一)赠与人撤销赠与

依《合同法》第 192 条的规定,受赠人有下列情形之一的,赠与人可以撤销赠与:(1)严重侵害赠与人或者赠与人的近亲属。若受赠人的侵害行为所侵害的不是赠与人或者赠与人的近亲属,或者侵害行为不严重,则不发生赠与人的撤销权。(2)对赠与人有扶养义务而不履行。但受赠人有扶养义务而无扶养能力不能履行的,赠与人无权撤销赠与。(3)不履行赠与合同约定的义务。附义务赠与的受赠人不履行合同中约定的义务,赠与人可以请求其履行,也可以撤销赠与。

赠与人的撤销权自知道或者应当知道撤销原因之日起 1 年内不行使的,撤销权消灭。

另外,依《合同法》第 195 条的规定,赠与合同生效后赠与人的经济状况显著恶化,严重影响其生产经营或者家庭生活时,赠与人可以不再履行赠与义务。此种情形属于赠与的法定解除。

(二)赠与人的继承人或者监护人撤销赠与

依《合同法》第 193 条的规定,因受赠人的违法行为致使赠与人死亡或者丧失民事行为能力的,赠与人的继承人或者法定代理人有权撤销赠与。但非因受赠人的违法行为而使赠与人死亡或者丧失民事行为能力的,不发生赠与的撤销。

赠与人的继承人或者法定代理人的撤销权,自知道或者应当知道撤销原因之日起6个月内不行使的,撤销权消灭。

(三) 撤销权的行使方法及效力

撤销权人行使赠与的撤销权,应向受赠人为撤销的意思通知,自撤销的意思通知到达受赠人时生效。《合同法》第194条规定:"撤销权人撤销赠与的,可以向受赠人要求返还赠与的财产。"

第四节 借款合同

一、借款合同的概念与特征

依《合同法》第196条的规定,借款合同是借款人向贷款人(出借人)借款,到期返还借款并支付利息的合同。

借款合同因贷款人(出借人)是金融机构还是非金融机构或是自然人①,有不同的特点。总的说来,借款合同有以下法律特征:

1. 借款合同是以转让货币所有权为目的的合同

因为借款合同是以货币为标的物的,货币是典型的代替物、消耗物,在任何情形下货币的交付均发生其所有权的转移,所以借款合同是以转移所有权为目的的合同。

2. 借款合同的标的物为货币

借款合同不同于传统民法中的借贷合同。借贷合同的标的物为可消耗物,包括金钱和其他消耗物。而借款合同的标的物仅限于货币。由于我国《合同法》上未规定借贷合同,仅规定了借款合同,因此对于以货币以外的其他消耗物为标的物的借贷关系可以参照适用关于借款合同的规定。

3. 借款合同原则上为有偿合同,也可以为无偿合同

在我国,借款合同主要发生在金融机构与其他人之间,也就是说贷款人主要是金融机构,而依法可办理贷款业务的金融机构是以发放贷款为营业的,其贷款总是有利息的。民间借贷的出借人一般也是以取得利息为目的,因此,借款合同为有偿合同。但《合同法》第211条规定:"自然人之间的借款合同对支付利息没有约定或者约定不明确的,视为不支付利息。"据此,自然人之间的借款,当事人没有明确约定利息的,该合同则为无偿合同,出借人主张支付借期内利息的,人民法院不予支持(《民间借贷的规定》第25条第1款)。但若借款人自愿支付

---

① 贷款人不是金融机构的借款,称为民间借贷。依《民间借贷的规定》第1条第1款规定,民间借贷,"是指自然人、法人、其他组织之间及其相互之间进行资金融通的行为。"

利息的,贷款人有权收取。①

4. 借款合同为诺成性合同,但自然人之间的借款合同为实践性合同

在现代社会中以银行出借货币为内容的借贷合同已成为诺成性合同,自当事人达成合意即成立。民间借贷合同,除自然人之间的借款合同外,也为诺成合同。《民间借贷的规定》第10条中规定,当事人主张民间借贷合同自合同成立时生效的,人民法院应予支持,但当事人另有约定或者法律、行政法规另有规定的除外。将借款合同规定为诺成性合同,有利于保护借款人的利益,使借款人能够根据借款合同所可取得的款项组织生产经营活动。

自然人之间的借款合同为实践性合同,自贷款人提供借款时生效(《合同法》第210条)。《民间借贷的规定》第9条规定,具有下列情形之一,可以视为具备合同法第210条关于自然人之间借款合同的生效要件:(1)以现金支付的,自借款人收到借款时;(2)以银行转账、网上电子汇款或者通过网络贷款平台等形式支付的,自资金到达借款人账户时;(3)以票据支付的,自借款人依法取得票据权利时;(4)出借人将特定资金账户支配权授权给借款人的,自借款人取得对该账户实际支配权时;(5)出借人以与借款人约定的其他方式提供借款并实际履行完成时。

5. 借款合同为双务合同,但自然人之间的借款合同原则上为单务合同

借款合同自双方达成合意时成立生效,自合同成立后,贷款人负有按合同的约定交付借款的义务,借款人负有按期偿还借款和支付利息的义务。因此,借款合同应为双务合同,而并非单务合同。但是,由于依法律规定自然人之间的借款合同为实践性合同,只有出借人将借款提供给借款人,合同才成立生效,而于合同生效后出借人不再负担义务,仅有借款人一方负担返还借款的义务,所以,自然人之间的借款合同原则上为单务合同。

6. 借款合同为要式合同,但自然人之间的借款合同为不要式合同

《合同法》第197条规定:"借款合同采用书面形式,但自然人之间借款另有约定的除外。"因此,金融机构为贷款人的借款合同属于要式合同。但民间借贷合同为不要式合同,可由当事人自由选择合同的形式,即使采用口头形式,也不影响合同的效力。《民间借贷的规定》第2条第1款规定,出借人向人民法院起诉时,应当提供借据、收据、欠条等债权凭证以及其他能够证明借贷法律关系存在的证据。

---

① 《民间借贷的规定》第31条规定:"没有约定利息但借款人自愿支付,或者超过约定的利率自愿支付利息或违约金,且没有损害国家、集体和第三人利益,借款人又以不当得利为由要求出借人返还的,人民法院不予支持,但借款人要求返还超过年利率36%部分的利息除外。"

二、借款合同当事人的权利义务

(一) 贷款人的主要义务

由于自然人之间的借款合同只有在出借人将借款交付给借款人时合同才成立生效,所以如上所述,自然人之间的借款合同为单务合同,在借款合同生效后,出借人并不负担义务。而其他借款合同为诺成性合同、双务合同,自合同成立生效后,贷款人也负担义务。

贷款人的主要义务就是按照合同的约定按时向借款人提供借款。因为借款合同订立后,借款人就会按照贷款合同中约定的借款时间和数额来安排其用款计划。如果贷款人不能按照约定的时间和数额提供借款,就会打乱借款人的用款计划,会影响借款人的生产经营活动,甚至会影响其整个资金的良性周转。因此,《合同法》第 201 条第 1 款规定:"贷款人未按照约定的日期、数额提供借款,造成借款人损失的,应当赔偿损失。"

按照《合同法》第 200 条的规定,贷款人提供给借款人的借款金额应当符合合同中约定的数额,而不得从中预先扣除借款违约金、保证金或者利息。利息预先在本金中扣除的,借款数额按照实际借款数额计算。

(二) 借款人的主要义务

1. 按照合同约定的时间和数额收取借款

借款人有义务按照合同中约定的时间和数额收取借款。《合同法》第 201 条第 2 款规定:"借款人未按照约定的日期、数额收取借款的,应当按照约定的日期、数额支付利息。"也就是说,不论借款人是否按照约定的日期和数额收取借款,都须按照合同中约定的借款日期和数额计算利息。

2. 接受贷款人的用款监督,向贷款人提供必要的资料

金融机构为贷款人的,贷款人一般要求借款人向其及时提供财务会计报表等资料,以便其能对借款人的生产经营和资信状况作出准确的判断,并协助借款人发现和解决借款使用中出现的问题,以提高借款的使用效益,保障借款能够按时收回。《合同法》第 202 条规定:"贷款人按照约定可以检查、监督借款的使用情况。借款人应当按照约定向贷款人定期提供有关财务会计报表等资料。"

3. 按照合同约定的贷款用途使用借款

借款人须按照借款的用途使用借款,不得挪作他用。依《合同法》第 203 条的规定:"借款人未按照约定的借款用途使用借款的,贷款人可以停止发放借款、提前收回借款或者解除合同。"

4. 按合同约定的还款期限和方式及时偿还借款

《合同法》第 206 条规定:"借款人应当按照约定的期限返还借款。对借款期

限没有约定或者约定不明确,依照本法第 61 条的规定仍不能确定的,借款人可以随时返还;贷款人可以催告借款人在合理期限内返还。"

借款合同明确约定借款期限时,借款人未按照约定的期限偿还借款的,有两种情形。其一是迟延还款,即借款人在约定的还款期限届满时未还款。《合同法》第 207 条规定:"借款人未按照约定的期限返还借款的,应当按照约定或者国家有关规定支付逾期利息。"《民间借贷的规定》第 29 条规定,借贷双方对逾期利率有约定的,从其约定,但以不超过年利率 24% 为限。未约定逾期利率或者约定不明的,人民法院可以区分不同情况处理:(1) 既未约定借期内的利率,也未约定逾期利率,出借人主张自逾期还款之日起按照年利率 6% 支付资金占有期间利息的,人民法院应予支持;(2) 约定了借期内的利率但未约定逾期利率,出借人主张借款人自逾期之日起按照借期内的利率支付资金占用期间利息的,人民法院应予支持。借款人到期不能偿还担保借款时,贷款人依法享有要求保证人归还借款本金和利息或者就该担保物优先受偿的权利。其二是提前还款,即借款人在约定的偿还借款的期限到来前就返还借款。借款人在还款期限未至前可否提前偿还借款呢?对此有不同的看法。《合同法》既考虑到贷款人的利益,也考虑到借款人的利益,规定"借款人提前偿还借款的,除当事人另有约定的以外,应当按照实际借款的期间计算利息"(《合同法》第 208 条)。《民间借贷的规定》第 32 条中也规定,借款人可以提前偿还借款,但当事人另有约定的除外。

5. 按照合同约定的利率和期限支付利息

借款人的主要义务是向贷款人支付利息。借款人不仅应按照约定的数额支付利息,而且应在约定的期限支付利息。《合同法》第 205 条规定:"借款人应当按照约定的期限支付利息。对支付利息的期限没有约定或者约定不明确,依照本法第 61 条的规定仍不能确定,借款期间不满一年的,应当在返还借款时一并支付;借款期间一年以上的,应当在每届满一年时支付,剩余期间不满一年的,应当在返还借款时一并支付。"借款人未按规定期限支付利息的,应负违约责任。

当然,无息借款的借款人无支付利息的义务。

《合同法》第 211 条第 2 款规定:"自然人之间的借款合同约定支付利息的,借款的利率不得违反国家有关限制借款利率的规定。"依此,自然人之间的借款合同约定利息的,只有约定的利率不违反国家的限制规定时,借款人才负按约定支付利息的义务。如果当事人约定的利率违反国家有关限制借款利率的规定,超过国家限制规定部分的利息不受法律保护。《民间借贷的规定》第 26 条规定,借贷双方约定的利率未超过年利率 24%,出借人请求借款人按照约定的利率支付利息的,人民法院应予支持。借贷双方约定的利率超过年利率 36%,超过部分的利息约定无效。借款人请求出借人返还已支付的超过年利率 36% 部分的利息的,人民法院应予支持。

第五节 租赁合同

一、租赁合同的概念与特征

《合同法》第 212 条规定:"租赁合同是出租人将租赁物交付承租人使用、收益,承租人支付租金的合同。"租赁合同具有以下法律特征:

(一) 租赁合同是转移财产使用权的合同

租赁合同是以承租人一方取得在一定期限内对租赁物的使用收益权而不是对物的所有权为目的的,因而租赁合同仅转移标的物的使用、收益权,而不转移标的物的所有权。这是租赁合同区别于买卖合同等转移财产所有权合同的根本特征。

由于租赁合同转移的仅是对标的物的使用、收益权,因此承租人对租赁物仅有使用并收益的权利,而无处分权。这是租赁合同与借贷合同的主要区别。

租赁合同以承租人取得对物的使用收益权为目的。在一般情况下,承租人重视的是取得物的使用。在有些情况下,承租人不仅重视物的使用,而且重视取得收益,亦即使用的目的在于有收益。而在有些情况下,承租人的直接目的就是为了取得收益。因此,在当事人无特别约定时,承租人承租权的内容包括使用和收益。

租赁合同既以物的使用收益为目的,出租人就负有将租赁物交付承租人使用收益的义务。因此,租赁合同的出租人应为租赁物的所有权人或者使用权人。但出租人是否为租赁物的所有权人或者使用权人,不应影响租赁合同的效力。以他人之物出租的,租赁合同仍为有效。当然,出租人以他人之物出租,对标的物的所有人构成侵权或者不当得利,应向标的物的所有人或者合法使用权人负侵权的民事责任或者返还不当得利的责任。若承租人明知租赁物非为出租人所有,仍与出租人订立租赁合同,以故意侵害标的物所有人或者使用权人利益的,则会与出租人构成共同侵权行为。但出租人以法律禁止租赁的财产出租的,租赁合同为无效。

租赁合同既以承租人对租赁物的使用收益为目的,则凡可为多次使用而并不改变其形态和价值的物均可为租赁物,并且出租人应使租赁物处于宜于依约定使用的状态。

租赁合同以转移标的物的使用收益权为特征,因此,只有承租人自己独立使用租赁物的,才为租赁。如出租人一方仍对标的物为占有使用,而承租人不占有使用标的物,则该种关系不为租赁。但在出租人的占有使用与承租人的占有使用并不矛盾的情况下,则出租人虽仍占有使用其物,也可以成立租赁关系。例如,公交公司将公交线路上的站牌出租给广告公司张贴广告即是。

(二) 租赁合同是承租人须交付租金的合同

租赁合同的承租人取得标的物的使用收益权,以支付租金为代价。因为出租人是通过租赁来实现租赁物的价值并取得收益的。当事人一方取得标的物的使用权是否须交付租金,是租赁合同与借用合同的根本区别。

租金一般以货币计算。当事人也可以约定以实物为租金。但以法律禁止流通的物为租金的,应为无效。

(三) 租赁合同为诺成性合同、双务合同、有偿合同

租赁合同自当事人双方意思表示一致时起就成立,而不以租赁物的实际交付为合同的成立生效要件,故为诺成性合同。租赁合同当事人双方都既负有一定义务,也享有一定权利,双方的权利义务具有对应性、对价性,所以租赁合同为双务合同。租赁合同当事人的任何一方从对方取得利益,均须支付一定的代价,因此租赁合同为有偿合同。

(四) 租赁合同是有期限限制的合同

租赁让渡的是租赁物的使用和收益权,于使用完毕后承租人须返还原物,而物的使用价值是有一定期限的,如果当事人之间约定的租赁期过长,这既与让渡物的使用收益的目的不符合,也容易就物的返还状态发生争议,甚至使物的价值使用殆尽。各国的法律大都规定了租赁合同的最长期限,《合同法》第214条明确规定:"租赁期限不得超过20年。超过20年的,超过部分无效。"当事人约定的租赁期限超过最长限期的,应缩短为法定的最长期限。

租赁可以是定期的,也可以是不定期的。但依《合同法》第215条的规定,租赁期限6个月以上的,应当采用书面形式;当事人未采用书面形式的,视为不定期租赁。不定期租赁的当事人可以随时终止合同。

(五) 租赁合同终止后承租人须返还原物

租赁合同的承租人于租赁合同终止后须将原物返还给出租人,因此,承租人对租赁物为了使用收益的需要有权占有,但无权处分。因承租人须返还原物,而不能以其他物代替原物返还,因此,租赁的标的物一般只能是特定的非消耗物。以消耗物为标的物的,则必须用于非消费性使用。租赁合同的这一特征也是其与借贷合同的主要区别。

二、租赁合同当事人的权利义务

(一) 出租人的义务

1. 交付租赁物及维持租赁物合于约定的使用收益的状态

《合同法》第216条规定:"出租人应当按照约定将租赁物交付承租人,并在租赁期间保持租赁物符合约定的用途。"

（1）依合同约定交付租赁物。出租人交付的租赁物应符合合同中约定的名称、数量，并以合同中约定的交付方式、时间、地点为之。如于合同成立时，租赁物已为承租人直接占有的，则于合同约定的交付时间起承租人即得对租赁物为使用收益。如果依合同约定的使用性质，不以标的物的交付为必要，则出租人应将租赁物作成适于承租人使用的状态。例如，出租房屋的墙壁张贴广告的，出租人虽不必交付房屋由承租人占有，但应将墙壁作成适于张贴广告的状态。租赁物有从物的，出租人于交付租赁物的同时应交付从物。出租人交付的标的物须合于约定的使用收益目的。

出租人不能按时交付标的物或者交付的标的物不适合于约定的使用收益目的的状态的，应负违约责任；同时承租人得主张对待履行的抗辩权，拒绝支付租金。

（2）保持租赁物符合约定的用途。出租人在租赁期间保持租赁物符合用途的义务的具体内容是出租人的瑕疵担保义务，包括物的瑕疵担保义务与权利瑕疵担保义务。

所谓物的瑕疵担保，是指出租人应担保所交付的租赁物符合约定的用途，能够为承租人依约正常使用收益。如租赁物有不能使承租人为正常使用收益的瑕疵，出租人即应承担责任，承租人得解除合同或者请求减少租金。《合同法》第231条明确规定："因不可归责于承租人的事由，致使租赁物部分或者全部毁损、灭失的，承租人可以要求减少租金或者不支付租金；因租赁物部分或者全部毁损、灭失，致使不能实现合同目的的，承租人可以解除合同。"承租人于订立合同时明知租赁物有瑕疵的，出租人不负瑕疵担保义务；出租人未对租赁物的品质作特别保证而双方又有关于瑕疵担保责任免除的特约，出租人并非故意或者重大过失不告知租赁物的瑕疵的，出租人可免除瑕疵担保义务。但是，为保证承租人一方的人身安全与健康，《合同法》第233条规定："租赁物危及承租人的安全或者健康的，即使承租人订立合同时明知该租赁物质量不合格，承租人仍然可以随时解除合同。"

所谓出租人的权利瑕疵担保，是指出租人应担保不因第三人主张权利而使承租人不能依约为使用收益。在第三人主张权利致使承租人不能依约定为租赁物的使用收益时，承租人可以要求减少租金或者解除合同，并可要求出租人赔偿因此所受到的损失。《合同法》第228条规定："因第三人主张权利，致使承租人不能对租赁物使用、收益的，承租人可以要求减少租金或者不支付租金。""第三人主张权利的，承租人应当及时通知出租人。"

依《合同法》第53条的规定，因故意或者重大过失造成对方财产损失的免责条款无效。因此，当事人在租赁合同中以特约免除权利瑕疵担保责任的，如出租人故意或者重大过失不告知承租人权利瑕疵，则因该特约为无效，出租人仍应承担权利瑕疵担保责任。

2. 租赁物的维修

《合同法》第220条规定:"出租人应当履行租赁物的维修义务,但当事人另有约定的除外。"所谓维修,是指于租赁物不符合约定的使用收益状态时,对租赁物进行修理和维护,以使承租人得以按照约定对租赁物为正常使用收益。出租人的维修义务的构成须具备以下条件:

(1) 租赁物有维修的必要。所谓维修的必要,是指租赁物出现影响正常使用收益的情况,必须对其进行维修方能满足承租人依约定对租赁物为使用收益,否则就不能对租赁物为正常的使用、收益,不能发挥租赁物应有的效用。

(2) 有维修的可能。所谓维修的可能是指损坏的租赁物在事实上经过维修能够恢复并达到损坏前的状态,并且在经济上是合理的。

(3) 在租赁期间承租人已为维修的通知。在租赁关系存续期间,租赁物发生损坏需要维修的,承租人应通知出租人。承租人应为通知而未为通知的,出租人维修租赁物的义务不发生。

(4) 法律无另外规定或者当事人无另外的约定。法律规定或者当事人约定或者依习惯租赁物应由承租人负责维修的,出租人不负维修的义务。

《合同法》第221条规定:"承租人在租赁物需要维修时可以要求出租人在合理期限内维修。出租人未履行维修义务的,承租人可以自行维修,维修费用由出租人负担。因维修租赁物影响承租人使用的,应当相应减少租金或者延长租期。"

3. 负担税负及费用的返还

租赁物有税捐等负担时,除当事人另有约定外,出租人应当负担。因为这些负担是由租赁物而发生的,而在租赁中租赁物的所有权并不转移。

出租人对于承租人为租赁物支出的费用有偿还的义务。出租人应当偿还的费用包括有益费用和必要费用两部分。

所谓有益费用,是指承租人支出而使租赁物价值增加的费用。我国通说认为,构成有益费用偿还须具备以下条件:(1)须该费用为对租赁物进行改善或者在租赁物上增设他物而支出的。(2)须因该费用的支出而使租赁物的价值增加。(3)须承租人所为的改善或者增设行为已经出租人同意。《合同法》第223条第2款规定:"承租人未经出租人同意,对租赁物进行改善或者增设他物的,出租人可以要求承租人恢复原状或者赔偿损失。"从其反面解释,出租人也可以不要求承租人恢复原状或者赔偿损失。因此,这里的同意,不应仅限于承租人实施行为时出租人的明示同意,出租人知道承租人的行为而不表示反对的,也应包括在内。出租人返还的有益费用的范围仅限于租赁合同终止时租赁物增加的价值额,而不能以承租人支出的数额为准。当然,承租人所增设的物能够拆除的,承租人也可以拆除,而不要求出租人偿还有益费用,但承租人拆除时应恢复租赁物的原状。承租人拆除增设物的权利,在学说上称为工作物取回权。

所谓必要费用,是指为维护租赁物所不可缺少的费用。例如,机器的养护费用、动物的饲养费用等等。必要费用可分为两部分:一部分是维持租赁物为承租人使用收益所支出的必要费用,一般应由承租人承担;一部分是为维持租赁物的使用收益状态所支出的必要费用,应由出租人负担,如此项费用已为承租人支出,出租人则有偿还的义务。当然关于必要费用的负担,得由当事人自行约定。

4. 在合同终止时接受租赁物和返还押金或者担保物

在租赁合同终止,承租人返还租赁物时,出租人应当及时接受租赁物。出租人收有押金或者其他担保物的,应当返还押金或者担保物;出租人不及时返还的,其占有为非法占有,应承担相应的民事责任。

(二) 承租人的义务

1. 按照约定的方式和范围对租赁物为使用收益

依《合同法》第217条的规定,承租人对租赁物的使用,有约定的,应按约定的方法使用;当事人没有约定或者约定不明确的,当事人双方应就租赁物的使用方法进行协商,协商不成的,应依习惯的方法使用,例如租赁汽车的,依习惯应用于交通运输;依习惯也不能确定的,承租人应依租赁物的用途和性质所定的方法使用收益。

承租人是否依约定的方法使用租赁物,是确定租赁物的损耗是否为正常的标准。《合同法》第218条明确规定:"承租人按照约定的方法或者租赁物的性质使用租赁物,致使租赁物受到损耗的,不承担损害赔偿责任。"第219条规定:"承租人未按照约定的方法或者租赁物的性质使用租赁物,致使租赁物受到损失的,出租人可以解除合同并要求赔偿损失。"因为承租人违反依约定方法或者租赁物的性质使用租赁物的义务而致租赁物毁损灭失的,不属于租赁物的正常损耗,对此承租人自应承担责任。

2. 妥善保管租赁物

《合同法》第222条规定:"承租人应当妥善保管租赁物,因保管不善造成租赁物毁损、灭失的,应当承担损害赔偿责任。"承租人保管租赁物,合同中约定有保管方法的,应依约定的方法保管;没有约定保管方法的,应依租赁物的性质所要求的方法保管。承租人对租赁物的保管既包括对租赁物的保存,也包括对租赁物的正常维护和维持。例如,租赁物需要日常维护的,要予以正常的维护;租赁物有生产能力的,要维持其生产能力。

承租人违反其妥善保管义务致使租赁物毁损灭失的,应负违约责任,赔偿出租人的损失。因承租人的同居人和经承租人允许使用租赁物的第三人的原因造成租赁物毁损灭失的,也为因承租人未尽妥善保管义务造成的损害,承租人同样应负赔偿责任。

3. 有关事项的通知

在租赁关系存续期间,出现应及时通知出租人的情况时,承租人有及时通知的义务。承租人的这一义务须具备以下条件才能成立:

第一,须出现应为通知的事项。应为通知的事项包括:(1)租赁物有修理、防止危害之必要;(2)第三人就租赁物主张权利;(3)其他依诚实信用原则应当通知的事由。例如,租赁物因不可抗力损毁灭失,因第三人的侵害受损等,承租人也应及时通知出租人。

第二,须为出租人不知的事项。若出租人已知该事项出现,则承租人不负通知的义务。出租人是否为已知,应由承租人负举证责任。

4. 支付租金

《合同法》第226条规定:"承租人应当按照约定的期限支付租金。对支付期限没有约定或者约定不明确,依照本法第61条的规定仍不能确定,租赁期间不满一年的,应当在租赁期间届满时支付;租赁期间一年以上的,应当在每届满一年时支付,剩余期间不满一年的,应当在租赁期间届满时支付。"

当事人约定以租赁物的孳息或者其他物充当租金的,也无不可,但不得以承租人的劳务代租金。约定以一方付出一定劳务为对物的使用收益的代价的,当事人之间的关系不为租赁关系。

租金的数额得由当事人自行约定,但法律对租金数额有特别规定者,当事人应依法律的规定约定;当事人约定的租金高于法律规定的最高限额的,其超过部分应为无效。承租人交付租金,应依当事人依法约定的数额交付。租金虽为租赁物使用收益的代价,但在因承租人自己的事由而致不能对租赁物的全部或者一部为使用收益时,承租人不能免除或者部分免除交付租金的义务,仍应按约定的数额交付租金。[①] 依《合同法》第231条的规定,在租赁物因不可归责于承租人的原因而部分灭失时,因承租人对租赁物的部分不能为使用收益,承租人可就灭失部分请求减少租金;若租赁物剩余部分不能实现租赁的目的,承租人可解除合同,从而免除交付租金的义务。

承租人交付租金,应当依数一次性交足,不能仅交应交租金的一部分,而拖欠一部分。承租人迟延交付租金的,自应负债务迟延履行的责任。《合同法》第227条规定:"承租人无正当理由未支付或者迟延支付租金的,出租人可以要求承租人在合理期限内支付。承租人逾期不支付的,出租人可以解除合同。"

---

① 因承租人原因致租赁物损毁的,承租人应负赔偿责任,承租人不能因此而请求减少租金;如因承租人的原因而使租赁物全部毁损灭失时,因当事人之间的租赁合同只能终止,承租人虽应负赔偿责任,但其交付租金的义务自然也就终止。

5. 不得随意转租和转让租赁权

(1) 转租。转租可分为合法转租与不合法转租两种情况。

合法转租,是经出租人同意的转租。《合同法》第 224 条第 1 款规定:"承租人经出租人同意,可以将租赁物转租给第三人。承租人转租的,承租人与出租人之间的租赁合同继续有效,第三人对租赁物造成损失的,承租人应当赔偿损失。"在合法转租时,当事人之间发生如下法律后果:首先,出租人与承租人之间的关系不因转租而受影响,承租人并应就因次承租人应负责的事由所生的损害向出租人负赔偿责任;其次,承租人为转租人,其与次承租人之间的关系与一般租赁关系并无区别;再次,在出租人与次承租人之间虽不存在直接的法律关系,但次承租人得直接向出租人履行承租人应当履行的义务,出租人也得直接向次承租人行使转租人得行使的权利,在这些情况下发生债的第三人履行问题;最后,转租是以承租人存有租赁权为基础的,在承租人的租赁权因合同解除等原因消灭时,次承租人不能向出租人主张租赁权。如次承租人因此不能得到租赁权而受有损害时,次承租人也只能向转租人请求赔偿。

不合法转租,是指未经出租人同意的转租。《合同法》第 224 条第 2 款规定:"承租人未经出租人同意转租的,出租人可以解除合同。"因此,不合法转租时发生以下法律后果:第一,就转租人与次承租人之间的关系而言,双方之间的租赁合同可以有效,转租人负有使次承租人取得对租赁物为使用收益权利的义务,因转租人不能使次承租人取得使用收益的权利的,次承租人得向转租人请求损害赔偿。第二,就出租人与承租人之间的关系而言,承租人转租为严重违约行为,出租人有权解除合同。出租人解除合同的,并得请求损害赔偿;出租人不解除合同的,租赁关系仍然有效,不因承租人的转租而受影响。第三,就出租人与次承租人之间的关系而言,次承租人的租赁权不能对抗出租人。在出租人终止租赁关系时,出租人自得直接向次承租人请求返还租赁物。

(2) 租赁权转让。《合同法》上未规定租赁权的转让,但租赁权转让现象是存在的。例如,现实中的换房实际上就发生租赁权的转让。

租赁权为一种债权,所以租赁权的转让属于债权转让问题。但租赁权的转让并不仅仅为权利的转让,而是包括义务在内的一种法律地位的转让,实际上是合同债权债务的一并转让。《合同法》第 88 条规定:"当事人一方经对方同意,可以将自己在合同中的权利和义务一并转让给第三人。"依此,租赁权的转让也须经合同另一方即出租人的同意。因此,只有在当事人有可转让租赁权的特别约定或者其后经出租人同意时,承租人才得转让租赁权,此为合法转让;否则,承租人转让租赁权为不合法转让。

6. 返还租赁物

《合同法》第 235 条规定:"租赁期间届满,承租人应当返还租赁物。返还的租赁物应当符合按照约定或者租赁物的性质使用后的状态。"该条实质上规定的是承租人于租赁关系终止时的返还租赁物的义务。

在租赁关系终止时,只要租赁物存在,承租人就应返还租赁物;只有在租赁物已不存在时,承租人才不负返还义务。例如,在租赁物灭失时,租赁关系当然也终止,但承租人无返还租赁物的义务,如租赁物系因承租人的原因灭失的,承租人自应负赔偿责任;若租赁物非因承租人的原因灭失,则承租人不负责任。

承租人返还的租赁物应当符合依约定方法或者根据租赁物的性质所确定的方法为使用收益致租赁物发生变更或者损耗后的状态。

承租人不及时返还租赁物的,应当负违约责任。出租人既可基于租赁关系要求承租人返还,也可基于所有权要求承租人返还。承租人不仅应当交付逾期返还租赁物的租金、偿付违约金或者赔偿损失,而且还应承担租赁物于其逾期返还期间意外灭失的风险。

第六节　融资租赁合同

一、融资租赁合同的概念与特征

(一)融资租赁合同的概念

依《合同法》第237条的规定,融资租赁合同是出租人根据承租人对出卖人、租赁物的选择,向出卖人购买租赁物,提供给承租人使用,承租人支付租金的合同。

融资租赁合同具有以下三方面的含义:

第一,出租人须按照承租人的要求出资购买租赁物。这是其不同于租赁合同的一个重要特点。融资租赁合同的出租人依承租人的要求购买租赁物,使承租人得以不必付出租赁物的价值即可取得对租赁物的使用收益,从而可达到融资的效果。正是在这一意义上,这种合同被冠以"融资"的称号。

第二,出租人须将购买的租赁物交付承租人使用收益。在融资租赁合同,出租人虽须向第三人购买财物,但其购买的直接目的是为了交付给承租人为使用收益,而不是为了自己使用。这是融资租赁合同中出租人的买卖行为不同于买卖合同之处。

第三,承租人须向出租人支付租金。融资租赁合同的承租人对出租人购买的租赁物为使用收益,并须支付租金。也正是在这个意义上,该种合同的名称中含有"租赁"一词。

(二)融资租赁合同的特征

融资租赁合同是一种新型的不同于租赁合同的独立合同,除具有租赁等合同也具有的为诺成性合同、双务合同、有偿合同等特征外,还具有自己的一些特

征。总的说来,融资租赁合同主要有以下不同于租赁合同的特征:

1. 租赁标的物是由出租人依照承租人的要求购买的

这是融资租赁合同不同于租赁合同的重要特征,也是融资租赁合同与买卖、借贷等合同的区别之一。在租赁合同中,出租人购置物件与出租无关;而在融资租赁合同中,出租人必须按照承租人的要求购买标的物,出租人购置物件的行为与出租物件的行为是联系在一起的,共同构成融资租赁关系的内容。融资租赁合同的承租人通过由出租人购买所需的标的物,以解决自己一次性购买标的物所需资金的不足,从而达到融资的目的。从这一点上说,承租人等于向出租人借贷。

2. 出租人须将为承租人购买的标的物交付承租人使用收益

在融资租赁中,出租人虽为承租人的使用而购买租赁物,但出租人所购买的物件却是归出租人所有的,出租人仅将所购置的物件交付承租人使用收益,在整个租赁期间,承租人对出租人依其要求购买并交付其使用的物件仅享有使用收益权,而不能享有所有权。融资租赁的这一特征不同于委托采购。

3. 出租人对租赁标的物无瑕疵担保责任

在融资租赁合同,由于出租人仅是依承租人的指示和要求去筹措资金购买物件,因此,除承租人依赖出租人的技能确定租赁物或者出租人干预选择租赁物的情况外,出租人对租赁标的物不符合约定或者不符合使用目的不承担责任。

4. 承租人须向出租人支付的租金非仅为使用租赁物的代价

在融资租赁合同中,因其也为"租赁"而非买卖,所以承租人也须支付"租金",但因其为"融资"租赁,所以承租人支付的代价并非对租赁物为使用收益的代价,而是"融资"的代价,租金实际上是承租人对出租人购买租赁物件的价金的本息和其应获取的利润等费用的分期偿还。

5. 承租人于租赁关系终止后享有选择权

在融资租赁中,于租赁关系终止后,承租人有选择权,可以按照约定支付租赁物残余的价值购买租赁物而取得其所有权。

6. 出租人为专营融资租赁业务的租赁公司

融资租赁合同主体上的特征就是出租人的限定性,出租人只能为经营融资租赁业务的法人。这是由融资租赁合同的融资性所决定的。

二、融资租赁合同当事人的权利义务

(一) 出租人的主要义务

1. 按照承租人的要求订立买卖合同购买租赁物

《合同法》第 241 条规定:"出租人根据承租人对出卖人、租赁物的选择订立的买卖合同,未经承租人同意,出租人不得变更与承租人有关的合同内容。"这是

因为尽管买卖合同的当事人双方为出租人与出卖人,但购买标的物的目的是为提供给承租人使用的,合同中的有关内容与承租人有着直接的利害关系。一般说来,与承租人有关的买卖合同的变更包括主体的变更、标的物的变更以及标的物交付的变更。买卖合同的主体为出租人与出卖人,由于出卖人是根据承租人的选择确定的,是由承租人在融资租赁合同中指定的,承租人对出卖人的选择决定于其对出卖人的产品的信赖,所以,未经承租人同意,出租人不得擅自变更买卖合同的主体,而将出卖人变更为其他人。买卖合同中的标的物也就是融资租赁合同中的标的物,是根据承租人的选择在融资租赁合同中确定的,出租人只能根据承租人的要求购买承租人需要的租赁物,如果出租人变更买卖合同中的标的物,也就等于变更了租赁的标的物,不仅不能满足承租人的需要,不能实现融资租赁合同的目的,而且出租人也不能履行其保证承租人对租赁物为使用收益的义务,因此,未经承租人同意,出租人不得擅自将买卖的标的物变更为他物。买卖合同的当事人双方虽为出卖人与出租人,但因融资租赁而发生的买卖,出卖人是直接向承租人履行交付标的物的义务的,出卖人交付标的物的时间直接决定承租人起租的时间,能否按约定交付标的物关系到承租人能否按约定对租赁物为使用收益,故未经承租人同意,出租人不得擅自变更标的物的交付时间、地点和方式等。

出租人未经承租人同意,擅自变更与承租人有关的买卖合同内容的,其行为构成对融资租赁合同的违反,应向承租人承担违约责任,承租人有权拒收标的物,解除合同,并有权要求出租人赔偿损失。

2. 保证承租人对租赁物的占有和使用

《合同法》第245条规定:"出租人应当保证承租人对租赁物的占有和使用。"出租人的这一义务包括以下内容:

(1) 保证出卖人将标的物交付给承租人占有。因为在融资租赁中是由出卖人将租赁物现实交付给承租人的,而承租人于受领租赁物后应将受领的事实通知出租人。因此,只要承租人向出租人发出受领标的物的通知,则不论承租人是否确实受领了租赁物,出租人均为履行了保证交付义务。

(2) 保证承租人在租赁期间对租赁物的占有使用。尽管承租人是通过融资租赁公司融通资金的,但承租人订立融资租赁合同的根本目的是要取得租赁物的使用权。所以,承租人接受出卖人交付的标的物后,在租赁期间对租赁物享有独占的使用权,对使用租赁物所取得的收益得独立处分。为保证承租人的使用收益权,出租人须保证承租人对租赁物独自占有使用。承租人对租赁物的使用收益权,不仅得对抗出租人的所有权,而且得对抗对租赁物享有物权者的他物权。

(3) 不得妨碍承租人对租赁物的使用收益并排除他人的妨碍。出租人妨碍承租人对租赁物为使用收益或者擅自变更承租条件的,应承担违约责任。在第三人妨碍承租人对租赁物的占有、使用、收益权时,出租人也应予以排除。

(4) 向出卖人支付货款。出租人不按照合同约定向出卖人支付货款,致使承租人不能依照约定使用租赁物时,应向承租人承担违约责任,承租人得解除合同,或者请求减少租金,或者相应地延长租期。

3. 协助承租人向出卖人索赔

《合同法》第240条规定:"出租人、出卖人、承租人可以约定,出卖人不履行买卖合同义务的,由承租人行使索赔的权利。承租人行使索赔权利的,出租人应当协助。"依据该条规定,融资租赁合同涉及的三方当事人可以约定承租人行使对出卖人的索赔权,但出租人有义务协助承租人索赔。

若出租人、出卖人、承租人没有约定由承租人行使对出卖人索赔的权利,而是在买卖合同中规定出租人负责就标的物不合约定条件向出卖人索赔,则出租人于出卖人交付的标的物不合约定条件时有向出卖人索赔的权利和义务。

4. 例外情况下的瑕疵担保义务

《合同法》第244条规定:"租赁物不符合约定或者不符合使用目的的,出租人不承担责任,但承租人依赖出租人的技能确定租赁物或者出租人干预选择租赁物的除外。"依此规定,在例外的情形下,出租人的瑕疵担保义务不能免除,即使当事人之间有此特约也是无效的。

出租人应负瑕疵担保义务的情形包括:(1) 由出租人选择决定标的物的种类、规格、型号、商标、出卖人等;(2) 出租人干预选择租赁物,如出租人迫使承租人选择出卖人、标的物,出租人擅自变更标的物等;(3) 出租人明知租赁标的物有瑕疵而不告知或者因重大过失而不知有瑕疵;(4) 出租人与出卖人之间有密不可分的关系,如融资租赁公司为出卖人的子公司;(5) 因当事人之间的约定使承租人不能或者无法直接向出卖人行使索赔的权利。

(二) 承租人的主要义务

1. 按时接受出卖人交付的标的物

融资租赁合同的承租人负有按照合同的约定及时接受出卖人交付的标的物的义务。承租人在接受标的物时并应按照合同的约定对标的物验收。承租人于接受标的物并经验收后应将收到标的物的结果通知出租人。

在融资租赁中,承租人通知出租人收到标的物是其租金义务发生的唯一的要件。只要承租人已为通知,就须负交付租金的义务。即使承租人虽通知出租人收到标的物但实际上其并未收到标的物,也不得拒付租金或者请求返还已交的租金。

由于受领标的物在融资租赁中直接决定着租金的支付和对租赁物的使用收

益,所以承租人无正当理由不接受出卖人按合同约定交付的标的物的,应当承担迟延履行的违约责任。

2. 按照约定支付租金

承租人支付租金的义务有以下主要特点:

(1) 在租赁标的物存有瑕疵时,承租人不得拒付租金。

(2) 在租赁期间,承租人承担标的物灭失的风险责任。在租赁期间,若标的物因不可归责于双方的事由而发生毁损灭失时,承租人仍应支付租金,而不能免除或者减少其支付租金的义务。

(3) 因承租人违约而由出租人收回标的物时,承租人不能以标的物的收回而拒绝履行支付租金的义务。

《合同法》第248条规定:"承租人应当按照约定支付租金。承租人经催告在合理期限内仍不支付租金的,出租人可以要求支付全部租金;也可以解除合同,收回租赁物。"

3. 保管、维修标的物

《合同法》第247条规定:"承租人应当妥善保管、使用租赁物。承租人应当履行占有租赁物期间的维修义务。"该条明确规定在租赁期间承租人占有租赁物,对租赁物负有妥善保管的义务,并且负有维修标的物的义务。

因为融资租赁合同的目的是承租人取得出租人购买的租赁物的使用收益权,因此一方面承租人得对租赁物为使用收益,出租人须容忍承租人为使用收益;另一方面租赁物虽为承租人选定的,但为出租人购买、归出租人所有。《合同法》第242条明确规定:"出租人享有租赁物的所有权。承租人破产的,租赁物不属于破产财产。"承租人在租赁期间只得自己对租赁物为使用收益,而不得擅自将租赁物转租、抵押,更不得处分租赁物。承租人擅自转租的,出租人得解除合同,收回租赁物。承租人处分租赁物的,为对他人财产的处分,出租人得解除合同并取回租赁物,或者在第三人善意取得不能取回租赁物时请求损害赔偿。在承租人破产时,租赁物不得列入破产财产,出租人可以解除合同取回租赁物。

在融资租赁中,出租人对租赁物无维修的义务,但享有于租赁期间届满后收回标的物加以使用或者处分的期待利益,因此,承租人不仅须妥善保管标的物,而且负有维修标的物的义务。

由于承租人承担租赁期间标的物意外灭失的风险,并应保障出租人于租赁期间届满后应得到的期待利益,所以,除合同另有约定外,出租人应将租赁物投保,而保险费用由承租人负担。

4. 因租赁物致人损害的赔偿责任

《合同法》第246条规定:"承租人占有租赁物期间,租赁物造成第三人的人身伤害或者财产损害的,出租人不承担责任。"根据该条的反面解释,因租赁物造成第三人损害的,承租人应承担民事责任。

5. 合同终止时返还标的物

《合同法》第250条规定:"出租人和承租人可以约定租赁期间届满租赁物的归属。对租赁物的归属没有约定或者约定不明确,依照本法第61条的规定仍不能确定的,租赁物的所有权归出租人。"一般说来,融资租赁合同中一般约定在租赁期间届满后,承租人得请求以一定的价格买下租赁物(即留购),也可以请求继续租赁(即续租)。承租人要求留购的,承租人有优先购买权,得支付一定的价格购买下租赁物。当事人也可以约定租赁期间届满租赁物即归承租人所有。《合同法》第249条规定:"当事人约定租赁期间届满租赁物归承租人所有,承租人已经支付大部分租金,但无力支付剩余租金,出租人因此解除合同收回租赁物的,收回的租赁物的价值超过承租人欠付的租金以及其他费用的,承租人可以要求部分返还。"承租人请求续租的,当事人双方应当更新租赁合同。在继续租赁时,租金的标准应以预计的租赁物残存的价值为基础来确定,而不应适用原来的租金标准。如果合同中无承租人得选择购买或者续租的权利,或者虽有约定而承租人不购买也不继续租赁的,于租赁期间届满时,因租赁物归出租人所有,承租人有义务将租赁物返还给出租人。

(三) 出卖人的主要义务

1. 向承租人交付标的物

《合同法》第239条规定:"出卖人应当按照约定向承租人交付标的物。"出卖人未按约定向承租人交付标的物的,为违约行为,应负违约责任。承租人可以要求出卖人继续履行交付义务,也可以解除合同,并要求赔偿损失。

2. 标的物的瑕疵担保义务

如出卖人交付的标的物虽不符合约定的条件但不影响使用,承租人愿意继续使用的,可以要求减少价金;若出卖人交付的标的物不能利用,则承租人可以根据情况要求出卖人予以修理或者更换;如出卖人交付的标的物无法实现合同的目的,承租人可以要求解除合同并要求赔偿损失。

第七节 承揽合同

一、承揽合同的概念与特征

《合同法》第251条规定:"承揽合同是承揽人按照定作人的要求完成工作,交付工作成果,定作人给付报酬的合同。""承揽包括加工、定作、修理、复制、测试、检验等工作。"

承揽合同具有以下法律特征:

(一) 承揽合同以一定工作的完成为目的

承揽合同的承揽人须依照定作人的要求完成一定的工作,定作人订立合同的目的是取得承揽人完成的一定工作成果。虽然承揽人进行工作须提供劳务,但是承揽合同的定作人所需要的并非承揽人完成工作的过程,而是承揽人完成的工作成果。承揽人完成工作的劳务只有体现在其完成的工作成果上,只有与工作成果相结合,才能满足定作人的需要。这是承揽合同与保管合同、运输合同等提供劳务的合同的重要区别。

(二) 承揽合同的承揽标的具有特定性

承揽合同的承揽标的是承揽人按照定作人的要求完成并交付的工作成果。这一工作成果须具有特定性,是按照定作人的特定要求,为满足定作人的特殊需要由承揽人完成的。这是承揽合同与买卖合同的主要区别。

(三) 承揽合同的承揽人自己承担风险独立完成工作

承揽合同的定作人需要的是具有特定性的标的物。这种特定的标的物只能通过承揽人完成工作来取得。所以,承揽人需要以自己的人力、设备和技术力量等条件独立地完成工作。因为定作人最终需要的是承揽人的工作成果,所以,承揽人应承担取得该工作成果的风险,对工作成果的完成负全部责任。这是承揽合同与雇用合同、劳动合同的重要区别。

(四) 承揽合同是诺成性合同、有偿合同、双务合同、不要式合同

承揽合同自当事人双方意思表示一致即可成立生效,而不以当事人一方实际交付标的物为合同的成立生效要件。承揽合同一经成立,当事人双方均负有一定义务,双方的义务具有对应性,一方的义务也即为他方的权利。承揽合同的定作人须为工作成果的取得支付报酬,任何一方从另一方取得利益均应支付对价。承揽合同的形式可由当事人约定,法律并无特别要求。

二、承揽合同当事人的权利义务

(一) 承揽人的主要义务

1. 完成工作

按照合同的约定完成承揽的工作,是承揽人的首要的基本义务。这一义务包括以下三个方面:

(1) 承揽人应当按照合同约定的时间着手进行工作,并在规定的期限内完成工作。

(2) 承揽人应当按照定作人的要求按质按量地完成工作。承揽人在工作中应当遵守定作人提出的标准和要求,以保证完成的工作质量。在完成工作过程中,遇有下列情形时应当通知定作人:其一,定作人提供的图纸或者技术要求不合理(《合同法》第 257 条);其二,定作人提供的材料不符合约定(《合同法》第

256条);其三,可能影响工作质量或者履行期限的其他不可归责于承揽人的情形。承揽人怠于通知或者未经定作人同意擅自修改定作人的技术要求或者调换定作人提供的材料的,对因此而造成的工作质量仍应承担责任。

(3) 承揽人应当以自己的设备、技术、劳力完成工作的主要部分。《合同法》第253条第1款规定:"承揽人应当以自己的设备、技术和劳力,完成主要工作,但当事人另有约定的除外。"依此,除当事人另有约定外,承揽人必须亲自完成主要工作,若承揽人擅自将承揽的主要工作交由第三人完成,定作人可以解除合同。如当事人之间有特别约定,承揽人也可以将承揽的主要工作交由第三人完成,但于此情形下第三人也仅为履行主体,所以《合同法》第253条第2款规定:"承揽人将其承揽的主要工作交由第三人完成的,应当就该第三人完成的工作成果向定作人负责"。

《合同法》第254条规定:"承揽人可以将其承揽的辅助工作交由第三人完成。承揽人将其承揽的辅助工作交由第三人完成的,应当就该第三人完成的工作成果向定作人负责。"所谓"辅助工作",是指主要工作以外的部分。承揽人将其承揽的辅助工作交由第三人完成时,第三人也仅为履行主体而非承揽的义务主体,承揽人与定作人之间的关系并未改变,承揽人应当就该第三人完成的工作成果向定作人负责。在一般情况下,承揽人与接受辅助工作的第三人之间成立一个新的承揽关系,即"次承揽",也有的称为"转包"。但承揽人与第三人之间的关系是否为承揽,是否有效,均不影响承揽人对定作人所负担的义务。

2. 按合同约定提供原材料或者接受并妥善保管定作人提供的材料

(1) 由承揽人提供材料时承揽人的义务。依《合同法》第255条规定,合同约定由承揽人提供材料的,承揽人应当按照合同约定的时间、地点、数量和质量提供材料。合同中没有约定材料的质量标准的,承揽人应当选用符合定作物使用目的的材料,而不能以次充好。承揽人选用材料,应当接受定作人检验。定作人对承揽人选用的材料质量提出异议的,承揽人应当调换。

(2) 由定作人提供原材料时承揽人的义务。依《合同法》第256条的规定,合同约定由定作人提供原材料的,承揽人应当及时接受并检验定作人交付的材料。承揽人经验收发现定作人提供的材料不符合合同约定的,应及时通知定作人更换、补齐或者采取其他补救措施。承揽人对定作人提供的材料不得擅自更换,对定作人提供的承揽工作物的基础(称为工作基底)不得更换不需要修理的零部件。

承揽人对于定作人提供的材料负有保管的义务,因其保管不善造成定作人交来的材料毁损、灭失的,承揽人应承担损害赔偿责任(《合同法》第265条)。承揽人使用定作人的材料应符合合同中约定的损耗量,因承揽人的原因造成浪费的,承揽人应当予以赔偿。

3. 对承揽的工作保密

《合同法》第266条规定:"承揽人应当按照定作人的要求保守秘密,未经定作人许可,不得留存复制品或者技术资料。"

4. 接受定作人必要的监督、检验

承揽人在工作期间,应当接受定作人必要的监督检验(《合同法》第260条)。承揽人应当如实地向定作人反映工作情况,不得故意隐瞒工作中存在的问题。对于定作人对工作所作的指示,提出的技术要求的变更,承揽人应当接受并按定作人的指示,改进自己的工作。

5. 交付所完成的工作成果

《合同法》第261条规定:"承揽人完成工作的,应当向定作人交付工作成果,并提交必要的技术资料和有关质量证明。"

承揽人按期将所完成的工作成果交付给定作人,并转移定作物的权利,是其基本义务。承揽人交付完成的工作成果应当按照合同中约定的方式和地点将工作成果移交定作人占有。交付可以是由承揽人送交,也可以是由定作人自提,还可以是通过运输部门或者邮政部门代运送。按照合同约定的承揽工作的性质无须为特别交付的,例如,房屋的维修、墙壁的粉刷等,则承揽人完成工作之日即为交付。

承揽定作合同的定作人定作的目的是要取得工作成果的所有权,因此承揽人在完成工作后应将工作成果的所有权转移给定作人。工作成果附有所有权凭证的,承揽人在交付工作成果的同时应一并交付所有权凭证。

为便于定作人的验收和检验,承揽人交付工作成果的同时,应提交必要的技术资料和有关质量证明。

6. 工作成果的瑕疵担保义务

承揽人应当保证其所完成的工作成果符合合同约定的质量要求。承揽人所完成的工作成果不符合合同中约定的质量标准和要求的,定作人有权要求承揽人承担违约责任。《合同法》第262条规定:"承揽人交付的工作成果不符合质量要求的,定作人可以要求承揽人承担修理、重作、减少报酬、赔偿损失等违约责任。"

(二) 定作人的主要义务

1. 协助承揽人完成工作

《合同法》第259条规定:"承揽工作需要定作人协助的,定作人有协助的义务。"定作人是否有协助的义务,依合同的约定和承揽工作的性质决定。协助的内容既包括完成工作所需要的材料、技术方面的,也包括完成工作所需要的生活条件和生产环境方面的。

依《合同法》第256条的规定,定作人提供的材料不合合同的约定的,在收到承揽人关于材料不合约定的通知时,应及时予以更换、补齐或者采取其他补救措施。依《合同法》第257条的规定,定作人提供的图纸或者技术要求不合理的,在接到承揽人的通知后应当及时答复并采取相应的措施;定作人怠于答复或者不采取相应的措施予以修正的,应当赔偿因此而给承揽人造成的损失。

定作人未按照合同的约定按时完成必要的协助工作的,承揽人得催告定作人于相当的期限内完成。若定作人不履行协助义务,致使承揽工作不能完成的,承揽人有权解除合同。但是,若定作人不履行协助义务并不导致承揽工作不能完成的,则承揽人不能解除合同,而只得请求赔偿损失;若因此而使工作完成的期限拖延的,则定作人应负迟延履行责任,承揽人不承担因此而造成的工期迟延的责任。

2. 受领并验收承揽人完成的工作成果

通说认为,定作人有受领承揽人所完成的工作成果的义务。承揽工作的完成,如以承揽人的个人技能为要素,因承揽人不能完成而终止时,若已完成的工作部分对于定作人是有用的,依诚实信用原则,定作人亦应受领承揽人已完成的工作部分。定作人的受领,既包括定作人接受承揽人交付的工作成果,也包括在承揽人无须实际交付时定作人对承揽人所完成的工作成果的承认。但定作人受领义务的履行是以承揽人完成的工作成果符合合同约定的标准或者条件为前提的,若因承揽人完成的工作成果不符合合同的约定而定作人拒收的,则不为定作人受领义务的不履行。

依《合同法》第261条的规定,定作人在受领工作成果时应当验收该工作成果。验收时,定作人发现工作成果的质量不符合要求的,应当及时通知承揽人。只要定作人已为工作成果瑕疵的通知,定作人虽受领该成果,也不影响其对工作成果的瑕疵担保责任的请求权。

定作人无正当理由拒绝受领工作成果的,承揽人得请求定作人受领并支付报酬。定作人超过约定的期限受领工作成果的,不仅应负违约责任并应承担承揽人所支付的保管、保养费用,而且应当承担应受领的工作成果的风险。

3. 支付报酬等费用

定作人需支付的报酬和材料费等费用的标准,合同中有约定的,按照约定的数额支付;如合同中没有约定或者约定不明确,则依通常标准支付。所谓通常标准,应为工作成果交付的当地当时的同种类工作成果的一般报酬标准。

定作人应当按照合同约定的期限支付报酬。对支付报酬期限没有约定或者约定不明确的,依照合同的其他条款、补充协议或者交易习惯;仍不能确定的,定作人应当在承揽人交付工作成果的同时支付。完成的工作成果可以部分交付的,承揽人部分交付工作成果时,定作人应当相应地支付部分报酬(《合同法》第263条)。如果承揽人完成的工作成果无须交付,例如,为定作人粉刷墙壁的,则定作人应于工作完成之时支付报酬。定作人延期支付报酬的,应当承担逾期支付的利息。

按照《合同法》第264条的规定,定作人未向承揽人支付报酬或者材料费等价款的,承揽人对完成的工作成果享有留置权。

定作人应向承揽人支付报酬及材料费等费用,而因承揽人一方的原因无法支付时,定作人可以将报酬或者材料费等价款提存。

三、承揽中的风险负担

承揽中的风险负担,是指在承揽工作完成中,工作成果因不可归责于当事人任何一方的原因而毁损、灭失时,应由何方负担损失。承揽中的风险负担应分以下几种情况:

其一,工作成果须实际交付的,在工作成果交付前发生风险的,由承揽人负担;交付后发生风险的,由定作人负担。但工作成果的毁损、灭失于定作人受领迟延时发生的,则应由定作人承担该风险。

其二,工作成果无须实际交付的,在工作成果完成前发生的风险由承揽人负担;在工作成果完成后发生的风险,则由定作人负担。例如,维修房屋,在完成维修工作前房屋因意外风险毁损、灭失的,不论承揽人已完成多少工作,均不能请求定作人支付报酬;若于完成维修任务后房屋发生意外毁损、灭失,则定作人仍应向承揽人支付报酬。

其三,定作人提供的材料意外毁损、灭失的风险。定作人提供的材料在承揽人占有下意外毁损、灭失的,应由何方承担责任?对此有不同的观点。本书作者认为,定作人提供的原材料意外毁损灭失的,若当事人约定由定作人提供材料而承揽人付给费用或者价款时,则材料的所有权自交付给承揽人时起转移归承揽人,承揽人应当负担风险,仍应向定作人支付约定的材料费用或者价款;若当事人未约定承揽人就定作人提供的材料支付费用或者价款时,则承揽人不承担责任,该材料意外毁损灭失的风险应由定作人自己承担。[1]

四、承揽合同的终止

(一)承揽合同因一方行使解除权而终止

承揽合同在一方当事人严重违约致使合同不能继续履行时,另一方有权解除合同。例如,如前所述,在定作人不履行协助义务致使承揽工作不能完成时,承揽人有权解除合同;在承揽人违反义务显然不能按期完成工作时,定作人有权解除合同。在有解除权的当事人一方行使解除权时,则承揽合同因解除而终止。

---

[1] 郭明瑞、王轶:《合同法新论·分则》,中国政法大学出版社1996年版,第234页。

承揽合同可否因当事人一方的意愿而任意解除呢？对此有不同的看法，各国法上规定也不一致。《合同法》原则上承认定作人可以变更承揽工作的要求，并规定定作人可以解除合同。该法第258条规定："定作人中途变更承揽工作的要求，造成承揽人损失的，应当赔偿损失。"第268条规定："定作人可以随时解除承揽合同，造成承揽人损失的，应当赔偿损失。"定作人变更、解除合同的，应符合以下要求：(1)应在合同成立生效后承揽工作完成前提出变更或者解除的请求。(2)应及时通知承揽人。定作人不对承揽人为变更、解除通知的，不能发生变更、解除的效力。(3)对承揽人造成损失的，应负赔偿责任。

(二) 承揽合同因当事人协议而终止

承揽合同因当事人双方的合意而成立，也可以因双方的合意而解除。在当事人双方协议解除合同时，承揽合同也即因解除而终止。

(三) 承揽合同的法定终止

根据承揽合同的性质，承揽合同可因下列事由而终止：

1. 承揽人死亡或者失去工作能力。
2. 定作人死亡，并且其继承人不需要该项工作。

因前述事由而终止合同时，如果承揽人已经完成了部分工作，并且该部分工作对定作人或者定作人的继承人有用，则定作人或者其继承人应当验收承揽人已完成的工作部分并支付相应的报酬。

3. 承揽人或者定作人被宣告破产。

第八节　建设工程合同

一、建设工程合同的概念与特征

依《合同法》第269条第1款规定，建设工程合同是承包人进行工程建设，发包人支付价款的合同。

这里的工程是指土木建筑工程和建筑业范围内的线路、管道、设备安装工程的新建、扩建、改建及大型的建筑装饰活动。因为一项工程的建设需要经过勘察、设计、建筑、安装等若干过程才能最终完成，所以，《合同法》第269条第2款规定，建设工程合同包括工程勘察、设计、施工合同。

建设工程合同除具有与一般承揽合同相同的特征外，例如也为诺成性合同、双务合同、有偿合同，更具有与一般承揽合同不同的一些特点，因此合同法上将建设工程合同规定为不同于承揽合同的一类新的独立的有名合同。法律没有规定的，建设工程合同适用承揽合同的有关规定（《合同法》第287条）。

建设工程合同主要具有以下特别的法律特征：

（一）合同主体的限定性

建设工程合同的主体即发包人和承包人是有限制的。建设工程合同的发包人一般为建设工程的建设单位，即投资建设该项工程的单位。建设工程合同的承包人只能是具有从事勘察、设计、建筑、安装任务资格的法人，并且承包人是按照其拥有的注册资本、专业技术人员、技术装备和完成的建筑工程业绩等资质条件，分为不同的资质等级，只有取得相应的资质等级，才能在其资质等级许可的范围内承包相应的工程。自然人个人既不能为发包人，也不能为承包人。依《施工合同的解释》第1条规定，建设工程施工合同具有下列情形之一的，应当根据《合同法》第52条第5项的规定，认定无效：(1) 承包人未取得建筑施工企业资质或者超越资质等级的；(2) 没有资质的实际施工人借用有资质的建筑企业名义的；(3) 建筑工程必须进行招标而未招标或者中标无效的。

（二）合同标的的限定性

建设工程合同承包人承包建设的标的只能是属于基本建设的工程而不能是其他的工作。

（三）合同管理的特殊性

建设工程合同，从合同的签订到合同的履行，从资金的投放到最终的成果验收，都受到国家的严格管理和监督，法律都有特别的要求。如建设工程合同的签订一般应通过招标投标程序；合同的履行中一般要由监理人监理，《合同法》第276条中特别规定："建设工程实行监理的，发包人应当与监理人采用书面形式订立委托监理合同。"

（四）合同订立的计划性和程序性

对基建项目实行计划控制，是实现国民经济高速有效、稳定发展的重要措施。所以，建设工程合同应受国家计划的约束。《合同法》第273条特别强调："国家重大建设工程合同，应当按照国家规定的程序和国家批准的投资计划、可行性研究报告等文件订立。"

由于基本建设工程建设周期长、质量要求高、涉及的方面广，各阶段的工作之间有一定的严密程序，因此，建设工程合同也就具有程序性的特点。

（五）合同形式的要式性

《合同法》第270条规定："建设工程合同应当采用书面形式。"法律对建设工程合同的形式作如此的规定，既是国家对基本建设进行监督管理的需要，也是由建设工程合同履行的特点所决定的。

二、建设工程合同的订立

建设工程合同的订立首先须遵守国家规定的程序。各种建设工程合同的订立都要有一定的依据。例如,一个工程项目的确定,首先要立项,即由有关业务主管部门和建设单位提出项目建议书,报经有关的计划机关批准。立项后进行可行性研究,编制计划任务书,选定工程地址。只有在计划任务书批准后,才能根据计划任务书签订勘察、设计合同。只有在勘察、设计合同履行后,才能根据批准的初步设计、技术设计、施工图和总概算等签订施工合同。其次,建设合同的订立一般应采取招标投标的方式。《合同法》第 271 条规定:"建设工程的招标投标活动,应当依照有关法律的规定公开、公平、公正进行。"

根据《合同法》第 272 条规定,建设工程合同可采用以下两种承包方式:

其一,总承包合同与分承包合同。

这种承包方式适用于发包人将建设工程任务总体承包给一个总承包人的场合。总承包,又称为"交钥匙承包",亦即发包人将建设工程的勘察、设计、施工等工程建设的全部任务一并发包给一个具备相应的总承包资质条件的承包人。总承包合同是发包人与总承包人签订的由承包人负责工程的全部建设工作的合同。分承包合同是指总承包人就工程的勘察、设计、建筑安装任务分别与勘察人、设计人、施工人订立的勘察、设计、施工承包合同。

在这种承包方式中,发包人仅直接与总承包人订立建设工程合同,发生债权债务关系。发包人应当依合同的约定向总承包人提供必要的技术文件、资料和其他工作条件,总承包人应当按照合同的约定按期保质保量地完成工程建设工作。总承包人分别与勘察人、设计人、施工人订立分包合同,相互间发生直接的关系,总承包人就工程建设全过程向发包人负责,须对勘察人、设计人、施工人完成的工作成果向发包人承担责任。总承包人与勘察人、设计人、施工人签订合同时应征得发包人的同意。分承包合同的勘察人、设计人、施工人就其完成的工作成果向总承包人负责,并与总承包人一同向发包人负连带责任。

其二,承包合同与分包合同。

承包合同,又称单任务承包合同,是指发包人将建设工程中的勘察、设计、施工等不同的工作任务分别发包给某一勘察人、设计人、施工人,并与其签订相应的承包合同。承包人就其承包的工程建设中的勘察、设计、建筑、安装工作的完成向发包人负责。发包人与承包人订立单项任务承包合同时,不得将应由一个承包人完成的建设工程肢解成若干部分发包给几个承包人。分包合同则是由勘察、设计、施工承包人就其承包的工程建设任务部分的完成与第三人签订的合同,这里的第三人亦即分承包人。

在这种承包方式中,各个承包勘察、设计、施工工作任务的承包合同完全是独立的,各个承包人之间不发生联系。而承包合同与分包合同虽是两个合同,合同的当事人不一致,但两个合同的承包标的有联系,即分包合同的承包标的是承包合同承包标的的一部分,所以承包人订立分包合同时,也应经发包人同意。

发包人与承包人、分包人之间形成一个复杂的联系体系。第三人就其完成的工作不仅应向勘察、设计、施工承包人负责,而且与承包人一同向发包人负连带责任。

按照法律规定,无论是总承包人还是单项任务的承包人,在与第三人订立分包合同,将其承包的工程建设任务的部分交由第三人完成时,应符合以下三个条件:第一,只能将部分工程分包给具有相应资质条件的分包人,不具有相应资质条件的,不能成为分包人;第二,须经发包人同意,未经发包人同意,分承包合同应无效;第三,分包的标的不是建设工程主体结构的施工,对于建设工程主体结构的施工,不得由分承包人完成。

《合同法》第272条明确规定,承包人不得将其承包的全部建设工程转包给第三人或者将其承包的全部建设工程肢解后以分包的名义分别转包给第三人;禁止分包单位将其承包的工程再分包。

三、建设工程合同当事人的权利义务

(一) 勘察、设计合同当事人的权利义务

1. 发包人的主要义务

(1) 按照合同约定提供开展勘察设计工作所需要的基础资料、技术要求,并对提供的时间、进度和资料的可靠性负责;按照合同的约定提供必要的协作条件。

依《合同法》第285条的规定,因发包人变更计划,提供的资料不准确,或者未按照期限提供必需的勘察、设计工作条件而造成勘察、设计的返工、停工或者修改设计,发包人应当按照勘察人、设计人实际消耗的工作量增付费用。

(2) 按合同约定向勘察、设计人支付勘察、设计费。发包人未按合同约定的方式、标准和期限支付勘察、设计费的,应负延期付款的违约责任。

(3) 维护勘察成果、设计成果。发包人对于勘察人、设计人交付的勘察成果、设计成果,不得擅自修改,也不得擅自转让给第三人重复使用。发包人擅自修改勘察、设计成果的,对由此引起的工程质量责任,应由发包人自己承担;擅自转让成果给第三人使用的,应向勘察人、设计人负赔偿责任。

2. 承包人的主要义务

(1) 按照合同约定按期完成勘察、设计工作,并向发包人提交勘察成果、设计成果;对勘察、设计成果负瑕疵担保责任。

勘察人、设计人应按照合同规定的进度完成勘察、设计任务,并在约定的期限内将勘察成果、设计图纸及说明和材料设备清单、概预算等设计成果按约定的方式交付给发包人。勘察人、设计人未按期完成工作并交付成果的,应承担违约责任。

勘察人、设计人完成和交付的工作成果应符合法律、行政法规的规定,符合建设工程质量、安全标准,符合建设工程勘察、设计的技术规范,符合合同的约定,否则勘察人、设计人应负瑕疵担保责任。即使在勘察合同、设计合同履行后,于工程建设中发现勘察质量问题、设计问题的,勘察人、设计人亦应负责。

《合同法》第280条规定:"勘察、设计的质量不符合要求或者未按照期限提交勘察、设计文件拖延工期,造成发包人损失的,勘察人、设计人应当继续完善勘察、设计,减收或者免收勘察、设计费并赔偿损失。"继续完善勘察、设计,可由原承包人完成,也可以由发包人另行承包给第三人完成,而由原承包人负担有关的费用。

(2) 按合同约定完成协作的事项。

(二) 施工合同当事人的权利义务

1. 发包人的主要义务

(1) 做好施工前的准备工作,按照合同约定提供材料、设备、技术资料等。

合同中约定由发包人提供材料和设备的,发包人应按照约定的范围和时间向承包人提供材料和设备。

依《合同法》第283条的规定,发包人未按照约定的时间和要求提供原材料、设备、场地、资金、技术资料的,承包人可以顺延工程日期,并有权要求赔偿停工、窝工等损失。

(2) 为承包人提供必要的条件,保证工程建设顺利进行。

依《合同法》第284条的规定,"因发包人的原因致使工程中途停建、缓建的,发包人应当采取措施弥补或者减少损失,赔偿承包人因此造成的停工、窝工、倒运、机械设备调迁、材料和构件积压等损失和实际费用"。

(3) 组织工程验收,包括隐蔽工程的验收和工程竣工的验收。《合同法》第278条规定:"隐蔽工程在隐蔽以前,承包人应当通知发包人检查。发包人没有及时检查的,承包人可以顺延工程日期,并有权要求赔偿停工、窝工等损失。"

《合同法》第279条规定:"建设工程竣工后,发包人应当根据施工图纸及说明书、国家颁发的施工验收规范和质量检验标准及时进行验收。"因此,在工程完成时组织竣工验收,也是发包人的主要义务之一。发包人对未经验收的工程,提前使用或者擅自动用的,对发现的质量问题由发包人自行承担责任。

(4) 接受建设工程并按约定支付工程价款。发包人未按合同约定的期限支付价款的,应当负逾期付款的违约责任。依《施工合同的解释》第17、18条的规定,当事人对欠付工程价款利息计付标准有约定的,按照约定处理;没有约定的,按照中国人民银行发布的同期同类贷款利率计息。利息从应付工程价款之日计付。当事人对付款时间没有约定或者约定不明,下列时间为应付款时间：建设工程已实际交付的，为交付之日；建设工程没有交付的，为提交竣工结算文件之日；建设工程未交付，工程价款也未结算的，为当事人起诉之日。

《合同法》第286条规定："发包人未按照约定支付价款的，承包人可以催告发包人在合理期限内支付价款。发包人逾期不支付的，除按照建设工程的性质不宜折价、拍卖的以外，承包人可以与发包人协议将该工程折价，也可以申请人民法院将该工程依法拍卖。建设工程的价款就该工程折价或者拍卖的价款优先受偿。"依此规定，在发包人不按约定支付价款时，承包人可催告发包人在合理期限内支付，发包人经催告在合理期限内仍不支付的，承包人有权从该建设工程的价款中优先受偿。

依《施工合同的解释》第9条的规定，发包人具有下列情形之一，致使承包人无法施工，且在催告的合理期限内仍未履行相应的义务，承包人可以请求解除建设工程施工合同：(1) 未按约定支付工程价款的；(2) 提供的主要建筑材料、建筑构配件和设备不符合强制性标准的；(3) 不履行合同约定的协助义务的。

2. 承包人的主要义务

(1) 按时开工和按要求施工。承包人应按照合同约定的开工日期按时开工。在施工中，承包人须严格按照施工图及说明书进行施工。承包人对于发包人提供的施工图和其他技术资料，不得擅自修改。承包人不按照施工图和说明书施工而造成工程质量不合合同约定条件的，应当负责无偿修理或者返工。

(2) 接受发包人的必要监督。

《合同法》第277条规定："发包人在不妨碍承包人正常作业的情况下，可以随时对作业进度、质量进行检查。"因此，承包人有义务接受发包人(包括发包人委托的监理人)对工程进度和工程质量的必要监督，对于发包人或者工程监理人不影响其工作的必要监督、检查应予以支持和协助，而不得拒绝。

(3) 按期按质完工并交付工程。承包人应当按照合同约定的期限完成工程建设，因可归责于承包人的原因显然不能按期完工会严重影响发包人使用，致使合同目的不能实现的，发包人应有权解除合同。但发包人解除合同时应当接受承包人已经完成的部分建设工程并支付相应部分的价款或者报酬。

承包人于工程竣工后、交工前应负责保管完成的工程并清理施工现场；按照合同的约定和有关规定提出竣工验收技术资料，通知发包人验收工程并办理工程竣工结算和参加竣工验收。对未经验收或者验收不合格的工程，承包人不得交付发包人使用。

承包人完成的工程质量应当符合合同的约定，《合同法》第281条规定："因施工人的原因致使建设工程质量不符合约定的，发包人有权要求施工人在合理期限内无偿修理或者返工、改建。经过修理或者返工、改建后，造成逾期交付的，施工人应当承担违约责任。"

（4）对建设的工程负瑕疵担保责任。承包人对其施工建设的工程质量负有瑕疵担保责任。在工程质量保证期内，工程所有人或者使用人发现工程瑕疵的，有权直接请求承包人修理或者返工、改建。

关于质量保证期限，当事人可以在承包合同中约定，也可以在单独的保修合同中约定。保证期限应当自发包人在最终验收记录上签字之日起算，分单项验收的工程应分别计算质量保证期限。

（5）对建设工程合理使用期限内的质量安全负担保责任。承包人不仅对建设工程保证期内的工程质量瑕疵负担保责任，而且应担保建设工程在合理的使用期限内不会因其质量造成人身和财产损失事故。依《合同法》第282条的规定，"因承包人的原因致使建设工程在合理使用期限内造成人身和财产损害的，承包人应当承担损害赔偿责任"。

依《施工合同的解释》第8条的规定，承包人具有下列情形之一的，发包人可以请求解除建设工程施工合同：(1)明确表示或者以行为表明不履行合同主要义务的；(2)合同约定的期限内没有完工，且在发包人催告的合理期限内仍未完工的；(3)已经完成的建设工程质量不合格，并拒绝修复的；(4)将承包的建设工程非法转包、违法分包的。

第九节 运 输 合 同

一、运输合同的概念与特征

运输合同是承运人将旅客或者货物从起运地点运输到约定地点，旅客、托运人或者收货人支付票款或者运输费用的合同(《合同法》第288条)。

运输合同具有以下特征：

（一）运输合同以运送旅客或者货物为直接目的，以运输行为为标的

运输合同的主体是承运人和旅客、托运人，当事人订立合同的目的是直接将旅客或者货物运送到约定的地点，因而运输合同不同于承揽合同。运输合同的旅客、托运人所需要的并非承运人的物化的工作成果，而是其运输行为。

（二）运输合同为双务合同、有偿合同

运输合同的双方当事人互负对待给付义务，承运人应将旅客或者货物以约定的或者通常的运输路线在约定期间或者合理期间内安全运送到约定的地点(《合同法》第290、291条)，旅客、托运人或者收货人应支付票款或者运输费用(《合同法》第292条)。任何一方当事人取得利益均须支付相应的财产代价。

(三) 运输合同具有社会性、公益性

运输合同不仅适用范围广,并且为人们的生活、生产所必需。特别是公共运输,是面向社会公众的运输,承运人的运输行为不仅有商业性,而且具有公益性,并且还具有一定的垄断性,为满足人们生活、生产的需要,法律不能不予以特别规制,以保护广大旅客和托运人的利益。《合同法》第289条规定:"从事公共运输的承运人不得拒绝旅客、托运人通常、合理的运输要求。"依此规定,在正常情况下,从事公共运输的承运人不享有是否订约和选择订约当事人的自由。

(四) 运输合同一般为诺成性合同、格式合同

运输合同原则上应为诺成性合同。除当事人另有约定或者另有交易习惯外,旅客运输合同自承运人向旅客交付客票时成立,货物运输合同自托运人与承运人达成运输协议时成立。运输合同一般为格式合同,合同条款一般是由承运人一方事先拟订好的格式条款。

(五) 运输工具的多样性

运输合同依据运输手段的不同,可分为铁路运输合同、公路运输合同、水路运输合同、海上运输合同以及航空运输合同、管道运输合同等。各种运输合同除受合同法的规制外,还受相应的单行法的调整。

二、客运合同

(一) 客运合同的概念与特征

客运合同即旅客运输合同,是指当事人双方约定承运人将旅客及其行李安全运送到目的地,旅客为此支付运费的合同。

客运合同除具有运输合同的一般特征外,还具有以下特征:

1. 客运合同以将旅客安全运送到约定的地点为目的

客运合同的标的是承运人运送旅客的行为,旅客既是承运人运输的对象,同时又是合同的当事人。客运合同的这一特征决定了客运合同的主体只能是承运人与旅客。

2. 客运合同采用票证形式

客运合同采票证形式。客票既是旅客运输合同的书面形式,又是有价证券。《合同法》第293条规定:"客运合同自承运人向旅客交付客票时成立,但当事人另有约定或者另有交易习惯的除外。"因此,在一般情况下,客运合同自承运人交付客票时成立;在有特别约定时,合同自约定的成立时间成立;在另有交易习惯时,依交易习惯确定合同成立的时间,如在先乘车后买票的情形下,合同自旅客乘车时起成立(如乘坐出租车)。一般情况下,客运合同一经成立,旅客也就履行了支付票款的主要义务。因客票为有价证券,旅客行使权利须提示客票。在承运人开始履行义务前,客票得依法转让。

3. 客运合同包括运送旅客行李的内容

承运人在运输旅客的同时，必须按照公告的规定，随同运输旅客的一定数量的行李；对于超过规定数量的旅客的行李，旅客得凭客票办理托运。

(二) 客运合同当事人的权利义务

1. 承运人的义务

承运人的主要义务是按照约定的或者通常的运输路线在约定期间或者合理期间内将旅客及其行李安全运送到目的地。

(1) 重要事项的告知义务。对于运输中出现的不能正常进行运输的异常情况，以及有关运输安全应当注意的事项，承运人应当向旅客及时告知(《合同法》第298条)。因承运人未及时告知而造成旅客人身或者财产损害的，承运人应当负赔偿责任。

(2) 按照客票运输的义务。承运人应当按照客票载明的时间以及班次运输旅客。承运人迟延运输的，应当根据旅客的要求安排改乘其他班次或者退票(《合同法》第299条)。

(3) 按照约定的运输工具运输的义务。承运人应当按照运输合同中约定的运输工具向旅客提供运输服务，不得擅自变更运输工具。按照《合同法》第300条的规定，承运人擅自变更运输工具而降低服务标准的，应当根据旅客的要求退票或者减收票款；提高服务标准的，不应当加收票款。

(4) 尽力救助旅客的义务。依《合同法》第301条的规定，承运人在运输过程中，应当尽力救助患有急病、分娩、遇险的旅客。

(5) 保证旅客人身安全的义务。依《合同法》第302条的规定，在运输过程中旅客伤亡的，不论其是持正常票的旅客还是按规定免票、持优待票或者经承运人许可搭乘的无票旅客，除承运人能够证明伤亡是旅客故意、重大过失造成的或者是旅客自身健康原因造成的以外，承运人均应当承担损害赔偿责任。

(6) 保证旅客行李安全的义务。依《合同法》第303条的规定，在运输过程中旅客自带物品毁损、灭失，承运人有过错的，应当承担损害赔偿责任。可见，承运人对于旅客自带行李的毁损、灭失的责任为过错责任，如果承运人对此没有过错则不承担责任。

2. 旅客的义务

旅客的主要义务是支付运费和按约定乘坐运输工具。

(1) 支付票款和持有效客票乘运的义务。票款是承运人承运的代价，支付票款是旅客的基本义务。但由于旅客是于购买客票时就支付票款的，因此在一般情况下，于合同成立时旅客就已经履行完支付票款的义务。旅客应当持有效客票乘运。旅客无票乘运、超程乘运、越级乘运或者持失效客票乘运的，应当补交票款，承运人有权按照规定加收票款；旅客不交付票款的，承运人可以拒绝运输(《合同法》第 294 条)。

(2) 按客票记载的时间乘运的义务。依《合同法》第 295 条的规定,旅客因自己的原因不能按照客票记载的时间乘坐的,应当在约定的时间内办理退票或者变更手续;逾期办理的,承运人可以不退票款,并不再承担运输义务。

(3) 遵守承运人告知的安全事项,按限量携带行李的义务。旅客在运输过程中应当遵守承运人告知的安全事项,维护承运人的运输工具和有关设施,旅客过错损坏运输工具和设施的,应负赔偿责任。旅客在运输中,超过限量携带行李的,应当办理托运手续(《合同法》第 296 条)。旅客超过约定的限量随身携带行李,经承运人要求托运而拒不办理托运手续的,承运人可以拒绝运输。

(4) 不得携带危险或者违禁物品的义务。依《合同法》第 297 条的规定,旅客不得随身携带或者在行李中夹带易燃、易爆、有毒、有腐蚀性、有放射性以及有可能危及运输工具上人身和财产安全的危险物品或者其他违禁物品。旅客违反规定携带或者夹带违禁物品的,承运人有权将违禁物品卸下、销毁或者送交有关部门;旅客坚持携带或者夹带违禁物品的,承运人有权也应当拒绝运输。

三、货运合同

(一) 货运合同的概念与特征

货运合同即货物运输合同,是承运人按照约定的方式、时间将托运人托运的货物安全送达约定的地点,托运人或者收货人为此支付运费的合同。货运合同除具有运输合同的一般特征外,具有以下不同于客运合同的显著特征:

1. 货运合同往往涉及第三人

货运合同的订约当事人为承运人与托运人。但托运人是为收货人订立运输合同的,托运人既可以自己为收货人,也可以以第三人为收货人。若托运人与收货人不为同一人,则该运输合同就属于为第三人利益订立的合同,合同就涉及第三人。

2. 货运合同以承运人将承运的货物交付给收货人为履行终点

货运合同的标的虽是承运人的运输行为,但货运合同的承运人若仅将货物送达目的地,其履行义务并不能完结。只有在将承运的货物送交收货人后,承运人的运送义务才为履行完毕。

(二) 货运合同当事人的权利义务

1. 托运人的主要义务

托运人的主要义务是按照合同的约定托运货物。

(1) 如实申报托运的货物。依《合同法》第 304 条第 1 款的规定,托运人办理货物运输,应当向承运人准确表明收货人的名称或者姓名或者凭指示的收货人,货物的名称、性质、重量、数量,收货地点以及其他有关货物运输的必要情况。

承运人要求填写托运单的,托运人应当按照要求填写托运单。依《合同法》第304条第2款的规定,因托运人申报不实或者遗漏重要情况,造成承运人损失的,托运人应当承担损害赔偿责任。因托运人申报不实或者遗漏重要情况,承运人按照申报的情况进行运输而使托运人受到损失的,托运人应自己承担损失,承运人可不承担责任。

(2) 按照约定交付托运的货物。托运人应当按照合同约定的时间将货物交付承运人托运。货物运输需要办理审批、检验等手续的,托运人应将办理完有关手续的文件提交承运人(《合同法》第305条)。因托运人办理各种有关手续和向承运人提交有关文件不及时、不完备、不正确而造成承运人损失的,托运人应当负赔偿责任。

托运人对托运的货物应当按照约定的方式包装;对包装方式没有约定或者约定不明确的,应当按照通用的方式或者足以保护标的物的方式包装;托运人不按照要求包装货物的,承运人可以拒绝运输(《合同法》第306条),因此而给承运人造成损失的,托运人还应负责赔偿损失。

托运人托运易燃、易爆、有毒、有腐蚀性、有放射性等危险物品的,应当按照国家有关危险物品运输的规定妥善包装,作出危险物标志和标签,并将有关危险物品的名称、性质和防范措施的书面材料提交承运人,否则承运人有权拒绝运输,也可以采取相应的措施以避免损害的发生,因此产生的费用由托运人承担(《合同法》第307条)。因托运人未对危险物品妥善包装或者没有对危险物品作出标志和标签或者没有将有关材料及时提交承运人,给承运人造成损失的,托运人应负赔偿责任;即使承运人知道该危险物品的性质而同意运输的,在运输过程中该危险物品对于运输工具、其他货物及人员的人身安全造成危险时,承运人也仍可采取各种措施以避免损失的发生,并且可对因此而给托运人造成的损失不负赔偿责任。

(3) 按照规定支付运费等费用。按照《合同法》第315条的规定,托运人或者收货人不支付运费、保管费以及其他运输费用的,除当事人另有约定外,承运人对相应的运输货物享有留置权。当然,依《合同法》第314条的规定,货物在运输过程中因不可抗力灭失的,托运人不负支付运费的义务,未收取运费的,承运人不得要求支付运费;已收取运费的,托运人可以要求返还。

2. 承运人的主要义务

承运人的主要义务,是将承运的货物按时安全地运送到目的地,并交付给收货人。

(1) 按照合同约定接受托运人托运的货物并交付运输单证。承运人按约定接受托运人交付的承运货物的,应按照规定向托运人填发提单或者其他运输单证。

(2) 遵从托运人要求中止运输等要求。《合同法》第308条规定:"在承运人将货物交付收货人之前,托运人可以要求承运人中止运输、返还货物、变更到达地或者将货物交给其他收货人,但应当赔偿承运人因此受到的损失。"

(3) 通知收货人或者托运人并交付货物。依《合同法》第309条的规定,货物运输到达后,承运人知道收货人的,应当及时通知收货人,以便于收货人及时提货。承运人不知道收货人的,在货物到达目的地后,承运人应当通知托运人在合理期限内就运输货物的处分作出指示,只有在托运人未在合理的期限内给予指示或者其指示事实上不能执行时,承运人才可按规定提存货物。在收货人提出提单或者其他提货凭证时,承运人应将货物交付给收货人。

(4) 安全运送货物。按照《合同法》第311条的规定,承运人对于运输过程中货物的毁损、灭失承担损害赔偿责任。承运人的这一责任属于无过错责任,承运人不能以证明自己无过错而免责,承运人只有能够证明货物的毁损、灭失是由于不可抗力、货物本身的自然属性或者合理损耗以及托运人、收货人的过错造成的,才可不承担赔偿责任。

依《合同法》第312条的规定,"货物的毁损、灭失的赔偿额,当事人有约定的,按照其约定;没有约定或者约定不明确,依照本法第61条的规定仍不能确定的,按照交付或者应当交付时货物到达地的市场价格计算。法律、行政法规对赔偿额的计算方法和赔偿限额另有规定的,依照其规定。"

依《合同法》第313条的规定,两个以上承运人以同一运输方式联运的,与托运人订立合同的承运人应当对全程运输承担责任。若货物的损失能够确定发生在某一运输区段,则由与托运人订立合同的承运人和该区段的承运人承担连带责任;不能确定发生在某一运输区段的,则应由与托运人订立合同的承运人和最后区段的承运人承担连带责任。

3. 收货人的权利的取得和行使

货物运送到目的地,经承运人通知后,收货人即取得货运合同所生的提取和受领货物的权利。同时,收货人在行使权利时也须履行与权利行使有关的相应义务。按照《合同法》第310条的规定,收货人提货时应当按照约定的期限检验货物。对验货的期限没有约定或者约定不明确,又不能协商或者根据习惯确定的,收货人应在合理期限内检验货物。收货人在约定的期限或者合理期限内对货物的数量、毁损等未提出异议的,视为承运人已经按照运输单证的记载交付的初步证据。

依《合同法》第316条的规定,收货人不明或者收货人无正当理由拒绝受领货物,承运人无法向收货人交付货物的,承运人可以依法提存货物。如果运输的货物不适于提存,承运人可以依法拍卖或者变卖货物,提存所得的价款。

四、多式联运合同

(一) 多式联运合同的概念与特征

多式联运合同,是指多式联运经营人负责以两种以上的不同运输方式,将托运人托运的货物运输到目的地交付收货人,并收取全程运输费用的合同。① 多式联运合同是随着集装箱运输而发展起来的运输合同,除具有运输合同的一般特征外,还具有以下重要特征:

1. 多式联运合同由两种以上的不同运输方式的承运人相继履行运输义务

运输方式包括航空运输、铁路运输、公路运输和海上运输等。多式联运合同是须用以上所说的运输方式中的两种以上不同方式承运的合同。由于不同的运输方式的承运人的责任有所不同,多式联运合同又是由不同的区段的承运人相继履行运送义务的,因此,在多式联运合同中不仅会发生联运经营人与托运人、收货人之间的权利义务关系,而且发生以不同运输方式承担运输任务的各区段的承运当事人与联运经营人之间的权利义务关系。

2. 托运人是一次交费并使用同一运输凭证

在多式联运中,虽然是由不同的承运人以不同的运输方式来承担运输任务的,但托运人仅与联运经营人订立合同,并向联运经营人交付全程运费,在运输中货物虽由一承运人转交另一承运人运送,但不需另行交费和办理托运手续。

3. 合同的当事人是托运人与联运经营人

联运合同是由联运经营人与托运人订立的,联运经营人为运输合同的一方当事人,不是各区段承运人的代理人或者代表人。多式联运尽管在不同的区段由不同的承运人履行运输货物的义务,但各区段的承运人并非合同的当事人。所以,《合同法》第 317 条规定:"多式联运经营人负责履行或者组织履行多式联运合同,对全程运输享有承运人的权利,承担承运人的义务。"

(二) 多式联运合同联运经营人的权利、义务与责任

1. 联运经营人负责履行或者组织履行多式联运合同

联运经营人对全程运输享有承运人的权利,承担承运人的义务。按照《合同法》第 318 条的规定,多式联运经营人可以与参加多式联运的各区段的承运人就多式联运合同的各区段的运输约定相互之间的责任,但该约定不具有对抗第三

---

① 关于联运合同的概念,有不同的观点。有的认为,联运合同既包括数个承运人以同一种运输方式运送旅客或货物的合同,也包括承运人以不同的运输方式运送旅客或货物的合同。但是数个承运人以同一种运输方式相继运输的,各个承运人的运输是不可分割的同一项运输,各承运人承担连带责任。如《航空法》第 108 条规定:"航空运输合同各方认为几个连续的航空运输承运人办理的运输是一项单一业务活动的,无论其形式是以一个合同订立或者数个合同订立,应当视为一项不可分割的运输。"我们这里所说的,仅是指以不同运输方式运送旅客或货物的联运即多式联运。

人的效力,不影响多式联运经营人对全程运输承担的义务。

2. 联运经营人收到托运人交付的货物时,应当签发多式联运单据

根据《合同法》第319条的规定,多式联运经营人收到托运人交付的货物时,应当按照托运人的要求,或签发可转让的多式联运单据,或签发不可转让的多式联运单据。所谓多式联运单据,是指证明多式联运合同存在及多式联运经营人接管货物并按合同条款提交货物的证据。可转让的多式联运单据可以转让,一经合法转让,受让人即取得托运人的权利义务。但依《合同法》第320条的规定,因托运人托运货物时的过错造成多式联运经营人损失的,即使托运人已经转让多式联运单据,托运人仍然应当向联运经营人承担损害赔偿责任。

3. 联运经营人对货物的毁损、灭失承担损害赔偿责任

依我国《合同法》的规定,多式联运经营人就运输过程中货物的毁损灭失统一承担损害赔偿责任。关于联运经营人的责任内容,按照《合同法》第321条的规定,若能够确定货物的毁损、灭失发生于多式联运的某一运输区段,则多式联运经营人的赔偿责任和责任限额,适用调整该区段运输方式的有关法律规定;若货物毁损、灭失发生的运输区段不能确定,则多式联运经营人依照单式运输的规定承担损害赔偿责任。当然,多式联运经营人在承担赔偿责任后,可以按照其与各区段的承运人约定的各区段运输相互间的责任,向应承担责任的承运人追偿。

第十节 保管合同

一、保管合同的概念与特征

《合同法》第365条规定:"保管合同是保管人保管寄存人交付的保管物,并返还该物的合同。"依此规定,保管合同的一方须将物品交付另一方保管。保管物品的一方为保管人,或者称受寄托人,其所保管的物品为保管物,交付物品保管的一方为寄存人或者寄托人。如不是一方将物品交付另一方保管,则不为保管合同。保管合同中保管人接受寄存人交付的物品的目的只能是为了保管该物,若当事人一方为其他的目的而接受一方交付的物品,则该合同也不为保管合同。保管合同的保管人于保管终止时应返还寄存人交付的物。若于合同终止时,保管人可不返还寄存人交付的物,则即使是以保管为目的的合同,也属于特殊的保管合同(消费保管合同)。

保管合同具有以下法律特征:

(一)保管合同原则上为实践性合同

保管合同原则上应为实践性合同,自寄存人将物品交付于保管人时成立。但是,若当事人约定保管自双方达成合意时成立,法律也应予以承认。所以,《合

同法》第 367 条规定："保管合同自保管物交付时成立,但当事人另有约定的除外。"

（二）保管合同可以为无偿合同,也可以为有偿合同

从实务上看,当事人可以约定为保管而给付保管费,但当事人没有约定保管费时,寄存人并不支付保管费。可见,在当事人约定保管费时,保管合同为有偿合同;但也只有在当事人有特别约定或者交易习惯有特别规定时,保管合同才为有偿合同,否则保管合同就为无偿合同。《合同法》第 366 条第 2 款规定："当事人对保管费没有约定或者约定不明确,依照本法第 61 条的规定仍不能确定的,保管是无偿的。"

（三）保管合同原则上为不要式合同、双务合同

除当事人另有约定外,保管合同仅以寄存人对保管物的实际交付为成立要件,并不要求当事人必须采取何种特定形式,因此,保管合同为不要式合同。

保管合同原则上为双务合同。因为即使在无偿的保管中,寄存人也负有偿还保管费用的义务（寄存人仅是不支付报酬）,而这一义务与保管人的保管义务是有对待给付性的。在有偿保管中,保管人的保管费有时包含报酬和保管费用,而在无偿保管中寄存人则仅负支付保管费用的义务。当然,若寄存人无须负担任何保管费用,则保管合同为单务合同。

（四）保管合同以物品的保管为目的,以保管行为为标的

保管合同订立的直接目的是由保管人保管物品,而非以保管人获得保管物品的所有权或者处分权为目的。因此,保管合同的标的是保管人的保管行为,保管人的主要义务是保管寄存人交付其保管的物品。保管合同的这一特征使其与借用、租赁、承揽、运输等合同区分开了。

（五）保管合同转移标的物的占有

保管合同不是以保管人获得物品的所有权或者使用权为目的,并不发生保管物的所有权或者使用权转移,所以,除当事人另有约定外,保管人不得使用或者许可第三人使用保管物。但因寄存人的物品为保管人保管,保管人得取得保管物的占有。不转移标的物的占有,保管人无法履行保管义务。

二、保管合同当事人的权利义务

（一）保管人的义务

保管合同一经成立,保管人即负有义务。保管人的义务主要有以下几项：

1. 保管凭证的给付义务

《合同法》第 368 条规定："寄存人向保管人交付保管物的,保管人应当给付保管凭证,但另有交易习惯的除外。"保管凭证既为保管合同存在的证据,也是寄存人领取保管物时的有效单据。所以,除当事人另有约定或者另有交易习惯外,

保管人于接受保管物后应向寄存人给付保管凭证。

2. 妥善保管保管物的义务

《合同法》第369条第1款明确规定:"保管人应当妥善保管保管物。"妥善保管寄存人交付的保管物是保管人依保管合同应负的主要义务。保管人对保管物的保管应遵循以下要求:

(1) 按照约定的保管方法和场所保管。《合同法》第369条第2款规定:"当事人可以约定保管场所或者方法。除紧急情况或者为了维护寄存人利益的以外,不得擅自改变保管场所或者方法。"这也就是说,在当事人约定了保管场所和保管方法时,只有在紧急情况或者为维护寄存人利益所必需的情况下,才可以改变保管场所或者保管方法。在当事人没有约定保管场所和保管方法时,保管场所和保管方法应依保管物的性质、种类、保管的目的等情事按照诚实信用原则确定。

(2) 保管人不得使用保管物。《合同法》第372条规定:"保管人不得使用或者许可第三人使用保管物,但当事人另有约定的除外。"因此,只有经寄存人同意,或者基于保管物的性质必须使用(亦即保管物的使用属于保管方法的一部分)的情形下,保管人才可使用保管物。如果保管人未经寄存人同意,其使用也不为保管物的性质所必需,而擅自使用保管物,或者许可第三人使用保管物,则保管人无论其主观上有无过错,均应向寄存人支付相当的报酬,以资补偿。报酬的数额可比照租金标准计算。

(3) 保管人应亲自为保管行为。《合同法》第371条第1款规定:"保管人不得将保管物转交第三人保管,但当事人另有约定的除外。"依此规定,保管人须亲自为保管行为。所谓亲自保管,包括保管人自己保管,也包括使用履行辅助人辅助保管。保管人擅自将保管物转交第三人让第三人代为保管的,为违法的转保管,因此对保管物造成损失的,保管人应当承担损害赔偿责任(《合同法》第371条第2款)。

保管人对保管物的保管应尽相当的注意。但在关于保管人应尽何种注意上,有不同的观点。《合同法》第374条规定:"保管期间,因保管人保管不善造成保管物毁损、灭失的,保管人应当承担损害赔偿责任,但保管是无偿的,保管人证明自己没有重大过失的,不承担损害赔偿责任。"依此规定,保管人对于保管物在保管期间的毁损、灭失的责任,依其保管是否有偿而有所不同:有偿保管的保管人只有在证明自己没有过错时才可不承担责任;无偿保管的保管人只要证明自己没有重大过失就可不承担责任。

依《合同法》第375条的规定,"寄存人寄存货币、有价证券或者其他贵重物品的,应当向保管人声明,由保管人验收或者封存。寄存人未声明的,该物品毁损、灭失后,保管人可以按照一般物品予以赔偿。"

3. 危险通知义务

这里的所谓危险通知义务，是指在第三人对保管物主张权利有使保管人不能返还保管物于寄存人的危险时，保管人应将有关情事及时通知寄存人，以使寄存人及时采取措施维护其利益。《合同法》第 373 条第 1 款规定："第三人对保管物主张权利的，除依法对保管物采取保全或者执行的以外，保管人应当履行向寄存人返还保管物的义务。"该条第 2 款规定："第三人对保管人提起诉讼或者对保管物申请扣押的，保管人应当及时通知寄存人。"该条虽未规定在保管物被依法采取保全或者执行时保管人的通知义务，但从解释上说，于此情形下保管人也应通知寄存人，以使寄存人及时行使其权利。

4. 返还保管物的义务

（1）返还保管物的时间。依《合同法》第 376 条的规定，在保管期间寄存人可以随时领取保管物。寄存人提出领取保管物时，保管人即应将保管物返还寄存人。保管合同没有约定保管期间或者约定不明确的，保管人也可以随时请求寄存人领取保管物，但保管人应给予寄存人领取保管物的一定准备时间；如果保管合同明确约定了保管期间，则保管人没有特别事由不得要求寄存人提前领取保管物。所谓特别事由，是指依诚实信用原则仍要求继续由保管人保管保管物不公平或者不妥当的事由。

（2）返还的物品和地点。保管人返还的物品应为原物，原物生有孳息的，保管人还应返还保管期间的原物孳息(《合同法》第 377 条)。若保管物为不动产，保管人应在不动产所在地返还；若保管物为动产，返还地点一般应为保管地，保管人并无送交的义务，但当事人另有约定的除外。

需要说明的是，依《合同法》第 378 条的规定，"保管人保管货币的，可以返还相同种类、数量的货币。保管其他可替代物的，可以按照约定返还相同种类、品质、数量的物品。"这是对消费保管合同保管人返还义务的特别规定。所谓消费保管合同，又称不规则保管合同，是指保管物为种类物，双方约定保管人得取得保管物的所有权（或者处分权），而仅负以种类、品质、数量相同的物返还寄存人的义务的合同。

（3）受返还的相对人。保管人返还保管物原则上应返还给寄存人。但在为第三人寄存时，保管人也可直接将保管物返还给第三人。寄存人为共有人之一的，返还义务的相对人为寄存人，保管人向其他无合同关系的共有人返还的，也无不可。

(二) 寄存人的义务

寄存人的义务主要有以下几项：

1. 负担必要费用和支付保管费

（1）寄存人支付的费用的范围。寄存人应支付的费用包括保管费和其他费用。这里的保管费是指当事人约定的保管人应收取的报酬和保管费用。只有在当事人有特别约定或者依交易习惯能够确定时,寄存人才负有支付保管费的义务。这里的所谓其他费用是指保管保管物所付出的必要费用。因为该费用是为保管物支出的,自应由寄存人负担。因此,即使是无偿保管,寄存人虽不必向保管人支付报酬却应向保管人偿付保管人为保管保管物所支出的必要费用。所谓必要费用,以能维持保管物的原状为准,包括重新包装、防腐、防火等项费用。

(2) 费用的支付时间。《合同法》第 379 条规定:"有偿的保管合同,寄存人应当按照约定的期限向保管人支付保管费。当事人对支付期限没有约定或者约定不明确,依照本法第 61 条的规定仍不能确定的,应当在领取保管物的同时支付。"无偿的保管合同中,保管的必要费用的支付也应按该规定办理。

(3) 不支付保管费用的后果。无偿保管合同寄存人不偿还必要的保管费用,有偿保管合同的寄存人不支付保管费的,应当承担债务不履行的责任,依《合同法》第 380 条的规定,"寄存人未按照约定支付保管费以及其他费用的,保管人对保管物享有留置权,但当事人另有约定的除外"。

2. 有关情况的告知义务

《合同法》第 370 条规定:"寄存人交付的保管物有瑕疵或者按照保管物的性质需要采取特殊保管措施的,寄存人应当将有关情况告知保管人。寄存人未告知,致使保管物受损失的,保管人不承担损害赔偿责任;保管人因此受损失的,除保管人知道或者应当知道并且未采取补救措施的以外,寄存人应当承担损害赔偿责任。"依此规定,由于保管物本身的性质或者瑕疵使保管人受到损害的,寄存人应当承担赔偿责任。寄存人交付保管物时告知了有关情况,因保管人已知保管物有发生危险的性质或者瑕疵而仍未采取特殊措施为保管,寄存人得免除损害赔偿责任。寄存人于交付保管物时未告知有关情况,不仅应自己负担保管物的损失,而且对保管人因此受到的损失,应负赔偿责任。但保管人知道或者应当知道保管物有发生危险的性质或者瑕疵而未采取补救措施的,寄存人可不承担赔偿责任。

3. 领取保管物的义务

保管期间届满,寄存人应及时领取保管物。保管合同中未明确约定保管期间,保管人要求寄存人领取保管物的,寄存人应于合理的期间内及时领取。寄存人未及时领取保管物的,应负延期受领的违约责任。

第十一节 仓储合同

一、仓储合同的概念与特征

《合同法》第 381 条规定:"仓储合同是保管人储存存货人交付的仓储物,存货人支付仓储费的合同。"依此规定,只有当事人双方约定由仓库营业人作为保管人为存货人储存、保管货物,存货人为此支付仓储费的协议,才为仓储合同。所谓仓储物也就是存货人交付保管人储存的物品。

各国对于仓库营业和仓储合同的立法例有所不同。但在各国法上仓储合同基本都是不同于保管合同的一类独立的合同。然而,仓储合同与保管合同虽为性质不同的两类合同(如仓储合同为诺成性合同,而保管合同原则上为实践性合同),但毕竟都是以保管行为为标的的,所以《合同法》第 395 条规定:"本章没有规定的,适用保管合同的有关规定。"

仓储合同具有以下法律特征:

(一)仓储合同的保管人须为有仓储设备并专事仓储保管业务的人

这是仓储合同主体上的重要特征。在仓储合同中,作为保管存货人货物的保管人一方,只能是仓库营业人,而不能是其他人。若为他人保管货物的一方不是仓库营业人,则该合同不为仓储合同。仓库营业人应具备以下两个基本条件:其一,须有仓储设备;其二,须经营仓储保管业务。所谓经营仓储保管业务,是指经过工商登记可以专营或者兼营仓储保管业务,为他人储存和保管货物。

(二)仓储合同中保管的仓储物须为动产

因为仓储合同是储存货物的合同,只有适于堆放储藏的物品才可为仓库储存保管,因此,存货人交付仓管人保管储存的货物只能是动产。

(三)仓储合同为诺成性合同

仓储合同并不以存货方实际交付存储的货物为成立要件。存货人将货物交付仓库营业人保管,属于合同的履行行为,而不是合同的成立要件。

(四)仓储合同为双务合同、有偿合同、不要式合同

仓储合同的当事人于合同成立后,双方互负对待给付义务。保管人须提供仓储服务,存货人须给付仓储费和其他费用,双方的义务具有对应性和对价性。

仓储合同是否为不要式合同,有不同看法。有的认为仓储合同为要式合同,必须采取书面形式。本书作者认为,认定仓储合同为要式合同是没有根据的,合同法上也并未规定仓储合同必须采用书面形式,否则合同无效。虽然,仓储合同的保管人于接受存货人交付的仓储物时应当给付仓单,在某些情况下,仓单即为合同,但仓单并非合同的成立要件。

(五) 仓储合同的存货人主张货物已交付或者行使返还请求权以仓单为凭证

这是仓储合同不同于保管合同的重要特征。保管合同中保管人给付寄存人的保管凭证,虽也是寄存人领取保管物的有效凭证,但保管凭证仅是当事人之间存在保管关系的证据,不属于有价证券,寄存人仍得以其他的证据证明其已交付寄存物和要求领取保管物。而仓储合同的保管人给付存货人的仓单为有价证券,代表着当事人享有的权利,存货人须以仓单证明仓储物已交付,并凭仓单提取储存的货物,只有持有仓单才能主张仓单上载明的权利。

二、仓单

(一) 仓单的概念

仓单,是仓储合同的保管人于接受存货人交付的仓储物时填发给存货人的收据。仓单既是保管人收货的证明,又是存货人提取货物的有效凭证。

(二) 仓单的填发

依《合同法》第 386 条的规定,保管人应当在仓单上签字或者盖章,仓单包括下列事项:(1) 存货人的名称或者姓名和住所;(2) 仓储物的品种、数量、质量、包装、件数和标记;(3) 仓储物的损耗标准;(4) 储存场所;(5) 储存期间;(6) 仓储费;(7) 仓储物已经办理保险的,其保险金额、期间以及保险人的名称;(8) 填发人、填发地和填发日期。

仓单未经保管人签字或者盖章的,自不能生效。但仓单中未完全记载上述事项的是否有效呢?换言之,上述事项是否均为仓单绝对必要记载事项呢?法律未作明确规定。本书作者认为,既然法律未作明确规定,只要其记载能够标明存货人的基本权利,仓单就为有效;反之,其记载欠缺标明存货人基本权利的事项的仓单应为无效。因此,上述事项中关于标明物品和储存场所的事项,应为绝对必要记载事项。

(三) 仓单的性质

《合同法》第 387 条规定:"仓单是提取仓储物的凭证。存货人或者仓单持有人在仓单上背书并经保管人签字或者盖章的,可以转让提取仓储物的权利。"① 依此规定,仓单具有以下性质:

1. 仓单为有价证券

仓单上所载明的仓储物的返还请求权利与仓单是不可分离的,因此仓单为

---

① 从理论上说,转让仓单是存货人的权利,不应以保管人的签字或者盖章为条件;从实务上看,转让仓单要经保管人签字或者盖章也有许多不便,不利于仓单的流通。但法律既然作如此规定,就应当依法律规定办理。

有价证券。仓单具有以下两方面的效力：

(1) 受领仓储物的效力。保管人一经填发并给付仓单，则有效仓单的持单人对于保管人得请求仓储合同债务的履行，得据以请求提取仓储物。同时，仓单持有人对于仓储物的受领，不仅应提示仓单，而且还应缴回仓单。

(2) 转移仓储物的效力。存货人将仓储物储存于仓库而收到仓单后，将仓单交付于有受领仓储物权利的人时，仓单的交付与转移物的所有权时的标的物的交付，具有同样的效力。存货人转移仓储物所有权的，须有效地转移仓单；有效转移仓单，也就转移了仓储物的所有权。不仅在所有权转移上，仓单的交付与物品的交付有同样效力；就是在设定担保权上，仓单的交付也与标的物的交付即占有的转移发生同样的效力。

依《合同法》第387条规定的反面解释，仓单上所记载的仓储物，非由存货人或者仓单持有人在仓单上背书，并经保管人签字或者盖章，不发生所有权转移的效力。

2. 仓单为物品证券、物权证券、要式证券、文义证券、自付证券

由于仓单是以给付一定的物品为标的的，故为物品证券。由于仓单上所载仓储物的转移，必须转移仓单始生所有权转移的效力，故仓单又为物权证券或者处分证券。因为仓单上记载的事项，须依法律的规定作成，故仓单为要式证券。仓单的记载事项决定当事人的权利义务，当事人须依仓单上的记载主张权利义务，仓单的善意取得人依仓单上所记载的文义取得权利，保管人不能以仓单上未记载的事项以其对于前权利人的抗辩对抗之，故仓单为文义证券。因为仓单是由保管人自己填发的，由自己负担给付的义务，所以仓单为自付证券。

三、仓储合同当事人的权利义务

(一) 保管人的义务

1. 接受和验收存货人的仓储物入库的义务

保管人应按合同的约定，接受和验收存货人交付储存的仓储物。保管人不能按合同约定的时间、品名（品类）、数量接受仓储物入库的，应承担违约责任。

《合同法》第384条规定："保管人应当按照约定对入库仓储物进行验收。保管人验收时发现入库仓储物与约定不符合的，应当及时通知存货人。保管人验收后，发生仓储物的品种、数量、质量不符合约定的，保管人应当承担损害赔偿责任。"对入库仓储物的验收，包括实物验查和样本验查。仓储物有包装的，验收时应以外包装或者货物标记为准；无标记的，以存货人提供的验收资料为准。保管人未按规定的项目、方法、期限验收或者验收不准确的，应负责承担由此造成的损失。在双方交接货物中保管人验收发现问题的，存货人为同一城镇的，保管人可以拒收；外埠或者本埠港、站、机场、邮局到货的，依诚实信用原则，保管人应予

接货,妥善暂存,并在有效验收期间内通知存货人处理;暂存期间所发生的一切损失和费用由存货人负担。仓储验收时保管人未提出异议的,视为存货人交付的仓储物符合合同约定的条件,此后发生仓储物的品种、数量、质量不符合约定的,保管人应当承担赔偿责任。

2. 填发和交付仓单的义务

依《合同法》第385条的规定,保管人于接受并验收存货人交付的仓储物后,不仅应于仓库簿册中记载仓储物的有关事项,并且应当填发仓单,将做成的仓单交付存货人。仓单上的记载事项应与仓单存根上的有关记载相一致。

3. 妥善保管仓储物的义务

保管人应当按照合同约定的储存条件和保管要求,妥善保管仓储物。非有特别事由,保管人不得改变储存的场所和保管方法。保管人储存保管危险物品和易腐货物的,应当具备相应的保管条件,按照国家或者合同规定的要求操作和储存。保管人在储存保管过程中不得损坏货物的包装物,如因保管或者操作不当使包装发生毁损的,保管人应当负责修复或者按价赔偿。

《合同法》第394条规定:"储存期间,因保管人保管不善造成仓储物毁损、灭失的,保管人应当承担损害赔偿责任。因仓储物的性质、包装不符合约定或者超过有效储存期造成仓储物变质、损坏的,保管人不承担损害赔偿责任。"依此规定,凡在储存期间发生仓储物灭失、短少、变质、损坏、污染的,只要保管人不能证明系因仓储物的性质、包装不符合约定或者超过有效储存期造成的,保管人就应承担保管不善的责任。

4. 危险通知的义务

在仓储物出现危险时,保管人应当及时通知存货人。这包括以下情况:

(1) 遇有第三人就仓储物对保管人提起诉讼或者对仓储物申请扣押时,保管人应当及时通知存货人或者仓单持有人(《合同法》第373条)。

(2) 保管人对入库仓储物发现有变质或者损坏,危及其他仓储物的安全或者正常保管的,应当催告存货人或者仓单持有人作出必要的处置。因情况紧急,保管人可以作出必要的处置,但事后应当将该情况及时通知存货人或者仓单持有人(《合同法》第390条)。

(3) 对于外包装或者货物标记上标明或者合同中申明了有效期的货物,依诚实信用原则保管人应当于仓储物临近失效期前通知存货人或者仓单持有人。

5. 同意仓单持有人检查仓储物或提取样品的义务

《合同法》第388条规定:"保管人根据存货人或者仓单持有人的要求,应当同意其检查仓储物或者提取样品。"存货人或者仓单持有人检查仓储物或提取样品,或为了出卖仓储物,或为了考察仓储的方法是否有利于仓储物的保存,但不论其目的如何,只要存货人或者仓单持有人提出检查或者提取样品的要求,保管人就应当同意其检查或者提取样品。

6. 返还仓储物的义务

在合同约定的储存期限届满或者因其他事由终止合同时,保管人应将仓储物返还给存货人或者仓单持有人,保管人不得无故扣押仓储物。保管人未按合同约定的时间、数量交还仓储物的,应当承担违约责任。

合同中约定有储存期间的,在仓储合同规定的储存期间届满前,保管人不得要求返还或者要求由存货人取回仓储物。但是,在存货人或者仓单持有人要求提取货物时,保管人不得拒绝返还。存货人或者仓单持有人提前提取仓储物的,不减收仓储费(《合同法》第392条)。

依《合同法》第391条的规定,当事人对储存期间没有约定或者约定不明确的,存货人或者仓单持有人可以随时提取仓储物,于存货人或者仓单持有人提出提货要求时,保管人应当及时返还仓储物。保管人也可以随时要求存货人或者仓单持有人提取仓储物以履行返还仓储物的义务,但应当提前通知对方,给予存货人或者仓单持有人以提取仓储物的必要的准备时间。

(二) 存货人的义务

1. 按照合同的约定交存仓储物入库的义务

存货人应当按照合同约定的时间和约定的储存货物的品种、数量、质量交付仓储物给保管人入库,并在验收期间向保管人提供验收资料。存货人未按照约定全部入库仓储物的,应当承担违约责任。因存货人未提供验收资料或者提供的资料不齐全、不及时而造成验收差错及其他损失的,由存货人负责。

存货人应按照合同的约定负责仓储物的包装,因包装不符合要求而造成仓储物毁损、灭失的,由存货人自己承担。

2. 告知义务和处置危险物品的义务

依《合同法》第383条的规定,储存易燃、易爆、有毒、有腐蚀性、有放射性等危险物品或者易变质物品的,存货人应当向保管人说明该物品的性质和预防危险或者变质的要求,提供有关的保管、运输等技术资料。存货人不说明危险物品或者易变质物品的性质,不提供有关资料的,保管人可以拒收该仓储物;保管人也可以采取相应措施以避免损失的发生,但因此发生的费用由存货人承担。

依《合同法》第390条的规定,存货人或者仓单持有人收到保管人有关仓储物有会危及其他仓储物安全和正常保管的变质或者其他损坏的情况的通知的,应当及时采取必要的处置措施;收到保管人因情况紧急对变质或者损坏的物品已作出必要的处置的通知的,应当承担对危险物品作必要处置的费用。

3. 支付仓储费和偿付其他必要费用的义务

仓储费的数额、支付方式、支付时间和地点,均由双方当事人约定,存货人应依约支付之。

其他必要费用,是指保管人因储存、保管货物所支出的必要费用。这一必要费用包括运费、修缮费、保险费、转仓费等。但若合同中约定的仓储费中已包括必要费用时,存货人自不必再另行支付。

仓储合同中对仓储费的支付时间没有约定或者约定不明确的,存货人或仓单持有人应于提取仓储物时支付。但依《合同法》第392条的规定,当事人约定储存期间的,存货人或者仓单持有人提前提取仓储物的,不减收仓储费;逾期提取的,应当加收仓储费。

存货人不支付仓储费和其他必要费用的,除当事人另有约定外,保管人对仓储物享有留置权。

4. 及时提取仓储物的义务

依《合同法》第392条的规定,仓储合同约定储存期间的,于储存期间届满时,存货人或者仓单持有人应及时凭仓单提取仓储物。存货人或者仓单持有人提取货物时须向保管人提示仓单并缴回仓单,并应提交仓储物验收资料和验收仓储物。仓单持有人逾期提取仓储物致使仓储物不能如期出库而造成压库时,应当加收仓储费。

依《合同法》第393条的规定,储存期间届满,存货人或者仓单持有人不提取仓储物的,保管人可以催告其在合理期限内提取,逾期不提取的,保管人可以提存仓储物。

依《合同法》第391条的规定,当事人对储存期间没有约定或者约定不明确,保管人要求存货人或者仓单持有人提取仓储物的,存货人或者仓单持有人也应依保管人的要求在合理的期限内提取仓储物。

第十二节 委 托 合 同

一、委托合同的概念与特征

委托合同,又称委任合同,依《合同法》第396条的规定,"是委托人和受托人约定,由受托人处理委托人事务的合同"。

委托合同具有以下法律特征:

(一) 委托合同以当事人之间的相互信任为前提

没有当事人之间的相互信任,不能建立委托关系;委托合同的任何一方失去对对方的信任,都可随时解除委托关系。

(二) 委托合同的目的,是由受托人处理委托人的事务

委托合同是典型的提供劳务的合同,合同的标的是受托人处理委托人事务的行为,即受托人提供劳务。受托人为委托人处理的事务可以是事实行为,也可

以是法律行为,但不能是违背社会公德、违法的行为,也不能是须由委托人亲自处理的事务。

由于受托人是为委托人处理事务的,因此,事务处理的费用和后果均应归属委托人。一般说来,委托合同成立后,受托人按照委托人的委托以委托人的名义处理委托人的事务,受托人在委托权限范围内的行为视为委托人的行为,但受托人也可以以自己的名义在委托人的授权范围内处理委托的事务。

(三)委托合同为诺成性合同、不要式合同、双务合同

委托合同自当事人双方意思表示一致时即可成立,并不以标的物的交付或者当事人的实际履行为合同的成立要件。委托合同可由当事人自由决定合同的形式,法律并未规定不作成特定的形式即为无效。委托合同成立后,当事人双方负有对待给付的义务,即使在无偿委托合同中,委托人也须负担支付处理委托事务的费用的义务。

(四)委托合同可以是有偿合同,也可以是无偿合同

委托合同是有偿还是无偿的,要看受托人受委托处理委托人的事务是否收取报酬。如果当事人约定,委托人应向受托人支付报酬,则委托为有偿的;否则,委托就是无偿的。

二、委托合同当事人的权利义务

(一)委托人的主要义务与责任

1. 费用偿付以及按约定支付报酬的义务

受托人处理委托事务的费用由委托人负担。委托人支付费用的方式有两种:一是预付费用;二是偿还费用。《合同法》第398条规定:"委托人应当预付处理委托事务的费用。受托人为处理委托事务垫付的必要费用,委托人应当偿还该费用及其利息。"

预付处理委托事务的费用,是委托人的义务。委托人预付费用的数额、地点、时间和方式,应依委托事务的性质和处理的具体情况而定。预付费用是用于处理委托事务的,即为委托人的利益而使用,与委托事务的处理并不成立对价关系。除当事人有特别约定外,受托人并无为委托人垫付费用的义务,所以若经受托人的请求,委托人不预付费用时,即使受托人因此不履行处理委托事务的义务,受托人也不负迟延履行或者拒绝履行的责任。

受托人虽无垫付费用的义务,但若其在处理事务中为委托人垫付了费用,则有要求委托人返还的权利,即委托人有偿还受托人垫付的必要费用的义务。这里的所谓必要费用,是指为处理委托事务在处理当时不可缺少的费用,如交通费、手续费等。因受托人并无支付该费用的义务,因此委托人不仅应偿还该费用,而且还应偿还其利息。

当事人约定报酬或者依交易习惯或者处理委托事务的性质委托人应支付报酬的,委托人应当向受托人支付报酬。关于报酬的支付时间和数额,当事人有约定的,自应依其约定。当事人没有明确约定支付时间的,委托人应当于受托人完成委托事务后向其支付报酬。依《合同法》第405条的规定,受托人完成委托事务的,委托人应当向其支付报酬;因不可归责于受托人的事由,委托合同解除或者委托事务不能完成的,除当事人另有约定应依其约定外,委托人应当向受托人支付相应的报酬。

2. 清偿债务的义务

因受托人是为委托人处理事务的,因此,对于受托人处理委托事务所产生的债务,委托人有清偿的义务。

3. 赔偿损失的责任

依《合同法》第407条的规定,受托人处理委托事务时,因不可归责于自己的事由受到损失的,委托人应当向受托人赔偿该损失。这种损失的造成有以下几种情形:一是因委托人的过错造成的,如因委托人指示不当致使受托人受到损失,对此损失当然应由委托人赔偿;二是若该损失系因第三人加害造成的,于此情形下,受托人可以要求加害的第三人赔偿,也可以要求委托人赔偿,受托人要求委托人赔偿的,委托人在向受托人承担赔偿责任后,得请求受托人让与其对第三人的损害赔偿请求权;三是因其他非因委托人的过错也非因第三人的加害而造成的损失,于此情形下,因委托人承受处理委托事务的利益,也就应承担处理事务中的风险,对受托人受到的损失负赔偿责任。此外,委托人因自己的事由解除委托合同而给受托人造成损失的,应当赔偿损失。依《合同法》第408条的规定,委托人经受托人同意在受托人之外委托第三人处理委托事务的,也应当由委托人赔偿因此而给受托人造成的损失。

(二) 受托人的主要义务与责任

1. 处理委托事务的义务

按照委托人的委托处理委托事务,是受托人的基本义务。

(1) 受托人应当在委托的权限范围内处理事务。依《合同法》第397条的规定,委托人可以特别委托受托人处理一项或者数项事务,也可以概括委托受托人处理一切事务。不论是委托人特别委托还是概括委托,受托人处理委托事务均不能超出受委托的事务范围。受托人超越权限处理事务给委托人造成损失的,应当赔偿损失。

(2) 按照委托人的指示处理事务。《合同法》第399条规定:"受托人应当按照委托人的指示处理委托事务。需要变更委托人指示的,应当经委托人同意;因情况紧急,难以和委托人取得联系的,受托人应当妥善处理委托事务,但事后应当将该情况及时报告委托人。"所谓情况紧急,是指若不及时变更委托人的指示就会给委托人造成损失的情况。除紧急情况外,受托人擅自变更委托人指示的,应对委托人因此所受的损失负赔偿责任。

(3) 受托人应当亲自处理委托事务。依《合同法》第400条的规定:"受托人应当亲自处理委托事务。经委托人同意,受托人可以转委托。转委托经同意的,委托人可以就委托事务直接指示转委托的第三人,受托人仅就第三人的选任及其对第三人的指示承担责任。转委托未经同意的,受托人应当对转委托的第三人的行为承担责任,但在紧急情况下受托人为维护委托人的利益需要转委托的除外。"这说明经委托人同意转委托的,只有在受托人对第三人的选任及其对第三人的指示上有过错时,受托人才对转委托的第三人处理转委托事务向委托人承担责任。而转委托未经同意的,除紧急情况下受托人为保护委托人利益需要转委托的以外,受托人均应当对转委托的第三人的行为承担责任。是否是在紧急情况下为保护委托人利益需要转委托的,由受托人负举证责任。但不论是否经委托人同意转委托,委托人都可以直接请求转委托的第三人履行处理委托事务的义务。

2. 报告义务

《合同法》第401条规定:"受托人应当按照委托人的要求,报告委托事务的处理情况。委托合同终止时,受托人应当报告委托事务的结果。"受托人向委托人报告委托事务的结果时,不论委托人是否要求,均应一并提交必要的证明文件。

3. 交付财产和转移权利的义务

因受托人是为委托人的利益处理委托事务的,因此,受托人处理委托事务取得财物的,应当转交给委托人(《合同法》第404条)。当事人未约定转交时间的,经委托人催告仍未在合理期限内交付的,受托人应负给付迟延的责任。受托人擅自使用属于委托人的财物的,应当自使用时起支付利息。

受托人以自己的名义处理委托事务从第三人取得权利的,应当将其移交给委托人。

4. 忠诚和勤勉义务

受托人在处理委托事务中应忠诚于委托人,忠实地处理委托事务,为委托人的利益计算,而不得利用委托人的地位为自己谋利。受托人违反忠诚义务,未尽相应的注意义务给委托人造成损害的,应负赔偿责任。《合同法》第406条第1款规定:"有偿的委托合同,因受托人的过错给委托人造成损失的,委托人可以要求赔偿损失。无偿的委托合同,因受托人的故意或者重大过失给委托人造成损失的,委托人可以要求赔偿损失。"但是依该条第2款规定,受托人超越权限给委托人造成损失的,不论其是否有过错和有何种程度的过错,均应当赔偿损失。

5. 共同受托人的连带责任

依《合同法》第 409 条的规定,"两个以上的受托人共同处理委托事务的,对委托人承担连带责任"。但,若共同受托人中的其中一人未经他受托人同意擅自处理委托事务的,则因其应对自己的单独行为承担责任,其他受托人在向委托人承担责任后有权向其追偿。如果当事人在委托合同中明确约定了各受托人负按份责任,在某受托人擅自单独处理委托事务给委托人造成损失时,则应依其约定。

三、委托合同的当事人和第三人之间的关系

(一)第三人在订立合同时知道受托人与委托人之间的代理关系

《合同法》第 402 条规定:"受托人以自己的名义,在委托人的授权范围内与第三人订立的合同,第三人在订立合同时知道受托人与委托人之间的代理关系的,该合同直接约束委托人和第三人,但有确切证据证明该合同只约束受托人和第三人的除外。"依此规定,在受托人以自己的名义在委托人授权的范围内与第三人订立合同时,只要符合以下三个条件,该合同就直接约束委托人和第三人:第一,第三人知道受托人和委托人之间的代理关系;第二,第三人在订立合同时就知道受托人是委托人的代理人;第三,没有该合同只约束受托人和第三人的确切证据。若有确切证据证明该合同仅约束受托人和第三人,则委托人不直接承受受托人与第三人之间的权利义务,应由受托人直接承受其与第三人之间的权利义务。

在符合上述条件的情况下,委托人可以直接取代受托人的地位,承受受托人与第三人之间的权利义务。委托人直接取代受托人的地位以后,受托人仍然有权请求委托人支付报酬。

(二)第三人不知道受托人与委托人之间的代理关系

对受托人以自己的名义与第三人订立合同时,第三人不知道受托人与委托人之间的代理关系的,《合同法》第 403 条对委托人、受托人和第三人之间的关系规定有以下两个方面。

1. 受托人因第三人的原因对委托人不履行义务

受托人因第三人的原因对委托人不履行义务时,受托人应当向委托人披露第三人。

在受托人向委托人披露第三人以后,委托人有介入权。委托人的介入权,是指在受托人与第三人的合同关系中,委托人取代受托人的地位,介入到本来是受托人与第三人之间的合同关系中,行使受托人对第三人的权利。

委托人在受托人向其披露第三人后行使介入权的,应当通知受托人和第三人,在通知到达第三人后,委托人取代受托人在受托人与第三人的合同关系中的

地位，可行使受托人对第三人的权利。委托人不行使介入权的，当然应仍由受托人行使对第三人的权利。在第三人与受托人订立合同时如果知道该委托人就不会订立合同，则委托人不能享有介入权，仍由受托人行使对第三人的权利。

2. 受托人因委托人的原因对第三人不履行义务

在受托人因委托人的原因对第三人不履行义务时，受托人应当向第三人披露委托人。

在受托人向第三人披露委托人以后，第三人有选择权，第三人可以选择受托人或者委托人作为相对人主张权利。若第三人选择了委托人作为相对人主张权利，则第三人不得变更选定的相对人，委托人应当履行相应的义务，当然委托人可以向第三人主张其对受托人的抗辩以及受托人对第三人的抗辩。

四、委托合同的终止

委托合同除可因合同终止的一般原因而终止外，还可因下列原因终止：

(一) 当事人一方任意解除合同

委托人或者受托人可以随时解除委托合同，而无须有任何理由。这是因为委托合同是以双方相互信任为前提的，任何一方不信任对方时都可解除合同。当事人一方解除合同时，只要将其解除合同的意思通知对方，委托合同即可解除。《合同法》第410条规定："委托人或者受托人可以随时解除委托合同。因解除合同给对方造成损失的，除不可归责于该当事人的事由以外，应当赔偿损失。"

(二) 委托人或者受托人死亡、丧失民事行为能力或者破产

《合同法》第411条规定："委托人或者受托人死亡、丧失民事行为能力或者破产的，委托合同终止，但当事人另有约定或者根据委托事务的性质不宜终止的除外。"

依《合同法》第412条的规定，因委托人死亡、丧失民事行为能力或者破产致使委托合同终止将损害委托人利益时，在委托人的继承人、法定代理人或者清算组织承受委托事务之前，受托人应当继续处理委托事务。

依《合同法》第413条的规定，受托人的继承人、法定代理人或者清算组织应当将受托人死亡、丧失民事行为能力或者破产的情事及时通知委托人。因委托合同终止将损害委托人利益的，在委托人作出善后处理之前，受托人的继承人、法定代理人或者清算组织应当采取必要的措施。

第十三节 行纪合同

一、行纪合同的概念与特征

行纪合同,是指行纪人以自己的名义为委托人从事交易,委托人支付报酬的合同(《合同法》第414条)。

行纪合同就其内部关系而言也是一种委托,所以《合同法》第423条规定:"本章没有规定的,适用委托合同的有关规定。"但行纪合同是与委托合同不同的独立的一类合同。委托合同重在规定委托人与受托人之间的关系,而行纪合同重在规范受托人的行纪行为。

行纪人以自己的名义为委托人进行交易,直接与第三人发生合同关系,然后将交易的后果转移给委托人,对此在学理上称为间接代理。[1]

行纪合同具有以下法律特征:

(一)行纪合同是行纪人以自己的名义为委托人从事交易活动

依行纪合同,行纪人只能是以自己的名义办理行纪事务。行纪人在处理委托事务中与第三人发生的交易关系,直接由行纪人承受权利义务,行纪人就自己的行为向第三人负责。

(二)行纪合同的行纪人是为委托人从事交易活动

行纪人虽以自己的名义从事交易,但其是为了委托人的利益,办理的是委托人委托的事务,行纪人在与第三人发生的法律关系中的权利义务最终归属于委托人。并且行纪人为委托人办理的事务具有特定性,仅限于代购、代销物品等交易活动,而不能是事实行为。行纪人所提供的劳务并非一般的劳务,而是与第三人为民事法律行为,所以行纪合同的标的是行纪人与第三人实施民事法律行为的劳务。

(三)行纪合同是双务合同、有偿合同、诺成性合同、不要式合同

行纪合同中的行纪人负有为委托人从事贸易活动的义务,委托人负有给付报酬等义务,双方的义务为对待给付关系。并且,行纪人以从事行纪为营业,是有偿地为委托人办理事务的,故行纪合同只能是有偿合同。行纪合同只需当事人双方意思表示一致即可成立,不以标的物的交付或者实际履行行为为成立要件,也不需作成特定的形式。

(四)行纪合同中的行纪人具有限定性

行纪合同中的行纪人是专门从事贸易活动的,其以行纪为营业,所以行纪人

---

[1] 郑玉波:《民法总则》,台湾三民书局1995年版,第299页。

有资格上的限制,只能是经过审查、登记可从事贸易活动的民事主体。

二、行纪合同当事人的权利义务

(一)行纪人的义务

1. 依委托人的指示从事交易活动

行纪人是为委托人的利益从事交易活动的,因此,行纪人应当按照委托人的指示进行交易。若委托人对于行纪人所为的交易指定了一定的价格,行纪人应按委托人指定的价格进行买卖。依《合同法》第418条的规定,行纪人以低于委托人指定的价格卖出或者高于委托人指定的价格买入的,应当经委托人同意;未经委托人同意,行纪人补偿其差额的,该买卖对委托人发生效力。如果行纪人不补偿其差额,则委托人可以不承认该买卖对其发生效力。行纪人以高于委托人指定的价格卖出或者低于委托人指定的价格买入的,可以按照约定增加报酬;当事人没有约定或者约定不明确又不能依合同的其他条款或者交易习惯确定的,该交易利益属于委托人。

但是,若委托人对价格有特别指示,行纪人只能依特别指示的价格交易,不得违背该指示卖出或者买入,否则应承担违约责任。

2. 负担交易费用义务

因为行纪合同为有偿合同,行纪人以从事行纪活动为营业,自应承担营业中的风险。行纪人的营业风险也就是不能收回开展行纪业务的成本。因为行纪人收取的报酬中一般包括行纪人处理委托事务支出的费用,但行纪人只有在处理好委托的事务后才能收取报酬,如果其未能完成委托的事务,也就不能得到相应的报酬,其为从事行纪营业所支出的费用即成本也就不能收回,只能自己负担。但若当事人约定,不论行纪人为委托人办理的事务是否成功,委托人均应偿还行纪人支出的必要费用,则行纪人不必负担交易费用。所以,《合同法》第415条规定:"行纪人处理委托事务支出的费用,由行纪人负担,但当事人另有约定的除外。"

3. 直接履行与第三人的合同所发生的义务

《合同法》第421条第1款规定:"行纪人与第三人订立合同的,行纪人对该合同直接享有权利、承担义务。"所以行纪人负有直接向第三人履行和接受第三人履行的义务。行纪人与第三人约定,行纪人履行的义务附条件的,按照其约定。依《合同法》第421条第2款的规定,第三人不履行义务致使委托人受到损害的,除行纪人与委托人另有约定外,行纪人应当承担损害赔偿责任,委托人不能直接向第三人追究违约责任。

4. 保管的义务

《合同法》第416条规定:"行纪人占有委托物的,应当妥善保管委托物。"因行纪人保管不善造成委托物损毁的,行纪人应负赔偿责任。若行纪人证明自己尽了善良管理人的注意,则行纪人不承担责任。如果委托人指示行纪人为保管的委托物办理保险,行纪人未予办理保险,则因行纪人违反了委托人的指示,应对委托物意外毁损、灭失不能得到保险赔偿的损失负赔偿责任。

5. 合理处分委托物的义务

《合同法》第417条规定:"委托物交付给行纪人时有瑕疵或者容易腐烂、变质的,经委托人同意,行纪人可以处分该物;和委托人不能及时取得联系的,行纪人可以合理处分。"这既是行纪人的权利,也为行纪人的义务。行纪人的处分是否合理,应以行纪人处分该委托物时的具体情况而定。

行纪人未尽必要的注意义务,发现委托物有瑕疵或者将腐烂、变质,而怠于通知委托人,又不采取必要措施作出合理处置的,对因此而给委托人造成的扩大损失,行纪人应负赔偿责任。行纪人对出卖或购入的委托物未按照规定检验,或者虽经检验而未对委托物的瑕疵提出异议的,行纪人对委托物的瑕疵或者毁损、灭失应承担责任。

6. 报告和移交交易所得的义务

行纪人应按照约定及时向委托人报告委托事务的处理情况。行纪合同终止时,行纪人应当报告事务处理的结果,并将处理委托事务所得的财产移交给委托人。

(二) 委托人的主要义务

1. 接受或者取回委托物的义务

依《合同法》第420条的规定,对于行纪人按照约定买入的委托物,委托人应当及时受领;经行纪人催告,委托人无正当理由拒绝受领的,行纪人可以提存委托物。委托人委托行纪人出卖物品,委托物不能卖出或者委托人撤回出卖的,委托人应当及时取回或者处分该物,经行纪人催告不取回或者不处分该物的,行纪人可以提存委托物。行纪人的提存权的行使以委托人违反其接受或者取回委托物的义务为前提,其条件为:第一,委托人对于行纪人按照委托人指示和要求买入的物品不及时领取,或者委托人不及时取回或不处分不能出卖的物品;第二,行纪人催告委托人受领买入的物品,或者催告委托人取回或者处分不能出卖的物品;第三,经催告后在合理期限内委托人无正当理由仍拒绝接受买入的物品,或者不取回、不处分不能出卖的物品。

2. 支付报酬

依《合同法》第422条的规定,行纪人完成或者部分完成委托事务的,委托人应当向其支付相应的报酬。委托人支付报酬的标准,有约定的依约定,无约定的依习惯确定。委托人逾期不支付报酬的,除当事人另有约定外,行纪人对委托物享有留置权。

委托人支付报酬的义务,以行纪人完成委托事务为对价,行纪人未完成委托事务的,无权请求报酬。

三、行纪人的介入权

行纪人在办理委托事务中享有介入权,即行纪人有权作为买受人或者出卖人买进或者卖出委托物,直接与委托人成立买卖合同,而无须委托人的承诺。《合同法》第419条第1款规定:"行纪人卖出或者买入具有市场定价的商品,除委托人有相反的意思表示的以外,行纪人自己可以作为买受人或者出卖人。"因此,行纪人介入权的行使,需具备两个条件:其一,委托人委托卖出或者买入的商品是具有市场定价的商品;其二,委托人没有不许行纪人自己买入或卖出的意思表示。行纪人一经行使介入权,行纪人与委托人之间就成立买卖关系。此时,行纪人的行为已达到其接受委托的目的,完成了委托事务,委托人仍应当向行纪人支付报酬。

第十四节 居间合同

一、居间合同的概念与特征

《合同法》第424条规定:"居间合同是居间人向委托人报告订立合同的机会或者提供订立合同的媒介服务,委托人支付报酬的合同。"

居间人是受委托人的委托促成委托人订立合同的。依委托的内容,居间可区分为指示居间和媒介居间。指示居间又称报告居间,是指居间人仅为委托人报告订约机会的居间;媒介居间,是指居间人仅为委托人提供订约媒介服务的居间。总的说来,居间合同主要具有以下特征:

(一)居间合同是一方为他方报告订约机会或者为订约媒介的合同

居间合同中的居间人是为委托人提供服务的,但这种服务的内容是为委托人报告订约的机会或者为订约的媒介。所谓报告订约的机会,是指受委托人的委托,寻觅及指示可与委托人订立合同的相对人,从而为委托人提供订约的机会;所谓为订约媒介,是指使双方当事人订立合同,居间人不仅要为委托人提供相关的信息,而且要斡旋于交易双方之间,从而促成双方订立合同。居间人为委托人服务仅是提供有关信息以促成委托人与第三人之间的交易,自己本身并不参与订立合同。

(二)居间合同为有偿合同

居间人促成委托人与第三人之间订立合同,委托人须为此支付报酬。因为居间人是以居间为营业的,居间人进行居间活动的目的就是要取得报酬。

(三) 居间合同为诺成性合同、不要式合同

尽管居间人要求委托人支付报酬是以其促成合同成立为条件的,但居间合同自当事人双方意思表示一致时起即可成立,并不以居间人促成交易为成立要件。因为只要居间人与委托人的意思表示一致,居间人就负有依委托人的指示进行居间的义务。同时,法律未规定居间合同须采取特定形式,当事人采取口头形式或者书面形式均无不可。

(四) 居间合同中委托人的给付义务的履行具有不确定性

居间合同中的委托人虽负有给付报酬的义务,但是居间人只有促成合同成立后才可要求委托人支付报酬。居间人的居间活动若无效果,没有促成委托人与第三人订立合同,则无权收取报酬。因居间人的居间是否成功具有不确定性,从而委托人的给付报酬义务是否需履行也就具有不确定性。

二、居间合同当事人的权利义务

(一) 居间人的义务

1. 如实报告义务

《合同法》第 425 条第 1 款规定:"居间人应当就有关订立合同的事项向委托人如实报告。"这是居间人的基本义务。

在指示居间中,居间人对于订约的有关事项,诸如相对人的信用状况、相对人用于交易的标的物的存续状态等,都应如实向委托人报告。居间人对于对订约有影响的事项并不负有积极调查的义务,但负有就其所知的事项向委托人报告的义务。居间人对于订约的相对人不负有报告委托人有关情况的义务。

在媒介居间中,居间人应将有关订约的事项据实报告给各方当事人。即居间人不仅应将相对人的有关情况如实报告给委托人,而且也应将委托人的有关情况如实报告给相对人。无论居间人是否同时也受相对人的委托,居间人都应如实向双方报告有关情况。

依《合同法》第 425 条第 2 款的规定,居间人故意隐瞒与订立合同有关的重要事实或者提供虚假情况,损害委托人利益的,不得要求支付报酬并应当承担损害赔偿责任。

2. 隐名和保密义务

在媒介居间中,委托人或者其交易的相对人指定居间人不得将其姓名或者名称告知对方的,居间人则负有隐名义务,不得将委托人的姓名或者名称告知对方。这种居间被称为隐名居间或者隐名媒介。在隐名居间中,为保证隐名当事人保持交易秘密的目的的实现,居间人有介入的义务,即对于隐名当事人依据合同所应承担的义务,于一定情形下居间人应作为履行辅助人负责履行,并由居间人受领对方当事人所为的给付。

居间人在居间活动中获悉委托人的有关商业秘密以及委托人提供的不宜公开的其他信息的,应当依照合同的约定保守秘密。

居间人违反隐名和保密义务,给委托人造成损失的,也应当承担损害赔偿责任。

3. 尽力的义务

一般说来,居间人接受了委托人的委托,就应当从维护委托人的利益出发,尽力地促成委托人与第三人的交易。居间人未履行尽力义务的,不能要求委托人支付居间活动的费用。

(二) 委托人的主要义务

1. 报酬支付义务

委托人的主要义务,是在居间人促成合同成立后向居间人支付报酬。依《合同法》第426条的规定,居间人促成合同成立的,委托人应当按照约定支付报酬。对居间人的报酬没有约定或者约定不明确,当事人又不能协商成的,依交易习惯确定;依交易习惯也不能确定的,根据居间人的劳务合理确定。所谓合理,是指应考虑居间事务的难易程度,根据居间人付出的时间、精力、人力、物力、财力,依据一般标准而定。在媒介居间中,因为居间人的媒介服务促成合同的成立,使合同当事人双方都受益,因此,除当事人另有约定外,应由该合同的当事人双方平均负担居间人的报酬。

2. 费用返还的义务

居间活动的费用通常包括在报酬中,居间人促成合同成立的,因居间人取得报酬,居间活动的费用也就由居间人负担(《合同法》第426条第2款)。如果居间人未促成合同成立,则委托人不负支付报酬的义务。由于尽管居间人未促成合同成立,居间人进行居间活动也需支出一定的费用,而该费用是为委托人的利益支出的,自应由委托人负担。所以,《合同法》第427条规定:"居间人未促成合同成立的,不得要求支付报酬,但可以要求委托人支付从事居间活动支出的必要费用。"所谓必要费用,是指依据居间人从事居间活动的当时情况必不可少的支出。但若居间人违反其义务使委托人受损失的,则其无权请求委托人偿还支出的费用,委托人不负偿还该费用的义务。

第十五节 技 术 合 同

一、技术合同概述

(一) 技术合同的概念与特征

《合同法》第322条规定:"技术合同是当事人就技术开发、转让、咨询或者服务订立的确立相互之间权利和义务的合同。"技术合同的当事人,一方须进行技术开发、技术转让、提供技术咨询或者服务,另一方须支付报酬或者价款。

技术合同具有以下特征：

1. 技术合同的标的是与技术成果相关的行为

技术合同中债务人所应为的给付总是与技术有关。所谓技术,是根据生产实践和科学原理而形成的,作用于自然界一切物质设备的操作方法与技能。《关于技术合同的解释》第 1 条规定："技术成果,是指利用科学技术知识、信息和经验作出的涉及产品、工艺、材料及其改进的技术方案,包括专利、专利申请、技术秘密、计算机软件、集成电路布图设计、植物新品种等。""技术秘密,是指不为公众所知悉、具有商业价值并经权利人采取保密措施的技术信息。"技术成果具有无形性、可同时为多人利用等特点。正因为技术合同的标的是与技术成果相关的行为,《合同法》第 323 条特别规定了订立技术合同应特别遵循的原则："订立技术合同,应当有利于科学技术的进步,加速科学技术成果的转化、应用和推广。"

2. 技术合同的主体具有特殊性

技术合同的主体依合同的种类不同而有不同的要求。例如,技术开发合同中的研究开发人须是具有研究开发能力的人,技术转让合同中的转让人须是对技术成果享有使用权、转让权的人。在我国技术成果有职务技术成果与非职务技术成果之分。依《合同法》第 326 条的规定,职务技术成果是执行法人或者其他组织的工作任务,或者主要是利用法人或者其他组织的物质技术条件所完成的技术成果。职务技术成果的使用权、转让权属于法人或者其他组织。法人或者其他组织可以就该项职务技术成果订立技术合同,而完成该项技术成果的个人并不能就该项技术成果订立技术合同,仅有权要求法人或者其他组织从使用和转让该项职务技术成果所取得的收益中提取一定比例给予奖励或者报酬。在法人或者其他组织订立技术合同转让职务技术成果时,职务技术成果的完成人享有以同等条件优先受让的权利。依《合同法》第 327 条的规定,非职务技术成果的使用权、转让权属于完成技术成果的个人,完成技术成果的个人可以就该项非职务技术成果订立技术合同。

3. 技术合同为双务合同、有偿合同

技术合同当事人双方互负对待给付义务,故为双务合同。技术合同当事人一方从对方取得利益的,须向对方支付相应的财产代价,所以技术合同为有偿合同。依《合同法》第 325 条的规定,技术合同价款、报酬或者使用费的支付方式由当事人约定,可以采取一次总算、一次总付或者一次总算、分期支付,也可以采取提成支付或者提成支付附加预付入门费的方式。约定提成支付的,可以按照产品价格、实施专利和使用技术秘密后新增的产值、利润或者产品销售额的一定比例提成,也可以按照约定的其他方式计算;提成支付的比例可以采取固定比例、逐年递增比例或者逐年递减比例。约定提成支付的,当事人应当在合同中约定查阅有关会计账目的办法。

4. 技术合同的法律调整具有多样性

技术合同所反映的是在技术成果取得、交换领域的权利义务关系,所以技术合同不仅受合同法的调整,还受知识产权法的调整;技术合同不仅要遵守合同法的规定,而且要遵守其他法律、行政法规中关于技术进出口合同、专利及专利申请合同以及技术成果所有权等方面的有关规定。

(二) 技术合同的形式和内容

技术合同一般应当采用书面形式。

依《合同法》第324条的规定,技术合同的内容由当事人约定,一般包括以下条款:(1)项目名称;(2)标的的内容、范围和要求;(3)履行的计划、进度、期限、地点、地域和方式;(4)技术情报和资料的保密;(5)风险责任的承担;(6)技术成果的归属和收益的分成办法;(7)验收标准和方法;(8)价款、报酬或者使用费及其支付方式;(9)违约金或者损失赔偿的计算方法;(10)解决争议的方法;(11)名词和术语的解释。

与履行合同有关的技术背景资料、可行性论证和技术评价报告、项目任务书和计划书、技术标准、技术规范、原始设计和工艺文件,以及图纸、表格、数据和照片等其他技术档案,按照当事人的约定可以作为合同的组成部分。

技术合同涉及专利的,应当遵守专利法的有关规定,合同中应当注明发明创造的名称、专利申请人和专利权人、申请日期、申请号、专利号以及专利权的有效期限。

为促进技术进步和保护知识产权,依《合同法》第329条的规定,技术合同除会因一般合同无效的原因无效外,还因非法垄断技术、妨碍技术进步或者侵害他人技术成果而无效。所谓非法垄断技术、妨碍技术进步,是指合同当事人一方在合同条款中限制另一方在合同标的技术的基础上进行新的研究开发,限制另一方以其他方式吸收技术,或者限制另一方按照合理的方式根据需要充分实施专利和使用技术秘密等,依《关于技术合同的解释》第10条的规定,包括下列情形:(1)限制当事人一方在合同标的技术基础上进行新的研究开发或者限制其使用所改进的技术,或者双方交换改进技术的条件不对等,包括要求一方将其自行改进的技术无偿提供给对方、非互惠性转让给对方、无偿独占或者共享该改进技术成果的知识产权;(2)限制当事人一方从其他来源获得与技术提供方类似技术或者与其竞争的技术;(3)阻碍当事人一方根据市场需求,按照合理方式充分实施合同标的技术,包括明显不合理地限制技术接受方实施合同标的技术生产产品或者提供服务的数量、品种、价格、销售渠道和出口市场;(4)要求接受方接受并非实施技术必不可少的附带条件,包括购买非必需的技术、原材料、产品、设备、服务以及接受非必需的人员等;(5)不合理地限制技术接受方购买原材料、零部件、产品或者设备等的渠道或者来源;(6)禁止技术接受方对合同标的技术知识产权的有效性提出异议或者对提出异议附加条件。所谓侵害他人的技术成果,是指当事人订立的合同内容侵害了其中一方或者第三人的技术成果权。依《关于技术合同的解释》第12条的规定,侵害他人技术秘密的技术合同被确认无效后,除法律、行政法规另有规定外,善意取得该技术秘密的一方当事人可以在其取得时的范围内继续使用该技术秘密,但应当向权利人支付合理的使用费并承担保密义务。

二、技术开发合同

(一) 技术开发合同的概念与特征

依《合同法》第330条的规定,技术开发合同是指当事人之间就新技术、新产品、新工艺和新材料及其系统的研究开发所订立的合同。

技术开发合同包括委托开发合同和合作开发合同。委托开发合同是当事人一方即委托人委托另一方当事人即研究开发人研究开发新技术成果的合同。合作开发合同是当事人各方共同进行新技术成果的研究开发的合同。当事人之间就具有产业应用价值的科技成果转化订立的合同,参照技术开发合同的规定。①

技术开发合同具有以下特征:

1. 技术开发合同的标的是研究开发具有创造性的新技术成果

技术开发合同的目的是研究开发出新技术、新产品、新工艺、新材料及其系统。② 这种技术成果是当事人在订立合同时尚不存在、不掌握的。因此,依《合同法》第337条的规定,在技术开发合同履行中,作为技术开发合同标的的技术已经由他人公开,致使技术开发合同的履行没有意义的,当事人可以解除合同。

2. 技术开发合同的主体应具备相应的条件

技术开发合同的主体应具备技术开发所必需的相应条件。委托人须具备委托开发所必要的物力、财力;研究开发人应具备相应的研究开发能力,有进行研究开发的人力、物力、基础设施、技术情报资料等。

---

① 依《关于技术合同的解释》第18条的规定,当事人之间就具有产业应用价值的科技成果实施转化订立的技术转化合同,是指当事人之间就具有产业实用价值但尚未实现工业化应用的科技成果包括阶段性技术成果,以实现该科技成果工业化为目标,约定后续试验、开发和应用等内容的合同。

② 依《关于技术合同的解释》第17条的规定,所称"新技术、新工艺、新材料及其系统",包括当事人在订立技术合同时尚未掌握的产品、工艺、材料及其系统等技术方案,但对技术上没有创新的现有产品的改型、工艺变更、材料配方的调整以及对技术成果的验证、测试和使用除外。

3. 技术开发合同是诺成性合同、双务合同、有偿合同

技术开发合同自当事人双方意思表示一致即可成立,不以标的物的交付或者实际履行行为为成立要件。技术开发合同的各方均负有相应的义务,享有相应的权利,任何一方从对方取得利益都须支付一定财产代价。

4. 技术开发合同的当事人须承担风险

这里的所谓风险,是指因在研究开发中遇到虽研究开发人已尽最大努力也无法克服的技术难关,导致开发工作全部或者部分失败。因技术开发合同的标的是取得尚未掌握的具有创造性的新技术成果的行为,技术开发工作本身就是具有风险性的。依《合同法》第338条的规定,在技术开发合同履行过程中,因出现无法克服的困难,致使研究开发失败或者部分失败的,该风险由当事人约定。当事人对技术开发的风险没有约定或者约定不明确,又不能协商确定的,风险责任由各方当事人合理分担。

(二)委托开发合同当事人的权利义务

1. 委托人的主要义务

(1)按照合同的约定,支付研究开发经费和报酬。

(2)按照合同的约定,提供技术资料、原始数据、完成协作事项。

(3)按期接受研究开发成果。委托人应按照合同约定的期限接受研究开发成果,并及时依约定对成果进行鉴定和验收。

依《合同法》第333条的规定,委托人违反约定造成研究开发工作停滞、延误或者失败的,应当承担违约责任。因委托人迟延支付研究开发经费和报酬,造成研究开发工作停滞、延误的,研究开发人不负迟延责任;委托人逾期不支付研究开发经费或者报酬的,研究开发人有权解除合同,并要求委托人返还技术资料、补交应付的报酬和赔偿研究开发人因此受到的损失。因委托人提供的技术资料、原始数据和协作事项有重大缺陷而导致研究开发工作停滞、延误、失败的,委托人应承担责任;委托人逾期不提供技术资料、原始数据和协作事项的,研究开发人有权解除合同并要求委托人赔偿因此给研究开发人造成的损失。委托人逾期不接受研究开发成果的,研究开发人有权处分研究开发成果,从所得收益中扣除其应得的报酬以及委托人应付的违约金等费用;所得收益不足以抵偿报酬和其他费用的,研究开发人有权要求委托人赔偿损失。

2. 研究开发人的主要义务

(1)按照约定制定和实施研究开发计划。未经委托人同意,研究开发人不得将研究开发的主要工作交给第三人完成。

(2)合理使用研究开发经费。

(3)按期完成研究开发工作,及时交付研究开发成果。在交付技术成果后,研究开发人应当履行后续的义务,向委托人提供有关技术资料、必要的技术指导

和帮助,并应按照约定保守技术秘密。

依照《合同法》第334条的规定,研究开发人违反约定造成研究开发工作停滞、延误或者失败的,应当承担违约责任。研究开发人未按计划实施研究开发工作的,委托人有权要求研究开发人按计划实施并采取补救措施;研究开发人逾期不实施研究开发计划的,委托人有权解除合同,要求研究开发人返还研究开发经费并赔偿委托人因此受到的损失。研究开发人擅自挪用研究开发经费的,委托人有权制止并要求将经费退回用于研究开发,因此而造成研究开发工作停滞、延误或者失败的,研究开发人应负责赔偿损失;经委托人催告后,研究开发人逾期不退还挪用的经费用于研究开发工作的,委托人有权解除合同,要求研究开发人返还研究开发经费并赔偿委托人因此受到的损失。因研究开发人的过错造成研究开发成果不符合合同约定的,研究开发人应负赔偿责任;造成研究开发失败的,研究开发人应返还部分或者全部研究开发经费,并赔偿损失。

3. 研究开发的技术成果归属

根据《合同法》第339条的规定,委托开发完成的发明创造,除当事人另有约定的以外,申请专利的权利属于研究开发人;研究开发人转让专利申请权的,委托人享有以同等条件优先受让该专利申请权的权利;研究开发人取得专利权的,委托人有权免费实施该专利。依《合同法》第341条的规定,委托开发完成的非专利的技术秘密成果的使用权、转让权及利益的分配办法,由当事人约定;当事人没有明确约定,依照习惯又不能确定的,各方均有使用和转让的权利,但研究开发人不得在向委托人交付研究开发成果之前,将研究开发成果转让给第三人。①

(三) 合作开发合同当事人的权利义务

1. 当事人的义务

(1) 按照约定进行投资。所谓投资,是指以资金、设备、材料、场地、试验条件、技术情报资料,以及专利权、非专利技术成果等方式对研究开发项目的投入。当事人以资金以外的形式投资的,应当折算成相应的金额,并应明确当事人在投资中所占的投资比例。

(2) 按照约定的分工参与研究开发。依《关于技术合同的解释》第19条的规定,"分工参与研究开发工作",包括当事人按照约定的计划和分工,共同或者分别承担设计、工艺、试验、试制等工作。当事人若不参与研究开发工作,仅提供

---

① 依《关于技术合同的解释》第20条的规定,《合同法》第341条所称"当事人均有使用和转让的权利",包括当事人均有不经对方同意而自己使用或者以普通使用许可的方式许可他人使用技术秘密,并独占由此所获利益的权利。当事人一方将技术秘密成果的转让权让与他人,或者以独占或者其他排他使用许可的方式许可他人使用技术秘密,未经对方当事人同意或者追认的,应当认定让与或者许可行为无效。

资金等物质条件或者承担辅助协作事项,则不为合作开发合同的当事人,只能属于委托开发合同的委托人。

(3) 协作配合研究开发工作。

依《合同法》第336条的规定,合作开发合同的当事人违反约定造成研究开发工作停滞、延误或者失败的,应当承担违约责任。

2. 合作研究开发的成果归属

按照《合同法》第340条的规定,合作开发完成的发明创造,除当事人另有约定外,申请专利的权利属于合作开发的当事人共有。当事人一方转让其共有的专利申请权的,其他各方享有以同等条件优先受让其共有的专利申请权的权利。当事人一方声明放弃其共有的专利申请权的,可以由另一方单独申请或者由其他各方共同申请;申请人取得专利权的,放弃专利申请权的一方有权免费实施该专利。合作开发的当事人一方不同意申请专利权的,另一方或者其他各方不得申请专利。

依《合同法》第341条的规定,合作开发完成的非专利的技术秘密成果的使用权、转让权以及利益的分配办法,由当事人约定;没有约定或者约定不明确又不能依习惯确定的,合作各方均有使用和转让的权利。

三、技术转让合同

(一) 技术转让合同的概念与特征

《合同法》上的技术转让合同是广义的,包括:(1) 专利权转让合同。指的是专利权人作为转让人将其发明创造的专利的所有权或者持有权转让给受让人,受让人为此支付价款的合同。(2) 专利申请权转让合同。指的是转让人将其就特定的发明创造申请专利的权利转让给受让人,受让人为此支付价款的合同。(3) 技术秘密转让合同,是指转让人将其拥有的非专利的技术秘密成果转让给受让人使用,受让人为此支付使用费的合同。(4) 专利实施许可合同。指的是专利权人或者其授权的人作为转让人许可受让人在约定的范围内实施专利,受让人为此支付约定的使用费的合同。

技术转让合同具有以下特征:

1. 技术转让合同交易的对象是特定的现有的技术成果

以技术转让合同进行交易的技术成果必须是现有的,能够为某人独占的或者不具有公开性,能够在生产经营中使用并产生经济效益的技术。尚未研究开发出的技术成果,或者不涉及专利、专利申请或者技术秘密成果权属的知识、技术、经验和信息,不能成为技术转让合同交易的对象。

2. 技术转让合同所转移的是技术成果的使用权或者所有权

技术转让合同的目的是受让人取得受让技术的使用权。但是,依技术转让合同转让技术后,有的让与人对转让的技术成果不再享有任何权利,受让人享有处分的权利。因此,从转让的后果上说,技术转让合同所转让的是技术成果使用权或者所有权。《合同法》第343条规定:"技术转让合同可以约定让与人和受让人实施专利或者使用技术秘密的范围,但不得限制技术竞争和技术发展。"

3. 技术转让合同当事人的权利义务具有延续性

技术转让合同当事人的权利义务关系不仅于合同生效时起即产生,而且延续到合同的整个有效期间以及合同终止后的一定期间。这是由技术成果的无形性、可复制性所决定的。

4. 技术转让合同为诺成性合同、双务合同、有偿合同

技术转让合同自当事人双方意思表示一致时即可成立,不以实际交付成果和履行为成立条件。技术转让合同的双方当事人均负有义务,双方的义务有对待给付性,任何一方从对方取得利益均须支付相应的对价。

(二) 技术转让合同当事人的权利义务

1. 让与人的主要义务

技术转让合同让与人的主要义务是按照约定将转让的技术转让给受让人。

依《合同法》第349条的规定,让与人应当保证自己是所转让的技术的合法拥有者,并且保证所提供的技术完整、无误、有效,能够达到约定的目标。让与人所转让的技术若存在权利瑕疵或者质量瑕疵,让与人应向受让人承担责任。依《合同法》第353条的规定,受让人按照约定实施专利、使用技术秘密侵害他人合法权益的,除当事人另有约定外,由让与人承担责任。

专利申请权转让合同让与人应当将特定的发明创造申请专利的权利转让给受让人,并依合同的约定提供申请专利和实施发明创造所需的技术情报和资料,使受让人能足以了解该项技术;专利权转让合同的让与人应依合同的约定办理专利权转移手续,并交付与转让的专利技术有关的技术资料,向受让人提供必要的技术指导;专利实施许可合同的让与人应当按照约定许可受让人实施专利,交付实施专利有关的技术资料,提供必要的技术指导(《合同法》第345条);技术秘密转让合同的让与人应当按照约定提供技术资料,进行技术指导,保证技术的实用性、可靠性,承担保密义务(《合同法》第347条)。按照《合同法》第351条的规定,技术转让合同的让与人未按照约定转让技术的,应当返还部分或者全部使用费,并应当承担违约责任;实施专利或者使用技术秘密超越约定的范围的,违反约定擅自许可第三人实施该项专利或者使用该项技术秘密的,应当停止违约行为,承担违约责任;违反约定的保密义务的,应当承担违约责任。

2. 受让人的主要义务

技术转让合同受让人的主要义务是按照约定受让技术,在约定的范围使用技术,支付技术使用费。

专利申请权转让合同和专利权转让合同的受让人应按照合同的约定支付价款。专利实施许可合同的受让人应当按照约定的范围、期限、方式实施该专利,不得超越合同约定的范围实施该专利,不得擅自许可约定以外的第三人实施该专利(《合同法》第 346 条)。① 技术秘密转让合同的受让人应当按照约定使用技术,承担保密义务,不得超越合同约定的范围使用该技术,也不得许可他人使用该技术(《合同法》第 348 条)。

依《合同法》第 350 条的规定,不论何种技术转让合同的受让人都应当按照约定的范围和期限,对让与人提供的技术中尚未公开的秘密部分,承担保密义务。

按照《合同法》第 352 条的规定,受让人未按照约定支付使用费的,应当补交使用费并按照约定支付违约金;不补交使用费或者支付违约金的,应当停止实施专利或者使用技术秘密,交还技术资料,承担违约责任;实施专利或者使用技术秘密超越约定的范围的,未经让与人同意擅自许可第三人实施该专利或者使用该技术秘密的,应当停止违约行为,承担违约责任;违反约定的保密义务的,应当承担违约责任。

3. 后续改进的技术成果的分享

依《合同法》第 354 条的规定,技术转让合同的当事人可以按照互利原则,在合同中约定实施专利、使用技术秘密后续改进的技术成果的分享办法。合同中没有约定或者约定不明确,又不能依合同的其他条款或者习惯决定的,后续改进的技术成果归属于取得该成果的一方,任何一方无权分享另一方后续改进的技术成果。

四、技术咨询合同和技术服务合同

(一)技术咨询合同和技术服务合同的概念与特征

技术咨询合同是指当事人一方为另一方就特定技术项目提供可行性论证、技术预测、专题技术调查、分析评价报告等,另一方支付报酬的合同。技术服务合同是指一方以技术知识为另一方解决特定技术问题,另一方支付报酬的合同。技术咨询合同和技术服务合同中支付报酬的一方为委托人,提供技术咨询意见或者解决技术问题的一方为受托人。技术咨询合同和技术服务合同主要具有以

---

① 《关于技术合同的解释》第 25 条中规定,专利实施许可包括以下方式:(1) 独占实施许可,是指让与人在约定许可实施专利的范围内,将该专利仅许可一个受让人实施,让与人依约定不得实施该专利;(2) 排他实施许可,是指让与人在约定许可实施专利的范围内,将该专利仅许可一个受让人实施,但让与人依约定可以自行实施该专利;(3) 普通实施许可,是指让与人在约定许可实施专利的范围内许可他人实施该专利,并且可以自行实施该专利。当事人对专利实施许可方式没有约定或者约定不明确的,认定为普通实施许可。专利实施许可合同约定受让人可以再许可他人实施专利的,认定该再许可为普通实施许可,但当事人另有约定的除外。

下特征:

1. 技术咨询合同和技术服务合同的标的是技术性劳务

技术咨询合同的标的是技术性的咨询服务,技术服务合同的标的是解决特定技术问题的行为。这两种合同的委托人所需要的仅是受托人所提供的技术性劳务。

2. 技术咨询合同和技术服务合同为诺成性合同、双务合同、有偿合同

技术咨询合同和技术服务合同,自当事人双方意思表示一致即可成立;受托人须为委托人提供技术性服务,委托人须支付报酬,任何一方的利益取得都须向对方给付相应的对价。

(二) 技术咨询合同和技术服务合同当事人的权利义务

1. 技术咨询合同当事人的权利义务

(1) 委托人的义务。依《合同法》第357条的规定,技术咨询合同委托人的主要义务是按照约定阐明咨询的问题,提供技术背景材料及有关技术资料、数据;为受托人进行调查论证提供必要的工作条件;按期接受受托人的工作成果,支付报酬。

按照《合同法》第359条第1款的规定,委托人未按照约定提供必要的资料和数据,影响工作进度和质量,不接受或者逾期接受工作成果的,支付的报酬不得追回,未付的报酬应当如数支付。

(2) 受托人的义务。依《合同法》第358条的规定,技术咨询合同受托人的主要义务是按照约定的期限完成咨询报告或者解答问题;提出的咨询报告应当达到约定的要求。

按照《合同法》第359条第2、3款的规定,受托人未按期提出咨询报告或者提出的咨询报告不符合约定的,应当承担减收或者免收报酬等违约责任。① 但是,除当事人另有约定外,受托人不对委托人按咨询报告和意见的决策结果负责,委托人按照受托人符合约定要求的咨询报告和意见作出决策所造成的损失,由委托人自行承担。

2. 技术服务合同当事人的权利义务

(1) 委托人的义务。依《合同法》第360条的规定,技术服务合同的委托人的主要义务是按照约定提供工作条件,完成配合事项;接受工作成果并支付报酬。

根据《合同法》第362条第1款的规定,委托人不履行合同义务或者履行合

---

① 依《关于技术合同的解释》第32条规定,受托人发现委托人提供的资料、数据等有明显错误或者缺陷,应当在合理的期限内通知委托人,未在合理期限内通知委托人的,视为其对委托人提供的技术资料、数据等的认可。委托人在接到受托人的补正通知后未在合理期限内答复并予以补正的,发生的损失由委托人承担。

同义务不符合约定,影响工作进度和质量,不接受或者逾期接受工作成果的,支付的报酬不得追回,未支付的报酬应当支付。

(2) 受托人的义务。依《合同法》第 361 条的规定,受托人的主要义务是按照约定完成服务项目,解决技术问题,保证工作质量,并传授解决技术问题的知识。

根据《合同法》第 362 条第 2 款的规定,受托人未按照合同约定完成服务工作的,应当承担免收报酬等违约责任。

3. 技术咨询合同与技术服务合同履行中取得新技术成果的归属

按照《合同法》第 363 条的规定,技术咨询合同、技术服务合同履行过程中,受托人利用委托人提供的技术资料和工作条件完成的新的技术成果,属于受托人;委托人利用受托人的工作成果完成的新的工作成果,属于委托人;当事人另有约定的,按照其约定。

(三) 技术培训合同、技术中介合同的法律适用

《合同法》第 364 条规定:"法律、行政法规对技术中介合同、技术培训合同另有规定的,依照其规定。"依此,在法律、行政法规没有另外规定时,对技术中介合同、技术培训合同适用合同法关于技术服务合同的规定。

依《关于技术合同的解释》第 36 条、第 37 条的规定,技术培训合同,是指当事人一方委托另一方对指定的学员进行特定项目的专业技术训练和技术指导所订立的合同,不包括职业培训、文化学习和按照行业、法人或者其他组织的计划进行的职工业余教育。当事人对技术培训必需的场地、设施和试验条件等工作条件的提供和管理责任没有约定或者约定不明确的,由委托人负责提供和管理。委托人派出的学员不符合约定条件,影响培训质量的,由委托人按照约定支付报酬;受托人配备的教员不符合约定条件,影响培训质量,或者受托人未按照计划和项目进行培训,导致不能实现约定培训目标的,应当减收或者免收报酬。受托人发现学员不符合约定条件或者委托人发现教员不符合约定条件,未在合理期限内通知对方,或者接到通知的一方未在合理期限内按约定改派的,应当由负有履行义务的当事人承担相应的民事责任。

依《关于技术合同的解释》第 38、39、40 条的规定,技术中介合同,是指当事人一方以知识、技术、经验和信息为另一方与第三人订立技术合同进行联系、介绍以及对履行合同提供专门服务所订立的合同。当事人对中介人从事中介活动的费用负担没有约定或者约定不明确的,由中介人承担;当事人约定该费用由委托人承担但未约定具体数额的,由委托人支付中介人从事中介活动支出的必要费用。当事人对中介人的报酬没有约定或者约定不明确的,应当根据中介人所进行的劳务合理确定,并由委托人承担;仅在委托人与第三人订立的技术合同中约定中介条款,但未约定给付中介人报酬或者约定不明确的,应当支付的报酬由

委托人和第三人平均承担。中介人未促成委托人与第三人之间的技术合同成立的,不能要求支付报酬,但除当事人另有约定外,可以要求委托人支付其从事中介活动的必要费用;中介人隐瞒与订立技术合同有关的重要事实或者提供虚假情况,侵害委托人利益的,应当根据情况免收报酬并承担赔偿责任。[①]

[①] 《合同法》中的技术合同是在被废止的《技术合同法》的基础上作出的规定。技术合同是技术开发合同、技术转让合同、技术咨询合同和技术服务合同的总称。这些合同分别具有买卖、委托、承揽、合伙的特征,技术合同没有特别规定的,可以分别适用买卖合同、委托合同、承揽合同或者合伙的有关规定。因此,本书将技术合同列在各种合同的最后一种。

第二十八章 无因管理之债

第一节 无因管理概述

一、无因管理的概念与性质

无因管理作为债的一种发生根据,是指没有法定的或者约定的义务,为避免他人利益受损失而对他人进行事务的管理或者服务的事实行为(参见《民法总则》第 121 条)。进行管理或者服务的当事人称为管理人,受事务管理或者服务的一方称为本人。因本人一般从管理人的管理或者服务中受益,所以又称为受益人。

作为债的发生根据的法律事实,无因管理属于合法的事实行为。首先,无因管理与人的意志有关,不属于事件,而属于行为。其次,因无因管理的管理人并不是以发生一定民事法律后果为目的而实施管理行为的,并不以行为人的意思表示为要素,因此,无因管理不属于民事法律行为,而只能属于事实行为。最后,无因管理是一种合法行为。事实行为有合法的,也有不合法的。无因管理属于合法的事实行为。因为在社会生活中,对他人事务的管理,应有法律规定的或者与他人约定的义务,否则对他人的事务管理就会构成对他人事务的干涉,侵害他人的权利;但同时在社会生活中由于各种原因又要求人们能够主动地相互扶助,主动地保护他人的利益免受损失,而不能对他人事务一概漠不关心、不管不问。无因管理制度正是基于这两方面的考虑而设立的制度。法律确立无因管理制度的直接目的,是赋予无因管理行为以合法性,而对于不合无因管理要件的对他人事务的干涉行为则不承认其合法性。所以,无因管理实质上是法律赋予没有根据地管理他人事务的某些行为以阻却违法性。

二、无因管理与相关制度的区别

(一)无因管理与合同、不当得利、侵权行为的区别

无因管理与合同的主要区别在于合同为民事法律行为,而无因管理属于事实行为。合同须有各方的意思表示的一致才能成立,并且当事人应有相应的民事行为能力。而无因管理既然是单方实施的事实行为,也就不以意思表示为要素,不要求当事人有行为能力。由于合同当事人依据合同享有权利和义务,而无因管理以管理人无约定或者法定的管理义务为前提,若当事人依合同约定有管

理他人事务的义务,其管理也就不会构成无因管理。所以,从法律适用上说,合同关系的存在排除无因管理的成立。

无因管理与不当得利的区别主要在于,无因管理属于行为,管理人的意志内容有意义,其是否有为他人利益管理的意思是能否成立无因管理的重要条件;而不当得利属于事件,不论当事人的意志内容如何,均不会影响不当得利的成立。由于不当得利是无法律根据地得到利益,而无因管理是本人得到利益的法律根据,所以在法律适用上,无因管理排斥不当得利。就同一现象来说,应首先分析其是否为无因管理,若不成立无因管理再分析其是否构成不当得利。

无因管理与侵权行为的区别主要在于,无因管理是合法的事实行为,而侵权行为属于不法的事实行为;无因管理阻却违法性,而侵权行为具有违法性。因此,在适用上,无因管理排斥侵权行为。对他人事务的某一"干涉"行为,若为无因管理,则不属于侵权行为。

(二) 无因管理与代理、无权代理的区别

由于无因管理的管理人是为本人的利益管理本人事务的,因而无因管理与代理相类似,但二者的性质根本不同。代理中,代理人有管理被代理人事务的义务,并且代理人与第三人所为的行为为民事法律行为;而无因管理的管理人本无管理他人事务的义务,管理人的管理行为也不限于民事法律行为。因此,代理当然排斥无因管理的适用。

无因管理也不同于无权代理:第一,在无权代理,行为人是以本人的名义进行活动的,而在无因管理,管理人并不必以本人的名义实施管理行为。第二,无权代理行为属于民事法律行为,行为人须有相应的民事行为能力,而无因管理行为属于事实行为,不要求管理人有完全民事行为能力。第三,无权代理发生本人的追认,经本人追认的无权代理为有效代理,对本人发生法律效力,而未经本人追认的无权代理为无效代理,对本人不发生法律效力;而在无因管理,不发生本人的追认,本人是否接受无因管理的后果不影响无因管理的效力。第四,无权代理中行为人与第三人发生关系,而在无因管理中管理人并不一定与第三人发生关系。第五,无权代理人实施行为的后果可能是有利于本人的,也可能是不利于本人的,行为人是否有为本人利益实施行为的意思并不是其成立要件;而在无因管理中,管理行为的后果从根本上说应是有利于本人的,管理人有为本人利益管理的意思是其成立条件。

第二节 无因管理的成立要件

关于成立无因管理的条件,学者中表述不一。如有的认为,无因管理的成立条件为:管理事务、管理他人事务、为他人管理事务、无法律上的义务。一般认为,无因管理的成立须具备以下三个条件。

一、管理他人事务

管理他人事务,是无因管理成立的前提条件。没有对他人事务的管理,当然不会成立无因管理。管理他人事务既包括对他人的事务的管理行为,如对他人财物的保存、利用、改良、管领、处分等;也包括对他人提供服务,如为他人提供劳务帮助。

首先,管理人须管理事务。所谓事务,是指有关人们生活利益的一切事项,可以是有关财产的,也可以是非财产性的。管理事务可以是事实行为,如将危急病人送往医院;也可以是民事法律行为,如雇人修缮房屋。在实施民事法律行为时,管理人可以以自己的名义,也可以以本人的名义。但因无因管理在管理人与本人之间产生债权债务关系,对不能在当事人之间发生债权债务的事项的管理不能构成无因管理。所以,管理下列事务的,一般不发生无因管理:(1)违法的或者违背社会公德的行为,如为他人看管赃物;(2)不足以发生民事法律后果的纯粹道义上的、宗教上的或者其他一般性的生活事务,如接待他人的朋友;(3)单纯的不作为行为;(4)依照法律规定须由本人实施或者须经本人授权才能实施的行为,如放弃继承权的事务。

其次,管理人所管理的事务须为他人的事务。管理人所管理的事务是否为他人的事务,应依事务的性质和管理人的证明来确定。就事务的性质从外部形式上即可断定为管理他人事务的,无须管理人证明。就事务的性质从外部不能断定为他人事务的,若管理人主张无因管理,则由管理人负证明该事务为他人的事务的举证责任;如管理人不能证明其所管理的事务为他人的事务,则应当推定该事务属于管理人自己的事务,其管理不能构成无因管理。但管理人是否明确所管理的事务为何人的事务,一般并不影响无因管理的成立。

二、为他人利益而为管理

管理人主观上有为他人利益管理的意思,亦即是为他人谋利益的。这是无因管理成立的主观要件,也是无因管理阻却违法性的根本原因。

管理人是否是为他人谋利益而为管理的,应由管理人负举证责任。管理人应从自己的主观愿望、事务的性质、管理的必要性以及管理的后果诸方面来证明自己的管理是为他人谋利益的。虽然无因管理的管理人须为他人的利益而为管理,但并不要求管理人须有为他人利益的明确表示。只要管理人的管理在客观上确实避免了他人利益的损失,即使其未有明确的为他人利益管理的目的,而又不单纯是为自己利益管理事务的"利己"行为,就可以构成无因管理。管理人主观上同时既有为他人的目的又有为自己的动机,客观上自己也同时受益的,仍可成立无因管理。例如，为避免邻居的房屋倒塌而为之修缮，管理人同时有为避免自己遭受危险的意思，而且也使自己受有免受危险的利益，仍不影响无因管理的成立。但是，如果管理人纯粹为自己的利益而管理他人的事务，即使本人从其管理中受有利益，也不能构成无因管理。管理人将他人的事务作为自己的事务进行管理的，如符合不当得利的要件，可成立不当得利；如构成对他人事务的不法干涉和侵犯，则会构成侵权行为。

三、无法律上的义务

无因管理的"无因"是指无法律上的原因，也就是无法律上的根据。在社会生活中，管理他人的事务的法律根据，无非或是有权利管理，或是有义务管理。而管理他人事务的权利和义务是相一致的，没有法律上的义务也就没有法律上的权利。因此，管理人无法律上的义务或者无法律上的权利而为管理，是无因管理成立的又一要件。

法律上的义务包括法定义务和约定义务。所谓法定的义务，是指法律直接规定的义务。这里的法律不限于民法，也包括其他法律。例如，父母管理未成年子女的事务，失踪人的财产代管人管理失踪人的财产，是民法上直接规定的义务；消防队员抢救遭受火灾的他人财物，警察收留走失的儿童，是为行政法上直接规定的义务。所谓约定的义务，是指当事人双方约定的义务，也就是基于当事人双方的合同而产生的义务。如受托人管理委托人的事务即是基于双方的委托合同而产生的义务。

管理人有无管理他人事务的义务，应以管理人着手管理时的客观事实而定，而不能以管理人主观的判断为标准。管理人原无管理的义务，但于管理时有义务的，不能成立无因管理；反之，管理人原有管理的义务，但于管理时已没有义务的，则自没有义务之时起可成立无因管理。管理人事实上没有管理的义务，而管理人主观上认为有义务的，可以成立无因管理；管理人事实上有管理的义务，而其主观误认为无义务的，则不能成立无因管理。管理人于着手管理后，其基于无因管理产生管理的义务，这属于无因管理之债的内容，而不属于无因管理构成条件上所指的"义务"。

第三节 无因管理之债的内容

无因管理一经成立，一方面管理人的管理行为为合法行为，不能构成侵权行为；另一方面管理人与本人之间产生债权债务关系即无因管理之债。无因管理是无因管理之债的发生根据，无因管理之债是无因管理的法律后果。无因管理之债的内容也就是管理人与本人双方当事人享有的权利和负担的义务。由于无因管理之债的当事人双方都既享有权利,也负有义务;管理人的请求权以其义务的履行为前提,如其没有履行义务,则不能享有相应的权利。因此,对于无因管理之债的内容,可以从管理人的义务和权利两方面说明。

一、管理人的义务

管理人的义务,是指管理人着手管理后依法承担的义务。无因管理的管理人原本无管理的义务,但因无因管理的成立,管理人也就承担了一定的义务。

(一) 适当管理义务

不违反本人的意思,以有利于本人的方法为适当管理,是管理人的基本义务。

所谓不违反本人的意思,是指管理人的管理与本人的意思或者本人的真实利益不相悖。本人的意思包括明示的或者可推知的意思。例如,本人明确表示过要修理自己的危房,则为有明示的意思;本人于路途中发病,虽未明确表示要去医院治疗,但从本人所处的情形可推知其有去医院治疗的意思。本人的意思与其根本利益不一致的,管理人则应依其根本利益而为管理。例如,路遇自杀者而予以抢救,管理人的管理虽与本人的意思相反,但与其根本利益相一致,管理人的管理也为适当管理。

所谓有利于本人的方法,是指管理人对事务管理的方式、管理的结果有利于本人,而不损害本人的利益。管理方法是否有利于本人,应以管理人管理事务当时的具体情况确定,而不能以管理人的主观意识为标准。管理人虽主观上认为其管理方法有利于本人,而客观上并不利于本人,甚至反而使本人的利益受损失的,则其管理是不适当的。反之,本人主观上认为管理人的管理方式不利于自己,但从当时的情况看,管理人的管理是有利于本人的利益的,则管理人的管理是适当的。管理人所管理的事务如是本人应尽的法定义务或者公益义务,则管理的结果虽不利于本人的利益,管理人的管理也是适当的。

管理人未尽适当管理义务的,发生债务不履行的法律后果,应当依法承担相应的民事责任。若管理人能证明自己是没有过错的,则可不承担民事责任。为鼓励无因管理行为,对管理人的注意义务不能要求过高,应当要求管理人对所管理的事务给予如同管理自己事务一样的注意。因此,如果管理人对所管理的事务尽到了如同管理自己事务一样的注意,则其管理虽为不适当的,也不为有过错,管理人不应当承担债务不履行的责任;如果管理人在管理事务中未尽到如同管理自己事务一样的注意,则其不适当管理为有过错的,应当承担债务不履行的责任。管理人所管理的事务如处于紧迫状态,不迅速处理就会使本人遭受损失时,除有恶意或者重大过失外,对于不适当管理的损害,管理人不应承担责任。一般说来,管理人对因不适当管理所承担的赔偿责任,应当限于管理人不管理就不会发生的损害,而不能包括其他损失。

当然,管理人在管理中过错地侵害了本人的权利的,也可构成侵权行为。于此情形下,会发生债务不履行责任与侵权责任的竞合,根据本人的请求,管理人就其中的一种承担民事责任。

(二) 通知义务

管理人在开始管理后,应将开始管理的事实通知本人,但管理人的此项义务以能够通知和有必要通知为限。如果管理人无法通知,例如,不知本人的住址,则不负通知义务;本人已知管理事实的,管理人则没有必要通知。管理人将开始管理的事实通知本人后,只要停止管理会使本人不利而继续管理又可避免本人利益受损失,就应当继续管理;否则,应当听候本人的处理。管理人未履行通知义务的,对因其不通知所造成的损失应负赔偿责任。

(三) 报告与计算义务

管理人于开始管理后应及时地将管理的有关情况报告给本人,该报告义务也应以管理人能够报告为限。于管理关系终止时,管理人应向本人报告事务管理的始末,并将管理事务所取得的各种利益转归本人。管理人为了自己的利益而使用了应交付本人的金钱或者应为本人利益使用的钱物的,应自使用之日起计付利息。

二、管理人的权利

管理人的权利也就是本人应当承担的义务。管理人的权利主要是得请求本人偿付因管理事务所支出的必要费用。管理人的这一权利也称为求偿请求权。

《民法总则》第121条规定,管理人"有权请求受益人偿还由此支出的必要费用"。这里的必要费用"包括在管理或者服务活动中直接支出的费用,以及在该活动中受到的实际损失"。[①] 因此,管理人有权请求本人偿还的必要费用包括两部分:一是管理人在管理事务中直接支出的费用,二是管理人在事务管理中受到的实际损失。

管理人在管理中所直接支出的费用,只有为管理所必要者,管理人才有权要求偿还。管理人所支出的费用是否为必要,应以管理活动当时的客观情况而定。如果依当时的情况,该项费用的支出是必要的,即使其后看是不必要的,也应为必要费用。反之,如依管理事务的当时情况,该项费用的支出是不必要的,即使其后为必要的,一般也不应视为必要的费用。

管理人在管理中受到的实际损失,并非全部应由本人偿付。除管理人处于

---

① 《民通意见》第132条。

急迫危险的状况下以外,管理人对该损失的造成有过错时,应适当减轻本人的责任。① 如果管理人对损失的发生也没有过错,而该损失又大于本人因管理所受的利益,则应从公平原则出发,由双方分担责任。

管理人除享有必要费用偿还请求权外,还享有负债清偿请求权。即,管理人在事务管理中以自己的名义为管理事务负担债务时,有权要求本人直接向债权人清偿。例如,甲以自己的名义雇请丙修缮乙的危险房屋,甲得请求乙直接向丙清偿因此所负的债务。本人应当负责清偿的债务,也仅以为事务管理所必要者为限。对于管理人所设立的不必要债务,本人不应当承担,而应由管理人自行负责清偿。

---

① 王家福主编:《中国民法学·民法债权》,法律出版社1991年版,第598页。

第二十九章 不当得利之债

第一节 不当得利概述

一、不当得利的概念与性质

《民法总则》第122条规定:"因他人没有法律根据,取得不当利益,受损失的人有权请求其返还不当利益。"所谓不当得利,就是指没有合法根据取得利益而使他人受损失的事实。在这一事实中,取得不当利益的一方称为受益人,受到损失的一方称为受害人或者受损人。

不当得利作为引起债发生的法律事实,是属于行为还是事件,有两种不同的观点。一种观点认为,不当得利事实属于行为。因为尽管不当得利的原因很多,但其本身与人的意志有关,它属于一种不公正行为。从法律上确认不当得利为主体的行为,确认不当得利人的债务人性质,有助于规范民事主体的行为。另一种观点认为,不当得利属于事件,因为不当得利本质上是一种利益,与当事人的意志无关。后一种观点为通说。尽管发生不当得利的原因有事件,也有行为,但不当得利都是与人的意志无关的,不是由受益人的意志决定取得的,亦即受益人取得不当利益的主观状态如何,并不影响不当得利事实的成立。在不当得利中受益人的义务是直接由法律规定的。法律规定不当得利之债的目的,并不在于制裁受益人的得利"行为",而在于纠正受益人"得利"这一不正常、不合理的现象,调整无法律原因的财产利益的变动。

二、不当得利与相关制度的关系

不当得利作为一种法律事实,属于事件,与人的意志无关,因而其不同于与人的意志有关的民事法律行为、无因管理及侵权行为等。

民事法律行为以意思表示为要素。依民事法律行为而取得利益是合法的、正当的,当然不成立不当得利;但是若当事人所为的民事法律行为无效或者被撤销时,当事人一方依据该行为所取得的利益(例如依无效合同所取得的利益),已无合法的原因,则可构成不当得利。

无因管理虽不是民事法律行为,却是一种合法的事实行为。无因管理的管理人应将管理所得的利益移归于本人,管理人并不能取得利益。因此,本人从管理人取得利益的,因该利益本为自己所有,不属于不当得利;管理人将管理所取得的利益移归本人时,因其未将利益占为己有,管理人不为不当得利人。但是若管理人从管理中取得利益并不归还本人而自己占有的,则管理人的占有是无合法根据的,本人得基于不当得利的规定请求管理人返还。

侵权行为也是社会中发生的一种不正常的现象,并且侵权行为也会给受害人造成损失。但侵权行为是单方实施的一种不合法的与人的意志有关的事实行为。法律规范侵权行为的目的,是要预防侵权行为的发生,制裁不法行为人。而法律规范不当得利并不是为了制裁不当得利人,而是纠正不正常的财产利益转移,使之恢复到正常状态。当然,侵权行为人侵害他人的合法权益也可能从中得利,其所得利益当然也是没有合法根据的,就其得利的这一事实来说,也可构成不当得利。

第二节 不当得利的成立条件与类型

一、不当得利的构成条件

一般情形下须具备以下四个条件,不当得利才能成立。

(一) 一方受利益

所谓一方受有利益,是指一方当事人因一定的事实结果而使其得到一定的财产利益。受有财产利益也就是财产总量的增加,包括财产的积极增加和消极增加。

财产的积极增加即积极受有利益,是指财产权利的增强或者财产义务的消灭。这既包括所有权、他物权、债权以及知识产权等财产权利的取得,也包括占有的取得,还包括财产权利的扩张及其效力的增强、财产权利限制的消除等。

财产的消极增加即消极受有利益,是指财产本应减少而没有减少。这既包括本应支出的费用而没有支出,也包括本应承担的债务而未承担以及所有权上应设定负担的而未设定等。

(二) 他方受损失

这里的所谓损失,是指因一定的事实结果使财产利益的总额减少,既包括积极损失,也包括消极损失。积极损失,又称为直接损失,是指现有财产利益的减少;消极损失,又称为间接损失,是指财产应增加而未增加,亦即应得财产利益的损失。这里的应得利益是指在正常情形下可以得到的利益,并非指必然得到的利益。例如,没有合法根据地居住他人的空房,所有人也就失去对该房的使用收益的利益,尽管该利益不是所有人必然得到的,也不失为其损失。

(三) 一方受利益与他方受损失之间有因果关系

所谓受利益与受损失之间有因果关系,是指他方的损失是因一方受益造成的,一方受益是他方受损的原因,受益与受损二者之间有变动的关联性。即使受损失与受利益不是同时发生的,具有不同的表现形式,有不同的范围,也不影响二者之间因果关系的存在。

关于受利益与受损失之间的因果关系,有直接因果关系说与非直接因果关系说两种学说。直接因果关系说认为,受益与受损必须基于同一原因事实,即由于同一原因使一方受有利益,他方受有损失,二者间才为有因果关系。如果受利益与受损失是由两个不同的原因事实造成的,即使二者间有牵连关系,也不应视为具有因果关系。例如,甲向乙借钱用于修理丙的房屋,而甲无力偿还借款时,乙不得向丙请求返还不当得利。因为乙受损失与丙取得利益的原因并不是同一事实。德国、日本多采直接因果关系说。非直接因果关系说认为,受有利益与受有损失间的因果关系,不限于同一原因事实造成受益与受损的情况,即使受益与受损是由两个原因事实造成的,如果社会观念认为二者有牵连关系,也应认为二者间具有因果关系。依《民法总则》第 122 条的规定,没有法律根据,取得不当利益,即构成不当得利。因此,只要他人的损失是由取得不当利益造成的,或者如果没有其不当利益的取得,他人就不会造成损失,就应当认定受益与受损间有因果关系。

(四) 没有合法根据

没有合法根据,是不当得利构成的实质性条件。在社会交易中,任何利益的取得都须有合法的根据,或是直接依据法律,或是依据民事法律行为。不是直接根据法律或者根据民事法律行为取得利益的,其取得利益就是没有合法根据的,亦即没有法律上的原因,该得利即为不正当的。当事人于取得利益时没有合法根据,其利益的取得当然为没有合法根据的;其取得利益时虽有合法根据,但其后该根据丧失的,该利益的取得也为没有合法根据。

二、不当得利的基本类型

关于不当得利的基本类型,有不同的划分法。从利益取得的角度看,一是因一方当事人的给付发生的,一是因其他原因发生的。因而,对于不当得利可分为以下两类:

(一) 因给付而发生的不当得利

给付是一方将其财产利益转移给另一方。给付本为债务人履行债务的行为,亦即当事人给付财产利益给他人,是以履行自己的义务为目的的。若当事人一方为履行义务而为给付,从该给付取得利益的一方的得利即是有法律根据的,不为不当得利。但若当事人一方为实现给付的法律目的而为给付行为,而其法律目的又欠缺时,则另一方因该给付所取得的利益就是无合法根据的。因给付而发生的不当得利包括以下几种情形:

1. 给付的目的自始不存在。这是指一方为履行自己的义务而向受益人给付,但该义务自始就不存在。这种情形又称为非债清偿。例如,甲误认为与乙之间有买卖合同而将货物交付给乙。

但在下列情形下,当事人一方虽没有给付义务而为给付,另一方的得利也不为不当得利:

第一,履行道德义务而为给付。例如,养子女对其生父母的法定赡养义务因收养而解除,不再负担。若该养子女仍赡养其生父母,则属于尽道德义务。对因此而支出的费用,养子女不得以不当得利请求返还。

第二,为履行未到期债务而交付财产。债务未到清偿期债务人本无清偿的义务,但若债务人主动提前清偿而债权人受领时,即使债务人因此而失去利益,债权人因此而取得利益,债权人得到的利益也不为不当得利。

第三,明知无给付义务而交付财产。一方明知自己没有给付义务而向他人交付财产的,对方接受该财产不成立不当得利。此种情形应视为赠与。

第四,因不法原因交付的财产。基于不法原因而给付财产的,"债务人"没有给付财产的法律义务,"债权人"也没有得到财产的权利。但给付一方给付财产即使原因不合法,也不能以不当得利为由请求对方返还。不法原因既包括违反法律的强行性规定,也包括违反公序良俗。当然,在因不法原因给付财产的情形下,对方也不能取得该财产,该财产应当收缴。例如因偿还赌"债"而给付财产时,该财产就应收缴。

2. 给付的目的未达到。当事人为一定目的而为给付,但其目的因某种原因未达到时,因该给付取得的利益也就是无合法根据的不当得利。例如,债权人以受清偿的目的将债务清偿的收据交付给债务人,而其后债务人并未清偿债务。

3. 给付的目的嗣后不存在。当事人一方给付原是有法律目的的,但于给付后该法律目的不存在时,因给付而取得的财产利益也就成为无法律原因的受益。例如,当事人一方为担保合同的履行而向对方给付定金,而其后该合同被确认为无效,这就属于给付目的嗣后不存在的给付。

(二) 基于给付以外的事实而发生的不当得利

基于给付以外的事实而发生不当得利的,主要有以下情形:

1. 基于受益人自己的行为而发生的不当得利。这是指基于受益人的行为取得利益而使他人利益受损失。由于该情形下的不当得利是因受益人侵害他人的合法权益发生的,因此,这种情形下受益人的行为也可能会构成侵权行为。

2. 基于受损人的行为而发生的不当得利。例如,误认他人的牲畜为自己的牲畜而加以饲养。

3. 基于第三人的行为而发生的不当得利。例如,甲以乙的饲料饲养丙的牲畜。

4. 基于自然事件而发生的不当得利。例如,甲养的鱼因池水漫溢而流入乙的养鱼池内。

5. 基于法律规定而发生的不当得利。例如,在发生添附时,一方可基于法律规定而取得他方之物的所有权,但另一方不能因此而受损失,取得所有权的一方并无得到利益的根据,须向另一方返还所取得的利益。

第三节 不当得利之债的内容

不当得利之债的内容,也就是受益人返还不当得利的义务与受损人请求返还不当得利的权利。所以,不当得利之债的基本内容为受损人的不当得利返还请求权。

一、不当得利返还请求权与其他请求权的关系

(一) 不当得利返还请求权与所有物返还请求权的关系

在一方侵占他人的财物,或者一方基于无效行为给付他人财物,标的物的所有权不发生转移时,成立所有物返还请求权。同时因一方取得他人财物的占有,占有也是一种利益。在此情形下,发生所有物返还请求权与不当得利返还请求权竞合。因不当得利返还请求权为债的请求权,所有物返还请求权为物上请求权,所以,权利人应首先适用物上请求权的规定。但也不排除权利人得依不当得利返还请求权请求返还不当得利。

(二) 不当得利返还请求权与侵权损害赔偿请求权

不当得利请求权与侵权损害赔偿请求权也可以发生竞合。例如,侵害人因侵权行为而从中受有利益时,该受利益即是无合法根据的不当利益,于此情形下即可成立不当得利。在发生不当得利请求权与侵权损害赔偿请求权竞合时,当事人得选择行使何种请求权。

(三) 不当得利请求权与违约损害赔偿请求权

不当得利请求权与违约损害赔偿请求权也可发生竞合。例如,在双务合同中,一方履行义务,而对方发生履行不能时,即可发生违约损害赔偿请求权,也可发生不当得利返还请求权。但若一方并未向对方履行义务,对方未受利益,就不能发生不当得利返还请求权。另外,在一方给付有瑕疵的情形下,一般仅发生违约损害赔偿请求权而不能发生不当得利返还请求权。

二、不当得利返还请求权的标的及范围

不当得利返还请求权的标的为受有利益的一方所取得的不当利益。受益人返还的不当利益,可以是原物、原物所生的孳息、原物的价金、使用原物所取得的利益,也可以是其他利益。

返还不当得利请求权的标的范围,也就是受益人返还义务的范围。受益人返还义务的范围依其受利益是否善意而不同。

（一）受益人为善意时的利益返还

受益人为善意,即受益人不知情,是指受益人于取得利益时不知道自己取得利益无合法的根据。于此情形下,若受损人的损失大于受益人取得的利益,则受益人返还的利益仅以现存利益为限。利益已不存在时,受益人不负返还义务。所谓现存利益,是指受益人受到返还请求时享有的利益,而不以原物的固有形态为限。原物的形态虽改变但其价值仍存或者可以代偿的,仍不失为现存利益。例如,受益人将其受领的财物以低于通常的价格出卖,受益人只返还所得的价款。如果该价款已经被其消费,并因此而省下其他的费用开支,则其节省下的开支为现存利益,受益人仍应返还。但是若受益人所得的价款被他人盗走,则为利益已不存在。受益人受有的利益大于受损人的损失时,受益人返还的利益范围以受损人受到的损失为准。

（二）受益人为恶意时的利益返还

受益人为恶意,又称受益人知情,是指受益人于受有利益时知道其取得利益是没有合法根据的。于此情形下,受益人应当返还其所取得的全部利益,即使其利益已不存在,也应负责返还。若受益人所得到的利益少于受损人的损失时,受益人除返还其所得到的全部实际利益外,还须就其损失与得利的差额另加以赔偿。这实质上是受益人的返还义务与赔偿责任的结合。

（三）受益人受益时为善意而其后为恶意的利益返还

受益人于取得利益时是善意的,而嗣后为恶意时,受益人所返还的利益范围应以恶意开始时的利益范围为准。

本编参考书目

1. 彭凤至:《情事变更原则之研究》,台湾五南图书出版公司1986年版。
2. 崔建远:《合同责任研究》,吉林大学出版社1992年版。
3. 郭明瑞、王轶:《合同法新论·分则》,中国政法大学出版社1998年版。
4. 韩世远:《违约损害赔偿研究》,法律出版社1999年版。
5. 史尚宽:《债法总论》,中国政法大学出版社2000年版。
6. 林诚二:《民法理论与问题研究》,中国政法大学出版社2000年版。
7. 王泽鉴:《债法原理》(第1册),中国政法大学出版社2001年版。
8. 曾世雄:《损害赔偿法原理》,中国政法大学出版社2001年版。
9. 曹士兵:《中国担保诸问题的解决与展望——基于担保法及其司法》,中国法制出版社2001年版。

10. 邱聪智:《新订债法各论》,台湾元照出版有限公司2002年版。
11. 黄立:《民法债编总论》,中国政法大学出版社2002年版。
12. 王利明:《合同法研究》(第二卷),中国人民大学出版社2003年版。
13. 崔建远主编:《合同法》(第三版),法律出版社2003年版。
14. 郑玉波:《民法债编总论》,中国政法大学出版社2004年版。

第四编 继承权

第三十章 继承权概述

第一节 继承权的概念与特征

一、继承权的概念

在民法学中,继承是指将死者生前所有的于死亡时遗留的财产依法转移给他人所有的制度。在这一制度中,生前享有的财产因死亡而转移给他人的死者为被继承人;被继承人死亡时遗留的财产为遗产;依照法律规定或者被继承人的合法遗嘱承接被继承人遗产的人为继承人;继承人依照法律的直接规定或者被继承人所立的合法遗嘱享有的继承被继承人遗产的权利就是继承权。依我国现行法律的规定,继承人只能是自然人,继承权也仅为自然人享有的权利。

继承制度是一项重要的民事法律制度,继承权为自然人享有的重要民事权利。继承权有以下两种相互联系而又不同的含义:

第一,客观意义上的继承权。

客观意义上的继承权,指的是自然人依照法律的规定或者遗嘱的指定享有的继承被继承人遗产的资格,是继承开始前继承人的法律地位,实际上是继承人所具有的继承遗产的权利能力。例如,子女与父母有相互继承的权利,这里所说的继承权就是客观意义上的继承权。这种含义的继承权并不是继承人实际享有的取得被继承人遗产的权利,只是继承人将来继承被继承人遗产的现实可能性。正因为如此,客观意义上的继承权被称为一种期待权。客观意义上的继承权既然是一种继承的资格,就具有专属性,不得转让,也不得放弃。它是法律基于继承人与被继承人之间的一定身份关系而赋予的,与一定的身份关系相联系。

第二,主观意义上的继承权。

主观意义上的继承权,是指继承人在继承法律关系中实际享有的具体权利。主观意义上的继承权是于继承开始后由客观意义继承权转化而来的,是继承人可以现实取得被继承人遗产的权利,因而是一种既得权。主观意义继承权的权利主体为继承人,义务主体是继承人以外的其他一切人。继承人实现继承权无须借助义务人的行为,所以继承权属于绝对权。并且,继承人的继承权是取得遗产的权利,而遗产以财产利益为内容,因此,继承权是一种财产权。主观意义的继承权既然是继承人实际享有的权利,继承人也就可以放弃。

二、继承权的特征

尽管继承权在不同的场合,有不同的含义。但总的说来,继承权具有以下特征:

(一)继承权是自然人基于一定的身份关系享有的权利

首先,继承权是自然人享有的权利。依我国《继承法》的规定,继承权的主体只能是自然人,而不能是法人或者其他组织,也不能是国家。其次,继承权是以一定的身份为前提的权利。按照我国《继承法》的规定,继承权只是近亲属之间才享有的相互继承遗产的权利,其他人不享有继承权。继承权虽以一定的身份为前提,但其不以身份利益为内容,并不属于身份权。

(二)继承权是依照法律的直接规定或者合法有效的遗嘱而享有的权利

继承有法定继承与遗嘱继承之分。继承权也就有法定继承权与遗嘱继承权之别。法定继承权是法定继承中继承人享有的继承权,它来自法律的直接规定,只有法律规定的法定继承人才享有法定继承权;遗嘱继承权是遗嘱继承中继承人享有的继承权,只有合法有效的遗嘱中指定的继承人才享有遗嘱继承权,未在遗嘱中被指定为继承人的人尽管可能享有法定继承权却不能享有遗嘱继承权。但因我国现行法律规定,遗嘱继承人须为法定继承人范围之内的人,所以,只有享有法定继承权的人才会享有遗嘱继承权,不享有法定继承权的人不可能享有遗嘱继承权。

(三)继承权的标的是遗产

继承权是继承人继承被继承人遗产的权利,继承权的标的是遗产。遗产是以财产利益为内容的,既包括积极财产,也包括消极财产,但不包括身份利益。因此继承权是一种财产权。没有遗产,不发生继承,也就不能实现继承权;继承权实现,发生遗产所有权的转移。从这一意义上说,继承权是与私有财产所有权相联系的权利,只有存在私有财产,才会发生继承,继承权才有意义。继承是财产转移的一种方式,但是继承并不是自然人死亡时转移财产的唯一方式。例如,受遗赠人取得遗产,由国家或者集体所有制组织取得无人继承又无人受遗赠的遗产,也是死者遗留财产的转移方式,但不属于继承。因此,受遗赠人依照合法遗嘱或者遗赠扶养协议享有的取得遗赠人遗赠的财产的权利并不属于继承权。

(四)继承权是继承人于被继承人死亡时才可行使的权利

继承自被继承人死亡时开始。在被继承人死亡前,继承权仅是一种期待权,继承人不能实现继承权;于被继承人死亡时,继承权才成为既得权,继承人才可行使继承权。并且依我国《继承法》的规定,自继承开始,继承人可以放弃继承权;继承人未表示放弃继承权的,遗产即归继承人取得;继承权受到侵害的,继承人得依法请求保护即回复继承权。正是从这一特征上说,继承权的效力具有二阶性。

三、继承的本质

关于继承的发生根据和本质,以往主要有意思说、家族协同说、死后扶养说、无主财产归属说以及共分说等各种学说。

意思说认为,继承的根据在于被继承人的意思。由于继承决定于死者的意思,因此被继承人有立遗嘱的自由,在无遗嘱时,立法者也应根据人的自然情感推测死者的意思,以决定应由何人继承死者的遗产。家族协同说认为,继承是由于家族协同生活而发生的,没有一体的协同生活或者协同感者不应继承。该说主张,继承系为人类自祖先以至子孙,维持过去、现在、未来之纵的共同生活的必然现象。死后扶养说认为,继承的根据在于死者的扶养责任,一定范围内的宗族或者亲属,负有扶养义务的人,不仅于生存中应当扶养,于其死亡后也应继续扶养。无主财产归属说认为,人的人格因死亡而消灭,人于生存中虽为财产的主体,但于死亡后其财产则成为无主财产,该无主财产应归属何人,就属于继承问题,全由国家的立法政策而定。共分说认为,被继承人的财产上原本有三个所有权,即本人的所有权、亲属的所有权和国家的所有权,因为本人的财产中包含有亲属和国家的帮助,在其死亡后应属于亲属的部分归于亲属(法定继承),应属于国家的部分由国家取回,属于本人的部分则由本人自由处分(遗嘱处分)。

上述诸说虽从一定的侧面说明了继承的本质,但并不能完全说明继承的本质。继承的发生既有其自然的原因,也有其社会的原因。继承是基于人类的生活资料的生产和人类自身的生产的两种生产的社会需要而产生的,实质上是一种社会关系的更替。对于继承的本质应从以下四个方面理解:

第一,继承是历史的产物,它以个人财产的存在为存在前提。在人类社会最初的原始群体时期,由于人们只能共同生产、共同消费,没有积累,没有任何个人财产,根本就不可能出现继承。只是到了原始氏族社会时期,随着生产力的提高,个人得占有的物品的增多,才出现了继承的萌芽。而法律意义上的继承则是经过了漫长的历史时期,随着私有制的确立而确立起来的。正如列宁所指出的:"其实,遗产制度以私有制为前提,而私有制则是随着交换关系的出现而产生的。"①

---

① 《列宁选集》(第1卷),人民出版社1995年版,第21页。

第二,继承是因人的死亡而发生的社会关系主体的更换。人死亡后不能为主体,继承是将死者的财产转移为他人所有的一项制度,因此,遗产继承只是死者生前原有的财产关系的延续,仅涉及财产权利主体的更换,而不产生新的财产。

第三,继承制度决定于一定社会的经济基础,又对经济基础起反作用。继承关系是由法律调整的,作为法律制度,继承首先决定于社会的经济基础。没有私有制、家庭和国家,也就没有法律意义上的继承;在不同的生产方式下,也就有不同的继承制度。我国现阶段的继承制度,决定于社会主义初级阶段的经济制度,法律上确认继承权是保护自然人私有财产所有权的必然要求。同时,继承制度又反作用于经济基础。在我国社会主义条件下,继承制度也有维护和巩固社会主义经济制度的作用。

第四,继承受一定社会的上层建筑的其他组成部分,尤其是婚姻家庭制度和宗教制度的影响。也正因为如此,在同一生产方式下的不同国家的继承制度会有所不同。我国现阶段的继承制度是与我国的婚姻家庭制度相一致的,对于稳定婚姻家庭制度及充分发挥现阶段家庭的职能起着重要作用。

第二节 我国继承法的基本原则

继承法是调整因自然人的死亡而发生的继承关系的法律规范的总称。继承法是民法的一个重要组成部分。我国继承法是以马克思主义关于继承权问题的基本思想为指导,以宪法为依据,以我国社会主义的现实经济生活条件为基础的社会主义继承法。因而我国继承法具有与以往社会的继承法不同的体现中国特色和社会主义本质的原则。关于继承法的基本原则,我国《继承法》中未明确规定,学者中的认识也不完全一致。[①] 一般说来,我国继承法的基本原则主要包括保护公民合法财产继承权的原则,继承权平等原则,养老育幼、互助互济原则和互谅互让、团结和睦原则。

---

① 例如,有的认为继承的基本原则为保护公民私有财产继承权、养老育幼、继承权男女平等以及互助互让、团结和睦的原则;有的认为继承法的基本原则为保护公民个人私有财产继承权,继承权男女平等,权利与义务相一致,限定继承,互谅互让、团结和睦、协商处理遗产,养老育幼、照顾病残者的原则;有的认为继承法的原则包括保护公民继承权原则,继承权男女平等原则,特别保护缺乏劳动能力又缺乏生活来源的继承人的原则,权利义务相统一的原则,遗嘱自由原则,遗嘱继承优于法定继承原则,遗产不轻易收归国有的原则,限定继承的原则,发挥遗产应有效用原则,协商原则;有的认为继承法的基本原则主要有保护公民私有财产继承权的原则,继承权平等的原则,互谅互让、团结和睦的原则,养老育幼、特别保护缺乏劳动能力又没有生活来源的人的利益的原则,权利义务相一致的原则,个人利益与社会利益相结合的原则,对被继承人的债务限定继承的原则。

一、保护公民合法财产继承权的原则

《继承法》第1条规定:"根据《中华人民共和国宪法》规定,为保护公民的私有财产的继承权,制定本法。"可见,继承法的宗旨就是保护公民的私有财产继承权。保护公民私有财产的继承权既是继承法立法的目的和任务,也是继承法的首要原则。

保护公民的私有财产继承权,是由社会主义的客观社会条件所决定的。我国法律保护公民私有财产所有权,社会主义社会不能取消继承权,作为调整因自然人死亡而发生的财产转移关系的基本准则的继承法,必然要将保护公民私有财产的继承权作为一项基本原则。

保护公民私有财产继承权的原则,一方面,要求法律确认公民私有财产的继承权,保护其不受非法侵害;另一方面,要求在公民的私有财产继承权受到侵害时,国家以其强制力予以法律上的救济。因此,保护公民私有财产继承权的原则主要有以下表现:

第一,凡自然人死亡时遗留的个人合法财产均为遗产,全得由其继承人继承。被继承人的遗产一般不收归国有,尽可能由继承人或者受遗赠人取得,国家保障继承人、受遗赠人的继承权、受遗赠权的行使。

第二,继承人的继承权不得非法剥夺或者限制。除有继承法规定的法定事由外,继承人的继承权不因任何事由而丧失;继承开始后,继承人自主决定是否接受继承,任何人不得代继承人作出放弃继承权的决定。

第三,继承权为绝对权,任何人都负有不得侵害的义务。继承权受到非法侵害时,继承人得于法定期间内通过诉讼程序请求人民法院予以回复。

二、继承权平等原则

平等原则是民法的一项基本原则,也是继承法的基本原则,这是社会主义平等观念和民法平等原则在继承法中的反映。这一原则主要体现在以下方面:

(一) 继承权男女平等

《继承法》第9条明文规定:"继承权男女平等。"继承权男女平等是继承权平等原则的核心和基本表现。这体现在:(1)在继承人的范围和法定继承的顺序的确定上,男女亲等平等,适用于父系亲等的,同样适用于母系亲等;(2)在法定继承的遗产分配中继承权主体不因性别不同而在权利上有所不同,同一顺序继承人中的女子与男子有平等的继承遗产的权利;(3)夫妻在继承上有平等的权利,有相互继承遗产的继承权,"夫妻一方死亡后另一方再婚的,有权处分所继承的财产,任何人不得干涉"(《继承法》第30条);(4)在代位继承中,男女有平等的代位继承权,适用于父系的代位继承人,同样适用于母系;(5)在遗嘱继承中,男女平等,不论男子或者女子都可立遗嘱处分自己的合法财产;立遗嘱人既可以指定男性继承人,也可以指定女性继承人。

(二) 非婚生子女与婚生子女继承权平等

非婚生子女是指男女双方无合法婚姻关系而出生的子女。依继承法规定,非婚生子女与婚生子女同为子女,有着平等的继承权。任何人不得以任何借口危害和歧视非婚生子女,不得以其为"非婚生"而限制其继承权。

(三) 养子女与亲生子女继承权平等

养子女与亲生子女的法律地位相同,有平等的继承权。养子女与养父母之间虽是基于收养而形成的亲属关系,但如同亲生子女与生父母之间一样有相互继承遗产的权利。在代位继承中,养子女的晚辈直系血亲与亲生子女的晚辈直系血亲一样地享有代位继承权。

(四) 儿媳与女婿在继承上权利平等

依《继承法》的有关规定,丧偶儿媳对公婆尽了主要赡养义务的,享有继承权;同样的,丧偶女婿对岳父母尽了主要赡养义务的,也有继承权。这也是男女平等的表现。

(五) 同一顺序的继承人继承遗产的权利平等

依《继承法》的有关规定,凡为同一顺序的继承人,不分尊卑、男女、长幼,有平等的继承被继承人遗产的权利。

三、养老育幼、互助互济原则

养老育幼、互助互济,是我国劳动人民的传统美德,也是社会主义精神文明建设的要求。养老育幼、互助互济作为继承法的一项基本原则,是由我国现阶段的经济条件和家庭职能所决定的,也是实现法律保护老人、妇女、儿童和残疾人的合法权益的任务的必然要求。这一原则主要体现在以下方面:

(一) 继承人为有法定扶养义务的近亲属

我国法以继承人与被继承人间相互扶助的法律义务为确定继承人范围和继承顺序的出发点。我国现行法上规定的第一顺序的法定继承人,也就是对被继承人有赡养、抚养、扶养义务的近亲属;第二顺序的继承人,则是对被继承人在一定情形下才负有赡养、抚养、扶养义务的其他近亲属。同时,为鼓励赡养老人和有利于抚育后代,《继承法》规定,丧偶儿媳或者女婿对公、婆或者岳父、岳母尽了主要赡养义务的,也作为第一顺序继承人;被继承人的子女先于被继承人死亡的,可由被继承人子女的晚辈直系血亲代位继承。杀害被继承人、遗弃被继承人或者虐待被继承人情节严重的,丧失继承权。

(二) 遗产的分配有利于养老育幼

按照《继承法》的有关规定,在遗产分配中对生活有特殊困难的缺乏劳动能力的继承人,应当予以照顾;对被继承人尽了主要扶养义务或者与被继承人共同生活的继承人,可以多分遗产,而对有扶养能力和扶养条件而不尽扶养义务的继承人应不分或者少分遗产;对继承人以外的依靠被继承人扶养的丧失劳动能力又没有生活来源的人或者继承人以外的对被继承人扶养较多的人,可以分给适当的遗产。

(三) 在遗嘱继承和遗赠中保护老、幼、残疾人的利益

依《继承法》的规定,被继承人以遗嘱处分其财产时,遗嘱中应当为缺乏劳动能力又没有生活来源的继承人保留必要的份额。老人、幼儿及残疾人一般也正是缺乏劳动能力又没有生活来源的人。

(四) 遗产分割不能侵害未出生人的利益

按照《继承法》的要求,在遗产分割时,应当保留胎儿的继承份额,以保护被继承人死亡后出生的子女的利益。被继承人在遗嘱中取消其死亡后出生的人的应取得的遗产份额的,其处分应为无效。

(五) 承认遗赠扶养协议的效力

《继承法》中特别规定了遗赠扶养协议。公民可以与无法定扶养义务的自然人或者集体所有制组织签订遗赠扶养协议,以保障受扶养人的生养死葬。

四、互谅互让、团结和睦原则

互谅互让、团结和睦,是处理亲属间关系的基本要求,也是我国处理继承纠纷的司法实践中一直坚持的一项原则。这一原则主要体现在以下方面:

(一) 继承人的继承权受法律的平等保护

任何继承人的继承权都应受他人的尊重;任何继承人也都应尊重他人的继承权。任何继承人实施严重违反社会公德,有害于被继承人、其他继承人的违法行为的,都将丧失继承权。

(二) 法定继承人有平等的继承权

在法定继承中同一顺序的法定继承人继承权平等,可以协商分配遗产;在确定继承的遗产份额和遗产分割时,应当考虑继承人对被继承人所尽义务的情况、各继承人的生活需要以及遗产效益的发挥等因素,而并非必须均分遗产。

(三) 继承人协商处理继承问题

《继承法》第15条明确规定:"继承人应当本着互谅互让、和睦团结的精神,协商处理继承问题。遗产分割的时间、办法和份额,由继承人协商确定。协商不成的,可以由人民调解委员会调解或者向人民法院提起诉讼。"

第三节 继承权的接受、放弃、丧失与保护

一、继承权的接受

继承权的接受,是指享有继承权的继承人参与继承、接受被继承人遗产的意思表示。

自继承开始,客观意义的继承权也就转化为主观意义的继承权,继承人得自主决定是行使继承权、接受继承,还是放弃继承权。依《继承法》第25条规定,继承开始后,遗产分割前,继承人未表示放弃继承权的,视为接受继承。因此,继承权的接受无须继承人有明示的意思表示。只要继承人未作出放弃继承的意思表示,就为作出接受继承的意思表示,即可行使其继承权。《继承法》第6条规定:"无行为能力人的继承权、受遗赠权,由他的法定代理人代为行使。限制行为能力人的继承权、受遗赠权,由他的法定代理人代为行使,或者征得法定代理人同意后行使。"法定代理人代理被代理人行使继承权、受遗赠权,不得损害被代理人的利益。法定代理人一般不能代理被代理人放弃继承权、受遗赠权。法定代理人代为行使无民事行为能力人、限制民事行为能力人的继承权、受遗赠权,明显损害被代理人利益的,应认定其代理行为无效。①

二、继承权的放弃

继承权的放弃,又称为继承的放弃,是指继承人作出的放弃其继承被继承人遗产的权利的意思表示。

继承权的放弃,是继承人对其继承权的一种处分。因此,继承人只能于继承开始后遗产分割前放弃继承权。在继承开始前,继承权仅为继承遗产的资格,不能放弃;遗产分割后,继承人已取得遗产的单独所有权,其放弃的不能是继承权。

继承权的放弃,须以明示的方式作出。按照最高人民法院的司法解释,继承人放弃继承应当以书面形式向其他继承人表示。用口头方式表示放弃继承,本人承认,或者有其他充分证据证明的,也应当认定有效。在诉讼中,继承人向人民法院以口头方式表示放弃继承的,要制作笔录,由放弃继承的人签名。② 继承人未明确表示放弃继承权的,不发生放弃继承权的效力。

继承权的放弃是一种单方民事法律行为,只要继承人单方作出放弃的意思表示就发生继承权放弃的效力,并且,继承权的放弃的效力,溯及自继承开始之时。

---

① 《继承法意见》第8条。
② 《继承法意见》第47、48条。

继承权的放弃不能附加任何条件。若继承人有条件地放弃继承权,则不能发生放弃的效力。

继承人得放弃继承权,是社会法律进步的表现。在古罗马的初期,家父权下的当然和必然继承人,是绝对不能拒绝继承的。近代各国普遍承认继承人有接受和放弃继承的自由。然而,如同任何自由不能绝对没有限制一样,继承权的放弃虽为继承人处分继承权的权利和自由,但继承人处分继承权也不能违反法律的规定和损害他人利益。继承人因放弃继承权,致其不能履行法定义务的,放弃继承权的行为无效。①

三、继承权的丧失

(一)继承权丧失的概念

继承权的丧失,又称继承权的剥夺,是指依照法律规定在发生法定事由时取消继承人继承被继承人遗产的权利。

继承权的丧失可分为绝对丧失与相对丧失。继承权的绝对丧失,又称继承权的终局丧失,是指因发生某种法定事由,继承人的继承权终局的丧失,该继承人绝对不得也不能享有继承权。凡因继承权绝对丧失的事由丧失继承权的,即使被继承人对继承人予以宽恕,愿意让该继承人继承,该继承人也不能享有继承权。例如,某甲故意杀害其父未致其父死亡,甲被判刑改造后,其父对其予以宽恕,仍让甲继承其遗产,甲也不能享有继承其父遗产的权利。继承权的相对丧失,又称继承权的非终局丧失,是指因发生某种法定事由继承人的继承权丧失,但在具备一定条件时继承人的继承权最终也可不丧失。

继承权的丧失,实质上是依照法律规定取消继承人的继承资格,因此,继承权的丧失是继承人继承被继承人遗产的资格的丧失。继承权的丧失必须有法定事由,并且继承权的丧失是客观意义上的继承权的丧失,也就是继承权的依法剥夺,而不是由继承人的意志所决定的。

(二)继承权丧失的法定事由

依据《继承法》第7条规定,继承人有下列四种行为之一的,丧失继承权:

1. 故意杀害被继承人的

构成故意杀害被继承人的行为须具备两个条件:其一,客观上继承人实施了杀害被继承人的行为。杀害行为是指以剥夺人的生命为目的违法行为。若继承人实施的不是杀害行为,或者所杀害的不是被继承人,则不能构成该行为。其二,继承人主观上有杀害的故意。至于继承人的杀害故意是直接故意还是间接故意,则在所不问。但若继承人主观上并无杀害的故意,而是过失致被继承人死

---

① 《继承法意见》第46条。

亡的,则不构成故意杀害被继承人的行为。

继承人故意杀害被继承人是一种严重的犯罪行为,不论是既遂还是未遂,也不论其是否受到刑事责任的追究,都丧失继承权。但因实施正当防卫而杀害被继承人的,因其行为不具有不法性,继承人不丧失继承权。

2. 为争夺遗产而杀害其他继承人的

构成这一法定事由的条件有二:第一,继承人杀害的对象是其他继承人。所谓其他继承人是指继承法上规定的实施杀害行为的继承人以外的其他法定继承人范围以内的人。若继承人所杀害的不是法定继承人,则不在此列。第二,杀害的目的是为了争夺遗产。若不是为了争夺遗产而是出于其他动机和目的而杀害其他继承人的,也不构成该行为。由于杀害的目的是为了争夺遗产,因此,该杀害行为只能是故意,而不可能是过失。只要具备以上条件,不论继承人的杀害行为既遂或未遂,也不论其是否被追究刑事责任,均丧失继承权。

3. 遗弃被继承人或者虐待被继承人情节严重的

遗弃被继承人,是指继承人对被继承人故意不尽扶养义务,使被继承人处于危难或者困境。构成这一行为的条件为:第一,被遗弃的是没有独立生活能力的被继承人。若被继承人有独立的生活能力,则不会造成被遗弃的后果。第二,继承人有能力和条件尽扶养义务而故意不尽扶养义务。如果继承人本身没有能力和条件尽扶养义务,则其不履行扶养义务不构成遗弃。遗弃行为是故意置被继承人于危难而不顾的严重的不道德的不法行为,因此,只要继承人的行为构成遗弃被继承人,继承人的继承权就丧失。

虐待被继承人,是指继承人在被继承人生前以各种手段对其进行身体上或者精神上的摧残、折磨。但虐待行为与遗弃行为不同。虐待行为有轻重之分。虐待被继承人情节严重的,才丧失继承权;否则不丧失继承权。继承人虐待被继承人的行为情节是否严重,可以从实施虐待行为的时间、手段、后果和社会影响等方面认定。① 一般说来,继承人对被继承人的虐待具有长期性、经常性,手段比较恶劣,社会影响很坏的,可认定为情节严重。继承人虐待被继承人情节严重的,可构成虐待罪;但不论是否追究其刑事责任,均可确认其丧失继承权。②

继承人因遗弃被继承人或者虐待被继承人情节严重而丧失继承权的,属于继承权的相对丧失。继承人虐待被继承人情节严重的,或者遗弃被继承人的,如以后确有悔改表现,而且被虐待人、被遗弃人生前又表示宽恕的,可不确认其丧失继承权。③

---

① 《继承法意见》第 10 条。
② 同上。
③ 《继承法意见》第 13 条。

4. 伪造、篡改或者销毁遗嘱,情节严重的

伪造遗嘱,是指继承人故意以被继承人名义制作假遗嘱。篡改遗嘱,是指继承人故意改变被继承人所立遗嘱的内容。销毁遗嘱,是指继承人故意将被继承人所立的遗嘱毁灭。

遗嘱是被继承人按照自己的意愿处置其财产的法律行为,设立遗嘱是被继承人的权利,合法遗嘱受法律保护。伪造、篡改、销毁遗嘱的行为,既是对被继承人生前处分其财产的权利和意愿的干涉和侵害,也是对可依照遗嘱取得遗产的人的权利的侵害。伪造、篡改或者销毁遗嘱情节严重的,当然丧失继承权。继承人伪造、篡改或者销毁遗嘱,侵害了缺乏劳动能力又没有生活来源的继承人的利益,并造成其生活困难的,可认定其行为情节严重。[①]

(三) 继承权丧失的效力

丧失继承权的法定事由既可发生于继承开始前,也可发生在继承开始后,但因继承权的丧失是使继承人失去继承的资格,因此,继承权的丧失应于继承开始时即发生效力。因继承权的丧失,涉及继承人的继承资格的被依法剥夺,因此继承人之间因是否丧失继承权发生纠纷的,应由人民法院确认继承人是否丧失继承权。人民法院在遗产继承中确认继承人丧失继承权的,继承权的丧失溯及继承开始之时发生效力。

继承权的丧失,是继承人对特定的被继承人的继承权的丧失,仅对特定的被继承人发生效力。因此,继承人因法定事由丧失对某一被继承人的继承权的,并不影响其对其他被继承人遗产的继承权。但依我国现行法律制度的规定,继承权的丧失对继承人的晚辈直系血亲发生效力,即继承人丧失继承权的,其晚辈直系血亲不得代位继承。[②]

四、继承权的保护

继承人的继承权受到侵害时,继承人得请求法院通过诉讼程序予以保护,以恢复其继承遗产的权利。继承人的这一权利,称为继承权回复请求权,或者继承权恢复请求权,也有的称为继承恢复请求权、遗产回复诉权或者遗产请求权。

关于继承权回复请求权的性质,主要有三种学说。一是继承地位恢复说。该说认为,继承权回复请求权是确定合法继承人的继承地位的权利,而不是继承财产的回复请求权。二是遗产权利恢复说。该说认为,继承权回复请求权就是遗产回复请求权,继承人所主张的是对遗产的权利。三是折中说。该说认为继承权回复请求权是以确认真正继承人的继承权及请求被继承人遗产的给付为内

[①] 《继承法意见》第14条。
[②] 《继承法意见》第28条。

容的请求权,既包括确认继承人资格的请求权,也包括对遗产的返还请求权。我国学者多采最后一说。

继承权回复请求权是法律基于合法继承人的继承权赋予继承人的一项保护继承权的权利,是一种包括性的请求权。继承权回复请求权的包括性,表明它不同于物上请求权、不当得利请求权以及损害赔偿请求权等。继承人向侵害人请求遗产的返还时,不必证明自己对于属于遗产范围内的各部分财产具有何种权利,而只需证明被继承人于死亡时享有的权利和自己享有继承权即可。[①]

继承权回复请求权的主体为真正继承人,相对人为侵害继承权的人。侵害继承权的人可以是非继承人和表见继承人。非继承人又称僭称继承人、自命继承人,是指本无继承权而自称为有继承权而占有遗产的全部或者一部的人。表见继承人是指原本有继承权,由于某种原因而放弃或者丧失了继承权,或者是无效遗嘱、被撤销遗嘱的指定继承人[②],也可以是并不认为自己是继承人但否认继承人的继承权,或并不否认继承人的继承权但却认为继承人对某项财物并不享有权利的人。

继承权回复请求权可由继承权受到侵害的合法继承人自己亲自行使,也可由其代理人代为行使。继承人为无民事行为能力人或者限制民事行为能力人的,其继承权回复请求权由法定代理人代为行使。但是,继承人只有在诉讼时效期间内行使其继承权回复请求权,法院才保护其权利。《继承法》第 8 条规定:"继承权纠纷提起诉讼的期限为 2 年,自继承人知道或者应当知道其权利被侵犯之日起计算。但是,自继承开始之日起超过 20 年的,不得再提起诉讼。"

[①] 郭明瑞、房绍坤:《继承法》(第二版),法律出版社 2003 年版,第 81 页。
[②] 马俊驹、余延满:《民法原论》(下),法律出版社 1998 年版,第 921 页。

第三十一章 法定继承

第一节 法定继承的概念与适用范围

一、法定继承的概念与特征

法定继承,是指根据法律直接规定的继承人的范围、继承人继承的顺序、继承人继承遗产的份额及遗产的分配原则继承被继承人的遗产的继承制度。

法定继承又称为无遗嘱继承,是相对于遗嘱继承而言的,源自罗马法的 successio ab intesta,亦即非遗嘱继承。法定继承是遗嘱继承以外的依照法律的直接规定将遗产转移给继承人的一种遗产继承方式。在法定继承中,可参加继承的继承人、继承人参加继承的顺序、继承人应继承的遗产份额以及遗产的分配原则,都是由法律直接规定的。因而法定继承并不直接体现被继承人的意志,仅是法律依推定的被继承人的意思将其遗产由其亲属继承。

现代各国继承法上都规定有法定继承与遗嘱继承。依我国法的规定,法定继承是主要的继承方式,并且对遗嘱继承也有着直接的影响,因为遗嘱继承人也只能是法定继承人范围内的人。法定继承有以下特征:

第一,法定继承是遗嘱继承的补充。法定继承虽是最常见的主要的继承方式,但继承开始后,应先适用遗嘱继承,只有在不适用遗嘱继承时才适用法定继承。因而,从效力上说,遗嘱继承的效力优先于法定继承,法定继承是对遗嘱继承的补充。

第二,法定继承是对遗嘱继承的限制。各国法律虽都承认遗嘱继承的优先效力,但也无不对遗嘱继承予以一定的限制。例如,许多国家的法律规定了法定继承人的特留份,所谓特留份就是指被继承人在遗嘱中必须为法定继承人保留的遗产份额。我国《继承法》中规定,遗嘱应当对缺乏劳动能力又没有生活来源的继承人保留必要的遗产份额。① 因此,尽管遗嘱继承限制了法定继承的适用范围,但同时法定继承也是对遗嘱继承的一定限制。

第三,法定继承中的继承人是法律基于继承人与被继承人间的亲属关系规定的,而不是由被继承人指定的。从这点上说,法定继承具有以身份关系为基础的特点。

---

① 《继承法》第 19 条。

第四，法定继承中法律关于继承人、继承的顺序以及遗产的分配原则的规定是强行性的，任何人不得改变。

二、法定继承的适用范围

法定继承是现实生活中最主要的继承方式，适用于以下情形：(1) 遗嘱继承人放弃继承或者受遗赠人放弃受遗赠的；(2) 遗嘱继承人丧失继承权的；(3) 遗嘱继承人、受遗赠人先于遗嘱人死亡的；(4) 遗嘱无效部分所涉及的遗产；(5) 遗嘱未处分的遗产。①

第二节 法定继承人的范围与继承顺序

一、法定继承人的范围

法定继承人是指由法律直接规定的可以依法继承被继承人遗产的人。所谓法定继承人的范围，则是指哪些人属于法定继承人。法定继承人享有法定继承权，凡享有法定继承权的人均为法定继承人。

依照《继承法》的有关规定，法定继承人包括以下近亲属：

（一）配偶

配偶是处于合法婚姻关系中的男女双方相互间的称谓。作为继承人的配偶须是于被继承人死亡时与被继承人之间存在合法的婚姻关系的人。与被继承人原有婚姻关系，但在被继承人死亡时已经解除婚姻关系的人，不为配偶；夫妻一方在离婚诉讼过程中或者在法院已作出离婚的判决但判决未发生效力前死亡的，另一方仍为配偶，为法定继承人。与被继承人非法同居或者姘居的人，不为配偶，不属于法定继承人。但依法可认定为存在事实婚姻关系的，可认定为配偶。与被继承人已办理结婚登记手续，虽未与被继承人同居的，也为配偶，属于法定继承人。但以非法的手段或者程序取得结婚证明，其婚姻无效或者被撤销的，不为配偶，不能成为法定继承人。新中国成立前遗留下来的一夫多妻、一妻多夫的，若在继承开始时其婚姻关系未解除，则均为配偶。

（二）子女

子女是被继承人最近的直系卑亲属，包括婚生子女、非婚生子女、养子女和继子女。

婚生子女，是有合法婚姻关系的男女双方所生育的子女。婚生子女不论其随父姓或者母姓，也不论其是否已经结婚，是否与父母共同生活，均为父母的法

---

① 《继承法》第27条。

定继承人。

非婚生子女是指没有合法婚姻关系的男女双方所生育的子女,如前所述,非婚生子女与婚生子女继承权平等,也是其父母的法定继承人,不仅有权继承其生母的遗产,并且不论其是否被生父认领也都有权继承其生父的遗产。

养子女是指因收养关系的成立而为收养人所收养的子女。收养关系成立后,收养人与被收养人间形成一种拟制血亲关系,收养人为养父母,被收养人为养子女,被收养人与其生父母间法律上的权利义务关系解除,养父母与养子女间发生父母子女间的权利义务关系。因此,养子女为养父母的法定继承人,其有权继承养父母的遗产而无权继承生父母的遗产,被收养人即使对生父母扶养较多,也只可分得生父母的适当的遗产。养子女的继承权是以与养父母间存在合法的收养关系为前提的,没有合法的收养关系,也就不存在养子女与养父母的关系。收养人与被收养人间以祖孙相称即收养他人为养孙子女的,视为养父母与养子女间关系,可互为第一顺序继承人。但是,被领养或者被寄养的子女与领养人或者寄养人间未成立合法收养关系的,不属于领养人或者寄养人的养子女,无权继承领养人或者寄养人的遗产;原存在合法的收养关系但于继承开始时已经解除收养关系的,相互间并无继承权。收养关系解除后,被收养人系未成年人的,其与生父母间的权利义务关系自然恢复,得为生父母的法定继承人;但被收养人为成年人并独立生活的,其与生父母间及其他近亲属间的权利义务关系是否恢复,须由双方协商确定。

继子女,是指妻与前夫或者夫与前妻所生的子女。继子女与继父母间的关系是因其父或者母的再婚形成的,继子女与生父母间的权利义务关系并不解除。依我国《继承法》规定,只有与被继承人间有扶养关系的继子女才为法定继承人;与被继承人间没有扶养关系的继子女,不属于法定继承人。继子女不论其是否有权继承继父母的遗产,均有权继承生父母的遗产,为生父母的法定继承人。也就是说,继子女继承了继父母遗产的,不影响其继承生父母的遗产。反之亦然。在旧社会形成的一夫多妻家庭中,子女与生母以外的父亲的其他配偶之间形成抚养关系的,也互有继承权。

(三) 父母

父母是最近的直系尊亲属。父母子女间有着最密切的关系,互为继承人。继承法上作为法定继承人的父母包括生父母、养父母和有扶养关系的继父母。

(四) 兄弟姐妹

兄弟姐妹是最近的旁系血亲。作为继承人的兄弟姐妹包括全血缘的同父同母的兄弟姐妹、半血缘的同父异母或者同母异父的兄弟姐妹、拟制血亲的养兄弟姐妹和有扶养关系的继兄弟姐妹。养兄弟姐妹关系是因收养成立的养子女与生子女之间、养子女与养子女之间的亲属关系。养兄弟姐妹互为继承人,被收养人与其亲兄弟姐妹之间法律上的权利义务关系因收养的成立而消除,不能互为继承人。继兄弟姐妹之间的继承权,因继兄弟姐妹之间的扶养关系而发生。没有扶养关系的继兄弟姐妹,不能互为继承人。继兄弟姐妹之间相互继承了遗产的,也不影响其继承其亲兄弟姐妹的遗产。

(五)祖父母和外祖父母

祖父母与外祖父母是除父母外的最近的尊亲属。作为法定继承人的祖父母、外祖父母,包括亲祖父母、亲外祖父母、养祖父母、养外祖父母、有扶养关系的继祖父母和有扶养关系的继外祖父母。

二、法定继承人的继承顺序

法定继承人的继承顺序,又称法定继承人的顺位,是指法律直接规定的法定继承人参加继承的先后次序。

在法定继承中,法定继承人并非全体同时参加继承,而是按照继承顺序先由前一顺序的继承人继承,在没有前一顺序继承人继承时才由后一顺序的继承人继承。法定继承人的继承顺序具有法定性、强行性、排他性和限定性的特点。所谓法定性,是指法定继承人的继承顺序是由法律根据继承人与被继承人的亲属关系直接规定的,不是由当事人决定的;所谓强行性,是指对于法律规定的继承顺序任何人不得以任何理由改变,继承人可以放弃继承权,但不能放弃自己的继承顺序;所谓排他性,是指法定继承人只能依法定的继承顺序参加继承,前一顺序的继承人排斥后一顺序的继承人继承,只要有前一顺序的继承人继承,后一顺序的继承人就不能继承;所谓限定性,是指法定继承人的继承顺序仅适用于法定继承,而不适用于遗嘱继承,在遗嘱继承中遗嘱继承人不受法定继承人继承顺序的限制,虽有前一顺序的法定继承人,遗嘱人也可指定后一顺序的继承人继承。

各国的法律一般是以血缘关系的亲疏远近为根据来确定继承顺序的,但规定的顺序有所不同。依我国《继承法》第10条、第12条的规定,法定继承人分为两个顺序:

第一顺序的法定继承人为配偶、子女、父母。配偶、子女、父母是最近的亲属,在法律上有相互扶养的法定义务,因而为第一顺序的法定继承人。丧偶儿媳对公、婆,丧偶女婿对岳父、岳母,尽了主要赡养义务的,也作为第一顺序继承人。

第二顺序的法定继承人包括兄弟姐妹、祖父母和外祖父母。兄弟姐妹、祖父母、外祖父母是近亲属,在法律上于一定条件下有相互扶养的义务,因而同为第二顺序的法定继承人。

第三节 代位继承

一、代位继承的概念与特征

《继承法》第11条规定:"被继承人的子女先于被继承人死亡的,由被继承人的子女的晚辈直系血亲代位继承。代位继承人一般只能继承他的父亲或者母亲有权继承的遗产份额。"所谓代位继承,是指被继承人的子女先于被继承人死亡时,由被继承人的死亡子女的晚辈直系血亲继承其应继承的遗产份额的制度。其中先于被继承人死亡的子女称为被代位人或者被代位继承人,先于被继承人死亡的子女的晚辈直系血亲称为代位人或者代位继承人。

代位继承是法定继承中的制度,是在被继承人的子女先于被继承人死亡的情形下由其晚辈直系血亲代位继承被代位继承人应继承份额的继承方式。其在成立条件和效力上具有以下特征:

第一,被代位人须为先于被继承人死亡的子女。只有在被继承人的子女先于被继承人死亡时才发生代位继承。于继承开始后被继承人的子女才死亡的或者先于被继承人死亡的人不是被继承人的子女而是其他继承人的,均不能发生代位继承。当然,这里的子女包括亲生子女、养子女和有扶养关系的继子女。

第二,代位人须是被继承人的晚辈直系血亲。代位继承人只能是被代位人的子女及其他晚辈直系血亲。被继承人的孙子女、外孙子女、曾孙子女、外曾孙子女都可以代位继承,代位继承人不受辈数的限制。被继承人的养子女、已形成扶养关系的继子女的生子女可以代位继承;被继承人的亲生子女的养子女可代位继承;被继承人养子女的养子女可代位继承;与被继承人已形成扶养关系的继子女的养子女也可以代位继承。但被代位人的其他近亲属不得代位继承。被代位人的配偶若具备成为第一顺序法定继承人条件的,则依现行法的规定其独立地作为第一顺序法定继承人参加继承,并且其是否能够继承不影响其晚辈直系血亲的代位继承权。

第三,被代位人未丧失继承权。关于代位继承权的性质有固有权与代表权两种不同学说。依固有权说,代位继承人参加继承是其本身固有的权利,并不以被代位人是否有继承权为转移。依代表权说,代位继承人继承被继承人的遗产不是基于其本身固有的权利,而是代表被代位继承人参加继承的,因此被代位继承人丧失或者放弃继承权的,一般不应发生代位继承。我国现行法采代表权说。依现行法的规定,继承人丧失继承权的,其晚辈直系血亲也不得代位继承。如该代位继承人是缺乏劳动能力又没有生活来源的人,或者是对被继承人尽赡养义务较多的,可适当分给遗产。因此,只有在被代位人不具备丧失继承权的法定事由时,才能发生代位继承。当然,也有学者提出,对代位继承权应以采固有权说为宜,被代位人丧失继承权的,不应影响代位人的代位继承权。

第四,代位继承人作为第一顺序继承人参加继承,一般只能继承被代位人应继承的遗产份额。代位继承人虽作为第一顺序的继承人参加继承,但其并不是直接继承自己应继承的遗产份额,而是代位继承被代位人应继承的遗产份额,正因为如此,代位继承又称为间接继承。所以,代位继承人为数人的,原则上由数个代位继承人平分被代位人应继承的份额,而不能由数个代位继承人与其他继承人一同按人分配被继承人的遗产。代位继承人缺乏劳动能力又没有生活来源,或者对被继承人尽过主要赡养义务的,分配遗产时,可以多分,但这仅是例外。

第五,代位继承只适用于法定继承。只有在法定继承中才能发生代位继承,在遗嘱继承中不发生代位继承。如果遗嘱继承人为被继承人的子女并且先于遗嘱人死亡,则该遗嘱继承人的晚辈直系血亲不能代位继承该遗嘱继承人依遗嘱应继承的遗产;遗嘱中指定该继承人继承的遗产应按法定继承处理,在法定继承中该继承人的晚辈直系血亲可代位继承。

二、代位继承与转继承的区别

转继承,又称转归继承、连续继承、再继承、二次继承等,是指继承人在继承开始后遗产分割前死亡时,其有权接受的遗产转由其法定继承人继承的制度。在被继承人死亡后遗产分割前死亡的继承人称为被转继承人,有权承受被转继承人继承的被继承人遗产的人称为转继承人。

转继承的发生或者成立须具备以下条件:第一,继承人于继承开始后,遗产分割前死亡。继承人于继承开始前死亡的会发生代位继承,而不能发生转继承;继承人于遗产分割后死亡的,其已取得遗产的单独所有权,其法定继承人得直接继承其遗产,也不会发生转继承。第二,须死亡的继承人在被继承人死亡后未放弃继承权。若继承人放弃了继承权后死亡,则因其放弃而不享有继承权,没有参与继承遗产的权利,当然也就不会发生转继承。

转继承一经成立,已死亡的继承人(被转继承人)应取得的被继承人的遗产份额即成为其遗产转由其法定继承人继承,并由转继承人直接参与被继承人的遗产的分配。

转继承与代位继承相似,但二者是完全不同的制度,有着以下根本区别:

第一,性质和效力不同。转继承是在继承开始继承人直接继承后又转由转继承人继承被继承人的遗产,实质上是就被继承人的遗产连续发生的两次继承。转继承人享有的实际上是分割被继承人遗产的权利,而不是继承被继承人遗产的遗产继承权,转继承人行使的只是其对被转继承人的遗产继承权(被转继承人取得的遗产份额构成其遗产),而不是对被继承人的遗产继承权。而代位继承是代位人基于代位继承权直接参加遗产继承,代位继承人享有的是对被继承人遗产的代位继承权。代位继承人参加继承所行使的是对被继承人遗产的继承权,而不是对被代位人的遗产继承权。

第二,发生的时间和成立条件不同。转继承发生在继承开始后遗产分割前,并且可因任何一个继承人的死亡而发生,即任何一个继承人都可成为被转继承人。而代位继承只能是因被继承人的子女先于被继承人死亡而发生,只有被继承人的子女才能成为被代位继承人。

第三,主体不同。转继承人是被转继承人死亡时生存的所有法定继承人,被转继承人可以是被继承人的任一继承人。被转继承人有第一顺序法定继承人的,由第一顺序法定继承人转继承;没有第一顺序法定继承人的,则可由第二顺序法定继承人转继承。而代位继承中的代位继承人仅限于被继承人的晚辈直系血亲,被代位人只能是先于被继承人死亡的子女,被代位人的其他法定继承人不能代位继承。

第四,适用范围不同。转继承可以发生在法定继承中,也可以发生在遗嘱继承中。例如,遗嘱中指定的遗嘱继承人于继承开始后未表示放弃继承权,但在未实际接受遗产前死亡,此时该遗嘱继承人依照遗嘱应得到的遗产由其法定继承人继承,这也就发生转继承。不仅在遗嘱继承中会发生转继承,并且在遗赠中也会发生受遗赠人的法定继承人承受受遗赠遗产的情况(此也可视为转继承)。例如,受遗赠人于继承开始后在法定时间内明确表示接受遗赠但在未实际接受遗赠财产时死亡,该受遗赠人的法定继承人有权继承该受遗赠人应受领的遗赠财产。而代位继承只适用于法定继承,在遗嘱继承中不适用。

第四节 法定继承中的遗产分配

一、法定继承的遗产分配原则

法定继承的遗产分配原则,是指在法定继承中,数个同一顺序的继承人共同继承被继承人的遗产时,应如何确定各个继承人应继承的遗产份额(简称"应继份")。

关于法定继承的遗产分配原则,各国法上有两种立法例:一是由法律直接规定各法定继承人的应继份;二是规定同一顺序的法定继承人均分遗产。按照我国《继承法》第13条的规定,在法定继承中遗产的分配按以下原则确定:

(一)继承人继承遗产的份额一般应当均等

所谓继承人继承遗产的份额一般应当均等,是指在一般情况下,同一顺序的法定继承人应按照人数平均分配遗产,即各继承人的应继份相等。

(二)特殊情形下继承人继承的份额可以不均等

在有下列情形之一时,同一顺序法定继承人继承的遗产份额可以不均等:

1. 对生活特殊困难的缺乏劳动能力的继承人,分配遗产时,应当予以照顾;

2. 对被继承人尽了主要扶养义务或者与被继承人共同生活的继承人,在分配遗产时,可以多分;

3. 有扶养能力和有扶养条件的继承人,不尽扶养义务的,分配遗产时,应当不分或者少分;

4. 继承人协商同意不均分。

二、非继承人的遗产取得权

在法定继承中,除法定继承人得参加继承外,具备法定条件的其他人也有权适当分得遗产。[①] 因此,法定继承人分配遗产时,应当分给有权取得适当遗产的非继承人以适当遗产,而不能侵害有权分得适当遗产的其他人的遗产取得权。

根据《继承法》第14条规定,可以分得适当遗产的人包括以下两种人:

其一,继承人以外的依靠被继承人扶养的缺乏劳动能力又没有生活来源的人。这种人须同时具备三个条件:第一,须缺乏劳动能力;第二,须没有生活来源;第三,须在被继承人生前依靠被继承人扶养。

其二,继承人以外的对被继承人扶养较多的人。对被继承人的扶养,既包括经济上、劳务上的扶助,也包括精神上的慰藉。但若对被继承人只是给予一次性或者临时性的扶养或者所给予的物质扶助数额并不多,则不为扶养较多。

需要说明的是,这里的所谓继承人以外的人,是指能够参加继承的继承人以外的人,并非指法定继承人范围以外的人。例如,在第一顺序继承人继承时,若第二顺序继承人中有具备上述条件的人,则该人即属于可分给适当遗产的人,有权要求分得适当的遗产。可分得适当遗产的人之所以有权取得适当遗产,并非基于继承权,而是基于法律规定的可分给适当遗产的特别条件。

对于可分给适当遗产的人,分给他们遗产时,按具体情况可多于或者少于继承人的应继承的遗产额;可以分给适当遗产的人,在其依法取得被继承人遗产的权利受到侵犯时,本人有权以独立的诉讼主体的资格向人民法院提起诉讼,请求保护。但在遗产分割时,明知而未提出请求的,法院一般不予受理;不知而未提出请求在2年以内起诉的,法院应予受理。

---

① 法定继承人以外的可适当分得遗产的人,有不同的称谓。有的称为法定继承人以外的遗产取得人,有的称为酌情分得遗产权人,有的称为酌情分取得人,有的称为可分得遗产的人。

第三十二章 遗嘱继承、遗赠与遗赠扶养协议

第一节 遗嘱继承的概念与特征

一、遗嘱继承的概念

遗嘱继承,是指继承开始后,按照被继承人所立的合法有效遗嘱继承被继承人遗产的继承制度。

遗嘱继承是与法定继承相对应的一种继承方式。在遗嘱继承中继承人按照被继承人的遗嘱继承遗产,立遗嘱的被继承人称为遗嘱人,依遗嘱的指定享有继承遗产权利的人称为遗嘱继承人。由于遗嘱反映被继承人的意志,遗嘱继承是对遗嘱人生前处分其财产的意愿的实现,所以遗嘱继承又称为意定继承。

遗嘱继承源于古罗马法,其产生晚于法定继承。但现代各国继承法普遍规定,遗嘱继承的效力优先于法定继承。由于遗嘱继承可直接体现被继承人生前对其财产处分的意愿,因此,遗嘱继承更能体现法律充分保护和尊重被继承人对自己私有财产的处分权利,更有利于保护私有财产所有权。遗嘱继承以有效的遗嘱为前提,法律赋予被继承人立遗嘱的自由,也就是确认公民生前处分其死后财产的自由。《继承法》第16条规定,"公民可以依照本法规定立遗嘱处分个人财产,并可以指定遗嘱执行人"。当然,如同任何自由一样,遗嘱自由也是限定在法律规定的范围内,只有符合继承法规定的遗嘱才能成为遗嘱继承的依据。没有合法遗嘱不会发生遗嘱继承,但遗嘱合法与遗嘱继承并非一回事,有合法的遗嘱也并不一定就发生遗嘱继承,若遗嘱继承人放弃继承,则仍不能发生遗嘱继承。

二、遗嘱继承的特征

(一)遗嘱继承直接体现着被继承人的遗愿

由于遗嘱继承是在继承开始后按照遗嘱进行继承的,而遗嘱是被继承人生前对其个人财产作出的死后处分,因此,遗嘱继承是直接按照被继承人的意思进行继承,而不是按照推定的被继承人的意思继承的。遗嘱继承人按照遗嘱继承遗产,也就直接体现了被继承人的遗愿。正因为遗嘱继承直接体现着被继承人的遗愿,所以随着人们的权利意识的增强,遗嘱继承将会成为较法定继承更为常见的继承方式。

(二) 发生遗嘱继承的法律事实须有合法有效的遗嘱

继承从被继承人死亡开始，但被继承人死亡的事实仅能发生法定继承，而不能发生遗嘱继承。发生遗嘱继承不仅须有被继承人死亡的事实，还须有被继承人设立的合法有效的遗嘱。也就是说，只有存在被继承人死亡和被继承人所立的合法有效遗嘱这一法律事实构成，才能引起遗嘱继承的发生，仅有其中一个法律事实，不能发生遗嘱继承。

(三) 遗嘱继承是对法定继承的一种排斥

在我国，遗嘱继承人须为法定继承人，不是法定继承人范围内的人不能成为遗嘱继承人。但是遗嘱中指定的继承人不受法定继承顺序的限制，遗嘱继承人继承的份额也不受法定继承中遗产分配原则的限制。遗嘱人可指定第一顺序的法定继承人为继承人，也可以指定第二顺序的法定继承人为继承人，并且可指定继承人应继承的财产份额。在继承开始后，有遗嘱的，须先按照遗嘱继承，不受法定继承中对继承顺序、继承人应继份额的限制，遗嘱继承实际上也就排斥了法定继承。

三、遗嘱继承的适用条件

依《继承法》的有关规定，被继承人死亡后，在下列情形下，遗产按遗嘱继承办理：

第一，没有遗赠扶养协议。被继承人与扶养人订立遗赠扶养协议的，对于遗赠扶养协议中约定遗赠的遗产，不能按遗嘱继承处理。

第二，被继承人立有遗嘱，并且遗嘱合法有效。被继承人未立遗嘱或者所立遗嘱无效，或者遗嘱中未指定继承人继承的遗产，不适用遗嘱继承。

第三，遗嘱中指定的继承人未丧失继承权，也未放弃继承权。遗嘱中指定的继承人因具备丧失继承权的法定事由而丧失继承权的，不得参加遗嘱继承。遗嘱继承人虽未丧失继承权，但于继承开始后遗产分割前明确表示放弃继承权的，对其放弃继承的遗产也不适用遗嘱继承。

第二节 遗嘱的设立

一、遗嘱的概念与特征

遗嘱是自然人生前按照法律的规定处分自己的财产及安排与此有关事务并于死亡后发生法律效力的单方民事法律行为。广义的遗嘱还包括死者生前对于其死亡后其他事务作出处置和安排的行为。

遗嘱是遗嘱继承的前提或者依据，但遗嘱不等于遗嘱继承。遗嘱具有以下法律特征：

第一，遗嘱是一种单方的民事法律行为。遗嘱仅是遗嘱人自己的意思表示，并无相对人，无须相对人的意思表示的一致；遗嘱仅需有设立人一方的意思表示就可以成立，他人的意思表示的内容并不能影响遗嘱的成立和效力。例如，遗嘱继承人是否接受继承，受遗赠人是否接受遗赠，均不能影响遗嘱的成立和效力。正因为遗嘱是仅有遗嘱人一方的意思表示就可成立的单方民事法律行为，所以在遗嘱生效前，遗嘱人可以自己的意思变更或者撤回遗嘱。

第二，遗嘱是须由遗嘱人生前亲自独立实施的民事法律行为。遗嘱是遗嘱人生前对自己财产作出的处分行为，只能由遗嘱人独立自主地作出，不能由他人的意思辅助或者代理。不是遗嘱人生前独立作出的真实的意思表示，并非真正的遗嘱。因此，遗嘱须由遗嘱人亲自设立，须是遗嘱人的真实的意思表示，设立遗嘱不适用代理。

第三，遗嘱是死后行为。遗嘱虽是由遗嘱人生前设立的，但在遗嘱人死亡时才能发生效力。在遗嘱人死亡前，遗嘱不发生效力。因此，遗嘱是否有效，一般应以遗嘱人死亡时的情形为准。并且遗嘱具有可撤回性，在遗嘱生效前遗嘱人可随时变更或者撤销遗嘱。而于遗嘱人死亡时、遗嘱发生效力后，遗嘱也就不可能撤回。由于遗嘱是死后行为，立遗嘱人所作出的于生前即发生效力的财产处分行为，也就不属于遗嘱。

第四，遗嘱是要式民事法律行为。法律对遗嘱的形式有明确规定，遗嘱人只能按照法律规定的形式制作遗嘱，不按照法律规定的形式设立的遗嘱，不能发生效力。若遗嘱的形式符合设立遗嘱时的法律规定，而其后法律对遗嘱的形式又有新规定时，则该遗嘱的形式应认定为符合法律要求。

第五，遗嘱是依法律规定处分财产的民事法律行为。遗嘱是遗嘱人自由处理自己财产的意思表示，因而是处分财产的民事法律行为。凡不属于处分财产及与此有关的内容的意思表示，不属于继承法上的遗嘱。遗嘱人处分财产也受法律的限制，不得违反法律的规定。违反法律规定的遗嘱是不合法的，不能发生效力。

二、遗嘱的形式

遗嘱的形式，是立遗嘱人表达自己处分其财产的意思表示的方式。根据《继承法》第17条的规定，遗嘱的形式包括以下五种：

（一）公证遗嘱

公证遗嘱是指经公证机关公证的遗嘱。公证遗嘱须由遗嘱人亲自到公证机关办理，不得由他人代理。公证遗嘱须用书面形式，遗嘱人亲笔书写遗嘱的，要在遗嘱上签名或者盖章，并注明年、月、日；遗嘱人口授遗嘱的，须由公证人员作成笔录,经公证人员向遗嘱人宣读确认无误后,由公证人员和遗嘱人签名盖章,并注明设立遗嘱的地点和年、月、日。公证人员对遗嘱经审查认为合法有效的,予以公证,出具《遗嘱公证证明书》,公证书由公证机关和遗嘱人分别保存。

(二) 自书遗嘱

自书遗嘱是指由遗嘱人亲笔书写的遗嘱。自书遗嘱须由遗嘱人亲笔书写遗嘱的全部内容,由遗嘱人签名,并注明年、月、日。自书遗嘱不能由他人代笔,也不能打印。公民在遗书中涉及死后个人财产处分的内容,确为死者真实意思的表示,有本人签名并注明了年、月、日,又无相反证据的,可按自书遗嘱对待。

(三) 代书遗嘱

代书遗嘱是指由他人代笔书写的遗嘱。代书遗嘱须符合以下要求:第一,代书遗嘱须由遗嘱人口授遗嘱内容,由他人代书;第二,代书遗嘱须有两人以上的见证人(代书人也可为见证人)在场见证;第三,代书人、其他见证人和遗嘱人在遗嘱上签名,并注明年、月、日。

(四) 录音遗嘱

录音遗嘱是指以录音磁带、录像磁带记载遗嘱内容的遗嘱。录音遗嘱须符合以下要求:第一,磁带中所录制的须是遗嘱人口授的遗嘱内容;第二,须由两个以上的见证人见证,见证人的见证证明并应录制在录制遗嘱的音像磁带上。录音遗嘱设立后,应将录制遗嘱的磁带封存,并由见证人共同签名,注明年、月、日。

(五) 口头遗嘱

口头遗嘱是指由遗嘱人口头表述的而不以其他方式记载的遗嘱。口头遗嘱必须符合以下条件:第一,须是在不能以其他方式设立遗嘱的危急情形下作出的。所谓危急情形,一般指遗嘱人生命垂危或者在战争中或者发生意外灾害,随时都有生命危险,来不及或者无条件设立其他形式遗嘱的情形。危急情形解除后,遗嘱人能够设立其他形式遗嘱的,口头遗嘱无效。第二,须有两个以上的见证人在场见证。

根据《继承法》第18条的规定,下列人员不能成为遗嘱见证人:(1) 无行为能力人、限制行为能力人;(2) 继承人、受遗赠人;(3) 与继承人、受遗赠人有利害关系的人。继承人、受遗赠人的债权人、债务人以及共同经营的合伙人,也应当视为与继承人、受遗赠人有利害关系的人,不能作为遗嘱的见证人。

三、遗嘱的内容

遗嘱的内容,是立遗嘱人在遗嘱中表示出来的对自己财产处分的意思,是遗嘱人对遗产及相关事项的处置和安排。为便于执行,遗嘱的内容应当明确、具体,一般包括以下方面:

(一) 指定继承人、受遗赠人

遗嘱中指定继承人继承的,应记明继承人的姓名。遗嘱中指定的继承人可为法定继承人中的任何一人,不受继承人继承顺序的限制,但不能是法定继承人以外的人。遗嘱人立遗嘱遗赠财产的,须指明受遗赠人的姓名或者名称,受遗赠人可以是国家、法人,也可以是自然人,但不能是法定继承人范围以内的人。

(二) 说明遗产的分配办法或者份额

遗嘱中应列明遗嘱人的财产清单,说明各个指定继承人得继承的具体财产,指定由数个继承人共同继承的,应说明指定继承人对遗产的分配办法或者每个人的应继承的份额。遗赠财产的,应说明赠与各受遗赠人的具体财产或者具体份额。

(三) 对遗嘱继承人、受遗赠人附加的义务

遗嘱人可以在遗嘱中对遗嘱继承人、受遗赠人附加一定的义务,例如指明某项财产用于某特定用途,某继承人应将某项财产的收益的部分扶养某人等。但附加的义务,须为可以履行的。

(四) 再指定继承人

再指定继承人是指遗嘱中指定的被指定的继承人不能继承时由其继承遗产的继承人。所以,再指定继承人又称为候补继承人或者补充继承人。[①] 再指定继承人只能在指定继承人不能继承的情形下依遗嘱的指定参加继承。

(五) 指定遗嘱执行人

《继承法》第 16 条中规定,遗嘱人可在遗嘱中指定遗嘱执行人。但因遗嘱执行人只关涉遗嘱的执行而不涉及对遗产的处分,因此,指定遗嘱执行人并非遗嘱的主要内容。

四、遗嘱的有效要件

遗嘱的有效要件包括形式要件和实质要件。遗嘱有效的形式要件,是指遗嘱的形式须符合法律的规定。遗嘱的形式若不符合法律的要求,也就不能有效。关于遗嘱的形式,上面已述之。这里所说的遗嘱有效要件,仅指遗嘱有效的实质要件。

(一) 遗嘱人须有遗嘱能力

遗嘱能力是指自然人依法享有的设立遗嘱,以依法自由处分其财产的行为能力。遗嘱为民事法律行为,设立人须有相应的民事行为能力。依我国现行法

---

① 候补继承人不同于后位继承人。后位继承人是指遗嘱中指定的在指定继承人死亡时继承该指定继承人继承的遗产或者指定继承人应于某种条件成就时将所继承的利益转移给其所有的人。指定后位继承人实质上是对指定继承人的继承人的指定。在外国法上有关于指定后位继承人的规定。在我国多不承认对后位继承人的指定。

规定,只有完全民事行为能力人,才有设立遗嘱的行为能力即遗嘱能力,不具有完全民事行为能力的人不具有遗嘱能力。因此,遗嘱人须为完全民事行为能力人。根据《继承法》第22条的规定,无行为能力人或者限制行为能力人所立的遗嘱无效。遗嘱人是否具有遗嘱能力,以遗嘱设立时为准。在设立遗嘱时,遗嘱人有遗嘱能力的,其后虽丧失遗嘱能力,遗嘱也不因此而失去效力。反之亦然。所以,《继承法意见》第41条明确规定:"遗嘱人立遗嘱时必须有行为能力。无行为能力人所立的遗嘱,即使其本人后来有了行为能力,仍属无效遗嘱。遗嘱人立遗嘱时有行为能力,后来丧失了行为能力,不影响遗嘱的效力。"

(二) 遗嘱须是遗嘱人的真实意思表示

遗嘱必须是遗嘱人处分其财产的真实的意思表示,因为意思表示真实是民事法律行为有效的必要条件。遗嘱是否为遗嘱人的真实意思表示,原则上应以遗嘱人最后于遗嘱中作出的意思表示为准。受胁迫、欺骗所立的遗嘱无效;伪造的遗嘱无效;遗嘱被篡改的,篡改的内容无效。

(三) 遗嘱不得取消缺乏劳动能力又没有生活来源的继承人的继承权

《继承法》第19条规定,遗嘱应当对缺乏劳动能力又没有生活来源的继承人保留必要的遗产份额。[①] 这一规定属于强行性规定,遗嘱取消缺乏劳动能力又没有生活来源的继承人的继承权的,不能有效。遗嘱人未保留缺乏劳动能力又没有生活来源的继承人的遗产份额,遗产处理时,应当为该继承人留下必要的遗产,所剩余的部分,才可参照遗嘱确定的分配原则处理。继承人是否缺乏劳动能力又没有生活来源,应按遗嘱生效时该继承人的具体情况确定。

(四) 遗嘱中所处分的财产须为遗嘱人的个人财产

遗嘱既是遗嘱人处分其个人财产的行为,就只能就遗嘱人个人的合法财产作出处置。遗嘱人以遗嘱处分了属于国家、集体或者他人所有的财产的,遗嘱的该部分内容,应认定无效。

(五) 遗嘱须不违反社会公共利益和社会公德

违反社会公共利益和社会公德的民事法律行为无效。遗嘱若损害了社会公共利益或者其内容违反社会公德,也不能有效。

五、合立遗嘱

合立遗嘱,又称为共同遗嘱,是指两个以上的遗嘱人共同设立一份遗嘱,以处分共同遗嘱人各自所有的或者共有的财产。如夫妻合立的遗嘱即属之。合立遗嘱的特殊性主要有以下几点:

[①] 必要的遗产份额,有的称为特留份,有的称为必继份、保留份。许多国家的法律上有特留份的规定。特留份是法律规定的遗嘱人不得以遗嘱取消的由特定的法定继承人继承的遗产份额。

第一,合立遗嘱是一种共同民事法律行为。合立遗嘱人为二人以上,须有立遗嘱人双方的意思表示一致才能成立。

第二,合立遗嘱人对遗产处置的意思表示相互制约。由于合立遗嘱须有立遗嘱人共同的意思表示,各遗嘱人的意思表示须一致,因此,每一个遗嘱人对其财产的处分的意思表示都受他遗嘱人的意思的制约。

第三,合立遗嘱的生效时间与单独遗嘱不同。遗嘱自遗嘱人死亡时生效。由于合立遗嘱的各个遗嘱人的死亡时间一般不是一致的,因此只有在合立遗嘱的遗嘱人全部死亡时,合立遗嘱才能全部生效。合立遗嘱人中某人死亡而其他人未死亡的,合立遗嘱不能全部生效。

关于合立遗嘱,《继承法》未作规定。对于合立遗嘱的效力,学者中有不同的观点。一种观点认为,我国立法上虽未明确规定合立遗嘱,但也未排除合立遗嘱的有效性,承认和提倡合立遗嘱有利于妥善解决家庭共有财产的处理问题。另一种观点主张承认夫妻合立遗嘱,而其他的合立遗嘱不能承认。第三种观点认为,不应当承认合立遗嘱,因为合立遗嘱不仅成立时受他人意思的约束,而且其变更、撤销也要各遗嘱人共同进行,这易导致违反遗嘱人意思的后果,并且合立遗嘱在执行时也容易发生纠纷。

第三节 遗嘱的变更、撤销与执行

一、遗嘱的变更与撤销

(一)遗嘱变更、撤销的概念

遗嘱的变更,是指遗嘱人在遗嘱设立后对遗嘱的内容作部分的修改。遗嘱的撤销,是指遗嘱人于遗嘱设立后取消所设立的遗嘱。

遗嘱的变更和撤销均是遗嘱人所实施的单方的民事法律行为。二者的区别在于对原设立的遗嘱内容的改变程度不同:遗嘱变更是仅改变遗嘱的部分内容,而遗嘱的撤销是改变遗嘱的全部内容。

遗嘱是单方民事法律行为,仅有遗嘱人一方的意思表示就成立。在遗嘱设立后生效前,遗嘱人可以随时无须有任何事由而变更或者撤销遗嘱。《继承法》第20条中明确规定,遗嘱人可以撤销、变更自己所立的遗嘱。因变更、撤销遗嘱也是单方民事法律行为,只要有遗嘱人一方的意思表示就可成立。

遗嘱变更的,应以变更后的遗嘱内容来确定遗嘱的效力和执行;遗嘱撤销的,以新设立的遗嘱来确定遗嘱的内容和执行,撤销后未设立新遗嘱的,视为被继承人未立遗嘱。

(二)遗嘱变更与撤销的要件

遗嘱的变更或者撤销只有符合以下条件,才能发生效力,否则遗嘱的变更或者撤销不生效力：

(1) 遗嘱人须有遗嘱能力。遗嘱人于变更或者撤销遗嘱时必须有遗嘱能力。遗嘱人在设立遗嘱后丧失行为能力的，于丧失行为能力后对遗嘱的变更、撤销不发生效力，原遗嘱仍有效。

(2) 遗嘱的变更、撤销须为遗嘱人的真实意思表示。因受胁迫、欺骗而变更、撤销遗嘱的，不发生变更、撤销的效力。

(3) 遗嘱的变更、撤销须依法定方式由遗嘱人亲自为之。遗嘱的变更、撤销也不适用代理，只能由遗嘱人亲自实施。遗嘱的变更、撤销可以采用明示方式和推定方式。

遗嘱变更、撤销的明示方式，是指遗嘱人以明确的意思表示变更、撤销遗嘱。遗嘱人变更、撤销遗嘱的形式，须具备遗嘱的法定形式，并且依现行法规定，"自书、代书、录音、口头遗嘱，不得撤销、变更公证遗嘱"。公证遗嘱的变更、撤销须采用公证的方式为之。

遗嘱变更、撤销的推定方式，是指遗嘱人未以明确的意思表示变更、撤销遗嘱，而是法律规定从遗嘱人的行为推定其变更、撤销遗嘱的意思。推定遗嘱变更、撤销的，有以下情形：(1) 遗嘱人立有数份遗嘱，且内容相抵触的，推定变更、撤销遗嘱。《继承法》第 20 条第 2 款规定："立有数份遗嘱，内容相抵触的，以最后的遗嘱为准。"但若立有数份遗嘱的形式不同，其中有公证遗嘱的，则应以最后的公证遗嘱为准。[①] (2) 遗嘱人生前的行为与遗嘱内容相抵触的，推定遗嘱变更、撤销。"遗嘱人生前的行为与遗嘱的意思表示相反，而使遗嘱处分的财产在继承开始前灭失、部分灭失或者所有权转移、部分转移的，遗嘱视为被撤销或部分被撤销。"[②] (3) 遗嘱人故意销毁遗嘱的，推定遗嘱人撤销原遗嘱。

二、遗嘱的执行

遗嘱的执行，是指于遗嘱生效后由遗嘱执行人实现遗嘱的内容。遗嘱执行不仅是实现遗嘱人遗愿的必要程序，而且对于保护继承人与利害关系人的利益也有重要意义。

遗嘱的执行也是一种民事法律行为，执行人应有民事行为能力。无民事行为能力人、限制民事行为能力人不具备成为遗嘱执行人的资格。

遗嘱人在遗嘱中指定了遗嘱执行人的，由被指定的遗嘱执行人执行遗嘱。遗嘱中没有指定遗嘱执行人或者被指定的执行人不能执行遗嘱的，应由有能力的继承人为遗嘱执行人；继承人也不能执行遗嘱的，由遗嘱人生前所在单位或者

[①] 《继承法意见》第 42 条。
[②] 《继承法意见》第 39 条。

继承开始地点的居民委员会、村民委员会为遗嘱执行人。

关于遗嘱执行人的性质或者地位,有固有权说与代理权说。固有权说认为,遗嘱执行人执行遗嘱是基于自己固有的权利。该说又有机关说,即认为遗嘱执行人为被继承人法律上所认利益的机关;限制物权说,即认为遗嘱执行人为遗嘱人的限制包括继承人或者受托人,于遗产上享有限制的物权;任务说,即认为遗嘱执行人如同破产管理人一样基于其任务有法律上的独立地位。代理权说分为被继承人代理说、继承人代理说及遗产代理说。被继承人代理说认为遗嘱执行人为遗嘱人的代理人或者代表人;继承人代理说认为遗嘱执行人为继承人的代理人,是代继承人实施行为的;遗产代理说认为遗嘱执行人为遗产的代理人。从遗嘱执行人承担的任务上说,其既不是遗嘱人的代理人,也不是继承人的代理人。遗嘱执行人既要忠实地实现遗嘱人的遗愿,也要保护继承人和其他遗嘱受益人的合法权益。因此,遗嘱执行人应全面地、真实地执行遗嘱。继承开始后,遗嘱执行人应首先审查遗嘱是否合法真实,明确遗嘱人的真实意思;其后应当清理和管理遗产;最后应当按照继承法的规定和遗嘱的内容处置遗产。

遗嘱执行人执行遗嘱的权利受法律保护,任何人不得非法干涉或者妨碍。遗嘱执行的费用可以从遗产中扣除。遗嘱执行人因过错而给继承人或者受遗赠人造成损害的,应负赔偿责任。遗嘱执行人不能忠实履行职责的,有关人员可以请求法院撤换遗嘱执行人。

第四节 遗 赠

一、遗赠的概念与特征

遗赠,是指自然人以遗嘱的方式将其个人财产赠与国家、集体或者法定继承人以外的人,而于其死亡后发生效力的民事法律行为。立遗嘱的自然人称为遗赠人,遗嘱中指定受赠与的人为受遗赠人,指定赠与的财产为遗赠财产或者遗赠物。

遗赠自罗马法上就有规定,现代各国继承法也均承认这一制度。《继承法》第16条第3款规定:"公民可以立遗嘱将个人财产赠给国家、集体或者法定继承人以外的人。"依我国法律规定,遗赠具有以下法律特征:

第一,遗赠是一种单方的民事法律行为。

遗赠是遗赠人设立遗嘱,在遗嘱中指定将某财产赠与他人,因遗嘱是一种单方民事法律行为,遗赠自然也为单方民事法律行为,只要有遗赠人一方的意思表示即可成立。因此,遗赠的成立不以相对方的同意为前提,遗赠人在遗嘱生效前可随时改变自己赠与的意思。这是遗赠与赠与的区别之一,赠与是一种双方民事法律行为,赠与人于赠与成立后不得随意改变其赠与的意思表示。

第二,遗赠是于遗赠人死亡后发生效力的死后行为。

遗赠虽是遗赠人生前作出的意思表示,但于遗赠人死亡后才能发生效力。只有在遗赠人死亡后,受遗赠人才可行使受遗赠的权利。遗赠虽于遗赠人死亡后生效,但其不同于死因赠与,死因赠与是以赠与人死亡为停止条件的附条件的双方民事法律行为。

第三,受遗赠人是法定继承人以外的人。

遗赠人可以将其财产赠与国家、集体,也可以赠与法定继承人以外的人,而不能赠与法定继承人范围内的人。立遗嘱人在遗嘱中指定将某一财产给予某一法定继承人的(不论该继承人为第一顺序还是为第二顺序的法定继承人),属于遗嘱继承问题,而不属于遗赠。

第四,遗赠是无偿给予受遗赠人财产利益的行为。

遗赠人给予受遗赠人的财产只能是积极财产(财产权利),而不能是消极财产(财产义务)。① 遗赠是无偿给予他人财产的无偿行为。遗赠的无偿性是遗赠与遗赠扶养协议的重要区别。当然,遗赠有单纯遗赠与附负担遗赠之分。附负担遗赠是遗赠人就遗赠附加某种义务或者条件的遗赠,但遗赠中所附的负担不是受遗赠人接受遗赠的对价。

在附负担的遗赠,受遗赠人于遗赠生效后应当履行所附的负担。"附义务的遗嘱继承或遗赠,如义务能够履行,而继承人、受遗赠人无正当理由不履行,经受益人或其他继承人请求,人民法院可以取消他接受附义务那部分遗产的权利,由提出请求的继承人或受益人负责按遗嘱人的意愿履行义务,接受遗产。"②

第五,遗赠是只能由受遗赠人接受的行为。

遗赠是以特定的受遗赠人为受益人的,受遗赠人的受遗赠权只能由受遗赠人自己享有,而不得转让。若受遗赠人于遗赠生效时已死亡,或者受遗赠人未作出接受遗赠的意思表示就死亡的,则不能发生遗赠的效力。受遗赠人虽须为接受遗赠时的生存之人,但于遗赠人死亡时已受孕的胎儿可作为受遗赠人。

二、遗赠与遗嘱继承的异同

遗赠与遗嘱继承,都是被继承人以遗嘱处分个人财产的方式,都须具备遗嘱的有效条件才能有效。这是二者的基本相同点。但依《继承法》的规定,遗赠与遗嘱继承有以下主要区别:

---

① 有的国家规定的遗赠包括概括遗赠,概括遗赠是指遗赠人将其全部财产权利义务一并遗赠给受遗赠人,概括遗赠的受遗赠人具有继承人的地位。但我国法上的遗赠仅为特定遗赠,不包括概括遗赠。特定遗赠的遗赠人是将特定的积极财产遗赠给受遗赠人,而不能将财产义务一并遗赠。

② 《继承法意见》第43条。

第一,受遗赠人与遗嘱继承人的主体范围不同。受遗赠人可以是法定继承人以外的任何自然人,也可以是国家或者集体,但不能是法定继承人范围之内的人;遗嘱继承人只能是法定继承人范围之内的自然人,而不能是法定继承人以外的人,也不能是国家或者集体。

第二,受遗赠权与遗嘱继承权的客体范围不同。受遗赠权的客体只能是遗产中的财产权利,而不能是财产义务;遗嘱继承权的客体是遗产,既包括财产权利也包括财产义务。因此,受遗赠人与遗嘱继承人承担的义务也就不同。受遗赠人不承受遗产中的债务,而遗嘱继承人不仅享有取得遗产的权利,也负有承担被继承人债务的义务。

第三,受遗赠权与遗嘱继承权的行使方式不同。受遗赠人接受遗赠的,须于法定期间内作出接受的明示的意思表示。《继承法》第25条第2款规定:"受遗赠人应当在知道受遗赠后两个月内,作出接受或者放弃受遗赠的表示。到期没有表示的,视为放弃受遗赠。"遗嘱继承人接受继承的,无须作出明示的意思表示。自继承开始后遗产分割前,遗嘱继承人未表示放弃继承的,视为接受继承。

第四,受遗赠人与遗嘱继承人取得遗产的方式不同。受遗赠人不能直接参与遗产的分配,而是从遗嘱执行人处取得受遗赠的财产;而遗嘱继承人可直接参与遗产分配而取得遗产。

第五,在遗赠中,遗赠人不能于指定受遗赠人后再指定;而在遗嘱继承中,遗嘱人可以于遗嘱中指定候补继承人。例如,遗嘱人在遗嘱中指定某项财产由甲继承,同时又指定若甲不能继承,则由乙继承,乙即为候补继承人或者称补充继承人。也有的学者认为,遗赠中可以再指定受遗赠人。

第五节 遗赠扶养协议

一、遗赠扶养协议的概念与特征

遗赠扶养协议,是指自然人(遗赠人、受扶养人)与扶养人之间关于扶养人扶养受扶养人,受扶养人将财产遗赠给扶养人的协议。《继承法》第31条规定:"公民可以与扶养人签订遗赠扶养协议。按照协议,扶养人承担该公民生养死葬的义务,享有受遗赠的权利。公民可以与集体所有制组织签订遗赠扶养协议。按照协议,集体所有制组织承担该公民生养死葬的义务,享有受遗赠的权利。"

遗赠扶养协议具有以下法律特征:

1. 遗赠扶养协议是双方的民事法律行为

遗赠扶养协议是扶养人与受扶养人之间的双方的民事法律行为,须由双方的意思表示一致才能成立。遗赠扶养协议既是双方民事法律行为,其订立就应依合同的订立程序,双方间为一种合同关系。

2. 遗赠扶养协议是诺成性、要式民事法律行为

遗赠扶养协议自双方意思表示一致即成立,不以标的物的给付为成立生效要件,故为诺成性行为。但遗赠扶养协议须采书面形式,为要式行为。

3. 遗赠扶养协议是双务、有偿行为

按照遗赠扶养协议,当事人双方都负有相互对待给付的义务,任何一方享受权利都是以履行相应的义务为对价的,任何一方都不能无偿地取得他方的财产。

4. 遗赠扶养协议内容的实现有阶段性

扶养人的义务自遗赠扶养协议生效时起即生效,亦即从协议生效时起扶养人就应履行其扶养受扶养人的义务,而关于遗赠的内容只能于受扶养人死后实现。

5. 遗赠扶养协议不因受扶养人的死亡而终止

遗赠扶养协议也是自然人生前对其死亡后遗留财产的一种处置方式,不因受扶养人的死亡而终止,却因受扶养人死亡使遗赠部分的内容生效。

6. 遗赠扶养协议中的扶养人须无法定扶养义务

遗赠扶养协议的受扶养人只能是自然人;扶养人可以是自然人,也可以是集体所有制组织,但不能是对受扶养人有法定扶养义务的法定继承人。

二、遗赠扶养协议的效力

遗赠扶养协议一经签订即发生效力。遗赠扶养协议的效力可分为对当事人双方的内部效力和对其他人的外部效力。

(一) 遗赠扶养协议的内部效力

遗赠扶养协议是一种双务合同关系,当事人双方都享有权利和负有义务,且双方的权利义务具有对应性。

1. 扶养人的义务

扶养人的义务就是在受扶养人生前扶养受扶养人,在受扶养人死后安葬受扶养人。扶养人不认真履行扶养义务的,受扶养人有权请求解除遗赠扶养协议。受扶养人未解除协议的,对不尽扶养义务或者以非法手段谋夺遗赠人财产的扶养人,经遗赠人的亲属或者有关单位的请求人民法院可以剥夺扶养人的受遗赠权;对不认真履行扶养义务,致使受扶养人经常处于生活缺乏照料状况的扶养人,人民法院也可以酌情对扶养人受遗赠的财产数额予以限制。

2. 受扶养人的义务

受扶养人的义务是将其财产遗赠给扶养人。受扶养人对在遗赠扶养协议中指定遗赠给扶养人的财产,在其生前可以占有、使用、收益,但不得处分。受扶

人擅自处分财产,致使扶养人无法实现受遗赠权利的,扶养人有权解除遗赠扶养协议,并得要求受扶养人补偿其已经付出的供养费用。

(二) 遗赠扶养协议的外部效力

遗赠扶养协议的对外效力,表现为遗赠扶养协议是遗产处理的依据,在遗产处理时排斥遗嘱继承和法定继承。《继承法》第5条规定:"继承开始后,按照法定继承办理;有遗嘱的,按照遗嘱继承或者遗赠办理;有遗赠扶养协议的,按照协议办理。"集体组织对"五保户"实行"五保"时,双方有扶养协议的,按协议处理;没有扶养协议,死者有遗嘱继承人或者法定继承人要求继承的,按遗嘱继承或者法定继承处理,但集体组织有权要求扣回"五保"费用。

第三十三章 遗产的处理

第一节 继承的开始

一、继承开始的时间与意义

继承的开始亦即继承法律关系的发生。《继承法》第 2 条规定:"继承从被继承人死亡时开始。"死亡包括生理死亡和宣告死亡。因此,被继承人生理死亡或者被宣告死亡的时间也就是继承开始的时间。相互有继承权的几个人在同一事件中死亡,如不能确定死亡先后时间的,推定没有继承人的人先死亡;死亡人各自都有继承人的,如几个人的辈分不同,推定长辈先死亡;几个死亡人辈分相同,推定同时死亡,彼此不发生继承,由他们各自的继承人分别继承。

继承开始的时间不同于遗产分割的时间,它具有法定性和强行性,不能由当事人商定,也不能任意改变。正确确定继承开始的时间具有重要的法律意义。

1. 依继承开始的时间确定法定继承人的范围

继承开始是继承法律关系发生的原因,继承开始继承人的客观意义的继承权才转化为主观意义的继承权,才产生具体的继承法律关系。在具体的继承法律关系中,只有具备继承资格的人,才能成为遗产继承权的主体。因此,只有在继承开始时具有继承资格的人,才享有主观意义的继承权,才能取得遗产,不具备继承资格的人不享有继承权。这表现在以下几个方面:一是只有在继承开始时与被继承人有亲属关系的人,才有继承权;否则就不属于继承人。二是只有在继承开始时生存的法定继承人或者遗嘱继承人,才有权取得遗产。继承开始前继承人死亡的,会发生代位继承;继承开始后继承人死亡的,会发生转继承。三是只有在继承开始时没有丧失继承权的人,才能作为继承人参与继承。如果继承人丧失了继承权,自然也不能作为继承人参加继承。

2. 依继承开始的时间确定遗产的范围

遗产是被继承人死亡时遗留的财产,只有在继承开始时存在的属于被继承人的合法财产,才为遗产。继承开始前,被继承人已经处分的财产不属于遗产。继承开始后,被继承人的遗产即为继承人的财产,在遗产分割前遗产可因保管和使用、收益方面的原因而变化,但其范围不会改变。尤其是在被继承人于死亡时与他人共有财产时,不论何时从共有财产中分离遗产,都应以被继承人死亡的时间为共有的终止时间,并以此时的财产状态来确定属于遗产的部分。

3. 依继承开始的时间确定继承人的应继份额

如前所述,法定继承人在分配遗产时,同一顺序的继承人的继承份额应当均等,特殊情况下也可以不均等。在根据继承人的情况来决定多分、少分或者不分遗产,以及是否需要予以照顾时,须依继承开始的时间继承人的具体情况为准。例如,只有在继承开始时生活有特殊困难的缺乏劳动能力的继承人,才为应予以照顾的继承人。若在继承开始时不属于生活有特殊困难的缺乏劳动能力的人,而于分割遗产时成为生活有特殊困难的缺乏劳动能力的人,则不属于法律规定的应予以照顾的继承人。

4. 依继承开始的时间确定放弃继承权及遗产分割的溯及力

继承人在继承开始后遗产分割前,可以放弃继承。放弃继承的效力,追溯到继承开始的时间。继承开始后,继承人可以商定遗产分割的时间,遗产分割的时间虽与继承开始的时间不一致,但遗产分割的效力溯及到继承开始的时间。

5. 依继承开始确定遗嘱的效力

自继承开始,遗嘱才发生效力,才可以执行;在继承开始前,遗嘱不能发生效力。

6. 依继承开始的时间确定保护继承权的最长期间

继承人的继承权受到侵害时,可行使继承权回复请求权,请求人民法院予以保护。《继承法》第 8 条规定:"继承权纠纷提起诉讼的期限为 2 年,自继承人知道或者应当知道其权利被侵犯之日起计算。但是,自继承开始之日起超过 20 年的,不得再提起诉讼。"

7. 确定遗产的权利归属

自继承开始,遗产即归继承人取得,因为继承开始,被继承人已不再对其财产享有所有权,遗产的主体也就从被继承人转为继承人。

二、继承开始的地点

继承开始的地点,是继承人参与继承法律关系,行使继承权,接受遗产的地点。确定继承开始的地点有利于查清被继承人的遗产,因为继承开始的地点往往是遗产的集中地;有利于继承人参加继承、接受遗产,因为继承人、受遗赠人一般是以继承开始的地点作为行使继承权和接受遗赠的地点;有利于分清继承人之间的通知继承开始和保管遗产的责任;有利于继承人在相互间或者与他人间发生纠纷时参加诉讼。继承开始的地点一般为被继承人的生前最后的住所地。被继承人生前的最后住所地与主要遗产所在地不一致的,以主要遗产所在地为继承的地点。遗产为不动产的,以不动产所在地为继承的地点。

三、继承开始的通知

依《继承法》第 23 条规定,继承开始后,知道被继承人死亡的继承人应当及时通知其他继承人和遗嘱执行人。继承人中无人知道被继承人死亡或者知道被继承人死亡而不能通知的,由被继承人生前所在单位或者住所地的居民委员会、村民委员会负责通知。

负有通知义务的继承人或者单位应当及时发出继承开始的通知。通知可用口头形式或者书面形式,也可以采取公告的方式。通知中应说明继承开始的时间、继承的地点等有关事项。负有通知义务的继承人或者单位,若故意隐瞒继承开始的事实而不为通知,造成继承人损失的,应当承担责任。

第二节 遗 产

一、遗产的概念与特征

遗产是继承法律关系的客体,即继承权的标的。遗产为继承法律关系的要素,因此,虽有自然人的死亡这一事实的发生,若无遗产的存在也不能成立继承法律关系。《继承法》第 3 条中规定:"遗产是公民死亡时遗留的个人合法财产"。根据这一定义,遗产具有以下法律特征:

第一,遗产只能是公民死亡时遗留的财产,具有时间上的特定性。在被继承人死亡前,被继承人自己对其财产享有所有权,得依法处分,继承人不享有主观意义继承权,无所谓遗产。只有在被继承人死亡时未被处分掉的财产才为遗产。

第二,遗产的内容具有财产性和包括性。在现代法上,继承人所继承的只能是财产,而不能是其他权益。作为遗产,既包括财产权利,也包括财产义务。因而凡被继承人生前享有的财产权利和负担的财产义务,只要在其死亡时存在,就属于遗产。

第三,遗产范围上的限定性和合法性。遗产只能是自然人死亡时遗留下的个人的合法财产,并且须依继承法的规定能够转移给他人的财产。被继承人生前占有的他人的财产,虽于继承开始时未返还,也不属于遗产;被继承人生前与他人共有的财产,只有其应有的部分才为遗产;虽为被继承人生前享有的财产权利和负担的财产义务,但因具有专属性不能转由他人承受的财产,也不能列入遗产。被继承人非法取得的财产,依法不能由个人所有的财产,都不能作为遗产。

二、遗产的范围

(一)遗产包括的财产

遗产包括积极财产与消极财产。依《继承法》第 3 条的规定,遗产包括以下财产：

(1) 公民的收入。公民的收入主要是指劳动收入，也包括其他的合法收入。

(2) 公民的房屋、储蓄和生活用品。公民的房屋是公民个人所有的私房，储蓄是公民个人的存款，生活用品是公民个人所有的生活资料。公民租住的房屋（包括单位的公房）、公民以个人名义私存的公款储蓄等，均不在其内。

(3) 公民的林木、牲畜和家禽。公民的林木，是指依法归公民个人所有的树木、竹林、果园等，既包括公民在其使用的宅基地、自留地、自留山上种植的林木，也包括公民在其承包经营的荒山、荒地、荒滩上种植的归其个人所有的林木。但公民承包经营的归集体所有的果园等，不在其列。

(4) 公民的文物、图书资料。

(5) 法律允许公民所有的生产资料。

(6) 公民的著作权、专利权中的财产权利。

(7) 公民的其他合法财产。除上述财产外，公民的其他合法财产也可作为遗产，这主要包括：担保物权和依法可继承的用益物权；有价证券；以财物为履行标的的债权债务。

(二) 遗产中不能包括的权利义务

下列权利义务不能列入遗产：

(1) 与被继承人人身不可分的人身权利。

(2) 与人身有关的和专属性的债权债务，因为这些债权债务具有不可转让性。指定了受益人的人身保险合同中的受益权，被继承人死亡后其亲属应得的抚恤金等，都不属于遗产。

(3) 国有资源的使用权。被继承人生前依法取得和享有的国有资源使用权，虽然该权利在性质上属于用益物权，但因其取得须经特别的程序，是授予特定人的，因此，也不能列入遗产。

(4) 其他依法不能继承的财产。

三、遗产的保管

遗产为继承人共同的财产，因在遗产分割前遗产的具体最后归属还未确定，因此，应对遗产进行保管，以使遗产免受不应有的损害。依《继承法》第 24 条的规定，在遗产分割前，"存有遗产的人，应当妥善保管遗产，任何人不得侵吞或者争抢"。人民法院对故意隐匿、侵吞或者争抢遗产的继承人，可以酌情减少其应继承的遗产。人民法院在审理继承案件时，如果知道继承人而无法通知的，分割遗产时，要保留其应继承的遗产，并确定该遗产的保管人或者保管单位。遗产保管人应当及时清理遗产，编制遗产清单，并妥善保管遗产，不仅自己不能侵夺或者争抢遗产，而且应当防止和排除对遗产的人为侵害和对遗产的自然侵害。

遗产保管人不得擅自对遗产进行使用、收益和处分。在数人共同继承时,遗产为继承人共同共有的财产,对遗产的使用收益应由共同继承人共同决定。只有经共同继承人同意时,继承人才可对遗产进行使用。遗产的收益为遗产的增值,除当事人另有约定外,应与遗产一并分割。任何一个继承人未经其他继承人的同意,不得将遗产的某项财产处分,否则即构成对他人权利的侵害。

第三节 遗产的分割与债务清偿

一、遗产的分割

(一) 遗产分割的意义

遗产的分割,是指共同继承人之间按照各继承人的应继承份额分配遗产的行为。

继承开始,被继承人遗留的生前的个人合法财产即成为遗产。遗产为继承人以及其他有权取得遗产的人取得。若继承人为一人,并且也无其他遗产取得权人,则遗产即成为该继承人的个人财产。但若继承人为数人,即发生共同继承,遗产即为共同继承人共同所有,也就发生遗产共有。于此情形下,不仅对遗产的使用、处分须由全体继承人共同决定,并且共同继承人间负连带责任,共同继承人就遗产的全部享有其应继份。因此,各个继承人要取得应由自己继承的具体遗产,就需对遗产进行分割。在继承人虽为一个,但有受遗赠人要求受领受遗赠的财产时,也会发生遗产的分割。可见,遗产分割是有权取得遗产的继承人或者其他人将其应得的遗产份额转化成为个人单独所有财产的必经程序。

在遗产分割时,首先应当正确确定遗产的范围,将遗产与他人的财产区分开。《继承法》第 26 条规定:"夫妻在婚姻关系存续期间所得的共同所有的财产,除有约定的以外,如果分割遗产,应当先将共同所有的财产的一半分出为配偶所有,其余的为被继承人的遗产。遗产在家庭共有财产之中的,遗产分割时,应当先分出他人的财产。"被继承人生前与他人有合伙关系的,其在合伙财产中的份额,列入遗产。

《继承法》第 5 条规定:"继承开始后,按照法定继承办理;有遗嘱的,按照遗嘱继承或者遗赠办理;有遗赠扶养协议的,按照协议办理"。遗产分割,有遗嘱的应先执行遗嘱;无遗嘱的或者执行遗嘱有剩余遗产的,按照法定继承办理。

(二) 遗产分割的原则

遗产分割应遵循以下主要原则:

第一,遗产分割自由原则。遗产分割请求权从性质上说,属于形成权,权利人得随时行使,并不因时效而消灭。并且因遗产共有只是一种暂时的共有,不同于以维持共同的生产和生活为目的普通的共同共有,其原本就以遗产的分割为终局目的,因此,继承人得随时请求分割遗产并不会损害他人的利益。当事人请求分割遗产的,他人不得拒绝。当事人可以协商分割遗产,也可以通过诉讼程序请求分割遗产。

第二,保留胎儿继承份额的原则。依《民法总则》第 16 条规定,于遗产继承时,视胎儿具有民事权利能力。《继承法》第 28 条规定:"遗产分割时,应当保留胎儿的继承份额。胎儿出生时是死体的,保留的份额按照法定继承办理。"分割遗产时应当为胎儿保留的遗产份额没有保留的,应从继承人所继承的遗产中扣回。当然,由于为胎儿保留的遗产份额,如胎儿出生时是死体的,由被继承人的继承人继承,因此,若胎儿出生时为死体的,则不必从继承人所继承的遗产中扣回。

第三,互谅互让、协商分割原则。遗产分割时,当事人应当互谅互让,协商处理。无论是遗产分割的时间,还是分割的方法、分割的份额,都应按继承人协商一致的意见办理。当然,若当事人协商不成,可以请调解委员会调解,也可以向法院提起诉讼。

第四,物尽其用原则。这是指遗产分割时,应当从有利于生产和方便生活出发,注意充分发挥遗产的效用,不损害遗产的价值。人民法院在分割遗产中的房屋、生产资料和特定职业所需要的财产时,应依据有利于发挥其使用效用和继承人的实际需要,兼顾各继承人的利益进行处理。

(三)遗产分割的方式

关于遗产的分割方式,若遗嘱中已经指定,则应按遗嘱中指定的方式分割;遗嘱中未指定的,由继承人具体协商;继承人协商不成的,可以通过调解或者诉讼解决。

《继承法》第 29 条第 2 款规定:"不宜分割的遗产,可以采取折价、适当补偿或者共有等方法处理。"据此,对遗产的分割可根据具体情形采用实物分割、变价分割、补偿分割和保留共有的分割等四种方式。

(四)遗产分割的效力

关于遗产分割的法律效力,各国继承法上有两种不同的主张。其一是转移主义,即以遗产分割为一种交换,各继承人因分割而互相让与各自的应有部分,而取得分配给自己的财产的单独所有权,依此遗产分割有转移或者创设效力。其二是宣告主义,又称溯及主义,认为因遗产分割而分配给继承人的财产,视为自继承开始业已归属于各继承人单独所有,遗产分割只是宣告既有的状态,依此遗产分割有宣告的效力或者认定的效力。我国法上未明确规定遗产分割的效力,学者中也有两种不同的观点。多数人主张,遗产分割的效力应当溯及自继承开始,继承人因遗产分割所取得的财产为直接继承被继承人的遗产。为保护继承人的利益,各继承人之间相互负有担保责任,即继承人应就其分得的遗产份额对他继承人负瑕疵担保责任,包括物的瑕疵担保责任和权利瑕疵担保责任。如果某一继承人所取得的财产因有瑕疵而不能取得完全所有权,可以要求重新分割遗产或者要求他继承人给予补偿。

二、被继承人的债务的清偿

(一) 被继承人债务的范围

这里的被继承人债务是指被继承人死亡时遗留的应由被继承人清偿的财产义务。被继承人的债务属于遗产中的消极财产,又称为遗产债务。因此,只有在被继承人死亡时尚未清偿的依法应由其清偿的债务,才为被继承人的债务。被继承人的债务既包括被继承人个人负担的债务,也包括被继承人在共同债务中应负担的债务额。归纳起来,被继承人的债务主要包括以下债务:(1) 被继承人依照税法规定应缴纳的税款;(2) 被继承人因合同之债发生的未履行的给付财物的债务;(3) 被继承人因不当得利而承担的返还不当得利的债务;(4) 被继承人因无因管理之债的成立而负担的偿还管理人必要费用的债务;(5) 被继承人因侵权行为而承担的损害赔偿债务;(6) 其他应由被继承人承担的债务,如合伙债务中应由被继承人承担的债务,被继承人承担的保证债务等。但被继承人以个人名义因夫妻共同生活或者家庭共同生活需要欠下的债务,应为共同债务,不能全部作为被继承人的债务。

(二) 被继承人的遗产债务的清偿原则

《继承法》第 33 条规定:"继承遗产应当清偿被继承人依法应当缴纳的税款和债务,缴纳税款和清偿债务以他的遗产实际价值为限。超过遗产实际价值部分,继承人自愿偿还的不在此限。继承人放弃继承的,对被继承人依法应当缴纳的税款和债务可以不负偿还责任。"第 34 条规定:"执行遗赠不得妨碍清偿遗赠人依法应当缴纳的税款和债务。"依上述规定,对被继承人债务的清偿,应当坚持以下原则:

第一,限定继承原则。所谓限定继承,是指继承人对被继承人的遗产债务的清偿只以遗产的实际价值为限,除继承人自愿清偿者外,继承人对于超过遗产实际价值的部分不负清偿责任。限定继承原则决定了继承人对遗产债务仅负有限的清偿责任,这是对"父债子还"原则的否定,也是公平原则的体现。

第二,保留必留份的原则。清偿被继承人的债务,应当为需要特殊照顾的继承人保留适当的遗产。继承人中有缺乏劳动能力又没有生活来源的人,即使遗产不足以清偿债务,也应为其保留适当遗产,然后再按《继承法》第 33 条和《民事诉讼法》有关的规定清偿债务。

第三,清偿债务优先于执行遗赠的原则。执行遗赠须于清偿债务后进行,只有在清偿被继承人的债务之后,还有剩余财产时,遗赠才能得到执行;若遗产不足以清偿债务,则不能执行遗赠。

第四,继承人连带清偿责任原则。继承遗产的共同继承人对被继承人债务的清偿应负连带责任。被继承人的债权人得请求继承人的全体或者其中的一人或者数人清偿债务。

(三)被继承人遗产债务的清偿时间和方式

清偿被继承人的债务一般应于遗产分割前进行,即继承人应于清偿被继承人应缴纳的税款和债务后才分割遗产。但继承人未清偿债务而分割遗产的,也无不可。遗产已被分割而未清偿债务时,如有法定继承又有遗嘱继承和遗赠的,首先由法定继承人用其所得遗产清偿债务;不足清偿时,剩余的债务由遗嘱继承人和受遗赠人按比例用所得遗产偿还;如果只有遗嘱继承和遗赠的,由遗嘱继承人和受遗赠人按比例用所得偿还。

第四节 无人继承又无人受遗赠的遗产

一、无人继承又无人受遗赠的遗产的概念与范围

无人继承又无人受遗赠的遗产,是指没有继承人以及受遗赠人承受的遗产。被继承人死亡后,其遗产由继承人继承或者由受遗赠人受遗赠,从而使被继承人死亡时遗留的财产转移归继承人或者受遗赠人所有。若无人继承或者无人受遗赠,因被继承人死亡不能为遗产的主体,则须确认该遗产的归属。

无人继承又无人受遗赠的遗产与无人承认继承的遗产不同。无人承认继承的遗产是指有无继承人不明的遗产。无人继承又无人受遗赠的遗产,是确定地无继承人继承也无受遗赠人受遗赠的遗产,包括以下情形的遗产:

其一,死者无法定继承人,也未立遗嘱指定受遗赠人,生前也未与他人订立遗赠扶养协议;

其二,被继承人的法定继承人、遗嘱继承人全部放弃继承,受遗赠人全部放弃受遗赠;

其三,被继承人的法定继承人、遗嘱继承人全部丧失继承权,受遗赠人全部丧失受遗赠权。

二、无人继承又无人受遗赠的遗产的归属

《继承法》第32条规定:"无人继承又无人受遗赠的遗产,归国家所有;死者生前是集体所有制组织成员的,归所在集体所有制组织所有。"

无人继承又无人受遗赠的遗产归国家或者集体所有制组织所有,同时,取得该遗产的国家或者集体所有制组织也应在取得遗产的实际价值范围内清偿死者

生前所欠的债务。遗产因无人继承又无人受遗赠收归国家或者集体所有制组织所有时,若有继承人以外的依靠被继承人扶养的缺乏劳动能力又没有生活来源的人,或者继承人以外的对被继承人扶养较多的人提出取得遗产的请求,人民法院应视情况适当分给遗产。

本编参考书目

1. 刘春茂主编:《中国民法学·财产继承》,中国人民公安大学出版社 1990 年版。
2. 郭明瑞、房绍坤:《继承法》(第二版),法律出版社 2004 年版。

第五编 人 身 权

第三十四章 人身权概述

第一节 人身权的概念与分类

一、人身权的概念与特征

(一) 人身权的概念

人身权是民事主体基于人格或者身份而依法享有的,以在人身关系(包括人格关系和身份关系)中所体现的人格利益或者身份利益为内容的民事权利。

民法调整平等主体之间的人身关系和财产关系,因此,在民法的权利体系中,人身权是与财产权相对应的权利。《民法通则》第五章"民事权利"部分,将人身权作为独立一节加以规定。在《民法通则》156个条文中,有关人身权的条文有十多条,反映了立法者对人身权的重视和当今人身权立法的趋势。《民法总则》第五章民事权利中前4个条文(第109、110、111、112条)规定了人身权。

《侵权责任法》第2条列举了生命权、健康权、姓名权、名誉权、荣誉权、肖像权、隐私权、婚姻自主权、监护权等人身权。

(二) 人身权的特征

1. 人身权是与民事主体自身主体资格密不可分的民事权利。这一特征包含两方面的含义:一方面,人身权只能够由特定民事主体享有,一般不得抛弃、转让、继承。作为例外,少数人身权也可以被转让或者继承,比如,法人的名称权就可以转让他人享有。另一方面,民事主体之所以成为民事主体,是因为他享有人身权;换言之,如果民事主体失去了某些人身权,他就可能不再被认为是民事主体。比如,如果一个人享有的生命权受到了侵犯,那他就可能失去民事主体的资格。一个人享有的健康权受到了侵犯,比如心智受到影响,就可能被认定为限制行为能力人或者无行为能力人,其作为民事主体的能力就会受到影响,当然,其民事主体资格并不受影响。

2. 人身权的法定性。人身权是否为法定权利,有不同观点。本书作者认为,人身权所包括的内容,必须经过法律的认可;换言之,民事主体究竟享有哪些人身权,必须有法律的明确规定。但是,法律对人格权的认可不像物权法定那样严格。在人格权方面,有一般人格权,它为人格权的发展和完善留出空间。一般人格权的内容具有不确定性,而一般人格权内容的解释,需要由有权机关经一定程序作出。比如,法院可以通过判决来确定哪些内容属于一般人格权的范畴。

3. 人身权的固有性。绝大多数人身权都是自民事主体出生或者成立之时就开始享有。比如,自然人一出生,就享有生命权、健康权等;法人一成立就享有名称权。有些人身权需要一定条件才能够享有,比如婚姻自主权。这主要是由人的自然属性决定的。至于需要什么条件才能够享有,则是由各国基于公共政策的考虑决定的。总之,一般而言,获得人身权无须申请,也无须一定方式公示。

4. 人身权是体现在人身权关系中的民事权利。人身权是使民事主体成为民事主体的权利,因此,与其他民事权利一样,这种权利只有在一定社会关系中才有意义。体现人身权的社会关系即人身权关系,包括人格权关系和身份权关系。

5. 人身权具有非财产性,但同时具有可财产救济性。传统民法理论认为,人身权是没有直接财产内容的民事权利,人身权不能用金钱来计算和衡量。本书作者认为,从理念、道德伦理的层面而言,不可以将人身权贴上价码。但是,有四点需要强调:第一,侵害人身权造成损害的,需要通过人身损害赔偿加以救济。《侵权责任法》第 16 条规定,侵害他人造成人身损害的,应当赔偿医疗费、护理费、交通费等为治疗和康复支出的合理费用,以及因误工减少的收入。造成残疾的,还应当赔偿残疾生活辅助具费和残疾赔偿金。造成死亡的,还应当赔偿丧葬费和死亡赔偿金。第二,侵害人身权造成财产损失的,侵权人应当赔偿损失。《侵权责任法》第 20 条规定,侵害他人人身权益造成财产损失的,按照被侵权人因此受到的损失赔偿;被侵权人的损失难以确定,侵权人因此获得利益的,按照其获得的利益赔偿;侵权人因此获得的利益难以确定,被侵权人和侵权人就赔偿数额协商不一致,向人民法院提起诉讼的,由人民法院根据实际情况确定赔偿数额。第三,侵害人身权造成严重精神损害的,可以给予精神损害赔偿。《侵权责任法》第 22 条规定,侵害他人人身权益,造成他人严重精神损害的,被侵权人可以请求精神损害赔偿。第四,有的人身权可以商业化利用,在商业化利用时也就有了财产价值。

二、人身权的分类

一般认为,人身权可以分为人格权和身份权两大类。

就人格权而言,根据客体范围,人格权可以分为一般人格权和具体人格权。

就具体人格权而言,根据权利客体不同可以再分为物质性人格权和精神性人格权。物质性人格权包括生命权、健康权和身体权;精神性人格权包括姓名权(名称权)、肖像权、自由权、名誉权、隐私权、贞操权、信用权、婚姻自主权等。

就身份权而言,根据身份不同可以再分为亲属法上的身份权和亲属法外的身份权。前者包括配偶权、亲权和亲属权;后者包括荣誉权、知识产权中的身份权等。

第二节 人身权的内容与意义

一、人身权的内容

人身权的内容主要体现为权利主体通过一定方式来享有、处分各种人身利益。一般而言,人身权的内容主要有以下几方面:

(一)人身利益的排他支配和事实处分

人身权的权利主体可以按照自己的意志支配各种人身利益,并可以排除他人的非法干涉。比如,自然人可以按照自己的意志对自己的身体、健康、姓名等各种人身利益进行支配。人身权人还可以按照自己的意愿对各种人身利益加以事实处分,比如自然人可以理发、整容,可以将自己身体的组成部分进行捐献,如捐献角膜、骨髓等。当他人对人身权或者人身权的行使加以非法干涉时,权利人可以依法排除。

(二)人身利益的利用

人身权的权利主体可以按照自己的意志对各种人身利益加以利用。比如,利用身体参加劳动,参加体育锻炼;利用自己的姓名发表文章;利用自己的信用为他人的债务提供担保;利用自己的身份从事各种社会活动;等等。

(三)有限转让

人身权的权利主体可以将人身利益加以转让,但是这种转让往往有一定的限制。这种限制主要来自两个方面:一方面,并非所有的人身利益都可以转让。现代社会,基于各种社会价值以及人身权自身性质的原因,许多人身利益不得转让。比如,自由权、生命权、身体权、健康权、名誉权、荣誉权等各种人身权所体现的人身利益均不得转让。另一方面,对于能够被转让的人身权益而言,转让往往也不彻底;当然,在转让的彻底性方面,各种人身权之间存在差异。比如,权利人可以将使用自己肖像的权利转让给他人,但是,本人仍然保留一定的权能。因此,一般将这种情况称为肖像权的使用许可。而法人的名称权,则可以完全转让。

(四)收益

人身权的权利主体可以利用人身利益进行收益。比如,法人可以通过转让自己的名称获得收益。自然人和法人都可以通过自己的信用获得收益。自然人可以通过允许他人使用自己的肖像或者姓名获得收益。

二、人身权的意义

(一)人身权为民事主体的自然生存和社会生存提供了法律保障

人既具有自然属性,也具有社会属性。换言之,人的生存分为自然生存和社会生存两方面,人身权制度既包含有保护人自然生存的生命权、身体权、健康权等内容,也包含有保护人社会生存的名誉权、信用权等内容。在民法意义上,民事主体之所以成为完整的民事主体,是因为具备了各种人身权。法律对人身权的保护"确保我们能够充分享受自我"。① 失去人身权保护的各种利益,民事主体的地位就会受到威胁。

人类社会进步到现在的一个巨大成果,就是每个人都被当作了人看待。人本身被看做了目的,而不再是客体和手段。这一进步促进了民法人身权制度的发展,而民法人身权制度为这种进步提供了保障,并且仍在不断促进这种进步。

法律规定人身权制度,一方面为人身权提供具体的保护,防止他人对权利人的侵犯;另一方面也着力于提倡对人身权的尊重、对人本身的尊重,这种尊重既有源于他人的,更有源于权利人自身的。

(二)人身权为人类社会正常有序的发展提供了法律保障

人自身的发展离不开人类社会正常有序的发展。社会由不同的人组成,人身权为人们彼此相处划清了边界。自由止于权利。人类社会的发展有赖于个人自由的发展,但是,每个人的自由不能超越一定的界限,这一界限就是他人的权利,包括人身权利。同时,与任何权利一样,人身权也不是绝对的、不受限制的。这种限制至少体现在以下几方面:第一,来源于社会资源稀缺性的限制。社会由人组成,而人身权正是只有在社会关系中才具有意义;同时,每个人都希望尽量多地实现自己的权利,因此,每个人都需要对自己的权利加以适当拘束。比如,每个人都希望有更多的自由,正因如此,每个人都需要有所收敛。在这个意义上,自由作为一种社会资源,本身是稀缺的。第二,来源于道德伦理和公共政策的限制。道德伦理和公共政策是人类社会在一定阶段某些人群整体利益的反映。道德伦理和公共政策有时直接反映在民法的具体规定中,有时则以道德伦理和公共政策的本来面目出现。比如,自然人作为民事主体,享有身体权,但是不能在公共场所完全裸露自己的身体。又如,自然人作为民事主体享有婚姻自主权,但是,不到一定年龄这种权利不能行使。各国关于结婚年龄的限制,一方

---

① 参见 Lete del Rio,*Derecho de la Persona*,第188页,转引自〔德〕克雷斯蒂安·冯·巴尔:《欧洲比较侵权行为法》(下卷),焦美华译,张新宝审校,法律出版社2004年版,第67页。

面来源于人自身的限制,另一方面,也正是基于各国社会道德伦理和公共政策的考虑,因此各国关于结婚年龄的规定存在差异。再比如,自然人决定自己的姓名、法人决定自己的名称时,也会受到一定限制。第三,来源于人自身的限制。比如,人的身体会老化,人的生命会结束,权利主体对身体权、生命权的行使会受到影响。比如,自然人自出生时起就享有姓名权,但是在行使自己的姓名权、决定自己的姓名时,必须等到一定年龄。再比如,婚姻自主权需要民事主体达到一定年龄才能行使,这种限制既有公共政策的限制,更主要还是人自身生理机能的限制。

三、人身权制度的未来发展

当今社会,科技发达,人性张扬。随着社会进步和科技的发展,一方面,人们的权利意识、主体意识日渐强烈,人也越来越自由,对人身权的发展提出了许多新的要求,这为人身权的发展提供了巨大的发展动力。另一方面,人又越来越不自由,各种限制越来越多,尤其是人口的增加,使得每个个体的相对生存空间越来越小;科技的发展,又使得人们之间的联系越来越频繁和迅捷,因此,每个人都必须对自己的权利加以限制,社会作为整体也要对个体的权利加以限制。同时,科技、尤其是网络科技的发展,对人身权提出了各种挑战,比如,人们在网络世界的隐私权保护问题越来越引起人们的重视;网站收集到的用户资料如何被使用,也涉及人身权问题。特别是在大数据时代,个人信息的保护成为重要的法律问题。智能手机带来了肖像权、隐私权问题,各种场合的监听、监视器带来了名誉权、肖像权及隐私权问题。

如何应对这些挑战,是现代民法面临的重要问题。一方面,需要从宏观理念层面强调人身权的重要意义。科技越发展,这一点显得越重要。另一方面,需要从微观操作层面,积极探索利用法律规定和现代科技保护人身权的具体方法,构建合理妥当的规范体系。

当然,作为重要的民事权利,对人身权的保护不仅仅限于民法的范畴。刑法、行政法等部门法都有许多关于人身权保护的规定。作为民法教材,本书的内容只限于民法范畴。

第三十五章 人 格 权

第一节 人格权概述

一、人格权的概念与特征

（一）人格权的概念

人格权是指民事主体平等享有的、经法律认可、以人格利益为客体、作为民事权利义务主体应当具备的基本权利。

（二）人格权的特征

1. 人格权是作为民事主体所应当具备的。一方面，民事主体只有具备人格权，才具备民事主体的资格；另一方面，只要是民事主体，均具备人格权。因此，自然人从出生那一刻开始，即成为民事主体，也便享有了人格权；而法人或者其他组织从成立那一刻开始，即成为民事主体，也便享有了人格权。

2. 民事主体享有的人格权，是经法律认可的。民事主体的人格权种类和内容，是经法律认可的。因此，所谓的亲吻权、悼念权，未经法律认可，不属于人格权的范畴。

3. 民事主体享有的人格权完全平等。人格权是民事主体资格本身所要求的基本权利。换言之，凡民事主体，均需具备这样的基本权利。因此，无论民事主体是否加以行使，民事主体之间的人格权完全平等。人格权也不因性别、种族、民族、贫富等而有区别。

4. 人格权以人格利益为客体。所谓人格利益是指民事主体自然生存和社会生存所必需的利益。人具有自然属性，同时也具有社会属性，因此，人格利益包括自然生存和社会生存所需要的各种利益。人格权为人的自然生存和社会生存提供了保护。在民法上，人格利益可以分为具体人格利益和一般人格利益。具体人格利益是指由法律列举的人格利益，包括生命、健康、身体、姓名或者名称、名誉、肖像、隐私等人格利益。一般人格利益是指法律列举的具体人格利益之外，民事主体自然生存和社会生存所需要的其他重要利益，比如人格独立、人格平等以及人格尊严等。

二、人格权的性质

人格权关系到民事主体的自然生存和社会生存两个方面，因此它具有自然和社会两方面的属性：

（一）人格权的自然属性

1. 人格权自民事主体诞生或者成立时产生。

2. 民事主体间人格权彼此平等，没有高低贵贱多少之区别。

3. 某些人格权可以被限制或者剥夺，但多数人格权不能被剥夺。比如，民事主体的生命权和自由权可以被依法剥夺，但是，名誉权、人格独立、人格平等、人格尊严等不可被剥夺。

（二）人格权的社会属性

1. 人格权因社会关系的存在而具有意义。人格权体现在一定社会关系之中，也只有在社会关系中，人格权，尤其是其中的姓名权或者名称权、名誉权、肖像权、隐私权等才具有意义。

2. 人格权需要法律的认可。作为一种民事权利，人格权的种类和内容需要法律的认可，未经法律认可的人格利益，不属于人格权的范畴。

3. 人格权的范围在逐步扩展。社会的发展，使得人类自身的生存环境在逐步改善，人类对生存质量的要求越来越高。比如，除了追求基本生存条件外，人类越来越多地关注内心的安宁和精神的满足。与这一进程相一致，人格权的范围也在逐步扩展。在法制史上，许多人格权都是在近代甚至晚近才得到认可的。随着社会的发展，尤其是现代科技的发展，现有人格权会出现新的内容，也会出现新的人格权类型。

三、人格权的分类

根据人格权所体现和保护的人格利益，可以将人格权分为具体人格权和一般人格权。具体人格权是指以具体人格利益为客体的人格权。如前所述，具体人格利益包括生命、健康、身体、姓名或者名称、名誉、肖像、隐私等人格利益。因此，具体人格权又可分为生命权、健康权、身体权、姓名权或者名称权、名誉权、肖像权、隐私权等。一般人格权是指以一般人格利益为客体的人格权。如前所述，一般人格利益包括民事主体自然生存和社会生存需要的其他重要的利益，比如人格独立、人格平等以及人格尊严等。

第二节 生 命 权

一、生命权的概念与特征

（一）生命权的概念

人身权法上的生命，是指自然人的生命；自然人的生命是指人体所具有的活动能力。生命是自然人作为民事主体的前提和基础,是自然人最高的人格利益。法律最重要的目标之一就是致力于保障自然人生命的安全和安宁。生命权是指自然人享有的以生命安全和安宁为内容的权利。

《民法总则》第 110 条规定,自然人享有生命权。

(二) 生命权的特征

1. 生命权的主体只是自然人,法人或者非法人组织不是生命权的主体。

2. 生命权的客体是生命的安全和安宁。生命只有一次;一旦失去,无法恢复。生命是自然人存在的前提,失去生命,所有的权利义务都将失去依托。因此,生命安全是自然人的最高利益。同时,生命权的内容还包括生命的安宁。生命的安全关注的是生命的存续问题,而生命的安宁关注的是生命的存续状态问题。在动物世界,每个生存个体都是食物链中的一个环节,因此,多数动物的生命随时都可能受到威胁,即使生命不会失去,也时刻处于惶恐不安之中。在动荡年代,自然人的生命也时时处于各种威胁之下。随着社会的进步,人的生命应当享有更高标准的保护。人不仅应当能够活得了,而且应当能够活得好。人身权法律制度在保护自然人享有生命安全的同时,还应当保护生命的安宁,使每个人能够心神安宁、内心祥和。

生命权与健康权和身体权存在密切关系。但是,生命和健康属于不同的人格利益,因此,有必要作为两个独立的权利。生命权关注自然人的最高利益——生命,即生命的存续以及对生命的威胁。而身体权和健康权关注的是在生命权没有受到侵犯的前提下身体和健康的问题。身体权关注人身肉体组织安全无瑕疵,健康权关注人体生理机能安全舒适。[①]《民法总则》第 110 条、《精神损害赔偿解释》第 1 条和《人身损害赔偿解释》第 1 条都将生命、身体、健康分别加以规定。

二、生命权的内容

(一) 生命安全的维护权

生命是自然人最高的人格利益。权利主体有权维护生命的安全。生命安全受到非法侵犯时,权利人可以使用一切必要手段加以正当防卫。在英美法上,权利人生命安全受到侵犯时可以采用的防卫程度要高于其他利益受到侵犯时可以采用的防卫程度,以显示生命权的重要性。在我国,法律对权利人在生命安全受到非法侵犯时所采用的正当防卫和紧急避险的容忍程度也要高于其他情况下的容忍程度。

---

① 参见曾隆兴:《详解损害赔偿法》,中国政法大学出版社 2004 年版,第 179 页。

（二）生命安宁的维护权

生命安宁的维护权所针对的是在没有侵犯生命安全的前提下，使他人生命处于危险之中的行为。生命是否处于危险之中，需要根据理性人标准来判断。换言之，只要处于类似情况的理性人可以合理地相信生命存在即时危险，就满足这一标准，而不要求客观上真正使他人生命处于即时危险之中。比如，向他人发出死亡威胁，如果使得理性人合理相信这种威胁的真实性，即构成对生命安宁的侵犯，从而侵犯了他人的生命权；如果有人实施了伤害生命的行为，则构成了对生命安全的侵犯，构成了对生命权的侵犯。另一方面，如果有人试图杀害某人，但是该某人对此并不知情，则不构成对生命安宁的侵犯；如果该谋杀得逞，则直接构成对生命安全的侵犯。

（三）生命利益的支配权

生命利益的支配权，主要体现在生命权人是否有权支配自己的生命。这一问题又包括两方面，其一，权利人主动将自己的生命置于险境；其二，权利人主动结束自己的生命。就第一方面而言，人们没有太大争议。因为人类社会的进步和发展、人生意义和价值的实现，某些冒险和牺牲是必要的，甚至是必须的。而个人能否主动结束自己的生命，比如自杀和安乐死，是一个非常复杂的问题。这一命题远远超出法律的范畴，它还涉及道德、伦理、哲学、宗教、文化、医学等诸多方面。这里简单提一下安乐死问题。安乐死又称人道死亡或者无痛苦死亡，是指身患绝症、濒临死亡的病人，由于难以忍受的肉体及精神上的剧烈痛苦，经本人要求，医生为解除其痛苦，而采取一定措施使病人平静地死去，提前结束其生命。关于安乐死，国内外都有许多争论。本书作者认为，安乐死问题的主要焦点，并不是病人是否有权支配和处分自己的生命，人们所争论的是医生或者第三人是否有权应他人的要求结束其生命。人们担心的主要是本人的意思表示是否真实和医生权利的滥用，而并非否认病人的生命利益支配权。

总体而言，法律应当提倡人们善待自己的生命，但同时也应当尊重权利主体在意识完全自由的情况下对生命利益的支配和处分。这种处分和支配包括为国捐躯、舍己救人、从事有生命危险的探险和体育活动等主动将自己的生命置于险境的行为，同时也应当包括在一定条件下放弃自己生命的权利。

事实上，生命利益支配权的问题，主要不是法律问题。因为即使我们否认生命权人对生命利益具有支配权，而权利人对自己的生命利益加以支配，也基本不会有什么不利的法律后果。

第三节 健 康 权

一、健康权的概念与特征

(一) 健康权的概念

健康权是指自然人以维护身体和心理机能健康为内容的人格权。高质量生活的基础是身心健康。因此,健康权是自然人重要的人格权。就整个社会而言,社会成员拥有健康的身体和心理机能,是社会发展的重要基础。现在某些国家的艾滋病人已经占到整个人口的很高比例,人民的健康状况已经成为社会发展的重要制约。

《民法总则》第 110 条规定,自然人享有健康权。

(二) 健康权的特征

1. 健康权的主体是自然人。根据权利主体的自身属性,健康权的主体只能是自然人。

2. 健康权的内容包括身体机能健康和心理机能健康两方面。心理健康和身体健康一样,都是高质量生活的基础。没有健康的心理,将无法正确对待生活中的失败和胜利。因此,现代社会在强调身体健康的同时,越来越关注心理健康。

二、健康权的内容

(一) 身体机能健康的维护权

身体机能健康是权利主体享有正常生活、从事正常社会活动的基础。因此权利主体有权采取措施维护自己的身体健康;当身体健康受到他人非法侵犯或者威胁时,权利人有权采取必要的措施。

(二) 心理机能健康的维护权

心理机能健康同样是权利主体享有正常生活、从事正常社会活动的基础。因此,权利主体有权采取措施维护自己的心理健康。健康权中的心理健康维护权和生命权中生命安宁的维护权不同。生命安宁的维护权所针对的是在没有侵犯生命安全的前提下,使他人生命处于危险之中的行为。而心理健康维护权所针对的是侵犯心理机能健康,但是尚未威胁到生命的行为。比如,性骚扰会导致受害人的心理产生种种不健康的后果,所以它侵犯的是心理健康;而死亡威胁会使他人的生命处于危险之中,所以侵犯的是生命权。

(三) 健康利益的支配权

关于权利人对自己的健康利益是否具有支配权,存在不同看法。与生命权中对生命利益的支配权、身体权中对身体利益的支配权一样,健康利益的支配权问题也不仅仅是法律问题,它同时涉及道德、伦理、哲学、宗教、文化、医学等诸多方面。即使法律不承认,自然人对自己的健康利益也一直在进行支配,而且法律也无法对此行为规定某种消极后果。因此,一方面应当提倡健康的生活方式,善待自己;另一方面,应当承认权利人对自己的健康利益享有支配权。

第四节 身 体 权

一、身体权的概念

身体权是自然人维护其身体组织完整安全并支配其身体或者身体组成部分的人格权。身体权的主体只是自然人,法人及其他组织不是身体权的主体。

《民法总则》第110条规定,自然人享有身体权。尽管身体权和生命权、健康权有很多类似或者重合的地方,但是身体权和生命权、健康权所体现的是不同的人格利益。身体权重在维护人身肉体组织的安全无瑕疵,而健康权则重在维护人体生理机能的安全舒适。[1] 侵犯身体权,并不必然侵犯生命权和健康权,比如,非法剪人的毛发,只侵犯身体权,而并不侵犯生命权和健康权;比如,用针刺他人大腿等身体部位,未导致严重后果,则侵犯了身体权,但未必侵犯健康权。

身体组成部分与身体分离后,比如,为将来生育所需而冷冻的精子、在医院治疗期间被擅自取用的细胞,是否仍属于身体权的范畴,学说存在争议。[2]

二、身体权的内容

(一)维护身体组织完整安全的权利

完整的身体组织是自然人生命延续的基础,也是正常生活的基础。法律保护自然人享有正常生活的权利,所以自然人有权维护自己的身体完整,有权保护身体完整不受侵害。

(二)对身体或者身体组成部分的支配权

人身权的权利主体对自己的身体具有支配权,可以根据自己的意志支配自己的身体。关于人身权权利主体对自己身体组成部分的支配权,理论上存在争论。这一问题同样涉及法律、道德、伦理、哲学、宗教、文化、医学等许多方面。事实上,人们对自己身体组成部分的支配向来就有,比如,理发、美容、献血、捐献器官,甚至自残身体,等等。所以,在提倡善待自己身体的同时,应当承认权利主体对自己身体组成部分的支配权。

---

[1] 参见曾隆兴:《详解损害赔偿法》,中国政法大学出版社2004年版,第179页。
[2] 参见王泽鉴:《侵权行为》,北京大学出版社2009年版,第104—105页。

三、生命权、健康权与身体权之间的关系

生命权、健康权与身体权都是非常重要的人格权,三者之间彼此独立。它们的区别如下:

(一)人格利益不同

生命权保护的是生命利益,健康权保护的是健康利益,身体权保护的则是身体利益。由此导致在权利内容方面存在差异。

(二)被侵犯后果的严重程度不同

在一般情况下,生命权受到侵犯时,将会给权利人造成最严重的后果;健康权受到侵犯时,造成的后果要轻于生命权的后果,但要重于侵犯身体权造成的后果;侵犯身体权给权利人造成的后果相对最轻。

(三)责任性质及责任范围不同

正因为后果的严重程度不同,所以,法律规定的责任性质及赔偿范围都存在不同。在责任性质方面,侵犯生命权的,一般可能既构成刑事责任,也构成民事责任;侵犯健康权,一般也可能既构成刑事责任,也构成民事责任;而侵犯身体权,一般只构成民事责任。在责任范围方面,侵犯生命权的刑事责任一般要重于侵犯健康权的刑事责任。侵犯生命权的民事责任一般要重于侵犯健康权的民事责任,侵犯身体权的民事责任可能最轻。《侵权责任法》第16条规定,侵害他人造成人身损害的,应当赔偿医疗费、护理费、交通费等为治疗和康复支出的合理费用,以及因误工减少的收入。造成残疾的,还应当赔偿残疾生活辅助具费和残疾赔偿金。造成死亡的,还应当赔偿丧葬费和死亡赔偿金。

(四)从重吸收

如果一个行为同时侵犯生命权、健康权和身体权,将选择最重的后果确定行为性质,因此,将被认定为侵犯生命权,而不再同时认定为侵犯健康权和身体权,尤其是确定赔偿范围时,要按照最重的情况来计算。这样,对生命权的侵犯就吸收了对健康权和身体权的侵犯。同样,当一个行为既侵犯健康权、又侵犯身体权时,只认定为侵犯健康权,而不再同时认定为侵犯身体权。对健康权的侵犯就吸收了对身体权的侵犯。

第五节 姓名权与名称权

一、姓名权的概念与内容

(一)姓名权的概念

姓名是自然人的名称,一般由姓与名两部分组成。其中姓是家族的名称,名

是自己的名称。一个人因姓名而与其他人相区别,因此姓名是自然人重要的人格利益。一般来说,每个自然人都有一个正式姓名,这个正式姓名应当是身份证记载的姓名。正式姓名是自然人身份具有法律意义的象征,因此,一般而言,关于姓名权的规定,所指的都是正式姓名。

姓名权是自然人对其姓名享有的决定、使用和依照规定改变,同时禁止他人干涉、盗用和假冒的权利。《民法总则》第110条规定,自然人享有姓名权。姓名权主体只限于自然人。

(二) 姓名权的内容

1. 姓名决定权

姓名决定权,指自然人决定自己姓名的权利。据此,只有姓名权人自己才有权决定自己的姓名。但是,事实上,一个人出生后就需要以姓名为符号将自己与其他人相区别,而此时,本人还不具有决定自己姓名的行为能力,所以姓名的决定权往往是由父母或者其他监护人来行使。等权利人自己具备相应行为能力后,可以决定自己的艺名、笔名、化名、别名,也可以对自己的姓名加以变更。

姓名分为姓和名两部分。《婚姻法》第22条规定,子女可以随父姓,可以随母姓。按照一般解释,子女既可以随父姓,也可以随母姓,同时还可以选择其他姓。至于名的选择,权利人有更大的选择空间。权利人在决定自己姓名的时候,应当充分考虑公序良俗。

《关于〈民法通则〉第九十九条第一款、〈婚姻法〉第二十二条的解释》规定:"公民行使姓名权,还应当尊重社会公德,不得损害社会公共利益。""公民原则上应当随父姓或者母姓。有下列情形之一的,可以在父姓和母姓之外选取姓氏:(一)选取其他直系长辈血亲的姓氏;(二)因由法定扶养人以外的人扶养而选取扶养人姓氏;(三)有不违反公序良俗的其他正当理由。""少数民族公民的姓氏可以从本民族的文化传统和风俗习惯。"

2. 姓名使用权

姓名使用权,指自然人根据自己的意愿使用自己姓名的权利。权利人有权决定是否使用、如何使用自己的姓名,比如,是否在作品上签署自己的姓名;在作品上可以签署正式的姓名,也可以签署笔名。

姓名是自然人彼此区别的标志,也是自然人行为及行为后果的标志,因此,姓名的使用往往超出私权的范畴。国家可以基于公共管理的需要,对姓名的使用设定限制。比如,依《个人存款账户实名制规定》,在中华人民共和国境内的金融机构开立个人存款账户的个人,应当使用实名。

3. 姓名变更权

姓名变更权,指自然人依照有关规定改变自己姓名的权利。这一权利包括两方面的含义。第一,自然人有权根据自己的意思改变自己的姓名;第二,自然人改变自己姓名时必须遵守有关规定。

二、名称权的概念与内容

(一) 名称权的概念

名称权指自然人以外的其他民事主体依法享有的决定、使用、改变及转让自己的名称并排除他人非法干涉的人格权。《民法总则》第110条第2款规定,法人、非法人组织享有名称权。

值得一提的是名称与商号或者字号的关系。《企业名称登记管理规定》第7条规定,企业名称应当由以下部分依次组成:字号(或者商号,下同)、行业或者经营特点、组织形式。企业名称应当冠以企业所在地省(包括自治区、直辖市)或者市(包括州)或者县(包括市辖区)行政区划名称。据此,名称是民事主体的全称,而商号或者字号只是名称的组成部分,当然一般是最核心、最具有识别性的组成部分。

(二) 名称权的内容

1. 名称决定权

民事主体有权决定自己的名称。民事主体在决定自己的名称时,应当遵守有关限制性规定。《企业名称登记管理规定》第9条规定,企业名称不得含有下列内容和文字:(1) 有损于国家、社会公共利益的;(2) 可能对公众造成欺骗或者误解的;(3) 外国国家(地区)名称、国际组织名称;(4) 政党名称、党政军机关名称、群众组织名称、社会团体名称及部队番号;(5) 汉语拼音字母(外文名称中使用的除外)、数字;(6) 其他法律、行政法规规定禁止的。

民事主体在决定自己的名称后,一般都需要登记注册。《企业名称登记管理实施办法》第3条规定,企业应当依法选择自己的名称,并申请登记注册。企业自成立之日起享有名称权。

2. 名称使用权

民事主体在规定的范围内享有名称专用权。企业使用名称,应当遵循诚实信用的原则。企业应当在住所处标明企业名称。企业的印章、银行账户、信笺所使用的企业名称,应当与其营业执照上的企业名称相同。法律文书使用的企业名称,也应当与该企业营业执照上的企业名称相同。

3. 名称变更权

《企业名称登记管理规定》第22条规定,企业名称经核准登记注册后,无特殊原因在1年内不得申请变更。《企业法人登记管理条例》第17条规定,企业法人改变名称,应当申请办理变更登记。

4. 名称转让权

民事主体有权依法转让自己的名称。《企业名称登记管理规定》第23条规定,企业名称可以随企业或者企业的一部分一并转让。企业名称只能转让给一户企业。企业名称的转让方与受让方应当签订书面合同或者协议,报原登记主管机关核准。企业名称转让后,转让方不得继续使用已转让的企业名称。

第六节 肖 像 权

一、肖像权的概念与特征

（一）肖像权的概念

肖像,指以一定物质形式表现的自然人的形象。肖像权是自然人享有的以自己肖像所体现的人格利益为内容的人格权。《民法总则》第110条规定,自然人享有肖像权。

（二）肖像权的特征

1. 肖像权的主体只有自然人。尽管一切客观事物的形象,都可以通过一定物质形式表现出来,但是,作为人格权法意义上的肖像,仅指自然人的肖像,法人及其他组织不是肖像权的主体。

2. 肖像权主体去世后,其肖像利益依然应当受到保护。比如,某公众人物去世后,他人使用该公众人物的肖像从事商业营利活动,就可能构成对肖像利益的侵犯。

任何污损、丑化或者擅自以营利为目的使用死者肖像构成侵权的行为,死者的近亲属都有权向人民法院提起诉讼。

3. 肖像权体现的是自然人的精神利益。肖像是自然人形象的再现。非法毁损、玷污他人肖像,等同于毁损、玷污他人的形象。自然人应享有形象及肖像不受非法毁损、玷污的权利。

4. 肖像权中包含有物质利益。肖像是自然人形象的再现,总和自然人的品格、魅力等属性联系在一起。当某人的肖像与某种商品联系在一起的时候,人们往往会将该种商品与肖像所体现的该自然人的个人品格、魅力联系在一起。此时,肖像就具有了商业价值。商家之所以热衷于"形象大使""代言人"等,正是因为肖像权中含有物质利益。

二、肖像权的内容

（一）肖像制作权

权利人有权通过一定物质手段将自己的形象表现出来。有疑问的是,其他人是否有权制作权利人的肖像？或者说,肖像权人是否有权制止他人制作自己的肖像？按照我国现有法律规定,肖像权人无权制止他人制作自己的肖像。但是,现在制作肖像的技术手段不胜枚举,照相机、摄像机、监视器、网络聊天的摄像头、拍照手机,等等,都可以在权利人不知情的情况下,制作肖像。在这样的情况下,是否一概否认权利人此方面权利,值得重新考虑。

(二) 维护肖像所体现的精神利益的权利

权利人有权维护自己肖像所体现的精神利益,禁止他人毁损和玷污。需要注意的是,以侮辱或者恶意丑化的形式使用他人肖像的,可能构成对名誉权的侵犯。

(三) 肖像使用权

权利人有权决定对肖像的使用,有权决定是否同意他人使用自己的肖像。

第七节 名 誉 权

一、名誉权的概念

名誉权是指民事主体所享有的保护自己的名誉不被以侮辱、诽谤等方式加以丑化的权利。《民法总则》第110条规定,自然人享有名誉权;法人、非法人组织享有名誉权。

一般认为,名誉是指民事主体所享有的社会评价。法律保护名誉的目的,是使每个民事主体都得到与其自身实际情况相一致的社会评价,名实相符。名誉保护的目的并非是使每个民事主体都得到良好的社会评价。如果一个人本身存在社会道德或者法律不容许的行为,其社会评价自然不应当良好,而当一个人自身行为完全符合社会道德或者法律的要求时,法律就应当保证其享有良好的名誉。民事主体也有权得到这种名誉。换言之,法律所否定的是通过侮辱、诽谤等"莫须有"的方式使他人本来良好的声誉遭到不应有的贬损,而并非是要保证每个人都得到良好的社会评价。

民法学说将名誉分为外部名誉和内部名誉。外部名誉指对民事主体的社会评价,内部名誉指民事主体内心对自己各方面的感知。一般认为,外部名誉应当受到名誉权的保护;至于内部名誉是否应当受到名誉权的保护,学者之间存在分歧。本书作者采否定说,即认为内部名誉不受名誉权的保护。如果他人行为破坏了民事主体内心的安宁,在结果上影响到了心理健康,则可以主张健康权获得救济。

二、名誉权的法律特征

(一) 名誉权的主体包括所有民事主体

不仅自然人,其他民事主体也享有名誉权。

(二) 自然人去世后,其名誉依然应当受到保护

关于死者名誉的问题,最高人民法院曾多次作出批复。1990年4月12日,最高人民法院在《关于死亡人的名誉权应受法律保护的函》中提到:吉文贞(艺名荷花女)死亡后,其名誉权应依法保护,其母陈秀琴亦有权向人民法院提起诉讼。1990年10月27日,最高人民法院在《关于范应莲诉敬永祥等侵害海灯法师名誉权一案有关诉讼程序问题的复函》中提到:海灯死亡后,其名誉权应依法保护,作为海灯的养子,范应莲有权向人民法院提起诉讼。1993年8月7日,最高人民法院在《关于审理名誉权案件若干问题的解答》中再次提到:死者名誉受到损害的,其近亲属有权向人民法院起诉。

就死者名誉的问题,学者之间存在不同观点。有一种观点认为,自然人去世后,权利主体资格随之消失,因此,死者只享有名誉,而不能享有名誉权。当他人侵犯其名誉时,实际上侵犯的是其近亲属的名誉权或者其他情感,因此,其近亲属可以提起诉讼。本书作者认为,首先,关于死者究竟享有名誉权还是名誉利益,从逻辑而言,可以有不同的解释,但其实质还在于如何对侵犯死者名誉的行为加以救济。其次,死者的名誉与其近亲属的名誉权或者其他情感,属于两种不同的权利或者利益。可以假设一下,当自然人在世的时候,他人侵犯其名誉权,其近亲属的名誉权或者其他情感也可能受到伤害。但在这种情况下,法律一般不认可其近亲属因此单独提出的诉讼请求。基于同样的逻辑,在自然人去世后,法律也不应当认可因该自然人的名誉受损给其近亲属名誉权或者其他情感造成损失而由近亲属提出的诉讼请求。因此,自然人去世后,他人实施侵权行为,直接侵犯的仍应当是死者的名誉。只不过由于死者无法作为诉讼法上的主体,因此,只能够由其近亲属代为行使诉权。依《民法总则》第185条的规定,若侵害死者名誉,损害社会公共利益的,可提起公益诉讼。

(三) 名誉权与财产利益有密切关系

良好的名誉,会给民事主体带来良好的社会关系,包括财产关系。非法侵犯他人的名誉,会给这种社会关系包括财产关系带来破坏。法人及非法人组织的良好声誉,会带来无尽的财富。失去好的名誉,法人或者非法人组织就可能破产。

三、名誉权的内容

(一) 名誉维护权

民事主体可以采取合法措施维护自己的名誉。这种维护包括内部维护和外部维护两方面。所谓内部维护,指通过努力,使自己的名誉处于良好状态。就自然人而言,可以使自己的行为符合法律及道德的要求,提升自己的人格修养,从而获得较好的社会评价;就法人及其他组织而言,可以努力改善内部管理,提高

产品质量,从事社会捐助,从而提高自己的声誉。所谓外部维护,指权利人对于侵害自己名誉权的行为,积极寻求各种救济途径,包括司法救济,从而阻止侵权行为,使受到损害的名誉得以恢复。

(二) 名誉利益支配权

权利人对自己名誉所体现的利益享有支配权。权利人可以利用自己的名誉,从事各种社会活动,寻求各种收益。

第八节 隐 私 权

一、隐私权的概念与范围

隐私权指自然人对属于自己私人生活范畴的事项依法自由支配并排斥他人非法干涉的权利。

在民法的历史上,隐私权是一个非常年轻的权利。隐私权的客体是自然人的隐私,隐私权的本质在于确保个人远离公众的目光。研究隐私权的概念,首先需要明确隐私的范围。隐私的范围随人类社会的进步而不断变化和扩展。泛泛而言,凡属于自然人自身私人生活范畴,即与公共利益无关的内容皆应属于隐私的范围。具体而言,隐私包括私人信息、私人生活、私人空间、身体隐私、生命信息(身体基因)、私人通信,等等。这些都属于隐私权保护的范围。

需要明确的是隐私和阴私的关系。关于阴私的含义,有两种不同的理解。第一种理解认为阴私在社会生活中仅指与男女两性关系有关的秘密,属于隐私的一部分。另一种理解是阴私同于隐私。在一些法律法规中,以阴私一词来表示隐私的意思。比如,《刑事诉讼法(1979年)》第111条、《人民法院组织法》第7条等。

侵犯隐私权可能会同时构成对名誉权的侵犯。最高人民法院也曾有司法解释以名誉权来保护自然人的隐私。比如,1993年8月7日的《最高人民法院关于审理名誉权案件若干问题的解答》之七规定,对未经他人同意,擅自公布他人的隐私材料或者以书面、口头形式宣扬他人隐私,致他人名誉受到损害的,按照侵害他人名誉权处理。这种立场与当时特定的时代背景有关。《精神损害赔偿解释》中尽管仍没有明确提出隐私权的概念,而是将隐私作为了人格利益,但已将侵犯隐私与侵犯名誉明确区分。

《民法总则》第110条规定,自然人享有隐私权。

二、隐私权的内容

(一) 隐私控制权

自然人有权对自己的隐私加以控制。比如,采取一定措施保护隐私不为他人所知,将隐私告诉自己愿意告知的人,拒绝向他人透露属于隐私范围的有关内容,等等。

(二) 隐私利用权

自然人可以对自己的隐私加以利用。比如,将自己的私人生活创作为文学作品,利用自己的生理特征创作影像作品,等等。

需要注意的是,自然人在行使自己对隐私的控制和利用权时,不应当违反法律及公序良俗。比如,自然人不得将自己的性生活制作成影像资料并公之于众。同时,根据最高人民法院的司法解释,在认定对隐私的侵犯时,要充分考虑对社会公共利益和社会公德的违反。

(三) 隐私维护权

自然人有权维护自己的隐私不被他人非法干涉。

三、公众人物的隐私权

隐私权的本质在于确保个人远离公众的目光。公众人物需要经常处于公众的目光之下;许多公众人物,尤其是公职人物,需要公众的监督。因此,公众人物隐私权的保护标准要低于普通人。但是,这不等于说公众人物不享有隐私权,因为公众人物也有作为普通人的一面。如何把握公众人物的公众属性与私人属性,是隐私权保护需要研究的重要课题。

四、网络与隐私权

网络的出现和普及为隐私权保护提出了新的课题。当你在网上冲浪时,一般无法隐匿自己的信息。当你访问某个网站,网站通常都知道你的所在、你使用计算机的种类、你的网络服务提供商的名称以及其他细节。登录 http://www.Privacy.net,你可以免费了解到只要访问网站就会被披露的信息。1998年美国联邦贸易委员会(FTC)对1,400个网站的调查发现,尽管超过85%的网站都要搜集访问者的个人信息,但是其中只有14%的网站对访问者作出了相关提示。今天,个人信息的价值比以往任何时候都要高,但每个人对这些信息如何被使用的控制能力却很低。现在,人们讨论的热点是,如何在不妨碍电子商务以及网上信息流通的情况下保护互联网用户的隐私权。[①] 大数据技术的发展,使得上网者的信息可以被轻易记录和汇总起来。技术发展和个人隐私权保护的关系更加紧张。

[①] Kenneth W. Clarkson, Roger LeRoy Miller, Gaylord A. Jentz, Frank B. Cross, *West's Business Law: Text and Cases—Legal, Ethical, International and E-Commerce Environment*, West Publishing Company, 8th edition, 2001, p. 92.

本书作者认为,网络所有人或者使用人负有对他人因使用网络而暴露的信息加以保密的义务。网络所有人或者使用人应当对信息搜集活动加以说明,并说明对这些信息的使用途径。未经明确同意,不得将这些信息提供给第三人。

第九节 信 用 权

一、信用权的概念

信用权是指民事主体所享有的保护自己的信用不被以非法方式降低的权利。

信用属于名誉的范畴。一般认为,名誉是指民事主体各个方面所享有的社会评价。信用,则专指民事主体在经济方面所享有的社会评价。之所以将信用权从名誉权中独立出来,是因为信用的重要性。

与法律对名誉的态度相一致,法律所追求的目标,是使每个民事主体都得到与其自身经济情况相一致的信用评价,而并非是使每个民事主体都得到良好的经济评价。如果一个人本身信用存在问题,其经济评价自然不应当很良好。但是,当一个人恪守允诺、诚信守法,法律就应当保证其享有良好的信用。换言之,与名誉权一样,法律所否定的是通过非法的方式使他人本来良好的信用遭到不应有的破坏,而并非是要保证每个人都得到良好的经济评价。

我国现行法尚未明确规定信用权。

二、信用权的特征

(一) 信用权的主体具有多样性

所有民事主体都可以是信用权的主体。但是,市场经济的主体主要还是法人及各种经济组织,随着市场体制的完善,信用权对这些主体会越来越重要。当然,信用权对自然人也具有重要意义。

(二) 信用权的客体相对单一

信用权的客体主要表现为社会对民事主体经济能力方面的评价。

(三) 信用权与财产权益密切相连

信用权直接表现为对民事主体经济能力的评价,信用权的本质在于经济利益和财产权益的考虑,因此信用权与财产权益和经济利益关系密切。

三、信用权的内容

信用权源自名誉权,因此,信用权的内容与名誉权的内容基本一致。一般认为,信用权包括以下内容:

(一) 信用维护权

民事主体可以采取合法措施维护自己的信用。与名誉权的情况一样,这种维护包括内部维护和外部维护两方面。

(二) 信用利益支配权

权利人对自己信用所体现的各种利益享有支配权。权利人可以利用自己的信用,从事各种社会活动,寻求各种收益。

第十节 自　由　权

一、自由权的概念与特征

(一) 自由权的概念

法律上的自由权包括两方面的含义:一方面指宪法意义上的自由权。它包括我国宪法所规定的言论、出版、结社、集会、游行、示威的自由以及宗教信仰自由等。另一方面指民法意义上的自由权。这里所讨论的就是民法意义上的自由权。民法意义上的自由权又包括婚姻自由、契约自由等。我们这里所谈论的是民法人身权法上作为具体人格权的婚姻自由之外的自由权。

人格权法上的自由权,是指自然人对自己的行为自由及意志自由等人格利益享有的权利。

《民法通则》中没有规定自由权。但是,最高人民法院在许多司法解释和文件中都规定了自由权。比如,1994年10月28日最高人民法院《关于坚决纠正和制止以扣押人质方式解决经济纠纷的通知》的第1条、1997年4月4日最高人民法院《关于不服计划生育管理部门采取的扣押财物、限制人身自由等强制措施而提起的诉讼人民法院应否受理问题的批复》、2000年9月12日最高人民法院《关于民事、行政诉讼中司法赔偿若干问题的解释》第11条等条文中都提到了人身自由或者人身自由权的概念。在2001年1月1日《民事案件案由规定(试行)》中,最高人民法院将"人身自由权纠纷"单独作为一类案由,并与名誉权纠纷、名称权纠纷、姓名权纠纷、荣誉权纠纷、肖像权纠纷等人身权案由相并列。在2001年2月26日《精神损害赔偿解释》中,更明确将人身自由权规定为独立的人格权利。《民法总则》第109条规定,自然人的人身自由、人格尊严受法律保护。

(二) 自由权的特征

自由权具有以下法律特征:

1. 自由权的主体只限于自然人。

2. 自由权包括行为自由和意志自由两方面。作为人格权,自然人享有的自由权,一方面包括行为自由权,即人的身体、行为不受非法限制和拘束的权利;另一方面还包括意志自由权,即人的意志不受非法限制、干涉和强迫的权利。这两方面对人格的完善和完整都具有重要意义。

3. 自由权是一种基本的权利。自由权为其他权利提供了基础。比如,自由权中的意志自由为婚姻自主权提供了基础,还为民法中的欺诈、胁迫、乘人之危等规则提供了权利基础。事实上,法律上的很多权利都包含有自由权的因素。正因为如此,我国《宪法》第37条对公民的人身自由不受侵犯作了规定;也正因为如此,如本节开始所提到的,自由权同时具有宪法意义。

二、自由权的性质与内容

(一) 自由权的性质

自由权属于一般人格权还是具体人格权,学者之间存在争议。本书作者认为,在法律没有具体规定之前,可以将自由权划入一般人格权,这样将有利于自由权的保护。但是,在法律已经对自由权作出明确规定的情况下,就应当将其作为具体人格权。

(二) 自由权的内容

1. 行为自由权

行为自由权是指自然人的人身及行动自由不受他人非法限制及干涉的权利。行为自由是自然人重要的人格利益。从各个方面保护行为自由,是法律的基础目的之一。在法律未加限制的活动领域,自然人均有权自由支配自己的人身及行动,他人不得非法限制和干涉。国家要限制自然人的行为自由,必须有程序及实体上的法律依据。

2. 意志自由权

意志自由权是指自然人的意志自由不受他人非法限制及强迫、干涉和影响的权利。意志自由是自然人重要的人格利益。从各个方面保护意志自由,是法律的基础目的之一。

第十一节 贞 操 权

一、贞操权的概念

贞操权是指在法律和公序良俗的范围内,自然人享有的支配自己性利益的权利。

性是自然人身体和生活的重要组成部分,是自然人重要的人格利益,也是人类社会繁衍发展的基础。因为性的重要性，人类社会对此一直采取谨慎的态度。法律尤其是公序良俗，从方方面面树立了性及性行为的各种规范。正因为如此，一方面，要承认自然人享有支配自己性利益的权利，有权拒绝他人违背自己意愿的性接触；另一方面，必须同时强调，这种支配权必须限定在法律和公序良俗的范围内。

我国现行法没有将贞操权规定为人格权，但是从法律关于强奸罪的规定以及有关司法解释中[①]，可以认定贞操权是自然人享有的人格权。

二、贞操权的内容

（一）性利益支配权

自然人对自己在性方面的利益，有权根据自己的意志加以支配。他人不得利用强迫、引诱、欺诈等手段侵犯自然人的贞操权。只要是违背自然人真实意思情况下发生的性接触，都可能构成对贞操权的侵犯。但是，如前所述，自然人对自己性利益的支配，必须遵守有关法律规定、符合公序良俗的要求。比如，自然人不能以贞操权为名，在公共场所从事淫乱活动；也不得从事卖淫嫖娼活动。

（二）反抗权

贞操权与其他人身权和财产权不同，一旦遭到侵害，无法再恢复原状。因此，自然人的贞操受到侵犯时，享有更大的私力救济的权利。

第十二节 一般人格权

一、一般人格权的概念与特征

一般人格权，是指民事主体基于人格平等、人格独立、人格自由以及人格尊严等根本人格利益而享有的人格权。

与具体人格权相比，一般人格权具有以下法律特征：

（一）主体的普遍性

在具体人格权中，有些权利主体只能是自然人，比如生命权、健康权、肖像权等；而有些权利主体只能为法人或者其他组织，比如名称权。而一般人格权的主体则是所有民事主体，自然人、法人及其他组织均平等享有一般人格权。

（二）权利客体的高度概括性

具体人格权的客体都具有独特性，如生命权、健康权的客体分别是生命和健

---

① 比如，最高人民法院、最高人民检察院、公安部《关于当前办理强奸案件中具体应用法律的若干问题的解答》第3条第2款之④规定，男女双方先是通奸，后来女方不愿继续通奸，而男方纠缠不休，并以暴力或者以败坏名誉等进行胁迫，强行与女方发生性行为的，以强奸罪论处。

康,而肖像权和名誉权的客体分别是肖像和名誉。一般人格权的客体是民事主体高度概括的一般人格利益。一般人格利益是具体人格利益之外的、尚未或无法具体化的人格利益,它涵盖了具体人格利益之外、民事主体应当享有的所有其他人格利益。

(三)所保护利益的根本性

一般人格权所保护的人格利益是民事主体的根本利益。人格的平等、独立、自由和尊严,都是民事主体之所以成为民事主体最根本的要件;也是民事主体享有其他民事权利、包括其他具体人格权的基础。民事主体失去了人格的平等、独立、自由和尊严,就失去了成为民事主体的资格。

(四)权利内容的不确定性

一般人格权的内容具有不确定性。如果具体人格权能够对民事主体起到保护作用,则适用具体人格权的规定;如果碰到具体人格权无法起作用的情况,则适用一般人格权的规定。在这个意义上,一般人格权的内容无法事先确定,也不应当事先确定。

二、一般人格权的功能

一般人格权和具体人格权共同构成了完整的人格权。具体人格权所保护的人格利益具有特定性,因此也就具有了局限性;而一般人格权所保护的人格利益具有不确定性,从而具有一般条款的功能,因此它可以产生、解释和补充具体人格权,使人格权制度能够更好地保护民事主体的人格利益。

具体而言,一般人格权具有如下功能:

(一)产生具体人格权

一般人格权是具体人格权的源泉,从中可以产生出各种具体人格权。人格权的发展历史,就是一个逐渐从弱到强、从少到多、不断发展壮大的过程。人类社会的发展是一个以加速度前进的过程。近代以来,各种社会条件不断促成对人的尊重。民事主体各方面的人格利益逐一成为法律保护的客体。法律所保护的人格利益发展到一定程度,就会脱离母体,成为独立的具体人格权。随着社会的继续发展,从一般人格权中还会演变出新的具体人格权。

(二)解释具体人格权

具体人格权所保护的人格利益具有特定性。同时,这种人格利益包括哪些内涵和外延,有时并不明确,这时就需要借助一般人格权对具体人格权加以解释,将某些人格利益通过解释纳入具体人格权的范畴。比如,一个人上网的时候,就会将自己电脑的很多信息暴露给所登录的网站。这些信息具有价值,同时该用户可能不希望这些信息被第三人知悉。那么这些上网的信息是否应该加以保护?该如何保护?通过一般人格权对隐私权的解释,就可能将这些内容纳入到隐私权的范畴,通过具体人格权即隐私权对此加以保护。

(三)补充具体人格权

具体人格权所保护的人格利益具有特定性,彼此之间的衔接就可能出现漏洞。当某些人格利益遭到侵害,用现行法律承认的具体人格权予以保护不甚妥帖,同时还尚未达到创设新的具体人格权的程度,此时,就可以发挥一般人格权作为"一般条款"的作用,拾遗补缺。

三、一般人格权的内容

一般人格权的内容具有不确定性。因此,无法以定义或者列举的方式穷尽一般人格权的内容。在学理上通常将一般人格权的内容概括为人格平等、人格独立、人格自由及人格尊严四方面。人格平等、人格独立、人格自由及人格尊严是彼此联系、互为补充、互相解释的关系。

(一)人格平等

人格平等的基本含义是指,民事主体的法律地位彼此平等。在民法的意义上,每个民事主体都是平等的。不分性别、年龄、种族、民族、贫富、受教育程度等,民事主体彼此都是平等的,没有高低多少贵贱之分,彼此没有依附关系。人格平等的必然推论就是民事主体之间相互独立。

(二)人格独立

人格独立的基本含义是指,民事主体彼此互相独立,包括意思独立、财产独立以及责任独立。他人对别人的意思和民事法律行为无权干涉。每个民事主体有权独立作出意思表示,独立实施民事法律行为,同时要独立为自己的行为承担责任。无行为能力人和限制行为能力人需要他人代理作出意思表示和实施民事法律行为,这种代理并不是否认人格独立,行为的后果依然同样由本人承担。

(三)人格自由

人格自由的基本含义是指,民事主体可以根据自己的意愿依法实施民事法律行为,他人不得干涉,不能将自己的意愿强加给别人。因为民事主体彼此人格平等、人格独立,其必然推论就是人格自由。

(四)人格尊严

人格尊严的基本含义是指,民事主体应该被当作完整的民事主体来看待。人格尊严是所有人格权的核心含义,也是其他所有人格权,包括具体人格权以及一般人格权中的人格平等、人格独立、人格自由的必然推论和出发点。民事主体之间应当互相尊重。

四、一般人格权内容的解释

一般人格权作为一种一般条款,在人格权保护方面起着拾遗补缺的作用。

但是,除具体人格权所保护的人格利益之外的其他人格利益,是否可以纳入一般人格权保护的范围,值得讨论。比如,曾有人主张所谓"亲吻权"。首先,"亲吻权"不属于具体人格权,那么,它是否可以进入一般人格权呢？这是一个涉及多方面关系的复杂问题。其中需要注意的是,具体人格利益之外的其他人格利益是否可以进入一般人格权的范畴,需要由法院经法定程序加以认定。

第三十六章 身 份 权

第一节 身份权的概念与特征

一、身份权的概念

身份,是指民事主体在特定社会关系中所享有的地位和不可让与的资格;身份权,是指民事主体基于在特定社会关系中的地位和资格而依法享有的民事权利。

身份及身份权的含义在历史上曾屡经变迁。今天,在人身权法的意义上,身份及身份权已经和不平等、特权等含义完全无关。身份的取得源于某种特定的社会关系,而身份权是因为这种社会关系下的身份所享有的民事权利。身份可能带来利益,但这种可能的利益并非身份本身。

就根本而言,民事主体本身就是一种身份;基于这种身份,才具有人格权。但是身份权的身份,是指民事主体这种身份之外的身份。

二、身份权的特征

(一)身份权属于人身权

按照《民法总则》以及传统民法理论的分类,身份权与人格权一起,构成了完整的人身权。

(二)身份权必须以一定社会关系中的地位或者资格作为前提

身份权是基于某种特定地位和资格而享有的权利,因此,必须以该特定地位和资格作为前提。

(三)身份权不直接体现财产的内容

身份权不直接体现财产内容,但身份权可以通过损害赔偿加以救济。

三、身份权的分类

根据身份权客体的不同,身份权可以分为婚姻和家庭法上的身份权,知识产权法上的身份权,以及荣誉权,等等。

婚姻和家庭法上的身份权在婚姻和家庭法部分介绍,知识产权法上的身份权在知识产权法部分介绍。本章重点介绍身份权中的荣誉权,其他身份权只做简单介绍。

第二节 荣 誉 权

一、荣誉权的概念

荣誉是指民事主体因一定事由而获得的积极评价。荣誉权是指民事主体获得、保持、利用荣誉并享有其所生利益的权利。

《民法总则》第 110 条规定，自然人享有荣誉权；法人、非法人组织享有荣誉权。《精神损害赔偿解释》第 1 条规定，自然人因荣誉权受到非法侵害，向人民法院起诉请求赔偿精神损害的，人民法院应当依法受理。

二、荣誉权的特征

1. 荣誉权属于身份权，民事主体必须因一定事由，基于某种资格才能够获得荣誉权。
2. 荣誉权的主体可以是自然人，也可以是法人或者其他民事主体。但是，根据《精神损害赔偿解释》第 1 条及第 5 条的规定，只有自然人的荣誉权遭受非法侵害，才可以提起精神损害赔偿的诉讼；法人或者其他组织以荣誉权遭受侵害为由，向人民法院起诉请求精神损害赔偿的，人民法院不予受理。
3. 荣誉权可以因为荣誉被取消而消灭。

三、荣誉权的内容

（一）荣誉保持权

荣誉权人有权保持自己的荣誉，他人不得非法剥夺。

（二）荣誉利用权

荣誉权人有权利用自己的荣誉。荣誉权人可以以一定方式表明自己的荣誉，也可以将荣誉用于生产、经营以及生活的各个方面。

（三）享有因荣誉产生的各种利益的权利

荣誉权本身不直接体现财产内容，但是，荣誉往往能够给权利人带来各种利益。荣誉权人有权享有这种利益。

第三节 其他身份权

除荣誉权外，身份权还包括配偶权、亲权以及知识产权法上的各种人身权。《民法总则》第 112 条规定，自然人因婚姻、家庭关系等产生的人身权利受法律保护。

配偶权,是指具有合法婚姻关系的夫妻之间基于配偶关系发生的、为夫妻双方专属且平等享有的以配偶身份利益为客体的身份权。配偶权是一组权利义务的集合。具体而言,配偶权包括:夫妻姓名权、住所决定权、同居的权利和义务、忠实义务、相互扶助义务以及日常事务代理权。

亲权,是指父母基于其身份而对未成年子女的人身和财产进行管教和保护的权利和义务。亲权名为权利,实际上也是权利和义务的集合体。亲权只能够由父母专有。具体而言,亲权的内容包括人身照护权和财产照护权两方面。

知识产权法上的各种人身权,是指知识产权人基于权利人身份而享有的人身权。在具体内容方面,因知识产权的类型不同而有不同。

本编主要参考书目

1. 王利明:《人格权法研究》,中国人民大学出版社 2005 年版。
2. 王利明主编:《民法学》,复旦大学出版社 2004 年版。
3. 杨立新:《人身权法论》(第三版),人民法院出版社 2006 年版。

第六编　侵权责任

第三十七章　侵权责任概述

第一节　侵权行为的概念和特征

一、侵权行为的概念

侵权行为是指行为人违反法定义务，由于过错侵害他人民事权益，依法应当承担侵权责任的行为；以及侵害他人民事权益，不论有无过错，依照法律规定应当承担侵权责任的行为。

《侵权责任法》第6条第1款规定，行为人因过错侵害他人民事权益，应当承担侵权责任。第7条规定，行为人损害他人民事权益，不论行为人有无过错，法律规定应当承担侵权责任的，依照其规定。

二、侵权行为的特征

（一）侵权行为是侵害他人合法民事权益的行为

首先，侵权行为是侵害他人民事权益的行为。根据《侵权责任法》第2条第1款的规定，民事权益之外的其他权利或者利益，不属于侵权责任法调整的对象。其次，侵权行为侵害的民事权益必须是合法的民事权益。根据《侵权责任法》第1条的规定，侵权责任法只保护民事主体的合法权益。再次，根据《侵权责任法》第2条的规定，侵权行为侵害的对象既包括权利也包括利益。《侵权责任法》明确区分权利和利益。侵权法所保护的权利，一般是指绝对权。

需要注意的是，侵权法对权利和利益的保护标准不同。一般认为，对利益的侵害，法律要求更高的门槛，需要行为人主观上具有故意且其方式有悖于善良风俗。而对权利的侵害，有故意或者过失则为已足。之所以作出这样的区别，在于权衡受害人利益的保护与他人行为的自由。一般认为，对债权的侵犯，适用对利益的保护标准。

（二）侵权行为是违反法定义务的行为

这里所谓的法定义务，首先是指绝对权赋予相对人不得侵害的义务。《民法总则》第 3 条规定,民事主体的人身权利、财产权利以及其他合法权益受法律保护,任何组织或者个人不得侵犯。对于物权、人格权等绝对权而言,任何组织和个人都负有不得侵害的一般义务。这种一般义务是侵权行为所依据的法定义务的主要来源。另外,债权也可以成为侵权行为所侵犯的对象,但在构成要件上,需要更高的门槛。

其次,这里的法定义务还包括法律赋予某些特定主体的特别义务。例如,《侵权责任法》第 37 条第 1 款规定,宾馆、商场、银行、车站、娱乐场所等公共场所的管理人或者群众性活动的组织者,未尽到安全保障义务,造成他人损害的,应当承担侵权责任。《侵权责任法》第 38 条规定,无民事行为能力人在幼儿园、学校或者其他教育机构学习、生活期间受到人身损害的,幼儿园、学校或者其他教育机构应当承担责任,但能够证明尽到教育、管理职责的,不承担责任。《侵权责任法》第 39 条规定,限制民事行为能力人在学校或者其他教育机构学习、生活期间受到人身损害,学校或者其他教育机构未尽到教育、管理职责的,应当承担责任。据此,公共场所的管理人或者群众性活动的组织者,负有安全保障义务。教育机构对在该机构中学习、生活的无民事行为能力人和限制民事行为能力人负有教育、管理义务。再例如,劳动法规定的有关劳动安全保护义务。如果违反这些法定义务,义务人则可能构成侵权行为。

再次,这里的法定义务也包括侵权法所设定的某些具体作为或者不作为的义务,例如《侵权责任法》第 91 条第 1 款规定,在公共场所或者道路上挖坑、修缮安装地下设施等,没有设置明显标志和采取安全措施造成他人损害的,施工人应当承担侵权责任。这种设定明显标志的义务就是一种强制性的作为义务。如果行为人没有设置明显标志就违反了作为义务,对他人因此造成的损害应当承担侵权责任。

(三)侵权行为是由于过错而实施的行为以及法律明确规定不论有无过错均构成侵权行为的行为

一般认为,过错责任原则是我国侵权法的主要归责原则,因此,在过错原则下,侵权行为需要行为人存在过错。另一方面,无过错原则也是我国侵权法的归责原则,适用无过错责任原则时,需要法律加以明确规定。

(四)侵权行为是造成他人损害的行为

对损害的理解,可以有狭义、广义和最广义三种情况。狭义的损害,仅指财产损失。广义的损害,既包括财产损失,也包括精神损失。最广义的损害,指行为给他人造成的所有不利后果,既包括各种现实损害,也包括可能给受害人造成的危险。① 在一般的意义上,《侵权责任法》使用的是最广义的损害概念,即不但

---

① 参见王利明、周友军、高圣平:《中国侵权责任法教程》,人民法院出版社 2010 年版,第 185 页。

包括现实的已经存在的不利后果,还包括构成现实威胁的不利后果。采用最广义的损害概念有利于保护受害人,体现了《侵权责任法》预防侵权行为的立法目的。[①] 这也是《侵权责任法》与传统大陆法系侵权法将侵权责任仅限于损害赔偿的重大区别。在一些具体的场合,《侵权责任法》也分别在狭义或者广义的意义上使用损害概念。本书对"损害"一词的使用与《侵权责任法》相同。在一般意义上,使用最广义的损害概念。在具体场合,损害概念的具体含义因语境而不同。

(五)侵权行为是应当承担侵权责任的不法事实行为

侵权行为作为法律事实,是一种不法事实行为。它既不同于民事法律行为,也不同于合法的事实行为。侵权行为是应当承担侵权责任的不法事实行为,所以,侵权行为也不同于违约行为和缔约过失行为。

第二节 侵权责任的概念与特征

一、侵权责任的概念

侵权责任是指行为人因其侵权行为而依法承担的民事法律责任。

侵权责任是民事责任,而不是行政责任或者刑事责任。但是,因侵权行为产生民事责任的同时,也可能产生行政责任或者刑事责任。《侵权责任法》第4条第1款规定,侵权人因同一行为应当承担行政责任或者刑事责任的,不影响依法承担侵权责任。

二、侵权责任的特征

作为民事责任的一种,侵权责任具有民事责任的一般特征;就其自身而言,它具有如下特征:

第一,侵权责任是因违反法律规定的义务而应承担的法律后果。民事责任都是对民事义务违反的结果。从性质上来说,民事义务可以分为两种,一种是法律规定的义务,另一种是当事人自行约定的义务。一般情况下,违反前一种义务会构成侵权责任,违反后一种义务会构成违约责任。正如前面已经提到的,侵权行为可能涉及几种不同的法定义务,在构成要件上,不同法定义务的违反对应着不同的构成要件。

第二,侵权责任以侵权行为的存在为前提。有侵权行为一般就会有侵权责任,除非出现免责事由。另一方面,有侵权责任,一定有侵权行为。

第三,侵权责任的方式具有法定性。与违约责任的约定性不同,侵权责任的

---

① 参见王胜明主编:《中华人民共和国侵权责任法释义》,法律出版社2010年版,第43页。

方式以及具体内容,法律都有明确规定。例如,损害赔偿的项目和计算方法,法律都有详细规定。另一方面,侵权责任又是一种民事责任,所以,当事人可以在法律规定的侵权责任的基础上,对责任的内容、方式等加以协商。《侵权责任法》第 25 条规定,损害发生后,当事人可以协商赔偿费用的支付方式。协商不一致的,赔偿费用应当一次性支付;一次性支付确有困难的,可以分期支付,但应当提供相应的担保。

第四,侵权责任形式具有多样性。侵权责任主要体现为财产责任,但不限于财产责任。由于侵权行为大都给他人造成一定的财产损害,行为人需要以自己的财产对行为后果负责,同时,金钱损害赔偿可以作为替代方式,弥补侵权行为给受害人造成的非财产损失,因此侵权责任形式主要是财产责任。但是,金钱损害赔偿又具有一定的局限性,为了充分保护民事主体的合法权益,《民法总则》第 179 条除规定赔偿损失、返还财产等财产责任外,还规定了停止侵害、恢复名誉、消除影响、赔礼道歉等非财产责任形式。

《侵权责任法》第 15 条规定,承担侵权责任的方式主要有:停止侵害、排除妨碍、消除危险、返还财产、恢复原状、赔偿损失、赔礼道歉、消除影响、恢复名誉。以上承担侵权责任的方式,可以单独适用,也可以合并适用。

第五,侵权责任具有优先性。根据《侵权责任法》第 4 条第 2 款的规定,因同一行为应当承担侵权责任和行政责任、刑事责任,侵权人的财产不足以支付的,先承担侵权责任。

第三十八章 侵权行为的归责原则

第一节 侵权行为归责原则的概念与体系

一、侵权行为归责原则的概念

归责,顾名思义,是指确定责任的归属。归责原则,是指在加害行为人的行为致他人损害发生之后,据以确定责任由何方当事人承担的原则。

侵权行为归责原则,指归责的一般规则,是据以确定行为人承担民事责任的根据和标准,也是贯穿于侵权行为法之中、并对各个侵权行为规则起着统帅作用的指导方针。单单归责原则本身,并不能决定责任的成立与否,它只是为责任的成立寻找根据和理由;要成立责任还须看加害行为人的行为是否符合侵权行为的构成要件。但是,侵权行为归责原则在侵权行为法中居于核心地位,一定的归责原则反映了民法的基本理念和立法政策倾向,决定着侵权责任的构成要件、举证责任的负担、免责条件、损害赔偿的原则和方法等各方面。确定合理的归责原则,建立逻辑统一的归责原则体系,是构建整个侵权法的内容和体系的关键,也是实现侵权法"保护民事主体的合法权益,明确侵权责任,预防并制裁侵权行为,促进社会和谐"功能的关键。

侵权行为归责原则受民法基本原则的指导,是民法基本原则在侵权行为法中的具体体现,它体现着民法平等、公平、诚信的原则和精神。

二、侵权行为归责原则的体系

侵权行为归责原则体系是由各归责原则构成的具有逻辑联系的系统结构。在当代世界各国的侵权法中,侵权行为归责原则都呈现多元化的趋势。《侵权责任法》中规定了什么样的侵权行为归责原则体系、将来民法典中应当确定怎样的归责原则体系,学者们有不同的观点。本书认为,确定侵权行为归责原则体系,要考虑民法基本原则及侵权法功能的实现,要考虑立法政策倾向。不同的归责原则有不同的理念及功用。根据这样的出发点,本书认为,我国侵权法的归责原则体系包括两种归责原则:过错责任原则(包括过错推定)、无过错责任原则。这两种归责原则各自反映了不同的立法政策,在实现侵权法功能方面起着不同的作用,无法相互替代,尽管在适用范围的宽窄方面有明显差异。

第二节 过错责任原则

一、过错责任原则的概念

过错责任原则,也称过失责任原则,是指以行为人的过错作为归责根据的原则。

《侵权责任法》第 6 条第 1 款规定,行为人因过错侵害他人民事权益,应当承担侵权责任。

过错责任原则是侵权行为的一般归责原则,在法律没有特别规定的情况下,都适用过错责任原则。

过错责任原则包含以下几层含义:

第一,它以行为人的过错作为责任的构成要件,行为人具有故意或者过失才可能承担侵权责任。

第二,它以行为人的过错程度作为确定责任形式、责任范围的依据。在过错责任原则中,不仅要考虑行为人的过错,往往也会考虑受害人的过错或者第三人的过错。如果受害人或者第三人对损害的发生也存在过错的话,则要根据过错程度来分配损失,因此可能减轻甚至抵销行为人承担的责任。在承担连带责任的场合,连带责任人的过错程度可能成为其内部分担损失的依据。在《人身损害赔偿解释》中,采纳了根据过错程度和原因力大小在共同侵权人内部分担损失为原则、平均分担为例外的主张。《侵权责任法》第 14 条也采此立场。

过错责任原则是在否定古代法中的结果责任原则的基础上逐渐形成的,1804 年《法国民法典》正式确立过错责任原则,该法第 1382 条和第 1383 条分别规定了作为和不作为的过错责任。

《民法通则》第 106 条第 2 款将过错责任原则规定为侵权法的归责原则,《侵权责任法》第 6 条第 1 款对此加以延续。这一原则的确立,为民事主体的行为确立了标准。它要求行为人善尽对他人的谨慎和注意义务,努力避免损害后果,也要求每个人充分尊重他人的权益,从而为行为人确定了自由行为的范围,体现了对个人的尊重;它也有利于预防损害的发生,通过赋予过错行为以侵权责任,它教育行为人行为时应谨慎、小心,尽到注意义务,努力避免损害的发生;它充分协调和平衡了"个人自由"和"社会安全"两种利益的关系。

二、过错推定

所谓过错推定,是指在某些侵权行为的构成中,法律推定行为人实施该行为时具有过错。

《侵权责任法》第 6 条第 2 款规定,根据法律规定推定行为人有过错,行为人不能证明自己没有过错的,应当承担侵权责任。

过错推定仍属于过错责任原则,即构成要件中要求行为人的过错。行为人可以通过证明自己没有过错来获得免责的效果。在这个意义上,过错推定也被称为过错举证责任的倒置。因为在一般过错责任原则下,是要由受害人来证明行为人存在过错;而在过错推定的情况下,受害人不需要对行为人的过错举证证明,法律推定行为人存在过错,除非行为人能够证明自己没有过错。

适用过错推定的情况,需要有法律的明确规定。

《侵权责任法》中有许多过错推定的规定。比如,《侵权责任法》第 81 条规定,动物园的动物造成他人损害的,动物园应当承担侵权责任,但能够证明尽到管理职责的,不承担责任。

第三节 无过错责任原则

一、无过错责任原则的概念

无过错责任原则,也称为无过失责任原则,是指不问行为人主观是否有过错,只要有行为、损害后果以及二者之间存在因果关系,就应承担民事责任的归责原则。

《侵权责任法》第 7 条规定,行为人损害他人民事权益,不论行为人有无过错,法律规定应当承担侵权责任的,依照其规定。

无过错责任原则只有在法律有明确规定的情形下才能够适用。

一般认为,无过错责任是为因应资本主义机器大生产导致的事故而出现的。在机器大生产造成的事故中,过错责任无法给受害人适当的赔偿,无过错责任因此应运而生。

一般认为,首先确认无过错责任的是普鲁士王国于 1838 年制定的《铁路企业法》,翌年,《矿业法》把这一原则扩大到矿害方面。1884 年,德国制定《劳工伤害赔偿法》,规定了工业事故社会保险制度,真正确立了事故责任的无过错责任制度。[①] 后来,无过错责任得到了广泛的承认和适用。

二、无过错责任原则的含义

1. 无过错责任原则不以行为人的过错为构成要件。行为人不能通过证明自己没有过错来免责。

---

① 参见杨立新:《侵权法论》(第二版),人民法院出版社 2004 年版,第 136—137 页。

2. 无过错责任原则的适用必须有法律的明确规定。过错责任原则属于一般条款,在法律无特别规定的情况下,就可以适用。无过错责任原则不同,单单有归责原则本身的规定,例如《侵权责任法》第7条的规定,尚不足以使无过错原则得到适用。除该条规定外,还必须有其他具体条文,例如《侵权责任法》第69条的规定。

3. 在无过错责任原则下,仍然存在免责事由。无过错责任将更多的责任配置给了行为人一方。但是,如果对方存在重大过失,尤其是故意的场合,往往会免除行为人的责任。例如,《侵权责任法》第70条规定,民用核设施发生核事故造成他人损害的,民用核设施的经营者应当承担侵权责任,但能够证明损害是因战争等情形或者受害人故意造成的,不承担责任。

第三十九章　一般侵权行为的构成要件

第一节　一般侵权行为责任构成要件概述

一般侵权行为的构成要件,是指构成一般侵权行为所必须具备的条件。具备构成要件,则构成一般侵权行为;欠缺任何一个构成要件,都可能会导致一般侵权行为的不构成。某些类型的侵权行为需要特殊的构成要件。下面的内容中,如果没有特别说明,侵权行为的构成要件,都是指一般侵权行为的构成要件。

如前所述,侵权行为的构成要件受侵权行为归责原则的影响。不同归责原则下的侵权行为,需要不同的构成要件。不同归责原则下构成要件的不同主要体现在过错方面。在过错责任原则下,需要行为人有过错;在无过错责任原则下,则无论行为人是否存在过错。

无论在哪种归责原则下,都需要有行为、损害结果以及二者之间的因果关系这三个构成要件。同时,无过错责任原则下的"无论有无过错",都建立在过错概念的基础上。

需要说明的是,这里所谈的侵权行为的构成要件,是以构成损害赔偿责任的侵权行为为背景的。除损害赔偿之外,构成停止侵害、排除妨碍、消除危险、返还财产等责任的侵权行为,并不需要以损害后果为要件;承担停止侵害、排除妨碍、消除危险、返还财产等责任时,并不需要以过错为要件。《侵权责任法》第21条即为佐证。该条规定,侵权行为危及他人人身、财产安全的,被侵权人可以请求侵权人承担停止侵害、排除妨碍、消除危险等侵权责任。

当然,如果采最广义的损害概念,受害人所有遭受的不利益均是损害,那么,损害就是所有侵权行为的构成要件。

需要注意的是,侵犯法律保护的权利及合法利益,即使其他要件均构成,也并非都要承担侵权责任。例如,医生做手术,必然侵犯他人的人身权,同时其他要件也都具备。但是,医生并不因此一定承担侵权责任。其原因在于,法律基于各种社会价值及公共政策的考量,将某些事由确定为侵权责任的免责事由。即使侵权行为的构成要件全都具备,如果有免责事由的存在,行为人无须承担侵权责任。

第二节 行 为

这里所谓的行为是指侵犯他人权利或者合法利益的加害行为本身。根据《民法总则》第3条的规定,权利的相对人均负有不得侵犯权利的一般义务。侵犯权利的行为都违反了法定义务,因此具有违法性。

侵犯他人合法利益的行为,也可能构成侵权行为。一般认为,《侵权责任法》第2条为合法利益受侵权法保护提供了解释空间。但是,当合法利益成为侵权对象时,在过错方面会有更高的要求,前已述及。

加害行为包括作为和不作为。作为侵权行为的作为,是指不该作而作;作为侵权行为的不作为,是指该作而不作。

作为的侵权行为,违反的是权利不得非法侵犯的一般义务。违反作为义务的不作为,与违反权利不得侵犯之义务属于不同的层次。在违反作为义务的时候,必然同时也违反了权利不得侵犯的义务,因为此时必定已经发生了他人合法权利被侵犯的损害后果。因此,将不作为认定为加害行为时,除有《民法总则》第3条的违反外,还需要有明确的作为义务的存在。先有作为义务,后有不作为,才构成作为义务的违反。一般认为,作为义务的产生根据包括以下几种情况:法律规定、服务关系、契约上义务、自己之前行为以及公序良俗。[1]

违反作为义务的不作为,有些直接构成侵权行为,有些则与过错的认定有关。前者如《民法通则》第125条规定,在公共场所、道旁或者通道上挖坑、修缮安装地下设施等,没有设置明显标志和采取安全措施造成他人损害的,施工人应当承担民事责任。后者如《侵权责任法》第37条规定,宾馆、商场、银行、车站、娱乐场所等公共场所的管理人或者群众性活动的组织者,未尽到安全保障义务,造成他人损害的,应当承担侵权责任。由于违反这种义务主要用作过错的参考,因此,一般法律、行政法规,甚至效力更低的规范,也可以对此作出规定。

我国台湾地区"民法"第184条第2款规定,违反保护他人之法律,致生损害于他人者,负赔偿责任。但能证明其行为无过失者,不在此限。德国法上有所谓结果不法与行为不法之争论,也在讨论这两个层次的问题。[2]

---

[1] 参见陈聪富:《侵权归责原则与损害赔偿》,北京大学出版社2005年版,第11页。
[2] 参见王泽鉴:《侵权行为》,北京大学出版社2009年版,第216—221页。

第三节 损 害 事 实

一、损害事实的概念

损害事实是指他人财产或者人身权益所遭受的不利影响,包括财产损害、非财产损害,非财产损害又包括人身损害、精神损害。

在传统民法上,侵权责任的方式就是指侵权损害赔偿。因此,有所谓"无损害则无救济"的说法。但《民法总则》将民事责任独立出来,除损害赔偿外,还规定了停止侵害、排除妨碍、消除危险、返还财产、恢复原状、赔礼道歉、消除影响、恢复名誉等责任方式。《侵权责任法》第15条延续了这样的立法例。

正如前面所讨论的,《侵权责任法》在一般意义上采最广义的损害概念,不仅包括现实的已经存在的不利后果,也包括构成现实威胁的不利后果。因此,损害事实是所有侵权责任的构成要件;同时,我国侵权法上的损害赔偿与德国法上包括广义的恢复原状在内的损害赔偿存在明显差异。

二、损害事实的特征

一般说来,作为侵权行为构成要件的损害事实必须具备以下特征:

(一)损害事实是侵害合法权益的结果

合法权益包括权利和合法利益。因权利和合法利益遭侵害而遭受的不利益,才是可以获得法律救济的损害。这意味着,合法权利和利益的存在,是损害获得救济的前提。

(二)损害事实具有可补救性

损害的可补救性包括两层含义:第一层含义是指从量上来看,损害已产生,且已经达到一定的严重程度。只有在量上达到一定程度的损害才是在法律上视为应当补救的损害。现代社会人口越来越多,每个人的空间越来越小,社会压力越来越大。因此,每个人都必须学会一定的承受和容忍,不能稍稍有所不适即请求他人承担责任。而动辄就追究责任的法律制度也一定不是人们所希望的良法。因此,损害必须在量上达到一定程度方可给予救济。第二层含义是,损害的可补救性并不是说损害必须是能够计量的。就客观而言,能够精确计量的损害往往是少数的。但是,法律不能因为损害无法计量就不给予赔偿。损害因其形式不同,法律给予的救济手段也不同。除狭义的损害赔偿外,侵权法提供的救济手段尚有停止侵害、排除妨碍、消除危险、返还财产、恢复原状、消除影响、恢复名誉、赔礼道歉。单就损害赔偿而言,很多需要赔偿的损害,例如人身损害赔偿、精神损害赔偿均无法计量,但不能以此为由,拒绝给予赔偿。当然,如何给予无法计量的损害以救济,是侵权法面临的重大课题。

(三) 损害事实的确定性

损害的确定性是指:第一,损害是已经发生的事实;第二,损害是真实存在而非主观臆测的事实;第三,损害是对权利和合法利益的侵害,此种事实能够依据社会一般观念或者公平意识加以认可。

三、损害的分类

作为侵权行为构成要件的损害可以分为财产损害和非财产损害。

(一) 财产损害

财产损害是指因为侵害权利人的财产、人身而造成受害人经济上的损失。财产损害根据侵权行为侵害的不同对象分为三类:一是对财产权益本身造成的损失;二是因侵害生命权、健康权等有形人身权而造成的财产损失;三是因侵害肖像权等无形人身权而造成的财产损失。

财产损害还可以分为直接损失、间接损失以及纯经济利益的损失。

直接损失又称积极损失、实际损失,是指既得利益的丧失或者现有财产的减损,即本不该减少的减少了。

间接损失又称消极损失,是指可得利益的损失,即未来财产的减少,即该得到的没有得到;此种损失虽然不是现实利益的损失,但损失的利益是可以得到的,而非虚构的、臆想的;如果没有侵权行为的发生,受害人可以得到该利益。

纯经济利益的损失,是指侵害他人合法利益造成的损失。例如,在繁忙的道路上发生交通事故,被撞车辆被侵犯的是财产权,如果车上人员受伤,被侵犯的是人身权。此外,因事故导致道路堵塞,不能按时上班,无法及时搭乘班机等导致的损失,则可能构成纯经济利益的损失。纯经济利益的损失因为是侵犯合法利益、而并非直接侵害财产权利或者人身权利所致,故而在利益衡量上存在差异;纯经济利益的损失具有不确定性,涉及者不仅人数众多,往往数量巨大。究竟侵犯哪些利益造成的损失可以算作纯经济利益的损失,是侵权法面临的难题。

(二) 非财产损害

非财产损害是指因侵害权利人的人身权益而造成受害人无法用金钱计量的损害。非财产损害包括自然人的死亡或者伤残,对其他人身权如名誉权、隐私权的损害,以及精神损害。非财产损害虽然无法用金钱计量,但是金钱赔偿却是救济非财产损害的重要途径。

第四节 因果关系

一、侵权法上因果关系的概念

因果关系是指各种现象之间引起与被引起的关系。侵权法上的因果关系包括两种因果关系,即责任成立的因果关系和责任范围的因果关系。

责任成立的因果关系,是指行为与权益受侵害之间的因果关系。责任范围的因果关系,是指权益受侵害与损害之间的因果关系。责任成立的因果关系与责任范围的因果关系涉及不同因素。前者考量的是行为与权益受到侵害之间引起与被引起的关系;后者考量的是权益受到侵害本身与具体损害之间引起与被引起的关系。

责任成立的因果关系涉及的问题是责任的成立,而责任范围的因果关系涉及的是责任成立后责任的形式以及大小的问题。因此,责任成立的因果关系属于侵权行为的构成要件范畴,而责任范围的因果关系属于责任形式及损害赔偿额确定的范畴。这里只讨论责任成立的因果关系,除非特别指出,下面内容中的因果关系均指责任成立的因果关系。

侵权法上因果关系的意义在于对侵权责任加以限定,一方面使受害人得到救济,另一方面又不至于无限扩大责任范围,限制行为自由。

二、事实因果关系与法律因果关系

因果关系可以分为事实因果关系与法律因果关系。

一方面,事实因果关系指行为与权益被侵害之间客观存在的因果关系。法律因果关系指事实因果关系中具有法律意义的部分因果关系。前者是一种客观存在,其中的因果关系有些可以为人类思维所认识,有些可能不被人类思维所知晓。但后者的因果关系一定是可以被人类思维所认识,并被赋予法律意义的因果关系。上述概念意味着,事实因果关系是一种纯粹的客观存在,而法律因果关系是一种主观判断。

另一方面,事实因果关系又指有证据证明的可能构成侵权行为的因果关系。法律因果关系指事实因果关系中构成侵权行为要件的因果关系。事实因果关系划定一定的范围,法律因果关系从中选取一部分作为侵权行为的要件。

与第一方面的含义相比较,第二方面含义中的事实因果关系与法律因果关系均是主观判断取舍的结果。因果关系非常好地反映了人类主观认识与客观存在的关系,反映了人类认识的局限性。第二方面的含义在构成要件上具有意义。

作为主观认识的结果,因果关系成为侵权法上最具争议、最复杂、最具困扰性的内容之一。

三、相当因果关系

行为与权益被侵害之间的关系极其复杂。但是,作为法律概念,需要一定的确定性及限定性。确定性给行为人一定的预期,在行为自由与承担责任之间合理安排;限定性则是依照一定公共政策,将责任划定在一定范围内,既使受害人得到赔偿,又不至于使责任变得漫无边际,影响行为自由。

如何判断行为与权益被侵害之间的因果关系,有不同学说。目前,相当因果关系说为通说,并为法院在具体案件的判断中采用。[①]

相当因果关系说是指如果行为与权益被侵害之间具有相当因果关系,在其他构成要件具备的情况下,则可以构成侵权行为。

相当因果关系的判断分为两个步骤:条件关系和相当性。

条件关系是指行为与权益被侵害之间具有条件关系。条件关系的判断标准是"如果没有某行为,则不会发生某结果,那么该行为就是该结果的条件"。这一标准也可以从反面认定,"如果没有某行为,某权益被侵害的结果仍会发生,那么该行为就不是该结果的条件"。

相当性是指具备条件关系的行为与权益被侵害之间的关系达到一定程度,从而使得该行为人对权益的被侵害承担法律后果具有正当性。相当性的判断标准是"通常会产生该种损害"。

将条件关系和相当性结合在一起,相当因果关系的判断标准是:无此行为,虽不必生此种损害,有此行为,通常即足生此种损害者,是为有因果关系。无此行为,必不生此种损害,有此行为,通常亦不生此种损害者,即无因果关系。

民国时期曾有一判例可以说明相当因果关系。上诉人将其与某甲共同贩卖的炸药寄放于某乙开设的洗染店楼上,一个多月后的一日夜间,因该洗染店屋内电线漏电,引燃该炸药,致将住宿于该店的被上诉人胞兄某丙炸死。当时的最高法院认为:"纵令上诉人如无寄放炸药之行为某丙不致被炸死,然寄放之炸药非自行爆炸者,其单纯之寄放行为,按诸一般情形,实不适于发生炸死他人之结果,是上诉人之寄放炸药与某丙之被炸身死不得谓有相当之因果关系。"[②]

条件关系在于给原因划定范围,看行为是否可以纳入原因范围。范围划定

[①] 相当因果关系说始于1888年,德国弗莱堡大学生理学家 Von Kries 在法律上应用数学上的可能性理论与社会学的统计分析方法,认为客观上事件发生的可能性,可作为说明因果关系的一项要素。参见陈聪富:《因果关系与损害赔偿》,台湾元照出版有限公司2004年版,第7页。在学说上,我国大陆关于相当因果关系的理论多借鉴自我国台湾地区。此处关于相当因果关系中条件关系及相当性的介绍主要参考王泽鉴:《侵权行为》,北京大学出版社2009年版,第178—215页。需要指出的是,在我国大陆的一些法院判决中,仍有大量适用的是直接因果关系说。

[②] 参见王泽鉴:《侵权行为》,北京大学出版社2009年版,第197—198页。

后,再通过相当性来确定行为与损害后果之间的紧密程度。所谓有此行为通常也不会发生此种损害,则不具有相当性;有此行为,通常都会发生此种损害,则具有相当性。如果具有相当性,则该行为与该结果之间,就构成了侵权行为要件的因果关系。

相当因果关系说之重点,在于注重行为人之不法行为介入社会之既存状态,并对现存之危险程度有所增加或者改变。亦即行为人增加受害人既存状态之危险,或者行为人使受害人暴露于与原本危险不相同之危险状态,行为人之行为即构成结果发生之相当性原因。[①]

无论条件关系还是相当性,都不仅是一种法律技术,更是一种法律政策工具以及价值判断。因此,对因果关系的判断,需要假以时日,不断积累人生及法律思考的经验,方能够作出适当判断。

四、因果关系的证明与推定

因果关系是侵权行为的构成要件。由于因果关系的复杂性,许多情况下,对因果关系的证明就变成决定责任成立的关键。一般情况下,因果关系是否存在,由受害人承担证明责任。但是,在有些情况下,法律也会要求由行为人来证明因果关系的不存在。如果不能证明,则推定因果关系的存在。《民事诉讼证据的若干规定》第4条第1款第3项规定,因环境污染引起的损害赔偿诉讼,由加害人就其行为与损害结果之间不存在因果关系承担举证责任;第7项规定,因共同危险行为致人损害的侵权诉讼,由实施危险行为的人就其行为与损害结果之间不存在因果关系承担举证责任;第8项规定,因医疗行为引起的侵权诉讼,由医疗机构就医疗行为与损害结果之间不存在因果关系承担举证责任。

在因果关系推定的场合,行为人比受害人更有条件、需要更低成本就可能证明因果关系。因此,法律才将证明责任倒置。当然,证明责任倒置后,行为人也可能无法证明因果关系的不存在,此时,行为人就要承担不利后果。这也是法律政策的体现。

第五节 过 错

一、过错的概念

过错是指行为人应受责难的主观状态。过错考察的是行为人在行为当时的主观状态,它与行为本身不同。例如,某甲因为违反交通法规致某乙受伤。某甲

[①] 参见陈聪富:《因果关系与损害赔偿》,台湾元照出版有限公司2004年版,第10页。

有违反交通法规之行为,而过错考察的是某甲违反交通法规时的主观状态。此种主观状态与行为本身应当区别开来。但是,行为是在主观状态支配下实施的,而且,在绝大多数情况下,主观状态需要通过行为本身来考察。因此,过错与行为本身属于分别考察的对象,同时,二者之间具有密切的关系。

二、过错的形式

过错分为故意和过失两种形式。

(一) 故意

"故意"一词在民法中大量使用,但在我国民事立法中并没有关于"故意"定义的规定。《刑法》第14条规定了故意犯罪。一般认为,刑法中的故意与民法中的故意相同。据此,故意是指行为人明知自己的行为会发生侵害他人权益的结果,并且希望或者放任这种结果发生的主观状态。刑法上对故意还有进一步的划分,但这种区分在民法上没有意义。

(二) 过失

"过失"一词在民法中也大量使用,但在我国民事立法中也没有关于"过失"定义的规定。《刑法》第15条规定了过失犯罪。一般认为,民法中过失的含义与刑法中过失的含义相同。据此,过失是指行为人应当预见自己的行为可能发生侵害他人权益的结果,但却因为疏忽大意而没有预见,或者已经预见而轻信能够避免的主观状态。

我国民法通说将过失分为重大过失和一般过失。所谓重大过失,是指行为人极为疏忽大意的情况;而一般过失则是指尚未达到重大过失的过失。在我国民法上,一般将故意和重大过失相提并论。例如,《侵权责任法》第78条规定,饲养的动物造成他人损害的,动物饲养人或者管理人应当承担侵权责任,但能够证明损害是因被侵权人故意或者重大过失造成的,可以不承担或者减轻责任。《公司法》第198条第3款规定,清算组成员因故意或者重大过失给公司或者债权人造成损失的,应当承担赔偿责任。《合伙企业法》第50条规定,合伙人有下列情形之一的,经其他合伙人一致同意,可以决议将其除名。其中第1款第2项规定:因故意或者重大过失给合伙企业造成损失。《票据法》第12条规定,以欺诈、偷盗或者胁迫等手段取得票据的,或者明知有前列情形,出于恶意取得票据的,不得享有票据权利。持票人因重大过失取得不符合本法规定的票据的,也不得享有票据权利。

法律对行为人提出了较高的注意义务,结果行为人没有达到该较高的注意义务,但是却达到了一般人的注意义务,此时就认定为构成一般过失;假设行为人不仅未达到该较高的注意义务,同时连一般人的注意义务都没有达到,就认定为构成重大过失。

三、过失的客观化

根据过失的定义,对过失进行判断时需要明确所谓的"应当预见标准"。这种"应当预见标准"为行为人设置了注意义务。违反这种注意义务,就可能构成过失。每个人的情况不同,因此"应当预见标准"也可能不同。例如,一个有20年驾车经验的司机可以预见到某种情况,但是一个刚刚获得驾驶证的司机却无法预见到该种情况。此时,是应当以每个人的具体情况分别设定注意义务的标准呢?还是统一以有20年驾龄的司机为标准,或者以刚刚获得驾驶证的司机为标准?

法律对过失注意义务的认定标准趋向于客观化。如果在每个个案中都以具体当事人的情况来认定具体标准,成本将会非常高;同时标准过于灵活,会产生许多弊端。故此,法律会假设一个理性的一般司机的注意程度作为标准。在一般意义上而言,以一个理性人在当事人所处情境下所作的反应作为注意标准。理性人概念的出现,意味着法律对注意义务的认定、对过失的认定采客观化标准。客观化标准忽略了人们之间的差异,从而可能使得某些人事实上要承担结果责任,而某些人可能会不承担责任。这一方面是信息成本导致的无奈选择,另一方面,如果因此出现极端不公平的情况,法官应当根据具体情况对理性人标准加以调整,以追求实质的公平。

过失认定客观化的另一个体现是:法律规定了很多的行为标准,例如交通规则,例如铺设高压线应当离建筑物至少多少米,等等。这些标准就是理性人标准。如果违反这些行为标准,则构成过失。在《道路交通安全法》中,过错就是根据违章来认定的。

四、汉德公式

汉德公式是美国著名法官汉德(Learned Hand)在 United States v. Carroll Towing Co.[①]一案判决中提出的关于过失认定的著名公式。该案的事实发生在1947年冬天的纽约港。当时有很多驳船(barge)用一根泊绳系在几个凸式码头边。被告的一只拖轮被租用将一只驳船拖出港口。由于驳船上没有人,为了松开被拖的驳船,被告拖轮的船员就自己动手调整泊绳。由于没有调整好,脱离泊绳的驳船撞上了另一只船,连同货物一起沉入了海底。驳船船主以拖轮船主存在过失而导致损失为由向法院起诉。拖轮船主认为,当拖轮的船员在调整泊绳时,驳船的船员不在该船上,因此,驳船的船员作为驳船船主的代理人,具有过失。汉德法官认为,过失是三个变量的函数。如果用 P 表示概率、用 L 表示损

---

① 159 F. 2d 169 (2d Cir. 1947).

害、用 B 表示预防的成本,过失责任就取决于 B 是否小于 L 乘以 P,即 B<PL。汉德公式的基本含义是:如果被告预防损失的成本要低于给他人造成损失的成本,此时被告就有义务采取预防措施;如果没有采取预防措施导致了损失的发生,那么被告就被认为是有过失的——即如果 B<PL,那么被告就应当支付 B,如果被告没有这样做,就存在过失,应当承担相应的责任。

汉德公式使用数学语言表达了过失(包括故意和过失)的认定。这一公式实际上反映了人们认定过失时的思维过程,因此非常具有启发性。①

五、过错的证明与推定

一般情况下,过错的证明责任,由受害人来承担。但是,在有些情况下,法律也会要求由行为人来证明过错的不存在;如果不能证明,则推定过错的存在。这就是所谓的过错推定。《侵权责任法》第 6 条第 2 款规定,根据法律规定推定行为人有过错,行为人不能证明自己没有过错的,应当承担侵权责任。

单单有《侵权责任法》第 6 条第 2 款的规定本身,并不能够判断何时适用过错推定。适用过错推定的场合,需要法律另外规定。比如,《侵权责任法》第 85 条规定,建筑物、构筑物或者其他设施及其搁置物、悬挂物发生脱落、坠落造成他人损害,所有人、管理人或者使用人不能证明自己没有过错的,应当承担侵权责任。第 88 条规定,堆放物倒塌造成他人损害,堆放人不能证明自己没有过错的,应当承担侵权责任。

过错推定设置的考虑因素与因果关系推定的考虑因素基本相同。一般情况都是行为人比受害人更有条件、能够以更低成本证明过错的不存在。如果行为人无法证明过错不存在,则要承担不利的后果。

---

① 关于汉德公式的详细介绍,参见王成:《侵权损害赔偿的经济分析》,中国人民大学出版社 2002 年版,第 5 章。

第四十章　侵害财产权与人身权的行为

第一节　侵害财产权的行为

一、侵害所有权的行为

所有权属于《侵权责任法》第 2 条第 2 款列举的权益类型。

根据《物权法》第 39 条的规定,所有权具有占有、使用、收益和处分的权能。凡非法侵害所有权各项权能、使所有权无法圆满实现的行为,均可能构成对所有权的侵犯。

具体而言,侵害所有权的主要形态包括以下几种:[①]

(1) 无权占有他人之物。例如,强行占有他人之物,盗窃他人之物等。租赁关系终止后,无正当理由拒不返还租赁物,也构成侵权责任。此时,与违约责任发生竞合。

(2) 侵害所有权标的物本身或者妨害他人对物的使用收益。例如,毁损他人之物,在他人的房屋墙壁上张贴广告,挖掘土地使他人房屋地基发生动摇,工厂废水污染养鱼池,擅自以他人的水泥修补自己房屋、使得水泥所有权因添附成为不动产的重要成分而消灭,阻挡他人房屋门口使他人无法正常出入。

(3) 侵害所有权的归属。例如,擅自处分他人之物,第三人发生善意取得,从而使他人失去物的所有权。另外,无权利人申请查封、扣押他人之物,虽然是经过国家机关所为,也构成对所有权的侵害。

(4) 应有部分的侵害。在共有的场合,每一共有人应当按照自己应有部分对共有物的全部行使权利。如共有人侵害其他共有人的利益,等同于侵害他人的所有权。

二、侵害他物权的行为

他物权包括用益物权和担保物权。用益物权和担保物权均属于《侵权责任法》第 2 条第 2 款列举的权益类型。

(一) 侵害用益物权的行为

用益物权以物的使用收益为内容,因此,凡使用非法手段使权利人无法实现

[①] 参见王泽鉴:《侵权行为》,北京大学出版社 2009 年版,第 155—157 页。

物的使用收益的行为,均可能构成对用益物权的侵害。

(二) 侵害担保物权的行为

担保物权以物的交换价值为内容,因此,凡使用非法手段使权利人无法实现物的交换价值的行为,均可能构成对担保物权的侵害。具体而言,侵害担保物权的行为主要包括以下几种:①

(1) 使用非法手段使担保物权灭失。例如,违法涂销抵押权的登记;以不法行为使质权人丧失对质物的占有,从而导致质权灭失。

(2) 妨害担保物权的实现。例如,以不法手段妨害抵押物的拍卖,致使其价值减少,不足以满足债权。

(3) 毁损灭失担保物。债务人毁损灭失担保物,使得担保物权人无法实现其债权,则构成对担保物权的侵害。在第三人毁损灭失担保物时,担保物权人对担保物所有人所获赔偿金,得为物上代位。此时,第三人对担保物权人是否要承担侵权责任,学说存在分歧。

三、侵害准物权的行为

准物权包括矿业权、渔业权、水权、狩猎权等,一般都由特别法分别加以规定。侵害准物权的行为及责任,也因准物权的不同类型而有所不同,应当根据一般法与特别法的关系,首先依据特别法的规定加以认定。

四、侵害知识产权的行为

知识产权包括著作权、商标专用权、专利权等,均属于《侵权责任法》第2条第2款列举的权益类型。但是,知识产权的具体内容一般都由特别法分别加以规定。侵害知识产权的行为,也因知识产权的不同类型而有所不同,应当根据一般法与特别法的关系,首先依据特别法的规定加以认定。

五、侵害债权的行为

《侵权责任法》第2条第2款没有列举债权。一般认为,债权属于相对权,与物权及其他绝对权不同,债权人对给付标的物或者给付行为不具有支配力,同时,债权不具有社会公开性,除相对人外的第三人一般无法知悉债权的存在。因此,侵害债权的构成要件,与侵害绝对权的构成要件存在差异。二者最主要的不同,在于行为人的主观状态。行为人的故意或者过失,都可能构成对绝对权的侵害。但是在债权的场合,必须要求行为人故意以有悖于善良风俗的方式加损害于债权人,方可构成侵权行为。常见的侵害债权的形态包括:第三人诱使债务人

---

① 参见王泽鉴:《侵权行为》,北京大学出版社2009年版,第164—165页。

违约、因第三人行为致使债务人不能履行给付义务、双重买卖及侵害债权的归属等。①

第二节 侵害生命权、健康权与身体权的行为

一、侵害生命权的行为

生命权属于《侵权责任法》第 2 条第 2 款列举的权益类型。生命利益是自然人最重要的人格利益。生命权是自然人作为权利主体的基础。一切非法剥夺他人生命、影响生命安宁的行为都可能构成对生命权的侵犯。一方面，民法明确规定生命权是自然人重要的人格权，任何人不得非法侵犯。另一方面，民法明确规定了侵犯他人生命权所应当承担的民事责任。

二、侵害健康权的行为

健康权属于《侵权责任法》第 2 条第 2 款列举的权益类型。凡非法侵犯他人身体及心理机能的行为，都可能构成对健康权的侵犯。侵害后果可能是导致受害人身体残疾，也可能是当时受到伤害、经过医治后康复。如果侵害行为造成受害人死亡，则属于侵害生命权的范畴。一方面，民法明确规定公民享有健康权，他人不得侵犯；另一方面，民法规定侵犯他人健康权，要承担民事责任。

三、侵害身体权的行为

《侵权责任法》第 2 条第 2 款没有列举身体权。但是，一般认为，身体权应当属于自然人的人身权。侵害身体权的行为主要包括以下几种：

(一) 对身体组成部分的破坏

对身体组成部分的破坏，往往会影响受害人的健康。如果因对身体组成部分的破坏影响了受害人的健康，根据从重吸收的原则，构成对健康权的侵犯，而不再认为侵犯了身体权。对身体组成部分破坏构成侵犯身体权的情形，是指破坏了身体组成部分，但没有侵犯健康权的情况。例如，在他人不同意的情况下，抽取他人血液、剃除他人毛发、剪掉他人指甲等。

(二) 非法殴打、撞击他人身体

非法殴打、撞击他人身体，如果造成他人死亡，则构成对生命权的侵犯；如果影响他人健康，则构成对健康权的侵犯。在非法殴打、撞击他人身体，但未造成死亡和对健康产生影响的情况下，则可能构成对身体权的侵犯。例如，扇打他人

---

① 参见王泽鉴：《侵权行为》，北京大学出版社 2009 年版，第 171—175 页。

耳光、抽打他人臀部等行为,在未对他人健康造成影响的情况下,可能构成侵犯身体权。

(三)非法侵扰、接触他人身体

非法侵扰、接触他人身体包括使用非法手段侵扰他人身体或者接触他人身体。例如,故意将不洁之物泼到他人身体上、非法搜查他人身体、非法触摸他人身体等,都可能构成对身体权的侵犯。

第三节 侵害姓名权与名称权的行为

一、侵害姓名权的行为

姓名权属于《侵权责任法》第2条第2款列举的权益类型。一般认为,侵害姓名权的行为主要包括以下几种:

(一)干涉他人姓名权的行使

《民法通则》第99条第1款规定,禁止干涉他人对姓名权的行使。例如,完全行为能力人依自己的意愿改变自己的姓名,他人如果加以阻挠,则可能构成侵权。

(二)盗用、假冒他人姓名

盗用他人姓名和假冒他人姓名的行为很类似,但二者还是存在一些不同。所谓盗用他人姓名是指未经权利人同意,擅自使用他人姓名从事某种活动,使得相对人以为姓名权人同意该活动的行为。而假冒他人姓名是指未经权利人同意,擅自以他人名义从事某种活动,使得相对人以为行为人就是姓名权人的行为。盗用他人姓名和假冒他人姓名均构成对姓名权的侵犯。《民法通则》第99条第1款规定,禁止盗用、假冒公民的姓名权。临摹他人绘画作品,在未经作者同意的情况下,签署他人姓名,并以营利为目的出售该复制品,构成对著作权的侵犯,而不属于侵犯姓名权。[1]

(三)对公众人物姓名权的侵害

公众人物的姓名权,正如驰名商标,具有社会号召力,能够为权利人带来经济利益。很多公众人物使用自己的姓名开设餐厅、酒吧、服装公司等,即使某些姓名具有某种普通含义,人们也往往会将这些营业与其名称中所包含的公众人物相联系,因此该营业会很快为消费者所熟知,并为经营者带来经济利益。他人未经权利人同意,使用公众人物的姓名开设某种营业,可能构成对姓名权的侵犯。[2]

---

[1] 参见最高人民法院《关于范曾诉盛林虎姓名权纠纷案的复函》。
[2] 参见北京市海淀区人民法院(2003)海民初字第10379号判决书。

二、侵害名称权的行为

一般认为,侵害名称权的行为包括以下几种:

（一）盗用、假冒他人名称

《民通意见》第 141 条规定,盗用、假冒他人名称造成损害的,应当认定为侵犯名称权的行为。

（二）对知名企业及其他民事主体名称权的侵害

知名企业及其他民事主体的名称权,有如驰名商标,具有社会号召力,蕴涵无穷的经济利益。侵犯知名企业及其他民事主体名称权的具体情况可分为:(1)现行企业名称登记制度实行国家、省市自治区及市县三级管理,有人便利用此种情况,在异地登记与知名企业及其他民事主体相同的名称;(2)根据现行企业名称登记制度的规定,在登记主管机关辖区内不得与已登记注册的同行业企业名称相同或者近似,有人便利用此种情况,换行业或者故意模糊行业概念登记与知名企业名称或者其他民事主体相同或者近似的名称;(3)中国文字讲究形音义,有人便针对知名企业名称的字体,通过变化偏旁或者加点或者去点,或者通过同音不同字来混淆;(4)将知名企业或者其他民事主体的名称注册为商标,生产经营相同或者近似的产品或者服务①;(5)将知名企业或者其他民事主体的别名、简称纳入自己的名称中,例如,北京大学也被称为"燕园",有人就将"燕园"纳入自己企业的名称中。上述种种行为,都可能构成对知名企业及其他民事主体名称权的侵犯,同时也可能构成不正当竞争。②

第四节　侵害肖像权的行为

一、侵害肖像权的行为

肖像权属于《侵权责任法》第 2 条第 2 款列举的权益类型。生活中常见的侵害肖像权的行为包括以下几种:

（一）未经允许擅自制作他人肖像

如前所述,他人是否有权制作权利人的肖像,存在疑问。但是,在一般意义上,应当承认他人不得在未经允许的情况下擅自恶意制作权利人的肖像。所谓恶意,是指行为人故意且有针对性地制作他人肖像,并且通常具有以某种方式使用的意图。例如,在公共场所,在未经允许且无正当事由的情况下,给他人单独拍照,此时,权利人有权制止。但是,如果权利人明知置身于某些场合中会使自

---

① 参见陈甬沪:《略论企业名称字号保护》,载《中国工商管理研究》2003 年第 5 期。
② 参见《国家工商行政管理局关于解决商标与企业名称中若干问题的意见》第 4、5 条。

己的肖像被制作,依然置身于其中,则不得禁止对其肖像权的制作。例如,出席新闻发布会。

（二）未经允许使用他人肖像

《民法通则》第 100 条规定,未经本人同意,不得以营利为目的使用公民的肖像。据此,使用他人肖像,只有在以营利为目的的情况下,才构成侵权。但目前多数说认为,使用他人肖像,只要未经权利人同意,即可构成侵权,而无须考察行为人是否具有营利目的。

（三）毁损或者玷污他人肖像

肖像权是一种体现精神利益的权利。因此,毁损或者玷污他人肖像,可能构成对他人精神利益的侵犯。一般认为,毁损和玷污他人肖像,应当以故意为限。[①] 根据《最高人民法院关于周海婴诉绍兴越王珠宝金行侵犯鲁迅肖像权一案应否受理的答复意见》的精神,污损、丑化肖像的行为,可能构成侵权。

二、不构成侵害肖像权的行为

肖像是人与人之间相区别最直观的符号,同时,肖像又可能与他人或者社会利益相联系。在强调肖像权保护的同时,出于社会利益的考虑,应对肖像权加以一定限制。一般认为,以下对肖像制作使用的行为不构成侵犯肖像权:

（1）基于社会公共利益制作使用他人肖像,例如通缉在逃犯而使用其肖像;

（2）因时事新闻报道而制作使用他人肖像;

（3）为维护本人利益而制作使用其肖像,例如,寻人启事使用其照片;

（4）制作使用与特定历史事件相联系的肖像,例如,为回顾奥运会,而制作使用著名运动员在奥运会上的经典动作肖像[②];

（5）不以营利为目的制作使用公众人物的肖像。

第五节 侵害名誉权与信用权的行为

一、侵害名誉权的行为

名誉权属于《侵权责任法》第 2 条第 2 款列举的权益类型。一般认为,常见的侵害名誉权的行为包括以下几种:

（一）侮辱

侮辱是指故意通过言语、文字或者行为举止等方式贬低他人人格、毁损他人

---

① 参见杨立新:《侵权法论》(第二版),人民法院出版社 2004 年版,第 312 页。
② 参见北京市海淀区人民法院(2005)海民初字第 2938 号民事判决书。

名誉的行为。侮辱行为的主观状态应当是故意,①其方式可以是言语、书面文字或者行为举止,也可以是上述几种方式的混合。《民通意见》第 140 条规定,以口头或者书面形式捏造事实公然丑化他人人格,以及用侮辱、诽谤等方式损害他人名誉,造成一定影响的,应当认定为侵害公民名誉权的行为。以书面、口头等形式诋毁、诽谤法人名誉,给法人造成损害的,应当认定为侵害法人名誉权的行为。

(二) 诽谤

诽谤是指故意或者过失地散布有关他人的虚假事实,导致他人名誉降低或者毁损的行为。诽谤的主观状态可以是故意,也可以是过失,其方式可以是言语、书面文字或者其他任何使虚假事实散布开来的方式。

在文学作品中故意使用他人真实姓名,或者未写明原告的真实姓名和地址,但对人物特征的描写有明显的指向或者影射他人,小说内容存在侮辱、诽谤情节,致其名誉受到损害的,作者和出版社均可能构成对名誉权的侵犯。②

(三) 新闻报道严重失实,致他人名誉受到损害的

《最高人民法院关于徐良诉上海文化艺术报社等侵害名誉权一案的复函》中认为,被告赵伟昌根据传闻,撰写严重失实的文章"索价三千元带来的震荡"和被告《上海文化艺术报》社未经核实而刊登该文,造成了不良后果,两被告的行为均已构成侵害徐良的名誉权。

有关机关和组织编印的仅供领导部门内部参阅的刊物、资料等刊登的来信或者文章,当事人以其内容侵害名誉权向人民法院提起诉讼的,人民法院不予受理。机关、社会团体、学术机构、企事业单位分发本单位、本系统或者其他一定范围内的内部刊物和内部资料,所载内容引起名誉权纠纷的,人民法院应当受理。

新闻单位根据国家机关依职权制作的公开的文书和实施的公开的职权行为所作的报道,其报道客观准确的,不应当认定为侵害他人名誉权;其报道失实,或者前述文书和职权行为已公开纠正而拒绝更正报道,致使他人名誉受到损害的,应当认定为侵害他人名誉权。

因提供新闻材料引起的名誉权纠纷,认定是否构成侵权,应区分以下两种情况:

(1) 主动提供新闻材料,致使他人名誉受到损害的,应当认定为侵害他人名誉权。

(2) 因被动采访而提供新闻材料,且未经提供者同意公开,新闻单位擅自发

---

① 参见《最高人民法院关于都兴久、都兴亚诉高其昌、王大学名誉权纠纷一案的请示报告》。
② 参见《最高人民法院关于胡秋生、娄良英诉彭拜、漓江出版社名誉权纠纷案的复函》、《最高人民法院关于朱秀琴、朱良发、沈珍珠诉〈青春〉编辑部名誉权纠纷案的函》、《最高人民法院关于胡骥超、周孔昭、石述成诉刘守忠、遵义晚报社侵害名誉权一案的函》、《最高人民法院关于邵文卿与黄朝星侵害名誉权的函》、《最高人民法院关于审理名誉权案件若干问题的解答》。

表,致使他人名誉受到损害的,对提供者一般不应当认定为侵害名誉权;虽系被动提供新闻材料,但发表时得到提供者同意或者默许,致使他人名誉受到损害的,应当认定为侵害名誉权。

消费者对生产者、经营者、销售者的产品质量或者服务质量进行批评、评论,不应当认定为侵害他人名誉权。但借机诽谤、诋毁,损害其名誉的,应当认定为侵害名誉权。新闻单位对生产者、经营者、销售者的产品质量或者服务质量进行批评、评论,内容基本属实,没有侮辱内容的,不应当认定为侵害其名誉权;主要内容失实,损害其名誉的,应当认定为侵害名誉权。[①]

二、不构成侵害名誉权的行为

1. 新闻媒体报道中披露的真实事件,不构成对名誉权的侵犯。所有侵犯名誉权的行为,有共同特点,即都是通过虚假的事实或者夸张的言辞,使他人的社会评价受损。因此,发表、传播关于他人的真实言论,不构成侵犯名誉权。《最高人民法院关于刘兰祖诉山西日报社、山西省委支部建设杂志社侵害名誉权一案的复函》认为,贾卯清和刘兰祖合谋侵吞公款的行为已经有关纪检部门予以认定,并给予贾卯清相应的党纪处分,山西日报社和山西省委支部建设杂志社将相关事实通过新闻媒体予以报道,没有违反新闻真实性的基本原则,该报道的内容未有失实之处,属于正常的舆论监督,不构成对刘兰祖名誉权的侵害。

发表、传播关于他人的真实言论,不构成对名誉权的侵犯,但是,可能构成对其他权利,例如隐私权的侵犯。

2. 撰写、发表文学作品,不是以生活中特定的人为描写对象,仅是作品的情节与生活中某人的情况相似,不应认定为侵害他人名誉权。

3. 撰写、发表批评性文章,文章反映的问题基本真实,没有侮辱他人人格内容的,不应认定为侵害他人名誉权。[②]

三、侵害信用权的行为

《侵权责任法》第2条第2款没有列举信用权。一般认为,信用属于名誉的范畴,信用权属于名誉权的范畴。因此,侵犯名誉权的行为,皆可能构成对信用权的侵犯。例如,以各种方式诽谤、散布关于他人信用的不实信息,即可构成对信用权的侵犯。信用权诞生发展于商业竞争社会,因此,竞争对手之间往往会通过贬低对方信用,获得竞争上的优势。此种侵犯信用权的行为,同时构成不正当竞争。《反不正当竞争法》第14条规定,经营者不得捏造、散布虚伪事实,损害竞

---

① 参见《最高人民法院关于审理名誉权案件若干问题的解释》。
② 参见《最高人民法院关于审理名誉权案件若干问题的解答》第8条、第9条。

争对手的商业信誉、商品声誉。

反映他人信用真实情况的言论、消息、新闻报道,皆不构成对信用权的侵犯。

第六节 侵害隐私权与自由权的行为

一、侵害隐私权的行为

隐私权属于《侵权责任法》第2条第2款列举的权益类型。一般认为,常见的侵害隐私权的行为包括以下几种:

（一）采用非法手段刺探、监视他人隐私

例如,采用监听、监视、跟踪以及其他技术手段刺探他人身体资料、过往经历、两性生活、私人通信、网络资料、银行账号等。

（二）非法侵扰他人隐私领域

例如,偷看他人日记、偷翻他人箱包、私拆他人信件、闯入他人私人空间等。

（三）擅自披露他人隐私

例如,不当披露他人私人电话号码、电子邮件地址、身体资料、家庭生活;不当披露艾滋病等性病病情。但医疗卫生单位向患者或者其家属通报病情,不属于侵犯患者隐私权。

（四）非法利用他人隐私

例如,网站将搜集的用户资料出卖给他人,或者利用所掌握的他人隐私进行文学创作等。

二、侵害自由权的行为

《侵权责任法》第2条第2款没有列举自由权。一般认为,常见的侵害自由权的行为包括以下几种:

（一）侵害行为自由

侵犯行为自由,即以各种方式非法限制他人人身自由。现实中发生的侵犯他人行为自由的行为有:超市怀疑顾客有偷窃行为,擅自将顾客拘禁并搜身（搜身或者拘禁）;精神病院未经任何审核手续,轻信第三人所言,强行将未有精神病的正常人收入精神病院;等等。

（二）侵害意志自由

侵犯意志自由的方式有很多种。在民事法律行为的范畴内,欺诈、胁迫等意思表示不自由即为侵犯他人的意志自由。同时,欺诈、胁迫也可构成侵犯意志自由权的侵权行为。① 盗用、假冒他人名义,以函、电等方式进行欺骗或者愚弄他人,并使其财产、名誉受到损害的,也构成对意志自由权的侵犯。②

第七节 侵害贞操权的行为

《侵权责任法》第 2 条第 2 款没有列举贞操权。一般认为,常见的侵害贞操权的行为包括以下几种：

一、强奸行为

使用暴力或者以暴力相威胁,违背他人意志与其发生性关系,在刑法上构成强奸罪。强奸罪的民法基础,就是侵犯他人的贞操权。因此,强奸行为,构成侵犯贞操权的行为。

二、以欺诈或者胁迫方式与他人发生性关系

以欺诈(如以将来结婚为诱饵)或者胁迫(如解雇或者告发其犯罪)等方式,迫使他人与其发生性关系,构成对贞操权的侵犯。③

三、猥亵行为

以各种方式对他人进行猥亵,构成对贞操权的侵犯。

四、强迫他人提供性服务

以找工作为名,诱使他人远赴外地,然后强迫其从事性服务。此种行为构成对贞操权的侵犯。

五、性骚扰

如前所述,本书作者认为,性骚扰构成对心理健康的侵犯,因此,可以将其认定为对健康权的侵犯。同时,也可以认定性骚扰构成对他人贞操权的侵犯。

六、对未成人的性侵犯

由于身体及智力发育所限,未成年人一般对性无完整意识。但是,不能否认未成年人的贞操权。因此,凡是对未成年人的性侵犯,都应当认定为对贞操权的侵犯。

---

① 参见王成:《欺诈之意思表示的法律后果》,载《法律科学》1998 年第 6 期。
② 参见《民通意见》第 149 条。
③ 参见王泽鉴:《侵权行为》,北京大学出版社 2009 年版,第 125 页。

第八节 侵害一般人格权与荣誉权的行为

一、侵害一般人格权的行为

凡侵犯他人人格权,但无法适当纳入侵犯某类具体人格权的行为,可以认定为侵犯一般人格权。

现实中侵害一般人格权的行为有:

1. 将受害人肖像或者姓名等可以识别的特征与某种色情物品相联系,例如,未经允许利用他人肖像为增强性能力的药物或者其他色情用具做广告。此时,不仅侵犯他人肖像权,同时也侵犯了他人的一般人格权。

2. 出于某种目的,恶意连续拨打他人私人电话,拨通后不讲话或者乱扣电话键盘,或者朝话筒吹口哨、吹气。[1]

3. 新闻媒体刊登生者已经死亡的消息或者报道。[2]

二、侵害荣誉权的行为

荣誉权属于《侵权责任法》第2条第2款列举的权益类型。一般认为,常见的侵害荣誉权的行为包括以下几种:

1. 非法剥夺他人荣誉。但将他人奖章及证书等荣誉物品丢失,不构成对荣誉权的侵犯。[3]

2. 将他人荣誉弄错,致使其无法享受荣誉所带来的利益。[4]

---

[1] 参见范家强:《一般人格权若干法律问题研究——马某诉张某电话骚扰侵权纠纷案评析》,载《法学》1999年第8期。

[2] 参见北京市海淀区人民法院(2005)海民初字第10359号民事判决书。

[3] 参见最高人民法院函:《关于张自修诉横峰县老干部管理局损害赔偿纠纷案的请示》。

[4] 1998年7月毕业于锦州中学的贾跃参加高考,由于发挥失常,仅以2分之差未能进入重点大学。但是,贾跃在高中期间一向品学兼优,年年被评为三好学生,并荣获锦州市"优秀学生干部"称号。按当年高考招生政策规定,获市级以上"优秀学生干部"的考生可享受加10分待遇。而锦州市教委在整理审核学生高考档案时,把"优秀学生干部"改换成"三好学生",致使该学生不能享受到这种荣誉待遇。由于荣誉权被剥夺,10分未加上,使贾跃与重点大学失之交臂,不得已进入了普通大学。贾跃心灵受到重创,并且患上头痛病,严重影响了大学的正常学习。事后,学生家长长达两年找市教委讨要公道,但却遭到拒绝。最后,锦州市凌河区法院判决,责令锦州市教委向受害人赔礼道歉,恢复其名誉,并赔偿受害人精神损失8万元。

第四十一章 侵权责任方式与侵权责任的承担

第一节 侵权责任方式及其适用

《侵权责任法》第 15 条规定,承担侵权责任的方式主要有:(1) 停止侵害;(2) 排除妨碍;(3) 消除危险;(4) 返还财产;(5) 恢复原状;(6) 赔偿损失;(7) 赔礼道歉;(8) 消除影响、恢复名誉。以上承担侵权责任的方式,可以单独适用,也可以合并适用。

以下分别简要阐述八种侵权责任方式。

一、停止侵害

侵害他人民事权益的,被侵权人有权请求侵权人停止侵害。

(一) 停止侵害责任的构成要件

1. 有正在进行侵害民事权益的行为

停止侵害责任适用于正在进行和继续进行的侵害行为,而不论继续时间的长短。停止侵害责任的核心是侵害的"停止",一般来说,对尚未发生和已经终止的侵害行为不适用停止侵害责任。停止侵害的主要目的是制止侵害行为,防止扩大侵害后果,它可以适用于各种侵权行为。例如,砍伐他人林木;销售侵害他人注册商标专用权的商品;印刷侵害他人名誉权的书籍;排放有害气体;在网上暴露他人的隐私;进行不正当竞争等。

2. 侵害了他人的民事权益

民事权益受到侵害可分为两类:一类是在侵害的同时就造成了民事权利的损害,例如销售侵害他人注册商标专用权的商品。另一类是没有造成损害,但是侵害了法律保护的其他利益。例如,正在印刷侵害他人名誉权的书籍,尚未造成他人名誉的贬损,但这种行为是侵害名誉权的行为过程,对此应当认定侵害他人的法益。

借鉴德国、荷兰、意大利等国经验,对侵害时间的认定可扩大解释,即停止侵害责任不仅适用于正在进行的侵害行为,而且适用于存在侵害的现实危险的情况,这样可以更好地发挥侵权责任法预防损害的功能。①

(二) 停止侵害责任的承担

有些情况下侵权人不仅是简单地停止侵害行为,就算承担了停止侵害责任,还需要采取进一步的措施。例如,连续偷拍他人隐私的录像,不仅要停止偷拍行为,而且应当销毁录像制品。再如,甲申请专利,本来可以获得专利,但该项专利被乙骗取。乙不仅应当停止使用该项专利,而且有责任使甲获得该项专利。

有些营业活动造成附近居民的侵害,如果停止营业对更多的人不利,则可由主管机关权衡利弊,采取特定时间暂停营业或者用金钱补偿等方法解决。

二、排除妨碍

妨碍他人行使民事权利或者享有民事权益的,被侵权人有权请求侵权人排除妨碍。

(一) 排除妨碍责任的构成要件

1. 存在妨碍他人民事权益的状态

排除妨碍的主要构成要件是存在妨碍他人行使民事权利或者享有民事权益的状态。妨碍状态多为行为造成的,例如,堆放物品影响通行;违章建筑妨碍相邻一方通风、采光;在他人建筑物上设置广告;将有害液体泄露在他人使用的土地上等。妨碍状态也有自然原因形成的,例如树根蔓延至相邻一方的土地。

2. 妨碍状态具有不正当性

妨碍状态具有不正当性是指没有法律根据,没有合同约定,缺乏合理性。有些妨碍同时造成他人财产损失,例如,在施工过程中,塔吊因超负荷掉下,砸坏了他人的房屋,并阻塞了通道(排除妨碍是独立的责任方式,不直接涉及因妨碍同时造成的赔偿损失责任);有些妨碍是给他人造成不便。认定妨碍状态主要是看妨碍是否超过了合理的限度,轻微的妨碍是社会生活中难免的,不承担排除妨碍责任。妨碍状态是否超过了合理的限度,应当结合当时当地人们一般的观念判断。

(二) 行为妨碍人与状态妨碍人

通过行为造成妨碍状态的人是行为妨碍人。妨碍状态的出现虽然与某人的行为无关,但是有责任排除这种妨碍的人是状态妨碍人。例如,某人在夜里把散发臭味的垃圾倒在甲使用的土地上,这些垃圾也给乙使用土地造成了无法忍受的状态。在这种情况下,甲是状态妨碍人,他有责任清除这些垃圾。按照德国民

---

① 参见〔德〕克雷斯蒂安·冯·巴尔:《欧洲比较侵权行为法》(下卷),焦美华译,张新宝审校,法律出版社 2001 年版,第 167—169 页。有学者将排除妨害和预防妨害包含在停止侵害之内。参见〔日〕五十岚清:《人格权法》,〔日〕铃木贤、葛敏译,北京大学出版社 2009 年版,第 205 页。

法理论,此例中甲对其使用的土地为其责任领域,甲承担责任是由于"后果不法",责任性质属于"状态责任"。[①]

三、消除危险

(一) 消除危险责任的构成要件:

1. 存在危及他人人身、财产安全的危险

何谓危险,应当根据人们的一般观念确定;有的需要技术鉴定。例如,房屋将要倒塌;剧烈的机械震动使相邻一方的墙壁裂缝;从事高度危险作业,没有按有关规定采取必要的安全防护措施等。

2. 危险的存在是由某人的行为或者其管理的物造成的

前者如某企业从事高度危险作业的行为,后者如归某公司所有或者管理的危险建筑物等。

(二) 消除危险责任的承担

危险需要及时消除,以免人身或者财产遭受损害;但又要慎重,因为消除危险往往花费较多,判断和处理错误会给另一方造成不应有的损失。

预防造成人身或者财产损害,是侵权行为法的组成部分,是必要的和先于损害赔偿制度的那一部分,预防损害比赔偿要好得多。[②] 从制止损害和预防损害角度讲,停止侵害、排除妨碍和消除危险是预防措施,同时,这三种措施针对的都是对他人民事权益造成不利的情况,这种不利都是对他人的民事权益的侵害,需要侵权责任法调整;其后果不是承担损害赔偿责任,而是承担停止侵害、排除妨碍或者消除危险责任。将停止侵害、排除妨碍和消除危险作为侵权责任方式,不问行为人有无过错,既有利于充分保护民事权益,又不会因此而限制人们的自由。

四、返还财产

(一) 返还财产责任的含义

对《侵权责任法》规定的"返还财产"的内涵有不同解释,一种解释认为是返还原物,另一种解释认为包括但不限于返还原物。本书作者持前一种观点,理由之一,返还财产的含义较广,基于无因管理、不当得利等关系都有返还财产问题,将《侵权责任法》规定的返还财产责任解释为返还原物责任,便于区分不同的法律关系。理由之二,将《物权法》上的返还原物请求权变革为返还原物责任请求

---

① 参见:〔德〕迪特尔·施瓦布:《民法导论》,郑冲译,法律出版社 2006 年版,第 268 页;〔德〕马克西米利安·福克斯:《侵权行为法》,齐晓琨译,法律出版社 2006 年版,第 135 页。
② 〔德〕克雷斯蒂安·冯·巴尔:《欧洲比较侵权行为法》(上卷),张新宝译,法律出版社 2001 年版,第 1 页;(下卷),焦美华译,张新宝审校,法律出版社 2001 年版,第 166 页。

权,仍是保护物权的方法,因此应将《侵权责任法》规定的返还财产责任解释为返还原物责任。

返还原物的客体是指原有的物,是有体物,特定物。返还有纪念意义的特定化的货币、邮票以及支票、存单等有价证券,身份证、驾驶证等身份证件,也属于返还原物。

(二) 返还原物责任的构成要件

1. 违反民事义务无权占有物权人的物

这一要件有三层意思:(1) 这里说的物权人的物包括所有权人的物和他物权人享有他物权的物,为行文方便统称物权人的物。(2) 占有人占有物权人的物没有合同或者法律根据,是无权占有。(3) 无权占有人违反了民事义务。违反民事义务有不同的形态,包括抢劫、盗窃、强行占有物权人的物;误认物权人的物为自己的物而占有;在合同、无因管理、用益物权和担保物权等既存的法律关系终止后,拒不履行返还标的物义务。

将侵占他人的物和以其他不合法方式占有他人的物的行为作为返还原物责任的同一个构成要件,是因为返还原物责任是物权的保护方法,不问占有人有无过错。[①] 而且返还原物责任仅仅是返还原物,不直接涉及赔偿损失责任。抢劫、盗窃他人的物具有故意不言而喻,抢劫者和盗窃者不仅应当受到谴责,而且会受到刑事制裁;返还原物责任是民事责任,重在原物返还。[②]

2. 原物存在

原物存在才适用返还原物责任。如果原物损坏,物权人请求返还的,也适用返还原物责任。如果原物被损坏,物权人同时请求赔偿损失的,同时适用赔偿损失责任,但赔偿损失责任不属于返还原物责任的范围。

(三) 返还原物责任的物权效力

将返还原物请求权变革为侵权责任是否会影响物权的效力?不会。在我国法上,侵权责任法已经与债法分离,返还原物责任不是侵权损害赔偿之债的方法,而是物权的保护方法,不问占有人有无过错,因而物权的效力不会改变。具体来说,关于物权的效力有二效力说、三效力说和四效力说;四效力说认为物权有排他效力、优先效力、物权请求权效力和追及效力。物权的排他效力是由物权的支配权性质决定的,物权优于债权的效力是物权的支配权性质及物权变动的公示公信原则决定的,将返还原物请求权变革为返还原物责任与物权的排他效力和优先效力无关。物权的追及效力是指物权的标的物不论辗转到何人手中,

---

① 英国侵权法对侵占动产实际上适用严格责任,"而且是非常严格的责任"。参见胡雪梅:《英国侵权法》,中国政法大学出版社 2008 年版,第 48 页。

② 参见李亚虹:《美国侵权法》,法律出版社 1999 年版,第 30—34 页。

物权人均得追及至物的所在,除了根据不动产登记、善意取得等依法取得标的物的物权外,原物权人均得请求无权占有人返还原物。多数学者认为追及效力应当包括在优先效力和物权请求权效力之中。将返还原物请求权变革为返还原物责任,也就是变革为侵权责任请求权的一种类型,即返还原物责任请求权,与物权请求权比较,只是规范的角度不同,返还原物请求权是从权利人方面讲的,返还原物责任请求权是从责任人方面讲的。根据物权的追及效力,物权人有权请求被追及人返还原物;根据侵权责任,被侵权人有权请求侵权人返还原物。无论当事人拒绝前一种请求还是拒绝后一种请求,权利人都可能通过诉讼程序,强制他返还原物。由此可见,作为物权请求权的返还原物的效力和作为侵权责任请求权的返还原物的效力没有实质差别。将返还原物请求权变革为返还原物责任请求权是民事权利—民事义务—民事责任立法体系的需要,并且避免了德国式物权法上所有物返还请求权的从请求权的复杂问题,也避免了德国式侵权行为之债法上将返还原物又定性为损害赔偿之债的问题。

五、恢复原状

损坏他人的动产或者不动产的,被侵权人有权请求侵权人恢复原状。

(一)恢复原状的概念

恢复原状与回复原状的含义相同,我国民法采用恢复原状概念。恢复原状有狭义、广义和最广义之分。狭义的恢复原状是指将受到损坏的物恢复到侵权行为发生之前的状态,包括动产修理、不动产修缮、填平被挖掘的土地、恢复被填平的湖泊、修复被堵塞的航道等,我国民法采狭义的恢复原状概念。广义的恢复原状是指将受到侵害的民事权益恢复到受侵害之前的状态,但金钱赔偿除外。最广义的恢复原状是指将受到侵害的民事权益恢复到受侵害之前的状态,包括金钱赔偿在内。

(二)恢复原状责任的构成要件

1. 动产或者不动产受到损坏

动产或者不动产的损坏是指其外在形态被破坏、变形或者内在质量降低,影响原有的使用功能,降低了原有的价值。

2. 恢复原状有可能和有必要

恢复原状有可能是指可以将被损坏的物恢复到受侵害前的状态,无法修复的不适用恢复原状责任。恢复原状有必要主要是从成本角度考虑的。如果恢复原状花费过巨,远远超过了被损坏的物的价值,一般不适用恢复原状责任。哪些情况适用恢复原状责任,哪些情况适用赔偿损失责任,可参考英国法上习惯性适用的"合理性"规则,根据不同的情况具体判断。例如,受损物是批量产品时请求恢复原状通常不合理;受损物对原告有可以理解的情感利益,即具有不可替代性时,可以适用恢复原状责任。

六、赔偿损失

造成他人财产损失的,被侵权人有权请求侵权人赔偿损失。

赔偿损失是指侵权人向被侵权人支付一定数额的金钱。本书讲的"损害赔偿"[①]除另有说明的外,均指金钱赔偿。

赔偿损失是基本的适用最多的侵权责任方式,其构成要件即本书第39章一般侵权行为的构成要件。

《侵权责任法》第22条规定,侵害他人人身权益,造成他人严重精神损害的,被侵权人可以请求精神损害赔偿。本书第39章一般侵权行为的构成要件涵括了精神损害赔偿的构成要件。

关于赔偿损失和精神损害赔偿的具体问题本章第二节至第四节有详细阐述。

七、赔礼道歉

赔礼道歉是指侵权人以向被侵权人承认侵权,表示歉意。

赔礼道歉对于抚慰被侵权人的精神伤害,增强侵权人的道德意识,化解矛盾,具有其他责任方式不可替代的作用。

赔礼道歉的功能主要不是制裁,而是教育和预防,重在尊重人格。有些被侵权人宁可不要精神损害赔偿金,也要侵权人赔礼道歉,是为了其人格尊严;而有些侵权人经济实力强,宁愿支付高额的精神损害赔偿金,也不愿意表示道歉,似乎也是为了其人格尊严,这实质上是要用金钱购买他人的尊严。对前者应当支持,对后者不应支持。

赔礼道歉是很严肃的责任方式,主要适用于故意侵害人格权益的行为。赔礼道歉的强制方式有特殊性,主要是在报刊等媒体上刊登经法院认可的致歉声明或者判决书,其费用由侵权人承担,这种方式实质是国家审判机关对侵权人的谴责。赔礼道歉责任的承担可以分为自动承担、请求承担和强制承担三种方式,不一定必须通过诉讼程序强制承担。

八、消除影响、恢复名誉

给他人造成不良影响的,被侵权人有权请求侵权人消除影响。

贬损他人名誉的,被侵权人有权请求侵权人为其恢复名誉。

[①] 德国民法上的"损害赔偿",包括了恢复原状和金钱赔偿,其含义与最广义的恢复原状相同。参见《德国民法典》第249条。

《民法总则》第179条和《侵权责任法》第15条将消除影响和恢复名誉放在一项中规定,主要是因为二者关系密切,在侵害名誉权的场合,消除影响可以作为恢复名誉的方法。但是,二者所针对的侵权行为有所不同,消除影响和恢复名誉不必然总是同时适用。例如,侵害名称权;歪曲某药厂制造的某型号药品质量的错误报道;收藏者甲藏有名画,乙在收藏者圈子里造谣说该画是他丢失的,因此甲要出卖该画时,可能找不到买主。这些事例都可能给权利人造成不良影响,但可能并没有贬损被侵权人的名誉,对此应当适用消除影响责任,而不适用恢复名誉责任。

随着人权观念和人格权观念的增强,人的尊严显得日益重要,消除影响和恢复名誉就显得更加重要。再者,影响和名誉的好坏往往与财产利益紧密关联,消除影响和恢复名誉有制止财产损失和防止财产损失扩大的功能,消除影响和恢复名誉难以用其他责任方式替代。

为消除影响和恢复名誉责任所应采取的措施,应当结合侵权行为的具体情况和后果而定。应当在不良影响和贬损名誉所及的范围内,采取妥当措施;既不应敷衍了事,也要避免方式不当反而扩大不良影响和贬损名誉。

九、侵权责任方式的开放性

《侵权责任法》规定了八种主要的侵权责任方式,所谓"主要"意味着还有其他责任方式,即侵权责任方式具有开放性。侵权责任方式的开放性体现在法律可以有特别规定。侵权责任方式的开放性还体现在审判实践中可以开创性地适用民事责任方式。例如,人民法院在审理知识产权案件中,采用的"废弃侵权物"是对《民法总则》第179条规定的责任方式的灵活适用,"废弃侵权物"可能成为侵害知识产权的一种独立的责任方式。

现代社会是高科技社会、高风险社会、注重人格尊严的社会,伴随而来的是民事权益种类的增多,侵权行为的方式多样,侵权责任方式也应当有所发展。侵权责任方式既要贯彻法定原则,又要灵活适用;既要充分保护民事权益,又要不限制人们的自由,这是构建和谐社会的需要。

第二节 侵权损害赔偿责任

一、侵权损害赔偿的概念与特征

侵权损害赔偿,是指支付一定的金钱或者实物赔偿侵权行为所造成损失的侵权责任方式。这一概念具有以下特征:

其一,侵权损害赔偿是一种适用最广泛的侵权责任方式。作为民事责任方式,侵权损害赔偿的适用范围最为广泛。在其他责任方式无法实现或者其他责任方式不足以救济受害人时,侵权损害赔偿都有适用余地。

其二,侵权损害赔偿具有非常丰富的内容,构成一项法律制度。侵权损害赔偿不仅适用范围最为广泛,同时,包含了非常复杂的内容,这些内容已经构成一个相对独立的法律制度。

其三,侵权损害赔偿可以是金钱赔偿,也可以是实物赔偿,但主要是金钱赔偿。金钱是一般等价物,可以起到其他实物无法替代的作用。

其四,侵权损害赔偿的基础是造成损害的侵权行为。此处的损害是指广义的损害,既包括财产损害、也包括精神损害。但是,此处的损害不包括侵权行为给他人造成的可以适用停止侵害、排除妨碍、消除危险等责任方式救济的不利益。

二、侵权损害赔偿的原则与确定赔偿数额的考量因素

(一) 侵权损害赔偿的原则

1. 侵权损害赔偿以全面赔偿为原则

侵权法的功能之一是填补和转嫁损失。侵权行为给他人造成损失,作为救济方式,损害赔偿应当使受害人的状况尽可能恢复到权益未被侵害之前的状态。因此,侵权损害赔偿既包括直接损失的赔偿,也包括间接损失以及精神损失的赔偿。违约损害赔偿与侵权损害赔偿的区别之一是,违约损害赔偿要受可预见规则的限制,而侵权损害赔偿不受可预见规则的限制。当然,间接损失以及精神损失的赔偿,应当以法律有规定为限。

侵权损害赔偿尽管以全面赔偿为原则,但是,赔偿往往并不能弥补受害人的全部损失。比如,死亡赔偿,并不能弥补因生命失去造成的全部损失。因此,民法对侵害生命权的赔偿,并不是赔偿生命的价值。

2. 侵权损害赔偿以统一赔偿为原则

所谓统一赔偿原则,是指在不同的侵权场合,对损害赔偿数额进行计算时,除非有更充分且正当的理由,具体项目的计算方法应当统一。比如,对道路交通损害的赔偿与对医疗损害的赔偿应当统一。

(二) 确定损害赔偿数额的考量因素

在确定侵权损害赔偿时,应当充分考虑以下因素:

1. 预防损害的发生

侵权法的一个主要功能是预防侵权行为的发生。由加害人对受害人的损失进行赔偿,在效果上就由侵权人自己承担其行为的成本,实现了成本的内化。一个人行为时考虑的是私人成本和私人收益,成本内化就是将社会成本转化为私人成本,即,由行为人承担了给他人和社会造成的损失。这样,在以后类似的行

为中,行为人以及潜在行为人在作出类似侵权行为之前,就会考虑可能造成的损失。经过成本收益的权衡,行为人就可能采取措施预防侵权行为的发生,从而使损害得以避免。

2. 考虑加害人的过错程度

损害赔偿实现了损失的内化,从而改变了行为人行为的成本收益。一般情况下,加害人主观状态不同,其行为的成本和收益也不同。当行为人主观过错为故意时,行为人预期该行为的成本很小,收益很大,成本收益之比最大。此时就应当要求行为人承担较大的损害赔偿数额,这样才可能抵销其行为成本收益的差距,起到预防损害发生的作用。与很多国家支持在故意情况下判处惩罚性赔偿的做法相同,《侵权责任法》第47条将产品责任领域的惩罚性赔偿也限定为生产者和销售者对产品缺陷的明知。当行为人主观过错为过失时,行为人预期行为的成本收益之比就要小于故意的场合,此时,行为人承担的损害赔偿就应当小于故意时的赔偿。因此在过失的场合,一般不会支持惩罚性赔偿。但是,需要注意的是,同样是过失,也存在程度上的差异。行为人在重大过失时的成本收益之比非常接近故意的情况,因此,法律一般将重大过失等同于故意来处理。

3. 过错相抵

过错相抵,也称为与有过失,是指受害人对损失的发生或者扩大也存在过错的,要减轻加害人损害赔偿责任的规则。《民法通则》第131条规定,受害人对于损害的发生也有过错的,可以减轻侵害人的民事责任。《侵权责任法》第26条规定,被侵权人对损害的发生也有过错的,可以减轻侵权人的责任。《精神损害赔偿解释》第11条规定,受害人对损害事实和损害后果的发生有过错的,可以根据其过错程度减轻或者免除侵权人的精神损害赔偿责任。

在适用过错相抵时,要考虑:第一,受害人的行为是损害发生或者扩大的共同原因;第二,受害人存在过错。

与过错相抵相联系的一个概念是原因力比较。所谓原因力比较,是指双方当事人的行为都构成损害结果的原因时,根据不同原因对损害结果所起作用的大小来确定各自承担的责任。原因力比较可以作为过错相抵的补充。当双方过错程度无法确定或者过错程度相等时,原因力大小可以对损害结果的承担产生影响。有学说主张,在无过错责任原则下,由于不考虑行为人的过错,或者行为人对损害的发生没有过错,此时就可以适用原因力比较。

4. 损益相抵

损益相抵是指受害人基于损失发生的同一原因而获得利益时,应当将该利益从赔偿数额中抵销,加害人仅对抵销后的损失承担赔偿责任。

损益相抵的理论依据在于,侵权赔偿的前提是受害人的损失,而受害人基于同一原因获得的利益本身就会冲抵其损失。因此,损益相抵的目的是要计算出受害人真正的损失,使受害人的真正损失得到赔偿。

5. 人道主义

所谓人道主义的考量,是指在确定损害赔偿数额时,应适当考虑加害人的经济状况,要为其保留基本生活所必需的经济条件。一次支付全部损害赔偿数额确有困难的,可以分期支付。《侵权责任法》第 25 条规定,损害发生后,当事人可以协商赔偿费用的支付方式。协商不一致的,赔偿费用应当一次性支付;一次性支付确有困难的,可以分期支付,但应当提供相应的担保。

如果案件中存在受益人,在加害人的确无力偿还时,可以考虑由受益人适当补偿。《侵权责任法》第 23 条规定,因防止、制止他人民事权益被侵害而使自己受到损害的,由侵权人承担责任。侵权人逃逸或者无力承担责任,被侵权人请求补偿的,受益人应当给予适当补偿。

第三节 财产损害赔偿与人身损害赔偿

一、财产损害赔偿

(一) 侵害财产权益造成的财产损害赔偿

侵权行为侵害他人财产权益造成他人财产损失的,行为人应当承担财产损害赔偿责任。财产损害赔偿是全面赔偿,赔偿范围既包括受害人遭受的直接损失,也包括受害人遭受的间接损失。

直接损失,也称为实际损失,是指受害人现有财产的减少。间接损失,也称为可得利益损失,是指受害人原本可以得到但因侵权行为而未得到的利益。

《民法通则》第 117 条规定,侵占国家的、集体的财产或者他人财产的,应当返还财产,不能返还财产的,应当折价赔偿。损坏国家的、集体的财产或者他人财产的,应当恢复原状或者折价赔偿。受害人因此遭受其他重大损失的,侵害人并应当赔偿损失。

《产品质量法》第 44 条第 2 款规定,因产品存在缺陷造成受害人财产损失的,侵害人应当恢复原状或者折价赔偿。受害人因此遭受其他重大损失的,侵害人应当赔偿损失。

上述条文中前半段规定的是直接损失,而后半段规定的则是间接损失。关于间接损失的赔偿,最高人民法院《关于交通事故中的财产损失是否包括被损车辆停运损失问题的批复》中规定,在交通事故损害赔偿案件中,如果受害人以被损车辆正用于货物运输或者旅客运输经营活动,要求赔偿被损车辆修复期间的停运损失的,交通事故责任者应当予以赔偿。

《侵权责任法》第 19 条规定,侵害他人财产的,财产损失按照损失发生时的市场价格或者其他方式计算。

(二) 侵害人身权益造成的财产损害赔偿

侵权行为侵害他人人身权益造成他人财产损失的，行为人应当承担财产损害赔偿责任。

关于侵害他人人身权益造成财产损害赔偿数额的确定，《侵权责任法》第20条规定，侵害他人人身权益造成财产损失的，按照被侵权人因此受到的损失赔偿；被侵权人的损失难以确定，侵权人因此获得利益的，按照其获得的利益赔偿；侵权人因此获得的利益难以确定，被侵权人和侵权人就赔偿数额协商不一致，向人民法院提起诉讼的，由人民法院根据实际情况确定赔偿数额。

二、人身损害赔偿

侵权行为造成他人人身损害的，行为人应当承担人身损害赔偿责任。

《民法通则》第119条规定，侵害公民身体造成伤害的，应当赔偿医疗费、因误工减少的收入、残废者生活补助费等费用；造成死亡的，并应当支付丧葬费、死者生前扶养的人必要的生活费等费用。

人身损害赔偿的确定，相对于财产损害赔偿而言，更加复杂。

根据受害人所遭受人身损害的程度，人身损害赔偿可分为三种情况。

(一) 受害人遭受人身损害，但没有致残或者死亡

《侵权责任法》第16条前段规定，侵害他人造成人身损害的，应当赔偿医疗费、护理费、交通费等为治疗和康复支出的合理费用，以及因误工减少的收入。

(二) 受害人遭受人身损害致残的

《侵权责任法》第16条中段规定，侵害他人造成残疾的，还应当赔偿残疾生活辅助具费和残疾赔偿金。

(三) 受害人遭受人身损害死亡的

《侵权责任法》第16条后段规定，侵害他人造成死亡的，还应当赔偿丧葬费和死亡赔偿金。

关于死亡赔偿金的确定，《侵权责任法》第17条规定，因同一侵权行为造成多人死亡的，可以以相同数额确定死亡赔偿金。

第四节 精神损害赔偿

一、精神损害赔偿的概念

精神损害赔偿，是指自然人在人身权或者某些财产权受到不法侵害，致使其人身利益或者财产利益受到损害并遭受精神痛苦时，受害人本人、本人死亡后其

近亲属有权要求侵权人给予损害赔偿的民事法律制度。

一般而言,精神损害赔偿必须是人身权益遭受非法侵害才可以要求赔偿。财产权益遭受非法侵害也可能导致受害人精神方面的痛苦,但是,除非法律有明确规定,对这种痛苦不给予精神损害赔偿。① 精神损害包括两种情况,一种情况是因为遭受有形人身损害或者财产损害而导致的精神损害;另一种情况是未遭受有形人身损害或者财产损害而直接导致的精神损害。精神损害包括两种形态,一种是积极的精神损害即受害人可以感知的精神痛苦;另一种是消极的精神损害即受害人无法感知的知觉丧失和心智丧失。精神痛苦必须达到一定程度,才可以给予赔偿。所谓达到一定严重程度,一般认为,受害人死亡或者残疾,均可以认定其近亲属或者本人的精神痛苦达到了一定严重程度。除此之外,需要根据具体情况加以确定。在身体权、健康权和生命权等人身权未遭受任何有形损害的前提下,受害人也可能遭受严重的精神痛苦。精神损害本身是一种无形的痛苦,无法确切计算和度量。但是,不能因为精神损害无法确切计算和度量,就不给予赔偿。死者的近亲属可以提出精神损害赔偿。这里包含两层含义:第一,只有死者的近亲属可以提出精神损害赔偿;受害人未死亡的,其近亲属不可以提出精神损害赔偿。第二,死者近亲属提出损害赔偿的请求权基础,是死者近亲属遭受了精神损害,而不是死者遭受的精神损害。这里的近亲属,首先是配偶、父母和子女,没有配偶、父母和子女的,死者的其他近亲属可以要求精神损害赔偿。②

二、精神损害赔偿的法律根据

(一)《民法通则》

《侵权责任法》出台之前,一般认为,精神损害赔偿在民事基本法中的根据是《民法通则》第120条。该条规定,公民的姓名权、肖像权、名誉权、荣誉权受到侵害的,有权要求停止侵害、恢复名誉、消除影响、赔礼道歉,并可以要求赔偿损失。其中所谓"并可以要求赔偿损失",一般认为就包括了赔偿精神损失。

侵害生命权、身体权及健康权的场合,有学说主张扩大解释《民法通则》第119条。该条规定,侵害公民身体造成伤害的,应当赔偿医疗费、因误工减少的收入、残废者生活补助费等费用;造成死亡的,并应当支付丧葬费、死者生前扶养的人必要的生活费等费用。学说认为,可以将此条规定中两处"等费用"解释为包括精神损害赔偿在内。

(二)《精神损害赔偿解释》

《精神损害赔偿解释》于2001年3月10日施行,是最高人民法院在总结多

---

① 参见《精神损害赔偿解释》第4条。
② 参见《精神损害赔偿解释》第3条。

年民事侵权精神损害赔偿案件审理经验、吸收学说研究成果的基础上作出的重要司法解释。它是法院审理精神损害赔偿案件重要的法律依据。

(三)《侵权责任法》的规定

《侵权责任法》第22条规定,侵害他人人身权益,造成他人严重精神损害的,被侵权人可以请求精神损害赔偿。

三、精神损害赔偿的范围与条件

(一)精神损害赔偿所依据的人身权基础

《精神损害赔偿解释》第1条规定,自然人因下列人格权利遭受非法侵害,向人民法院起诉请求赔偿精神损害的,人民法院应当依法予以受理:(1)生命权、健康权、身体权;(2)姓名权、肖像权、名誉权、荣誉权;(3)人格尊严权、人身自由权。

违反社会公共利益、社会公德侵害他人隐私或者其他人格利益,受害人以侵权为由向人民法院起诉请求赔偿精神损害的,人民法院应当依法予以受理。

《精神损害赔偿解释》第2条规定,非法使被监护人脱离监护,导致亲子关系或者近亲属间的亲属关系遭受严重损害,监护人向人民法院起诉请求赔偿精神损害的,人民法院应当依法予以受理。

《精神损害赔偿解释》第4条规定,具有人格象征意义的特定纪念物品,因侵权行为而永久性灭失或者毁损,物品所有人以侵权为由,向人民法院起诉请求赔偿精神损害的,人民法院应当依法予以受理。

一般而言,精神损害赔偿所依据的只能够是人身权利。但是,对于那些被权利人赋予特定精神意义、具有人格象征意义的特定物,对权利人而言,便具有了类似人身权利同样的精神价值。因此,第4条作出这样的规定,是为精神损害赔偿权利依据的例外。

(二)侵犯死者导致死者近亲属精神损害的情况

《精神损害赔偿解释》第3条规定,自然人死亡后,其近亲属因下列侵权行为遭受精神痛苦,向人民法院起诉请求赔偿精神损害的,人民法院应当依法予以受理:(1)以侮辱、诽谤、贬损、丑化或者违反社会公共利益、社会公德的其他方式,侵害死者姓名、肖像、名誉、荣誉;(2)非法披露、利用死者隐私,或者以违反社会公共利益、社会公德的其他方式侵害死者隐私;(3)非法利用、损害遗体、遗骨,或者以违反社会公共利益、社会公德的其他方式侵害遗体、遗骨。

(三)侵害他人生命权或者自然人死亡后近亲属提出精神损害赔偿时的范围及顺序

《精神损害赔偿解释》第7条规定,自然人因侵权行为致死,或者自然人死亡后其人格或者遗体遭受侵害,死者的配偶、父母和子女向人民法院起诉请求赔偿精神损害的,列其配偶、父母和子女为原告;没有配偶、父母和子女的,可以由其他近亲属提起诉讼,列其他近亲属为原告。

(四)精神损害赔偿诉讼不予受理或者不予支持的情况

1. 法人或者其他组织提出的精神损害赔偿请求,不予受理。《精神损害赔偿解释》第5条规定,法人或者其他组织以人格权利遭受侵害为由,向人民法院起诉请求赔偿精神损害的,人民法院不予受理。也有观点认为法人和其他组织也可能有精神方面的损害,比如法人和其他组织的名誉权、名称权、荣誉权等是法人和其他组织人格的组成部分,如果这些权利受到侵害,事实上就是精神损害,从而应当给予精神损害赔偿。[①] 此种观点没有被立法及司法实务所采纳。

2. 当事人在侵权诉讼后单独提出精神损害赔偿的,不予受理。《精神损害赔偿解释》第6条规定,当事人在侵权诉讼中没有提出赔偿精神损害的诉讼请求,诉讼终结后又基于同一侵权事实另行起诉请求赔偿精神损害的,人民法院不予受理。

3. 未造成严重后果的,一般不予支持。《精神损害赔偿解释》第8条规定,因侵权致人精神损害,但未造成严重后果,受害人请求赔偿精神损害的,一般不予支持,人民法院可以根据情形判令侵权人停止侵害、恢复名誉、消除影响、赔礼道歉。

(五)确定精神损害赔偿考虑的因素

精神损害赔偿的前提是精神损失,而精神损失是无形的,无法精确度量。如果完全按照填补损失的思想,将导致这种损失无法填平。精神损害赔偿的具体数额,要根据各种因素综合确定。

《精神损害赔偿解释》第10条规定:"精神损害的赔偿数额根据以下因素确定:(1)侵权人的过错程度,法律另有规定的除外;(2)侵害的手段、场合、行为方式等具体情节;(3)侵权行为所造成的后果;(4)侵权人的获利情况;(5)侵权人承担责任的经济能力;(6)受诉法院所在地平均生活水平。""法律、行政法规对残疾赔偿金、死亡赔偿金等有明确规定的,适用法律、行政法规的规定。"

(六)过错相抵

过错相抵规则对精神损害赔偿数额的确定也适用。《精神损害赔偿解释》第11条规定,受害人对损害事实和损害后果的发生有过错的,可以根据其过错程度减轻或者免除侵权人的精神损害赔偿责任。

[①] 参见奚晓明主编:《〈中华人民共和国侵权责任法〉条文理解与适用》,人民法院出版社2010年版,第168页。

第五节　侵权责任的免责事由

　　侵权责任的免责事由,是指免除或者减轻侵权责任的条件。有些学者将免责事由称为抗辩事由。在我国台湾地区,由于学说继受德国理论,强调违法性,因此将免责事由称为违法阻却事由。在学说体系上,将违法阻却事由置于台湾地区"民法"第184条第1款前段讨论。[①]

　　顾名思义,免责事由的作用在于免除或者减轻行为人的侵权责任。这一概念也意味着,免责事由存在的前提是侵权行为已经构成。在逻辑顺序上,侵权行为构成要件具备后,如果没有免责事由,则会有侵权责任的成立。免责事由是从结果上免除或者减轻行为人的侵权责任,因此,将其称为免责事由更确切一些。《侵权责任法》第3章名为"不承担责任和减轻责任的情形",值得赞同。

　　一般认为,侵权责任的免责事由可以分为两大类:正当理由和外来原因。

　　在正当理由作为免责事由的场合,行为人的行为造成了受害人的损失,因此构成侵权行为,但是,行为人的行为具有正当理由,从而抵销或者阻却了行为侵害他人权益的不法性,因此,可以免除或者减轻行为人的责任。作为免责事由的正当理由包括依法执行公务、正当防卫、紧急避险、受害人的同意、自助行为。其中正当防卫、紧急避险和自助行为,在本书总则部分已经阐明,此处不再重复。

　　在外来原因作为免责事由的场合,行为人的行为造成了受害人的损失,因此构成侵权行为,但是,是其他原因促成了行为人的行为;或者行为人的行为并非导致损失的唯一原因,多因一果使得行为人承担责任或者承担全部责任失去正当性。因此,需要免除或者减轻行为人的侵权责任。作为免责事由的外来原因包括不可抗力、意外事件、受害人过错、第三人过错。

一、正当理由

(一)依法执行公务

　　作为免责事由的依法执行公务,是指造成他人损害的侵权行为是依照法律授权执行公务的行为。按照国家形成理论,国家可以基于社会成员整体的考虑,行使一定公共职能。这些公共职能的行使,可能会给社会个体造成损失。由于这种损失是公共权力行使的代价,所以,需要受损失的个体加以容忍,比如,限制罪犯的人身自由,依法执行公务的行为人无须承担侵权责任。

　　执行公务获得免责正当性的关键是依法。因此,作为免责事由的依法执行公务必须具备以下条件:(1)执行公务的行为必须有合法根据。(2)执行公务

[①]　参见王泽鉴:《侵权行为》,北京大学出版社2009年版,第221—236页。

的行为必须有合法程序。(3)造成他人损失的行为必须为执行公务所必需。即,只有造成他人损失,方可依法完成公务行为。比如,公安人员审理犯罪嫌疑人,限制其人身自由为执行公务所必需。但如果对犯罪嫌疑人进行殴打,则超出了必需的范围。

(二)受害人的同意

受害人的同意,是指在不违背法律及公序良俗的情况下,受害人于损害发生前明确表示自愿承担某种不利后果的行为。

作为免责事由,受害人的同意必须具备以下特征:(1)受害人自愿承担某种不利后果。(2)受害人的自愿是其真实意思表示。根据具体情况,自愿可以采取明示或者默示的方式。在默示推定时,应当采严格解释。(3)受害人自愿承担不利后果的表示不违背法律及公序良俗。例如,某些人体医学实验为法律所禁止,此时同意的意思表示无效。(4)受害人的同意应当在不利后果发生前作出。如果受害人在损害后果发生后表示自愿承担该不利后果,应当视为受害人对加害人侵权责任的事后免除。

受害人的同意在法律性质上属于准法律行为,不能完全适用民法关于行为能力的规定,原则上应不以行为能力为要件,而应当以具体的识别能力为判断标准。①

二、外来原因

(一)不可抗力

根据《民法总则》第180条第2款的规定,不可抗力是指不能预见、不能避免且不能克服的客观情况。《民法总则》第180条第1款规定,因不可抗力不能履行民事义务的,不承担民事责任。法律另有规定的,依照其规定。《侵权责任法》第29条规定,因不可抗力造成他人损害的,不承担责任。法律另有规定的,依照其规定。

根据上述规定,不可抗力是侵权责任的免责事由;除法律另有规定外,侵权责任皆可以因不可抗力而免除。换言之,如果侵权责任可以因不可抗力而免除,则无须另外规定。这种关于不可抗力免责范围的规定可以简称为"原则都免、例外不免"。

值得讨论的是,《侵权责任法》第72条规定,占有或者使用易燃、易爆、剧毒、放射性等高度危险物造成他人损害的,占有人或者使用人应当承担侵权责任,但能够证明损害是因受害人故意或者不可抗力造成的,不承担责任。第73条规定,从事高空、高压、地下挖掘活动或者使用高速轨道运输工具造成他人损害的,

---

① 参见王泽鉴:《侵权行为》,北京大学出版社2009年版,第227页。

经营者应当承担侵权责任,但能够证明损害是因受害人故意或者不可抗力造成的,不承担责任。在上述两条规定中,不可抗力分别是占有、使用高度危险物责任和从事危险活动或者使用高速轨道运输工具责任的免责事由。

与此形成对照的是,《侵权责任法》第 70 条规定,民用核设施发生核事故造成他人损害的,民用核设施的经营者应当承担侵权责任,但能够证明损害是因战争等情形或者受害人故意造成的,不承担责任。《侵权责任法》第 71 条规定,民用航空器造成他人损害的,民用航空器的经营者应当承担侵权责任,但能够证明损害是因受害人故意造成的,不承担责任。在这两条规定中,皆没有关于不可抗力免责的规定。由此产生的问题是,不可抗力是否是民用核设施损害责任和民用航空器损害责任的免责事由?从体系解释的角度分析,考虑到第 70 条、第 71 条、第 72 条和第 73 条并列规定,第 72 条和第 73 条明确规定了不可抗力可以免责,而第 70 和第 71 条中没有规定不可抗力,则应当推定,立法者的目的是第 70 条和第 71 条的免责事由中不包括不可抗力。

故此,关于不可抗力的免责范围,除第 107 条和第 29 条确定的"原则都免、例外不免"的原则外,还需要结合其他解释方法加以认定。值得注意的是,不存在一般意义上的不可抗力,不可抗力是否构成,需要在个案中具体认定。

(二) 意外事件

意外事件也称为意外事故,是指通常情况下无法预见的小概率事件。由于意外事件无法预见,因此通常也无法避免。或者说,为了预防和避免意外事件,需要太多的成本,因此,意外事件可以作为侵权责任的免责事由。

意外事件与不可抗力的关系在于,二者都是通常情况下无法预见的事件,但是,不可抗力通常是无法克服的自然灾难或者重大社会事件,而意外事件通常只是无法预见,对于相同的事件,如果提前有所预见,则可以避免或者克服。此外,意外事件往往用来衡量过错的存在,因此一般只适用于过错责任原则下的侵权责任。不可抗力则往往可以适用于各种归责原则下的侵权责任。

(三) 受害人过错

作为免责事由的受害人过错,是指当受害人对于损失的发生或者扩大存在过错时,可以减轻或者免除行为人的侵权责任。

受害人过错作为免责事由,可以分为以下几种情况:

第一种情况,受害人过错导致的行为是损害发生的唯一原因,行为人对损失的发生没有过错。

在这种情况下,如果适用过错责任原则,行为人对损失的发生没有过错,所以也就没有侵权责任。因此,损失的发生只能够由受害人自己承担,行为人对损失不承担责任。但是,这种责任的不承担是因为原本就不存在责任,而并非免责事由所致。

在这种情况下,如果适用无过错责任原则,行为人即使不存在过错,也要承担侵权责任。因此,受害人过错的存在可能使行为人的责任得以减轻或者免除。《侵权责任法》第73条规定,从事高空、高压、地下挖掘活动或者高速轨道运输工具造成他人损害的,经营者应当承担侵权责任,但能够证明损害因受害人故意或者不可抗力造成的,不承担责任。被侵权人对损害的发生有过失的,可以减轻经营者的责任。

第二种情况,受害人和行为人对损失的发生都有过错。此时,适用过错相抵规则。

(四)第三人过错

作为免责事由的第三人过错,是指当第三人对于损失的发生或者扩大存在过错时,可以减轻或者免除行为人的侵权责任。

第三人过错作为免责事由,可以分为以下几种情况:

第一种情况,第三人过错导致的行为是损失发生的唯一原因。行为人和受害人对损失的发生都没有过错。

在此情况下,如果适用过错责任原则,行为人对损失发生没有过错,因此不存在侵权责任。此时责任应当由第三人来承担。行为人不承担责任是因为责任不构成,而不是因为免责事由的存在。此种情况如果适用无过错责任原则,行为人即使不存在过错,也要承担侵权责任。同时,第三人过错的存在可能使行为人的责任得以减轻或者免除。

第二种情况,第三人和行为人对损失的发生都存在过错。在此情况下,行为人的责任可能因第三人的过错而减轻或者免除。

第六节 违约责任与侵权责任的竞合

一、责任竞合概述

(一)规范竞合问题

现代法律均为抽象规定,并从各种不同角度规范社会生活,因而时常发生同一事实符合数个规范的要件,致使这些规范都可以适用的现象,学说上称为规范竞合。规范竞合有的发生在不同的法律领域,例如驾车撞人致死,一方面构成刑事责任,一方面又成立民事责任。这两种责任在目的、作用等方面均有差异,两者互不排斥,因此这两种责任均可适用。对此,我国法律是明确承认的。《侵权责任法》第4条规定,侵权人因同一行为应当承担行政责任或者刑事责任的,不影响依法承担侵权责任。

规范竞合有的也可以发生在同一法律领域,例如行为人实施的违法行为符合多种民事责任的构成要件，从而导致多种民事责任或者责任方式的成立。其中，有的是多种民事责任方式可以并存，受害人均可以向行为人请求，称为民事责任的聚合。例如违约场合的强制履行、支付违约金乃至赔偿（迟延）损害三种责任方式并用。我国法律对此是予以承认的，《民法总则》第 179 条第 3 款关于"承担民事责任的方式，可以单独适用，也可以合并适用"的规定，即确立了民事责任聚合的一般原则。

（二）民事责任竞合

与上述民事责任聚合不同的是民事责任竞合，指的是同一违法行为虽然符合多种民事责任的构成要件，可以成立几种民事责任，但受害人只能选择其中之一而请求。民事责任竞合在实践中最常见的当属违约责任与侵权责任的竞合。这两种责任都以赔偿损失为主要内容，因此债权人不能双重请求，只能主张其一，以防其获得不当得利，这种现象称为违约责任与侵权责任的竞合。

二、违约责任与侵权责任的差异

违约责任与侵权责任存有诸多差异，包括构成要件、举证责任、赔偿范围、诉讼时效、责任方式、免责条款的效力都有不同。正因为违约责任与侵权责任存在着这些不同，所以，受害人主张何种责任，直接关系到他的切身利益。例如，在违约金数额高于实际损失、诉讼时效期间尚未届满时，受害人请求违约方承担违约责任就极为有利。再如，出卖人交付的产品质量虽不合格，但产品保证期限刚刚届满，视为产品质量符合合同规定的情况下，买受人主张违约责任，只能陷于败诉的境地；而请求出卖人承担侵权责任，则会胜诉。还如，如果合同中规定有免除一般过失责任的条款，该条款又为法律承认，那么，受害人主张违约方负违约责任，就极可能陷于败诉的境地；而请求违约方承担侵权责任，就极有可能成功。既然受害人有时主张违约责任有利，有时请求侵权责任更好，那么法律应该赋予他选择权，承认责任竞合，以达侧重保护无辜受害人的合法权益的目的。[①]

三、违约责任与侵权责任竞合的处理

违约责任与侵权责任的竞合，从受害人享有的请求行为人承担责任的权利角度看，也是请求权竞合。

（一）三种基本理论

1. 法条竞合说

法条竞合说认为，对于同一事实均具有数个规范的要件，这些规范之间具有位阶关系，或者为特别关系，或者为补充关系，或者为吸收关系，而仅能适用其中

---

① 参见崔建远：《合同法》，法律出版社 1998 年版，第 238—239 页。

一种规范。债务不履行乃侵权行为的特别形态,侵权行为是违反权利不可侵犯这一一般义务,而债务不履行系违反基于合同而产生的特别义务。因此,同一事实具备侵权行为和债务不履行的要件时,依特别法优先于普通法的原则,只能适用债务不履行的规定,因而仅发生合同上的请求权,无主张侵权行为请求权的余地。

2. 请求权竞合说

请求权竞合说认为,一个具体事实,具备侵权行为与债务不履行的要件时,应就各个规范加以判断,所产生的两个请求权独立并存。细分之,请求权竞合说又有两种理论,一为请求权自由竞合说,一为请求权相互影响说。请求权自由竞合说认为,基于侵权行为和债务不履行所生的两个请求权独立并存,无论在成立要件、举证责任、赔偿范围、抵销、时效等,均就各个请求权加以判断。对这两个请求权,债权人不妨择一行使,其中一个请求权若已达目的而消灭时,则另一请求权固随之消灭,但若其中一个请求权因已达目的以外的原因而无法行使,例如因时效而消灭,则另一请求权(时效较长者),仍然存在。另外,由于两个请求权彼此独立,故债权人可以分别处分,或者让与不同的人,或者自己保留其中之一而将另外一个让与他人。德国判例、学者通说虽采请求权竞合说,但却认为两个绝对独立的请求权的理论不合实际,有违法规目的,从而采相互影响的见解,认为两个请求权可以相互作用,合同法上的规定可以适用于基于侵权行为而发生的请求权,反之亦然。其根本思想在于克服承认两个独立请求权相互作用所发生的不协调或者矛盾。

3. 请求权规范竞合说[①]

请求权竞合说支配德国判例学说数十年,屹立不坠,但最近则备受批评。在此方面,贡献最大的为拉伦茨教授。拉伦茨教授一方面剖析请求权竞合说的缺点,另一方面则建立一种新的理论,强调一个具体生活事实符合债务不履行和侵权行为两个要件时,并非产生两个独立的请求权。本质上只产生一个请求权,但有两个法律基础,一为合同关系,一为侵权关系。

(二) 三种立法模式

就立法态度而言,对违约责任与侵权责任的竞合大致采取了三种模式:禁止竞合模式、允许竞合模式和有限制的选择诉讼模式。

1. 禁止竞合模式

禁止竞合模式以法国民法为代表。法国民法认为,只有在没有合同关系存在时才产生侵权责任,在违约场合只能寻求合同补救方法。

---

① 参见王泽鉴:《民法学说与判例研究》(第1册),北京大学出版社2009年版,第212页以下。

2. 允许竞合模式

允许竞合模式以德国民法为代表。德国民法是允许违约责任与侵权责任竞合的。

3. 有限制的选择诉讼模式

有限制的选择诉讼制度为英国法的模式。英国法认为,解决责任竞合的制度只是某种诉讼制度,它主要涉及诉讼形式的选择权,而不涉及实体法上请求权的竞合问题。不仅如此,英国法对于选择之诉原则还规定了严格的适用限制。

四、我国法的选择

法国民法采取禁止竞合制度,有其具体原因,奉行法条竞合理论虽然符合逻辑,但在我国民法上则不能如此。因为法条竞合说过于偏重逻辑推演,而忽视价值判断及当事人之间的利益衡量,其所得出的违约责任排斥侵权责任的结论,往往不利于受害人。而在这种场合,应该侧重保护的恰恰是受害人。《民法总则》第186条规定,因当事人一方的违约行为,损害对方人身权益、财产权益的,受损害方有权选择请求其承担违约责任或者侵权责任。

我国法承认违约责任与侵权责任的竞合,并不意味着完全放任当事人选择请求权而不作任何限制。如果法律直接规定,在特定情形下只能产生一种责任,排除责任竞合的发生,那么就应遵守法律的这种规定。

第四十二章　数人侵权行为与责任

第一节　数人侵权行为概述

一、数人侵权行为的概念

数人侵权行为,是指二人以上实施的侵权行为。

数人侵权行为与单独侵权行为对应。根据承担责任的方式,数人侵权行为可以分为承担连带责任的数人侵权行为和承担按份责任的数人侵权行为。承担连带责任的数人侵权行为,也称为共同侵权行为。

《民法通则》第130条规定,二人以上共同侵权造成他人损害的,应当承担连带责任。《侵权责任法》第8条规定,二人以上共同实施侵权行为,造成他人损害的,应当承担连带责任。可见,这两条规定的都是承担连带责任的数人侵权行为即共同侵权行为。

《侵权责任法》第12条规定,二人以上分别实施侵权行为造成同一损害,能够确定责任大小的,各自承担相应的责任;难以确定责任大小的,平均分担责任。可见,此条规定的是承担按份责任的数人侵权行为。

二、数人侵权行为的类型体系

《人身损害赔偿解释》第一次构建了我国的数人侵权行为类型体系。《侵权责任法》对该体系进行了修正。

根据《人身损害赔偿解释》的规定,数人侵权行为包括共同侵权行为、教唆帮助行为、共同危险行为以及无意思联络的数人侵权行为。其中,无意思联络的数人侵权行为又可以分为行为直接结合和行为间接结合两种,前者承担连带责任,后者承担按份责任。

根据《侵权责任法》的规定,数人侵权行为包括共同侵权行为、教唆帮助行为、共同危险行为、无意思联络数人侵权行为。其中,无意思联络数人侵权行为包括累积因果关系的侵权行为,同时无意思联络数人侵权行为不再细分为行为直接结合和行为间接结合。

第二节 共同侵权行为与责任

一、共同侵权行为的概念

共同侵权行为是指二人以上共同故意或者共同过失侵害他人权益,依法承担连带责任的行为。共同故意或者共同过失,是共同侵权行为人承担连带责任的正当性所在。

二、共同侵权行为的构成要件

共同侵权行为需要以下构成要件:

(一)行为人为二人以上

共同侵权行为主体应当多于一人,由此产生数个行为人作为一方对受害人的责任承担以及彼此之间的责任认定和分担问题。这里的主体,可以是自然人,也可以是法人或者其他组织。在行为人为自然人的场合,作为共同侵权行为的主体,需要具备民事责任能力。我国民法没有关于民事责任能力的规定,因此,可以以民事行为能力代之。这一结论可以从《民通意见》第 148 条得出。

(二)行为的关联性

共同侵权行为的数个行为人,每个人都实施了加害行为。这些行为结合在一起,形成一个有机整体,共同造成了损害后果,各行为彼此之间具有密切的关联性。

(三)共同的过错

传统民法学说认为,共同侵权行为以共同的过错为必要,这种共同过错可以是共同的故意,也可以是共同的过失,还可以是故意和过失的混合。[①] 传统民法学说将共同的意思作为若干行为人承担连带责任的基础,此即所谓意思共同说。

《人身损害赔偿解释》第 3 条第 1 款规定,在没有共同的故意或者共同的过失的情况下,数人侵害行为的直接结合也可以构成共同侵权行为。此条规定将无意思联络数人侵权中行为直接结合的部分纳入共同侵权行为,此即所谓行为共同说。

《侵权责任法》第 12 条规定,二人以上分别实施侵权行为造成同一损害,能够确定责任大小的,各自承担相应的责任;难以确定责任大小的,平均承担赔偿责任。由此可见,《侵权责任法》重新回到了传统民法意思共同说的立场。

---

① 在一方是故意、一方是过失的情况下,是否还可谓"共同",值得讨论。当然,首先取决于规范目的,其次才取决于由此导致的对"共同"一词的理解。

（四）结果的单一性

数个侵权人虽然实施了多个侵权行为,但数个行为造成了同一的损害结果,该损害结果不可分割。

三、共同侵权行为的责任

共同侵权行为较之单独侵权行为,人数多,加害人主观恶性更大,由于共同的故意或者过失,所造成的损害程度一般也更为严重,因此,共同侵权人对受害人承担连带责任。

《侵权责任法》第13条规定,法律规定承担连带责任的,被侵权人有权请求部分或者全部连带责任人承担责任。

共同侵权行为的每个行为人都要对受害人所遭受到的侵害承担全部责任。受害人有权请求全部行为人或者其中部分行为人承担全部的侵权责任。部分行为人向受害人承担全部责任后,即解除了全部行为人的责任;受害人的请求权全部实现后,就不得再次提出请求。共同侵权人的连带责任是一种法定责任,不因加害人内部的约定而有所改变。

共同侵权人向受害人承担责任后,其内部责任如何分配,有两种不同主张。一种主张认为,各加害人之间应当平均分担,不需要考虑相关的过错程度及原因力等因素。另一种主张认为,应当根据各加害人的过错程度以及其行为与损害结果之间原因力的比例来分担责任。只有在彼此的过错程度及原因力的大小无法区分时,才可以平均分担。《侵权责任法》第14条规定:"连带责任人根据各自责任大小确定相应的赔偿数额;难以确定责任大小的,平均承担赔偿责任。""支付超出自己赔偿数额的连带责任人,有权向其他连带责任人追偿。"可见,《侵权责任法》采后一主张。

此外,需要考虑的一个问题是,受害人是否可以免除部分加害人的侵权责任。这一问题应当从实体和程序两个角度加以分析。从实体角度来看,受害人无权仅免除部分加害人的责任,而只让其他加害人承担侵权责任。因为共同侵权责任是连带责任,每个侵权人都应当承担全部责任,同时其内部还有责任的分担,因此,受害人无权免除部分加害人的责任;或者说,受害人无法仅仅免除部分加害人的责任。因为,受害人如果只选择部分侵权人承担全部责任后,承担责任的侵权人有权向未承担责任的其他加害人进行追偿。也就是说,向未承担责任的侵权人进行追偿是已经承担责任的侵权人的权利,受害人无权干涉。如果免除部分侵权人的责任,其所承担的相应部分也不应当由其他人承担。从程序的角度看,根据连带责任制度,受害人可以选择共同侵权人中的一个或者几个,也可以选择全部侵权人来承担责任。因此在诉讼中,受害人可以起诉全部侵权人,也可以只起诉部分侵权人。这样才可以更好地保护受害人的利益。

第三节 教唆行为、帮助行为及其责任

一、教唆行为

(一) 教唆行为的概念与特征

教唆行为是指利用一定方式对他人进行开导、说服,或者通过怂恿、刺激、利诱等办法使被教唆者接受教唆意图的行为。

教唆行为具有以下特征:

(1) 教唆行为采取的是积极的作为形式,可以通过开导、说服、怂恿、刺激、利诱、收买、授意等方法进行。它既可以用口头方式或者书面方式进行,也可采用打手势、使眼神等方式进行;既可以是公开的,也可以是秘密的。

(2) 教唆者主观上大多是故意的,他不仅认识到自己的教唆行为会使被教唆者产生侵权的意图并可能实施侵权行为,而且认识到被教唆者行为导致的后果,并希望或者放任这种结果的发生。在某些情况下,因疏忽而向他人作出不正当的指示,致使他人加害于第三人的,亦构成过失的教唆。

(3) 教唆的内容是教唆他人接受教唆意图,并实施特定的侵权行为。

(二) 教唆行为与被教唆者的加害行为构成共同侵权的要件

教唆行为与被教唆者的加害行为构成共同侵权的要件如下:

(1) 教唆者实施了教唆行为,被教唆者按教唆内容实施了加害行为,二者之间具有因果关系。如果被教唆者未按教唆内容实施加害行为,则不构成共同侵权。

(2) 教唆者与被教唆者主观上要有共同过错。如教唆者和被教唆者主观上都是故意,则其共同行为构成损害结果发生的原因,当然构成共同侵权。如教唆者主观上是故意,而被教唆者主观上是过失,仍可构成共同侵权。即使教唆者与被教唆者主观上都是过失,亦可以构成共同侵权。

(3) 教唆者和被教唆者都是完全民事行为能力人。如果被教唆者是无民事行为能力人或者限制民事行为能力人,则由教唆者单独承担责任。该无民事行为能力人、限制民事行为能力人的监护人未尽到监护责任的,应当承担相应的责任。

二、帮助行为

(一) 帮助行为的概念与特征

帮助行为,是指通过提供工具、指示目标或者以语言激励等方式在物质上或者精神上帮助他人实施侵权行为的行为。

帮助行为具有以下特征：

(1) 帮助的形式一般应是积极的作为，只有在行为人具有作为义务并与实施加害行为人间具有共同故意的情况下，不作为的方式才可能构成帮助。帮助行为的方式很多，包括提供工具、指示目标、言语激励等，它可以是物质上的，也可以是精神上的。

(2) 帮助行为的内容主要是从物质或者精神上帮助他人实施侵权行为，在行为的实施过程中只起辅助作用，这是它与教唆行为的主要区别。

(3) 帮助者主观上一般出于故意，与被帮助者具有共同致人损害的意思联络，但在特殊情况下，不知他人的行为为侵权行为而提供帮助，对加害行为起到了辅助作用的，亦构成共同侵权。帮助人出于故意对加害人提供帮助，而加害人不知帮助人提供的帮助，也应当构成共同侵权。

(二) 帮助行为与被帮助行为构成共同侵权的要件

帮助行为与被帮助行为构成共同侵权的要件如下：

(1) 帮助者与被帮助者分别实施了帮助行为和加害行为。

(2) 帮助者与被帮助者之间主观上具有共同过错。

(3) 帮助者和被帮助者都是完全民事行为能力人。如果被帮助者是无民事行为能力人或者限制民事行为能力人，则由帮助者单独承担责任。该无民事行为能力人、限制民事行为能力人的监护人未尽到监护责任的，应当承担相应的责任。

三、教唆行为、帮助行为的责任

《侵权责任法》第9条规定，"教唆、帮助他人实施侵权行为的，应当与行为人承担连带责任。""教唆、帮助无民事行为能力人、限制民事行为能力人实施侵权行为的，应当承担侵权责任；该无民事行为能力人、限制民事行为能力人的监护人未尽到监护责任的，应当承担相应的责任。"

据此，教唆、帮助完全民事行为能力人实施侵权行为的，教唆行为、帮助行为与被教唆者、被帮助者的行为构成共同侵权行为，承担连带责任。

教唆、帮助无民事行为能力人、限制民事行为能力人实施侵权行为的，由教唆者、帮助者承担侵权责任。被教唆、被帮助的无民事行为能力人、限制民事行为能力人的监护人，根据监护情况承担相应的监护责任。

当教唆者、帮助者与被教唆者、被帮助者都是限制民事行为能力人或者无民事行为能力人时，责任应当如何构成？此时，二者之间没有区别，因此没有特别保护的必要。在责任构成上，对内成立连带责任；对外则适用监护人责任。

第四节 共同危险行为与责任

一、共同危险行为的概念

共同危险行为,又称准共同侵权行为,指二人以上实施危及他人人身或者财产安全的行为并造成损害后果,不能确定实际侵害行为人的情况。

二、共同危险行为的构成要件

共同危险行为需要以下构成要件:

其一,主体必须是二人以上。

其二,每个人都单独实施完成了危险行为。所谓危险行为,是指可能引发损害后果的行为。二个以上的主体都单独实施完成了可能引发损害后果的行为,彼此行为之间无关联或者结合关系。

其三,每个人都具有独立的过错,这些过错可能相同,但是彼此之间无意思联络。

其四,不能确定是哪个人的行为造成了损害后果。在因果关系方面,也许只有一个人的行为造成了损害后果,也许是多人的行为都与损害后果有因果关系,究竟如何,无法确定。如果能够确定具体侵权人的,则属于一般侵权行为,由侵权人承担责任。

三、共同危险行为的责任

根据《侵权责任法》第10条的规定,二人以上实施危及他人人身、财产安全的行为,不能确定具体侵权人的,行为人承担连带责任。据此,共同危险行为人要对受害人承担连带责任。承担责任的共同危险人内部可以进行追偿。

四、共同危险行为的免责事由

关于共同危险行为的免责事由,学说一直存在争论。一种观点认为,行为人必须证明实际侵权人,才可以免除自己的责任。另一种观点认为,行为人只要证明自己的行为与损害后果之间没有因果关系即可以免责。两种学说之间的区别在于利益衡量的不同。前者更注重保护受害人,认为后一学说可能导致所有行为人都证明因果关系不存在而全部免责,使得受害人无法获得赔偿的结果。从《侵权责任法》第10条的文义来看,不能确定具体加害人的,由行为人承担连带责任;换言之,只有确定具体加害人的情形下,其他行为人才可以免除责任。①可见,《侵权责任法》采纳了前一种观点。《人身损害赔偿解释》第 4 条后段规定,共同危险行为人能够证明损害后果不是由其行为造成的,不承担赔偿责任。可见《人身损害赔偿解释》采纳了后一种观点。其理由在于行为人全部免责的情况甚为罕见,因此不能将法律规则建立在偶然情况上。作为弥补,人民法院在认定行为人主张自己行为与损害无因果关系的证明时,应当严格审查。另一方面,如果行为人能够证明损害确由某人所致,当然可以免除他的责任。②

值得讨论的是,在共同危险行为中,行为人是否可以通过证明自己不存在过错而免责?在采过错归责的共同危险行为的情况下,过错当然是责任的前提,因此,既然因果关系不存在可以免责,过错不存在当然也可以免责。因为过错不存在本身说明某一行为人的行为不构成侵权行为,与因果关系的逻辑相同。

第五节 无意思联络的数人侵权行为与责任

一、无意思联络的数人侵权行为的概念

无意思联络的数人侵权是指数个行为人并无共同的过错,但由于数个行为的结合而导致同一损害后果的侵权行为。

《人身损害赔偿解释》第 3 条将数人之间行为的结合方式分为直接结合和间接结合,前者承担连带责任,后者承担按份责任。《侵权责任法》未采此种分类方法。

二、无意思联络的数人侵权行为的类型

(一) 承担连带责任的无意思联络数人侵权

《侵权责任法》第 11 条规定,二人以上分别实施侵权行为造成同一损害,每个人的侵权行为都足以造成全部损害的,行为人承担连带责任。

承担连带责任的无意思联络数人侵权需要满足以下要件:

(1) 行为人为二人以上。

(2) 数个行为人分别实施了侵权行为,彼此之间没有任何的意思联络。

(3) 损害后果同一。

(4) 每个人的行为都足以造成全部损害结果。

每个人的行为与损害结果之间都有完全的因果关系,因此,此种侵权行为也

---

① 参见王胜明主编:《中华人民共和国侵权责任法释义》,法律出版社 2010 年版,第 67 页。
② 参见黄松有主编:《最高人民法院人身损害赔偿司法解释的理解和适用》,人民法院出版社 2004 年版,第 67—81 页。

被称为累积因果关系的侵权行为。累积的因果关系,正是此种侵权行为中无意思联络的数人承担连带责任的正当性所在。

(二)承担按份责任的无意思联络数人侵权

《侵权责任法》第12条规定,二人以上分别实施侵权行为造成同一损害,能够确定责任大小的,各自承担相应的责任;难以确定责任大小的,平均承担赔偿责任。

承担按份责任的无意思联络数人侵权需要满足以下要件:

(1)行为人为二人以上。

(2)数个行为人分别实施了侵权行为,彼此之间没有任何的意思联络。

(3)损害后果同一。

不存在累积因果关系的情况下,无意思联络数人侵权承担按份责任。责任大小如果能够确定,则各自承担相应的责任;责任大小难以确定的,平均承担赔偿责任。

第四十三章　各类侵权责任

第一节　各类侵权责任概述

通常民法教材都有一章写特殊侵权行为。所谓特殊侵权行为，是指构成要件不同于一般侵权行为构成要件的侵权行为。"特殊侵权行为之名称及规定所以出现，主要系着眼于该等类型之侵权行为，尚与过失责任有别之故。"[1]有些特殊侵权行为的特殊性并不在于不适用过错责任，而是侵权的主体不同。例如公务员侵权责任、定作人侵权责任等。对共同侵权行为有学者将其列为一般侵权行为[2]，有学者将其列为特殊侵权行为[3]。有学者不用特殊侵权行为概念，而讲"各种之侵权行为"，包括的范围也不同于特殊侵权行为，其中有：(1) 侵害他人之权利；(2) 违反善良风俗；(3) 违反保护他人之法律；(4) 无民事行为能力人之赔偿责任；(5) 对第三人侵权行为之责任（其中包括法定代理人对于受监督人侵权行为之责任、雇用人对于受雇人侵权行为之责任、定作人对于承揽人侵权行为之责任）；(6) 对物所负损害赔偿之责任（包括动物占有人所负之赔偿责任、建筑物所有人所负之赔偿责任）；(7) 公务员之赔偿责任。[4]

本章讲的 14 类侵权责任，其中有些类型是习惯上通常所称的特殊侵权责任，其中有些在侵权责任构成要件上没有特殊性，而是新出现的不同类型的侵权责任。因此不称特殊侵权行为，而总称各类侵权责任。其中前 8 类侵权责任的顺序按《民法通则》规定的顺序排列，同时根据《侵权责任法》的有关规定集中讨论；后 6 类根据《侵权责任法》及其他特别法规定和司法解释分类。

《侵权责任法》将包括共同侵权在内的数人侵权规定在第二章，而且各类侵权行为都可能发生数人侵权包括共同侵权的情况。因此，本书将数人侵权包括共同侵权独立成章，而没有将其纳入本章的内容。

---

[1] 邱聪智：《民法债编通则》，台湾瑞明彩色印刷有限公司 1990 年版，第 127 页。
[2] 史尚宽：《债法总论》，中国政法大学出版社 2000 年版，目录第 2 页。
[3] 王泽鉴：《民法概要》，中国政法大学出版社 2003 年版，第 214—215 页；王泽鉴：《侵权行为》，北京大学出版社 2009 年版，第二编，第二章；邱聪智：《民法债编通则》，台湾瑞明彩色印刷有限公司 1990 年版，第 107—108 页。
[4] 梅仲协：《民法要义》，中国政法大学出版社 1998 年版，第 188—198 页。

第二节 职务侵权行为与责任

一、国家机关及其工作人员职务侵权行为的概念

国家机关及其工作人员的职务侵权行为,是指国家机关或者国家机关工作人员,在执行职务中侵犯他人合法权益并造成损害的行为。

《民法通则》第121条规定,国家机关或者国家机关工作人员在执行职务中,侵犯公民、法人的合法权益造成损害的,应当承担民事责任。与这条规定有关的是《国家赔偿法》的有关规定。该法第2条规定,国家机关和国家机关工作人员行使职权,有本法规定的侵犯公民、法人和其他组织合法权益的情形,造成损害的,受害人有依照本法取得国家赔偿的权利。从立法例看,普通法系国家对国家机关及其工作人员执行职务的侵权视为一般的侵权行为,不专门规定国家赔偿法。民法法系国家一般都制定国家赔偿法,有的国家(例如日本)明确规定国家赔偿法无规定的,原则上适用民法的规定。

二、国家机关及其工作人员职务侵权行为的认定

认定国家机关及其工作人员职务侵权行为,需要注意以下几点:

(一)职务侵权行为的主体是国家机关或者国家机关工作人员

所谓的国家机关,是指依法享有国家权力的行政机关、审判机关、检察机关以及军事、警察机关的总称。国家机关的工作人员,是指一切在国家机关中依法从事公务的人员,包括接受国家机关委任、聘任或者选任而负有对国家机关忠实服从和执行职务的文职或者武职的工作人员。其中文职人员既包括行政人员、司法人员,也包括专业技术人员。另外,临时受国家机关委托,以国家机关的名义实施一定行为的人,也属于这里所谓的国家机关工作人员。

(二)职务侵权行为发生在执行职务之中

国家机关或者国家机关工作人员,只有在执行职务过程中实施的侵权行为,才成立职务侵权行为。所谓执行职务,是指以国家机关名义行使相关职权、并由国家机关承担后果的行为。

(三)职务侵权行为侵犯他人的合法权益

这里所谓的合法权益,是指职务行为所指向范围以外的合法权益。例如,执行职务的目的就是要限制甲的人身自由,因此,甲不能因人身权利受到侵害而主张赔偿。如果执行职务的目的是要限制甲的人身自由,结果却限制了乙的人身自由,此时乙可以主张侵权责任。

(四)执行职务的行为与损害之间有因果关系

三、国家机关及其工作人员职务侵权行为的责任

关于国家机关及其工作人员职务侵权行为的归责原则,学理上有不同的观点,立法例上有不同的规定。虽然有些国家的国家赔偿法规定直接侵权行为人的过错是国家赔偿责任的构成要件,但是为了加强对受害人的保护和对国家机关及其工作人员行为的有效约束,都有逐步放弃过错责任原则的趋势。

本书作者认为,就国家机关为其工作人员的行为承担后果的内部关系而言,应当采无过错责任,即不问国家机关有无过错。但是,就国家机关与被侵权人第三人的外观关系而言,仍然要按照侵权法的一般归责原理来配置归责原则。即,如果法律规定适用无过错责任,则适用无过错责任原则;否则适用过错责任原则。

有疑问的是,职务侵权责任的构成是否要求履行职务的行为必须违法。《民通意见》第152条规定,国家机关工作人员在执行职务中,给公民、法人的合法权益造成损害的,国家机关应当承担民事责任。本书作者认为,违法履行职务侵犯他人合法权益给他人造成损害时,肯定要承担侵权责任。但是,合法履行职务时,为了工作的完成,也可能会给他人造成损失。例如,拆除违章建筑,结果使得邻近合法建筑受损。再如,警察追击犯人,踩碎路边小摊上售卖的鸡蛋等,也应当承担责任。

四、用人单位工作人员职务侵权行为及责任

《侵权责任法》第34条第1款规定,用人单位的工作人员因执行工作任务造成他人损害的,由用人单位承担侵权责任。

比较而言,本款规定扩大了《民法通则》第121条的适用范围。用人单位既包括国家机关,也包括一般法人及其他组织。

根据本条规定,只要工作人员因执行工作任务实施了侵权行为,侵权责任就由用人单位来承担。在用人单位和工作人员的内部关系方面,采无过错责任;在用人单位和第三人的外部关系方面,则根据有关法律规定来确定归责原则。

用人单位是否承担侵权责任,取决于致人损害的行为是否是执行工作任务即职务行为。职务行为由用人单位承担责任,非职务行为则由行为人自己承担责任。关于职务行为的认定,有主观说和客观说两种主张。主观说是以法人或者组织的意思或者其工作人员的意思为标准。客观说则以行为的外在表现为标准。一般认为,如果就外观来看,行为人的行为属于职务行为,则应当由用人单位承担责任。

在劳务派遣的场合,被派遣人员出现了两个用人单位。《侵权责任法》第34条第2款规定,劳务派遣期间,被派遣的工作人员因执行工作任务造成他人损害

的,由接受劳务派遣的用工单位承担侵权责任;劳务派遣单位有过错的,承担相应的补充责任。据此,被派遣人员行为的后果由接受派遣单位承担。劳务派遣单位仅在自己过错的范围内承担相应的补充责任。

五、个人劳务关系中的侵权行为与责任

《侵权责任法》第35条规定,个人之间形成劳务关系,提供劳务一方因劳务造成他人损害的,由接受劳务一方承担侵权责任。提供劳务一方因劳务自己受到损害的,根据双方各自的过错承担相应的责任。

民事主体之间形成劳务关系的情形很多。此处所讨论的仅仅是自然人之间形成的劳务关系。在个人劳务关系中,一方提供劳务,另一方接受劳务同时支付报酬。

个人劳务关系中的侵权行为与责任分为对外和对内两种情况。

对外情况是指提供劳务一方因劳务造成第三人损害的情形。提供劳务一方的劳务活动的成果由接受劳务一方享有,提供劳务一方因劳务造成他人损害,产生的责任也由接受劳务一方承担。提供劳务一方是行为主体,接受劳务一方是责任主体。因为劳务关系的存在,接受劳务一方为提供劳务一方的行为承担责任具有了正当性。

对内情况是指提供劳务一方因劳务自身受到损害的情形。提供劳务一方因劳务受到损害的情形,要根据提供劳务一方和接受劳务一方各自的过错来分配责任。

根据《人身损害赔偿解释》第13条、第14条的规定,为他人无偿提供劳务的帮工人,在从事帮工活动中致人损害的,被帮工人应当承担赔偿责任。被帮工人明确拒绝帮工的,不承担赔偿责任。帮工人存在故意或者重大过失,赔偿权利人请求帮工人和被帮工人承担连带责任的,人民法院应予支持。帮工人因帮工活动遭受人身损害的,被帮工人应当承担赔偿责任。被帮工人明确拒绝帮工的,不承担赔偿责任;但可以在受益范围内予以适当补偿。帮工人因第三人侵权遭受人身损害的,由第三人承担赔偿责任。第三人不能确定或者没有赔偿能力的,可以由被帮工人予以适当补偿。

第三节 产品责任

一、产品缺陷致人损害侵权行为的概念

产品缺陷致人损害的侵权行为,是指产品的制造者和销售者,因制造、销售的产品存在缺陷造成他人的人身或者财产损害而应当承担民事责任的行为。

《民法通则》第 122 条规定,因产品质量不合格造成他人财产、人身损害的,产品制造者、销售者应当依法承担民事责任。运输者、仓储者对此负有责任的,产品制造者、销售者有权要求赔偿损失。在《民法通则》的基础上,1993 年通过的《产品质量法》对这种侵权行为作了进一步的规定,该法于 2000 年 7 月 8 日作了修正。《侵权责任法》第 5 章专门规定了产品责任。

二、产品缺陷致人损害侵权行为的认定

认定产品缺陷致人损害侵权行为,需要注意以下几点:

(一) 产品有缺陷

所谓产品,《产品质量法》第 2 条规定:本法所称产品是指经过加工、制作,用于销售的产品。建设工程不适用本法规定;但是,建设工程使用的建筑材料、建筑构配件和设备,属于前款规定的产品范围的,适用本法规定。所谓缺陷,《产品质量法》第 46 条规定:本法所称缺陷,是指产品存在危及人身、他人财产安全的不合理的危险;产品有保障人体健康和人身、财产安全的国家标准、行业标准的,是指不符合该标准。另外,根据该法第 40 条的规定,下列情况也属于缺陷范围:(1) 不具备产品应当具备的使用性能而事先未作说明的;(2) 不符合在产品或者其包装上注明采用的产品标准的;(3) 不符合以产品说明、实物样品等方式表明的质量状况的。

(二) 人身、财产遭受损害

《产品质量法》第 41 条第 1 款规定,因产品存在缺陷造成人身、缺陷产品以外的其他财产(以下简称他人财产)损害的,生产者应当承担赔偿责任。据此,生产者承担赔偿责任的范围不包括缺陷产品本身的损失。《侵权责任法》第 41 条规定,因产品存在缺陷造成他人损害的,生产者应当承担侵权责任。

《产品质量法》和《侵权责任法》规定了不同的损害范围,根据新法优先于旧法的规则,生产者承担责任的范围应当按照《侵权责任法》第 41 条来确定,即损害包括了缺陷产品本身的损失。

(三) 须有因果关系

产品的缺陷与受害人的损害之间存在引起与被引起的关系,亦即产品缺陷是损害的原因,损害是产品缺陷的后果。确认该因果关系,一般应由受害人举证,一方面要证明缺陷产品被使用或者消费;另一方面要证明使用或者消费该缺陷产品导致了损害的发生。但对于高科技产品致人损害的侵权,理论上认为可以有条件地适用因果关系推定理论,即受害人证明使用或者消费某产品后发生了某种损害,且这种缺陷产品通常可以造成这种损害,即可以推定因果关系成

立,除非产品的销售者、生产者等能够证明该因果关系不成立。①

三、产品责任的责任主体

《产品质量法》第 4 条规定,生产者、销售者依照本法规定承担产品质量责任。《侵权责任法》第 43 条规定:"因产品存在缺陷造成损害的,被侵权人可以向产品的生产者请求赔偿,也可以向产品的销售者请求赔偿。""产品缺陷由生产者造成的,销售者赔偿后,有权向生产者追偿。""因销售者的过错使产品存在缺陷的,生产者赔偿后,有权向销售者追偿。"同时,《侵权责任法》第 44 条规定,因运输者、仓储者等第三人的过错使产品存在缺陷,造成他人损害的,产品的生产者、销售者赔偿后,有权向第三人追偿。

根据上述规定,产品责任的责任主体是产品的生产者和销售者。受害人如果因产品存在缺陷而遭受损害的,可以选择生产者、也可以选择销售者请求赔偿。承担责任的生产者或者销售者,可以在彼此之间进行追偿。

如果是产品运输者、仓储者等第三人的过错使产品存在缺陷,产品的生产者、销售者赔偿后,可以向该第三人追偿。

《产品质量法》《侵权责任法》中没有规定产品生产者的定义。最高人民法院在《关于产品侵权案件的受害人能否以产品的商标所有人为被告提起民事诉讼的批复》中对生产者进行了界定,即"任何将自己的姓名、名称、商标或者可资识别的其他标识体现在产品上,表示其为产品制造者的企业或者个人,均属于《民法通则》和《产品质量法》规定的'生产者'"。此外,一般认为,产品的进口商,可以视为产品的生产者。

四、产品责任的归责原则

关于产品缺陷致人损害侵权责任的归责原则,存在两种不同观点。一种观点认为产品责任是过错责任,另一种观点认为产品责任是无过错责任。本书采后者。

五、产品责任的免责事由

《产品质量法》第 41 条第 2 款规定,生产者能够证明有下列情形之一的,不承担赔偿责任:(1) 未将产品投入流通的;(2) 产品投入流通时,引起损害的缺陷尚不存在的;(3) 将产品投入流通时的科学技术水平尚不能发现缺陷的存在的。《民事诉讼证据的若干规定》第 4 条第 1 款第 6 项规定,因缺陷产品致人损害的侵权诉讼,由产品的生产者就法律规定的免责事由承担举证责任。根据这

---

① 参见杨立新:《侵权行为法论》,吉林人民出版社 1998 年版,第 448 页。

一规定,生产者要想免责,需要自己来承担证明责任。

六、产品责任的形式

（一）赔偿损失

《侵权责任法》第43条第1款规定,因产品存在缺陷造成损害的,被侵权人可以向产品的生产者请求赔偿,也可以向产品的销售者请求赔偿。

（二）排除妨碍、消除危险

《侵权责任法》第45条规定,因产品缺陷危及他人人身、财产安全的,被侵权人有权请求生产者、销售者承担排除妨碍、消除危险等侵权责任。

（三）警示、召回

《侵权责任法》第46条规定,产品投入流通后发现存在缺陷的,生产者、销售者应当及时采取警示、召回等补救措施。未及时采取补救措施或者补救措施不力等造成损害的,应当承担侵权责任。

（四）惩罚性赔偿

《侵权责任法》第47条规定,明知产品存在缺陷仍然生产、销售,造成他人死亡或者健康严重损害的,被侵权人有权请求相应的惩罚性赔偿。

《食品安全法》第96条第2款规定,生产不符合食品安全标准的食品或者销售明知是不符合食品安全标准的食品,消费者除要求赔偿损失外,还可以向生产者或者销售者要求支付价款十倍的赔偿金。

七、产品责任的诉讼时效

《产品质量法》第45条规定,因产品存在缺陷造成损害要求赔偿的诉讼时效期间为2年,自当事人知道或者应当知道其权益受到损害时起计算。因产品存在缺陷造成损害要求赔偿的请求权,在造成损害的缺陷产品交付最初消费者满10年丧失;但是,尚未超过明示的安全使用期的除外。

八、责任竞合

在受害人为产品的购买者时,可以产生侵权责任和违约责任的竞合。《合同法》第122条规定,因当事人一方的违约行为,侵害对方人身、财产权益的,受损害方有权选择依照本法要求其承担违约责任或者依照其他法律要求其承担侵权责任。在受害人是产品的购买者时,意味着受害人与另一方当事人之间存在合同关系,受害人可以基于合同关系而主张违约责任;同时,因对方的违约行为造成受害人的人身、财产权益的损害,因此,也可以基于侵权而主张侵权责任。但是,对于合同关系以外的其他受害人,只能够主张侵权,因为合同关系具有相对性,无法约束合同关系以外的当事人。同时,同样由于合同相对性的存在,基于合同关系主张违约责任时,如果产品的生产者和销售者不是同一主体,违约责任只能够向销售者主张,而不能向生产者主张。

第四节 高度危险责任

一、高度危险作业致人损害侵权行为的概念

高度危险作业是指从事高空、高速、高压、易燃、易爆、剧毒及放射性等对周围的人身或者财产安全具有高度危险性的活动。因从事高度危险作业造成他人损害所应承担民事责任的行为就是高度危险作业致人损害的侵权行为。

《民法通则》第 123 条规定,从事高空、高压、易燃、易爆、剧毒、放射性、高速运输工具等对周围环境有高度危险的作业造成他人损害的,应当承担民事责任;如果能够证明损害是由受害人故意造成的,不承担民事责任。

《侵权责任法》第 69 条规定,从事高度危险作业造成他人损害的,应当承担侵权责任。社会发展需要不断创新,创新过程难免存在高度危险。许多事物在最初出现时,由于缺乏了解,往往会带来预见不到的危险;还有很多事物,在当时科技条件下,即使人们在操作、管理过程中极为谨慎,仍难免发生危险事故。基于此,法律一方面允许高度危险作业的存在,另一方面,高度危险作业者要为因此给他人带来的损害承担无过错责任。也正因为如此,高度危险责任一般都存在责任限额。《侵权责任法》第 77 条规定,承担高度危险责任,法律规定赔偿限额的,依照其规定。

二、高度危险作业致人损害侵权行为的认定

认定高度危险作业致人损害侵权行为,需要注意以下几点:

(一)行为人从事了高度危险的作业

如何理解《民法通则》第 123 条规定的高空、高压、易燃、易爆、剧毒、放射性以及高速运输工具等各个概念的内涵,学说之间存在不同看法。例如,在城市道路上行使的机动车是否属于高速运输工具,因此是否应当适用上述规定,学者之间存在争论。

(二)行为人从事的高度危险作业与损害之间存在因果关系

与产品责任一样,高度危险作业与损害之间的因果关系有时会非常复杂,所以,可以考虑在一定情况下适用因果关系推定的方法,由行为人对此承担证明责任。

(三)高度危险作业致人损害的侵权行为适用无过错责任

在高度危险作业致人损害的情况下,受害人对损害的发生无能为力,因此,

一方面,无过错责任不会产生受害人一方的道德风险问题;另一方面,无过错责任有助于激励行为人投入适当的预防成本。如果行为人投入预防成本以及承担侵权责任后使得该作业人不敷出,说明对于社会而言,该作业给社会带来的成本要大于其带来的收益,因此可能没有存在的必要。就这一点而言,无过错责任具有纠错功能。

三、高度危险责任的类型

《侵权责任法》第9章规定了高度危险责任的7种类型。

(一)民用核设施的核事故责任

《侵权责任法》第70条规定,民事核设施发生核事故造成他人损害的,民用核设施的经营者应当承担侵权责任,但能够证明损害是因战争等情形或者受害人故意造成的,不承担责任。

本条规范的对象是民用核设施而不是军用核设施;同时,本条规范的事故是核事故而不是一般的事故。民用核设施也可能发生一般的事故,比如核设施的墙体倒塌造成他人损害等。只有民用核设施发生核事故才属于高度危险责任,因为核设施墙体倒塌与其他设施的墙体倒塌没有任何区别。

民用核设施的核事故采无过错归责原则。核设施的经营者要想免除责任,需要自己来证明损害是由于战争等情形或者受害人故意造成的。

(二)民用航空器责任

《侵权责任法》第71条规定,民用航空器造成他人损害的,民用航空器的经营者应当承担侵权责任,但能够证明损害是因受害人故意造成的,不承担责任。

本条规范的对象是民用航空器而不是军用航空器。由于高度危险责任的前提是存在高度危险,因此应当对本条作限缩解释,即只有与民用航空器特有危险相关的损害,民用航空器的经营者才承担无过错责任。比如,飞机坐椅挤压衣服造成损害,则不能适用第71条。因为飞机坐椅和其他坐椅没有任何区别。

民用航空器的经营者要想免除责任,需要自己来证明损害是由于受害人故意造成的。

(三)占有、使用高度危险物责任

《侵权责任法》第72条规定,占有或者使用易燃、易爆、剧毒、放射性等高度危险物造成他人损害的,占有人或者使用人应当承担侵权责任,但能够证明损害是受害人故意或者不可抗力造成的,不承担责任。被侵权人对损害的发生有重大过失的,可以减轻占有人或者使用人的责任。

易燃、易爆、剧毒、放射性等高度危险物的存在,会改变或者增加某地某时原有的危险,因此,占有或者使用行为本身即是责任产生的依据。但是,占有人或者使用人如果能够证明损害发生的原因不是高度危险物的危险,而是受害人的故意或者不可抗力,占有人或者使用人则不承担责任。

如果损害是高度危险物的危险与被侵权人重大过失共同的结果,则占有人或者使用人的责任可以减轻。

(四)高空、高压、地下挖掘活动或者使用高速轨道运输工具责任

《侵权责任法》第73条规定,从事高空、高压、地下挖掘活动或者使用高速轨道运输工具造成他人损害的,经营者应当承担侵权责任,但能够证明损害是因受害人故意或者不可抗力造成的,不承担责任。被侵权人对损害的发生有过失的,可以减轻经营者的责任。

从事高空、高压、地下挖掘活动或者使用高速轨道运输工具,会改变或者增加某地某时原有的危险,因此,活动本身即是责任产生的依据。但是,经营者如果能够证明损害发生的原因不是活动本身,而是受害人的故意或者不可抗力,经营者则不承担责任。

如果损害是高空、高压、地下挖掘活动或者高速运输工具的危险与被侵权人过失共同的结果,则经营者的责任可以减轻。

(五)遗失、抛洒高度危险物责任

《侵权责任法》第74条规定,遗失、抛洒高度危险物造成他人损害的,由所有人承担侵权责任。所有人将高度危险物交由他人管理的,由管理人承担侵权责任;所有人有过错的,与管理人承担连带责任。

占有、使用高度危险物,即因占有、使用而产生责任。遗失、抛洒高度危险物则使得危险范围无限扩大。因此,所有人或者管理人产生责任。遗失、抛洒高度危险责任本身没有免责事由,由此可见立法者对遗失、抛洒危险物者的严厉态度。

高度危险物由管理人管理的,管理人承担责任。所有人有过错的,与管理人承担连带责任。所有人的过错包括选任管理人、对管理人作出具体工作指示等。需要注意的是,此处的管理人不包括所有人的雇员。因为雇员的行为后果应当由所有人来承担。

(六)非法占有高度危险物责任

《侵权责任法》第75条规定,非法占有高度危险物造成他人损害的,由非法占有人承担侵权责任。所有人、管理人不能证明对防止他人非法占有尽到高度注意义务的,与非法占有人承担连带责任。

非法占有高度危险物本身即可以产生责任。非法占有,则由非法占有者承担责任。所有人、管理人对危险物的管理,包括防止他人非法占有,应当尽到高度注意义务,否则,与非法占有人承担连带责任。

是否尽到高度注意义务,由所有人、管理人来证明。

（七）未经许可进入高度危险区域责任

《侵权责任法》第 76 条规定，未经许可进入高度危险活动区域或者高度危险物存放区域受到损害，管理人已经采取安全措施并尽到警示义务的，可以减轻或者不承担责任。

本条规定究竟采何种归责原则，值得讨论。从文义来看，管理人证明自己已经采取安全措施并尽到警示义务后，责任可以减轻或者免除。这意味着，管理人之所以承担责任或者承担较重责任，是因为没有采取安全措施并尽到警示义务。由此可见，本条采过错责任原则。也有的认为本条采无过错责任原则。

第五节 环境污染责任

一、污染环境致人损害侵权行为的概念

污染环境是指由于人为原因而使人类赖以生存发展的空间和资源发生化学、物理、生物特征上的不良变化，以致影响人类健康的生产活动或者生物生存的现象。污染环境致人损害的侵权行为，是指污染环境和破坏生态造成他人财产或者人身损害而应承担民事责任的行为。

《民法通则》第 124 条规定，违反国家保护环境防止污染的规定，污染环境造成他人损害的，应当依法承担民事责任。《侵权责任法》第 65 条规定，因污染环境造成损害的，污染者应当承担侵权责任。《环境保护法》第 64 条规定，因污染环境和破坏生态造成损害的，应当依照《侵权责任法》的有关规定承担侵权责任。

二、污染环境致人损害侵权行为的认定

认定污染环境致人损害侵权行为，需要注意以下几点：

1. 行为人污染环境与损害之间存在因果关系

《侵权责任法》第 66 条规定，因污染环境发生纠纷，污染者应当就其行为与损害之间不存在因果关系承担举证责任。据此，因果关系的证明实行倒置方式，由加害人举证证明因果关系的不存在。如果不能证明因果关系不存在，则推定因果关系的存在。另外，如果法律规定了环境污染责任的免责事由，也由行为人承担证明责任。

2. 行为人污染环境的行为违反了国家保护环境防止污染的规定。

3. 环境污染责任采无过错责任原则。

三、环境污染责任的承担

（一）数个行为主体时责任的承担

《侵权责任法》第 67 条规定，两个以上污染者污染环境，污染者承担责任的

大小,根据污染物的种类、排放量等因素确定。

需要注意的是,本条规定的是污染者之间内部如何分配责任的问题。在对外责任承担方面,还需要结合《侵权责任法》第 11 条、第 12 条关于无意思联络数人侵权的有关规定来认定。

(二)第三人过错时责任的承担

《侵权责任法》第 68 条规定,因第三人的过错污染环境造成损害的,被侵权人可以向污染者请求赔偿,也可以向第三人请求赔偿。污染者赔偿后,有权向第三人追偿。

(三)环境影响评价机构、环境监测机构以及从事环境监测设备和防治污染设施维护、运营机构的责任

《环境保护法》第 65 条规定,环境影响评价机构、环境监测机构以及从事环境监测设备和防治污染设施维护、运营的机构,在有关环境服务活动中弄虚作假,对造成的环境污染和生态破坏负有责任的,除依照有关法律法规规定予以处罚外,还应当与造成环境污染和生态破坏的其他责任者承担连带责任。

四、环境污染责任的诉讼时效

《环境保护法》第 66 条规定,提起环境损害赔偿诉讼的时效期间为三年,从当事人知道或者应当知道其受到损害时起计算。

第六节 施工致人损害的侵权行为

一、施工致人损害侵权行为的概念

施工致人损害的侵权行为,是指在公共场所或者道路上挖坑、修缮安装地下设施等,没有设置明显标志和采取安全措施造成他人损害的侵权行为。

《民法通则》第 125 条规定,在公共场所、道旁或者通道上挖坑、修缮安装地下设施等,没有设置明显标志和采取安全措施造成他人损害的,施工人应当承担民事责任。《侵权责任法》第 91 条第 1 款规定,在公共场所或者道路上挖坑、修缮安装地下设施等,没有设置明显标志和采取安全措施造成他人损害的,施工人应当承担侵权责任。

在公共场所、道路上进行施工,等于给他人的行为安全带来威胁,使损害发生的概率上升,此时就要求造成危险的人采取一定措施预防、避免损害的发生。如果施工人没有采取预防措施,因此造成损害的,应当承担民事责任。

二、施工致人损害侵权行为的认定

认定施工致人损害侵权行为需要注意以下几点:

1. 行为人在公共场所、道路上实施了挖坑、修缮安装地下设施等作业。
2. 行为人没有设置明显标志和采取安全措施。
3. 未设置明显标志、未采取安全措施与损害之间存在因果关系。

三、施工致人损害侵权行为的归责原则

施工致人损害侵权行为的归责原则,学者有不同见解。有的主张适用无过错责任原则;有的主张适用过错责任原则,采取过错推定,即行为人能够证明设置了明显标志和采取了安全措施,但由于第三人的行为导致标志或者安全设施未能起到防止损害发生的作用的,行为人可以免除民事责任。本书作者认为,就《民法通则》第125条和《侵权责任法》第91条第1款的规定来看,此类侵权行为所规范的是没有设置明显标志和采取安全措施的行为,因此,如果行为人的确没有设置明显标志或者采取安全措施,或者不能证明自己曾经设置过明显标志或者采取了安全措施,只是由于第三人的原因使得标志或者安全设施未能起到防止损害发生的作用,则应当承担责任,而不问行为人的主观状态如何。在这样的意义上,此类侵权行为可以理解为无过错责任。这也意味着,如果行为人能够证明损害是由于第三人的行为造成的,则可以向第三人追偿。

第七节 物件损害责任

一、物件致人损害侵权行为的概念

物件致人损害侵权行为,是指建筑物或者其他设施以及建筑物上的搁置物、悬挂物等物件发生倒塌、脱落、坠落造成他人损害的侵权行为。

《侵权责任法》第11章对物件损害责任作了规定。

二、物件致人损害侵权行为的认定

认定物件致人损害侵权行为,需要注意以下几点:

1. 建筑物或者其他设施以及建筑物上的搁置物、悬挂物等物件发生倒塌、脱落、坠落。
2. 不同类型物件致人损害行为采不同归责原则。有的采过错推定,有的采无过错责任。可见,物件损害责任是一个集合概念,涵盖了与物件损害有关的各种不同情况。

三、物件致人损害侵权行为及责任的类型

《侵权责任法》第11章规定了以下7种物件损害责任:

(一) 建筑物等脱落、坠落致害责任

《侵权责任法》第 85 条规定,建筑物、构筑物或者其他设施及其搁置物、悬挂物发生脱离、坠落造成他人损害,所有人、管理人或者使用人不能证明自己没有过错的,应当承担侵权责任。所有人、管理人或者使用人赔偿后,有其他责任人的,有权向其他责任人追偿。

建筑物脱落、坠落责任采过错推定原则,即所有人、管理人或者使用人需要证明自己没有过错,否则即应承担责任。此处之所以采过错推定,是因为受害人几乎无法证明所有人、管理人或者使用人存在过错。如果是其他责任人的原因造成的损害,所有人、管理人或者使用人赔偿后,可以向该责任人追偿。

(二) 建筑物等倒塌致害责任

《侵权责任法》第 86 条规定:"建筑物、构筑物或者其他设施倒塌造成他人损害的,由建设单位与施工单位承担连带责任。建设单位、施工单位赔偿后,有其他责任人的,有权向其他责任人追偿。""因其他责任人的原因,建筑物、构筑物或者其他设施倒塌造成他人损害的,由其他责任人承担侵权责任。"

本条规范了两种情形:

其一,如果建筑物、构筑物或者其他设施是因为建设、施工等原因倒塌的,则由建设单位、施工单位承担连带责任。如果存在其他责任人,包括设计人、监理人等,即如果是因为设计缺陷或者监理工作中的疏漏造成建筑物等倒塌的,建设单位、施工单位承担责任后,可以向设计人、监理人等追偿。此种情形采无过失责任。

其二,如果建筑物、构筑物或者其他设施并非因设计、施工等原因倒塌,而是因为其他外力作用而倒塌,则由其他责任人根据其他规定承担责任。

(三) 高空抛物责任

《侵权责任法》第 87 条规定,从建筑物中抛掷物品或者从建筑物上坠落的物品造成他人损害,难以确定具体侵权人的,除能够证明自己不是侵权人的外,由可能加害的建筑物使用人给予补偿。

从建筑物中抛掷物品或者从建筑物上坠落的物品造成他人损害,如果能够确定具体侵权人的,按照一般侵权行为来处理。无法确定具体侵权人时,则由可能加害的建筑物使用人给予补偿。可能加害的建筑物使用人要想免责,需要证明自己不是侵权人。要证明自己不是侵权人,可以证明自己根本没有实施抛物行为,比如,自己当时并未在家,同时家中也没有别人。同时,还可以证明自己不是可能的加害人,比如证明自己即使实施了抛物行为,也不可能造成该种后果。高层建筑物一楼、二楼的住户可以采取这种证明方式。

关于高空抛物责任争论很大。否定说反对由建筑物使用人承担责任。其理由在于,高层建筑坠物致害集体归责制,使无辜的被告承担损害赔偿,不符合侵

权法的归责理念。肯定说赞成由建筑物使用人承担责任。笔者持肯定说,理由在于,让可能加害的建筑物使用人承担责任,有助于互相监督从而有利于发现真正的抛物者,从而从根本上减少或者杜绝抛物者,最终减少或者避免此类损害。本条规定用"补偿"而不用"赔偿",是对各种意见的折中。其规范效果如何,有待结合审判实践深入研究。

(四)堆放物倒塌致害责任

《侵权责任法》第 88 条规定,堆放物倒塌造成他人损害,堆放人不能证明自己没有过错的,应当承担侵权责任。

堆放物倒塌采过错推定原则。堆放人要想免除责任,需要证明自己没有过错的存在。

(五)公共道路上堆放、倾倒、遗撒物品致害责任

《侵权责任法》第 89 条规定,在公共道路上堆放、倾倒、遗撒妨碍通行的物品造成他人损害的,有关单位或者个人应当承担侵权责任。

公共道路上堆放、倾倒、遗撒物品致害责任,采无过错责任原则,即只要有堆放、倾倒、遗撒妨碍通行的物品造成他人损害的情形,有关单位和个人即应当承担侵权责任。

(六)林木折断致害责任

《侵权责任法》第 90 条规定,因林木折断造成他人损害,林木的所有人或者管理人不能证明自己没有过错的,应当承担侵权责任。

林木折断致害责任采过错推定原则。林木所有人或者管理人要想免责,需要自己来证明没有过错的存在。

(七)地下设施致害责任

《侵权责任法》第 91 条第 2 款规定,窨井等地下设施造成他人损害,管理人不能证明尽到管理职责的,应当承担侵权责任。

地下设施致害责任采过错推定原则,地下设施的管理人要想免责,需要自己来证明没有过错的存在。

第八节 饲养动物损害责任

一、饲养动物损害侵权行为的概念

饲养动物损害的侵权行为,是指因饲养的动物造成他人人身或者财产损害而依法由动物饲养人或者管理人承担损害赔偿责任的行为。《侵权责任法》第 10 章专章规定了饲养动物损害责任。

二、饲养动物损害侵权行为的认定

认定饲养动物损害侵权行为,需要注意以下几点:

1. 该损害是由饲养的动物造成的,饲养的动物所对应的概念是野生的动物。饲养的动物,是指为人们管束喂养的动物。

2. 该损害是由动物独立动作造成的。所谓动物独立的动作,是指动物自身的动作而非受外人驱使。例如,无人看管的恶狗在大街上咬伤行人,属于动物独立的动作。如果动物是在受人驱赶、命令的情况造成的伤害,则属于一般侵权行为,由驱赶、命令者承担责任。

三、饲养动物损害责任的类型

《侵权责任法》第 10 章规定了以下 5 种饲养动物损害责任类型:

(一)饲养动物损害的一般责任

《侵权责任法》第 78 条规定,饲养的动物造成他人损害的,动物饲养人或者管理人应当承担侵权责任,但能够证明损害是因被侵权人故意或者重大过失造成的,可以不承担或者减轻责任。

饲养动物损害责任采无过错归责原则,即只要饲养的动物造成他人损害,动物饲养人或者管理人就应当承担责任。但责任人如果证明损害是被侵权人故意或者重大过失造成的,其责任可以减轻或者免除。对被侵权人的故意或者重大过失应当严格认定,只有被侵权人的故意或者重大过失是诱发动物致害的直接原因时,才能够作为责任免除或者减轻的事由。[①]

《侵权责任法》第 83 条规定,因第三人的过错致使动物造成他人损害的,被侵权人可以向动物饲养人或者管理人请求赔偿,也可以向第三人请求赔偿。动物饲养人或者管理人赔偿后,有权向第三人追偿。

(二)违反管理规定时的动物损害责任

《侵权责任法》第 79 条规定,违反管理规定,未对动物采取安全措施造成他人损害的,动物饲养人或者管理人应当承担侵权责任。

本条规定重在强调对动物管理有特别规定时动物饲养人或者管理人的责任。在违反管理规定、未对动物采取安全措施造成他人损害时,即使被侵权人存在过失,也不能免除或者减轻动物饲养人的责任。[②]

(三)禁止饲养的危险动物损害责任

《侵权责任法》第 80 条规定,禁止饲养的烈性犬等危险动物造成他人损害

[①] 参见王胜明:《中华人民共和国侵权责任法释义》,法律出版社 2010 年版,第 393 页。
[②] 同上书,第 395 页。

的,动物饲养人或者管理人应当承担侵权责任。

因禁止饲养的危险动物造成他人损害的,动物饲养人承担无过错责任,不能免责。禁止饲养的危险动物存在本身即可极大增加某地某时的危险,因此,动物饲养人或者管理人承担无过错责任具有了正当性。

(四)动物园动物损害责任

《侵权责任法》第81条规定,动物园的动物造成他人损害的,动物园应当承担侵权责任,但能够证明尽到管理职责的,不承担责任。

动物园动物致人损害,动物园承担过错推定责任。如果能够证明已经尽到管理职责的,动物园可以不承担责任。

(五)遗弃、逃逸的动物损害责任

《侵权责任法》第82条规定,遗弃、逃逸的动物在遗弃、逃逸期间造成他人损害的,由原动物饲养人或者管理人承担侵权责任。

遗弃、逃逸动物损害采无过错责任。无过错责任的正当性在于促使动物饲养人或者管理人照管好饲养或者管理的动物,应当防止动物逃逸,不得遗弃动物。

第九节　监护人责任

一、无民事行为能力人、限制民事行为能力人致人损害侵权行为的概念

无民事行为能力人、限制民事行为能力人致人损害的侵权行为,也称为被监护人的侵权行为,从字面意思理解,无民事行为能力人、限制民事行为能力人致人损害的侵权行为是指作为被监护人的无民事行为能力人和限制民事行为能力人侵犯他人合法权益的行为。但是,这里讨论被监护人侵权行为,重点在于,被监护人的行为何时构成侵权行为,以及被监护人侵权行为的责任如何承担。因此,讨论被监护人侵权行为时,实际上要考察这两方面。

《民法通则》第133条规定:"无民事行为能力人、限制民事行为能力人造成他人损害的,由监护人承担民事责任。监护人尽了监护责任的,可以适当减轻他的民事责任。""有财产的无民事行为能力人、限制民事行为能力人造成他人损害的,从本人财产中支付赔偿费用。不足部分,由监护人适当赔偿,但单位担任监护人的除外。"《侵权责任法》第32条规定:"无民事行为能力人、限制民事行为能力人造成他人损害的,由监护人承担侵权责任。监护人尽到监护责任的,可以减轻其侵权责任。""有财产的无民事行为能力人、限制民事行为能力人造成他人损害的,从本人财产中支付赔偿费用。不足部分,由监护人赔偿。"

二、无民事行为能力人、限制民事行为能力人致人损害侵权行为的认定

认定无民事行为能力人、限制民事行为能力人致人损害侵权行为,需要注意以下几点:

(一)行为主体是无民事行为能力人、限制民事行为能力人,即被监护人

侵权行为由无民事行为能力人、限制民事行为能力人实施,无民事行为能力人、限制民事行为能力人是行为主体。

(二)关于无民事行为能力人、限制民事行为能力人致人损害侵权行为的归责原则

根据民法关于民事行为能力的规定及理论,无民事行为能力人、限制民事行为能力人的精神意识状态存在瑕疵。基于此,即使采取客观说,也无法对其过错进行评价。所以,所谓无民事行为能力人、限制民事行为能力人侵权行为的归责原则,实际上是要考察监护人承担侵权责任时的归责原则。在被监护人方面,只要求其行为客观上侵犯了他人的合法权益。

三、监护人责任的承担

根据《民法通则》第133条及《侵权责任法》第32条的规定,被监护人侵权行为的后果由其监护人来承担。在被监护人侵权行为中,行为主体和责任主体相分离,行为主体是被监护人,责任主体是其监护人。监护人承担责任的归责原则是无过错责任,即只要被监护人的行为构成侵权行为,监护人就应当承担侵权责任。如果监护人尽到了监护责任,可以减轻其责任。具体在损害赔偿方面,如果被监护人自己有财产的,则由该财产来支付。不足部分,由监护人赔偿。

第十节 医疗损害责任

一、医疗侵权行为的概念

医疗侵权行为,是指因医疗机构及其医务人员的过错,致使患者在诊疗活动中受到损害,由医疗机构承担赔偿责任的行为。

医疗行为具有高度的专业性,医疗侵权责任属于专家责任的范畴。

二、医疗侵权行为的认定

认定医疗侵权行为,需要注意以下几点:

(一)医疗机构及其医务人员实施了医疗行为

医疗侵权行为发生在医务人员以医疗机构名义从事的医疗活动中。因此,

医务人员是行为主体,医疗机构是责任主体。

(二)患者遭受非正常的损失

大多数医疗行为都具有侵袭性。因此,在医疗活动中遭受一定的侵袭,是医疗行为不可避免的。患者同意医疗机构为其实施治疗行为,视为患者同意接受这种侵袭行为及其后果。但是,这种侵袭必须是正常医疗行为导致的正常损失,如果超出了合理范围,则构成了非正常损失。

(三)医疗机构存在过错

医疗机构在诊疗活动中负担一定的义务。没有尽到这些义务,则构成过错。根据《侵权责任法》第58条规定,医疗机构违反法律、行政法规、规章以及其他诊疗规范的规定;隐匿或者拒绝提供与纠纷有关的病历资料;伪造、篡改或者销毁病历资料的,推定其存在过错。

(四)医疗过失行为与患者遭受的非正常损失之间具有因果关系

医疗侵权行为中因果关系的认定也是异常复杂的。一方面,医疗损害的造成,往往多因一果。到目前为止,人类对自身身体结构和机理的认识还非常有限,因此,一个损害后果的发生,很可能是多种因素的结果。另一方面,医疗活动的高度专业性,使得不具有专业知识的患者和法官,一般无法对此加以判断。《民事诉讼证据的若干规定》第4条第1款第8项规定,因医疗行为引起的侵权诉讼,由医疗机构就医疗行为与损害结果之间不存在因果关系承担举证责任。

《侵权责任法》没有关于因果关系推定的规定。

三、医疗机构及其医务人员的义务

义务是认定过错的前提。根据《侵权责任法》第7章,医疗机构及其医务人员有以下义务:

(一)遵守诊疗规范的义务

诊疗规范是医疗机构及其医务人员从事诊疗活动的行为准则。医疗机构及其医务人员的一切诊疗活动都应当遵守诊疗规范。《侵权责任法》第58条第1项规定,违反法律、行政法规、规章以及其他有关诊疗规范的规定的,推定医疗机构有过错。因此,一方面,医疗机构及其医务人员应当根据诊疗规范,适当履行检查、治疗等与当时医疗水平相应的各项诊疗义务。《侵权责任法》第57条规定,医务人员在诊疗活动中未尽到与当时的医疗水平相应的诊疗义务,造成患者损害的,医疗机构应当承担赔偿责任。此处"当时的医疗水平",应当扩大解释为包括地区、医疗机构的资质等因素。另一方面,医疗机构及其医务人员也不能违反诊疗规范进行过度医疗。《侵权责任法》第63条规定,医疗机构及其医务人员不得违反诊疗规范实施不必要的检查。

(二) 如实说明的义务

《侵权责任法》第 55 条规定,医务人员在诊疗活动中应当向患者说明病情和医疗措施。需要实施手术、特殊检查、特殊治疗的,医务人员应当及时向患者说明医疗风险、替代治疗方案等情况。不宜向患者说明的,应当向患者的近亲属说明。

(三) 征得同意的义务

《侵权责任法》第 55 条规定,需要实施手术、特殊检查、特殊治疗的,应当取得患者书面同意;不宜向患者说明的,应当取得其近亲属书面同意。

《侵权责任法》第 56 条规定,因抢救生命垂危的患者等紧急情况,不能取得患者或者其近亲属意见的,经医疗机构负责人或者授权的负责人批准,可以立即实施相应的医疗措施。

(四) 如实记录、保管及提供病历资料的义务

《侵权责任法》第 61 条规定,医疗机构及其医务人员应当按照规定填写并妥善保管住院志、医嘱单、检验报告、手术及麻醉记录、病理资料、护理记录、医疗费用等病历资料。患者要求查阅、复制前款规定的病历资料的,医疗机构应当提供。

(五) 对患者隐私保密的义务

《侵权责任法》第 62 条规定,医疗机构及其医务人员应当对患者的隐私保密。泄露患者隐私或者未经患者同意公开其病历资料,造成患者损害的,应当承担侵权责任。

四、医疗产品侵权行为

医疗产品侵权行为是指因药品、医疗设备存在缺陷造成患者损害的侵权行为。

《侵权责任法》第 59 条规定,因药品、消毒药剂、医疗器械的缺陷,或者输入不合格血液造成患者损害的,患者可以向生产者或者血液提供机构请求赔偿,也可以向医疗机构请求赔偿。患者向医疗机构请求赔偿的,医疗机构赔偿后,有权向负有责任的生产者或者血液提供机构追偿。

五、医疗损害责任的免责事由

医疗侵权行为具有特殊性。首先,医疗活动为人类所必需;其次,人类对自身疾病的认知还非常有限;再次,现有大多数医疗活动都具有侵袭性;最后,许多医疗风险已经向患者或者其家属说明并征得同意。基于此,医疗侵权行为除可以适用一般侵权行为的免责事由外,还有一些特殊的免责事由。

《侵权责任法》第 60 条规定,患者有损害,因下列情形之一的,医疗机构不承

担赔偿责任：

1. 患者或者其近亲属不配合医疗机构进行符合诊疗规范的治疗。如果医疗机构及其医务人员也有过错的，应当承担相应的赔偿责任。

2. 医务人员在抢救生命垂危的患者等紧急情况下已经尽到合理诊疗义务。

3. 限于当时的医疗水平难以诊疗。

第十一节 道路交通事故责任

一、道路交通事故侵权行为的概念

道路交通事故是指道路交通参与人之间因违反道路交通安全法律法规或者因意外情况发生的导致人身或者财产损失的事故。

道路交通事故侵权行为指道路交通参与人因违反道路交通安全法律法规发生交通事故，导致他人人身或者财产损失、应当承担侵权责任的行为。

道路交通参与人包括机动车驾驶人、非机动车驾驶人及行人。道路交通事故侵权行为必须发生在道路通行时。《道路交通安全法》第119条第1项规定，道路，是指公路、城市道路和虽然在单位管辖范围但允许社会机动车通行的地方，包括广场、公共停车场等用于公众通行的场所。《道路交通安全法》第77条规定，车辆在道路以外通行时发生的事故，公安机关交通管理部门接到报案的，参照本法有关规定办理。

二、道路交通事故侵权行为的类型

根据《道路交通安全法》的规定，因道路交通事故主体的不同，道路交通事故侵权行为可以分为机动车之间发生的道路交通事故侵权行为以及机动车与非机动车驾驶人、行人之间发生的道路交通事故侵权行为。非机动车驾驶人之间以及非机动车驾驶人和行人之间因事故发生的侵权行为，《道路交通安全法》没有规定。《北京市实施〈中华人民共和国道路交通安全法〉办法》第71条规定，非机动车之间、非机动车与行人之间发生交通事故造成人身伤亡、财产损失的，由有过错的一方承担赔偿责任；双方都有过错的，按照各自过错的比例承担赔偿责任；无法确定双方当事人过错的，平均分担赔偿责任。

三、道路交通事故侵权行为的归责原则

机动车之间发生的道路交通事故侵权行为，适用过错责任原则。《道路交通安全法》第76条第1款第1项规定，机动车之间发生交通事故的，由有过错的一方承担责任；双方都有过错的，按照各自过错的比例分担责任。

机动车与非机动车驾驶人、行人之间发生的道路交通事故侵权行为应当适用什么样的归责原则,存在非常激烈的争论。

修订前的《道路交通安全法》第76条第1款第2项规定,机动车与非机动车驾驶人、行人之间发生交通事故的,由机动车一方承担责任;但是,有证据证明非机动车驾驶人、行人违反道路交通安全法律、法规,机动车驾驶人已经采取必要处置措施的,减轻机动车一方的责任。据此,机动车与非机动车驾驶人、行人之间发生交通事故的,由机动车一方承担无过错责任。如果能够证明非机动车驾驶人、行人违反道路交通安全法律、法规存在过错,而机动车驾驶人已经采取必要处置措施的,机动车一方的责任可以减轻。

修订后的《道路交通安全法》第76条第1款第2项规定,机动车与非机动车驾驶人、行人之间发生交通事故,非机动车驾驶人、行人没有过错的,由机动车一方承担赔偿责任;有证据证明非机动车驾驶人、行人有过错的,根据过错程度适当减轻机动车一方的赔偿责任;机动车一方没有过错的,承担不超过10%的赔偿责任。据此,机动车与非机动车驾驶人、行人之间发生交通事故时,要根据过错程度来确定彼此的责任。按照第76条第1款第2项规定的第一段,非机动车驾驶人、行人没有过错的,要由机动车一方来承担责任。但是,结合该规定第三段,无论非机动车驾驶人、行人有没有过错,只要机动车一方没有过错,就只承担不超过10%的责任。在双方都没有过错的情况下,让机动车一方承担不超过10%的责任,体现了法律向非机动车驾驶人、行人一方的倾斜。① 机动车一方有过错的,承担过错责任。双方都有过错的,各自按照过错程度承担责任。

修订前的《道路交通安全法》第76条第2款规定,交通事故的损失是由非机动车驾驶人、行人故意造成的,机动车一方不承担责任。据此,只有非机动车驾驶人、行人故意造成交通事故的情况下,机动车一方才可以免责。

修订后的《道路交通安全法》第76条第2款规定,交通事故的损失是由非机动车驾驶人、行人故意碰撞机动车造成的,机动车一方不承担赔偿责任。比较而言,修订后的条文对非机动车驾驶人、行人的故意进行了更加明确的限定。

道路交通事故参与人过失的认定采客观化标准,以违反道路交通法律法规来判断。此点从修订后的《道路交通安全法》第76条的措辞中可以得到验证。在道路交通事故侵权行为中,很多情况是当事人双方都有过错,因此,过错相抵在道路交通事故侵权中会经常用到。

---

① 这一规定,基本上回归到了1991年《道路交通事故处理办法》的规定。《道路交通事故处理办法》第44条规定:"机动车与非机动车、行人发生交通事故,造成对方人员死亡或者重伤,机动车一方无过错的,应当分担对方10%的经济损失。但按照10%计算,赔偿额超过交通事故发生地10个月平均生活费的,按10个月的平均生活费支付。""前款非机动车、行人一方故意造成自身伤害或者进入高速公路造成损害的除外。"

四、交通事故的认定

道路交通事故发生后,首先应当由公安机关交通管理部门对事故进行处理,及时制作交通事故认定书。交通事故认定书是确定道路交通事故侵权责任非常重要的依据。一方面,道路交通事故的现场处理具有专业性;另一方面,如果发生诉讼,法官不可能回过去到现场进行勘验,关于事实的认定只能够依赖公安机关交通管理部门出具的事故认定书。《道路交通事故解释》第27条规定,公安机关交通管理部门制作的交通事故认定书,人民法院应依法审查并确认其相应的证明力,但有相反证据推翻的除外。事故认定书不仅是认定事实的依据,也是认定双方过错及过错程度的依据。

五、机动车交通事故责任的类型

(一)租赁、借用机动车发生交通事故后的责任承担

《侵权责任法》第49条规定,因租赁、借用机动车等情形机动车所有人与使用人不是同一人时,发生交通事故后属于机动车一方责任的,由保险公司在机动车强制保险责任限额范围内予以赔偿。不足部分,由机动车使用人承担赔偿责任;机动车所有人对损害的发生有过错的,承担相应的赔偿责任。

之所以让机动车使用人承担赔偿责任,是因为使用人直接控制着机动车,更有能力和可能避免损害的发生。但是,如果所有人的过错对损害的发生造成了影响,则要承担相应的责任。根据《道路交通事故解释》第1条的规定,机动车所有人的过错包括:(1)知道或者应当知道机动车存在缺陷,且该缺陷是交通事故发生原因之一的;(2)知道或者应当知道驾驶人无驾驶资格或者未取得相应驾驶资格的;(3)知道或者应当知道驾驶人因饮酒、服用国家管制的精神药品或者麻醉药品,或者患有妨碍安全驾驶机动车的疾病等依法不能驾驶机动车的;(4)其他应当认定机动车所有人或者管理人有过错的。

(二)转让机动车但未办理所有权移转手续期间发生交通事故后的责任承担

《侵权责任法》第50条规定,当事人之间已经以买卖等方式转让并交付机动车但未办理所有权转移登记,发生交通事故后属于机动车一方责任的,由保险公司在机动车强制保险责任限额范围内予以赔偿。不足部分,由受让人承担赔偿责任。

让受让人承担责任的原因,是因为受让人控制着机动车,更有能力和可能避免损害的发生。《道路交通事故解释》第4条规定,被多次转让但未办理转移登记的机动车发生交通事故造成损害,属于该机动车一方责任,当事人请求由最后一次转让并交付的受让人承担赔偿责任的,人民法院应予支持。

（三）转让拼装或者报废机动车发生交通事故后的责任承担

《侵权责任法》第51条规定，以买卖等方式转让拼装或者已达报废标准的机动车，发生交通事故后造成损害的，由转让人和受让人承担连带责任。《道路交通事故解释》第6条规定，拼装车、已达到报废标准的机动车或者依法禁止行驶的其他机动车被多次转让，并发生交通事故造成损害，当事人请求由所有的转让人和受让人承担连带责任的，人民法院应予支持。

《道路交通安全法》第16条第1项规定，任何人不得拼装机动车。第100条第1款规定，驾驶拼装的机动车或者已达到报废标准的机动车上道路行驶的，公安机关交通管理部门应当予以收缴，强制报废。

可见，拼装机动车或者驾驶已达报废标准的机动车，是违法行为；买卖拼装机动车或者已达报废标准的机动车，也是违法行为。因违法行为发生交通事故的，所有的转让人和受让人承担连带责任。

（四）未经允许驾驶他人机动车发生交通事故后的责任承担

《道路交通事故解释》第2条规定，未经允许驾驶他人机动车发生交通事故造成损害，当事人依照《侵权责任法》第49条的规定请求由机动车驾驶人承担赔偿责任的，人民法院应予支持。机动车所有人或者管理人有过错的，承担相应的赔偿责任，但具有《侵权责任法》第52条规定情形的除外。

（五）盗窃、抢劫或者抢夺的机动车发生交通事故后的责任承担

《侵权责任法》第52条规定，盗窃、抢劫或者抢夺的机动车发生交通事故造成损害的，由盗窃人、抢劫人或者抢夺人承担赔偿责任。保险公司在机动车强制保险责任限额范围内垫付抢救费用的，有权向交通事故责任人追偿。

最高人民法院《关于被盗机动车辆肇事后由谁承担损害赔偿责任问题的批复》规定，使用盗窃的机动车辆肇事，造成被害人物质损失的，肇事人应当依法承担损害赔偿责任，被盗机动车辆的所有人不承担损害赔偿责任。

机动车辆被盗窃、抢劫或者抢夺后，机动车的所有人失去了对机动车的控制。相反，机动车由盗抢人控制，由其承担责任，既可能激励其避免损害的发生，也体现了对盗抢人的制裁和惩罚。

（六）发生交通事故后机动车驾驶人逃逸的责任承担

《侵权责任法》第53条规定，机动车驾驶人发生交通事故后逃逸，该机动车参加强制保险的，由保险公司在机动车强制保险责任限额范围内予以赔偿；机动车不明或者该机动车未参加强制保险，需要支付被侵权人人身伤亡的抢救、丧葬等费用的，由道路交通事故社会救助基金垫付。道路交通事故社会救助基金垫付后，其管理机构有权向交通事故责任人追偿。

第十二节 违反安全保障义务的责任

一、安全保障义务的概念与性质

(一)安全保障义务的概念

安全保障义务源自德国法上的一般安全注意义务,它是由法官在判例中扩大先危险行为的不作为责任得出的抽象概念。

所谓一般安全注意义务,是指行为人因特定的先危险行为,对一般人负有的防止危险发生的义务(即继续作为的义务)。如果先危险行为人应作为而不作为,导致损害的发生,则应承担相应的责任。①

安全保障义务是从一般安全注意义务中剥离出来的概念,它是指宾馆、商场、银行、车站、娱乐场所等公共场所的管理人或者群众性活动的组织者,应尽的在合理限度范围内使他人免受损害的义务。

(二)安全保障义务的性质

安全保障义务属于法定的基础性义务,当事人可以约定更高的注意义务,但是不得有低于或者排除安全保障义务的约定。

二、违反安全保障义务侵权行为的内容

《侵权责任法》第 37 条规定:"宾馆、商场、银行、车站、娱乐场所等公共场所的管理人或者群众性活动的组织者,未尽到安全保障义务,造成他人损害的,应当承担侵权责任。""因第三人的行为造成他人损害的,由第三人承担侵权责任;管理人或者组织者未尽到安全保障义务的,承担相应的补充责任。"

据此,违反安全保障义务致人损害的侵权行为主要包括以下内容:

(一)安全保障义务的主体

主体是宾馆、商场、银行、车站、娱乐场所等公共场所的管理人或者群众性活动的组织者。管理宾馆、商场、银行、车站、娱乐场所等公共场所或者组织群众性活动的自然人、法人或者其他组织,从这些活动中获得利益,同时给社会一般公众带来一定的危险,并且最有可能以最低成本避免因这些活动带来的危险,因此,法律为这些主体施加安全保障义务。

安全保障义务主体管理的公共场所或者组织的群众性活动不以有偿及经营活动为限,只要该活动具备与社会公众接触的主动性和客观上的可能性、现实性,即属于安全保障义务所针对的场所及活动。安全保障义务的保护对象不仅

---

① 参见王利明主编:《民法典·侵权责任法研究》,人民法院出版社 2003 年版,第 90—91 页。

包括经营活动中的消费者、潜在的消费者以及其他进入公共场所的人,还包括虽没有交易关系,但以合乎情理的方式进入可被特定主体控制的对社会而言具有某种开放性场所的人。

(二) 违反安全保障义务侵权责任的归责原则

违反安全保障义务侵权责任适用过错责任原则。安全保障义务就其性质而言属于注意义务。未尽到适当的注意义务,即应认定为过错的存在。理解安全保障义务时需要注意,安全保障义务主体不是保险公司,也不是国家公安或者安全机关,因此,安全保障义务必须限定在合理限度范围内。合理限度范围的确定,需要根据具体情况,结合义务人所管理的公共场所和组织的群众性活动的性质,由法官就个案加以判断。

(三) 违反安全保障义务侵权责任的承担

违反安全保障义务侵权责任的承担有两种情况:

1. 安全保障义务人未尽合理限度范围内的安全保障义务致使他人遭受人身损害的,由安全保障义务人承担相应赔偿责任。

这种情况是指他人在安全保障义务人所管理的公共场所或者组织的群众性活动中直接遭受人身损害,而这一结果的发生是因为安全保障义务人未尽合理限度范围内的安全保障义务,此时由义务人承担赔偿责任。

2. 因第三人侵权导致损害结果发生的,由实施侵权行为的第三人承担补偿赔偿责任。安全保障义务人未尽到安全保障义务的,应当在其能够防止或者制止损害的范围内承担相应的补充责任。安全保障义务人承担责任后,可以向第三人追偿。

这种情况是指因第三人的原因造成受害人在安全保障义务人所管理的公共场所或者组织的群众性活动中遭受人身损害。此时,应当根据一般侵权行为的构成要件要求第三人承担侵权责任。但是,如果安全保障义务人未尽到安全保障义务,就应当在其能够防止或者制止的范围承担相应的补充赔

安全保障义务人承担补充赔偿责任的前提是过错。
要与义务人能够防止或者制止的范围相适应。需要根据具体情
所管理的公共场所和组织的群众性活动的性质,由法官就个案加以判断。

第十三节 校园伤害责任

一、校园伤害侵权行为的概念

校园伤害侵权行为是一个集合概念。它主要指导致未成年人在学校、幼儿园以及其他教育机构的教育活动中受到伤害的侵权行为。其内容既包括未成年

人在幼儿园、学校以及其他教育机构受到来自幼儿园、学校、其他教育机构以及第三人的伤害,也包括未成年人在幼儿园、学校以及其他教育机构中对其他未成年人造成的伤害。

二、幼儿园、学校或者其他教育机构所承担义务的性质

根据《侵权责任法》第 38 条、第 39 条及第 40 条的规定,幼儿园、学校以及其他教育机构对在其中接受教育的未成年人承担的是教育、管理职责,而不是监护义务。

这里的教育机构包括公益性的,也包括营利性的;包括走读的,也包括全日制寄宿的。幼儿园等教育机构所承担的教育、管理职责应当限于学校等教育机构组织的教育、教学活动期间(包括其中的间歇,例如课间休息时间以及中午不离校的休息时间),以及教育机构负有管理责任的校舍、操场以及其他教育教学设施、生活设施范围内。在寄宿制教育机构,教育机构对整个寄宿期间的无民事行为人、限制民事行为能力人都负有教育、管理职责。

三、校园伤害侵权责任

(一)无民事行为能力人在教育机构中受到损害的责任承担

《侵权责任法》第 38 条规定,无民事行为能力人在幼儿园、学校或者其他教育机构学习、生活期间受到人身损害的,幼儿园、学校或者其他教育机构应当承担责任,但能够证明尽到教育、管理职责的,不承担责任。

无民事行为能力人在幼儿园、学校或者其他教育机构学习生活期间受到人身损害的,采过错推定原则。幼儿园、学校或者其他教育机构要想免除责任,需要自己来证明已经尽到教育、管理职责。

(二)限制民事行为能力人在教育机构中受到损害的责任承担

《侵权责任法》第 39 条规定,限制民事行为能力人在学校或者其他教育机构学习、生活期间受到人身损害,学校或者其他教育机构未尽到教育、管理职责的,应当承担责任。

限制民事行为能力人在幼儿园、学校或者其他教育机构学习生活期间受到人身损害的,采过错责任原则。过错有无的证明责任,由受害人一方来承担。

在校园伤害责任的归责原则方面,《侵权责任法》对无民事行为能力人和限制民事行为人采取了区别对待的立法政策。在受害人为无民事行为能力人的场合,采过错推定原则;在受害人为限制民事行为能力人的场合,采过错责任原则。原因在于,限制民事行为能力人的心智发育较无民事行为能力人已经逐渐成熟。同时,过错责任原则也鼓励学校等教育机构开展有利于限制民事行为能力人身心健康发展的各项活动,防止过度预防。

（三）无民事行为能力人、限制民事行为能力人在教育机构中受到第三人侵害时的责任承担

《侵权责任法》第40条规定，无民事行为能力人或者限制民事行为能力人在幼儿园、学校或者其他教育机构学习、生活期间，受到幼儿园、学校或者其他教育机构以外的人员人身损害的，由侵权人承担侵权责任；幼儿园、学校或者其他教育机构未尽到管理职责的，承担相应的补充责任。

第三人造成无民事行为能力人或者限制民事行为能力人损害的，由第三人承担侵权责任。此处的第三人既包括在幼儿园、学校或者其他教育机构中学习的其他无民事行为能力人、限制民事行为能力人，也包括与教育机构无关的第三人。幼儿园、学校或者其他教育机构在未尽到管理职责的范围内，承担相应的补充责任。

四、监护人的责任

幼儿园、学校或者其他教育机构对无民事行为能力人、限制民事行为能力人承担的是教育、管理职责而不是监护义务，因此，未成年人进入学校等教育机构后，其监护人的监护义务并未转移。在校园伤害侵权行为发生后，幼儿园、学校或者其他教育机构要根据《侵权责任法》的有关规定承担赔偿责任或者与其过错相适应的补充赔偿责任。如果无民事行为能力人、限制民事行为能力人在幼儿园、学校或者其他教育机构造成他人损害的，监护人则可能根据《侵权责任法》第32条承担相应的民事责任。

第十四节　完全民事行为能力人暂时丧失意识侵权责任

一、完全民事行为能力人暂时丧失意识侵权行为的概念

完全民事行为能力人暂时丧失意识的侵权行为是指完全民事行为能力人因为各种原因导致意识暂时丧失的情况下造成他人民事权益受损的行为。

完全民事行为能力人暂时丧失意识的原因很多。根据其对暂时丧失意识造成他人损害是否存在过错为标准，可以将完全民事行为能力人暂时丧失意识的侵权行为分为两种情况，两种情况下存在不同的责任配置。

二、完全民事行为能力人对其行为暂时丧失意识存在过错时的侵权责任

《侵权责任法》第33条第1款前段规定，完全民事行为能力人对自己的行为暂时没有意识或者失去控制造成他人损害有过错的，应当承担侵权责任。

完全民事行为能力人对其行为暂时丧失意识或者失去控制存在过错的，要为因其过错给他人造成的损害承担责任。此种过错多体现为过失,即行为人在意识暂时丧失或者失去控制之前,应当预见到因自己过错可能导致自己暂时丧失意识或者失去控制,从而有可能给他人造成损害。

《侵权责任法》第 33 条第 2 款规定,完全民事行为能力人因醉酒、滥用麻醉药品或者精神药品对自己的行为暂时没有意识或者失去控制造成他人损害的,应当承担侵权责任。

因醉酒、滥用麻醉药品或者精神药品导致自己暂时失去意识或者失去控制,属于典型的过错。第 2 款单独列举这几种情况,是对这些过错应当承担责任的强调。

三、完全民事行为能力人对其行为暂时丧失意识没有过错时的侵权责任

《侵权责任法》第 33 条第 1 款后段规定,完全民事行为能力人对自己的行为暂时没有意识或者失去控制造成他人损害没有过错的,根据行为人的经济状况对受害人适当补偿。

根据《侵权责任法》第 33 条第 1 款前段规定,完全民事行为能力人对其行为暂时丧失意识或者失去控制不存在过错的,不承担侵权责任。但是,行为人不承担责任时,损害必然只能由受害人自己承担。这样的结果,对受害人有失公平。因此,比较好的处理方法是在双方当事人之间分担损失。分担损失时,要考虑行为人的经济状况,同时也应当考虑受害人的损失情况。

《侵权责任法》第 24 条规定,受害人和行为人对损害的发生都没有过错的,可以根据实际情况,由双方分担损失。

完全民事行为能力人对其暂时丧失意识没有过错时的损失分担,是《侵权责任法》第 24 条的具体应用。

第十五节　网络侵权责任

一、网络侵权行为的概念

网络侵权行为是指通过互联网发生的各类侵害他人民事权益行为的总称。

自互联网出现之后,网络侵权也随之出现。随着网络技术的发展,互联网日益普及,网络侵权行为也大量出现,日益复杂。最高人民法院专门制定《利用信息网络侵害人身权益民事案件适用法律的规定》,对此加以规范。

网络具有传输速度快、无边界等特点,因此,网络侵权给他人造成的损害,往往要比其他侵权行为更严重。

二、网络侵权行为的认定

认定网络侵权行为,需要注意以下几点:

(一)网络侵权行为的主体是网络用户或者网络服务提供者

实施网络侵权行为的可能是网络用户,也可能是网络服务提供者。网络服务提供者包括技术服务提供者和内容服务提供者。

(二)网络侵权行为发生在互联网空间

网络侵权行为一定发生在互联网空间,否则就不属于网络侵权行为。

(三)网络侵权行为给受害人在现实世界中造成了损害

网络侵权行为发生在网络空间,但是受害人遭受的却是现实世界中的损害。不少人认为网络世界属于虚拟世界,但是网络世界中每个行为都可以在现实中找到对应的主体。网络侵权行为造成的损害,也一定是现实世界中的损害。

三、网络侵权责任的类型

(一)网络用户侵权责任

《侵权责任法》第 36 条第 1 款规定,网络用户利用网络侵害他人民事权益的,应当承担侵权责任。

此种情况下,网络是加害人侵害他人民事权益的手段,正如加害人利用其他手段侵害他人民事权益一样。网络用户侵权行为是否构成,要根据一般侵权行为以及网络侵权行为的构成要件综合判断。

(二)网络服务提供者责任

1. 网络服务提供者直接侵权责任

《侵权责任法》第 36 条第 1 款规定,网络服务提供者利用网络侵害他人民事权益的,应当承担侵权责任。

此种情况下,网络服务提供者和网络用户承担的责任一样。所以,《侵权责任法》将网络用户和网络服务提供者一起放在第 36 条第 1 款中加以规定。

2. 网络用户侵权时网络服务提供者的侵权责任

网络用户侵权时网络服务提供者的侵权责任,根据网络服务提供者知悉侵权事实途径的不同,分为两种情况:

(1)网络服务提供者接到侵权通知后未采取必要措施的侵权责任

《侵权责任法》第 36 条第 2 款规定,网络用户利用网络服务实施侵权行为的,被侵权人有权通知网络服务提供者采取删除、屏蔽、断开链接等必要措施。网络服务提供者接到通知后未及时采取必要措施的,对损害的扩大部分与该网络用户承担连带责任。

网络服务提供者不知道网络用户利用网络实施侵权行为的,不承担侵权责任。但是,网络服务提供者在接到被侵权人通知后,应当采取删除、屏蔽、断开链接等必要措施。否则,应就损害的扩大部分与实施侵权行为的网络用户承担连带责任。

此处的网络服务提供者,主要指网络技术服务提供者。

国务院《信息网络传播权保护条例》第 14 条规定,对提供信息存储空间或者提供搜索、链接服务的网络服务提供者,权利人认为其服务所涉及的作品、表演、录音录像制品,侵犯自己的信息网络传播权或者被删除、改变了自己的权利管理电子信息的,可以向该网络服务提供者提交书面通知,要求网络服务提供者删除该作品、表演、录音录像制品,或者断开与该作品、表演、录音录像制品的链接。

据此,被侵权人发出的通知书应当采用书面形式。根据第 14 条的规定,"通知书应当包括下列内容:(一)权利人的姓名(名称)、联系方式和地址;(二)要求删除或者断开链接的侵权作品、表演、录音录像制品的名称和网络地址。(三)构成侵权的初步证明材料。权利人应当对通知书的真实性负责"。

《利用信息网络侵害人身权益民事案件适用法律的规定》第 5 条规定:"依据《侵权责任法》第三十六条第二款的规定,被侵权人以书面形式或者网络服务提供者公示的方式向网络服务提供者发出的通知,包含下列内容的,人民法院应当认定有效:(一)通知人的姓名(名称)和联系方式;(二)要求采取必要措施的网络地址或者足以准确定位侵权内容的相关信息;(三)通知人要求删除相关信息的理由。被侵权人发送的通知未满足上述条件,网络服务提供者主张免除责任的,人民法院应予支持。"

根据《信息网络传播权保护条例》第 15 条的规定,网络服务提供者接到权利人的通知书后,应当立即删除涉嫌侵权的作品、表演、录音录像制品,或者断开与涉嫌侵权的作品、表演、录音录像制品的链接,并同时将通知书转送提供作品、表演、录音录像制品的服务对象;服务对象网络地址不明、无法转送的,应当将通知书的内容同时在信息网络上公告。

根据《信息网络传播权保护条例》第 16 条的规定,服务对象接到网络服务提供者转送的通知书后,认为其提供的作品、表演、录音录像制品未侵犯他人权利的,可以向网络服务提供者提交书面说明,要求恢复被删除的作品、表演、录音录像制品,或者恢复与被断开的作品、表演、录音录像制品的链接。

根据《信息网络传播权保护条例》第 17 条的规定,网络服务提供者接到服务对象的书面说明后,应当立即恢复被删除的作品、表演、录音录像制品,或者可以恢复与被断开的作品、表演、录音录像制品的链接,同时将服务对象的书面说明转送权利人。权利人不得再通知网络服务提供者删除该作品、表演、录音录像制品,或者断开与该作品、表演、录音录像制品的链接。

根据《信息网络传播权保护条例》第 24 条的规定,因权利人的通知导致网络服务提供者错误删除作品、表演、录音录像制品,或者错误断开与作品、表演、录音录像制品的链接,给服务对象造成损失的,权利人应当承担赔偿责任。

根据《利用信息网络侵害人身权益民事案件适用法律的规定》第 7 条的规定,其发布的信息被采取删除、屏蔽、断开链接等措施的网络用户,主张网络服务提供者承担违约责任或者侵权责任,网络服务提供者以收到通知为由抗辩的,人民法院应予支持。被采取删除、屏蔽、断开链接等措施的网络用户,请求网络服务提供者提供通知内容的,人民法院应予支持。

根据《利用信息网络侵害人身权益民事案件适用法律的规定》第 8 条的规定,因通知人的通知导致网络服务提供者错误采取删除、屏蔽、断开链接等措施,被采取措施的网络用户请求通知人承担侵权责任的,人民法院应予支持。被错误采取措施的网络用户请求网络服务提供者采取相应恢复措施的,人民法院应予支持,但受技术条件限制无法恢复的除外。

(2) 网络服务提供者知道侵权行为未采取必要措施的侵权责任

《侵权责任法》第 36 条第 3 款规定,网络服务提供者知道网络用户利用其网络服务侵害他人民事权益,未采取必要措施的,与该网络用户承担连带责任。

网络服务者知道网络用户利用其网络服务侵害他人权益的,应当采取删除、屏蔽、断开链接等必要措施,否则,将与侵权人承担连带责任。

此处的网络服务提供者,主要指网络技术服务提供者。此处的"知道",包括知道和应当知道。[①]

根据《利用信息网络侵害人身权益民事案件适用法律的规定》第 9 条的规定,"人民法院依据《侵权责任法》第三十六条第三款认定网络服务提供者是否'知道',应当综合考虑下列因素:(一)网络服务提供者是否以人工或者自动方式对侵权网络信息以推荐、排名、选择、编辑、整理、修改等方式作出处理;(二)网络服务提供者应当具备的管理信息的能力,以及所提供服务的性质、方式及其引发侵权的可能性大小;(三)该网络信息侵害人身权益的类型及明显程度;(四)该网络信息的社会影响程度或者一定时间内的浏览量;(五)网络服务提供者采取预防侵权措施的技术可能性及其是否采取了相应的合理措施;(六)网络服务提供者是否针对同一网络用户的重复侵权行为或者同一侵权信息采取了相应的合理措施;(七)与本案相关的其他因素"。

《信息网络传播权保护条例》第 23 条规定:网络服务提供者为服务对象提供搜索或者链接服务,在接到权利人的通知书后,根据本条例规定断开与侵权的作品、表演、录音录像制品的链接的,不承担赔偿责任;但是,明知或者应知所链接的作品、表演、录音录像制品侵权的,应当承担共同侵权责任。

---

① 参见王胜明主编:《中华人民共和国侵权责任法释义》,法律出版社 2010 年版,第 195—196 页。

本编主要参考书目

1. 龚赛红:《医疗损害赔偿立法研究》,法律出版社 2001 年版。
2. 王成:《侵权损害赔偿的经济分析》,中国人民大学出版社 2002 年版。
3. 王利明主编:《民法典·侵权责任法研究》,人民法院出版社 2003 年版。
4. 黄松有主编:《最高人民法院人身损害赔偿司法解释的理解和适用》,人民法院出版社 2004 年版。
5. 陈聪富:《因果关系与损害赔偿》,台湾元照出版有限公司 2004 年版。
6. 罗海艳、赵晓琳:《学生伤害事故案件认定与处理实务》,中国检察出版社 2006 年版。
7. 张新宝:《侵权责任法立法研究》,中国人民大学出版社 2009 年版。
8. 王泽鉴:《侵权行为》,北京大学出版社 2009 年版。
9. 王胜明主编:《中华人民共和国侵权责任法释义》,法律出版社 2010 年版。
10. 奚晓明主编:《〈中华人民共和国侵权责任法〉条文理解与适用》,人民法院出版社 2010 年版。
11. 杨立新:《侵权责任法》,法律出版社 2010 年版。
12. 王利明、周友军、高圣平:《中国侵权责任法教程》,人民法院出版社 2010 年版。

缩 略 语

《澳门特别行政区基本法》——《中华人民共和国澳门特别行政区基本法》
《保险法》——《中华人民共和国保险法》
《草原法》——《中华人民共和国草原法》
《产品质量法》——《中华人民共和国产品质量法》
《城市房地产管理法》——《中华人民共和国城市房地产管理法》
《城镇国有土地使用权出让和转让暂行条例》——《中华人民共和国城镇国有土地使用权出让和转让暂行条例》
《村民委员会组织法》——《中华人民共和国村民委员会组织法》
《担保法》——《中华人民共和国担保法》
《担保法解释》——最高人民法院《关于适用〈中华人民共和国担保法〉若干问题的解释》
《道路交通安全法》——《中华人民共和国道路交通安全法》
《道路交通事故处理办法》——国务院《道路交通事故处理办法》
《道路交通事故解释》——最高人民法院《关于审理道路交通事故损害赔偿案件适用法律若干问题的解释》
《反不正当竞争法》——《中华人民共和国反不正当竞争法》
《高等教育法》——《中华人民共和国高等教育法》
《公司法》——《中华人民共和国公司法》
《关于技术合同的解释》——最高人民法院《关于审理技术合同纠纷案件适用法律若干问题的解释》
《关于〈民法通则〉第九十九条第一款、〈婚姻法〉第二十二条的解释》——全国人民代表大会常务委员会《关于〈中华人民共和国民法通则〉第九十九条第一款、〈中华人民共和国婚姻法〉第二十二条的解释》
《利用信息网络侵害人身权益民事案件适用法律的规定》——最高人民法院《关于审理利用信息网络侵害人身权益民事纠纷案件适用法律若干问题的规定》
《关于施工合同的解释》——最高人民法院《关于审理建设工程施工合同纠纷案件适用法律问题的解释》
《关于案例指导工作的规定》——最高人民法院《关于案例指导工作的规定》
《买卖合同的解释》——最高人民法院《关于审理买卖合同纠纷案件适用法律问题的解释》
《国防法》——《中华人民共和国国防法》
《国家赔偿法》——《中华人民共和国国家赔偿法》
《国有土地使用权出让和转让暂行条例》——《中华人民共和国城镇国有土地使用权出让和转让暂行条例》
《海商法》——《中华人民共和国海商法》

《海洋环境保护法》——《中华人民共和国海洋环境保护法》
《海域使用管理法》——《中华人民共和国海域使用管理法》
《航空法》——《中华人民共和国民用航空法》
《合伙企业法》——《中华人民共和国合伙企业法》
《合同法》——《中华人民共和国合同法》
《合同法解释(一)》——最高人民法院《关于适用〈中华人民共和国合同法〉若干问题的解释(一)》
《合同法解释(二)》——最高人民法院《关于适用〈中华人民共和国合同法〉若干问题的解释(二)》
《户口登记条例》——《中华人民共和国户口登记条例》
《环境保护法》——《中华人民共和国环境保护法》
《婚姻法》——《中华人民共和国婚姻法》
《婚姻法解释(一)》——最高人民法院《关于适用〈中华人民共和国婚姻法〉若干问题的解释(一)》
《婚姻法解释(三)》——最高人民法院《关于适用〈中华人民共和国婚姻法〉若干问题的解释(三)》
《继承法》——《中华人民共和国继承法》
《继承法意见》——最高人民法院《关于贯彻执行〈中华人民共和国继承法〉若干问题的意见》
《建筑物区分所有权解释》——最高人民法院《关于审理建筑物区分所有权纠纷案件具体应用法律若干问题的解释》
《经济合同法》——《中华人民共和国经济合同法》
《精神损害赔偿解释》——最高人民法院《关于确定民事侵权精神损害赔偿责任若干问题的解释》
《矿产资源法》——《中华人民共和国矿产资源法》
《煤炭法》——《中华人民共和国煤炭法》
《民法通则》——《中华人民共和国民法通则》
《民法总则》——《中华人民共和国民法总则》
《民事诉讼法》——《中华人民共和国民事诉讼法》
《民事诉讼证据的若干规定》——最高人民法院《关于民事诉讼证据的若干规定》
《民诉意见》——最高人民法院《关于适用〈中华人民共和国民事诉讼法〉若干问题的意见》
《民通意见》——最高人民法院《关于贯彻执行〈中华人民共和国民法通则〉若干问题的意见(试行)》
《民间借贷的规定》——最高人民法院《关于审理民间借贷案件适用法律若干问题的规定》
《农村土地承包法》——《中华人民共和国农村土地承包法》
《拍卖法》——《中华人民共和国拍卖法》
《票据法》——《中华人民共和国票据法》
《企业名称登记管理规定》——国家工商行政管理局《企业名称登记管理规定》
《侵权责任法》——《中华人民共和国侵权责任法》

《全民所有制工业企业法》——《中华人民共和国全民所有制工业企业法》
《人民法院组织法》——《中华人民共和国人民法院组织法》
《人身损害赔偿解释》——最高人民法院《关于审理人身损害赔偿案件适用法律若干问题的解释》
《涉外民事法律适用法》——《中华人民共和国涉外民事法律适用法》
《森林法》——《中华人民共和国森林法》
《森林法实施条例》——《中华人民共和国森林法实施条例》
《商标法》——《中华人民共和国商标法》
《商品房买卖合同纠纷解释》——最高人民法院《关于审理商品房买卖合同纠纷案件适用法律若干问题的解释》
《商业银行法》——《中华人民共和国商业银行法》
《社会团体登记管理条例》——《中华人民共和国社会团体登记管理条例》
《施工合同的解释》——最高人民法院《关于审理建设工程施工合同纠纷案件适用法律问题的解释》
《食品卫生法》——《中华人民共和国食品卫生法》
《水法》——《中华人民共和国水法》
《诉讼时效若干规定》——最高人民法院《关于审理民事案件适用诉讼时效制度若干问题的规定》
《提存公证规则》——司法部《提存公证规则》
《铁路法》——《中华人民共和国铁路法》
《土地承包纠纷解释》——最高人民法院《关于审理涉及农村土地承包纠纷案件适用法律问题的解释》
《土地管理法》——《中华人民共和国土地管理法》
《土地登记规则》——国家土地管理局《土地登记规则》
《土地登记办法》——国土资源部《土地登记办法》
《土地管理法实施条例》——《中华人民共和国土地管理法实施条例》
《物权法》——《中华人民共和国物权法》
《物权法解释(一)》——最高人民法院《关于适用〈中华人民共和国物权法〉若干问题的解释》
《物业管理条例》——国务院《物业管理条例》
《文物保护法》——《中华人民共和国文物保护法》
《无线电管理条例》——《中华人民共和国无线电管理条例》
《宪法》——《中华人民共和国宪法》
《香港特别行政区基本法》——《中华人民共和国香港特别行政区基本法》
《消费者权益保护法》——《中华人民共和国消费者权益保护法》
《协议出让国有土地使用权规定》——国土资源部《协议出让国有土地使用权规定》
《刑法》——《中华人民共和国刑法》
《刑事诉讼法》——《中华人民共和国刑事诉讼法》
《渔业法》——《中华人民共和国渔业法》

《邮政法》——《中华人民共和国邮政法》
《招标投标法》——《中华人民共和国招标投标法》
《招标拍卖挂牌出让国有建设用地使用权规定》——国土资源部《招标拍卖挂牌出让国有建设用地使用权规定》
《证券法》——《中华人民共和国证券法》
《中外合资经营企业法》——《中华人民共和国中外合资经营企业法》
《著作权法》——《中华人民共和国著作权法》
《著作权法实施条例》——《中华人民共和国著作权法实施条例》
《专利法》——《中华人民共和国专利法》
《专利法实施细则》——《中华人民共和国专利法实施细则》

词条索引

（按字母顺序排列）

A

安全保障义务　745
按份共有　286
按份责任　44
按份债权　371
按份债务　371
按份之债　371

B

保管合同　545
保证　392
保证合同　394
保证期间　396
保证人　392
保证责任　392
被继承人　592
本代理　192
本权　235
表见代理　202
表见让与　416
并存的债务承担　420
补充责任　44
不安抗辩权　464
不当得利　585
不动产　135
不动产物权　234
不可分物　138
不可抗力　707
不能履行　476
不完全履行　477

不完全债务　358
不要式合同　441
不要式行为　155
不真正义务　359
不作为义务　41

C

财产　9
财产关系　9
财产权　35
财产损害　674
财产责任　43
财团抵押　332
财团法人　80
彩票　441
仓储合同　550
仓单　550
撤销权　386
成约定金　407
承揽合同　526
承诺　448
诚实信用原则　24
惩罚性违约金　492
迟延履行　476
酬金　453
筹建中的法人　129
除斥期间　218
处分　255
传达错误　166
从给付义务　359
从权利　38

从物　139
从物权　234
从行为　156
催告权　184
错误　164

D

代理　187
代理权　193
代为清偿　424
代位继承　608
代物清偿　378
担保物权　318
单独代理　191
单独行为　361
单独虚伪表示　163
单独责任　44
单方行为　154
单务合同　439
登记对抗主义　245
登记要件主义　245
抵销　427
抵押权　320
地役权　312
缔约过失责任　473
缔约上的过失　361
定金　406
定金合同　406
动产　135
动产浮动抵押　330
动产物权　234
动产质权　334
独立行为　156
多方行为　154
多式联运合同　544
多数主体之债　371

F

发现埋藏物　282

法定代表人　91
法定代理　191
法定继承　604
法定继承人　605
法定退伙　121
法定违约金　493
法定义务　41
法律行为　150
法律因果关系　675
法人　77
法人的变更　95
法人的成立　81
法人的分立　96
法人的合并　95
法人的住所　85
法人的登记　98
法人机关　89
法人所有权　267
法益　692
反担保　392
返还财产　694
非财产损害　674
非财产责任　43
非典型合同　443
非法人组织　111
非专属权　38
浮动担保　330
辅助行为　156
附合　283
附随义务　359
附义务赠与　508

G

个人独资企业　128
个体工商户　74
给付　360
给付义务　358
更正登记　247

公法人 80
公平原则 26
公平责任 44
公示原则 236
公信原则 237
公序良俗原则 28
公益法人 80
供用电合同 506
共同代理 192
共同抵押 329
共同共有 291
共同侵权行为 714
共同危险行为 718
共同责任 44
共有 286
故意 678
广告 450
广义债的关系 355
归责原则 667
国家所有权 257
过错推定 668
过错责任 668
过失 678
过失相抵 487

H

汉德公式 679
合伙 113
合伙财产 116
合立遗嘱 617
合同 438
合同承受 422
合同的变更 467
合同的订立 445
合同的解除 467
合同的主要条款 454
合同解释 454
合同联立 443

合同目的 457
后合同义务 360
互易合同 505
恢复名誉 697
恢复原状 696
混合 284
混合合同 444
混同 241
货币之债 366
货运合同 541

J

机关法人 107
积极损害 485
积极义务 41
基金会法人 79
集体所有权 264
技术服务合同 574
技术合同 566
技术开发合同 569
技术转让合同 572
技术咨询合同 574
既得权 38
继承 592
继承权 592
继承人 592
继续履行 481
加工 284
价款 453
间接代理 193
间接损害 485
间接损失 475
监护 59
减轻损失规则 488
简单之债 369
简易交付 244
建设工程合同 532
建设用地使用权 302

建筑物区分所有权　268
健康权　643
交付　243
交付对抗主义　243
交付要件主义　244
教唆行为　716
解约定金　408
借贷合同　510
借款合同　510
禁止权利滥用原则　25
精神损害　703
救济权　38
救济权请求权　50
居间合同　564
绝对权　37

K

抗辩权　37
可撤销的民事行为　151
可分物　138
客运合同　539
口头形式　157

L

滥用代理权　197
劳动群众集体组织所有权　264
历史解释　456
立约定金　408
连带责任　44
连带责任保证　398
连带债权　371
连带债务　372
连带之债　371
留置权　338
利息之债　367
履行利益　484

M

埋藏物　282

买卖合同　498
免除　435
免责的债务承担　417
免责条件　479
免责条款　480
民法　1
民法的本位　13
民法典　2
民法学　3
民商分立　3
民商合一　3
民事法规　15
民事法律　15
民事法律关系　30
民事法律关系的客体　33
民事法律关系的内容　33
民事法律关系的要素　32
民事法律关系的主体　32
民事法律事实　33
民事法律事实构成　34
民事法律行为　151
民事合伙　113
民事权利　35
民事权利能力　51
民事行为　151
民事行为能力　55
民事义务　40
民事责任　41
民事责任竞合　710
民事制裁　41
名称权　647
名誉权　649
默示形式　157
目的解释　457

N

拟制交付　244
农村承包经营户　76

诺成性合同　440

P

平等原则　22
拍卖　450
排除妨碍　693
赔偿损失　697
赔偿性违约金　492
赔礼道歉　697
票据　143
凭样品买卖　504
普通合伙　115
普通诉讼时效　212
普通条款　454

Q

期待权　38
期限　221
欺诈　166
强制履行　481
强制退伙　121
侵权行为　663
侵权责任　665
侵权责任请求权　50
亲权　662
清偿　424
情事变更原则　375
情谊行为　153
请求权　36
取得时效　207
权利质权　337

R

人身关系　10
人身权　634
荣誉权　661
融资租赁合同　521
入伙　120

S

善意取得　277
商法　3
商事合伙　113
社团法人　80
社员权　36
射幸合同　441
身份权　660
身体权　644
生命权　641
时效　206
时效取得　284
实定合同　441
实际履行　374
实践性合同　440
拾得遗失物　281
使用　255
市民社会　12
事件　34
事实行为　34
事实因果关系　675
试用买卖　504
收益　255
数人侵权行为　713
双务合同　439
私法　11
私法自治原则　23
私人所有权　267
诉讼时效　207
损害事实　673
损益同销　489
损益相抵　489
所失利益　485
所受损害　485
所有权　254
所有权的权能　255

T

他物权 234
特别代理 191
特定物 137
特定之债 364
特殊普通合伙 122
提存 430
体系解释(整体解释) 456
添附 283
停止侵害 692
通谋虚伪表示 164
同时履行抗辩权 459
土地承包经营权 298
退伙 120
托伦斯主义 246

W

完全民事行为能力人 57
为第三人利益订立的合同 441
违约定金 408
违约金 492
违约行为 476
违约责任 476
维持利益 484
委托代理 190
委托合同 555
委托开发合同 570
文义解释 455
无偿合同 439
无偿行为 155
无过错责任 679
无民事行为能力人 59
无名合同 443
无期限物权 235
无权代理 200
无限责任 43
无效的民事行为 151
无意思联络的数人侵权 719
无因管理 578
物 132
物权 224
物权的变动 235
物权的优先效力 228
物权法 226
物权法定主义 232
物权行为 242
物上请求权 229

X

习惯 16
狭义债的关系 355
先合同义务 474
先履行抗辩权 463
先诉抗辩权 400
先占 284
显失公平 181
限制流通物 136
限制民事行为能力人 58
限制物权 234
相当因果关系 676
相对权 37
相邻关系 274
消除危险 694
消除影响 697
消极损害 485
消极义务 41
肖像权 648
效力未定的民事行为 151
胁迫 167
信赖利益 484
信用权 653
行纪合同 561
形成权 37
姓名权 646
修理、重作、更换 482

词条索引

宣告失踪　69
宣告死亡　72
悬赏广告　450
选择之债　369

Y

押金　407
要式合同　441
要式行为　155
要约　445
要约邀请　446
业主的建筑物区分所有权　268
一般保证　398
一般过失　678
一般人格权　656
遗产　627
遗产的分割　629
遗失物　281
遗赠　620
遗赠扶养协议　622
遗嘱　613
遗嘱继承　612
遗嘱能力　616
异议登记　247
意思表示　158
意思能力　56
意外事件　708
隐私权　651
用益物权　296
有偿合同　439
有偿行为　155
有价证券　141
有名合同　443
有期限物权　235
有限合伙　123
有限责任　43
有主物　138
与有过失　487

预告登记　248
原权(原权利)　38
原权请求权　50
约定违约金　493
约定义务　41
运输合同　538

Z

再代理　192
责任成立的因果关系　675
责任范围的因果关系　675
责任能力　56
赠与合同　507
宅基地使用权　310
债　355
债的保全　381
债的担保　391
债的概括承受　421
债的履行　374
债的消灭　423
债的转移　411
债权　357
债权让与　411
债权人　357
债权人迟延　477
债权人的撤销权　386
债权人的代位权　381
债务　358
债务人　357
占有　345
占有保护请求权　351
占有的推定　347
占有改定　244
贞操权　655
正当防卫　39
证约定金　407
支配权　36
直接损害　485

指定代理　197
指示交付　244
质权　333
种类物　137
种类之债　364
重大过失　678
主给付义务　358
主权利　38
主物权　234
主行为　156
主要条款　454
住所　67
专属权　38
转继承　609

准共有　295
孳息　140
自然人　51
自然人所有权　257
自卫行为　39
自物权　234
自由权　654
自愿原则　23
自助行为　40
租赁合同　514
最高额保证　396
最高额抵押　332
作为义务　41

第七版后记

本版主要根据《民法总则》对第六版的内容进行了修改。李仁玉教授承担了第四章至第十章的修改工作,其余部分由郭明瑞教授修改、审定。

郭明瑞

2017 年 6 月

第六版后记

本版主要根据第五版以来最新的司法解释、民事立法以及民法理论的发展，对第五版的内容进行了修改。

本版的第二编即物权编由常鹏翱教授修改，其余各部分均由第五版作者各自修改，全书由副主编统稿，由主编定稿。

主 编

2016 年 6 月

第五版后记

本版对前一版作了四个方面的修改:1. 根据三年来新的法律和司法解释对原有内容作了更新。2. 吸收了一些民法学研究的新成果,增加了一些知识点和资料。3. 对附在各编之后的参考书目、附在书后的缩略语和词条索引作了调整。4. 对全书文字作了必要的修饰。

本书是全国高等学校法学专业核心课程教材之一,自 2000 年 9 月首次出版至今,历时 13 年,经过不断修改,本教材形成了以下特点:

1. 本教材的对象是法学专业本科生,也适用于非法律本科毕业的法律硕士的民法教学,对法学硕士和法律实务人员也有参考价值。

2. 结合我国现行民事法律法规和司法解释,系统阐明民法的基本原理、基本制度和基本知识,并借鉴外国的民法与理论弥补我国民法之不足,因此本书有相对稳定性。

3. 由于至今我国尚未颁布民法典,本书的体系结构是以我国现行民法为基础,主要借鉴并变革了德国民法体系及其有关原理。本书的体系结构与德国民法的体系结构主要不同在于:(1) 没有亲属法,因为在我国婚姻法早已成为独立的学科。(2) 第一版将人身权设为一编(第五编),保持至今,其基本内容是阐释人格权。(3) 第一版将侵权行为设为一编(第六编);从第二版(2006 年)开始将侵权行为编改为侵权责任编,这与 2009 年颁布的《侵权责任法》是吻合的。

4. 我国民法没有将责任归入债的范畴,而是将责任与债区分开,构建了民事责任体系,这是我国民法与德国民法的重大区别。我国学者对此评说不一,在理论上分歧较大。为使学生掌握民法原理并了解有关分歧,本书力求全面反映有关不同观点,为此本书第四版第三章增加了一节(第五节),即民事责任与债法、物权法和请求权的关系,本版将其改为民事责任与债、物权、请求权的关系,并反映了本书第四版出版以来对这些问题讨论的新发展。

5. 本书对理论观点、概念、定义等有分歧的,以尊重通说为原则;对重大的分歧,阐明了分歧所在和作者的主张与理由。

6. 本书第一版在书后注明了参考文献。从第二版开始不在书后注明参考文献,而是在各编之后为读者开列参考书目,以后各版对参考书目作了适当调整、更新,这对读者掌握本书内容和扩大知识面有积极意义。

7. 本书后面附有法律法规的缩略语和词条索引,便于读者查阅。

8. 本书初版总字数为 890 千字,后来字数逐步增多,第三版为 987 千字,第四版减少为918千字,本版在第四版的基础上做了必要的修改,有删有增,避免教材越写越厚,这主要是为了减轻学生的负担。

13年来本书一直是全国畅销的民法教材之一,为培养法律人才作了积极贡献,这是全体作者共同努力的结果,这与北京大学出版社法律图书事业部和读者的关心与帮助是分不开的,为此我衷心感谢本书副主编郭明瑞教授,作者崔建远教授、李仁玉教授、钱明星教授、王小能教授、王成教授,北京大学出版社法律图书事业部邹记东主任、责任编辑周菲女士和广大读者。

本版撰稿分工如下:第1—3章:魏振瀛;第4—10章:李仁玉;第11—16章:钱明星;第17—26章:崔建远;第27—33章:郭明瑞;第34—40章:王成;第41章第1节:魏振瀛、王成;第41章第2—6节、第42—43章:王成。

本书由主编和副主编统稿,由主编定稿。

主　编

2013年5月

第四版后记

本书第三版面世以来,我国颁布的一部重要的民事法律是《中华人民共和国侵权责任法》。这部法律是广泛借鉴外国法律与总结我国民事立法和司法经验的成果,是对德国式民法的"债务与责任结合"立法模式的借鉴与变革,是我国《民法通则》创立的"民事权利—民事义务—民事责任"立法模式的延续和新发展。依据《侵权责任法》本书的侵权责任编(第六编)作了全面修订。

《侵权责任法》规定的承担侵权责任的方式和《物权法》第三章规定的物权的保护方法有重合之处,对于二者之间的关系,学者的理解不同,这是涉及民法基本理论和我国民法的全局性问题,对此本书第三章第五节作了简要阐述,侵权责任编作了相应的解释。本书的相关章节还参考德国民法理论写了不同的观点,便于读者通过比较深入理解我国民法。

根据民法以民事权利为本位的理念和民事法律规范以民事法律关系为核心的观点,第一章增加了民法的本位一节(第五节);第一编第二分编的题目改为民事法律关系主体;第三分编的题目改为民事法律关系客体;第四分编的题目改为民事法律关系变动。

这一版的一些章节在体系结构、内容和篇幅上都作了较大的调整与修订,同时更新了各编的参考书目,这是全体作者相互配合、共同努力的成果。

随着民法与民法学的发展,新名词术语增多,根据这一版的新内容,调整了词条索引,供读者查阅。虽有多虑难免有失,敬候读者赐教。

本书撰稿分工如下:第1—3章:魏振瀛;第4—10章:李仁玉;第11—16章:钱明星;第17—26章:崔建远;第27—33章:郭明瑞;第34—40章:王成;第41章第1节:魏振瀛、王成;第41章第2—6节、第42—43章:王成。

本书由主编和副主编统稿,由主编定稿。

主　编

2010年5月

第三版后记

  2007年3月16日全国人民代表大会通过了《中华人民共和国物权法》，2006年8月27日全国人大常委会通过了修订后的《中华人民共和国合伙企业法》。根据这两部法律，本书全面修改了物权编与合伙一节，其他少量章节有部分修改。失当之处，敬请读者指正。

主　编

2007年5月

第二版后记

原计划本书第二版在去年出版,因为据悉预计今年三月召开的全国人民代表大会将讨论通过物权法,为了及时反映物权法的内容,故推迟了出版时间。但是,物权法草案没有提交全国人民代表大会讨论。经与出版社商议,为了尽快更新本书的内容,以适应教学需要,决定将已经准备的书稿先行出版;待物权法颁布后,再根据物权法修订物权编。

本书第一版发行五年多来有一些新的民事立法和司法解释,本书内容随之作了相应的修改。五年多来我国民法学研究继续深入,出版的论文、专著和译著颇多,本书吸收了有关新的学术研究成果和新的司法实践资料。本书第二版与第一版比较,主要的变动有:(1) 根据《民法通则》规定和有关学理,并参考我国内地的几部民法教材,将民事法律行为(第八章)改为民事行为。(2) 除斥期间与诉讼时效的性质不同,故将除斥期间作为独立的一节(第十章第三节)。(3) 根据债法原理,结合我国实践,对债权总论的体系和内容作了调整,增设了"债的类型"一章(第十八章)。(4) 根据《民法通则》规定,结合有关学理,将第六编"侵权行为"改为"侵权责任"。(5) 在学理上涉及民事法律关系变动的用语,有时用"转移"(如所有权转移),有时用"移转"(如债的移转)。其实"移转"与"转移"的含义并无差别,没有必要将"移转"作为民法的专门术语,因此本书不再用"移转",而统一用"转移"。(6) 在本书各编之后列了参考书目,供读者深入学习和研究有关专题参考。

民法学者对有些问题的观点有分歧,本书作者的见解也有所不同,反映在本书中没有要求必须统一,因此有个别问题(例如自然人死后还有无某些民事权利的问题)在不同的编章反映了本书作者有不同的观点。

本书第一版发行以来,受到一些热心的读者鼓励和提出宝贵意见,在此表示衷心的感谢。作为大学教师,我们深知编写教材的重要性,懂得写高水平的教材不容易。在力所能及的情况下尽量写好本书是我们全体作者共同的心愿,不妥之处敬请读者指正。

本书撰稿分工如下:魏振瀛,第 1—3 章;李仁玉,第 4—10 章;钱明星,第 11—16 章;崔建远,第 17—26 章;郭明瑞,第 27—33 章;王成,第 34—43 章。

本书由主编和副主编统稿,由主编定稿。

主　编

2006 年 3 月

第一版后记

如果说1986年颁布的《民法通则》是我国民事立法发展史上重要的里程碑，1999年颁布的《合同法》则是我国民事立法走向另一新阶段的重要标志。至今我国的民事立法的主要内容已大体齐备。本书各编均以现行的民事立法为依据，吸收民法理论研究的新成果，借鉴外国的立法，在此基础上进行体系上的整合与理论上的论述，形成6编42章。这是本书的特点之一。

《民法通则》共9章，其中民事责任单独成章，对此褒贬不一。本书根据《民法通则》第6章的内容，将民事责任分别在总论、债权和侵权行为三编作了论述。本书将《民法通则》第6章第3节扩展为侵权行为，与总论、物权、债权、继承权、人身权并列为独立的一编，使侵权行为与债相分离；同时指出侵权责任的承担在一定范围内和一定条件下可准用债编的一般规定。将人身权与侵权行为均独立成编，突出人身权法与侵权行为法在民法中的地位，有利于增强民事权利的保护，有利于为民法的发展开拓更广阔的领域。这是本书的特点之二。

我国第四次起草民法典的序幕已经拉开，民法典的颁布为时不会太久。从一定意义上说，本书的体系安排可谓对我国民法典体系的一项建议（尚未包括知识产权法与婚姻家庭法）。

本书编写过程中，北京大学法学院的刘凯湘教授、葛云松讲师、博士后王轶、博士生王成和杜颖提出了宝贵意见。参加本书审稿的专家杨振山（中国政法大学教授、博士生导师）、马俊驹（清华大学教授、博士生导师）和王利明（中国人民大学教授、博士生导师）对本书提出了宝贵的建议。在此，谨代表全体作者向他们深表谢忱。

编写一部好的核心课程教材是要花大气力的，本书作者本着对读者负责的态度尽力而为之。由于作者肩负多种任务，工作繁忙，水平也有限，疏误之处仍恐不免。敬待读者惠教，以待再版匡正。

本书撰稿分工如下（依姓氏笔画为序）：王小能，第1编第3章第4节、第3编第25章、第5编、第6编；李仁玉，第1编第4—10章；钱明星，第2编；郭明瑞，第3编第26—28章、第4编；崔建远，第3编第17—24章；魏振瀛，第1编第1—3章。

本书由主编与副主编统稿，最后由主编调整、修改、定稿。

主　编
2000年6月于北大承泽园

全国高等学校法学专业核心课程教材

法理学(第四版)	沈宗灵主编
中国法制史(第三版)	曾宪义主编
宪法(第二版)	张千帆主编
行政法与行政诉讼法(第六版)	姜明安主编
民法(第七版)	魏振瀛主编
经济法(第五版)	杨紫烜主编
民事诉讼法学(第三版)	江伟主编
刑法学(第八版)	高铭暄、马克昌主编
刑事诉讼法(第六版)	陈光中主编
国际法(第五版)	邵津主编
国际私法(第四版)	李双元、欧福永主编
国际经济法(第四版)	余劲松、吴志攀主编
知识产权法(第四版)	吴汉东主编
商法(第二版)	王保树主编
环境法学(第三版)	汪劲著
税法原理(第七版)	张守文著